北京市地方税收法规

（2015—2016 年增补）

北京市地方税务局　编

中国税务出版社

图书在版编目（CIP）数据

北京市地方税收法规:2015—2016 年增补/北京市地方税务局编.
— 北京:中国税务出版社,2017.12
ISBN 978 - 7 - 5678 - 0623 - 8

Ⅰ.①北…　Ⅱ.①北…　Ⅲ.①地方税收 - 税法 - 汇编 - 北京
Ⅳ.①D927.102.22

中国版本图书馆 CIP 数据核字（2017）第 285938 号

书　　名：北京市地方税收法规（2015—2016 年增补）
作　　者：北京市地方税务局　编
特约编辑：马丽萍
责任编辑：刘　菲　孙晓萍
责任校对：于　玲
技术设计：刘冬珂
出版发行：中国税务出版社

　　　　　北京市丰台区广安路 9 号国投财富广场 1 号楼 11 层
　　　　　邮政编码:100055
　　　　　http://www.taxation.cn
　　　　　E-mail:swcb@ taxation.cn
　　　　　发行中心电话:（010）83362083/86/89
　　　　　传真:（010）83362046/47/48/49
经　　销：各地新华书店
印　　刷：北京嘉恒彩色印刷有限责任公司
规　　格：710 毫米×1000 毫米　1/16
印　　张：65.75
字　　数：1358000 字
版　　次：2017 年 12 月第 1 版　2017 年 12 月第 1 次印刷
书　　号：ISBN 978 - 7 - 5678 - 0623 - 8
定　　价：150.00 元

编 写 说 明

一、文件收集范围

《北京市地方税收法规（2015—2016 年增补）》所收集的文件包括全国人民代表大会及其常务委员会发布的税收法律,国务院发布的税收法规,财政部、国家税务总局发布的税收规章和税收规范性文件,北京市财政局、北京市国家税务局、北京市地方税务局及其他相关部门发布及转发的对征纳双方具有普遍约束力的税收规范性文件。

二、文件收集原则

一是现行有效,二是涉及纳税人权利义务,三是对征纳双方具有普遍约束力。

有关人事、教育、财务、后勤、外事等税务机关内部管理制度,人事任免决定,针对特定纳税人的特定事项作出的批复,涉及密级的文件,以及与地税无关的文件,不纳入文件汇编收录范围。

三、文件的有效性及收录的时间范围

收录的文件全部为现行有效的文件,包括部分条款已经失效的文件、部分条款已经被时间在后的相关文件代替的文件。收录文件的时间范围主要为 2015 年 1 月 1 日至 2016 年 12 月 31 日,考虑到北京市地方税务局承接非税收入工作的实际情况,非税收入文件收录的时间范围为 2015 年 1 月至 2017 年 9 月,因"无线电频率占用费""防空地下室易地建设费""彩票公益金、彩票业务费"和"国家电影事业发展专项资金"为新增内容,收录时间范围为截至 2017 年 9 月所有现行有效的文件。

四、编写体例

本书共 1 卷。内容包括营业税、个人所得税、企业所得税、房产税、城镇土地使用税、土地增值税、契税、城市维护建设税、教育费附加、地方教育附加、资源税、车船税、印花税、耕地占用税、残保金、无线电频率占用费、防空地下室易地建设费、彩

票公益金、彩票业务费、国家电影事业发展专项资金、国际税务管理、综合税收政策、税收征收管理、税务检查、行政复议、行政调解、行政处罚、行政许可、文件清理等二十八类政策文件。

五、文件分类方法及排序方式

1. 涉及具体税种或类别的文件归于每个税种或类别中。为避免重复收录,涉及多个税种业务内容的综合税收政策仅在"综合税收政策"部分收录全文;在具体税种或类别的目录中,只列明相关综合税收政策文件的名称、文号及文件编码,读者可据此在"综合税收政策"部分查阅全文。

2. 各税种或类别的文件一般分为"基本法规""规范性文件"等部分。"基本法规"部分收录法律、行政法规、地方性法规、国务院部门规章及地方政府规章,按照文件效力级次及内容进行排序。"规范性文件"部分收录财政部、国家税务总局、北京市人民政府、北京市地方税务局,以及其他政府部门制发的各类规范性文件。

3. 根据业务的复杂程度,各税种或类别的文件具体划分有所区别,按实际情况进行不同的细化分类。例如,税收征收管理分为"税务登记管理""申报征收管理""发票管理"等。

六、文件的编辑和处理

1. 删除附件中对税收政策的执行不具有指导作用的一些统计表、联系方式等内容,以"编者略"表示;两个及多个附件重复收录的文件,原则上只保留一处,其余删除,以"编者略"表示。

2. 文件编码。本书所收录的文件对应一个由类、子类、名的序号数码组成的编码。例如:"2-1-6　财政部　国家税务总局　证监会关于上市公司股息红利差别化个人所得税政策有关问题的通知",其中,"2"表示本书中的第二类税种,"个人所得税"类;"1"表示第二类中的第一个子类,"一般规定"子类;"6"表示第二类第一个子类中的第6个文件,"财政部　国家税务总局　证监会关于上市公司股息红利差别化个人所得税政策有关问题的通知"是具体的文件名。

编　者

2017 年 9 月

目 录

一、营业税

二、个人所得税

2-1　一般规定

三、企业所得税

四、房产税

4-1　规范性文件

4-2　综合规定(本部分未收录"综合规定"类文件全文，请根据文件编码在"综合税收政策"部分查阅全文。)

五、城镇土地使用税

六、土地增值税

七、契　税

八、城市维护建设税

九、教育费附加

十、地方教育附加

十一、资源税

十二、车船税

十三、印花税

十四、耕地占用税

14-1　规范性文件

十五、残疾人就业保障金

十六、无线电频率占用费

十七、防空地下室易地建设费

17-1　基本法规

17-2　其他规定

十八、彩票公益金、彩票业务费

十九、国家电影事业发展专项资金

二十、国际税收管理

二十一、综合税收政策

21-3 专项综合政策

二十二、税收征收管理

22-1　税务登记管理

22-2　申报征收管理

二十三、税务检查

二十四、行政复议

二十五、行政调解

二十六、行政处罚

二十七、行政许可

二十八、文件清理

一、营业税

1-1 "营改增"规定

1-1-1
国家税务总局关于发布《纳税人转让不动产增值税征收管理暂行办法》的公告

2016 年 3 月 31 日　国家税务总局公告 2016 年第 14 号

国家税务总局制定了《纳税人转让不动产增值税征收管理暂行办法》,现予以公布,自 2016 年 5 月 1 日起施行。

特此公告。

纳税人转让不动产增值税征收管理暂行办法

第一条　根据《财政部　国家税务总局关于全面推开营业税改征增值税试点的通知》(财税〔2016〕36 号)及现行增值税有关规定,制定本办法。

第二条　纳税人转让其取得的不动产,适用本办法。

本办法所称取得的不动产,包括以直接购买、接受捐赠、接受投资入股、自建以及抵债等各种形式取得的不动产。

房地产开发企业销售自行开发的房地产项目不适用本办法。

第三条　一般纳税人转让其取得的不动产,按照以下规定缴纳增值税:

(一)一般纳税人转让其 2016 年 4 月 30 日前取得(不含自建)的不动产,可以选择适用简易计税方法计税,以取得的全部价款和价外费用扣除不动产购置原价或者取得不动产时的作价后的余额为销售额,按照 5% 的征收率计算应纳税额。纳税人应按照上述计税方法向不动产所在地主管地税机关预缴税款,向机构所在地主管国税机关申报纳税。

(二)一般纳税人转让其 2016 年 4 月 30 日前自建的不动产,可以选择适用简易计税方法计税,以取得的全部价款和价外费用为销售额,按照 5% 的征收率计算应纳税额。纳税人应按照上述计税方法向不动产所在地主管地税机关预缴税款,向机构所在地主管国税机关申报纳税。

（三）一般纳税人转让其2016年4月30日前取得（不含自建）的不动产,选择适用一般计税方法计税的,以取得的全部价款和价外费用为销售额计算应纳税额。纳税人应以取得的全部价款和价外费用扣除不动产购置原价或者取得不动产时的作价后的余额,按照5%的预征率向不动产所在地主管地税机关预缴税款,向机构所在地主管国税机关申报纳税。

（四）一般纳税人转让其2016年4月30日前自建的不动产,选择适用一般计税方法计税的,以取得的全部价款和价外费用为销售额计算应纳税额。纳税人应以取得的全部价款和价外费用,按照5%的预征率向不动产所在地主管地税机关预缴税款,向机构所在地主管国税机关申报纳税。

（五）一般纳税人转让其2016年5月1日后取得（不含自建）的不动产,适用一般计税方法,以取得的全部价款和价外费用为销售额计算应纳税额。纳税人应以取得的全部价款和价外费用扣除不动产购置原价或者取得不动产时的作价后的余额,按照5%的预征率向不动产所在地主管地税机关预缴税款,向机构所在地主管国税机关申报纳税。

（六）一般纳税人转让其2016年5月1日后自建的不动产,适用一般计税方法,以取得的全部价款和价外费用为销售额计算应纳税额。纳税人应以取得的全部价款和价外费用,按照5%的预征率向不动产所在地主管地税机关预缴税款,向机构所在地主管国税机关申报纳税。

第四条　小规模纳税人转让其取得的不动产,除个人转让其购买的住房外,按照以下规定缴纳增值税：

（一）小规模纳税人转让其取得（不含自建）的不动产,以取得的全部价款和价外费用扣除不动产购置原价或者取得不动产时的作价后的余额为销售额,按照5%的征收率计算应纳税额。

（二）小规模纳税人转让其自建的不动产,以取得的全部价款和价外费用为销售额,按照5%的征收率计算应纳税额。

除其他个人之外的小规模纳税人,应按照本条规定的计税方法向不动产所在地主管地税机关预缴税款,向机构所在地主管国税机关申报纳税；其他个人按照本条规定的计税方法向不动产所在地主管地税机关申报纳税。

第五条　个人转让其购买的住房,按照以下规定缴纳增值税：

（一）个人转让其购买的住房,按照有关规定全额缴纳增值税的,以取得的全部价款和价外费用为销售额,按照5%的征收率计算应纳税额。

（二）个人转让其购买的住房,按照有关规定差额缴纳增值税的,以取得的全部价款和价外费用扣除购买住房价款后的余额为销售额,按照5%的征收率计算应纳税额。

个体工商户应按照本条规定的计税方法向住房所在地主管地税机关预缴税款,向机构所在地主管国税机关申报纳税；其他个人应按照本条规定的计税方法向住房所在地主管地税机关申报纳税。

第六条　其他个人以外的纳税人转让其取得的不动产,区分以下情形计算应向不动产所在地主管地税机关预缴的税款:

(一)以转让不动产取得的全部价款和价外费用作为预缴税款计算依据的,计算公式为:

应预缴税款 = 全部价款和价外费用 ÷(1 +5%)×5%

(二)以转让不动产取得的全部价款和价外费用扣除不动产购置原价或者取得不动产时的作价后的余额作为预缴税款计算依据的,计算公式为:

应预缴税款 =(全部价款和价外费用 − 不动产购置原价或者取得不动产时的作价)÷(1 +5%)×5%

第七条　其他个人转让其取得的不动产,按照本办法第六条规定的计算方法计算应纳税额并向不动产所在地主管地税机关申报纳税。

第八条　纳税人按规定从取得的全部价款和价外费用中扣除不动产购置原价或者取得不动产时的作价的,应当取得符合法律、行政法规和国家税务总局规定的合法有效凭证。否则,不得扣除。

上述凭证是指:

(一)税务部门监制的发票。

(二)法院判决书、裁定书、调解书,以及仲裁裁决书、公证债权文书。

(三)国家税务总局规定的其他凭证。

第九条　纳税人转让其取得的不动产,向不动产所在地主管地税机关预缴的增值税税款,可以在当期增值税应纳税额中抵减,抵减不完的,结转下期继续抵减。

纳税人以预缴税款抵减应纳税额,应以完税凭证作为合法有效凭证。

第十条　小规模纳税人转让其取得的不动产,不能自行开具增值税发票的,可向不动产所在地主管地税机关申请代开。

第十一条　纳税人向其他个人转让其取得的不动产,不得开具或申请代开增值税专用发票。

第十二条　纳税人转让不动产,按照本办法规定应向不动产所在地主管地税机关预缴税款而自应当预缴之月起超过 6 个月没有预缴税款的,由机构所在地主管国税机关按照《中华人民共和国税收征收管理法》及相关规定进行处理。

纳税人转让不动产,未按照本办法规定缴纳税款的,由主管税务机关按照《中华人民共和国税收征收管理法》及相关规定进行处理。

1-1-2
国家税务总局关于发布《纳税人提供不动产经营
租赁服务增值税征收管理暂行办法》的公告

2016 年 3 月 31 日　国家税务总局公告 2016 年第 16 号

国家税务总局制定了《纳税人提供不动产经营租赁服务增值税征收管理暂行办法》,现予以公布,自 2016 年 5 月 1 日起施行。

特此公告。

纳税人提供不动产经营租赁服务增值税征收管理暂行办法

第一条　根据《财政部　国家税务总局关于全面推开营业税改征增值税试点的通知》(财税〔2016〕36 号)及现行增值税有关规定,制定本办法。

第二条　纳税人以经营租赁方式出租其取得的不动产(以下简称出租不动产),适用本办法。

取得的不动产,包括以直接购买、接受捐赠、接受投资入股、自建以及抵债等各种形式取得的不动产。

纳税人提供道路通行服务不适用本办法。

第三条　一般纳税人出租不动产,按照以下规定缴纳增值税:

(一)一般纳税人出租其 2016 年 4 月 30 日前取得的不动产,可以选择适用简易计税方法,按照 5% 的征收率计算应纳税额。

不动产所在地与机构所在地不在同一县(市、区)的,纳税人应按照上述计税方法向不动产所在地主管国税机关预缴税款,向机构所在地主管国税机关申报纳税。

不动产所在地与机构所在地在同一县(市、区)的,纳税人向机构所在地主管国税机关申报纳税。

(二)一般纳税人出租其 2016 年 5 月 1 日后取得的不动产,适用一般计税方法计税。

不动产所在地与机构所在地不在同一县(市、区)的,纳税人应按照 3% 的预征率向不动产所在地主管国税机关预缴税款,向机构所在地主管国税机关申报纳税。

不动产所在地与机构所在地在同一县(市、区)的,纳税人应向机构所在地主管国税机关申报纳税。

一般纳税人出租其 2016 年 4 月 30 日前取得的不动产适用一般计税方法计税的,

按照上述规定执行。

第四条　小规模纳税人出租不动产,按照以下规定缴纳增值税:

(一)单位和个体工商户出租不动产(不含个体工商户出租住房),按照5%的征收率计算应纳税额。个体工商户出租住房,按照5%的征收率减按1.5%计算应纳税额。

不动产所在地与机构所在地不在同一县(市、区)的,纳税人应按照上述计税方法向不动产所在地主管国税机关预缴税款,向机构所在地主管国税机关申报纳税。

不动产所在地与机构所在地在同一县(市、区)的,纳税人应向机构所在地主管国税机关申报纳税。

(二)其他个人出租不动产(不含住房),按照5%的征收率计算应纳税额,向不动产所在地主管地税机关申报纳税。其他个人出租住房,按照5%的征收率减按1.5%计算应纳税额,向不动产所在地主管地税机关申报纳税。

第五条　纳税人出租的不动产所在地与其机构所在地在同一直辖市或计划单列市但不在同一县(市、区)的,由直辖市或计划单列市国家税务局决定是否在不动产所在地预缴税款。

第六条　纳税人出租不动产,按照本办法规定需要预缴税款的,应在取得租金的次月纳税申报期或不动产所在地主管国税机关核定的纳税期限预缴税款。

第七条　预缴税款的计算

(一)纳税人出租不动产适用一般计税方法计税的,按照以下公式计算应预缴税款:

应预缴税款 = 含税销售额 ÷ (1 + 11%) × 3%

(二)纳税人出租不动产适用简易计税方法计税的,除个人出租住房外,按照以下公式计算应预缴税款:

应预缴税款 = 含税销售额 ÷ (1 + 5%) × 5%

(三)个体工商户出租住房,按照以下公式计算应预缴税款:

应预缴税款 = 含税销售额 ÷ (1 + 5%) × 1.5%

第八条　其他个人出租不动产,按照以下公式计算应纳税款:

(一)出租住房:

应纳税款 = 含税销售额 ÷ (1 + 5%) × 1.5%

(二)出租非住房:

应纳税款 = 含税销售额 ÷ (1 + 5%) × 5%

第九条　单位和个体工商户出租不动产,按照本办法规定向不动产所在地主管国税机关预缴税款时,应填写《增值税预缴税款表》。

第十条　单位和个体工商户出租不动产,向不动产所在地主管国税机关预缴的增值税款,可以在当期增值税应纳税额中抵减,抵减不完的,结转下期继续抵减。

纳税人以预缴税款抵减应纳税额,应以完税凭证作为合法有效凭证。

第十一条 小规模纳税人中的单位和个体工商户出租不动产,不能自行开具增值税发票的,可向不动产所在地主管国税机关申请代开增值税发票。

其他个人出租不动产,可向不动产所在地主管地税机关申请代开增值税发票。

第十二条 纳税人向其他个人出租不动产,不得开具或申请代开增值税专用发票。

第十三条 纳税人出租不动产,按照本办法规定应向不动产所在地主管国税机关预缴税款而自应当预缴之月起超过6个月没有预缴税款的,由机构所在地主管国税机关按照《中华人民共和国税收征收管理法》及相关规定进行处理。

纳税人出租不动产,未按照本办法规定缴纳税款的,由主管税务机关按照《中华人民共和国税收征收管理法》及相关规定进行处理。

1-1-3
国家税务总局关于发布《房地产开发企业销售自行开发的房地产项目增值税征收管理暂行办法》的公告

2016年3月31日　国家税务总局公告2016年第18号

国家税务总局制定了《房地产开发企业销售自行开发的房地产项目增值税征收管理暂行办法》,现予以公布,自2016年5月1日起施行。

特此公告。

房地产开发企业销售自行开发的房地产项目增值税征收管理暂行办法

第一章　适用范围

第一条 根据《财政部　国家税务总局关于全面推开营业税改征增值税试点的通知》(财税〔2016〕36号)及现行增值税有关规定,制定本办法。

第二条 房地产开发企业销售自行开发的房地产项目,适用本办法。

自行开发,是指在依法取得土地使用权的土地上进行基础设施和房屋建设。

第三条 房地产开发企业以接盘等形式购入未完工的房地产项目继续开发后,以自己的名义立项销售的,属于本办法规定的销售自行开发的房地产项目。

第二章　一般纳税人征收管理

第一节　销售额

第四条　房地产开发企业中的一般纳税人(以下简称一般纳税人)销售自行开发的房地产项目,适用一般计税方法计税,按照取得的全部价款和价外费用,扣除当期销售房地产项目对应的土地价款后的余额计算销售额。销售额的计算公式如下:

销售额 = (全部价款和价外费用 - 当期允许扣除的土地价款) ÷ (1 + 11%)

第五条　当期允许扣除的土地价款按照以下公式计算:

当期允许扣除的土地价款 = (当期销售房地产项目建筑面积 ÷ 房地产项目可供销售建筑面积) × 支付的土地价款

当期销售房地产项目建筑面积,是指当期进行纳税申报的增值税销售额对应的建筑面积。

房地产项目可供销售建筑面积,是指房地产项目可以出售的总建筑面积,不包括销售房地产项目时未单独作价结算的配套公共设施的建筑面积。

支付的土地价款,是指向政府、土地管理部门或受政府委托收取土地价款的单位直接支付的土地价款。

第六条　在计算销售额时从全部价款和价外费用中扣除土地价款,应当取得省级以上(含省级)财政部门监(印)制的财政票据。

第七条　一般纳税人应建立台账登记土地价款的扣除情况,扣除的土地价款不得超过纳税人实际支付的土地价款。

第八条　一般纳税人销售自行开发的房地产老项目,可以选择适用简易计税方法按照 5% 的征收率计税。一经选择简易计税方法计税的,36 个月内不得变更为一般计税方法计税。

房地产老项目,是指:

(一)《建筑工程施工许可证》注明的合同开工日期在 2016 年 4 月 30 日前的房地产项目;

(二)《建筑工程施工许可证》未注明合同开工日期或者未取得《建筑工程施工许可证》但建筑工程承包合同注明的开工日期在 2016 年 4 月 30 日前的建筑工程项目。

第九条　一般纳税人销售自行开发的房地产老项目适用简易计税方法计税的,以取得的全部价款和价外费用为销售额,不得扣除对应的土地价款。

第二节　预缴税款

第十条　一般纳税人采取预收款方式销售自行开发的房地产项目,应在收到预收款时按照 3% 的预征率预缴增值税。

第十一条　应预缴税款按照以下公式计算:

应预缴税款 = 预收款 ÷ (1 + 适用税率或征收率) × 3%

适用一般计税方法计税的,按照 11% 的适用税率计算;适用简易计税方法计税的,按照 5% 的征收率计算。

第十二条　一般纳税人应在取得预收款的次月纳税申报期向主管国税机关预缴税款。

第三节　进项税额

第十三条　一般纳税人销售自行开发的房地产项目,兼有一般计税方法计税、简易计税方法计税、免征增值税的房地产项目而无法划分不得抵扣的进项税额的,应以《建筑工程施工许可证》注明的"建设规模"为依据进行划分。

不得抵扣的进项税额 = 当期无法划分的全部进项税额 × (简易计税、免税房地产项目建设规模 ÷ 房地产项目总建设规模)

第四节　纳税申报

第十四条　一般纳税人销售自行开发的房地产项目适用一般计税方法计税的,应按照《营业税改征增值税试点实施办法》(财税〔2016〕36 号文件印发,以下简称《试点实施办法》)第四十五条规定的纳税义务发生时间,以当期销售额和 11% 的适用税率计算当期应纳税额,抵减已预缴税款后,向主管国税机关申报纳税。未抵减完的预缴税款可以结转下期继续抵减。

第十五条　一般纳税人销售自行开发的房地产项目适用简易计税方法计税的,应按照《试点实施办法》第四十五条规定的纳税义务发生时间,以当期销售额和 5% 的征收率计算当期应纳税额,抵减已预缴税款后,向主管国税机关申报纳税。未抵减完的预缴税款可以结转下期继续抵减。

第五节　发票开具

第十六条　一般纳税人销售自行开发的房地产项目,自行开具增值税发票。

第十七条　一般纳税人销售自行开发的房地产项目,其 2016 年 4 月 30 日前收取并已向主管地税机关申报缴纳营业税的预收款,未开具营业税发票的,可以开具增值税普通发票,不得开具增值税专用发票。

第十八条　一般纳税人向其他个人销售自行开发的房地产项目,不得开具增值税专用发票。

第三章　小规模纳税人征收管理

第一节　预缴税款

第十九条　房地产开发企业中的小规模纳税人(以下简称小规模纳税人)采取预

收款方式销售自行开发的房地产项目,应在收到预收款时按照 3% 的预征率预缴增值税。

第二十条　应预缴税款按照以下公式计算:

应预缴税款 = 预收款 ÷ (1 + 5%) × 3%

第二十一条　小规模纳税人应在取得预收款的次月纳税申报期或主管国税机关核定的纳税期限向主管国税机关预缴税款。

第二节　纳税申报

第二十二条　小规模纳税人销售自行开发的房地产项目,应按照《试点实施办法》第四十五条规定的纳税义务发生时间,以当期销售额和 5% 的征收率计算当期应纳税额,抵减已预缴税款后,向主管国税机关申报纳税。未抵减完的预缴税款可以结转下期继续抵减。

第三节　发票开具

第二十三条　小规模纳税人销售自行开发的房地产项目,自行开具增值税普通发票。购买方需要增值税专用发票的,小规模纳税人向主管国税机关申请代开。

第二十四条　小规模纳税人销售自行开发的房地产项目,其 2016 年 4 月 30 日前收取并已向主管地税机关申报缴纳营业税的预收款,未开具营业税发票的,可以开具增值税普通发票,不得申请代开增值税专用发票。

第二十五条　小规模纳税人向其他个人销售自行开发的房地产项目,不得申请代开增值税专用发票。

第四章　其他事项

第二十六条　房地产开发企业销售自行开发的房地产项目,按照本办法规定预缴税款时,应填报《增值税预缴税款表》。

第二十七条　房地产开发企业以预缴税款抵减应纳税额,应以完税凭证作为合法有效凭证。

第二十八条　房地产开发企业销售自行开发的房地产项目,未按本办法规定预缴或缴纳税款的,由主管国税机关按照《中华人民共和国税收征收管理法》及相关规定进行处理。

1-1-4

国家税务总局关于营业税改征增值税
委托地税机关代征税款和代开增值税发票的公告

2016 年 3 月 31 日 国家税务总局公告 2016 年第 19 号

根据《中华人民共和国税收征收管理法》《财政部 国家税务总局关于全面推开营业税改征增值税试点的通知》(财税〔2016〕36 号)和《国家税务总局关于加强国家税务局、地方税务局互相委托代征税收的通知》(税总发〔2015〕155 号)等有关规定,税务总局决定,营业税改征增值税后由地税机关继续受理纳税人销售其取得的不动产和其他个人出租不动产的申报缴税和代开增值税发票业务,以方便纳税人办税。

本公告自 2016 年 5 月 1 日起施行。

特此公告。

1-1-5

国家税务总局关于营业税改征增值税委托地税局
代征税款和代开增值税发票的通知

2016 年 3 月 31 日 税总函〔2016〕145 号

各省、自治区、直辖市和计划单列市国家税务局、地方税务局:

为平稳推进营改增后国税、地税有关工作的顺利衔接,方便纳税人办税,根据《中华人民共和国税收征收管理法》《财政部 国家税务总局关于全面推开营业税改征增值税试点的通知》(财税〔2016〕36 号)和《国家税务总局关于加强国家税务局、地方税务局互相委托代征税收的通知》(税总发〔2015〕155 号)等有关规定,现就营改增后纳税人销售其取得的不动产和其他个人出租不动产有关代征税款和代开增值税发票工作通知如下:

一、分工安排

国税局是增值税的主管税务机关。营改增后,为方便纳税人,暂定由地税局办理纳税人销售其取得的不动产和其他个人出租不动产增值税的纳税申报受理、计税价格评估、税款征收、税收优惠备案、发票代开等有关事项。地税局办理征缴、退库业务,使用地税局税收票证,并负责收入对账、会计核算、汇总上报工作。本代征业务国税局和地税局不需签订委托代征协议。

纳税人销售其取得的不动产和其他个人出租不动产,申请代开发票的,由代征税款的地税局代开增值税专用发票或者增值税普通发票(以下简称增值税发票)。对于具备增值税发票安全保管条件、可连通网络、地税局可有效监控代征税款及代开发票情况的政府部门等单位,县(区)以上地税局经评估后认为风险可控的,可以同意其代征税款并代开增值税发票。

2016年4月25日前,国税局负责完成同级地税局代开增值税发票操作及相关政策培训工作。

二、代开发票流程

在国税局代开增值税发票流程基础上,地税局按照纳税人销售其取得的不动产和其他个人出租不动产增值税征收管理办法有关规定,为纳税人代开增值税发票。原地税营业税发票停止使用。

(一)代开发票部门登记

比照国税局现有代开增值税发票模式,在国税综合征管软件或金税三期系统中登记维护地税局代开发票部门信息。地税局代开发票部门编码为15位,第11位为"D",其他编码规则按照《国家税务总局关于增值税防伪税控代开专用发票系统设备及软件配备的通知》(国税发〔2004〕139号)规定编制。

(二)税控专用设备发行

地税局代开发票部门登记信息同步至增值税发票管理新系统,比照现有代开增值税发票税控专用设备发行流程,国税局为同级地税局代开发票部门发行税控专用设备并加载税务数字证书。

(三)发票提供

国税局向同级地税局提供六联增值税专用发票和五联增值税普通发票。

(四)发票开具

增值税小规模纳税人销售其取得的不动产以及其他个人出租不动产,购买方或承租方不属于其他个人的,纳税人缴纳增值税后可以向地税局申请代开增值税专用发票。不能自开增值税普通发票的小规模纳税人销售其取得的不动产,以及其他个人出租不动产,可以向地税局申请代开增值税普通发票。地税局代开发票部门通过增值税发票管理新系统代开增值税发票,系统自动在发票上打印"代开"字样。

地税局代开发票部门为纳税人代开的增值税发票,统一使用六联增值税专用发票和五联增值税普通发票。第四联由代开发票岗位留存,以备发票扫描补录;第五联交征收岗位留存,用于代开发票与征收税款的定期核对;其他联次交纳税人。

代开发票岗位应按下列要求填写增值税发票:

1.“税率”栏填写增值税征收率。免税、其他个人出租其取得的不动产适用优惠政策减按1.5%征收、差额征税的,“税率”栏自动打印“＊＊＊”;

2.“销售方名称”栏填写代开地税局名称;

3. "销售方纳税人识别号"栏填写代开发票地税局代码;

4. "销售方开户行及账号"栏填写税收完税凭证字轨及号码(免税代开增值税普通发票可不填写);

5. 备注栏填写销售或出租不动产纳税人的名称、纳税人识别号(或者组织机构代码)、不动产的详细地址;

6. 差额征税代开发票,通过系统中差额征税开票功能,录入含税销售额(或含税评估额)和扣除额,系统自动计算税额和金额,备注栏自动打印"差额征税"字样;

7. 纳税人销售其取得的不动产代开发票,"货物或应税劳务、服务名称"栏填写不动产名称及房屋产权证书号码,"单位"栏填写面积单位;

8. 按照核定计税价格征税的,"金额"栏填写不含税计税价格,备注栏注明"核定计税价格,实际成交含税金额×××元"。

其他项目按照增值税发票填开的有关规定填写。

地税局代开发票部门应在代开增值税发票的备注栏上,加盖地税代开发票专用章。

(五)开票数据传输

地税局代开发票部门通过网络实时或定期将已代开增值税发票信息传输至增值税发票管理新系统。

(六)发票再次领取

地税局代开发票部门需再次领取增值税发票的,发票抄报税后,国税局通过系统验旧缴销,再次提供发票。

三、发票管理

(一)专用发票安全管理

按照国税局现有增值税发票管理有关规定,地税局应加强安全保卫,采取有效措施,保障增值税发票的安全。

(二)日常信息比对

地税局应加强内部管理,每周将代开发票岗代开发票信息与征收岗税款征收信息进行比对,发现问题的要按有关规定及时处理。

(三)事后信息比对

税务总局将根据有关工作安排,提取地税局征收税款信息与代开发票信息进行比对,防范不征税代开增值税专用发票和少征税多开票等风险。

四、信息系统升级改造

2016年4月25日前,金税三期未上线省份应由各省地税局按照税务总局有关规定及时更新升级相关信息系统,调配征管资源、规范受理申报缴税工作。金税三期已上线省份由税务总局(征管科技司)负责统一调试相关信息系统。

五、税控专用设备配备和维护

2016年4月5日前,各省地税局将代开增值税发票需要使用的税控专用设备数量告知省国税局。4月8日前,各省国税局将需要初始化的专用设备数量通过可控FTP报税务总局(货物劳务税司)。4月20日前,各省国税局向地税局提供税控专用设备。国税局负责协调增值税税控系统服务单位,做好地税局代开增值税发票系统的安装及维护工作。

国税局委托地税局代征和代开增值税发票是深化部门合作的重要内容,各地国税局、地税局要切实履行职责,加强协调配合,形成工作合力;要对纳税人做好政策宣传和纳税辅导工作,提供优质服务和便利条件,方便纳税人申报纳税;要认真做好应急预案,切实关注纳税人反映和动态舆情,确保税制转换平稳顺利。

1-1-6
国家税务总局关于全面推开营业税改征增值税试点有关税收征收管理事项的公告

2016年4月19日　国家税务总局公告2016年第23号

为保障全面推开营业税改征增值税(以下简称营改增)试点工作顺利实施,现将有关税收征收管理事项公告如下:

一、纳税申报期

(一)2016年5月1日新纳入营改增试点范围的纳税人(以下简称试点纳税人),2016年6月增值税纳税申报期延长至2016年6月27日。

(二)根据工作实际情况,省、自治区、直辖市和计划单列市国家税务局(以下简称省国税局)可以适当延长2015年度企业所得税汇算清缴时间,但最长不得超过2016年6月30日。

(三)实行按季申报的原营业税纳税人,2016年5月申报期内,向主管地税机关申报税款所属期为4月的营业税;2016年7月申报期内,向主管国税机关申报税款所属期为5月、6月的增值税。

二、增值税一般纳税人资格登记

(一)试点纳税人应按本公告规定办理增值税一般纳税人资格登记。

(二)除本公告第二条第(三)项规定的情形外,营改增试点实施前(以下简称试点实施前)销售服务、无形资产或者不动产(以下简称应税行为)的年应税销售额超过500万元的试点纳税人,应向主管国税机关办理增值税一般纳税人资格登记手续。

试点纳税人试点实施前的应税行为年应税销售额按以下公式换算:

应税行为年应税销售额 = 连续不超过12个月应税行为营业额合计 ÷ (1 + 3%)

按照现行营业税规定差额征收营业税的试点纳税人,其应税行为营业额按未扣除之前的营业额计算。

试点实施前,试点纳税人偶然发生的转让不动产的营业额,不计入应税行为年应税销售额。

(三)试点实施前已取得增值税一般纳税人资格并兼有应税行为的试点纳税人,不需要重新办理增值税一般纳税人资格登记手续,由主管国税机关制作、送达《税务事项通知书》,告知纳税人。

(四)试点实施前应税行为年应税销售额未超过 500 万元的试点纳税人,会计核算健全,能够提供准确税务资料的,也可以向主管国税机关办理增值税一般纳税人资格登记。

(五)试点实施前,试点纳税人增值税一般纳税人资格登记可由省国税局按照本公告及相关规定采取预登记措施。

(六)试点实施后,符合条件的试点纳税人应当按照《增值税一般纳税人资格认定管理办法》(国家税务总局令第 22 号)、《国家税务总局关于调整增值税一般纳税人管理有关事项的公告》(国家税务总局公告 2015 年第 18 号)及相关规定,办理增值税一般纳税人资格登记。按照营改增有关规定,应税行为有扣除项目的试点纳税人,其应税行为年应税销售额按未扣除之前的销售额计算。

增值税小规模纳税人偶然发生的转让不动产的销售额,不计入应税行为年应税销售额。

(七)试点纳税人兼有销售货物、提供加工修理修配劳务和应税行为的,应税货物及劳务销售额与应税行为销售额分别计算,分别适用增值税一般纳税人资格登记标准。

兼有销售货物、提供加工修理修配劳务和应税行为,年应税销售额超过财政部、国家税务总局规定标准且不经常发生销售货物、提供加工修理修配劳务和应税行为的单位和个体工商户可选择按照小规模纳税人纳税。

(八)试点纳税人在办理增值税一般纳税人资格登记后,发生增值税偷税、骗取出口退税和虚开增值税扣税凭证等行为的,主管国税机关可以对其实行 6 个月的纳税辅导期管理。

三、发票使用

(一)增值税一般纳税人销售货物、提供加工修理修配劳务和应税行为,使用增值税发票管理新系统(以下简称新系统)开具增值税专用发票、增值税普通发票、机动车销售统一发票、增值税电子普通发票。

(二)增值税小规模纳税人销售货物、提供加工修理修配劳务月销售额超过 3 万元(按季纳税 9 万元),或者销售服务、无形资产月销售额超过 3 万元(按季纳税 9 万元),使用新系统开具增值税普通发票、机动车销售统一发票、增值税电子普通发票。

(三)增值税普通发票(卷式)启用前,纳税人可通过新系统使用国税机关发放的现有卷式发票。

(四)门票、过路(过桥)费发票、定额发票、客运发票和二手车销售统一发票继续使用。

（五）采取汇总纳税的金融机构,省、自治区所辖地市以下分支机构可以使用地市级机构统一领取的增值税专用发票、增值税普通发票、增值税电子普通发票;直辖市、计划单列市所辖区县及以下分支机构可以使用直辖市、计划单列市机构统一领取的增值税专用发票、增值税普通发票、增值税电子普通发票。

（六）国税机关、地税机关使用新系统代开增值税专用发票和增值税普通发票。代开增值税专用发票使用六联票,代开增值税普通发票使用五联票。

（七）自2016年5月1日起,地税机关不再向试点纳税人发放发票。试点纳税人已领取地税机关印制的发票以及印有本单位名称的发票,可继续使用至2016年6月30日,特殊情况经省国税局确定,可适当延长使用期限,最迟不超过2016年8月31日。

纳税人在地税机关已申报营业税未开具发票,2016年5月1日以后需要补开发票的,可于2016年12月31日前开具增值税普通发票(税务总局另有规定的除外)。

四、增值税发票开具

（一）税务总局编写了《商品和服务税收分类与编码(试行)》(以下简称编码,见附件),并在新系统中增加了编码相关功能。自2016年5月1日起,纳入新系统推行范围内的试点纳税人及新办增值税纳税人,应使用新系统选择相应的编码开具增值税发票。北京市、上海市、江苏省和广东省已使用编码的纳税人,应于5月1日前完成开票软件升级。5月1日前已使用新系统的纳税人,应于8月1日前完成开票软件升级。

（二）按照现行政策规定适用差额征税办法缴纳增值税,且不得全额开具增值税发票的(财政部、税务总局另有规定的除外),纳税人自行开具或者税务机关代开增值税发票时,通过新系统中差额征税开票功能,录入含税销售额(或含税评估额)和扣除额,系统自动计算税额和不含税金额,备注栏自动打印"差额征税"字样,发票开具不应与其他应税行为混开。

（三）提供建筑服务,纳税人自行开具或者税务机关代开增值税发票时,应在发票的备注栏注明建筑服务发生地县(市、区)名称及项目名称。

（四）销售不动产,纳税人自行开具或者税务机关代开增值税发票时,应在发票"货物或应税劳务、服务名称"栏填写不动产名称及房屋产权证书号码(无房屋产权证书的可不填写),"单位"栏填写面积单位,备注栏注明不动产的详细地址。

（五）出租不动产,纳税人自行开具或者税务机关代开增值税发票时,应在备注栏注明不动产的详细地址。

（六）个人出租住房适用优惠政策减按1.5%征收,纳税人自行开具或者税务机关代开增值税发票时,通过新系统中征收率减按1.5%征收开票功能,录入含税销售额,系统自动计算税额和不含税金额,发票开具不应与其他应税行为混开。

（七）税务机关代开增值税发票时,"销售方开户行及账号"栏填写税收完税凭证字轨及号码或系统税票号码(免税代开增值税普通发票可不填写)。

(八)国税机关为跨县(市、区)提供不动产经营租赁服务、建筑服务的小规模纳税人(不包括其他个人),代开增值税发票时,在发票备注栏中自动打印"YD"字样。

五、扩大取消增值税发票认证的纳税人范围

(一)纳税信用B级增值税一般纳税人取得销售方使用新系统开具的增值税发票(包括增值税专用发票、货物运输业增值税专用发票、机动车销售统一发票,下同),可以不再进行扫描认证,登录本省增值税发票查询平台,查询、选择用于申报抵扣或者出口退税的增值税发票信息,未查询到对应发票信息的,仍可进行扫描认证。

(二)2016年5月1日新纳入营改增试点的增值税一般纳税人,2016年5—7月期间不需进行增值税发票认证,登录本省增值税发票查询平台,查询、选择用于申报抵扣或者出口退税的增值税发票信息,未查询到对应发票信息的,可进行扫描认证。2016年8月起按照纳税信用级别分别适用发票认证的有关规定。

六、其他纳税事项

(一)原以地市一级机构汇总缴纳营业税的金融机构,营改增后继续以地市一级机构汇总缴纳增值税。

同一省(自治区、直辖市、计划单列市)范围内的金融机构,经省(自治区、直辖市、计划单列市)国家税务局和财政厅(局)批准,可以由总机构汇总向总机构所在地的主管国税机关申报缴纳增值税。

(二)增值税小规模纳税人应分别核算销售货物,提供加工、修理修配劳务的销售额,和销售服务、无形资产的销售额。增值税小规模纳税人销售货物,提供加工、修理修配劳务月销售额不超过3万元(按季纳税9万元),销售服务、无形资产月销售额不超过3万元(按季纳税9万元)的,自2016年5月1日起至2017年12月31日,可分别享受小微企业暂免征收增值税优惠政策。

(三)按季纳税申报的增值税小规模纳税人,实际经营期不足一个季度的,以实际经营月份计算当期可享受小微企业免征增值税政策的销售额度。

按照本公告第一条第(三)项规定,按季纳税的试点增值税小规模纳税人,2016年7月纳税申报时,申报的2016年5月、6月增值税应税销售额中,销售货物,提供加工、修理修配劳务的销售额不超过6万元,销售服务、无形资产的销售额不超过6万元的,可分别享受小微企业暂免征收增值税优惠政策。

(四)其他个人采取预收款形式出租不动产,取得的预收租金收入,可在预收款对应的租赁期内平均分摊,分摊后的月租金收入不超过3万元的,可享受小微企业免征增值税优惠政策。

七、本公告自2016年5月1日起施行,《国家税务总局关于使用新版不动产销售统一发票和新版建筑业统一发票有关问题的通知》(国税发〔2006〕173号)、《国家税务总局关于营业税改征增值税试点增值税一般纳税人资格认定有关事项的公告》(国家税务总局公告2013年第75号)、《国家税务总局关于开展商品和服务税收分类与编码试点工作的通知》(税总函〔2016〕56号)同时废止。

特此公告。

附件:商品和服务税收分类与编码(试行)(电子件)(编者略)①

注释:①此附件中的分类编码已调整。参见:《国家税务总局关于营改增试点若干征管问题的公告》,国家税务总局公告2016年第53号。

1-1-7
北京市财政局　北京市国家税务局　北京市地方税务局转发财政部　国家税务总局关于全面推开营业税改征增值税试点的通知

2016年4月22日　京财税〔2016〕633号

各区财政局、国家税务局、地方税务局,市国家税务局直属税务分局,市地方税务局直属分局:

现将《财政部　国家税务总局关于全面推开营业税改征增值税试点的通知》(财税〔2016〕36号)转发给你们,并补充通知如下,请一并遵照执行。

一、我市销售服务、无形资产或者不动产的增值税起征点,按期纳税的,为月应税销售额20000元(含本数);按次纳税的,为每次(日)销售额500元(含本数)。

二、我市对"自主就业退役士兵从事个体经营"的,实行限额标准上浮20%,即每人每年9600元;对"商贸企业、服务型企业、劳动就业服务企业中加工型企业和街道社区具有加工性质的小型企业实体,在新增加的岗位中,当年新招用自主就业退役士兵,与其签订1年以上期限劳动合同并依法缴纳社会保险费"的,实行定额标准上浮50%,即每人每年6000元。

三、我市对持《就业创业证》(注明"自主创业税收政策"或"毕业年度内自主创业税收政策")或2015年1月27日前取得的《就业失业登记证》(注明"自主创业税收政策"或附着《高校毕业生自主创业证》)的人员从事个体经营的,实行限额标准上浮20%,即每人每年9600元;对商贸企业、服务型企业、劳动就业服务企业中的加工型企业和街道社区具有加工性质的小型企业实体,在新增加的岗位中,当年新招用在人力资源社会保障部门公共就业服务机构登记失业半年以上且持《就业创业证》或2015年1月27日前取得的《就业失业登记证》(注明"企业吸纳税收政策")人员,与其签订1年以上期限劳动合同并依法缴纳社会保险费的,实行定额标准上浮30%,即每人每年5200元。

四、本通知自2016年5月1日起执行。《北京市财政局　北京市国家税务局　北京市地方税务局转发财政部　国家税务总局关于将铁路运输和邮政业纳入营业税改征增值税试点的通知》(京财税〔2014〕8号)、《北京市财政局　北京市国家税务局　北京市地方税务局转发财政部　国家税务总局关于铁路运输和邮政业营业税改征增值税试点有关政策的补充通知》(京财税〔2014〕184号),《北京市财政局　北京市国家税务局　北京市地方税务局转发财政部　国家税务总局关于将电信业纳入营业税改征增值税试点的通知》(京财税〔2014〕920号)、《北京市财政局　北京市国家税务局　北京市地方税务局转发财政部　国家税务总局关于影视等出口服务适用增值税零税率政策的通知》(京财税〔2015〕2490号),相应废止。

附件:财政部、国家税务总局关于全面推开营业税改征增值税试点的通知(财税〔2016〕36号)

附件

财政部　国家税务总局关于全面推开营业税改征增值税试点的通知

2016年3月23日　财税〔2016〕36号

各省、自治区、直辖市、计划单列市财政厅(局)、国家税务局、地方税务局,新疆生产建设兵团财务局:

经国务院批准,自2016年5月1日起,在全国范围内全面推开营业税改征增值税(以下称营改增)试点,建筑业、房地产业、金融业、生活服务业等全部营业税纳税人,纳入试点范围,由缴纳营业税改为缴纳增值税。现将《营业税改征增值税试点实施办法》《营业税改征增值税试点有关事项的规定》《营业税改征增值税试点过渡政策的规定》和《跨境应税行为适用增值税零税率和免税政策的规定》印发你们,请遵照执行。

本通知附件规定的内容,除另有规定执行时间外,自2016年5月1日起执行。《财政部　国家税务总局关于将铁路运输和邮政业纳入营业税改征增值税试点的通知》(财税〔2013〕106号)、《财政部　国家税务总局关于铁路运输和邮政业营业税改征增值税试点有关政策的补充通知》(财税〔2013〕121号)、《财政部　国家税务总局关于将电信业纳入营业税改征增值税试点的通知》(财税〔2014〕43号)、《财政部　国家税务总局关于国际水路运输增值税零税率政策的补充通知》(财税〔2014〕50号)和《财政部　国家税务总局关于影视等出口服务适用增值税零税率政策的通知》(财税〔2015〕118号),除另有规定的条款外,相应废止。

各地要高度重视营改增试点工作,切实加强试点工作的组织领导,周密安排,明确责任,采取各种有效措施,做好试点前的各项准备以及试点过程中的监测分析和宣传解释等工作,确保改革的平稳、有序、顺利进行。遇到问题请及时向财政部和国家税务总局反映。

附件:1. 营业税改征增值税试点实施办法
　　　2. 营业税改征增值税试点有关事项的规定
　　　3. 营业税改征增值税试点过渡政策的规定

4. 跨境应税行为适用增值税零税率和免税政策的规定

附件1

营业税改征增值税试点实施办法

第一章　纳税人和扣缴义务人

第一条　在中华人民共和国境内(以下称境内)销售服务、无形资产或者不动产(以下称应税行为)的单位和个人,为增值税纳税人,应当按照本办法缴纳增值税,不缴纳营业税。

单位,是指企业、行政单位、事业单位、军事单位、社会团体及其他单位。

个人,是指个体工商户和其他个人。

第二条　单位以承包、承租、挂靠方式经营的,承包人、承租人、挂靠人(以下统称承包人)以发包人、出租人、被挂靠人(以下统称发包人)名义对外经营并由发包人承担相关法律责任的,以该发包人为纳税人。否则,以承包人为纳税人。

第三条　纳税人分为一般纳税人和小规模纳税人。

应税行为的年应征增值税销售额(以下称应税销售额)超过财政部和国家税务总局规定标准的纳税人为一般纳税人,未超过规定标准的纳税人为小规模纳税人。

年应税销售额超过规定标准的其他个人不属于一般纳税人。年应税销售额超过规定标准但不经常发生应税行为的单位和个体工商户可选择按照小规模纳税人纳税。

第四条　年应税销售额未超过规定标准的纳税人,会计核算健全,能够提供准确税务资料的,可以向主管税务机关办理一般纳税人资格登记,成为一般纳税人。

会计核算健全,是指能够按照国家统一的会计制度规定设置账簿,根据合法、有效凭证核算。

第五条　符合一般纳税人条件的纳税人应当向主管税务机关办理一般纳税人资格登记。具体登记办法由国家税务总局制定。

除国家税务总局另有规定外,一经登记为一般纳税人后,不得转为小规模纳税人。

第六条　中华人民共和国境外(以下称境外)单位或者个人在境内发生应税行为,在境内未设有经营机构的,以购买方为增值税扣缴义务人。财政部和国家税务总局另有规定的除外。

第七条　两个或者两个以上的纳税人,经财政部和国家税务总局批准可以视为一个纳税人合并纳税。具体办法由财政部和国家税务总局另行制定。[①]

第八条　纳税人应当按照国家统一的会计制度进行增值税会计核算。

第二章　征税范围

第九条　应税行为的具体范围,按照本办法所附的《销售服务、无形资产、不动产注释》执行。

第十条　销售服务、无形资产或者不动产,是指有偿提供服务、有偿转让无形资产或者不动产,但属于下列非经营活动的情形除外:

(一)行政单位收取的同时满足以下条件的政府性基金或者行政事业性收费。

1. 由国务院或者财政部批准设立的政府性基金,由国务院或者省级人民政府及其财政、价格主管部门批准设立的行政事业性收费;

2. 收取时开具省级以上(含省级)财政部门监(印)制的财政票据;

3. 所收款项全额上缴财政。

(二)单位或者个体工商户聘用的员工为本单位或者雇主提供取得工资的服务。

(三)单位或者个体工商户为聘用的员工提供服务。

(四)财政部和国家税务总局规定的其他情形。

第十一条 有偿,是指取得货币、货物或者其他经济利益。

第十二条 在境内销售服务、无形资产或者不动产,是指:

(一)服务(租赁不动产除外)或者无形资产(自然资源使用权除外)的销售方或者购买方在境内;

(二)所销售或者租赁的不动产在境内;

(三)所销售自然资源使用权的自然资源在境内;

(四)财政部和国家税务总局规定的其他情形。

第十三条 下列情形不属于在境内销售服务或者无形资产:

(一)境外单位或者个人向境内单位或者个人销售完全在境外发生的服务。

(二)境外单位或者个人向境内单位或者个人销售完全在境外使用的无形资产。

(三)境外单位或者个人向境内单位或者个人出租完全在境外使用的有形动产。

(四)财政部和国家税务总局规定的其他情形。

第十四条 下列情形视同销售服务、无形资产或者不动产:

(一)单位或者个体工商户向其他单位或者个人无偿提供服务,但用于公益事业或者以社会公众为对象的除外。

(二)单位或者个人向其他单位或者个人无偿转让无形资产或者不动产,但用于公益事业或者以社会公众为对象的除外。

(三)财政部和国家税务总局规定的其他情形。

第三章 税率和征收率

第十五条 增值税税率:

(一)纳税人发生应税行为,除本条第(二)项、第(三)项、第(四)项规定外,税率为6%。

(二)提供交通运输、邮政、基础电信、建筑、不动产租赁服务,销售不动产,转让土地使用权,税率为11%。

(三)提供有形动产租赁服务,税率为17%。

(四)境内单位和个人发生的跨境应税行为,税率为零。具体范围由财政部和国家税务总局另行规定。

第十六条 增值税征收率为3%,财政部和国家税务总局另有规定的除外。

第四章 应纳税额的计算

第一节 一般性规定

第十七条 增值税的计税方法,包括一般计税方法和简易计税方法。

第十八条 一般纳税人发生应税行为适用一般计税方法计税。

一般纳税人发生财政部和国家税务总局规定的特定应税行为,可以选择适用简易计税方法计税,但一经选择,36 个月内不得变更。

第十九条　小规模纳税人发生应税行为适用简易计税方法计税。

第二十条　境外单位或者个人在境内发生应税行为,在境内未设有经营机构的,扣缴义务人按照下列公式计算应扣缴税额:

应扣缴税额 = 购买方支付的价款 ÷ (1 + 税率) × 税率

第二节　一般计税方法

第二十一条　一般计税方法的应纳税额,是指当期销项税额抵扣当期进项税额后的余额。应纳税额计算公式:

应纳税额 = 当期销项税额 – 当期进项税额

当期销项税额小于当期进项税额不足抵扣时,其不足部分可以结转下期继续抵扣。

第二十二条　销项税额,是指纳税人发生应税行为按照销售额和增值税税率计算并收取的增值税额。销项税额计算公式:

销项税额 = 销售额 × 税率

第二十三条　一般计税方法的销售额不包括销项税额,纳税人采用销售额和销项税额合并定价方法的,按照下列公式计算销售额:

销售额 = 含税销售额 ÷ (1 + 税率)

第二十四条　进项税额,是指纳税人购进货物、加工修理修配劳务、服务、无形资产或者不动产,支付或者负担的增值税额。

第二十五条　下列进项税额准予从销项税额中抵扣:

(一)从销售方取得的增值税专用发票(含税控机动车销售统一发票,下同)上注明的增值税额。

(二)从海关取得的海关进口增值税专用缴款书上注明的增值税额。

(三)购进农产品,除取得增值税专用发票或者海关进口增值税专用缴款书外,按照农产品收购发票或者销售发票上注明的农产品买价和13%的扣除率计算的进项税额。计算公式为:

进项税额 = 买价 × 扣除率

买价,是指纳税人购进农产品在农产品收购发票或者销售发票上注明的价款和按照规定缴纳的烟叶税。

购进农产品,按照《农产品增值税进项税额核定扣除试点实施办法》抵扣进项税额的除外。

(四)从境外单位或者个人购进服务、无形资产或者不动产,自税务机关或者扣缴义务人取得的解缴税款的完税凭证上注明的增值税额。

第二十六条　纳税人取得的增值税扣税凭证不符合法律、行政法规或者国家税务总局有关规定的,其进项税额不得从销项税额中抵扣。

增值税扣税凭证,是指增值税专用发票、海关进口增值税专用缴款书、农产品收购发票、农产品销售发票和完税凭证。

纳税人凭完税凭证抵扣进项税额的,应当具备书面合同、付款证明和境外单位的对账单或者发票。资料不全的,其进项税额不得从销项税额中抵扣。

第二十七条　下列项目的进项税额不得从销项税额中抵扣:

(一)用于简易计税方法计税项目、免征增值税项目、集体福利或者个人消费的购进货物、加工修理修配劳务、服务、无形资产和不动产。其中涉及的固定资产、无形资产、不动产,仅指专用于上述项目的固定资产、无形资产(不包括其他权益性无形资产)、不动产。

纳税人的交际应酬消费属于个人消费。

(二)非正常损失的购进货物,以及相关的加工修理修配劳务和交通运输服务。

(三)非正常损失的在产品、产成品所耗用的购进货物(不包括固定资产)、加工修理修配劳务和交通运输服务。

(四)非正常损失的不动产,以及该不动产所耗用的购进货物、设计服务和建筑服务。

(五)非正常损失的不动产在建工程所耗用的购进货物、设计服务和建筑服务。

纳税人新建、改建、扩建、修缮、装饰不动产,均属于不动产在建工程。

(六)购进的旅客运输服务、贷款服务、餐饮服务、居民日常服务和娱乐服务。

(七)财政部和国家税务总局规定的其他情形。

本条第(四)项、第(五)项所称货物,是指构成不动产实体的材料和设备,包括建筑装饰材料和给排水、采暖、卫生、通风、照明、通讯、煤气、消防、中央空调、电梯、电气、智能化楼宇设备及配套设施。

第二十八条 不动产、无形资产的具体范围,按照本办法所附的《销售服务、无形资产或者不动产注释》执行。

固定资产,是指使用期限超过12个月的机器、机械、运输工具以及其他与生产经营有关的设备、工具、器具等有形动产。

非正常损失,是指因管理不善造成货物被盗、丢失、霉烂变质,以及因违反法律法规造成货物或者不动产被依法没收、销毁、拆除的情形。

第二十九条 适用一般计税方法的纳税人,兼营简易计税方法计税项目、免征增值税项目而无法划分不得抵扣的进项税额,按照下列公式计算不得抵扣的进项税额:

不得抵扣的进项税额 = 当期无法划分的全部进项税额 ×(当期简易计税方法计税项目销售额 + 免征增值税项目销售额)÷ 当期全部销售额

主管税务机关可以按照上述公式依据年度数据对不得抵扣的进项税额进行清算。

第三十条 已抵扣进项税额的购进货物(不含固定资产)、劳务、服务,发生本办法第二十七条规定情形(简易计税方法计税项目、免征增值税项目除外)的,应当将该进项税额从当期进项税额中扣减;无法确定该进项税额的,按照当期实际成本计算应扣减的进项税额。

第三十一条 已抵扣进项税额的固定资产、无形资产或者不动产,发生本办法第二十七条规定情形的,按照下列公式计算不得抵扣的进项税额:

不得抵扣的进项税额 = 固定资产、无形资产或者不动产净值 × 适用税率

固定资产、无形资产或者不动产净值,是指纳税人根据财务会计制度计提折旧或摊销后的余额。

第三十二条 纳税人适用一般计税方法计税的,因销售折让、中止或者退回而退还给购买方的增值税额,应当从当期的销项税额中扣减;因销售折让、中止或者退回而收回的增值税额,应当从当期的进项税额中扣减。

第三十三条 有下列情形之一者,应当按照销售额和增值税税率计算应纳税额,不得抵扣进项税额,也不得使用增值税专用发票:

(一)一般纳税人会计核算不健全,或者不能够提供准确税务资料的。

(二)应当办理一般纳税人资格登记而未办理的。

第三节　简易计税方法

第三十四条　简易计税方法的应纳税额,是指按照销售额和增值税征收率计算的增值税额,不得抵扣进项税额。应纳税额计算公式:

应纳税额 = 销售额 × 征收率

第三十五条　简易计税方法的销售额不包括其应纳税额,纳税人采用销售额和应纳税额合并定价方法的,按照下列公式计算销售额:

销售额 = 含税销售额 ÷ (1 + 征收率)

第三十六条　纳税人适用简易计税方法计税的,因销售折让、中止或者退回而退还给购买方的销售额,应当从当期销售额中扣减。扣减当期销售额后仍有余额造成多缴的税款,可以从以后的应纳税额中扣减。

第四节　销售额的确定

第三十七条　销售额,是指纳税人发生应税行为取得的全部价款和价外费用,财政部和国家税务总局另有规定的除外。

价外费用,是指价外收取的各种性质的收费,但不包括以下项目:

(一)代为收取并符合本办法第十条规定的政府性基金或者行政事业性收费。

(二)以委托方名义开具发票代委托方收取的款项。

第三十八条　销售额以人民币计算。

纳税人按照人民币以外的货币结算销售额的,应当折合成人民币计算,折合率可以选择销售额发生的当天或者当月 1 日的人民币汇率中间价。纳税人应当在事先确定采用何种折合率,确定后 12 个月内不得变更。

第三十九条　纳税人兼营销售货物、劳务、服务、无形资产或者不动产,适用不同税率或者征收率的,应当分别核算适用不同税率或者征收率的销售额;未分别核算的,从高适用税率。

第四十条　一项销售行为如果既涉及服务又涉及货物,为混合销售。从事货物的生产、批发或者零售的单位和个体工商户的混合销售行为,按照销售货物缴纳增值税;其他单位和个体工商户的混合销售行为,按照销售服务缴纳增值税。

本条所称从事货物的生产、批发或者零售的单位和个体工商户,包括以从事货物的生产、批发或者零售为主,并兼营销售服务的单位和个体工商户在内。

第四十一条　纳税人兼营免税、减税项目的,应当分别核算免税、减税项目的销售额;未分别核算的,不得免税、减税。

第四十二条　纳税人发生应税行为,开具增值税专用发票后,发生开票有误或者销售折让、中止、退回等情形的,应当按照国家税务总局的规定开具红字增值税专用发票;未按照规定开具红字增值税专用发票的,不得按本办法第三十二条和第三十六条的规定扣减销项税额或者销售额。

第四十三条　纳税人发生应税行为,将价款和折扣额在同一张发票上分别注明的,以折扣后的价款为销售额;未在同一张发票上分别注明的,以价款为销售额,不得扣减折扣额。

第四十四条　纳税人发生应税行为价格明显偏低或者偏高且不具有合理商业目的的,或者发生本办法第十四条所列行为而无销售额的,主管税务机关有权按照下列顺序确定销售额:

(一)按照纳税人最近时期销售同类服务、无形资产或者不动产的平均价格确定。

(二)按照其他纳税人最近时期销售同类服务、无形资产或者不动产的平均价格确定。

(三)按照组成计税价格确定。组成计税价格的公式为:

组成计税价格 = 成本 × (1 + 成本利润率)

成本利润率由国家税务总局确定。

不具有合理商业目的,是指以谋取税收利益为主要目的,通过人为安排,减少、免除、推迟缴纳增值税税款,或者增加退还增值税税款。

第五章　纳税义务、扣缴义务发生时间和纳税地点

第四十五条　增值税纳税义务、扣缴义务发生时间为:

(一)纳税人发生应税行为并收讫销售款项或者取得索取销售款项凭据的当天;先开具发票的,为开具发票的当天。

收讫销售款项,是指纳税人销售服务、无形资产、不动产过程中或者完成后收到款项。

取得索取销售款项凭据的当天,是指书面合同确定的付款日期;未签订书面合同或者书面合同未确定付款日期的,为服务、无形资产转让完成的当天或者不动产权属变更的当天。

(二)纳税人提供建筑服务、租赁服务采取预收款方式的,其纳税义务发生时间为收到预收款的当天。[②]

(三)纳税人从事金融商品转让的,为金融商品所有权转移的当天。

(四)纳税人发生本办法第十四条规定情形的,其纳税义务发生时间为服务、无形资产转让完成的当天或者不动产权属变更的当天。

(五)增值税扣缴义务发生时间为纳税人增值税纳税义务发生的当天。

第四十六条　增值税纳税地点为:

(一)固定业户应当向其机构所在地或者居住地主管税务机关申报纳税。总机构和分支机构不在同一县(市)的,应当分别向各自所在地的主管税务机关申报纳税;经财政部和国家税务总局或者其授权的财政和税务机关批准,可以由总机构汇总向总机构所在地的主管税务机关申报纳税。

(二)非固定业户应当向应税行为发生地主管税务机关申报纳税;未申报纳税的,由其机构所在地或者居住地主管税务机关补征税款。

(三)其他个人提供建筑服务,销售或者租赁不动产,转让自然资源使用权,应向建筑服务发生地、不动产所在地、自然资源所在地主管税务机关申报纳税。

(四)扣缴义务人应当向其机构所在地或者居住地主管税务机关申报缴纳扣缴的税款。

第四十七条　增值税的纳税期限分别为1日、3日、5日、10日、15日、1个月或者1个季度。纳税人的具体纳税期限,由主管税务机关根据纳税人应纳税额的大小分别核定;以1个季度为纳税期限的规定适用于小规模纳税人、银行、财务公司、信托投资公司、信用社,以及财政部和国家税务总局规定的其他纳税人。不能按照固定期限纳税的,可以按次纳税。

纳税人以1个月或者1个季度为1个纳税期的,自期满之日起15日内申报纳税;以1日、3日、5日、10日或者15日为1个纳税期的,自期满之日起5日内预缴税款,于次月1日起15日内申报纳税并结清上月应纳税款。

扣缴义务人解缴税款的期限,按照前两款规定执行。

第六章　税收减免的处理

第四十八条　纳税人发生应税行为适用免税、减税规定的,可以放弃免税、减税,依照本办法的规定缴纳增值税。放弃免税、减税后,36 个月内不得再申请免税、减税。

纳税人发生应税行为同时适用免税和零税率规定的,纳税人可以选择适用免税或者零税率。

第四十九条　个人发生应税行为的销售额未达到增值税起征点的,免征增值税;达到起征点的,全额计算缴纳增值税。

增值税起征点不适用于登记为一般纳税人的个体工商户。

第五十条　增值税起征点幅度如下:

(一)按期纳税的,为月销售额 5000～20000 元(含本数)。

(二)按次纳税的,为每次(日)销售额 300～500 元(含本数)。

起征点的调整由财政部和国家税务总局规定。省、自治区、直辖市财政厅(局)和国家税务局应当在规定的幅度内,根据实际情况确定本地区适用的起征点,并报财政部和国家税务总局备案。

对增值税小规模纳税人中月销售额未达到 2 万元的企业或非企业性单位,免征增值税。2017年 12 月 31 日前,对月销售额 2 万(含本数)～3 万元的增值税小规模纳税人,免征增值税。

第七章　征收管理

第五十一条　营业税改征的增值税,由国家税务局负责征收。纳税人销售取得的不动产和其他个人出租不动产的增值税,国家税务局暂委托地方税务局代为征收。

第五十二条　纳税人发生适用零税率的应税行为,应当按期向主管税务机关申报办理退(免)税,具体办法由财政部和国家税务总局制定。

第五十三条　纳税人发生应税行为,应当向索取增值税专用发票的购买方开具增值税专用发票,并在增值税专用发票上分别注明销售额和销项税额。

属于下列情形之一的,不得开具增值税专用发票:

(一)向消费者个人销售服务、无形资产或者不动产。

(二)适用免征增值税规定的应税行为。

第五十四条　小规模纳税人发生应税行为,购买方索取增值税专用发票的,可以向主管税务机关申请代开。

第五十五条　纳税人增值税的征收管理,按照本办法和《中华人民共和国税收征收管理法》及现行增值税征收管理有关规定执行。

附:销售服务、无形资产、不动产注释

附:

销售服务、无形资产、不动产注释

一、销售服务

销售服务,是指提供交通运输服务、邮政服务、电信服务、建筑服务、金融服务、现代服务、生活服务。

(一)交通运输服务。

交通运输服务,是指利用运输工具将货物或者旅客送达目的地,使其空间位置得到转移的业务活动。包括陆路运输服务、水路运输服务、航空运输服务和管道运输服务。

1. 陆路运输服务。

陆路运输服务,是指通过陆路(地上或者地下)运送货物或者旅客的运输业务活动,包括铁路运输服务和其他陆路运输服务。

(1)铁路运输服务,是指通过铁路运送货物或者旅客的运输业务活动。

(2)其他陆路运输服务,是指铁路运输以外的陆路运输业务活动。包括公路运输、缆车运输、索道运输、地铁运输、城市轻轨运输等。

出租车公司向使用本公司自有出租车的出租车司机收取的管理费用,按照陆路运输服务缴纳增值税。

2. 水路运输服务。

水路运输服务,是指通过江、河、湖、川等天然、人工水道或者海洋航道运送货物或者旅客的运输业务活动。

水路运输的程租、期租业务,属于水路运输服务。

程租业务,是指运输企业为租船人完成某一特定航次的运输任务并收取租赁费的业务。

期租业务,是指运输企业将配备有操作人员的船舶承租给他人使用一定期限,承租期内听候承租方调遣,不论是否经营,均按天向承租方收取租赁费,发生的固定费用均由船东负担的业务。

3. 航空运输服务。

航空运输服务,是指通过空中航线运送货物或者旅客的运输业务活动。

航空运输的湿租业务,属于航空运输服务。

湿租业务,是指航空运输企业将配备有机组人员的飞机承租给他人使用一定期限,承租期内听候承租方调遣,不论是否经营,均按一定标准向承租方收取租赁费,发生的固定费用均由承租方承担的业务。

航天运输服务,按照航空运输服务缴纳增值税。

航天运输服务,是指利用火箭等载体将卫星、空间探测器等空间飞行器发射到空间轨道的业务活动。

4. 管道运输服务。

管道运输服务,是指通过管道设施输送气体、液体、固体物质的运输业务活动。

无运输工具承运业务,按照交通运输服务缴纳增值税。

无运输工具承运业务,是指经营者以承运人身份与托运人签订运输服务合同,收取运费并承担承运人责任,然后委托实际承运人完成运输服务的经营活动。

(二)邮政服务。

邮政服务,是指中国邮政集团公司及其所属邮政企业提供邮件寄递、邮政汇兑和机要通信等邮政基本服务的业务活动。包括邮政普遍服务、邮政特殊服务和其他邮政服务。

1. 邮政普遍服务。

邮政普遍服务,是指函件、包裹等邮件寄递,以及邮票发行、报刊发行和邮政汇兑等业务活动。

函件,是指信函、印刷品、邮资封片卡、无名址函件和邮政小包等。

包裹,是指按照封装上的名址递送给特定个人或者单位的独立封装的物品,其重量不超过五十千克,任何一边的尺寸不超过一百五十厘米,长、宽、高合计不超过三百厘米。

2. 邮政特殊服务。

邮政特殊服务,是指义务兵平常信函、机要通信、盲人读物和革命烈士遗物的寄递等业务活动。

3. 其他邮政服务。

其他邮政服务,是指邮册等邮品销售、邮政代理等业务活动。

(三)电信服务。

电信服务,是指利用有线、无线的电磁系统或者光电系统等各种通信网络资源,提供语音通话服务,传送、发射、接收或者应用图像、短信等电子数据和信息的业务活动。包括基础电信服务和增值电信服务。

1. 基础电信服务。

基础电信服务,是指利用固网、移动网、卫星、互联网,提供语音通话服务的业务活动,以及出租或者出售带宽、波长等网络元素的业务活动。

2. 增值电信服务。

增值电信服务,是指利用固网、移动网、卫星、互联网、有线电视网络,提供短信和彩信服务、电子数据和信息的传输及应用服务、互联网接入服务等业务活动。

卫星电视信号落地转接服务,按照增值电信服务缴纳增值税。

(四)建筑服务。

建筑服务,是指各类建筑物、构筑物及其附属设施的建造、修缮、装饰,线路、管道、设备、设施等的安装以及其他工程作业的业务活动。包括工程服务、安装服务、修缮服务、装饰服务和其他建筑服务。

1. 工程服务。

工程服务,是指新建、改建各种建筑物、构筑物的工程作业,包括与建筑物相连的各种设备或者支柱、操作平台的安装或者装设工程作业,以及各种窑炉和金属结构工程作业。

2. 安装服务。

安装服务,是指生产设备、动力设备、起重设备、运输设备、传动设备、医疗实验设备以及其他各种设备、设施的装配、安置工程作业,包括与被安装设备相连的工作台、梯子、栏杆的装设工程作业,以及被安装设备的绝缘、防腐、保温、油漆等工程作业。

固定电话、有线电视、宽带、水、电、燃气、暖气等经营者向用户收取的安装费、初装费、开户费、扩容费以及类似收费,按照安装服务缴纳增值税。

3. 修缮服务。

修缮服务,是指对建筑物、构筑物进行修补、加固、养护、改善,使之恢复原来的使用价值或者延长其使用期限的工程作业。

4. 装饰服务。

装饰服务,是指对建筑物、构筑物进行修饰装修,使之美观或者具有特定用途的工程作业。

5. 其他建筑服务。

其他建筑服务,是指上列工程作业之外的各种工程作业服务,如钻井(打井)、拆除建筑物或者构筑物、平整土地、园林绿化、疏浚(不包括航道疏浚)、建筑物平移、搭脚手架、爆破、矿山穿孔、表面附着物(包括岩层、土层、沙层等)剥离和清理等工程作业。

(五)金融服务。

金融服务,是指经营金融保险的业务活动。包括贷款服务、直接收费金融服务、保险服务和金融商品转让。

1. 贷款服务。

贷款,是指将资金贷与他人使用而取得利息收入的业务活动。

各种占用、拆借资金取得的收入,包括金融商品持有期间(含到期)利息(保本收益、报酬、资金占用费、补偿金等)收入、信用卡透支利息收入、买入返售金融商品利息收入、融资融券收取的利息收入,以及融资性售后回租、押汇、罚息、票据贴现、转贷等业务取得的利息及利息性质的收入,按照贷款服务缴纳增值税。

融资性售后回租,是指承租方以融资为目的,将资产出售给从事融资性售后回租业务的企业后,从事融资性售后回租业务的企业将该资产出租给承租方的业务活动。

以货币资金投资收取的固定利润或者保底利润,按照贷款服务缴纳增值税。

2. 直接收费金融服务。

直接收费金融服务,是指为货币资金融通及其他金融业务提供相关服务并且收取费用的业务活动。包括提供货币兑换、账户管理、电子银行、信用卡、信用证、财务担保、资产管理、信托管理、基金管理、金融交易场所(平台)管理、资金结算、资金清算、金融支付等服务。

3. 保险服务。

保险服务,是指投保人根据合同约定,向保险人支付保险费,保险人对于合同约定的可能发生的事故因其发生所造成的财产损失承担赔偿保险金责任,或者当被保险人死亡、伤残、疾病或者达到合同约定的年龄、期限等条件时承担给付保险金责任的商业保险行为。包括人身保险服务和财产保险服务。

人身保险服务,是指以人的寿命和身体为保险标的的保险业务活动。

财产保险服务,是指以财产及其有关利益为保险标的的保险业务活动。

4. 金融商品转让。

金融商品转让,是指转让外汇、有价证券、非货物期货和其他金融商品所有权的业务活动。

其他金融商品转让包括基金、信托、理财产品等各类资产管理产品和各种金融衍生品的转让。

(六)现代服务。

现代服务,是指围绕制造业、文化产业、现代物流产业等提供技术性、知识性服务的业务活动。包括研发和技术服务、信息技术服务、文化创意服务、物流辅助服务、租赁服务、鉴证咨询服务、广播影视服务、商务辅助服务和其他现代服务。

1. 研发和技术服务。

研发和技术服务,包括研发服务、合同能源管理服务、工程勘察勘探服务、专业技术服务。

(1)研发服务,也称技术开发服务,是指就新技术、新产品、新工艺或者新材料及其系统进行研究与试验开发的业务活动。

(2)合同能源管理服务,是指节能服务公司与用能单位以契约形式约定节能目标,节能服务公司提供必要的服务,用能单位以节能效果支付节能服务公司投入及其合理报酬的业务活动。

(3)工程勘察勘探服务,是指在采矿、工程施工前后,对地形、地质构造、地下资源蕴藏情况进行实地调查的业务活动。

(4)专业技术服务,是指气象服务、地震服务、海洋服务、测绘服务、城市规划、环境与生态监测服务等专项技术服务。

2. 信息技术服务。

信息技术服务,是指利用计算机、通信网络等技术对信息进行生产、收集、处理、加工、存储、运输、检索和利用,并提供信息服务的业务活动。包括软件服务、电路设计及测试服务、信息系统服务、业务流程管理服务和信息系统增值服务。

(1)软件服务,是指提供软件开发服务、软件维护服务、软件测试服务的业务活动。

(2)电路设计及测试服务,是指提供集成电路和电子电路产品设计、测试及相关技术支持服务的业务活动。

(3)信息系统服务,是指提供信息系统集成、网络管理、网站内容维护、桌面管理与维护、信息系统应用、基础信息技术管理平台整合、信息技术基础设施管理、数据中心、托管中心、信息安全服务、在线杀毒、虚拟主机等业务活动。包括网站对非自有的网络游戏提供的网络运营服务。

(4)业务流程管理服务,是指依托信息技术提供的人力资源管理、财务经济管理、审计管理、税务管理、物流信息管理、经营信息管理和呼叫中心等服务的活动。

(5)信息系统增值服务,是指利用信息系统资源为用户附加提供的信息技术服务。包括数据处理、分析和整合、数据库管理、数据备份、数据存储、容灾服务、电子商务平台等。

3. 文化创意服务。

文化创意服务,包括设计服务、知识产权服务、广告服务和会议展览服务。

(1)设计服务,是指把计划、规划、设想通过文字、语言、图画、声音、视觉等形式传递出来的业务活动。包括工业设计、内部管理设计、业务运作设计、供应链设计、造型设计、服装设计、环境设计、平面设计、包装设计、动漫设计、网游设计、展示设计、网站设计、机械设计、工程设计、广告设计、创意策划、文印晒图等。

(2)知识产权服务,是指处理知识产权事务的业务活动。包括对专利、商标、著作权、软件、集成电路布图设计的登记、鉴定、评估、认证、检索服务。

(3)广告服务,是指利用图书、报纸、杂志、广播、电视、电影、幻灯、路牌、招贴、橱窗、霓虹灯、灯箱、互联网等各种形式为客户的商品、经营服务项目、文体节目或者通告、声明等委托事项进行宣传和提供相关服务的业务活动。包括广告代理和广告的发布、播映、宣传、展示等。

(4)会议展览服务,是指为商品流通、促销、展示、经贸洽谈、民间交流、企业沟通、国际往来等举办或者组织安排的各类展览和会议的业务活动。

4. 物流辅助服务。

物流辅助服务,包括航空服务、港口码头服务、货运客运场站服务、打捞救助服务、装卸搬运服务、仓储服务和收派服务。

(1)航空服务,包括航空地面服务和通用航空服务。

航空地面服务,是指航空公司、飞机场、民航管理局、航站等向在境内航行或者在境内机场停留的境内外飞机或者其他飞行器提供的导航等劳务性地面服务的业务活动。包括旅客安全检查服务、停机坪管理服务、机场候机厅管理服务、飞机清洗消毒服务、空中飞行管理服务、飞机起降服务、飞行通讯服务、地面信号服务、飞机安全服务、飞机跑道管理服务、空中交通管理服务等。

通用航空服务,是指为专业工作提供飞行服务的业务活动,包括航空摄影、航空培训、航空测量、航空勘探、航空护林、航空吊挂播洒、航空降雨、航空气象探测、航空海洋监测、航空科学实验等。

(2)港口码头服务,是指港务船舶调度服务、船舶通讯服务、航道管理服务、航道疏浚服务、灯塔管理服务、航标管理服务、船舶引航服务、理货服务、系解缆服务、停泊和移泊服务、海上船舶溢油清除服务、水上交通管理服务、船只专业清洗消毒检测服务和防止船只漏油服务等为船只提供服务的业务活动。

港口设施经营人收取的港口设施保安费按照港口码头服务缴纳增值税。

(3)货运客运场站服务,是指货运客运场站提供货物配载服务、运输组织服务、中转换乘服务、车辆调度服务、票务服务、货物打包整理、铁路线路使用服务、加挂铁路客车服务、铁路行包专列发送服务、铁路到达和中转服务、铁路车辆编解服务、车辆挂运服务、铁路接触网服务、铁路机车牵引服务等业务活动。

(4)打捞救助服务,是指提供船舶人员救助、船舶财产救助、水上救助和沉船沉物打捞服务的业务活动。

(5)装卸搬运服务,是指使用装卸搬运工具或者人力、畜力将货物在运输工具之间、装卸现场之间或者运输工具与装卸现场之间进行装卸和搬运的业务活动。

(6)仓储服务,是指利用仓库、货场或者其他场所代客贮放、保管货物的业务活动。

(7)收派服务,是指接受寄件人委托,在承诺的时限内完成函件和包裹的收件、分拣、派送服务的业务活动。

收件服务,是指从寄件人收取函件和包裹,并运送到服务提供方同城的集散中心的业务活动。

分拣服务,是指服务提供方在其集散中心对函件和包裹进行归类、分发的业务活动。

派送服务,是指服务提供方从其集散中心将函件和包裹送达同城的收件人的业务活动。

5. 租赁服务。

租赁服务,包括融资租赁服务和经营租赁服务。

(1)融资租赁服务,是指具有融资性质和所有权转移特点的租赁活动。即出租人根据承租人所要求的规格、型号、性能等条件购入有形动产或者不动产租赁给承租人,合同期内租赁物所有权属于出租人,承租人只拥有使用权,合同期满付清租金后,承租人有权按照残值购入租赁物,以拥有其所有权。不论出租人是否将租赁物销售给承租人,均属于融资租赁。

按照标的物的不同,融资租赁服务可分为有形动产融资租赁服务和不动产融资租赁服务。

融资性售后回租不按照本税目缴纳增值税。

(2)经营租赁服务,是指在约定时间内将有形动产或者不动产转让他人使用且租赁物所有权不变更的业务活动。

按照标的物的不同,经营租赁服务可分为有形动产经营租赁服务和不动产经营租赁服务。

将建筑物、构筑物等不动产或者飞机、车辆等有形动产的广告位出租给其他单位或者个人用于发布广告,按照经营租赁服务缴纳增值税。

车辆停放服务、道路通行服务(包括过路费、过桥费、过闸费等)等按照不动产经营租赁服务缴纳增值税。

水路运输的光租业务、航空运输的干租业务,属于经营租赁。

光租业务,是指运输企业将船舶在约定的时间内出租给他人使用,不配备操作人员,不承担运输过程中发生的各项费用,只收取固定租赁费的业务活动。

干租业务,是指航空运输企业将飞机在约定的时间内出租给他人使用,不配备机组人员,不承担运输过程中发生的各项费用,只收取固定租赁费的业务活动。

6. 鉴证咨询服务。

鉴证咨询服务,包括认证服务、鉴证服务和咨询服务。

(1)认证服务,是指具有专业资质的单位利用检测、检验、计量等技术,证明产品、服务、管理体系符合相关技术规范、相关技术规范的强制性要求或者标准的业务活动。

(2)鉴证服务,是指具有专业资质的单位受托对相关事项进行鉴证,发表具有证明力的意见的业务活动。包括会计鉴证、税务鉴证、法律鉴证、职业技能鉴定、工程造价鉴证、工程监理、资产评估、环境评估、房地产土地评估、建筑图纸审核、医疗事故鉴定等。

(3)咨询服务,是指提供信息、建议、策划、顾问等服务的活动。包括金融、软件、技术、财务、税收、法律、内部管理、业务运作、流程管理、健康等方面的咨询。

翻译服务和市场调查服务按照咨询服务缴纳增值税。

7. 广播影视服务。

广播影视服务,包括广播影视节目(作品)的制作服务、发行服务和播映(含放映,下同)服务。

(1)广播影视节目(作品)制作服务,是指进行专题(特别节目)、专栏、综艺、体育、动画片、广播剧、电视剧、电影等广播影视节目和作品制作的服务。具体包括与广播影视节目和作品相关的策划、采编、拍摄、录音、音视频文字图片素材制作、场景布置、后期的剪辑、翻译(编译)、字幕制作、片头、片尾、片花制作、特效制作、影片修复、编目和确权等业务活动。

(2)广播影视节目(作品)发行服务,是指以分账、买断、委托等方式,向影院、电台、电视台、网站等单位和个人发行广播影视节目(作品)以及转让体育赛事等活动的报道及播映权的业务活动。

(3)广播影视节目(作品)播映服务,是指在影院、剧院、录像厅及其他场所播映广播影视节目(作品),以及通过电台、电视台、卫星通信、互联网、有线电视等无线或者有线装置播映广播影视节目(作品)的业务活动。

8. 商务辅助服务。

商务辅助服务,包括企业管理服务、经纪代理服务、人力资源服务、安全保护服务。

(1)企业管理服务,是指提供总部管理、投资与资产管理、市场管理、物业管理、日常综合管理等服务的业务活动。

(2)经纪代理服务,是指各类经纪、中介、代理服务。包括金融代理、知识产权代理、货物运输代理、代理报关、法律代理、房地产中介、职业中介、婚姻中介、代理记账、拍卖等。

货物运输代理服务,是指接受货物收货人、发货人、船舶所有人、船舶承租人或者船舶经营人的委托,以委托人的名义,为委托人办理货物运输、装卸、仓储和船舶进出港口、引航、靠泊等相关手续的业务活动。

代理报关服务,是指接受进出口货物的收、发货人委托,代为办理报关手续的业务活动。

(3)人力资源服务,是指提供公共就业、劳务派遣、人才委托招聘、劳动力外包等服务的业务活动。

(4)安全保护服务,是指提供保护人身安全和财产安全,维护社会治安等的业务活动。包括场所住宅保安、特种保安、安全系统监控以及其他安保服务。

9. 其他现代服务。

其他现代服务,是指除研发和技术服务、信息技术服务、文化创意服务、物流辅助服务、租赁服务、鉴证咨询服务、广播影视服务和商务辅助服务以外的现代服务。

(七)生活服务。

生活服务,是指为满足城乡居民日常生活需求提供的各类服务活动。包括文化体育服务、教育医疗服务、旅游娱乐服务、餐饮住宿服务、居民日常服务和其他生活服务。

1. 文化体育服务。

文化体育服务,包括文化服务和体育服务。

(1)文化服务,是指为满足社会公众文化生活需求提供的各种服务。包括:文艺创作、文艺表演、文化比赛,图书馆的图书和资料借阅,档案馆的档案管理,文物及非物质遗产保护,组织举办宗教活动、科技活动、文化活动,提供游览场所。

(2)体育服务,是指组织举办体育比赛、体育表演、体育活动,以及提供体育训练、体育指导、体育管理的业务活动。

2. 教育医疗服务。

教育医疗服务,包括教育服务和医疗服务。

(1)教育服务,是指提供学历教育服务、非学历教育服务、教育辅助服务的业务活动。

学历教育服务,是指根据教育行政管理部门确定或者认可的招生和教学计划组织教学,并颁发相应学历证书的业务活动。包括初等教育、初级中等教育、高级中等教育、高等教育等。

非学历教育服务,包括学前教育、各类培训、演讲、讲座、报告会等。

教育辅助服务,包括教育测评、考试、招生等服务。

(2)医疗服务,是指提供医学检查、诊断、治疗、康复、预防、保健、接生、计划生育、防疫服务等方面的服务,以及与这些服务有关的提供药品、医用材料器具、救护车、病房住宿和伙食的业务。

3. 旅游娱乐服务。

旅游娱乐服务,包括旅游服务和娱乐服务。

(1)旅游服务,是指根据旅游者的要求,组织安排交通、游览、住宿、餐饮、购物、文娱、商务等服务的业务活动。

(2)娱乐服务,是指为娱乐活动同时提供场所和服务的业务。

具体包括:歌厅、舞厅、夜总会、酒吧、台球、高尔夫球、保龄球、游艺(包括射击、狩猎、跑马、游戏机、蹦极、卡丁车、热气球、动力伞、射箭、飞镖)。

4. 餐饮住宿服务。

餐饮住宿服务,包括餐饮服务和住宿服务。

(1)餐饮服务,是指通过同时提供饮食和饮食场所的方式为消费者提供饮食消费服务的业务活动。

(2)住宿服务,是指提供住宿场所及配套服务等的活动。包括宾馆、旅馆、旅社、度假村和其他经营性住宿场所提供的住宿服务。

5. 居民日常服务。

居民日常服务,是指主要为满足居民个人及其家庭日常生活需求提供的服务,包括市容市政管理、家政、婚庆、养老、殡葬、照料和护理、救助救济、美容美发、按摩、桑拿、氧吧、足疗、沐浴、洗染、摄影扩印等服务。

6. 其他生活服务。

其他生活服务,是指除文化体育服务、教育医疗服务、旅游娱乐服务、餐饮住宿服务和居民日常服务之外的生活服务。

二、销售无形资产

销售无形资产,是指转让无形资产所有权或者使用权的业务活动。无形资产,是指不具实物形态,但能带来经济利益的资产,包括技术、商标、著作权、商誉、自然资源使用权和其他权益性无形资产。

技术,包括专利技术和非专利技术。

自然资源使用权,包括土地使用权、海域使用权、探矿权、采矿权、取水权和其他自然资源使用权。

其他权益性无形资产,包括基础设施资产经营权、公共事业特许权、配额、经营权(包括特许经营权、连锁经营权、其他经营权)、经销权、分销权、代理权、会员权、席位权、网络游戏虚拟道具、域名、名称权、肖像权、冠名权、转会费等。

三、销售不动产

销售不动产,是指转让不动产所有权的业务活动。不动产,是指不能移动或者移动后会引起性质、形状改变的财产,包括建筑物、构筑物等。

建筑物,包括住宅、商业营业用房、办公楼等可供居住、工作或者进行其他活动的建造物。

构筑物,包括道路、桥梁、隧道、水坝等建造物。

转让建筑物有限产权或者永久使用权的,转让在建的建筑物或者构筑物所有权的,以及在转让建筑物或者构筑物时一并转让其所占土地的使用权的,按照销售不动产缴纳增值税。

附件 2

营业税改征增值税试点有关事项的规定

一、营改增试点期间,试点纳税人[指按照《营业税改征增值税试点实施办法》(以下称《试点实施办法》)缴纳增值税的纳税人]有关政策

(一)兼营。

试点纳税人销售货物、加工修理修配劳务、服务、无形资产或者不动产适用不同税率或者征收率的,应当分别核算适用不同税率或者征收率的销售额,未分别核算销售额的,按照以下方法适用税率或者征收率:

1. 兼有不同税率的销售货物、加工修理修配劳务、服务、无形资产或者不动产,从高适用税率。

2. 兼有不同征收率的销售货物、加工修理修配劳务、服务、无形资产或者不动产,从高适用征收率。

3. 兼有不同税率和征收率的销售货物、加工修理修配劳务、服务、无形资产或者不动产,从高适用税率。

(二)不征收增值税项目。

1. 根据国家指令无偿提供的铁路运输服务、航空运输服务,属于《试点实施办法》第十四条规定的用于公益事业的服务。

2. 存款利息。

3. 被保险人获得的保险赔付。

4. 房地产主管部门或者其指定机构、公积金管理中心、开发企业以及物业管理单位代收的住宅专项维修资金。

5. 在资产重组过程中,通过合并、分立、出售、置换等方式,将全部或者部分实物资产以及与其相关联的债权、负债和劳动力一并转让给其他单位和个人,其中涉及的不动产、土地使用权转让

行为。

（三）销售额。

1. 贷款服务，以提供贷款服务取得的全部利息及利息性质的收入为销售额。

2. 直接收费金融服务，以提供直接收费金融服务收取的手续费、佣金、酬金、管理费、服务费、经手费、开户费、过户费、结算费、转托管费等各类费用为销售额。

3. 金融商品转让，按照卖出价扣除买入价后的余额为销售额。

转让金融商品出现的正负差，按盈亏相抵后的余额为销售额。若相抵后出现负差，可结转下一纳税期与下期转让金融商品销售额相抵，但年末时仍出现负差的，不得转入下一个会计年度。

金融商品的买入价，可以选择按照加权平均法或者移动加权平均法进行核算，选择后36个月内不得变更。

金融商品转让，不得开具增值税专用发票。

4. 经纪代理服务，以取得的全部价款和价外费用，扣除向委托方收取并代为支付的政府性基金或者行政事业性收费后的余额为销售额。向委托方收取的政府性基金或者行政事业性收费，不得开具增值税专用发票。

5. 融资租赁和融资性售后回租业务。

（1）经人民银行、银监会或者商务部批准从事融资租赁业务的试点纳税人，提供融资租赁服务，以取得的全部价款和价外费用，扣除支付的借款利息（包括外汇借款和人民币借款利息）、发行债券利息和车辆购置税后的余额为销售额。

（2）经人民银行、银监会或者商务部批准从事融资租赁业务的试点纳税人，提供融资性售后回租服务，以取得的全部价款和价外费用（不含本金），扣除对外支付的借款利息（包括外汇借款和人民币借款利息）、发行债券利息后的余额作为销售额。

（3）试点纳税人根据2016年4月30日前签订的有形动产融资性售后回租合同，在合同到期前提供的有形动产融资性售后回租服务，可继续按照有形动产融资租赁服务缴纳增值税。

继续按照有形动产融资租赁服务缴纳增值税的试点纳税人，经人民银行、银监会或者商务部批准从事融资租赁业务的，根据2016年4月30日前签订的有形动产融资性售后回租合同，在合同到期前提供的有形动产融资性售后回租服务，可以选择以下方法之一计算销售额：

①以向承租方收取的全部价款和价外费用，扣除向承租方收取的价款本金，以及对外支付的借款利息（包括外汇借款和人民币借款利息）、发行债券利息后的余额为销售额。

纳税人提供有形动产融资性售后回租服务，计算当期销售额时可以扣除的价款本金，为书面合同约定的当期应当收取的本金。无书面合同或者书面合同没有约定的，为当期实际收取的本金。

试点纳税人提供有形动产融资性售后回租服务，向承租方收取的有形动产价款本金，不得开具增值税专用发票，可以开具普通发票。

②以向承租方收取的全部价款和价外费用，扣除支付的借款利息（包括外汇借款和人民币借款利息）、发行债券利息后的余额为销售额。

（4）经商务部授权的省级商务主管部门和国家经济技术开发区批准的从事融资租赁业务的试点纳税人，2016年5月1日后实收资本达到1.7亿元的，从达到标准的当月起按照上述第（1）、（2）、（3）点规定执行；2016年5月1日后实收资本未达到1.7亿元但注册资本达到1.7亿元的，在2016年7月31日前仍可按照上述第（1）、（2）、（3）点规定执行，2016年8月1日后开展的融资租赁业务和融资性售后回租业务不得按照上述第（1）、（2）、（3）点规定执行。

6. 航空运输企业的销售额,不包括代收的机场建设费和代售其他航空运输企业客票而代收转付的价款。

7. 试点纳税人中的一般纳税人(以下称一般纳税人)提供客运场站服务,以其取得的全部价款和价外费用,扣除支付给承运方运费后的余额为销售额。

8. 试点纳税人提供旅游服务,可以选择以取得的全部价款和价外费用,扣除向旅游服务购买方收取并支付给其他单位或者个人的住宿费、餐饮费、交通费、签证费、门票费和支付给其他接团旅游企业的旅游费用后的余额为销售额。

选择上述办法计算销售额的试点纳税人,向旅游服务购买方收取并支付的上述费用,不得开具增值税专用发票,可以开具普通发票。

9. 试点纳税人提供建筑服务适用简易计税方法的,以取得的全部价款和价外费用扣除支付的分包款后的余额为销售额。

10. 房地产开发企业中的一般纳税人销售其开发的房地产项目(选择简易计税方法的房地产老项目除外),以取得的全部价款和价外费用,扣除受让土地时向政府部门支付的土地价款后的余额为销售额。

房地产老项目,是指《建筑工程施工许可证》注明的合同开工日期在 2016 年 4 月 30 日前的房地产项目。

11. 试点纳税人按照上述 4 - 10 款的规定从全部价款和价外费用中扣除的价款,应当取得符合法律、行政法规和国家税务总局规定的有效凭证。否则,不得扣除。

上述凭证是指:

(1)支付给境内单位或者个人的款项,以发票为合法有效凭证。

(2)支付给境外单位或者个人的款项,以该单位或者个人的签收单据为合法有效凭证,税务机关对签收单据有疑义的,可以要求其提供境外公证机构的确认证明。

(3)缴纳的税款,以完税凭证为合法有效凭证。

(4)扣除的政府性基金、行政事业性收费或者向政府支付的土地价款,以省级以上(含省级)财政部门监(印)制的财政票据为合法有效凭证。

(5)国家税务总局规定的其他凭证。

纳税人取得的上述凭证属于增值税扣税凭证的,其进项税额不得从销项税额中抵扣。

(四)进项税额。

1. 适用一般计税方法的试点纳税人,2016 年 5 月 1 日后取得并在会计制度上按固定资产核算的不动产或者 2016 年 5 月 1 日后取得的不动产在建工程,其进项税额应自取得之日起分 2 年从销项税额中抵扣,第一年抵扣比例为 60% ,第二年抵扣比例为 40% 。

取得不动产,包括以直接购买、接受捐赠、接受投资入股、自建以及抵债等各种形式取得不动产,不包括房地产开发企业自行开发的房地产项目。

融资租入的不动产以及在施工现场修建的临时建筑物、构筑物,其进项税额不适用上述分 2 年抵扣的规定。

2. 按照《试点实施办法》第二十七条第(一)项规定不得抵扣且未抵扣进项税额的固定资产、无形资产、不动产,发生用途改变,用于允许抵扣进项税额的应税项目,可在用途改变的次月按照下列公式计算可以抵扣的进项税额:

可以抵扣的进项税额 = 固定资产、无形资产、不动产净值/(1 + 适用税率)×适用税率上述可以抵扣的进项税额应取得合法有效的增值税扣税凭证。

3. 纳税人接受贷款服务向贷款方支付的与该笔贷款直接相关的投融资顾问费、手续费、咨询费等费用，其进项税额不得从销项税额中抵扣。

（五）一般纳税人资格登记。

《试点实施办法》第三条规定的年应税销售额标准为500万元（含本数）。财政部和国家税务总局可以对年应税销售额标准进行调整。

（六）计税方法。

一般纳税人发生下列应税行为可以选择适用简易计税方法计税：

1. 公共交通运输服务。

公共交通运输服务，包括轮客渡、公交客运、地铁、城市轻轨、出租车、长途客运、班车。

班车，是指按固定路线、固定时间运营并在固定站点停靠的运送旅客的陆路运输服务。

2. 经认定的动漫企业为开发动漫产品提供的动漫脚本编撰、形象设计、背景设计、动画设计、分镜、动画制作、摄制、描线、上色、画面合成、配音、配乐、音效合成、剪辑、字幕制作、压缩转码（面向网络动漫、手机动漫格式适配）服务，以及在境内转让动漫版权（包括动漫品牌、形象或者内容的授权及再授权）。

动漫企业和自主开发、生产动漫产品的认定标准和认定程序，按照《文化部　财政部　国家税务总局关于印发〈动漫企业认定管理办法（试行）〉的通知》（文市发〔2008〕51号）的规定执行。

3. 电影放映服务、仓储服务、装卸搬运服务、收派服务和文化体育服务。

4. 以纳入营改增试点之日前取得的有形动产为标的物提供的经营租赁服务。

5. 在纳入营改增试点之日前签订的尚未执行完毕的有形动产租赁合同。

（七）建筑服务。

1. 一般纳税人以清包工方式提供的建筑服务，可以选择适用简易计税方法计税。

以清包工方式提供建筑服务，是指施工方不采购建筑工程所需的材料或只采购辅助材料，并收取人工费、管理费或者其他费用的建筑服务。

2. 一般纳税人为甲供工程提供的建筑服务，可以选择适用简易计税方法计税。

甲供工程，是指全部或部分设备、材料、动力由工程发包方自行采购的建筑工程。

3. 一般纳税人为建筑工程老项目提供的建筑服务，可以选择适用简易计税方法计税。

建筑工程老项目，是指：

（1）《建筑工程施工许可证》注明的合同开工日期在2016年4月30日前的建筑工程项目；

（2）未取得《建筑工程施工许可证》的，建筑工程承包合同注明的开工日期在2016年4月30日前的建筑工程项目。

4. 一般纳税人跨县（市）提供建筑服务，适用一般计税方法计税的，应以取得的全部价款和价外费用为销售额计算应纳税额。纳税人应以取得的全部价款和价外费用扣除支付的分包款后的余额，按照2%的预征率在建筑服务发生地预缴税款后，向机构所在地主管税务机关进行纳税申报。

5. 一般纳税人跨县（市）提供建筑服务，选择适用简易计税方法计税的，应以取得的全部价款和价外费用扣除支付的分包款后的余额为销售额，按照3%的征收率计算应纳税额。纳税人应按照上述计税方法在建筑服务发生地预缴税款后，向机构所在地主管税务机关进行纳税申报。

6. 试点纳税人中的小规模纳税人（以下称小规模纳税人）跨县（市）提供建筑服务，应以取得的全部价款和价外费用扣除支付的分包款后的余额为销售额，按照3%的征收率计算应纳税额。纳税人应按照上述计税方法在建筑服务发生地预缴税款后,向机构所在地主管税务机关进行纳税申报。

(八)销售不动产。

1. 一般纳税人销售其2016年4月30日前取得(不含自建)的不动产,可以选择适用简易计税方法,以取得的全部价款和价外费用减去该项不动产购置原价或者取得不动产时的作价后的余额为销售额,按照5%的征收率计算应纳税额。纳税人应按照上述计税方法在不动产所在地预缴税款后,向机构所在地主管税务机关进行纳税申报。

2. 一般纳税人销售其2016年4月30日前自建的不动产,可以选择适用简易计税方法,以取得的全部价款和价外费用为销售额,按照5%的征收率计算应纳税额。纳税人应按照上述计税方法在不动产所在地预缴税款后,向机构所在地主管税务机关进行纳税申报。

3. 一般纳税人销售其2016年5月1日后取得(不含自建)的不动产,应适用一般计税方法,以取得的全部价款和价外费用为销售额计算应纳税额。纳税人应以取得的全部价款和价外费用减去该项不动产购置原价或者取得不动产时的作价后的余额,按照5%的预征率在不动产所在地预缴税款后,向机构所在地主管税务机关进行纳税申报。

4. 一般纳税人销售其2016年5月1日后自建的不动产,应适用一般计税方法,以取得的全部价款和价外费用为销售额计算应纳税额。纳税人应以取得的全部价款和价外费用,按照5%的预征率在不动产所在地预缴税款后,向机构所在地主管税务机关进行纳税申报。

5. 小规模纳税人销售其取得(不含自建)的不动产(不含个体工商户销售购买的住房和其他个人销售不动产),应以取得的全部价款和价外费用减去该项不动产购置原价或者取得不动产时的作价后的余额为销售额,按照5%的征收率计算应纳税额。纳税人应按照上述计税方法在不动产所在地预缴税款后,向机构所在地主管税务机关进行纳税申报。

6. 小规模纳税人销售其自建的不动产,应以取得的全部价款和价外费用为销售额,按照5%的征收率计算应纳税额。纳税人应按照上述计税方法在不动产所在地预缴税款后,向机构所在地主管税务机关进行纳税申报。

7. 房地产开发企业中的一般纳税人,销售自行开发的房地产老项目,可以选择适用简易计税方法按照5%的征收率计税。

8. 房地产开发企业中的小规模纳税人,销售自行开发的房地产项目,按照5%的征收率计税。

9. 房地产开发企业采取预收款方式销售所开发的房地产项目,在收到预收款时按照3%的预征率预缴增值税。

10. 个体工商户销售购买的住房,应按照附件3《营业税改征增值税试点过渡政策的规定》第五条的规定征免增值税。纳税人应按照上述计税方法在不动产所在地预缴税款后,向机构所在地主管税务机关进行纳税申报。

11. 其他个人销售其取得(不含自建)的不动产(不含其购买的住房),应以取得的全部价款和价外费用减去该项不动产购置原价或者取得不动产时的作价后的余额为销售额,按照5%的征收率计算应纳税额。

(九)不动产经营租赁服务。

1. 一般纳税人出租其2016年4月30日前取得的不动产,可以选择适用简易计税方法,按照5%的征收率计算应纳税额。纳税人出租其2016年4月30日前取得的与机构所在地不在同一县(市)的不动产,应按照上述计税方法在不动产所在地预缴税款后,向机构所在地主管税务机关进行纳税申报。

2. 公路经营企业中的一般纳税人收取试点前开工的高速公路的车辆通行费,可以选择适用简易计税方法,减按3%的征收率计算应纳税额。

试点前开工的高速公路,是指相关施工许可证上注明的合同开工日期在2016年4月30日前的高速公路。

3. 一般纳税人出租其2016年5月1日后取得的、与机构所在地不在同一县(市)的不动产,应按照3%的预征率在不动产所在地预缴税款后,向机构所在地主管税务机关进行纳税申报。

4. 小规模纳税人出租其取得的不动产(不含个人出租住房),应按照5%的征收率计算应纳税额。纳税人出租与机构所在地不在同一县(市)的不动产,应按照上述计税方法在不动产所在地预缴税款后,向机构所在地主管税务机关进行纳税申报。

5. 其他个人出租其取得的不动产(不含住房),应按照5%的征收率计算应纳税额。

6. 个人出租住房,应按照5%的征收率减按1.5%计算应纳税额。

(十)一般纳税人销售其2016年4月30日前取得的不动产(不含自建),适用一般计税方法计税的,以取得的全部价款和价外费用为销售额计算应纳税额。上述纳税人应以取得的全部价款和价外费用减去该项不动产购置原价或者取得不动产时的作价后的余额,按照5%的预征率在不动产所在地预缴税款后,向机构所在地主管税务机关进行纳税申报。

房地产开发企业中的一般纳税人销售房地产老项目,以及一般纳税人出租其2016年4月30日前取得的不动产,适用一般计税方法计税的,应以取得的全部价款和价外费用,按照3%的预征率在不动产所在地预缴税款后,向机构所在地主管税务机关进行纳税申报。

一般纳税人销售其2016年4月30日前自建的不动产,适用一般计税方法计税的,应以取得的全部价款和价外费用为销售额计算应纳税额。纳税人应以取得的全部价款和价外费用,按照5%的预征率在不动产所在地预缴税款后,向机构所在地主管税务机关进行纳税申报。

(十一)一般纳税人跨省(自治区、直辖市或者计划单列市)提供建筑服务或者销售、出租取得的与机构所在地不在同一省(自治区、直辖市或者计划单列市)的不动产,在机构所在地申报纳税时,计算的应纳税额小于已预缴税额,且差额较大的,由国家税务总局通知建筑服务发生地或者不动产所在地省级税务机关,在一定时期内暂停预缴增值税。

(十二)纳税地点。

属于固定业户的试点纳税人,总分支机构不在同一县(市),但在同一省(自治区、直辖市、计划单列市)范围内的,经省(自治区、直辖市、计划单列市)财政厅(局)和国家税务局批准,可以由总机构汇总向总机构所在地的主管税务机关申报缴纳增值税。

(十三)试点前发生的业务。

1. 试点纳税人发生应税行为,按照国家有关营业税政策规定差额征收营业税的,因取得的全部价款和价外费用不足以抵减允许扣除项目金额,截至纳入营改增试点之日前尚未扣除的部分,不得在计算试点纳税人增值税应税销售额时抵减,应当向原主管地税机关申请退还营业税。

2. 试点纳税人发生应税行为,在纳入营改增试点之日前已缴纳营业税,营改增试点后因发生退款减除营业额的,应当向原主管地税机关申请退还已缴纳的营业税。

3. 试点纳税人纳入营改增试点之日前发生的应税行为,因税收检查等原因需要补缴税款的,应按照营业税政策规定补缴营业税。

(十四)销售使用过的固定资产。

一般纳税人销售自己使用过的、纳入营改增试点之日前取得的固定资产,按照现行旧货相关增值税政策执行。

使用过的固定资产,是指纳税人符合《试点实施办法》第二十八条规定并根据财务会计制度已经计提折旧的固定资产。

(十五)扣缴增值税适用税率。

境内的购买方为境外单位和个人扣缴增值税的,按照适用税率扣缴增值税。

(十六)其他规定。

1. 试点纳税人销售电信服务时,附带赠送用户识别卡、电信终端等货物或者电信服务的,应将其取得的全部价款和价外费用进行分别核算,按各自适用的税率计算缴纳增值税。

2. 油气田企业发生应税行为,适用《试点实施办法》规定的增值税税率,不再适用《财政部　国家税务总局关于印发〈油气田企业增值税管理办法〉的通知》(财税〔2009〕8 号)规定的增值税税率。

二、原增值税纳税人〔指按照《中华人民共和国增值税暂行条例》(国务院令第 538 号)(以下称《增值税暂行条例》)缴纳增值税的纳税人〕有关政策

(一)进项税额。

1. 原增值税一般纳税人购进服务、无形资产或者不动产,取得的增值税专用发票上注明的增值税额为进项税额,准予从销项税额中抵扣。

2016 年 5 月 1 日后取得并在会计制度上按固定资产核算的不动产或者 2016 年 5 月 1 日后取得的不动产在建工程,其进项税额应自取得之日起分 2 年从销项税额中抵扣,第一年抵扣比例为 60% ,第二年抵扣比例为 40% 。

融资租入的不动产以及在施工现场修建的临时建筑物、构筑物,其进项税额不适用上述分 2 年抵扣的规定。

2. 原增值税一般纳税人自用的应征消费税的摩托车、汽车、游艇,其进项税额准予从销项税额中抵扣。

3. 原增值税一般纳税人从境外单位或者个人购进服务、无形资产或者不动产,按照规定应当扣缴增值税的,准予从销项税额中抵扣的进项税额为自税务机关或者扣缴义务人取得的解缴税款的完税凭证上注明的增值税额。

纳税人凭完税凭证抵扣进项税额的,应当具备书面合同、付款证明和境外单位的对账单或者发票。资料不全的,其进项税额不得从销项税额中抵扣。

4. 原增值税一般纳税人购进货物或者接受加工修理修配劳务,用于《销售服务、无形资产或者不动产注释》所列项目的,不属于《增值税暂行条例》第十条所称的用于非增值税应税项目,其进项税额准予从销项税额中抵扣。

5. 原增值税一般纳税人购进服务、无形资产或者不动产,下列项目的进项税额不得从销项税额中抵扣:

(1)用于简易计税方法计税项目、免征增值税项目、集体福利或者个人消费。其中涉及的无形资产、不动产,仅指专用于上述项目的无形资产(不包括其他权益性无形资产)、不动产。

纳税人的交际应酬消费属于个人消费。

(2)非正常损失的购进货物,以及相关的加工修理修配劳务和交通运输服务。

(3)非正常损失的在产品、产成品所耗用的购进货物(不包括固定资产)、加工修理修配劳务和交通运输服务。

(4)非正常损失的不动产,以及该不动产所耗用的购进货物、设计服务和建筑服务。

（5）非正常损失的不动产在建工程所耗用的购进货物、设计服务和建筑服务。

纳税人新建、改建、扩建、修缮、装饰不动产，均属于不动产在建工程。

（6）购进的旅客运输服务、贷款服务、餐饮服务、居民日常服务和娱乐服务。

（7）财政部和国家税务总局规定的其他情形。

上述第（4）点、第（5）点所称货物，是指构成不动产实体的材料和设备，包括建筑装饰材料和给排水、采暖、卫生、通风、照明、通讯、煤气、消防、中央空调、电梯、电气、智能化楼宇设备及配套设施。

纳税人接受贷款服务向贷款方支付的与该笔贷款直接相关的投融资顾问费、手续费、咨询费等费用，其进项税额不得从销项税额中抵扣。

6. 已抵扣进项税额的购进服务，发生上述第5点规定情形（简易计税方法计税项目、免征增值税项目除外）的，应当将该进项税额从当期进项税额中扣减；无法确定该进项税额的，按照当期实际成本计算应扣减的进项税额。

7. 已抵扣进项税额的无形资产或者不动产，发生上述第5点规定情形的，按照下列公式计算不得抵扣的进项税额：

不得抵扣的进项税额 = 无形资产或者不动产净值 × 适用税率

8. 按照《增值税暂行条例》第十条和上述第5点不得抵扣且未抵扣进项税额的固定资产、无形资产、不动产，发生用途改变，用于允许抵扣进项税额的应税项目，可在用途改变的次月按照下列公式，依据合法有效的增值税扣税凭证，计算可以抵扣的进项税额：

可以抵扣的进项税额 = 固定资产、无形资产、不动产净值/（1 + 适用税率）× 适用税率

上述可以抵扣的进项税额应取得合法有效的增值税扣税凭证。

（二）增值税期末留抵税额。

原增值税一般纳税人兼有销售服务、无形资产或者不动产的，截止到纳入营改增试点之日前的增值税期末留抵税额，不得从销售服务、无形资产或者不动产的销项税额中抵扣。

（三）混合销售。

一项销售行为如果既涉及货物又涉及服务，为混合销售。从事货物的生产、批发或者零售的单位和个体工商户的混合销售行为，按照销售货物缴纳增值税；其他单位和个体工商户的混合销售行为，按照销售服务缴纳增值税。

上述从事货物的生产、批发或者零售的单位和个体工商户，包括以从事货物的生产、批发或者零售为主，并兼营销售服务的单位和个体工商户在内。

附件3

营业税改征增值税试点过渡政策的规定

一、下列项目免征增值税

（一）托儿所、幼儿园提供的保育和教育服务。

托儿所、幼儿园，是指经县级以上教育部门审批成立、取得办园许可证的实施0～6岁学前教育的机构，包括公办和民办的托儿所、幼儿园、学前班、幼儿班、保育院、幼儿院。

公办托儿所、幼儿园免征增值税的收入是指，在省级财政部门和价格主管部门审核报省级人民政府批准的收费标准以内收取的教育费、保育费。

民办托儿所、幼儿园免征增值税的收入是指,在报经当地有关部门备案并公示的收费标准范围内收取的教育费、保育费。

超过规定收费标准的收费,以开办实验班、特色班和兴趣班等为由另外收取的费用以及与幼儿入园挂钩的赞助费、支教费等超过规定范围的收入,不属于免征增值税的收入。

(二)养老机构提供的养老服务。

养老机构,是指依照民政部《养老机构设立许可办法》(民政部令第48号)设立并依法办理登记的为老年人提供集中居住和照料服务的各类养老机构;养老服务,是指上述养老机构按照民政部《养老机构管理办法》(民政部令第49号)的规定,为收住的老年人提供的生活照料、康复护理、精神慰藉、文化娱乐等服务。

(三)残疾人福利机构提供的育养服务。

(四)婚姻介绍服务。

(五)殡葬服务。

殡葬服务,是指收费标准由各地价格主管部门会同有关部门核定,或者实行政府指导价管理的遗体接运(含抬尸、消毒)、遗体整容、遗体防腐、存放(含冷藏)、火化、骨灰寄存、吊唁设施设备租赁、墓穴租赁及管理等服务。

(六)残疾人员本人为社会提供的服务。

(七)医疗机构提供的医疗服务。

医疗机构,是指依据国务院《医疗机构管理条例》(国务院令第149号)及卫生部《医疗机构管理条例实施细则》(卫生部令第35号)的规定,经登记取得《医疗机构执业许可证》的机构,以及军队、武警部队各级各类医疗机构。具体包括:各级各类医院、门诊部(所)、社区卫生服务中心(站)、急救中心(站)、城乡卫生院、护理院(所)、疗养院、临床检验中心,各级政府及有关部门举办的卫生防疫站(疾病控制中心)、各种专科疾病防治站(所),各级政府举办的妇幼保健所(站)、母婴保健机构、儿童保健机构,各级政府举办的血站(血液中心)等医疗机构。

本项所称的医疗服务,是指医疗机构按照不高于地(市)级以上价格主管部门会同同级卫生主管部门及其他相关部门制定的医疗服务指导价格(包括政府指导价和按照规定由供需双方协商确定的价格等)为就医者提供《全国医疗服务价格项目规范》所列的各项服务,以及医疗机构向社会提供卫生防疫、卫生检疫的服务。

(八)从事学历教育的学校提供的教育服务。

1. 学历教育,是指受教育者经过国家教育考试或者国家规定的其他入学方式,进入国家有关部门批准的学校或者其他教育机构学习,获得国家承认的学历证书的教育形式。具体包括:

(1)初等教育:普通小学、成人小学。

(2)初级中等教育:普通初中、职业初中、成人初中。

(3)高级中等教育:普通高中、成人高中和中等职业学校(包括普通中专、成人中专、职业高中、技工学校)。

(4)高等教育:普通本专科、成人本专科、网络本专科、研究生(博士、硕士)、高等教育自学考试、高等教育学历文凭考试。

2. 从事学历教育的学校,是指:

(1)普通学校。

(2)经地(市)级以上人民政府或者同级政府的教育行政部门批准成立、国家承认其学员学历的各类学校。

(3)经省级及以上人力资源社会保障行政部门批准成立的技工学校、高级技工学校。

(4)经省级人民政府批准成立的技师学院。

上述学校均包括符合规定的从事学历教育的民办学校,但不包括职业培训机构等国家不承认学历的教育机构。

3. 提供教育服务免征增值税的收入,是指对列入规定招生计划的在籍学生提供学历教育服务取得的收入,具体包括:经有关部门审核批准并按规定标准收取的学费、住宿费、课本费、作业本费、考试报名费收入,以及学校食堂提供餐饮服务取得的伙食费收入。除此之外的收入,包括学校以各种名义收取的赞助费、择校费等,不属于免征增值税的范围。

学校食堂是指依照《学校食堂与学生集体用餐卫生管理规定》(教育部令第14号)管理的学校食堂。

(九)学生勤工俭学提供的服务。

(十)农业机耕、排灌、病虫害防治、植物保护、农牧保险以及相关技术培训业务,家禽、牲畜、水生动物的配种和疾病防治。

农业机耕,是指在农业、林业、牧业中使用农业机械进行耕作(包括耕耘、种植、收割、脱粒、植物保护等)的业务;排灌,是指对农田进行灌溉或者排涝的业务;病虫害防治,是指从事农业、林业、牧业、渔业的病虫害测报和防治的业务;农牧保险,是指为种植业、养殖业、牧业种植和饲养的动植物提供保险的业务;相关技术培训,是指与农业机耕、排灌、病虫害防治、植物保护业务相关以及为使农民获得农牧保险知识的技术培训业务;家禽、牲畜、水生动物的配种和疾病防治业务的免税范围,包括与该项服务有关的提供药品和医疗用具的业务。

(十一)纪念馆、博物馆、文化馆、文物保护单位管理机构、美术馆、展览馆、书画院、图书馆在自己的场所提供文化体育服务取得的第一道门票收入。

(十二)寺院、宫观、清真寺和教堂举办文化、宗教活动的门票收入。

(十三)行政单位之外的其他单位收取的符合《试点实施办法》第十条规定条件的政府性基金和行政事业性收费。

(十四)个人转让著作权。

(十五)个人销售自建自用住房。

(十六)2018年12月31日前,公共租赁住房经营管理单位出租公共租赁住房。

公共租赁住房,是指纳入省、自治区、直辖市、计划单列市人民政府及新疆生产建设兵团批准的公共租赁住房发展规划和年度计划,并按照《关于加快发展公共租赁住房的指导意见》(建保〔2010〕87号)和市、县人民政府制定的具体管理办法进行管理的公共租赁住房。

(十七)台湾航运公司、航空公司从事海峡两岸海上直航、空中直航业务在大陆取得的运输收入。

台湾航运公司,是指取得交通运输部颁发的"台湾海峡两岸间水路运输许可证"且该许可证上注明的公司登记地址在台湾的航运公司。

台湾航空公司,是指取得中国民用航空局颁发的"经营许可"或者依据《海峡两岸空运协议》和《海峡两岸空运补充协议》规定,批准经营两岸旅客、货物和邮件不定期(包机)运输业务,且公司登记地址在台湾的航空公司。

(十八)纳税人提供的直接或者间接国际货物运输代理服务。

1. 纳税人提供直接或者间接国际货物运输代理服务,向委托方收取的全部国际货物运输代理服务收入,以及向国际运输承运人支付的国际运输费用,必须通过金融机构进行结算。

2. 纳税人为大陆与香港、澳门、台湾地区之间的货物运输提供的货物运输代理服务参照国际货物运输代理服务有关规定执行。

3. 委托方索取发票的,纳税人应当就国际货物运输代理服务收入向委托方全额开具增值税普通发票。

(十九)以下利息收入。

1. 2016年12月31日前,金融机构农户小额贷款。

小额贷款,是指单笔且该农户贷款余额总额在10万元(含本数)以下的贷款。

所称农户,是指长期(一年以上)居住在乡镇(不包括城关镇)行政管理区域内的住户,还包括长期居住在城关镇所辖行政村范围内的住户和户口不在本地而在本地居住一年以上的住户,国有农场的职工和农村个体工商户。位于乡镇(不包括城关镇)行政管理区域内和在城关镇所辖行政村范围内的国有经济的机关、团体、学校、企事业单位的集体户;有本地户口,但举家外出谋生一年以上的住户,无论是否保留承包耕地均不属于农户。农户以户为统计单位,既可以从事农业生产经营,也可以从事非农业生产经营。农户贷款的判定应以贷款发放时的承贷主体是否属于农户为准。

2. 国家助学贷款。

3. 国债、地方政府债。

4. 人民银行对金融机构的贷款。

5. 住房公积金管理中心用住房公积金在指定的委托银行发放的个人住房贷款。

6. 外汇管理部门在从事国家外汇储备经营过程中,委托金融机构发放的外汇贷款。

7. 统借统还业务中,企业集团或企业集团中的核心企业以及集团所属财务公司按不高于支付给金融机构的借款利率水平或者支付的债券票面利率水平,向企业集团或者集团内下属单位收取的利息。

统借方向资金使用单位收取的利息,高于支付给金融机构借款利率水平或者支付的债券票面利率水平的,应全额缴纳增值税。

统借统还业务,是指:

(1)企业集团或者企业集团中的核心企业向金融机构借款或对外发行债券取得资金后,将所借资金分拨给下属单位(包括独立核算单位和非独立核算单位,下同),并向下属单位收取用于归还金融机构或债券购买方本息的业务。

(2)企业集团向金融机构借款或对外发行债券取得资金后,由集团所属财务公司与企业集团或者集团内下属单位签订统借统还贷款合同并分拨资金,并向企业集团或者集团内下属单位收取本息,再转付企业集团,由企业集团统一归还金融机构或债券购买方的业务。

(二十)被撤销金融机构以货物、不动产、无形资产、有价证券、票据等财产清偿债务。

被撤销金融机构,是指经人民银行、银监会依法决定撤销的金融机构及其分设于各地的分支机构,包括被依法撤销的商业银行、信托投资公司、财务公司、金融租赁公司、城市信用社和农村信用社。除另有规定外,被撤销金融机构所属、附属企业,不享受被撤销金融机构增值税免税政策。

(二十一)保险公司开办的一年期以上人身保险产品取得的保费收入。

一年期以上人身保险,是指保险期间为一年期及以上返还本利的人寿保险、养老年金保险,以及保险期间为一年期及以上的健康保险。

人寿保险,是指以人的寿命为保险标的的人身保险。

养老年金保险,是指以养老保障为目的,以被保险人生存为给付保险金条件,并按约定的时间间隔分期给付生存保险金的人身保险。养老年金保险应当同时符合下列条件:

1. 保险合同约定给付被保险人生存保险金的年龄不得小于国家规定的退休年龄。

2. 相邻两次给付的时间间隔不得超过一年。

健康保险,是指以因健康原因导致损失为给付保险金条件的人身保险。

上述免税政策实行备案管理,具体备案管理办法按照《国家税务总局关于一年期以上返还性人身保险产品免征营业税审批事项取消后有关管理问题的公告》(国家税务总局公告 2015 年第 65 号)规定执行。

(二十二)下列金融商品转让收入。

1. 合格境外投资者(QFII)委托境内公司在我国从事证券买卖业务。

2. 香港市场投资者(包括单位和个人)通过沪港通买卖上海证券交易所上市 A 股。

3. 对香港市场投资者(包括单位和个人)通过基金互认买卖内地基金份额。

4. 证券投资基金(封闭式证券投资基金,开放式证券投资基金)管理人运用基金买卖股票、债券。

5. 个人从事金融商品转让业务。

(二十三)金融同业往来利息收入。

1. 金融机构与人民银行所发生的资金往来业务。包括人民银行对一般金融机构贷款,以及人民银行对商业银行的再贴现等。

2. 银行联行往来业务。同一银行系统内部不同行、处之间所发生的资金账务往来业务。

3. 金融机构间的资金往来业务。是指经人民银行批准,进入全国银行间同业拆借市场的金融机构之间通过全国统一的同业拆借网络进行的短期(一年以下含一年)无担保资金融通行为。

4. 金融机构之间开展的转贴现业务。③

金融机构是指:

(1)银行:包括人民银行、商业银行、政策性银行。

(2)信用合作社。

(3)证券公司。

(4)金融租赁公司、证券基金管理公司、财务公司、信托投资公司、证券投资基金。

(5)保险公司。

(6)其他经人民银行、银监会、证监会、保监会批准成立且经营金融保险业务的机构等。

(二十四)同时符合下列条件的担保机构从事中小企业信用担保或者再担保业务取得的收入(不含信用评级、咨询、培训等收入)3 年内免征增值税:

1. 已取得监管部门颁发的融资性担保机构经营许可证,依法登记注册为企(事)业法人,实收资本超过 2000 万元。

2. 平均年担保费率不超过银行同期贷款基准利率的 50%。平均年担保费率 = 本期担保费收入/(期初担保余额 + 本期增加担保金额)×100%。

3. 连续合规经营 2 年以上,资金主要用于担保业务,具备健全的内部管理制度和为中小企业提供担保的能力,经营业绩突出,对受保项目具有完善的事前评估、事中监控、事后追偿与处置机制。

4. 为中小企业提供的累计担保贷款额占其两年累计担保业务总额的 80% 以上,单笔 800 万元以下的累计担保贷款额占其累计担保业务总额的50%以上。

5. 对单个受保企业提供的担保余额不超过担保机构实收资本总额的10%,且平均单笔担保责任金额最多不超过3000万元人民币。

6. 担保责任余额不低于其净资产的3倍,且代偿率不超过2%。

担保机构免征增值税政策采取备案管理方式。符合条件的担保机构应到所在地县(市)主管税务机关和同级中小企业管理部门履行规定的备案手续,自完成备案手续之日起,享受3年免征增值税政策。3年免税期满后,符合条件的担保机构可按规定程序办理备案手续后继续享受该项政策。

具体备案管理办法按照《国家税务总局关于中小企业信用担保机构免征营业税审批事项取消后有关管理问题的公告》(国家税务总局公告2015年第69号)规定执行,其中税务机关的备案管理部门统一调整为县(市)级国家税务局。

(二十五)国家商品储备管理单位及其直属企业承担商品储备任务,从中央或者地方财政取得的利息补贴收入和价差补贴收入。

国家商品储备管理单位及其直属企业,是指接受中央、省、市、县四级政府有关部门(或者政府指定管理单位)委托,承担粮(含大豆)、食用油、棉、糖、肉、盐(限于中央储备)等6种商品储备任务,并按有关政策收储、销售上述6种储备商品,取得财政储备经费或者补贴的商品储备企业。利息补贴收入,是指国家商品储备管理单位及其直属企业因承担上述商品储备任务从金融机构贷款,并从中央或者地方财政取得的用于偿还贷款利息的贴息收入。价差补贴收入包括销售价差补贴收入和轮换价差补贴收入。销售价差补贴收入,是指按照中央或者地方政府指令销售上述储备商品时,由于销售收入小于库存成本而从中央或者地方财政获得的全额价差补贴收入。轮换价差补贴收入,是指根据要求定期组织政策性储备商品轮换而从中央或者地方财政取得的商品新陈品质价差补贴收入。

(二十六)纳税人提供技术转让、技术开发和与之相关的技术咨询、技术服务。

1. 技术转让、技术开发,是指《销售服务、无形资产、不动产注释》中"转让技术""研发服务"范围内的业务活动。技术咨询,是指就特定技术项目提供可行性论证、技术预测、专题技术调查、分析评价报告等业务活动。

与技术转让、技术开发相关的技术咨询、技术服务,是指转让方(或者受托方)根据技术转让或者开发合同的规定,为帮助受让方(或者委托方)掌握所转让(或者委托开发)的技术,而提供的技术咨询、技术服务业务,且这部分技术咨询、技术服务的价款与技术转让或者技术开发的价款应当在同一张发票上开具。

2. 备案程序。试点纳税人申请免征增值税时,须持技术转让、开发的书面合同,到纳税人所在地省级科技主管部门进行认定,并持有关的书面合同和科技主管部门审核意见证明文件报主管税务机关备查。

(二十七)同时符合下列条件的合同能源管理服务:

1. 节能服务公司实施合同能源管理项目相关技术,应当符合国家质量监督检验检疫总局和国家标准化管理委员会发布的《合同能源管理技术通则》(GB/T24915—2010)规定的技术要求。

2. 节能服务公司与用能企业签订节能效益分享型合同,其合同格式和内容,符合《中华人民共和国合同法》和《合同能源管理技术通则》(GB/T24915—2010)等规定。

(二十八)2017年12月31日前,科普单位的门票收入,以及县级及以上党政部门和科协开展科普活动的门票收入。

　　科普单位,是指科技馆、自然博物馆,对公众开放的天文馆(站、台)、气象台(站)、地震台(站),以及高等院校、科研机构对公众开放的科普基地。

　　科普活动,是指利用各种传媒以浅显的、让公众易于理解、接受和参与的方式,向普通大众介绍自然科学和社会科学知识,推广科学技术的应用,倡导科学方法,传播科学思想,弘扬科学精神的活动。

　　(二十九)政府举办的从事学历教育的高等、中等和初等学校(不含下属单位),举办进修班、培训班取得的全部归该学校所有的收入。

　　全部归该学校所有,是指举办进修班、培训班取得的全部收入进入该学校统一账户,并纳入预算全额上缴财政专户管理,同时由该学校对有关票据进行统一管理和开具。

　　举办进修班、培训班取得的收入进入该学校下属部门自行开设账户的,不予免征增值税。

　　(三十)政府举办的职业学校设立的主要为在校学生提供实习场所、并由学校出资自办、由学校负责经营管理、经营收入归学校所有的企业,从事《销售服务、无形资产或者不动产注释》中"现代服务"(不含融资租赁服务、广告服务和其他现代服务)、"生活服务"(不含文化体育服务、其他生活服务和桑拿、氧吧)业务活动取得的收入。

　　(三十一)家政服务企业由员工制家政服务员提供家政服务取得的收入。

　　家政服务企业,是指在企业营业执照的规定经营范围中包括家政服务内容的企业。

　　员工制家政服务员,是指同时符合下列3个条件的家政服务员:

　　1. 依法与家政服务企业签订半年及半年以上的劳动合同或者服务协议,且在该企业实际上岗工作。

　　2. 家政服务企业为其按月足额缴纳了企业所在地人民政府根据国家政策规定的基本养老保险、基本医疗保险、工伤保险、失业保险等社会保险。对已享受新型农村养老保险和新型农村合作医疗等社会保险或者下岗职工原单位继续为其缴纳社会保险的家政服务员,如果本人书面提出不再缴纳企业所在地人民政府根据国家政策规定的相应的社会保险,并出具其所在乡镇或者原单位开具的已缴纳相关保险的证明,可视同家政服务企业已为其按月足额缴纳了相应的社会保险。

　　3. 家政服务企业通过金融机构向其实际支付不低于企业所在地适用的经省级人民政府批准的最低工资标准的工资。

　　(三十二)福利彩票、体育彩票的发行收入。

　　(三十三)军队空余房产租赁收入。

　　(三十四)为了配合国家住房制度改革,企业、行政事业单位按房改成本价、标准价出售住房取得的收入。

　　(三十五)将土地使用权转让给农业生产者用于农业生产。

　　(三十六)涉及家庭财产分割的个人无偿转让不动产、土地使用权。

　　家庭财产分割,包括下列情形:离婚财产分割;无偿赠与配偶、父母、子女、祖父母、外祖父母、孙子女、外孙子女、兄弟姐妹;无偿赠与对其承担直接抚养或者赡养义务的抚养人或者赡养人;房屋产权所有人死亡,法定继承人、遗嘱继承人或者受遗赠人依法取得房屋产权。

　　(三十七)土地所有者出让土地使用权和土地使用者将土地使用权归还给土地所有者。

　　(三十八)县级以上地方人民政府或自然资源行政主管部门出让、转让或收回自然资源使用权(不含土地使用权)。

　　(三十九)随军家属就业。

1. 为安置随军家属就业而新开办的企业,自领取税务登记证之日起,其提供的应税服务3年内免征增值税。

享受税收优惠政策的企业,随军家属必须占企业总人数的60%(含)以上,并有军(含)以上政治和后勤机关出具的证明。

2. 从事个体经营的随军家属,自办理税务登记事项之日起,其提供的应税服务3年内免征增值税。

随军家属必须有师以上政治机关出具的可以表明其身份的证明。

按照上述规定,每一名随军家属可以享受一次免税政策。

(四十)军队转业干部就业。

1. 从事个体经营的军队转业干部,自领取税务登记证之日起,其提供的应税服务3年内免征增值税。

2. 为安置自主择业的军队转业干部就业而新开办的企业,凡安置自主择业的军队转业干部占企业总人数60%(含)以上的,自领取税务登记证之日起,其提供的应税服务3年内免征增值税。

享受上述优惠政策的自主择业的军队转业干部必须持有师以上部队颁发的转业证件。

二、增值税即征即退

(一)一般纳税人提供管道运输服务,对其增值税实际税负超过3%的部分实行增值税即征即退政策。

(二)经人民银行、银监会或者商务部批准从事融资租赁业务的试点纳税人中的一般纳税人,提供有形动产融资租赁服务和有形动产融资性售后回租服务,对其增值税实际税负超过3%的部分实行增值税即征即退政策。商务部授权的省级商务主管部门和国家经济技术开发区批准的从事融资租赁业务和融资性售后回租业务的试点纳税人中的一般纳税人,2016年5月1日后实收资本达到1.7亿元的,从达到标准的当月起按照上述规定执行;2016年5月1日后实收资本未达到1.7亿元但注册资本达到1.7亿元的,在2016年7月31日前仍可按照上述规定执行,2016年8月1日后开展的有形动产融资租赁业务和有形动产融资性售后回租业务不得按照上述规定执行。

(三)本规定所称增值税实际税负,是指纳税人当期提供应税服务实际缴纳的增值税额占纳税人当期提供应税服务取得的全部价款和价外费用的比例。

三、扣减增值税规定

(一)退役士兵创业就业。

1. 对自主就业退役士兵从事个体经营的,在3年内按每户每年8000元为限额依次扣减其当年实际应缴纳的增值税、城市维护建设税、教育费附加、地方教育附加和个人所得税。限额标准最高可上浮20%,各省、自治区、直辖市人民政府可根据本地区实际情况在此幅度内确定具体限额标准,并报财政部和国家税务总局备案。

纳税人年度应缴纳税款小于上述扣减限额的,以其实际缴纳的税款为限;大于上述扣减限额的,应以上述扣减限额为限。纳税人的实际经营期不足一年的,应当以实际月份换算其减免税限额。换算公式为:减免税限额=年度减免税限额÷12×实际经营月数。

纳税人在享受税收优惠政策的当月,持《中国人民解放军义务兵退出现役证》或《中国人民解放军士官退出现役证》以及税务机关要求的相关材料向主管税务机关备案。

2. 对商贸企业、服务型企业、劳动就业服务企业中的加工型企业和街道社区具有加工性质的小型企业实体,在新增加的岗位中,当年新招用自主就业退役士兵,与其签订1年以上期限劳动合同并依法缴纳社会保险费的,在 3 年内按实际招用人数予以定额依次扣减增值税、城市维护建设税、教育费附加、地方教育附加和企业所得税优惠。定额标准为每人每年 4000 元,最高可上浮 50%,各省、自治区、直辖市人民政府可根据本地区实际情况在此幅度内确定具体定额标准,并报财政部和国家税务总局备案。

本条所称服务型企业是指从事《销售服务、无形资产、不动产注释》中"不动产租赁服务""商务辅助服务"(不含货物运输代理和代理报关服务)、"生活服务"(不含文化体育服务)范围内业务活动的企业以及按照《民办非企业单位登记管理暂行条例》(国务院令第 251 号)登记成立的民办非企业单位。

纳税人按企业招用人数和签订的劳动合同时间核定企业减免税总额,在核定减免税总额内每月依次扣减增值税、城市维护建设税、教育费附加和地方教育附加。纳税人实际应缴纳的增值税、城市维护建设税、教育费附加和地方教育附加小于核定减免税总额的,以实际应缴纳的增值税、城市维护建设税、教育费附加和地方教育附加为限;实际应缴纳的增值税、城市维护建设税、教育费附加和地方教育附加大于核定减免税总额的,以核定减免税总额为限。

纳税年度终了,如果企业实际减免的增值税、城市维护建设税、教育费附加和地方教育附加小于核定的减免税总额,企业在企业所得税汇算清缴时扣减企业所得税。当年扣减不足的,不再结转以后年度扣减。

计算公式为:企业减免税总额 = $\sum$ 每名自主就业退役士兵本年度在本企业工作月份 ÷ 12 × 定额标准。

企业自招用自主就业退役士兵的次月起享受税收优惠政策,并于享受税收优惠政策的当月,持下列材料向主管税务机关备案:

(1)新招用自主就业退役士兵的《中国人民解放军义务兵退出现役证》或《中国人民解放军士官退出现役证》。

(2)企业与新招用自主就业退役士兵签订的劳动合同(副本),企业为职工缴纳的社会保险费记录。

(3)自主就业退役士兵本年度在企业工作时间表。

(4)主管税务机关要求的其他相关材料。

3. 上述所称自主就业退役士兵是指依照《退役士兵安置条例》(国务院、中央军委令第 608 号)的规定退出现役并按自主就业方式安置的退役士兵。

4. 上述税收优惠政策的执行期限为 2016 年 5 月 1 日—2016 年 12 月 31 日,纳税人在 2016 年 12 月 31 日未享受满 3 年的,可继续享受至 3 年期满为止。

按照《财政部 国家税务总局 民政部关于调整完善扶持自主就业退役士兵创业就业有关税收政策的通知》(财税〔2014〕42 号)规定享受营业税优惠政策的纳税人,自 2016 年 5 月 1 日起按照上述规定享受增值税优惠政策,在 2016 年 12 月 31 日未享受满 3 年的,可继续享受至 3 年期满为止。

《财政部 国家税务总局关于将铁路运输和邮政业纳入营业税改征增值税试点的通知》(财税〔2013〕106 号)附件 3 第一条第(十二)项城镇退役士兵就业免征增值税政策,自 2014 年 7 月 1 日起停止执行。在 2014 年 6 月 30 日未享受满 3 年的,可继续享受至 3 年期满为止。

(二)重点群体创业就业。

1. 对持《就业创业证》(注明"自主创业税收政策"或"毕业年度内自主创业税收政策")或 2015

年 1 月 27 日前取得的《就业失业登记证》(注明"自主创业税收政策"或附着《高校毕业生自主创业证》)的人员从事个体经营的,在 3 年内按每户每年 8000 元为限额依次扣减其当年实际应缴纳的增值税、城市维护建设税、教育费附加、地方教育附加和个人所得税。限额标准最高可上浮 20%,各省、自治区、直辖市人民政府可根据本地区实际情况在此幅度内确定具体限额标准,并报财政部和国家税务总局备案。

纳税人年度应缴纳税款小于上述扣减限额的,以其实际缴纳的税款为限;大于上述扣减限额的,应以上述扣减限额为限。

上述人员是指:

(1)在人力资源社会保障部门公共就业服务机构登记失业半年以上的人员。

(2)零就业家庭、享受城市居民最低生活保障家庭劳动年龄内的登记失业人员。

(3)毕业年度内高校毕业生。高校毕业生是指实施高等学历教育的普通高等学校、成人高等学校毕业的学生;毕业年度是指毕业所在自然年,即 1 月 1 日—12 月 31 日。

2. 对商贸企业、服务型企业、劳动就业服务企业中的加工型企业和街道社区具有加工性质的小型企业实体,在新增加的岗位中,当年新招用在人力资源社会保障部门公共就业服务机构登记失业半年以上且持《就业创业证》或 2015 年 1 月 27 日前取得的《就业失业登记证》(注明"企业吸纳税收政策")人员,与其签订 1 年以上期限劳动合同并依法缴纳社会保险费的,在 3 年内按实际招用人数予以定额依次扣减增值税、城市维护建设税、教育费附加、地方教育附加和企业所得税优惠。定额标准为每人每年 4000 元,最高可上浮 30%,各省、自治区、直辖市人民政府可根据本地区实际情况在此幅度内确定具体定额标准,并报财政部和国家税务总局备案。

按上述标准计算的税收扣减额应在企业当年实际应缴纳的增值税、城市维护建设税、教育费附加、地方教育附加和企业所得税税额中扣减,当年扣减不足的,不得结转下年使用。

本条所称服务型企业是指从事《销售服务、无形资产、不动产注释》中"不动产租赁服务""商务辅助服务"(不含货物运输代理和代理报关服务)、"生活服务"(不含文化体育服务)范围内业务活动的企业以及按照《民办非企业单位登记管理暂行条例》(国务院令第 251 号)登记成立的民办非企业单位。

3. 享受上述优惠政策的人员按以下规定申领《就业创业证》:

(1)按照《就业服务与就业管理规定》(劳动和社会保障部令第 28 号)第六十三条的规定,在法定劳动年龄内,有劳动能力,有就业要求,处于无业状态的城镇常住人员,在公共就业服务机构进行失业登记,申领《就业创业证》。其中,农村进城务工人员和其他非本地户籍人员在常住地稳定就业满 6 个月的,失业后可以在常住地登记。

(2)零就业家庭凭社区出具的证明,城镇低保家庭凭低保证明,在公共就业服务机构登记失业,申领《就业创业证》。

(3)毕业年度内高校毕业生在校期间凭学生证向公共就业服务机构按规定申领《就业创业证》,或委托所在高校就业指导中心向公共就业服务机构按规定代为其申领《就业创业证》;毕业年度内高校毕业生离校后直接向公共就业服务机构按规定申领《就业创业证》。

(4)上述人员申领相关凭证后,由就业和创业地人力资源社会保障部门对人员范围、就业失业状态、已享受政策情况进行核实,在《就业创业证》上注明"自主创业税收政策""毕业年度内自主创业税收政策"或"企业吸纳税收政策"字样,同时符合自主创业和企业吸纳税收政策条件的,可同时加注;主管税务机关在《就业创业证》上加盖戳记,注明减免税所属时间。

4. 上述税收优惠政策的执行期限为 2016 年 5 月 1 日—2016 年 12 月 31 日,纳税人在 2016 年 12 月 31 日未享受满 3 年的,可继续享受至 3 年期满为止。

按照《财政部　国家税务总局　人力资源社会保障部关于继续实施支持和促进重点群体创业就业有关税收政策的通知》(财税〔2014〕39 号)规定享受营业税优惠政策的纳税人,自 2016 年 5 月 1 日起按照上述规定享受增值税优惠政策,在 2016 年 12 月 31 日未享受满 3 年的,可继续享受至 3 年期满为止。

《财政部　国家税务总局关于将铁路运输和邮政业纳入营业税改征增值税试点的通知》(财税〔2013〕106 号)附件 3 第一条第(十三)项失业人员就业增值税优惠政策,自 2014 年 1 月 1 日起停止执行。在 2013 年 12 月 31 日未享受满 3 年的,可继续享受至 3 年期满为止。

四、金融企业发放贷款后,自结息日起 90 天内发生的应收未收利息按现行规定缴纳增值税,自结息日起 90 天后发生的应收未收利息暂不缴纳增值税,待实际收到利息时按规定缴纳增值税。

上述所称金融企业,是指银行(包括国有、集体、股份制、合资、外资银行以及其他所有制形式的银行)、城市信用社、农村信用社、信托投资公司、财务公司。

五、个人将购买不足 2 年的住房对外销售的,按照 5%的征收率全额缴纳增值税;个人将购买 2 年以上(含 2 年)的住房对外销售的,免征增值税。上述政策适用于北京市、上海市、广州市和深圳市之外的地区。

个人将购买不足 2 年的住房对外销售的,按照 5%的征收率全额缴纳增值税;个人将购买 2 年以上(含 2 年)的非普通住房对外销售的,以销售收入减去购买住房价款后的差额按照 5%的征收率缴纳增值税;个人将购买 2 年以上(含 2 年)的普通住房对外销售的,免征增值税。上述政策仅适用于北京市、上海市、广州市和深圳市。

办理免税的具体程序、购买房屋的时间、开具发票、非购买形式取得住房行为及其他相关税收管理规定,按照《国务院办公厅转发建设部等部门关于做好稳定住房价格工作意见的通知》(国办发〔2005〕26 号)、《国家税务总局　财政部　建设部关于加强房地产税收管理的通知》(国税发〔2005〕89 号)和《国家税务总局关于房地产税收政策执行中几个具体问题的通知》(国税发〔2005〕172 号)的有关规定执行。

六、上述增值税优惠政策除已规定期限的项目和第五条政策外,其他均在营改增试点期间执行。如果试点纳税人在纳入营改增试点之日前已经按照有关政策规定享受了营业税税收优惠,在剩余税收优惠政策期限内,按照本规定享受有关增值税优惠。

附件 4

跨境应税行为适用增值税零税率和免税政策的规定

一、中华人民共和国境内(以下称境内)的单位和个人销售的下列服务和无形资产,适用增值税零税率:

(一)国际运输服务。

国际运输服务,是指:1. 在境内载运旅客或者货物出境。2. 在境外载运旅客或者货物入境。3. 在境外载运旅客或者货物。

(二)航天运输服务。

(三)向境外单位提供的完全在境外消费的下列服务:

1. 研发服务。2. 合同能源管理服务。3. 设计服务。4. 广播影视节目(作品)的制作和发行服务。5. 软件服务。6. 电路设计及测试服务。7. 信息系统服务。8. 业务流程管理服务。9. 离岸服务外包业务。

离岸服务外包业务,包括信息技术外包服务(ITO)、技术性业务流程外包服务(BPO)、技术性知识流程外包服务(KPO),其所涉及的具体业务活动,按照《销售服务、无形资产、不动产注释》相对应的业务活动执行。

10. 转让技术。

(四)财政部和国家税务总局规定的其他服务。

二、境内的单位和个人销售的下列服务和无形资产免征增值税,但财政部和国家税务总局规定适用增值税零税率的除外:

(一)下列服务:

1. 工程项目在境外的建筑服务。2. 工程项目在境外的工程监理服务。3. 工程、矿产资源在境外的工程勘察勘探服务。4. 会议展览地点在境外的会议展览服务。5. 存储地点在境外的仓储服务。6. 标的物在境外使用的有形动产租赁服务。7. 在境外提供的广播影视节目(作品)的播映服务。8. 在境外提供的文化体育服务、教育医疗服务、旅游服务。

(二)为出口货物提供的邮政服务、收派服务、保险服务。

为出口货物提供的保险服务,包括出口货物保险和出口信用保险。

(三)向境外单位提供的完全在境外消费的下列服务和无形资产:

1. 电信服务。2. 知识产权服务。3. 物流辅助服务(仓储服务、收派服务除外)。4. 鉴证咨询服务。5. 专业技术服务。6. 商务辅助服务。7. 广告投放地在境外的广告服务。8. 无形资产。

(四)以无运输工具承运方式提供的国际运输服务。

(五)为境外单位之间的货币资金融通及其他金融业务提供的直接收费金融服务,且该服务与境内的货物、无形资产和不动产无关。

(六)财政部和国家税务总局规定的其他服务。

三、按照国家有关规定应取得相关资质的国际运输服务项目,纳税人取得相关资质的,适用增值税零税率政策,未取得的,适用增值税免税政策。

境内的单位或个人提供程租服务,如果租赁的交通工具用于国际运输服务和港澳台运输服务,由出租方按规定申请适用增值税零税率。

境内的单位和个人向境内单位或个人提供期租、湿租服务,如果承租方利用租赁的交通工具向其他单位或个人提供国际运输服务和港澳台运输服务,由承租方适用增值税零税率。境内的单位或个人向境外单位或个人提供期租、湿租服务,由出租方适用增值税零税率。

境内单位和个人以无运输工具承运方式提供的国际运输服务,由境内实际承运人适用增值税零税率;无运输工具承运业务的经营者适用增值税免税政策。

四、境内的单位和个人提供适用增值税零税率的服务或者无形资产,如果属于适用简易计税方法的,实行免征增值税办法。如果属于适用增值税一般计税方法的,生产企业实行免抵退税办法,外贸企业外购服务或者无形资产出口实行免退税办法,外贸企业直接将服务或自行研发的无形资产出口,视同生产企业连同其出口货物统一实行免抵退税办法。

服务和无形资产的退税率为其按《试点实施办法》第十五条第(一)至(三)项规定适用的增

值税税率。实行退(免)税办法的服务和无形资产,如果主管税务机关认定出口价格偏高的,有权按照核定的出口价格计算退(免)税,核定的出口价格低于外贸企业购进价格的,低于部分对应的进项税额不予退税,转入成本。

五、境内的单位和个人销售适用增值税零税率的服务或无形资产的,可以放弃适用增值税零税率,选择免税或按规定缴纳增值税。放弃适用增值税零税率后,36个月内不得再申请适用增值税零税率。

六、境内的单位和个人销售适用增值税零税率的服务或无形资产,按月向主管退税的税务机关申报办理增值税退(免)税手续。具体管理办法由国家税务总局商财政部另行制定。

七、本规定所称完全在境外消费,是指:

(一)服务的实际接受方在境外,且与境内的货物和不动产无关。

(二)无形资产完全在境外使用,且与境内的货物和不动产无关。

(三)财政部和国家税务总局规定的其他情形。

八、境内单位和个人发生的与香港、澳门、台湾有关的应税行为,除本文另有规定外,参照上述规定执行。

九、2016年4月30日前签订的合同,符合《财政部 国家税务总局关于将铁路运输和邮政业纳入营业税改征增值税试点的通知》(财税〔2013〕106号)附件4和《财政部 国家税务总局关于影视等出口服务适用增值税零税率政策的通知》(财税〔2015〕118号)规定的零税率或者免税政策条件的,在合同到期前可以继续享受零税率或者免税政策。

注释:①此条废止,自2017年7月1日起废止。②此条失效。③此条废止,自2018年1月1日起废止。参见:《财政部 税务总局关于建筑服务等营改增试点政策的通知》,财税〔2017〕58号。

1-1-8
国家税务总局关于发布增值税发票税控开票软件数据接口规范的公告

2016年4月25日 国家税务总局公告2016年第25号

为配合全面推开营改增试点工作,支持使用商品和服务税收分类与编码开具增值税发票,国家税务总局决定对纳税人使用的增值税发票税控开票软件(以下简称开票软件)相关数据接口规范予以发布。现将有关事项公告如下:

一、开票软件是指增值税纳税人安装使用的增值税发票税控开票软件(金税盘版)和增值税发票税控开票软件(税控盘版)。

二、本次发布的接口规范为开具增值税发票(不含电子发票)的接口规范,包括导入接口规范和导出接口规范。

发票类型支持增值税专用发票、增值税普通发票、机动车销售统一发票和货物运输业增值税专用发票四种发票。导入接口规范是指开票软件可接收的待开具发票信息的数据格式;导出接口规范是指开票软件导出已开具发票信息的数据格式。

三、需要使用本数据接口规范的纳税人,应将开票软件统一升级为 V2.0.09 版本。

四、本数据接口规范和开票软件安装包在金税工程纳税人技术服务网(http://its. Chinatax. gov. cn)上发布,纳税人可自行下载免费安装使用。

五、纳税人在使用本数据接口规范过程中如有问题,可通过电子邮件(邮箱: shuikong@ chinatax. gov. cn)向税务总局反映。

六、本公告自 2016 年 5 月 1 日起施行。《国家税务总局关于发布增值税发票系统升级版开票软件数据接口规范的公告》(国家税务总局公告 2015 年第 36 号)同时废止。

特此公告。

1–1–9
国家税务总局关于明确营改增试点
若干征管问题的公告

2016 年 4 月 26 日　　国家税务总局公告 2016 年第 26 号

为确保全面推开营改增试点顺利实施,现将若干税收征管问题公告如下:

一、餐饮行业增值税一般纳税人购进农业生产者自产农产品,可以使用国税机关监制的农产品收购发票,按照现行规定计算抵扣进项税额。

有条件的地区,应积极在餐饮行业推行农产品进项税额核定扣除办法,按照《财政部　国家税务总局关于在部分行业试行农产品增值税进项税额核定扣除办法的通知》(财税〔2012〕38 号)有关规定计算抵扣进项税额。

二、个人转让住房,在 2016 年 4 月 30 日前已签订转让合同,2016 年 5 月 1 日以后办理产权变更事项的,应缴纳增值税,不缴纳营业税。

三、按照现行规定,适用增值税差额征收政策的增值税小规模纳税人,以差额前的销售额确定是否可以享受 3 万元(按季纳税 9 万元)以下免征增值税政策。

四、营改增后,门票、过路(过桥)费发票属于予以保留的票种,自 2016 年 5 月 1 日起,由国税机关监制管理。原地税机关监制的上述两类发票,可以延用至 2016 年 6 月 30 日。

本公告自 2016 年 5 月 1 日起施行。

特此公告。

1－1－10
国家税务总局关于纳税人销售其取得的
不动产办理产权过户手续使用的
增值税发票联次问题的通知

2016 年 5 月 2 日　税总函〔2016〕190 号

各省、自治区、直辖市和计划单列市国家税务局、地方税务局:

　　近接部分地区反映,需要明确营改增后纳税人销售其取得的不动产,办理产权过户手续使用的增值税发票联次问题。经研究,现将有关问题通知如下:

　　纳税人销售其取得的不动产,自行开具或者税务机关代开增值税发票时,使用六联增值税专用发票或者五联增值税普通发票。纳税人办理产权过户手续需要使用发票的,可以使用增值税专用发票第六联或者增值税普通发票第三联。

1－1－11
北京市财政局　北京市国家税务局　北京市
地方税务局关于取消营业税改征增值税试点
过渡性财政扶持政策的通知

2016 年 5 月 12 日　京财税〔2016〕814 号

各区财政局、国家税务局、地方税务局,市国家税务局直属税务分局,市地方税务局直属分局:

　　根据我市全面推开营改增改革工作部署,经市政府批准,自 2016 年 1 月 1 日起,我市取消营改增试点过渡性财政扶持政策。请各区财税部门加强营改增政策宣传辅导,做好试点运行情况的跟踪分析,遇到问题请及时向市级财税部门反映。

1-1-12
北京市国家税务局　北京市地方税务局关于
营改增后发票管理衔接有关事项的公告

2016 年 5 月 19 日　北京市国家税务局　北京市地方税务局公告 2016 年第 17 号

根据《国家税务总局关于全面推开营业税改征增值税试点有关税收征收管理事项的公告》(国家税务总局公告 2016 年第 23 号)以及《国家税务总局关于明确营改增试点若干征管问题的公告》(国家税务总局公告 2016 年第 26 号)有关规定,现将营改增之后发票管理有关事项公告如下:

一、地税发票的使用期限

(一)2016 年 5 月 1 日起,地税机关不再向试点纳税人发放发票。

(二)2016 年 4 月 30 日之前纳税人已领取地税机关印制的发票以及印有本单位名称的发票,可使用至 2016 年 6 月 30 日。

享受免征增值税政策的纳税人(如医院、博物馆等)使用的印有本单位名称的发票可适当延长使用期限,最迟不超过 2016 年 8 月 31 日。

二、关于地税机关已发放发票的缴销问题

(一)初次在国税机关领用发票的纳税人,须缴销地税机关已发放的发票后,方可领用。

(二)凡在国税机关已领用发票的纳税人,在开具国税发票之前,应将地税机关已发放的发票一律缴销。

(三)使用地税税控收款机开具发票的纳税人在办理发票缴销手续前,应先将已分发、未使用的空白发票做"作废"处理,并进行抄报。

(四)试点纳税人(除特殊情况外)应于 2016 年 6 月 30 日前办理地税结存发票的缴销手续。纳税人在国、地税均可办理发票缴销手续。

(五)试点纳税人办理完地税结存发票缴销手续后,应到原发放税控收款机的地税机关办理税控器具注销手续。

三、其他有关事项

(一)自 2016 年 5 月 1 日起,试点纳税人需要继续印制印有本单位名称发票的,应到主管国税机关办理备案手续。

(二)2016 年 5 月 1 日后,纳税人在使用地税发票过程中存在违法行为的,由主管国税机关按照《中华人民共和国发票管理办法》有关规定进行处理。

(三)对未按要求报送开具地税发票数据的纳税人,由地税机关按照《中华人民共和国发票管理办法》有关规定进行处理。

（四）地税发放的有奖发票由地税予以兑现。

本公告自发布之日起施行，《北京市国家税务局　北京市地方税务局关于营业税改征增值税发票管理有关事项的公告》（北京市国家税务局公告 2016 年第 11 号）同时作废。

特此公告。

1－1－13
北京市地方税务局　北京市国家税务局关于纳税人销售其取得的不动产和其他个人出租不动产增值税委托代征办税场所的公告

2016 年 5 月 25 日　北京市地方税务局　北京市国家税务局公告 2016 年第 8 号

按照《国家税务总局关于营业税改征增值税委托地税机关代征税款和代开增值税发票的公告》（国家税务总局公告〔2016〕19 号）、《国家税务总局关于营业税改征增值税委托地税局代征税款和代开增值税发票的通知》（税总函〔2016〕145 号）等相关规定，自 2016 年 5 月 1 日起营业税改征增值税后，为方便纳税人办税，暂定由国税机关委托地税机关代征纳税人销售其取得的不动产和其他个人出租不动产增值税；对于具备增值税发票安全保管条件、可连通网络、地税机关可有效监控代征税款及代开发票情况的相关政府部门等单位，由地税机关委托其代征其他个人出租不动产增值税。为保障纳税人及时办理上述涉税事项，现将本市代征工作办税场所情况予以发布。

本公告自 2016 年 5 月 1 日起生效。

特此公告。

附件：1. 全市地税机关代征纳税人销售其取得的不动产和其他个人出租不动产增值税办税场所（编者略）

2. 全市其他个人出租不动产委托代征单位代征增值税办税场所（编者略）

1-1-14
北京市财政局　北京市国家税务局　北京市
地方税务局转发财政部　国家税务总局
关于进一步明确全面推开营改增试点
金融业有关政策的通知

2016年5月31日　京财税〔2016〕862号

各区财政局、国家税务局、地方税务局,市国家税务局直属税务分局、市地方税务局直属分局:

现将《财政部　国家税务总局关于进一步明确全面推开营改增试点金融业有关政策的通知》(财税〔2016〕46号)转发给你们,请遵照执行。

附件:财政部、国家税务总局关于进一步明确全面推开营改增试点金融业有关政策的通知(财税〔2016〕46号)

财政部　国家税务总局关于进一步明确全面推开
营改增试点金融业有关政策的通知

2016年4月29日　财税〔2016〕46号

各省、自治区、直辖市、计划单列市财政厅(局)、国家税务局、地方税务局,新疆生产建设兵团财务局:

经研究,现将营改增试点期间有关金融业政策补充通知如下:

一、金融机构开展下列业务取得的利息收入,属于《营业税改征增值税试点过渡政策的规定》(财税〔2016〕36号,以下简称《过渡政策的规定》)第一条第(二十三)项所称的金融同业往来利息收入:

(一)质押式买入返售金融商品。

质押式买入返售金融商品,是指交易双方进行的以债券等金融商品为权利质押的一种短期资金融通业务。

(二)持有政策性金融债券。

政策性金融债券,是指开发性、政策性金融机构发行的债券。

二、《过渡政策的规定》第一条第(二十一)项中,享受免征增值税的一年期及以上返还本利的人身保险包括其他年金保险,其他年金保险是指养老年金以外的年金保险。

三、农村信用社、村镇银行、农村资金互助社、由银行业机构全资发起设立的贷款公司、法人机构在县(县级市、区、旗)及县以下地区的农村合作银行和农村商业银行提供金融服务收入,可以选择适用简易计税方法按照3%的征收率计算缴纳增值税。

村镇银行,是指经中国银行业监督管理委员会依据有关法律、法规批准,由境内外金融机构、境内非金融机构企业法人、境内自然人出资,在农村地区设立的主要为当地农民、农业和农村经济发展提供金融服务的银行业金融机构。

农村资金互助社,是指经银行业监督管理机构批准,由乡(镇)、行政村农民和农村小企业自愿入股组成,为社员提供存款、贷款、结算等业务的社区互助性银行业金融机构。

由银行业机构全资发起设立的贷款公司,是指经中国银行业监督管理委员会依据有关法律、法规批准,由境内商业银行或农村合作银行在农村地区设立的专门为县域农民、农业和农村经济发展提供贷款服务的非银行业金融机构。

县(县级市、区、旗),不包括直辖市和地级市所辖城区。

四、对中国农业银行纳入"三农金融事业部"改革试点的各省、自治区、直辖市、计划单列市分行下辖的县域支行和新疆生产建设兵团分行下辖的县域支行(也称县事业部),提供农户贷款、农村企业和农村各类组织贷款(具体贷款业务清单见附件)取得的利息收入,可以选择适用简易计税方法按照3%的征收率计算缴纳增值税。

农户贷款,是指金融机构发放给农户的贷款,但不包括按照《过渡政策的规定》第一条第(十九)项规定的免征增值税的农户小额贷款。

农户,是指《过渡政策的规定》第一条第(十九)项所称的农户。

农村企业和农村各类组织贷款,是指金融机构发放给注册在农村地区的企业及各类组织的贷款。

五、本通知自2016年5月1日起执行。

附件

享受增值税优惠的涉农贷款业务清单

1. 法人农业贷款;2. 法人林业贷款;3. 法人畜牧业贷款;4. 法人渔业贷款;5. 法人农林牧渔服务业贷款;6. 法人其他涉农贷款(煤炭、烟草、采矿业、房地产业、城市基础设施建设和其他类的法人涉农贷款除外);7. 小型农田水利设施贷款;8. 大型灌区改造;9. 中低产田改造;10. 防涝抗旱减灾体系建设;11. 农产品加工贷款;12. 农业生产资料制造贷款;13. 农业物资流通贷款;14. 农副产品流通贷款;15. 农产品出口贷款;16. 农业科技贷款;17. 农业综合生产能力建设;18. 农田水利设施建设;19. 农产品流通设施建设;20. 其他农业生产性基础设施建设;21. 农村饮水安全工程;22. 农村公路建设;23. 农村能源建设;24. 农村沼气建设;25. 其他农村生活基础设施建设;26. 农村教育设施建设;27. 农村卫生设施建设;28. 农村文化体育设施建设;29. 林业和生态环境建设;30. 个人农业贷款;31. 个人林业贷款;32. 个人畜牧业贷款;33. 个人渔业贷款;34. 个人农林牧渔服务业贷款;35. 农户其他生产经营贷款;36. 农户助学贷款;37. 农户医疗贷款;38. 农户住房贷款;39. 农户其他消费贷款。

1 - 1 - 15
北京市财政局　北京市国家税务局　北京市地方税务局转发财政部　国家税务总局关于进一步明确全面推开营改增试点有关劳务派遣服务收费公路通行费抵扣等政策的通知

2016 年 5 月 31 日　京财税〔2016〕957 号

各区财政局、国家税务局、地方税务局,市国家税务局直属税务分局、市地方税务局直属分局:

　　现将《财政部　国家税务总局关于进一步明确全面推开营改增试点有关劳务派遣服务收费公路通行费抵扣等政策的通知》(财税〔2016〕47 号)转发给你们,请遵照执行。

　　附件:财政部、国家税务总局关于进一步明确全面推开营改增试点有关劳务派遣服务收费公路通行费抵扣等政策的通知(财税〔2016〕47 号)

财政部　国家税务总局关于进一步明确全面推开营改增试点有关劳务派遣服务、收费公路通行费抵扣等政策的通知

2016 年 4 月 30 日　财税〔2016〕47 号

各省、自治区、直辖市、计划单列市财政厅(局)、国家税务局、地方税务局,新疆生产建设兵团财务局:

　　经研究,现将营改增试点期间劳务派遣服务等政策补充通知如下:

　　一、劳务派遣服务政策

　　一般纳税人提供劳务派遣服务,可以按照《财政部　国家税务总局关于全面推开营业税改征增值税试点的通知》(财税〔2016〕36 号)的有关规定,以取得的全部价款

和价外费用为销售额,按照一般计税方法计算缴纳增值税;也可以选择差额纳税,以取得的全部价款和价外费用,扣除代用工单位支付给劳务派遣员工的工资、福利和为其办理社会保险及住房公积金后的余额为销售额,按照简易计税方法依 5% 的征收率计算缴纳增值税。

小规模纳税人提供劳务派遣服务,可以按照《财政部　国家税务总局关于全面推开营业税改征增值税试点的通知》(财税〔2016〕36 号)的有关规定,以取得的全部价款和价外费用为销售额,按照简易计税方法依 3% 的征收率计算缴纳增值税;也可以选择差额纳税,以取得的全部价款和价外费用,扣除代用工单位支付给劳务派遣员工的工资、福利和为其办理社会保险及住房公积金后的余额为销售额,按照简易计税方法依 5% 的征收率计算缴纳增值税。

选择差额纳税的纳税人,向用工单位收取用于支付给劳务派遣员工工资、福利和为其办理社会保险及住房公积金的费用,不得开具增值税专用发票,可以开具普通发票。

劳务派遣服务,是指劳务派遣公司为了满足用工单位对于各类灵活用工的需求,将员工派遣至用工单位,接受用工单位管理并为其工作的服务。

二、收费公路通行费抵扣及征收政策

(一)2016 年 5 月 1 日—7 月 31 日,一般纳税人支付的道路、桥、闸通行费,暂凭取得的通行费发票(不含财政票据,下同)上注明的收费金额按照下列公式计算可抵扣的进项税额:

高速公路通行费可抵扣进项税额 = 高速公路通行费发票上注明的金额 ÷ (1 + 3%) × 3%

一级公路、二级公路、桥、闸通行费可抵扣进项税额 = 一级公路、二级公路、桥、闸通行费发票上注明的金额 ÷ (1 + 5%) × 5%

通行费,是指有关单位依法或者依规设立并收取的过路、过桥和过闸费用。

(二)一般纳税人收取试点前开工的一级公路、二级公路、桥、闸通行费,可以选择适用简易计税方法,按照 5% 的征收率计算缴纳增值税。

试点前开工,是指相关施工许可证注明的合同开工日期在 2016 年 4 月 30 日前。

三、其他政策

(一)纳税人提供人力资源外包服务,按照经纪代理服务缴纳增值税,其销售额不包括受客户单位委托代为向客户单位员工发放的工资和代理缴纳的社会保险、住房公积金。向委托方收取并代为发放的工资和代理缴纳的社会保险、住房公积金,不得开具增值税专用发票,可以开具普通发票。

一般纳税人提供人力资源外包服务,可以选择适用简易计税方法,按照 5% 的征收率计算缴纳增值税。

(二)纳税人以经营租赁方式将土地出租给他人使用,按照不动产经营租赁服务缴纳增值税。

纳税人转让 2016 年 4 月 30 日前取得的土地使用权,可以选择适用简易计税方法,以取得的全部价款和价外费用减去取得该土地使用权的原价后的余额为销售额,按照 5% 的征收率计算缴纳增值税。

(三)一般纳税人 2016 年 4 月 30 日前签订的不动产融资租赁合同,或以 2016 年 4 月 30 日前取得的不动产提供的融资租赁服务,可以选择适用简易计税方法,按照 5% 的征收率计算缴纳增值税。

(四)一般纳税人提供管道运输服务和有形动产融资租赁服务,按照《营业税改征增值税试点过渡政策的规定》(财税〔2013〕106 号)第二条有关规定适用的增值税实际税负超过 3% 部分即征即退政策,在 2016 年 1 月 1 日—4 月 30 日期间继续执行。

四、本通知规定的内容,除另有规定执行时间外,自 2016 年 5 月 1 日起执行。

1 – 1 – 16
北京市财政局　北京市国家税务局　北京市地方税务局转发财政部　国家税务总局关于进一步明确全面推开营改增试点有关再保险、不动产租赁和非学历教育等政策的通知

2016 年 7 月 8 日　京财税〔2016〕1255 号

各区财政局、国家税务局、地方税务局,市国家税务局直属税务分局、市地方税务局直属分局:

现将《财政部　国家税务总局关于进一步明确全面推开营改增试点有关再保险不动产租赁和非学历教育等政策的通知》(财税〔2016〕68 号)转发给你们,请遵照执行。

附件:财政部、国家税务总局关于进一步明确全面推开营改增试点有关再保险、不动产租赁和非学历教育等政策的通知(财税〔2016〕68 号)

财政部　国家税务总局关于进一步明确全面推开营改增试点有关再保险、不动产租赁和非学历教育等政策的通知

2016 年 6 月 18 日　财税〔2016〕68 号

各省、自治区、直辖市、计划单列市财政厅(局)、国家税务局、地方税务局,新疆生产建

设兵团财务局:

经研究,现将营改增试点期间有关再保险、不动产租赁和非学历教育等政策补充通知如下:

一、再保险服务

(一)境内保险公司向境外保险公司提供的完全在境外消费的再保险服务,免征增值税。

(二)试点纳税人提供再保险服务(境内保险公司向境外保险公司提供的再保险服务除外),实行与原保险服务一致的增值税政策。再保险合同对应多个原保险合同的,所有原保险合同均适用免征增值税政策时,该再保险合同适用免征增值税政策。否则,该再保险合同应按规定缴纳增值税。

原保险服务,是指保险分出方与投保人之间直接签订保险合同而建立保险关系的业务活动。

二、不动产经营租赁服务

1. 房地产开发企业中的一般纳税人,出租自行开发的房地产老项目,可以选择适用简易计税方法,按照5%的征收率计算应纳税额。纳税人出租自行开发的房地产老项目与其机构所在地不在同一县(市)的,应按照上述计税方法在不动产所在地预缴税款后,向机构所在地主管税务机关进行纳税申报。

房地产开发企业中的一般纳税人,出租其2016年5月1日后自行开发的与机构所在地不在同一县(市)的房地产项目,应按照3%预征率在不动产所在地预缴税款后,向机构所在地主管税务机关进行纳税申报。

2. 房地产开发企业中的小规模纳税人,出租自行开发的房地产项目,按照5%的征收率计算应纳税额。纳税人出租自行开发的房地产项目与其机构所在地不在同一县(市)的,应按照上述计税方法在不动产所在地预缴税款后,向机构所在地主管税务机关进行纳税申报。

三、一般纳税人提供非学历教育服务,可以选择适用简易计税方法按照3%征收率计算应纳税额。

四、纳税人提供安全保护服务,比照劳务派遣服务政策执行。

五、各党派、共青团、工会、妇联、中科协、青联、台联、侨联收取党费、团费、会费,以及政府间国际组织收取会费,属于非经营活动,不征收增值税。

六、本通知自2016年5月1日起执行。

1 – 1 – 17
国家税务总局关于红字增值税发票
开具有关问题的公告

2016 年 7 月 20 日　国家税务总局公告 2016 年第 47 号

为进一步规范纳税人开具增值税发票管理,现将红字发票开具有关问题公告如下:

一、增值税一般纳税人开具增值税专用发票(以下简称"专用发票")后,发生销货退回、开票有误、应税服务中止等情形但不符合发票作废条件,或者因销货部分退回及发生销售折让,需要开具红字专用发票的,按以下方法处理:

(一)购买方取得专用发票已用于申报抵扣的,购买方可在增值税发票管理新系统(以下简称"新系统")中填开并上传《开具红字增值税专用发票信息表》(以下简称《信息表》,详见附件),在填开《信息表》时不填写相对应的蓝字专用发票信息,应暂依《信息表》所列增值税税额从当期进项税额中转出,待取得销售方开具的红字专用发票后,与《信息表》一并作为记账凭证。

购买方取得专用发票未用于申报抵扣、但发票联或抵扣联无法退回的,购买方填开《信息表》时应填写相对应的蓝字专用发票信息。

销售方开具专用发票尚未交付购买方,以及购买方未用于申报抵扣并将发票联及抵扣联退回的,销售方可在新系统中填开并上传《信息表》。销售方填开《信息表》时应填写相对应的蓝字专用发票信息。

(二)主管税务机关通过网络接收纳税人上传的《信息表》,系统自动校验通过后,生成带有"红字发票信息表编号"的《信息表》,并将信息同步至纳税人端系统中。

(三)销售方凭税务机关系统校验通过的《信息表》开具红字专用发票,在新系统中以销项负数开具。红字专用发票应与《信息表》一一对应。

(四)纳税人也可凭《信息表》电子信息或纸质资料到税务机关对《信息表》内容进行系统校验。

二、税务机关为小规模纳税人代开专用发票,需要开具红字专用发票的,按照一般纳税人开具红字专用发票的方法处理。

三、纳税人需要开具红字增值税普通发票的,可以在所对应的蓝字发票金额范围内开具多份红字发票。红字机动车销售统一发票需与原蓝字机动车销售统一发票一一对应。

四、按照《国家税务总局关于纳税人认定或登记为一般纳税人前进项税额抵扣问题的公告》(国家税务总局公告 2015 年第 59 号)的规定,需要开具红字专用发票的,按照本公告规定执行。

五、本公告自 2016 年 8 月 1 日起施行,《国家税务总局关于推行增值税发票系统升级版有关问题的公告》(国家税务总局公告 2014 年第 73 号)第四条、附件 1、附件 2和《国家税务总局关于全面推行增值税发票系统升级版有关问题的公告》(国家税务总局公告 2015 年第 19 号)第五条、附件 1、附件 2 同时废止。此前未处理的事项,按照本公告规定执行。

特此公告。

附件:开具红字增值税专用发票信息表(编者略)

1－1－18
财政部　国家税务总局关于部分营业税和增值税政策到期延续问题的通知

2016 年 7 月 25 日　　财税〔2016〕83 号

各省、自治区、直辖市、计划单列市财政厅(局)、国家税务局、地方税务局,新疆生产建设兵团财务局:

经国务院批准,现对继续执行农村金融、三农事业部涉农贷款、邮政代办金融保险和新疆国际大巴扎项目有关税收政策通知如下:

一、《财政部　国家税务总局关于农村金融有关税收政策的通知》(财税〔2010〕4号)第三条规定的"对农村信用社、村镇银行、农村资金互助社、由银行业机构全资发起设立的贷款公司、法人机构所在地在县(含县级市、区、旗)及县以下地区的农村合作银行和农村商业银行的金融保险业收入减按 3% 的税率征收营业税"政策的执行期限延长至 2016 年 4 月 30 日。

二、《财政部　国家税务总局关于中国农业银行三农金融事业部涉农贷款营业税优惠政策的通知》(财税〔2015〕67 号)的执行期限延长至 2016 年 4 月 30 日。

三、自 2016 年 1 月 1 日起,中国邮政集团公司及其所属邮政企业为金融机构代办金融保险业务取得的代理收入,在营改增试点期间免征增值税。

四、自 2016 年 1 月 1 日—2016 年 4 月 30 日,新疆国际大巴扎物业服务有限公司和新疆国际大巴扎文化旅游产业有限公司从事与新疆国际大巴扎项目有关的营业税应税业务,免征营业税;自 2016 年 5 月 1 日—2016 年 12 月 31 日,对上述营改增应税业务,免征增值税。

五、文到之日前,已征的按照本通知规定应予免征的营业税,予以退还;已征的应予免征的增值税,可抵减纳税人以后月份应缴纳的增值税或予以退还。

1-1-19
北京市财政局　北京市国家税务局　北京市
地方税务局转发财政部　国家税务总局关于
金融机构同业往来等增值税政策的补充通知

2016 年 8 月 5 日　京财税〔2016〕1554 号

各区财政局、国家税务局、地方税务局,市国家税务局直属税务分局、市地方税务局直属分局:

　　现将《财政部　国家税务总局关于金融机构同业往来等增值税政策的补充通知》(财税〔2016〕70 号)转发给你们,请遵照执行。

　　附件:财政部　国家税务总局关于金融机构同业往来等增值税政策的补充通知(财税〔2016〕70 号)

财政部　国家税务总局关于金融机构同业往来等
增值税政策的补充通知

2016 年 6 月 30 日　财税〔2016〕70 号

各省、自治区、直辖市、计划单列市财政厅(局)、国家税务局、地方税务局,新疆生产建设兵团财务局:

　　经研究,现将营改增试点期间有关金融业政策补充通知如下:

　　一、金融机构开展下列业务取得的利息收入,属于《营业税改征增值税试点过渡政策的规定》(财税〔2016〕36 号,以下简称《过渡政策的规定》)第一条第(二十三)项所称的金融同业往来利息收入:

　　(一)同业存款。

　　同业存款,是指金融机构之间开展的同业资金存入与存出业务,其中资金存入方仅为具有吸收存款资格的金融机构。

　　(二)同业借款。

　　同业借款,是指法律法规赋予此项业务范围的金融机构开展的同业资金借出和借入业务。此条款所称"法律法规赋予此项业务范围的金融机构"主要是指农村信用社之间以及在金融机构营业执照列示的业务范围中有反映为"向金融机构借款"业务的金融机构。

(三)同业代付。

同业代付,是指商业银行(受托方)接受金融机构(委托方)的委托向企业客户付款,委托方在约定还款日偿还代付款项本息的资金融通行为。

(四)买断式买入返售金融商品。

买断式买入返售金融商品,是指金融商品持有人(正回购方)将债券等金融商品卖给债券购买方(逆回购方)的同时,交易双方约定在未来某一日期,正回购方再以约定价格从逆回购方买回相等数量同种债券等金融商品的交易行为。

(五)持有金融债券。

金融债券,是指依法在中华人民共和国境内设立的金融机构法人在全国银行间和交易所债券市场发行的、按约定还本付息的有价证券。

(六)同业存单。

同业存单,是指银行业存款类金融机构法人在全国银行间市场上发行的记账式定期存款凭证。

二、商业银行购买央行票据、与央行开展货币掉期和货币互存等业务属于《过渡政策的规定》第一条第(二十三)款第 1 项所称的金融机构与人民银行所发生的资金往来业务。

三、境内银行与其境外的总机构、母公司之间,以及境内银行与其境外的分支机构、全资子公司之间的资金往来业务属于《过渡政策的规定》第一条第(二十三)款第 2 项所称的银行联行往来业务。

四、人民币合格境外投资者(RQFII)委托境内公司在我国从事证券买卖业务,以及经人民银行认可的境外机构投资银行间本币市场取得的收入属于《过渡政策的规定》第一条第(二十二)款所称的金融商品转让收入。

银行间本币市场包括货币市场、债券市场以及衍生品市场。

五、本通知自 2016 年 5 月 1 日起执行。

1-1-20
国家税务总局关于营改增试点若干征管问题的公告

2016 年 8 月 18 日　　国家税务总局公告 2016 年第 53 号

根据《财政部　国家税务总局关于全面推开营业税改征增值税试点的通知》(财税〔2016〕36 号),现将营改增试点有关征管问题公告如下:

一、境外单位或者个人发生的下列行为不属于在境内销售服务或者无形资产:

(一)为出境的函件、包裹在境外提供的邮政服务、收派服务;

（二）向境内单位或者个人提供的工程施工地点在境外的建筑服务、工程监理服务；

（三）向境内单位或者个人提供的工程、矿产资源在境外的工程勘察勘探服务；

（四）向境内单位或者个人提供的会议展览地点在境外的会议展览服务。

二、其他个人采取一次性收取租金的形式出租不动产，取得的租金收入可在租金对应的租赁期内平均分摊，分摊后的月租金收入不超过 3 万元的，可享受小微企业免征增值税优惠政策。

三、单用途商业预付卡（以下简称"单用途卡"）业务按照以下规定执行：

（一）单用途卡发卡企业或者售卡企业（以下统称"售卡方"）销售单用途卡，或者接受单用途卡持卡人充值取得的预收资金，不缴纳增值税。售卡方可按照本公告第九条的规定，向购卡人、充值人开具增值税普通发票，不得开具增值税专用发票。

单用途卡，是指发卡企业按照国家有关规定发行的，仅限于在本企业、本企业所属集团或者同一品牌特许经营体系内兑付货物或者服务的预付凭证。

发卡企业，是指按照国家有关规定发行单用途卡的企业。售卡企业，是指集团发卡企业或者品牌发卡企业指定的，承担单用途卡销售、充值、挂失、换卡、退卡等相关业务的本集团或同一品牌特许经营体系内的企业。

（二）售卡方因发行或者销售单用途卡并办理相关资金收付结算业务取得的手续费、结算费、服务费、管理费等收入，应按照现行规定缴纳增值税。

（三）持卡人使用单用途卡购买货物或服务时，货物或者服务的销售方应按照现行规定缴纳增值税，且不得向持卡人开具增值税发票。

（四）销售方与售卡方不是同一个纳税人的，销售方在收到售卡方结算的销售款时，应向售卡方开具增值税普通发票，并在备注栏注明"收到预付卡结算款"，不得开具增值税专用发票。

售卡方从销售方取得的增值税普通发票，作为其销售单用途卡或接受单用途卡充值取得预收资金不缴纳增值税的凭证，留存备查。

四、支付机构预付卡（以下称"多用途卡"）业务按照以下规定执行：

（一）支付机构销售多用途卡取得的等值人民币资金，或者接受多用途卡持卡人充值取得的充值资金，不缴纳增值税。支付机构可按照本公告第九条的规定，向购卡人、充值人开具增值税普通发票，不得开具增值税专用发票。

支付机构，是指取得中国人民银行核发的《支付业务许可证》，获准办理"预付卡发行与受理"业务的发卡机构和获准办理"预付卡受理"业务的受理机构。

多用途卡，是指发卡机构以特定载体和形式发行的，可在发卡机构之外购买货物或服务的预付价值。

（二）支付机构因发行或者受理多用途卡并办理相关资金收付结算业务取得的手续费、结算费、服务费、管理费等收入，应按照现行规定缴纳增值税。

（三）持卡人使用多用途卡，向与支付机构签署合作协议的特约商户购买货物或服务,特约商户应按照现行规定缴纳增值税,且不得向持卡人开具增值税发票。

(四)特约商户收到支付机构结算的销售款时,应向支付机构开具增值税普通发票,并在备注栏注明"收到预付卡结算款",不得开具增值税专用发票。

支付机构从特约商户取得的增值税普通发票,作为其销售多用途卡或接受多用途卡充值取得预收资金不缴纳增值税的凭证,留存备查。

五、单位将其持有的限售股在解禁流通后对外转让的,按照以下规定确定买入价:

(一)上市公司实施股权分置改革时,在股票复牌之前形成的原非流通股股份,以及股票复牌首日至解禁日期间由上述股份孳生的送、转股,以该上市公司完成股权分置改革后股票复牌首日的开盘价为买入价。

(二)公司首次公开发行股票并上市形成的限售股,以及上市首日至解禁日期间由上述股份孳生的送、转股,以该上市公司股票首次公开发行(IPO)的发行价为买入价。

(三)因上市公司实施重大资产重组形成的限售股,以及股票复牌首日至解禁日期间由上述股份孳生的送、转股,以该上市公司因重大资产重组股票停牌前一交易日的收盘价为买入价。

六、银行提供贷款服务按期计收利息的,结息日当日计收的全部利息收入,均应计入结息日所属期的销售额,按照现行规定计算缴纳增值税。

七、按照《中华人民共和国增值税暂行条例》《营业税改征增值税试点实施办法》《中华人民共和国消费税暂行条例》及相关文件规定,以1个季度为纳税期限的增值税纳税人,其取得的全部增值税应税收入、消费税应税收入,均可以1个季度为纳税期限。

八、《纳税人跨县(市、区)提供建筑服务增值税征收管理暂行办法》(国家税务总局公告2016年第17号发布)第七条规定调整为:

纳税人跨县(市、区)提供建筑服务,在向建筑服务发生地主管国税机关预缴税款时,需填报《增值税预缴税款表》,并出示以下资料:

(一)与发包方签订的建筑合同复印件(加盖纳税人公章);

(二)与分包方签订的分包合同复印件(加盖纳税人公章);

(三)从分包方取得的发票复印件(加盖纳税人公章)。

九、《国家税务总局关于全面推开营业税改征增值税试点有关税收征收管理事项的公告》(国家税务总局公告2016年第23号)附件《商品和服务税收分类与编码(试行)》中的分类编码调整以下内容,纳税人应将增值税税控开票软件升级到最新版本(V2.0.11):

(一)3010203"水路运输期租业务"下分设301020301"水路旅客运输期租业务"和301020302"水路货物运输期租业务";3010204"水路运输程租业务"下设301020401"水路旅客运输程租业务"和301020402"水路货物运输程租业务";301030103"航空运输湿租业务"下设30103010301"航空旅客运输湿租业务"和

30103010302"航空货物运输湿租业务"。

（二）30105"无运输工具承运业务"下新增 3010502"无运输工具承运陆路运输业务"、3010503"无运输工具承运水路运输服务"、3010504"无运输工具承运航空运输服务"、3010505"无运输工具承运管道运输服务"和 3010506"无运输工具承运联运运输服务"。

停用编码 3010501"无船承运"。

（三）301"交通运输服务"下新增 30106"联运服务"，用于利用多种运输工具载运旅客、货物的业务活动。

30106"联运服务"下新增 3010601"旅客联运服务"和 3010602"货物联运服务"。

（四）30199"其他运输服务"下新增 3019901"其他旅客运输服务"和 3019902"其他货物运输服务"。

（五）30401"研发和技术服务"下新增 3040105"专业技术服务"。

停止使用编码 304010403"专业技术服务"。

（六）304050202"不动产经营租赁"下新增 30405020204"商业营业用房经营租赁服务"。

（七）3040801"企业管理服务"下新增 304080101"物业管理服务"和 304080199"其他企业管理服务"。

（八）3040802"经纪代理服务"下新增 304080204"人力资源外包服务"。

（九）3040803"人力资源服务"下新增 304080301"劳务派遣服务"和 304080399"其他人力资源服务"。

（十）30601"贷款服务"下新增 3060110"客户贷款"，用于向企业、个人等客户发放贷款以及票据贴现的情况；3060110"客户贷款"下新增 306011001"企业贷款"、306011002"个人贷款"、306011003"票据贴现"。

（十一）增加 6"未发生销售行为的不征税项目"，用于纳税人收取款项但未发生销售货物、应税劳务、服务、无形资产或不动产的情形。

"未发生销售行为的不征税项目"下设 601"预付卡销售和充值"、602"销售自行开发的房地产项目预收款"、603"已申报缴纳营业税未开票补开票"。

使用"未发生销售行为的不征税项目"编码，发票税率栏应填写"不征税"，不得开具增值税专用发票。

十、本公告自 2016 年 9 月 1 日起施行，此前已发生未处理的事项，按照本公告规定执行。2016 年 5 月 1 日前，纳税人发生本公告第二、五、六条规定的应税行为，此前未处理的，比照本公告规定缴纳营业税。

特此公告。

1-1-21
国家税务总局关于纳税人申请代开
增值税发票办理流程的公告

2016年8月31日 国家税务总局公告2016年第59号

现将纳税人代开发票(纳税人销售取得的不动产和其他个人出租不动产由地税机关代开增值税发票业务除外)办理流程公告如下:

一、办理流程

(一)在地税局委托国税局代征税费的办税服务厅,纳税人按照以下次序办理:

1. 在国税局办税服务厅指定窗口:

(1)提交《代开增值税发票缴纳税款申报单》(见附件);

(2)自然人申请代开发票,提交身份证件及复印件;

其他纳税人申请代开发票,提交加载统一社会信用代码的营业执照(或税务登记证或组织机构代码证)、经办人身份证件及复印件。

2. 在同一窗口申报缴纳增值税等有关税费。

3. 在同一窗口领取发票。

(二)在国税地税合作、共建的办税服务厅,纳税人按照以下次序办理:

1. 在办税服务厅国税指定窗口:

(1)提交《代开增值税发票缴纳税款申报单》;

(2)自然人申请代开发票,提交身份证件及复印件;

其他纳税人申请代开发票,提交加载统一社会信用代码的营业执照(或税务登记证或组织机构代码证)、经办人身份证件及复印件。

2. 在同一窗口缴纳增值税。

3. 到地税指定窗口申报缴纳有关税费。

4. 到国税指定窗口凭相关缴纳税费证明领取发票。

二、各省税务机关应在本公告规定的基础上,结合本地实际,制定更为细化、更有明确指向和可操作的纳税人申请代开发票办理流程公告,切实将简化优化办税流程落到实处。

三、纳税人销售取得的不动产和其他个人出租不动产代开增值税发票业务所需资料,仍然按照《国家税务总局关于加强和规范税务机关代开普通发票工作的通知》(国税函〔2004〕1024号)第二条第(五)项执行。

本公告自2016年11月15日起施行。

特此公告。

附件:代开增值税发票缴纳税款申报单(编者略)

1-1-22
国家税务总局关于调整增值税普通发票防伪措施有关事项的公告

2016 年 11 月 2 日　国家税务总局公告 2016 年第 68 号

税务总局决定调整增值税普通发票防伪措施,自 2016 年第四季度起印制的增值税普通发票采用新的防伪措施。现将有关事项公告如下:

调整后的增值税普通发票的防伪措施为灰变红防伪油墨(详见附件)。增值税普通发票各联次颜色:第一联为蓝色,第二联为棕色,第三联为绿色,第四联为紫色,第五联为粉红色。

税务机关库存和纳税人尚未使用的增值税普通发票可以继续使用。

本公告自发布之日起实施。

特此公告。

附件:增值税普通发票防伪措施的说明

附件

增值税普通发票防伪措施的说明

一、防伪效果

增值税普通发票各联次左上方的发票代码及右上方的字符(No)使用灰变红防伪油墨印制,油墨印记在外力摩擦作用下可以发生颜色变化,产生红色擦痕。

二、鉴别方法

使用白纸摩擦票面的发票代码和字符(No)区域,在白纸表面以及发票代码和字符(No)的摩擦区域均会产生红色擦痕。(如下图所示)

发票代码图案原色

2300164350　　　　　　№ 12345727

开票日期:

原色摩擦可产生红色擦痕

2300164350　黑龙江增值税普通发票　№ 12345726

发票联

开票日期：

1 - 1 - 23
国家税务总局关于纳税人转让不动产缴纳增值税差额扣除有关问题的公告

2016 年 11 月 24 日　国家税务总局公告 2016 年第 73 号

现将纳税人转让不动产缴纳增值税差额扣除有关问题公告如下：

一、纳税人转让不动产，按照有关规定差额缴纳增值税的，如因丢失等原因无法提供取得不动产时的发票，可向税务机关提供其他能证明契税计税金额的完税凭证等资料，进行差额扣除。

二、纳税人以契税计税金额进行差额扣除的，按照下列公式计算增值税应纳税额：

（一）2016 年 4 月 30 日及以前缴纳契税的

增值税应纳税额 ＝［全部交易价格（含增值税）－ 契税计税金额（含营业税）］÷（1 ＋5％）×5％

（二）2016 年 5 月 1 日及以后缴纳契税的

增值税应纳税额 ＝［全部交易价格（含增值税）÷（1 ＋5％）－ 契税计税金额（不含增值税）］×5％

三、纳税人同时保留取得不动产时的发票和其他能证明契税计税金额的完税凭证等资料的，应当凭发票进行差额扣除。

本公告自发布之日起施行。此前已发生未处理的事项，按照本公告的规定执行。

特此公告。

1-1-24
财政部　国家税务总局关于明确
金融　房地产开发　教育辅助
服务等增值税政策的通知

2016年12月21日　　财税[2016]140号

各省、自治区、直辖市、计划单列市财政厅(局)、国家税务局,地方税务局,新疆生产建设兵团财务局:

现将营改增试点期间有关金融、房地产开发、教育辅助服务等政策补充通知如下:

一、《销售服务、无形资产、不动产注释》(财税[2016]36号)第一条第(五)项第1点所称"保本收益、报酬、资金占用费、补偿金",是指合同中明确承诺到期本金可全部收回的投资收益。金融商品持有期间(含到期)取得的非保本的上述收益,不属于利息或利息性质的收入,不征收增值税。

二、纳税人购入基金、信托、理财产品等各类资产管理产品持有至到期,不属于《销售服务、无形资产、不动产注释》(财税[2016]36号)第一条第(五)项第4点所称的金融商品转让。

三、证券公司、保险公司、金融租赁公司、证券基金管理公司、证券投资基金以及其他经人民银行、银监会、证监会、保监会批准成立且经营金融保险业务的机构发放贷款后,自结息日起90天内发生的应收未收利息按现行规定缴纳增值税,自结息日起90天后发生的应收未收利息暂不缴纳增值税,待实际收到利息时按规定缴纳增值税。

四、资管产品运营过程中发生的增值税应税行为,以资管产品管理人为增值税纳税人。

五、纳税人2016年1—4月转让金融商品出现的负差,可结转下一纳税期,与2016年5—12月转让金融商品销售额相抵。

六、《财政部　国家税务总局关于全面推开营业税改征增值税试点的通知》(财税[2016]36号)所称"人民银行、银监会或者商务部批准""商务部授权的省级商务主管部门和国家经济技术开发区批准"从事融资租赁业务(含融资性售后回租业务)的试点纳税人(含试点纳税人中的一般纳税人),包括经上述部门备案从事融资租赁业务的试点纳税人。

七、《营业税改征增值税试点有关事项的规定》(财税[2016]36号)第一条第(三)项第10点中"向政府部门支付的土地价款",包括土地受让人向政府部门支付的征地和拆迁补偿费用、土地前期开发费用和土地出让收益等。

房地产开发企业中的一般纳税人销售其开发的房地产项目(选择简易计税方法的房地产老项目除外),在取得土地时向其他单位或个人支付的拆迁补偿费用也允许在计算销售额时扣除。纳税人按上述规定扣除拆迁补偿费用时,应提供拆迁协议、拆迁双方支付和取得拆迁补偿费用凭证等能够证明拆迁补偿费用真实性的材料。

八、房地产开发企业(包括多个房地产开发企业组成的联合体)受让土地向政府部门支付土地价款后,设立项目公司对该受让土地进行开发,同时符合下列条件的,可由项目公司按规定扣除房地产开发企业向政府部门支付的土地价款。

(一)房地产开发企业、项目公司、政府部门三方签订变更协议或补充合同,将土地受让人变更为项目公司;

(二)政府部门出让土地的用途、规划等条件不变的情况下,签署变更协议或补充合同时,土地价款总额不变;

(三)项目公司的全部股权由受让土地的房地产开发企业持有。

九、提供餐饮服务的纳税人销售的外卖食品,按照"餐饮服务"缴纳增值税。

十、宾馆、旅馆、旅社、度假村和其他经营性住宿场所提供会议场地及配套服务的活动,按照"会议展览服务"缴纳增值税。

十一、纳税人在游览场所经营索道、摆渡车、电瓶车、游船等取得的收入,按照"文化体育服务"缴纳增值税。

十二、非企业性单位中的一般纳税人提供的研发和技术服务、信息技术服务、鉴证咨询服务,以及销售技术、著作权等无形资产,可以选择简易计税方法按照3%征收率计算缴纳增值税。

非企业性单位中的一般纳税人提供《营业税改征增值税试点过渡政策的规定》(财税〔2016〕36号)第一条第(二十六)项中的"技术转让、技术开发和与之相关的技术咨询、技术服务",可以参照上述规定,选择简易计税方法按照3%征收率计算缴纳增值税。

十二、一般纳税人提供教育辅助服务,可以选择简易计税方法按照3%征收率计算缴纳增值税。

十四、纳税人提供武装守护押运服务,按照"安全保护服务"缴纳增值税。

十五、物业服务企业为业主提供的装修服务,按照"建筑服务"缴纳增值税。

十六、纳税人将建筑施工设备出租给他人使用并配备操作人员的,按照"建筑服务"缴纳增值税。

十七、自2017年1月1日起,生产企业销售自产的海洋工程结构物,或者融资租赁企业及其设立的项目子公司、金融租赁公司及其设立的项目子公司购买并以融资租赁方式出租的国内生产企业生产的海洋工程结构物,应按规定缴纳增值税,不再适用《财政部 国家税务总局关于出口货物劳务增值税和消费税政策的通知》(财税〔2012〕39号)或者《财政部 国家税务总局关于在全国开展融资租赁货物出口退税政策试点的通知》(财税〔2014〕62 号)规定的增值税出口退税政策,但购买方或者承租方为按实物征收增值税的中外合作油(气)田开采企业的除外。

2017 年 1 月 1 日前签订的海洋工程结构物销售合同或者融资租赁合同,在合同到期前,可继续按现行相关出口退税政策执行。

十八、本通知除第十七条规定的政策外,其他均自 2016 年 5 月 1 日起执行。此前已征的应予免征或不征的增值税,可抵减纳税人以后月份应缴纳的增值税。

1–1–25
国家税务总局关于土地价款扣除时间等
增值税征管问题的公告

2016 年 12 月 24 日　　国家税务总局公告 2016 年第 86 号

为细化落实《财政部　国家税务总局关于明确金融、房地产开发、教育辅助服务等增值税政策的通知》(财税〔2016〕140 号)和进一步明确营改增试点运行中反映的操作问题,现将有关事项公告如下:

一、房地产开发企业向政府部门支付的土地价款,以及向其他单位或个人支付的拆迁补偿费用,按照财税〔2016〕140 号文件第七、八条规定,允许在计算销售额时扣除但未扣除的,从 2016 年 12 月(税款所属期)起按照现行规定计算扣除。

二、财税〔2016〕140 号文件第九、十、十一、十四、十五、十六条明确的税目适用问题,按以下方式处理:

(一)不涉及税率适用问题的不调整申报;

(二)纳税人原适用的税率高于财税〔2016〕140 号文件所明确税目对应税率的,多申报的销项税额可以抵减以后月份的销项税额;

(三)纳税人原适用的税率低于财税〔2016〕140 号文件所明确税目对应税率的,不调整申报,并从 2016 年 12 月(税款所属期)起按照财税〔2016〕140 号文件执行。

纳税人已就相关业务向购买方开具增值税专用发票的,应将增值税专用发票收回并重新开具;无法收回的不再调整。

三、财税〔2016〕140 号文件第十八条规定的"此前已征的应予免征或不征的增值税,可抵减纳税人以后月份应缴纳的增值税",按以下方式处理:

(一)应予免征或不征增值税业务已按照一般计税方法缴纳增值税的,以该业务对应的销项税额抵减以后月份的销项税额,同时按照现行规定计算不得从销项税额中抵扣的进项税额;

(二)应予免征或不征增值税业务已按照简易计税方法缴纳增值税的,以该业务对应的增值税应纳税额抵减以后月份的增值税应纳税额。

纳税人已就应予免征或不征增值税业务向购买方开具增值税专用发票的,应将增值税专用发票收回后方可享受免征或不征增值税政策。

四、保险公司开展共保业务时,按照以下规定开具增值税发票:

(一)主承保人与投保人签订保险合同并全额收取保费,然后再与其他共保人签订共保协议并支付共保保费的,由主承保人向投保人全额开具发票,其他共保人向主承保人开具发票;

(二)主承保人和其他共保人共同与投保人签订保险合同并分别收取保费的,由主承保人和其他共保人分别就各自获得的保费收入向投保人开具发票。

五、《国家税务总局关于发布〈房地产开发企业销售自行开发的房地产项目增值税征收管理暂行办法〉的公告》(国家税务总局公告2016年第18号)第五条中,"当期销售房地产项目建筑面积""房地产项目可供销售建筑面积",是指计容积率地上建筑面积,不包括地下车位建筑面积。

六、纳税人办理无偿赠与或受赠不动产免征增值税的手续,按照《国家税务总局关于进一步简化和规范个人无偿赠与或受赠不动产免征营业税、个人所得税所需证明资料的公告》(国家税务总局公告2015年第75号,以下称《公告》)的规定执行。《公告》第一条第(四)项第2目"经公证的能够证明有权继承或接受遗赠的证明资料原件及复印件",修改为"有权继承或接受遗赠的证明资料原件及复印件"。

七、纳税人出租不动产,租赁合同中约定免租期的,不属于《营业税改征增值税试点实施办法》(财税〔2016〕36号文件印发)第十四条规定的视同销售服务。

本公告自发布之日起施行。

特此公告。

1-2 综合规定

本部分未收录"综合规定"类文件全文,请根据文件编码在"综合税收政策"部分查阅全文。

二、个人所得税

2-1 一般规定

2-1-1

北京市财政局　北京市地方税务局　北京市科学技术委员会　中关村科技园区管理委员会转发财政部　国家税务总局　科技部关于中关村国家自主创新示范区有关股权奖励个人所得税试点政策的通知

2015 年 3 月 15 日　京财税〔2015〕189 号

各区县财政局、地方税务局、科学技术委员会,中关村示范区各园区管委会,市地税局直属分局:

现将《财政部　国家税务总局　科技部关于中关村国家自主创新示范区有关股权奖励个人所得税试点政策的通知》(财税〔2014〕63 号)转发给你们,并将《中关村国家自主创新示范区有关股权奖励个人所得税试点工作管理办法》印发给你们,请一并遵照执行。

附件:1. 财政部　国家税务总局　科技部关于中关村国家自主创新示范区有关股权奖励个人所得税试点政策的通知

2. 中关村国家自主创新示范区有关股权奖励个人所得税试点工作管理办法

财政部　国家税务总局　科技部关于中关村国家自主创新示范区有关股权奖励个人所得税试点政策的通知

2014 年 8 月 30 日　财税〔2014〕63 号

北京市财政局、国家税务局、地方税务局、科技委:

经国务院批准,现将中关村国家自主创新示范区(以下简称示范区)有关股权奖励个人所得税试点政策通知如下:

一、对示范区内高新技术企业和科技型中小企业(以下简称企业)转化科技成果,以股份或出资比例等股权形式给予本企业相关人员的奖励,应按照以下规定计算缴纳个人所得税:

1. 获得奖励人员在获得股权时,按照"工资薪金所得"项目,参照《财政部　国家税务总局关于个人股票期权所得征收个人所得税问题的通知》(财税〔2005〕35 号)有关规定计算确定应纳税额,股权奖励的计税价格参照获得股权时的公平市物价格确定,但暂不缴纳税款;该部分税款在获得奖励人员取得分红或转让股权时一并缴纳,税款由企业代扣代缴。

2. 获得奖励人员取得按股权的分红时,企业应依法按照"利息、股息、红利所得"项目计算扣缴个人所得税,并将税后部分优先用于扣缴获得奖励人员取得股权按"工资薪金所得"项目计算确定的应纳税额。

3. 获得奖励人员在转让股权时,对转让收入超出其原值的部分,按照"财产转让所得"项目适用的征免规定计算缴纳个人所得税;税后部分优先用于缴纳其取得股权按"工资薪金所得"项目计算确定的应纳税额尚未缴纳的部分。

二、本通知第一条所称的高新技术企业,是指注册在示范区内、实行查账征收、经北京市高新技术企业认定管理机构认定的高新技术企业。

所称科技型中小企业的条件和标准,由北京市制定相关管理办法,并报财政部、国家税务总局和科技部备案批准后实施。

三、本通知第一条所称的企业相关人员,是指经公司董事会和股东大会决议批准获得股权奖励的以下两类人员:

1. 对企业科技成果研发和产业化做出突出贡献的技术人员,包括企业内关键职务科技成果的主要完成人、重大开发项目的负责人、对主导产品或者核心技术、工艺流程作出重大创新或者改进的主要技术人员。

2. 对企业发展做出突出贡献的经营管理人员,包括主持企业全面生产经营工作的高级管理人员,负责企业主要产品(服务)生产经营合计占主营业务收入(或者主营业务利润)50% 以上的中、高级经营管理人员。

企业面向全体员工实施的股权奖励,不得按本通知规定的税收政策执行。

四、企业实施股权奖励,应自行到主管税务机关备案。企业未在规定期限内自行到主管税务机关办理备案手续的,不得按本通知规定执行。

五、获得奖励人员在转让该部分股权之前,企业依法宣告破产,获得奖励人员进行相关权益处置后,没有取得收益或资产,或者取得的收益和资产用于缴纳其取得股权按"工资薪金所得"项目计算的应纳税款尚不足的,经主管税务机关审核,尚未缴纳的个人所得税可不予追征。

六、北京市工商行政管理部门、中关村管委会应积极配合税务机关做好股权奖励个人所得税的征收管理工作。

七、在2014年1月1日—2015年12月31日期间获得股权奖励的人员,可按本通知规定享受上述税收优惠政策。2014年1月1日至本通知下发之前已实施股权奖励且已进行税收处理的,不再按本通知规定执行。

八、请北京市根据以上规定研究制定对技术人员股权奖励延期纳税的具体管理办法。

中关村国家自主创新示范区有关股权奖励个人所得税试点工作管理办法

为贯彻落实《财政部　国家税务总局　科技部关于中关村国家自主创新示范区有关股权奖励个人所得税试点政策的通知》(财税〔2014〕63号)的有关规定,进一步做好中关村国家自主创新示范区(以下简称示范区)有关股权奖励个人所得税试点工作,特制定本管理办法:

一、示范区内高新技术企业和科技型中小企业(以下简称企业)在2014年1月1日—2015年12月31日期间,转化科技成果,以股份或出资比例等股权形式给予本企业相关人员奖励,应按照"工资薪金所得"项目计算确定应纳税额,具体计算方法如下:

对该股权奖励的工资薪金所得可区别于所在月份的其他工资薪金所得,单独按下列公式计算应纳税款:

应纳税额＝(股权奖励的工资薪金应纳税所得额÷规定月份数×适用税率－速算扣除数)÷规定月份数

上款公式中的规定月份数,是以获得奖励的个人在本企业的工作月份数确定,超过12个月的按12计算。

对于股权奖励的计税价格按以下原则确定:对于上市公司实施股权奖励,其计税价格按获得股权时的公平市场价格确定,对于非上市公司实施股权奖励,其计税价格按个人获得股权所对应的上年末企业净资产价值确定。

二、对于个人获得股权奖励应纳的个人所得税,在获得奖励时可暂不缴纳,该部分税款在获得奖励人员取得分红或转让股权时一并缴纳,税款由企业代扣代缴。

延期纳税期间,若个人中途离职,对于未缴纳的股权奖励个人所得税,在个人取得分红或转让股权时,由原任职单位继续履行扣缴义务。

三、具备本办法第一条、第二条规定条件的企业,应在实施股权奖励并办理相关手续后次月15日内,自行到主管税务机关提出延期缴纳税款备案审核申请,企业需提供以下资料:

(一)《中关村示范区高新技术企业和科技型中小企业股权奖励个人所得税延期缴纳报告表》(附表1)(一式两份);

(二)高新技术企业需提供高新技术企业证书原件及复印件;科技型中小企业需按照中关村示范区科技型中小企业资格确认有关规定,经中关村管委会公示。

四、主管税务机关应认真审核企业提交的资料,对于资料齐全、填写规范的,主管税务机关在《中关村示范区高新技术企业和科技型中小企业股权奖励个人所得税延期缴纳报告表》上签署审核意见并盖章。

五、企业未在规定期限内自行到主管税务机关办理备案手续的,不得按财税〔2014〕63 号文件执行。

六、在延期纳税期间,企业根据不同情况,应按以下原则办理扣缴申报和解缴税款:

(一)企业应于每次派发股息红利并依法扣缴"利息、股息、红利所得"个人所得税后,再将税后部分优先用于扣缴股权奖励"工资薪金所得"个人所得税,并于次月 15 日内,持《中关村示范区高新技术企业和科技型中小企业股权奖励个人所得税延期缴纳报告表》到主管税务机关进行登记确认。

(二)企业应于获得股权奖励的个人取得股权转让收入的次月 15 日内,扣缴该个人尚未缴纳的股权奖励"工资薪金所得"个人所得税。

(三)延期纳税期间,企业依法宣告破产,获得股权奖励人员进行相关权益处置后,没有取得收益或资产,或取得的收益和资产用于缴纳股权奖励"工资薪金所得"尚未缴纳的税款,金额不足的,企业应于注销税务登记前,及时持以下资料到主管税务机关进行审核:

1.《中关村示范区高新技术企业和科技型中小企业破产个人所得税纳税信息报告表》(附表 2)(一式两份);

2. 人民法院关于宣告破产的民事裁决书和破产清算报告原件及复印件;

3. 公司(企业)章程复印件(加盖企业公章)、验资证明复印件(加盖企业公章)或其他能够证明分期缴税个人股东初始投资额的资料。

经主管税务机关审核符合条件的,对个人股权奖励"工资薪金所得"尚未缴纳的个人所得税不予追征。

七、企业不按规定报告缴税情况及个人股权变动情况的,应按《中华人民共和国税收征收管理法》的有关规定进行处罚。

附表 1 - 1

中关村示范区高新技术企业和科技型中小企业股权奖励个人所得税延期缴纳报告表

(企业信息表)

单位:元

企业信息	企业名称			计算机代码		
	联系人			联系电话		
	是否高新技术企业		是　　否	是否科技型中小企业		是　　否
	股权奖励总金额			每股计税价格		
	奖励总人数			应纳税总额		
个人股东信息	序号	姓名	身份证件号码	股权奖励金额		应纳税额
	1					
	2					
	3					
	4					
	5					

续表

企业签章	我声明,此报告表是根据《中华人民共和国个人所得税法》及有关法律、法规的规定填报的,我保证它是真实的、可靠的、完整的。		
	经办人签章:	企业盖章	年　月　日
税务机关	审核意见: 经办人: 负责人: 税务机关公章 年　月　日		

填表说明

1. 每股计税价格:对于上市公司实施股权奖励,其计税价格按获得股权时的公平市场价格确定,对于非上市公司实施股权奖励,其计税价格按个人获得股权所对应的上年末企业净资产价值确定。

2. 应纳税总额:填写企业向个人奖励股权时,全部获奖人员应缴纳个人所得税的税额合计。

3. 姓名:填写获得股权奖励的个人股东的姓名。

4. 身份证件号码:填写获得股权奖励的个人股东的有效身份证照(居民身份证、军人身份证件、护照、回乡证等)号码。

5. 股权奖励金额:填写企业向每个个人股东奖励股权的金额。

6. 应纳税额:填写获得股权奖励的每名个人股东应缴纳个人所得税的税额。

7. 本表为A4竖式,一式两份,主管税务机关留存一份登记备案、企业一份作为审核凭证。

8. 个人股东人数较多的,可另加附件。

附表 1-2

中关村示范区高新技术企业和科技型中小企业股权奖励个人所得税延期缴纳报告表

(个人纳税信息表)

单位:元

获奖人员姓名		身份证件号码			奖励股权时间		
奖励股权比例		股权奖励金额			应纳税额		
序号	取得股息红息时间	股息红利应纳税额	股权转让时间	股权转让份额	股权转让应纳税额	股权转让已纳税额	股权奖励未纳税额	股权奖励税款缴纳时间	经办人确认
1									
2									
3									
4									
5									
	我声明,此报告表是根据《中华人民共和国个人所得税法》及有关法律、法规的规定填报的,我保证它是真实的、可靠的、完整的。 经办人签章:　　　企业盖章　　　年　月　日								

填表说明

1. 奖励股权时间:个人股东获得股权奖励的时间。

2. 奖励股权比例:是指个人股东从企业获得的股权奖励的持股比例。

3. 股权奖励金额:填写企业向个人股东奖励股权的金额。

4. 应纳税额:填写个人股东应缴纳的股权奖励的个人所得税的税额。

5. 取得股息红利时间:是指个人股东获得股权奖励后,该股权在持有期间本次分配股息红利的时间。

6. 股息红利应纳税额:填写个人股东获得股权奖励后,该股权在持有期间本次分配股息红利的应纳税额。

7. 股权转让时间:是指个人股东获得股权奖励后,转让该股权的时间。

8. 股权转让应纳税额:填写个人股东获得股权奖励后,转让该股权应纳的个人所得税额。

9. 股权奖励已纳税额:填写个人股东本次缴纳股权奖励税款的金额。

10. 股权奖励税款缴纳时间:是指企业本次解缴个人股东股权奖励税款的时间。

11. 经办人确认:是指企业每次解缴个人股东股权奖励税款后,到主管税务机关进行登记确认时进行签章确认。

12. 每名个人股东均需填写本表一份。

13. 本表为A4模式,一式两份,主管税务机关留存一份登记备案、企业一份作为审核凭证。

附表2

中关村示范区高新技术企业和科技型中小企业破产个人所得税纳税信息报告表

单位:元

企业信息	企业名称					计算机代码		
	延期缴纳审批时间			应纳税总额		已纳税额合计		
	未纳税额合计			宣告破产时间		法院裁决书编号		
个人股东信息	姓名	身份证件号码	应纳税额	已纳税额	未纳税额	股权处置后的收益	不予追征的税额	
	合计							
企业签章	我声明,此报告表是根据《中华人民共和国个人所得税法》及有关法律、法规的规定填报的,我保证它是真实的、可靠的、完整的。 经办人签章: 企业盖章 年 月 日							
税务机关	审核意见: 经办人: 负责人: 税务机关公章 年 月 日							

填表说明

1. 延期缴纳审批时间:是指主管税务机关在《中关村示范区高新技术企业和科技型中小企业股权奖励个人所得税延期缴纳报告表》上签署审核意见并盖章的时间。

2. 应纳税总额:填写企业向个人股东奖励股权时,全部个人股东应缴纳个人所得税税额的合计。

3. 已纳税额合计:是指企业到主管税务机关办理破产不予追征个人股东股权奖励未纳税款审核申请时,全部个人股东已缴纳个人所得税税额的合计。

4. 未纳税额合计:是指企业到主管税务机关办理破产不予追征个人股东股权奖励未纳税款审核申请时,全部个人股东尚未缴纳的税款合计。

5. 宣告破产时间:填写人民法院关于宣告破产的民事裁决书上注明的时间。

6. 法院裁决书编号:填写人民法院关于宣告破产的民事裁决书的编号。

7. 处置后的收益:是指经破产清算后,个人股东取得的权益和收益。

8. 不予追征的税额:是指经破产清算后,不予追征每名个人股东尚未缴纳的股权奖励税款的金额。

9. 本表为A4竖式,一式两份,主管税务机关留存一份登记备案、企业一份作为审核凭证。

2-1-2
财政部　国家税务总局关于个人非货币性资产投资有关个人所得税政策的通知

2015年3月30日　财税〔2015〕41号

各省、自治区、直辖市、计划单列市财政厅(局)、地方税务局,新疆生产建设兵团财务局:

为进一步鼓励和引导民间个人投资,经国务院批准,将在上海自由贸易试验区试点的个人非货币性资产投资分期缴税政策推广至全国。现就个人非货币性资产投资有关个人所得税政策通知如下:

一、个人以非货币性资产投资,属于个人转让非货币性资产和投资同时发生。对个人转让非货币性资产的所得,应按照"财产转让所得"项目,依法计算缴纳个人所得税。

二、个人以非货币性资产投资,应按评估后的公允价值确认非货币性资产转让收入。非货币性资产转让收入减除该资产原值及合理税费后的余额为应纳税所得额。

个人以非货币性资产投资,应于非货币性资产转让、取得被投资企业股权时,确认非货币性资产转让收入的实现。

三、个人应在发生上述应税行为的次月15日内向主管税务机关申报纳税。纳税人一次性缴税有困难的,可合理确定分期缴纳计划并报主管税务机关备案后,自发生上述应税行为之日起不超过5个公历年度内(含)分期缴纳个人所得税。

四、个人以非货币性资产投资交易过程中取得现金补价的,现金部分应优先用于缴税;现金不足以缴纳的部分,可分期缴纳。

个人在分期缴税期间转让其持有的上述全部或部分股权,并取得现金收入的,该现金收入应优先用于缴纳尚未缴清的税款。

五、本通知所称非货币性资产,是指现金、银行存款等货币性资产以外的资产,包括股权、不动产、技术发明成果以及其他形式的非货币性资产。

本通知所称非货币性资产投资,包括以非货币性资产出资设立新的企业,以及以非货币性资产出资参与企业增资扩股、定向增发股票、股权置换、重组改制等投资行为。

六、本通知规定的分期缴税政策自2015年4月1日起施行。对2015年4月1日之前发生的个人非货币性资产投资,尚未进行税收处理且自发生上述应税行为之日起期限未超过5年的,可在剩余的期限内分期缴纳其应纳税款。

2–1–3
国家税务总局关于个人非货币性资产投资
有关个人所得税征管问题的公告

2015年4月8日　国家税务总局公告2015年第20号

为落实国务院第83次常务会议决定,鼓励和引导民间个人投资,根据《中华人民共和国个人所得税法》及其实施条例、《中华人民共和国税收征收管理法》及其实施细则、《财政部　国家税务总局关于个人非货币性资产投资有关个人所得税政策的通知》(财税〔2015〕41号)规定,现就落实个人非货币性资产投资有关个人所得税征管问题公告如下:

一、非货币性资产投资个人所得税以发生非货币性资产投资行为并取得被投资企业股权的个人为纳税人。

二、非货币性资产投资个人所得税由纳税人向主管税务机关自行申报缴纳。

三、纳税人以不动产投资的,以不动产所在地地税机关为主管税务机关;纳税人以其持有的企业股权对外投资的,以该企业所在地地税机关为主管税务机关;纳税人以其他非货币资产投资的,以被投资企业所在地地税机关为主管税务机关。

四、纳税人非货币性资产投资应纳税所得额为非货币性资产转让收入减除该资产原值及合理税费后的余额。

五、非货币性资产原值为纳税人取得该项资产时实际发生的支出。

纳税人无法提供完整、准确的非货币性资产原值凭证,不能正确计算非货币性资产原值的,主管税务机关可依法核定其非货币性资产原值。

六、合理税费是指纳税人在非货币性资产投资过程中发生的与资产转移相关的税金及合理费用。

七、纳税人以股权投资的,该股权原值确认等相关问题依照《股权转让所得个人所得税管理办法(试行)》(国家税务总局公告 2014 年第 67 号发布)有关规定执行。

八、纳税人非货币性资产投资需要分期缴纳个人所得税的,应于取得被投资企业股权之日的次月 15 日内,自行制定缴税计划并向主管税务机关报送《非货币性资产投资分期缴纳个人所得税备案表》(见附件)、纳税人身份证明、投资协议、非货币性资产评估价格证明材料、能够证明非货币性资产原值及合理税费的相关资料。

2015 年 4 月 1 日之前发生的非货币性资产投资,期限未超过 5 年,尚未进行税收处理且需要分期缴纳个人所得税的,纳税人应于本公告下发之日起 30 日内向主管税务机关办理分期缴税备案手续。

九、纳税人分期缴税期间提出变更原分期缴税计划的,应重新制定分期缴税计划并向主管税务机关重新报送《非货币性资产投资分期缴纳个人所得税备案表》。

十、纳税人按分期缴税计划向主管税务机关办理纳税申报时,应提供已在主管税务机关备案的《非货币性资产投资分期缴纳个人所得税备案表》和本期之前各期已缴纳个人所得税的完税凭证。

十一、纳税人在分期缴税期间转让股权的,应于转让股权之日的次月 15 日内向主管税务机关申报纳税。

十二、被投资企业应将纳税人以非货币性资产投入本企业取得股权和分期缴税期间纳税人股权变动情况,分别于相关事项发生后 15 日内向主管税务机关报告,并协助税务机关执行公务。

十三、纳税人和被投资企业未按规定备案、缴税和报送资料的,按照《中华人民共和国税收征收管理法》及有关规定处理。

十四、本公告自 2015 年 4 月 1 日起施行。

特此公告。

附件:《非货币性资产投资分期缴纳个人所得税备案表》及填报说明

附件

《非货币性资产投资分期缴纳个人所得税备案表》及填报说明

非货币性资产投资分期缴纳个人所得税备案表

（本表一式二份）

备案编号（主管税务机关填写）：　　　　　　　　　　　　金额单位:人民币元(列至角分)

投资人信息	姓名		身份证件类型		身份证件号码	□□□□□□□□□□□□□□□□□□
	国籍（地区）				纳税人识别号	□□□□□□□□□□□□□□□
	通讯地址				联系电话	
被投资单位信息	名称				纳税人识别号	□□□□□□□□□□□□□□□
	地址				联系人及电话	
投资情况	投资类型		□新设公司 □参与增资 □定向增发 □股权置换 □重组改制 □其他			
	取得股权时间	年　月　日	取得的现金补价		持股比例%	
	非货币性资产名称	产权证或注册登记证号码	登记机关	坐落地	评估后的公允价值	非货币性资产原值	合理税费

续表

分期缴税计划	截止缴税时间		年　月　日				
	应缴个人所得税		应纳税所得额		已缴个人所得税		
			1	2	3	4	5
	分期	合计	一				
	计划缴税时间						
	计划缴税金额						

谨声明：本表根据《财政部 国家税务总局关于个人非货币性资产投资有关个人所得税政策的通知》（财税〔2015〕41 号）及本公告有关规定填列。所填信息，是真实的、完整的、可靠的。

纳税人签字：　　　　被投资单位公章：　　　　填报日期：　　年　月　日

提醒：请妥善保存此表。办理纳税申报时需主动提供此表及以前各期缴纳个人所得税的完税证明。如因股权转让取得收益，请及时缴纳个人所得税。

感谢您对税收工作的支持！

代理申报机构（人）签章：　　　　主管税务机关印章：

经办人：　　　　　　　　　　　　受理人：

经办人执业证件号码：

代理申报日期：　　年　月　日　　受理日期：　　年　月　日

国家税务总局监制

填报说明

本表适用于个人非货币性资产投资向主管税务机关办理分期缴纳个人所得税备案事宜。本表一式二份,主管税务机关受理后,由投资人和主管税务机关分别留存。

一、备案编号:由主管税务机关自行编制。

二、纳税人识别号:该栏填写税务机关赋予的18位纳税人识别号。初次办理涉税事宜的,应一并提供《个人所得税基础信息表(B表)》。

三、产权证或注册登记证号码:填写产权登记部门核发的不动产、技术发明成果等非货币性资产产权证号码或注册登记证上的注册登记号码。未登记或无需登记的非货币性资产不填此列。

四、登记机关:填写核发产权证或注册登记证的单位名称。未登记或无需登记的非货币性资产不填此列。

五、坐落地:填写不动产的具体坐落地址。其他非货币性资产无需填列。

六、评估后的公允价值、非货币性资产原值、合理税费:按照《财政部　国家税务总局关于个人非货币性资产投资有关个人所得税政策的通知》(财税〔2015〕41号)及本公告中有关规定填写。

七、应纳税所得额:应纳税所得额＝评估后的公允价值－非货币性资产原值－合理税费

八、应缴个人所得税:应缴个人所得税＝应纳税所得额×20%

九、已缴个人所得税:填写纳税人取得现金补价或自筹资金已缴纳的个人所得税。纳税人变更分期缴税计划的,其前期已经缴纳的个人所得税也一并在此填列。

十、计划缴税时间:填写每一期计划缴税的截止时点。

十一、计划缴税金额:填写应缴个人所得税减去已缴个人所得税后需要分期缴纳的个人所得税金额。

2－1－4

国家税务总局关于发布生产经营所得及
减免税事项有关个人所得税申报表的公告

2015年4月30日　国家税务总局公告2015年第28号

为规范纳税申报,维护纳税人权益,根据《中华人民共和国个人所得税法》及其实施条例、《个体工商户个人所得税计税办法》(国家税务总局令第35号)和有关规定,现将个人所得税生产经营所得及减免税有关申报表予以发布,自2015年7月1日起执行。

《国家税务总局关于发布个人所得税申报表的公告》(国家税务总局公告2013年第21号)附件7、附件8和附件9同时废止。

特此公告。

附件:1. 个人所得税生产经营所得纳税申报表(A表)

2. 个人所得税生产经营所得纳税申报表(B表)

3. 个人所得税生产经营所得纳税申报表(C表)

4. 个人所得税减免税事项报告表

附件1

个人所得税生产经营所得纳税申报表(A表)

税款所属期: 年 月 日至 年 月 日   金额单位:人民币元(列至角分)

投资者信息	姓 名		身份证件类型		身份证件号码	
	国籍(地区)				纳税人识别号	
被投资单位信息	名 称				纳税人识别号	
	类 型	□个体工商户 □承包、承租经营单位 □个人独资企业 □合伙企业				
	征收方式	□查账征收(据实预缴) □查账征收(按上年应纳税所得额预缴) □核定应税所得率征收 □核定应纳税所得额征收 □税务机关认可的其他方式				

行次	项 目	金 额
1	一、收入总额	
2	二、成本费用	
3	三、利润总额	
4	四、弥补以前年度亏损	
5	五、合伙企业合伙人分配比例(%)	
6	六、投资者减除费用	
7	七、应税所得率(%)	
8	八、应纳税所得额	
9	九、税率(%)	
10	十、速算扣除数	
11	十一、应纳税额(8×9-10)	
12	十二、减免税额(附报《个人所得税减免税事项报告表》)	
13	十三、已预缴税额	
14	十四、应补(退)税额(11-12-13)	

谨声明:此表是根据《中华人民共和国个人所得税法》及有关法律法规规定填写的,是真实的、完整的、可靠的。

纳税人签字: 年 月 日

感谢您对税收工作的支持!

代理申报机构(负责人)签章:	主管税务机关印章:
经办人: 经办人执业证件号码: 代理申报日期: 年 月 日	受理人: 受理日期: 年 月 日

国家税务总局监制

填报说明

本表适用于个体工商户、企事业单位承包承租经营者、个人独资企业投资者和合伙企业合伙人在中国境内取得"个体工商户的生产、经营所得"或"对企事业单位的承包经营、承租经营所得"的个人所得税月度(季度)纳税申报。

合伙企业有两个或两个以上自然人合伙人的,应分别填报本表。

一、申报期限

实行查账征收的个体工商户、个人独资企业、合伙企业,纳税人应在次月(季)十五日内办理预缴纳税申报;企事业单位承包承租经营者如果在1年内按月或分次取得承包经营、承租经营所得的,纳税人应在每月或每次取得所得后的十五日内办理预缴纳税申报。

实行核定征收的,纳税人应在次月(季)十五日内办理纳税申报。

纳税人不能按规定期限办理纳税申报的,应当按照《中华人民共和国税收征收管理法》及其实施细则的规定办理延期申报。

二、有关项目填报说明

(一)表头项目

税款所属期:填写纳税人自本年度开始生产经营之日起截至本月最后1日的时间。

(二)表内信息栏

1. 投资者信息栏

填写个体工商户、企事业单位承包承租经营者、个人独资企业投资者和合伙企业合伙人的相关信息。

(1)姓名:填写纳税人姓名。中国境内无住所个人,其姓名应当用中、外文同时填写。

(2)身份证件类型:填写能识别纳税人唯一身份的有效证照名称。

(3)身份证件号码:填写纳税人身份证件上的号码。

(4)国籍(地区):填写纳税人的国籍或者地区。

(5)纳税人识别号:填写税务机关赋予的纳税人识别号。

2. 被投资单位信息栏

(1)名称:填写税务机关核发的被投资单位税务登记证载明的被投资单位全称。

(2)纳税人识别号:填写税务机关核发的被投资单位税务登记证号码。

(3)类型:纳税人根据自身情况在对应框内打"√"。

(4)征收方式:根据税务机关核定的征收方式,在对应框内打"√"。采用税务机关认可的其他方式的,应在下划线填写具体征收方式。

(三)表内各行的填写

1. 第1行"收入总额":填写本年度开始生产经营月份起截至本期从事生产经营以及与生产经营有关的活动取得的货币形式和非货币形式的各项收入总金额。包括:销售货物收入、提供劳务收入、转让财产收入、利息收入、租金收入、接受捐赠收入、其他收入。

2. 第2行"成本费用":填写本年度开始生产经营月份起截至本期实际发生的成本、费用、税金、损失及其他支出的总额。

3. 第3行"利润总额":填写本年度开始生产经营月份起截至本期的利润总额。

4. 第4行"弥补以前年度亏损":填写可在税前弥补的以前年度尚未弥补的亏损额。

5. 第5行"合伙企业合伙人分配比例":纳税人为合伙企业合伙人的,填写本栏;其他则不填。分配比例按照合伙协议约定的比例填写;合伙协议未约定或不明确的,按合伙人协商决定的比例填写;协商不成的,按合伙人实缴出资比例填写;无法确定出资比例的,按合伙人平均分配。

6. 第6行"投资者减除费用":填写根据实际经营期限计算的可在税前扣除的投资者本人的生计减除费用。

7. 第7行"应税所得率":按核定应税所得率方式纳税的纳税人,填写税务机关确定的核定征收应税所得率。按其他方式纳税的纳税人不填本行。

8. 第8行"应纳税所得额":根据下表对应的方式填写。

项　目		合伙企业合伙人	其　他
查账征收	据实预缴	第8行=(第3行－第4行)×第5行－第6行	第8行=第3行－第4行－第6行
	按上年应纳税所得额预缴	第8行=上年度的应纳税所得额÷12×月份数	第8行=上年度的应纳税所得额÷12×月份数
核定征收	核定应税所得率征收(能准确核算收入总额的)	第8行=第1行×第7行×第5行	第8行=第1行×第7行
	核定应税所得率征收(能准确核算成本费用的)	第8行=第2行÷(1－第7行)×第7行×第5行	第8行=第2行÷(1－第7行)×第7行
	核定应纳税所得额征收	直接填写应纳税所得额	直接填写应纳税所得额
税务机关认可的其他方式		直接填写应纳税所得额	直接填写应纳税所得额

9. 第9行"税率"及第10行"速算扣除数":按照税法第三条规定,根据第8行计算得出的数额进行查找填写。

10. 第11行"应纳税额":根据相关行次计算填写。

11. 第12行"减免税额":填写符合税法规定可以减免的税额。纳税人填写本行的,应同时附报《个人所得税减免税事项报告表》。

12. 第13行"已预缴税额":填写本年度在月(季)度申报中累计已预缴的个人所得税。

13. 第14行"应补(退)税额":根据相关行次计算填写。

附件2

个人所得税生产经营所得纳税申报表(B表)

税款所属期:　年　月　日至　年　月　日　　　　　　金额单位:人民币元(列至角分)

投资者信息	姓　名		身份证件类型		身份证件号码	
	国籍(地区)				纳税人识别号	
被投资单位信息	名　称				纳税人识别号	
	类　型	□个体工商户　□承包、承租经营单位　□个人独资企业　□合伙企业				

行次	项　目	金　额
1	一、收入总额	
2	其中:国债利息收入	
3	二、成本费用(4+5+6+7+8+9+10)	
4	(一)营业成本	
5	(二)营业费用	
6	(三)管理费用	
7	(四)财务费用	
8	(五)税金	
9	(六)损失	
10	(七)其他支出	

续表

行次	项　　目	金　　额
11	三、利润总额(1-2-3)	
12	四、纳税调整增加额(13+27)	
13	(一)超过规定标准的扣除项目金额(14+15+16+17+18+19+20+21+22+23+24+25+26)	
14	(1)职工福利费	
15	(2)职工教育经费	
16	(3)工会经费	
17	(4)利息支出	
18	(5)业务招待费	
19	(6)广告费和业务宣传费	
20	(7)教育和公益事业捐赠	
21	(8)住房公积金	
22	(9)社会保险费	
23	(10)折旧费用	
24	(11)无形资产摊销	
25	(12)资产损失	
26	(13)其他	
27	(二)不允许扣除的项目金额(28+29+30+31+32+33+34+35+36)	
28	(1)个人所得税税款	
29	(2)税收滞纳金	
30	(3)罚金、罚款和被没收财物的损失	
31	(4)不符合扣除规定的捐赠支出	
32	(5)赞助支出	
33	(6)用于个人和家庭的支出	
34	(7)与取得生产经营收入无关的其他支出	
35	(8)投资者工资薪金支出	
36	(9)国家税务总局规定不准扣除的支出	
37	五、纳税调整减少额	
38	六、纳税调整后所得(11+12-37)	
39	七、弥补以前年度亏损	
40	八、合伙企业合伙人分配比例(%)	
41	九、允许扣除的其他费用	
42	十、投资者减除费用	

续表

行次	项　　目	金　　额
43	十一、应纳税所得额(38－39－41－42)或[(38－39)×40－41－42]	
44	十二、税率(%)	
45	十三、速算扣除数	
46	十四、应纳税额(43×44－45)	
47	十五、减免税额(附报《个人所得税减免税事项报告表》)	
48	十六、实际应纳税额(46－47)	
49	十七、已预缴税额	
50	十八、应补(退)税额(48－49)	

附列资料	年平均职工人数(人)	
	工资总额(元)	
	投资者人数(人)	

谨声明:此表是根据《中华人民共和国个人所得税法》及有关法律法规规定填写的,是真实的、完整的、可靠的。

　　　　　　　　　　　　　　　　　纳税人签字:　　　　　　　年　月　日

感谢您对税收工作的支持!

代理申报机构(负责人)签章: 经办人: 经办人执业证件号码: 代理申报日期:　　　年　月　日	主管税务机关印章: 受理人: 受理日期:　　　　　年　月　日

　　　　　　　　　　　　　　　　　　　　　　　　　　　　　国家税务总局监制

填报说明

　　本表适用于个体工商户、企事业单位承包承租经营者、个人独资企业投资者和合伙企业合伙人在中国境内取得"个体工商户的生产、经营所得"或"对企事业单位的承包经营、承租经营所得"的个人所得税2015年及以后纳税年度的汇算清缴。

　　合伙企业有两个或两个以上自然人合伙人的,应分别填报本表。

　　一、申报期限

　　个体工商户、个人独资企业投资者、合伙企业合伙人应在年度终了后三个月内办理个人所得税年度纳税申报。

　　企事业单位承包承租经营者应在年度终了后三十日内办理个人所得税年度纳税申报;纳税人一年内分次取得承包、承租经营所得的,应在年度终了后三个月内办理汇算清缴。

　　二、有关项目填报说明

　　(一)表头项目

　　税款所属期:填写纳税人取得生产经营所得所应纳个人所得税款的所属期间,应填写具体的起止年月日。

　　(二)表内信息栏

　　1. 投资者信息栏

　　填写个体工商户、企事业单位承包承租经营者、个人独资企业投资者、合伙企业合伙人的相关信息。

(1)姓名:填写纳税人姓名。中国境内无住所个人,其姓名应当用中、外文同时填写。

(2)身份证件类型:填写能识别纳税人唯一身份的有效证照名称。

(3)身份证件号码:填写纳税人身份证件上的号码。

(4)国籍(地区):填写纳税人的国籍或者地区。

(5)纳税人识别号:填写税务机关赋予的纳税人识别号。

2. 被投资单位信息栏

(1)名称:填写税务机关核发的被投资单位税务登记证载明的被投资单位全称。

(2)纳税人识别号:填写税务机关核发的被投资单位税务登记证号码。

(3)类型:纳税人根据自身情况在对应框内打"√"。

(三)表内各行的填写

1. 第1行"收入总额":填写从事生产经营以及与生产经营有关的活动取得的货币形式和非货币形式的各项收入总金额。包括:销售货物收入、提供劳务收入、转让财产收入、利息收入、租金收入、接受捐赠收入、其他收入。

2. 第2行"国债利息收入":填写已计入收入的因购买国债而取得的应予免税的利息。

3. 第3行"成本费用":填写实际发生的成本、费用、税金、损失及其他支出的总额。

4. 第4行"营业成本":填写在生产经营活动中发生的销售成本、销货成本、业务支出以及其他耗费。

5. 第5行"营业费用":填写在销售商品和材料、提供劳务的过程中发生的各种费用。

6. 第6行"管理费用":填写为组织和管理企业生产经营发生的管理费用。

7. 第7行"财务费用":填写为筹集生产经营所需资金等发生的筹资费用。

8. 第8行"税金":填写在生产经营活动中发生的除个人所得税和允许抵扣的增值税以外的各项税金及其附加。

9. 第9行"损失":填写生产经营活动中发生的固定资产和存货的盘亏、毁损、报废损失,转让财产损失,坏账损失,自然灾害等不可抗力因素造成的损失以及其他损失。

10. 第10行"其他支出":填写除成本、费用、税金、损失外,生产经营活动中发生的与之有关的、合理的支出。

11. 第11行"利润总额":根据相关行次计算填写。

12. 第12行"纳税调整增加额":根据相关行次计算填写。

13. 第13行"超过规定标准的扣除项目金额":填写扣除的成本、费用和损失中,超过《个人所得税法》及其实施条例和相关税收法律法规规定的扣除标准应予调增的应纳税所得额。

14. 第27行"不允许扣除的项目金额":填写按规定不允许扣除但被投资单位已将其扣除的各项成本、费用和损失应予调增应纳税所得额的部分。

15. 第37行"纳税调整减少额":填写已计入收入总额或未列入成本费用,但应在税前予以减除的项目金额。

16. 第38行"纳税调整后所得":根据相关行次计算填写。

17. 第39行"弥补以前年度亏损":填写可在税前弥补的以前年度尚未弥补的亏损额。

18. 第40行"合伙企业合伙人分配比例":纳税人为合伙企业合伙人的,填写本栏;其他则不填。分配比例按照合伙协议约定的比例填写;合伙协议未约定或不明确的,按合伙人协商决定的比例填写;协商不成的,按合伙人实缴出资比例填写;无法确定出资比例的,按合伙人平均分配。

19. 第41行"允许扣除的其他费用":填写按照法律法规规定可以税前扣除的其他费用。如:《国家税务总局关于律师事务所从业人员有关个人所得税问题的公告》(国家税务总局公告2012年第53号)第三条规定的事项。

20. 第42行"投资者减除费用":填写根据实际经营期限计算的可在税前扣除的投资者本人的生计减除费用。

21. 第43行"应纳税所得额":根据相关行次计算填写。

(1)纳税人为非合伙企业合伙人的

第43行 = 第38行 - 第39行 - 第41行 - 第42行

(2)纳税人为合伙企业合伙人的

第43行=(第38行-第39行)×第40行-第41行-第42行

22. 第44行"税率"及第45行"速算扣除数":按照税法第三条规定,根据第43行计算得出的数额进行查找填写。

23. 第46行"应纳税额":根据相关行次计算填写。

24. 第47行"减免税额":填写符合税法规定可以减免的税额。纳税人填写本行的,应同时附报《个人所得税减免税事项报告表》。

25. 第48行"实际应纳税额":根据相关行次计算填写。

26. 第49行"已预缴税额":填写本年度在月(季)度申报中累计已预缴的个人所得税。

27. 第50行"应补(退)税额":根据相关行次计算填写。

附件3

个人所得税生产经营所得纳税申报表(C表)

税款所属期: 　年　月　日至　年　月　日　　　　　　　　　金额单位:人民币元(列至角分)

投资者信息	姓名		身份证件类型		身份证件号码	
	国籍(地区)				纳税人识别号	

各被投资单位信息	被投资单位编号	被投资单位名称	被投资单位纳税人识别号	分配比例(%)	应纳税所得额
	1. 汇缴地				
	2. 其他				
	3. 其他				
	4. 其他				
	5. 其他				
	6. 其他				
	7. 其他				
	8. 其他				

行次	项　目	金额
1	一、被投资单位应纳税所得额合计	
2	二、应调增的投资者减除费用	
3	三、调整后应纳税所得额(1+2)	
4	四、税率(%)	
5	五、速算扣除数	
6	六、应纳税额(3×4-5)	
7	七、本单位经营所得占各单位经营所得总额的比重(%)	
8	八、本单位应纳税额(6×7)	
9	九、减免税额(附报《个人所得税减免税事项报告表》)	
10	十、实际应纳税额	
11	十一、已缴税额	
12	十二、应补(退)税额(10-11)	

续表

谨声明:此表是根据《中华人民共和国个人所得税法》及有关法律法规规定填写的,是真实的、完整的、可靠的。 　　　　　　　　　　　　　纳税人签字:　　　　　　年　月　日	
感谢您对税收工作的支持!	
代理申报机构(负责人)签章: 经办人: 经办人执业证件号码: 代理申报日期:　　　　年　月　日	主管税务机关印章: 受理人: 受理日期:　　　　　　年　月　日

国家税务总局监制

填报说明

本表适用于个体工商户、企事业单位承包承租经营者、个人独资企业投资者和合伙企业合伙人在中国境内两处或者两处以上取得"个体工商户的生产、经营所得"或"对企事业单位的承包经营、承租经营所得"的,同项所得合并计算纳税的个人所得税年度汇总纳税申报。

一、申报期限

年度终了后三个月内。

纳税人不能按规定期限报送本表时,应当按照《中华人民共和国税收征收管理法》及其实施细则的规定办理延期申报。

二、有关项目填报说明

(一)表头项目

税款所属期:填写纳税人取得生产经营所得所应纳个人所得税款的所属期间,应填写具体的起止年月日。

(二)表内信息栏

1. 投资者信息栏

填写个体工商户、企事业单位承包承租经营者、个人独资企业投资者和合伙企业合伙人的相关信息。

(1)姓名:填写纳税人姓名。中国境内无住所个人,其姓名应当用中、外文同时填写。

(2)身份证件类型:填写能识别纳税人唯一身份的有效证照名称。

(3)身份证件号码:填写纳税人身份证件上的号码。

(4)国籍(地区):填写纳税人的国籍或者地区。

(5)纳税人识别号:填写税务机关赋予的纳税人识别号。

2. 各被投资单位信息栏

(1)被投资单位名称:填写税务机关核发的被投资单位税务登记证载明的被投资单位全称。

(2)纳税人识别号:填写税务机关核发的被投资单位税务登记证号码。

(3)分配比例:纳税人为合伙企业合伙人的,填写本栏;其他则不填。分配比例按照合伙协议约定的比例填写;合伙协议未约定或不明确的,按合伙人协商决定的比例填写;协商不成的,按合伙人实缴出资比例填写;无法确定出资比例的,按合伙人平均分配。

(4)应纳税所得额:填写投资者从其各投资单位取得的年度应纳税所得额。

(三)表内各行的填写

1. 第1行"被投资单位应纳税所得额合计"栏:填写投资者从其各投资单位取得的年度应纳税所得额的合计数。

2. 第2行"应调增的投资者减除费用":填写按照税法规定在汇总计算多个被投资单位应纳税所得额时,被多扣除、需调整增加应纳税所得额的投资者生计减除费用标准。

3. 第3行"调整后应纳税所得额":按相关行次计算填写。

4. 第4行"税率"及第5行"速算扣除数":按照税法第三条规定,根据第3行计算得出的数额进行查找填写。

5. 第6行"应纳税额":根据相关行次计算填写。

6. 第7行"本单位经营所得占各单位经营所得总额的比重"及第8行"本单位应纳税额":投资者兴办两个或两个以上个人独资企业或个体工商户的,填写本栏;其他情形则不填。

7. 第9行"减免税额":填写符合税法规定可以减免的税额。纳税人填写本行的,应同时附报《个人所得税减免税事项报告表》。

8. 第10行"实际应纳税额":根据相关行次计算。

(1)投资者兴办两个或两个以上个人独资企业或个体工商户的

第10行=第8行－第9行

(2)其他情形

第10行=第6行－第9行

9. 第11行"已缴税额":填写纳税人已缴纳的个人所得税。

10. 第12行"应补(退)税额":按相关行次计算填写。

附件4

个人所得税减免税事项报告表

税款所属期:　　年　月　日至　　年　月　日　　　　　　　　金额单位:人民币元(列至角分)

扣缴义务人名称			扣缴义务人纳税识别号		
纳税人姓名			纳税人识别号		

	编号	勾选	减免事项	减免人数	减免税额
减免税情况	1	☐	芦山地震受灾减免个人所得税		
	2	☐	鲁甸地震受灾减免个人所得税		
	3	☐	其他地区地震受灾减免个人所得税		
	4	☐	其他自然灾害受灾减免个人所得税		
	5	☐	个人转让5年以上唯一住房免征个人所得税		
	6	☐	随军家属从事个体经营免征个人所得税		
	7	☐	军转干部从事个体经营免征个人所得税		
	8	☐	退役士兵从事个体经营减免个人所得税		
	9	☐	残疾、孤老、烈属减征个人所得税		
	10	☐	失业人员从事个体经营减免个人所得税		
	11	☐	低保及零就业家庭从事个体经营减免个人所得税		
	12	☐	高校毕业生从事个体经营减免个人所得税		

续表

减免税情况	13	□	取消农业税从事四业所得暂免征收个人所得税				
	14	□	符合条件的房屋赠与免征个人所得税				
	15	□	税收协定	股息	税收协定名称及条款:		
	16			利息	税收协定名称及条款:		
	17			特许权使用费	税收协定名称及条款:		
	18			财产收益	税收协定名称及条款:		
	19			受雇所得	税收协定名称及条款:		
	20			其他	税收协定名称及条款:		
	21	□	其他	减免事项名称及减免性质代码:			
	22			减免事项名称及减免性质代码:			
	23			减免事项名称及减免性质代码:			
	合　计						

	序号	姓名	身份证件类型	身份证件号码	减免事项 (编号或减免性质代码)	减免税额
减免税人员名单						

　　谨声明:此表是根据《中华人民共和国个人所得税法》及有关法律法规规定填写的,是真实的、完整的、可靠的。

纳税人或扣缴单位负责人签字:　　　　　　　　　年　月　日

感谢您对税收工作的支持!

代理申报机构(负责人)签章: 经办人: 经办人执业证件号码: 代理申报日期:　　　　年　月　日	主管税务机关印章: 受理人: 受理日期:　　　　　年　月　日

国家税务总局监制

填报说明

　　纳税人、扣缴义务人纳税申报时存在减免个人所得税情形的,应填报本表。

　　一、申报期限

　　本表随《扣缴个人所得税报告表》《特定行业个人所得税年度申报表》《个人所得税自行纳税申报表(A 表)》《个人所得税纳税申报表(适用于年所得 12 万元以上的纳税人申报)》《个人所得税生产经营所得纳税申报表(A 表)》《个人所得税生产经营所得纳税申报表(B 表)》《个人所得税生产经营所得纳税申报表(C 表)》等一并报送。

　　二、有关项目填报说明

　　(一)表头项目

　　税款所属期:填写纳税人取得所得并享受减免税优惠的所属期间,应填写具体的起止年月日。

（二）基本信息栏

1."扣缴义务人名称""扣缴义务人纳税识别号"：由扣缴义务人填写，纳税人自行纳税申报无需填写。

2."纳税人姓名""纳税人识别号"：由纳税人填写，扣缴义务人扣缴申报的无需填写。

（三）减免税情况栏

1."减免事项"：纳税人、扣缴义务人根据减免税优惠的类型进行勾选。

享受税收协定待遇的，应在"税收协定"项目相关所得类型后的空格内填写具体税收协定名称及条款。其中：编号19"受雇所得"即税收协定规定的独立个人劳务所得。

存在表中列示以外的减免情形的，应在编号21-23"其他"项目的空格内填写对应的减免事项名称及减免性质代码（按照国家税务总局制定下发的最新《减免性质及分类表》中的最细项减免性质代码填报）。

2."减免人数"：扣缴义务人填写此栏，纳税人自行纳税申报无需填写。

3."减免税额"：填写符合税法规定可以减免的税额。减免税额合计应与《扣缴个人所得税报告表》《特定行业个人所得税年度申报表》《个人所得税自行纳税申报表（A表）》《个人所得税纳税申报表（适用于年所得12万元以上的纳税人申报）》《个人所得税生产经营所得纳税申报表（A表）》《个人所得税生产经营所得纳税申报表（B表）》或《个人所得税生产经营所得纳税申报表（C表）》等申报表"减免税额"栏的金额或金额合计相等。

（四）减免税人员名单

由扣缴义务人填写，纳税人自行纳税申报无需填写。

1."姓名""身份证件类型""身份证件号码""减免税额"：应与《扣缴个人所得税报告表》或《特定行业个人所得税年度申报表》相关信息一致。

2."减免事项（编号或减免性质代码）"：填写"减免税情况栏"列示的减免事项对应的编号、减免性质代码及税务机关要求填报的其他信息。

2-1-5
国家税务总局关于建筑安装业跨省异地工程作业人员个人所得税征收管理问题的公告

2015年7月20日　国家税务总局公告2015年第52号

为规范和加强建筑安装业跨省（自治区、直辖市和计划单列市，下同）异地工程作业人员个人所得税征收管理，根据《中华人民共和国个人所得税法》等相关法律法规规定，现就有关问题公告如下：

一、总承包企业、分承包企业派驻跨省异地工程项目的管理人员、技术人员和其他工作人员在异地工作期间的工资、薪金所得个人所得税，由总承包企业、分承包企业依法代扣代缴并向工程作业所在地税务机关申报缴纳。

总承包企业和分承包企业通过劳务派遣公司聘用劳务人员跨省异地工作期间的工资、薪金所得个人所得税，由劳务派遣公司依法代扣代缴并向工程作业所在地税务机关申报缴纳。

二、跨省异地施工单位应就其所支付的工程作业人员工资、薪金所得，向工程作业所在地税务机关办理全员全额扣缴明细申报。凡实行全员全额扣缴明细申报的，工程作业所在地税务机关不得核定征收个人所得税。

三、总承包企业、分承包企业和劳务派遣公司机构所在地税务机关需要掌握异地工程作业人员工资、薪金所得个人所得税缴纳情况的,工程作业所在地税务机关应及时提供。总承包企业、分承包企业和劳务派遣公司机构所在地税务机关不得对异地工程作业人员已纳税工资、薪金所得重复征税。两地税务机关应加强沟通协调,切实维护纳税人权益。

四、建筑安装业省内异地施工作业人员个人所得税征收管理参照本公告执行。

五、本公告自 2015 年 9 月 1 日起施行。《国家税务总局关于印发〈建筑安装业个人所得税征收管理暂行办法〉的通知》(国税发〔1996〕127 号)第十一条规定同时废止。

特此公告。

2-1-6
财政部　国家税务总局　证监会关于上市公司股息红利差别化个人所得税政策有关问题的通知

2015 年 9 月 7 日　财税〔2015〕101 号

各省、自治区、直辖市、计划单列市财政厅(局)、国家税务局、地方税务局,新疆生产建设兵团财务局,上海、深圳证券交易所,全国中小企业股份转让系统有限责任公司,中国证券登记结算公司:

经国务院批准,现就上市公司股息红利差别化个人所得税政策等有关问题通知如下:

一、个人从公开发行和转让市场取得的上市公司股票,持股期限超过 1 年的,股息红利所得暂免征收个人所得税。

个人从公开发行和转让市场取得的上市公司股票,持股期限在 1 个月以内(含 1 个月)的,其股息红利所得全额计入应纳税所得额;持股期限在 1 个月以上至 1 年(含 1 年)的,暂减按 50% 计入应纳税所得额;上述所得统一适用 20% 的税率计征个人所得税。

二、上市公司派发股息红利时,对个人持股 1 年以内(含 1 年)的,上市公司暂不扣缴个人所得税;待个人转让股票时,证券登记结算公司根据其持股期限计算应纳税额,由证券公司等股份托管机构从个人资金账户中扣收并划付证券登记结算公司,证券登记结算公司应于次月 5 个工作日内划付上市公司,上市公司在收到税款当月的法定申报期内向主管税务机关申报缴纳。

三、上市公司股息红利差别化个人所得税政策其他有关操作事项,按照《财政部 国家税务总局　证监会关于实施上市公司股息红利差别个人所得税政策有关问题的通知》(财税〔2012〕85 号)的相关规定执行。

四、全国中小企业股份转让系统挂牌公司股息红利差别化个人所得税政策,按照本通知规定执行。其他有关操作事项,按照《财政部　国家税务总局　证监会关于实施全国中小企业股份转让系统挂牌公司股息红利差别化个人所得税政策有关问题的通知》(财税〔2014〕48 号)的相关规定执行。

五、本通知自 2015 年 9 月 8 日起施行。

上市公司派发股息红利,股权登记日在 2015 年 9 月 8 日之后的,股息红利所得按照本通知的规定执行。本通知实施之日个人投资者证券账户已持有的上市股票,其持股时间自取得之日起计算。

2 – 1 – 7
国家税务总局关于进一步简化和规范
个人无偿赠与或受赠不动产免征营业税、
个人所得税所需证明资料的公告

2015 年 11 月 10 日　　国家税务总局公告 2015 年第 75 号

为落实国务院关于简政放权、方便群众办事的有关要求,进一步减轻纳税人负担,现就简化和规范个人无偿赠与或受赠不动产免征营业税、个人所得税所需的证明资料公告如下:

一、纳税人在办理个人无偿赠与或受赠不动产免征营业税、个人所得税手续时,应报送《个人无偿赠与不动产登记表》、双方当事人的身份证明原件及复印件(继承或接受遗赠的,只须提供继承人或接受遗赠人的身份证明原件及复印件)、房屋所有权证原件及复印件。属于以下四类情形之一的,还应分别提交相应证明资料:

(一)离婚分割财产的,应当提交:

1. 离婚协议或者人民法院判决书或者人民法院调解书的原件及复印件;

2. 离婚证原件及复印件。

(二)亲属之间无偿赠与的,应当提交:

1. 无偿赠与配偶的,提交结婚证原件及复印件;

2. 无偿赠与父母、子女、祖父母、外祖父母、孙子女、外孙子女、兄弟姐妹的,提交户口簿或者出生证明或者人民法院判决书或者人民法院调解书或者其他部门(有资质的机构)出具的能够证明双方亲属关系的证明资料原件及复印件。

(三)无偿赠与非亲属抚养或赡养关系人的,应当提交:

人民法院判决书或者人民法院调解书或者乡镇政府或街道办事处出具的抚养(赡养)关系证明或者其他部门(有资质的机构)出具的能够证明双方抚养(赡养)关

系的证明资料原件及复印件。

(四)继承或接受遗赠的,应当提交:

1. 房屋产权所有人死亡证明原件及复印件;

2. 经公证的能够证明有权继承或接受遗赠的证明资料原件及复印件。[①]

二、税务机关应当认真核对上述资料,资料齐全并且填写正确的,在《个人无偿赠与不动产登记表》上签字盖章,留存《个人无偿赠与不动产登记表》复印件和有关证明资料复印件,原件退还纳税人,同时办理免税手续。

三、各地税务机关要不折不扣地落实税收优惠政策,维护纳税人的合法权益。要通过办税服务厅、税务网站、12366 纳税服务热线、纳税人学堂等多种渠道,积极宣传税收优惠政策规定和办理程序,及时回应、准确答复纳税人咨询,做好培训辅导工作,避免纳税人多头找、多头跑,切实方便纳税人办理涉税事宜。有条件的地区可探索通过政府部门间信息交换共享,查询证明信息,减少纳税人报送资料。

四、本公告自公布之日起施行。《国家税务总局关于加强房地产交易个人无偿赠与不动产税收管理有关问题的通知》(国税发〔2006〕144 号)第一条第一款"关于加强个人无偿赠与不动产营业税税收管理问题"的规定同时废止。

特此公告。

注释:①此处修改。参见:《国家税务总局关于土地价款扣除时间等增值税征管问题的公告》,国家税务总局公告 2016 年第 86 号。

2-1-8
国家税务总局关于股权奖励和转增
股本个人所得税征管问题的公告

2015 年 11 月 16 日　国家税务总局公告 2015 年第 80 号

为贯彻落实《财政部　国家税务总局关于将国家自主创新示范区有关税收试点政策推广到全国范围实施的通知》(财税〔2015〕116 号)规定,现就股权奖励和转增股本个人所得税征管有关问题公告如下:

一、关于股权奖励

(一)股权奖励的计税价格参照获得股权时的公平市场价格确定,具体按以下方法确定:

1. 上市公司股票的公平市场价格,按照取得股票当日的收盘价确定。取得股票当日为非交易时间的,按照上一个交易日收盘价确定。

2. 非上市公司股权的公平市场价格,依次按照净资产法、类比法和其他合理方法确定。

（二）计算股权奖励应纳税额时，规定月份数按员工在企业的实际工作月份数确定。员工在企业工作月份数超过 12 个月的，按 12 个月计算。

二、关于转增股本

（一）非上市及未在全国中小企业股份转让系统挂牌的中小高新技术企业以未分配利润、盈余公积、资本公积向个人股东转增股本，并符合财税〔2015〕116 号文件有关规定的，纳税人可分期缴纳个人所得税；非上市及未在全国中小企业股份转让系统挂牌的其他企业转增股本，应及时代扣代缴个人所得税。

（二）上市公司或在全国中小企业股份转让系统挂牌的企业转增股本（不含以股票发行溢价形成的资本公积转增股本），按现行有关股息红利差别化政策执行。

三、关于备案办理

（一）获得股权奖励的企业技术人员、企业转增股本涉及的股东需要分期缴纳个人所得税的，应自行制定分期缴税计划，由企业于发生股权奖励、转增股本的次月 15 日内，向主管税务机关办理分期缴税备案手续。

办理股权奖励分期缴税，企业应向主管税务机关报送高新技术企业认定证书、股东大会或董事会决议、《个人所得税分期缴纳备案表（股权奖励）》、相关技术人员参与技术活动的说明材料、企业股权奖励计划、能够证明股权或股票价格的有关材料、企业转化科技成果的说明、最近一期企业财务报表等。

办理转增股本分期缴税，企业应向主管税务机关报送高新技术企业认定证书、股东大会或董事会决议、《个人所得税分期缴纳备案表（转增股本）》、上年度及转增股本当月企业财务报表、转增股本有关情况说明等。

高新技术企业认定证书、股东大会或董事会决议的原件，主管税务机关进行形式审核后退还企业，复印件及其他有关资料税务机关留存。

（二）纳税人分期缴税期间需要变更原分期缴税计划的，应重新制定分期缴税计划，由企业向主管税务机关重新报送《个人所得税分期缴纳备案表》。

四、关于代扣代缴

（一）企业在填写《扣缴个人所得税报告表》时，应将纳税人取得股权奖励或转增股本情况单独填列，并在"备注"栏中注明"股权奖励"或"转增股本"字样。

（二）纳税人在分期缴税期间取得分红或转让股权的，企业应及时代扣股权奖励或转增股本尚未缴清的个人所得税，并于次月 15 日内向主管税务机关申报纳税。

本公告自 2016 年 1 月 1 日起施行。

特此公告。

附件：1.《个人所得税分期缴纳备案表（股权奖励）》及填报说明

　　　2.《个人所得税分期缴纳备案表（转增股本）》及填报说明

附件 1

备案编号(主管税务机关填写):

《个人所得税分期缴纳备案表(股权奖励)》及填报说明

金额单位:人民币元(列至角分)

扣缴单位基本情况

扣缴单位名称		纳税人识别号	
地址	联系人	电话	高新技术企业证书编号
			总股本(实收资本)

分期缴税情况

股权价格确定方法	每股价格
□上市公司股票 □净资产法 □类比法 □其他合理方法	

序号	姓名	身份证件类型	身份证件号码	股权奖励时间	获得股份数	持股比例	计税价格	应缴个人所得税	分期缴税计划											签名
									第一年		第二年		第三年		第四年		第五年			
									缴税时间	缴税金额	缴税时间	缴税金额	缴税时间	缴税金额	缴税时间	缴税金额	缴税时间	缴税金额		

谨声明:此表是根据《中华人民共和国个人所得税法》及有关法律法规规定填写的,是真实的、完整的、可靠的。

扣缴单位负责人签字:	扣缴单位盖章:	主管税务机关受理: 受理人:
	年 月 日	

受理日期: 　　年 月 日

代理申报机构(人)签章:
经办人:
经办人执业证件号码:
代理申报日期: 　　年 月 日

国家税务总局监制

填报说明

本表适用于个人取得股权奖励,其扣缴义务人向主管税务机关办理分期缴纳个人所得税备案事宜。本表一式二份,主管税务机关受理后,由扣缴义务人和主管税务机关分别留存。

一、备案编号:由主管税务机关自行编制。

二、纳税人识别号:填写税务机关赋予的 18 位纳税人识别号。

三、高新技术企业证书编号:填写高新技术企业认定部门核发的有效期内的高新技术企业证书编号。

四、股权价格确定方法:根据适用的公平市场价格确定方法勾选。选择其他合理方法的,应在横线中写明具体方法名称。

五、每股价格:填写按照股权价格确定方法计算的每股价格。

六、股权奖励时间:填写纳税人实际获得股权奖励的具体日期。纳税人在一个月份中多次取得股权奖励的,可一并填写。

七、获得股份数、持股比例:填写纳税人实际取得的股权份额及持股比例。纳税人在一个月份中多次取得股权奖励的,可合并填写。

八、计税价格:计税价格 = 每股价格 × 获得股份数,或根据持股比例换算。

九、应缴个人所得税:应缴个人所得税 =(计税价格 ÷ 规定月份数 × 税率 – 速算扣除数)× 规定月份数。

税率按照《个人所得税法》中《个人所得税税率表一(工资、薪金所得适用)》确定。

规定月份数按照本公告有关规定确定。

十、计划缴税时间:按年度填写每一年度计划缴税的截止月份。

十一、计划缴税金额:填写每一年度计划分期缴纳的个人所得税金额。

附件 2

《个人所得税分期缴纳备案表（转增股本）》及填报说明

备案编号（主管税务机关填写）：

金额单位：人民币元（列至角分）

扣缴单位基本情况				
扣缴单位名称		纳税人识别号		高新技术企业证书编号
地址		联系人	电话	
年销售额		资产总额	员工人数	总股本（实收资本）

转增股本情况		
未分配利润转增金额	盈余公积转增金额	资本公积转增金额

分期缴税情况					分期缴税计划				
序号	姓名	身份证件类型	身份证件号码	持有股份份数	持股比例	计税金额	应缴个人所得税	第一年	第二年

（分期缴税计划：第一年、第二年、第三年、第四年、第五年，各含缴税时间、缴税金额；签名）

谨声明：此表是根据《中华人民共和国个人所得税法》及有关法律法规定填写的，是真实的、完整的、可靠的。

扣缴单位负责人签字：　　　　年　月　日　　扣缴单位盖章：

代理申报机构（人）签章：　　　　主管税务机关受理章：

经办人：　　　　　　　　受理人：

经办人执业证件号码：　　代理申报日期：　　年　月　日　　受理日期：　　年　月　日

国家税务总局监制

填报说明

本表适用于个人因转增股本取得所得,其扣缴义务人向主管税务机关办理分期缴纳个人所得税备案事宜。本表一式二份,主管税务机关受理后,由扣缴义务人和主管税务机关分别留存。

一、备案编号:由主管税务机关自行编制。

二、纳税人识别号:填写税务机关赋予的18位纳税人识别号。

三、高新技术企业证书编号:填写高新技术企业认定部门核发的有效期内的高新技术企业证书编号。

四、年销售额:填写企业上一个会计年度的主营业务收入。

五、资产总额、员工人数、总股本(实收资本):填写企业转增股本当月相关数据。

六、转增股本情况:填写企业转增股本的相关情况。

七、计税金额:计税金额=(未分配利润转增金额+盈余公积转增金额+资本公积转增金额)×持股比例。

八、应缴个人所得税:应缴个人所得税=计税金额×20%。

九、计划缴税时间:按年度填写每一年度计划缴税的截止月份。

十、计划缴税金额:填写每一年度计划分期缴纳的个人所得税金额。

2-1-9
国家税务总局关于3项个人所得税事项
取消审批实施后续管理的公告

2016年1月28日　　国家税务总局公告2016年第5号

根据《国家税务总局关于贯彻落实〈国务院关于第一批取消62项中央指定地方实施行政审批事项的决定〉的通知》(税总发〔2015〕141号)等规定,现就下列个人所得税事项取消审批的后续管理问题公告如下:

一、关于"取消促进科技成果转化暂不征收个人所得税审核"的后续管理

按照《国家税务总局关于促进科技成果转化有关个人所得税问题的通知》(国税发〔1999〕125号)和《国家税务总局关于取消促进科技成果转化暂不征收个人所得税审核权有关问题的通知》(国税函〔2007〕833号)规定,将职务科技成果转化为股份、投资比例的科研机构、高等学校或者获奖人员,应在授(获)奖的次月15日内向主管税务机关备案,报送《科技成果转化暂不征收个人所得税备案表》(见附件1)。技术成果价值评估报告、股权奖励文件及其他证明材料由奖励单位留存备查。

二、关于"取消个人取得股票期权或认购股票等取得折扣或补贴收入个人所得税纳税有困难的审核"的后续管理

(一)按照《财政部　国家税务总局关于上市公司高管人员股票期权所得缴纳个人所得税有关问题的通知》(财税〔2009〕40号)规定,纳税人若选择分期缴纳个人所得税,其扣缴义务人应在股票期权行权的次月15日内,向主管税务机关办理分期缴纳个人所得税备案手续,报送《个人取得股票期权或认购股票等取得折扣或补贴收入分期缴纳个人所得税备案表》(见附件2)。其他相关证明材料由扣缴义务人留存

备查。①

(二)按照《国家税务总局关于个人认购股票等有价证券而从雇主取得折扣或补贴收入有关征收个人所得税问题的通知》(国税发〔1998〕9号)规定,纳税人若选择分期缴纳个人所得税,其扣缴义务人应在实际认购股票等有价证券的次月15日内,向主管税务机关办理分期缴纳个人所得税备案手续,报送《个人取得股票期权或认购股票等取得折扣或补贴收入分期缴纳个人所得税备案表》(见附件2)。其他相关证明材料由扣缴义务人留存备查。

三、关于"取消对律师事务所征收方式的核准"的后续管理

《国家税务总局关于强化律师事务所等中介机构投资者个人所得税查账征收的通知》(国税发〔2002〕123号)第三条废止后,统一按照《中华人民共和国税收征收管理法》及其实施细则、《财政部　国家税务总局关于印发〈关于个人独资企业和合伙企业投资者征收个人所得税的规定〉的通知》(财税〔2000〕91号)等相关规定实施后续管理。

本公告自公布之日起施行。《国家税务总局关于取消促进科技成果转化暂不征收个人所得税审核权有关问题的通知》(国税函〔2007〕833号)第二条第一项和第三条、《国家税务总局关于个人认购股票等有价证券而从雇主取得折扣或补贴收入有关征收个人所得税问题的通知》(国税发〔1998〕9号)第二条关于"可在报经当地主管税务机关批准后"的规定和第三条同时废止。

特此公告。

附件:1. 科技成果转化暂不征收个人所得税备案表

　　　2. 个人取得股票期权或认购股票等取得折扣或补贴收入分期缴纳个人所得税备案表

注释:①此处废止。参见:《国家税务总局关于股权激励和技术入股所得税征管问题的公告》,国家税务总局公告2016年第62号。

附件 1

科技成果转化暂不征收个人所得税备案表

备案编号(主管税务机关填写):

金额单位:人民币元(列至角分)

奖励单位名称			纳税人识别号		地址		联系人		电话	

奖励单位基本情况

获奖人员基本情况

序号	姓名	身份证照类型	身份证照号码	职务	获奖时间	获得股权奖励形式及数量		涉及单位名称	获奖金额	签名
						股份数量(股)	出资比例(%)			

科技成果基本情况

科技成果名称	基本情况说明

谨声明:此表是根据《中华人民共和国个人所得税法》及有关法律法规规定填写的,是真实的、完整的、可靠的。

科研机构或高等学校签章:

经办人(获奖人):　　　　　　办理日期:　　年　月　日

主管税务机关受理章:

受理人:

受理日期:　　　　年　　月　　日

国家税务总局监制

填报说明

　　本表适用于将职务科技成果转化为股份、投资比例的科研机构、高等学校或者获奖人员向主管税务机关办理暂不征收个人所得税备案事宜。本表一式二份,主管税务机关受理后,由科研机构、高等学校或者获奖人员和主管税务机关分别留存。

　　一、备案编号:由主管税务机关自行编制。

　　二、纳税人识别号:填写税务机关赋予的纳税人识别号。

　　三、职务:填写获得奖励的纳税人在科研机构或高等学校中担任的职务。

　　四、获奖时间:填写纳税人实际获得奖励的具体日期。纳税人在备案时限内多次取得奖励的,需分别填写。

　　五、获得股权奖励形式及数量:在对应奖励形式下填写纳税人实际取得的股份数量或出资比例。

　　六、涉及单位名称:填写股份或出资比例等被用作奖励的单位名称。纳税人奖励涉及多家单位的,可一并填写。

　　七、获奖金额:填写纳税人获得奖励的股份、出资比例等股权的价值。

　　八、科技成果名称:填写科技成果的标准名称。

　　九、基本情况说明:对科技成果的基本情况进行简要说明。

　　十、若获奖人员和科技成果基本情况填写不下,可另附纸填写。

　　十一、获奖人员办理时,所有项目均需填写,并在经办人(获奖人)处签字,同时加盖科研机构或高等学校签章。

附件2

个人取得股票期权或认购股票等取得折扣或补贴收入分期缴纳个人所得税备案表

备案编号(主管税务机关填写)：　　　　　　　　　　　　　　　　金额单位：人民币元(列至角分)

扣缴单位基本情况					
扣缴单位名称		纳税人识别号		总股本(实收资本)	
地　址		联系人		电　话	

分期缴税情况

□上市公司高管人员取得股票期权行权时纳税确有困难分期缴税　　□个人认购股票等有价证券而从雇主取得折扣或补贴收入纳税确有困难分期缴税

序号	分期缴税类别		有价证券种类	有价证券名称	有价证券代码	行权/认购时间	行权/认购价格	行权/认购数量	市场价格	应纳税所得额	分期月数	签名
	姓名	身份证照类型 身份证照号码										

谨声明：此表是根据《中华人民共和国个人所得税法》及有关法律规规定填写的，是真实的、完整的、可靠的。

扣缴单位负责人签字：　　　　　　　　　　　扣缴单位盖章：
　　　　　　　　　　　　　　　　　　　　　　　年　月　日

代理申报机构(人)签章：

经办人：　　　　　　　　经办人执业证件号码：

代理申报日期：　年　月　日

主管税务机关受理：
受理人：
受理日期：　年　月　日

国家税务总局监制

填报说明

本表适用于个人取得股票期权或认购股票等取得折扣或补贴收入,其扣缴义务人向主管税务机关办理分期缴纳个人所得税备案事宜。本表一式二份,主管税务机关受理后,由扣缴义务人和主管税务机关分别留存。

一、备案编号:由主管税务机关自行编制。

二、纳税人识别号:填写税务机关赋予的纳税人识别号。

三、分期缴税类别:根据实际情况勾选。

四、有价证券种类:填写取得(认购)有价证券的种类,如填写"股票"。

五、有价证券名称:填写取得(认购)有价证券的具体标准名称,如填写股票名称。

六、有价证券代码:填写取得(认购)有价证券的代码,如填写股票代码,无代码的可不填写。

七、行权/认购时间:填写纳税人实际行权(认购)有价证券的具体日期。纳税人在备案期限内多次取得有价证券的,需分别填写。

八、行权/认购价格:填写纳税人实际行权(认购)有价证券的价格。

九、行权/认购数量:填写纳税人实际行权(认购)有价证券的数量并注明计量单位,如股票的股数。

十、应纳税所得额:按照《中华人民共和国个人所得税法》及相关规定计算。

十一、分期月数:填写计划分期缴纳个人所得税的月份数。

十二、若分期缴税情况填写不下,可另附纸填写。

2-1-10
北京市国家税务局　北京市地方税务局关于个人申请代开普通发票有关事项的公告

2016年7月14日　北京市国家税务局　北京市地方税务局公告2016年第24号

根据《中华人民共和国发票管理办法》《中华人民共和国个人所得税法》《国家税务总局关于加强和规范税务机关代开普通发票工作的通知》(国税函〔2004〕1024号)的相关规定,现对个人(不含个体工商户,下同)到国税机关申请代开普通发票的有关事项公告如下:

一、个人申请代开普通发票,依照税收法律、行政法规规定应当缴纳税款的,应当先缴纳税款,再代开发票。个人应缴纳的增值税,由国税机关征收;个人应缴纳的城市维护建设税、教育费附加和地方教育附加,由国税机关代征。

二、个人取得应税所得,扣缴义务人未按照规定履行扣缴义务的,个人可以直接到各区地方税务局、各分局所属的纳税服务厅办理纳税申报,依法缴纳税款。

三、个人办理代开普通发票手续,应持申请人和经办人的合法身份证件原件,并提交以下资料:

(一)代开普通发票申请表1份(适用个人申请代开发票,附件1)。

(二)代开普通发票付款方书面确认证明1份(附件2)

(三)个人委托他人(经办人)办理代开普通发票申请手续的,应同时提交授权委托书1份。

　　对于个人小额(低于增值税按次纳税起征点)销售货物、提供增值税应税劳务和应税服务的只需提供申请人和经办人的合法身份证件原件。

　　主管税务机关对申请人的申请资料进行书面审核,对资料不全或者填写内容不符合规定的,应当场一次性告知纳税人补正或重新填报;对符合条件的,即时办理。

　　四、本公告自发布之日起施行。《北京市国家税务局　北京市地方税务局关于个人申请代开普通发票有关事项的公告》(北京市国家税务局公告2014年第36号)同时废止。

　　特此公告。

　　附件:1. 代开普通发票申请表(适用个人申请代开发票)

　　　　　2. 代开普通发票付款方书面确认证明

附件1

代开普通发票申请表

(适用个人申请代开发票)

纳税人证件号码: ☐☐☐☐☐☐☐☐☐☐☐☐☐☐☐☐

收款方名称:　　　　　　　　　　编号:

项目	单位	数量	单价	含税金额	税率 (征收率)	税额
合计						
含税金额合计(大写)						
付款方纳税人识别号						
付款方纳税人名称						

申请理由(根据《国家税务总局关于加强和规范税务机关代开普通发票工作的通知》(国税函〔2004〕1024号)第二条"申请代开发票的范围与对象"的有关要求如实在下列方框内勾选):

☐　依法不需办理税务登记的单位和个人临时取得收入

☐　其他_____

本《代开发票申请表》是根据本单位(或本人)与付款方发生的实际交易填写的,我承诺它是真实的、可靠的,并愿意为此承担法律责任。

经办人:　　　　　　　　　　　　　　　　　年　月　日

国税主管税务机关意见:

经办人:　　　　　　　　　负责人:　　　　　年　月　日

代开发票种类:
代开发票名称:
代开发票号码:
税票号码:
经办人:　　　　　　　代开发票日期:

　　注:本表一式一份,由国税主管税务机关留存。

附件 2

代开普通发票付款方书面确认证明

收款方		付款方	
纳税人识别号 (或证件号码)		纳税人识别号 (或证件号码)	
纳税人名称		纳税人名称	
联系电话		联系电话	
交易事项及金额			

项目	单位	数量	单价	金额

金额大写合计:	金额小写 合计	

　　本《代开普通发票付款方书面确认证明》是根据本单位(或本人)与收款方发生的实际交易出具的,我承诺它是真实的、可靠的,并愿意为此承担法律责任

（付款方签章）

年　　月　　日

链接:

关于《北京市国家税务局　北京市地方税务局关于个人申请代开普通发票有关事项的公告》的政策解读

一、《公告》的出台背景

　　为进一步构建诚信纳税体系,优化纳税服务,减轻纳税人办税负担,避免纳税人两头跑、多头跑,保证个人方便、快捷办理代开普通发票业务,特对《北京市国家税务局　北京市地方税务局关于个人申请代开普通发票有关事项的公告》(北京市国家税务局公告 2014 年第 36 号)进行了修订,并重新发布。

二、《公告》修订的主要内容

　　个人向国税机关申请代开普通发票时,无需申请地税机关出具关于个人所得税完税情况的意

见,可直接向国税机关申请代开普通发票。

个人申请代开普通发票涉及个人所得税的,如扣缴义务人未按照规定扣缴税款,个人可以到全市任一区地方税务局、分局所属的纳税服务厅(可登录北京市地方税务局官方网站查询)办理纳税申报和缴纳税款。

三、《公告》的执行时间

本公告自发布之日起施行。

2－1－11
北京市公安局　北京市人力社保局　北京市地方税务局关于将来京人员连续缴纳个人薪金所得税凭证、连续缴纳社保凭证和持有有效《北京市工作居住证》作为办理居住证在京居住时间证明的通知

2016 年 11 月 25 日　京公人管字〔2016〕1926 号

各区人力社保局、地税局相关单位,清河、开发区公安分局,各公安分局:

按照市委、市政府关于实施居住证制度的总体部署,2016 年 10 月 1 日正式启动了《北京市居住证》(以下简称"居住证")受理业务。

为进一步做好居住证受理工作,满足来京人员的办证需求,市公安局、市人力社保局、市地税局共同研究,依据国务院《居住证暂行条例》和《北京市实施〈居住证暂行条例〉办法》有关规定精神,将"在京连续 6 个月正常缴纳社保(五险)凭证、市人力社保局签发的有效《北京市工作居住证》、连续 6 个月缴纳个人薪金所得税凭证"三类证明材料,纳入在京居住时间证明范畴。

特此通知。

2－2　综合规定

本部分未收录"综合规定"类文件全文,请根据文件编码在"综合税收政策"部分查阅全文。

三、企业所得税

3-1 一般规定

3-1-1
国家税务总局关于3项企业所得税事项取消审批后加强后续管理的公告

2015年2月2日 国家税务总局公告2015年第6号

根据《国务院关于取消和调整一批行政审批项目等事项的决定》(国发〔2014〕27号、国发〔2014〕50号)规定,取消"享受小型微利企业所得税优惠的核准""收入全额归属中央的企业下属二级及二级以下分支机构名单的备案审核"和"汇总纳税企业组织结构变更审核"等项目审批,现就有关企业所得税后续管理问题公告如下:

一、进一步简化小型微利企业享受所得税优惠政策备案手续

实行查账征收的小型微利企业,在办理2014年及以后年度企业所得税汇算清缴时,通过填报《国家税务总局关于发布〈中华人民共和国企业所得税年度纳税申报表(A类,2014年版)的公告〉》(国家税务总局公告2014年第63号)之《基础信息表》(A000000表)中的"104从业人数""105资产总额(万元)"栏次,履行备案手续,不再另行备案。

二、取消"收入全额归属中央的企业下属二级及二级以下分支机构名单的备案审核"的后续管理

收入全额归属中央的企业(本条简称中央企业)所属二级及二级以下分支机构名单发生变化的,按照以下规定分别向其主管税务机关报送相关资料:

(一)中央企业所属二级分支机构名单发生变化的,中央企业总机构应将调整后情况及分支机构变化情况报送主管税务机关。

(二)中央企业新增二级及以下分支机构的,二级分支机构应将营业执照和总机构出具的其为二级或二级以下分支机构证明文件,在报送企业所得税预缴申报表时,附送其主管税务机关。

新增的三级及以下分支机构,应将营业执照和总机构出具的其为三级或三级以下分支机构证明文件,报送其主管税务机关。

(三)中央企业撤销(注销)二级及以下分支机构的,被撤销分支机构应当按照《中

华人民共和国税收征收管理法》规定办理注销手续。二级分支机构应将撤销(注销)二级及以下分支机构情况报送其主管税务机关。

主管税务机关应根据中央企业二级及以下分支机构变更备案情况,及时调整完善税收管理信息。

三、取消"汇总纳税企业组织结构变更审核"的后续管理

汇总纳税企业改变组织结构的,总机构和相关二级分支机构应于组织结构改变后30日内,将组织结构变更情况报告主管税务机关。总机构所在省税务局按照《国家税务总局关于印发〈跨地区经营汇总纳税企业所得税征收管理办法〉的公告》(国家税务总局公告2012年第57号)第二十九条规定,将汇总纳税企业组织结构变更情况上传至企业所得税汇总纳税信息管理系统。

废止国家税务总局公告2012年第57号第二十四条第三款"汇总纳税企业以后年度改变组织结构的,该分支机构应按本办法第二十三条规定报送相关证据,分支机构所在地主管税务机关重新进行审核鉴定"的规定。

四、除第一条外,本公告自2015年1月1日起施行。

特此公告。

3-1-2
北京市财政局　北京市国家税务局
北京市地方税务局转发财政部　国家
税务总局关于促进企业重组有关
企业所得税处理问题的通知

2015年2月4日　京财税〔2015〕248号

各区县财政局、国家税务局、地方税务局,市国家税务局直属税务分局,市地方税务局直属分局:

现将《财政部　国家税务总局关于促进企业重组有关企业所得税处理问题的通知》(财税〔2014〕109号)转发给你们,请遵照执行。

附件:《财政部　国家税务总局关于促进企业重组有关企业所得税处理问题的通知》(财税〔2014〕109号)

财政部　国家税务总局关于促进企业重组
有关企业所得税处理问题的通知

2014年12月25日　财税〔2014〕109号

各省、自治区、直辖市、计划单列市财政厅(局)、国家税务局、地方税务局,新疆生产建设兵团财务局:

为贯彻落实《国务院关于进一步优化企业兼并重组市场环境的意见》(国发〔2014〕14号),根据《中华人民共和国企业所得税法》及其实施条例有关规定,现就企业重组有关企业所得税处理问题明确如下:

一、关于股权收购

将《财政部　国家税务总局关于企业重组业务企业所得税处理若干问题的通知》(财税〔2009〕59号)第六条第(二)项中有关"股权收购,收购企业购买的股权不低于被收购企业全部股权的75%"规定调整为"股权收购,收购企业购买的股权不低于被收购企业全部股权的50%"。

二、关于资产收购

将财税〔2009〕59号文件第六条第(三)项中有关"资产收购,受让企业收购的资产不低于转让企业全部资产的75%"规定调整为"资产收购,受让企业收购的资产不低于转让企业全部资产的50%"。

三、关于股权、资产划转

对100%直接控制的居民企业之间,以及受同一或相同多家居民企业100%直接控制的居民企业之间按账面净值划转股权或资产,凡具有合理商业目的、不以减少、免除或者推迟缴纳税款为主要目的,股权或资产划转后连续12个月内不改变被划转股权或资产原来实质性经营活动,且划出方企业和划入方企业均未在会计上确认损益的,可以选择按以下规定进行特殊性税务处理:

1. 划出方企业和划入方企业均不确认所得。

2. 划入方企业取得被划转股权或资产的计税基础,以被划转股权或资产的原账面净值确定。

3. 划入方企业取得的被划转资产,应按其原账面净值计算折旧扣除。

四、本通知自2014年1月1日起执行。本通知发布前尚未处理的企业重组,符合本通知规定的可按本通知执行。

3－1－3
北京市财政局　北京市国家税务局　北京市地方税务局转发财政部　国家税务总局关于非货币性资产投资企业所得税政策问题的通知

2015 年 2 月 4 日　京财税〔2015〕249 号

各区县财政局、国家税务局、地方税务局,市国家税务局直属税务分局,市地方税务局直属分局:

现将《财政部　国家税务总局关于非货币性资产投资企业所得税政策问题的通知》(财税〔2014〕116 号)转发给你们,请遵照执行。

附件:《财政部　国家税务总局关于非货币性资产投资企业所得税政策问题的通知》(财税〔2014〕116 号)

财政部　国家税务总局关于非货币性资产投资企业所得税政策问题的通知

2014 年 12 月 31 日　财税〔2014〕116 号

各省、自治区、直辖市、计划单列市财政厅(局)、国家税务局、地方税务局,新疆生产建设兵团财务局:

为贯彻落实《国务院关于进一步优化企业兼并重组市场环境的意见》(国发〔2014〕14 号),根据《中华人民共和国企业所得税法》及其实施条例有关规定,现就非货币性资产投资涉及的企业所得税政策问题明确如下:

一、居民企业(以下简称企业)以非货币性资产对外投资确认的非货币性资产转让所得,可在不超过 5 年期限内,分期均匀计入相应年度的应纳税所得额,按规定计算缴纳企业所得税。

二、企业以非货币性资产对外投资,应对非货币性资产进行评估并按评估后的公允价值扣除计税基础后的余额,计算确认非货币性资产转让所得。

企业以非货币性资产对外投资,应于投资协议生效并办理股权登记手续时,确认非货币性资产转让收入的实现。

三、企业以非货币性资产对外投资而取得被投资企业的股权,应以非货币性资产的原计税成本为计税基础,加上每年确认的非货币性资产转让所得,逐年进行调整。

被投资企业取得非货币性资产的计税基础,应按非货币性资产的公允价值确定。

四、企业在对外投资5年内转让上述股权或投资收回的,应停止执行递延纳税政策,并就递延期内尚未确认的非货币性资产转让所得,在转让股权或投资收回当年的企业所得税年度汇算清缴时,一次性计算缴纳企业所得税;企业在计算股权转让所得时,可按本通知第三条第一款规定将股权的计税基础一次调整到位。

企业在对外投资5年内注销的,应停止执行递延纳税政策,并就递延期内尚未确认的非货币性资产转让所得,在注销当年的企业所得税年度汇算清缴时,一次性计算缴纳企业所得税。

五、本通知所称非货币性资产,是指现金、银行存款、应收账款、应收票据以及准备持有至到期的债券投资等货币性资产以外的资产。

本通知所称非货币性资产投资,限于以非货币性资产出资设立新的居民企业,或将非货币性资产注入现存的居民企业。

六、企业发生非货币性资产投资,符合《财政部　国家税务总局关于企业重组业务企业所得税处理若干问题的通知》(财税〔2009〕59号)等文件规定的特殊性税务处理条件的,也可选择按特殊性税务处理规定执行。

七、本通知自2014年1月1日起执行。本通知发布前尚未处理的非货币性资产投资,符合本通知规定的可按本通知执行。

3-1-4
国家税务总局关于企业工资薪金和
职工福利费等支出税前扣除问题的公告

2015年5月8日　国家税务总局公告2015年第34号

根据《中华人民共和国企业所得税法》及其实施条例相关规定,现对企业工资薪金和职工福利费等支出企业所得税税前扣除问题公告如下:

一、企业福利性补贴支出税前扣除问题

列入企业员工工资薪金制度、固定与工资薪金一起发放的福利性补贴,符合《国家税务总局关于企业工资薪金及职工福利费扣除问题的通知》(国税函〔2009〕3号)第一条规定的,可作为企业发生的工资薪金支出,按规定在税前扣除。

不能同时符合上述条件的福利性补贴,应作为国税函〔2009〕3号文件第三条规定的职工福利费,按规定计算限额税前扣除。

二、企业年度汇算清缴结束前支付汇缴年度工资薪金税前扣除问题

企业在年度汇算清缴结束前向员工实际支付的已预提汇缴年度工资薪金,准予在

汇缴年度按规定扣除。

三、企业接受外部劳务派遣用工支出税前扣除问题

企业接受外部劳务派遣用工所实际发生的费用,应分两种情况按规定在税前扣除:按照协议(合同)约定直接支付给劳务派遣公司的费用,应作为劳务费支出;直接支付给员工个人的费用,应作为工资薪金支出和职工福利费支出。其中属于工资薪金支出的费用,准予计入企业工资薪金总额的基数,作为计算其他各项相关费用扣除的依据。

四、施行时间

本公告适用于2014年度及以后年度企业所得税汇算清缴。本公告施行前尚未进行税务处理的事项,符合本公告规定的可按本公告执行。

《国家税务总局关于企业所得税应纳税所得额若干税务处理问题的公告》(税务总局公告2012年第15号)第一条有关企业接受外部劳务派遣用工的相关规定同时废止。

特此公告。

3-1-5
国家税务总局关于华为集团内部人员调动离职补偿税前扣除问题的批复

2015年6月2日   税总函〔2015〕299号

深圳市国家税务局、地方税务局:

你局《深圳市国家税务局关于华为公司集团内部人员调动离职补偿金税前扣除问题的请示》(深国税发〔2015〕59号)收悉。

经研究,现批复如下:

根据《中华人民共和国企业所得税法》及其实施条例和《国家税务总局关于企业工资薪金及职工福利费扣除问题的通知》(国税函〔2009〕3号)的规定,华为公司对离职补偿事项的税务处理不符合企业所得税据实扣除原则,应该进行纳税调整。

企业根据公司财务制度为职工提取离职补偿费,在进行年度企业所得税汇算清缴时,对当年度"预提费用"科目发生额进行纳税调整,待职工从企业离职并实际领取离职补偿费后,企业可按规定进行税前扣除。

3-1-6
国家税务总局关于企业境外所得适用
简易征收和饶让抵免的核准事项
取消后有关后续管理问题的公告

2015年10月10日 国家税务总局公告2015年第70号

根据《国家税务总局关于公布已取消的22项税务非行政许可审批事项的公告》(国家税务总局公告2015年第58号),为加强后续管理,经商财政部同意,现就"企业境外所得适用简易征收和饶让抵免的核准"审批事项取消后有关管理问题公告如下:

一、企业境外所得符合《财政部 国家税务总局关于企业境外所得税收抵免有关问题的通知》(财税〔2009〕125号)第十条第(一)项和第(二)项规定情形的,可以采取简易办法对境外所得已纳税额计算抵免。企业在年度汇算清缴期内,应向主管税务机关报送备案资料,备案资料的具体内容按照《国家税务总局关于发布〈企业境外所得税收抵免操作指南〉的公告》(国家税务总局公告2010年第1号)第30条的规定执行。

二、本公告自公布之日起施行。《财政部 国家税务总局关于企业境外所得税收抵免有关问题的通知》(财税〔2009〕125号)第十条中"经企业申请,主管税务机关核准"的规定同时废止。

特此公告。

3-1-7
北京市财政局 北京市国家税务局 北京市
地方税务局 北京市民政局转发财政部
国家税务总局 民政部关于公益性捐赠
税前扣除资格确认审批有关调整事项的通知

2016年2月26日 京财税〔2016〕297号

各区财政局、国家税务局、地方税务局、民政局,市国家税务局直属税务分局,市地方税务局直属分局:

现将《财政部 国家税务总局 民政部关于公益性捐赠税前扣除资格确认审批

有关调整事项的通知》(财税〔2015〕141号)转发给你们,请遵照执行。

　　附件:财政部　国家税务总局　民政部关于公益性捐赠税前扣除资格确认审批有关调整事项的通知》(财税〔2015〕141号)

财政部　国家税务总局　民政部关于公益性捐赠税前扣除资格确认审批有关调整事项的通知

2015年12月31日　财税〔2015〕141号

各省、自治区、直辖市、计划单列市财政厅(局)、国家税务局、地方税务局、民政厅(局):

　　按照《国务院关于取消非行政许可审批事项的决定》(国发〔2015〕27号)精神,"公益性捐赠税前扣除资格确认"作为非行政许可审批事项予以取消。为做好公益性捐赠税前扣除资格后续管理工作,现将有关调整事项通知如下:

　　一、为简化工作程序、减轻社会组织负担,合理调整公益性社会团体捐赠税前扣除资格确认程序,对社会组织报送捐赠税前扣除资格申请报告和相关材料的环节予以取消,即《财政部　国家税务总局　民政部关于公益性捐赠税前扣除有关问题的通知》(财税〔2008〕160号)第六条、第七条停止执行,改由财政、税务、民政等部门结合社会组织登记注册、公益活动情况联合确认公益性捐赠税前扣除资格,并以公告形式发布名单。

　　二、公益性社会团体捐赠税前扣除资格确认程序按以下规定执行:

　　(一)对在民政部登记设立的社会组织,由民政部在登记注册环节会同财政部、国家税务总局对其公益性进行联合确认,对符合公益性社会团体条件的社会组织,财政部、国家税务总局、民政部联合发布公告,明确其公益性捐赠税前扣除资格。

　　(二)对在民政部登记注册且已经运行的社会组织,由财政部、国家税务总局和民政部结合社会组织公益活动情况和年度检查、评估等情况,对符合公益性社会团体条件的社会组织联合发布公告,明确其公益性捐赠税前扣除资格。

　　(三)在省级和省级以下民政部门登记注册的社会组织,由省级相关部门参照本条第一项、第二项执行。

　　三、按照"放管结合"的要求,财政、税务、民政等部门要加强公益性社会团体的后续管理,建立信息公开制度,加大对公益性社会团体的监督检查及违规处罚的力度。在社会组织监督检查或税务检查中,发现不符合条件的公益性社会团体,取消其公益性捐赠税前扣除资格,并向社会公告;建立公益性社会团体信息公开制度,公益性社会团体必须及时公开接受捐赠收入和支出情况,加强社会监督。

　　四、各级财政、税务、民政部门应加强沟通合作,建立部门会商、协调机制,切实将取消公益性捐赠税前扣除资格确认审批事项落实到位。

　　以上通知,请遵照执行。

3-1-8

北京市财政局　北京市国家税务局　北京市
地方税务局转发财政部　国家税务总局关于
公益股权捐赠企业所得税政策问题的通知

2016年6月3日　京财税〔2016〕1031号

各区财政局、国家税务局、地方税务局,市国家税务局直属税务分局,市地方税务局直属分局:

现将《财政部　国家税务总局关于公益股权捐赠企业所得税政策问题的通知》(财税〔2016〕45号)转发给你们,请遵照执行。

附件:财政部　国家税务总局关于公益股权捐赠企业所得税政策问题的通知(财税〔2016〕45号)

财政部　国家税务总局关于公益股权捐赠
企业所得税政策问题的通知

2016年4月20日　财税〔2016〕45号

各省、自治区、直辖市、计划单列市财政厅(局)、国家税务局、地方税务局,新疆生产建设兵团财务局:

为支持和鼓励公益事业发展,根据《中华人民共和国企业所得税法》及其实施条例有关规定,经国务院批准,现将股权捐赠企业所得税政策问题通知如下:

一、企业向公益性社会团体实施的股权捐赠,应按规定视同转让股权,股权转让收入额以企业所捐赠股权取得时的历史成本确定。

前款所称的股权,是指企业持有的其他企业的股权、上市公司股票等。

二、企业实施股权捐赠后,以其股权历史成本为依据确定捐赠额,并依此按照企业所得税法有关规定在所得税前予以扣除。公益性社会团体接受股权捐赠后,应按照捐赠企业提供的股权历史成本开具捐赠票据。

三、本通知所称公益性社会团体,是指注册在中华人民共和国境内,以发展公益事业为宗旨、且不以营利为目的,并经确定为具有接受捐赠税前扣除资格的基金会、慈善组织等公益性社会团体。

四、本通知所称股权捐赠行为,是指企业向中华人民共和国境内公益性社会团体实施的股权捐赠行为。企业向中华人民共和国境外的社会组织或团体实施的股权捐赠行为不适用本通知规定。

五、本通知自 2016 年 1 月 1 日起执行。

本通知发布前企业尚未进行税收处理的股权捐赠行为,符合本通知规定条件的可比照本通知执行,已经进行相关税收处理的不再进行税收调整。

请遵照执行。

3-1-9
国家税务总局关于做好股权激励和技术入股所得税政策贯彻落实工作的通知

2016 年 9 月 28 日　税总函〔2016〕496 号

各省、自治区、直辖市和计划单列市国家税务局、地方税务局:

为进一步鼓励科技创新,充分调动科研人员创新创业积极性,经国务院批准,财政部和税务总局联合制发了《关于完善股权激励和技术入股有关所得税政策的通知》(财税〔2016〕101 号)。为确保该项优惠政策不折不扣落实到位,现将有关事项通知如下:

一、高度重视,切实强化组织领导

1. 强化组织领导。实施股权激励和技术入股所得税优惠政策,是国务院在经济发展新常态下作出的又一项重大决策。该项政策优惠力度大,对鼓励创新创业,调动科研人员积极性,最大限度将科技成果转化为现实生产力具有积极的促进作用。各级税务机关务必高度重视,强化组织领导,明确职责分工,确保政策落到实处。

二、全面宣传,及时开展政策培训

2. 及时做好政策业务培训。股权激励和技术入股所得税政策调整较大,涉及多个税种、多个环节、多项所得。各地税务机关要充分领会政策精神,熟悉政策内容和征管规定,迅速开展税务干部及相关人员的政策业务培训工作,确保办税服务厅咨询人员、窗口受理人员、12366 纳税服务热线服务人员及其他一线征管人员能够第一时间熟练掌握政策规定内容和操作要求。

3. 全面开展政策宣传。各级税务机关应充分利用门户网站、广播、手机短信、办税服务厅电子屏幕、12366 纳税服务热线、报纸、电视等传统宣传渠道,积极尝试利用微博、微信等新兴宣传渠道,开展全方位、立体式的广泛宣传。

三、优化服务,提升业务办理效率

4. 不断提高纳税服务水平。积极扩展和畅通渠道,加强与纳税人沟通。热情服务纳税人,耐心细致地做好政策辅导和解释工作。及时受理纳税人报送的备案资料,减少纳税人等待时间,妥善解决征纳过程中出现的问题。

5. 切实提升业务办理效率。结合本地区征收管理和纳税服务的实际情况,利用现代化的信息技术和管理手段,不断提升咨询、查询、受理、反馈等业务环节的办理效率,使纳税人办理业务更加便捷。

四、完善管理,形成协同共治合力

6. 加强事中事后管理。主管税务机关要建立规范的电子台账,对报送的股权激励和技术入股备案表及其他证明材料进行系统登记和录入。根据年度报告表及时动态调整台账,定期开展风险分析,实行闭环式管理。

7. 深化国税地税合作。税务机关内部各相关部门之间、各级税务机关之间,要紧密衔接配合。国税部门和地税部门要深化沟通合作,建立长效机制,加强信息共享,凝聚服务和征管合力,确保该优惠政策落实到位。

8. 加强部门协同共治。要进一步加强与科技、知识产权、工商行政管理等部门的协作配合,建立统一规范的信息交换平台和信息共享机制,保障及时获取技术成果转让、股权变更等涉税信息,实现信息共享、管理互助。

五、加强分析,强化舆情监测应对

9. 深入开展效应分析。不折不扣地做好股权激励和技术入股所得税优惠政策的贯彻落实,严格做好相关数据统计,积极开展以政策效应分析为重点的税收分析,每季度首月末向税务总局(所得税司)报送上季度统计数据和分析材料。

10. 加强舆情监测应对。加强与媒体沟通,引导宣传重点,避免因曲解或误读政策引发负面舆情。密切关注舆论焦点,发现问题按规定及时上报和处理。

3－1－10
国家税务总局关于企业所得税有关问题的公告

2016 年 12 月 9 日   国家税务总局公告 2016 年第 80 号

根据《中华人民共和国企业所得税法》及其实施条例有关规定,现对企业所得税有关问题公告如下:

一、关于企业差旅费中人身意外保险费支出税前扣除问题

企业职工因公出差乘坐交通工具发生的人身意外保险费支出,准予企业在计算应纳税所得额时扣除。

二、企业移送资产所得税处理问题

企业发生《国家税务总局关于企业处置资产所得税处理问题的通知》(国税函〔2008〕828 号)第二条规定情形的,除另有规定外,应按照被移送资产的公允价值确定

销售收入。

三、施行时间

本公告适用于2016年度及以后年度企业所得税汇算清缴。

《国家税务总局关于企业处置资产所得税处理问题的通知》(国税函〔2008〕828号)第三条同时废止。

特此公告。

3－1－11
北京市财政局　北京市国家税务局　北京市地方税务局转发财政部　国家税务总局关于落实降低企业杠杆率税收支持政策的通知

2016 年 12 月 27 日　京财税〔2016〕2968 号

各区财政局、国家税务局、地方税务局,市国税局直属单位、市地税局直属分局:

现将《财政部　国家税务总局关于落实降低企业杠杆率税收支持政策的通知》(财税〔2016〕125 号)转发给你们,请遵照执行。

附件:《财政部　国家税务总局关于落实降低企业杠杆率税收支持政策的通知》

　　　　(财税〔2016〕125 号)

财政部　国家税务总局关于落实降低企业杠杆率税收支持政策的通知

2016 年 11 月 22 日　财税〔2016〕125 号

各省、自治区、直辖市、计划单列市财政厅(局)、国家税务局、地方税务局,新疆生产建设兵团财务局:

按照党中央、国务院决策部署,根据《国务院关于积极稳妥降低企业杠杆率的意见》(国发〔2016〕54 号,以下简称《意见》)有关精神,现就落实降低企业杠杆率税收政策工作通知如下:

一、充分认识贯彻落实降杠杆税收支持政策的重要意义

近年来,我国企业杠杆率高企,债务规模增长过快,企业债务负担不断加重。党中央、国务院从战略高度对降低企业杠杆率工作作出决策部署,把去杠杆列为供给侧结

构性改革"三去一降一补"的五大任务之一。《意见》将"落实和完善降杠杆财税支持政策"作为重要任务。各级财税部门要充分认识积极稳妥降低企业杠杆率的重要性,坚决贯彻执行中央决策部署,严格按照《意见》要求认真落实好有关税收政策,充分发挥税收职能作用,切实减轻企业负担、降低企业成本,为企业降杠杆创造良好的外部环境。

二、落实好降杠杆相关税收支持政策

(一)企业符合税法规定条件的股权(资产)收购、合并、债务重组等重组行为,可按税法规定享受企业所得税递延纳税优惠政策。

(二)企业以非货币性资产投资,可按规定享受5年内分期缴纳企业所得税政策。

(三)企业破产、注销,清算企业所得税时,可按规定在税前扣除有关清算费用及职工工资、社会保险费、法定补偿金。

(四)企业符合税法规定条件的债权损失可按规定在计算企业所得税应纳税所得额时扣除。

(五)金融企业按照规定提取的贷款损失准备金,符合税法规定的,可以在企业所得税税前扣除。

(六)在企业重组过程中,企业通过合并、分立、出售、置换等方式,将全部或者部分实物资产以及与其相关联的债权、负债和劳动力,一并转让给其他单位和个人,其中涉及的货物、不动产、土地使用权转让行为,符合规定的,不征收增值税。

(七)企业重组改制涉及的土地增值税、契税、印花税,符合规定的,可享受相关优惠政策。

(八)符合信贷资产证券化政策条件的纳税人,可享受相关优惠政策。

三、工作要求

降杠杆相关税收政策涵盖交易多个环节,涉及面广,政策内容多。各级财税部门要高度重视,进一步加强学习培训,熟悉、掌握政策内容;要加强对纳税人的宣传辅导,跟踪税收政策执行情况和实施效应,加强调研反馈,及时了解执行中遇到的问题,研究提出调整和完善税收政策的建议。

特此通知。

3-2 税收优惠

3-2-1
国家税务总局　财政部　人力资源社会
保障部　教育部　民政部关于支持和
促进重点群体创业就业有关税收政策
具体实施问题的补充公告

2015 年 2 月 13 日　国家税务总局　财政部　人力资源社会保障部
教育部　民政部公告 2015 年第 12 号

为贯彻落实《财政部　国家税务总局　人力资源社会保障部　教育部关于支持和促进重点群体创业就业税收政策有关问题的补充通知》(财税〔2015〕18 号)精神,现对《国家税务总局　财政部　人力资源社会保障部　教育部　民政部关于支持和促进重点群体创业就业有关税收政策具体实施问题的公告》(2014 年第 34 号)有关内容补充公告如下:

一、《就业失业登记证》更名为《就业创业证》,已发放的《就业失业登记证》继续有效。

二、取消《高校毕业生自主创业证》后,毕业年度内高校毕业生在校期间从事个体经营享受税收优惠政策的,按规定凭学生证到公共就业服务机构申领《就业创业证》,或委托所在高校就业指导中心向公共就业服务机构代为其申领《就业创业证》;毕业年度内高校毕业生离校后从事个体经营享受税收优惠政策的,按规定直接向公共就业服务机构申领《就业创业证》。公共就业服务机构在《就业创业证》上注明"毕业年度内自主创业税收政策"。

本补充公告自发布之日起施行。

特此公告。

3-2-2
国家税务总局关于执行《西部地区鼓励类产业目录》有关企业所得税问题的公告

2015年3月10日　国家税务总局公告2015年第14号

为深入实施西部大开发战略,促进西部地区产业结构调整和特色优势产业发展,经国务院批准,发展改革委发布了《西部地区鼓励类产业目录》(中华人民共和国国家发展和改革委员会令第15号),自2014年10月1日起施行。现就执行《西部地区鼓励类产业目录》有关企业所得税问题,公告如下:

一、对设在西部地区以《西部地区鼓励类产业目录》中新增鼓励类产业项目为主营业务,且其当年度主营业务收入占企业收入总额70%以上的企业,自2014年10月1日起,可减按15%税率缴纳企业所得税。

二、已按照《国家税务总局关于深入实施西部大开发战略有关企业所得税问题的公告》(国家税务总局公告2012年第12号)第三条规定享受企业所得税优惠政策的企业,其主营业务如不再属于《西部地区鼓励类产业目录》中国家鼓励类产业项目的,自2014年10月1日起,停止执行减按15%税率缴纳企业所得税。

三、凡对企业主营业务是否属于《西部地区鼓励类产业目录》中国家鼓励类产业项目难以界定的,税务机关可以要求企业提供省级(含副省级)发展改革部门或其授权部门出具的证明文件。证明文件需明确列示主营业务的具体项目及符合《西部地区鼓励类产业目录》中的对应条款项目。

四、本公告自2014年10月1日起施行,《国家税务总局关于深入实施西部大开发战略有关企业所得税问题的公告》(国家税务总局公告2012年第12号)第三条中有关重新计算申报的规定停止执行。

特此公告。

3-2-3
国家税务总局关于贯彻落实扩大
小型微利企业减半征收企业所得税
范围有关问题的公告

2015年3月18日　　国家税务总局公告2015年第17号

为落实国务院第83次常务会议关于扩大小型微利企业减半征收企业所得税优惠政策实施范围的决定,根据《中华人民共和国企业所得税法》及其实施条例、《财政部　国家税务总局关于小型微利企业所得税优惠政策的通知》(财税〔2015〕34号)规定,对落实小型微利企业所得税优惠政策问题公告如下:

一、符合规定条件的小型微利企业,无论采取查账征收还是核定征收方式,均可享受小型微利企业所得税优惠政策。

小型微利企业所得税优惠政策,包括企业所得税减按20%税率征收(以下简称减低税率政策),以及财税〔2015〕34号文件规定的优惠政策(以下简称减半征税政策)。

二、符合规定条件的小型微利企业,在季度、月份预缴企业所得税时,可以自行享受小型微利企业所得税优惠政策,无须税务机关审核批准。

小型微利企业在预缴和汇算清缴时通过填写企业所得税纳税申报表"从业人数、资产总额"等栏次履行备案手续,不再另行专门备案。在2015年企业所得税预缴纳税申报表修订之前,小型微利企业预缴申报时,暂不需提供"从业人数、资产总额"情况。

三、小型微利企业预缴时享受企业所得税优惠政策,按照以下规定执行:

(一)查账征收的小型微利企业。上一纳税年度符合小型微利企业条件,且年度应纳税所得额不超过20万元(含)的,分别按照以下情况处理:

1. 本年度按照实际利润额预缴企业所得税的,预缴时累计实际利润额不超过20万元的,可以享受小型微利企业所得税减半征税政策;超过20万元的,应当停止享受减半征税政策。

2. 本年度按照上年度应纳税所得额的季度(或月份)平均额预缴企业所得税的,可以享受小型微利企业减半征税政策。

(二)定率征税的小型微利企业。上一纳税年度符合小型微利企业条件,且年度应纳税所得额不超过20万元(含)的,本年度预缴企业所得税时,累计应纳税所得额不超过20万元的,可以享受减半征税政策;超过20万元的,不享受减半征税政策。

(三)定额征税的小型微利企业,由主管税务机关根据优惠政策规定相应调减定额后,按照原办法征收。

(四)本年度新办的小型微利企业预缴企业所得税时,凡累计实际利润额或应纳税所得额不超过 20 万元的,可以享受减半征税政策;超过 20 万元的,停止享受减半征税政策。

(五)企业根据本年度生产经营情况,预计本年度符合小型微利企业条件的,季度、月份预缴企业所得税时,可以享受小型微利企业所得税优惠政策。

四、企业预缴时享受了小型微利企业优惠政策,但年度汇算清缴超过规定标准的,应按规定补缴税款。

五、《国家税务总局关于发布〈中华人民共和国企业所得税月(季)度预缴纳税申报表(2014 年版)等报表〉的公告》(国家税务总局公告 2014 年第 28 号)附件 2、附件 4 涉及以下相关行次的填报说明中,原 10 万元统一修改为 20 万元:

(一)附件 2《中华人民共和国企业所得税月(季)度预缴纳税申报表(A 类,2014 年版)》填报说明第五条第(一)项之 13. 第 14 行的填报说明。

(二)附件 2《中华人民共和国企业所得税月(季)度预缴纳税申报表(A 类,2014 年版)》填报说明第五条第(二)项之 5. 第 25 行的填报说明。

(三)附件 4《中华人民共和国企业所得税月(季)度和年度纳税申报表(B 类,2014 年版)》填报说明第三条第(三)项之 1. 第 12 行的填报说明。[①]

六、本公告适用于 2015—2017 年度小型微利企业申报缴纳企业所得税。本公告发布之日起,《国家税务总局关于扩大小型微利企业减半征收企业所得税范围有关问题的公告》(国家税务总局公告 2014 年第 23 号)废止。

特此公告。

注释:①此条废止。参见:《国家税务总局关于发布〈中华人民共和国企业所得税月(季)度预缴纳税申报表(2015 年版)等报表〉的公告》,国家税务总局公告 2015 年第 31 号。

3-2-4
北京市财政局　北京市国家税务局　北京市
地方税务局　北京市发展和改革委员会
北京市经济和信息化委员会转发财政部
国家税务总局　发展改革委　工业和
信息化部关于进一步鼓励集成电路产业
发展企业所得税政策的通知

2015 年 3 月 31 日　京财税〔2015〕988 号

各区县财政局、国家税务局、地方税务局、发展改革委、经济信息化委,市国家税务局直属税务分局,市地方税务局直属分局:

现将《财政部　国家税务总局　发展改革委　工业和信息化部关于进一步鼓励集成电路产业发展企业所得税政策的通知》(财税〔2015〕6 号)转发给你们,请遵照执行。

附件:《财政部　国家税务总局　发展改革委　工业和信息化部关于进一步鼓励集成电路产业发展企业所得税政策的通知》(财税〔2015〕6 号)

财政部　国家税务总局　发展改革委　工业和
信息化部关于进一步鼓励集成电路产业
发展企业所得税政策的通知

2015 年 2 月 9 日　财税〔2015〕6 号

各省、自治区、直辖市、计划单列市财政厅(局)、国家税务局、地方税务局、发展改革委、工业和信息化主管部门:

根据《中华人民共和国企业所得税法》及其实施条例和《国务院关于印发进一步鼓励软件产业和集成电路产业发展若干政策的通知》(国发〔2011〕4 号)、《国家集成电路产业发展推进纲要》精神,为进一步推动科技创新和产业结构升级,促进信息技术产业发展,现将进一步鼓励集成电路产业发展的企业所得税政策通知如下:

一、符合条件的集成电路封装、测试企业以及集成电路关键专用材料生产企业、集成电路专用设备生产企业,在 2017 年(含 2017 年)前实现获利的,自获利年度起,第一年至第二年免征企业所得税,第三年至第五年按照 25%的法定税率减半征收企业所得税,并享受至期满为止;2017 年前未实现获利的,自 2017 年起计算优惠期,享受至期满为止。

二、本通知所称符合条件的集成电路封装、测试企业,必须同时满足以下条件:

1. 2014 年 1 月 1 日后依法在中国境内成立的法人企业;

2. 签订劳动合同关系且具有大学专科以上学历的职工人数占企业当年月平均职工总人数的比例不低于 40%,其中,研究开发人员占企业当年月平均职工总数的比例不低于 20%;

3. 拥有核心关键技术,并以此为基础开展经营活动,且当年度的研究开发费用总额占企业销售(营业)收入(主营业务收入与其他业务收入之和,下同)总额的比例不低于 3.5%,其中,企业在中国境内发生的研究开发费用金额占研究开发费用总额的比例不低于 60%;

4. 集成电路封装、测试销售(营业)收入占企业收入总额的比例不低于 60%;

5. 具有保证产品生产的手段和能力,并获得有关资质认证(包括 ISO 质量体系认证、人力资源能力认证等);

6. 具有与集成电路封装、测试相适应的经营场所、软硬件设施等基本条件。

三、本通知所称符合条件的集成电路关键专用材料生产企业或集成电路专用设备生产企业,必须同时满足以下条件:

1. 2014 年 1 月 1 日后依法在中国境内成立的法人企业;

2. 签订劳动合同关系且具有大学专科以上学历的职工人数占企业当年月平均职工总人数的比例不低于 40%,其中,研究开发人员占企业当年月平均职工总数的比例不低于 20%;

3. 拥有核心关键技术,并以此为基础开展经营活动,且当年度的研究开发费用总额占企业销售(营业)收入总额的比例不低于 5%,其中,企业在中国境内发生的研究开发费用金额占研究开发费用总额的比例不低于 60%;

4. 集成电路关键专用材料或专用设备销售收入占企业销售(营业)收入总额的比例不低于 30%;

5. 具有保证集成电路关键专用材料或专用设备产品生产的手段和能力,并获得有关资质认证(包括 ISO 质量体系认证、人力资源能力认证等);

6. 具有与集成电路关键专用材料或专用设备生产相适应的经营场所、软硬件设施等基本条件。

集成电路关键专用材料或专用设备的范围,分别按照《集成电路关键专用材料企业所得税优惠目录》(附件 1)、《集成电路专用设备企业所得税优惠目录》(附件 2)的规定执行。

四、符合本通知规定条件的企业,应在年度终了之日起 4 个月内,按照本通知及企业所得税相关税收优惠政策管理的规定,凭省级相关部门出具的证明向主管税务机关办理减免税手续。

省级相关部门证明出具办法,由各省(自治区、直辖市、计划单列市)发展改革委、工业和信息化主管部门会同财政、税务等部门研究确定。

五、享受上述税收优惠的企业有下述情况之一的,应取消其享受税收优惠的资格,并补缴存在以下行为所属年度已减免的企业所得税税款:

1. 在申请认定过程中提供虚假信息的;

2. 有偷、骗税等行为的;

3. 发生重大安全、质量事故的;

4. 有环境等违法、违规行为,受到有关部门处罚的。

六、享受税收优惠的企业,其税收优惠条件发生变化的,应当自发生变化之日起15日内向主管税务机关报告;不再符合税收优惠条件的,应当依法履行纳税义务;未依法纳税的,主管税务机关应当予以追缴。同时,主管税务机关在执行税收优惠政策过程中,发现企业不符合享受税收优惠条件的,可暂停企业享受的相关税收优惠,并提请相关部门进行有关条件复核。

七、集成电路封装、测试企业以及集成电路关键专用材料生产企业、集成电路专用设备生产企业等依照本通知规定可以享受的企业所得税优惠政策与其他定期减免税优惠政策存在交叉的,由企业选择一项最优惠政策执行,不叠加享受。

八、本通知自2014年1月1日起执行。

附件:1. 集成电路关键专用材料企业所得税优惠目录(编者略)

      2. 集成电路专用设备企业所得税优惠目录(编者略)

3-2-5
北京市财政局　北京市国家税务局　北京市地方税务局转发财政部　国家税务总局关于小型微利企业所得税优惠政策的通知

2015年5月15日　京财税〔2015〕693号

各区县财政局、国家税务局、地方税务局,市国家税务局直属税务分局,市地方税务局直属分局:

现将《财政部、国家税务总局关于小型微利企业所得税优惠政策的通知》(财税〔2015〕34号)转发给你们,请遵照执行。

附件:财政部　国家税务总局关于小型微利企业所得税优惠政策的通知(财税〔2015〕34号)

财政部　国家税务总局关于小型微利企业
所得税优惠政策的通知①

2015 年 3 月 13 日　　财税〔2015〕34 号

各省、自治区、直辖市、计划单列市财政厅(局)、国家税务局、地方税务局,新疆生产建设兵团财务局:

为了进一步支持小型微利企业发展,经国务院批准,现就小型微利企业所得税政策通知如下:

一、自 2015 年 1 月 1 日—2017 年 12 月 31 日,对年应纳税所得额低于 20 万元(含 20 万元)的小型微利企业,其所得减按 50% 计入应纳税所得额,按 20% 的税率缴纳企业所得税。

前款所称小型微利企业,是指符合《中华人民共和国企业所得税法》(以下简称企业所得税法)及其实施条例规定的小型微利企业。

二、企业所得税法实施条例第九十二条第(一)项和第(二)项所称从业人数,包括与企业建立劳动关系的职工人数和企业接受的劳务派遣用工人数。

从业人数和资产总额指标,应按企业全年的季度平均值确定。具体计算公式如下:

季度平均值 =(季初值 + 季末值)÷ 2

全年季度平均值 = 全年各季度平均值之和 ÷ 4

年度中间开业或者终止经营活动的,以其实际经营期作为一个纳税年度确定上述相关指标。

上述计算方法自 2015 年 1 月 1 日起执行,《财政部　国家税务总局关于执行企业所得税优惠政策若干问题的通知》(财税〔2009〕69 号)第七条同时停止执行。

三、各级财政、税务部门要密切配合,严格按照本通知的规定,抓紧做好小型微利企业所得税优惠政策落实工作。同时,要及时跟踪、了解优惠政策的执行情况,对发现的新问题及时反映,确保优惠政策落实到位。

注释:①全文废止。参见:《财政部　税务总局关于扩大小型微利企业所得税优惠政策范围的通知》,财税〔2017〕43 号。

3 – 2 – 6

北京市财政局　北京市国家税务局　北京市
地方税务局　北京市人力资源和社会保障局
北京市教育委员会转发财政部　国家税务总局
人力资源社会保障部　教育部关于支持和促进
重点群体创业就业税收政策有关问题的补充通知

2015 年 6 月 16 日　京财税〔2015〕1065 号

各区县财政局、国家税务局、地方税务局、人力资源和社会保障局、教委,市国家税务局直属税务分局,市地方税务局直属分局:

　　现将《财政部、国家税务总局、人力资源社会保障部、教育部关于支持和促进重点群体创业就业税收政策有关问题的补充通知》(财税〔2015〕18 号)转发给你们,请遵照执行。

财政部　国家税务总局　人力资源社会保障部
教育部关于支持和促进重点群体创业
就业税收政策有关问题的补充通知

2015 年 1 月 27 日　财税〔2015〕18 号

各省、自治区、直辖市、计划单列市财政厅(局)、国家税务局、地方税务局、人力资源社会保障厅(局)、教育厅(教委),新疆生产建设兵团财务局、人力资源社会保障局、教育局:

　　为进一步简化享受税收优惠政策程序,经国务院批准,现对《财政部　国家税务总局　人力资源社会保障部关于继续实施支持和促进重点群体创业就业有关税收政策的通知》(财税〔2014〕39 号)补充通知如下:

　　一、将《就业失业登记证》更名为《就业创业证》,已发放的《就业失业登记证》继续有效,不再统一更换。《就业创业证》的发放、使用、管理等事项按人力资源社会保障部的有关规定执行。各地可印制一批《就业创业证》先向有需求的毕业年度内高校毕业生发放。

二、取消《高校毕业生自主创业证》,毕业年度内高校毕业生从事个体经营的,持《就业创业证》(注明"毕业年度内自主创业税收政策")享受税收优惠政策。

三、毕业年度内高校毕业生在校期间凭学生证向公共就业服务机构按规定申领《就业创业证》,或委托所在高校就业指导中心向公共就业服务机构按规定代为其申领《就业创业证》;毕业年度内高校毕业生离校后直接向公共就业服务机构按规定申领《就业创业证》。

本通知自发布之日起施行,各地财政、税务、人力资源社会保障、教育部门要认真做好新旧政策的衔接工作,主动做好政策宣传和解释工作,加强部门间的协调配合,确保政策落实到位。

3-2-7
北京市财政局　北京市国家税务局　北京市地方税务局转发财政部　国家税务总局关于推广中关村国家自主创新示范区税收试点政策有关问题的通知

2015 年 7 月 21 日　京财税〔2015〕1163 号

各区县财政局、国家税务局、地方税务局,市国家税务局直属税务分局、市地税局直属分局:

现将《财政部　国家税务总局关于推广中关村国家自主创新示范区税收试点政策有关问题的通知》(财税〔2015〕62 号)转发给你们,请遵照执行。

附件:财政部　国家税务总局关于推广中关村国家自主创新示范区税收试点政策有关问题的通知

财政部　国家税务总局关于推广中关村国家自主创新示范区税收试点政策有关问题的通知

2015 年 6 月 9 日　财税〔2015〕62 号

各省、自治区、直辖市、计划单列市财政厅(局)、国家税务局、地方税务局,新疆生产建设兵团财务局:

根据国务院决定,中关村国家自主创新示范区有关税收试点政策推广至国家自主创新示范区、合芜蚌自主创新综合试验区和绵阳科技城(以下统称示范地区)实施。

现就有关税收政策问题明确如下:

一、关于股权奖励个人所得税政策

1. 对示范地区内的高新技术企业转化科技成果,给予本企业相关技术人员的股权奖励,技术人员一次缴纳税款有困难的,经主管税务机关审核,可分期缴纳个人所得税,但最长不得超过5年。

2. 本通知所称股权奖励,是指企业无偿授予相关技术人员一定份额的股权或一定数量的股份。股权奖励的计税价格参照获得股权时的公平市场价格确定。

3. 本通知所称相关技术人员,具体范围依照《财政部　国家税务总局　科技部关于中关村国家自主创新示范区有关股权奖励个人所得税试点政策的通知》(财税〔2014〕63号)的相关规定执行。

4. 技术人员转让奖励的股权(含奖励股权孳生的送、转股)并取得现金收入的,该现金收入应优先用于缴纳尚未缴清的税款。

5. 技术人员在转让奖励的股权之前企业依法宣告破产,技术人员进行相关权益处置后没有取得收益或资产,或取得的收益和资产不足以缴纳其取得股权尚未缴纳的应纳税款的,经主管税务机关审核,尚未缴纳的个人所得税可不予追征。

二、关于有限合伙制创业投资企业法人合伙人企业所得税政策

1. 注册在示范地区的有限合伙制创业投资企业采取股权投资方式投资于未上市的中小高新技术企业2年(24个月)以上的,该有限合伙制创业投资企业的法人合伙人可按照其对未上市中小高新技术企业投资额的70%抵扣该法人合伙人从该有限合伙制创业投资企业分得的应纳税所得额,当年不足抵扣的,可以在以后纳税年度结转抵扣。

2. 有限合伙制创业投资企业的法人合伙人对未上市中小高新技术企业的投资额,按照有限合伙制创业投资企业对中小高新技术企业的投资额和合伙协议约定的法人合伙人占有限合伙制创业投资企业的出资比例计算确定。

三、关于技术转让所得企业所得税政策

1. 注册在示范地区的居民企业在一个纳税年度内,转让技术的所有权或5年以上(含5年)许可使用权取得的所得不超过500万元的部分,免征企业所得税;超过500万元的部分,减半征收企业所得税。

2. 本通知所称技术,包括专利(含国防专利)、计算机软件著作权、集成电路布图设计专有权、植物新品种权、生物医药新品种,以及财政部和国家税务总局确定的其他技术。其中,专利是指法律授予独占权的发明、实用新型以及非简单改变产品图案和形状的外观设计。

四、关于企业转增股本个人所得税政策

1. 示范地区内中小高新技术企业,以未分配利润、盈余公积、资本公积向个人股东转增股本时,个人股东应按照"利息、股息、红利所得"项目,适用20%税率征收个人所得税。个人股东一次缴纳个人所得税确有困难的,经主管税务机关审核,可分期缴

纳,但最长不得超过 5 年。

2. 股东转让股权并取得现金收入的,该现金收入应优先用于缴纳尚未缴清的税款。

3. 在股东转让该部分股权之前,企业依法宣告破产,股东进行相关权益处置后没有取得收益或收益小于初始投资额的,经主管税务机关审核,尚未缴纳的个人所得税可不予追征。

4. 本通知所称中小高新技术企业,是指注册在示范地区内实行查账征收的、经认定取得高新技术企业资格,且年销售额和资产总额均不超过 2 亿元、从业人数不超过 500 人的企业。

5. 上市中小高新技术企业或在全国中小企业股份转让系统挂牌的中小高新技术企业向个人股东转增股本,股东应纳的个人所得税,继续按照现行有关股息红利差别化个人所得税政策执行,不适用本通知规定的分期纳税政策。

五、本通知自 2015 年 1 月 1 日起执行。实施范围包括中关村等所有国家自主创新示范区、合芜蚌自主创新综合试验区和绵阳科技城。

3 – 2 – 8
国家税务总局关于促进残疾人就业税收优惠政策相关问题的公告

2015 年 7 月 31 日　国家税务总局公告 2015 年第 55 号

现将促进残疾人就业税收优惠政策相关问题公告如下:

一、以劳务派遣形式就业的残疾人,属于劳务派遣单位的职工。劳务派遣单位可按照《财政部　国家税务总局关于促进残疾人就业税收优惠政策的通知》(财税〔2007〕92 号,以下简称《通知》)规定,享受相关税收优惠政策。

二、安置残疾人的机关事业单位以及由机关事业单位改制后的企业,为残疾人缴纳的机关事业单位养老保险,属于《通知》第五条第(三)款规定的"基本养老保险"范畴,可按规定享受相关税收优惠政策。

本公告自 2015 年 9 月 1 日起施行。此前未处理的事项,按照本公告规定执行。

特此公告。

3-2-9
北京市财政局　北京市国家税务局　北京市
地方税务局　北京市人力资源和社会保障局
转发财政部　国家税务总局　人力资源
社会保障部关于扩大企业吸纳就业
税收优惠适用人员范围的通知

2015 年 8 月 28 日　京财税〔2015〕1762 号

各区县财政局、国家税务局、地方税务局、人力资源和社会保障局,市国家税务局直属税务分局,市地方税务局直属分局:

现将《财政部　国家税务总局　人力资源社会保障部关于扩大企业吸纳就业税收优惠适用人员范围的通知》(财税〔2015〕77 号)转发给你们,请遵照执行。

附件:财政部　国家税务总局　人力资源社会保障部关于扩大企业吸纳就业税收优惠适用人员范围的通知(财税〔2015〕77 号)

财政部　国家税务总局　人力资源社会保障部
关于扩大企业吸纳就业税收优惠适用人员范围的通知

2015 年 7 月 10 日　财税〔2015〕77 号

各省、自治区、直辖市、计划单列市财政厅(局)、国家税务局、地方税务局、人力资源社会保障厅(局),新疆生产建设兵团财务局、人力资源社会保障局:

为进一步做好新形势下促进就业工作,根据国务院决定,现对《财政部　国家税务总局　人力资源社会保障部关于继续实施支持和促进重点群体创业就业有关税收政策的通知》(财税〔2014〕39 号)中企业吸纳就业税收优惠适用人员范围作如下调整:

将财税〔2014〕39 号文件中"当年新招用在人力资源社会保障部门公共就业服务机构登记失业一年以上"的内容调整为"当年新招用在人力资源社会保障部门公共就业服务机构登记失业半年以上",其他政策内容和具体实施办法不变。

本通知自 2015 年 5 月 1 日起施行。各地财政、税务、人力资源社会保障部门要认真做好新旧政策的衔接工作,主动做好政策宣传工作,确保政策落实到位。

3-2-10
国家税务总局关于贯彻落实进一步扩大
小型微利企业减半征收企业所得税
范围有关问题的公告①

2015年9月10日　国家税务总局公告2015年第61号

为支持小型微利企业发展,贯彻落实国务院第102次常务会议决定,根据《中华人民共和国企业所得税法》(以下简称企业所得税法)及其实施条例、《财政部　国家税务总局关于进一步扩大小型微利企业所得税优惠政策范围的通知》(财税〔2015〕99号)等规定,现就进一步扩大小型微利企业减半征收企业所得税优惠政策范围有关实施问题公告如下:

一、自2015年10月1日—2017年12月31日,符合规定条件的小型微利企业,无论采取查账征收还是核定征收方式,均可以享受财税〔2015〕99号文件规定的小型微利企业所得税优惠政策(以下简称减半征税政策)。

二、符合规定条件的小型微利企业自行申报享受减半征税政策。汇算清缴时,小型微利企业通过填报企业所得税年度纳税申报表中"资产总额、从业人数、所属行业、国家限制和禁止行业"等栏次履行备案手续。

三、企业预缴时享受小型微利企业所得税优惠政策,按照以下规定执行:

(一)查账征收企业。上一纳税年度符合小型微利企业条件的,分别按照以下情况处理:

1. 按照实际利润预缴企业所得税的,预缴时累计实际利润不超过30万元(含,下同)的,可以享受减半征税政策;

2. 按照上一纳税年度应纳税所得额平均额预缴企业所得税的,预缴时可以享受减半征税政策。

(二)定率征收企业。上一纳税年度符合小型微利企业条件,预缴时累计应纳税所得额不超过30万元的,可以享受减半征税政策。

(三)定额征收企业。根据优惠政策规定需要调减定额的,由主管税务机关按照程序调整,依照原办法征收。

(四)上一纳税年度不符合小型微利企业条件的企业。预缴时预计当年符合小型微利企业条件的,可以享受减半征税政策。

(五)本年度新成立小型微利企业,预缴时累计实际利润或应纳税所得额不超过30万元的,可以享受减半征税政策。

四、企业预缴时享受了减半征税政策,但汇算清缴时不符合规定条件的,应当按照规定补缴税款。

五、小型微利企业2015年第4季度预缴和2015年度汇算清缴的新老政策衔接问题,按以下规定处理:

(一)下列两种情形,全额适用减半征税政策:

1. 全年累计利润或应纳税所得额不超过20万元(含)的小型微利企业;

2. 2015年10月1日(含,下同)之后成立,全年累计利润或应纳税所得额不超过30万元的小型微利企业。

(二)2015年10月1日之前成立,全年累计利润或应纳税所得额大于20万元但不超过30万元的小型微利企业,分段计算2015年10月1日之前和10月1日之后的利润或应纳税所得额,并按照以下规定处理:

1. 10月1日之前的利润或应纳税所得额适用企业所得税法第二十八条规定的减按20%的税率征收企业所得税的优惠政策(简称减低税率政策);10月1日之后的利润或应纳税所得额适用减半征税政策。

2. 根据财税〔2015〕99号文件规定,小型微利企业2015年10月1日—2015年12月31日期间的利润或应纳税所得额,按照2015年10月1日之后的经营月份数占其2015年度经营月份数的比例计算确定。计算公式如下:

10月1日—12月31日利润额或应纳税所得额 = 全年累计实际利润或应纳税所得额×(2015年10月1日之后经营月份数÷2015年度经营月份数)

3. 2015年度新成立企业的起始经营月份,按照税务登记日期所在月份计算。

六、本公告自2015年10月1日起施行。

特此公告

注释:①全文废止。在2016年度企业所得税汇算清缴结束后废止。参见:《国家税务总局关于贯彻落实扩大小型微利企业所得税优惠政策范围有关征管问题的公告》,国家税务总局公告2017年第23号。

3-2-11
国家税务总局关于进一步完善固定资产
加速折旧企业所得税政策有关问题的公告

2015年9月25日   国家税务总局公告2015年第68号

为落实国务院扩大固定资产加速折旧优惠范围的决定,根据《中华人民共和国企业所得税法》(以下简称企业所得税法)及其实施条例(以下简称实施条例)、《财政部国家税务总局关于进一步完善固定资产加速折旧企业所得税政策的通知》(财税〔2015〕106号)规定,现就进一步完善固定资产加速折旧企业所得税政策有关问题公告如下:

一、对轻工、纺织、机械、汽车等四个领域重点行业(以下简称四个领域重点行业)企业2015年1月1日后新购进的固定资产(包括自行建造,下同),允许缩短折旧年限或采取加速折旧方法。

四个领域重点行业按照财税〔2015〕106号附件"轻工、纺织、机械、汽车四个领域重点行业范围"确定。今后国家有关部门更新国民经济行业分类与代码,从其规定。

四个领域重点行业企业是指以上述行业业务为主营业务,其固定资产投入使用当年的主营业务收入占企业收入总额50%(不含)以上的企业。所称收入总额,是指企业所得税法第六条规定的收入总额。

二、对四个领域重点行业小型微利企业2015年1月1日后新购进的研发和生产经营共用的仪器、设备,单位价值不超过100万元(含)的,允许在计算应纳税所得额时一次性全额扣除;单位价值超过100万元的,允许缩短折旧年限或采取加速折旧方法。

用于研发活动的仪器、设备范围口径,按照《国家税务总局关于印发〈企业研究开发费用税前扣除管理办法(试行)〉的通知》(国税发〔2008〕116号)或《科学技术部财政部　国家税务总局关于印发〈高新技术企业认定管理工作指引〉的通知》(国科发火〔2008〕362号)规定执行。

小型微利企业,是指企业所得税法第二十八条规定的小型微利企业。

三、企业按本公告第一条、第二条规定缩短折旧年限的,对其购置的新固定资产,最低折旧年限不得低于实施条例第六十条规定的折旧年限的60%;对其购置的已使用过的固定资产,最低折旧年限不得低于实施条例规定的最低折旧年限减去已使用年限后剩余年限的60%。最低折旧年限一经确定,不得改变。

四、企业按本公告第一条、第二条规定采取加速折旧方法的,可以采用双倍余额递减法或者年数总和法。加速折旧方法一经确定,不得改变。

双倍余额递减法或者年数总和法,按照《国家税务总局关于固定资产加速折旧所得税处理有关问题的通知》(国税发〔2009〕81号)第四条的规定执行。

五、企业的固定资产既符合本公告优惠政策条件,又符合《国家税务总局关于企业固定资产加速折旧所得税处理有关问题的通知》(国税发〔2009〕81号)、《财政部国家税务总局关于进一步鼓励软件产业和集成电路产业发展企业所得税政策的通知》(财税〔2012〕27号)中有关加速折旧优惠政策条件,可由企业选择其中一项加速折旧优惠政策执行,且一经选择,不得改变。

六、企业应将购进固定资产的发票、记账凭证等有关资料留存备查,并建立台账,准确反映税法与会计差异情况。

七、本公告适用于2015年及以后纳税年度。企业2015年前3季度按本公告规定未能享受加速折旧优惠的,可将前3季度应享受的加速折旧部分,在2015年第4季度企业所得税预缴申报时享受,或者在2015年度企业所得税汇算清缴时统一享受。

特此公告。

3－2－12
北京市财政局　北京市国家税务局
北京市地方税务局转发财政部　国家
税务总局关于进一步扩大小型微利企业
所得税优惠政策范围的通知

2015年10月9日　京财税〔2015〕2079号

各区县财政局、国家税务局、地方税务局,市国家税务局直属税务分局,市地方税务局直属分局:

现将《财政部　国家税务局总局关于进一步扩大小型微利企业所得税优惠政策范围的通知》(财税〔2015〕99号)转发给你们,请遵照执行。

附件:《财政部　国家税务总局关于进一步扩大小型微利企业所得税优惠政策范围的通知》(财税〔2015〕99号)

财政部　国家税务总局关于进一步扩大
小型微利企业所得税优惠政策范围的通知①

2015年9月2日　财税〔2015〕99号

各省、自治区、直辖市、计划单列市财政厅(局)、国家税务局、地方税务局,新疆生产建设兵团财务局:

为进一步发挥小型微利企业在推动经济发展、促进社会就业等方面的积极作用,经国务院批准,现就小型微利企业所得税政策通知如下:

一、自2015年10月1日起至2017年12月31日,对年应纳税所得额在20万元到30万元(含30万元)之间的小型微利企业,其所得减按50%计入应纳税所得额,按20%的税率缴纳企业所得税。

前款所称小型微利企业,是指符合《中华人民共和国企业所得税法》及其实施条例规定的小型微利企业。

二、为做好小型微利企业税收优惠政策的衔接,进一步便利核算,对本通知规定的小型微利企业,其 2015 年 10 月 1 日—2015 年 12 月 31 日间的所得,按照 2015 年 10 月 1 日后的经营月份数占其 2015 年度经营月份数的比例计算。

三、《财政部　国家税务总局关于小型微利企业所得税优惠政策的通知》(财税〔2015〕34 号)继续执行。

四、各级财政、税务部门要严格按照本通知的规定,做好小型微利企业所得税优惠政策的宣传辅导工作,确保优惠政策落实到位。

———————

注释:①全文废止。参见:《财政部　税务总局关于扩大小型微利企业所得税优惠政策范围的通知》,财税〔2017〕43 号。

3－2－13

北京市财政局　北京市国家税务局　北京市地方税务局转发财政部　国家税务总局关于进一步完善固定资产加速折旧企业所得税政策的通知

2015 年 11 月 4 日　京财税〔2015〕2149 号

各区县财政局、国家税务局、地方税务局,市国家税务局直属税务分局、市地税局直属分局:

现将《财政部　国家税务总局关于进一步完善固定资产加速折旧企业所得税政策的通知》(财税〔2015〕106 号)转发给你们,请遵照执行。

附件:财政部　国家税务总局关于进一步完善固定资产加速折旧企业所得税政策的通知(财税〔2015〕106 号)

财政部　国家税务总局关于进一步完善固定资产加速折旧企业所得税政策的通知

2015 年 9 月 17 日　财税〔2015〕106 号

各省、自治区、直辖市、计划单列市财政厅(局)、国家税务局、地方税务局,新疆生产建设兵团财务局:

根据国务院常务会议的有关决定精神,现就有关固定资产加速折旧企业所得税政策问题通知如下:

一、对轻工、纺织、机械、汽车等四个领域重点行业(具体范围见附件)的企业2015年1月1日后新购进的固定资产,可由企业选择缩短折旧年限或采取加速折旧的方法。

二、对上述行业的小型微利企业2015年1月1日后新购进的研发和生产经营共用的仪器、设备,单位价值不超过100万元的,允许一次性计入当期成本费用在计算应纳税所得额时扣除,不再分年度计算折旧;单位价值超过100万元的,可由企业选择缩短折旧年限或采取加速折旧的方法。

三、企业按本通知第一条、第二条规定缩短折旧年限的,最低折旧年限不得低于企业所得税法实施条例第六十条规定折旧年限的60%;采取加速折旧方法的,可采取双倍余额递减法或者年数总和法。

按照企业所得税法及其实施条例有关规定,企业根据自身生产经营需要,也可选择不实行加速折旧政策。

四、本通知自2015年1月1日起执行。2015年前3季度按本通知规定未能计算办理的,统一在2015年第4季度预缴申报时享受优惠或2015年度汇算清缴时办理。

附件:轻工、纺织、机械、汽车四个领域重点行业范围(编者略)

3-2-14
国家税务总局关于发布《企业所得税优惠政策事项办理办法》的公告

2015年11月12日　国家税务总局公告2015年第76号

为转变政府职能,优化纳税服务,提高管理水平,有效落实企业所得税各项优惠政策,国家税务总局制定了《企业所得税优惠政策事项办理办法》,现予以发布。

特此公告。

附件:1. 企业所得税优惠事项备案管理目录(2015年版)[①]

　　　 2. 企业所得税优惠事项备案表

　　　 3. 汇总纳税企业分支机构已备案优惠事项清单

注释:①此件部分规定停止执行。参见:《财政部　国家税务总局　发展改革委　工业和信息化部关于软件和集成电路产业企业所得税优惠政策有关问题的通知》,财税〔2016〕49号。

企业所得税优惠政策事项办理办法

第一条　为落实国务院简政放权、放管结合、优化服务要求,规范企业所得税优惠政策事项(以下简称优惠事项)办理,根据《中华人民共和国企业所得税法》及其实施条例(以下简称企业所得税法)、《中华人民共和国税收征收管理法》及其实施细则(以下简称税收征管法)、《国家税务总局关于发布〈税收减免管理办法〉的公告》(国家税务总局公告 2015 年第 43 号)制定本办法。

第二条 本办法所称税收优惠,是指企业所得税法规定的优惠事项,以及税法授权国务院和民族自治地方制定的优惠事项。包括免税收入、减计收入、加计扣除、加速折旧、所得减免、抵扣应纳税所得额、减低税率、税额抵免、民族自治地方分享部分减免等。

本办法所称企业,是指企业所得税法规定的居民企业。

第三条 企业应当自行判断其是否符合税收优惠政策规定的条件。凡享受企业所得税优惠的,应当按照本办法规定向税务机关履行备案手续,妥善保管留存备查资料。留存备查资料参见《企业所得税优惠事项备案管理目录》(以下简称《目录》,见附件 1)。

税务总局编制并根据需要适时更新《目录》。

第四条 本办法所称备案,是指企业向税务机关报送《企业所得税优惠事项备案表》(以下简称《备案表》,见附件 2),并按照本办法规定提交相关资料的行为。

第五条 本办法所称留存备查资料,是指与企业享受优惠事项有关的合同(协议)、证书、文件、会计账册等资料。具体按照《目录》列示优惠事项对应的留存备查资料执行。

省、自治区、直辖市和计划单列市国家税务局、地方税务局(以下简称省税务机关)对《目录》列示的部分优惠事项,可以根据本地区的实际情况,联合补充规定其他留存备查资料。

第六条 企业对报送的备案资料、留存备查资料的真实性、合法性承担法律责任。

第七条 企业应当不迟于年度汇算清缴纳税申报时备案。

第八条 企业享受定期减免税,在享受优惠起始年度备案。在减免税起止时间内,企业享受优惠政策条件无变化的,不再履行备案手续。企业享受其他优惠事项,应当每年履行备案手续。

企业同时享受多项税收优惠,或者某项税收优惠需要分不同项目核算的,应当分别备案。主要包括:研发费用加计扣除、所得减免项目,以及购置用于环境保护、节能节水、安全生产等专用设备投资抵免税额等优惠事项。

定期减免税事项,按照《目录》优惠事项"政策概述"中列示的"定期减免税"执行。

第九条 定期减免税优惠事项备案后有效年度内,企业减税条件发生变化的,按照以下情况处理:

(一)仍然符合优惠事项规定,但备案内容需要变更的,企业在变化之日起 15 日内,向税务机关办理变更备案手续。

(二)不再符合税法有关规定的,企业应当主动停止享受税收优惠。

第十条 企业应当真实、完整填报《备案表》,对需要附送相关纸质资料的,应当一并报送。税务机关对纸质资料进行形式审核后原件退还企业,复印件税务机关留存。

企业享受小型微利企业所得税优惠政策、固定资产加速折旧(含一次性扣除)政策,通过填写纳税申报表相关栏次履行备案手续。

第十一条 企业可以到税务机关备案,也可以采取网络方式备案。按照本办法规定需要附送相关纸质资料的企业,应当到税务机关备案。

备案实施方式,由省税务机关确定。

第十二条 税务机关受理备案时,审核《备案表》内容填写是否完整,附送资料是否齐全。具体按照以下情况处理:

(一)《备案表》符合规定形式,填报内容完整,附送资料齐全的,税务机关应当受理,在《备案表》中标注受理意见,注明日期,加盖专用印章。

(二)《备案表》不符合规定形式,或者填报内容不完整,或者附送资料不齐全的,税务机关应当一次性告知企业补充更正。企业对《备案表》及附送资料补充更正后符合规定的,税务机关应及时受理备案。

对于到税务机关备案的,税务机关应当场告知受理意见。对于网络方式备案的,税务机关收到电子备案信息起2个工作日内告知受理意见。

第十三条 对于不符合税收优惠政策条件的优惠事项,企业已经申报享受税收优惠的,应当予以调整。

第十四条 跨地区(省、自治区、直辖市和计划单列市)经营汇总纳税企业(以下简称汇总纳税企业)的优惠事项,按以下情况办理:

(一)分支机构享受所得减免、研发费用加计扣除、安置残疾人员、促进就业、部分区域性税收优惠(西部大开发、经济特区、上海浦东新区、深圳前海、广东横琴、福建平潭),以及购置环境保护、节能节水、安全生产等专用设备投资抵免税额优惠,由二级分支机构向其主管税务机关备案。其他优惠事项由总机构统一备案。

(二)总机构应当汇总所属二级分支机构已备案优惠事项,填写《汇总纳税企业分支机构已备案优惠事项清单》(见附件3),随同企业所得税年度纳税申报表一并报送其主管税务机关。

同一省、自治区、直辖市和计划单列市内跨地区经营的汇总纳税企业优惠事项的备案管理,由省税务机关确定。

第十五条 企业应当按照税务机关要求限期提供留存备查资料,以证明其符合税收优惠政策条件。

企业不能提供留存备查资料,或者留存备查资料与实际生产经营情况、财务核算、相关技术领域、产业、目录、资格证书等不符,不能证明企业符合税收优惠政策条件的,税务机关追缴其已享受的减免税,并按照税收征管法规定处理。

企业留存备查资料的保存期限为享受优惠事项后10年。税法规定与会计处理存在差异的优惠事项,保存期限为该优惠事项有效期结束后10年。

第十六条 企业已经享受税收优惠但未按照规定备案的,企业发现后,应当及时补办备案手续,同时提交《目录》列示优惠事项对应的留存备查资料。税务机关发现后,应当责令企业限期备案,并提交《目录》列示优惠事项对应的留存备查资料。

第十七条 税务机关应当严格按照本办法规定管理优惠事项,严禁擅自改变税收优惠管理方式,不得以任何理由变相实施行政审批。同时,要全方位做好对企业税收优惠备案的服务工作。

第十八条 税务机关发现企业预缴申报享受某项税收优惠存在疑点的,应当进行风险提示。必要时,可以要求企业提前履行备案手续或者进行核查。

第十九条 税务机关应当采取税收风险管理、稽查、纳税评估等后续管理方式,对企业享受税收优惠情况进行核查。

第二十条 税务机关后续管理中,发现企业已享受的税收优惠不符合税法规定条件的,应当责令其停止享受优惠,追缴税款及滞纳金。属于弄虚作假的,按照税收征管法有关规定处理。

第二十一条 本办法施行前已经履行审批、审核或者备案程序的定期减免税,不再重新备案。

第二十二条 本办法适用于2015年及以后年度企业所得税优惠政策事项办理工作。

附件 1

企业所得税优惠事项备案管理目录（2015年版）

序号	优惠事项名称	政策概述	主要政策依据	备案资料	预缴期是否享受优惠	主要留存备查资料
1	国债利息收入免征企业所得税	企业持有国务院财政部门发行的国债取得的利息收入免征企业所得税。	1.《中华人民共和国企业所得税法》第二十六条第一款； 2.《中华人民共和国企业所得税法实施条例》第八十二条； 3.《国家税务总局关于企业国债投资业务企业所得税处理问题的公告》（公告2011年第36号）。	企业所得税优惠事项备案表。	预缴享受年度备案	1. 国债净价交易交割单； 2. 购买、转让国债的证明，包括持有时间、票面金额、利率等相关材料； 3. 应收利息（投资收益）科目明细账或按月汇总表； 4. 减免税计算过程的说明。
2	取得的地方政府债券利息收入免征企业所得税	企业取得的地方政府债券利息收入（所得）免征企业所得税。	1.《财政部、国家税务总局关于地方政府债券利息所得免征所得税问题的通知》（财税〔2011〕76号）； 2.《财政部、国家税务总局关于地方政府债券利息免征所得税问题的通知》（财税〔2013〕5号）。	企业所得税优惠事项备案表。	预缴享受年度备案	1. 购买地方政府债券证明，包括持有时间、票面金额、利率等相关材料； 2. 应收利息（投资收益）科目明细账或按月汇总表； 3. 减免税计算过程的说明。
3	符合条件的居民企业之间的股息、红利等权益性投资收益免征企业所得税	居民企业直接投资于其他居民企业取得的权益性投资收益免征企业所得税。所称股息、红利等权益性投资收益，不包括连续持有居民企业公开发行并上市流通的股票不足12个月取得的投资收益。	1.《中华人民共和国企业所得税法》第二十六条第二款； 2.《中华人民共和国企业所得税法实施条例》第十七条、第八十三条； 3.《财政部、国家税务总局关于执行企业所得税优惠政策若干问题的通知》（财税〔2009〕69号）第四条； 4.《国家税务总局关于贯彻落实企业所得税法若干税收问题的通知》（国税函〔2010〕79号）第四条。	企业所得税优惠事项备案表。	预缴享受年度备案	1. 被投资企业出具其股东名册和持股比例（企业在证券市场购买上市公司股票获得股权的，提供相关记账凭证、本公司持股比例以及持股时间超过12个月情况说明）； 2. 被投资企业董事会（或股东大会）利润分配决议； 3. 若企业取得的是被投资企业未按股东持股比例分配的股息、红利等权益性投资收益，还需提供被投资企业的最新公司章程； 4. 被投资企业进行清算所得税处理的，留存核算的加盖税主管税务机关受理章的《中华人民共和国清算所得税申报表》及附表三《剩余财产计算和分配明细表》复印件。

续表

序号	优惠事项名称	政策概述	主要政策依据	备案资料	预缴期是否享受优惠	主要留存备查资料
4	内地居民企业连续持有H股满12个月取得的股息红利所得免征企业所得税	对内地企业投资者通过沪港通投资香港联交所上市股票取得的股息红利所得,依法计入其收入总额,依法计征企业所得税。其中,内地居民企业连续持有H股满12个月取得的股息红利所得,依法免征企业所得税。	《财政部、国家税务总局、证监会关于沪港股票市场交易互联互通机制试点有关税收政策的通知》(财税〔2014〕81号)。	企业所得税优惠事项备案表。	预缴享受年度备案	1.相关记账凭证,本公司持股比例以及持股时间超过12个月的情况说明;2.被投资企业董事会(或股东大会)利润分配决议。
5	符合条件的非营利组织的收入免征企业所得税	符合条件的非营利组织取得的捐赠收入,不征税取得的政府补助收入、会费收入,不征税收入孳生的银行存款利息收入等,不包括非营利组织从事营利性活动取得的收入。非营利组织包括社会团体、基金会、民办非企业单位、宗教活动场所等。	1.《中华人民共和国企业所得税法》第二十六条第四款;2.《中华人民共和国企业所得税法实施条例》第八十四条、第八十五条;3.《财政部、国家税务总局关于非营利组织免税收入问题的通知》(财税〔2009〕122号);4.《财政部、国家税务总局关于非营利组织免税资格认定管理有关问题的通知》(财税〔2014〕13号)。	1.企业所得税优惠事项备案表;2.非营利组织资格认定文件或其他相关证明。	预缴享受年度备案	1.非营利组织资格有效认定文件或其他相关证明;2.登记管理机关出具的事业单位、社会团体、基金会、民办非企业单位对应汇缴年度的检查结论(新设立非营利组织不需提供);3.应纳税收入与免税收入、与之有关的成本、费用、损失分别核算的情况说明;4.取得各类免税收入的情况说明。
6	中国清洁发展机制基金取得的收入免征企业所得税	中国清洁发展机制基金取得的CDM项目温室气体减排量转让收入上缴国家的部分,基金取得的赠款收入,基金存款利息收入、购买国债的利息收入,国内外机构、组织和个人的捐赠收入,免征企业所得税。	《财政部、国家税务总局关于中国清洁发展机制基金及清洁发展机制项目实施企业有关企业所得税政策的通知》(财税〔2009〕30号)第一条。	企业所得税优惠事项备案表。	预缴享受年度备案	免税收入核算情况。

续表

序号	优惠事项名称	政策概述	主要政策依据	备案资料	预缴期是否享受优惠	主要留存备查资料
7	投资者从证券投资基金分配中取得的收入暂不征收企业所得税	对投资者从证券投资基金分配中取得的收入，暂不征收企业所得税。	《财政部、国家税务总局关于企业所得税若干优惠政策的通知》（财税〔2008〕1号）第二条第二款。	企业所得税优惠事项备案表。	预缴享受年度备案	1. 有关购买证券投资基金记账凭证；2. 证券投资基金分配公告。
8	受灾地区企业取得灾后恢复重建款项等收入免征企业所得税	受灾地区企业通过公益性社会团体、县级以上人民政府及其部门取得的抗震救灾和灾后恢复重建款项及物资收入，以及企业所得税和国务院批准免征企业所得税的减免税收入，免征企业所得税。其中，芦山地区政策执行期限自2013年4月20日起至2015年12月31日；鲁甸受灾地区政策执行期限自2014年8月3日起至2016年12月31日。	1.《财政部、海关总署、国家税务总局关于支持芦山地震灾后恢复重建有关税收政策问题的通知》（财税〔2013〕58号）第一条第二款；2.《财政部、海关总署、国家税务总局关于支持鲁甸地震灾后恢复重建有关税收政策问题的通知》（财税〔2015〕27号）第一条第二款。	企业所得税优惠事项备案表。	预缴享受年度备案	1. 受灾地区企业通过公益性社会团体及其人民政府及其部门取得的抗震救灾和灾后恢复重建款项和物资的证明材料；2. 省税务机关规定的其他资料。
9	中国期货保证金监控中心有限责任公司取得的银行存款利息收入等暂免征收企业所得税	对中国期货保证金监控中心有限责任公司取得的银行存款利息收入，中央银行中央级金融机构发行债券和利息收入，以及证监会和财政部批准的其他资金运用取得的收入，暂免征企业所得税。	《财政部、国家税务总局关于期货投资者保障基金有关税收政策继续执行的通知》（财税〔2013〕80号）第二条。	企业所得税优惠事项备案表。	预缴享受年度备案	1. 免税收入核算情况；2. 省税务机关规定的其他资料。

续表

序号	优惠事项名称	政策概述	主要政策依据	备案资料	预缴期是否享受优惠	主要留存备查资料
10	中国保险保障基金有限责任公司取得的保险保障基金等收入免征企业所得税	对中国保险保障基金有限责任公司取得的境内保险公司依法缴纳的保险保障基金、依法从破产保险公司清算财产中获得的受偿收入和向有关责任方追偿所得,以及依法从保险公司风险处置中获得的财产转让所得、捐赠所得,银行存款利息收入,购买政府债券、中央银行、中央级金融机构发行债券的利息收入,国务院批准的其他资金运用取得的收入,免征企业所得税。	《财政部、国家税务总局关于保险保障基金有关税收政策继续执行的通知》(财税〔2013〕81号)。	企业所得税优惠事项备案表。	预缴享受年度备案	1. 免税收入核算情况; 2. 省税务机关规定的其他资料。
11	综合利用资源生产产品取得的收入在计算应纳税所得额时减计收入	企业以《资源综合利用企业所得税优惠目录》规定的资源作为主要原材料,生产国家非限制和非禁止并符合国家及行业相关标准的产品取得的收入,减按90%计入企业当年收入总额。	1.《中华人民共和国企业所得税法》第三十三条; 2.《中华人民共和国企业所得税法实施条例》第九十九条; 3.《财政部、国家发展和改革委员会、国家税务总局关于印发〈国家鼓励的资源综合利用认定管理办法〉的通知》(发改环资〔2006〕1864号); 4.《财政部、国家税务总局、国家发展改革委关于公布资源综合利用企业所得税优惠目录(2008年版)的通知》(财税〔2008〕117号); 5.《财政部、国家税务总局关于执行资源综合利用企业所得税优惠目录有关问题的通知》(财税〔2008〕47号); 6.《国家税务总局关于资源综合利用企业所得税优惠管理问题的通知》(国税函〔2009〕185号)。	1. 企业所得税优惠事项备案表; 2. 资源综合利用证书已取得资质证书的提交。	预缴享受年度备案	1. 企业实际资源综合利用的资源(包括名称、产品名称等)的说明; 2. 省税务机关规定的其他资料。

续表

序号	优惠事项名称	政策概述	主要政策依据	备案资料	预缴期是否享受优惠	主要留存备查资料
12	金融、保险等机构取得的涉农贷款利息收入、保费收入在计算应纳税所得额时减计收入	对金融机构农户小额贷款的利息收入，在计算应纳税所得额时，按90%计入收入总额；对保险公司为种植业、养殖业提供保险业务取得的保费收入，在计算应纳税所得额时，按90%计入收入总额。中和农信项目管理有限公司和中国扶贫基金会举办的农村扶贫信贷项目自立服务社(中心)从事农户小额贷款取得的利息收入按照对金融机构农户小额贷款利息收入在计算应纳税所得额时减计90%计入收入总额的规定执行。	1.《财政部、国家税务总局关于延续并完善支农村金融发展有关税收政策的通知》(财税〔2014〕102号)第二条、第三条；2.《财政部、国家税务总局关于中国扶贫基金会小额信贷试点项目税收政策的通知》(财税〔2010〕35号)；3.《财政部、国家税务总局关于中国扶贫基金会所属小额贷款公司有关税收优惠政策的通知》(财税〔2012〕33号)。	企业所得税优惠事项备案表。	预缴享受年度备案	1.相关保费收入、利息收入的核算情况；2.相关保险合同、贷款合同；3.省税务机关规定的其他资料。
13	取得企业债券利息收入减半征收企业所得税	企业持有中国铁路建设债券取得的利息收入，减半征收企业所得税。	1.《财政部、国家税务总局关于铁路建设债券利息收入企业所得税政策的通知》(财税〔2011〕99号)；2.《财政部、国家税务总局关于2015年铁路建设债券利息收入企业所得税政策的通知》(财税〔2014〕2号)。	企业所得税优惠事项备案表。	预缴享受年度备案	1.购买铁路建设债券、其他企业债券、票面金额、利率等相关证明，包括持有时间等材料；2.应收利息(投资收益)科目明细账或按月汇总表；3.减免税过程计算说明。

续表

序号	优惠事项名称	政策概述	主要政策依据	备案资料	预缴期是否享受优惠	主要留存备查资料
14	开发新技术、新产品、新工艺发生的研究开发费用加计扣除	企业为开发新技术、新产品、新工艺发生的研究开发费用，未形成无形资产计入当期损益的，在按照规定实际扣除的基础上，按照研究开发费用的50%加计扣除；形成无形资产的，按照无形资产成本150%摊销。对从事文化产业支撑技术等领域的文化企业，开发的新技术、新产品、新工艺发生的研究开发费用，允许按照税收法律法规的规定，在计算应纳税所得税时额加计扣除。	1.《中华人民共和国企业所得税法》第三十条； 2.《中华人民共和国企业所得税法实施条例》第九十五条； 3.《财政部、国家税务总局、科技部关于完善研究开发费用税前加计扣除政策的通知》（财税〔2015〕119号）； 4.《财政部、海关总署、国家税务总局关于继续实施支持文化企业发展若干税收政策的通知》（财税〔2014〕85号）第四条。	1.企业所得税优惠事项备案表； 2.研发项目立项文件。	汇缴享受	1.自主、委托、合作研究开发项目计划书和企业有权部门关于自主、委托、合作研究开发项目立项的决议文件； 2.自主、委托、合作研究开发专门机构或项目组的编制情况和研发人员名单； 3.经国家有关部门登记的委托、合作研究开发项目的合同； 4.从事研发活动的人员和用于研发活动的仪器、设备、无形资产的费用分配说明； 5.集中开发项目研发费决算表、集中研发项目费用分摊明细情况表和研发项目实际分享比例等资料； 6.研发项目辅助账明细账和研发项目汇总表。 7.省税务机关规定的其他资料。
15	安置残疾人员及国家鼓励安置的其他就业人员所支付的工资加计扣除	企业安置残疾人员的，在按照支付给残疾职工工资据实扣除的基础上，按照支付给残疾职工工资的100%加计扣除。残疾人员的范围适用《中华人民共和国残疾人保障法》的有关规定。	1.《中华人民共和国企业所得税法》第三十条； 2.《中华人民共和国企业所得税法实施条例》第九十六条； 3.《财政部、国家税务总局关于安置残疾人员就业有关企业所得税优惠政策问题的通知》（财税〔2009〕70号）； 4.《国家税务总局关于促进残疾人就业税收优惠政策有关问题的公告》（国家税务总局公告2013年第78号）。	企业所得税优惠事项备案表。	汇缴享受	1.为安置的每位残疾人按月缴纳的所在区县人民政府根据国家规定的基本养老保险、基本医疗保险、失业保险和工伤保险等社会保险的缴费证明资料； 2.通过非现金方式支付工资薪酬的证明； 3.安置残疾职工工名单及其《残疾人证》或《残疾军人证》； 4.与残疾人员签订的劳动合同或服务协议。

续表

序号	优惠事项名称	政策概述	主要政策依据	备案资料	预缴期是否享受优惠	主要留存备查资料
16	从事农、林、牧、渔业项目的所得减免征收企业所得税	企业从事蔬菜、谷物、薯类、油料、豆类、棉花、麻类、糖料、水果、坚果的种植,农作物新品种的选育,中药材种植,林木的培育和种植,牲畜、家禽的饲养,林产品的采集,灌溉、农产品初加工、兽医、农技推广、农机作业和维修等农、林、牧、渔服务业项目,远洋捕捞项目所得免征企业所得税。企业从事花卉、茶以及其他饮料作物和香料作物的种植,海水养殖、内陆养殖项目所得减半征收企业所得税。"公司＋农户"经营模式从事农、林、牧、渔业项目生产的企业,可以减免企业所得税。	1.《中华人民共和国企业所得税法》第二十七条第一款; 2.《中华人民共和国企业所得税法实施条例》第八十六条; 3.《财政部、国家税务总局关于发布享受企业所得税优惠政策的农产品初加工范围(试行)的通知》(财税〔2008〕149 号); 4.《国家税务总局关于土地承包费免征区国有农场土地承租区国有垦区黑龙江垦区国有农场收费缴纳企业所得税问题的批复》(国税函〔2009〕779 号); 5.《财政部、国家税务总局关于农产品初加工有关范围的补充通知》(财税〔2011〕26 号); 6.《国家税务总局关于实施农林牧渔业项目企业所得税优惠问题的公告》(国家税务总局公告 2011 年第 48 号)。	1. 企业所得税优惠事项备案表; 2. 有效期内的远洋渔业企业资格证书(从事远洋捕捞业务的); 3. 从事农作物新品种选育的认定证书(从事农作物新品种选育的)。	预缴享受年度备案	1. 有效期内的远洋渔业企业资格证书(从事远洋捕捞业务的); 2. 从事农作物新品种选育的认定证书(从事农作物新品种选育的); 3. 与农户签订的委托养殖合同("公司＋农户"经营模式的); 4. 与家庭农场承包人签订的内部承包合同(国有农场实行内部家庭承包经营的); 5. 项目初加工工艺流程说明(两个或两个以上的分项目的); 6. 同时从事不同企业所得税待遇项目的,每年度单独计算减免税项目所得的计算过程及其相关账册、期间费用合理分摊的依据和标准; 7. 省税务机关规定的其他资料。

续表

序号	优惠事项名称	政策概述	主要政策依据	备案资料	预缴期是否享受优惠	主要留存备查资料
17	从事国家重点扶持的公共基础设施项目投资经营减免定期减免的企业所得税	企业从事《公共基础设施项目企业所得税优惠目录》规定的港口码头、机场、铁路、公路、城市公共交通、电力、水利等项目的投资经营所得,自项目取得第一笔生产经营收入所属纳税年度起,第一年至第三年免征企业所得税,第四年至第六年减半征收企业所得税。企业承包经营、承包建设和内部自建自用的项目,不得享受上述规定的企业所得税优惠。(定期减免税)	1.《中华人民共和国企业所得税法》第二十七条第二款; 2.《中华人民共和国企业所得税法实施条例》第八十七条、第八十九条; 3.《财政部、国家税务总局关于公共基础设施项目企业所得税优惠目录有关问题的通知》(财税〔2008〕46号); 4.《财政部、国家发展改革委关于公布公共基础设施项目企业所得税优惠目录(2008年版)的通知》(财税〔2008〕116号); 5.《国家税务总局关于实施国家重点扶持的公共基础设施项目企业所得税优惠问题的通知》(国税发〔2009〕80号); 6.《财政部、国家税务总局关于公共基础设施项目和环境保护、节能节水项目企业所得税优惠政策问题的通知》(财税〔2012〕10号); 7.《财政部、国家税务总局关于支持农村饮水安全工程建设运营税收政策的通知》(财税〔2012〕30号)第五条; 8.《国家享受所得税优惠政策的电网新建项目享受所得税优惠政策的公告》(国家税务总局公告2013年第26号); 9.《财政部、国家税务总局关于公共基础设施项目享受企业所得税优惠政策的补充通知》(财税〔2014〕55号)。	1.企业所得税优惠事项备案表; 2.有关部门批准该项目文件。	预缴享受 年度备案	1.有关部门批准该项目文件; 2.公共基础设施项目建成并投入运行后取得的第一笔生产经营收入凭证(原始凭证及账务处理凭证); 3.公共基础设施项目完工验收报告; 4.公共基础设施项目投资额验资报告; 5.同时从事不同企业所得税额减免税项目享受所得税优惠待遇的,每一年度单独计算减免项目所得的计算过程及其相关账册,合理分摊期间共同费用的核算办法; 6.项目权属变更情况说明及证明资料(优惠期间项目权属发生变动的时备); 7.省税务机关规定的其他资料。

续表

序号	优惠事项名称	政策概述	主要政策依据	备案资料	预缴期是否享受优惠	主要留存备查资料
18	从事符合条件的环境保护、节能节水项目的所得定期减免企业所得税	企业从事《环境保护、节能节水项目企业所得税优惠目录》所列项目的所得,自项目取得第一笔生产经营收入所属纳税年度起,第一年至第三年免征企业所得税,第四年至第六年减半征收企业所得税。(定期减免税)	1.《中华人民共和国企业所得税法》第二十七条第三款;2.《中华人民共和国企业所得税法实施条例》第八十八条;3.《财政部、国家税务总局、国家发展改革委关于公布环境保护、节能节水项目企业所得税优惠目录(试行)的通知》(财税[2009]166号);4.《财政部、国家税务总局关于公共基础设施项目和环境保护、节能节水项目企业所得税优惠政策问题的通知》(财税[2012]10号)。	企业所得税优惠事项备案表。	预缴享受年度备案	1.该项目符合《环境保护、节能节水项目企业所得税优惠目录》的相关证明;2.环境保护、节能节水项目取得的第一笔生产经营收入凭证;3.环境保护、节能节水项目所得单独核算资料,以及合理分摊期间共同费用的核算资料;4.项目权属变动情况及转让方已享受优惠情况及证明资料(优惠期间项目权属发生变动)说明及证明资料(优惠期间项目权属发生变动);5.省税务机关规定的其他资料。
19	符合条件的技术转让所得减免企业所得税	一个纳税年度内,居民企业技术转让所得不超过500万元的部分,免征企业所得税;超过500万元的部分,减半征收企业所得税。	1.《中华人民共和国企业所得税法》第二十七条第四款;2.《中华人民共和国企业所得税法实施条例》第九十条;3.《国家税务总局关于技术转让所得减免企业所得税有关问题的通知》(国税函[2009]212号);4.《财政部、国家税务总局关于居民企业技术转让有关企业所得税政策问题的通知》(财税[2010]111号);5.《国家税务总局关于技术转让所得减免企业所得税有关问题的公告》(国家税务总局公告2013年第62号);6.《财政部、国家税务总局关于将国家自主创新示范区有关税收试点政策推广到全国范围实施的通知》(财税[2015]116号)。	1.企业所得税优惠事项备案表;2.所转让技术产权证明。	预缴享受年度备案	1.所转让的技术产权证明;2.企业发生境内技术转让:(1)技术转让合同(副本);(2)省级以上科技部门出具的技术合同登记证明;(3)技术转让所得归集、分摊、计算的相关资料;(4)实际缴纳相关税费的证明资料。3.企业向境外转让技术:(1)技术出口合同(副本);(2)省级以上商务部门出具的技术出口合同登记证书或技术出口许可证;(3)技术出口合同数据表;(4)技术转让所得归集、分摊、计算的相关资料;(5)实际缴纳相关税费的证明资料;(6)有关部门按照商务部、科技部发布的《中国禁止出口限制出口技术目录》出具的审查意见。4.转让技术所有权的,其成本费用扣除情况;转让使用权的,其无形资产产摊销情况。5.技术转让年度,转让双方关联关系情况。

续表

序号	优惠事项名称	政策概述	主要政策依据	备案资料	预缴期是否享受优惠	主要留存备查资料
20	实施清洁发展机制项目定期减免企业所得税	清洁发展机制项目(以下简称CDM项目)实施企业将温室气体减排量转让收入的65%上缴给国家的HFC和PFC类CDM项目,以及将温室气体减排量转让收入的30%上缴给国家的N_2O类CDM项目,其实施该类CDM项目的所得,自项目取得第一笔减排量转让收入所属纳税年度起,第一年至第三年免征企业所得税,第四年至第六年减半征收企业所得税。(定期减免税)	《财政部、国家税务总局关于中国清洁发展机制基金及清洁发展机制项目实施企业有关企业所得税政策问题的通知》(财税〔2009〕30号)第二条第二款。	1. 企业所得税优惠事项备案表; 2. 清洁发展机制项目立项有关文件。	预缴期享受年度备案	1. 清洁发展机制项目立项有关文件; 2. 企业将温室气体排量转让上缴给国家的HFC和PFC类温室气体减排量,及将温室气体排量转让上缴给国家的N_2O类CDM项目的证明材料; 3. 将温室气体减排量转让收入上缴给国家的证明资料; 4. 清洁发展机制项目第一笔减排量转让收入凭证; 5. 清洁发展机制项目所得分摊期间共同费用的核算资料,以及合理核算的资料。
21	符合条件的节能服务公司实施合同能源管理项目定期减免的企业所得税	对符合条件的节能服务公司实施合同能源管理项目,符合企业所得税税法有关规定的,自项目取得第一笔生产经营收入所属纳税年度起,第一年至第三年免征企业所得税,第四年至第六年按照25%的法定税率减半征收企业所得税。(定期减免税)	1.《财政部、国家税务总局关于促进节能服务产业发展增值税、营业税和企业所得税政策问题的通知》(财税〔2010〕110号)第二条; 2.《国家税务总局、国家发展改革委关于落实节能服务企业合同能源管理项目企业所得税优惠政策有关征收管理问题的公告》(国家税务总局、国家发展改革委公告2013年第77号)。	1. 企业所得税优惠事项备案表; 2. 国家发展改革委、财政部公布的第三方机构出具的合同能源管理项目情况确认表,或者政府节能主管部门出具的合同能源管理项目确认意见;	预缴期享受年度备案	1. 能源管理合同; 2. 国家发展改革委、财政部公布的第三方机构出具的合同能源管理项目情况的确认表,或者政府节能主管部门出具的合同能源管理项目确认意见; 3. 项目转让合同,项目原享受优惠、受让节能服务的备案文件(项目发生转让时,受让节能服务企业); 4. 项目第一笔收入发票及收入作处理的会计凭证; 5. 合同能源管理项目应纳税所得额计算的资料; 6. 合同能源管理项目所得分摊期间共同费用的核算资料; 7. 省税务机关规定的其他资料。

续表

序号	优惠事项名称	政策概述	主要政策依据	备案资料	预缴期是否享受优惠	主要留存备查资料
22	创业投资企业投资未上市的中小高新技术企业投资额的一定比例抵扣应纳税所得额	创业投资企业采取权益投资方式投资于未上市中小高新技术企业2年以上的，可以按照其投资额的70%在股权持有满2年的当年抵扣该创业投资企业的应纳税所得额；当年不足抵扣的，可以在以后纳税年度结转抵扣。	1.《中华人民共和国企业所得税法》第三十一条； 2.《中华人民共和国企业所得税法实施条例》第九十七条； 3.《国家税务总局关于实施创业投资企业所得税优惠问题的通知》（国税发〔2009〕87号）； 4.《财政部、国家税务总局关于执行企业所得税优惠政策若干问题的通知》（财税〔2009〕69号）。	1. 企业所得税优惠事项备案表； 2. 创业投资企业经备案管理部门核实后出具的年检合格通知书。	汇缴享受	1. 创业投资企业经备案管理部门核实后出具的年检合格通知书； 2. 中小高新技术投资企业所投资报告等相关材料； 3. 由省、自治区、直辖市高新技术企业认定管理机构出具的中小企业计划单列市复印件（注明"与……一致"，并加盖公章）； 4. 中小高新技术投资企业基本情况（包括企业职工人数、年销售（营业）额、资产总额等）说明； 5. 关于创业投资合作情况的说明。 6. 省税务机关规定的其他资料。
23	有限合伙制创业投资企业法人合伙人投资额的一定比例抵扣应纳税所得额	有限合伙制创业投资企业采取股权投资方式投资于未上市的中小高新技术企业满2年（24个月）以上，该有限合伙制创业投资企业的法人合伙人可按照其对未上市中小高新技术企业投资额的70%抵扣该法人合伙人从该有限合伙制创业投资企业分得的应纳税所得额，当年不足抵扣的，可以在以后纳税年度结转抵扣。	1.《财政部、国家税务总局关于推广中关村国家自主创新示范区税收试点政策有关问题的通知》（财税〔2015〕62号）第二条； 2.《国家税务总局关于实施创业投资企业所得税优惠问题的通知》（国税发〔2009〕87号）； 3.《财政部、国家税务总局关于将国家自主创新示范区有关税收试点政策推广到全国范围实施的通知》（财税〔2015〕116号）第二条。	1. 企业所得税优惠事项备案表； 2. 法人合伙人应纳税额抵扣情况明细表； 3. 有限合伙制创业投资企业法人应纳税所得额分配情况明细表。	汇缴享受	1. 创业投资企业年检合格通知书； 2. 中小高新技术投资企业的验资报告等相关材料； 3. 省、自治区、直辖市认定管理机构出具的中小企业计划单列市高新技术企业有效的高新技术企业证书复印件（注明"与原件一致"，并加盖公章）； 4. 中小高新技术投资企业基本情况（职工人数、年销售（营业）额、资产等）说明； 5.《法人合伙人应纳创业投资企业法人应纳税所得额抵扣情况明细表》； 6.《有限合伙制创业投资企业法人应纳税所得额分配情况明细表》； 7. 省税务机关规定的其他资料。

续表

序号	优惠事项名称	政策概述	主要政策依据	备案资料	预缴期是否享受优惠	主要留存备查资料
24	符合条件的小型微利企业减免企业所得税	从事国家非限制和禁止行业的企业，减按20%的税率征收企业所得税。对年应纳税所得额低于30万元（含30万元）的小型微利企业，其所得减按50%计入应纳税所得额，按20%的税率缴纳企业所得税。	1.《中华人民共和国企业所得税法》第二十八条；2.《中华人民共和国企业所得税法实施条例》第九十二条；3.《财政部、国家税务总局关于小型微利企业所得税优惠政策的通知》（财税〔2015〕34号）；4.《财政部、国家税务总局关于进一步扩大小型微利企业所得税优惠政策范围的通知》（财税〔2015〕99号）；5.《国家税务总局关于贯彻落实进一步扩大小型微利企业减半征收企业所得税范围有关问题的公告》（国家税务总局公告2015年第61号）。	不履行备案手续	预缴享受年度备案	1.所从事行业不属于限制性行业的说明；2.优惠年度的资产负债表；3.从业人数的计算过程。
25	国家需要重点扶持的高新技术企业减按15%的税率征收企业所得税	国家需要重点扶持的高新技术企业，减按15%的税率征收企业所得税。国家需要重点扶持的高新技术企业，是指拥有核心自主知识产权，产品（服务）属于国家重点支持的高新技术领域规定的范围，研究开发费用占销售收入比例、高新技术产品（服务）收入占企业总收入比例、科技人员占企业职工总数的比例不低于规定比例，以及高新技术企业认定管理办法规定的其他条件的企业。	1.《中华人民共和国企业所得税法》第二十八条；2.《中华人民共和国企业所得税法实施条例》第九十三条；3.《科技部、财政部、国家税务总局关于印发〈高新技术企业认定管理办法〉的通知》（国科发火〔2008〕172号）；4.《科学技术部、财政部、国家税务总局关于印发〈高新技术企业认定管理工作指引〉的通知》（国科发火〔2008〕362号）；5.《国家税务总局关于实施高新技术企业所得税优惠有关问题的通知》（国税函〔2009〕203号）；6.《科技部、财政部、国家税务总局关于在中关村国家自主创新示范区开展文化产业支撑技术等领域高新技术企业认定试点范围的通知》（国科发高〔2013〕595号）。	1.企业所得税优惠事项备案表；2.高新技术企业资格证书。	预缴享受年度备案	1.高新技术企业资格证书；2.高新技术企业认定资料；3.年度研发费专账管理资料；4.年度高新技术产品（服务）及对应收入；5.年度高新技术收入比例、中关村用及占销售收入比例及研发费用辅助账；6.研发人员花名册；7.省税务机关规定的其他资料。

续表

序号	优惠事项名称	政策概述	主要政策依据	备案资料	预缴期是否享受优惠	主要留存备查资料
26	民族自治地方的企业减征或免征	依照《中华人民共和国民族区域自治法》的规定，实行民族区域自治的自治区、自治州、自治县对本民族自治地方的企业缴纳的企业所得税中属于地方分享的部分，可以定期减征或者免征。自治州、自治县决定减征或者免征的，须报省、自治区、直辖市人民政府批准。	1.《中华人民共和国企业所得税法》第二十九条；2.《中华人民共和国企业所得税法实施条例》第九十四条；3.《财政部、国家税务总局关于贯彻落实国务院关于实施企业所得税过渡优惠政策有关问题的通知》（财税〔2008〕21号）。	1. 企业所得税优惠事项备案表；2. 本企业享受优惠的文件（限个案批复〔企业提交〕）。	预缴享受年度备案	由民族自治地方省税务机关确定。
27	经济特区和上海浦东新区新设立的高新技术企业取得的所得定期减免企业所得税	经济特区和上海浦东新区新设立的高新技术企业，在2008年1月1日（含）之后完成登记注册的高新技术企业，在经济特区和上海浦东新区内取得的所得，自取得第一笔生产经营收入所属纳税年度起，第一年至第二年免征企业所得税，第三年至第五年减按25%的法定税率减半征收企业所得税。（定期减免税）	1.《中华人民共和国企业所得税法》第五十七条第三款；2.《国务院关于经济特区和上海浦东新区新设立高新技术企业实行过渡性税收优惠的通知》（国发〔2007〕40号）；3.《科技部、财政部、国家税务总局关于高新技术企业认定管理办法的通知》（国科发火〔2008〕172号）；4.《科学技术部、财政部、国家税务总局关于印发〈高新技术企业认定管理工作指引〉的通知》（国科发火〔2008〕362号）；5.《国家税务总局关于实施高新技术企业所得税优惠有关问题的通知》（国税函〔2009〕203号）。	1. 企业所得税优惠事项备案表；2. 高新技术企业资格证书。	预缴享受年度备案	1. 高新技术企业资格证书；2. 高新技术企业认定资料；3. 年度研发费专账资料；4. 年度高新技术产品（服务）及对应收入资料；5. 年度高新技术产品（服务）收入占销售收入比例，以及研发费用辅助账；6. 研发人员名册；7. 科技人员占企业人员的比例和研发人员占企业人员比例；8. 新办企业取得第一笔生产经营收入的核算资料；9. 区内区外所得划分的凭证；10. 省税务机关规定的其他资料。

续表

序号	优惠事项名称	政策概述	主要政策依据	备案资料	预缴期是否享受优惠	主要留存备查资料
28	经营性文化事业单位转制为企业的免征企业所得税	从事新闻出版广播影视和文化艺术的经营性文化事业单位转制为企业的,自转制注册之日起免征企业所得税。	《财政部、国家税务总局、中宣部关于继续实施文化体制改革中经营性文化事业单位转制为企业若干税收政策的通知》(财税〔2014〕84号)。	1. 企业所得税优惠事项备案表; 2. 有关部门对文化体制改革单位转制方案批复文件。	预缴享受年度备案	1. 企业转制方案文件; 2. 有关部门对文化体制改革单位转制方案批复文件; 3. 整体转制前已进行事业单位法人登记的,同级机构编制管理机关核销事业单位法人登记的证明,以及注销事业单位法人的证明; 4. 企业转制后的工商登记情况; 5. 企业与职工签订的劳动合同; 6. 企业缴纳社会保险费记录; 7. 有关部门批准引入非公有资本、境外资本和变更资本结构的批准函; 8. 同级办公室出具的同意转制文化企业名称发生变更,且主营业务未发生变化的小组办公室和发展工作领导小组办公室出具的转制文化企业改革和发展工作领导函(已认定发布的转制文化企业名称发生变化的)。
29	动漫企业自主开发、生产动漫产品定期减免企业所得税	经认定的动漫企业自主开发、生产动漫产品,可申请享受国家现行鼓励软件产业发展的所得税优惠政策。即在2017年12月31日前,自获利年度起,第一年至第二年免征企业所得税,第三年至第五年按照25%的法定税率减半征收企业所得税,并享受至期满为止。(定期减免税)	1. 《文化部、财政部、国家税务总局关于印发〈动漫企业认定管理办法(试行)〉的通知》(文市发〔2008〕51号); 2. 《文化部、财政部、国家税务总局关于实施〈动漫企业认定管理办法(试行)〉有关问题的通知》(文产发〔2009〕18号); 3. 《财政部、国家税务总局关于扶持动漫产业发展有关税收政策问题的通知》(财税〔2009〕65号)第二条。	1. 企业所得税优惠事项备案表; 2. 动漫企业认定证明。	预缴享受年度备案	1. 动漫企业认定证明; 2. 动漫企业认定资料; 3. 动漫企业年审通过名单; 4. 获利年度情况说明。

续表

序号	优惠事项名称	政策概述	主要政策依据	备案资料	预缴期是否享受优惠	主要留存备查资料
30	受灾地区损失严重企业免征企业所得税	对受灾地区损失严重的企业,免征企业所得税。其中,芦山受灾地区政策执行至2015年12月31日;鲁甸受灾地区政策执行至2014年12月31日至2016年度企业所得税。	1.《财政部、海关总署、国家税务总局关于支持芦山地震灾后恢复重建有关税收政策问题的通知》(财税〔2013〕58号)第一条第一款; 2.《财政部、海关总署、国家税务总局关于支持鲁甸地震灾后恢复重建有关税收政策问题的通知》(财税〔2015〕27号)第一条第一款。	企业所得税优惠事项备案表。	预缴享受 年度备案	1. 属于受灾地区损失严重企业的证明材料; 2. 省税务机关规定的其他资料。
31	受灾地区农村信用社免征企业所得税	对受灾地区的农村信用社,免征企业所得税。其中,芦山受灾地区政策执行期限自2013年4月20日起至2017年12月31日;鲁甸受灾地区政策执行期限自2014年1月1日至2018年12月31日。	1.《财政部、海关总署、国家税务总局关于支持芦山地震灾后恢复重建有关税收政策问题的通知》(财税〔2013〕58号)第一条第三款; 2.《财政部、海关总署、国家税务总局关于支持鲁甸地震灾后恢复重建有关税收政策问题的通知》(财税〔2015〕27号)第一条第三款。	企业所得税优惠事项备案表。	预缴享受 年度备案	省税务机关规定的资料。
32	受灾地区的促进就业企业限额减征企业所得税	受灾地区的商贸等企业,在新增加的就业岗位中,招用当地因地震灾害失去工作的人员,与其签订1年以上期限劳动合同并依法缴纳社会保险费的,经县级人力资源和社会保障部门认定,按实际招用人数予以定额依次扣减增值税、营业税、城市维护建设税、教育费附加,地方教育费附加和企业所得税。其中,芦山受灾地区政策执行期限至2015年12月31日;鲁甸受灾地区政策执行至2016年12月31日。	1.《财政部、海关总署、国家税务总局关于支持芦山地震灾后恢复重建有关税收政策问题的通知》(财税〔2013〕58号)第五条第一款; 2.《财政部、海关总署、国家税务总局关于支持鲁甸地震灾后恢复重建有关税收政策问题的通知》(财税〔2015〕27号)第五条第一款。	企业所得税优惠事项备案表。	汇缴享受	1. 劳动保障部门出具《企业实体吸纳失业人员认定证明》; 2. 劳动保障部门出具的《持就业预定工作时间表》或《就业失业登记证》; 3. 失业人员具有的《就业创业证》或《就业失业登记证》; 4. 企业工资支付凭证; 5. 每年度享受受资物与劳务税抵免相关报表; 6. 说明及其相关情况的省税务机关规定的其他资料。

续表

序号	优惠事项名称	政策概述	主要政策依据	备案资料	预缴期是否享受优惠	主要留存备查资料
33	技术先进型服务企业减按15%的税率征收企业所得税	在北京、天津、上海、重庆、大连、深圳、广州、武汉、哈尔滨、成都、南京、西安、济南、杭州、合肥、南昌、长沙、大庆、苏州、无锡、厦门等21个中国服务外包示范城市,对经认定的技术先进型服务企业,减按15%的税率征收企业所得税。	《财政部、国家税务总局、商务部、科技部、国家发展改革委关于完善技术先进型服务企业有关企业所得税政策问题的通知》(财税〔2014〕59号)。	1. 企业所得税优惠事项备案表;2. 技术先进型服务企业资格证书。	预缴享受年度备案	1. 技术先进型服务企业资格证书;2. 技术先进型服务企业认定资料;3. 各年度技术先进型服务业务收入总额、离岸服务外包业务收入占本企业当年业务收入总额比例情况说明。
34	新疆困难地区新办企业定期减免企业所得税	对在新疆困难地区新办的属于《新疆困难地区重点鼓励发展产业目录》范围内的企业,自取得第一笔生产经营收入所属纳税年度起,第一年至第二年免征企业所得税,第三年至第五年减半征收企业所得税。(定期减免税)	1.《财政部、国家税务总局关于新疆困难地区新办企业所得税优惠政策的通知》(财税〔2011〕53号);2.《财政部、国家税务总局、工业和信息化部关于公布新疆困难地区重点鼓励发展产业企业所得税优惠目录(试行)的通知》(财税〔2011〕60号)。	企业所得税优惠事项备案表。	预缴享受年度备案	由新疆维吾尔自治区国家税务局、地方税务局确定。
35	新疆喀什、霍尔果斯两个特殊经济开发区新办企业定期免征企业所得税	对在新疆喀什、霍尔果斯两个特殊经济开发区内新办的属于《新疆困难地区重点鼓励发展产业优惠目录》范围内的企业,自取得第一笔生产经营收入所属纳税年度起,五年内免征企业所得税。(定期减免税)	1.《财政部、国家税务总局、工业和信息化部关于公布新疆困难地区重点鼓励发展产业企业所得税优惠目录(试行)的通知》(财税〔2011〕60号);2.《财政部、国家税务总局关于新疆喀什、霍尔果斯两个特殊经济开发区企业所得税优惠政策的通知》(财税〔2011〕112号)。	企业所得税优惠事项备案表。	预缴享受年度备案	由新疆维吾尔自治区国家税务局、地方税务局确定。

续表

序号	优惠事项名称	政策概述	主要政策依据	备案资料	预缴期是否享受优惠	主要留存备查资料
36	支持和促进重点群体创业就业限额减征企业所得税	商贸等企业，在新增加的岗位中，当年新招用持《就业失业登记证》（或《就业创业证》）人员，与其签订一年以上期限劳动合同并依法缴纳社会保险费的，在3年内按实际招用人数予以定额依次扣减营业税、城市维护建设税、教育费附加、地方教育附加和企业所得税。纳税年度终了，如果纳税人实际减免的营业税、城市维护建设税、教育费附加、地方教育附加小于核定的减免税总额，纳税人在企业所得税汇算清缴时，以差额部分扣减企业所得税。当年扣减不足的，不再结转以后年度扣减。	1.《财政部、国家税务总局、人力资源社会保障部关于继续实施支持和促进重点群体创业就业有关税收政策的通知》（财税〔2014〕39号）第二条、第三条、第四条、第五条；2.《国家税务总局、财政部、教育部、人力资源社会保障部关于对促进重点群体创业就业税收政策具体实施问题的公告》（国家税务总局公告2014年第34号）；3.《财政部、国家税务总局、教育部、人力资源社会保障部关于支持和促进重点群体创业就业有关问题的通知》（财税〔2015〕18号）；4.《财政部、国家税务总局、人力资源社会保障部关于大企业就业吸纳人员范围适用的通知》（财税〔2015〕77号）。	企业所得税优惠事项备案表。	汇缴享受	1. 劳动保障部门出具《企业实体吸纳失业人员认定证明》；2. 劳动保障部门出具的《持业工作时间表》；3. 就业人员在企业预定的《就业创业证》或《就业失业登记证》；4. 招用人员劳动合同或说明；5. 为招用失业人员缴纳社保证明协议；6. 企业工资支付凭证；7. 每年度享受货物与劳务税抵免情况说明及其相关申报表；8. 省税务机关规定的其他资料。
37	扶持自主就业退役士兵创业就业限额减征企业所得税	商贸等企业，在新增加的岗位中，当年新招用自主就业退役士兵，与其签订1年以上期限劳动合同并依法缴纳社会保险费的，在3年内按实际招用人数予以定额依次扣减营业税、城市维护建设税、教育费附加、地方教育附加和企业所得税。纳税年度终了，如果纳税人实际减免的营业税、城市维护建设税、教育费附加、地方教育附加小于核定的减免税总额，纳税人在企业所得税汇算清缴时扣减企业所得税。当年扣减不足的，不再结转以后年度扣减。	《财政部、国家税务总局、民政部关于调整完善扶持自主就业退役士兵创业就业有关税收政策的通知》（财税〔2014〕42号）第二条、第三条、第四条、第五条。	企业所得税优惠事项备案表。	汇缴享受	1. 新招用自主就业退役士兵的《中国人民解放军义务兵退出现役证》或《中国人民解放军士官退出现役证》；2. 企业与新招用自主就业退役士兵签订的劳动合同（副本）；3. 企业为实际雇佣自主就业退役士兵缴纳的社会保险费记录；4. 企业工资支付凭证；5. 每年度享受货物与劳务税抵免情况说明及其相关申报表；6. 省税务机关规定的其他资料。

续表

序号	优惠事项名称	政策概述	主要政策依据	备案资料	预缴期是否享受优惠	主要留存备查资料
38	集成电路线宽小于0.8微米(含)的集成电路生产企业定期减免企业所得税	集成电路线宽小于0.8微米(含)的集成电路生产企业,经认定后,在2017年12月31日前自获利年度起计算优惠期,第一年至第二年免征企业所得税,第三年至第五年按照25%的法定税率减半征收企业所得税,并享受至期满为止。(定期减免税)	1.《财政部 国家税务总局关于进一步鼓励软件产业和集成电路产业发展的通知》(财税[2012]27号)第一条;2.《国家税务总局关于集成电路企业认定管理有关问题的公告》(国家税务总局公告2012年第19号);3.《国家税务总局关于执行软件企业所得税优惠政策有关问题的公告》(国家税务总局公告2013年第43号)。	1.企业所得税优惠事项备案表;2.集成电路认定文件(已经认定的单位提交)。	预缴享受年度备案	1.集成电路线宽小于0.8微米(含)的集成电路生产企业认定证明(或其他相关证明材料);2.省税务机关规定的其他资料。
39	线宽小于0.25微米的集成电路生产企业减按15%税率征收企业所得税	线宽小于0.25微米的集成电路生产企业,经认定后,减按15%的税率征收企业所得税。	1.《财政部 国家税务总局关于进一步鼓励软件产业和集成电路产业发展的通知》(财税[2012]27号)第二条;2.《国家税务总局关于集成电路企业认定管理有关问题的公告》(国家税务总局公告2012年第19号);3.《国家税务总局关于执行软件企业所得税优惠政策有关问题的公告》(国家税务总局公告2013年第43号)。	1.企业所得税优惠事项备案表;2.集成电路企业认定文件(已经认定的单位提交)。	预缴享受年度备案	1.线宽小于0.25微米的集成电路企业认定证明(或其他相关证明的其他资料);2.省税务机关规定的其他资料。
40	投资额超过80亿元的集成电路生产企业减按15%税率征收企业所得税	投资额超过80亿元的集成电路生产企业,经认定后,减按15%的税率征收企业所得税。	1.《财政部 国家税务总局关于进一步鼓励软件产业和集成电路产业发展的通知》(财税[2012]27号)第二条;2.《国家税务总局关于集成电路企业认定管理有关问题的公告》(国家税务总局公告2012年第19号);3.《国家税务总局关于执行软件企业所得税优惠政策有关问题的公告》(国家税务总局公告2013年第43号)。	1.企业所得税优惠事项备案表;2.集成电路企业认定文件(已经认定的单位提交)。	预缴享受年度备案	1.投资额超过80亿元的集成电路生产企业认定证明(或其他相关证明规定的其他资料);2.省税务机关规定的其他资料。

续表

序号	优惠事项名称	政策概述	主要政策依据	备案资料	预缴期是否享受优惠	主要留存备查资料
41	线宽小于0.25微米的集成电路生产企业定期减免企业所得税	线宽小于0.25微米的集成电路生产企业，经认定后，在2017年12月31日前自获利年度起计算优惠期，第一年至第五年免征企业所得税，第六年至第十年按照25%的法定税率减半征收企业所得税，并享受至期满为止。(定期减免税)	1.《财政部、国家税务总局关于进一步鼓励软件产业和集成电路产业发展企业所得税政策的通知》(财税[2012]27号)第二条；2.《国家税务总局关于软件和集成电路企业所得税优惠政策有关问题的公告》(国家税务总局公告2012年第19号)；3.《国家税务总局关于执行软件企业所得税优惠政策有关问题的公告》(国家税务总局公告2013年第43号)。	1.企业所得税优惠事项备案表；2.集成电路企业认定文件(已经认定的单位提交)。	预缴享受年度备案	1.线宽小于0.25微米的集成电路生产企业认定证明(或其他相关证明材料)；2.省税务机关规定的其他资料。
42	投资额超过80亿元的集成电路生产企业定期减免企业所得税	投资额超过80亿元的集成电路生产企业，经认定后，在2017年12月31日前自获利年度起计算优惠期，第一年至第五年免征企业所得税，第六年至第十年按照25%的法定税率减半征收企业所得税，并享受至期满为止。(定期减免税)	1.《财政部、国家税务总局关于进一步鼓励软件产业和集成电路产业发展企业所得税政策的通知》(财税[2012]27号)第二条；2.《国家税务总局关于软件和集成电路企业所得税优惠政策有关问题的公告》(国家税务总局公告2012年第19号)；3.《国家税务总局关于执行软件企业所得税优惠政策有关问题的公告》(国家税务总局公告2013年第43号)。	1.企业所得税优惠事项备案表；2.集成电路企业认定文件(已经认定的单位提交)。	预缴享受年度备案	1.投资额超过80亿元的集成电路生产企业认定证明(或其他相关证明材料)；2.省税务机关规定的其他资料。
43	新办集成电路设计企业定期减免企业所得税	我国境内新办的集成电路设计企业，经认定后，在2017年12月31日前自获利年度起计算，第一年至第二年免征企业所得税，第三年至第五年按照25%的法定税率减半征收企业所得税，并享受至期满为止。(定期减免税)	1.《财政部、国家税务总局关于进一步鼓励软件产业和集成电路产业发展企业所得税政策的通知》(财税[2012]27号)第三条；2.《国家税务总局关于软件和集成电路企业所得税优惠政策有关问题的公告》(国家税务总局公告2012年第19号)；3.《工业和信息化部、国家发展和改革委员会、财政部、国家税务总局关于印发〈集成电路设计企业认定管理办法〉的通知》(工信部联电子[2013]487号)；4.《国家税务总局关于执行软件企业所得税优惠政策有关问题的公告》(国家税务总局公告2013年第43号)。	企业所得税优惠事项备案表。	预缴享受年度备案	1.集成电路相关证明资料；2.省税务机关规定的其他资料。

续表

序号	优惠事项名称	政策概述	主要政策依据	备案资料	预缴期是否享受优惠	主要留存备查资料
44	符合条件的集成电路封装、测试企业定期减免企业所得税	符合条件的集成电路封装、测试企业,在 2017 年前(含 2017 年)前实现获利的,自获利年度起,第一年至第二年免征企业所得税,第三年至第五年按照 25% 的法定税率减半征收企业所得税,并享受至期满为止;2017 年前未实现获利的,自 2017 年起计算优惠期,享受至期满满为止。(定期减免税)	《财政部、国家税务总局、发展改革委、工业和信息化部关于进一步进一步鼓励集成电路产业发展企业所得税政策的通知》(财税〔2015〕6 号)。	企业所得税优惠事项备案表。	预缴享受年度备案	1. 省级相关部门根据发展改革委等部门规定办法出具的证明; 2. 省税务机关规定的其他资料。
45	符合条件的集成电路关键专用材料生产企业、集成电路专用设备生产企业定期减免企业所得税	符合条件的集成电路关键专用材料生产企业、集成电路专用设备生产企业,在 2017 年(含 2017 年)前实现获利的,自获利年度起,第一年至第二年免征企业所得税,第三年至第五年按照 25% 的法定税率减半征收企业所得税,并享受至期满为止;2017 年前未实现获利的,自 2017 年起计算优惠期,享受至期满为止。(定期减免税)	《财政部、国家税务总局、发展改革委、工业和信息化部关于进一步鼓励集成电路产业发展企业所得税政策的通知》(财税〔2015〕6 号)。	企业所得税优惠事项备案表。	预缴享受年度备案	1. 省级相关部门根据发展改革委等部门规定办法出具的证明; 2. 省税务机关规定的其他资料。

续表

序号	优惠事项名称	政策概述	主要政策依据	备案资料	预缴期是否享受优惠	主要留存备查资料
46	符合条件的软件企业定期减免企业所得税	我国境内符合条件的软件企业，经认定后，在 2017 年 12 月 31 日前自获利年度起，第一年至第二年免征企业所得税，第三年至第五年按照 25% 的法定税率减半征收企业所得税，并享受至期满为止。(定期减免税)	1.《财政部、国家税务总局关于进一步鼓励软件产业和集成电路产业发展企业所得税政策的通知》(财税[2012]27 号)第三条； 2.《国家税务总局关于软件和集成电路企业所得税优惠政策有关问题的公告》(国家税务总局公告 2012 年第 19 号)； 3.《工业和信息化部、国家发展和改革委员会、财政部、国家税务总局关于印发〈软件企业认定管理办法〉的通知》(工信部联软[2013]64 号)； 4.《国家税务总局关于执行软件企业所得税优惠政策有关问题的公告》(国家税务总局公告 2013 年第 43 号)。	1. 企业所得税优惠事项备案表； 2. 软件企业认定证书(已经认定的单位提交)。	预缴享受年度备案	1. 软件企业认定文件或其他相关证明资料； 2. 省税务机关规定的其他资料。
47	国家规划布局内的重点软件企业减按 10% 的税率征收企业所得税	国家规划布局内的重点软件企业，如当年未享受免税优惠的，可减按 10% 的税率征收企业所得税。	1.《财政部、国家税务总局关于进一步鼓励软件产业和集成电路产业发展企业所得税政策的通知》(财税[2012]27 号)第四条； 2.《国家税务总局关于软件和集成电路企业所得税优惠政策有关问题的公告》(国家税务总局公告 2012 年第 19 号)； 3.《国家发改委、工业和信息化部、财政部、商务部、国家税务总局关于印发〈国家规划布局内重点软件和集成电路设计企业认定试行办法〉的通知》(发改高技[2012]2413 号)； 4.《工业和信息化部、国家发展和改革委员会、财政部、国家税务总局关于印发〈软件企业认定管理办法〉的通知》(工信部联软[2013]64 号)； 5.《国家税务总局关于执行软件企业所得税优惠政策有关问题的公告》(国家税务总局公告 2013 年第 43 号)。	1. 企业所得税优惠事项备案表； 2. 认定文件。	预缴享受年度备案	1. 国家规划布局内的软件企业认定证明资料； 2. 省税务机关规定的其他资料。

续表

序号	优惠事项名称	政策概述	主要政策依据	备案资料	预缴期是否享受优惠	主要留存备查资料
48	国家规划布局内集成电路设计企业按15%的税率征收企业所得税	国家规划布局内的集成电路设计企业,如当年未享受免税优惠的,可减按10%的税率征收企业所得税。	1.《财政部、国家税务总局关于进一步鼓励软件产业和集成电路产业发展企业所得税政策的通知》(财税[2012]27号)第四条; 2.《国家税务总局关于软件和集成电路企业认定管理有关问题的公告》(国家税务总局公告2012年第19号); 3.《国家发展改革委、工业和信息化部、财政部、商务部、国家税务总局关于印发〈国家规划布局内重点软件和集成电路设计企业认定管理试行办法〉的通知》(发改高技[2012]2413号); 4.《国家税务总局关于执行软件企业所得税优惠政策有关问题的公告》(国家税务总局公告2013年第43号); 5.《工业和信息化部、国家发展和改革委员会、财政部、国家税务总局关于印发〈集成电路设计企业认定管理办法〉的通知》(工信部联电子[2013]487号)。	1. 企业所得税优惠事项备案表; 2. 认定文件。	预缴期享受年度备案	1. 国家规划布局内的集成电路设计企业认定文件或其他相关证明资料; 2. 省税务机关规定的其他资料。
49	设在西部地区的鼓励类产业企业减按15%的税率征收企业所得税	对设在西部地区的鼓励类产业企业减按15%的税率征收企业所得税。对设在西部地区的鼓励类产业的赣州市企业和外商投资企业减按15%的税率征收企业所得税。	1.《财政部、海关总署、国家税务总局关于深入实施西部大开发战略有关税收政策问题的通知》(财税[2011]58号); 2.《国家税务总局关于深入实施西部大开发战略有关企业所得税问题的公告》(国家税务总局公告2012第12号); 3.《财政部、海关总署、国家税务总局关于赣州市执行西部大开发税收政策问题的通知》(财税[2013]4号)第二条; 4.《西部地区鼓励类产业目录》(中华人民共和国国家发展和改革委员会令第15号); 5.《国家税务总局关于执行〈西部地区鼓励类产业目录〉有关企业所得税问题的公告》(国家税务总局公告2015年第14号)。	企业所得税优惠事项备案表。	预缴期享受年度备案	1. 主营业务属于《西部地区鼓励类产业目录》中的具体项目的相关证明材料; 2. 符合目录的说明,主营业务收入占企业收入总额70%以上的说明; 3. 省税务机关规定的其他资料。

续表

序号	优惠事项名称	政策概述	主要政策依据	备案资料	预缴期是否享受优惠	主要留存备查资料
50	符合条件的生产和装配伤残人员专门用品企业免征企业所得税	对符合条件的生产和装配伤残人员专门用品企业,免征企业所得税。	《财政部、国家税务总局、民政部关于生产和装配伤残人员专门用品企业免征企业所得税的通知》(财税〔2011〕81号)。	企业所得税优惠事项备案表。	预缴享受年度备案	1.生产和装配伤残人员专门用品,在民政部《中国伤残人员专门用品目录》范围之内的说明; 2.伤残人员专门用品制作师名册,《执业资格证书》(假肢、矫形器需准备); 3.企业的生产和装配伤残人员以及帮助伤残人员康复的其他条件的辅助说明材料。
51	广东横琴、福建平潭、深圳前海等地区的鼓励类产业企业减按15%的税率征收企业所得税	对设在广东横琴新区、福建平潭综合实验区和深圳前海深港现代服务业产业合作区的鼓励类产业企业减按15%的税率征收企业所得税。	《财政部、国家税务总局关于广东横琴新区、福建平潭综合实验区、深圳前海深港现代服务业合作区企业所得税优惠政策及优惠目录的通知》(财税〔2014〕26号)。	企业所得税优惠事项备案表。	预缴享受年度备案	1.主营业务属于企业所得税优惠目录中的具体项目的相关证明材料; 2.符合目录中的主营业务收入占企业收入总额70%以上的说明; 3.广东横琴平潭综合实验区、福建平潭和深圳前海深港服务业合作区税务机关要求提供的其他资料。

续表

序号	优惠事项名称	政策概述	主要政策依据	备案资料	预缴期是否享受优惠	主要留存备查资料
52	购置用于环境保护、节能节水、安全生产等专用设备的投资额按一定比例实行税额抵免	企业购置并实际使用《环境保护专用设备企业所得税优惠目录》《节能节水专用设备企业所得税优惠目录》和《安全生产专用设备企业所得税优惠目录》规定的环境保护、节能节水、安全生产等专用设备的，该专用设备的投资额的10%可以从企业当年的应纳税额中抵免；当年不足抵免的，可以在以后5个纳税年度结转抵免。享受上述优惠的企业，应当实际购置并自身实际投入使用前款规定的专用设备；企业购置上述专用设备在5年内转让、出租的，应当停止享受企业所得税优惠，并补缴已经抵免的企业所得税税款。	1.《中华人民共和国企业所得税法》第三十四条；2.《中华人民共和国企业所得税法实施条例》第一百条；3.《财政部、国家税务总局关于执行环境保护专用设备企业所得税优惠目录、节能节水专用设备企业所得税优惠目录和安全生产专用设备企业所得税优惠目录有关问题的通知》（财税〔2008〕48号）；4.《财政部、国家税务总局、国家发展改革委关于公布节能节水专用设备企业所得税优惠目录（2008年版）和环境保护专用设备企业所得税优惠目录（2008年版）的通知》（财税〔2008〕115号）；5.《财政部、国家税务总局、国家安全监管总局关于公布安全生产专用设备企业所得税优惠目录（2008年版）的通知》（财税〔2008〕118号）；6.《财政部、国家税务总局关于执行环境保护、节能节水、安全生产专用设备投资抵免企业所得税有关政策若干问题的通知》（财税〔2009〕69号）第十条；7.《国家税务总局关于环境保护、节能节水、安全生产专用设备投资抵免企业所得税有关问题的通知》（国税函〔2010〕256号）。	企业所得税优惠事项备案表。	汇缴享受	1. 购买并自身投入使用的专用设备清单及发票；2. 以融资租赁方式取得的专用设备的合同或协议；3. 专用设备属于《环境保护专用设备企业所得税优惠目录》《节能节水专用设备企业所得税优惠目录》或《安全生产目录》中的具体项目的说明；4. 省税务机关规定的其他资料。

续表

序号	优惠事项名称	政策概述	主要政策依据	备案资料	预缴期是否享受优惠	主要留存备查资料
53	固定资产或购入软件等可以加速折旧或摊销	由于技术进步、产品更新换代较快的固定资产;常年处于强震动、高腐蚀状态的固定资产,企业可以采取缩短折旧年限或者采取加速折旧的方法。集成电路生产企业的生产设备,其折旧年限可以适当缩短,最短可为3年(含)。企业外购的软件,凡符合固定资产或无形资产确认条件的,可以按照固定资产或无形资产进行核算,其折旧或摊销年限可以适当缩短,最短可为2年(含)。	1.《中华人民共和国企业所得税法》第三十二条; 2.《中华人民共和国企业所得税法实施条例》第九十八条; 3.《国家税务总局关于企业固定资产加速折旧所得税处理有关问题的通知》(国税发[2009]81 号); 4.《财政部、国家税务总局关于进一步鼓励软件产业和集成电路产业发展企业所得税政策的通知》(财税[2012]27 号)第七条、第八条; 5.《国家税务总局关于执行软件企业所得税优惠政策有关问题的公告》(国家税务总局公告 2013 年第 43 号)。	不履行备案手续	汇缴享受(税会处理一致的,自预缴享受;税会处理不一致的,汇缴享受)	1. 固定资产的功能、预计使用年限短于规定计算折旧的最低年限的理由、证明资料及有关情况的说明; 2. 被替代的旧固定资产的功能、使用周期、处置等情况的说明; 3. 固定资产加速折旧拟采用的方法和折旧额的说明; 4. 集成电路生产企业认定证书(集成电路生产企业的生产设备适用本项优惠); 5. 拟缩短折旧或摊销年限或摊销年限(外购软件缩短折旧或摊销年限)的说明; 6. 省税务机关规定的其他资料。

续表

序号	优惠事项名称	政策概述	主要政策依据	备案资料	预缴期是否享受优惠	主要留存备查资料
54	固定资产加速折旧或一次性扣除	对生物药品制造业，专用设备制造业，铁路、船舶、航空航天和其他运输设备制造业，计算机、通信和其他电子设备制造业，仪器仪表制造业，信息传输、软件和信息技术服务业，轻工、纺织、机械、汽车等六个行业企业新购进的固定资产，可缩短折旧年限或采取加速折旧的方法。对所有行业企业2014年1月1日后新购进的专门用于研发的仪器、设备，单位价值不超过100万元的，允许一次性计入当期成本费用在计算应纳税所得额时扣除，不再分年度计算折旧；单位价值超过100万元的，可缩短折旧年限或采取加速折旧的方法。对所有行业企业持有的单位价值不超过5000元的固定资产，允许一次性计入当期成本费用在计算应纳税所得额时扣除，不再分年度计算折旧。	1.《财政部、国家税务总局关于完善固定资产加速折旧企业所得税政策的通知》（财税〔2014〕75号）；2.《国家税务总局关于固定资产加速折旧税收政策有关问题的公告》（国家税务总局公告2014年第64号）；3.《财政部、国家税务总局关于进一步完善固定资产加速折旧企业所得税政策的通知》（财税〔2015〕106号）；4.《国家税务总局关于进一步完善固定资产加速折旧企业所得税政策有关问题的公告》（国家税务总局公告2015年第68号）。	不履行备案手续	预缴享受年度备案	1.企业属于重点行业、领域企业为主营业务、固定资产重点行业主营业务、固定资产投入使用当年主营业务收入占企业收入总额50%（不含）以上的说明材料；2.购进固定资产的发票，记账凭证等有关凭证、凭据（购入已使用过的固定资产，应提供已使用年限的相关说明）等资料；3.核算有关固定资产税法与会计差异的台账；4.省税务机关规定的其他资料。
55	享受过渡期税收优惠定期减免企业所得税	自2008年1月1日起，原享受企业所得税"五免五减半"等定期减免税优惠的企业，新税法施行后继续按原文件规定的优惠办法及年限享受至期满为止，但因未获利而尚未享受税收优惠的，优惠期限从2008年度起计算。	《国务院关于实施企业所得税过渡优惠政策的通知》（国发〔2007〕39号）。	企业所得税优惠事项备案表。	预缴期内无需备案，发生变更时备案。	省税务机关规定的其他资料。

附件 2

企业所得税优惠事项备案表

( )年度

纳税人识别号		纳税人名称		
经办人		联系电话		
优惠事项备案情况				
优惠事项名称				
备案类别(√)	正常备案( )		变更备案( )	
享受优惠期间	自 年 月 日至 年 月 日			
主要政策依据文件及文号				
具有相关资格的批准文件(证书)及文号(编号)		文件(证书)有效期	自 年 月 日 至 年 月 日	
有关情况说明				
企业留存备查资料清单	1.			
	2.			
	3.			
	4.			
	5.			
	6.			
	7.			
	8.			
企业声明	我单位已知悉本优惠事项全部相关政策和管理要求。此表是根据《中华人民共和国企业所得税法》及其实施条例和国家税收规定填报的,是真实、完整的,提交的资料真实、合法、有效。 (企业公章) 财务负责人: 法定代表人(负责人): 年 月 日			
税务机关回执	您单位于 年 月 日向我机关提交本表及相关资料。我机关意见: 。特此告知。 (税务机关印章) 经办人: 年 月 日			

填报说明

一、企业向税务机关进行企业所得税优惠事项备案时填写本表。

二、企业同时备案多个所得税优惠事项的,应当分别填写本表。

三、纳税人识别号、纳税人名称:按照税务机关核发的税务登记证件规范填写。商事登记改革后,不再取得税务登记证件的企业,纳税人识别号填写"统一社会信用代码"。

四、优惠事项名称:按照《企业所得税优惠事项备案管理目录》中的"优惠事项名称"规范填写。

五、备案类别:企业根据情况选择填写"正常备案""变更备案"。

变更备案:是指企业享受定期减免税事项,在其备案后的有效年度内,税收优惠条件发生变化,但仍然符合税收政策规定,可以继续享受优惠政策。

六、享受优惠期间:填写优惠事项起止日期。对于优惠期间超过一个纳税年度且有具体起止时间的定期减免税,填写相应的起止期间。对于定期减免税以外的其他优惠事项,填写享受优惠事项所属年度的 1 月 1 日(新办企业填写成立日期)—12 月 31 日(年度中间停业,填写汇算清缴日期)。

七、主要政策依据文件及文号:按照《企业所得税优惠事项备案管理目录》中的"主要政策依据"规范填写。"主要政策依据"涉及税法和具体税收政策文件的,填写直接相关的政策依据。

八、具有相关资格的批准文件(证书)及文号(编号):企业享受优惠事项,按照规定需要具备相关资格的,应当填写有关部门的批准文件或颁发的相关证书名称及文号(编号)。按照规定,不需要取得上述批准文件(证书)的,填写"无"。

文件(证书)包括但不限于:高新技术企业证书、动漫企业证书、集成电路生产企业证书、原软件企业证书、原资源综合利用认定证书、非营利组织认定文件、远洋捕捞许可证书等。

九、文件(证书)有效期:按照批准文件或颁发证书的实际内容填写。

十、有关情况说明:企业简要概述享受优惠事项的具体内容,如"从事蔬菜种植免税""从事公路建设投资三免三减半"等。企业备案的优惠事项需要符合国家规定的特定行业、范围或者对优惠事项实行目录管理的,企业应当指明符合哪个特定行业、范围或目录中的哪一个具体行业或项目。

特定行业、范围、目录包括但不限于:《享受企业所得税优惠政策的农产品初加工范围(试行)》《产业结构调整指导目录》《公共基础设施项目企业所得税优惠目录》《环境保护、节能节水项目企业所得税优惠目录》《国家重点支持的高新技术领域》《资源综合利用企业所得税优惠目录》等。

部分优惠事项对承租、承包等有限制的,企业应予以说明。

备案时一并附送相关书面资料的,在本栏列示相关资料名称。

十一、企业留存备查资料清单:按照《企业所得税优惠事项备案管理目录》中"主要留存备查资料",结合企业实际情况规范填写。

十二、税务机关接收本表和附报资料后,应当对本表的填写内容是否齐全,提交资料是否完整进行形式审核。受理环节不核实企业备案资料真实性,备案资料真实性、合法性由企业负责。税务机关应当在税务机关回执栏中标注受理意见,并注明日期,加盖税务机关印章。

十三、本表一式二份。一份交付企业作为提交备案的证明留存,一份由税务机关留存。采取网络备案的,其留存情况由省、自治区、直辖市和计划单列市国家税务局、地方税务局联合规定。

附件3

汇总纳税企业分支机构已备案优惠事项清单

总机构	纳税人名称		纳税人识别号		经办人		联系电话	
分支机构备案情况表								
序号	分支机构名称		纳税人识别号	优惠项目		分支机构主管税务机关		
1								
……								

填报说明

一、本表由跨地区(省、自治区、直辖市和计划单列市)经营汇总纳税企业总机构填报。同一省、自治区、直辖市和计划单列市内汇总纳税企业是否适用本表,由省国家税务局、地方税务局联合规定。

二、分支机构享受所得减免、研发费用加计扣除、安置残疾人员、促进就业、部分区域性税收优惠(西部大开发、经济特区、上海浦东新区、深圳前海、广东横琴、福建平潭),以及购置环境保护、节能节水、安全生产等专用设备投资抵免税额优惠,由二级分支机构向其主管税务机关备案。在二级分支机构向其主管税务机关备案后,总机构汇总填报本表。其他优惠事项,由总机构统一备案,二级分支机构不填报本表。

三、各列次填报

(一)分支机构名称:填报税务机关核发的分支机构税务登记证记载的纳税人全称。商事登记改革后,不再取得税务登记证件的,填写工商执照上记载的纳税人全称。

一个分支机构同时享受多项税收优惠的,填写本表时,对该分支机构已备案优惠事项依次逐行填写完毕后,再填写下一个分支机构备案情况。

(二)纳税人识别号:填报税务机关核发的分支机构税务登记证件号码。商事登记改革后,不再取得税务登记证件的,纳税人识别号填写"统一社会信用代码"。

(三)优惠项目:由总机构填报二级分支机构符合税法有关规定条件享受税收优惠时向主管税务机关进行备案的优惠项目名称。

(四)分支机构主管税务机关:填报享受优惠政策的二级分支机构的主管税务机关规范名称,填写至县级税务机关。如"××省(市、区)××县(区、市)国家税务局(地方税务局)。

3-2-15
国家税务总局关于有限合伙制创业投资
企业法人合伙人企业所得税有关问题的公告

2015年11月16日　　国家税务总局公告2015年第81号

根据《中华人民共和国企业所得税法》及其实施条例、《财政部　国家税务总局关于将国家自主创新示范区有关税收试点政策推广到全国范围实施的通知》(财税〔2015〕116号)规定,现就有限合伙制创业投资企业法人合伙人企业所得税有关问题公告如下:

一、有限合伙制创业投资企业是指依照《中华人民共和国合伙企业法》《创业投资企业管理暂行办法》(国家发展和改革委员会令第39号)和《外商投资创业投资企业管理规定》(外经贸部、科技部、工商总局、税务总局、外汇管理局令2003年第2号)设立的专门从事创业投资活动的有限合伙企业。

二、有限合伙制创业投资企业的法人合伙人,是指依照《中华人民共和国企业所得税法》及其实施条例以及相关规定,实行查账征收企业所得税的居民企业。

三、有限合伙制创业投资企业采取股权投资方式投资于未上市的中小高新技术企业满2年(24个月,下同)的,其法人合伙人可按照对未上市中小高新技术企业投资额的70%抵扣该法人合伙人从该有限合伙制创业投资企业分得的应纳税所得额,当年不足抵扣的,可以在以后纳税年度结转抵扣。

所称满2年是指2015年10月1日起,有限合伙制创业投资企业投资于未上市中小高新技术企业的实缴投资满2年,同时,法人合伙人对该有限合伙制创业投资企业的实缴出资也应满2年。

如果法人合伙人投资于多个符合条件的有限合伙制创业投资企业,可合并计算其可抵扣的投资额和应分得的应纳税所得额。当年不足抵扣的,可结转以后纳税年度继续抵扣;当年抵扣后有结余的,应按照企业所得税法的规定计算缴纳企业所得税。

四、有限合伙制创业投资企业的法人合伙人对未上市中小高新技术企业的投资额,按照有限合伙制创业投资企业对中小高新技术企业的投资额和合伙协议约定的法人合伙人占有限合伙制创业投资企业的出资比例计算确定。其中,有限合伙制创业投资企业对中小高新技术企业的投资额按实缴投资额计算;法人合伙人占有限合伙制创业投资企业的出资比例按法人合伙人对有限合伙制创业投资企业的实缴出资额占该有限合伙制创业投资企业的全部实缴出资额的比例计算。

五、有限合伙制创业投资企业应纳税所得额的确定及分配,按照《财政部　国家税务总局关于合伙企业合伙人所得税问题的通知》(财税〔2008〕159号)相关规定执行。

六、有限合伙制创业投资企业法人合伙人符合享受优惠条件的,应在符合条件的年度终了后3个月内向其主管税务机关报送《有限合伙制创业投资企业法人合伙人应纳税所得额分配情况明细表》(附件1)。

七、法人合伙人向其所在地主管税务机关备案享受投资抵扣应纳税所得额时,应提交《法人合伙人应纳税所得额抵扣情况明细表》(附件2)以及有限合伙制创业投资企业所在地主管税务机关受理后的《有限合伙制创业投资企业法人合伙人应纳税所得额分配情况明细表》,同时将《国家税务总局关于实施创业投资企业所得税优惠问题的通知》(国税发〔2009〕87号)规定报送的备案资料留存备查。

八、本公告自2015年10月1日起执行。2015年度符合优惠条件的企业,可统一在2015年度汇算清缴时办理相关手续。《国家税务总局关于苏州工业园区有限合伙制创业投资企业法人合伙人企业所得税政策试点有关征收管理问题的公告》(国家税务总局公告2013年第25号)同时废止。

特此公告。

附件:1. 有限合伙制创业投资企业法人合伙人应纳税所得额分配情况明细表(编者略)

　　　2. 法人合伙人应纳税所得额抵扣情况明细表(编者略)

3-2-16
国家税务总局关于许可使用权技术
转让所得企业所得税有关问题的公告

2015年11月16日　　国家税务总局公告2015年第82号

根据《中华人民共和国企业所得税法》及其实施条例、《财政部　国家税务总局关于将国家自主创新示范区有关税收试点政策推广到全国范围实施的通知》(财税〔2015〕116号)规定,现就许可使用权技术转让所得企业所得税有关问题公告如下:

一、自2015年10月1日起,全国范围内的居民企业转让5年(含,下同)以上非独占许可使用权取得的技术转让所得,纳入享受企业所得税优惠的技术转让所得范围。居民企业的年度技术转让所得不超过500万元的部分,免征企业所得税;超过500万元的部分,减半征收企业所得税。

所称技术包括专利(含国防专利)、计算机软件著作权、集成电路布图设计专有权、植物新品种权、生物医药新品种,以及财政部和国家税务总局确定的其他技术。其中,专利是指法律授予独占权的发明、实用新型以及非简单改变产品图案和形状的外观设计。

二、企业转让符合条件的5年以上非独占许可使用权的技术,限于其拥有所有权的技术。技术所有权的权属由国务院行政主管部门确定。其中,专利由国家知识产权局确定权属;国防专利由总装备部确定权属;计算机软件著作权由国家版权局确定权属;集成电路布图设计专有权由国家知识产权局确定权属;植物新品种权由农业部确定权属;生物医药新品种由国家食品药品监督管理总局确定权属。

三、符合条件的5年以上非独占许可使用权技术转让所得应按以下方法计算:

技术转让所得=技术转让收入-无形资产摊销费用-相关税费-应分摊期间费用

技术转让收入是指转让方履行技术转让合同后获得的价款,不包括销售或转让设备、仪器、零部件、原材料等非技术性收入。不属于与技术转让项目密不可分的技术咨询、服务、培训等收入,不得计入技术转让收入。技术许可使用权转让收入,应按转让协议约定的许可使用权人应付许可使用权使用费的日期确认收入的实现。

无形资产摊销费用是指该无形资产按税法规定当年计算摊销的费用。涉及自用和对外许可使用的,应按照受益原则合理划分。

相关税费是指技术转让过程中实际发生的有关税费,包括除企业所得税和允许抵扣的增值税以外的各项税金及其附加、合同签订费用、律师费等相关费用。

应分摊期间费用(不含无形资产摊销费用和相关税费)是指技术转让按照当年销售收入占比分摊的期间费用。

四、企业享受技术转让所得企业所得税优惠的其他相关问题,仍按照《国家税务总局关于技术转让所得减免企业所得税有关问题的通知》(国税函〔2009〕212号)、《财政部 国家税务总局关于居民企业技术转让有关企业所得税政策问题的通知》(财税〔2010〕111号)、《国家税务总局关于技术转让所得减免企业所得税有关问题的公告》(国家税务总局公告2013年第62号)规定执行。

五、本公告自2015年10月1日起施行。本公告实施之日起,企业转让5年以上非独占许可使用权确认的技术转让收入,按本公告执行。

特此公告。

3－2－17
北京市财政局　北京市国家税务局　北京市
地方税务局　北京市科学技术委员会转发
财政部　国家税务总局　科技部关于完善
研究开发费用税前加计扣除政策的通知

2015 年 12 月 10 日　京财税〔2015〕2504 号

各区县财政局、国家税务局、地方税务局、科学技术委员会,市国家税务局直属税务分局、市地税局直属分局:

　　现将《财政部　国家税务总局　科技部关于完善研究开发费用税前加计扣除政策的通知》(财税〔2015〕119 号)转发给你们,请遵照执行。

　　附件:财政部　国家税务总局　科技部关于完善研究开发费用税前加计扣除政策的通知(财税〔2015〕119 号)

财政部　国家税务总局　科技部关于完善
研究开发费用税前加计扣除政策的通知

2015 年 11 月 2 日　财税〔2015〕119 号

各省、自治区、直辖市、计划单列市财政厅(局)、国家税务局、地方税务局、科技厅(局),新疆生产建设兵团财务局、科技局:

　　根据《中华人民共和国企业所得税法》及其实施条例有关规定,为进一步贯彻落实《中共中央　国务院关于深化体制机制改革加快实施创新驱动发展战略的若干意见》精神,更好地鼓励企业开展研究开发活动(以下简称研发活动)和规范企业研究开发费用(以下简称研发费用)加计扣除优惠政策执行,现就企业研发费用税前加计扣除有关问题通知如下:

　　一、研发活动及研发费用归集范围

　　本通知所称研发活动,是指企业为获得科学与技术新知识,创造性运用科学技术新知识,或实质性改进技术、产品(服务)、工艺而持续进行的具有明确目标的系统性活动。

　　(一)允许加计扣除的研发费用。

　　企业开展研发活动中实际发生的研发费用,未形成无形资产计入当期损益的,在按规定据实扣除的基础上,按照本年度实际发生额的50%,从本年度应纳税所得额中扣除;形成无形资产的,按照无形资产成本的150%在税前摊销。研发费用的具体范围包括:

　　1. 人员人工费用。

　　直接从事研发活动人员的工资薪金、基本养老保险费、基本医疗保险费、失业保险费、工伤保险费、生育保险费和住房公积金,以及外聘研发人员的劳务费用。

　　2. 直接投入费用。

　　(1)研发活动直接消耗的材料、燃料和动力费用。

　　(2)用于中间试验和产品试制的模具、工艺装备开发及制造费,不构成固定资产的样品、样机及一般测试手段购置费,试制产品的检验费。

　　(3)用于研发活动的仪器、设备的运行维护、调整、检验、维修等费用,以及通过经营租赁方式租入的用于研发活动的仪器、设备租赁费。

　　3. 折旧费用。

　　用于研发活动的仪器、设备的折旧费。

　　4. 无形资产摊销。

　　用于研发活动的软件、专利权、非专利技术(包括许可证、专有技术、设计和计算方法等)的摊销费用。

　　5. 新产品设计费、新工艺规程制定费、新药研制的临床试验费、勘探开发技术的现场试验费。

　　6. 其他相关费用。

　　与研发活动直接相关的其他费用,如技术图书资料费、资料翻译费、专家咨询费、高新科技研发保险费,研发成果的检索、分析、评议、论证、鉴定、评审、评估、验收费用,知识产权的申请费、注册费、代理费、差旅费、会议费等。此项费用总额不得超过可加计扣除研发费用总额的10%。

　　7. 财政部和国家税务总局规定的其他费用。

　　(二)下列活动不适用税前加计扣除政策。

　　1. 企业产品(服务)的常规性升级。

　　2. 对某项科研成果的直接应用,如直接采用公开的新工艺、材料、装置、产品、服务或知识等。

　　3. 企业在商品化后为顾客提供的技术支持活动。

　　4. 对现存产品、服务、技术、材料或工艺流程进行的重复或简单改变。

　　5. 市场调查研究、效率调查或管理研究。

　　6. 作为工业(服务)流程环节或常规的质量控制、测试分析、维修维护。

　　7. 社会科学、艺术或人文学方面的研究。

　　二、特别事项的处理

1. 企业委托外部机构或个人进行研发活动所发生的费用,按照费用实际发生额的80%计入委托方研发费用并计算加计扣除,受托方不得再进行加计扣除。委托外部研究开发费用实际发生额应按照独立交易原则确定。

委托方与受托方存在关联关系的,受托方应向委托方提供研发项目费用支出明细情况。

企业委托境外机构或个人进行研发活动所发生的费用,不得加计扣除。

2. 企业共同合作开发的项目,由合作各方就自身实际承担的研发费用分别计算加计扣除。

3. 企业集团根据生产经营和科技开发的实际情况,对技术要求高、投资数额大,需要集中研发的项目,其实际发生的研发费用,可以按照权利和义务相一致、费用支出和收益分享相配比的原则,合理确定研发费用的分摊方法,在受益成员企业间进行分摊,由相关成员企业分别计算加计扣除。

4. 企业为获得创新性、创意性、突破性的产品进行创意设计活动而发生的相关费用,可按照本通知规定进行税前加计扣除。

创意设计活动是指多媒体软件、动漫游戏软件开发,数字动漫、游戏设计制作;房屋建筑工程设计(绿色建筑评价标准为三星)、风景园林工程专项设计;工业设计、多媒体设计、动漫及衍生产品设计、模型设计等。

三、会计核算与管理

1. 企业应按照国家财务会计制度要求,对研发支出进行会计处理;同时,对享受加计扣除的研发费用按研发项目设置辅助账,准确归集核算当年可加计扣除的各项研发费用实际发生额。企业在一个纳税年度内进行多项研发活动的,应按照不同研发项目分别归集可加计扣除的研发费用。

2. 企业应对研发费用和生产经营费用分别核算,准确、合理归集各项费用支出,对划分不清的,不得实行加计扣除。

四、不适用税前加计扣除政策的行业

1. 烟草制造业。

2. 住宿和餐饮业。

3. 批发和零售业。

4. 房地产业。

5. 租赁和商务服务业。

6. 娱乐业。

7. 财政部和国家税务总局规定的其他行业。

上述行业以《国民经济行业分类与代码(GB/4754—2011)》为准,并随之更新。

五、管理事项及征管要求

1. 本通知适用于会计核算健全、实行查账征收并能够准确归集研发费用的居民企业。

2. 企业研发费用各项目的实际发生额归集不准确、汇总额计算不准确的,税务机关有权对其税前扣除额或加计扣除额进行合理调整。

3. 税务机关对企业享受加计扣除优惠的研发项目有异议的,可以转请地市级(含)以上科技行政主管部门出具鉴定意见,科技部门应及时回复意见。企业承担省部级(含)以上科研项目的,以及以前年度已鉴定的跨年度研发项目,不再需要鉴定。

4. 企业符合本通知规定的研发费用加计扣除条件而在2016年1月1日以后未及时享受该项税收优惠的,可以追溯享受并履行备案手续,追溯期限最长为3年。

5. 税务部门应加强研发费用加计扣除优惠政策的后续管理,定期开展核查,年度核查面不得低于20%。

六、执行时间

本通知自2016年1月1日起执行。《国家税务总局关于印发〈企业研究开发费用税前扣除管理办法(试行)〉的通知》(国税发〔2008〕116号)和《财政部　国家税务总局关于研究开发费用税前加计扣除有关政策问题的通知》(财税〔2013〕70号)同时废止。

3－2－18
国家税务总局关于企业研究开发费用
税前加计扣除政策有关问题的公告

2015年12月29日　　国家税务总局公告2015年第97号

根据《中华人民共和国企业所得税法》及其实施条例(以下简称税法)、《财政部　国家税务总局　科技部关于完善研究开发费用税前加计扣除政策的通知》(财税〔2015〕119号,以下简称《通知》)规定,现就落实完善研究开发费用(以下简称研发费用)税前加计扣除政策有关问题公告如下:

一、研究开发人员范围

企业直接从事研发活动人员包括研究人员、技术人员、辅助人员。研究人员是指主要从事研究开发项目的专业人员;技术人员是指具有工程技术、自然科学和生命科学中一个或一个以上领域的技术知识和经验,在研究人员指导下参与研发工作的人员;辅助人员是指参与研究开发活动的技工。

企业外聘研发人员是指与本企业签订劳务用工协议(合同)和临时聘用的研究人员、技术人员、辅助人员。

二、研发费用归集

(一)加速折旧费用的归集

企业用于研发活动的仪器、设备,符合税法规定且选择加速折旧优惠政策的,在享受研发费用税前加计扣除时,就已经进行会计处理计算的折旧、费用的部分加计扣除,但不得超过按税法规定计算的金额。

(二)多用途对象费用的归集

企业从事研发活动的人员和用于研发活动的仪器、设备、无形资产,同时从事或用于非研发活动的,应对其人员活动及仪器设备、无形资产使用情况做必要记录,并将其实际发生的相关费用按实际工时占比等合理方法在研发费用和生产经营费用间分配,未分配的不得加计扣除。

(三)其他相关费用的归集与限额计算

企业在一个纳税年度内进行多项研发活动的,应按照不同研发项目分别归集可加计扣除的研发费用。在计算每个项目其他相关费用的限额时应当按照以下公式计算:

其他相关费用限额=《通知》第一条第一项允许加计扣除的研发费用中的第1项至第5项的费用之和×10%/(1-10%)。

当其他相关费用实际发生数小于限额时,按实际发生数计算税前加计扣除数额;当其他相关费用实际发生数大于限额时,按限额计算税前加计扣除数额。

(四)特殊收入的扣减

企业在计算加计扣除的研发费用时,应扣减已按《通知》规定归集计入研发费用,但在当期取得的研发过程中形成的下脚料、残次品、中间试制品等特殊收入;不足扣减的,允许加计扣除的研发费用按零计算。

企业研发活动直接形成产品或作为组成部分形成的产品对外销售的,研发费用中对应的材料费用不得加计扣除。

(五)财政性资金的处理

企业取得作为不征税收入处理的财政性资金用于研发活动所形成的费用或无形资产,不得计算加计扣除或摊销。

(六)不允许加计扣除的费用

法律、行政法规和国务院财税主管部门规定不允许企业所得税前扣除的费用和支出项目不得计算加计扣除。

已计入无形资产但不属于《通知》中允许加计扣除研发费用范围的,企业摊销时不得计算加计扣除。

三、委托研发

企业委托外部机构或个人开展研发活动发生的费用,可按规定税前扣除;加计扣除时按照研发活动发生费用的80%作为加计扣除基数。委托个人研发的,应凭个人出具的发票等合法有效凭证在税前加计扣除。

企业委托境外研发所发生的费用不得加计扣除,其中受托研发的境外机构是指依照外国和地区(含港澳台)法律成立的企业和其他取得收入的组织。受托研发的境外个人是指外籍(含港澳台)个人。

四、不适用加计扣除政策行业的判定

《通知》中不适用税前加计扣除政策行业的企业,是指以《通知》所列行业业务为主营业务,其研发费用发生当年的主营业务收入占企业按税法第六条规定计算的收入总额减除不征税收入和投资收益的余额50%(不含)以上的企业。

五、核算要求

企业应按照国家财务会计制度要求,对研发支出进行会计处理。研发项目立项时应设置研发支出辅助账,由企业留存备查;年末汇总分析填报研发支出辅助账汇总表,并在报送《年度财务会计报告》的同时随附注一并报送主管税务机关。研发支出辅助账、研发支出辅助账汇总表可参照本公告所附样式(见附件)编制。

六、申报及备案管理

(一)企业年度纳税申报时,根据研发支出辅助账汇总表填报研发项目可加计扣除研发费用情况归集表(见附件),在年度纳税申报时随申报表一并报送。

(二)研发费用加计扣除实行备案管理,除"备案资料"和"主要留存备查资料"按照本公告规定执行外,其他备案管理要求按照《国家税务总局关于发布〈企业所得税优惠政策事项办理办法〉的公告》(国家税务总局公告2015 年第76 号)的规定执行。

(三)企业应当不迟于年度汇算清缴纳税申报时,向税务机关报送《企业所得税优惠事项备案表》和研发项目文件完成备案,并将下列资料留存备查:

1. 自主、委托、合作研究开发项目计划书和企业有权部门关于自主、委托、合作研究开发项目立项的决议文件;

2. 自主、委托、合作研究开发专门机构或项目组的编制情况和研发人员名单;

3. 经科技行政主管部门登记的委托、合作研究开发项目的合同;

4. 从事研发活动的人员和用于研发活动的仪器、设备、无形资产的费用分配说明(包括工作使用情况记录);

5. 集中研发项目研发费决算表、集中研发项目费用分摊明细情况表和实际分享收益比例等资料;

6. "研发支出"辅助账;

7. 企业如果已取得地市级(含)以上科技行政主管部门出具的鉴定意见,应作为资料留存备查;

8. 省税务机关规定的其他资料。

七、后续管理与核查

税务机关应加强对享受研发费用加计扣除优惠企业的后续管理和监督检查。每年汇算清缴期结束后应开展核查,核查面不得低于享受该优惠企业户数的20%。省级税务机关可根据实际情况制订具体核查办法或工作措施。

八、执行时间

本公告适用于2016 年度及以后年度企业所得税汇算清缴。

特此公告。

附件:1. 自主研发"研发支出"辅助账(编者略)

2. 委托研发"研发支出"辅助账(编者略)

3. 合作研发"研发支出"辅助账(编者略)

4. 集中研发"研发支出"辅助账(编者略)

5. "研发支出"辅助账汇总表(编者略)

6. 研发项目可加计扣除研究开发费用情况归集表(编者略)

3-2-19

北京市国家税务局　北京市地方税务局
关于 2015 年度企业所得税优惠
政策事项办理的公告

2016 年 1 月 14 日

北京市国家税务局　北京市地方税务局公告 2016 年第 3 号

为转变政府职能,优化纳税服务,提高管理水平,有效落实企业所得税各项优惠政策,按照《国家税务总局关于发布〈企业所得税优惠政策事项办理办法〉的公告》(国家税务总局公告 2015 年第 76 号,以下简称 76 号公告)规定,北京市国家税务局、北京市地方税务局就 2015 年度企业所得税优惠政策事项办理有关内容公告如下:

一、企业应严格按照 76 号公告规定办理企业所得税优惠政策事项,所需提供资料及企业需留存备查的资料详见《2015 年度北京市企业所得税优惠事项备案管理目录》(以下简称《目录》,见附件 1)。

二、《目录》共计 45 项企业所得税优惠事项,包括:不履行备案手续的事项 3 项、仅需报送《企业所得税优惠事项备案表》(以下简称《备案表》,见附件 2)的事项 20 项、除《备案表》还需报送其他资料的事项 22 项。

北京市国家税务局、北京市地方税务局将依据国家税务总局文件适时更新《目录》。

如纳税人办理的税收优惠政策事项未包含在《目录》所列 45 个事项中,请按照 76 号公告所附目录及后续更新目录的要求办理。

三、企业在办理备案手续时,可以自行选择到税务机关备案,或采取网络方式备案。

(一)汇算清缴期内,企业到税务机关办理备案的,应按照《目录》要求报送备案资料;企业采取网络方式备案的,应按照《目录》要求向税务机关上传电子备案资料。

(二)汇算清缴期结束后,企业已经享受税收优惠但未按照规定备案的,应及时补办备案手续,同时提交《目录》列示优惠项目对应的留存备查资料。

(三)企业在享受定期减免税期间,如减免税条件发生变化且需要办理变更备案手续的,可以自行选择到税务机关备案,或采取网络方式备案。

四、本公告自发布之日起施行,《北京市地方税务局关于修改部分企业所得税减免税备案项目内容的公告》(北京市地方税务局公告 2013 年第 4 号)和《北京市国家税务局关于纳税人网上办理企业所得税相关涉税事项的公告》(北京市国家税务局公告 2015 年第 5 号)附件中有关税收优惠事项的相关内容(包括附件 1 的第一条和第二条、附件 2 的第一条和第二条)和《北京市国家税务局关于纳税人经认定后享受企业所得税税收优惠有关事项的公告》(北京市国家税务局公告 2015 年第 6 号)和《北京市国家税务局关于纳税人办理企业所得税部分涉税事项时限的公告》(北京市国家税务局公告 2015 年第 7 号)同时废止。

特此公告。

附件:1. 2015 年度北京市企业所得税优惠事项备案管理目录(编者略)

　　　2. 企业所得税优惠事项备案表(编者略)

链接:

关于《北京市国家税务局　北京市地方税务局关于 2015 年度企业所得税优惠政策事项办理的公告》的政策解读

为贯彻落实《国家税务总局关于发布〈企业所得税优惠政策事项办理办法〉的公告》(国家税务总局公告 2015 年第 76 号)的要求,北京市国家税务局、北京市地方税务局联合下发了《北京市国家税务局　北京市地方税务局关于 2015 年度企业所得税优惠政策事项办理的公告》(北京市国家税务局公告 2015 年第 3 号,以下简称《公告》),现解读如下:

一、北京市国家税务局、北京市地方税务局所辖居民企业所得税纳税人应按《公告》要求办理 2015 年度企业所得税优惠政策事项。

二、为便于居民企业办理企业所得税优惠事项,通过对税务总局优惠事项管理目录进行细分,制定了《2015 年度北京市企业所得税优惠事项备案管理目录》。

三、企业在办理备案手续时,可以自行选择到税务机关备案,或采取网络方式备案。

四、《公告》废止了现行与国家税务总局公告 2015 年第 76 号存在冲突的规定。

3-2-20
北京市财政局　北京市国家税务局　北京市地方税务局转发财政部　国家税务总局铁路债券利息收入所得税政策问题的通知

2016年4月19日　京财税〔2016〕607号

各区县财政局、国家税务局、地方税务局,市国家税务局直属税务分局,市地方税务局直属分局:

现将《财政部、国家税务总局关于铁路债券利息收入所得税政策问题的通知》(财税〔2016〕30号)转发给你们,请遵照执行。

附件:财政部　国家税务总局关于铁路债券利息收入所得税政策问题的通知(财税〔2016〕30号)

财政部　国家税务总局关于铁路债券利息收入所得税政策问题的通知

2016年3月10日　财税〔2016〕30号

各省、自治区、直辖市、计划单列市财政厅(局)、国家税务局、地方税务局,新疆生产建设兵团财务局:

经国务院批准,现就投资者取得中国铁路总公司发行的铁路债券利息收入有关所得税政策通知如下:

一、对企业投资者持有2016—2018年发行的铁路债券取得的利息收入,减半征收企业所得税。

二、对个人投资者持有2016—2018年发行的铁路债券取得的利息收入,减按50%计入应纳税所得额计算征收个人所得税。税款由兑付机构在向个人投资者兑付利息时代扣代缴。

三、铁路债券是指以中国铁路总公司为发行和偿还主体的债券,包括中国铁路建设债券、中期票据、短期融资券等债务融资工具。

请遵照执行。

3-2-21

北京市财政局　北京市国家税务局　北京市地方税务局　北京市发展和改革委员会北京市经济和信息化委员会转发财政部国家税务总局　发展改革委　工业和信息化部关于软件和集成电路产业企业所得税优惠政策有关问题的通知

2016年5月31日　京财税〔2016〕930号

各区财政局、国家税务局、地方税务局、发展改革委、经济和信息化委,市国家税务局直属税务分局,市地方税务局直属分局:

现将《财政部　国家税务总局　发展改革委　工业和信息化部关于软件和集成电路产业企业所得税优惠政策有关问题的通知》(财税〔2016〕49号)转发给你们,请遵照执行。

附件:《财政部　国家税务总局　发展改革委　工业和信息化部关于软件和集成电路产业企业所得税优惠政策有关问题的通知》(财税〔2016〕49号)

财政部　国家税务总局　发展改革委工业和信息化部关于软件和集成电路产业企业所得税优惠政策有关问题的通知

2016年5月4日　财税〔2016〕49号

各省、自治区、直辖市、计划单列市财政厅(局)、国家税务局、地方税务局、发展改革委、工业和信息化主管部门:

按照《国务院关于取消和调整一批行政审批项目等事项的决定》(国发〔2015〕11号)和《国务院关于取消非行政许可审批事项的决定》(国发〔2015〕27号)规定,集成电路生产企业、集成电路设计企业、软件企业、国家规划布局内的重点软件企业和集成电路设计企业(以下统称软件、集成电路企业)的税收优惠资格认定等非行政许可审批已经取消。为做好《财政部　国家税务总局关于进一步鼓励软件产业和集成电路

产业发展企业所得税政策的通知》(财税〔2012〕27号)规定的企业所得税优惠政策落实工作,现将有关问题通知如下:

一、享受财税〔2012〕27号文件规定的税收优惠政策的软件、集成电路企业,每年汇算清缴时应按照《国家税务总局关于发布〈企业所得税优惠政策事项办理办法〉的公告》(国家税务总局公告2015年第76号)规定向税务机关备案,同时提交《享受企业所得税优惠政策的软件和集成电路企业备案资料明细表》(见附件)规定的备案资料。

为切实加强优惠资格认定取消后的管理工作,在软件、集成电路企业享受优惠政策后,税务部门转请发展改革、工业和信息化部门进行核查。对经核查不符合软件、集成电路企业条件的,由税务部门追缴其已经享受的企业所得税优惠,并按照税收征管法的规定进行处理。

二、财税〔2012〕27号文件所称集成电路生产企业,是指以单片集成电路、多芯片集成电路、混合集成电路制造为主营业务并同时符合下列条件的企业:

(一)在中国境内(不包括港、澳、台地区)依法注册并在发展改革、工业和信息化部门备案的居民企业;

(二)汇算清缴年度具有劳动合同关系且具有大学专科以上学历职工人数占企业月平均职工总人数的比例不低于40%,其中研究开发人员占企业月平均职工总数的比例不低于20%;

(三)拥有核心关键技术,并以此为基础开展经营活动,且汇算清缴年度研究开发费用总额占企业销售(营业)收入(主营业务收入与其他业务收入之和,下同)总额的比例不低于5%;其中,企业在中国境内发生的研究开发费用金额占研究开发费用总额的比例不低于60%;

(四)汇算清缴年度集成电路制造销售(营业)收入占企业收入总额的比例不低于60%;

(五)具有保证产品生产的手段和能力,并获得有关资质认证(包括ISO质量体系认证);

(六)汇算清缴年度未发生重大安全、重大质量事故或严重环境违法行为。

三、财税〔2012〕27号文件所称集成电路设计企业是指以集成电路设计为主营业务并同时符合下列条件的企业:

(一)在中国境内(不包括港、澳、台地区)依法注册的居民企业;

(二)汇算清缴年度具有劳动合同关系且具有大学专科以上学历的职工人数占企业月平均职工总人数的比例不低40%,其中研究开发人员占企业月平均职工总数的比例不低于20%;

(三)拥有核心关键技术,并以此为基础开展经营活动,且汇算清缴年度研究开发费用总额占企业销售(营业)收入总额的比例不低于6%;其中,企业在中国境内发生的研究开发费用金额占研究开发费用总额的比例不低于60%。

(四)汇算清缴年度集成电路设计销售(营业)收入占企业收入总额的比例不低于60%,其中集成电路自主设计销售(营业)收入占企业收入总额的比例不低于50%;

(五)主营业务拥有自主知识产权;

(六)具有与集成电路设计相适应的软硬件设施等开发环境(如EDA工具、服务器或工作站等);

(七)汇算清缴年度未发生重大安全、重大质量事故或严重环境违法行为。

四、财税〔2012〕27号文件所称软件企业是指以软件产品开发销售(营业)为主营业务并同时符合下列条件的企业:

(一)在中国境内(不包括港、澳、台地区)依法注册的居民企业;

(二)汇算清缴年度具有劳动合同关系且具有大学专科以上学历的职工人数占企业月平均职工总人数的比例不低于40%,其中研究开发人员占企业月平均职工总数的比例不低于20%;

(三)拥有核心关键技术,并以此为基础开展经营活动,且汇算清缴年度研究开发费用总额占企业销售(营业)收入总额的比例不低于6%;其中,企业在中国境内发生的研究开发费用金额占研究开发费用总额的比例不低于60%;

(四)汇算清缴年度软件产品开发销售(营业)收入占企业收入总额的比例不低于50%(嵌入式软件产品和信息系统集成产品开发销售(营业)收入占企业收入总额的比例不低于40%),其中:软件产品自主开发销售(营业)收入占企业收入总额的比例不低于40%(嵌入式软件产品和信息系统集成产品开发销售(营业)收入占企业收入总额的比例不低于30%);

(五)主营业务拥有自主知识产权;

(六)具有与软件开发相适应软硬件设施等开发环境(如合法的开发工具等);

(七)汇算清缴年度未发生重大安全、重大质量事故或严重环境违法行为。

五、财税〔2012〕27号文件所称国家规划布局内重点集成电路设计企业除符合本通知第三条规定,还应至少符合下列条件中的一项:

(一)汇算清缴年度集成电路设计销售(营业)收入不低于2亿元,年应纳税所得额不低于1000万元,研究开发人员占月平均职工总数的比例不低于25%;

(二)在国家规定的重点集成电路设计领域内,汇算清缴年度集成电路设计销售(营业)收入不低于2000万元,应纳税所得额不低于250万元,研究开发人员占月平均职工总数的比例不低于35%,企业在中国境内发生的研发开发费用金额占研究开发费用总额的比例不低于70%。

六、财税〔2012〕27号文件所称国家规划布局内重点软件企业是除符合本通知第四条规定,还应至少符合下列条件中的一项:

(一)汇算清缴年度软件产品开发销售(营业)收入不低于2亿元,应纳税所得额不低于1000万元,研究开发人员占企业月平均职工总数的比例不低于25%;

(二)在国家规定的重点软件领域内,汇算清缴年度软件产品开发销售(营业)收入不低于 5000 万元,应纳税所得额不低于 250 万元,研究开发人员占企业月平均职工总数的比例不低于 25%,企业在中国境内发生的研究开发费用金额占研究开发费用总额的比例不低于 70%;

(三)汇算清缴年度软件出口收入总额不低于 800 万美元,软件出口收入总额占本企业年度收入总额比例不低于 50%,研究开发人员占企业月平均职工总数的比例不低于 25%。

七、国家规定的重点软件领域及重点集成电路设计领域,由国家发展改革委、工业和信息化部会同财政部、税务总局根据国家产业规划和布局确定,并实行动态调整。

八、软件、集成电路企业规定条件中所称研究开发费用政策口径,2015 年度仍按《国家税务总局关于印发〈企业研究开发费用税前扣除管理办法(试行)〉的通知》(国税发〔2008〕116 号)和《财政部　国家税务总局关于研究开发费用税前加计扣除有关政策的通知》(财税〔2013〕70 号)的规定执行,2016 年及以后年度按照《财政部　国家税务总局　科技部关于完善研究开发费用税前加计扣除政策的通知》(财税〔2015〕119 号)的规定执行。

九、软件、集成电路企业应从企业的获利年度起计算定期减免税优惠期。如获利年度不符合优惠条件的,应自首次符合软件、集成电路企业条件的年度起,在其优惠期的剩余年限内享受相应的减免税优惠。

十、省级(自治区、直辖市、计划单列市,下同)财政、税务、发展改革和工业和信息化部门应密切配合,通过建立核查机制并有效运用核查结果,切实加强对软件、集成电路企业的后续管理工作。

(一)省级税务部门应在每年 3 月 20 日前和 6 月 20 日前分两批将汇算清缴年度已申报享受软件、集成电路企业税收优惠政策的企业名单及其备案资料提交省级发展改革、工业和信息化部门。其中,享受软件企业、集成电路设计企业税收优惠政策的名单及备案资料提交给省级工业和信息化部门,省级工业和信息化部门组织专家或者委托第三方机构对名单内企业是否符合条件进行核查;享受其他优惠政策的名单及备案资料提交给省级发展改革部门,省级发展改革部门会同工业和信息化部门共同组织专家或者委托第三方机构对名单内企业是否符合条件进行核查。

2015 年度享受优惠政策的企业名单和备案资料,省级税务部门可在 2016 年 6 月 20 日前一次性提交给省级发展改革、工业和信息化部门。

(二)省级发展改革、工业和信息化部门应在收到享受优惠政策的企业名单和备案资料两个月内将复核结果反馈省级税务部门(第一批名单复核结果应在汇算清缴期结束前反馈)。

(三)每年 10 月底前,省级财政、税务、发展改革、工业和信息化部门应将核查结果及税收优惠落实情况联合汇总上报财政部、税务总局、国家发展改革委、工业和信息化部。

如遇特殊情况汇算清缴延期的,上述期限可相应顺延。

(四)省级财政、税务、发展改革、工业和信息化部门可以根据本通知规定,结合当地实际,制定具体操作管理办法,并报财政部、税务总局、发展改革委、工业和信息化部备案。

十一、国家税务总局公告2015年第76号所附《企业所得税优惠事项备案管理目录(2015年版)》第38、41、42、43、46项软件、集成电路企业优惠政策不再作为"定期减免税优惠备案管理事项"管理,本通知执行前已经履行备案等相关手续的,在享受税收优惠的年度仍应按照本通知的规定办理备案手续。

十二、本通知自2015年1月1日起执行。《财政部 国家税务总局关于进一步鼓励软件产业和集成电路产业发展企业所得税政策的通知》(财税〔2012〕27号)第九条、第十条、第十一条、第十三条、第十七条、第十八条、第十九条和第二十条停止执行。国家税务总局公告2015年第76号所附《企业所得税优惠事项备案管理目录(2015年版)》第38项至43项及第46至48项软件、集成电路企业优惠政策的"备案资料""主要留存备查资料"规定停止执行。

附件:享受企业所得税优惠政策的软件和集成电路企业备案资料明细表(编者略)

3－2－22
财政部 国家税务总局 国家发展改革委 工业和信息化部关于完善新疆困难地区重点鼓励发展产业企业所得税优惠目录的通知

2016年9月2日 财税〔2016〕85号

自2016年1月1日起,"对新疆困难地区及新疆喀什、霍尔果斯两个特殊经济开发区新办企业所得税优惠政策的适用目录进行适当调整,统一按照《新疆困难地区重点鼓励发展产业企业所得税优惠目录(试行(2016版本))》执行"。

附件:新疆困难地区重点鼓励发展产业企业所得税优惠目录(试行)2016年版(编者略)

3-2-23
财政部　国家税务总局　商务部　科学
技术部　国家发展和改革委员会关于
新增中国服务外包示范城市适用技术
先进型服务企业所得税政策的通知

2016年10月12日　财税〔2016〕108号

辽宁、吉林、江苏、福建、广西、新疆、青岛、宁波、河南省(自治区、计划单列市)财政厅(局)、国家税务局、地方税务局、商务主管部门、科技厅(委、局)、发展改革委:

　　根据国务院有关批复,现就沈阳等10个新增中国服务外包示范城市适用技术先进型服务企业所得税政策问题通知如下:

　　一、沈阳、长春、南通、镇江、福州(含平潭综合实验区)、南宁、乌鲁木齐、青岛、宁波和郑州等10个新增中国服务外包示范城市按照《财政部、国家税务总局、商务部、科技部、国家发展改革委关于完善技术先进型服务企业有关企业所得税政策问题的通知》(财税〔2014〕59号)的有关规定,适用技术先进型服务企业所得税优惠政策。

　　二、本通知自2016年1月1日起至2018年12月31日止执行。

3-2-24
财政部　国家税务总局　商务部　科学部
国家发展改革委关于在服务贸易创新
发展试点地区推广技术先进型服务
企业所得税优惠政策的通知

2016年11月10日　财税〔2016〕122号

天津、上海、海南、深圳、浙江、湖北、广东、四川、江苏、山东、黑龙江、重庆、贵州、陕西省(直辖市、计划单列市)财政厅(局)、国家税务局、地方税务局、商务主管部门、科技厅(委、局)、发展改革委:

　　为加快服务贸易发展,进一步推进外贸结构优化,根据国务院有关决定精神,现就

在服务贸易创新发展试点地区推广技术先进型服务企业所得税优惠政策通知如下:

一、自2016年1月1日起至2017年12月31日止,在天津、上海、海南、深圳、杭州、武汉、广州、成都、苏州、威海和哈尔滨新区、江北新区、两江新区、贵安新区、西咸新区等15个服务贸易创新发展试点地区(以下简称试点地区)实行以下企业所得税优惠政策:

1. 符合条件的技术先进型服务企业减按15%的税率征收企业所得税。

2. 符合条件的技术先进型服务企业实际发生的职工教育经费支出,不超过工资薪金总额8%的部分,准予在计算应纳税所得额时扣除;超过部分准予在以后纳税年度结转扣除。

二、本通知所称技术先进型服务企业须满足的条件及有关管理事项,按照《财政部　国家税务总局　商务部　科技部　国家发展改革委关于完善技术先进型服务企业有关企业所得税政策问题的通知》(财税〔2014〕59号)的相关规定执行。其中,企业须满足的技术先进型服务业务领域范围按照本通知所附《技术先进型服务业务领域范围(服务贸易类)》执行。

三、试点地区人民政府(管委会)财政、税务、商务、科技和发展改革部门应加强沟通与协作,发现新情况、新问题及时上报财政部、国家税务总局、商务部、科技部和发展改革委。

四、《财政部　国家税务总局　商务部　科技部　国家发展改革委关于完善技术先进型服务企业有关企业所得税政策问题的通知》(财税〔2014〕59号)继续有效。

附件:技术先进型服务业务领域范围(服务贸易类)

附件

技术先进型服务业务领域范围(服务贸易类)

类别	适用范围
一、计算机和信息服务	
1. 信息系统集成服务	系统集成咨询服务;系统集成工程服务;提供硬件设备现场组装、软件安装与调试及相关运营维护支撑服务;系统运营维护服务,包括系统运行检测监控、故障定位与排除、性能管理、优化升级等。
2. 数据服务	数据存储管理服务,提供数据规划、评估、审计、咨询、清洗、整理、应用服务,数据增值服务,提供其他未分类数据处理服务。
二、研究开发和技术服务	
3. 研究和实验开发服务	物理学、化学、生物学、基因学、工程学、医学、农业科学、环境科学、人类地理科学、经济学和人文科学等领域的研究和实验开发服务。
4. 工业设计服务	对产品的材料、结构、机理、形状、颜色和表面处理的设计与选择;对产品进行的综合设计服务,即产品外观的设计、机械结构和电路设计等服务。
5. 知识产权跨境许可与转让	以专利、版权、商标等为载体的技术贸易。知识产权跨境许可是指授权境外机构有偿使用专利、版权和商标等;知识产权跨境转让是指将专利、版权和商标等知识产权售卖给境外机构。

续表

类别	适用范围
三、文化技术服务	
6. 文化产品数字制作及相关服务	采用数字技术对舞台剧目、音乐、美术、文物、非物质文化遗产、文献资源等文化内容以及各种出版物进行数字化转化和开发,为各种显示终端提供内容,以及采用数字技术传播、经营文化产品等相关服务。
7. 文化产品的对外翻译、配音及制作服务	将本国文化产品翻译或配音成其他国家语言,将其他国家文化产品翻译或配音成本国语言以及与其相关的制作服务。
四、中医药医疗服务	
8. 中医药医疗保健及相关服务	与中医药相关的远程医疗保健、教育培训、文化交流等服务。

3-2-25

北京市财政局　北京市国家税务局　北京市地方税务局　北京市民政局转发财政部国家税务总局　民政部关于生产和装配伤残人员专门用品企业免征企业所得税的通知

2016 年 12 月 14 日　京财税〔2016〕2822 号

各区财政局、国家税务局、地方税务局、民政局,市国家税务局直属税务分局、市地税局直属分局:

现将《财政部　国家税务总局　民政部关于生产和装配伤残人员专门用品企业免征企业所得税的通知》(财税〔2016〕111 号)转发给你们,请遵照执行。

附件:财政部　国家税务总局　民政部关于生产和装配伤残人员专门用品企业免征企业所得税的通知

财政部　国家税务总局　民政部关于生产和装配伤残人员专门用品企业免征企业所得税的通知

2016 年 10 月 24 日　财税〔2016〕111 号

各省、自治区、直辖市、计划单列市财政厅(局)、国家税务局、地方税务局、民政厅(局),新疆生产建设兵团财务局、民政局:

经国务院批准,现对生产和装配伤残人员专门用品的企业征免企业所得税政策明确如下：

一、自2016年1月1日—2020年12月31日期间,对符合下列条件的居民企业,免征企业所得税：

1. 生产和装配伤残人员专门用品,且在民政部发布的《中国伤残人员专门用品目录》范围之内。

2. 以销售本企业生产或者装配的伤残人员专门用品为主,其所取得的年度伤残人员专门用品销售收入(不含出口取得的收入)占企业收入总额60%以上。

收入总额,是指《中华人民共和国企业所得税法》第六条规定的收入总额。

3. 企业账证健全,能够准确、完整地向主管税务机关提供纳税资料,且本企业生产或者装配的伤残人员专门用品所取得的收入能够单独、准确核算。

4. 企业拥有假肢制作师、矫形器制作师资格证书的专业技术人员不得少于1人;其企业生产人员如超过20人,则其拥有假肢制作师、矫形器制作师资格证书的专业技术人员不得少于全部生产人员的1/6。

5. 具有与业务相适应的测量取型、模型加工、接受腔成型、打磨、对线组装、功能训练等生产装配专用设备和工具。

6. 具有独立的接待室、假肢或者矫形器(辅助器具)制作室和假肢功能训练室,使用面积不少于115平方米。

二、享受本通知税收优惠的企业,应当按照《国家税务总局关于发布〈企业所得税优惠政策事项办理办法〉的公告》(国家税务总局公告2015年第76号)规定向税务机关履行备案手续,妥善保管留存备查资料。

附件:中国伤残人员专门用品目录(编者略)

3-2-26
国家税务总局关于进一步做好企业研究开发费用税前加计扣除政策贯彻落实工作的通知

2016年12月21日　税总函〔2016〕685号

各省、自治区、直辖市和计划单列市国家税务局、地方税务局：

为贯彻中央经济工作会议有关精神,切实在2017年1月1日—5月31日企业所得税汇算清缴中做好研究开发费用税前加计扣除税收优惠政策(以下简称"加计扣除优惠政策")落实工作,现就有关事项通知如下：

一、提高思想认识,加强组织领导。各级税务机关应提高思想认识,加强组织领导,增强服务观念,精心谋划部署,夯实管理责任,确定责任人和责任部门,积极稳妥地做好加计扣除优惠政策贯彻落实工作。

二、加大宣传力度,实现应知尽知。从现在起至整个企业所得税汇算清缴期间,各级税务机关要充分利用官方网站、微信、微博、APP等方式开展多维度、多渠道的宣传,提醒纳税人及时申报享受加计扣除优惠政策。要通过纳税人学堂等方式开展"面对面"的精准辅导,扩大宣传辅导覆盖面,方便企业及时了解政策和管理要求。要充分发挥12366纳税服务热线作用,统一政策口径,规范政策解答,及时为企业答疑解惑。

三、优化纳税服务,畅通办税渠道。各级税务机关应依托信息化手段,进一步优化办税流程,简化办税手续,提高税务机关办事效率,为企业及时、准确享受加计扣除优惠政策提供便利条件。对纳税人反映的相关问题和投诉,各级税务机关应当在接到问题和投诉后的10个工作日内予以解决。

四、明确工作重点,确保应享尽享。各级税务机关在落实加计扣除优惠政策时,应以核实企业享受2016年度优惠的有关情况为基准,原则上不核实以前年度有关情况。如企业以前年度存在或发现存在涉税问题,应按相关规定另行处理,不得影响企业享受2016年度加计扣除优惠政策。如企业申报享受加计扣除优惠政策,但账证不健全、资料不齐全或适用优惠政策不准确的,各级税务机关要积极做好辅导解释工作,帮助企业建账建制,补充资料,确保企业享受加计扣除优惠政策。如企业2016年度未及时申报享受加计扣除优惠政策,可在以后3年内追溯享受。

五、加强督促检查,加大落实力度。各级税务机关应组织开展加计扣除优惠政策落实情况的督促检查工作,并将落实情况列入绩效考评,切实加大优惠政策落实力度。

六、做好政策评估,强化效应分析。2017年企业所得税汇算清缴期结束后,各级税务机关要及时做好数据统计和政策评估工作,强化政策效应分析,查找存在问题,进行针对性改进与完善,不断提升管理服务水平,同时,对完善加计扣除优惠政策及操作事宜向总局提出具体意见和建议。

3-3 行业或企业规定

3-3-1
北京市财政局 北京市国家税务局 北京市
地方税务局转发财政部 国家税务总局
关于中国中煤能源集团有限公司改制上市
资产评估增值有关企业所得税政策问题的通知

2015 年 1 月 6 日 京财税〔2015〕37 号

东城区、朝阳区、房山区财政局、国家税务局、地方税务局：

现将《财政部 国家税务总局关于中国中煤能源集团有限公司改制上市资产评估增值有关企业所得税政策问题的通知》（财税〔2014〕49 号）转发给你们，请遵照执行。

附件:《财政部 国家税务总局关于中国中煤能源集团有限公司改制上市资产评估增值有关企业所得税政策问题的通知》（财税〔2014〕49 号）

财政部 国家税务总局关于中国中煤能源
集团有限公司改制上市资产评估增值
有关企业所得税政策问题的通知

2014 年 1 月 11 日 财税〔2014〕49 号

北京、天津、河北、山西、黑龙江、上海、江苏、陕西省（直辖市）财政厅（局）、国家税务局、地方税务局：

为支持中国中煤能源集团有限公司（以下简称中煤集团）重组改制上市工作，经国务院批准，现就其重组改制上市过程中资产评估增值涉及的企业所得税政策问题明确如下：

一、中煤集团投入中国中煤能源股份有限公司（以下简称中煤股份）的净资产评估增值821889.32万元,应缴纳的企业所得税不征收入库,直接转计中煤集团的国有资本金。

二、中煤集团投入中煤股份的下属19家全民所有制企业,其改制为公司制企业过程中发生的净资产评估增值77751.53万元(详见附件),应缴纳的企业所得税不征收入库,直接专计改制后下属企业的国有资本金。

三、对上述经过评估的资产,中煤股份及改制后下属企业可按评估后的资产价值计提折旧或撤销,并在企业所得税税前扣除。

请遵照执行。

附件:中国中煤能源集团有限公司投入中国中煤能源股份有限公司的下属全民所有制企业资产评估增值情况表

附件

中国中煤能源集团有限公司投入中国中煤能源股份有限公司的
下属全民所有制企业资产评估增值情况表

序号	企业名称		评估增值
	改制前名称	改制后名称	
1	中国煤炭开发公司	中国煤炭开发有限责任公司	741.52
2	中国煤炭工业国际技术咨询开发公司	中国煤炭工业国际技术咨询有限公司	285.61
3	中国煤矿工程机械装备集团公司	中国煤矿机械装备有限责任公司	35,091.64
4	北京煤矿机械厂	中煤北京煤矿机械有限责任公司	11,314.96
5	峰峰金属支架厂	中煤邯郸煤矿机械有限责任公司	8924.63
6	中国煤炭海外开发公司	中国煤炭海外开发有限公司	−11.98
7	天津开发区煤矿机电公司	天津中煤煤矿机电有限公司	−5.80
8	北京中装机械物资公司	北京中煤中装机械物资有限公司	−22.35
9	中煤设备成套总公司	中煤设备成套有限公司	25.64
10	煤炭工业西安设计研究院	中煤西安设计工程有限责任公司	9509.73
11	陕西中安监理公司	中煤陕西中安项目管理有限责任公司	0.12
12	西安中安岩土工程技术开发公司	西安中安岩土工程有限责任公司	−7.96
13	煤炭工业邯郸设计研究院	中煤邯郸设计工程有限公司	1969.63
14	煤炭工业邯郸设计研究院中原建设监理咨询公司	中煤邯郸中原建设监理咨询有限责任公司	−12.56
15	煤炭工业邯郸设计院信华技术开发公司	中煤邯郸信华技术开发有限责任公司	−19.57
16	邯郸煤炭设计研究院岩土工程技术开发公司	中煤邯郸岩土工程有限责任公司	−11.50
17	煤炭工业邯郸设计研究院中兴机械厂	中煤邯郸矿山机械有限责任公司	−15.43
18	中国煤炭工业进出口集团连云港公司	中煤连云港进出口有限公司	2237.25
19	中国煤炭进出口集团公司秦皇岛储运中心	秦皇岛中煤储运有限公司	7757.95
	合计		77751.53

3 - 3 - 2

北京市财政部　北京海关　北京市国家税务局
北京市地方税务局转发财政部　海关总署
国家税务总局关于继续实施支持文化企业
发展若干税收政策的通知

2015 年 1 月 6 日　京财税〔2015〕47 号

各区县财政局、国家税务局、地方税务局,市国家税务局直属税务分局、市地税局直属分局,北京海关各隶属办事处:

现将《财政部　海关总署　国家税务总局关于继续实施支持文化企业发展若干税收政策的通知》(财税〔2014〕85 号)转发给你们,请遵照执行。

附件:财政部　海关总署　国家税务总局关于继续实施支持文化企业发展若干税收政策的通知(财税〔2014〕85 号)

财政部　海关总署　国家税务总局关于
继续实施支持文化企业发展若干税收政策的通知

2014 年 11 月 27 日　财税〔2014〕85 号

各省、自治区、直辖市、计划单列市财政厅(局)、国家税务局、地方税务局,新疆生产建设兵团财务局,广东分署、各直属海关:

为贯彻落实《国务院办公厅关于印发文化体制改革中经营性文化事业单位转制为企业和进一步支持文化企业发展两个规定的通知》(国办发〔2014〕15 号)有关规定,进一步深化文化体制改革,促进文化企业发展,现就继续实施支持文化企业发展的税收政策有关问题通知如下:

一、新闻出版广电行政主管部门(包括中央、省、地市及县级)按照各自职能权限批准从事电影制片、发行、放映的电影集团公司(含成员企业)、电影制片厂及其他电影企业取得的销售电影拷贝(含数字拷贝)收入、转让电影版权(包括转让和许可使用)收入、电影发行收入以及在农村取得的电影放映收入免征增值税。一般纳税人提供的城市电影放映服务,可以按现行政策规定,选择按照简易计税办法计算缴纳增值税。

二、2014年1月1日—2016年12月31日,对广播电视运营服务企业收取的有线数字电视基本收视维护费和农村有线电视基本收视费,免征增值税。

三、为承担国家鼓励类文化产业项目而进口国内不能生产的自用设备及配套件、备件,在政策规定范围内,免征进口关税。支持文化产品和服务出口的税收优惠政策由财政部、税务总局会同有关部门另行制定。

四、对从事文化产业支撑技术等领域的文化企业,按规定认定为高新技术企业的,减按15%的税率征收企业所得税;开发新技术、新产品、新工艺发生的研究开发费用,允许按照税收法律法规的规定,在计算应纳税所得额时加计扣除。文化产业支撑技术等领域的具体范围和认定工作由科技部、财政部、税务总局商中央宣传部等部门另行明确。

五、出版、发行企业处置库存呆滞出版物形成的损失,允许按照税收法律法规的规定在企业所得税前扣除。

六、对文化企业按照本通知规定应予减免的税款,在本通知下发以前已经征收入库的,可抵减以后纳税期应缴税款或办理退库。

七、除另有规定外,本通知规定的税收政策执行期限为2014年1月1日—2018年12月31日。《财政部 海关总署 国家税务总局关于支持文化企业发展若干税收政策问题的通知》(财税〔2009〕31号)自2014年1月1日起停止执行。

3-3-3
北京市财政局 北京市国家税务局 北京市地方税务局转发财政部 国家税务总局关于延续并完善支持农村金融发展有关税收政策的通知

2015年2月27日 京财税〔2015〕201号

各区县财政局、国家税务局、地方税务局,市国家税务局直属税务分局、市地方税务局直属分局:

现将《财财部 国家税务总局关于延续并完善支持农村金融发展有关税收政策的通知》(财税〔2014〕102号)转发给你们,请遵照执行。

附件:财政部、国家税务总局关于延续并完善支持农村金融发展有关税收政策的通知(财税〔2014〕102号)

财政部　国家税务总局关于延续并完善支持农村金融发展有关税收政策的通知

2014年12月26日　财税〔2014〕102号

各省、自治区、直辖市、计划单列市财政厅(局)、国家税务局、地方税务局,新疆生产建设兵团财务局:

为继续支持农村金融发展,解决农民贷款难问题,经国务院批准,现就农村金融有关税收政策通知如下:

一、自2014年1月1日—2016年12月31日,对金融机构农户小额贷款的利息收入,免征营业税。

二、自2014年1月1日—2016年12月31日,对金融机构农户小额贷款的利息收入,在计算应纳税所得额时,按90%计入收入总额。

三、自2014年1月1日—2016年12月31日,对保险公司为种植业、养殖业提供保险业务取得的保费收入,在计算应纳税所得额时,按90%计入收入总额。

四、本通知所称农户,是指长期(一年以上)居住在乡镇(不包括城关镇)行政管理区域内的住户,还包括长期居住在城关镇所辖行政村范围内的住户和户口不在本地而在本地居住一年以上的住户,国有农场的职工和农村个体工商户。位于乡镇(不包括城关镇)行政管理区域内和在城关镇所辖行政村范围内的国有经济的机关、团体、学校、企事业单位的集体户;有本地户口,但举家外出谋生一年以上的住户,无论是否保留承包耕地均不属于农户。农户以户为统计单位,既可以从事农业生产经营,也可以从事非农业生产经营。农户贷款的判定应以贷款发放时的承贷主体是否属于农户为准。

本通知所称小额贷款,是指单笔且该户贷款余额总额在10万元(含)以下贷款。

本通知所称保费收入,是指原保险保费收入加上分保费收入减去分出保费后的余额。

五、金融机构应对符合条件的农户小额贷款利息收入进行单独核算,不能单独核算的不得适用本通知第一条、第二条规定的优惠政策。

请遵照执行。

3-3-4
北京市财政局　北京市国家税务局　北京市地方税务局转发财政部　国家税务总局关于金融企业涉农贷款和中小企业贷款损失准备金税前扣除有关问题的通知

2015年2月28日　京财税〔2015〕237号

各区县财政局、国家税务局、地方税务局,市国家税务局直属税务分局,市地方税务局直属分局:

现将《财政部　国家税务总局关于金融企业涉农贷款和中小企业贷款损失准备金税前扣除有关问题的通知》(财税〔2015〕3号)转发给你们,请遵照执行。

附件:《财政部　国家税务总局关于金融企业涉农贷款和中小企业贷款损失准备金税前扣除有关问题的通知》(财税〔2015〕3号)

财政部　国家税务总局关于金融企业涉农贷款和中小企业贷款损失准备金税前扣除有关问题的通知

2015年1月15日　财税〔2015〕3号

各省、自治区、直辖市、计划单列市财政厅(局)、国家税务局、地方税务局,新疆生产建设兵团财务局:

根据《中华人民共和国企业所得税法》及《中华人民共和国企业所得税法实施条例》的有关规定,现就金融企业涉农贷款和中小企业贷款损失准备金的企业所得税税前扣除政策,通知如下:

一、金融企业根据《贷款风险分类指导原则》(银发〔2001〕416号),对其涉农贷款和中小企业贷款进行风险分类后,按照以下比例计提的贷款损失准备金,准予在计算应纳税所得额时扣除:

(一)关注类贷款,计提比例为2%;

(二)次级类贷款,计提比例为25%;

(三)可疑类贷款,计提比例为50%;

(四)损失类贷款,计提比例为100%。

二、本通知所称涉农贷款,是指《涉农贷款专项统计制度》(银发〔2007〕246号)统计的以下贷款:

(一)农户贷款;

(二)农村企业及各类组织贷款。

本条所称农户贷款,是指金融企业发放给农户的所有贷款。农户贷款的判定应以贷款发放时的承贷主体是否属于农户为准。农户,是指长期(一年以上)居住在乡镇(不包括城关镇)行政管理区域内的住户,还包括长期居住在城关镇所辖行政村范围内的住户和户口不在本地而在本地居住一年以上的住户,国有农场的职工和农村个体工商户。位于乡镇(不包括城关镇)行政管理区域内和在城关镇所辖行政村范围内的国有经济的机关、团体、学校、企事业单位的集体户;有本地户口,但举家外出谋生一年以上的住户,无论是否保留承包耕地均不属于农户。农户以户为统计单位,既可以从事农业生产经营,也可以从事非农业生产经营。

本条所称农村企业及各类组织贷款,是指金融企业发放给注册地位于农村区域的企业及各类组织的所有贷款。农村区域,是指除地级及以上城市的城市行政区及其市辖建制镇之外的区域。

三、本通知所称中小企业贷款,是指金融企业对年销售额和资产总额均不超过2亿元的企业的贷款。

四、金融企业发生的符合条件的涉农贷款和中小企业贷款损失,应先冲减已在税前扣除的贷款损失准备金,不足冲减部分可据实在计算应纳税所得额时扣除。

五、本通知自2014年1月1日起至2018年12月31日止执行。

3 - 3 - 5

北京市财政部　北京市国家税务局　北京市
地方税务局转发财政部　国家税务总局
关于金融企业贷款损失准备金企业
所得税税前扣除有关政策的通知

2015年3月3日　京财税〔2015〕231号

各区县财政局、国家税务局、地方税务局,市国家税务局直属税务分局,市地方税务局直属分局:

现将《财政部　国家税务总局关于金融企业贷款损失准备金企业所得税税前扣除有关政策的通知》(财税〔2015〕9号)转发给你们,请遵照执行。

附件:《财政部　国家税务总局关于金融企业贷款损失准备金企业所得税税前扣

除有关政策的通知》(财税〔2015〕9号)

财政部　国家税务总局关于金融企业贷款损失
准备金企业所得税税前扣除有关政策的通知

2015年1月15日　财税〔2015〕9号

各省、自治区、直辖市、计划单列市财政厅(局)、国家税务局、地方税务局,新疆生产建设兵团财务局:

根据《中华人民共和国企业所得税法》及《中华人民共和国企业所得税法实施条例》的有关规定,现就政策性银行、商业银行、财务公司、城乡信用社和金融租赁公司等金融企业提取的贷款损失准备金的企业所得税税前扣除政策问题,通知如下:

一、准予税前提取贷款损失准备金的贷款资产范围包括:

(一)贷款(含抵押、质押、担保等贷款);

(二)银行卡透支、贴现、信用垫款(含银行承兑汇票垫款、信用证垫款、担保垫款等)、进出口押汇、同业拆出、应收融资租赁款等各项具有贷款特征的风险资产;

(三)由金融企业转贷并承担对外还款责任的国外贷款,包括国际金融组织贷款、外国买方信贷、外国政府贷款、日本国际协力银行不附条件贷款和外国政府混合贷款等资产。

二、金融企业准予当年税前扣除的贷款损失准备金计算公式如下:

准予当年税前扣除的贷款损失准备金＝本年末准予提取贷款损失准备金的贷款资产余额×1% － 截至上年末已在税前扣除的贷款损失准备金的余额。

金融企业按上述公式计算的数额如为负数,应当相应调增当年应纳税所得额。

三、金融企业的委托贷款、代理贷款、国债投资、应收股利、上交央行准备金以及金融企业剥离的债权和股权、应收财政贴息、央行款项等不承担风险和损失的资产,不得提取贷款损失准备金在税前扣除。

四、金融企业发生的符合条件的贷款损失,应先冲减已在税前扣除的贷款损失准备金,不足冲减部分可据实在计算当年应纳税所得额时扣除。

五、金融企业涉农贷款和中小企业贷款损失准备金的税前扣除政策,凡按照《财政部　国家税务总局关于金融企业涉农贷款和中小企业贷款损失准备金税前扣除有关问题的通知》(财税〔2015〕3号)的规定执行的,不再适用本通知第一条至第四条的规定。

六、本通知自2014年1月1日起至2018年12月31日止执行。

3-3-6
北京市财政局 北京市国家税务局 北京市
地方税务局转发财政部 国家税务总局
关于中国扶贫基金会小额信贷试点继续
参照执行农村金融有关税收政策的通知

2015 年 3 月 3 日 京财税〔2015〕236 号

各区县财政局、国家税务局、地方税务局,市国家税务局直属税务分局,市地方税务局市属分局:

现将《财政部 国家税务总局关于中国扶贫基金会小额信贷试点继续参照执行农村金融有关税收政策的通知》(财税〔2015〕12 号)转发给你们,请遵照执行。

附件:《财政部 国家税务总局关于中国扶贫基金会小额信贷试点继续参照执行农村金融有关税收政策的通知》(财税〔2015〕12 号)

财政部 国家税务总局关于中国扶贫基金会小额
信贷试点继续参照执行农村金融有关税收政策的通知

2015 年 1 月 5 日 财税〔2015〕12 号

各省、自治区、直辖市、计划单列市财政厅(局)、国家税务局、地方税务局,新疆生产建设兵团财务局:

经国务院批准,现就中国扶贫基金会小额信贷试点项目继续参照执行农村金融有关税收政策通知如下:

一、自 2014 年 1 月 1 日—2016 年 12 月 31 日,对中合农信项目管理有限公司和中国扶贫基金会举办的农户自立服务社(中心)以及中合农信项目管理有限公司独资成立的小额贷款公司从事农户小额贷款取得的利息收入,免征营业税。

二、自 2014 年 1 月 1 日—2016 年 12 月 31 日,对中合农信项目管理有限公司和中国扶贫基金会举办的农户自立服务社(中心)以及中合农信项目管理有限公司独资成立的小额贷款公司从事农户小额贷款取得的利息收入,在计算应纳税所得额时,按90% 计入收入总额。

三、本通知所称农户,是指长期(一年以上)居住在乡镇(不包括城关镇)行政管理区域内的住户,还包括长期居住在城关镇所辖行政村范围内的住户和户口不在本地而在本地居住一年以上的住户,国有农场的职工和农村个体工商户。位于乡镇(不包括城关镇)行政管理区域内和在城关镇所辖行政村范围内的国有经济的机关、团体、学校、企事业单位的集体户;有本地户口,但举家外出谋生一年以上的住户,无论是否保留承包耕地均不属于农户。农户以户为统计单位,既可以从事农业生产经营,也可以从事非农业生产经营。农户贷款的判定应以贷款发放时的承贷主体是否属于农户为准。

本通知所称小额贷款,是指单笔且该户贷款余额总额在10万元(含)以下贷款。

四、中合农信项目管理有限公司和中国扶贫基金会举办的农户自立服务社(中心)以及中合农信项目管理有限公司独资成立的小额贷款公司应对符合条件的农户小额贷款利息收入进行单独核算,不能单独核算的不得适用本通知第一条、第二条规定的优惠政策。

请遵照执行。

3-3-7
国家税务总局关于金融企业涉农贷款和中小企业贷款损失税前扣除问题的公告

2015年4月27日　国家税务总局公告2015年第25号

为鼓励金融企业加大对涉农贷款和中小企业贷款力度,及时处置涉农贷款和中小企业贷款损失,增强金融企业抵御风险能力,根据《中华人民共和国企业所得税法》及其实施条例、《财政部　国家税务总局关于企业资产损失税前扣除政策的通知》(财税〔2009〕57号)、《国家税务总局关于发布〈企业资产损失所得税税前扣除管理办法〉的公告》(国家税务总局公告2011年第25号)的规定,现就金融企业涉农贷款和中小企业贷款损失所得税前扣除问题公告如下:

一、金融企业涉农贷款、中小企业贷款逾期1年以上,经追索无法收回,应依据涉农贷款、中小企业贷款分类证明,按下列规定计算确认贷款损失进行税前扣除:

(一)单户贷款余额不超过300万元(含300万元)的,应依据向借款人和担保人的有关原始追索记录(包括司法追索、电话追索、信件追索和上门追索等原始记录之一,并由经办人和负责人共同签章确认),计算确认损失进行税前扣除。

(二)单户贷款余额超过300万~1000万元(含1000万元)的,应依据有关原始追索记录(应当包括司法追索记录,并由经办人和负责人共同签章确认),计算确认损失进行税前扣除。

(三)单户贷款余额超过1000万元的,仍按《国家税务总局关于发布〈企业资产损失所得税税前扣除管理办法〉的公告》(国家税务总局公告2011年第25号)有关规定计算确认损失进行税前扣除。

二、金融企业涉农贷款和中小企业贷款的分类标准,按照《财政部　国家税务总局关于金融企业涉农贷款和中小企业贷款损失准备金税前扣除有关问题的通知》(财税〔2015〕3号)规定执行。

三、金融企业应当建立健全贷款损失内部核销管理制度,严格内部责任认定和追究,及时收集、整理、编制、审核、申报、保存资产损失税前扣除证据材料。

对不符合法定条件扣除的贷款损失,或弄虚作假进行税前扣除的,应追溯调整以前年度的税务处理,并按《中华人民共和国税收征收管理法》有关规定进行处罚。

四、本公告适用2014年度及以后年度涉农贷款和中小企业贷款损失的税前扣除。

特此公告。

3-3-8
北京市财政局　北京市国家税务局　北京市
地方税务局转发财政部　国家税务总局
关于高新技术企业职工教育经费
税前扣除政策的通知

2015年7月21日　京财税〔2015〕1164号

各区县财政局、国家税务局、地方税务局,市国家税务局直属税务分局、市地税局直属分局:

现将《财政部　国家税务总局关于高新技术企业职工教育经费税前扣除政策的通知》(财税〔2015〕63号)转发给你们,请遵照执行。

附件:财政部　国家税务总局关于高新技术企业职工教育经费税前扣除政策的通知(财税〔2015〕63号)

财政部　国家税务总局关于高新技术企业
职工教育经费税前扣除政策的通知

2015年6月9日　财税〔2015〕63号

各省、自治区、直辖市、计划单列市财政厅(局)、国家税务局、地方税务局,新疆生产建设兵团财务局:

经国务院批准,现就高新技术企业职工教育经费税前扣除政策通知如下:

一、高新技术企业发生的职工教育经费支出,不超过工资薪金总额8%的部分,准予在计算企业所得税应纳税所得额时扣除;超过部分,准予在以后纳税年度结转扣除。

二、本通知所称高新技术企业,是指注册在中国境内、实行查账征收、经认定的高新技术企业。

三、本通知自2015年1月1日起执行。

3-3-9
财政部　国家税务总局关于石油石化企业办社会支出有关企业所得税政策的通知

2015年8月15日　财税〔2015〕85号

各省、自治区、直辖市、计划单列市财政厅(局)、国家税务局:

经国务院批准,现就石油石化企业办社会支出有关企业所得税政策明确如下:

一、中国石油天然气集团公司(以下简称石油集团)、中国石油化工集团公司(以下简称石化集团)所属企业通过关联交易形式从其对应的中国石油天然气股份有限公司(以下简称石油股份)、中国石油化工股份有限公司(以下简称石化股份)所属分公司及上述集团公司和股份公司所属子公司取得的用于市政、公交、环卫、非义务教育、医疗、消防、自有供暖、社区管理等社会性支出资金,应作为企业的收入计入当期应纳税所得额。

二、石油集团、石化集团所属企业发生的用于市政、公交、环卫、非义务教育、医疗、消防、自有供暖、社区管理等社会性支出,可以在当期计算应纳税所得额时据实扣除。

三、石油集团、石化集团所属控股子公司(持股比例高于50%,下同)以关联交易形式支付给其对应的石油集团、石化集团所属企业的上述社会性支出,在不高于关联交易协议规定限额内的部分,可以在当期计算应纳税所得额时扣除,超过部分不得扣除。

四、石油股份、石化股份所属分公司及控股子公司以关联交易形式支付给其对应的石油集团、石化集团所属企业的上述社会性支出,在不高于关联交易协议规定限额内的部分,可以在当期计算应纳税所得额时扣除,超过部分不得扣除。

五、上述政策执行期限为2014年1月1日—2018年12月31日。

3 - 3 - 10
北京市财政局　北京市国家税务局　北京市
地方税务局转发财政部　国家税务总局
关于保险企业计提准备金有关
税收处理问题的通知

2015 年 12 月 4 日　京财税〔2015〕2472 号

各区县财政局、国家税务局、地方税务局,市国家税务局直属税务分局、市地税局直属
分局:

现将《财政部　国家税务总局关于保险企业计提准备金有关税收处理问题的通
知》(财税〔2015〕115 号)转发给你们,请遵照执行。

附件:财政部　国家税务总局关于保险企业计提准备金有关税收处理问题的通知
(财税〔2015〕115 号)

财政部　国家税务总局关于保险企业计提
准备金有关税收处理问题的通知

2015 年 10 月 26 日　财税〔2015〕115 号

各省、自治区、直辖市、计划单列市财政厅(局)、国家税务局、地方税务局,新疆生产建
设兵团财务局:

按照《中华人民共和国企业所得税法》及其实施条例有关规定,现就保险企业在
执行财政部企业会计规定过程中有关计提准备金的税收处理事项明确如下:

一、保险企业执行财政部《保险合同相关会计处理规定》后,其提取的未到期责任
准备金、寿险责任准备金、长期健康险责任准备金、已发生已报告未决赔款准备金和已
发生未报告未决赔款准备金,应按照《财政部　国家税务总局关于保险公司准备金支
出企业所得税税前扣除有关政策问题的通知》(财税〔2012〕45 号)规定计算并准予在
企业所得税税前扣除。

二、保险企业因执行财政部企业会计规定计提的准备金与之前执行中国保险业监
督管理委员会有关监管规定计提的准备金形成的差额,应计入保险企业应纳税所得
额。凡上述准备金差额尚未进行税务处理的,可分 10 年均匀计入 2015 年及以后年度

应纳税所得额;已进行税务处理的不再分期计入以后年度应纳税所得额。

请遵照执行。

3-3-11
北京市财政局 北京市国家税务局 北京市
地方税务局转发财政部 国家税务总局
关于行政和解金有关税收政策问题的通知

2016 年 11 月 16 日 京财税〔2016〕2512 号

各区财政局、国家税务局、地方税务局,市国家税务局直属税务分局,市地方税务局直属分局:

现将《财政部 国家税务总局关于行政和解金有关税收政策问题的通知》(财税〔2016〕100 号)转发给你们,请遵照执行。

附件:《财政部 国家税务总局关于行政和解金有关税收政策问题的通知》(财税〔2016〕100 号)

财政部 国家税务总局关于行政和解金
有关税收政策问题的通知

2016 年 9 月 18 日 财税〔2016〕100 号

各省、自治区、直辖市、计划单列市财政厅(局)、国家税务局、地方税务局,新疆生产兵团财务局:

根据《中华人民共和国企业所得税法》及《中华人民共和国个人所得税》的有关规定,现就证券期货领域有关行政和解金税收政策问题明确如下:

一、行政相对人交纳的行政和解金,不得在所得税税前扣除。

二、中国证券投资者保护基金公司(简称投保基金公司)代收备付的行政和解金不属于投保基金公司的收入,不征收企业所得税。

投保基金公司取得行政和解金时应使用财政票据。

三、对企业投资者从投保基金公司取得的行政和解金,应计入企业当期收入,依法征收企业所得税;对个人投资者从投保基金公司取得的行政和解金,暂免征收个人所得税。

四、本通知自 2016 年 1 月 1 日起执行。

3 – 3 – 12

北京市财政局　北京市国家税务局　北京市地方税务局转发财政部　国家税务总局关于银行业金融机构存款保险保费企业所得税税前扣除有关政策问题的通知

2016 年 11 月 17 日　京财税〔2016〕2513 号

各区财政局、国家税务局、地方税务局,市国家税务局直属税务分局,市地方税务局直属分局:

　　现将《财政部　国家税务总局关于银行业金融机构存款保险保费企业所得税税前扣除有关政策问题的通知》(财税〔2016〕106 号)转发给你们,请遵照执行。

　　附件:《财政部　国家税务总局关于银行业金融机构存款保险保费企业所得税前扣除有关政策问题的通知》(财税〔2016〕106 号)

财政部　国家税务总局关于银行业金融机构存款保险保费企业所得税税前扣除有关政策问题的通知

2016 年 10 月 8 日　财税〔2016〕106 号

各省、自治区、直辖市、计划单列市财政厅(局)、国家税务局、地方税务局,新疆生产建设兵团财务局:

　　根据《中华人民共和国企业所得税法》及《中华人民共和国企业所得税法实施条例》的有关规定,现就银行业金融机构存款保险保费企业所得税税前扣除政策的问题明确如下:

　　一、银行业金融机构依据《存款保险条例》的有关规定、按照不超过 1.6‰的存款保险费率,计算交纳的存款保险保费,准予在企业所得税税前扣除。

　　二、准予在企业所得税税前扣除的存款保险保费计算公式如下:

　　准予在企业所得税税前扣除的存款保险保费 = 保费基数 × 存款保险费率。

　　保费基数以中国人民银行核定的数额为准。

　　三、准予在企业所得税税前扣除的存款保险保费,不包括存款保险保费滞纳金。

　　四、银行业金融机构是指《存款保险条例》规定在我国境内设立的商业银行、农村合作银行、农村信用合作社等吸收存款的银行业金融机构。

五、本通知自2015年5月1日起执行。

3－3－13
国家税务总局关于房地产开发企业土地增值税清算涉及企业所得税退税有关问题的公告

2016年12月9日　国家税务总局公告2016年第81号

根据《中华人民共和国企业所得税法》及其实施条例、《中华人民共和国税收征收管理法》及其实施细则的相关规定,现就房地产开发企业(以下简称"企业")由于土地增值税清算,导致多缴企业所得税的退税问题公告如下:

一、企业按规定对开发项目进行土地增值税清算后,当年企业所得税汇算清缴出现亏损且有其他后续开发项目的,该亏损应按照税法规定向以后年度结转,用以后年度所得弥补。后续开发项目,是指正在开发以及中标的项目。

二、企业按规定对开发项目进行土地增值税清算后,当年企业所得税汇算清缴出现亏损,且没有后续开发项目的,可以按照以下方法,计算出该项目由于土地增值税原因导致的项目开发各年度多缴企业所得税税款,并申请退税:

(一)该项目缴纳的土地增值税总额,应按照该项目开发各年度实现的项目销售收入占整个项目销售收入总额的比例,在项目开发各年度进行分摊,具体按以下公式计算:

各年度应分摊的土地增值税 ＝ 土地增值税总额 × (项目年度销售收入 ÷ 整个项目销售收入总额)

本公告所称销售收入包括视同销售房地产的收入,但不包括企业销售的增值额未超过扣除项目金额20%的普通标准住宅的销售收入。

(二)该项目开发各年度应分摊的土地增值税减去该年度已经在企业所得税税前扣除的土地增值税后,余额属于当年应补充扣除的土地增值税;企业应调整当年度的应纳税所得额,并按规定计算当年度应退的企业所得税税款;当年度已缴纳的企业所得税税款不足退税的,应作为亏损向以后年度结转,并调整以后年度的应纳税所得额。

(三)按照上述方法进行土地增值税分摊调整后,导致相应年度应纳税所得额出现正数的,应按规定计算缴纳企业所得税。

(四)企业按上述方法计算的累计退税额,不得超过其在该项目开发各年度累计实际缴纳的企业所得税;超过部分作为项目清算年度产生的亏损,向以后年度结转。

三、企业在申请退税时,应向主管税务机关提供书面材料说明应退企业所得税款的计算过程,包括该项目缴纳的土地增值税总额、项目销售收入总额、项目年度销售收入额、各年度应分摊的土地增值税和已经税前扣除的土地增值税、各年度的适用税率，以及是否存在后续开发项目等情况。

四、本公告自发布之日起施行。本公告发布之日前，企业凡已经对土地增值税进行清算且没有后续开发项目的，在本公告发布后仍存在尚未弥补的因土地增值税清算导致的亏损，按照本公告第二条规定的方法计算多缴企业所得税税款，并申请退税。

《国家税务总局关于房地产开发企业注销前有关企业所得税处理问题的公告》（国家税务总局公告2010年第29号）同时废止。

特此公告。

3－3－14
北京市财政局　北京市国家税务局　北京市
地方税务局转发财政部　国家税务总局
关于保险公司准备金支出企业所得税
税前扣除有关政策问题的通知

2016年12月13日　京财税〔2016〕2752号

各区财政局、国家税务局、地方税务局，市国家税务局直属税务分局，市地方税务局直属分局：

现将《财政部　国家税务总局关于保险公司准备金支出企业所得税税前扣除有关政策问题的通知》（财税〔2016〕114号）转发给你们，请遵照执行。

附件：《财政部　国家税务总局关于保险公司准备金支出企业所得税税前扣除有关政策问题的通知》（财税〔2016〕114号）

财政部　国家税务总局关于保险公司准备金支出
企业所得税税前扣除有关政策问题的通知

2016年11月2日　财税〔2016〕114号

各省、自治区、直辖市、计划单列市财政厅（局）、国家税务局、地方税务局，新疆生产建设兵团财务局：

根据《中华人民共和国企业所得税法》和《中华人民共和国企业所得税法实施条例》的有关规定，现就保险公司准备金支出企业所得税税前扣除有关问题明确如下：

一、保险公司按下列规定缴纳的保险保障基金，准予据实税前扣除：

1. 非投资型财产保险业务,不得超过保费收入的0.8%;投资型财产保险业务,有保证收益的,不得超过业务收入的0.08%,无保证收益的,不得超过业务收入的0.05%。

2. 有保证收益的人寿保险业务,不得超过业务收入的0.15%;无保证收益的人寿保险业务,不得超过业务收入的0.05%。

3. 短期健康保险业务,不得超过保费收入的0.8%;长期健康保险业务,不得超过保费收入的0.15%。

4. 非投资性意外伤害保险业务,不得超过保费收入的0.8%;投资型意外伤害保险业务,有保证收益的,不得超过业务收入的0.08%,无保证收益的,不得超过业务收入的0.05%。

保险保障基金,是指按照《中华人民共和国保险法》和《保险保障基金管理办法》规定缴纳形成的,在规定情形下用于救助保单持有人、保单受让公司或者处置保险业风险的非政府性行业风险救助基金。

保费收入,是指投保人按照保险合同约定,向保险公司支付的保险费。

业务收入,是指投保人按照保险合同约定,为购买相应的保险产品支付给保险公司的全部金额。

非投资型财产保险业务,是指仅具有保险保障功能而不具有投资理财功能的财产保险业务。

投资型财产保险业务,是指兼具有保险保障与投资理财功能的财产保险业务。

有保证收益,是指保险产品在投资收益方面提供固定收益或最低收益保障。

无保证收益,是指保险产品在投资收益方面不提供收益保证,投保人承担全部投资风险。

二、保险公司有下列情形之一的,其缴纳的保险保障基金不得在税前扣除:

1. 财产保险公司的保险保障基金余额达到公司总资产6%的。

2. 人身保险公司的保险保障基金余额达到公司总资产1%的。

三、保险公司按国务院财政部门的相关规定提取的未到期责任准备金、寿险责任准备金、长期健康险责任准备金、已发生已报案未决赔款准备金和已发生未报案未决赔款准备金,准予在税前扣除。

1. 未到期责任准备金、寿险责任准备金、长期健康险责任准备金依据经中国保监会核准任职资格的精算师或出具专项审计报告的中介机构确定的金额提取。

未到期责任准备金,是指保险人为尚未终止的非寿险保险责任提取的准备金。

寿险责任准备金,是指保险人为尚未终止的人寿保险责任提取的准备金。

长期健康险责任准备金,是指保险人为尚未终止的长期健康保险责任提取的准备金。

2. 已发生已报案未决赔款准备金,按最高不超过当期已经提出的保险赔款或者给付金额的100%提取;已发生未报案未决赔款准备金按不超过当年实际赔款支出额的 8% 提取。

已发生已报案未决赔款准备金,是指保险人为非寿险保险事故已经发生并已向保险人提出索赔、尚未结案的赔案提取的准备金。

已发生未报案未决赔款准备金,是指保险人为非寿险保险事故已经发生、尚未向保险人提出索赔的赔案提取的准备金。

四、保险公司经营财政给予保费补贴的农业保险,按不超过财政部门规定的农业保险大灾风险准备金(简称大灾准备金)计提比例,计提的大灾准备金,准予在企业所得税前据实扣除。具体计算公式如下:

本年度扣除的大灾准备金 = 本年度保费收入×规定比例 − 上年度已在税前扣除的大灾准备金结存余额。

按上述公式计算的数额如为负数,应调增当年应纳税所得额。

财政给予保费补贴的农业保险,是指各级财政按照中央财政农业保险保费补贴政策规定给予保费补贴的种植业、养殖业、林业等农业保险。

规定比例,是指按照《财政部关于印发〈农业保险大灾风险准备金管理办法〉的通知》(财金〔2013〕129 号)确定的计提比例。

五、保险公司实际发生的各种保险赔款、给付,应首先冲抵按规定提取的准备金,不足冲抵部分,准予在当年税前扣除。

六、本通知自 2016 年 1 月 1 日—2020 年 12 月 31 日执行。

3 – 3 – 15
国家税务总局关于中国石油天然气股份有限公司进口天然气增值税返还收入企业所得税纳税地点问题的批复

2016 年 12 月 22 日　税总函〔2016〕658 号

北京市国家税务局:

你局《关于中国石油天然气股份有限公司 2015 年进口天然气增值税返还收入企业所得税纳税地点的请示》(京国税发〔2016〕280 号)收悉。根据《中华人民共和国企业所得税法》和国务院关于进口天然气返还增值税政策精神,结合中国石油天然气股份有限公司(以下简称"中石油")进口天然气核算体制,现对中石油 2015 年度及以后年度进口天然气取得增值税返还收入企业所得税纳税地点问题批复如下:

一、中国石油国际事业有限公司、新疆西北中石油国际事业有限公司和云南中石油国际事业有限公司为中石油下属企业,三家公司按照《财政部　海关总署　国家税务总局关于对 2011—2020 年期间进口天然气及 2010 年底前"中亚气"项目进口天然气按比例返还进口环节增值税有关问题的通知》(财关税〔2011〕39 号)及有关规定,在 2015 年度收到的进口天然气增值税返还收入,属于代收款项,不属于上述三家公司收入,该款项拨付至中石油天然气销售分公司后,应作为中石油的收入,在其注册地北京统一计算缴纳企业所得税。

二、自 2016 年度起,中石油下属公司按照财关税〔2011〕39 号文件及有关规定取得的进口天然气增值税返还收入,其纳税地点问题均比照上述规定执行,税务总局不再每年行文批复。

3-4 征收管理

3-4-1
国家税务总局关于切实贯彻实施修改后的
企业所得税年度纳税申报表的通知

2014 年 12 月 11 日　税总函〔2014〕596 号

各省、自治区、直辖市和计划单列市国家税务局、地方税务局：

为加强企业所得税申报管理，贯彻落实《国家税务总局关于发布〈中华人民共和国企业所得税年度纳税申报表（A 类，2014 年版）〉的公告》（国家税务总局公告 2014 年第 63 号，以下简称新纳税申报表），现对统筹做好新纳税申报表推广使用工作通知如下：

一、充分认识修改纳税申报表的意义

纳税申报表是纳税人依法履行纳税义务，申报缴纳所得税的法律文书，是税务机关采集涉税信息，开展税收风险管理的信息渠道。本次修改、印发新纳税申报表，有利于企业准确报送涉税信息，依法享受相关税收权益，符合税务行政审批制度改革要求，为进一步畅通涉税信息采集渠道，做好税收分析，满足信息管税需求，深化企业所得税风险管理和后续管理奠定了基础。新纳税申报表遵循"分类管理"理念，既考虑上市公司、重点税源企业的核算特点，又兼顾中小微企业实际负担能力，体系完整、结构严谨、逻辑严密、条理清晰，沿袭了旧纳税申报表的基本流程，并进行了适当创新。各地税务机关要高度重视新纳税申报表的贯彻实施工作，把推广使用新纳税申报表作为部署汇算清缴工作的重要内容，统筹谋划，同步部署。

二、及时加强内部学习培训

新纳税申报表是对原有纳税申报表的创新调整，在一定程度上简化了中小企业填报负担，但对大型企业、上市公司等仍有较高填报要求。"打铁还需自身硬"，税务机关既是新纳税申报表的学员，也是新纳税申报表的执行者、服务者、管理者，肩负向纳税人宣传辅导和部署落实的职责。这项工作是否扎实，对 2014 年度企业所得税汇算清缴有较大影响。各级税务机关要把学习、消化新纳税申报表作为当前一项重要工作抓好抓实。要采取有效措施，大力组织对所得税部门、办税服务厅、12366 纳税咨询热线、税源管理、税务稽查等人员培训,重点是新纳税申报表的设计理念、报表体系、填报要求、政策口径、逻辑关系、信息化管理等内容,保证新纳税申报表扎实落实到位。

三、大力开展对外宣传辅导

一是广泛宣传本次修订纳税申报表的背景、意义,新申报表的主要变化。特别要阐明新纳税申报表虽然增加了一些附表,但工作量并未过多增加,且进一步减少了企业以后重复报送的资料,取得广大纳税人理解支持。二是利用税务网站、报刊、广播电视、短信、微博等,对重点难点问题设计案例并辅以案例分析,便于纳税人理解,以提高纳税人填报技能、解决实际问题为主要目标,全面系统地宣传普及新纳税申报表知识。三是既要满足纳税人网上申报的需要,也要适当印制纸质申报表,满足纳税人不同层次需求。四是12366纳税咨询热线要提前做好业务培训、知识库更新、合理配置资源等准备工作,办税服务厅要安排专人负责新纳税申报表业务咨询、受理及纳税辅导。五是所得税管理部门牵头收集纳税人通过12366纳税咨询热线、办税服务厅、税务网站等反馈的问题和意见,及时归纳研究。

四、按时完成新纳税申报表软件系统升级测试工作

一是明确开发测试任务、倒排工期,确保新纳税申报表软件系统2015年1月1日上线运行。税务总局已编写完成新纳税申报表业务需求,将尽快进入开发测试阶段。使用CTAIS系统和金税工程三期系统的单位,要按照税务总局统一指令完成新纳税申报表软件系统升级测试。二是税务总局将正式下发新纳税申报表业务需求,供未使用CTAIS系统和金税工程三期系统的单位参考使用。为保证纳税申报表填报口径的统一,未经税务总局所得税司同意,各地不得擅自更改业务需求中的基本逻辑关系。三是各省市税务机关要及时完成税务端、纳税人端申报系统升级工作,为顺利实施新纳税申报表提供业务技术支撑。

3-4-2

北京市财政局 北京市国家税务局 北京市地方税务局关于公布北京市 2013 年度第三批和 2014 年度第三批取得非营利组织免税资格单位名单的通知

2015 年 2 月 26 日 京财税〔2015〕188 号

各区县财政局、国家税务局、地方税务局,市国家税务局直属税务分局,市地方税务局直属分局,各有关单位:

根据《财政部 国家税务总局关于非营利组织免税资格认定管理有关问题的通

知》(财税〔2014〕13号)和《北京市财政局　北京市国家税务局　北京市地方税务局转发财政部　国家税务总局关于非营利组织免税资格认定管理有关问题的通知》(京财税〔2014〕546号)的有关规定,经研究,现将北京市2013年度取得非营利组织免税资格的单位名单(第三批)和北京市2014年度取得非营利组织免税资格的单位名单(第三批)予以公布。

　　　附件:1. 北京市2013年度取得非营利组织免税资格的单位名单(第三批)
　　　　　　2. 北京市2014年度取得非营利组织免税资格的单位名单(第三批)

附件1

北京市2013年度取得非营利组织免税资格的单位名单(第三批)

1. 中国农业机械学会
2. 中国石油和石油化工设备工业协会
3. 中国开发性金融促进会
4. 中国钱币学会
5. 中国农业产业化龙头企业协会
6. 包商银行公益基金会
7. 北京长林公益基金会
8. 妇女手工编织协会
9. 中国中医药研究促进会
10. 北京联想控股公益基金会
11. 北京锐捷公益基金会
12. 北京华彩扶贫助学慈善基金会
13. 北京环球时报公益基金会
14. 北京增能社会工作促进发展中心
15. 北京电器电材门业协会
16. 北京永真公益基金会
17. 中国保密协会
18. 北京市壹嘉壹慈善基金会
19. 世界旅游城市联合会
20. 北京中华民族博物院
21. 中国林业生态发展促进会
22. 北京永青农村发展基金会
23. 北京同仁张晓楼眼科公益基金会
24. 首都科研院所联谊会
25. 北京市警察协会
26. 北京山花工程慈善基金会
27. 北京语言大学教育基金会
28. 北京球爱的天空慈善基金会

附件2

北京市2014年度取得非营利组织免税资格的单位名单(第三批)

1. 心平公益基金会
2. 中国珠算心算协会
3. 北京市刘鸿儒金融教育基金会
4. 中国建筑学会
5. 中国房地产估价师与房地产经纪人学会
6. 中国科学技术院所联谊会
7. 中国菌物学会
8. 中国纺织工程学会

9. 南都公益基金会

10. 中国民用航空维修协会

11. 中国绿色食品协会

12. 中国轻工工艺品进出口商会

13. 全联环境服务业商会

14. 中国潜水打捞行业协会

15. 中国考古学会

16. 中国麻纺行业协会

17. 海仓慈善基金会

18. 纺织之光科技教育基金会

19. 中国煤炭教育协会

20. 中国纺织品进出口商会

21. 中国锻压协会

22. 北京协和医学基金会

23. 中国华夏文化遗产基金会

24. 北京当代艺术基金会

25. 北京协和医学院教育基金会

26. 海峡两岸经贸交流协会

27. 中国智能交通协会

28. 中国科技大学北京

29. 中国聋人协会

30. 中国机械电子兵器船舶工业档案学会

31. 北京卫生法学会

32. 中国家庭服务业协会

33. 中国政策科学研究会

34. 中国教育会计学会

35. 中国社区发展协会

36. 中国志愿服务基金会

37. 中国医药包装协会

38. 世界中国烹饪联合会

39. 中国农业节水和农村供水技术协会

40. 北京安全防范行业协会

41. 中国民办教育协会

42. 中国医药生物技术协会

43. 中信改革发展研究基金会

44. 北京教育科学研究优秀成果奖励基金会

45. 北京印刷协会

46. 中国国际跨国公司促进会

47. 中国药理学会

48. 中国性病艾滋病防治协会

49. 北京市体育总会

50. 北京市道路运输协会

51. 中华少年儿童慈善救助基金会

52. 北京市新能源与可再生能源协会

53. 北京市通信行业协会

54. 北京城建科技促进会

55. 北京市建筑业联合会

56. 中国注册税务师协会

57. 中国殡葬协会

58. 北京市残疾人福利基金会

59. 北京工程管理科学学会

60. 北京科学技术情报学会

61. 北京能源协会

62. 北京技术市场协会

63. 北京市市容环境卫生协会

64. 北京自然之友公益基金会

65. 北京妇女儿童发展基金会

66. 中国晚报工作者协会

67. 首都文明工程基金会

68. 首都民间组织发展促进会

69. 北京市戏曲艺术发展基金会

70. 中华全国律师协会

71. 北京服装纺织行业协会

72. 北京华商会

73. 北京阳光体育青年促进中心

74. 中国旅游协会

75. 中国交响乐发展基金会

76. 北京基督教女青年会

77. 北京中弘社会工作与志愿服务中心

78. 现代社会工作人才发展服务中心

79. 中国少年儿童文化艺术基金会

80. 北京奥运城市发展促进会

81. 北京市二十一世纪公益基金会

82. 中国文学艺术基金会

83. 北京国珍爱心基金会

84. 北京市社会福利行业协会

85. 北京国际城市发展研究院

86. 中国远洋渔业协会
87. 中国纯碱工业协会
88. 同济大学北京校友会
89. 北京绿化基金会
90. 中国研究型医院学会
91. 北京市海淀区康纳洲孤独症家庭支援中心
92. 中国高校校办产业协会

93. 北京烹饪协会
94. 北京塑料工业协会
95. 北京健康长城公益基金会
96. 北京肉类食品协会
97. 北京市饲料工业协会
98. 北京市红十字基金会
99. 北京志远功臣关爱基金会

3-4-3

北京市财政局　北京市国家税务局　北京市地方税务局转发财政部　国家税务总局关于确认中国红十字会总会　中华全国总工会　中国宋庆龄基金会和中国国际人才交流基金会 2014 年度公益性捐赠税前扣除资格的通知

2015 年 2 月 26 日　京财税〔2015〕213 号

各区县财政局、国家税务局、地方税务局,市国家税务局直属税务分局,市地方税务局直属分局:

现将《财政部　国家税务总局关于确认中国红十字会总会　中华全国总工会中国宋庆龄基金会和中国国际人才交流基金会 2014 年度公益性捐赠税前扣除资格的通知》(财税〔2015〕1 号)转发给你们,请遵照执行。

附件:《财政部　国家税务总局关于确认中国红十字会总会　中华全国总工会中国宋庆龄基金会和中国国际人才交流基金会 2014 年度公益性捐赠税前扣除资格的通知》(财税〔2015〕1 号)

财政部　国家税务总局关于确认中国红十字会总会中华全国总工会　中国宋庆龄基金会和中国国际人才交流基金会2014年度公益性捐赠税前扣除资格的通知

2015年1月15日　财税〔2015〕1号

各省、自治区、直辖市、计划单列市财政厅(局)、国家税务局、地方税务局,新疆生产建设兵团财务局:

根据《财政部　国家税务总局关于通过公益性群众团体的公益性捐赠税前扣除有关问题的通知》(财税〔2009〕124号)规定,经财政部、国家税务总局联合审核确认,中国红十字会总会、中华全国总工会、中国宋庆龄基金会和中国国际人才交流基金会具有2014年度公益性捐赠税前扣除的资格。

3-4-4
北京市财政局　北京市国家税务局　北京市地方税务局关于公布北京市2015年度获得公益性捐赠税前扣除资格的公益性群众团体名单的通知

2015年4月29日　京财税〔2015〕697号

各区县财政局、国家税务局、地方税务局,市国家税务局直属分局,市地方税务局直属分局:

根据《财政部　国家税务总局关于通过公益性群众团体的公益性捐赠税前扣除有关问题的通知》(财税〔2009〕124号)和《北京市财政局、北京市国家税务局、北京市地方税务局转发财政部　国家税务总局关于通过公益性群众团体的公益性捐赠税前扣除有关问题的通知》(京财税〔2010〕389号)有关规定,经北京市财政局、北京市国家税务局、北京市地方税务局联合审核,现将北京市2015年度获得公益性捐赠税前扣除资格的公益性群众团体名单,予以公布。

附件:北京市2015年度获得公益性捐赠税前扣除资格的公益性群众团体名单

附件

北京市 2015 年度获得公益性捐赠税前扣除资格的
公益性群众团体名单

1. 北京市红十字会
2. 北京市东城区红十字会
3. 北京市朝阳区红十字
4. 北京市海淀区红十字会
5. 北京市丰台区红十字会
6. 北京市石景山区红十字会
7. 北京市昌平区红十字会
8. 北京市门头沟区红十字会
9. 北京市房山区红十字会
10. 北京市顺义区红十字会会
11. 北京市平谷区红十字会
12. 北京市密云县红十字会

3－4－5
国家税务总局关于发布《中华人民共和国
企业所得税月(季)度预缴纳税申报表
(2015 年版)等报表》的公告

2015 年 4 月 30 日　国家税务总局公告 2015 年第 31 号

现将国家税务总局修订的《中华人民共和国企业所得税月(季)度预缴纳税申报表(A 类,2015 年版)》《中华人民共和国企业所得税月(季)度和年度纳税申报表(B 类,2015 年版)》《企业所得税汇总纳税分支机构所得税分配表(2015 年版)》等报表及相应填报说明予以发布,并就有关事项公告如下:

一、《中华人民共和国企业所得税月(季)度预缴纳税申报表(A 类,2015 年版)》适用于实行查账征收企业所得税的居民企业预缴月份、季度税款时填报。《中华人民共和国企业所得税月(季)度和年度纳税申报表(B 类,2015 年版)》适用于实行核定征收企业所得税的居民企业预缴月份、季度税款和年度汇算清缴时填报。

二、跨地区经营汇总纳税企业的分支机构,使用《中华人民共和国企业所得税月(季)度预缴纳税申报表(A 类,2015 年版)》和《中华人民共和国企业所得税汇总纳税分支机构所得税分配表(2015 年版)》进行年度企业所得税汇算清缴申报。

三、本公告自 2015 年 7 月 1 日起施行。《国家税务总局关于发布〈中华人民共和国企业所得税月(季)度预缴纳税申报表〉等报表的公告》(国家税务总局公告 2014 年第 28 号)、《国家税务总局关于贯彻落实扩大小微企业减半征收企业所得税范围有关问题的公告》(国家税务总局公告 2015 年第 17 号)第五条、《国家税务总局关于完善

固定资产加速折旧税收政策有关问题的公告》(国家税务总局公告2014年第64号)
附件《固定资产加速折旧预缴情况统计表》及其填报说明同时废止。

特此公告。

附件:1. 中华人民共和国企业所得税月(季)度预缴纳税申报表(A类,2015年
版)及填报说明

        附1-1. 不征税收入和税基类减免应纳税所得额明细表(附表1)及填报
说明

        附1-2. 固定资产加速折旧(扣除)明细表(附表2)及填报说明①

        附1-3. 减免所得税额明细表(附表3)及填报说明

     2. 中华人民共和国企业所得税月(季)度和年度预缴纳税申报表(B类,
2015年版)及填报说明

     3. 企业所得税汇总纳税分支机构所得税分配表(2015年版)及填报说明

附件1

中华人民共和国企业所得税月(季)度预缴纳税申报表(A类,2015年版)

税款所属期间: 年 月 日至   年 月 日

纳税人识别号:□□□□□□□□□□□□□□□

纳税人名称: 金额单位:人民币元(列至角分)

行次	项　目	本期金额	累计金额
1	一、按照实际利润额预缴		
2	营业收入		
3	营业成本		
4	利润总额		
5	加:特定业务计算的应纳税所得额		
6	减:不征税收入和税基减免应纳税所得额(请填附表1)		
7	固定资产加速折旧(扣除)调减额(请填附表2)		
8	弥补以前年度亏损		
9	实际利润额(4行+5行-6行-7行-8行)		
10	税率(25%)		
11	应纳所得税额(9行×10行)		
12	减:减免所得税额(请填附表3)		
13	实际已预缴所得税额	—	
14	特定业务预缴(征)所得税额		
15	应补(退)所得税额(11行-12行-13行-14行)	—	
16	减:以前年度多缴在本期抵缴所得税额		
17	本月(季)实际应补(退)所得税额	—	

续表

行次	项　目	本期金额	累计金额
18	二、按照上一纳税年度应纳税所得额平均额预缴		
19	上一纳税年度应纳税所得额	—	
20	本月(季)应纳税所得额(19 行×1/4 或 1/12)		
21	税率(25%)		
22	本月(季)应纳所得税额(20 行×21 行)		
23	减:减免所得税额(请填附表3)		
24	本月(季)实际应纳所得税额(22 行－23 行)		
25	三、按照税务机关确定的其他方法预缴		
26	本月(季)税务机关确定的预缴所得税额		
27	总分机构纳税人		
28	总机构	总机构分摊所得税额(15 行或 24 行或 26 行×总机构分摊预缴比例)		
29		财政集中分配所得税额		
30		分支机构分摊所得税额(15 行或 24 行或 26 行×分支机构分摊比例)		
31		其中:总机构独立生产经营部门应分摊所得税额		
32	分支机构	分配比例		
33		分配所得税额		
	是否属于小型微利企业:　　　　是□　　　　否□		

谨声明:此纳税申报表是根据《中华人民共和国企业所得税法》《中华人民共和国企业所得税法实施条例》和国家有关税收规定填报的,是真实的、可靠的、完整的。

法定代表人(签字):　　　　　年　月　日

纳税人公章: 会计主管: 填表日期:　　年 月 日	代理申报中介机构公章: 经办人: 经办人执业证件号码: 代理申报日期:　年 月 日	主管税务机关受理专用章: 受理人: 受理日期:　　年 月 日

填报说明

一、适用范围

本表适用于实行查账征收企业所得税的居民纳税人在月(季)度预缴企业所得税时使用。跨地区经营汇总纳税企业的分支机构年度汇算清缴申报适用本表。

二、表头项目

1."税款所属期间":为税款所属期月(季)度第一日至所属期月(季)度最后一日。

年度中间开业的纳税人,"税款所属期间"为当月(季)开始经营之日至所属月(季)度的最后一日。次月(季)度起按正常情况填报。

2. "纳税人识别号":填报税务机关核发的税务登记证号码(15 位)。

3. "纳税人名称":填报税务机关核发的税务登记证记载的纳税人全称。

三、各列次的填报

1. 第一部分,按照实际利润额预缴税款的纳税人,填报第 2 行至第 17 行。

其中:第 2 行至第 17 行的"本期金额"列,填报所属月(季)度第一日至最后一日的数据;第 2 行至第 17 行的"累计金额"列,填报所属年度 1 月 1 日至所属月(季)度最后一日的累计数额。

2. 第二部分,按照上一纳税年度应纳税所得额平均额计算预缴税款的纳税人,填报第 19 行至第 24 行。

其中:第 19 行至第 24 行的"本期金额"列,填报所属月(季)度第一日至最后一日的数据;第 19 行至第 24 行的"累计金额"列,填报所属年度 1 月 1 日至所属月(季)度最后一日的累计数额。

3. 第三部分,按照税务机关确定的其他方法预缴的纳税人,填报第 26 行。

其中:"本期金额"列,填报所属月(季)度第一日至最后一日的数额;"累计金额"列,填报所属年度 1 月 1 日至所属月(季)度最后一日的累计数额。

四、各行次的填报

1. 第 1 行至第 26 行,纳税人根据其预缴申报方式分别填报。

实行"按照实际利润额预缴"的纳税人填报第 2 行至第 17 行。实行"按照上一纳税年度应纳税所得额平均额预缴"的纳税人填报第 19 行至第 24 行。实行"按照税务机关确定的其他方法预缴"的纳税人填报第 26 行。

2. 第 27 行至第 33 行,由跨地区经营汇总纳税企业(以下简称汇总纳税企业)填报。其中:汇总纳税企业总机构在填报第 1 行至第 26 行基础上,填报第 28 行至第 31 行。汇总纳税企业二级分支机构只填报本表第 30 行、第 32 行、第 33 行。

五、具体项目填报说明

(一)按实际利润额预缴

1. 第 2 行"营业收入":填报按照企业会计制度、企业会计准则等国家会计规定核算的营业收入。本行主要列示纳税人营业收入数额,不参与计算。

2. 第 3 行"营业成本":填报按照企业会计制度、企业会计准则等国家会计规定核算的营业成本。本行主要列示纳税人营业成本数额,不参与计算。

3. 第 4 行"利润总额":填报按照企业会计制度、企业会计准则等国家会计规定核算的利润总额。本行数据与利润表列示的利润总额一致。

4. 第 5 行"特定业务计算的应纳税所得额":从事房地产开发等特定业务的纳税人,填报按照税收规定计算的特定业务的应纳税所得额。房地产开发企业销售未完工开发产品取得的预售收入,按照税收规定的预计计税毛利率计算的预计毛利额填入此行。

5. 第 6 行"不征税收入和税基减免应纳税所得额":填报属于税法规定的不征税收入、免税收入、减计收入、所得减免、抵扣应纳税所得额等金额。本行通过《不征税收入和税基类减免应纳税所得额明细表》(附表 1)填报。

6. 第 7 行"固定资产加速折旧(扣除)调减额":填报按照《财政部 国家税务总局关于完善固定资产加速折旧税收政策有关问题的通知》(财税〔2014〕75 号)等相关规定,固定资产税收上采取加速折旧、会计上未加速折旧的纳税调整情况。本行通过《固定资产加速折旧(扣除)明细表》(附表 2)填报。

7. 第 8 行"弥补以前年度亏损":填报按照税收规定可在企业所得税前弥补的以前年度尚未弥补的亏损额。

8. 第 9 行"实际利润额":根据本表相关行次计算结果填报。第 9 行 = 4 行 + 5 行 − 6 行 − 7 行 − 8 行。

9. 第 10 行"税率(25%)":填报企业所得税法规定税率 25%。

10. 第 11 行"应纳所得税额":根据相关行次计算结果填报。第 11 行 = 9 行 × 10 行,且 11 行 ≥0。跨地区经营汇总纳税企业总机构和分支机构适用不同税率时,第 11 行 ≠9 行 × 10 行。

11. 第 12 行"减免所得税额":填报按照税收规定,当期实际享受的减免所得税额。本行通过《减免所得税额明细表》(附表 3)填报。

12. 第 13 行"实际已预缴所得税额":填报纳税人本年度此前月份、季度累计已经预缴的企业所得税额,"本期金额"列不填写。

13. 第 14 行"特定业务预缴(征)所得税额":填报按照税收规定的特定业务已经预缴(征)的所得税额。建筑企业总机构直接管理的跨地区设立的项目部,按规定向项目所在地主管税务机关预缴的企业所得税填入此行。

14. 第 15 行"应补(退)所得税额":根据本表相关行次计算填报。15 行"累计金额"列 = 11 行 − 12 行 − 13 行 − 14 行,且 15 行 ≤0 时,填 0;"本期金额"列不填。

15. 第 16 行"减:以前年度多缴在本期抵缴所得税额":填报以前年度多缴的企业所得税款未办理退税,在本纳税年度抵缴的所得税额。

16. 第 17 行"本月(季)实际应补(退)所得税额":根据相关行次计算填报。第 17 行"累计金额"列 = 15 行 − 16 行,且第 17 行 ≤0 时,填 0,"本期金额"列不填。

(二)按照上一年度应纳税所得额平均额预缴

1. 第 19 行"上一纳税年度应纳税所得额":填报上一纳税年度申报的应纳税所得额。"本期金额"列不填。

2. 第 20 行"本月(季)应纳税所得额":根据相关行次计算填报。

(1)按月度预缴的纳税人:第 20 行 = 第 19 行 ×1/12。

(2)按季度预缴的纳税人:第 20 行 = 第 19 行 ×1/4。

3. 第 21 行"税率(25%)":填报企业所得税法规定的 25% 税率。

4. 第 22 行"本月(季)应纳所得税额":根据本表相关行次计算填报。22 行 = 20 行 ×21 行。

5. 第 23 行"减:减免所得税额":填报按照税收规定,当期实际享受的减免所得税额。本行通过《减免所得税额明细表》(附表 3)填报。

6. 第 24 行"本月(季)应纳所得税额":根据相关行次计算填报。第 24 行 = 第 22 − 23 行。

(三)按照税务机关确定的其他方法预缴

第 26 行"本月(季)确定预缴所得税额":填报税务机关认可的其他方法确定的本月(季)度应缴纳所得税额。

(四)汇总纳税企业总分机构有关项目的填报

1. 第 28 行"总机构分摊所得税额":汇总纳税企业的总机构,以本表(第 1 行至第 26 行)本月(季)度预缴所得税额为基数,按总机构应当分摊的预缴比例计算出的本期预缴所得税额填报,并按不同预缴方式分别计算:

(1)"按实际利润额预缴"的汇总纳税企业的总机构:第 15 行 × 总机构应分摊预缴比例。

(2)"按照上一纳税年度应纳税所得额的平均额预缴"的汇总纳税企业的总机构:第 24 行 × 总机构应分摊预缴比例。

(3)"按照税务机关确定的其他方法预缴"的汇总纳税企业的总机构:第 26 行 × 总机构应分摊预缴比例。

上述计算公式中"总机构分摊预缴比例":跨地区经营(跨省、自治区、直辖市、计划单列市)汇总纳税企业,总机构分摊的预缴比例填报 25%;省内经营的汇总纳税企业,总机构应分摊的预缴比例按各省级税务机关规定填报。

2. 第 29 行"财政集中分配所得税额":汇总纳税企业的总机构,以本表(第 1 行至第 26 行)本月(季)度预缴所得税额为基数,按财政集中分配的预缴比例计算出的本期预缴所得税额填报,并按不同预缴方式分别计算:

(1)"按实际利润额预缴"的汇总纳税企业的总机构:第 15 行 × 财政集中分配预缴比例。

(2)"按照上一纳税年度应纳税所得额的平均额预缴"的汇总纳税企业的总机构:第 24 行 × 财政集中分配预缴比例。

(3)"按照税务机关确定的其他方法预缴"的汇总纳税企业的总机构:第 26 行 × 财政集中分配预缴比例。

跨地区经营(跨省、自治区、直辖市、计划单列市)汇总纳税企业,中央财政集中分配的预缴比例填报 25%;省内经营的汇总纳税企业,财政集中分配的预缴比例按各省级税务机关规定填报。

3. 第 30 行"分支机构应分摊所得税额":汇总纳税企业的总机构,以本表(第 1 行至第 26 行)本月(季)度预缴所得税额为基数,按分支机构应分摊的预缴比例计算出的本期预缴所得税额填报,并按不同预缴方式分别计算:

(1)"按实际利润额预缴"的汇总纳税企业的总机构:第 15 行 × 分支机构应分摊预缴比例。

(2)"按照上一纳税年度应纳税所得额平均额预缴"的汇总纳税企业的总机构:第24行×分支机构应分摊预缴比例。

(3)"按照税务机关确定的其他方法预缴"的汇总纳税企业的总机构:第26行×分支机构应分摊预缴比例。

上述计算公式中"分支机构应分摊预缴比例":跨地区经营(跨省、自治区、直辖市、计划单列市)汇总纳税企业,分支机构应分摊的预缴比例填报50%;省内经营的汇总纳税企业,分支机构应分摊的预缴比例按各省级税务机关规定执行填报。

分支机构根据《中华人民共和国企业所得税汇总纳税分支机构所得税分配表(2015年版)》中的"分支机构分摊所得税额"填写本行。

4. 第31行"其中:总机构独立生产经营部门应分摊所得税额":填报跨地区经营汇总纳税企业的总机构,设立的具有主体生产经营职能且按规定视同二级分支机构的部门,所应分摊的本期预缴所得税额。

5. 第32行"分配比例":汇总纳税企业的分支机构,填报依据《企业所得税汇总纳税分支机构所得税分配表(2015年版)》确定的该分支机构的分配比例。

6. 第33行"分配所得税额":填报汇总纳税企业的分支机构按分配比例计算应预缴或汇算清缴的所得税额。第33行=30行×32行。

六、"是否属于小型微利企业"填报

1. 纳税人上一纳税年度汇算清缴符合小型微利企业条件的,本年预缴时,选择"是",预缴累计会计利润不符合小微企业条件的,选择"否"。

2. 本年度新办企业,"资产总额"和"从业人数"符合规定条件,选择"是",预缴累计会计利润不符合小微企业条件的,选择"否"。

3. 上年度"资产总额"和"从业人数"符合规定条件,应纳税所得额不符合小微企业条件的,预计本年度会计利润符合小微企业条件,选择"是",预缴累计会计利润不符合小微企业条件,选择"否"。

4. 纳税人第一季度预缴所得税时,鉴于上一年度汇算清缴尚未结束,可以按照上年度第四季度预缴情况选择"是"或"否"。

本栏次为必填项目,不符合小型微利企业条件的,选择"否"。

七、表内表间关系

(一)表内关系

1. 第9行=4行+5行−6行−7行−8行。

2. 第11行=9行×10行。当汇总纳税企业的总机构和分支机构适用不同税率时,第11行≠9行×10行。

3. 第15行=11行−12行−13行−14行,且第15行≤0时,填0。

4. 第17行=15行−16行,且第17行≤0时,填0。

5. 第20行"本期金额"=19行"累计金额"×1/4或1/12。

6. 第22行=20行×21行。

7. 第24行=22行−23行。

8. 第28行=15行或24行或26行×规定比例。

9. 第29行=15行或24行或26行×规定比例。

(二)表间关系

1. 第6行=《不征税收入和税基类减免应纳税所得额明细表》(附表1)第1行。

2. 第7行"本期金额"=《固定资产加速折旧(扣除)明细表》(附表2)第13行11列;第7行"累计金额"=《固定资产加速折旧(扣除)明细表》(附表2)第13行16列。

3. 第12行、第23行=《减免所得税额明细表》(附表3)第1行。

4. 第30行=《企业所得税汇总纳税分支机构所得税分配表(2015年版)》中的"分支机构分摊所得税额"。

5. 第32、33行=《企业所得税汇总纳税分支机构所得税分配表(2015年版)》中与填表纳税人对应行次中的"分配比例""分配所得税额"列。

附 1-1：

中华人民共和国企业所得税月(季)度预缴纳税申报表(A 类,2015 年版)附表 1
不征税收入和税基类减免应纳税所得额明细表

金额单位:人民币元(列至角分)

行次	项　目	本期金额	累计金额
1	合计(2 行 + 3 行 + 14 行 + 19 行 + 30 行 + 31 行 + 32 行 + 33 行 + 34 行…)		
2	一、不征税收入		
3	二、免税收入(4 行 + 5 行 + … + 13 行)		
4	1. 国债利息收入		
5	2. 地方政府债券利息收入		
6	3. 符合条件的居民企业之间的股息、红利等权益性投资收益		
7	4. 符合条件的非营利组织的收入		
8	5. 证券投资基金投资者取得的免税收入		
9	6. 证券投资基金管理人取得的免税收入		
10	7. 中国清洁发展机制基金取得的收入		
11	8. 受灾地区企业取得的救灾和灾后恢复重建款项等收入		
12	9. 其他 1:		
13	10. 其他 2:		
14	三、减计收入(15 行 + 16 行 + 17 行 + 18 行)		
15	1. 综合利用资源生产产品取得的收入		
16	2. 金融、保险等机构取得的涉农利息、保费收入		
17	3. 取得的中国铁路建设债券利息收入		
18	4. 其他:(请填写或选择减免项目名称及减免性质代码)		
19	四、所得减免(20 行 + 23 行 + 24 行 + 25 行 + 26 行 + 27 行 + 28 行 + 29 行)		
20	1. 农、林、牧、渔业项目		
21	其中:免税项目		
22	减半征收项目		
23	2. 国家重点扶持的公共基础设施项目		
24	3. 符合条件的环境保护、节能节水项目		
25	4. 符合条件的技术转让项目		
26	5. 实施清洁发展机制项目		
27	6. 节能服务公司实施合同能源管理项目		
28	7. 其他 1:		
29	8. 其他 2:		
30	五、新产品、新工艺、新技术研发费用加计扣除		
31	六、抵扣应纳税所得额		
32	七、其他 1:		
33	其他 2:		
34	其他 3:		

填报说明

本表作为《中华人民共和国企业所得税月(季)度预缴纳税申报表(A类,2015年版)》的附表,适用于享受不征税收入,以及享受免税收入、减计收入、所得减免、研发费用加计扣除及抵扣应纳税所得额等税基类优惠政策的查账征税的纳税人填报。纳税人根据税法规定,填报本期及本年累计优惠情况。

一、有关项目填报说明

(一)有关列次填报

"本期金额"填报纳税人本季度、月份发生的不征税收入和税基类减免应纳税所得额的数据。"累计金额"填报纳税人自本年度1月1日(或开始营业之日)至本季度、月份止发生的不征税收入和税基类减免应纳税所得额的数据。

(二)有关行次填报

1. 第1行"合计":填报2行+3行+14行+19行+30行+31行+32行+33行+34行…的金额,34行后如有增加行次,加至最后一行。

2. 第2行"一、不征税收入":填报纳税人已记入当期损益但属于税法规定不征税的财政拨款、依法收取并纳入财政管理的行政事业性收费、政府性基金以及国务院规定的其他不征税收入。通过本表进行纳税调减。

3. 第3行"二、免税收入":填报4行+5行+……+13行的金额。

4. 第4行"1. 国债利息收入":填报纳税人持有国务院财政部门发行的国债取得的利息收入。

5. 第5行"2. 地方政府债券利息收入":填报纳税人持有地方政府债券利息收入。

6. 第6行"3. 符合条件的居民企业之间的股息、红利等权益性投资收益":填报本期发生的符合条件的居民企业之间的股息、红利等权益性投资收益情况。不包括连续持有居民企业公开发行并上市流通的股票不足12个月取得的投资收益。

7. 第7行"4. 符合条件的非营利组织的收入":根据企业所得税法等有关规定,符合条件并依法履行登记手续的非营利组织,填报取得的捐赠收入等免税收入,不包括营利性收入。

8. 第8行"5. 证券投资基金投资者取得的免税收入":填报纳税人根据《财政部 国家税务总局关于企业所得税若干优惠政策的通知》(财税〔2008〕1号)规定,证券投资基金从证券市场中取得收入(包括买卖股票、债券差价收入,股息、红利收入,债券利息收入及其他收入)以及投资者从证券投资基金分配中取得的收入。

9. 第9行"6. 证券投资基金管理人取得的免税收入"。填报纳税人根据《财政部 国家税务总局关于企业所得税若干优惠政策的通知》(财税〔2008〕1号)规定,证券投资基金管理人运用基金买卖股票、债券差价收入。

10. 第10行"7. 中国清洁发展机制基金取得的收入":中国清洁发展机制基金取得的CDM项目温室气体减排量转让收入上缴国家部分,国际金融组织赠款收入,基金资金存款利息收入、购买国债利息收入,国内外机构、组织和个人的捐赠收入。

11. 第11行"8. 受灾地区企业取得的救灾和灾后恢复重建款项等收入":填报芦山、鲁甸及其他受灾地区企业灾后重建政策,通过公益性社会团体、县级以上人民政府及其部门取得的抗震救灾和灾后恢复重建款项和物资,以及税收法律、法规和国务院批准的减免税金及附加收入。

12. 第12行"9. 其他1"、第13行"10. 其他2":填报其他未列明的预缴申报可以享受的免税收入项目,包括国家税务总局发布的最新政策规定的免税收入。填报时需在"项目"列填写(软件申报时选择具体优惠项目)减免项目名称及减免性质代码。

13. 第14行"三、减计收入":填报15行+16行+17行+18行的金额。

14. 第15行"1. 综合利用资源生产产品取得的收入":填报纳税人根据现行企业所得税法规定,综合利用资源生产产品取得的收入减计征税的部分。本行填报"综合利用资源生产产品取得收入"×10%的积。

15. 第16行"2. 金融、保险等机构取得的涉农利息、保费收入":金融保险企业、中国扶贫基金会所属小额贷款公司等取得的涉农利息、保费收入,根据企业所得税法和相关税收政策规定享受"减计收入"情况。本行填报"金融、保险等机构取得的涉农利息、保费收入"×10%的积。

16. 第17行"3. 取得的中国铁路建设债券利息收入":填报纳税人取得铁路建设债券利息收入,根据现行税收政策规定享受"减计收入"情况。本行填报"取得的中国铁路建设债券利息收入"×50%的积。

17. 第 18 行"4. 其他":填报国家税务总局发布的最新政策规定的其他减计收入乘以"减计收入"比例的金额,需在"项目"列填写(软件申报时选择具体优惠项目)享受减免项目名称及减免性质代码。

18. 第 19 行"四、所得减免":填报 20 行＋23 行＋24 行＋25 行＋26 行＋27 行＋28 行＋29 行的金额。本行小于 0 时填 0。

19. 第 20 行"1. 农、林、牧、渔业项目":填报纳税人根据企业所得税法规定,从事农、林、牧、渔业项目发生的减征、免征企业所得税项目的所得额。本行＝第 21 行＋22 行,该项目所得为负数时填 0。

20. 第 21 行"其中:免税项目":填报纳税人根据企业所得税法及相关税收政策规定发生的免征企业所得税项目的所得额,当该项目所得为负数时填 0。

　　免征企业所得税项目主要有:种植蔬菜、谷物、薯类、油料、豆类、棉花、麻类、糖料、水果、坚果;农作物新品种的选育;中药材的种植;林木的培育和种植;牲畜、家禽的饲养;林产品的采集;灌溉、农产品初加工、兽医、农技推广、农机作业和维修等农、林、牧、渔服务业项目;远洋捕捞等。

21. 第 22 行"减半征收项目":填报纳税人根据企业所得税法及相关税收政策规定,从事农、林、牧、渔业项目发生的减半征收企业所得税项目的所得额。本行＝"减半征收企业所得税项目的所得额"×50%,当该项目所得为负数时填 0。

　　减半征收企业所得税项目主要有:花卉、茶以及其他饮料作物和香料作物的种植;海水养殖、内陆养殖等。

22. 第 23 行"2. 国家重点扶持的公共基础设施项目":填报纳税人根据企业所得税法和相关税收政策规定,从事《公共基础设施项目企业所得税优惠目录》中规定的港口码头、机场、铁路、公路、城市公共交通、电力、水利等项目的投资经营的所得,自项目取得第一笔生产经营收入所在年度起,享受企业所得税"三免三减半"优惠政策情况。其免税期间填报从事基础设施项目的所得额,减半征税期间填报从事基础设施项目的所得额 ×50%的积。当该项目所得为负数时填 0。不包括企业承包经营、承包建设和内部自建自用该项目的所得。

23. 第 24 行"3. 符合条件的环境保护、节能节水项目":填报纳税人根据企业所得税法和相关税收政策规定,从事符合条件的公共污水处理、公共垃圾处理、沼气综合开发利用、节能减排技术改造、海水淡化等环境保护、节能节水项目的所得,自项目取得第一笔生产经营收入所在年度起,享受企业所得税"三免三减半"优惠政策情况。其免税期间填报从事环境保护、节能节水项目的所得额,减半征税期间填报从事环境保护、节能节水项目的所得额 ×50%的积。当该项目所得为负数时填 0。

24. 第 25 行"4. 符合条件的技术转让项目":填报纳税人根据企业所得税法和相关税收政策规定,对转让技术所有权或 5 年以上全球独占许可[②]使用权取得的所得,减征、免征的所得额。

25. 第 26 行"5. 实施清洁发展机制项目":填报纳税人根据企业所得税法和相关税收政策规定,实施的将温室气体减排量转让收入的 65%上缴给国家的 HFC 和 PFC 类 CDM 项目,以及将温室气体减排量转让收入的 30%上缴给国家的 N2O 类 CDM 项目,其实施该类 CDM 项目的所得,自项目取得第一笔减排量转让收入所属纳税年度起,第一年至第三年免征、第四年至第六年减半征收的所得额。

26. 第 27 行"节能服务公司实施合同能源管理项目":填报根据企业所得税法和相关税收政策规定符合条件的节能服务公司,实施合同能源管理的项目,自项目取得第一笔生产经营收入所属纳税年度起,第一年至第三年免征、第四年至第六年按照 25%的法定税率减半征收的所得额。

27. 第 28 行"7. 其他 1"、第 29 行"8. 其他 2":填报国家税务总局发布的最新政策规定的其他专项减免应纳税所得额,当项目所得为负数时填 0。填报时需在"项目"列填写(软件申报时选择具体优惠项目)享受减免项目名称及减免性质代码。

28. 第 30 行"五、新产品、新工艺、新技术研发费用加计扣除":填报纳税人根据企业所得税法和相关税收政策规定,发生的新产品、新工艺、新技术研发费用加计扣除的金额。

29. 第 31 行"六、抵扣应纳税所得额":填报纳税人根据企业所得税法和相关税收政策规定,享受创业投资企业抵扣应纳税所得额优惠的金额。

30. 第 32 行及后续行次"七、其他 1""其他 2""其他 3"等:填报纳税人享受的国家税务总局发布的最新的税基类优惠项目的金额,同时需在"项目"列填写减免项目名称及减免性质代码,如行次不足,可增加行次填写。

二、表内、表间关系

(一)表内关系

1. 第1行=2行+3行+14行+19行+30行+31行+32行+33行+34行…。

2. 第3行=4行+5行+6行+7行+8行+9行+10行+11行+12行+13行。

3. 第14行=15行+16行+17行+18行。

4. 第19行=20行+23行+24行+25行+26行+27行+28行+29行。

(二)表间关系

本表第1行=企业所得税月(季)度预缴纳税申报表(A类,2015年版)第6行。

附 1 - 2:

中华人民共和国企业所得税月(季)度预缴申报表(A类,2015年版)附表2
固定资产加速折旧(扣除)明细表

金额单位:人民币元(列至角分)

行次	项目	房屋、建筑物			机器设备和其他固定资产			本期折旧(扣除)额				累计折旧(扣除)额					
		原值	本期折旧(扣)除额	累计折旧(扣)除额	原值	本期折旧(扣)除额	累计折旧(扣)除额	原值	正常折旧额	税收加速折旧额	纳税调整额	加速折旧优惠统计额	合计折旧额	正常折旧额	税收加速折旧额	纳税调整额	加速折旧优惠统计额
								7=1+4	8	9	10=2+5	11=10-8	12=10-9	13	14	15=6+3	16=15-13	17=15-14
		1	2	3	4	5	6	7=1+4	8	9	10=2+5	11=10-8	12=10-9	13	14	15=6+3	16=15-13	17=15-14
1	一、重要行业固定资产																
2	(一)生物药品制造业																
3	(二)专用设备制造业																
4	(三)铁路、船舶、航空航天和其他运输设备制造业																
5	(四)计算机、通信和其他电子设备制造业																
6	(五)仪器仪表制造业																
7	(六)信息传输、软件和信息技术服务业																
8	二、其他行业研发设备	*	*	*													

续表

行次	项目	房屋、建筑物			机器设备和其他固定资产			合　计										
									本期折旧(扣除)额					累计折旧(扣除)额				
		原值	本期折旧(扣除)额	累计折旧(扣除)额	原值	本期折旧(扣除)额	累计折旧(扣除)额	原值	会计折旧额	正常折旧额	税收加速折旧额	纳税调整额	加速折旧优惠统计额	会计折旧额	正常折旧额	税收加速折旧额	纳税调整额	加速折旧优惠统计额
		1	2	3	4	5	6	7=1+4	8	9	10=2+5	11=10-8	12=10-9	13	14	15=6+3	16=15-13	17=15-14
9	三、允许一次性扣除的固定资产	*	*	*														
10	(一)单位价值不超过100万元的研发仪器、设备	*	*	*														
11	其中:六大行业小型微利企业研发和生产经营共用的仪器、设备	*	*	*														
12	(三)单位价值不超过5000元的固定资产	*	*	*														
13	合　计																	

填报说明

一、适用范围

1. 本表作为《中华人民共和国企业所得税月(季)度预缴纳税申报表(A类,2015年版)》的附表,适用于按照《财政部　国家税务总局关于完善固定资产加速折旧税收政策有关问题的通知》(财税〔2014〕75号,以及此后扩大行业范围)规定,享受固定资产加速折旧和一次性扣除优惠政策的查账征收的纳税人填报。

2.《国家税务总局关于企业固定资产加速折旧所得税处理有关问题的通知》(国税发〔2009〕81号)规定的固定资产加速折旧,不填报本表。

3. 本表主要任务:一是对税法上采取加速折旧,会计上未采取加速折旧的固定资产,预缴环节对折旧额的会计与税法差异进行纳税调减。本表预缴时不作纳税调增,纳税调整统一在汇算清缴处理。二是对于税法、会计都采取加速折旧的,对纳税人享受加速折旧优惠情况进行统计。

当税法折旧额小于会计折旧额(或正常折旧额)时,该项固定资产不再填写本表,当期数据按实际数额填报,年度内保留累计数。主要包括以下情形:

(1)会计采取正常折旧方法,税法采取缩短折旧年限方法,按税法规定折旧完毕的。

(2)会计采取正常折旧方法,税法采取年数总和法或双倍余额递减法方法的,税法折旧金额小于会计折旧金额的。

上述(1)、(2)情形,填写第8列、13列"会计折旧额",第10列、15列"税收加速折旧额",第11列、16列"纳税调整额"。

(3)会计和税法均采取加速折旧的,该类固定资产填报第9列、第14列"正常折旧额",第10列、15列"税收加速折旧额",第12列、17列"加速折旧优惠统计额",当税法折旧金额小于按会计折旧金额时,不再填写本表。

二、有关项目填报说明

(一)行次填报

根据固定资产类别填报相应数据列。

1. 第1行"一、重要行业固定资产":生物药品制造业,专用设备制造业,铁路、船舶、航空航天和其他运输设备制造业,计算机、通信和其他电子设备制造业,仪器仪表制造业,信息传输、软件和信息技术服务业等行业的纳税人,按照财税〔2014〕75号文件规定,对于2014年1月1日后新购进固定资产在税收上采取加速折旧的,结合会计折旧政策,分不同情况填报纳税调减或者加速折旧优惠统计情况。本行=2行+3行+4行+5行+6行+7行。

第2行至第7行,由企业根据固定资产加速折旧情况填报。

2. 第8行"二、其他行业研发设备":由重要行业以外的其他企业填报。填写单位价值超过100万元的研发仪器、设备采取缩短折旧年限或加速折旧方法,在预缴环节进行纳税调减或者加速折旧优惠统计情况。

3. 第9行"三、允许一次性扣除的固定资产":填报2014年1月1日后新购进单位价值不超过100万元的用于研发的仪器、设备和单位价值不超过5000元的固定资产,按照税法规定一次性在当期所得税前扣除的金额。本行=10行+12行。

小型微利企业研发与经营活动共用的仪器、设备一次性扣除,同时填写本表第10行、第11行。

单位价值不超过5000元的固定资产,按照税法规定一次性在当期税前扣除的,填写第12行。

(二)列次填报

1. 第1列至第7列有关固定资产原值、折旧额。

(1)原值:填写固定资产的计税基础。

(2)本期折旧(扣除)额:填报按税法规定享受加速折旧优惠政策的固定资产当月(季)度折旧(扣除)额。

(3)累计折旧(扣除)额:填写按税法规定享受加速折旧优惠政策的固定资产自本年度1月1日至当月(季)度的累计折旧(扣除)额。年度中间开业的,填写开业之日至当月(季)度的累计折旧(扣除)额。

2. 第8-17列"本期折旧(扣除)额"填报当月(季)度的数据;"累计折旧(扣除)额"填报自本年度1月1日至当月(季)度的累计数;年度中间开业的,填写开业之日至当月(季)度的累计折旧(扣除)额。

(1)填报规则。

一是对于会计未加速折旧,税法加速折旧的,填写第8列、10列、11列和第13列、15列、16列,据此进行纳税调减。

二是对于会计与税法均加速折旧的,填写第9列、10列、12列和第14列、15列、17列,据此统计优惠政策情况。

三是对于税法上加速折旧,但部分资产会计上加速折旧,另一部分资产会计上未加速折旧,应区分会计上不同资产折旧情况,按上述规则分别填报各列次。此时,不完全满足上述各列次逻辑关系,但"税收加速折旧额"-"会计折旧额"-"正常折旧额"="纳税调整额"+"加速折旧优惠统计额"。

(2)具体列次的填报。

一是"会计折旧额":税收上加速折旧,会计上未加速折旧的,本列填固定资产会计上实际账载折旧数额。会计与税法均加速折旧的,不填写本列。

二是"正常折旧额":会计和税收均加速折旧,为统计企业享受优惠情况,假定该资产未享受加速折旧政策,本列填报该固定资产视同按照税法规定最低折旧年限用直线法估算折旧额。当税法折旧额小于正常折旧额时,第9列填写本期实际折旧额,第14列按照本年累计数额填报。对于会计未加速折旧,税法加速折旧的,不填写本列。

三是"税收加速折旧额":填报按税法规定享受加速折旧优惠政策的固定资产,按税法规定的折旧(扣除)数额。

四是"纳税调整额":填报税收上加速折旧,会计上未加速折旧的差额,在预缴申报时进行纳税调减。预缴环节不进行纳税调增,有关纳税调整在汇算清缴时统一处理。当税法折旧金额小于按会计折旧金额时,不再填写本表。第11列=第10列-8列,第16列=第15列-13列。

五是"加速折旧优惠统计额":填报会计与税法对固定资产均加速折旧,以税法实际加速折旧额减去假定未加速折旧的"正常折旧"额,据此统计加速折旧情况。第12列=第10列-9列,第17列=第15列-14列。

税务机关以"纳税调整额"+"加速折旧优惠统计额"之和,进行固定资产加速折旧优惠情况统计工作。

三、表内、表间关系

(一)表内关系

1. 第7列=1列+4列。

2. 第10列=2列+5列。

3. 第11列=10列-8列。

4. 第12列=10列-9列。

5. 第15列=6列+3列。

6. 第16列=15列-13列。

7. 第17列=15列-14列。

8. 第1行=2行+3行+4行+…+7行。

9. 第9行=10行+12行。

10. 第13行=1行+8行+9行。

(二)表间关系

1. 企业所得税月(季)度预缴纳税申报表(A类,2015年版)第7行"本期金额"=本表第13行第11列。

2. 企业所得税月(季)度预缴纳税申报表(A类,2015年版)第7行"累计金额"=本表第13行第16列。

附1-3:

中华人民共和国企业所得税月(季)度预缴纳税申报表(A类,2015年版)附表3
减免所得税额明细表

金额单位:人民币元(列至角分)

行次	项 目	本期金额	累计金额
1	合计(2行+4行+5行+6行)		
2	一、符合条件的小型微利企业		
3	其中:减半征税		
4	二、国家需要重点扶持的高新技术企业		
5	三、减免地方分享所得税的民族自治地方企业		
6	四、其他专项优惠(7行+8行+9行+…+30行)		
7	(一)经济特区和上海浦东新区新设立的高新技术企业		
8	(二)经营性文化事业单位转制企业		
9	(三)动漫企业		
10	(四)受灾地区损失严重的企业		
11	(五)受灾地区农村信用社		
12	(六)受灾地区的促进就业企业		
13	(七)技术先进型服务企业		
14	(八)新疆困难地区新办企业		
15	(九)新疆喀什、霍尔果斯特殊经济开发区新办企业		
16	(十)支持和促进重点群体创业就业企业		
17	(十一)集成电路线宽小于0.8微米(含)的集成电路生产企业		
18	(十二)集成电路线宽小于0.25微米的集成电路生产企业		
19	(十三)投资额超过80亿元人民币的集成电路生产企业		
20	(十四)新办集成电路设计企业		
21	(十五)国家规划布局内重点集成电路设计企业		
22	(十六)符合条件的软件企业		
23	(十七)国家规划布局内重点软件企业		
24	(十八)设在西部地区的鼓励类产业企业		
25	(十九)符合条件的生产和装配伤残人员专门用品企业		
26	(二十)中关村国家自主创新示范区从事文化产业支撑技术等领域的高新技术企业		
27	(二十一)享受过渡期税收优惠企业		
28	(二十二)横琴新区、平潭综合实验区和前海深港现代化服务业合作区企业		
29	(二十三)其他1:		
30	(二十四)其他2:		

填报说明

本表作为《中华人民共和国企业所得税月（季）度预缴纳税申报表（A类，2015年版）》的附表，适用于享受减免所得税额优惠的查账征收的纳税人填报。纳税人根据企业所得税法及相关税收政策规定，填报本期及本年累计发生的减免所得税优惠情况。

一、有关项目填报说明

1. 第1行"合计"：填报2行＋4行＋5行＋6行的金额。

2. 第2行"一、符合条件的小型微利企业"：根据企业所得税法和相关税收政策规定，符合小型微利企业条件的纳税人填报的减免所得税额。包括减按20%税率征收（减低税率政策）和减按10%税率征收（减半征税政策）。

享受减低税率政策的纳税人，本行填写《中华人民共和国企业所得税月（季）度预缴纳税申报表（A类，2015年版）》第9行或第20行×5%的积。享受减半征税政策的纳税人，本行填写《中华人民共和国企业所得税月（季）度预缴纳税申报表（A类，2015年版）》第9行或第20行×15%的积；同时填写本表第3行"减半征税"。

《中华人民共和国企业所得税月（季）度预缴纳税申报表（A类，2015年版）》"是否符合小型微利企业"栏次选择"是"的纳税人，除享受《不征税收入和税基类减免应纳税所得额明细表》（附表1）中"所得减免"或者本表其他减免税政策之外，不得放弃享受小型微利企业所得税优惠政策。

3. 第4行"二、国家需要重点扶持的高新技术企业"：填报享受国家重点扶持的高新技术企业优惠的减免税额。本行＝《中华人民共和国企业所得税月（季）度预缴纳税申报表（A类，2015年版）》第9行或第20行×10%的积。

4. 第5行"三、减免地方分享所得税的民族自治地方企业"：填报纳税人经民族自治地方所在省、自治区、直辖市人民政府批准，减征或者免征民族自治地方的企业缴纳的企业所得税中属于地方分享的企业所得税金额。

5. 第6行"四、其他专项优惠"：填报第7行＋8行＋…＋30行的金额。

6. 第7行"（一）经济特区和上海浦东新区新设立的高新技术企业"：填报纳税人根据《国务院关于经济特区和上海浦东新区新设立高新技术企业实行过渡性税收优惠的通知》（国发〔2007〕40号）等规定，经济特区和上海浦东新区内，在2008年1月1日（含）之后完成登记注册的国家需要重点扶持的高新技术企业，在经济特区和上海浦东新区内取得的所得，自取得第一笔生产经营收入所属纳税年度起，第一年至第二年免征企业所得税，第三年至第五年按照25%的法定税率减半征收企业所得税。本行填报根据实际利润额计算的免征、减征企业所得税金额。

7. 第8行"（二）经营性文化事业单位转制企业"：根据相关税收政策规定，从事新闻出版、广播影视和文化艺术的经营性文化事业单位转制为企业，转制注册之日起免征企业所得税。本行填报根据实际利润额计算的免征企业所得税数额。

8. 第9行"（三）动漫企业"：根据相关税收政策规定，经认定的动漫企业自主开发、生产动漫产品，可申请享受现行鼓励软件产业发展所得税优惠政策。自获利年度起第一年至第二年免征企业所得税，第三年至第五年按照25%法定税率减半征收企业所得税，并享受至期满为止。本行填报根据实际利润额计算的免征、减征企业所得税金额。

9. 第10行"（四）受灾地区损失严重的企业"：填报纳税人根据相关税收政策规定，对受灾地区损失严重的企业免征企业所得税。本行填报根据实际利润额计算的免征企业所得税金额。

10. 第11行"（五）受灾地区农村信用社"：填报纳税人根据相关税收政策规定，对特定受灾地区农村信用社免征企业所得税。本行填报根据实际利润额计算的免征企业所得税金额。

11. 第12行"（六）受灾地区的促进就业企业"：填报纳税人根据相关税收政策规定，按定额依次扣减增值税、营业税、城市维护建设税、教育费附加和企业所得税。本行填报减征的企业所得税金额。

12. 第13行"（七）技术先进型服务企业"：填报纳税人根据相关税收政策规定，对经认定的技术先进型服务企业，减按15%的税率征收企业所得税。本行填报根据实际利润额计算的减征10%企业所得税金额。

13. 第14行"（八）新疆困难地区新办企业"：填报纳税人根据相关税收政策规定，对在新疆困难地区新办属于《新疆困难地区重点鼓励发展产业企业所得税优惠目录》范围内企业,自取得第一笔生产经营收入所属纳税年度起,第一年至第二年免征企业所得税,第三年至第五年减半征收企业所得税。本行填报免征、减征企业所得税金额。

14. 第15行"(九)新疆喀什、霍尔果斯特殊经济开发区新办企业":填报纳税人根据相关税收政策规定,对在新疆喀什、霍尔果斯经济开发区内新办的属于《新疆困难地区重点鼓励发展产业企业所得税优惠目录》范围内企业,自取得第一笔生产经营收入所属纳税年度起,五年内免征企业所得税。本行填报免征的企业所得税金额。

15. 第16行"(十)支持和促进重点群体创业就业企业":填报纳税人根据相关税收政策规定,可在当年扣减的企业所得税税额。本行按现行税收政策规定填报。

16. 第17行"(十一)集成电路线宽小于0.8微米(含)的集成电路生产企业":填报纳税人根据相关税收政策规定,集成电路线宽小于0.8微米(含)的集成电路生产企业,经认定后,自获利年度起计算优惠期,第一年至第二年免征企业所得税,第三年至第五年按照25%的法定税率减半征收企业所得税,并享受至期满为止。本行填报免征、减征企业所得税金额。

17. 第18行"(十二)集成电路线宽小于0.25微米的集成电路生产企业":填报纳税人根据相关税收政策规定,集成电路线宽小于0.25微米的集成电路生产企业,经认定后,减按15%的税率征收企业所得税,其中经营期在15年以上的,自获利年度起计算优惠期,第一年至第五年免征企业所得税,第六年至第十年按照25%的法定税率减半征收企业所得税,并享受至期满为止。本行填报免征、减征企业所得税。

18. 第19行"(十三)投资额超过80亿元人民币的集成电路生产企业":填报纳税人根据相关税收政策规定,投资额超过80亿元的集成电路生产企业,经认定后,减按15%的税率征收企业所得税,其中经营期在15年以上的,自获利年度起计算优惠期,第一年至第五年免征企业所得税,第六年至第十年按照25%的法定税率减半征收企业所得税,并享受至期满为止。本行填报免征、减征企业所得税金额。

19. 第20行"(十四)新办集成电路设计企业":填报纳税人根据相关税收政策规定,经认定后,自获利年度起计算优惠期,第一年至第二年免征企业所得税,第三年至第五年按照25%的法定税率减半征收企业所得税,并享受至期满为止。本行填报免征、减征企业所得税金额。

20. 第21行"(十五)国家规划布局内重点集成电路设计企业":根据相关税收政策规定,国家规划布局内的重点集成电路设计企业,如当年未享受免税优惠的,可减按10%的税率征收企业所得税。本行填报减征15%企业所得税金额。

21. 第22行"(十六)符合条件的软件企业":填报纳税人根据相关税收政策规定,经认定后,自获利年度起计算优惠期,第一年至第二年免征企业所得税,第三年至第五年按照25%的法定税率减半征收企业所得税,并享受至期满为止。本行填报免征、减征企业所得税金额。

22. 第23行"(十七)国家规划布局内重点软件企业":根据相关税收政策规定,国家规划布局内的重点软件企业,如当年未享受免税优惠的,可减按10%的税率征收企业所得税。本行填报减征15%企业所得税金额。

23. 第24行"(十八)设在西部地区的鼓励类产业企业":填报纳税人根据《财政部　海关总署　国家税务总局关于深入实施西部大开发战略有关税收政策问题的通知》(财税〔2011〕58号)等相关税收政策规定,对设在西部地区和赣州市的鼓励类产业企业减按15%的税率征收企业所得税。本行填报根据实际利润额计算的减征10%企业所得税金额。

24. 第25行"(十九)符合条件的生产和装配伤残人员专门用品企业":根据相关税收政策规定,符合条件的生产和装配伤残人员专门用品的企业免征企业所得税。本行填报根据实际利润额计算的免征企业所得税金额。

25. 第26行"(二十)中关村国家自主创新示范区从事文化产业支撑技术等领域的高新技术企业":填报纳税人根据相关税收政策规定,中关村国家自主创新示范区从事文化产业支撑技术等领域的企业,按规定认定为高新技术企业的,减按15%税率征收企业所得税。本行填报根据实际利润额计算的减征10%企业所得税金额。

26. 第27行"(二十一)享受过渡期税收优惠企业":填报纳税人符合国务院规定以及经国务院批准给予过渡期税收优惠政策。本行填报根据实际利润额计算的免征、减征企业所得税金额。

27. 第28行"(二十二)横琴新区、平潭综合实验区和前海深港现代化服务业合作区企业":填报纳税人相关税收政策规定,设在横琴新区、平潭综合实验区和前海深港现代化服务业合作区的鼓励类产业企业减按15%的税率征收企业所得税。本行填报根据实际利润额计算的减征10%企业所得税金额。

28. 第29行"(二十三)其他1"、第30行"(二十四)其他2":填报国家税务总局发布的最新减免项目名称及减免性质代码。如行次不足,可增加行次填报。

二、表内、表间关系

(一)表内关系

1. 第1行=第2+4+5+6行。

2. 第6行=第7+8+…30行。

(二)表间关系

1. 企业所得税月(季)度预缴纳税申报表(A类,2015年版)第12行、23行=本表第1行。

附件2:

中华人民共和国企业所得税月(季)度预缴和年度纳税申报表(B类,2015年版)

税款所属期间:　　年　月　日至　　年　月　日

纳税人识别号:□□□□□□□□□□□□□□□

纳税人名称:　　　　　　　　　　　　　　　金额单位:人民币元(列至角分)

项　目			行次	累计金额
一、以下由按应税所得率计算应纳所得税额的企业填报				
应纳税所得额的计算	按收入总额核定应纳税所得额	收入总额	1	
		减:不征税收入	2	
		免税收入	3	
		其中:国债利息收入	4	
		地方政府债券利息收入	5	
		符合条件居民企业之间股息红利等权益性收益	6	
		符合条件的非营利组织收入	7	
		其他免税收入:	8	
		应税收入额(1行-2行-3行)	9	
		税务机关核定的应税所得率(%)	10	
		应纳税所得额(9行×10行)	11	
	按成本费用核定应纳税所得额	成本费用总额	12	
		税务机关核定的应税所得率(%)	13	
		应纳税所得额[12行÷(100%-13行)×13行]	14	
应纳所得税额的计算		税率(25%)	15	
		应纳所得税额(11行×15行或14行×15行)	16	
应补(退)所得税额的计算		减:符合条件的小型微利企业减免所得税额	17	
		其中:减半征税	18	
		已预缴所得税额	19	
		应补(退)所得税额(16行-17行-19行)	20	
二、以下由税务机关核定应纳所得税额的企业填报				
税务机关核定应纳所得税额			21	
预缴申报时填报	是否属于小型微利企业:　　　　　是□　　　　　否□			
年度申报时填报	所属行业:　　　　　　　从业人数:			
	资产总额:　　　　　　　国家限制和禁止行业:　　是□　　否□			

　　谨声明:此纳税申报表是根据《中华人民共和国企业所得税法》《中华人民共和国企业所得税法实施条例》和国家有关税收规定填报的,是真实的、可靠的、完整的。

法定代表人(签字):　　　　年　　月　　日

纳税人公章: 会计主管: 填表日期:　年　月　日	代理申报中介机构公章: 经办人: 经办人执业证件号码: 代理申报日期:　年　月　日	主管税务机关受理专用章: 受理人: 受理日期:　年　月　日

国家税务总局监制

填报说明

一、适用范围

本表由实行核定征收企业所得税的纳税人在月(季)度申报缴纳企业所得税时使用。实行核定应税所得率方式的纳税人,年度汇算清缴使用本表。

二、表头项目

1. "税款所属期间":为税款所属期月(季)度第一日至所属期月(季)度最后一日。

年度中间开业的,"税款所属期间"为当月(季)开始经营之日至所属月(季)度的最后一日。次月(季)度起按正常情况填报。

2. "纳税人识别号":填报税务机关核发的税务登记证件号码(15 位)。

3. "纳税人名称":填报税务机关核发的税务登记证件中的纳税人全称。

三、具体项目填报说明

(一)应纳税所得额的计算

1. 本表第 1 行至第 11 行由"按收入总额核定应纳税所得额"的纳税人填写。第 1 行"收入总额":填写本年度累计取得的各项收入金额。

2. 第 2 行"不征税收入":填报纳税人计入收入总额但属于税收规定不征税的财政拨款、依法收取并纳入财政管理的行政事业性收费以及政府性基金和国务院规定的其他不征税收入。

3. 第 3 行"免税收入":填报纳税人计入利润总额但属于税收规定免税的收入或收益。第 3 行填报 4 行 + 5 行 + 6 行 + 7 行 + 8 行的合计数。

4. 第 4 行"国债利息收入":填报纳税人持有国务院财政部门发行的国债取得的利息收入。

5. 第 5 行"地方政府债券利息收入":填报纳税人持有地方政府债券利息收入。

6. 第 6 行"符合条件居民企业之间股息红利等权益性收益":填报本期发生的符合条件的居民企业之间的股息、红利等权益性投资收益情况。不包括连续持有居民企业公开发行并上市流通的股票不足 12 个月取得的投资收益。

7. 第 7 行"符合条件的非营利组织的收入":根据《财政部 国家税务总局关于非营利组织企业所得税免税收入问题的通知》(财税〔2009〕122 号)等规定,符合条件并依法履行登记手续的非营利组织,填报取得的捐赠收入等免税收入,不包括营利性收入。

8. 第 8 行"其他免税收入":填报国家税务总局发布的最新减免项目名称及减免性质代码。

9. 第 9 行"应税收入额":根据相关行次计算填报。第 9 行 = 第 1 行 - 2 行 - 3 行。

10. 第 10 行"税务机关核定的应税所得率":填报税务机关核定的应税所得率。

11. 第 11 行"应纳税所得额":根据相关行次计算填报。第 11 行 = 第 9 行 × 10 行。

12. 本表第 12 行至第 14 行由"按成本费用核定应纳税所得额"的纳税人填报。第 12 行"成本费用总额":填写本年度累计发生的各项成本费用金额。

13. 第 13 行"税务机关核定的应税所得率":填报税务机关核定的应税所得率。

14. 第 14 行"应纳税所得额":根据相关行次计算填报。第 14 行 = 第 12 行 ÷ (100% - 第 13 行"应税所得率") × 第 13 行。

(二)应纳所得税额的计算

1. 第 15 行"税率":填写企业所得税法规定的 25% 税率。

2. 第 16 行"应纳所得税额":

(1)按照收入总额核定应纳税所得额的纳税人,第 16 行 = 第 11 行 × 15 行。

(2)按照成本费用核定应纳税所得额的纳税人,第 16 行 = 第 14 行 × 15 行。

(三)应补(退)所得税额的计算

1. 第 17 行"减:符合条件的小型微利企业减免所得税额":根据企业所得税法和相关税收政策规定,符合小型微利企业条件的纳税人填报的减免所得税额。包括减按 20% 税率征收(减低税率政策)和减按 10% 税率征收

(减半征税政策)。

享受减低税率政策的,本行填写本表第 11 行或第 14 行×5%的积。

享受减半征税政策的,本行填写本表第 11 行或第 14 行×15%的积;同时填写第 18 行"减半征税"。

2. 第 19 行"已预缴所得税额":填报当年累计已经预缴的企业所得税额。

3. 第 20 行"应补(退)所得税额":根据相关行计算填报。第 20 行=第 16 行－17 行－19 行。当第 20 行≤0 时,本行填 0。

(四)由税务机关核定应纳所得税额的企业填报

第 21 行"税务机关核定应纳所得税额":填报税务机关核定本期应当缴纳的所得税额(小型微利企业填报核减减免税额之后的数额)。税务机关统计小型微利企业减免税时,按照该行次数额,根据情况倒算减免税数额。

(五)小型微利企业判定信息的填报

1. 预缴申报时本栏次为必填项目,填写"是否属于小型微利企业"。

(1)核定应税所得率征收的纳税人:

①纳税人上一纳税年度汇算清缴符合小型微利企业条件的,本年预缴时,选择"是",预缴累计会计利润不符合小微企业条件的,选择"否"。

②本年度新办企业,"资产总额"和"从业人数"符合规定条件,选择"是",预缴累计会计利润不符合小微企业条件的,选择"否"。

③上年度"资产总额"和"从业人数"符合规定条件,应纳税所得额不符合小微企业条件的,预计本年度会计利润符合小微企业条件,选择"是",预缴累计会计利润不符合小微企业条件,选择"否"。

④纳税人第 1 季度预缴所得税时,鉴于上一年度汇算清缴尚未结束,可以按照上年度第 4 季度预缴情况选择"是"或"否"。

⑤不符合小型微利企业条件的,选择"否"。

(2)核定应纳税额的纳税人:

核定定额征收纳税人,换算应纳税所得额大于 30 万的填"否"③,其余填"是"。

2. 年度申报时填写小型微利企业相关指标,本栏次为必填项目。

(1)"所属行业":填写"工业"或者"其他"。工业企业包括:采矿业、制造业、电力、燃气及水的生产和供应业;除工业以外的行业填写"其他"。

(2)"从业人数":指与企业建立劳动关系的职工人数,以及企业接受劳务派遣用工人数之和。从业人数填报纳税人全年季度平均从业人数,具体计算公式如下:

季度平均值=(季初值+季末值)÷2

全年季度平均从业人数=全年各季度平均值之和÷4

(3)"资产总额":填报纳税人全年季度资产总额平均数,计算方法同"从业人数"口径,资产总额单位为万元,小数点后保留 2 位小数。

(4)"国家限制和禁止行业":纳税人从事国家限制和禁止行业,选择"是",其他选择"否"。

四、表内表间关系

1. 第 9 行=第 1 行－第 2 行－第 3 行。

2. 第 11 行=第 9 行×第 10 行。

3. 第 14 行=第 12 行÷(100%－第 13 行)×第 13 行。

4. 第 16 行=第 11 行(或第 14 行)×第 15 行。

5. 第 17 行=第 11 行或第 14 行×15%(或 5%)的积。

6. 第 20 行=第 16 行－第 17 行－第 19 行。当第 20 行≤0 时,本行填 0。

附件 3

企业所得税汇总纳税分支机构所得税分配表(2015 年版)

总机构名称:

税款所属期间: 年 月 日至 年 月 日

金额单位:人民币元(列至角分)

总机构纳税人识别号	应纳所得税额	总机构分摊所得税额	总机构财政集中分配所得税额	分支机构分摊所得税额	
分支机构纳税人识别号	分支机构名称	营业收入	三项因素	分配比例	分配所得税额
			职工薪酬		
			资产总额		
分支机构情况					
合 计	一				

纳税人公章:
会计主管:
填表日期: 年 月 日

主管税务机关受理专用章:
受理人:
受理日期: 年 月 日

国家税务总局监制

填报说明

一、适用范围及报送要求

（一）适用范围

本表适用于在中国境内跨省、自治区、直辖市和计划单列市设立不具有法人资格的营业机构，并实行"统一计算、分级管理、就地预缴、汇总清算、财政调库"汇总纳税办法的居民企业填报。

（二）报送要求

月（季）度终了之日起十日内，由实行汇总纳税的总机构随同《中华人民共和国企业所得税月（季）度纳税申报表（A类,2015年版）》报送；月（季）度终了之日起十五日内，由实行汇总纳税的分支机构，将本表加盖总机构主管税务机关受理专用章之后的复印件，随同《中华人民共和国企业所得税月（季）度纳税申报表（A类,2015年版）》报送。

年度汇算清缴申报时，本表与《国家税务总局关于发布〈中华人民共和国企业所得税年度纳税申报表（A类,2014年版）〉的公告》（国家税务总局公告2014年第63号）中的A109010表是一致的。年度终了之日起五个月内，由实行汇总纳税的总机构，随同《中华人民共和国企业所得税年度纳税申报表（A类,2014年版）》报送；年度终了之日起五个月内，由实行汇总纳税的分支机构，将本表加盖总机构主管税务机关受理专用章之后的复印件，随同《中华人民共和国企业所得税月（季）度纳税申报表（A类,2015年版）》报送。

二、具体项目填报说明

1.“税款所属时期”：月（季）度申报填写月（季）度起始日期至所属月（季）度的最后一日。年度申报填写公历1月1日至12月31日。

2.“总机构名称”“分支机构名称”：填报税务机关核发的税务登记证记载的纳税人全称。

3.“总机构纳税人识别号”“分支机构纳税人识别号”：填报税务机关核发的税务登记证件号码（15位）。

4.“应纳所得税额”：填写本税款所属时期汇总纳税企业全部应纳所得税额。

5.“总机构分摊所得税额”：填写总机构统一计算的汇总纳税企业当期应纳所得税额的25%。

6.“总机构财政集中分配所得税额”：填写总机构统一计算的汇总纳税企业当期应纳所得税额的25%。

7.“分支机构分摊所得税额”：填写本税款所属时期总机构根据税务机关确定的分摊方法计算，由各分支机构进行分摊的当期应纳所得税额。

8.“营业收入”：填写上一年度各分支机构销售商品、提供劳务、让渡资产使用权等日常经营活动实现的全部收入的合计额。

9.“职工薪酬”：填写上一年度各分支机构为获得职工提供的服务而给予各种形式的报酬以及其他相关支出的合计额。

10.“资产总额”：填写上一年度各分支机构在经营活动中实际使用的应归属于该分支机构的资产合计额。

11.“分配比例”：填写经企业总机构所在地主管税务机关审核确认的各分支机构分配比例，分配比例应保留小数点后四位。

12.“分配所得税额”：填写本所属时期根据税务机关确定的分摊方法计算，分配给各分支机构缴纳的所得税额。

13.“合计”：填写上一年度各分支机构的营业收入总额、职工薪酬总额和资产总额三项因素的合计数及当期各分支机构分配比例和分配税额的合计数。

三、表间关系

1.“应纳所得税额”栏次=《中华人民共和国企业所得税月（季）度预缴纳税申报表（A类,2015年版）》第15行或24行。

2.“总机构分摊所得税额”栏次=《中华人民共和国企业所得税月（季）度预缴纳税申报表（A类,2015年版）》第28行。

3.“总机构财政集中分配所得税额”栏次=《中华人民共和国企业所得税月（季）度预缴纳税申报表（A类,2015年版）》第29行。

4."分支机构分摊所得税额"栏次=《中华人民共和国企业所得税月(季)度预缴纳税申报表(A类,2015年版)》第30行。

注释:①此表废止。②此处废止。参见:《国家税务总局关于修改企业所得税月(季)度预缴纳税申报表的公告》,国家税务总局公告2015年第79号。

③此处修改。参见:《国家税务总局关于贯彻落实扩大小型微利企业所得税优惠政策范围有关征管问题的公告》,国家税务总局公告2017年第23号。

3-4-6
国家税务总局关于非货币性资产投资企业所得税有关征管问题的公告

2015年5月8日　国家税务总局公告2015年第33号

《国务院关于进一步优化企业兼并重组市场环境的意见》(国发〔2014〕14号)和《财政部　国家税务总局关于非货币性资产投资企业所得税政策问题的通知》(财税〔2014〕116号)发布后,各地陆续反映在非货币性资产投资企业所得税政策执行过程中有些征管问题亟需明确。经研究,现就非货币性资产投资企业所得税有关征管问题公告如下:

一、实行查账征收的居民企业(以下简称企业)以非货币性资产对外投资确认的非货币性资产转让所得,可自确认非货币性资产转让收入年度起不超过连续5个纳税年度的期间内,分期均匀计入相应年度的应纳税所得额,按规定计算缴纳企业所得税。

二、关联企业之间发生的非货币性资产投资行为,投资协议生效后12个月内尚未完成股权变更登记手续的,于投资协议生效时,确认非货币性资产转让收入的实现。

三、符合财税〔2014〕116号文件规定的企业非货币性资产投资行为,同时又符合《财政部　国家税务总局关于企业重组业务企业所得税处理若干问题的通知》(财税〔2009〕59号)、《财政部　国家税务总局关于促进企业重组有关企业所得税处理问题的通知》(财税〔2014〕109号)等文件规定的特殊性税务处理条件的,可由企业选择其中一项政策执行,且一经选择,不得改变。

四、企业选择适用本公告第一条规定进行税务处理的,应在非货币性资产转让所得递延确认期间每年企业所得税汇算清缴时,填报《中华人民共和国企业所得税年度纳税申报表》(A类,2014年版)中"A105100企业重组纳税调整明细表"第13行"其中:以非货币性资产对外投资"的相关栏目,并向主管税务机关报送《非货币性资产投资递延纳税调整明细表》(详见附件)。

五、企业应将股权投资合同或协议、对外投资的非货币性资产(明细)公允价值评估确认报告、非货币性资产(明细)计税基础的情况说明、被投资企业设立或变更的工商部门证明材料等资料留存备查,并单独准确核算税法与会计差异情况。

　　主管税务机关应加强企业非货币性资产投资递延纳税的后续管理。

　　六、本公告适用于2014年度及以后年度企业所得税汇算清缴。此前尚未处理的非货币性资产投资,符合财税〔2014〕116号文件和本公告规定的可按本公告执行。

　　特此公告。

　　附件:非货币性资产投资递延纳税调整明细表(编者略)

3-4-7
北京市财政局　北京市国家税务局　北京市地方税务局关于公布北京市2013年度第四批、2014年度第四批和2015年度第一批取得非营利组织免税资格单位名单的通知

2015年5月18日　京财税〔2015〕860号

各区县财政局、国家税务局、地方税务局,市国家税务局直属税务分局,市地方税务局直属分局,各有关单位:

　　根据《财政部　国家税务总局关于非营利组织免税资格认定管理有关问题的通知》(财税〔2014〕13号)和《北京市财政局　北京市国家税务局　北京市地方税务局转发财政部　国家税务总局关于非营利组织免税资格认定管理有关问题的通知》(京财税〔2014〕546号)的有关规定,经研究,现将北京市2013年度取得非营利组织免税资格的单位名单(第四批)、北京市2014年度取得非营利组织免税资格的单位名单(第四批)、北京市2015年度取得非营利组织免税资格的单位名单(第一批)予以公布。

　　附件:1. 北京市2013年度取得非营利组织免税资格的单位名单(第四批)
　　　　　2. 北京市2014年度取得非营利组织免税资格的单位名单(第四批)
　　　　　3. 北京市2015年度取得非营利组织免税资格的单位名单(第一批)

附件 1

北京市 2013 年度取得非营利组织免税资格的
单位名单(第四批)

北京金融分析师协会	北京市建筑装饰协会
中国化学会	北京红社会公益基金会
北京生前预嘱推广协会	北京元典美术馆
天合公益基金会	北京启行青年发展基金会
北京消防协会	北京春晖博爱儿童救助公益基金会
中国木材保护工业协会	润慈公益基金会
北京市环卫系统思想政治工作研究会	中关村云计算产业联盟

附件 2

北京市 2014 年度取得非营利组织免税资格的
单位名单(第四批)

中国科技大学北京校友会	中国建筑业协会
北京中国石油大学教育基金会	北京农业信息化学会
北京市地方税务学会	中国医院协会
中国轻工业勘察设计协会	中国房地产研究会
中国渔船渔机渔具行业协会	中国总会计师协会
中国纺织机械器材工业协会	中国计算机学会
中国藻业协会	中国快递协会
中国卫生有害生物防制协会	中国土地估价师与土地登记代理人协会
中国水产流通与加工协会	北京上市公司协会
中俄机电商会	北京市体育基金会
中国机电产品进出口商会	中国抗癫痫协会
北京酿酒协会	中国无线电协会
中国公证协会	中国国际经济关系学会
中国对外经济贸易会计学会	北京爱晚公益基金会
北京市世界语协会	北京市档案学会
全国卫生产业企业管理协会	首都见义勇为基金会
北京市惠民医药卫生事业发展基金会	北京市三露厂职工生活保障资金管理协会
中国绿化基金会	首都科技服务业协会
北京歌华文化创意产业发展基金会	北京市青少年法律与心理咨询服务中心

中国健康促进与教育协会	中国益民文化建设基金会
中国循环经济协会	北京市金杜公益基金会
中国水利电力医学科学技术学会	北京口岸协会
北京市慈善基金会	中国文字著作权协会
北京市绿色建筑促进会	北京资产评估协会
北京市教育基金会	北京乳腺病防治学会
中国轴承工业协会	北京新阳光慈善基金会
北京青海企业商会	北京市融资担保业协会
北京市茶业协会	中国青少年研究会
北京税收法制建设研究会	北京市中国人民大学教育基金会
北京企业联合会	中国铁路新闻工作者协会
北京针织行业协会	北京弘毅慈善基金会
北京工业大学教育基金会	威盛信望爱公益基金会
北京典当行业协会	北京天使妈妈慈善基金会
北京时代美术馆	北京富德公益基金会
中国农业机械化协会	北京民福职工帮扶中心

附件 3

北京市 2015 年度取得非营利组织免税资格的单位名单(第一批)

1. 中关村赛德科技企业成长互助促进会
2. 中关村现代医药生产力促进中心

3－4－8
北京市财政局　北京市国家税务局　北京市地方税务局　北京市民政局关于公布北京市 2014 年度第二批获得公益性捐赠税前扣除资格的公益性社会团体名单的通知

2015 年 5 月 19 日　京财税〔2015〕861 号

各区县财政局、国家税务局、地方税务局、民政局,市国家税务局直属分局,市地方税务局直属分局:

根据《北京市财政局　北京市国家税务局　北京市地方税务局　北京市民政局

转发财政部　国家税务总局　民政部关于公益性捐赠税前扣除有关问题的通知》(京财税〔2009〕542 号)和《北京市财政局　北京市国家税务局　北京市地方税务局　北京市民政局转发财政部　国家税务总局　民政部关于公益性捐赠税前扣除有关问题的补充通知》(京财税〔2010〕2039 号)有关规定,经审核,现将北京市 2014 年度第二批获得公益性捐赠税前扣除资格的公益性社会团体名单,予以公布。

附件:北京市 2014 年度第二批获得公益性捐赠税前扣除资格的公益性社会团体名单

附件

北京市 2014 年度第二批获得公益性捐赠税前扣除资格的公益性社会团体名单

1. 北京黎光音乐公益基金会
2. 北京妈祖仁爱慈善基金会
3. 北京化成天下公益基金会
4. 北京市金鼎轩公益基金会
5. 北京闻康健康公益基金会
6. 北京天安公益基金会
7. 北京阳光未来艺术教育基金会
8. 北京市光明慈善基金会
9. 中关村华夏经济学研究发展基金会
10. 北京华汽汽车文化基金会
11. 北京市锡纯艺术教育公益基金会
12. 北京同有三和中医药发展基金会
13. 北京市教育基金会
14. 北京民生中国书法公益基金会

3-4-9
国家税务总局关于资产(股权)划转企业所得税征管问题的公告

2015 年 5 月 27 日　国家税务总局公告 2015 年第 40 号

《国务院关于进一步优化企业兼并重组市场环境的意见》(国发〔2014〕14 号)和《财政部　国家税务总局关于促进企业重组有关企业所得税处理问题的通知》(财税〔2014〕109 号,以下简称《通知》)下发后,各地陆续反映在企业重组所得税政策执行过程中有些征管问题亟需明确。经研究,现就股权或资产划转企业所得税征管问题公告如下:

一、《通知》第三条所称"100% 直接控制的居民企业之间,以及受同一或相同多家居民企业 100% 直接控制的居民企业之间按账面净值划转股权或资产",限于以下

情形:

(一)100% 直接控制的母子公司之间,母公司向子公司按账面净值划转其持有的股权或资产,母公司获得子公司 100% 的股权支付。母公司按增加长期股权投资处理,子公司按接受投资(包括资本公积,下同)处理。母公司获得子公司股权的计税基础以划转股权或资产的原计税基础确定。

(二)100% 直接控制的母子公司之间,母公司向子公司按账面净值划转其持有的股权或资产,母公司没有获得任何股权或非股权支付。母公司按冲减实收资本(包括资本公积,下同)处理,子公司按接受投资处理。

(三)100% 直接控制的母子公司之间,子公司向母公司按账面净值划转其持有的股权或资产,子公司没有获得任何股权或非股权支付。母公司按收回投资处理,或按接受投资处理,子公司按冲减实收资本处理。母公司应按被划转股权或资产的原计税基础,相应调减持有子公司股权的计税基础。

(四)受同一或相同多家母公司 100% 直接控制的子公司之间,在母公司主导下,一家子公司向另一家子公司按账面净值划转其持有的股权或资产,划出方没有获得任何股权或非股权支付。划出方按冲减所有者权益处理,划入方按接受投资处理。

二、《通知》第三条所称“股权或资产划转后连续 12 个月内不改变被划转股权或资产原来实质性经营活动”,是指自股权或资产划转完成日起连续 12 个月内不改变被划转股权或资产原来实质性经营活动。

股权或资产划转完成日,是指股权或资产划转合同(协议)或批复生效,且交易双方已进行会计处理的日期。

三、《通知》第三条所称“划入方企业取得被划转股权或资产的计税基础,以被划转股权或资产的原账面净值确定”,是指划入方企业取得被划转股权或资产的计税基础,以被划转股权或资产的原计税基础确定。

《通知》第三条所称“划入方企业取得的被划转资产,应按其原账面净值计算折旧扣除”,是指划入方企业取得的被划转资产,应按被划转资产的原计税基础计算折旧扣除或摊销。

四、按照《通知》第三条规定进行特殊性税务处理的股权或资产划转,交易双方应在协商一致的基础上,采取一致处理原则统一进行特殊性税务处理。

五、交易双方应在企业所得税年度汇算清缴时,分别向各自主管税务机关报送《居民企业资产(股权)划转特殊性税务处理申报表》(详见附件)和相关资料(一式两份)。

相关资料包括:

1. 股权或资产划转总体情况说明,包括基本情况、划转方案等,并详细说明划转的商业目的;

2. 交易双方或多方签订的股权或资产划转合同(协议),需有权部门(包括内部和外部)批准的,应提供批准文件;

3. 被划转股权或资产账面净值和计税基础说明;

4. 交易双方按账面净值划转股权或资产的说明(需附会计处理资料);

5. 交易双方均未在会计上确认损益的说明(需附会计处理资料);

6. 12个月内不改变被划转股权或资产原来实质性经营活动的承诺书。

六、交易双方应在股权或资产划转完成后的下一年度的企业所得税年度申报时,各自向主管税务机关提交书面情况说明,以证明被划转股权或资产自划转完成日后连续12个月内,没有改变原来的实质性经营活动。

七、交易一方在股权或资产划转完成日后连续12个月内发生生产经营业务、公司性质、资产或股权结构等情况变化,致使股权或资产划转不再符合特殊性税务处理条件的,发生变化的交易一方应在情况发生变化的30日内报告其主管税务机关,同时书面通知另一方。另一方应在接到通知后30日内将有关变化报告其主管税务机关。

八、本公告第七条所述情况发生变化后60日内,原交易双方应按以下规定进行税务处理:

(一)属于本公告第一条第(一)项规定情形的,母公司应按原划转完成时股权或资产的公允价值视同销售处理,并按公允价值确认取得长期股权投资的计税基础;子公司按公允价值确认划入股权或资产的计税基础。

属于本公告第一条第(二)项规定情形的,母公司应按原划转完成时股权或资产的公允价值视同销售处理;子公司按公允价值确认划入股权或资产的计税基础。

属于本公告第一条第(三)项规定情形的,子公司应按原划转完成时股权或资产的公允价值视同销售处理;母公司应按撤回或减少投资进行处理。

属于本公告第一条第(四)项规定情形的,划出方应按原划转完成时股权或资产的公允价值视同销售处理;母公司根据交易情形和会计处理对划出方按分回股息进行处理,或者按撤回或减少投资进行处理,对划入方按以股权或资产的公允价值进行投资处理;划入方按接受母公司投资处理,以公允价值确认划入股权或资产的计税基础。

(二)交易双方应调整划转完成纳税年度的应纳税所得额及相应股权或资产的计税基础,向各自主管税务机关申请调整划转完成纳税年度的企业所得税年度申报表,依法计算缴纳企业所得税。

九、交易双方的主管税务机关应对企业申报适用特殊性税务处理的股权或资产划转加强后续管理。

十、本公告适用2014年度及以后年度企业所得税汇算清缴。此前尚未进行税务处理的股权、资产划转,符合《通知》第三条和本公告规定的可按本公告执行。

特此公告。

附件:居民企业资产(股权)划转特殊性税务处理申报表(编者略)

3-4-10
北京市财政局　北京市国家税务局　北京市
地方税务局关于公布北京市 2012 年度第六批、
2013 年度第五批、2014 年度第五批和 2015 年度
第二批取得非营利组织免税资格单位名单的通知

2015 年 5 月 29 日　京财税〔2015〕877 号

各区县财政局、国家税务局、地方税务局,市国家税务局直属税务分局,市地方税务局直属分局,各有关单位:

　　根据《财政部　国家税务总局关于非营利组织免税资格认定管理有关问题的通知》(财税〔2014〕13 号)和《北京市财政局　北京市国家税务局　北京市地方税务局转发财政部　国家税务总局关于非营利组织免税资格认定管理有关问题的通知》(京财税〔2014〕546 号)的有关规定,经研究,现将北京市 2012 年度取得非营利组织免税资格的单位名单(第六批)、北京市 2013 年度取得非营利组织免税资格的单位名单(第五批)、北京市 2014 年度取得非营利组织免税资格的单位名单(第五批)北京市 2015 年度取得非营利组织免税资格的单位名单(第二批)予以公布。
　　附件:1. 北京市 2012 年度取得非营利组织免税资格的单位名单(第六批)
　　　　　2. 北京市 2013 年度取得非营利组织免税资格的单位名单(第五批)
　　　　　3. 北京市 2014 年度取得非营利组织免税资格的单位名单(第五批)
　　　　　4. 北京市 2015 年度取得非营利组织免税资格的单位名单(第二批)

附件 1

北京市 2012 年度取得非营利组织免税资格的
单位名单(第六批)

1. 中关村国大中小微企业成长促进会

附件 2

北京市 2013 年度取得非营利组织免税资格的单位名单(第五批)

1. 中国公共外交协会
2. 北京国际和平文化基金会
3. 北京曹雪芹文化发展基金会

附件 3

北京市 2014 年度取得非营利组织免税资格的单位名单(第五批)

1. 北京成长教育发展基金会
2. 北京弘道慈善基金会
3. 中国医药创新促进会
4. 陶行知教育基金会
5. 智善公益基金会
6. 中国海洋发展研究会
7. 中国监控化学品协会
8. 北京亚太肝病诊疗技术联盟
9. 北京市创新与发展战略研究会
10. 北京市妇女菁英企业商会

附件 4

北京市 2015 年度取得非营利组织免税资格的单位名单(第二批)

1. 北京圆梦公益基金会
2. 北京市长江科技扶贫基金会

3 – 4 – 11
国家税务总局关于境内机构向我国
银行的境外分行支付利息扣缴
企业所得税有关问题的公告

2015 年 6 月 19 日　　国家税务总局公告 2015 年第 47 号

根据《中华人民共和国企业所得税法》及其实施条例的有关规定,现对我国银行的境外分行业务活动中涉及从境内取得的利息收入有关企业所得税问题,公告如下:

一、本公告所称境外分行是指我国银行在境外设立的不具备所在国家(地区)法人资格的分行。境外分行作为中国居民企业在境外设立的分支机构,与其总机构属于同一法人。境外分行开展境内业务,并从境内机构取得的利息,为该分行的收入,计入分行的营业利润,按《财政部　国家税务总局关于企业境外所得税收抵免有关问题的通知》(财税〔2009〕125 号)的相关规定,与总机构汇总缴纳企业所得税。境内机构向境外分行支付利息时,不代扣代缴企业所得税。

二、境外分行从境内取得的利息,如果据以产生利息的债权属于境内总行或总行其他境内分行的,该项利息应为总行或其他境内分行的收入。总行或其他境内分行和境外分行之间应严格区分此类收入,不得将本应属于总行或其他境内分行的境内业务及收入转移到境外分行。

三、境外分行从境内取得的利息如果属于代收性质,据以产生利息的债权属于境外非居民企业,境内机构向境外分行支付利息时,应代扣代缴企业所得税。

四、主管税务机关应加强监管,严格审核相关资料,并利用第三方信息进行比对分析,对违反本公告相关规定的,应按照有关法律法规处理。

五、本公告自 2015 年 7 月 19 日起施行。《国家税务总局关于加强非居民企业来源于我国利息所得扣缴企业所得税工作的通知》(国税函〔2008〕955 号)第二条同时废止。

特此公告。

3－4－12
国家税务总局关于企业重组业务
企业所得税征收管理若干问题的公告

2015年6月24日　国家税务总局公告2015年第48号

根据《中华人民共和国企业所得税法》及其实施条例、《中华人民共和国税收征收管理法》及其实施细则、《国务院关于取消非行政许可审批事项的决定》(国发〔2015〕27号)、《财政部　国家税务总局关于企业重组业务企业所得税处理若干问题的通知》(财税〔2009〕59号)和《财政部　国家税务总局关于促进企业重组有关企业所得税处理问题的通知》(财税〔2014〕109号)等有关规定,现对企业重组业务企业所得税征收管理若干问题公告如下:

一、按照重组类型,企业重组的当事各方是指:

(一)债务重组中当事各方,指债务人、债权人。

(二)股权收购中当事各方,指收购方、转让方及被收购企业。

(三)资产收购中当事各方,指收购方、转让方。

(四)合并中当事各方,指合并企业、被合并企业及被合并企业股东。

(五)分立中当事各方,指分立企业、被分立企业及被分立企业股东。

上述重组交易中,股权收购中转让方、合并中被合并企业股东和分立中被分立企业股东,可以是自然人。

当事各方中的自然人应按个人所得税的相关规定进行税务处理。

二、重组当事各方企业适用特殊性税务处理的(指重组业务符合财税〔2009〕59号文件和财税〔2014〕109号文件第一条、第二条规定条件并选择特殊性税务处理的,下同),应按如下规定确定重组主导方:

(一)债务重组,主导方为债务人。

(二)股权收购,主导方为股权转让方,涉及两个或两个以上股权转让方,由转让被收购企业股权比例最大的一方作为主导方(转让股权比例相同的可协商确定主导方)。

(三)资产收购,主导方为资产转让方。

(四)合并,主导方为被合并企业,涉及同一控制下多家被合并企业的,以净资产最大的一方为主导方。

(五)分立,主导方为被分立企业。

三、财税〔2009〕59号文件第十一条所称重组业务完成当年,是指重组日所属的企业所得税纳税年度。

企业重组日的确定,按以下规定处理:

1. 债务重组,以债务重组合同(协议)或法院裁定书生效日为重组日。

2. 股权收购,以转让合同(协议)生效且完成股权变更手续日为重组日。关联企业之间发生股权收购,转让合同(协议)生效后 12 个月内尚未完成股权变更手续的,应以转让合同(协议)生效日为重组日。

3. 资产收购,以转让合同(协议)生效且当事各方已进行会计处理的日期为重组日。

4. 合并,以合并合同(协议)生效、当事各方已进行会计处理且完成工商新设登记或变更登记日为重组日。按规定不需要办理工商新设或变更登记的合并,以合并合同(协议)生效且当事各方已进行会计处理的日期为重组日。

5. 分立,以分立合同(协议)生效、当事各方已进行会计处理且完成工商新设登记或变更登记日为重组日。

四、企业重组业务适用特殊性税务处理的,除财税〔2009〕59 号文件第四条第(一)项所称企业发生其他法律形式简单改变情形外,重组各方应在该重组业务完成当年,办理企业所得税年度申报时,分别向各自主管税务机关报送《企业重组所得税特殊性税务处理报告表及附表》(详见附件 1)和申报资料(详见附件 2)。合并、分立中重组一方涉及注销的,应在尚未办理注销税务登记手续前进行申报。

重组主导方申报后,其他当事方向其主管税务机关办理纳税申报。申报时还应附送重组主导方经主管税务机关受理的《企业重组所得税特殊性税务处理报告表及附表》(复印件)。

五、企业重组业务适用特殊性税务处理的,申报时,应从以下方面逐条说明企业重组具有合理的商业目的:

(一)重组交易的方式;

(二)重组交易的实质结果;

(三)重组各方涉及的税务状况变化;

(四)重组各方涉及的财务状况变化;

(五)非居民企业参与重组活动的情况。

六、企业重组业务适用特殊性税务处理的,申报时,当事各方还应向主管税务机关提交重组前连续 12 个月内有无与该重组相关的其他股权、资产交易情况的说明,并说明这些交易与该重组是否构成分步交易,是否作为一项企业重组业务进行处理。

七、根据财税〔2009〕59 号文件第十条规定,若同一项重组业务涉及在连续 12 个月内分步交易,且跨两个纳税年度,当事各方在首个纳税年度交易完成时预计整个交易符合特殊性税务处理条件,经协商一致选择特殊性税务处理的,可以暂时适用特殊性税务处理,并在当年企业所得税年度申报时提交书面申报资料。

在下一纳税年度全部交易完成后,企业应判断是否适用特殊性税务处理。如适用特殊性税务处理的,当事各方应按本公告要求申报相关资料;如适用一般性税务处理的,应调整相应纳税年度的企业所得税年度申报表,计算缴纳企业所得税。

八、企业发生财税〔2009〕59 号文件第六条第(一)项规定的债务重组,应准确记录应予确认的债务重组所得,并在相应年度的企业所得税汇算清缴时对当年确认额及分年结转额的情况做出说明。

主管税务机关应建立台账,对企业每年申报的债务重组所得与台账进行比对分析,加强后续管理。

九、企业发生财税〔2009〕59 号文件第七条第(三)项规定的重组,居民企业应准确记录应予确认的资产或股权转让收益总额,并在相应年度的企业所得税汇算清缴时对当年确认额及分年结转额的情况做出说明。

主管税务机关应建立台账,对居民企业取得股权的计税基础和每年确认的资产或股权转让收益进行比对分析,加强后续管理。

十、适用特殊性税务处理的企业,在以后年度转让或处置重组资产(股权)时,应在年度纳税申报时对资产(股权)转让所得或损失情况进行专项说明,包括特殊性税务处理时确定的重组资产(股权)计税基础与转让或处置时的计税基础的比对情况,以及递延所得税负债的处理情况等。

适用特殊性税务处理的企业,在以后年度转让或处置重组资产(股权)时,主管税务机关应加强评估和检查,将企业特殊性税务处理时确定的重组资产(股权)计税基础与转让或处置时的计税基础及相关的年度纳税申报表比对,发现问题的,应依法进行调整。

十一、税务机关应对适用特殊性税务处理的企业重组做好统计和相关资料的归档工作。各省、自治区、直辖市和计划单列市国家税务局、地方税务局应于每年 8 月底前将《企业重组所得税特殊性税务处理统计表》(详见附件 3)上报税务总局(所得税司)。

十二、本公告适用于 2015 年度及以后年度企业所得税汇算清缴。《国家税务总局关于发布〈企业重组业务企业所得税管理办法〉的公告》(国家税务总局公告 2010 年第 4 号)第三条、第七条、第八条、第十六条、第十七条、第十八条、第二十二条、第二十三条、第二十四条、第二十五条、第二十七条、第三十二条同时废止。

本公告施行时企业已经签订重组协议,但尚未完成重组的,按本公告执行。

特此公告。

附件:1. 企业重组所得税特殊性税务处理报告表及附表(编者略)

    2. 企业重组所得税特殊性税务处理申报资料一览表(编者略)

    3. 企业重组所得税特殊性税务处理统计表(编者略)

3 – 4 – 13
北京市财政局　北京市国家税务局
北京市地方税务局关于公布北京市
2012 年度第六批、2013 年度第五批、
2014 年度第五批和 2015 年度第二批
取得非营利组织免税资格单位名单的通知

2015 年 10 月 14 日　京财税〔2015〕1971 号

各区县财政局、国家税务局、地方税务局,市国家税务局直属税务分局,市地方税务局直属分局,各有关单位:

　　根据《财政部　国家税务总局关于非营利组织免税资格认定管理有关问题的通知》(财税〔2014〕13 号)和《北京市财政局　北京市国家税务局　北京市地方税务局转发财政部　国家税务总局关于非营利组织免税资格认定管理有关问题的通知》(京财税〔2014〕546 号)的有关规定,经研究,现将北京市 2012 年度取得非营利组织免税资格的单位名单(第六批)、北京市 2013 年度取得非营利组织免税资格的单位名单(第五批)、北京市 2014 年度取得非营利组织免税资格的单位名单(第五批)、北京市 2015 年度取得非营利组织免税资格的单位名单(第二批)予以公布。

　　附件:1. 北京市 2012 年度取得非营利组织免税资格的单位名单(第六批)
　　　　　2. 北京市 2013 年度取得非营利组织免税资格的单位名单(第五批)
　　　　　3. 北京市 2014 年度取得非营利组织免税资格的单位名单(第五批)
　　　　　4. 北京市 2015 年度取得非营利组织免税资格的单位名单(第二批)

附件 1

北京市 2012 年度取得非营利组织免税资格的
单位名单(第六批)

　1. 北京电影学院教育基金会

附件2

北京市2013年度取得非营利组织免税资格的单位名单(第五批)

1. 中国工业气体工业协会
2. 萨马兰奇体育发展基金会
3. 全联中小冶金企业商会
4. 中国钢结构协会
5. 北京市西部阳光农村发展基金会
6. 中国天然橡胶协会
7. 北京爱佑和康儿童康复中心
8. 北京市殡葬协会
9. 北京成达教育基金会

附件3

北京市2014年度取得非营利组织免税资格的单位名单(第五批)

1. 中国物理学会
2. 中国内燃机工业协会
3. 北京国际艺苑美术基金会
4. 北京汽车维修行业协会
5. 中国证券业协会
6. 中国保险书画艺术研究会
7. 中国心理卫生协会
8. 中国保险资产管理业协会
9. 中国菱镁行业协会
10. 北京岩土工程协会
11. 中国林场协会
12. 中国生态学学会
13. 北京中伦公益基金会
14. 爱佑慈善基金会
15. 中国种子协会
16. 中国植物营养与肥料学会
17. 北京天津企业商会
18. 中国社会艺术协会
19. 北京文化艺术基金会
20. 中国兵工学会
21. 北京市节能环保促进会
22. 中国电子信息行业联合会
23. 北京中国政法大学教育基金会
24. 中国设备管理协会
25. 中国人民代表大会制度理论研究会
26. 首都金融服务商会
27. 中国慈善联合会
28. 北京市商业服务业联合会
29. 中关村肿瘤微创治疗产业技术创新战略联盟
30. 北京中慈公益基金会
31. 田汉基金会
32. 北京摄影艺术协会
33. 北京我爱我家公益基金会
34. 北京中医药养生保健协会
35. 中国药品监督管理研究会
36. 北京文水企业商会
37. 北京市华侨事业基金会
38. 北京天安公益基金会
39. 北京联合大学教育基金会
40. 北京市光明慈善基金会
41. 北京立德未来助学公益基金会
42. 北京银泰公益基金会
43. 北京首善儿童肿瘤基金会

44. 北京修实公益基金会
45. 北京网络视听节目服务协会
46. 北京中加枫华敬老院
47. 北京无国界爱心公益基金会
48. 北京国科中小企业科技创新发展基金会
49. 北京新世纪当代艺术基金会
50. 北京知识产权法研究会
51. 北京博爱妇女发展慈善基金会
52. 中关村智汇移动互联网教育产业联盟

53. 北京医药卫生文化协会
54. 北京达理公益基金会
55. 北京宏信公益基金会
56. 北京老字号协会
57. 北京世华公益基金会
58. 中央财经大学教育基金会
59. 中国退役士兵就业创业服务促进会
60. 北京信息科技大学校友会
61. 中国志愿服务联合会

附件4

北京市2015年度取得非营利组织免税资格的单位名单(第二批)

1. 中国金融思想政治工作研究会
2. 北京宁夏企业商会
3. 北京孕婴童用品行业协会
4. 中国散装水泥推广发展协会
5. 中国玩具和婴童用品协会
6. 海峡两岸邮政交流协会
7. 中国物业管理协会
8. 北京保安协会
9. 中国电网公益基金会
10. 中国教育装备行业协会
11. 中国船舶工业行业协会
12. 中国化学矿业协会
13. 全国高等院校计算机基础设施教育研究会
14. 北京市文物保护协会
15. 北京市公安民警抚助基金会
16. 团中央青年志愿者行动指导中心
17. 中国青少年发展服务中心

18. 中国下一代教育基金会
19. 北京市黄胄美术基金会
20. 北京中艺艺术基金会
21. 北京阳光未来艺术教育基金会
22. 北京海东绿茵公益基金会
23. 北京市木业商会
24. 北京语聆听障儿童家长服务中心
25. 北京奥运城市发展基金会
26. 北京听力协会
27. 北京市安全文化促进会
28. 北京慈弘慈善基金会
29. 北京蝴蝶结结节性硬化症罕见病关爱中心
30. 北京慧众慈善基金会
31. 北京慈福公益基金会
32. 北京中关村高新技术企业协会
33. 中国行政体制改革研究会
34. 北京市人民代表大会制度理论研究会

3 – 4 – 14
国家税务总局关于修改企业所得税
月（季）度预缴纳税申报表的公告

2015 年 11 月 15 日　 国家税务总局公告 2015 年第 79 号

为便于企业预缴时享受小型微利企业所得税优惠政策、重点领域（行业）固定资产加速折旧政策和技术转让所得等优惠政策，国家税务总局对《国家税务总局关于发布〈中华人民共和国企业所得税月（季）度预缴纳税申报表（2015 年版）等报表〉的公告》（国家税务总局公告 2015 年第 31 号）中有关报表进行了修改，现对有关问题公告如下：

一、国家税务总局公告 2015 年第 31 号中《附 1 – 1. 不征税收入和税基类减免应纳税所得额明细表（附表 1）》填报说明第 25 行"4. 符合条件的技术转让项目"，删除其中"全球独占许可"的内容。

二、国家税务总局公告 2015 年第 31 号中《附 1 – 2. 固定资产加速折旧（扣除）明细表（附表 2）及填报说明》废止，以《固定资产加速折旧（扣除）明细表》（见附件 1）替代。

三、企业 2015 年第 4 季度（含 2015 年 10—12 月，下同）预缴和定率征税企业 2015 年度汇算清缴享受小型微利企业所得税优惠政策，按照本公告《小型微利企业 2015 年 4 季度预缴和定率征税小型微利企业 2015 年度汇算清缴填报说明》（见附件 2）进行纳税申报。

2015 年第 4 季度预缴申报期和定率征税企业 2015 年度汇算清缴期结束后，本公告附件 2 停止执行。之后，企业预缴和定率征税企业汇算清缴享受小型微利企业所得税优惠政策，仍按照国家税务总局公告 2015 年第 31 号相关规定填报。

本公告适用于 2015 年 10 月 1 日后的纳税申报。

特此公告。

附件：1. 固定资产加速折旧（扣除）明细表（编者略）
　　　2. 小型微利企业 2015 年 4 季度预缴和定率征税小型微利企业 2015 年度汇算清缴填报说明（编者略）

3-4-15
北京市财政局 北京市国家税务局 北京市地方税务局关于公布北京市 2012 年度第八批、2013 年度第七批、2014 年度第七批和 2015 年度第四批取得非营利组织免税资格单位名单的通知

2015 年 12 月 30 日 京财税〔2016〕18 号

各区财政局、国家税务局、地方税务局,市国家税务局直属税务分局,市地方税务局直属分局,各有关单位:

根据《财政部 国家税务总局关于非营利组织免税资格认定管理有关问题的通知》(财税〔2014〕13 号)和《北京市财政局 北京市国家税务局 北京市地方税务局转发财政部 国家税务总局关于非营利组织免税资格认定管理有关问题的通知》(京财税〔2014〕546 号)的有关规定,经研究,现将北京市 2012 年度取得非营利组织免税资格的单位名单(第八批)、2013 年度取得非营利组织免税资格的单位名单(第七批)、北京市 2014 年度取得非营利组织免税资格的单位名单(第七批)、北京市 2015 年度取得非营利组织免税资格的单位名单(第四批)予以公布。

附件:1. 北京市 2012 年度取得非营利组织免税资格的单位名单(第八批)
2. 北京市 2013 年度取得非营利组织免税资格的单位名单(第七批)
3. 北京市 2014 年度取得非营利组织免税资格的单位名单(第七批)
4. 北京市 2015 年度取得非营利组织免税资格的单位名单(第四批)

附件 1

北京市 2012 年度取得非营利组织免税资格的单位名单(第八批)

1. 北京信用协会

附件2

北京市2013年度取得非营利组织免税资格的
单位名单(第七批)

1. 北京国际人才交流协会
2. 爱慕公益基金会
3. 中国病理生理学会
4. 中国内部审计协会
5. 中国品牌建设促进会(此为2013—2017年度非营利组织免税资格,京财税〔2014〕2181号文件认定的该协会2014—2018年度非营利组织免税资格同时取消)

附件3

北京市2014年度取得非营利组织免税资格的
单位名单(第七批)

1. 北京口腔医学会
2. 北京江西企业商会
3. 北京瑞普华老年救助基金会
4. 北京市建筑垃圾土方砂石协会
5. 中国营养学会
6. 北京市女建筑师协会
7. 北京医院协会
8. 北京水墨公益基金会
9. 中国淀粉工业协会
10. 北京常春助学慈善基金会
11. 北京京东公益基金会
12. 北京建筑装饰设计创新产业联盟
13. 中国消费品质量安全促进会
14. 中国企业投资协会
15. 中国战略文化促进会
16. 中国医药职工思想政治工作研究会
17. 北京阳光书屋乡村信息化公益发展中心
18. 中国兽医协会
19. 中国集团公司促进会
20. 中关村产业技术联盟促进会
21. 北京中国菜文化协会
22. 北京中联盟中医药发展基金会
23. 中关村网络安全与信息化产业联盟
24. 北京中国青年政治学院教育基金会
25. 北京黎光音乐公益基金会
26. 北京纳通公益基金会
27. 明德公益研究中心
28. 中国调味品协会
29. 中国金融会计学会
30. 中国侨商投资企业协会
31. 中国煤炭学会
32. 北京工业大学校友总会
33. 中国勘察设计协会
34. 中国蔬菜协会
35. 中国刑事诉讼法学研究会
36. 南南合作促进会
37. 北京慈福公益基金会(此为2014—2018年度非营利组织免税资格,京财税〔2015〕1971号文件认定的该协会2015—2019年度非营利组织免税资格同时取消)

附件 4

北京市 2015 年度取得非营利组织免税资格的单位名单(第四批)

1. 北京家具行业协会
2. 北京文物保护基金会
3. 北京日化协会
4. 北京甘肃企业商会
5. 北京市女企业家协会
6. 北京慈幼儿童福利研究中心
7. 北京世纪慈善基金会
8. 中国绿色碳汇基金会
9. 神华公益基金会
10. 北京市慈善义工协会
11. 中国卫生监督协会
12. 北京林学会
13. 北京春苗儿童救助基金会
14. 北京华严慈善基金会
15. 北京故宫文物保护基金会
16. 北京市餐饮行业协会
17. 中国城市经济学会
18. 北京国际经济贸易学会
19. 北京华汽汽车文化基金会
20. 中国肝炎防治基金会
21. 北京常春藤医学高端人才联盟
22. 中国医药企业管理协会
23. 北京对外经济贸易大学教育基金会
24. 海峡两岸农业交流协会
25. 北京城合投资管理有限公司集体资产管理协会
26. 北京兴大助学基金会
27. 北京建筑业人力资源协会
28. 北京慈善超市发展协会
29. 北京人大附中教育基金会
30. 北京中国地质大学校友会
31. 北京志愿服务基金会
32. 中关村上市公司协会
33. 中国系统仿真学会
34. 北京市安全生产技术服务协会
35. 中国复合材料学会
36. 北京市卫生经济学会
37. 全国港澳研究会
38. 中国机械工业质量管理协会
39. 中国红色文化研究会
40. 中国工业环保促进会
41. 中国工程咨询协会
42. 中国粮食行业协会
43. 中国地名学会
44. 全国商业消防协会
45. 中国拆船协会
46. 中国工业经济联合会
47. 中国电机工程学会
48. 国际儒学联合会
49. 中国核学会
50. 中国乡镇企业协会
51. 北京市租赁行业协会
52. 中国民用机场协会
53. 中国税务学会
54. 北京电信技术发展产业协会
55. 中国空间科学学会
56. 中国长城学会
57. 中国妇幼保健协会
58. 中国电子商会
59. 中国会展经济研究会
60. 中国世界经济学会
61. 中国对外贸易经济合作企业协会
62. 中国光华科技基金会
63. 中华国际医学交流基金会
64. 中国留学人才发展基金会
65. 北京围棋基金会
66. 中国照明电器协会
67. 中国青年志愿者协会

68. 中国民营经济研究会

69. 中国对外文化交流会

70. 北京市国际高尔夫发展基金会

71. 中致社会发展促进中心

3-4-16

财政部　国家税务总局　民政部关于 2014 年度公益性社会团体捐赠税前 扣除资格名单(第二批)的公告

2015 年 12 月 31 日

财政部　国家税务总局　民政部公告 2015 年第 103 号

根据企业所得税法及实施条例有关规定,按照《财政部　国家税务总局　民政部关于公益性捐赠税前扣除资格确认审批有关调整事项的通知》(财税〔2015〕141 号)有关要求,现将 2014 年度第二批公益性社会团体捐赠税前扣除资格有关事项公告如下:

一、2014 年度第二批符合公益性捐赠税前扣除资格的公益性社会团体名单

1. 中央财经大学教育基金会

2. 中国光华科技基金会

3. 中国华文教育基金会

4. 中国禁毒基金会

5. 重庆大学教育发展基金会

6. 河仁慈善基金会

7. 吴作人国际美术基金会

8. 中国儿童少年基金会

9. 紫金矿业慈善基金会

10. 德康博爱基金会

11. 桃源居公益事业发展基金会

12. 天诺慈善基金会

13. 中国关心下一代健康体育基金会

14. 中国发展研究基金会

15. 中国绿化基金会

16. 南航"十分"关爱基金会

17. 慈济慈善事业基金会

18. 威盛信望爱公益基金会

19. 华阳慈善基金会

20. 华润慈善基金会

21. 黄奕聪慈善基金会

22. 顶新公益基金会

23. 太平洋国际交流基金会

24. 星云文化教育公益基金会

25. 中国人权发展基金会

26. 中国听力医学发展基金会

27. 中信改革发展研究基金会

28. 中脉道和公益基金会

29. 青山慈善基金会

30. 中国对外文化交流协会

31. 中国国际民间组织合作促进会

32. 中国社会组织促进会

33. 中国盲人协会

34. 中国滋根乡村教育与发展促进会

35. 中国青年志愿者协会

36. 中国狮子联会

37. 海峡两岸关系协会

二、纳税人2014年度通过第二批公益性社会团体发生的符合条件的公益捐赠支出,未在税前扣除的,可向主管税务机关申报扣除,相应调整2014年度纳税申报表。

3－4－17
文化部　财政部　国家税务总局关于公布
2015年通过认定动漫企业名单的通知

2016年1月15日　文产函〔2016〕76号

各省、自治区、直辖市文化厅(局)、财政厅(局)、国家税务局、地方税务局,新疆生产建设兵团文化广播电视局、财务局,各计划单列市文化局、财政局、国家税务局、地方税务局:

　　根据《动漫企业认定管理办法(试行)》的有关规定,经审核,现将2015年通过认定的动漫企业名单予以公布。

　　请文化行政部门认真做好"动漫企业证书"的发放工作,按照有关规定对通过认定的动漫企业进行监督检查和年审。符合条件的动漫企业,可按照规定享受相关税收优惠政策。

特此通知。

附件:2015年通过认定的动漫企业名单

附件

2015年通过认定的动漫企业名单
（61家）

北京市

北京中视互动科技发展有限公司

北京大千阳光数字科技有限公司

炫果壳(北京)信息技术有限公司

九天星韵(北京)文化发展有限公司

天津市

天津漫神动漫科技有限公司

天津仙山文化传播有限公司

山西省

山西迪迈创意文化传媒有限公司

辽宁省

大连麒美数字科技有限公司

吉林省

吉林省蚁神动漫文化传播有限责任公司

黑龙江省

黑龙江亿林网络股份有限公司

上海市

上海有趣岛文化传播有限公司

上海百禄动漫科技有限公司

央数文化(上海)股份有限公司

江苏省

江苏糖心文化传媒有限公司

苏州天润安鼎动画有限公司

苏州功夫家族动漫有限公司

浙江省

浙江河姆渡动漫文化发展有限公司

杭州大头儿子文化发展有限公司

宁波大慈文化传播有限公司

宁波创智动画设计有限公司

安徽省

芜湖华强动漫有限公司

淮南市五福文化传媒有限公司

福建省

咪咕动漫有限公司

福建中航信息技术有限公司

福建盛世金尊动漫科技有限公司

福州紫荆动漫游戏股份有限公司

厦门傻狍子网络科技有限公司

泰伟数码软件(厦门)有限公司

花火(厦门)文化传播有限公司

江西省

江西国漫动漫科技有限公司

江西星漫文化传播有限公司

山东省

山东通达动漫游戏制作有限公司

山东世博华创动漫传媒有限公司

山东豆神动漫有限公司

山东美猴动漫文化艺术传媒有限公司

河南省

南阳东方润达文化传媒有限公司

湖北省

湖北云长智文化传媒有限公司

襄阳艺千意动画有限公司

宜昌神工动画设计有限公司

湖南省

湖南创典教育科技有限公司

湖南启尚文化传播有限公司

湖南骏湘盛影传媒有限公司

湖南启能新媒体科技有限公司	西藏自治区
湖南可米文化科技有限公司	西藏雅江网络科技有限公司
广东省	陕西省
广州市云图动漫设计有限公司	西安骄阳创意数字科技有限责任公司
深圳未来立体数字科技有限公司	西安新起点动漫科技有限公司
深圳市太和世纪文化传媒有限公司	甘肃省
深圳市天极烁数码影像有限公司	甘肃天宫科普文化传媒股份有限公司
汕头市天亿马动漫文化有限公司	甘肃读者动漫科技有限公司
东莞市咏声文化传播有限公司	敦煌动漫基地文化传播有限公司
重庆市	新疆维吾尔自治区
重庆环漫科技有限公司	新疆触彩动漫科技有限公司
云南省	新疆华疆教育科技有限公司
云南国业联合文化创意产业有限公司	新疆映像天山文化科技有限公司

3 – 4 – 18
国家税务总局关于修改企业所得税
年度纳税申报表(A 类,2014 年版)
部分申报表的公告

2016 年 1 月 18 日　　国家税务总局公告 2016 年第 3 号

为方便企业在汇算清缴时享受小型微利企业、重点领域(行业)固定资产加速折旧、转让 5 年以上非独占许可技术使用权等企业所得税优惠政策,税务总局决定修改《国家税务总局关于发布〈中华人民共和国企业所得税年度纳税申报表(A 类,2014 年版)〉的公告》(国家税务总局公告 2014 年第 63 号)中的部分申报表。现公告如下:

一、对《企业基础信息表》(A000000)及填报说明修改如下:

(一)"107 从事国家非限制和禁止行业"修改为"107 从事国家限制或禁止行业"。填报说明修改为"纳税人从事国家限制或禁止行业,选择'是',其他选择'否'"。

(二)"103 所属行业明细代码"填报说明中,判断小型微利企业是否为工业企业内容修改为"所属行业代码为 06＊＊至 4690,小型微利企业优惠判断为工业企业",不包括建筑业。

二、《固定资产加速折旧、扣除明细表》(A105081)及其填报说明废止,以修改后的《固定资产加速折旧、扣除明细表》(A105081)及填报说明(见附件 1)替代,表间关系作相应调整。

三、根据《国家税务总局关于许可使用权技术转让所得企业所得税有关问题的公告》(国家税务总局公告2015年第82号)规定,《所得减免优惠明细表》(A107020)第33行"四、符合条件的技术转让项目"填报说明中,删除"全球独占许可"内容。

四、《抵扣应纳税所得额明细表》(A107030)及其填报说明废止,以修改后的《抵扣应纳税所得额明细表》(A107030)及填报说明(见附件2)替代,表间关系作相应调整。

五、《减免所得税优惠明细表》(A107040)及其填报说明废止,以修改后的《减免所得税优惠明细表》(A107040)及填报说明(见附件3)替代,表间关系作相应调整。

六、下列申报表适用范围按照以下规定调整:

(一)《职工薪酬纳税调整明细表》(A105050)、《捐赠支出纳税调整明细表》(A105070)、《特殊行业准备金纳税调整明细表》(A105120),只要会计上发生相关支出(包括准备金),不论是否纳税调整,均需填报。

(二)《高新技术企业优惠情况及明细表》(A107041)由取得高新技术企业资格的纳税人填写。高新技术企业亏损的,填写本表第1行至第28行。

七、本公告适用于2015年及以后年度企业所得税汇算清缴申报。

特此公告。

附件:1. 固定资产加速折旧、扣除明细表(A105081)及填报说明(编者略)

2. 抵扣应纳税所得额明细表(A107030)及填报说明(编者略)

3. 减免所得税优惠明细表(A107040)及填报说明(编者略)

3－4－19

北京市财政局　北京市国家税务局　北京市地方税务局关于公布北京市2013年度第八批、2014年度第八批和2015年度第五批取得非营利组织免税资格单位名单的通知

2016年3月28日　京财税〔2016〕497号

各区财政局、国家税务局、地方税务局,市国家税务局直属税务分局,市地方税务局直属分局,各有关单位:

根据《财政部　国家税务总局关于非营利组织免税资格认定管理有关问题的通知》(财税〔2014〕13号)和《北京市财政局　北京市国家税务局　北京市地方税务局转发财政部　国家税务总局关于非营利组织免税资格认定管理有关问题的通知》(京财税〔2014〕546号)的有关规定,经研究,现将北京市2013年度取得非营利组织免税资格的单位名单(第八批)、北京市2014年度取得非营利组织免税资格的单位名单

(第八批)、北京市2015年度取得非营利组织免税资格的单位名单(第五批)予以公布。

　　附件:1. 北京市2013年度取得非营利组织免税资格的单位名单(第八批)

　　　　　2. 北京市2014年度取得非营利组织免税资格的单位名单(第八批)

　　　　　3. 北京市2015年度取得非营利组织免税资格的单位名单(第五批)

附件1

北京市2013年度取得非营利组织免税资格的单位名单(第八批)

　　1. 中国再生资源回收利用协会

　　2. 北京探路者公益基金会

附件2

北京市2014年度取得非营利组织免税资格的单位名单(第八批)

　　1. 中关村视听产业技术创新联盟　　　　4. 北京保健品协会

　　2. 中国会计学会　　　　　　　　　　　5. 中国兽药协会

　　3. 北京楹联学会

附件3

北京市2015年度取得非营利组织免税资格的单位名单(第五批)

　　1. 中国作物学会　　　　　　　　　　　9. 北京照明学会

　　2. 北京抗癌乐园　　　　　　　　　　　10. 北京市皮卡少儿中英文图书馆

　　3. 北京市国企党建研究会　　　　　　　11. 中国五矿化工进出口商会

　　4. 中国医学基金会　　　　　　　　　　12. 中国机电产品流通协会

　　5. 北京光华设计发展基金会　　　　　　13. 北京拍卖行业协会

　　6. 北京闻康公益基金会　　　　　　　　14. 北京郭应禄泌尿外科发展基金会

　　7. 北京新能源汽车产业协会　　　　　　15. 中国海商法协会

　　8. 北京华北电力大学教育基金会　　　　16. 致福慈善基金会

3-4-20
北京市财政局　北京市国家税务局
北京市地方税务局　中共北京市委
宣传部转发财政部　国家税务总局
中宣部关于印发《人民铁道》报社等6家
中央所属转制文化企业名单的通知

2016年4月5日　京财税〔2016〕530号

各区财政局、国家税务局、地方税务局、宣传部,市国家税务局直属税务分局,市地方税务局直属分局:

现将《财政部　国家税务总局　中宣部关于印发〈人民铁道〉报社等6家中央所属转制文化企业名单的通知》(财税〔2016〕31号)转发给你们,请遵照执行。

附件:财政部　国家税务总局　中宣部关于印发《人民铁道》报社等6家中央所属转制文化企业名单的通知(财税〔2016〕31号)

财政部　国家税务总局　中宣部关于
印发《人民铁道》报社等6家中央所属
转制文化企业名单的通知

2016年3月1日　财税〔2016〕31号

北京市财政局、国家税务局、地方税务局,党委宣传部:

按照《财政部　国家税务总局　中宣部关于继续实施文化体制改革中经营性文化事业单位转制为企业若干税收政策的通知》(财税〔2014〕84号)的规定,《人民铁道》报社等6家中央所属文化企业已被认定为转制文化企业,可按照财税〔2014〕84号文件规定享受税收优惠政策。同时,将《中国能源报》社从《财政部　国家税务总局　中宣部关于发布〈中国减灾〉等14家中央所属转制文化企业名单的通知》(财税〔2015〕25号)所附《中央所属转制文化企业名单》中剔除。

特此通知。

附件:中央所属转制文化企业名单

附件

中央所属转制文化企业名单

《人民铁道》报社　　　　　　　　　中国农业大学出版社有限公司
铁道影视中心　　　　　　　　　　　中央民族大学出版社有限责任公司
《中国能源报》社有限公司　　　　　中经网传媒有限公司

3-4-21
北京市财政局　北京市国家税务局
北京市地方税务局　北京市民政局关于
公布北京市2015年度获得公益性捐赠税
前扣除资格的公益性社会团体名单的公告

2016年4月19日　京财税〔2016〕612号

各区财政局、国家税务局、地方税务局、民政局,市国家税务局直属分局,市地方税务局直属分局:

根据《北京市财政局　北京市国家税务局　北京市地方税务局　北京市民政局转发财政部　国家税务总局　民政部关于公益性捐赠税前扣除资格确认审批有关调整事项的通知》(京财税〔2016〕297号)有关规定,经审核,现将北京市2015年度获得公益性捐赠税前扣除资格的公益性社会团体名单予以公布。

特此公告。

附件:北京市2015年度获得公益性捐赠税前扣除资格的公益性社会团体名单(编者略)

3 - 4 - 22
北京市财政局　北京市国家税务局
北京市地方税务局关于公布北京市
2016年度获得公益性捐赠税前扣除
资格的公益性群众团体名单的通知

2016年5月12日　京财税〔2016〕812号

各区财政局、国家税务局、地方税务局,市国家税务局直属税务分局,市地方税务局直属分局:

根据《财政部　国家税务总局关于通过公益性群众团体的公益性捐赠税前扣除有关问题的通知》(财税〔2009〕124号)和《北京市财政局　北京市国家税务局　北京市地方税务局转发财政部　国家税务总局关于通过公益性群众团体的公益性捐赠税前扣除有关问题的通知》(京财税〔2010〕389号)有关规定,经北京市财政局、北京市国家税务局、北京市地方税务局联合审核,现将北京市2016年度获得公益性捐赠税前扣除资格的公益性群众团体名单予以公布。

附件:北京市2016年度获得公益性捐赠税前扣除资格的公益性群众团体名单

附件

北京市2016年度获得公益性捐赠税前扣除资格的
公益性群众团体名单

1. 北京市红十字会
2. 北京市东城区红十字会
3. 北京市朝阳区红十字会
4. 北京市海淀区红十字会
5. 北京市丰台区红十字会
6. 北京市石景山区红十字会
7. 北京市通州区红十字会
8. 北京市昌平区红十字会
9. 北京市房山区红十字会
10. 北京市门头沟区红十字会
11. 北京市平谷区红十字会
12. 北京市密云区红十字会

3 - 4 - 23

北京市财政局　北京市国家税务局　北京市地方税务局关于公布北京市 2013 年度第九批、2014 年度第九批、2015 年度第六批和 2016 年度第一批取得非营利组织免税资格单位名单的通知

2016 年 6 月 6 日　京财税〔2016〕900 号

各区财政局、国家税务局、地方税务局,市国家税务局直属税务分局,市地方税务局直属分局,各有关单位:

根据《财政部　国家税务总局关于非营利组织免税资格认定管理有关问题的通知》(财税〔2014〕13 号)和《北京市财政局　北京市国家税务局　北京市地方税务局转发财政部　国家税务总局关于非营利组织免税资格认定管理有关问题的通知》(京财税〔2014〕546 号)的有关规定,经研究,现将北京市 2013 年度取得非营利组织免税资格的单位名单(第九批)、北京市 2014 年度取得非营利组织免税资格的单位名单(第九批)、北京市 2015 年度取得非营利组织免税资格的单位名单(第六批)、北京市 2016 年度取得非营利组织免税资格的单位名单(第一批)予以公布。

附件:1. 北京市 2013 年度取得非营利组织免税资格的单位名单(第九批)
　　　2. 北京市 2014 年度取得非营利组织免税资格的单位名单(第九批)
　　　3. 北京市 2015 年度取得非营利组织免税资格的单位名单(第六批)
　　　4. 北京市 2016 年度取得非营利组织免税资格的单位名单(第一批)

附件 1

北京市 2013 年度取得非营利组织免税资格的单位名单(第九批)

1. 北京现代农业科技创新服务联盟

附件2

北京市 2014 年度取得非营利组织免税资格的
单位名单(第九批)

1. 北京市科技金融促进会
2. 北京圆明园遗址保护基金会
3. 北京市尚秀云涉诉少年救助中心
4. 北京益微青年公益发展中心
5. 北京中科科教发展基金会
6. 中国航空运输协会
7. 章如庚慈善基金会
8. 中国移动慈善基金会

附件3

北京市 2015 年度取得非营利组织免税资格的
单位名单(第六批)

1. 中华出版促进会
2. 中国城市发展研究会
3. 北京老牛兄妹公益基金会
4. 北京延河弘扬延安精神基金会
5. 北京市豆制品协会
6. 北京市银杏公益基金会
7. 北京易孚泽公益基金会
8. 北京钟南山创新公益基金会
9. 北京中国科学技术大学新创公益基金会
10. 北京为华公益基金会
11. 北京中间美术馆
12. 北京华宇公益基金会
13. 北京为华而教公益发展中心
14. 中国软件行业协会
15. 中国人口福利基金会
16. 北京资源强制回收环保产业技术创新战略联盟
17. 中国水利电力物资流通协会
18. 中国文化产业促进会

附件4

北京市 2016 年度取得非营利组织免税资格的
单位名单(第一批)

1. 北京伍连德公益基金会
2. 北京蔚蓝公益基金会

3－4－24
北京市财政局　北京市国家税务局　北京市
地方税务局关于公布北京市 2013 年度第十批、
2014 年度第十批、2015 年度第七批和 2016 年度
第二批取得非营利组织免税资格单位名单的通知

2016 年 10 月 14 日　京财税〔2016〕1974 号

各区财政局、国家税务局、地方税务局,市国家税务局直属税务分局,市地方税务局直属分局,各有关单位:

　　根据《财政部　国家税务总局关于非营利组织免税资格认定管理有关问题的通知》(财税〔2014〕13 号)和《北京市财政局　北京市国家税务局　北京市地方税务局转发财政部　国家税务总局关于非营利组织免税资格认定管理有关问题的通知》(京财税〔2014〕546 号)的有关规定,经研究,现将北京市 2013 年度取得非营利组织免税资格的单位名单(第十批)、北京市 2014 年度取得非营利组织免税资格的单位名单(第十批)、北京市 2015 年度取得非营利组织免税资格的单位名单(第七批)、北京市 2016 年度取得非营利组织免税资格的单位名单(第二批)予以公布。

　　附件:1. 北京市 2013 年度取得非营利组织免税资格的单位名单(第十批)

　　　　 2. 北京市 2014 年度取得非营利组织免税资格的单位名单(第十批)

　　　　 3. 北京市 2015 年度取得非营利组织免税资格的单位名单(第七批)

　　　　 4. 北京市 2016 年度取得非营利组织免税资格的单位名单(第二批)

附件 1

北京市 2013 年度取得非营利组织免税资格的
单位名单(第十批)

1. 北京艺能爱心基金会

附件 2

北京市 2014 年度取得非营利组织免税资格的
单位名单(第十批)

1. 北京市金鼎轩公益基金会
2. 北京市集邮协会
3. 北京高新疼痛诊疗产业技术创新战略

联盟
4. 北京绿谷教育基金会
5. 北京展览馆协会

附件 3

北京市 2015 年度取得非营利组织免税资格的
单位名单(第七批)

1. 北京市思诚朝阳门社区基金会
2. 中国互联网发展基金会
3. 北京京育教育发展促进会
4. 北京市京剧昆曲振兴协会
5. 北京汽车行业协会
6. 中国农民书画研究会
7. 北京普通教育名师研究会
8. 北京市职业病防治联合会
9. 北京同有三和中医药发展基金会
10. 白求恩公益基金会
11. 北京新东方公益基金会
12. 北京交通大学教育基金会
13. 北京中间艺术基金会
14. 北京理工大学教育基金会
15. 中华口腔医学会
16. 北京白求恩公益基金会
17. 北京岐黄中医药文化发展基金会
18. 北京友好传承文化基金会
19. 北京向往助老公益基金会
20. 北京绍兴企业商会
21. 北京丰盛公益基金会
22. 北京常春助学慈善基金会
23. 北京赛意公益基金会
24. 北京圆网慈善基金会
25. 北京樱桃公益基金会
26. 北京坤慈公益基金会
27. 北京北方医药健康经济研究中心
28. 北京市环亚青年交流发展基金会
29. 北京市逻辑学会
30. 北京市工程实验室技术应用协会
31. 中国学位与研究生教育学会
32. 北京大成企业研究院
33. 中国应急管理学会
34. 中国高等教育学会
35. 中国气象服务协会
36. 首都知识产权服务业协会
37. 北京市希思科临床肿瘤研究基金会
38. 北京青爱教育基金会
39. 中国畜产品流通协会
40. 北京当代经济学基金会
41. 中国岩画学会
42. 中国医药商业协会
43. 中国麻风防治协会
44. 中国社会治理研究会
45. 北京健康管理协会
46. 北京诚栋公益基金会

附件4

北京市2016年度取得非营利组织免税资格的
单位名单(第二批)

1. 北京保险学会
2. 北京保险行业协会
3. 中华志愿者协会
4. 北京百度公益基金会
5. 北京市育英学校校友促进教育基金会
6. 北京恩玖非营利组织发展研究中心
7. 东润公益基金会
8. 北京幽兰文化基金会
9. 北京华彬文化基金会
10. 北京市第八十中学校友促进教育基金会
11. 北京京华公益事业基金会
12. 北京民力健康传播中心
13. 北京德威佳业博士后科学基金会
14. 北京九台公益基金会
15. 北京汽车经济研究会
16. 中国工业节能与清洁生产协会
17. 中国国际民间组织合作促进会
18. 顶新公益基金会
19. 中华英烈褒扬事业促进会
20. 中国文教体育用品协会
21. 中国社会福利基金会
22. 北京民防协会

3-5　其他规定

3-5-1
北京市知识产权局　北京市发展和改革委员会　北京市科学技术委员会　北京市财政局　北京市商务委　北京市地税局北京市工商局　北京市版权局关于印发《加快发展首都知识产权服务业的实施意见》的通知

2015 年 2 月 5 日　京知局〔2015〕21 号

各区县知识产权局、发展改革委、科委、财政局、商务委、地税分局、工商分局、文委,各有关单位:

为贯彻落实《北京市人民政府关于促进首都知识产权服务业发展的意见》和《首都知识产权服务业发展规划(2014—2020 年)》的工作要求,促进首都知识产权服务业快速发展,为北京建设科技创新中心提供有力支撑,市知识产权局、市发展和改革委员会、市科学技术委员会、市财政局、市商务委、市地税局、市工商局、市版权局联合制定了《加快发展首都知识产权服务业的实施意见》,现予印发,请认真贯彻执行。

加快发展首都知识产权服务业的实施意见

为深入落实《北京市人民政府关于促进首都知识产权服务业发展的意见》和《首都知识产权服务业发展规划(2014—2020 年)》,加快首都知识产权服务业的发展,服务北京科技创新中心和文化中心建设,提出如下实施意见。

一、营造良好发展环境。在提升专利、商标代理质量的基础上,大力鼓励非代理类新兴服务业态发展,支持服务机构为京津冀一体化建设服务。积极支持国家知识产权服务业集聚发展区和国家技术转移集聚区建设,鼓励服务机构在集聚区内协同发展,开展引进国际高端知识产权服务人才开放性试点工作。建设中关村知识产权要素一条街,支持入驻集聚区的高端服务机构享受房屋补贴、参与高端人才培养等扶持政策。

二、搭建知识产权公共服务平台。建立全国知识产权运营公共服务平台,支持服务机构通过平台为知识产权运营提供价值评估、交易经纪、咨询等知识产权服务。加快北京市知识产权公共信息服务平台建设,向社会公众提供基础信息服务,并探索提供商用化信息服务。建设首都知识产权服务业平台,展示行业形象,发布行业发展动态,建立首都知识产权服务业统计网络调查机制。

三、支持服务机构享受相关税收政策。知识产权服务合同不缴纳印花税;合理确定合伙型专利代理机构的应税所得率;查账征收的合伙型服务机构职业责任保险在缴纳合伙人个人所得税之前扣除;公司制服务机构投保的职业责任保险在缴纳企业所得税之前扣除。支持服务机构参与软件企业认定、软件产品登记、技术合同认定登记和高新技术企业认定,享受相应税收政策。

四、培育品牌服务机构和高端人才。在知识产权各服务领域培育一批品牌服务机构,遴选知识产权服务业领军人才。开展知识产权服务从业人员执业教育和培训,探索开展知识产权境外培训,与高校联合设立知识产权国际化人才培训基地,培育国际化、复合型的知识产权高端服务人才。依托知识产权服务领军人才组建师资队伍,通过在高校建立知识产权学院、开设专利代理和信息检索利用类实务课程、与服务机构联合建立学生实习基地等方式培养知识产权实务人才,建立高校毕业生到服务机构就业绿色通道。

五、鼓励为知识产权创造提供优质服务。引导服务机构与大学、科研机构对接,挖掘、撰写具有更高市场价值的专利。鼓励服务机构帮助北京市企业特别是小微企业和园区企业提高专利质量和价值。鼓励创业投资引导基金支持服务机构为创新主体的知识产权创造提供优质服务。支持行业协会开展专利、商标代理执业培训,提高代理行业服务能力。

六、鼓励为知识产权运用提供优质服务。支持服务机构开展知识产权评估、价值分析和交易经纪等业务,为企业知识产权质押融资、专利保险、知识产权小额信用贷款、转让和许可等转化运用活动提供服务。以创业投资引导基金形式,为知识产权运营活动提供政策性支持。支持服务机构积极参与重大产业规划、政府重大科技经济活动等知识产权分析评议活动。支持服务机构通过提供信息深度加工服务,为战略性新兴产业的发展提供决策参考。

七、鼓励为知识产权保护提供优质服务。鼓励服务机构帮助企业及行业开展知识产权预警,通过政府购买服务的方式支持服务机构参与知识产权海外预警和涉外知识产权维权援助工作,鼓励服务机构为企业开展海外知识产权运营活动提供服务。引导服务机构参与展会知识产权保护服务工作。为服务机构开展涉外法律服务进行指导和培训,提升知识产权法律服务水平。

八、加强行业自治自律。支持成立知识产权服务业行业协会,完善各类知识产权行业协会组织体系,推动中关村知识产权服务业联盟建设,加强行业的自治自律管理。指导行业协会对知识产权代理、法律、信息、商用化、咨询和培训等服务领域开展评优表彰工作。支持行业协会推荐优秀的专利、商标代理人参与知识产权诉讼服务。指导行业协会建立和推行知识产权服务行业标准,提升行业服务质量和规范化水平。

3-5-2

北京市财政局　北京市国家税务局
北京市地方税务局关于小微企业
免征有关政府性基金的通知

2015 年 2 月 5 日　京财综〔2015〕159 号

市委宣传部、市发展改革委、市教委、市残联、市国土局、市水务局、市经济信息化委,各区县财政局、国税局、地税局,经济开发区:

为进一步加大对小微企业的扶持力度,按照《财政部　国家税务总局关于对小微企业免征有关政府性基金的通知》(财税〔2014〕122 号)精神,现将我市免征小微企业有关政府性基金政策通知如下:

一、自 2015 年 1 月 1 日起至 2017 年 12 月 31 日,对按月纳税的月销售额或营业额不超过 3 万元(含 3 万元),以及按季纳税的季度销售额或营业额不超过 9 万元(含 9 万元)的缴纳义务人,免征教育费附加、地方教育附加、地方水利建设基金、文化事业建设费。

其中,我市地方水利建设基金由征收的防洪工程建设维护管理费和从规定的税费收入中提取或划转部分资金组成,此次免征的为防洪工程建设维护管理费。

二、自 2015 年 1 月 1 日,对工商登记注册之日起 3 年内,安排残疾人就业未达到规定比例、在职职工总数 20 人以下(含 20 人)的小微企业,免征残疾人就业保障金。

三、免征上述政府性基金后,有关部门依法履行职能和事业发展所需经费,由同级财政预算予以统筹安排。

附件:《财政部　国家税务总局关于对小微企业免征有关政府性基金的通知》(财税〔2014〕122 号)

财政部　国家税务总局关于对
小微企业免征有关政府性基金的通知

2014 年 12 月 23 日　财税〔2014〕122 号

各省、自治区、直辖市、计划单列市人民政府,中宣部、教育部、水利部、中国残联:

为进一步加大对小微企业的扶持力度,经国务院批准,现将免征小微企业有关政府性基金问题通知如下：

一、自2015年1月1日起至2017年12月31日，对按月纳税的月销售额或营业额不超过3万元(含3万元)，以及按季纳税的季度销售额或营业额不超过9万元(含9万元)的缴纳义务人，免征教育费附加、地方教育附加、水利建设基金、文化事业建设费。

二、自工商登记注册之日起3年内，对安排残疾人就业未达到规定比例、在职职工总数20人以下(含20人)的小微企业，免征残疾人就业保障金。

三、免征上述政府性基金后，有关部门依法履行职能和事业发展所需经费，由同级财政预算予以统筹安排。

3-5-3
中共北京市委组织部　北京市财政局　北京市国家税务局　北京市地方税务局关于转发《中共中央组织部　财政部　国家税务总局关于非公有制企业党组织工作经费问题的通知》的通知

2015年3月9日　京组通〔2015〕12号

各区县委组织部，各区县财政局、国家税务局、地方税务局，市委经济技术开发区工委组织部、开发区财政局、国家税务局、地税分局：

现将《中共中央组织部　财政部　国家税务总局关于非公有制企业党组织工作经费问题的通知》转发给你们，请按照有关工作要求，认真贯彻落实。

中共中央组织部　财政部　国家税务总局关于非公有制企业党组织工作经费问题的通知

2014年12月5日　组通字〔2014〕42号

各省、自治区、直辖市党委组织部、财政厅(局)、国家税务局、地方税务局，各副省级城市党委组织部、财政局、国家税务局、地方税务局，新疆生产建设兵团党委组织部、财务局：

党的十八大提出，创新基层党建工作，建立稳定的经费保障制度。《关于加强和改进非公有制企业党的建设工作的意见(试行)》(中办发〔2012〕11号)强调，加强非公有制企业党建工作经费保障。按照中央关于加强基层服务型党组织建设的有关精神,为进一步提高非公有制企业党建工作水平,保证企业党组织活动有经费、服务有条件,根据《中华人民共和国公司法》和有关规定,现就非公有制企业党组织工作经费问题通知如下:

一、非公有制企业党组织工作经费主要通过纳入管理费用、党费拨返、财政支持等渠道予以解决。同时,鼓励采取企业赞助、党员自愿捐助等方式,拓宽经费来源。

二、根据《中华人民共和国公司法》"公司应当为党组织的活动提供必要条件"规定和中办发〔2012〕11号文件"建立并落实税前列支制度"等要求,非公有制企业党组织工作经费纳入企业管理费列支,不超过职工年度工资薪金总额1%的部分,可以据实在企业所得税前扣除。

三、非公有制企业党组织工作经费仍然不足的,上级党组织要从留存的党费中适当拨补。党员交纳的党费,可根据企业规模、党员数量等具体情况,全额或大部分返拨给企业党组织,用于开展党的活动。

四、有条件的地方,可借鉴北京、吉林、广东等地做法,采取专项列支等办法,对非公有制企业党建工作给予必要的经费支持。

五、党组织工作经费必须用于党的活动,使用范围包括:召开党内会议,开展党内宣传教育活动和组织活动;组织党员和入党积极分子教育培训;表彰先进基层党组织、优秀共产党员和优秀党务工作者;走访、慰问和补助生活困难党员;订阅或购买用于开展党员教育的报刊、资料和设备;维护党组织活动场所及设施等。

六、建立健全非公有制企业党建工作经费管理使用情况定期报告、检查和公示制度。企业党组织每年要向党员大会或党员代表大会报告党组织经费收支情况。从企业管理费中列支的部分,要严格执行财务制度,接受企业财务或审计部门的监督。各级组织、财政和税务部门要加强对经费使用情况的检查和监督,发现问题及时纠正和处理。

七、各级党组织和有关部门要从促进非公有制企业健康发展、巩固党的执政基础的高度,切实加大工作力度,把帮助解决非公有制企业党建工作经费问题,作为为基层办实事、解难事的一项重要举措,结合实际制定实施细则,确保落到实处,为非公有制企业党建工作提供有力保障。

3-5-4
北京市知识产权局　北京市发展和改革委员会
北京市经济和信息化委员会　北京市财政局
北京市地方税务局　北京市金融工作局关于印发
《北京市加强专利运用工作暂行办法》的通知

2015 年 3 月 17 日　京知局〔2015〕30 号

各区县知识产权局、发展改革委、经济信息化委、财政局、地税局、金融办,各有关单位:

为贯彻落实《北京市专利保护和促进条例》和《关于进一步创新体制机制加快全国科技创新中心建设的意见》,加强我市专利运用工作,创建良好的市场环境,推动专利运用与经济发展的深度融合,实现创新驱动发展,市知识产权局、市发展改革委、市经济信息化委、市财政局、市地税局、市金融工作局联合制定了《北京市加强专利运用工作暂行办法》,现予印发,请认真贯彻执行。

北京市加强专利运用工作暂行办法

为加强我市专利运用工作,创建良好的市场环境,推动专利运用与经济发展的深度融合,实现创新驱动发展,根据《北京市专利保护和促进条例》和《关于进一步创新体制机制加快全国科技创新中心建设的意见》,制订本办法。

一、建设专利运营服务平台。以政府为主导,建设全国知识产权运营公共服务平台,为权利人和需求方提供方便可靠的全链条公益性专利运用服务。支持各类市场化专利运用平台的规范发展,实现专利运用的全方位服务。

二、鼓励高等院校和科研院所加强与市场主体对接。促进高等院校和科研院所与中小企业聚集区企业、各类孵化器入孵企业、专利试点示范企业的专利供需对接。专利转化运用工作突出的,可优先参加专利示范单位评选并优先获得专利申请资助。

三、强化专利试点示范单位的专利运用导向。将专利运用工作推动情况作为专利试点示范单位的重要认定条件。鼓励小微企业开展专利运用托管工作,对其引进实施专利给予优先支持。

四、鼓励金融机构创新产品和服务支持专利运用工作。推动专利的评估、登记、流转和交易体系的建设。鼓励专利权作价入股,完善专利质押融资和专利保险政策。探索以证券化手段开展专利运营,以组合融资方式推动专利的金融化。鼓励各类机构筹集设立专利运营基金开展专利运营。

五、加强专利信息利用。深度挖掘专利信息数据的价值,支持重点产业、重点领域开展专利信息专题分析、专利预警分析工作。深入推进专利导航试点工作的开展,推动建立重大经济活动专利评议制度。

六、发挥战略性新兴产业知识产权联盟作用。指导构建战略性新兴产业知识产权联盟单位专利组合,进行联盟内专利交叉许可和联盟外专利组合运营。支持建立专利运营服务联盟。

七、方便专利运用项目的快捷实施。对符合条件的专利运用项目,简化专利实施许可合同备案手续,缩短备案工作时限。专利权质押合同登记手续和专利登记簿副本的办理期限相应缩短。

本办法由北京市知识产权局负责解释,自发布之日起执行。

3-5-5
中共北京市委宣传部 北京市财政局 北京市国家税务局 北京市地方税务局关于发布北京市第五批转制文化企业名单的通知

2015年5月11日 京宣发〔2015〕16号

各区县委宣传部,各区县财政局、国家税务局、地方税务局,市国家税务局直属税务分局,市地方税务局直属分局:

按照《北京市财政局、北京市国家税务局、北京市地方税务局、中国共产党北京市委员会宣传部转发财政部、国家税务总局、中宣部关于继续实施文化体制改革中经营性文化事业单位转制为企业若干税收政策的通知》(京财税〔2014〕2907号)的规定,北京《收藏家》杂志社有限公司、《电子资讯时报》社有限公司、《为您服务报》有限公司、北京文化艺术音像出版有限责任公司等4家北京市文化企业已被认定为转制文化企业,享受税收优惠政策。

特此通知。

附件:北京市第五批转制文化企业名单

附件

北京市第五批转制文化企业名单

北京《收藏家》杂志社有限公司

《电子资讯时报》社有限公司

《为您服务报》有限公司

北京文化艺术音像出版有限责任公司

3-5-6

北京市人力资源和社会保障局　北京市财政局

北京市国家税务局　北京市地方税务局

北京市教育委员会关于实现创业的毕业年度内

高校在校生办理《就业创业证》有关问题的通知

2015 年 10 月 26 日　京人社就发〔2015〕220 号

各区县人力资源和社会保障局、财政局、国家税务局、地方税务局、各高等学校：

为贯彻落实《国务院关于进一步做好新形势下就业创业工作的意见》(国发〔2015〕23 号)和《财政部　国家税务总局　人力资源社会保障部　教育部关于支持和促进重点群体创业就业税收政策有关问题的补充通知》(财税〔2015〕18 号)，确保实现创业的毕业年度内高校在校生申请享受税收优惠政策，现就有关问题通知如下。

一、本通知所称实现创业的毕业年度内高校在校生是指依法从事个体经营，处于毕业年度内的本市普通高等学校、成人高等学校在校学生。

二、本市实现创业的毕业年度内高校在校生免费申领《就业创业证》，可按规定申请享受税收优惠政策。本市对实现创业的毕业年度内普通高校在校生实行劳动力储备管理。

三、实现创业的毕业年度高校内在校生(本市生源成人高校在校生除外)可直接向创业地区县人力资源和社会保障局(以下简称区县人力社保局)申领《就业创业证》(附件 1)，或委托所在高校就业指导中心向高校所在地区县人力社保局代为申领。

四、实现创业的毕业年度内高校在校生申领《就业创业证》，认定享受税收优惠政策，应提交以下材料：

(一)《居民身份证》原件及复印件、学生证原件及复印件、户口簿复印件及个人近期免冠2 寸照片一张；

(二)经学生本人签字、所在高校就业指导中心盖章的《核发〈就业创业证〉信息采集表》(附件2)；

(三)个体工商户营业执照副本及复印件；

(四)残疾学生应提供持有的《中华人民共和国残疾人证》复印件；享受最低生活保障待遇的应提供低保金领取证复印件；

(五)具有职业技术资格或专业技术职的，应提交职业资格证书或专业技术职务证书复印件；

(六)市人力社保局要求提交的其他材料。

五、区县人力社保局根据提交的材料,对毕业年度内高校在校生的人员身份和享受税收优惠政策条件进行核实。审核无误的,将相关信息录入信息系统,核发《就业创业证》。在证件"享受就业扶持政策情况"页标注"毕业年度内自主创业税收政策""特殊身份认定情况"页标注"毕业年度高校在校生"。

申请材料不齐或信息有误的,区县人力社保局应一次性告知须补正的内容。不符合申领《就业创业证》或享受税收优惠政策条件的,退回申请材料,并说明理由。

六、实现创业的毕业年度内高校在校生,按规定凭《就业创业证》向税务部门备案,办理享受税收优惠政策手续。

七、持《就业创业证》实现创业的毕业年度内本市生源高校在校生,毕业后应根据实际就业情况,按规定履行相应登记手续。同时,按照高校毕业生就业相关规定办理报到和档案转移等手续。

八、离校后从事个体经营的毕业年度内高校毕业生和本市生源成人高校在校生申请享受税收优惠政策,仍按照本市有关规定,核发《就业失业登记证》,享受税收优惠政策。

九、工作要求

(一)区县人力社保局要高度重视毕业年度内高校在校生和毕业生的创业服务工作,加强人员培训和业务学习,选派政策熟悉、经验丰富的工作人员,设立专人专岗办理证件核发等业务;加强对街道(乡镇)社会保障事务所的业务指导,做好本市毕业年度内高校在校生毕业后与现行就业失业管理制度的衔接工作。

(二)高校就业指导中心要积极开展政策宣传和政策解答,使实现创业的毕业年度内高校毕业生知晓税收优惠政策,认真核实确认表格内容,加强与区县人力社保局协调配合,发现问题及时沟通,共同做好政策落实。

(三)人力社保部门与税务部门要加强创业就业信息交换和协查工作,定期交换相关信息,税务部门据此加强管理,做好纳税服务工作。

十、本通知下发前,已经从事个体经营的2015年度毕业年度内高校在校生,可按照本通知规定,申领《就业创业证》,申请享受税收优惠政策。

十一、本通知自2015年12月1日开始执行。

附件:1. 北京市《就业创业证》(样式)(编者略)

  2. 核发《就业创业证》信息采集表(样式)(编者略)

3 - 5 - 7
国家发展和改革委员会　科学技术部
财政部　海关总署　国家税务总局
关于印发 2015 年(第 22 批)国家认定
企业技术中心名单的通知

2015 年 12 月 31 日　发改高技〔2015〕3246 号

有关省、自治区、直辖市及计划单列市、新疆生产建设兵团发展改革委、经信委(经贸委)、科技厅(委、局)、财政厅(局)、国家税务局及地方税务局,海关总署广东分署、天津特派办、上海特派办、各直属海关:

　　根据《国家认定企业技术中心管理办法》,经审定,现将 2015 年(第 22 批)国家认定企业技术中心及分中心名单、撤销的国家认定企业技术中心名单通知如下:

　　一、确认中国路桥工程有限责任公司等 97 家技术中心和三一重机有限公司等 8 家分中心为第 22 批享受优惠政策的企业技术中心及分中心。请享受优惠政策的企业技术中心及分中心按照国家相关税收政策的规定,向单位所在地直属海关申请办理减免税备案、审批等有关手续。

　　二、在 2015 年国家认定企业技术中心的评价中,滇虹药业集团股份有限公司等 4 家企业技术中心评价为不合格,广州钢铁企业集团有限公司等 4 家企业技术中心未上报评价材料。根据《国家认定企业技术中心管理办法》,撤销上述 8 家国家认定企业技术中心资格。

　　请你们将上述情况告知相关企业。

　　附件:1. 2015 年(第 22 批)国家认定企业技术中心名单(编者略)

　　　　2. 撤销的国家认定企业技术中心名单(编者略)

　　　　3. 国家认定企业技术中心名单(全部)(编者略)

3－5－8
科技部　财政部　国家税务总局关于修订印发《高新技术企业认定管理办法》的通知

2016年1月29日　　国科发火〔2016〕32号

各省、自治区、直辖市及计划单列市科技厅(委、局)、财政厅(局)、国家税务局、地方税务局:

　　根据《中华人民共和国企业所得税法》及其实施条例有关规定,为加大对科技型企业特别是中小企业的政策扶持,有力推动大众创业、万众创新,培育创造新技术、新业态和提供新供给的生力军,促进经济升级发展,科技部、财政部、国家税务总局对《高新技术企业认定管理办法》进行了修订完善。经国务院批准,现将新修订的《高新技术企业认定管理办法》印发给你们,请遵照执行。

高新技术企业认定管理办法

第一章　总　　则

　　第一条　为扶持和鼓励高新技术企业发展,根据《中华人民共和国企业所得税法》(以下称《企业所得税法》)、《中华人民共和国企业所得税法实施条例》(以下称《实施条例》)有关规定,特制定本办法。

　　第二条　本办法所称的高新技术企业是指:在《国家重点支持的高新技术领域》内,持续进行研究开发与技术成果转化,形成企业核心自主知识产权,并以此为基础开展经营活动,在中国境内(不包括港、澳、台地区)注册的居民企业。

　　第三条　高新技术企业认定管理工作应遵循突出企业主体、鼓励技术创新、实施动态管理、坚持公平公正的原则。

　　第四条　依据本办法认定的高新技术企业,可依照《企业所得税法》及其《实施条例》《中华人民共和国税收征收管理法》(以下称《税收征管法》)及《中华人民共和国税收征收管理法实施细则》(以下称《实施细则》)等有关规定,申报享受税收优惠政策。

　　第五条　科技部、财政部、税务总局负责全国高新技术企业认定工作的指导、管理和监督。

第二章　组织与实施

　　第六条　科技部、财政部、税务总局组成全国高新技术企业认定管理工作领导小组(以下称"领

导小组"),其主要职责为:

(一)确定全国高新技术企业认定管理工作方向,审议高新技术企业认定管理工作报告;

(二)协调、解决认定管理及相关政策落实中的重大问题;

(三)裁决高新技术企业认定管理事项中的重大争议,监督、检查各地区认定管理工作,对发现的问题指导整改。

第七条　领导小组下设办公室,由科技部、财政部、税务总局相关人员组成,办公室设在科技部,其主要职责为:

(一)提交高新技术企业认定管理工作报告,研究提出政策完善建议;

(二)指导各地区高新技术企业认定管理工作,组织开展对高新技术企业认定管理工作的监督检查,对发现的问题提出整改处理建议;

(三)负责各地区高新技术企业认定工作的备案管理,公布认定的高新技术企业名单,核发高新技术企业证书编号;

(四)建设并管理"高新技术企业认定管理工作网";

(五)完成领导小组交办的其他工作。

第八条　各省、自治区、直辖市、计划单列市科技行政管理部门同本级财政、税务部门组成本地区高新技术企业认定管理机构(以下称"认定机构")。认定机构下设办公室,由省级、计划单列市科技、财政、税务部门相关人员组成,办公室设在省级、计划单列市科技行政主管部门。认定机构主要职责为:

(一)负责本行政区域内的高新技术企业认定工作,每年向领导小组办公室提交本地区高新技术企业认定管理工作报告;

(二)负责将认定后的高新技术企业按要求报领导小组办公室备案,对通过备案的企业颁发高新技术企业证书;

(三)负责遴选参与认定工作的评审专家(包括技术专家和财务专家),并加强监督管理;

(四)负责对已认定企业进行监督检查,受理、核实并处理复核申请及有关举报等事项,落实领导小组及其办公室提出的整改建议;

(五)完成领导小组办公室交办的其他工作。

第九条　通过认定的高新技术企业,其资格自颁发证书之日起有效期为三年。

第十条　企业获得高新技术企业资格后,自高新技术企业证书颁发之日所在年度起享受税收优惠,可依照本办法第四条的规定到主管税务机关办理税收优惠手续。

第三章　认定条件与程序

第十一条　认定为高新技术企业须同时满足以下条件:

(一)企业申请认定时须注册成立一年以上;

(二)企业通过自主研发、受让、受赠、并购等方式,获得对其主要产品(服务)在技术上发挥核心支持作用的知识产权的所有权;

(三)对企业主要产品(服务)发挥核心支持作用的技术属于《国家重点支持的高新技术领域》规定的范围;

(四)企业从事研发和相关技术创新活动的科技人员占企业当年职工总数的比例不低于10%;

(五)企业近三个会计年度(实际经营期不满三年的按实际经营时间计算,下同)的研究开发费用总额占同期销售收入总额的比例符合如下要求：

1. 最近一年销售收入小于 5000 万元(含)的企业,比例不低于 5% ;

2. 最近一年销售收入在 5000 万~2 亿元(含)的企业,比例不低于 4% ;

3. 最近一年销售收入在 2 亿元以上的企业,比例不低于 3% 。

其中,企业在中国境内发生的研究开发费用总额占全部研究开发费用总额的比例不低于 60% ;

(六)近一年高新技术产品(服务)收入占企业同期总收入的比例不低于 60% ;

(七)企业创新能力评价应达到相应要求;

(八)企业申请认定前一年内未发生重大安全、重大质量事故或严重环境违法行为。

第十二条 高新技术企业认定程序如下:

(一)企业申请

企业对照本办法进行自我评价。认为符合认定条件的在"高新技术企业认定管理工作网"注册登记,向认定机构提出认定申请。申请时提交下列材料:

1. 高新技术企业认定申请书;

2. 证明企业依法成立的相关注册登记证件;

3. 知识产权相关材料、科研项目立项证明、科技成果转化、研究开发的组织管理等相关材料;

4. 企业高新技术产品(服务)的关键技术和技术指标、生产批文、认证认可和相关资质证书、产品质量检验报告等相关材料;

5. 企业职工和科技人员情况说明材料;

6. 经具有资质的中介机构出具的企业近三个会计年度研究开发费用和近一个会计年度高新技术产品(服务)收入专项审计或鉴证报告,并附研究开发活动说明材料;

7. 经具有资质的中介机构鉴证的企业近三个会计年度的财务会计报告(包括会计报表、会计报表附注和财务情况说明书);

8. 近三个会计年度企业所得税年度纳税申报表。

(二)专家评审

认定机构应在符合评审要求的专家中,随机抽取组成专家组。专家组对企业申报材料进行评审,提出评审意见。

(三)审查认定

认定机构结合专家组评审意见,对申请企业进行综合审查,提出认定意见并报领导小组办公室。认定企业由领导小组办公室在"高新技术企业认定管理工作网"公示 10 个工作日,无异议的,予以备案,并在"高新技术企业认定管理工作网"公告,由认定机构向企业颁发统一印制的"高新技术企业证书";有异议的,由认定机构进行核实处理。

第十三条 企业获得高新技术企业资格后,应每年 5 月底前在"高新技术企业认定管理工作网"填报上一年度知识产权、科技人员、研发费用、经营收入等年度发展情况报表。

第十四条 对于涉密企业,按照国家有关保密工作规定,在确保涉密信息安全的前提下,按认定工作程序组织认定。

第四章 监督管理

第十五条 科技部、财政部、税务总局建立随机抽查和重点检查机制,加强对各地高新技术企业认定管理工作的监督检查。对存在问题的认定机构提出整改意见并限期改正,问题严重的给予通报批评,逾期不改的暂停其认定管理工作。

　　第十六条　对已认定的高新技术企业,有关部门在日常管理过程中发现其不符合认定条件的,应提请认定机构复核。复核后确认不符合认定条件的,由认定机构取消其高新技术企业资格,并通知税务机关追缴其不符合认定条件年度起已享受的税收优惠。

　　第十七条　高新技术企业发生更名或与认定条件有关的重大变化(如分立、合并、重组以及经营业务发生变化等)应在三个月内向认定机构报告。经认定机构审核符合认定条件的,其高新技术企业资格不变,对于企业更名的,重新核发认定证书,编号与有效期不变;不符合认定条件的,自更名或条件变化年度起取消其高新技术企业资格。

　　第十八条　跨认定机构管理区域整体迁移的高新技术企业,在其高新技术企业资格有效期内完成迁移的,其资格继续有效;跨认定机构管理区域部分搬迁的,由迁入地认定机构按照本办法重新认定。

　　第十九条　已认定的高新技术企业有下列行为之一的,由认定机构取消其高新技术企业资格:

　　(一)在申请认定过程中存在严重弄虚作假行为的;

　　(二)发生重大安全、重大质量事故或有严重环境违法行为的;

　　(三)未按期报告与认定条件有关重大变化情况,或累计两年未填报年度发展情况报表的。

　　对被取消高新技术企业资格的企业,由认定机构通知税务机关按《税收征管法》及有关规定,追缴其自发生上述行为之日所属年度起已享受的高新技术企业税收优惠。

　　第二十条　参与高新技术企业认定工作的各类机构和人员对所承担的有关工作负有诚信、合规、保密义务。违反高新技术企业认定工作相关要求和纪律的,给予相应处理。

第五章　附　　则

　　第二十一条　科技部、财政部、税务总局根据本办法另行制定《高新技术企业认定管理工作指引》。

　　第二十二条　本办法由科技部、财政部、税务总局负责解释。

　　第二十三条　本办法自 2016 年 1 月 1 日起实施。原《高新技术企业认定管理办法》(国科发火〔2008〕172 号)同时废止。

　　附件:国家重点支持的高新技术领域(编者略)

3-5-9
财政部　国家税务总局关于化解钢铁煤炭行业过剩产能实现脱困发展的意见

2016 年 4 月 18 日　　财建〔2016〕151 号

各省、自治区、直辖市、计划单列市财政厅(局)、国家税务局、地方税务局:

　　钢铁、煤炭行业是我国经济运行的重要基础性行业,为我国经济和社会发展做出了突出贡献。近年来,受经济增速放缓、市场需求不足的影响,钢铁、煤炭行业形成了大量的过剩产能。积极稳妥化解钢铁、煤炭行业过剩产能,实现脱困发展,是我国经济结构性改革的关键任务。按照党中央、国务院决策部署,为支持做好相关工作,财政部、国家税务总局商有关部门研究制定了支持钢铁、煤炭行业化解过剩产能的意见。

一、安排专项奖补资金支持化解过剩产能

按照党中央、国务院决策部署,中央财政设立工业企业结构调整专项奖补资金,用于解决钢铁、煤炭行业化解过剩产能过程中的人员安置问题,鼓励地方政府、企业和银行及其他债权人综合运用兼并重组、债务重组和破产清算等方式,实现市场出清。专项奖补资金结合任务完成情况(主要与退出产能挂钩),需安置职工人数、困难程度等因素拨付,实行梯级奖补,由地方政府和中央企业统筹使用。同时,地方政府按照任务量同步安排资金,支持做好此项工作。

二、继续实施钢铁煤炭行业有关税收政策

(一)继续对部分钢铁及钢铁制品实行出口退税政策。按照现行政策规定,对有一定技术含量和附加值的钢铁及部分钢铁制品适用 5% 的退税率,对部分技术含量和附加值相对较高的钢铁制品实行 9% 和 13% 的退税率。统筹考虑化解钢铁产能过剩和应对贸易摩擦需要,适时研究进一步完善钢铁出口退税政策。

(二)落实公平税赋政策,取消加工贸易项下进口钢材保税政策。在首批已对部分钢材产品取消加工贸易项下进口钢材保税政策的基础上,根据经济发展形势适时研究落实进一步取消加工贸易项下进口钢材保税政策措施。

(三)煤炭采掘企业可按规定执行增值税抵扣政策。煤炭采掘企业可按《财政部 国家税务总局关于煤炭采掘企业增值税进项税额抵扣有关事项的通知》(财税〔2015〕117 号)有关规定抵扣增值税进项税额。

(四)煤炭企业符合规定的用地继续暂免征收城镇土地使用税。对煤炭企业的矸石山、排土场用地,防排水沟用地,矿区办公、生活区以外的公路、铁路专用线及轻便道和输变电线路用地,火炸药库库房外安全区用地,向社会开放的公园及公共绿化带用地,暂免征收城镇土地使用税。

(五)钢铁企业利用余压余热发电按规定享受资源综合利用税收优惠政策。钢铁企业利用工业生产过程中产生的余热、余压发电符合税法规定条件的可享受增值税100% 即征即退政策;钢铁企业工业生产过程中余热、余压发电取得的收入,符合税法规定条件的可按规定减按 90% 计入收入总额计算缴纳企业所得税。

三、落实好对钢铁煤炭企业重组、破产等的财税会计支持政策

(一)钢铁煤炭企业重组、破产等可享受税收优惠政策。企业符合税法规定条件的股权(资产)收购、合并、债务重组等重组行为,可按税法规定享受企业所得税递延纳税优惠政策;企业以非货币性资产投资,可按规定享受 5 年内分期缴纳企业所得税政策;企业破产、注销,清算企业所得税时,可按规定在税前扣除有关清算费用及职工工资、社会保险费用、法定补偿金;企业符合税法规定条件的债权损失可按规定在计算企业所得税应纳税所得额时扣除;金融企业按照规定提取的贷款损失准备金,可以在

企业所得税税前扣除;企业通过合并、分立、出售、置换等方式,转让全部或者部分实物资产以及与其相关联的债权、债务和劳动力,符合规定的,不征收增值税、营业税;企业重组改制涉及的土地增值税、契税、印花税,符合规定的,可享受相关优惠政策。

(二)钢铁煤炭企业重组、破产等可按规定享受退出土地出让收入政策。钢铁煤炭企业退出土地由政府收回的,政府收回国有土地使用权后再出让的收入,可按规定通过预算安排支付退出国有企业职工安置费支出。

(三)钢铁煤炭企业重组、破产等执行相应的财务会计制度。钢铁、煤炭企业重组,破产清算过程中涉及资产债务处理、债权人损失、职工安置费用等,执行《企业破产法》和《企业财务通则》等相关规定。企业重组中符合规定的离退休人员和内退人员有关安置费用,经批准可以从重组前企业净资产中预提。企业重组涉及产权转让的,有关安置费用从产权转让收入中优先支持。企业股权(资产)收购、合并、化解企业债务等行为,执行企业合并、债务重组等会计准则;企业职工安置,执行职工薪酬、政府补助等会计准则;企业破产、注销,执行企业破产清算等会计制度。推动钢铁企业执行钢铁行业产品成本核算制度,制定实施煤炭行业产品成本核算制度,促进钢铁煤炭企业降本增效。鼓励钢铁煤炭企业应用管理会计,优化资源配置。

四、钢铁煤炭国有企业"三供一业"分离移交和厂办大集体改革等可享受相应的政策支持

按照《中共中央　国务院关于深化国有企业改革的指导意见》和《国务院关于印发加快剥离国有企业办社会职能和解决历史遗留问题工作方案的通知》(国发〔2016〕19号)有关要求,煤炭、钢铁行业国有企业职工家属区"三供一业"分离移交和厂办大集体改革等遗留问题可按规定享受有关政策支持,以利于钢铁、煤炭行业国有企业改革脱困。

五、落实好钢铁煤炭企业化解过剩产能金融政策

(一)支持金融企业及时处置不良资产,推动煤炭、钢铁等行业化解过剩产能。银行可运用不良资产批量转让、呆账核销等政策工具,处置包括煤炭、钢铁企业债权在内的不良资产。对符合国家产业政策、积极主动去产能、调结构、转型发展、有一定清偿能力的企业,银行可在做好贷款质量监测和准确分类的同时,通过调整贷款期限和还款方式等措施,加快推进债务重组。

(二)通过专项建设基金支持符合条件的钢铁、煤炭项目。根据国务院确定的原则和专项建设基金组建方集,支持符合条件的钢铁、煤炭企业按规定申报项目使用专项建设基金。

(三)通过出口信用保险支持钢铁、煤炭行业"走出去"。积极落实国务院关于推进国际产能和装备制造合作的战略要求,对符合条件、风险可控的有关政策性出口信用保险项目应保尽保,支持有关钢铁、煤炭行业企业"走出去",化解过剩产能。

六、鼓励煤层气开发利用

鼓励煤炭企业开发利用煤层气,"十三五"期间继续对开采利用煤层气给予财政

支持,煤层气(瓦斯)开采利用中央财政补贴标准从0.2元/立方米提高到0.3元/立方米,并全部免缴煤层气探矿权采矿权使用费。具体补贴标准将根据产业发展,抽采利用成本和市场销售价格变化等适时调整。

以上意见,请认真贯彻实施。

3-5-10
国家发展和改革委员会　工业和
信息化部　财政部　国家税务总局
关于印发国家规划布局内重点软件
和集成电路设计领域的通知

2016年5月16日　发改高技〔2016〕1056号

各省、自治区、直辖市及计划单列市发展改革委、工业和信息化主管部门、财政厅(局)、国家税务局、地方税务局:

为贯彻落实《国务院关于印发进一步鼓励软件产业和集成电路产业发展若干政策的通知》(国发〔2011〕4号),按照财政部、国家税务总局、发展改革委、工业和信息化部《关于软件和集成电路产业企业所得税优惠政策有关问题的通知》(财税〔2016〕49号)要求,现就国家规划布局内重点软件和集成电路设计领域有关事项通知如下:

一、重点软件领域

(一)基础软件:操作系统、数据库、中间件。

(二)工业软件和服务:研发设计类、经营管理类和生产控制类产品和服务。

(三)信息安全软件产品研发应用及工业控制系统咨询设计、集成实施和运行维护等服务。

(四)数据分析处理软件和数据获取、分析、处理、存储服务。

(五)移动互联网:移动支付、地图导航、浏览器、数字创意、移动应用开发工具及环境类软件。

(六)嵌入式软件(软件收入比例不低于50%)。

(七)高技术服务软件:研发设计、知识产权、检验检测和生物技术服务软件。

(八)语言文字信息处理软件:汉语和少数民族语言相关文字编辑处理、语音识别/合成、机器翻译软件。

(九)云计算:大型公有云IaaS、PaaS服务。

二、重点集成电路设计领域

(一)高性能处理器和FPGA芯片。

(二)存储器芯片。

(三)物联网和信息安全芯片。

(四)EDA、IP及设计服务。

(五)工业芯片。

三、符合财税〔2016〕49号文件第五条第(二)项、第六条第(二)项条件的企业,如业务范围涉及多个领域,仅选择其中一个领域向税务机关备案。选择领域的销售(营业)收入占本企业软件产品开发销售(营业)收入或集成电路设计销售(营业)收入的比例不低于20%。

四、国家发展改革委、工业和信息化部会同财政部、税务总局,根据国家产业政策规划和布局,对上述领域实行动态调整。

五、本通知自2015年1月1日起执行。

特此通知。

3 – 5 – 11
北京市文化局　北京市财政局　北京市国税局　北京市地税局　北京市动漫企业认定管理工作领导小组关于公布2015年度通过年审动漫企业名单的通知

2016年5月23日　京文产发〔2016〕159号

各有关单位:

根据文化部、财政部、国家税务总局《关于印发〈动漫企业认定管理办法(试行)〉的通知》(文市发〔2008〕51号)、《关于实施〈动漫企业认定管理办法(试行)〉有关问题的通知》(文产发〔2009〕18号)和《北京市动漫企业认定管理工作实施方案》相关规定、北京市动漫企业认定管理工作领导小组开展了2015年度动漫企业年审工作,现将通过年审的44家企业名单予以公布。

特此通知。

附件:北京市2015年度通过年审的动漫企业名单

附件

北京市 2015 年度通过年审的动漫企业名单

1. 北京随手互动信息技术有限公司
2. 北京青青树动漫科技有限公司
3. 北京千雅文化传播有限责任公司
4. 北京万方幸星数码科技有限公司
5. 北京魔屏科技有限公司
6. 北京阳光加信科技有限公司
7. 北京妙音动漫艺术设计有限公司
8. 北京洋洋兔文化发展有限责任公司
9. 北京华映星球文化发展股份有限公司
   (原北京华映星球国际文化发展有限公司)
10. 开软科技(北京)有限公司
11. 北京雅迪星节目制作有限公司
    (原北京东方万象文化有限公司)
12. 北京蓝月谷文化传媒有限公司
13. 央视动画有限公司
14. 北京梦幻动画科技有限公司
15. 北京辉煌动画公司
16. 北京迪生动画制作有限公司
17. 北京金松林电脑动画制作有限责任公司
18. 北京中科有容数字传媒科技有限公司
19. 北京万豪天际文化传播股份有限公司
    (原北京万豪天际文化传媒有限公司)
20. 北京若森数字科技有限公司
21. 北京每日视界影视动画股份有限公司
    (北京每日视界先锋数码图像制作有限公司)
22. 北京迪生数字娱乐科技股份有限公司
    (原北京迪生动画科技有限公司)
23. 北京颜开文化发展有限公司
24. 北京其欣然影视文化传播有限公司
25. 北京中科亚创科技有限责任公司
26. 北京欧雷新宇动画科技有限公司
27. 北京梦之城文化股份有限公司
    (原北京梦之城文化有限公司)
28. 北京世纪彩蝶影业有限公司
    (原北京世纪彩蝶动画制作有限公司)
29. 北京神舟航天文化创意传媒有限责任公司
30. 北京合力宏通动漫科技有限公司
31. 北京梦空间影视文化传媒有限公司
32. 北京潘高文化传媒有限公司
33. 北京鑫联必升文化发展有限公司
34. 北京轩创国际文化股份有限公司
    (原轩创国际文化发展(北京)有限公司)
35. 北京漫联创意科技有限公司
36. 北京丑小鸭剧团股份有限公司
    (原北京丑小鸭卡通艺术团有限公司)
37. 北京国是经纬科技股份有限公司
    (原北京国是经纬科技有限公司)
38. 北京寒木春华动画技术有限公司
39. 北京四月星空网络技术有限公司
40. 北京三浦灵狐动画设计有限公司
41. 北京大千阳光数字科技有限公司
42. 九天星韵(北京)文化发展有限公司
43. 炫果壳(北京)信息技术有限公司
44. 北京中视互动科技发展有限公司

3-5-12
中共北京市委宣传部　北京市财政局　北京市
国家税务局　北京市地方税务局关于发布
北京市第六批转制文化企业名单的通知

2016 年 6 月 3 日　京宣发〔2016〕24 号

各区委宣传部、财政局、国家税务局、地方税务局,市国家税务局直属税务分局,市地方税务局直属分局:

按照《北京市财政局、北京市国家税务局、北京市地方税务局、中国共产党北京市委员会宣传部转发财政部、国家税务总局、中宣部关于继续实施文化体制改革中经营性文化事业单位转制为企业若干税收政策的通知》(京财税〔2014〕2907 号)的规定,经市委宣传部、市财政局、市国税局、市地税局联合认定,北京日报印务有限责任公司等 2 家北京市文化企业被认定为转制文化企业,享受相应的税收优惠政策。

特此通知。

附件:北京市第六批转制文化企业名单

附件

北京市第六批转制文化企业名单

北京日报印务有限责任公司

北京首博文化发展有限公司

3-5-13
科技部　财政部　国家税务总局关于修订
印发《高新技术企业认定管理工作指引》的通知

2016 年 6 月 22 日　国科发火〔2016〕195 号

各省、自治区、直辖市及计划单列市科技厅(委、局)、财政厅(局)、国家税务局、地方税务局:

根据《高新技术企业认定管理办法》(国科发火〔2016〕32号,以下称《认定办法》)第二十一条的规定,现将《高新技术企业认定管理工作指引》(以下称《工作指引》)印发给你们,并就有关事项通知如下:

一、2016年1月1日前已按《高新技术企业认定管理办法》(国科发火〔2008〕172号,以下称2008版《认定办法》)认定的仍在有效期内的高新技术企业,其资格依然有效,可依照《企业所得税法》及其实施条例等有关规定享受企业所得税优惠政策。

二、按2008版《认定办法》认定的高新技术企业,在2015年12月31日前发生2008版《认定办法》第十五条规定情况,且有关部门在2015年12月31日前已经做出处罚决定的,仍按2008版《认定办法》相关规定进行处理,认定机构5年内不再受理企业认定申请的处罚执行至2015年12月31日止。

三、本指引自2016年1月1日起实施。原《高新技术企业认定管理工作指引》(国科发火〔2008〕362号)、《关于高新技术企业更名和复审等有关事项的通知》(国科火字〔2011〕123号)同时废止。

高新技术企业认定管理工作指引

一、组织与实施

二、认定程序

三、认定条件

四、享受税收优惠

五、监督管理

六、高新技术企业认定管理工作网功能及操作提要

七、附件

根据《高新技术企业认定管理办法》(国科发火〔2016〕32号,以下称《认定办法》)的规定,制定本工作指引。

一、组织与实施

(一)领导小组办公室

全国高新技术企业认定管理工作领导小组办公室设在科技部火炬高技术产业开发中心,由科技部、财政部、税务总局相关人员组成,负责处理日常工作。

(二)认定机构

各省、自治区、直辖市、计划单列市科技行政管理部门同本级财政、税务部门组成本地区高新技术企业认定管理机构(以下称"认定机构")。认定机构下设办公室,办公室设在省级、计划单列市科技行政主管部门,由省级、计划单列市科技、财政、税务部门相关人员组成。

认定机构组成部门应协同配合、认真负责地开展高新技术企业认定管理工作。

(三)中介机构

专项审计报告或鉴证报告(以下统称"专项报告")应由符合以下条件的中介机构出具。企业可自行选择符合以下条件的中介机构。

1. 中介机构条件

(1)具备独立执业资格,成立三年以上,近三年内无不良记录。

(2)承担认定工作当年的注册会计师或税务师人数占职工全年月平均人数的比例不低于 30%,全年月平均在职职工人数在 20 人以上。

(3)相关人员应具有良好的职业道德,了解国家科技、经济及产业政策,熟悉高新技术企业认定工作有关要求。

2. 中介机构职责

接受企业委托,委派具备资格的相关人员,依据《认定办法》和《工作指引》客观公正地对企业的研究开发费用和高新技术产品(服务)收入进行专项审计或鉴证,出具专项报告。

3. 中介机构纪律

中介机构及相关人员应坚持原则,办事公正,据实出具专项报告,对工作中出现严重失误或弄虚作假等行为的,由认定机构在"高新技术企业认定管理工作网"上公告,自公告之日起 3 年内不得参与高新技术企业认定相关工作。

(四)专家

1. 专家条件

(1)具有中华人民共和国公民资格,并在中国大陆境内居住和工作。

(2)技术专家应具有高级技术职称,并具有《技术领域》内相关专业背景和实践经验,对该技术领域的发展及市场状况有较全面的了解。财务专家应具有相关高级技术职称,或具有注册会计师或税务师资格且从事财税工作 10 年以上。

(3)具有良好的职业道德,坚持原则,办事公正。

(4)了解国家科技、经济及产业政策,熟悉高新技术企业认定工作有关要求。

2. 专家库及专家选取办法

(1)认定机构应建立专家库(包括技术专家和财务专家),实行专家聘任制和动态管理,备选专家应不少于评审专家的 3 倍。

(2)认定机构根据企业主营产品(服务)的核心技术所属技术领域随机抽取专家,组成专家组,并指定 1 名技术专家担任专家组组长,开展认定评审工作。

3. 专家职责

(1)审查企业的研究开发活动(项目)、年度财务会计报告和专项报告等是否符合《认定办法》及《工作指引》的要求。

(2)按照《认定办法》及《工作指引》的规定,评审专家对企业申报信息进行独立评价。技术专家应主要侧重对企业知识产权、研究开发活动、主营业务、成果转化及高新技术产品(服务)等情况进行评价打分;财务专家应参照中介机构提交的专项报告、企业的财务会计报告和纳税申报表等进行评价打分。

(3)在各评审专家独立评价的基础上,由专家组进行综合评价。

4. 专家纪律

(1)应按照《认定办法》《工作指引》的要求,独立、客观、公正地对企业进行评价,并签订承诺书。

(2)评审与其有利益关系的企业时,应主动申明并回避。

(3)不得披露、使用申请企业的技术经济信息和商业秘密,不得复制保留或向他人扩散评审材料,不得泄露评审结果。

(4)不得利用其特殊身份和影响,采取非正常手段为申请企业认定提供便利。

(5)认定评审期间,未经认定机构许可不得擅自与企业联系或进入企业调查。

(6)不得收受申请企业给予的好处和利益。

一经发现违反上述规定,由认定机构取消其参与高新技术企业认定工作资格。

二、认定程序

(一)自我评价

企业应对照《认定办法》和本《工作指引》进行自我评价。

(二)注册登记

企业登录"高新技术企业认定管理工作网"(网址:www.innocom.gov.cn),按要求填写《企业注册登记表》(附件1),并通过网络系统提交至认定机构。认定机构核对企业注册信息,在网络系统上确认激活后,企业可以开展后续申报工作。

(三)提交材料

企业登录"高新技术企业认定管理工作网",按要求填写《高新技术企业认定申请书》(附件2),通过网络系统提交至认定机构,并向认定机构提交下列书面材料:

1.《高新技术企业认定申请书》(在线打印并签名、加盖企业公章);

2. 证明企业依法成立的《营业执照》等相关注册登记证件的复印件;

3. 知识产权相关材料(知识产权证书及反映技术水平的证明材料、参与制定标准情况等)、科研项目立项证明(已验收或结题项目需附验收或结题报告)、科技成果转化(总体情况与转化形式、应用成效的逐项说明)、研究开发组织管理(总体情况与四项指标符合情况的具体说明)等相关材料;

4. 企业高新技术产品(服务)的关键技术和技术指标的具体说明,相关的生产批文、认证认可和资质证书、产品质量检验报告等材料;

5. 企业职工和科技人员情况说明材料,包括在职、兼职和临时聘用人员人数、人员学历结构、科技人员名单及其工作岗位等;

6. 经具有资质并符合本《工作指引》相关条件的中介机构出具的企业近三个会计年度(实际年限不足三年的按实际经营年限,下同)研究开发费用、近一个会计年度高新技术产品(服务)收入专项审计或鉴证报告,并附研究开发活动说明材料;

7. 经具有资质的中介机构鉴证的企业近三个会计年度的财务会计报告(包括会计报表、会计报表附注和财务情况说明书);

8. 近三个会计年度企业所得税年度纳税申报表(包括主表及附表)。

对涉密企业,须将申请认定高新技术企业的申报材料做脱密处理,确保涉密信息安全。

(四)专家评审

认定机构收到企业申请材料后,根据企业主营产品(服务)的核心技术所属技术领域在符合评审要求的专家中,随机抽取专家组成专家组,对每个企业的评审专家不少于5人(其中技术专家不少于60%,并至少有1名财务专家)。每名技术专家单独填写《高新技术企业认定技术专家评价表》(附件3),每名财务专家单独填写《高新技术企业认定财务专家评价表》(附件4),专家组长汇总各位专家分数,按分数平均值填写《高新技术企业认定专家组综合评价表》(附件5)。具备条件的地区可进行网络评审。

(五)认定报备

认定机构结合专家组评审意见,对申请企业申报材料进行综合审查(可视情况对部分企业进行实地核查),提出认定意见,确定认定高新技术企业名单,报领导小组办公室备案,报送时间不得晚于每年11月底。

(六)公示公告

经认定报备的企业名单,由领导小组办公室在"高新技术企业认定管理工作网"公示10个工作日。无异议的,予以备案,认定时间以公示时间为准,核发证书编号,并在"高新技术企业认定管理工作网"上公告企业名单,由认定机构向企业颁发统一印制的"高新技术企业证书"(加盖认定机构科技、财政、税务部门公章);有异议的,须以书面形式实名向领导小组办公室提出,由认定机构核实处理。

领导小组办公室对报备企业可进行随机抽查,对存在问题的企业交由认定机构核实情况并提出处理建议。

认定流程如下图所示:

三、认定条件

(一)年限

《认定办法》第十一条"须注册成立一年以上"是指企业须注册成立365个日历天数以上;"当年""最近一年"和"近一年"都是指企业申报前1个会计年度;"近三个会计年度"是指企业申报前的连续3个会计年度(不含申报年);"申请认定前一年内"是指申请前的365天之内(含申报年)。

(二)知识产权

1. 高新技术企业认定所指的知识产权须在中国境内授权或审批审定,并在中国法律的有效保护期内。知识产权权属人应为申请企业。

2. 不具备知识产权的企业不能认定为高新技术企业。

3. 高新技术企业认定中,对企业知识产权情况采用分类评价方式,其中:发明专利(含国防专利)、植物新品种、国家级农作物品种、国家新药、国家一级中药保护品种、集成电路布图设计专有权等按Ⅰ类评价;实用新型专利、外观设计专利、软件著作权等(不含商标)按Ⅱ类评价。

4. 按Ⅱ类评价的知识产权在申请高新技术企业时,仅限使用一次。

5. 在申请高新技术企业及高新技术企业资格存续期内,知识产权有多个权属人时,只能由一个权属人在申请时使用。

6. 申请认定时专利的有效性以企业申请认定前获得授权证书或授权通知书并能提供缴费收据为准。

7. 发明、实用新型、外观设计、集成电路布图设计专有权可在国家知识产权局网站(http://www. sipo. gov. cn)查询专利标记和专利号;国防专利须提供国家知识产权局授予的国防专利证书;植物新品种可在农业部植物新品种保护办公室网站(http://www. cnpvp. cn)和国家林业局植物新品种保护办公室网站(http://www. cnpvp. net)查询;国家级农作物品种是指农业部国家农作物品种审定委员会审定公告的农作物品种;国家新药须提供国家食品药品监督管理局签发的新药证书;国家一级中药保护品种须提供国家食品药品监督管理局签发的中药保护品种证书;软件著作权可在国家版权局中国版权保护中心网站(http://www. ccopyright. com. cn)查询软件著作权标记(亦称版权标记)。

(三)高新技术产品(服务)与主要产品(服务)

高新技术产品(服务)是指对其发挥核心支持作用的技术属于《国家重点支持的高新技术领域》

规定范围的产品(服务)。

主要产品(服务)是指高新技术产品(服务)中,拥有在技术上发挥核心支持作用的知识产权的所有权,且收入之和在企业同期高新技术产品(服务)收入中超过50%的产品(服务)。

(四)高新技术产品(服务)收入占比

高新技术产品(服务)收入占比是指高新技术产品(服务)收入与同期总收入的比值。

1. 高新技术产品(服务)收入

高新技术产品(服务)收入是指企业通过研发和相关技术创新活动,取得的产品(服务)收入与技术性收入的总和。对企业取得上述收入发挥核心支持作用的技术应属于《技术领域》规定的范围。其中,技术性收入包括:

(1)技术转让收入:指企业技术创新成果通过技术贸易、技术转让所获得的收入;

(2)技术服务收入:指企业利用自己的人力、物力和数据系统等为社会和本企业外的用户提供技术资料、技术咨询与市场评估、工程技术项目设计、数据处理、测试分析及其他类型的服务所获得的收入;

(3)接受委托研究开发收入:指企业承担社会各方面委托研究开发、中间试验及新产品开发所获得的收入。

企业应正确计算高新技术产品(服务)收入,由具有资质并符合本《工作指引》相关条件的中介机构进行专项审计或鉴证。

2. 总收入

总收入是指收入总额减去不征税收入。

收入总额与不征税收入按照《中华人民共和国企业所得税法》(以下称《企业所得税法》)及《中华人民共和国企业所得税法实施条例》(以下称《实施条例》)的规定计算。

(五)企业科技人员占比

企业科技人员占比是企业科技人员数与职工总数的比值。

1. 科技人员

企业科技人员是指直接从事研发和相关技术创新活动,以及专门从事上述活动的管理和提供直接技术服务的,累计实际工作时间在183天以上的人员,包括在职、兼职和临时聘用人员。

2. 职工总数

企业职工总数包括企业在职、兼职和临时聘用人员。在职人员可以通过企业是否签订了劳动合同或缴纳社会保险费来鉴别;兼职、临时聘用人员全年须在企业累计工作183天以上。

3. 统计方法

企业当年职工总数、科技人员数均按照全年月平均数计算。

月平均数 = (月初数 + 月末数) ÷ 2

全年月平均数 = 全年各月平均数之和 ÷ 12

年度中间开业或者终止经营活动的,以其实际经营期作为一个纳税年度确定上述相关指标。

(六)企业研究开发费用占比

企业研究开发费用占比是企业近三个会计年度的研究开发费用总额占同期销售收入总额的比值。

1. 企业研究开发活动确定

研究开发活动是指,为获得科学与技术(不包括社会科学、艺术或人文学)新知识,创造性运用科学技术新知识,或实质性改进技术、产品(服务)、工艺而持续进行的具有明确目标的活动。不包括企业对产品(服务)的常规性升级或对某项科研成果直接应用等活动(如直接采用新的材料、装置、产品、服务、工艺或知识等)。

企业应按照研究开发活动的定义填写附件2《高新技术企业认定申请书》中的"四、企业研究开发活动情况表"。

专家评价过程中可参考如下方法判断:

——行业标准判断法。若国家有关部门、全国(世界)性行业协会等具备相应资质的机构提供了测定科技"新知识""创造性运用科学技术新知识"或"具有实质性改进的技术、产品(服务)、工艺"等技术参数(标准),则优先按此参数(标准)来判断企业所进行项目是否为研究开发活动。

——专家判断法。如果企业所在行业中没有发布公认的研发活动测度标准,则通过本行业专家进行判断。获得新知识、创造性运用新知识以及技术的实质改进,应当是取得被同行业专家认可的、有价值的创新成果,对本地区相关行业的技术进步具有推动作用。

——目标或结果判定法。在采用行业标准判断法和专家判断法不易判断企业是否发生了研发活动时,以本方法作为辅助。重点了解研发活动的目的、创新性、投入资源(预算),以及是否取得了最终成果或中间成果(如专利等知识产权或其他形式的科技成果)。

2. 研究开发费用的归集范围

(1)人员人工费用

包括企业科技人员的工资薪金、基本养老保险费、基本医疗保险费、失业保险费、工伤保险费、生育保险费和住房公积金,以及外聘科技人员的劳务费用。

(2)直接投入费用

直接投入费用是指企业为实施研究开发活动而实际发生的相关支出。包括:

——直接消耗的材料、燃料和动力费用;

——用于中间试验和产品试制的模具、工艺装备开发及制造费,不构成固定资产的样品、样机及一般测试手段购置费,试制产品的检验费;

——用于研究开发活动的仪器、设备的运行维护、调整、检验、检测、维修等费用,以及通过经营租赁方式租入的用于研发活动的固定资产租赁费。

(3)折旧费用与长期待摊费用

折旧费用是指用于研究开发活动的仪器、设备和在用建筑物的折旧费。

长期待摊费用是指研发设施的改建、改装、装修和修理过程中发生的长期待摊费用。

(4)无形资产摊销费用

无形资产摊销费用是指用于研究开发活动的软件、知识产权、非专利技术(专有技术、许可证、设计和计算方法等)的摊销费用。

(5)设计费用

设计费用是指为新产品和新工艺进行构思、开发和制造,进行工序、技术规范、规程制定、操作特性方面的设计等发生的费用。包括为获得创新性、创意性、突破性产品进行的创意设计活动发生的相关费用。

(6)装备调试费用与试验费用

装备调试费用是指工装准备过程中研究开发活动所发生的费用,包括研制特殊、专用的生产机器,改变生产和质量控制程序,或制定新方法及标准等活动所发生的费用。

为大规模批量化和商业化生产所进行的常规性工装准备和工业工程发生的费用不能计入归集范围。

试验费用包括新药研制的临床试验费、勘探开发技术的现场试验费、田间试验费等。

（7）委托外部研究开发费用

委托外部研究开发费用是指企业委托境内外其他机构或个人进行研究开发活动所发生的费用（研究开发活动成果为委托方企业拥有，且与该企业的主要经营业务紧密相关）。委托外部研究开发费用的实际发生额应按照独立交易原则确定，按照实际发生额的80%计入委托方研发费用总额。

（8）其他费用

其他费用是指上述费用之外与研究开发活动直接相关的其他费用，包括技术图书资料费、资料翻译费、专家咨询费、高新科技研发保险费、研发成果的检索、论证、评审、鉴定、验收费用，知识产权的申请费、注册费、代理费，会议费、差旅费、通讯费等。此项费用一般不得超过研究开发总费用的20%，另有规定的除外。

3. 企业在中国境内发生的研究开发费用

企业在中国境内发生的研究开发费用，是指企业内部研究开发活动实际支出的全部费用与委托境内其他机构或个人进行的研究开发活动所支出的费用之和，不包括委托境外机构或个人完成的研究开发活动所发生的费用。受托研发的境外机构是指依照外国和地区（含港澳台）法律成立的企业和其他取得收入的组织；受托研发的境外个人是指外籍（含港澳台）个人。

4. 企业研究开发费用归集办法

企业应正确归集研发费用，由具有资质并符合本《工作指引》相关条件的中介机构进行专项审计或鉴证。

企业的研究开发费用是以单个研发活动为基本单位分别进行测度并加总计算的。企业应对包括直接研究开发活动和可以计入的间接研究开发活动所发生的费用进行归集，并填写附件2《高新技术企业认定申请书》中的"企业年度研究开发费用结构明细表"。

企业应按照"企业年度研究开发费用结构明细表"设置高新技术企业认定专用研究开发费用辅助核算账目，提供相关凭证及明细表，并按本《工作指引》要求进行核算。

5. 销售收入

销售收入为主营业务收入与其他业务收入之和。

主营业务收入与其他业务收入按照企业所得税年度纳税申报表的口径计算。

（七）企业创新能力评价

企业创新能力主要从知识产权、科技成果转化能力、研究开发组织管理水平、企业成长性等四项指标进行评价。各级指标均按整数打分，满分为100分，综合得分达到70分以上（不含70分）为符合认定要求。四项指标分值结构详见下表：

序号	指标	分值
1	知识产权	≤30
2	科技成果转化能力	≤30
3	研究开发组织管理水平	≤20
4	企业成长性	≤20

1. 知识产权(≤30分)

由技术专家对企业申报的知识产权是否符合《认定办法》和《工作指引》要求,进行定性与定量结合的评价。

序号	知识产权相关评价指标	分值
1	技术的先进程度	≤8
2	对主要产品(服务)在技术上发挥核心支持作用	≤8
3	知识产权数量	≤8
4	知识产权获得方式	≤6
5	(作为参考条件,最多加2分) 企业参与编制国家标准、行业标准、检测方法、技术规范的情况	≤2

(1)技术的先进程度

A. 高(7~8分)　　　B. 较高(5~6分)

C. 一般(3~4分)　　D. 较低(1~2分)

E. 无(0分)

(2)对主要产品(服务)在技术上发挥核心支持作用

A. 强(7~8分)　　　B. 较强(5~6分)

C. 一般(3~4分)　　D. 较弱(1~2分)

E. 无(0分)

(3)知识产权数量

A. 1项及以上(Ⅰ类)(7~8分)

B. 5项及以上(Ⅱ类)(5~6分)

C. 3~4项(Ⅱ类)(3~4分)

D. 1~2项(Ⅱ类)(1~2分)

E. 0项(0分)

(4)知识产权获得方式

A. 有自主研发(1~6分)

B. 仅有受让、受赠和并购等(1~3分)

(5)企业参与编制国家标准、行业标准、检测方法、技术规范的情况(此项为加分项,加分后"知识产权"总分不超过30分。相关标准、方法和规范须经国家有关部门认证认可。)

A. 是(1~2分)

B. 否(0分)

2. 科技成果转化能力(≤30分)

依照《促进科技成果转化法》,科技成果是指通过科学研究与技术开发所产生的具有实用价值的成果(专利、版权、集成电路布图设计等)。科技成果转化是指为提高生产力水平而对科技成果进行的后续试验、开发、应用、推广直至形成新产品、新工艺、新材料,发展新产业等活动。

科技成果转化形式包括:自行投资实施转化;向他人转让该技术成果;许可他人使用该科技成果;以该科技成果作为合作条件,与他人共同实施转化;以该科技成果作价投资、折算股份或者出资比例;以及其他协商确定的方式。

由技术专家根据企业科技成果转化总体情况和近3年内科技成果转化的年平均数进行综合评

价。同一科技成果分别在国内外转化的,或转化为多个产品、服务、工艺、样品、样机等的,只计为一项。

A. 转化能力强,≥5 项(25~30 分)

B. 转化能力较强,≥4 项(19~24 分)

C. 转化能力一般,≥3 项(13~18 分)

D. 转化能力较弱,≥2 项(7~12 分)

E. 转化能力弱,≥1 项(1~6 分)

F. 转化能力无,0 项(0 分)

3. 研究开发组织管理水平(≤20 分)

由技术专家根据企业研究开发与技术创新组织管理的总体情况,结合以下几项评价,进行综合打分。

(1)制定了企业研究开发的组织管理制度,建立了研发投入核算体系,编制了研发费用辅助账;(≤6 分)

(2)设立了内部科学技术研究开发机构并具备相应的科研条件,与国内外研究开发机构开展多种形式产学研合作;(≤6 分)

(3)建立了科技成果转化的组织实施与激励奖励制度,建立开放式的创新创业平台;(≤4 分)

(4)建立了科技人员的培养进修、职工技能培训、优秀人才引进,以及人才绩效评价奖励制度。(≤4 分)

4. 企业成长性(≤20 分)

由财务专家选取企业净资产增长率、销售收入增长率等指标对企业成长性进行评价。企业实际经营期不满三年的按实际经营时间计算。计算方法如下:

(1)净资产增长率

净资产增长率 = 1/2(第二年末净资产÷第一年末净资产 + 第三年末净资产÷第二年末净资产) - 1

净资产 = 资产总额 - 负债总额

资产总额、负债总额应以具有资质的中介机构鉴证的企业会计报表期末数为准。

(2)销售收入增长率

销售收入增长率 = 1/2(第二年销售收入÷第一年销售收入 + 第三年销售收入÷第二年销售收入) - 1

企业净资产增长率或销售收入增长率为负的,按 0 分计算。第一年末净资产或销售收入为 0 的,按后两年计算;第二年末净资产或销售收入为 0 的,按 0 分计算。

以上两个指标分别对照下表评价档次(ABCDEF)得出分值,两项得分相加计算出企业成长性指标综合得分。

成长性得分	指标赋值	分数					
		≥35%	≥25%	≥15%	≥5%	> 0	≤0
≤20 分	净资产增长率赋值 ≤10 分	A 9~10 分	B 7~8 分	C 5~6 分	D 3~4 分	E 1~2 分	F 0 分
	销售收入增长率赋值 ≤10 分						

四、享受税收优惠

1. 自认定当年起,企业可持"高新技术企业"证书及其复印件,按照《企业所得税法》及《实施条例》《中华人民共和国税收征收管理法》(以下称《税收征管法》)、《中华人民共和国税收征收管理法实施细则》(以下称《实施细则》)、《认定办法》和本《工作指引》等有关规定,到主管税务机关办理相关手续,享受税收优惠。

2. 未取得高新技术企业资格或不符合《企业所得税法》及其《实施条例》《税收征管法》及其《实施细则》,以及《认定办法》等有关规定条件的企业,不得享受高新技术企业税收优惠。

3. 高新技术企业资格期满当年内,在通过重新认定前,其企业所得税暂按15%的税率预缴,在年度汇算清缴前未取得高新技术企业资格的,应按规定补缴税款。

五、监督管理

(一)重点检查

根据认定管理工作需要,科技部、财政部、税务总局按照《认定办法》的要求,可组织专家对各地高新技术企业认定管理工作进行重点检查,对存在问题的视情况给予相应处理。

(二)企业年报

企业获得高新技术企业资格后,在其资格有效期内应每年5月底前通过"高新技术企业认定管理工作网",报送上一年度知识产权、科技人员、研发费用、经营收入等年度发展情况报表(附件6);在同一高新技术企业资格有效期内,企业累计两年未按规定时限报送年度发展情况报表的,由认定机构取消其高新技术企业资格,在"高新技术企业认定管理工作网"上公告。

认定机构应提醒、督促企业及时填报年度发展情况报表,并协助企业处理填报过程中的相关问题。

(三)复核

对已认定的高新技术企业,有关部门在日常管理过程中发现其不符合认定条件的,应以书面形式提请认定机构复核。复核后确认不符合认定条件的,由认定机构取消其高新技术企业资格,并通知税务机关追缴其不符合认定条件年度起已享受的税收优惠。

属于对是否符合《认定办法》第十一条(除(五)款外)、第十七条、第十八条和第十九条情况的企业,按《认定办法》规定办理;属于对是否符合《认定办法》第十一条(五)款产生异议的,应以问题所属年度和前两个会计年度(实际经营不满三年的按实际经营时间计算)的研究开发费用总额与同期销售收入总额之比是否符合《认定办法》第十一条(五)款规定进行复核。

(四)更名及重大变化事项

高新技术企业发生名称变更或与认定条件有关的重大变化(如分立、合并、重组以及经营业务发生变化等),应在发生之日起三个月内向认定机构报告,在"高新技术企业认定管理工作网"上提交《高新技术企业名称变更申请表》(附件7),并将打印出的《高新技术企业名称变更申请表》与相关证明材料报认定机构,由认定机构负责审核企业是否仍符合高新技术企业条件。

企业仅发生名称变更,不涉及重大变化,符合高新技术企业认定条件的,由认定机构在本地区公示10个工作日,无异议的,由认定机构重新核发认定证书,编号与有效期不变,并在"高新技术企业认定管理工作网"上公告;有异议的或有重大变化的(无论名称变更与否),由认定机构按《认定办法》第十一条进行核实处理,不符合认定条件的,自更名或条件变化年度起取消其高新技术企业资格,并在"高新技术企业认定管理工作网"上公告。

(五)异地搬迁

1.《认定办法》第十八条中整体迁移是指符合《中华人民共和国公司登记管理条例》第二十九条所述情况。

2. 跨认定机构管理区域整体迁移的高新技术企业须向迁入地认定机构提交有效期内的《高新技术企业证书》及迁入地工商等登记管理机关核发的完成迁入的相关证明材料。

3. 完成整体迁移的，其高新技术企业资格和《高新技术企业证书》继续有效，编号与有效期不变。由迁入地认定机构给企业出具证明材料，并在"高新技术企业认定管理工作网"上公告。

（六）其他

1. 有《认定办法》第十九条所列三种行为之一的企业，自行为发生之日所属年度起取消其高新技术企业资格，并在"高新技术企业认定管理工作网"上公告。

2. 认定机构应依据有关部门根据相关法律法规出具的意见对"重大安全、重大质量事故或有严重环境违法行为"进行判定处理。

3. 已认定的高新技术企业，无论何种原因被取消高新技术企业资格的，当年不得再次申请高新技术企业认定。

六、高新技术企业认定管理工作网功能及操作提要

"高新技术企业认定管理工作网"是根据《认定办法》建设的高新技术企业认定管理工作的信息化平台，由高新技术企业认定管理工作门户网站（以下简称"门户网站"）和高新技术企业认定管理系统（以下简称"管理系统"）构成。

（一）门户网站主要功能

门户网站（www. innocom. gov. cn）的主要功能包括：发布高新技术企业政策、工作动态、公示文件、公告备案、更名、异地搬迁、撤销资格、问题中介机构名单等信息，以及提供管理系统的登录入口。

（二）管理系统主要功能

管理系统由企业申报系统、认定机构管理系统和领导小组办公室管理系统三个子系统组成。

1. 企业申报系统主要功能

（1）企业注册

（2）企业信息变更

（3）企业名称变更

（4）认定申报

（5）年度发展情况报表

（6）查询

（7）密码找回

2. 认定机构管理系统主要功能

（1）企业注册管理

（2）认定申报管理

（3）撤销企业高企证书管理

（4）异地搬迁企业管理

（5）查询与统计

3. 领导小组办公室管理系统主要功能

（1）高企备案管理

（2）撤销企业高企证书管理

（3）异地搬迁企业管理

（4）查询与统计

附件：（编者略）

3-5-14

工业和信息化部　国家发展和改革委员会 财政部　人力资源和社会保障部　环境 保护部　中国人民银行　国务院国有资产 监督管理委员会　国家税务总局　国家质量 监督检验检疫总局　中国银行业监督管理 委员会　中国证券监督管理委员会关于 引导企业创新管理提质增效的指导意见

2016 年 7 月 26 日　工信部联产业〔2016〕245 号

各省、自治区、直辖市及计划单列市、新疆生产建设兵团工业和信息化主管部门、发展改革委、财政厅（局）、人力资源社会保障厅（局）、环境保护厅（局）、人民银行中心支行、国资委（局）、国家税务局、地方税务局、质量技术监督局（市场监督管理部门）、银监局、证监局,有关行业协会：

当前,世界经济仍处于深度调整期,全球总需求不振,我国经济发展进入新常态,经济下行压力加大,特别是近年来,我国企业生产经营成本持续上升,企业融资、物流、人工等成本高企业,企业减税降费呼声较多,部分行业产能严重过剩,产品价格不断下降,企业面临着更加严峻的经营环境。同时,在全球新一轮科技革命和产业变革中,信息通信技术加速发展和应用,对企业传统经营管理理念、生产方式、组织形式、营销服务等产生了深刻的影响,既带来了前所未有的挑战,也带来了巨大的创新空间和发展潜力。

在新形势下,引导企业创新管理、提质增效,是企业有效控制成本,提高生产效率,提升技术、质量和服务水平,创新发展空间,提升竞争能力的迫切要求;是应对当前经济下行压力、稳增长的重要措施;是推动我国产业转型升级和结构调整,重塑国际竞争新优势,提高我国经济发展质量和效益的有力支撑。为引导企业适应新形势和新要求,进一步创新管理、提质增效,提高企业和产业竞争力,促进我国经济持续健康发展,现提出以下意见：

一、总体要求

（一）指导思想。

认真贯彻党的十八大和十八届三中、四中、五中全会精神,深入贯彻习近平同志系列重要讲话精神,全面落实党中央、国务院经济工作的一系列部署和举措,以企业为主体,以市场为导向,通过示范引领和政策引导,鼓励企业加强管理,内部挖潜、降本增效、开源节流、苦练内功,创新生产经营模式和质量管理方法,实现管理增效和创新增效,提升发展质量,增强企业竞争力,有力支撑产业转型升级和经济提质增效。

(二)基本原则。

——企业主导、政府引导。坚持以企业为主体、市场为导向,充分发挥企业在创新管理、提质增效中的主体作用,调动企业的积极性和创造性。政府主要是加强服务和政策引导,营造良好环境,降低社会总成本,引导企业提质增效。

——示范引领、加强推广。坚持典型引路,在企业生产经营管理的各环节、各领域,培育、发现和总结企业在创新管理、提质增效方面可复制、可推广的成功经验,树立活典型、硬标杆,推广成功经验和好的做法。

——因企制宜、分类指导。坚持从实际出发,因地制宜,因企制宜,不搞"一刀切"。企业应根据所处行业、环境及影响提质增效的各种因素,选准符合自身特点和实际的主要路径和好的做法,采取多种方式推进。

——夯实基础、注重创新。坚持"开源"与"节流"一起抓,既要引导企业在控制成本上做文章,更要引导企业深入推进管理、产品、组织、业态及模式创新,拓宽效益提升新空间,谋求新发展。

二、主要路径

引导企业降本增效、创新生产经营模式增效、市场开拓增效、战略转型增效,全面管理和控制生产经营成本,积极延伸产业链,拓展发展新空间,变革生产经营模式,加快推进创业创新,提高战略应变能力和风险防控能力,全面促进和保障企业提质增效。企业应立足自我,结合自身实际,找准制约提质增效的短板和瓶颈问题,积极与国内外领先企业进行全面对标,明确差距和提升方向,确定有针对性的主要路径进行突破,切实提升发展质量、增加效益。

(一)加强成本管理和控制。

推行全面预算管理,将企业的人、财、物全部纳入预算,强化预算全过程控制和刚性约束。树立战略成本和创新管理理念,从整体与全局视角对投资立项、研发设计、生产经营、营销服务各环节进行全方位的成本管控,增强系统成本控制意识,推行价值链成本管理和创新管理体系。实施目标成本管理,通过强化定额和对标管理,合理界定成本开支范围和标准,严格限制和监督各项成本费用支出。高度重视资金管理,加强资金使用的事前规划,统一集中调控资金,强化应收账款和预付账款管理,加快资金周转速度,优化资金结构,降低财务成本。强化成本核算,开展成本动因分析和成本预测,加强重点环节、关键领域的成本控制,重点管理和控制成本份额比例高的环节。建立成本责任制度,提高全员成本意识,加强成本考核,建立配套的激励约束机制。

(二)强化资源能源集约管理。

将资源能源管理的对象与范围拓展到生产经营的各个环节,评估各环节对经营绩效的影响,提高资源能源集约化管理水平。采取合同能源管理等方式,采购专业节能服务,提高能源利用效率。鼓励企业建立能源管理体系,提高能源管理水平。加强资源能源的计量、监测和统计,完善资源能源消耗定额管理,建立节能降耗责任制。加强原材料消耗的精细化管理,完善原材料领用、仓储、回收等管理制度,有效降低消耗;加强库存管理,力争实现零库存,实现库存成本最优化。树立集约利用资源能源创造效益的理念,推进资源高效循环利用,充分利用余热、余压、废气、废水、废液、废渣,发展循环经济;积极利用先进适用的节能降耗技术、工艺和装备实施技术改造,淘汰落后工艺和设备,提高资源、能源利用效率。

(三)重视资源优化配置与管理。

加强企业内部资源整合,调整优化业务板块,通过分立、转让、关闭清算等方式整顿处理低效无效资产和业务,发挥协同效应。提高集团管控能力,强化母公司在战略管理、资本运作、结构调整、财务控制、风险防范等方面的功能,发挥企业整体优势。积极稳妥开展兼并重组,深入做好尽职调查等并购前准备工作,重视或有负债及经济、法律、社会等风险因素,从管理架构、财务制度、技术资源、营销资源、人力资源、企业文化、信息化建设等方面加强重组后的整合和管理创新。加强供应链合作管理,培育和优选上游供应商,推进横向经济组织联合和纵向供应链整合,建立稳定的供应关系。实施统一集中的采购管理,积极利用第三方物流,优化物流配送网络,降低采购及物流成本。

(四)加强质量品牌管理。

建立健全全员、全生命周期的质量管理体系,加强研发设计、采购、生产制造、包装、检验、库存、运输、销售、服务等全过程质量控制和管理。重视研发和创新管理,加强技术改造和新产品研发,采用先进的技术和管理标准组织生产。积极利用标准化服务、产业计量测试等技术服务平台,提供全溯源链、全寿命周期、全产业链计量测试服务。积极采用六西格玛、精益生产、质量诊断、质量持续改进等先进质量管理技术和方法,提高质量在线监测、在线控制和产品全生命周期质量追溯能力,持续提升产品质量和竞争力。加强品牌战略规划制定和实施,建立完善品牌建设的标准体系,围绕生产经营全过程,打造技术、创新、标准、品牌一体化全链条,夯实品牌发展基础,提升自主品牌的创新内涵和附加值,开展知名品牌创建工作,推进品牌国际化,打造国际知名品牌。

(五)创新内部市场化经营机制。

根据企业实际和业务特点,创新企业组织运营体系,探索引入内部市场化经营机制,传导市场压力,激发内在活力和创造力。加强适应内部市场化管理需要、灵活高效的组织模式创新,探索建立小型化、扁平化的内部市场化经营主体,赋予内部经营体更多的责、权、利,最大限度调动员工积极性。明确内部市场要素,划分、划细内部市场主体,制定内部市场交易规则和流程,建立专门管理机构,健全交易协调、价格管理、内部仲裁等机制,监管内部市场交易行为,仲裁内部市场交易纠纷。围绕内部市场化经营的有效运转,建设相配套的信息系统,加强对内部市场交易的核算、结算、统计、考核、分配等。

（六）加快推动创业创新。

积极引入互联网思维和技术，推进企业资源平台化、开放化，整合全球创业创新资源，推动员工、创客及消费者全程深度参与价值创造过程。积极培育内部创新管理体系和创客文化，推进员工创客化，激发每个员工的创业创新精神，实现企业与员工的双赢。搭建创业创新平台，通过创业辅导培训、创意优化、产品快速试制验证、创业资金扶持、营销服务扶持等，全流程帮助内部创业者创业。有条件的企业可建设基于互联网的开放式平台，通过生产协作、共享资源、开放标准、组建联盟、投资合作等方式，为产业链上下游小微企业和创业者提供服务，实现产业链协同创新、共同发展。突破创业创新的管理瓶颈，完善内部创业创新激励机制，健全股权激励及薪酬分配制度，形成持续的创业创新动力。鼓励和引导企业建立和运行创新管理体系。对企业的研发、创新项目管理、创新成果转化、知识产权保护进行全面系统和可持续的管理，培养和保持组织的创新能力，保护创新成果，实现创新成果的转化，形成有效的生产力。

（七）积极发展服务型制造。

从客户需求出发，增加服务环节投入，推动企业向"微笑曲线"两端升级，延伸产业链，提升价值链。变销售产品为向客户交付使用价值，实现产品的服务化。结合自身实际和产业特点，有针对性地发展研发设计、技术支持、战略咨询等上游技术服务，生产装备租赁、产能出租、在线检测等中游生产服务，网络精准营销等下游市场服务，第三方物流、融资租赁、卖方信贷、产品保险等延伸性服务，以及总集成、总承包、综合解决方案等整合服务。积极开展服务外包，采用众包研发、网络客户服务、在线人力资源管理等外包新模式。适应服务化转型的需要，合理调整业务流程、组织架构和管理模式，优势企业可"裂变"专业优势，面向行业提供社会化、专业化、规范化服务。

（八）推进信息技术深度融合创新。

推动互联网等信息通信技术在企业生产经营管理中的深度融合和创新应用，有效降低成本、提高效率。建立贯穿研发设计、原料供应、生产制造、营销服务等产品全生命周期的信息集成平台，实现全方位实时精准控制和智能化感知、预测、分析、决策。加快发展智能制造，有步骤地选择简单重复、安全风险高、作业环境差、劳动强度大等岗位开展机器人替代，有序实施生产装备的智能化改造，建设数字化车间或智能工厂，积极发展大规模个性化定制、网络协同制造、云制造等新型生产模式。积极发展电子商务等互联网营销渠道，搭建客户零距离互动平台，发展线上线下良性互动的 O2O 营销新模式，利用云计算、大数据等技术深度挖掘客户需求，又准又快地满足客户需求。

（九）注重战略管理。

要发挥企业家引领带动作用，及时跟踪内外部环境变化，特别是互联网条件下跨界融合加速、买方力量崛起、创新速度加快、共享协作经济兴起，传统的企业竞争优势被削弱等重大变化，根据自身条件，提高战略柔性和适应性，加快推动战略转型。实施跨界融合战略，选择与核心竞争力相匹配的领域，推进融合创新，跨越现有竞争边界，挖掘和创造新的需求和价值。抓住"一带一路"带来的战略机遇,开展国际产能合作,融入全球价值网络,拓展国际市场新空间。推进产业资本和金融资本的融合,围绕主业开展配套金融业务,探索建设产商融一体化经营平台,实现产业资本和金融资本双轮驱动发展。

(十)加强全面风险管理。

建立健全全面风险管理体系,预防和控制企业战略、财务、产品、市场、运营、法律等方面的风险。健全重大投资决策责任制度,加强对资产负债情况及现金流动性的动态预警,完善金融衍生品投资控制制度,从严控制企业对外担保、抵押、质押等业务。探索建立风险准备金制度。结合自身实际强化汇率风险管理,减少汇兑损失。严格安全生产管理,加大安全生产投入,加强生产装备维护、改造、升级,健全安全生产操作规范,强化监督检查,完善安全生产责任制,有效防控生产事故和质量事故。加强诚信管理,积极履行社会责任,防范企业形象危机。健全风险管理组织体系,建立风险管理信息系统和预警机制,科学制定应急预案。

三、保障措施

(一)加强示范推广。

组织开展企业管理创新总结推广活动,培育和发现企业创新管理、提质增效的成功经验和好的做法,每年选择一批示范成果,通过编写案例集、组织培训班、召开经验交流会、企业现场会等多种形式,推广先进经验和做法。支持高等院校将相关成功经验纳入企业管理教材及案例库。各地、有关行业协会也要结合实际做好创新管理、提质增效有效做法的总结和推广工作。

(二)开展对标行动。

指导相关行业协会和地方组织开展重点行业对标专项行动,研究建立企业提质增效的评价指标体系,通过企业自我评价和第三方评价等方式,优选一批国内外领先的同行业企业作为标杆,动态更新并向社会公布,引导企业对照标杆查找出差距和薄弱环节,不断加以改进,向标杆企业看齐。鼓励有条件的企业开展内部对标活动。完善国家质量管理激励机制,树立质量标杆,推广先进的质量管理办法。

(三)强化服务指导。

适当加大财政投入力度,通过购买服务等方式支持开展总结示范推广、交流培训、"向企业送管理"等活动,提供公共服务。组织开展免费专题培训,实施企业经营管理人才素质提升工程和中小企业银河培训工程,培养造就一批优秀企业家和高水平经营管理人才。组织咨询机构、专家及志愿者"向企业送管理",对企业免费开展现场指导和管理诊断,帮助企业强化管理、提质增效。为企业提供政策咨询和公共信息服务,指导企业用好相关政策,加强分类指导,帮助企业解决创新管理、提质增效工作中遇到的困难和问题。

(四)发展高水平管理咨询服务。

积极培育和发展管理咨询服务业,加大政府购买咨询服务支持力度,组织编制企业管理咨询机构名录,加大对中小微企业购买管理咨询服务的支持力度,引导管理咨询机构为企业提供专业化的服务。加强管理咨询机构的行业管理,推动行业自律,引导行业规范化发展。

(五)营造良好环境。

严格环保、税收、质量等监督执法,加强国家强制性标准的制定和执行,加大企业产品标准自我声明公开力度,创造公平竞争的市场环境。稳步推进利率市场化改革,加快发展多层次资本市场,降低企业融资成本。积极开展贷前能效筛查,大力发展能效信贷。加快推进能源价格市场化,实施涉企收费清单制度、提高收费透明度,加强市场价格监管,减少物流环节,降低企业物流成本。最大限度减少行政审批,提高行政效率和水平,激发市场主体活力。健全反映人力资源市场供求和企业经济效益的企业工资正常增长机制。加快产业结构调整步伐,化解部分行业产能严重过剩矛盾,促进企业兼并重组,支持扭亏无望的企业破产退出,促进产业转型升级。

(六)加强组织领导。

有关部门要加强统筹协调,做好组织指导和协调服务,引导企业创新管理、提质增效,营造企业发展的良好环境。各地区、有关行业协会要统一思想,提高认识,深刻理解新形势下引导企业创新管理、提质增效的重要性和必要性,把强管理与稳增长、调结构、促改革等结合起来,结合实际制定具体工作方案,切实把各项任务措施落到实处。

3 – 5 – 15

国家发展和改革委员会　水利部　国家税务总局关于推行合同节水管理促进节水服务产业发展的意见

2016 年 7 月 27 日　发改环资〔2016〕1629 号

各省、自治区、直辖市、计划单列市及新疆生产建设兵团发展改革委、水利厅(水利局)、国家税务局、地方税务局:

合同节水管理是指节水服务企业与用水户以合同形式,为用水户募集资本、集成先进技术,提供节水改造和管理等服务,以分享节水效益方式收回投资、获取收益的节水服务机制。推行合同节水管理,有利于降低用水户节水改造风险,提高节水积极性;有利于促进节水服务产业发展,培育新的经济增长点;有利于节水减污,提高用水效率,推动绿色发展。为贯彻落实《中共中央关于制定国民经济和社会发展第十三个五年规划的建议》中关于推行合同节水管理的要求,现提出以下意见:

一、总体要求

　　牢固树立创新、协调、绿色、开放、共享五大发展理念,坚持节水优先、两手发力,以节水减污、提高用水效率为核心,加强政府引导和政策支持,促进节水服务产业发展,加快节水型社会建设。

　　(一)基本原则

　　坚持市场主导。充分发挥市场配置资源的决定作用,鼓励社会资本参与,发展统一开放、竞争有序的节水服务市场。

　　坚持政策引导。落实水资源消耗总量和强度双控行动,完善约束和激励政策,营造良好的政策和市场环境,培育发展节水服务产业。

　　坚持创新驱动。以科技创新和商业模式创新为支撑,推动节水技术成果转化与推广应用,促进节水服务企业提高服务能力,改善服务质量。

　　坚持自律发展。完善节水服务企业信用体系,强化社会监督与行业自律,促进节水服务产业健康有序发展。

　　(二)发展目标

　　到2020年,合同节水管理成为公共机构、企业等用水户实施节水改造的重要方式之一,培育一批具有专业技术、融资能力强的节水服务企业,一大批先进适用的节水技术、工艺、装备和产品得到推广应用,形成科学有效的合同节水管理政策制度体系,节水服务市场竞争有序,发展环境进一步优化,用水效率和效益逐步提高,节水服务产业快速健康发展。

　　二、重点领域和典型模式

　　(一)重点领域

　　公共机构。切实发挥政府机关、学校、医院等公共机构在节水领域的表率作用,采用合同节水管理模式,对省级以上政府机关、省属事业单位、学校、医院等公共机构进行节水改造,加快建设节水型单位;严重缺水的京津冀地区,市县级以上政府机关要加快推进节水改造。

　　公共建筑。推进写字楼、商场、文教卫体、机场车站等公共建筑的节水改造,引导项目业主或物业管理单位与节水服务企业签订节水服务合同,推行合同节水管理。

　　高耗水工业。在高耗水工业中广泛开展水平衡测试和用水效率评估,对节水减污潜力大的重点行业和工业园区、企业,大力推行合同节水管理,推动工业清洁高效用水,大幅提高工业用水循环利用率。

　　高耗水服务业。结合开展违规取用水、偷采地下水整治专项行动,在高尔夫球场、洗车、洗浴、人工造雪滑雪场、餐饮娱乐、宾馆等耗水量大、水价较高的服务企业,积极推行合同节水管理,开展节水改造。

　　其他领域。在高效节水灌溉、供水管网漏损控制和水环境治理等项目中,以政府和社会资本合作、政府购买服务等方式,积极推行合同节水管理。

　　(二)典型模式

　　节水效益分享型。节水服务企业和用水户按照合同约定的节水目标和分成比例收回投资成本、分享节水效益的模式。

节水效果保证型。节水服务企业与用水户签订节水效果保证合同,达到约定节水效果的,用水户支付节水改造费用,未达到约定节水效果的,由节水服务企业按合同对用水户进行补偿。

用水费用托管型。用水户委托节水服务企业进行供用水系统的运行管理和节水改造,并按照合同约定支付用水托管费用。

在推广合同节水管理典型模式基础上,鼓励节水服务企业与用水户创新发展合同节水管理商业模式。

三、加快推进制度创新

(一)强化节水监管制度

落实水资源消耗总量和强度双控制度,完善节水的法律法规体系,把节水的相关制度要求纳入法制化轨道。制(修)订完善取水许可、水资源有偿使用、水效标识管理、节水产品认证等方面的规章制度,落实节水要求。健全并严格落实责任和考核制度,把节水作为约束性指标纳入政绩考核。加强节水执法检查,严厉查处违法取用水行为。依据法规和制度,优化有利于节水的政策和市场环境。

(二)完善水价和水权制度

加快价格改革。全面实行城镇居民阶梯水价、非居民用水超计划超定额累进加价制度。稳步推进农业水价综合改革,建立健全合理反映供水成本、有利于节水和农田水利体制机制创新、与投融资体制相适应的农业水价形成机制。建立完善水权交易市场。因地制宜探索地区间、行业间、用水户间等多种形式的水权交易,鼓励和引导水权交易在规范的交易平台实施。完善水权制度体系,落实水权交易管理办法。鼓励通过合同节水管理方式取得的节水量参与水权交易,获取节水效益。

(三)加强行业自律机制建设

加强节水服务企业信用体系建设,建立相关市场主体信用记录,纳入全国信用信息共享平台。探索对严重失信主体实施跨部门联合惩戒,对诚实守信主体实施联合激励,引导节水服务市场主体加强自律,制定节水服务行业公约,建立完善行业自律机制,不断提高节水服务行业整体水平。鼓励龙头企业、设备供应商、投资机构、科研院所成立节水服务产业联盟,支持联盟成员实现信息互通、优势互补。

(四)健全标准和计量体系

建立合同节水管理技术标准体系,为合同节水管理提供较完备的相关技术标准和规范性文件。加强用水计量管理,完善用水计量监控体系,加强农业、工业等取水计量设施建设,督促供水单位和用水户按规定配备节水计量器具,积极开展用水计量技术服务。依托现有的国家和社会检测、认证资源,提升节水技术产品检测能力。建立节水量第三方评估机制,确保节水效果可监测、可报告、可核查,明确争议解决方式。

四、培育发展节水服务市场

(一)培育壮大节水服务企业

鼓励具有节水技术优势的专业化公司与社会资本组建具有较强竞争力的节水服务企业,鼓励节水服务企业优化要素资源配置,加强商业和运营模式创新,不断提高综合实力和市场竞争力。充分发挥水务等投融资平台资金、技术和管理优势,培育发展具有竞争力的龙头企业,形成龙头企业＋大量专业化技术服务企业的良性发展格局。

(二)创新技术集成与推广应用

及时制定和发布国家鼓励和淘汰的用水工艺、技术、产品和装备目录。充分发挥国家科技重大专项、科技计划专项资金等作用,支持企业牵头承担节水治污科技项目等关键技术攻关,鼓励发展一批由骨干企业主导、产学研用紧密结合的节水服务产业技术创新联盟,集成推广先进适用的节水技术、产品。充分发挥国家科技推广服务体系的重要作用,积极开展节水技术、产品和前沿技术的评估、推荐等服务。

(三)改善融资环境

鼓励合同节水管理项目通过发行绿色债券募资。鼓励金融机构开展绿色信贷,探索运用互联网＋供应链金融方式,加大对合同节水管理项目的信贷资金支持。有效发挥开发性和政策性金融的引导作用,积极为符合条件的合同节水管理项目提供信贷支持。鼓励金融资本、民间资本、创业与私募股权基金等设立节水服务产业投资基金,各级政府投融资平台可通过认购基金股份等方式予以支持。合同节水管理项目要充分利用政府性融资担保体系,建立政银担三方参与的合作模式。

(四)加强财税政策支持

符合条件的合同节水管理项目,可按相关政策享受税收优惠。研究鼓励合同节水管理发展的税收支持政策,完善相关会计制度。各地、各有关部门要利用现有资金渠道和政策手段,对实施合同节水管理的项目予以支持。鼓励有条件的地方,通过加强政策引导,推动高耗水工业、服务业和城镇用水开展节水治污技术改造,培育节水服务产业。

(五)组织试点示范

利用5年左右时间,重点在公共机构、公共建筑、高耗水工业和服务业、公共水域水环境治理、经济作物高效节水灌溉等领域,分类建成一批合同节水管理试点示范工程。生态文明先行示范区、节水型社会试点示范地区、节水型城市等应当积极推行合同节水管理,形成示范带头效应。及时总结经验,广泛宣传推行合同节水管理的重要意义和明显成效,提高全社会对合同节水管理的认知度和认同感,促进节水服务产业发展壮大。

五、组织实施

国家发展改革委、水利部统筹组织合同节水管理工作,制定并完善相关制度、标准和规范,积极开展试点示范,及时总结模式经验。地方各级发展改革部门、水行政主管部门、税务主管部门根据本意见要求,加强协调配合,落实工作责任,扎实开展工作,确保各项任务措施落到实处,务求尽快取得实效,形成合力,促进节水服务产业持续快速发展。

3-6 综合规定

本部分未收录"综合规定"类文件全文,请根据文件编码在"综合税收政策"部分查阅全文。

四、房产税

4-1 规范性文件

4-1-1
北京市人民政府关于进一步落实
《中华人民共和国房产税暂行条例》
有关规定的通知

2016 年 6 月 28 日　京政发〔2016〕24 号

各区人民政府,市政府各委、办、局,各市属机构:

为进一步落实《中华人民共和国房产税暂行条例》有关规定,切实加强房产税征收管理工作,结合本市实际,现就有关事项通知如下:

一、以房产余值作为计税依据的,房产税依照房产原值一次减除30%后的余值计算缴纳。

二、除法定免纳房产税的情况外,纳税人纳税确有困难的,由税务机关核实情况、提出处理意见并报市政府批准后,减征或免征房产税。

三、房产税全年税额分两次缴纳,纳税期限为每年 4 月 1 日—4 月 15 日、10 月 1 日—10 月 15 日。

四、本通知自 2016 年 7 月 1 日起执行。本通知发布前,已经税务机关批准享受房产税困难减免税收优惠政策的,继续执行至原优惠期满为止。

4-2 综合规定

本部分未收录"综合规定"类文件全文,请根据文件编码在"综合税收政策"部分查阅全文。

五、城镇土地使用税

5－1　规范性文件

5－1－1
北京市地方税务局关于进一步下放
城镇土地使用税、房产税困难减免税
审批权限有关事项的公告

2015 年 6 月 29 日　北京市地方税务局公告 2015 年第 6 号

根据《国家税务总局关于下放城镇土地使用税困难减免税审批权限有关事项的公告》(国家税务总局公告 2014 年第 1 号),结合《中华人民共和国房产税暂行条例》《北京市施行〈中华人民共和国房产税暂行条例〉的细则》①等相关规定,现就我市进一步下放城镇土地使用税、房产税困难减免税审批权限有关事项公告如下:

一、纳税人因风、火、水、地震等造成严重自然灾害或其他不可抗力因素遭受重大损失、从事国家鼓励和扶持产业或社会公益事业等情形,且纳税确有困难的,可以向其主管地方税务机关提出城镇土地使用税、房产税困难减免税申请②,由区县地方税务机关负责审批。

二、对从事国家限制或不鼓励发展的产业不予办理城镇土地使用税困难减免税。

三、本公告自 2015 年 8 月 1 日起施行。《北京市地方税务局关于下放城镇土地使用税、房产税困难减免税审批权限有关事项的公告》(北京市地方税务局公告 2014 年第 1 号)同时废止。

特此公告。

附件:关于《北京市地方税务局关于进一步下放城镇土地使用税、房产税困难减免税审批权限有关事项的公告》的政策解读

注释:①此处废止。参见《北京市人民政府关于废止〈北京市实施中华人民共和国水土保持法办法〉罚款处罚规定等 5 项规章的决定》,北京市人民政府令第 269 号。

②此处失效。参见《北京市地方税务局关于公布全文废止和部分失效废止的税收规范性文件目录的公告》,北京市地方税务局公告 2016 年第 15 号。

附件

关于《北京市地方税务局关于进一步下放城镇土地使用税、房产税困难减免税审批权限有关事项的公告》的政策解读

一、为什么要进一步下放城镇土地使用税、房产税困难减免税审批权限?

2014年4月9日,为贯彻落实国家税务总局相关文件精神,我局发布了《关于下放城镇土地使用税、房产税困难减免税审批权限有关事项的公告》(北京市地方税务局公告2014年第1号)。该公告明确了纳税人申请城镇土地使用税、房产税困难减免税相关情形,同时划分了市局和各区县(分)局的审批权限,自2014年1月1日起施行。当前,为了进一步简化审批流程,提高工作效率,我局修订完善了困难减免税的申请条件,并将原由市局承担的城镇土地使用税、房产税困难减免税审批权限全部下放至区县(分)局,以更好地落实国家税务总局"减负提效、放管结合"的总体原则,特制定本公告。

二、下放困难减免税审批权限的依据是什么?

2014年1月8日,国家税务总局发布了《关于下放城镇土地使用税困难减免税审批权限有关事项的公告》(国家税务总局公告2014年第1号),提出了"城镇土地使用税困难减免税审批权限下放至县以上地方税务机关"的工作要求。《中华人民共和国房产税暂行条例》第六条规定"纳税人纳税确有困难的,可由省、自治区、直辖市人民政府确定,定期减征或者免征房产税",《北京市施行〈中华人民共和国房产税暂行条例〉的细则》第六条规定"纳税人纳税确有困难的,由纳税人提出申请,经税务机关批准后,给予减税或免税照顾"。根据上述规定,我局将下放城镇土地使用税、房产税困难减免税审批权限的有关事项进行公告。

三、与以往规定相比,本公告调整的内容是什么?

与《北京市地方税务局关于下放城镇土地使用税、房产税困难减免税审批权限有关事项的公告》(北京市地方税务局公告2014年第1号)相比,本公告进行了以下调整:一是调整完善了纳税人申请困难减免税的有关情形。在"从事社会公益事业、承担政府任务、全部停产、自然灾害造成纳税困难"的基础上,删除了"承担政府任务、全部停产"的情形,增加了"因其他不可抗力因素遭受重大损失"和"从事国家鼓励和扶持产业"的情形。二是将以往按困难情形划分市局、区县(分)局两级审批权限,调整为市局将审批权限全部下放至区县(分)局地方税务机关。三是明确了对从事国家限制或不鼓励发展产业的纳税人不予办理城镇土地使用税困难减免税。

5-1-2
北京市财政局　北京市地税局转发
财政部　国家税务总局关于继续实施
物流企业大宗商品仓储设施用地
城镇土地使用税优惠政策的通知

2015年10月22日　京财税〔2015〕2025号

各区县财政局、地方税务局,市地方税务局直属分局:

现将《财政部　国家税务总局关于继续实施物流企业大宗商品仓储设施用地城镇土地使用税优惠政策的通知》(财税〔2015〕98号)转发给你们,请遵照执行。

附件:财政部、国家税务总局关于继续实施物流企业大宗商品仓储设施用地城镇土地使用税优惠政策的通知(财税〔2015〕98号)

财政部　国家税务总局关于继续实施
物流企业大宗商品仓储设施用地
城镇土地使用税优惠政策的通知

2015年8月31日　财税〔2015〕98号

各省、自治区、直辖市、计划单列市财政厅(局)、地方税务局,西藏、宁夏自治区国家税务局,新疆生产建设兵团财务局:

为进一步促进物流业健康发展,经国务院批准,现就物流企业大宗商品仓储设施用地城镇土地使用税政策通知如下:

一、自2015年1月1日起至2016年12月31日止,对物流企业自有的(包括自用和出租)大宗商品仓储设施用地,减按所属土地等级适用税额标准的50%计征城镇土地使用税。

二、本通知所称物流企业,是指至少从事仓储或运输一种经营业务,为工农业生产、流通、进出口和居民生活提供仓储、配送等第三方物流服务,实行独立核算、独立承担民事责任,并在工商部门注册登记为物流、仓储或运输的专业物流企业。

三、本通知所称大宗商品仓储设施,是指同一仓储设施占地面积在6000平方米及以上,且主要储存粮食、棉花、油料、糖料、蔬菜、水果、肉类、水产品、化肥、农药、种子、饲料等农产品和农业生产资料,煤炭、焦炭、矿砂、非金属矿产品、原油、成品油、化工原料、木材、橡胶、纸浆及纸制品、钢材、水泥、有色金属、建材、塑料、纺织原料等矿产品和工业原材料的仓储设施。

仓储设施用地,包括仓库库区内的各类仓房(含配送中心)、油罐(池)、货场、晒场(堆场)、罩棚等储存设施和铁路专用线、码头、道路、装卸搬运区域等物流作业配套设施的用地。

四、物流企业的办公、生活区用地及其他非直接从事大宗商品仓储的用地,不属于本通知规定的优惠范围,应按规定征收城镇土地使用税。

五、非物流企业的内部仓库,不属于本通知规定的优惠范围,应按规定征收城镇土地使用税。

六、本通知印发之日前已征的应予减免的税款,在纳税人以后应缴税款中抵减或者予以退还。

七、符合上述减税条件的物流企业需持相关材料向主管税务机关办理备案手续。

请遵照执行。

5-1-3
北京市地方税务局关于调整北京市
城镇土地纳税等级分级范围的公告

2015年11月26日　北京市地方税务局公告2015年第10号

根据《北京市实施〈中华人民共和国城镇土地使用税暂行条例〉办法》(北京市人民政府第188号令)的规定,北京市地方税务局参照《北京市人民政府关于更新出让国有建设用地使用权基准地价的通知》(京政发〔2014〕26号)中基准地价办公用途土地级别范围,结合税收征管实际,重新确定了《北京市城镇土地纳税等级分级范围》,现予以公布。

城镇土地纳税等级发生变化的纳税人,应对城镇土地使用税明细申报系统中城镇土地纳税等级基础信息进行变更。

本公告自2016年1月1日起执行。《北京市地方税务局关于印发〈北京市城镇土地纳税等级分级范围〉的通知》(京地税地〔2007〕229号)同时废止。

特此公告。

附件:北京市城镇土地纳税等级分级范围

附件

北京市城镇土地纳税等级分级范围

一级土地:

复兴门南大街—复兴门北大街—阜成门南大街—阜成门北大街—平安里西大街—地安门西大街—地安门东大街—张自忠路—东四条—朝阳门北大街—朝阳门外大街—朝阳北路—东三环中路—朝阳路—西大望路—建国路—东三环中路—通惠河—建国门南大街—崇文门东大街—崇文门西大街—前门东大街—前门西大街—宣武门东大街—宣武门西大街—复兴门南大街及所围地区。

二级土地:

1. 西三环中路—西三环北路—万泉河路—北四环西路—中关村东路—皂君庙路—学院南路—新康路—五路通街—人定湖公园北侧—安德里北街—安定门外大街—和平里北街—西坝河南路—西坝河东路—太阳宫南街—霄云里北街北延至京密路—霄云里南街—天泽路—亮马桥路—朝阳公园路—朝阳公园南路—甜水园街—朝阳北路—东四环中路—通惠河—西大望路—京秦铁路—东三环中路—广渠门外大街—广渠门南滨河路—光明路—体育馆路—天坛路—天桥南大街—北纬路—南横东街—南横西街—枣林前街—广安门南滨河路—广安门北滨河路—莲花池东路—南蜂窝路—广莲路—莲花池公园北边界—西三环中路—莲花池东路—羊坊店路—复兴路—西三环中路及所围地区除一级地区外的地区。

2. 北四环中路—北辰东路—大屯路—北苑路—北四环东路—北四环中路及所围地区。

三级土地:

万寿路—蓝靛厂南路—长春桥路—万柳东路—万泉河路—芙蓉北路—颐和园路—海淀路—中关村北大街—成府路—中关村东路—双清路—城铁十三号线—北四环中路—京藏高速公路—大屯路—北辰西路—科荟路—辛店路—小营路及北延长线—北四环东路—望京西路—阜通西大街—花家地街—将台路—酒仙桥路—星火西路—石佛营路—十里堡路—朝阳路—京包铁路—京秦铁路—东四环中路—广渠路—西大望路—南磨房路—东三环南路—左安路—左安门西滨河路—方庄路—南三环东路—蒲黄榆路—永定门东滨河路—永定门西滨河路—右安门东滨河路—右安门西滨河路—丽泽路—西三环南路—西三环中路—莲花池西路—万寿路及所围地区除一、二级地区外的地区。

四级土地:

1. 永定路—阜石路—西四环北路—北四环西路—昆明湖路—昆明湖东路—二龙闸路—颐和园路—清华西路—中关村北大街—荷清路—双清路—林业大学北路—石板房南路—京藏高速公路—北五环路—北苑路—辛店路—京承高速公路—北五环路—首都机场高速公路—酒仙桥路—万红路—酒仙桥东路—将台路—京包铁路—七棵树路—青年北路—青年路—朝阳路—高碑店北路—建国路—高碑店路—京秦铁路—双丰铁路—广渠路—东四环南路—京沪高速公路—龙爪树路—龙爪树三街—成仪路—横一条—石榴庄路—光彩路—时村路—临泓路—角门路—马家堡西路—嘉和路—镇国寺北街—京开高速公路—西三环南路—丰管路—东大街—丰台北路—西四环南路—西四环中路—莲石东路—永定路及所围地区除一至三级地区外的地区。

2. 丰台街道办事处行政区域。

3. 海淀上地信息产业基地、国家级软件园区。

4. 石景山区八角街道办事处行政区域、鲁谷社区所辖行政区域。

五级土地：

1. 朝阳、海淀、丰台、石景山区除一至四级土地以外的其他地区。

2. 北京经济技术开发区。

六级土地：

市域范围内，除一至五级以外的其他地区。

链接：

关于《北京市地方税务局关于调整北京市
城镇土地纳税等级分级范围的公告》的政策解读

一、本公告出台的背景是什么？

在北京市土地市场总体价格水平发生重大变化情况下，北京市人民政府根据《中华人民共和国城市房地产管理法》《北京市实施〈中华人民共和国城镇国有土地使用权出让和转让暂行条例〉办法》和国土资源部关于城市基准地价更新工作的部署，于 2014 年 8 月 28 日制定发布了《北京市人民政府关于更新出让国有建设用地使用权基准地价的通知》(京政发〔2014〕26 号)，对全市基准地价进行了全面更新。根据《北京市实施〈中华人民共和国城镇土地使用税暂行条例〉办法》第四条"土地纳税等级范围的划分，由北京市地方税务机关参照北京市出让国有土地使用权基准地价级别范围确定和调整"的规定，北京市地方税务局参照京政发〔2014〕26 号文件公布的基准地价级别范围(办公)，结合北京市各区县地方税务局税收征管实际情况，对城镇土地纳税等级范围进行调整。

二、城镇土地纳税等级分级范围是如何确定的？

京政发〔2014〕26 号文件发布后，北京市地方税务局立即开展全市城镇土地纳税等级范围调整工作，进行全市税源调查，联系有关单位绘制土地等级分级范围示意图，在此基础上，制定了新的《北京市城镇土地纳税等级范围》。

三、城镇土地纳税等级范围调整政策何时开始执行？

本公告自 2016 年 1 月 1 日起执行。

四、如何确定某宗土地的城镇土地纳税等级？

以宗地地址确定该宗土地适用的城镇土地纳税等级。

五、纳税人应何时申报缴纳城镇土地使用税？

本市城镇土地使用税全年税额分两次申报缴纳，申报纳税期限为每年 4 月 1 日—4 月 15 日和 10 月 1 日—10 月 15 日。纳税人在每年 4 月、10 月的前 15 日内将全年应纳税款分两次缴纳的，其税款所属期分别为财政年度的 1—6 月和 7—12 月。纳税人应根据本公告公布的《北京市城镇土地纳税等级分级范围》，申报缴纳城镇土地使用税。

5－1－4

北京市财政局　北京市地方税务局转发
财政部　国家税务总局关于城市公交站场、
道路客运站场、城市轨道交通系统
城镇土地使用税优惠政策的通知

2016 年 3 月 31 日　京财税〔2016〕498 号

各区财政局、地方税务局、市地方税务局各直属分局：

现将《财政部　国家税务总局关于城市公交站场、道路客运站场、城市轨道交通系统城镇土地使用税优惠政策的通知》(财税〔2016〕16 号)转发给你们,请遵照执行。

附件:财政部　国家税务总局关于城市公交站场、道路客运站场、城市轨道交通系统城镇土地使用税优惠政策的通知(财税〔2016〕16 号)

财政部　国家税务总局关于城市公交站场、
道路客运站场、城市轨道交通系统
城镇土地使用税优惠政策的通知

2016 年 2 月 4 日　财税〔2016〕16 号

各省、自治区、直辖市、计划单列市财政厅(局)、地方税务局,西藏、宁夏、青海省(自治区)国家税务局,新疆生产建设兵团财务局:

为支持公共交通发展,经国务院批准,现将城市公交站场、道路客运站场、城市轨道交通系统城镇土地使用税优惠政策通知如下:

一、对城市公交站场、道路客运站场、城市轨道交通系统运营用地,免征城镇土地使用税。

二、城市公交站场运营用地,包括城市公交首末车站、停车场、保养场、站场办公用地、生产辅助用地。

道路客运站场运营用地,包括站前广场、停车场、发车位、站务用地、站场办公用地、生产辅助用地。

城市轨道交通系统运营用地,包括车站(含出入口、通道、公共配套及附属设施)、运营控制中心、车辆基地(含单独的综合维护中心、车辆段)以及线路用地,不包括购物中心、商铺等商业设施用地。

三、城市公交站场、道路客运站场,是指经县级以上(含县级)人民政府交通运输主管部门等批准建设的,为公众及旅客、运输经营者提供站务服务的场所。

城市轨道交通系统,是指依规定批准建设的,采用专用轨道导向运行的城市公共客运交通系统,包括地铁系统、轻轨系统、单轨系统、有轨电车、磁浮系统、自动导向轨道系统、市城快速轨道系统,不包括旅游景区等单位内部为特定人群服务的轨道系统。

四、符合上述免税条件的单位,须持相关文件及用地情况等向主管税务机关办理备案手续。

五、本通知执行期限为2016年1月1日—2018年12月31日。

5 - 2　综合规定

本部分未收录"综合规定"类文件全文,请根据文件编码在"综合税收政策"部分查阅全文。

六、土地增值税

6-1 规范性文件

6-1-1
北京市地方税务局关于修订土地增值税
纳税申报表的公告

2016 年 8 月 9 日　北京市地方税局公告 2016 年第 12 号

为加强土地增值税规范化管理,国家税务总局于 2016 年 7 月印发了《国家税务总局关于修订土地增值税纳税申报表的通知》(税总函〔2016〕309 号),对土地增值税纳税申报表进行了修订。现将相关报表修订情况予以公告,并做出以下规定:

从事房地产开发的纳税人,应在取得土地使用权并获得房地产开发项目开工许可后,根据税务机关确定的时间,向主管税务机关报送《土地增值税项目登记表》,并在每次转让(预售)房地产时,依次填报相应内容。

本公告自发布之日起执行,下列文件内容同时废止:《北京市地方税务局关于加强房地产开发项目土地增值税管理若干问题的通知》(京地税地〔2009〕105 号)中的《土地增值税项目登记表》;《北京市地方税务局关于发布财产和行为税纳税申报表及有关事项的公告》(2015 年第 7 号)中的《土地增值税申报表》(一)、《土地增值税申报表》(二)、《土地增值税申报表》(三);《北京市地方税务局关于发布〈北京市地方税务局土地增值税清算管理规程〉的公告》(2016 年第 7 号)第七条。

特此公告。

附件:土地增值税纳税申报表(修订版)

附件

土地增值税纳税申报表(修订版)

土地增值税项目登记表

(从事房地产开发的纳税人适用)

纳税人识别号：　　　　　　纳税人名称：　　　　　　　　填表日期：　年　月　日

金额单位:元至角分　面积单位:平方米

项目名称		项目地址		业别	
经济性质		主管部门			
开户银行		银行账号			
地　　址		邮政编码		电话	
土地使用权受让(行政划拨)合同号			受让(行政划拨)时间		
建设项目起讫时间		总预算成本		单位预算成本	
项目详细坐落地点					
开发土地总面积		开发建筑总面积		房地产转让合同名称	
转让次序	转让土地面积(按次填写)	转让建筑面积(按次填写)		转让合同签订日期(按次填写)	
第1次					
第2次					
……					
备注					
以下由纳税人填写:					
纳税人声明	此纳税申报表是根据《中华人民共和国土地增值税暂行条例》及其实施细则和国家有关税收规定填报的,是真实的、可靠的、完整的。				
纳税人签章		代理人签章		代理人身份证号	
以下由税务机关填写:					
受理人		受理日期	年　月　日	受理税务机关签章	

填表说明：

1. 本表适用于从事房地产开发与建设的纳税人,在立项后及每次转让时填报。

2. 凡从事新建房及配套设施开发的纳税人,均应在规定的期限内,据实向主管税务机关填报本表所列内容。

3. 本表栏目的内容如果没有,可以空置不填。

4. 纳税人在填报土地增值税项目登记表时,应同时向主管税务机关提交土地使用权受让合同、房地产转让合同等有关资料。

5. 本表一式三份,送主管税务机关审核盖章后,两份由地方税务机关留存,一份退纳税人。

土地增值税纳税申报表（一）

（从事房地产开发的纳税人预征适用）

税款所属时间： 年 月 日 至 年 月 日　　　　　　填表日期： 年 月 日

项目名称：　　　　　　　　　　　　　　　　　金额单位：元至角分　面积单位：平方米

项目编号：

纳税人名称：

纳税人识别号

房产类型	子目 1	收入				预征率（%）	应纳税额	税款缴纳	
		应税收入 $2=3+4+5$	货币收入 3	实物收入及其他收入 4	视同销售收入 5	6	$7=2×6$	本期已缴税额 8	本期应缴税额计算 $9=7-8$
普通住宅									
非普通住宅									
其他类型房产									
合 计	一					一			

以下由纳税人填写：

纳税人声明：	此纳税申报表是根据《中华人民共和国土地增值税暂行条例》及其实施细则和国家有关税收规定填报的，是真实的、可靠的、完整的。	
纳税人签章：	代理人签章：	代理人身份证号

以下由税务机关填写：

受理人	受理日期 年 月 日	受理税务机关签章

本表一式三份，一份返还纳税人，一份作为资料归档，一份作为税收会计核算的原始凭证。

填表说明：

1. 本表适用于从事房地产开发并转让的土地增值税纳税人,在每次转让时填报,也可按月或按各省、自治区、直辖市和计划单列市地方税务局规定的期限汇总填报。

2. 凡从事新建房及配套设施开发的纳税人,均应在规定的期限内,据实向主管税务机关填报本表所列内容。

3. 本表栏目的内容如果没有,可以空置不填。

4. 纳税人在填报土地增值税预征申报表时,应同时向主管税务机关提交《土地增值税项目登记表》等有关资料。

5. 项目编号是在进行房地产项目登记时,税务机关按照一定的规则赋予的编号,此编号会跟随项目的预征清算全过程。

6. 表第1列"房产类型子目"是主管税务机关规定的预征率类型,每一个子目唯一对应一个房产类型。

7. 表第3栏"货币收入",按纳税人转让房地产开发项目所取得的货币形态的收入额(不含增值税)填写。

8. 表第4栏"实物收入及其他收入",按纳税人转让房地产开发项目所取得的实物形态的收入和无形资产等其他形式的收入额(不含增值税)填写。

9. 表第5栏"视同销售收入",纳税人将开发产品用于职工福利、奖励、对外投资、分配给股东或投资人、抵偿债务、换取其他单位和个人的非货币性资产等,发生所有权转移时应视同销售房地产,其收入不含增值税。

10. 本表一式三份,送主管税务机关审核盖章后,一份返还纳税人,一份作为资料归档,一份作为税收会计核算的原始凭证。

土地增值税纳税申报表(二)

（从事房地产开发的纳税人清算适用）

填表日期：　年　月　日

税款所属时间：　年　月　日至　年　月　日

纳税人识别号：□□□□□□□□□□

金额单位：元至角分　面积单位：平方米

纳税人名称		项目名称		项目编号	
所属行业		登记注册类型	纳税人地址		项目地址
开户银行		银行账号	主管部门		邮政编码
					电话

总可售面积		自用和出租面积	
已售面积	其中：普通住宅已售面积	其中：非普通住宅已售面积	其中：其他类型房地产已售面积

项　目	行次	普通住宅	非普通住宅	其他类型房地产	合计
				金　额	
一、转让房地产收入总额 1＝2＋3＋4	1				
其中 货币收入	2				
实物收入及其他收入	3				
视同销售收入	4				
二、扣除项目金额合计 5＝6＋7＋14＋17＋21＋22	5				
1.取得土地使用权所支付的金额	6				
2.房地产开发成本 7＝8＋9＋10＋11＋12＋13	7				

续表

项 目		行次	金额			
			普通住宅	非普通住宅	其他类型房地产	合计
其中	土地征用及拆迁补偿费	8				
	前期工程费	9				
	建筑安装工程费	10				
	基础设施费	11				
	公共配套设施费	12				
	开发间接费用	13				
3. 房地产开发费用 14＝15＋16		14				
其中	利息支出	15				
	其他房地产开发费用	16				
4. 与转让房地产有关的税金等 17＝18＋19＋20		17				
其中	营业税	18				
	城市维护建设税	19				
	教育费附加	20				
5. 财政部规定的其他扣除项目		21				
6. 代收费用		22				
三、增值额 23＝1－5		23				
四、增值额与扣除项目金额之比(%)24＝23÷5		24				
五、适用税率(%)		25				
六、速算扣除系数(%)		26				

续表

项 目		行次	金 额			合计
			普通住宅	非普通住宅	其他类型房地产	
七、应缴土地增值税税额 27 = 23 × 25 − 5 × 26		27				
八、减免税额 28 = 30 + 32 + 34		28				
其中	减免税(1) 减免性质代码(1)	29				
	减免税额(1)	30				
	减免税(2) 减免性质代码(2)	31				
	减免税额(2)	32				
	减免税(3) 减免性质代码(3)	33				
	减免税额(3)	34				
九、已缴土地增值税税额		35				
十、应补(退)土地增值税税额 36 = 27 − 28 − 35		36				

以下由纳税人填写：

纳税人声明	此纳税申报表是根据《中华人民共和国土地增值税暂行条例》及其实施细则和国家有关税收规定填报的，是真实的、可靠的、完整的。	
纳税人签章	代理人签章	代理人身份证号

以下由税务机关填写：

受理人	受理日期	年 月 日	受理税务机关签章

本表一式三份，一份返还纳税人，一份作为资料归档，一份作为税收会计核算的原始凭证。

填表说明:

一、适用范围

土地增值税纳税申报表(二),适用从事房地产开发并转让的土地增值税纳税人。

二、土地增值税纳税申报表

(一)表头项目

1. 税款所属期是项目预征开始的时间,截止日期是税务机关规定(通知)申报期限的最后一日(应清算项目达到清算条件起90天的最后一日/可清算项目税务机关通知书送达起90天的最后一日)。

2. 纳税人识别号:填写税务机关为纳税人确定的识别号。

3. 项目名称:填写纳税人所开发并转让的房地产开发项目全称。

4. 项目编号:是在进行房地产项目登记时,税务机关按照一定的规则赋予的编号,此编号会跟随项目的预征清算全过程。

5. 所属行业:根据《国民经济行业分类》(GB/T 4754—2011)填写。该项可由系统根据纳税人识别号自动带出,无须纳税人填写。

6. 登记注册类型:单位,根据税务登记证或组织机构代码证中登记的注册类型填写;纳税人是企业的,根据国家统计局《关于划分企业登记注册类型的规定》填写。该项可由系统根据纳税人识别号自动带出,无须纳税人填写。

7. 主管部门:按纳税人隶属的管理部门或总机构填写。外商投资企业不填。

8. 开户银行:填写纳税人开设银行账户的银行名称;如果纳税人在多个银行开户的,填其主要经营账户的银行名称。

9. 银行账号:填写纳税人开设的银行账户的号码;如果纳税人拥有多个银行账户的,填写其主要经营账户的号码。

(二)表中项目

1. 表第1栏"转让房地产收入总额",按纳税人在转让房地产开发项目所取得的全部收入额(不含增值税)填写。

2. 表第2栏"货币收入",按纳税人转让房地产开发项目所取得的货币形态的收入额(不含增值税)填写。

3. 表第3栏"实物收入及其他收入",按纳税人转让房地产开发项目所取得的实物形态的收入和无形资产等其他形式的收入额(不含增值税)填写。

4. 表第4栏"视同销售收入",纳税人将开发产品用于职工福利、奖励、对外投资、分配给股东或投资人、抵偿债务、换取其他单位和个人的非货币性资产等,发生所有权转移时应视同销售房地产,其收入不含增值税。

5. 表第6栏"取得土地使用权所支付的金额",按纳税人为取得该房地产开发项目所需要的土地使用权而实际支付(补交)的土地出让金(地价款)及按国家统一规定文纳的有关费用的数额填写。

6. 表第8栏至表第13栏,应根据《中华人民共和国土地增值税暂行条例实施细则》(财法字〔1995〕6号,以下简称《细则》)规定的从事房地产开发所实际发生的各项开发成本的具体数额填写。

7. 表第15栏"利息支出",按纳税人进行房地产开发实际发生的利息支出中符合《细则》第七条(三)规定的数额填写。如果不单独计算利息支出的,则本栏数额填写为"0"。

8. 表第16栏"其他房地产开发费用",应根据《细则》第七条(三)的规定填写。

9. 表第18栏至表第20栏,按纳税人转让房地产时所实际缴纳的税金数额(不包括增值税)填写。

10. 表第21栏"财政部规定的其他扣除项目",是指根据《中华人民共和国土地增值税暂行条例》(国务院令第138号,以下简称《条例》)和《细则》等有关规定所确定的财政部规定的扣除项目的合计数。

11. 表第22栏"代收费用",应根据《财政部 国家税务总局关于土地增值税一些具体问题》(财税字〔1995〕48号)规定"对于县级及县级以上人民政府要求房地产开发企业在售房时代收的各项费用,如果代收费用是计入房价中向购买方一并收取的,可作为转让房地产所取得的收入计税;如果代收费用未计入房价中,而是在房价之外单独收取的,可以不作为转让房地产的收入。对于代收费用作为转让收入计税的,在计算扣除项目金额时,可予以扣除,但不允许作为加计20%扣除的基数;对于代收费用未作为转让房地产的收入计税的,在计算增值额时不允许扣除代收费用"填写。

12. 表第25栏"适用税率",应根据《条例》规定的四级超率累进税率,按所适用的最高一级税率填写。

13. 表第26栏"速算扣除系数",应根据《细则》第十条的规定找出相关速算扣除系数来填写。

14. 表第29、31、33栏"减免性质代码":按照税务机关最新制发的减免税政策代码表中最细项减免性质代码填报。表第30、32、34栏"减免税额"填写相应"减免性质代码"对应的减免税金额,纳税人同时享受多个减免税政策应分别填写,不享受减免税的,不填写此项。

15. 表第35栏"已缴土地增值税税额",按纳税人已经缴纳的土地增值税的数额填写。

16. 表中每栏按照"普通住宅、非普通住宅、其他类型房地产"分别填写。

土地增值税纳税申报表(三)

(非从事房地产开发的纳税人适用)

税款所属时间: 年 月 日至 年 月 日　　　　　填表日期: 年 月 日

金额单位:元至角分　面积单位:平方米

纳税人识别号

纳税人名称		项目名称		项目地址	
所属行业		登记注册类型		纳税人地址	邮政编码
开户银行		银行账号		主管部门	电　话

项　目	行次	金　额
一、转让房地产收入总额 1 = 2 + 3 + 4	1	
其中　货币收入	2	
其中　实物收入	3	
其中　其他收入	4	
二、扣除项目金额合计 (1)5 = 6 + 7 + 10 + 15 (2)5 = 11 + 12 + 14 + 15	5	
(1)提供评估价格　1. 取得土地使用权所支付的金额	6	
(1)提供评估价格　2. 旧房及建筑物的评估价格 7 = 8 × 9	7	
(1)提供评估价格　其中　旧房及建筑物的重置成本价	8	
(1)提供评估价格　其中　成新度折扣率	9	
(1)提供评估价格　3. 评估费用	10	
(2)提供购房发票　1. 购房发票金额	11	
(2)提供购房发票　2. 发票加计扣除金额 12 = 11 × 5% × 13	12	
(2)提供购房发票　其中:房产实际持有年数	13	
(2)提供购房发票　3. 购房契税	14	
4. 与转让房地产有关的税金等 15 = 16 + 17 + 18 + 19	15	
其中　营业税	16	
其中　城市维护建设税	17	
其中　印花税	18	
其中　教育费附加	19	
三、增值额 20 = 1 - 5	20	
四、增值额与扣除项目金额之比(%)21 = 20 ÷ 5	21	
五、适用税率(%)	22	
六、速算扣除系数(%)	23	
七、应缴土地增值税额 24 = 20 × 22 - 5 × 23	24	

续表

项　目	行次	金　额
八、减免税额(减免性质代码:＿＿＿＿＿＿)	25	
九、已缴土地增值税税额	26	
十、应补(退)土地增值税税额27＝24－25－26	27	

以下由纳税人填写:

纳税人声明	此纳税申报表是根据《中华人民共和国土地增值税暂行条例》及其实施细则和国家有关税收规定填报的,是真实的、可靠的、完整的。		
纳税人签章		代理人签章		代理人身份证号	

以下由税务机关填写:

受理人		受理日期	年　月　日	受理税务机关签章	

本表一式三份,一份返还纳税人,一份作为资料归档,一份作为税收会计核算的原始凭证。

填表说明:

一、适用范围

土地增值税纳税申报表(三)适用于非从事房地产开发的纳税人。该纳税人应在签订房地产转让合同后的七日内,向房地产所在地主管税务机关填报土地增值税纳税申报表(三)。

土地增值税纳税申报表(三)还适用于以下从事房地产开发的纳税人:将开发产品转为自用、出租等用途且已达到主管税务机关旧房界定标准后,又将该旧房对外出售的。

二、土地增值税纳税申报表(三)主要项目填表说明

(一)表头项目

1. 纳税人识别号:填写税务机关为纳税人确定的识别号。

2. 项目名称:填写纳税人转让的房地产项目全称。

3. 登记注册类型:单位,根据税务登记证或组织机构代码证中登记的注册类型填写;纳税人是企业的,根据国家统计局《关于划分企业登记注册类型的规定》填写。该项可由系统根据纳税人识别号自动带出,无须纳税人填写。

4. 所属行业:根据《国民经济行业分类》(GB/T 4754—2011)填写。该项可由系统根据纳税人识别号自动带出,无须纳税人填写。

5. 主管部门:按纳税人隶属的管理部门或总机构填写。外商投资企业不填。

(二)表中项目

土地增值税纳税申报表(三)的各主要项目内容,应根据纳税人转让的房地产项目作为填报对象。纳税人如果同时转让两个或两个以上房地产的,应分别填报。

1. 表第1栏"转让房地产收入总额",按纳税人转让房地产所取得的全部收入额(不含增值税)填写。

2. 表第2栏"货币收入",按纳税人转让房地产所取得的货币形态的收入额(不含增值税)填写。

3. 表第3、4栏"实物收入""其他收入",按纳税人转让房地产所取得的实物形态的收入和无形资产等其他形式的收入额(不含增值税)填写。

4. 表第6栏"取得土地使用权所支付的金额",按纳税人为取得该房地产开发项目所需要的土地使用权而实际支付(补交)的土地出让金(地价款)及按国家统一规定交纳的有关费用的数额填写。

5. 表第7栏"旧房及建筑物的评估价格",是指根据《中华人民共和国土地增值税暂行条例》(国务院令第138号,以下简称《条例》)和《中华人民共和国土地增值税暂行条例实施细则》(财法字〔1995〕6号,以下简称《细则》)等有关规定,按重置成本法评估旧房及建筑物并经当地税务机关确认的评估价格的数额。本栏由第8栏与第9栏相乘得出。如果本栏数额能够直接根据评估报告填报,则本表第8、9栏可以不必再填报。

6. 表第 8 栏"旧房及建筑物的重置成本价",是指按照《条例》和《细则》规定,由政府批准设立的房地产评估机构评定的重置成本价。

7. 表第 9 栏"成新度折扣率",是指按照《条例》和《细则》规定,由政府批准设立的房地产评估机构评定的旧房及建筑物的新旧程度折扣率。

8. 表第 10 栏"评估费用",是指纳税人转让旧房及建筑物时因计算纳税的需要而对房地产进行评估,其支付的评估费用允许在计算增值额时予以扣除。

9. 表第 11 栏"购房发票金额",区分以下情形填写:提供营业税销售不动产发票的,按发票所载金额填写;提供增值税专用发票的,按发票所载金额与不允许抵扣进项税额合计金额数填写;提供增值税普通发票的,按照发票所载价税合计金额数填写。

10. 表第 12 栏"发票加计扣除金额"是指购房发票金额乘以房产实际持有年数乘以 5% 的积数。

11. 表第 13 栏"房产实际持有年数"是指,按购房发票所载日期起至售房发票开具之日止,每满 12 个月计一年;未满 12 个月但超过 6 个月的,可以视同为一年。

12. 表第 14 栏"购房契税"是指购房时支付的契税。

13. 表第 15 栏"与转让房地产有关的税金等"为表第 16 栏至表第 19 栏的合计数。

14. 表第 16 栏至表第 19 栏,按纳税人转让房地产时实际缴纳的有关税金的数额填写。开具营业税发票的,按转让房地产时缴纳的营业税数额填写;开具增值税发票的,第 16 栏营业税为 0。

15. 表第 22 栏"适用税率",应根据《条例》规定的四级超率累进税率,按所适用的最高一级税率填写。

16. 表第 23 栏"速算扣除系数",应根据《细则》第十条的规定找出相关速算扣除系数填写。

土地增值税纳税申报表（四）

（从事房地产开发的纳税人清算后尾盘销售适用）

税款所属时间：　　年　月　日至　　年　月　日

纳税人识别号：☐☐☐☐☐☐

填表日期：　　年　月　日

金额单位:元至角分　面积单位:平方米

纳税人名称		项目名称		项目编号		项目地址	
所属行业		登记注册类型		纳税人地址		邮政编码	
开户银行		银行账号		主管部门		电话	

项 目	行次	金　　额			
		普通住宅	非普通住宅	其他类型房地产	合计
一、转让房地产收入总额 1＝2＋3＋4	1				
其中 货币收入	2				
实物收入及其他收入	3				
视同销售收入	4				
二、扣除项目金额合计	5				
三、增值额 6＝1－5	6				
四、增值额与扣除项目金额之比(%)7＝6÷5	7				
五、适用税率(核定征收率)(%)	8				
六、速算扣除系数(%)	9				
七、应缴土地增值税税额 10＝6×8－5×9	10				
八、减免税额 11＝13＋15＋17	11				

续表

项　目		行次	金　　额			
			普通住宅	非普通住宅	其他类型房地产	合计
其中	减免税(1)	减免性质代码(1)	12			
		减免税额(1)	13			
	减免税(2)	减免性质代码(2)	14			
		减免税额(2)	15			
	减免税(3)	减免性质代码(3)	16			
		减免税额(3)	17			
九、已缴土地增值税税额			18			
十、应补(退)土地增值税税额 19 = 10 - 11 - 18			19			

以下由纳税人填写：

纳税人声明	此纳税申报表是根据《中华人民共和国土地增值税暂行条例》及其实施细则和国家有关税收规定填报的，是真实的、可靠的、完整的。	
纳税人签章	代理人签章	代理人身份证号

以下由税务机关填写：

受理人	受理日期　　　年　月　日	受理税务机关签章

本表一式三份，一份返还纳税人，一份作为资料归档，一份作为税收会计核算的原始凭证。

填表说明：

一、适用范围

土地增值税纳税申报表(四)，适用于从事房地产开发与建设的纳税人，在清算后尾盘销售时填报，各行次应按不同房产类型分别填写。

二、土地增值税纳税申报表

(一)表头项目

1. 纳税人识别号：填写税务机关为纳税人确定的识别号。

2. 项目名称：填写纳税人所开发并转让的房地产开发项目全称。

3. 项目编号：是在进行房地产项目登记时，税务机关按照一定的规则赋予的编号，此编号会跟随项目的预征清算全过程。

4. 所属行业：根据《国民经济行业分类》(GB/T 4754—2011)填写。该项可由系统根据纳税人识别号自动带出，无须纳税人填写。

5. 登记注册类型：单位，根据税务登记证或组织机构代码证中登记的注册类型填写；纳税人是企业的，根据国家统计局《关于划分企业登记注册类型的规定》填写。该项可由系统根据纳税人识别号自动带出，无须纳税人填写。

6. 主管部门：按纳税人隶属的管理部门或总机构填写。外商投资企业不填。

7. 开户银行：填写纳税人开设银行账户的银行名称；如果纳税人在多个银行开户的，填写其主要经营账户的银行名称。

8. 银行账号：填写纳税人开设的银行账户的号码；如果纳税人拥有多个银行账户的，填写其主要经营账户的号码。

(二)表中项目

1. 表第1栏"转让房地产收入总额"，按纳税人在转让房地产开发项目所取得的全部收入额(不含增值税)填写。

2. 表第2栏"货币收入"，按纳税人转让房地产开发项目所取得的货币形态的收入额(不含增值税)填写。

3. 表第3栏"实物收入及其他收入"，按纳税人转让房地产开发项目所取得的实物形态的收入和无形资产等其他形式的收入额(不含增值税)填写。

4. 表第4栏"视同销售收入"，纳税人将开发产品用于职工福利、奖励、对外投资、分配给股东或投资人、抵偿债务、换取其他单位和个人的非货币性资产等，发生所有权转移时应视同销售房地产，其收入不含增值税。

5. 表第5栏各类型"扣除项目金额合计"应为附表"清算后尾盘销售土地增值税扣除项目明细表"中对应的该类型扣除项目金额合计数额。

6. 表第8栏"适用税率"，应根据《中华人民共和国土地增值税暂行条例》(国务院令第138号)规定的四级超率累进税率，按所适用的最高一级税率填写。

7. 表第9栏"速算扣除系数"，应根据《中华人民共和国土地增值税暂行条例实施细则》(财法字〔1995〕6号)第十条的规定找出相关速算扣除系数来填写。

8. 表第12、14、16栏"减免性质代码"：按照税务机关最新制发的减免税政策代码表中最细项减免性质代码填报。表第13、15、17栏"减免税额"填写相应"减免性质代码"对应的减免税金额，纳税人同时享受多个减免税政策应分别填写，不享受减免税的，不填写此项。

9. 表第18栏"已缴土地增值税税额"，按纳税人已经缴纳的土地增值税的数额填写。

10. 表中每栏按照"普通住宅、非普通住宅、其他类型房地产"分别填写。

附表

清算后尾盘销售土地增值税扣除项目明细表

纳税人名称：

税款所属期：自 ___年___月___日至 ___年___月___日　　　　填表日期： ___年___月___日

纳税人识别号 □□□□□□□□□□□□□□□

金额单位：元至角分；面积单位：平方米

纳税人名称		项目名称		项目编号	
所属行业		登记注册类型		纳税人地址	项目地址
开户银行		银行账号		主管部门	邮政编码 / 电话
项目总可售面积		清算后已售面积		清算后剩余可售面积	

项　目	行次	普通住宅	非普通住宅	其他类型房地产	合计
本次清算后尾盘销售的销售面积	1				
单位成本费用	2				一
扣除项目金额合计 3＝1×2	3				一

本次与转让房地产有关的营业税		本次与转让房地产有关的城市维护建设税		本次与转让房地产有关的教育费附加	

以下由纳税人填写：

纳税人声明	此纳税申报表是根据《中华人民共和国土地增值税暂行条例》及其实施细则和国家有关税收规定填报的，是真实的、可靠的、完整的。	
纳税人签章	代理人签章	代理人身份证号

以下由税务机关填写：

受理日期	年 月 日	受理税务机关签章
受理人		

填表说明：

1. 本表适用于从事房地产开发与建设的纳税人，在清算后尾盘销售时填报。
2. 项目总可售面积应与清算时填报的总可售面积一致。
3. 清算后已售面积应与纳税人清算时填报的已售面积一致。
4. 清算后剩余可售面积＝项目总可售面积－清算时已售面积。
5. 本表一式三份，送主管税务机关审核盖章后，一份返还纳税人，一份作为资料归档，一份作为税收会计核算的原始凭证。

土地增值税纳税申报表（五）

（从事房地产开发的纳税人清算方式为核定征收适用）

税款所属时间： 年 月 日 至 年 月 日　　　　填表日期： 年 月 日　　　　金额单位：元至角分　面积单位：平方米

纳税人识别号 ☐☐☐☐☐☐☐☐☐☐☐☐☐☐☐☐

纳税人名称		项目名称		项目编号		项目地址	
所属行业		登记注册类型		纳税人地址		邮政编码	
开户银行		银行账号		主管部门		电话	

项　目		行次	金　额			
			普通住宅	非普通住宅	其他类型房地产	合计
一、转让房地产收入总额		1				
其中	货币收入	2				
	实物收入及其他收入	3				
	视同销售收入	4				
二、扣除项目金额合计		5				
1. 取得土地使用权所支付的金额		6				
2. 房地产开发成本		7				
其中	土地征用及拆迁补偿费	8				
	前期工程费	9				
	建筑安装工程费	10				
	基础设施费	11				
	公共配套设施费	12				
	开发间接费用	13				

续表

项 目	行次	金 额			合计
		普通住宅	非普通住宅	其他类型房地产	
3. 房地产开发费用	14				
其中 利息支出	15				
其他房地产开发费用	16				
4. 与转让房地产有关的税金等	17				
营业税	18				
其中 城市维护建设税	19				
教育费附加	20				
5. 财政部规定的其他扣除项目	21				
6. 代收费用	22				
三、增值额	23				
四、增值额与扣除项目金额之比(%)	24				
五、适用税率(核定征收率)(%)	25				
六、速算扣除系数(%)	26				
七、应缴土地增值税税额	27				
八、减免税额 28 = 30 + 32 + 34	28				

续表

项 目		行次	金 额			合计
			普通住宅	非普通住宅	其他类型房地产	
其中	减免税(1) 减免性质代码(1)	29				
	减免税额(1)	30				
	减免税(2) 减免性质代码(2)	31				
	减免税额(2)	32				
	减免税(3) 减免性质代码(3)	33				
	减免税额(3)	34				
九、已缴土地增值税税额		35				
十、应补(退)土地增值税税额 36=27-28-35		36				

以下由纳税人填写:

纳税人声明	此纳税申报表是根据《中华人民共和国土地增值税暂行条例》及其实施细则和国家有关税收规定填报的,是真实的、可靠的、完整的。	
纳税人签章	代理人签章	代理人身份证号
		受理日期　　　年　月　日

以下由税务机关填写:

受理人	受理税务机关签章

本表一式三份,一份返还纳税人,一份作为资料归档,一份作为税收会计核算的原始凭证。

填表说明：

一、适用范围

土地增值税纳税申报表（五），适用于从事房地产开发与建设的纳税人，清算方式为核定征收时填报，各行次应按不同房产类型分别填写。纳税人在填报土地增值税纳税申报表（五）时，应同时提交税务机关出具的核定文书。

二、土地增值税纳税申报表

（一）表头项目

1. 纳税人识别号：填写税务机关为纳税人确定的识别号。

2. 项目名称：填写纳税人所开发并转让的房地产开发项目全称。

3. 项目编号：是在进行房地产项目登记时，税务机关按照一定的规则赋予的编号，此编号会跟随项目的预征清算全过程。

4. 所属行业：根据《国民经济行业分类》（GB/T 4754—2011）填写。该项可由系统根据纳税人识别号自动带出，无须纳税人填写。

5. 登记注册类型：单位，根据税务登记证或组织机构代码证中登记的注册类型填写；纳税人是企业的，根据国家统计局《关于划分企业登记注册类型的规定》填写。该项可由系统根据纳税人识别号自动带出，无须纳税人填写。

6. 主管部门：按纳税人隶属的管理部门或总机构填写。外商投资企业不填。

7. 开户银行：填写纳税人开设银行账户的银行名称；如果纳税人在多个银行开户的，填写其主要经营账户的银行名称。

8. 银行账号：填写纳税人开设的银行账户的号码；如果纳税人拥有多个银行账户的，填写其主要经营账户的号码。

（二）表中项目按税务机关出具的核定文书要求填写。

土地增值税纳税申报表(六)
(纳税人整体转让在建工程适用)

税款所属时间: □□□□ 年 □□ 月 □□ 日至 □□□□ 年 □□ 月 □□ 日

纳税人识别号 □□□□□□□□□□□□□□□

填表日期: 年 月 日

纳税人名称		项目名称		项目编号		项目地址	
所属行业		登记注册类型		纳税人地址		邮政编码	
开户银行		银行账号		主管部门		电话	

金额单位:元至角分　面积单位:平方米

项　目	行次	金　额
一、转让房地产收入总额 1＝2＋3＋4	1	
其中　货币收入	2	
实物收入及其他收入	3	
视同销售收入	4	
二、扣除项目金额合计 5＝6＋7＋14＋17＋21	5	
1. 取得土地使用权所支付的金额	6	
2. 房地产开发成本 7＝8＋9＋10＋11＋12＋13	7	
其中　土地征用及拆补偿费	8	
前期工程费	9	
建筑安装工程费	10	
基础设施费	11	
公共配套设施费	12	
开发间接费用	13	
3. 房地产开发费用 14＝15＋16	14	

续表

项　目		行次	金　额
其中	利息支出	15	
	其他房地产开发费用	16	
4.与转让房地产有关的税金等 17＝18＋19＋20		17	
其中	营业税	18	
	城市维护建设税	19	
	教育费附加	20	
5.财政部规定的其他扣除项目		21	
三、增值额 22＝1－5		22	
四、增值额与扣除项目金额之比(%)23＝22÷5		23	
五、适用税率(核定征收率)(%)		24	
六、速算扣除系数(%)		25	
七、应缴土地增值税额 26＝22×24－5×25		26	
八、减免税额(减免性质代码：　　　　　)		27	
九、已缴土地增值税额		28	
十、应补(退)土地增值税额 29＝26－27－28		29	

以下由纳税人填写：

纳税人声明	此纳税申报表是根据《中华人民共和国土地增值税暂行条例》及其实施细则和国家有关税收规定填报的,是真实的、可靠的、完整的。		
纳税人签章	代理人签章	代理人身份证号	
以下由税务机关填写：			
受理人	受理日期　　年　月　日	受理税务机关签章	

本表一式三份,一份退还纳税人,一份作为资料归档,一份作为税收会计核算的原始凭证。

填表说明：

一、适用范围

土地增值税纳税申报表(六)，适用于从事房地产开发与建设的纳税人，以及非从事房地产开发的纳税人，在整体转让在建工程时填报，数据应填列至其他类型房地产类型中。

二、土地增值税纳税申报表

(一)表头项目

1. 纳税人识别号：填写税务机关为纳税人确定的识别号。

2. 项目名称：填写纳税人所开发并转让的房地产开发项目全称。

3. 项目编号：是在进行房地产项目登记时，税务机关按照一定的规则赋予的编号，此编号会跟随项目的预征清算全过程。

4. 所属行业：根据《国民经济行业分类》(GB/T 4754—2011)填写。该项可由系统根据纳税人识别号自动带出，无须纳税人填写。

5. 登记注册类型：单位，根据税务登记证或组织机构代码证中登记的注册类型填写；纳税人是企业的，根据国家统计局《关于划分企业登记注册类型的规定》填写。该项可由系统根据纳税人识别号自动带出，无须纳税人填写。

6. 主管部门：按纳税人隶属的管理部门或总机构填写。外商投资企业不填。

7. 开户银行：填写纳税人开设银行账户的银行名称；如果纳税人在多个银行开户的，填写其主要经营账户的银行名称。

8. 银行账号：填写纳税人开设的银行账户的号码；如果纳税人拥有多个银行账户的，填写其主要经营账户的号码。

(二)表中项目

1. 表第1栏"转让房地产收入总额"，按纳税人在转让房地产开发项目所取得的全部收入额(不含增值税)填写。

2. 表第2栏"货币收入"，按纳税人转让房地产开发项目所取得的货币形态的收入额(不含增值税)填写。

3. 表第3栏"实物收入及其他收入"，按纳税人转让房地产开发项目所取得的实物形态的收入和无形资产等其他形式的收入额(不含增值税)填写。

4. 表第4栏"视同销售收入"，纳税人将开发产品用于职工福利、奖励、对外投资、分配给股东或投资人、抵偿债务、换取其他单位和个人的非货币性资产等，发生所有权转移时应视同销售房地产，其收入不含增值税。

5. 表第6栏"取得土地使用权所支付的金额"，按纳税人为取得该房地产开发项目所需要的土地使用权而实际支付(补交)的土地出让金(地价款)及按国家统一规定交纳的有关费用的数额填写。

6. 表第8栏至表第13栏，应根据《中华人民共和国土地增值税暂行条例实施细则》(财法字〔1995〕6号，以下简称《细则》)规定的从事房地产开发所实际发生的各项开发成本的具体数额填写。

7. 表第15栏"利息支出"，按纳税人进行房地产开发实际发生的利息支出中符合《细则》第七条(三)规定的数额填写。如果不单独计算利息支出的，则本栏数额填写为"0"。

8. 表第16栏"其他房地产开发费用"，应根据《细则》第七条(三)的规定填写。

9. 表第18栏至表第20栏，按纳税人转让房地产时所实际缴纳的税金数额(不包括增值税)填写。

10. 表第21栏"财政部规定的其他扣除项目"，是指根据《中华人民共和国土地增值税暂行条例》(国务院令第138号，以下简称《条例》)和《细则》等有关规定所确定的财政部规定的扣除项目的合计数。

11. 表第24栏"适用税率"，应根据《条例》规定的四级超率累进税率，按所适用的最高一级税率填写。

12. 表第25栏"速算扣除系数"，应根据《细则》第十条的规定找出相关速算扣除系数来填写。

13. 表第27栏"减免性质代码"：按照税务机关最新制发的减免税政策代码表中的最细项减免性质代码填报。

14. 表第28栏"已缴土地增值税额"，按纳税人已经缴纳的土地增值税的数额填写。

15. 数据应填列至其他类型房地产类型中。

土地增值税纳税申报表(七)

(非从事房地产开发的纳税人核定征收适用)

税款所属时间：　年　月　日至　年　月　日　　　　　　填表日期：　年　月　日

金额单位:元至角分　面积单位:平方米

纳税人识别号 ☐☐☐☐☐☐☐☐☐☐☐☐☐☐☐

纳税人名称		项目名称		项目地址	
所属行业		登记注册类型		纳税人地址		邮政编码	
开户银行		银行账号		主管部门		电话	

项　目		行次	金　额
一、转让房地产收入总额		1	
其中	货币收入	2	
	实物收入	3	
	其他收入	4	
二、扣除项目金额合计		5	
(1)提供评估价格	1. 取得土地使用权所支付的金额	6	
	2. 旧房及建筑物的评估价格	7	
	其中　旧房及建筑物的重置成本价	8	
	成新度折扣率	9	
	3. 评估费用	10	
(2)提供购房发票	1. 购房发票金额	11	
	2. 发票加计扣除金额	12	
	其中:房产实际持有年数	13	
	3. 购房契税	14	
4. 与转让房地产有关的税金等		15	
其中	营业税	16	
	城市维护建设税	17	
	印花税	18	
	教育费附加	19	
三、增值额		20	
四、增值额与扣除项目金额之比(%)		21	
五、适用税率(核定征收率)(%)		22	
六、速算扣除系数(%)		23	
七、应缴土地增值税税额		24	
八、减免税额(减免性质代码:_____)		25	
九、已缴土地增值税税额		26	
十、应补(退)土地增值税税额　27 = 24 − 25 − 26		27	

续表

以下由纳税人填写:				
纳税人声明	此纳税申报表是根据《中华人民共和国土地增值税暂行条例》及其实施细则和国家有关税收规定填报的,是真实的、可靠的、完整的。			
纳税人签章		代理人签章		代理人身份证号
以下由税务机关填写:				
受理人		受理日期	年　月　日	受理税务机关签章

本表一式三份,一份返还纳税人,一份作为资料归档,一份作为税收会计核算的原始凭证。

填表说明:

一、适用范围

土地增值税纳税申报表(七)适用于非从事房地产开发的纳税人,清算方式为核定征收时填报。该纳税人应在签订房地产转让合同后的七日内,向房地产所在地主管税务机关填报土地增值税纳税申报表(七)。

土地增值税纳税申报表(七)还适用于以下从事房地产开发的纳税人核定征收时填报:将开发产品转为自用、出租等用途且已达到主管税务机关旧房界定标准后,又将该旧房对外出售的。

纳税人在填报土地增值税纳税申报表(七)时,应同时提交税务机关出具的核定文书。

二、土地增值税纳税申报表(七)主要项目填表说明

(一)表头项目

1. 纳税人识别号:填写税务机关为纳税人确定的识别号。

2. 项目名称:填写纳税人转让的房地产项目全称。

3. 登记注册类型:单位,根据税务登记证或组织机构代码证中登记的注册类型填写;纳税人是企业的,根据国家统计局《关于划分企业登记注册类型的规定》填写。该项可由系统根据纳税人识别号自动带出,无须纳税人填写。

4. 所属行业:根据《国民经济行业分类》(GB/T 4754—2011)填写。该项可由系统根据纳税人识别号自动带出,无须纳税人填写。

5. 主管部门:按纳税人隶属的管理部门或总机构填写。外商投资企业不填。

(二)表中项目按税务机关出具的核定文书要求填写。

链接:

关于《北京市地方税务局关于修订土地增值税纳税申报表的公告》的政策解读

一、本公告出台的背景是什么?

为加强土地增值税规范化管理,国家税务总局印发了《国家税务总局关于修订土地增值税纳税申报表的通知》(税总函〔2016〕309号)。北京市地税局根据通知要求,为规范纳税人土地增值税申报表报送,将国家税务总局新修订土地增值税纳税申报表(共8类申报表)予以公告。

二、本公告发布后主要有哪些变化?

本公告发布后,主要有三点变化:一是《北京市地方税务局关于加强房地产开发项目土地增值税管理若干问题的通知》(京地税地〔2009〕105号)中制发的《土地增值税项目登记表》同时废止;二是《北京市地方税务局关于发布财产和行为税纳税申报表及有关事项的公告》(2015年第7号)发

布的《土地增值税申报表》(一)、《土地增值税申报表》(二)、《土地增值税申报表》(三)同时废止;三是《北京市地方税务局关于发布〈北京市地方税务局土地增值税清算管理规程〉的公告》(2016年第7号)第七条修订为"从事房地产开发的纳税人,应在取得土地使用权并获得房地产开发项目开工许可后,根据税务机关确定的时间,向主管税务机关报送《土地增值税项目登记表》,并在每次转让(预售)房地产时,依次填报表中规定栏目的内容",原第七条"纳税人应自取得立项批准文件之日起30日内,到主管税务机关办理土地增值税项目登记手续。土地增值税项目登记及管理按照北京市地方税务局有关文件规定执行"的规定同时废止。

三、本公告何时开始执行?

本公告自发布之日起执行。

6-1-2
国家税务总局关于营改增后
土地增值税若干征管规定的公告

2016年11月10日   国家税务总局公告2016年第70号

为进一步做好营改增后土地增值税征收管理工作,根据《中华人民共和国土地增值税暂行条例》及其实施细则、《财政部 国家税务总局关于营改增后契税、房产税、土地增值税、个人所得税计税依据问题的通知》(财税〔2016〕43号)等规定,现就土地增值税若干征管问题明确如下:

一、关于营改增后土地增值税应税收入确认问题

营改增后,纳税人转让房地产的土地增值税应税收入不含增值税。适用增值税一般计税方法的纳税人,其转让房地产的土地增值税应税收入不含增值税销项税额;适用简易计税方法的纳税人,其转让房地产的土地增值税应税收入不含增值税应纳税额。

为方便纳税人,简化土地增值税预征税款计算,房地产开发企业采取预收款方式销售自行开发的房地产项目的,可按照以下方法计算土地增值税预征计征依据:

土地增值税预征的计征依据 = 预收款 - 应预缴增值税税款

二、关于营改增后视同销售房地产的土地增值税应税收入确认问题

纳税人将开发产品用于职工福利、奖励、对外投资、分配给股东或投资人、抵偿债务、换取其他单位和个人的非货币性资产等,发生所有权转移时应视同销售房地产,其收入应按照《国家税务总局关于房地产开发企业土地增值税清算管理有关问题的通知》(国税发〔2006〕187号)第三条规定执行。纳税人安置回迁户,其拆迁安置用房应税收入和扣除项目的确认,应按照《国家税务总局关于土地增值税清算有关问题的通知》(国税函〔2010〕220号)第六条规定执行。

三、关于与转让房地产有关的税金扣除问题

(一)营改增后,计算土地增值税增值额的扣除项目中"与转让房地产有关的税金"不包括增值税。

(二)营改增后,房地产开发企业实际缴纳的城市维护建设税(以下简称"城建税")、教育费附加,凡能够按清算项目准确计算的,允许据实扣除。凡不能按清算项目准确计算的,则按该清算项目预缴增值税时实际缴纳的城建税、教育费附加扣除。

其他转让房地产行为的城建税、教育费附加扣除比照上述规定执行。

四、关于营改增前后土地增值税清算的计算问题

房地产开发企业在营改增后进行房地产开发项目土地增值税清算时,按以下方法确定相关金额:

(一)土地增值税应税收入=营改增前转让房地产取得的收入+营改增后转让房地产取得的不含增值税收入

(二)与转让房地产有关的税金=营改增前实际缴纳的营业税、城建税、教育费附加+营改增后允许扣除的城建税、教育费附加

五、关于营改增后建筑安装工程费支出的发票确认问题

营改增后,土地增值税纳税人接受建筑安装服务取得的增值税发票,应按照《国家税务总局关于全面推开营业税改征增值税试点有关税收征收管理事项的公告》(国家税务总局公告2016年第23号)规定,在发票的备注栏注明建筑服务发生地县(市、区)名称及项目名称,否则不得计入土地增值税扣除项目金额。

六、关于旧房转让时的扣除计算问题

营改增后,纳税人转让旧房及建筑物,凡不能取得评估价格,但能提供购房发票的,《中华人民共和国土地增值税暂行条例》第六条第一、三项规定的扣除项目的金额按照下列方法计算:

(一)提供的购房凭据为营改增前取得的营业税发票的,按照发票所载金额(不扣减营业税)并从购买年度起至转让年度止每年加计5%计算。

(二)提供的购房凭据为营改增后取得的增值税普通发票的,按照发票所载价税合计金额从购买年度起至转让年度止每年加计5%计算。

(三)提供的购房发票为营改增后取得的增值税专用发票的,按照发票所载不含增值税金额加上不允许抵扣的增值税进项税额之和,并从购买年度起至转让年度止每年加计5%计算。

本公告自公布之日起施行。

特此公告。

6-2　一般规定

6-2-1
国家税务总局关于修订
土地增值税纳税申报表的通知

2016 年 7 月 7 日　税总函〔2016〕309 号

各省、自治区、直辖市和计划单列市地方税务局,西藏、宁夏自治区国家税务局:

为加强土地增值税规范化管理,税务总局决定修订土地增值税纳税申报表。现将修订的主要内容通知如下:

一、增加《土地增值税项目登记表》

根据《国家税务总局关于印发〈土地增值税纳税申报表〉的通知》(国税发〔1995〕090 号)规定,从事房地产开发的纳税人,应在取得土地使用权并获得房地产开发项目开工许可后,根据税务机关确定的时间,向主管税务机关报送《土地增值税项目登记表》,并在每次转让(预售)房地产时,依次填报表中规定栏目的内容。

二、土地增值税纳税申报表单修订内容

(一)根据《财政部　国家税务总局关于土地增值税一些具体问题规定的通知》(财税字〔1995〕48 号)规定,在《土地增值税纳税申报表(二)》和《土地增值税纳税申报表(五)》中增加"代收费用"栏次。

(二)根据《国家税务总局关于房地产开发企业土地增值税清算管理有关问题的通知》(国税发〔2006〕187 号)和《国家税务总局关于印发〈土地增值税清算管理规程〉的通知》(国税发〔2009〕91 号)规定,调整收入项目名称,在《土地增值税纳税申报表(一)》中增加"视同销售收入"数据列,在《土地增值税纳税申报表(二)》《土地增值税纳税申报表(四)》《土地增值税纳税申报表(五)》和《土地增值税纳税申报表(六)》中调整转让收入栏次,增加"视同销售收入"指标。

现将修订后的《土地增值税纳税申报表》(见附件)印发给你单位,请认真做好落实工作。各表单执行情况请及时反馈税务总局(财产和行为税司)。

附件:土地增值税纳税申报表(修订版)(编者略)

6-3 其他规定

6-3-1
北京市经济和信息化委员会 北京市发展和改革委员会 北京市财政局等关于落实清洁空气行动计划进一步规范污染扰民企业搬迁政策有关事项的通知

2015 年 6 月 15 日 京经信委发〔2015〕28 号

各有关单位：

为深入贯彻落实国务院《大气污染防治行动计划》、环保部等六部委《京津冀及周边地区落实大气污染防治行动计划实施细则》《北京市 2013—2017 年清洁空气行动计划》等文件精神,进一步做好污染扰民企业搬迁工作,现就有关事项通知如下:

一、《关于下发〈北京市推进污染扰民企业搬迁加快产业结构调整实施办法〉的通知》(〔99〕京经规划字第 200 号,以下简称 200 号文)自实施以来,对推动全市产业布局调整、工业结构优化、改善城市环境质量发挥了重要作用。进入新时期,面对严峻的大气污染防治形势,市政府各有关部门应密切配合,继续推动污染扰民企业搬迁工作。

二、为适应新时期北京工业调整疏解不符合首都城市功能定位的产业和大气污染治理工作需要,加快污染扰民企业搬迁,凡地处北京市行政辖区内,在我市工商部门登记注册,存在大气、水、噪声、固体废物、放射性污染或辐射环境安全隐患的工业企业,经市主管部门批准享受污染扰民搬迁优惠政策的,税务部门应积极落实相关税收政策。中央在京企业申请享受污染扰民搬迁政策的,需先报请市政府批准。土地使用用途为仓储类的企业,可参照工业企业申请享受政策。

三、企业申请享受污染扰民搬迁政策的,按照以下程序执行:

(一)土地处置

企业向国土部门提出依法收回土地使用权的申请,国土部门按收回土地的规划用途重新组织供地,具体操作按有关规定办理。

（二）政策申请

完成土地处置后,市属国有企业、中央在京企业报上级控股公司(集团公司、总公司),其他企业报所属区县行业主管部门审核同意后,向市经济信息化委、市发展改革委提出申请,并提交以下材料:

1. 企业上级控股公司(集团公司、总公司)或区县行业主管部门关于企业享受污染扰民搬迁政策的请示

2.《企业享受污染扰民搬迁政策申请表》(附件1)

3. 土地处置证明文件

4. 搬迁补偿资金使用方案

5. 企业工商营业执照副本复印件(加盖公章)

6. 土地使用证、房屋所有权证复印件(加盖公章)

7. 企业污染扰民的相关证明材料

市经济信息化委、市发展改革委对符合条件的企业出具同意享受政策的批复。

（三）免税手续办理

按照《中华人民共和国土地增值税暂行条例》及其实施细则等有关文件的相关规定,搬迁企业凭享受污染扰民搬迁政策的批复、《国家征用、收回及搬迁企业转让房地产免征土地增值税审核表》(附件2)及税务部门要求提供的其他资料,到区县地方税务局办理免征土地增值税等相关手续。

企业取得的搬迁补偿收入按照现行企业会计制度核算。搬迁补偿收入涉及的营业税及所得税等严格按照现行税收管理政策办理。

四、企业获得的搬迁补偿资金应主要用于在京津冀为主地区开展现代制造业、高技术产业、现代服务业等项目建设及解决历史遗留问题。

五、企业上级控股公司(集团公司、总公司)、区县行业主管部门应切实落实对污染扰民企业搬迁资金使用的监督管理责任。对利用搬迁资金新建设的项目,在项目竣工后应要求企业及时验收,并提交验收报告,同时抄报市经济信息化委、市发展改革委。

六、"关于下发《北京市推进污染扰民企业搬迁加快产业结构调整实施办法》的通知"(〔99〕京经规划字第200号)、《关于规范污染扰民企业搬迁工作有关事宜的通知》(京发改〔2007〕2014号)自本通知发布之日起停止执行。

特此通知。

附件:1. 企业享受污染扰民搬迁政策申请表

　　　2. 国家征用、收回及搬迁企业转让房地产免征土地增值税审核表

附件1

企业享受污染扰民搬迁政策申请表

企业名称	
生产经营地址	
生产经营内容	占地面积(平方米)
环境污染情况	空气□　水体□　噪声□　固体废物□　辐射□　其他□
企业类别:市属国有企业□　央企□　区属国有企业□　其他□	
土地性质:国有划拨□　出让□　其他□	
土地用途:工业□　仓储□	
土地处置方式:招标□　拍卖□　挂牌□　政府收储□　划拨□　协议出让□　其他□	
声明	上述各项内容真实、可靠、完整。如有虚假,本企业愿意承担相关法律责任。 （签章） 　　年　　月　　日
上级控股公司(区县主管部门)意见	 （签章） 　　年　　月　　日

填表人:　　　　　　　联系电话:

附件2

国家征用、收回及搬迁企业转让房地产免征土地增值税审核表

申请企业名称		（盖　章）		现地址	
联系人电话		固定资产净值	万元	所属类型	
厂址分布 1 2 3 4	地址	占地面积 M²	建筑面积 M²	产权归属	本次转让 M²
转让 收入 总额	转让房地产总金额 其中： 房产转让金额 土地转让金额 其他转让金额				万元 万元 万元 万元
扣除 项目 金额	扣除项目总金额 其中： 房产及建筑物评估价格 土地出让金 转让房地产有关税金				万元 万元 万元 万元
增值额		万元	免征土地增值税金额		万元
上级公司(部门)审核意见： 年　月　日			市经信委审核意见： 年　月　日		
区、县地方税务局审核意见： 年　月　日					

填表日期：年　月　日

6-4　综合规定

本部分未收录"综合规定"类文件全文,请根据文件编码在"综合税收政策"部分查阅全文。

七、契 税

7-1 综合规定

7-1 综合规定

本部分未收录"综合规定"类文件全文,请根据文件编码在"综合税收政策"部分查阅全文。

八、城市维护建设税

8-1 综合规定

8－1　综合规定

　　本部分未收录"综合规定"类文件全文,请根据文件编码在"综合税收政策"部分查阅全文。

九、教育费附加

9-1 综合规定

9-1　综合规定

　　本部分未收录"综合规定"类文件全文,请根据文件编码在"综合税收政策"部分查阅全文。

十、地方教育附加

10 - 1 综合规定

10−1 综合规定

本部分未收录"综合规定"类文件全文,请根据文件编码在"综合税收政策"部分查阅全文。

十一、资源税

11-1 规范性文件

11－1　规范性文件

11－1－1

北京市财政局　北京市地方税务局关于
调整我市煤炭资源税税率的通知

2015 年 1 月 16 日　京财税〔2015〕63 号

各区县财政局、地方税务局,市地方税务局直属分局:

根据《财政部　国家税务总局关于实施煤炭资源税改革的通知》(财税〔2014〕72号)、《财政部　国家税务总局关于北京市煤炭资源税适用税率的批复》(财税〔2014〕123 号)精神,并经市政府批准,现对我市煤炭资源税适用税率和折算率等事项明确如下:

一、自 2014 年 12 月 1 日起,我市煤炭资源税由从量计征调整为从价计征,适用税率为 2%;

二、洗选煤折算率为 70%;

三、请跟踪了解煤炭资源税改革实施情况,对执行中出现的新情况、新问题及时反馈市财政局、市地方税务局。

11－1－2

国家税务总局　国家能源局关于落实
煤炭资源税优惠政策若干事项的公告

2015 年 4 月 14 日　国家税务总局公告 2015 年第 21 号

为落实《财政部　国家税务总局关于实施煤炭资源税改革政策的通知》(财税〔2014〕72 号)规定的煤炭资源税优惠政策,现将有关事项公告如下:

一、衰竭期煤矿开采的煤炭和充填开采置换出来的煤炭资源税减税项目,实行纳税所在地主管税务机关备案管理制度。

二、衰竭期煤矿是指剩余可采储量下降到原设计可采储量的 20%(含)以下,或者剩余服务年限不超过 5 年的煤矿,以煤炭企业下属的单个煤矿为单位确定。无法查找原设计可采储量的,衰竭期以剩余服务年限为准。剩余服务年限由剩余可采储量、最近一次核准或核定的生产能力、储量备用系数计算确定。

三、纳税人在初次申报衰竭期煤矿减税项目时,应将煤炭行业管理部门出具的符合减税条件的煤矿名单及有关资料向主管税务机关备案。煤炭行业管理部门在正式受理纳税人的申报材料后,对符合优惠政策的纳税人,20 个工作日内出具符合减税条件的煤矿名单及有关资料。有关资料包括剩余可采储量、剩余可采储量占原设计可采储量的比例、剩余服务年限以及进入衰竭期的起始时间等内容。

在煤炭资源可采储量增加,但仍符合减税条件时,纳税人应及时将有关情况向煤炭行业管理部门申报,并向主管税务机关备案。在煤炭资源可采储量增加而不符合减税条件时,纳税人应停止享受减税政策。

四、充填开采是随着回采工作面的推进,向采空区或离层带等空间充填矸石、粉煤灰、建筑废料以及专用充填材料的煤炭开采技术,主要包括矸石等固体材料充填、膏体材料充填、高水材料充填、注浆充填以及采用充填方式实施的保水开采等。

采用充填方式实施的保水开采是指为保护地表水体、开采煤层上覆岩层水体和下伏岩层水体,采用充填方式减少水体损害的煤炭开采方法,主要包括采空区充填、上覆岩层离层带注浆充填、下伏岩层注浆充填加固等。

五、纳税人初次申报充填开采资源税减税项目时,应将煤炭行业管理部门出具的符合减税条件的煤矿名单及有关资料向主管税务机关备案。煤炭行业管理部门在正式受理纳税人的申报材料后,对符合优惠政策的纳税人,20 个工作日内出具符合减税条件的煤矿名单及有关资料。有关资料以煤炭企业下属的单个煤矿为单位出具,内容包括充填开采设计的充填工艺、煤炭产量、实施周期和预期效果等。

六、纳税人应按充填开采置换出原煤的销售额申报减税额,并提供相关原煤产量和销量。纳税人在充填开采工作面已经安装计量装置的,按实际计量的称重数量作为充填开采置换出来的煤炭数量。没有安装计量装置的,按当期注入充填物体积和充采比进行计算。煤炭行业管理部门可结合当地实际情况发布不同充填开采工艺的充采比参考值。

七、纳税人应当单独核算不同减税项目的销售额,未单独核算的不予减税。

八、煤炭行业管理部门在出具符合减税条件的煤矿名单及有关资料时,如有必要,应委托评估机构进行评估,所需时间不计算在出具符合减税条件的煤矿名单及有关资料的规定时限以内。

九、本公告自 2014 年 12 月 1 日起执行。

十、本公告未尽事宜,由省、自治区、直辖市地方税务局会同同级煤炭行业管理部门确定。

特此公告。

11-1-3
国家税务总局关于发布《煤炭资源税征收管理办法(试行)》的公告

2015年7月1日   国家税务总局公告2015年第51号

为进一步规范税收执法行为,优化纳税服务,方便纳税人办理涉税事宜,促进煤炭资源税管理的规范化,国家税务总局制定了《煤炭资源税征收管理办法(试行)》。现予发布,自2015年8月1日起施行。

特此公告。

煤炭资源税征收管理办法(试行)

第一条 为规范煤炭资源税从价计征管理,根据《中华人民共和国税收征收管理法》及其实施细则、《中华人民共和国资源税暂行条例》及其实施细则和《财政部 国家税务总局关于实施煤炭资源税改革的通知》(财税〔2014〕72号),以及相关法律法规的规定,制定本办法。

第二条 纳税人开采并销售应税煤炭按从价定率办法计算缴纳资源税。应税煤炭包括原煤和以未税原煤(即:自采原煤)加工的洗选煤。

原煤是指开采出的毛煤经过简单选矸(矸石直径50mm以上)后的煤炭,以及经过筛选分类后的筛选煤等。

洗选煤是指经过筛选、破碎、水洗、风洗等物理化学工艺,去灰去矸后的煤炭产品,包括精煤、中煤、煤泥等,不包括煤矸石。

第三条 煤炭资源税应纳税额按照原煤或者洗选煤计税销售额乘以适用税率计算。

原煤计税销售额是指纳税人销售原煤向购买方收取的全部价款和价外费用,不包括收取的增值税销项税额以及从坑口到车站、码头或购买方指定地点的运输费用。

洗选煤计税销售额按洗选煤销售额乘以折算率计算。洗选煤销售额是指纳税人销售洗选煤向购买方收取的全部价款和价外费用,包括洗选副产品的销售额,不包括收取的增值税销项税额以及从洗选煤厂到车站、码头或购买方指定地点的运输费用。

第四条 在计算煤炭计税销售额时,纳税人原煤及洗选煤销售额中包含的运输费用、建设基金以及伴随运销产生的装卸、仓储、港杂等费用的扣减,按照《财政部 国家税务总局关于煤炭资源税费有关政策的补充通知》(财税〔2015〕70号)的规定执行。扣减的凭证包括有关发票或者经主管税务机关审核的其他凭证。

运输费用明显高于当地市场价格导致应税煤炭产品价格偏低,且无正当理由的,主管税务机关有权合理调整计税价格。

第五条　洗选煤折算率由省、自治区、直辖市财税部门或其授权地市级财税部门根据煤炭资源区域分布、煤质煤种等情况确定,体现有利于提高煤炭洗选率,促进煤炭清洁利用和环境保护的原则。

洗选煤折算率一经确定,原则上在一个纳税年度内保持相对稳定,但在煤炭市场行情、洗选成本等发生较大变化时可进行调整。

洗选煤折算率计算公式如下:

公式一:洗选煤折算率=(洗选煤平均销售额-洗选环节平均成本-洗选环节平均利润)÷洗选煤平均销售额×100%

洗选煤平均销售额、洗选环节平均成本、洗选环节平均利润可按照上年当地行业平均水平测算确定。

公式二:洗选煤折算率=原煤平均销售额÷(洗选煤平均销售额×综合回收率)×100%

原煤平均销售额、洗选煤平均销售额可按照上年当地行业平均水平测算确定。

综合回收率=洗选煤数量÷入洗前原煤数量×100%

第六条　纳税人销售应税煤炭的,在销售环节缴纳资源税。纳税人以自采原煤直接或者经洗选加工后连续生产焦炭、煤气、煤化工、电力及其他煤炭深加工产品的,视同销售,在原煤或者洗选煤移送环节缴纳资源税。

第七条　纳税人煤炭开采地与洗选、核算地不在同一行政区域(县级以上)的,煤炭资源税在煤炭开采地缴纳。纳税人在本省、自治区、直辖市范围开采应税煤炭,其纳税地点需要调整的,由省、自治区、直辖市税务机关决定。

第八条　煤炭资源税的纳税申报按照《关于修订资源税纳税申报表的公告》(国家税务总局公告2014年第62号发布)及其他相关税收规定执行。

第九条　纳税人申报的原煤或洗选煤销售价格明显偏低且无正当理由的,或者有视同销售应税煤炭行为而无销售价格的,主管税务机关应按下列顺序确定计税价格:

(一)按纳税人最近时期同类原煤或洗选煤的平均销售价格确定。

(二)按其他纳税人最近时期同类原煤或洗选煤的平均销售价格确定。

(三)按组成计税价格确定。

组成计税价格=成本×(1+成本利润率)÷(1-资源税税率)

公式中的成本利润率由省、自治区、直辖市地方税务局按同类应税煤炭的平均成本利润率确定。

(四)按其他合理方法确定。

第十条　纳税人与其关联企业之间的业务往来,应当按照独立企业之间的业务往来收取或支付价款、费用;不按照独立企业之间的业务往来收取或支付价款、费用,而减少其应纳税收入的,税务机关有权按照《中华人民共和国税收征收管理法》及其实施细则的有关规定进行合理调整。

第十一条　纳税人以自采原煤或加工的洗选煤连续生产焦炭、煤气、煤化工、电力等产品,自产自用且无法确定应税煤炭移送使用量的,可采取最终产成品的煤耗指标确定用煤量,即:煤电一体化企业可按照每千瓦时综合供电煤耗指标进行确定;煤化工一体化企业可按照煤化工产成品的原煤耗用率指标进行确定;其他煤炭连续生产企业可采取其产成品煤耗指标进行确定,或者参照其他合理方法进行确定。

第十二条　纳税人将自采原煤与外购原煤(包括煤矸石)进行混合后销售的,应当准确核算外购原煤的数量、单价及运费,在确认计税依据时可以扣减外购相应原煤的购进金额。

计税依据 = 当期混合原煤销售额 - 当期用于混售的外购原煤的购进金额

外购原煤的购进金额 = 外购原煤的购进数量 × 单价

纳税人将自采原煤连续加工的洗选煤与外购洗选煤进行混合后销售的,比照上述有关规定计算缴纳资源税。

第十三条 纳税人以自采原煤和外购原煤混合加工洗选煤的,应当准确核算外购原煤的数量、单价及运费,在确认计税依据时可以扣减外购相应原煤的购进金额。

计税依据 = 当期洗选煤销售额 × 折算率 - 当期用于混洗混售的外购原煤的购进金额

外购原煤的购进金额 = 外购原煤的购进数量 × 单价

第十四条 纳税人扣减当期外购原煤或者洗选煤购进额的,应当以增值税专用发票、普通发票或者海关报关单作为扣减凭证。

第十五条 煤炭资源税减征、免征按照《中华人民共和国资源税暂行条例》《财政部 国家税务总局关于实施煤炭资源税改革的通知》(财税〔2014〕72号)及其他相关政策和征管规定执行。

第十六条 各省、自治区、直辖市地方税务机关可依托信息化管理技术,参照全国性或主要港口动力煤价格指数即时信息以及当地煤炭工业主管部门已有的网上煤炭即时价格信息,建立本地煤炭资源税价格监控体系。

第十七条 税务机关应当加强煤炭资源税风险管理,构建煤炭资源税风险管理指标体系,依托现代化信息技术,对煤炭资源税管理的风险点进行识别、监控、预警,做好风险应对处置以及绩效评估工作。

第十八条 各级国地税机关应当加强配合,实现信息共享,省国税机关应将煤炭企业增值税开票信息等相关煤炭销售数据按月传递给省地税机关。

第十九条 各省、自治区、直辖市和计划单列市地方税务局可以结合本地实际,制定具体实施办法。

第二十条 本办法自2015年8月1日起施行。

11-1-4
北京市财政局 北京市地税局转发
财政部 国家税务总局关于煤炭
资源税费有关政策的补充通知

2015年7月22日 京财税〔2015〕1273号

各区县财政局、地方税务局,市地税局各直属分局:

现将《财政部 国家税务总局关于煤炭资源税费有关政策的补充通知》(财税〔2015〕70号)转发给你们,请遵照执行。

附件:财政部 国家税务总局关于煤炭资源税费有关政策的补充通知(财税〔2015〕70号)

财政部　国家税务总局关于
煤炭资源税费有关政策的补充通知

2015 年 6 月 19 日　财税〔2015〕70 号

北京、河北、山西、内蒙古、辽宁、吉林、黑龙江、江苏、安徽、福建、江西、山东、河南、湖北、湖南、广西、重庆、四川、贵州、云南、陕西、甘肃、宁夏、新疆、青海省(自治区、直辖市)财政厅(局)、地方税务局,宁夏回族自治区国家税务局:

煤炭资源税费改革实施以来,总体运行平稳,但也出现了一些地区清费力度不够、部分企业结构性增负、运费扣除不明确等问题。按照国务院有关要求,现将有关事项通知如下:

一、按照国务院清费立税要求,继续加大清费力度,将对煤炭企业不合理收费项目、违规收费以及捆绑打包不合理收费进行清理取缔,有效减轻煤炭企业负担。

二、对因税率调整造成较大影响的,可以在不突破批复税率上限的范围内,根据本省份煤炭资源禀赋、企业负担增减交化等情况,统筹确定分煤种、分地区差别化税率,保证企业总体负担基本均衡合理,解决煤炭企业结构性负担增加问题。

三、原煤及洗选煤销售额中包含的运输费用、建设基金以及随运销产生的装卸、仓储、港杂等费用应与煤价分别核算,凡取得相应凭据的,允许在计算煤炭计税销售额时予以扣减。

四、本通知自 2015 年 7 月 1 日起执行。

11 – 1 – 5
国家税务总局关于发布修订后的
《资源税纳税申报表》的公告

2016 年 6 月 22 日　国家税务总局公告 2016 年第 38 号

根据《财政部　国家税务总局关于全面推进资源税改革的通知》(财税〔2016〕53号)规定,自 2016 年 7 月 1 日起全面实施资源税改革。

为落实资源税改革政策,国家税务总局对原资源税纳税申报表进行了修订,形成了《资源税纳税申报表》《资源税纳税申报表附表(一)》(原矿类税目适用)、《资源税纳税申报表附表(二)》(精矿类税目适用)、《资源税纳税申报表附表(三)》(减免税明细),现予以发布,自 2016 年 7 月 1 日起施行。《国家税务总局关于修订〈资源税纳税申报表〉的公告》(2014 年第 62 号)同时废止。

特此公告。

附件:资源税纳税申报表

附件

资源税纳税申报表

根据国家税收法律法规及资源税有关规定制定本表。纳税人不论有无销售额,均应按照税务机关核定的纳税税期限填写本表,并向当地税务机关申报。

税款所属时间:自　年　月　日至　年　月　日　　填表日期:　年　月　日　　金额单位:元至角分

纳税人识别号 □□□□□□□□□□□□□□□□

纳税人名称		(公章)	法定代表人姓名		登记注册类型		注册地址		生产经营地址	
开户银行及账号								电话号码		

税目	子目	折算率或换算比	计量单位	计税销售量	计税销售额	适用税率	本期应纳税额	本期减免税额	本期已缴税额	本期应补(退)税额
1	2	3	4	5	6	7	8①=6×7; 8②=5×7	9	10	11=8−9−10
合计		—	—	—		—	—			

授权声明:

如果你已委托代理人申报,请填写下列资料:
为代理一切税务事宜,现授权 ＿＿＿＿＿＿(地址)＿＿＿＿＿＿ 为本纳税人的代理申报人,任何与本申报表有关的往来文件,都可寄予此人。

授权人签字:

申报人声明:

本纳税申报表是根据国家税收法律法规及相关规定填写的,我确定它是真实的、可靠的、完整的。

声明人签字:

接收人:　　　　接收日期:　年　月　日

主管税务机关:

本表一式两份,一份纳税人留存,一份税务机关留存。

填表说明：

1. 本表为资源税纳税申报表主表,适用于缴纳资源税的纳税人填报(另有规定者除外)。本表包括三个附表,分别为资源税纳税申报表附表(一)、附表(二)、附表(三),由开采或生产原矿类、精矿类税目的纳税人以及发生减免税事项的纳税人填写。除"本期已缴税额"需要填写外,纳税人提交附表后,本表由系统自动生成,无需纳税人手工填写,仅需签章确认(特殊情况下需要手工先填写附表、再填写主表的例外)。

2. "纳税人识别号":即税务登记证件号码。"纳税人名称":即税务登记证件所载纳税人的全称。"填写日期":即纳税人申报当日日期。"税款所属时间"是指纳税人申报的资源税应纳税额的所属时间,应填写具体的起止年、月、日。

3. 第1栏"税目":是指规定的应税产品名称,多个税目的,可增加行次。第2栏"子目":反映同一税目下适用税率、折算率或换算比不同的明细项目。子目名称由各省、自治区、直辖市、计划单列市税务机关根据本地区实际情况确定。

4. 第3栏"折算率或换算比":反映精矿销售额折算为原矿销售额或者原矿销售额换算为精矿销售额的比值。除煤炭折算率由纳税人所在省、自治区、直辖市财税部门或其授权地市级财税部门确定外,其他应税产品的折算率或换算比由当地省级财税部门确定。

5. 第4栏"计量单位":反映计税销售量的计量单位,如吨、立方米、千克等。

6. 第5栏"计税销售量":反映计征资源税的应税产品销售数量,包括应税产品实际销售和视同销售两部分。从价计征税目计税销售额对应的销售数量视为计税销售量自动导入到本栏。计税销售量即课税数量。

7. 第6栏"计税销售额":反映计征资源税的应税产品销售收入,包括应税产品实际销售和视同销售两部分。

8. 第7栏"适用税率":从价计征税目的适用税率为比例税率,如原油资源税率为6%,即填6%;从量计征税目的适用税率为定额税率,如某税目每立方米3元,即填3。

9. 第8栏"本期应纳税额":反映本期按适用税率计算缴纳的应纳税额。从价计征税目应纳税额的计算公式为8①=6×7;从量计征税目应纳税额的计算公式为8②=5×7。

10. 第9栏"本期减免税额":反映本期减免的资源税税额。如不涉及减免税事项,纳税人不需填写附表(三),系统会将其"本期减免税额"默认为0。

11. 第10栏"本期已缴税额":填写本期应纳税额中已经缴纳的部分。

12. 第11栏"本期应补(退)税额":本期应补(退)税额＝本期应纳税额－本期减免税额－本期已缴税额。

13. 中外合作及海上自营油气田按照《国家税务总局关于发布〈中外合作及海上自营油气田资源税纳税申报表〉的公告》(2012年第3号)进行纳税申报。

资源税纳税申报表附表(一)

(原矿类税目适用)

纳税人识别号：□□□□□□□□□□

纳税人名称：　　　　　　　　　　　(公章)

税款所属时间：自　年　月　日　至　年　月　日

金额单位:元至角分

序号	税目	子目	原矿销售额	精矿销售额	折算率	精矿折算为原矿的销售额	允许扣减的运杂费	允许扣减的外购矿购进金额	计税销售额	计量单位	原矿销售量	精矿销售量	平均选矿比	精矿换算为原矿的销售量	计税销售量
	1	2	3	4	5	$6 = 4 \times 5$	7	8	$9 = 3 + 6 - 7 - 8$	10	11	12	13	$14 = 12 \times 13$	$15 = 11 + 14$
1															
2															
3															
4															
5															
6															
7															
8															
合计															

填表说明:

1. 凡开采以原矿为征税对象的应税产品的纳税人需填写此表。原矿类税目是指以原矿为征税对象的各种应税产品品目。此表反映计税销售额、计税销售量的计算过程,并自动导入主表。表中各栏如有发生数额,从价计征资源税纳税人均应如实填写;无发生数额的,应填写0。如不涉及折算,从价计征资源税纳税人应将其折算率和平均选矿比填写1;不涉及运杂费、外购矿购进金额扣减的,第7、8栏填写0。从量计征资源税纳税人只需填写原矿销售量、精矿销售量和计量单位、平均选矿比(不需要换算的,平均选矿比应填写1),系统将自动计算出计税销售量,本表第3到第9栏不需要填写。

2. "税目":填写规定的应税产品名称。多个税目的,可增加行次。煤炭、原油、天然气、井矿盐、湖盐、海盐等视同原矿类税目填写本表。"子目":同一税目适用税率、折算率不同的,作为不同的子目分行填写。子目名称由各省、自治区、直辖市、计划单列市税务机关根据本地区实际情况确定。

3. 第3栏"原矿销售额":填写纳税人当期应税原矿产品的销售额,包括实际销售和视同销售两部分。

4. 第4栏"精矿销售额":填写纳税人当期应税精矿产品的销售额,包括实际销售和视同销售两部分。

5. 第7栏"允许扣减的运杂费"、第8栏"允许扣减的外购矿购进金额":填写根据资源税现行规定准予扣减的运杂费用、外购矿(即外购已税产品)购进金额。允许扣减的运杂费和允许扣减的外购矿购进金额,可按当期发生额根据有关规定扣减。当期不足扣减或未扣减的,可结转下期扣减。

运杂费和外购矿购进金额需要进行折算的,应按规定折算后作为允许扣减的运杂费和允许扣减的外购矿购进金额。

6. 第10栏"计量单位":填写计税销售量的计量单位,如吨、立方米、千克等。

7. 本表各应税产品的销售量均包括视同销售数量,但不含外购矿的购进量。应税产品的销售量按其增值税发票等票据注明的数量填写或计算填写;发票上未注明数量的,填写与应税产品销售额相应的销售量。

8. 除煤炭折算率由省级财政部门或其授权地市级财政部门确定外,本表中的折算率、平均选矿比均按当地省级财税部门确定的数值填写。在用市场法计算折算率时需用到平均选矿比。平均选矿比=加工精矿耗用的原矿数量÷精矿数量。煤炭平均选矿比的计算公式为:平均选矿比=1÷平均综合回收率。平均综合回收率=洗选煤数量÷入洗前原煤数量×100%。

9. 通过本表计算的计税销售额、计税销售量,即为主表相应栏次的计税销售额、计税销售量。

资源税纳税申报表附表(二)

（精矿类税目适用）

纳税人识别号 □□□□□□□□□□□□□

纳税人名称：

税款所属时间：自 　年　月　日 至 　年　月　日

（公章）

金额单位：元至角分

序号	税目		原矿销售额	精矿销售额	换算比	原矿换算为精矿的销售额	允许扣减的运杂费	允许扣减的外购矿购进金额	计税销售额	计量单位	原矿销售量	精矿销售量	平均选矿比	原矿换算为精矿的销售量	计税销售量
	税目	子目	3	4	5	$6=3\times5$	7	8	$9=4+6-7-8$	10	11	12	13	$14=11\div13$	$15=12+14$
	1	2													
1															
2															
3															
4															
5															
6															
7															
8															
合计															

填表说明:

1. 凡开采以精矿为征税对象的应税产品的纳税人需填写此表。精矿类税目是指以精矿为征税对象的各种应税产品品目。此表反映计税销售额、计税销售量的计算过程,并自动导入主表。表中各栏如有发生数额,从价计征资源税纳税人均应如实填写;无发生数额的,应填写0。如不涉及换算,从价计征资源税纳税人应将其换算比和平均选矿比填写1;不涉及运杂费、外购矿购进金额扣减的,第7、8栏填写0。从量计征资源税纳税人只需填写原矿销售量、精矿销售量和计量单位、平均选矿比(不需要换算的,平均选矿比应填写1),系统将自动计算出计税销售量,本表第3到第9栏不需要填写。

2. "税目":填写规定的应税产品名称。多个税目的,可增加行次。

"子目":同一税目适用税率、换算比不同的,作为不同的子目分行填写。子目名称由各省、自治区、直辖市、计划单列市税务机关根据本地区实际情况确定。以金锭、原矿加工品等为征税对象的税目视同精矿类税目填写本表。金锭销售在栏次4、12填写,金原矿或金精矿销售均在栏次3、11填写(纳税人既销售自采金原矿,又销售自采原矿加工的金精矿或粗金,应当分为两个子目填写)。单位金锭需要耗用的金精矿或金原矿数量在栏次13填写。

3. 第3栏"原矿销售额":填写纳税人当期应税原矿产品的销售额,包括实际销售和视同销售两部分。

4. 第4栏"精矿销售额":填写纳税人当期应税精矿产品的销售额,包括实际销售和视同销售两部分。

5. 第7栏"允许扣减的运杂费"、第8栏"允许扣减的外购矿购进金额":填写根据资源税现行规定准予扣减的运杂费用、外购矿(即外购已税产品)购进金额。允许扣减的运杂费和允许扣减的外购矿购进金额,可按当期发生额根据有关规定扣减。当期不足扣减或未扣减的,可结转下期扣减。

运杂费和外购矿购进金额需要进行换算的,应按规定换算后作为允许扣减的运杂费和允许扣减的外购矿购进金额。

6. 第10栏"计量单位":填写计税销售量的计量单位,如吨、立方米、千克等。

7. 本表各应税产品的销售量均包括视同销售数量,但不含外购矿的购进量。应税产品的销售量按其增值税发票等票据注明的数量填写或计算填写;发票上未注明数量的,填写与应税产品销售额相应的销售量。

8. 本表中的换算比、平均选矿比按当地省级财政部门确定的数值填写。在用市场法计算换算比时需用到平均选矿比。平均选矿比 = 加工精矿耗用的原矿数量÷精矿数量。

9. 通过本表计算的计税销售额、计税销售量,即为主表相应栏次的计税销售额、计税销售量。

资源税纳税申报表附表(三)

（减免税明细）

纳税人识别号 □□□□□□□□□□□□□□□

纳税人名称：　　　　　　　　　　（公章）

税款所属时间：自　年　月　日至　年　月　日

金额单位：元至角分

序号	税目	子目	减免项目名称	计量单位	减免税销售量	减免税销售额	适用税率	减免性质代码	减征比例	本期减免税额
	1	2	3	4	5	6	7	8	9	10①=6×7×9；10②=5×7×9
1										
2										
3										
4										
5										
6										
7										
8										
合计				—			—	—	—	

填表说明:

1. 本附表适用于有减免资源税项目的纳税人填写。如不涉及减免税事项,纳税人不需填写本附表,系统会将其"本期减免税额"默认为0。

2. "纳税人识别号"填写税务登记证件号码。"纳税人名称"填写税务登记证件所载纳税人的全称。

3. 第1栏"税目":填写规定的应税产品名称。多个税目的,可增加行次。

4. 第2栏"子目":同一税目适用的减免性质代码、税率不同的,视为不同的子目,按相应的计税销售额分行填写。

5. 第3栏"减免项目名称":填写现行资源税规定的减免项目名称,如符合条件的衰竭期矿山、低品位矿等。

6. 第4栏"计量单位":填写计税销售量的计量单位,如吨、立方米、千克等。

7. 第5栏"减免税销售量":填写减免资源税项目对应的应税产品销售数量,由从量定额计征资源税的纳税人填写。减免税销售量需要通过平均选矿比换算的,应在换算后填写。

8. 第6栏"减免税销售额":填写减免资源税项目对应的应税产品销售收入,由从价定率计征资源税的纳税人填写。减免税销售额需要折算或换算的,应在折算或换算后填写。

9. 第7栏"适用税率":从价计征税目的适用税率为比例税率,如原油资源税率为6%,即填6%;从量计征税目的适用税率为定额税率,如某税目每立方米3元,即填3。

10. 第8栏"减免性质代码":填写规定的减免性质代码。

11. 第9栏"减征比例":填写减免税额占应纳税额的比例。免税项目的减征比例按100%填写。原油、天然气资源税按综合减征比例填写,其减征比例计算公式为:减征比例=(综合减征率÷适用税率)×100%;综合减征率=适用税率-实际征收率。

12. 第10栏"本期减免税额":填写本期应纳税额中按规定应予减免的部分。从价定率计征资源税的纳税人适用的计算公式为:本期减免税额=减免税销售额×适用税率×减征比例。从量定额计征资源税的纳税人适用的计算公式为:本期减免税额=减免税销售量×适用税率×减征比例。本期减免税额由系统自动导入资源税纳税申报表。

11-1-6
北京市财政局　北京市地方税务局
关于调整我市资源税税率的通知

2016年6月30日　京财税〔2016〕1130号

各区财政局、地方税务局,市地方税务局直属分局:

根据《财政部　国家税务总局关于全面推进资源税改革的通知》(财税〔2016〕53号)和《财政部　国家税务总局关于资源税改革具体政策问题的通知》(财税〔2016〕54号)精神,经市政府批准和财政部、国家税务总局核准备案,我市自2016年7月1日起实施资源税改革,现对我市资源税适用税率等事项明确如下:

一、铁矿、石灰石、大理岩、叶蜡石、石英岩和矿泉水资源税均由从量计征调整为从价计征,其资源税适用税率分别为:铁矿3.5%;石灰石5%;大理岩5%;叶蜡石3%;石英岩8.5%;矿泉水4%。

其中,铁矿的征税对象为精矿,其余税目的征税对象为原矿。

二、地下热水继续从量计征,其中:一般用途地下热水资源税 8.5 元/立方米;特殊行业地下热水资源税 30 元/立方米。

特殊行业是指洗浴业、公共娱乐业。

对实行地热尾水回灌的,以扣除回灌量后的用量计征资源税;采取梯级利用地热进行采暖和洗浴、公共娱乐经营的,可按用途享受对应类别的税率标准;对无法分别计量,从高标准计征。

三、将矿产资源补偿费并入资源税,矿产资源补偿费降为零。

四、请跟踪了解资源税改革实施情况,对执行中出现的新情况、新问题及时反馈市财政局、市地方税务局。

附件:1. 财政部、国家税务总局关于全面推进资源税改革的通知(财税〔2016〕53号)

2. 财政部、国家税务总局关于资源税改革具体政策问题的通知(财税〔2016〕54 号)

财政部　国家税务总局关于
全面推进资源税改革的通知

2016 年 5 月 9 日　　财税〔2016〕53 号

各省、自治区、直辖市、计划单列市人民政府,国务院各部委、各直属机构:

根据党中央、国务院决策部署,为深化财税体制改革,促进资源节约集约利用,加快生态文明建设,现就全面推进资源税改革有关事项通知如下:

一、资源税改革的指导思想、基本原则和主要目标

(一)指导思想。

全面贯彻党的十八大和十八届三中、四中、五中全会精神,按照"五位一体"总体布局和"四个全面"战略布局,牢固树立和贯彻落实创新、协调、绿色、开放、共享的发展理念,全面推进资源税改革,有效发挥税收杠杆调节作用,促进资源行业持续健康发展,推动经济结构调整和发展方式转变。

(二)基本原则。

一是清费立税。着力解决当前存在的税费重叠、功能交叉问题,将矿产资源补偿费等收费基金适当并入资源税,取缔违规、越权设立的各项收费基金,进一步理顺税费关系。

二是合理负担。兼顾企业经营的实际情况和承受能力,借鉴煤炭等资源税费改革经验,合理确定资源税计税依据和税率水平,增强税收弹性,总体上不增加企业税费负担。

三是适度分权。结合我国资源分布不均衡、地域差异较大等实际情况，在不影响全国统一市场秩序前提下，赋予地方适当的税政管理权。

四是循序渐进。在煤炭、原油、天然气等已实施从价计征改革基础上，对其他矿产资源全面实施改革。积极创造条件，逐步对水、森林、草场、滩涂等自然资源开征资源税。

（三）主要目标

通过全面实施清费立税、从价计征改革，理顺资源税费关系，建立规范公平、调控合理、征管高效的资源税制度，有效发挥其组织收入、调控经济、促进资源节约集约利用和生态环境保护的作用。

二、资源税改革的主要内容

（一）扩大资源税征收范围。

1. 开展水资源税改革试点工作。鉴于取用水资源涉及面广、情况复杂，为确保改革平稳有序实施，先在河北省开展水资源税试点。河北省开征水资源税试点工作，采取水资源费改税方式，将地表水和地下水纳入征税范围，实行从量定额计征，对高耗水行业、超计划用水以及在地下水超采地区取用地下水，适当提高税额标准，正常生产生活用水维持原有负担水平不变。在总结试点经验基础上，财政部、国家税务总局将选择其他地区逐步扩大试点范围，条件成熟后在全国推开。

2. 逐步将其他自然资源纳入征收范围。鉴于森林、草场、滩涂等资源在各地区的市场开发利用情况不尽相同，对其全面开征资源税条件尚不成熟，此次改革不在全国范围统一规定对森林、草场、滩涂等资源征税。各省、自治区、直辖市（以下统称省级）人民政府可以结合本地实际，根据森林、草场、滩涂等资源开发利用情况提出征收资源税的具体方案建议，报国务院批准后实施。

（二）实施矿产资源税从价计征改革。

1. 对《资源税税目税率幅度表》（见附件）中列举名称的 21 种资源品目和未列举名称的其他金属矿实行从价计征，计税依据由原矿销售量调整为原矿、精矿（或原矿加工品）、氯化钠初级产品或金锭的销售额。列举名称的 21 种资源品目包括：铁矿、金矿、铜矿、铝土矿、铅锌矿、镍矿、锡矿、石墨、硅藻土、高岭土、萤石、石灰石、硫铁矿、磷矿、氯化钾、硫酸钾、井矿盐、湖盐、提取地下卤水晒制的盐、煤层（成）气、海盐。

对经营分散、多为现金交易且难以控管的粘土、砂石，按照便利征管原则，仍实行从量定额计征。

2. 对《资源税税目税率幅度表》中未列举名称的其他非金属矿产品，按照从价计征为主、从量计征为辅的原则，由省级人民政府确定计征方式。

（三）全面清理涉及矿产资源的收费基金。

1. 在实施资源税从价计征改革的同时，将全部资源品目矿产资源补偿费费率降为零，停止征收价格调节基金，取缔地方针对矿产资源违规设立的各种收费基金项目。

2. 地方各级财政部门要会同有关部门对涉及矿产资源的收费基金进行全面清

理。凡不符合国家规定、地方越权出台的收费基金项目要一律取消。对确需保留的依法合规收费基金项目,要严格按规定的征收范围和标准执行,切实规范征收行为。

(四)合理确定资源税税率水平。

1. 对《资源税税目税率幅度表》中列举名称的资源品目,由省级人民政府在规定的税率幅度内提出具体适用税率建议,报财政部、国家税务总局确定核准。

2. 对未列举名称的其他金属和非金属矿产品,由省级人民政府根据实际情况确定具体税目和适用税率,报财政部、国家税务总局备案。

3. 省级人民政府在提出和确定适用税率时,要结合当前矿产企业实际生产经营情况,遵循改革前后税费平移原则,充分考虑企业负担能力。

(五)加强矿产资源税收优惠政策管理,提高资源综合利用效率。

1. 对符合条件的采用充填开采方式采出的矿产资源,资源税减征50%;对符合条件的衰竭期矿山开采的矿产资源,资源税减征30%。具体认定条件由财政部、国家税务总局规定。

2. 对鼓励利用的低品位矿、废石、尾矿、废渣、废水、废气等提取的矿产品,由省级人民政府根据实际情况确定是否减税或免税,并制定具体办法。

(六)关于收入分配体制及经费保障。

1. 按照现行财政管理体制,此次纳入改革的矿产资源税收入全部为地方财政收入。

2. 水资源税仍按水资源费中央与地方1∶9的分成比例不变。河北省在缴纳南水北调工程基金期间,水资源税收入全部留给该省。

3. 资源税改革实施后,相关部门履行正常工作职责所需经费,由中央和地方财政统筹安排和保障。

(七)关于实施时间。

1. 此次资源税从价计征改革及水资源税改革试点,自2016年7月1日起实施。

2. 已实施从价计征的原油、天然气、煤炭、稀土、钨、钼等6个资源品目资源税政策暂不调整,仍按原办法执行。

三、做好资源税改革工作的要求

(一)加强组织领导。各省级人民政府要加强对资源税改革工作的领导,建立由财税部门牵头、相关部门配合的工作机制,及时制定工作方案和配套政策,统筹安排做好各项工作,确保改革积极稳妥推进。对改革中出现的新情况新问题,要采取适当措施妥善加以解决,重大问题及时向财政部、国家税务总局报告。

(二)认真测算和上报资源税税率。各省级财税部门要对本地区资源税税源情况、企业经营和税费负担状况、资源价格水平等进行全面调查,在充分听取企业意见基础上,对《资源税税目税率幅度表》中列举名称的21种实行从价计征的资源品目和粘土、砂石提出资源税税率建议,报经省级人民政府同意后,于2016年5月31日前以正式文件报送财政部、国家税务总局,同时附送税率测算依据和相关数据(包括税费项目及收入规模,应税产品销售量、价格等)。计划单列市资源税税率由所在省份统一测算报送。

(三)确保清费工作落实到位。各地区、各有关部门要严格执行中央统一规定,对涉及矿产资源的收费基金进行全面清理,落实取消或停征收费基金的政策,不得以任何理由拖延或者拒绝执行,不得以其他名目变相继续收费。对不按规定取消或停征有关收费基金、未按要求做好收费基金清理工作的,要予以严肃查处,并追究相关责任人的行政责任。各省级人民政府要组织开展监督检查,确保清理收费基金工作与资源税改革同步实施、落实到位,并于2016年9月30日前将本地区清理收费措施及成效报财政部、国家税务总局。

(四)做好水资源税改革试点工作。河北省人民政府要加强对水资源税改革试点工作的领导,建立试点工作推进机制,及时制定试点实施办法,研究试点重大问题,督促任务落实。河北省财税部门要与相关部门密切配合、形成合力,深入基层加强调查研究,跟踪分析试点运行情况,及时向财政部、国家税务总局等部门报告试点工作进展情况和重大政策问题。

(五)加强宣传引导。各地区和有关部门要广泛深入宣传推进资源税改革的重要意义,加强政策解读,回应社会关切,稳定社会预期,积极营造良好的改革氛围和舆论环境。要加强对纳税人的培训,优化纳税服务,提高纳税人税法遵从度。

全面推进资源税改革涉及面广、企业关注度高、工作任务重,各地区、各有关部门要提高认识,把思想和行动统一到党中央、国务院的决策部署上来,切实增强责任感、紧迫感和大局意识,积极主动作为,扎实推进各项工作,确保改革平稳有序实施。

附件:资源税税目税率幅度表

附件

资源税税目税率幅度表

序号	税目		征税对象	税率幅度
1		铁矿	精矿	1%～6%
2		金矿	金锭	1%～4%
3		铜矿	精矿	2%～8%
4	金属矿	铝土矿	原矿	3%～9%
5		铅锌矿	精矿	2%～6%
6		镍矿	精矿	2%～6%
7		锡矿	精矿	2%～6%
8		未列举名称的其他金属矿产品	原矿或精矿	税率不超过20%

续表

序号	税目		征税对象	税率幅度
9		石墨	精矿	3% ~ 10%
10		硅藻土	精矿	1% ~ 6%
11		高岭土	原矿	1% ~ 6%
12		萤石	精矿	1% ~ 6%
13		石灰石	原矿	1% ~ 6%
14		硫铁矿	精矿	1% ~ 6%
15		磷矿	原矿	3% ~ 8%
16	非金属矿	氯化钾	精矿	3% ~ 8%
17		硫酸钾	精矿	6% ~ 12%
18		井矿盐	氯化钠初级产品	1% ~ 6%
19		湖盐	氯化钠初级产品	1% ~ 6%
20		提取地下卤水晒制的盐	氯化钠初级产品	3% ~ 15%
21		煤层(成)气	原矿	1% ~ 2%
22		黏土、砂石	原矿	每吨或立方米0.1~5元
23		未列举名称的其他非金属矿产品	原矿或精矿	从量税率每吨或立方米不超过30元;从价税率不超过20%
24	海盐		氯化钠初级产品	1% ~ 5%

备注:

1. 铝土矿包括耐火级矾土、研磨级矾土等高铝粘土。

2. 氯化钠初级产品是指井矿盐、湖盐原盐、提取地下卤水晒制的盐和海盐原盐,包括固体和液体形态的初级产品。

3. 海盐是指海水晒制的盐,不包括提取地下卤水晒制的盐。

财政部　国家税务总局关于
资源税改革具体政策问题的通知

2016 年 5 月 9 日　财税〔2016〕54 号

各省、自治区、直辖市、计划单列市财政厅(局)、地方税务局,西藏、宁夏回族自治区国家税务局,新疆生产建设兵团财务局:

　　根据党中央、国务院决策部署,自 2016 年 7 月 1 日起全面推进资源税改革。为切实做好资源税改革工作,确保《财政部　国家税务总局关于全面推进资源税改革的通知》(财税〔2016〕53 号,以下简称《改革通知》)有效实施,现就资源税(不包括水资源税,下同)改革具体政策问题通知如下:

　　一、关于资源税计税依据的确定

资源税的计税依据为应税产品的销售额或销售量,各税目的征税对象包括原矿、精矿(或原矿加工品,下同)、金锭、氯化钠初级产品,具体按照《改革通知》所附《资源税税目税率幅度表》相关规定执行。对未列举名称的其他矿产品,省级人民政府可对本地区主要矿产品按矿种设定税目,对其余矿产品按类别设定税目,并按其销售的主要形态(如原矿、精矿)确定征税对象。

(一)关于销售额的认定。

销售额是指纳税人销售应税产品向购买方收取的全部价款和价外费用,不包括增值税销项税额和运杂费用。

运杂费用是指应税产品从坑口或洗选(加工)地到车站、码头或购买方指定地点的运输费用、建设基金以及随运销产生的装卸、仓储、港杂费用。运杂费用应与销售额分别核算,凡未取得相应凭据或不能与销售额分别核算的,应当一并计征资源税。

(二)关于原矿销售额与精矿销售额的换算或折算。

为公平原矿与精矿之间的税负,对同一种应税产品,征税对象为精矿的,纳税人销售原矿时,应将原矿销售额换算为精矿销售额缴纳资源税;征税对象为原矿的,纳税人销售自采原矿加工的精矿,应将精矿销售额折算为原矿销售额缴纳资源税。换算比或折算率原则上应通过原矿售价、精矿售价和选矿比计算,也可通过原矿销售额、加工环节平均成本和利润计算。

金矿以标准金锭为征税对象,纳税人销售金原矿、金精矿的,应比照上述规定将其销售额换算为金锭销售额缴纳资源税。

换算比或折算率应按简便可行、公平合理的原则,由省级财税部门确定,并报财政部、国家税务总局备案。

二、关于资源税适用税率的确定

各省级人民政府应当按《改革通知》要求提出或确定本地区资源税适用税率。测算具体适用税率时,要充分考虑本地区资源禀赋、企业承受能力和清理收费基金等因素,按照改革前后税费平移原则,以近几年企业缴纳资源税、矿产资源补偿费金额(铁矿石开采企业缴纳资源税金额按40%税额标准测算)和矿产品市场价格水平为依据确定。一个矿种原则上设定一档税率,少数资源条件差异较大的矿种可按不同资源条件、不同地区设定两档税率。

三、关于资源税优惠政策及管理

(一)对依法在建筑物下、铁路下、水体下通过充填开采方式采出的矿产资源,资源税减征50%。

充填开采是指随着回采工作面的推进,向采空区或离层带等空间充填废石、尾矿、废渣、建筑废料以及专用充填合格材料等采出矿产品的开采方法。

(二)对实际开采年限在15年以上的衰竭期矿山开采的矿产资源,资源税减征30%。

衰竭期矿山是指剩余可采储量下降到原设计可采储量的20%(含)以下或剩余服

务年限不超过5年的矿山,以开采企业下属的单个矿山为单位确定。

(三)对鼓励利用的低品位矿、废石、尾矿、废渣、废水、废气等提取的矿产品,由省级人民政府根据实际情况确定是否给予减税或免税。

四、关于共伴生矿产的征免税的处理

为促进共伴生矿的综合利用,纳税人开采销售共伴生矿,共伴生矿与主矿产品销售额分开核算的,对共伴生矿暂不计征资源税;没有分开核算的,共伴生矿按主矿产品的税目和适用税率计征资源税。财政部、国家税务总局另有规定的,从其规定。

五、关于资源税纳税环节和纳税地点

资源税在应税产品的销售或自用环节计算缴纳。以自采原矿加工精矿产品的,在原矿移送使用时不缴纳资源税,在精矿销售或自用时缴纳资源税。

纳税人以自采原矿加工金锭的,在金锭销售或自用时缴纳资源税。纳税人销售自采原矿或者自采原矿加工的金精矿、粗金,在原矿或者金精矿、粗金销售时缴纳资源税,在移送使用时不缴纳资源税。

以应税产品投资、分配、抵债、赠与、以物易物等,视同销售,依照本通知有关规定计算缴纳资源税。

纳税人应当向矿产品的开采地或盐的生产地缴纳资源税。纳税人在本省、自治区、直辖市范围开采或者生产应税产品,其纳税地点需要调整的,由省级地方税务机关决定。

六、其他事项

(一)纳税人用已纳资源税的应税产品进一步加工应税产品销售的,不再缴纳资源税。纳税人以未税产品和已税产品混合销售或者混合加工为应税产品销售的,应当准确核算已税产品的购进金额,在计算加工后的应税产品销售额时,准予扣减已税产品的购进金额;未分别核算的,一并计算缴纳资源税。

(二)纳税人在2016年7月1日前开采原矿或以自采原矿加工精矿,在2016年7月1日后销售的,按本通知规定缴纳资源税;2016年7月1日前签订的销售应税产品的合同,在2016年7月1日后收讫销售款或者取得索取销售款凭据的,按本通知规定缴纳资源税;在2016年7月1日后销售的精矿(或金锭),其所用原矿(或金精矿)如已按从量定额的计征方式缴纳了资源税,并与应税精矿(或金锭)分别核算的,不再缴纳资源税。

(三)对在2016年7月1日前已按原矿销量缴纳过资源税的尾矿、废渣、废水、废石、废气等实行再利用,从中提取的矿产品,不再缴纳资源税。

上述规定,请遵照执行。此前规定与本通知不一致的,一律以本通知为准。

十二、车船税

12-1　规范性文件

12 – 1　规范性文件

12 – 1 – 1
北京市财政局　北京市地方税务局　北京市
经济和信息化委员会转发财政部　国家
税务总局　工业和信息化部关于节约能源
使用新能源车船车船税优惠政策的通知

2015 年 6 月 4 日　京财税〔2015〕997 号

各区县财政局、地方税务局、经济和信息化委员会,市地方税务局直属分局:

现将《财政部　国家税务总局　工业和信息化部关于节约能源使用新能源车船车船税优惠政策的通知》(财税〔2015〕51 号)转发给你们,请遵照执行。

附件:《财政部　国家税务总局　工业和信息化部关于节约能源使用新能源车船车船税优惠政策的通知》(财税〔2015〕51 号)

财政部　国家税务总局　工业和信息化部关于
节约能源使用新能源车船车船税优惠政策的通知

2015 年 5 月 7 日　财税〔2015〕51 号

各省、自治区、直辖市、计划单列市财政厅(局)、地方税务局、工业和信息化主管部门,西藏、宁夏自治区国家税务局,新疆生产建设兵团财务局、工业和信息化委员会:

为促进节约能源,鼓励使用新能源,根据《中华人民共和国车船税法》及其实施条例有关规定,经国务院批准,现将节约能源、使用新能源车船的车船税优惠政策通知如下:

一、对节约能源车船,减半征收车船税。

(一)减半征收车船税的节约能源乘用车应同时符合以下标准:

1. 获得许可在中国境内销售的排量为 1.6 升以下(含 1.6 升)的燃用汽油、柴油

的乘用车(含非插电式混合动力乘用车和双燃料乘用车);

2. 综合工况燃料消耗量应符合标准,具体标准见附件1;

3. 污染物排放符合《轻型汽车污染物排放限值及测量方法(中国第五阶段)》(GB18352.5–2013)标准中Ⅰ型试验的限值标准。

(二)减半征收车船税的节约能源商用车应同时符合下列标准:

1. 获得许可在中国境内销售的燃用天然气、汽油、柴油的重型商用车(含非插电式混合动力和双燃料重型商用车);

2. 燃用汽油、柴油的重型商用车综合工况燃料消耗量应符合标准,具体标准见附件2;

3. 污染物排放符合《车用压燃式、气体燃料点燃式发动机与汽车排气污染物排放限值及测量方法(中国Ⅲ,Ⅳ,Ⅴ阶段)》(GB17691—2005)标准中第Ⅴ阶段的标准。

减半征收车船税的节约能源船舶和其他车辆等的标准另行制定。

二、对使用新能源车船,免征车船税。

(一)免征车船税的使用新能源汽车是指纯电动商用车、插电式(含增程式)混合动力汽车、燃料电池商用车。纯电动乘用车和燃料电池乘用车不属于车船税征税范围,对其不征车船税。

(二)免征车船税的使用新能源汽车(不含纯电动乘用车和燃料电池乘用车,下同),应同时符合下列标准:

1. 获得许可在中国境内销售的纯电动商用车、插电式(含增程式)混合动力汽车、燃料电池商用车;

2. 纯电动续驶里程符合附件3标准;

3. 使用除铅酸电池以外的动力电池;

4. 插电式混合动力乘用车综合燃料消耗量(不计电能消耗)与现行的常规燃料消耗量国家标准中对应目标值相比小于60%;插电式混合动力商用车(含轻型、重型商用车)燃料消耗量(不含电能转化的燃料消耗量)与现行的常规燃料消耗量国家标准中对应限值相比小于60%;

5. 通过新能源汽车专项检测,符合新能源汽车标准,具体标准见附件3。

免征车船税的使用新能源船舶的标准另行制定。

三、符合上述标准的节约能源乘用车、商用车,以及使用新能源汽车,由财政部、国家税务总局、工业和信息化部不定期联合发布《享受车船税减免优惠的节约能源使用新能源汽车车型目录》(以下简称《目录》)予以公告。

四、汽车生产企业或进口汽车经销商(以下简称企业),生产或进口符合上述标准的汽车的,可自愿向工业和信息化部提出将其产品列入《目录》的书面申请,并按照有关要求填写书面报告(报告样本见附件4、5),通过工业和信息化部节能汽车税收优惠目录申报系统、新能源汽车税收优惠目录申报系统提交申报资料。申请人对申报资料的真实性负责。

五、财政部、国家税务总局、工业和信息化部组织有关专家对企业申报资料进行审查,并将审查结果在工业和信息化部网站公示 5 个工作日,没有异议的,纳入《目录》,予以发布。对产品与申报材料不符,产品性能指标未达到标准,或者企业提供其他虚假信息的,应及时从《目录》中撤销该车型,并依照相关法律法规对该企业予以处理。

六、本通知发布后,列入《目录》的节约能源、使用新能源汽车,自《目录》公告之日起,按《目录》和本通知相关规定享受车船税减免优惠政策;《目录》公告后取得的节约能源、使用新能源汽车,属于第一批、第二批《节约能源使用新能源车辆减免车船税的车型目录》,但未列入《目录》的,不得享受相关优惠政策;《目录》公告前,已取得的列入第一批、第二批《节约能源使用新能源车辆减免车船税的车型目录》的节约能源、使用新能源汽车,不论是否转让,可继续享受车船税减免优惠政策。

七、本通知自发布之日起执行。《财政部　国家税务总局　工业和信息化部关于节约能源使用新能源车船车船税政策的通知》(财税〔2012〕19 号)同时废止。

附件:1. 节约能源乘用车综合工况燃料消耗量限值标准(编者略)
　　　2. 节约能源重型商用车综合工况燃料消耗量限值标准(编者略)
　　　3. 新能源汽车纯电动续驶里程及专项检验标准(编者略)
　　　4. 节约能源车型报告(编者略)
　　　5. 使用新能源车型报告(编者略)

12 - 1 - 2
国家税务总局关于发布
《车船税管理规程(试行)》的公告

2015 年 11 月 26 日　国家税务总局公告 2015 年第 83 号

为进一步规范车船税管理,促进税务机关同其他部门协作,提高车船税管理水平,国家税务总局制定了《车船税管理规程(试行)》,现予发布,自 2016 年 1 月 1 日起施行。

特此公告。

车船税管理规程(试行)

第一章　总　　则

第一条　为进一步规范车船税管理,提高车船税管理水平,促进税务机关同其他部门协作,根据《中华人民共和国车船税法》(以下简称车船税法)及其实施条例以及相关法律、法规,制定本规程。

第二条 车船税管理应当坚持依法治税原则,按照法定权限与程序,严格执行相关法律法规和税收政策,坚决维护税法的权威性和严肃性,切实保护纳税人合法权益。

税务机关应当根据车船税法和相关法律法规要求,提高税收征管质效,减轻纳税人办税负担,优化纳税服务,加强部门协作,实现信息管税。

第三条 本规程适用于车船税管理中所涉及的税源管理、税款征收、减免税和退税管理、风险管理等事项。税务登记、税收票证、税收计划、税收会计、税收统计、档案资料等其他有关管理事项按照相关规定执行。

第二章 税源管理

第四条 税务机关应当按照车船税统一申报表数据指标建立车船税税源数据库。

第五条 税务机关、保险机构和代征单位应当在受理纳税人申报或者代收代征车船税时,根据相关法律法规及委托代征协议要求,整理《车船税纳税申报表》《车船税代收代缴报告表》的涉税信息,并及时共享。

税务机关应当将自行征收车船税信息和获取的车船税第三方信息充实到车船税税源数据库中。同时要定期进行税源数据库数据的更新、校验、清洗等工作,保障车船税税源数据库的完整性和准确性。

第六条 税务机关应当积极同相关部门建立联席会议、合作框架等制度,采集以下第三方信息:

(一)保险机构代收车船税车辆的涉税信息;

(二)公安交通管理部门车辆登记信息;

(三)海事部门船舶登记信息;

(四)公共交通管理部门车辆登记信息;

(五)渔业船舶登记管理部门船舶登记信息;

(六)其他相关部门车船涉税信息。

第三章 税款征收

第七条 纳税人向税务机关申报车船税,税务机关应当受理,并向纳税人开具含有车船信息的完税凭证。

第八条 税务机关按第七条征收车船税的,应当严格依据车船登记地确定征管范围。依法不需要办理登记的车船,应当依据车船的所有人或管理人所在地确定征管范围。车船登记地或车船所有人或管理人所在地以外的车船税,税务机关不应征收。

第九条 保险机构应当在收取机动车第三者责任强制保险费时依法代收车船税,并将注明已收税款信息的机动车第三者责任强制保险单及保费发票作为代收税款凭证。

第十条 保险机构应当按照本地区车船税代收代缴管理办法规定的期限和方式,及时向保险机构所在地的税务机关办理申报、结报手续,报送代收代缴税款报告表和投保机动车缴税的明细信息。

第十一条 对已经向主管税务机关申报缴纳车船税的纳税人,保险机构在销售机动车第三者责任强制保险时,不再代收车船税,但应当根据纳税人的完税凭证原件,将车辆的完税凭证号和出具该凭证的税务机关名称录入交强险业务系统。

对出具税务机关减免税证明的车辆,保险机构在销售机动车第三者责任强制保险时,不代收车船税,保险机构应当将减免税证明号和出具该证明的税务机关名称录入交强险业务系统。

纳税人对保险机构代收代缴税款数额有异议的,可以直接向税务机关申报缴纳,也可以在保险机构代收代缴税款后向税务机关提出申诉,税务机关应在接到纳税人申诉后按照本地区代收代缴管理办法规定的受理程序和期限进行处理。

第十二条 车船税联网征收系统已上线地区税务机关应当及时将征收信息、减免税信息、保险机构和代征单位汇总解缴信息等传递至车船税联网征收系统,与税源数据库历史信息进行比对核验,实现税源数据库数据的实时更新、校验、清洗,以确保车船税足额收缴。

第十三条 税务机关可以根据有利于税收管理和方便纳税的原则,委托交通运输部门的海事管理机构等单位在办理车船登记手续或受理车船年度检验信息报告时代征车船税,同时向纳税人出具代征税款凭证。

第十四条 代征单位应当根据委托代征协议约定的方式、期限及时将代征税款解缴入库,并向税务机关提供代征车船明细信息。

第十五条 代征单位对出具税务机关减免税证明或完税凭证的车船,不再代征车船税。代征单位应当记录上述凭证的凭证号和出具该凭证的税务机关名称,并将上述凭证的复印件存档备查。

代征单位依法履行委托代征税款职责时,纳税人不得拒绝。纳税人拒绝的,代征单位应当及时报告税务机关。

第四章　减免税退税管理

第十六条 税务机关应当依法减免车船税。保险机构、代征单位对已经办理减免税手续的车船不再代收代征车船税。

税务机关、保险机构、代征单位应当严格执行财政部、国家税务总局、工业和信息化部公布的节约能源、使用新能源车船减免税政策。对不属于车船税征税范围的纯电动乘用车和燃料电池乘用车,应当积极获取车辆的相关信息予以判断,对其征收了车船税的应当及时予以退税。

第十七条 税务机关应当将本地区车船税减免涉及的具体车船明细信息和相关减免税额存档备查。

第十八条 车船税退税管理应当按照税款缴库退库有关规定执行。

第十九条 已经缴纳车船税的车船,因质量原因,车船被退回生产企业或者经销商的,纳税人可以向纳税所在地的主管税务机关申请退还自退货月份起至该纳税年度终了期间的税款,退货月份以退货发票所载日期的当月为准。

地方税务机关与国家税务机关应当积极协作,落实国地税合作规范,在纳税人因质量原因发生车辆退货时,国家税务机关应当向地方税务机关提供车辆退货发票信息,减轻纳税人办税负担。

第二十条 已完税车辆被盗抢、报废、灭失而申请车船税退税的,由纳税人纳税所在地的主管税务机关按照有关规定办理。

第二十一条 纳税人在车辆登记地之外购买机动车第三者责任强制保险,由保险机构代收代缴车船税的,凭注明已收税款信息的机动车第三者责任强制保险单或保费发票,车辆登记地的主管税务机关不再征收该纳税年度的车船税,已经征收的应予退还。

第五章　风险管理

第二十二条　税务机关应当加强车船税风险管理,构建车船税风险管理指标体系,依托现代化信息技术,对车船税管理的风险点进行识别、监控、预警,做好风险应对处置工作。

税务机关应当根据国家税务总局关于财产行为税风险管理工作的要求开展车船税风险管理工作。

第二十三条　税务机关重点可以通过以下方式加强车船税风险管理:

(一)将申报已缴纳车船税车船的排量、整备质量、载客人数、吨位、艇身长度等信息与税源数据库中对应的信息进行比对,防范少征、错征税款风险;

(二)将保险机构、代征单位申报解缴税款与实际入库税款进行比对,防范少征、漏征风险;

(三)将备案减免税车船与实际减免税车船数量、涉及税款进行比对,防范减免税优惠政策落实不到位风险;

(四)将车船税联网征收系统车辆完税信息与本地区车辆完税信息进行比对,防范少征、漏征、重复征税风险等。

税务机关应当根据本地区车船税征管实际情况,设计适应本地区征管实际的车船税风险指标。

第六章　附　　则

第二十四条　各省、自治区、直辖市地方税务机关可根据本规程制定具体实施意见。

第二十五条　本规程自2016年1月1日起施行。

12 – 1 – 3
国家税务总局关于保险机构代收车船税
开具增值税发票问题的公告

2016年8月7日　国家税务总局公告2016年第51号

现对保险机构代收车船税开具增值税发票问题公告如下:

保险机构作为车船税扣缴义务人,在代收车船税并开具增值税发票时,应在增值税发票备注栏中注明代收车船税税款信息。具体包括:保险单号、税款所属期(详细至月)、代收车船税金额、滞纳金金额、金额合计等。该增值税发票可作为纳税人缴纳车船税及滞纳金的会计核算原始凭证。

本公告自2016年5月1日起施行。

特此公告。

十三、印花税

13-1　规范性文件

13-1-1

北京市知识产权局　北京市发展和改革委员会
北京市科学技术委员会　北京市财政局
北京市商务委　北京市地税局　北京市工商局
北京市版权局关于印发《加快发展首都
知识产权服务业的实施意见》的通知

2015 年 2 月 5 日　京知局〔2015〕21 号

各区县知识产权局、发展改革委、科委、财政局、商务委、地税分局、工商分局、文委,各
有关单位:

为贯彻落实《北京市人民政府关于促进首都知识产权服务业发展的意见》和《首
都知识产权服务业发展规划(2014—2020 年)》的工作要求,促进首都知识产权服务业
快速发展,为北京建设科技创新中心提供有力支撑,市知识产权局、市发展和改革委员
会、市科学技术委员会、市财政局、市商务委、市地税局、市工商局、市版权局联合制定
了《加快发展首都知识产权服务业的实施意见》,现予印发,请认真贯彻执行。

加快发展首都知识产权服务业的实施意见

为深入落实《北京市人民政府关于促进首都知识产权服务业发展的意见》和《首都知识产权服
务业发展规划(2014—2020 年)》,加快首都知识产权服务业的发展,服务北京科技创新中心和文化
中心建设,提出如下实施意见。

一、营造良好发展环境。在提升专利、商标代理质量的基础上,大力鼓励非代理类新兴服务业
态发展,支持服务机构为京津冀一体化建设服务。积极支持国家知识产权服务业集聚发展区和国
家技术转移集聚区建设,鼓励服务机构在集聚区内协同发展,开展引进国际高端知识产权服务人才
开放性试点工作。建设中关村知识产权要素一条街,支持入驻集聚区的高端服务机构享受房屋补
贴、参与高端人才培养等扶持政策。

二、搭建知识产权公共服务平台。建立全国知识产权运营公共服务平台,支持服务机构通过平台为知识产权运营提供价值评估、交易经纪、咨询等知识产权服务。加快北京市知识产权公共信息服务平台建设,向社会公众提供基础信息服务,并探索提供商用化信息服务。建设首都知识产权服务业平台,展示行业形象,发布行业发展动态,建立首都知识产权服务业统计网络调查机制。

三、支持服务机构享受相关税收政策。知识产权服务合同不缴纳印花税;合理确定合伙型专利代理机构的应税所得率;查账征收的合伙型服务机构职业责任保险在缴纳合伙人个人所得税之前扣除;公司制服务机构投保的职业责任保险在缴纳企业所得税之前扣除。支持服务机构参与软件企业认定、软件产品登记、技术合同认定登记和高新技术企业认定,享受相应税收政策。

四、培育品牌服务机构和高端人才。在知识产权各服务领域培育一批品牌服务机构,遴选知识产权服务业领军人才。开展知识产权服务从业人员执业教育和培训,探索开展知识产权境外培训,与高校联合设立知识产权国际化人才培训基地,培育国际化、复合型的知识产权高端服务人才。依托知识产权服务领军人才组建师资队伍,通过在高校建立知识产权学院、开设专利代理和信息检索利用类实务课程、与服务机构联合建立学生实习基地等方式培养知识产权实务人才,建立高校毕业生到服务机构就业绿色通道。

五、鼓励为知识产权创造提供优质服务。引导服务机构与大学、科研机构对接,挖掘、撰写具有更高市场价值的专利。鼓励服务机构帮助北京市企业特别是小微企业和园区企业提高专利质量和价值。鼓励创业投资引导基金支持服务机构为创新主体的知识产权创造提供优质服务。支持行业协会开展专利、商标代理执业培训,提高代理行业服务能力。

六、鼓励为知识产权运用提供优质服务。支持服务机构开展知识产权评估、价值分析和交易经纪等业务,为企业知识产权质押融资、专利保险、知识产权小额信用贷款、转让和许可等转化运用活动提供服务。以创业投资引导基金形式,为知识产权运营活动提供政策性支持。支持服务机构积极参与重大产业规划、政府重大科技经济活动等知识产权分析评议活动。支持服务机构通过提供信息深度加工服务,为战略性新兴产业的发展提供决策参考。

七、鼓励为知识产权保护提供优质服务。鼓励服务机构帮助企业及行业开展知识产权预警,通过政府购买服务的方式支持服务机构参与知识产权海外预警和涉外知识产权援助工作,鼓励服务机构为企业开展海外知识产权运营活动提供服务。引导服务机构参与展会知识产权保护服务工作。为服务机构开展涉外法律服务进行指导和培训,提升知识产权法律服务水平。

八、加强行业自治自律。支持成立知识产权服务业行业协会,完善各类知识产权行业协会组织体系,推动中关村知识产权服务业联盟建设,加强行业的自治自律管理。指导行业协会对知识产权代理、法律、信息、商用化、咨询和培训等服务领域开展评选表彰工作。支持行业协会推荐优秀的专利、商标代理人参与知识产权诉讼服务。指导行业协会建立和推行知识产权服务行业标准,提升行业服务质量和规范化水平。

13 –1 –2

北京市财政局 北京市地方税务局转发 财政部 国家税务总局关于组建中国 铁路总公司有关印花税政策的通知

2015 年 7 月 15 日 京财税〔2015〕1172 号

各区县财政局、地方税务局、市地税局各直属分局:

现将《财政部 国家税务总局关于组建中国铁路总公司有关印花税政策的通知》(财税〔2015〕57 号)转发给你们,请遵照执行。

附件:财政部 国家税务总局关于组建中国铁路总公司有关印花税政策的通知
(财税〔2015〕57 号)

财政部 国家税务总局关于组建 中国铁路总公司有关印花税政策的通知

2015 年 5 月 25 日 财税〔2015〕57 号

各省、自治区、直辖市、计划单列市财政厅(局)、地方税务局,西藏、宁夏回族自治区国家税务局,新疆生产建设兵团财务局:

经国务院批准,现就组建中国铁路总公司有关印花税政策通知如下:

一、对中国铁路总公司组建时新启用(截至 2013 年 12 月 31 日)的资金账簿记载的资金免征印花税。

二、对中国铁路总公司在改革过程中通过控股、参股等与所属企业建立资本关系而增加的资金账簿资金免征印花税。

三、对中国铁路总公司承继的原以铁道部名义签订的尚未履行完的各类应税合同,改革后需要变更执行主体的,对仅改变执行主体、其余条款未作变动且改革前已经贴花的,不再贴花。

四、对中国铁路总公司及其所属企业因铁路改革签订的产权转移书据免予贴花。

13 – 1 – 3
北京市财政局　北京市地方税务局转发
财政部　国家税务总局关于中国华融
资产管理股份有限公司改制过程中
有关印花税政策的通知

2015 年 11 月 20 日　京财税〔2015〕2286 号

各区县财政局、地方税务局,市地税局各直属分局:

现将《财政部　国家税务总局关于中国华融资产管理股份有限公司改制过程中有关印花税政策的通知》(财税〔2015〕109 号)转发给你们,请遵照执行。

附件:财政部、国家税务总局关于中国华融资产管理股份有限公司改制过程中有关印花税政策的通知(财税〔2015〕109 号)

财政部　国家税务总局关于中国华融
资产管理股份有限公司改制过程中
有关印花税政策的通知

2015 年 10 月 16 日　财税〔2015〕109 号

各省、自治区、直辖市、计划单列市财政厅(局)、地方税务局,西藏、宁夏回族自治区国家税务局,新疆生产建设兵团财务局:

为支持资产管理公司改制,经国务院批准,现对中国华融资产管理股份有限公司有关印花税政策通知如下:

对中国华融资产管理股份有限公司改制过程中资产评估增值转增资本金涉及的印花税予以免征。对改制后再增加的资本金涉及的印花税照章征收。

13 - 1 - 4
国家税务总局关于发行 2015 年印花税票的公告

2015 年 12 月 25 日　　国家税务总局公告 2015 年第 94 号

2015 年中国印花税票《中国古代税收思想家》已印制完成并开始发行,现将有关事项公告如下:

一、税票图案内容

2015 年印花税票以"中国古代税收思想家"为题材,一套 9 枚,各面值及图名分别是:1 角(中国古代税收思想家·管仲)、2 角(中国古代税收思想家·商鞅)、5 角(中国古代税收思想家·桑弘羊)、1 元(中国古代税收思想家·傅玄)、2 元(中国古代税收思想家·杨炎)、5 元(中国古代税收思想家·王安石)、10 元(中国古代税收思想家·耶律楚材)、50 元(中国古代税收思想家·张居正)、100 元(中国古代税收思想家·黄宗羲)。

2015 年印花税票以九位中国古代税收思想家半身像为票面图案,左侧印有税票题材名称,左下角印有"2015"表明版别,右侧由边及里依次印有"中国印花税票"字样、票面人物历史时期及姓名、面值、票面人物简介,右下角印有"9 - X"表明按票面金额从小到大的顺序号。

二、税票规格与包装

2015 年印花税票打孔尺寸为 30mm×50mm,齿孔度数为 13.5×13.5;每张 20 枚,成品尺寸 170mm×230mm,左右两侧出孔到边。各面值包装均为 100 张一包,5 包一箱,每箱共计 10000 枚(20 枚×100 张×5 包)。

三、税票防伪措施

(一)采用椭圆异形齿孔,左右两边居中;

(二)图内红版全部采用特制防伪油墨;

(三)图案左上角有镂空篆体"税"字;

(四)每版税票喷 7 位连续墨号;

(五)其他技术及纸张防伪措施。

四、2015 年印花税票发行量

2015 年印花税票《中国古代税收思想家》共发行 6400 万枚。各面值发行量分别为:

1 角票 300 万枚、2 角票 200 万枚、5 角票 200 万枚、1 元票 1200 万枚、2 元票 300 万枚、5 元票 1100 万枚、10 元票 1500 万枚、50 元票 400 万枚、100 元票 1200 万枚。

五、其他有关事项

2015年印花税票自本公告公布之日起启用;以前年度发行的各版中国印花税票仍然有效。

特此公告。

13-1-5
北京市财政局　北京市地方税务局转发
财政部　国家税务总局关于融资租赁
合同有关印花税政策的通知

2016年2月4日　京财税〔2016〕195号

各区财政局、地方税务局,市地方税务局直属分局:

现将《财政部　国家税务总局关于融资租赁合同有关印花税政策的通知》(财税〔2015〕144号)转发给你们,请遵照执行。

附件:《财政部　国家税务总局关于融资租赁合同有关印花税政策的通知》(财税〔2015〕144号)

财政部　国家税务总局关于融资
租赁合同有关印花税政策的通知

2015年12月24日　财税〔2015〕144号

各省、自治区、直辖市、计划单列市财政厅(局)、地方税务局,西藏、宁夏回族自治区国家税务局,新疆生产建设兵团财务局:

根据《国务院办公厅关于加快融资租赁业发展的指导意见》(国办发〔2015〕68号)有关规定,为促进融资租赁业健康发展,公平税负,现就融资租赁合同有关印花税政策通知如下:

一、对开展融资租赁业务签订的融资租赁合同(含融资性售后回租),统一按照其所载明的租金总额依照"借款合同"税目,按0.5‰的税率计税贴花。

二、在融资性售后回租业务中,对承租人、出租人因出售租赁资产及购回租赁资产所签订的合同,不征收印花税。

三、本通知自印发之日起执行。此前未处理的事项,按照本通知规定执行。

请遵照执行。

13 - 1 - 6
北京市地方税务局关于取消
印花税票代售许可事项的公告

2016 年 3 月 14 日　北京市地方税务局公告 2016 年第 3 号

根据《国务院关于第二批取消 152 项中央指定地方实施行政审批事项的决定》(国发〔2016〕9 号)、《国家税务总局贯彻落实〈国务院关于第二批取消 152 项中央指定地方实施行政审批事项的决定〉的通知》(税总发〔2016〕23 号)及《国家税务总局关于更新税务行政许可事项目录的公告》(国家税务总局公告 2016 年第 10 号)的要求,现取消印花税票代售许可事项。

特此公告。

13 - 1 - 7
国家税务总局关于做好 1988—1989 年
发行的印花税票停售后续管理工作的通知

2016 年 11 月 10 日　税总函〔2016〕580 号

各省、自治区、直辖市和计划单列市国家税务局、地方税务局:

按照《国家税务总局关于停止发售 1988—1989 年发行的印花税票有关事项的通知》(税总函〔2015〕553 号)的规定,国家税务总局 1988—1989 年发行的印花税票(以下简称 88—89 版印花税票)已在全国范围内停止发售并完成收缴。现就有关后续管理工作通知如下:

由于 88—89 版印花税票印制年代较早,印刷工艺与防伪手段简单,为防范税收资金风险,各地税务机关应当加强对贴用该版印花税票缴纳印花税的风险监控工作。在稽查、检查等日常管理工作中,如发现有大量、频繁贴用 88—89 版印花税票情况的,应当立即对使用时间、数量、面额等进行登记,了解印花税票来源并向上级税收票证主管部门报告,必要时开展专项调查。

13 -1 -8
国家税务总局关于发布
《印花税管理规程(试行)》的公告

2016 年 11 月 29 日　　国家税务总局公告 2016 年第 77 号

　　为进一步规范印花税管理,便利纳税人,国家税务总局制定了《印花税管理规程(试行)》,现予发布,自 2017 年 1 月 1 日起施行。

　　特此公告。

印花税管理规程(试行)

第一章　总　则

　　第一条　为进一步规范印花税管理,便利纳税人,根据《中华人民共和国税收征收管理法》(以下简称《征管法》)及其实施细则、《中华人民共和国印花税暂行条例》(以下简称《条例》)及其施行细则等相关法律法规,制定本规程。

　　第二条　本规程适用于除证券交易外的印花税税源管理、税款征收、减免税和退税管理、风险管理等事项,其他管理事项按照有关规定执行。

　　第三条　印花税管理应当坚持依法治税原则,按照法定权限与程序,严格执行相关法律法规和税收政策,坚决维护税法的权威性和严肃性,切实保护纳税人合法权益。

　　第四条　税务机关应当根据《条例》和相关法律法规要求,优化纳税服务,减轻纳税人办税负担,加强部门协作,提高印花税征管质效,实现信息管税。

第二章　税源管理

　　第五条　纳税人应当如实提供、妥善保存印花税应纳税凭证(以下简称"应纳税凭证")等有关纳税资料,统一设置、登记和保管《印花税应纳税凭证登记簿》(以下简称《登记簿》),及时、准确、完整记录应纳税凭证的书立、领受情况。

　　《登记簿》的内容包括:应纳税凭证种类、应纳税凭证编号、凭证书立各方(或领受人)名称、书立(领受)时间、应纳税凭证金额、件数等。

　　应纳税凭证保存期限按照《征管法》的有关规定执行。

　　第六条　税务机关可与银行、保险、工商、房地产管理等有关部门建立定期信息交换制度,利用相关信息加强印花税税源管理。

第七条 税务机关应当通过多种渠道和方式广泛宣传印花税政策,强化纳税辅导,提高纳税人的纳税意识和税法遵从度。

第三章 税款征收

第八条 纳税人书立、领受或者使用《条例》列举的应纳税凭证和经财政部确定征税的其他凭证时,即发生纳税义务,应当根据应纳税凭证的性质,分别按《条例》所附《印花税税目税率表》对应的税目、税率,自行计算应纳税额,购买并一次贴足印花税票(以下简称"贴花")。

第九条 一份凭证应纳税额超过500元的,纳税人可以采取将税收缴款书、完税证明其中一联粘贴在凭证上或者由地方税务机关在凭证上加注完税标记代替贴花。

第十条 同一种类应纳税凭证,需频繁贴花的,可由纳税人根据实际情况自行决定是否采用按期汇总申报缴纳印花税的方式。汇总申报缴纳的期限不得超过一个月。

采用按期汇总申报缴纳方式的,一年内不得改变。

第十一条 纳税人应按规定据实计算、缴纳印花税。

第十二条 税务机关可以根据《征管法》及相关规定核定纳税人应纳税额。

第十三条 税务机关应分行业对纳税人历年印花税的纳税情况、主营业务收入情况、应税合同的签订情况等进行统计、测算,评估各行业印花税纳税状况及税负水平,确定本地区不同行业应纳税凭证的核定标准。

第十四条 实行核定征收印花税的,纳税期限为一个月,税额较小的,纳税期限可为一个季度,具体由主管税务机关确定。纳税人应当自纳税期满之日起15日内,填写国家税务总局统一制定的纳税申报表申报缴纳核定征收的印花税。

第十五条 纳税人对主管税务机关核定的应纳税额有异议的,或因生产经营情况发生变化需要重新核定的,可向主管税务机关提供相关证据,主管税务机关核实后进行调整。

第十六条 主管税务机关核定征收印花税,应当向纳税人送达《税务事项通知书》,并注明核定征收的方法和税款缴纳期限。

第十七条 税务机关应当建立印花税基础资料库,内容包括分行业印花税纳税情况、分户纳税资料等,并确定科学的印花税评估方法或模型,据此及时、合理地做好印花税征收管理工作。

第十八条 税务机关根据印花税征收管理的需要,本着既加强源泉控管,又方便纳税人的原则,按照《国家税务总局关于发布〈委托代征管理办法〉的公告》(国家税务总局公告2013年第24号,以下简称《委托代征管理办法》)有关规定,可委托银行、保险、工商、房地产管理等有关部门,代征借款合同、财产保险合同、权利许可证照、产权转移书据、建设工程承包合同等的印花税。

第十九条 税务机关和受托代征人应严格按照《委托代征管理办法》的规定履行各自职责。违反规定的,应当追究相应的法律责任。

第二十条 税务机关在印花税征管中要加强部门协作,实现相关信息共享,构建综合治税机制。

第四章 减免税和退税管理

第二十一条 税务机关应当依照《条例》和相关规定做好印花税的减免税工作。

第二十二条 印花税实行减免税备案管理,减免税备案资料应当包括:

(一)纳税人减免税备案登记表;

(二)《登记簿》复印件;

(三)减免税依据的相关法律、法规规定的其他资料。

第二十三条 印花税减免税备案管理的其他事项,按照《国家税务总局关于发布〈税收减免管理办法〉的公告》(国家税务总局公告 2015 年第 43 号)的有关规定执行。

第二十四条 多贴印花税票的,不得申请退税或者抵用。

第五章 风险管理

第二十五条 税务机关应当按照国家税务总局关于税收风险管理的总体要求以及财产行为税风险管理工作的具体要求开展印花税风险管理工作,探索建立适合本地区的印花税风险管理指标,依托现代化信息技术,对印花税管理的风险点进行识别、预警、监控,做好风险应对工作。

第二十六条 税务机关通过将掌握的涉税信息与纳税人申报(报告)的征收信息、减免税信息进行比对,分析查找印花税风险点。

(一)将纳税人分税目已缴纳印花税的信息与其对应的营业账簿、权利和许可证照、应税合同的应纳税款进行比对,防范少征该类账簿、证照、合同印花税的风险;

(二)将纳税人主营业务收入与其核定的应纳税额进行比对,防范纳税人少缴核定征收印花税的风险。

第二十七条 税务机关要充分利用税收征管系统中已有信息、第三方信息等资源,不断加强和完善印花税管理,提高印花税管理的信息化水平。

第六章 附　　则

第二十八条 各省、自治区、直辖市税务机关可根据本规程制定具体实施办法。

第二十九条 本规程自 2017 年 1 月 1 日起施行。

13－1－9
国家税务总局关于发行
2016 年印花税票的公告

2016 年 12 月 22 日　　国家税务总局公告 2016 年第 85 号

2016 年印花税票已印制完成并开始发行,现将有关事项公告如下:

一、税票图案内容

2016 年印花税票以"荆关楚市"为题材,一套 9 枚,各面值及图名分别为:1 角(荆关楚市·神农兴耕)、2 角(荆关楚市·青铜铸币)、5 角(荆关楚市·金节通关)、1 元(荆关楚市·南船北马)、2 元(荆关楚市·草市列肆)、5 元(荆关楚市·粮盐贡赋)、10 元(荆关楚市·万里茶道)、50 元(荆关楚市·汉口开埠)、100 元(荆关楚市·荆楚三关)。

印花税票图案右侧印有"中国印花税票"字样,左侧印有各面值图名;右上角印有面值,左上角有镂空篆体"税"字。各枚印花税票底边右侧按票面金额从小到大印有顺序号(9－X),左侧印有"2016"字样。

二、税票规格与包装

2016年印花税票打孔尺寸为30mm×50mm,齿孔度数为13.5×13.5。20枚1张,每张尺寸170mm×230mm,左右两侧出孔到边。各面值包装均为100张1包,5包1箱,每箱共计10000枚(20枚×100张×5包)。

三、税票防伪措施

(一)采用椭圆异形齿孔,左右两边居中;

(二)图内红版全部采用特制防伪油墨;

(三)每张税票喷7位连续墨号;

(四)其他技术及纸张防伪措施。

四、发行数量

2016年印花税票发行5500万枚,各面值发行量分别为:1角票200万枚、2角票200万枚、5角票200万枚、1元票900万枚、2元票600万枚、5元票2000万枚、10元票1000万枚、50元票200万枚、100元票200万枚。

五、其他事项

2016年印花税票自本公告公布之日起启用,以前年度发行的各版印花税票仍然有效。

特此公告。

13－2 综合规定

本部分未收录"综合规定"类文件全文,请根据文件编码在"综合税收政策"部分查阅全文。

十四、耕地占用税

14-1 规范性文件

14－1－1
国家税务总局关于发布
《耕地占用税管理规程(试行)》的公告

2016 年 1 月 15 日　国家税务总局公告 2016 年第 2 号

为进一步规范和加强征收管理,提高耕地占用税管理水平,国家税务总局制定了《耕地占用税管理规程(试行)》,现予发布,自公布之日起施行。

特此公告。

附件:耕地占用税纳税申报表及填表说明

耕地占用税管理规程(试行)

第一章　总　　则

第一条　为了规范和加强耕地占用税管理,提高耕地占用税管理水平,根据《中华人民共和国税收征收管理法》(以下简称《税收征管法》)及其实施细则,《中华人民共和国耕地占用税暂行条例》(以下简称《暂行条例》)及其实施细则以及相关法律法规,制定本规程。

第二条　本规程适用于耕地占用税管理中所涉及的涉税信息管理、纳税认定管理、申报征收管理、减免退税管理和税收风险管理等事项,其他管理事项按照相关规定执行。

第三条　耕地占用税依法由地税机关负责征收管理。省、自治区、直辖市和计划单列市地方税务机关(以下简称省地税机关)应遵循属地管理原则,合理划分各级地税机关的管理权限,做到权责一致、易于监管、便利纳税。

第四条　耕地占用税管理应坚持依法治税原则,按照法定权限与程序,严格执行税法以及相关法律法规,维护税法权威性和严肃性,保护纳税人合法权益。

第五条　耕地占用税管理应遵循及时征收原则,按照法定的纳税环节和纳税期限征收税款。

第六条　各级地税机关应积极与土地管理部门建立部门协作机制,定期开展耕地占用税涉税信息交换,建立健全"先税后证"源头控管模式,充分利用"以地控税、以税节地"管理模式和土地管理部门的"地理信息管理系统(GIS)",探索对未经批准占地的联合执法工作机制。

上述"先税后证"的"证"指"建设用地批准书"。

第七条　省地税机关应根据当地实际情况和耕地占用税征税对象、征收地域及征管机制等方面的特殊性,按照国家税务总局关于税源专业化管理的相关意见和要求,提高本地区耕地占用税专业化管理能力和水平。

第二章　涉税信息管理

第八条　地税机关与土地管理部门交换的耕地占用税涉税信息分为换入信息和换出信息两大类。

换入信息包括:农用地转用信息、城市和村庄集镇按批次建设用地转而未供信息、经批准临时占地信息、未批先占农用地查处信息、卫星测量占地信息等。

换出信息包括:耕地占用税征税信息、减免税信息、不征税信息等。

换出信息仅用于向土地管理部门确认纳税人耕地占用税的征免税情况,如土地管理部门无相关需求可不提供。

第九条　农用地转用信息应包括申请农用地单位、批次(项目)名称、所在市县、地块名称、批准占地总面积、建设用地及其分类面积、农用地及其分类面积、未利用地及其分类面积、批准占地日期、四至范围、批准占地文号、申请单位联系电话、征地补偿标准、安置途径、拟开发用途等。

第十条　城市和村庄、集镇按批次建设用地转而未供信息应包括批次名称、批准面积、已供地面积、供地项目名称、所在市县、供地批准时间、批次供地面积、未供地面积、四至范围、批次批准日期、供地批复文号等。

第十一条　经批准临时占地信息应包括项目名称、批准用地对象、批准用地文号、项目规划用途、批准时间、用地位置、用地类型及分类面积等。

第十二条　未批先占农用地查处信息应包括农用地占用单位(个人)名称、证件类型、证照号码、占用农用土地类型及分类面积、日期、农用地坐落地址(四至范围)等。

第十三条　卫星测量占地信息应包括占地单位(个人)名称、占地面积、取得土地使用权证面积、土地坐落位置等。

第十四条　各级地税机关应注重耕地占用税涉税情报收集工作,充分利用互联网、新闻媒体登载的土地招拍挂、农用地租赁、大型项目建设等耕地占用税涉税信息,跟踪管理,及时采取措施。

第十五条　各级地税机关应广泛宣传耕地占用税税收政策和举报税收违法行为奖励办法,鼓励公众检举涉税违法行为。对涉税违法行为查实的,按照国家税务总局、财政部《检举纳税人税收违法行为奖励暂行办法》(国家税务总局　财政部令第18号公布)规定给予奖励。

第十六条　各级地税机关及其工作人员应当依法为耕地占用税纳税人、检举人的情况保密。

第三章　纳税认定管理

第十七条　属于耕地占用税征税范围的土地(以下简称应税土地)包括:

(一)耕地。指用于种植农作物的土地。

(二)园地。指果园、茶园、其他园地。

(三)林地、牧草地、农田水利用地、养殖水面以及渔业水域滩涂等其他农用地。

林地,包括有林地、灌木林地、疏林地、未成林地、迹地、苗圃等,不包括居民点内部的绿化林木用地、铁路、公路征地范围内的林木用地,以及河流、沟渠的护堤林用地。

牧草地,包括天然牧草地、人工牧草地。

农田水利用地,包括农田排灌沟渠及相应附属设施用地。

养殖水面,包括人工开挖或者天然形成的用于水产养殖的河流水面、湖泊水面、水库水面、坑塘水面及相应附属设施用地。

渔业水域滩涂,包括专门用于种植或者养殖水生动植物的海水潮浸地带和滩地。

(四)草地、苇田。

草地,是指用于农业生产并已由相关行政主管部门发放使用权证的草地。

苇田,是指用于种植芦苇并定期进行人工养护管理的苇田。

第十八条 凡在中华人民共和国境内占用应税土地建房或者从事非农业建设的单位和个人为耕地占用税的纳税人,应当依照《暂行条例》及其实施细则的规定缴纳耕地占用税。

第十九条 经申请批准占用应税土地的,纳税人为农用地转用审批文件中标明的建设用地人;农用地转用审批文件中未标明建设用地人的,纳税人为用地申请人。

未经批准占用应税土地的,纳税人为实际用地人。

城市和村庄、集镇建设用地审批中,按土地利用年度计划分批次批准的农用地转用审批,批准文件中未标明建设用地人且用地申请人为各级人民政府的,由同级土地储备中心履行耕地占用税申报纳税义务;没有设立土地储备中心的,由国土资源管理部门或政府委托的其他部门履行耕地占用税申报纳税义务。

第二十条 纳税人临时占用应税土地,应当依照《暂行条例》及其实施细则的规定缴纳耕地占用税。

临时占用应税土地,是指纳税人因建设项目施工、地质勘查等需要,在一般不超过2年内临时使用应税土地并且没有修建永久性建筑物的行为。

第二十一条 因污染、取土、采矿塌陷等损毁应税土地的,由造成损毁的单位或者个人缴纳耕地占用税。超过2年未恢复土地原状的,已征税款不予退还。

第二十二条 以下占用土地行为不征收耕地占用税:

(一)农田水利占用耕地的;

(二)建设直接为农业生产服务的生产设施占用林地、牧草地、农田水利用地、养殖水面以及渔业水域滩涂等其他农用地的;

(三)农村居民经批准搬迁,原宅基地恢复耕种,凡新建住宅占用耕地不超过原宅基地面积的。

第二十三条 符合本规程第二十二条规定的单位或者个人,应当在收到土地管理部门办理占地手续通知之日起30日内,将相关资料报备主管地税机关,主管地税机关查验相关资料后出具相关证明材料。

报备的具体资料由省地税机关按照精简、便民的原则确定,证明材料的具体样式由省地税机关商同级土地管理部门确定。

第四章　申报征收管理

第二十四条 耕地占用税原则上在应税土地所在地进行申报纳税。涉及集中征收、跨地区占地需要调整纳税地点的,由省地税机关确定。

第二十五条 经批准占用应税土地的,耕地占用税纳税义务发生时间为纳税人收到土地管理部门办理占用农用地手续通知的当天;未经批准占用应税土地的,耕地占用税纳税义务发生时间为纳税人实际占地的当天。

已享受减免税的应税土地改变用途,不再属于减免税范围的,耕地占用税纳税义务发生时间为纳税人改变土地用途的当天。

第二十六条 耕地占用税纳税人依照税收法律法规及相关规定,应在获准占用应税土地收到土地管理部门的通知之日起30日内向主管地税机关申报缴纳耕地占用税;未经批准占用应税土地的纳税人,应在实际占地之日起30日内申报缴纳耕地占用税。

第二十七条 对超过规定期限缴纳耕地占用税的,应按照《税收征管法》的有关规定加收滞纳金。

第二十八条 耕地占用税实行全国统一申报表(见附件),各地不得自行减少项目。

第二十九条 耕地占用税纳税申报应报送以下资料:

(一)《耕地占用税纳税申报表》;

(二)纳税人身份证明原件及复印件;

(三)农用地转用审批文件原件及复印件;

(四)享受耕地占用税优惠的,应提供减免耕地占用税证明材料原件及复印件;

(五)未经批准占用应税土地的,应提供实际占地的相关证明材料原件及复印件。

第三十条 主管地税机关接收纳税人申报资料后,审核资料是否齐全、是否符合法定形式、填写内容是否完整、项目间逻辑关系是否相符,审核无误的即时受理;审核发现问题的当场一次性告知应补正资料或不予受理原因。

第三十一条 纳税人确有困难,不能按期办理耕地占用税纳税申报的,依法应当在规定的期限内提出书面延期申请,经主管地税机关核准,可以在核准的期限内延期申报。经核准延期办理申报的,应当在纳税期内按照主管地税机关核定的税额预缴耕地占用税税款,并在核准的延期内办理税款结算。

纳税人因不可抗力,不能按期办理耕地占用税纳税申报的,依法可以延期办理;但是,应当在不可抗力情形消除后立即向主管地税机关报告。主管地税机关应当查明事实,予以核准。

第三十二条 耕地占用税以纳税人实际占用的应税土地面积(包括经批准占用面积和未经批准占用面积)为计税依据,以平方米为单位,按所占土地当地适用税额计税,实行一次性征收。

耕地占用税计算公式为:应纳税额 = 应税土地面积×适用税额。

第三十三条 各地适用税额,由省、自治区、直辖市人民政府在《暂行条例》规定的税额幅度内,根据本地区情况核定。各省、自治区、直辖市人民政府核定的适用税额的平均水平,不得低于国务院财政、税务主管部门确定的各省、自治区、直辖市平均税额。

《暂行条例》规定的税额幅度如下:

(一)人均耕地不超过1亩的地区(以县级行政区域为单位,下同),每平方米为10~50元;

(二)人均耕地超过1亩但不超过2亩的地区,每平方米为8~40元;

(三)人均耕地超过2亩但不超过3亩的地区,每平方米为6~30元;

(四)人均耕地超过3亩的地区,每平方米为5~25元。

第三十四条 经济特区、经济技术开发区和经济发达且人均耕地特别少的地区,适用税额可以适当提高,但是提高的部分最高不得超过《暂行条例》第五条第三款规定的当地适用税额的50%。

第三十五条 占用基本农田的,适用税额应当在《暂行条例》第五条第三款、第六条规定的当地适用税额的基础上提高50%。

　　第三十六条　占用林地、牧草地、农田水利用地、养殖水面以及渔业水域滩涂等其他农用地建房或者从事非农业建设的,适用税额可以适当低于当地占用耕地的适用税额,具体适用税额按照各省、自治区、直辖市人民政府的规定执行。

　　第三十七条　纳税人未经批准占用应税土地,应税面积不能及时准确确定的,主管地税机关可根据实际占地情况核定征收耕地占用税,待应税面积准确确定后结清税款,结算补税不加收滞纳金。

　　第三十八条　纳税人因有特殊困难,不能按期缴纳耕地占用税税款的,按照《税收征管法》及其实施细则的规定,经省地税机关批准,可以延期缴纳税款,但是最长不得超过三个月。

　　特殊困难是指以下情形之一:

　　(一)因不可抗力,导致纳税人发生较大损失,正常生产经营活动受到较大影响的;

　　(二)当期货币资金在扣除应付职工工资、社会保险费后,不足以缴纳税款的。

　　第三十九条　涉及耕地占用税的税收违法行为,由主管地税机关按照《税收征管法》及其实施细则的有关规定处理。

第五章　减免退税管理

　　第四十条　按照《暂行条例》及其实施细则的规定,以下情形免征、减征耕地占用税:

　　(一)军事设施占用应税土地免征耕地占用税。

　　免税的军事设施,具体范围包括:地上、地下的军事指挥、作战工程;军用机场、港口、码头;营区、训练场、试验场;军用洞库、仓库;军用通信、侦察、导航、观测台站和测量、导航、助航标志;军用公路、铁路专用线,军用通讯、输电线路,军用输油、输水管道;其他直接用于军事用途的设施。

　　(二)学校、幼儿园、养老院、医院占用应税土地免征耕地占用税。

　　免税的学校,具体范围包括县级以上人民政府教育行政部门批准成立的大学、中学、小学、学历性职业教育学校以及特殊教育学校。由国务院人力资源社会保障行政部门,省、自治区、直辖市人民政府或其人力资源社会保障行政部门批准成立的技工院校。学校内经营性场所和教职工住房占用应税土地的,按照当地适用税额缴纳耕地占用税。

　　免税的幼儿园,具体范围限于县级以上人民政府教育行政部门登记注册或者备案的幼儿园内专门用于幼儿保育、教育的场所。

　　免税的养老院,具体范围限于经批准设立的养老机构内专门为老年人提供生活照顾的场所。

　　免税的医院,具体范围限于县级以上人民政府卫生行政部门批准设立的医院内专门用于提供医护服务的场所及其配套设施。医院内职工住房占用应税土地的,按照当地适用税额缴纳耕地占用税。

　　(三)铁路线路、公路线路、飞机场跑道、停机坪、港口、航道占用应税土地,减按每平方米2元的税额征收耕地占用税。

　　根据实际需要,国务院财政、税务主管部门商国务院有关部门并报国务院批准后,可以对前款规定的情形免征或者减征耕地占用税。

　　减税的铁路线路,具体范围限于铁路路基、桥梁、涵洞、隧道及其按照规定两侧留地。专用铁路和铁路专用线占用应税土地的,按照当地适用税额缴纳耕地占用税。

　　减税的公路线路,具体范围限于经批准建设的国道、省道、县道、乡道和属于农村公路的村道的主体工程以及两侧边沟或者截水沟。专用公路和城区内机动车道占用应税土地的,按照当地适用税额缴纳耕地占用税。

减税的飞机场跑道、停机坪,具体范围限于经批准建设的民用机场专门用于民用航空器起降、滑行、停放的场所。

减税的港口,具体范围限于经批准建设的港口内供船舶进出、停靠以及旅客上下、货物装卸的场所。

减税的航道,具体范围限于在江、河、湖泊、港湾等水域内供船舶安全航行的通道。

(四)农村居民占用应税土地新建住宅,按照当地适用税额减半征收耕地占用税。

减税的农村居民占用应税土地新建住宅,是指农村居民经批准在户口所在地按照规定标准占用应税土地建设自用住宅。

农村居民经批准搬迁,原宅基地恢复耕种,新建住宅占用应税土地超过原宅基地面积的,对超过部分按当地适用税额减半征收耕地占用税。

(五)农村烈士家属、残疾军人、鳏寡孤独以及革命老根据地、少数民族聚居区和边远贫困山区生活困难的农村居民,在规定用地标准以内新建住宅缴纳耕地占用税确有困难的,经所在地乡(镇)人民政府审核,报经县级人民政府批准后,可以免征或者减征耕地占用税。

农村烈士家属,包括农村烈士的父母、配偶和子女。

革命老根据地、少数民族聚居地区和边远贫困山区生活困难的农村居民,其标准按照各省、自治区、直辖市人民政府有关规定执行。

(六)财政部、国家税务总局规定的其他减免耕地占用税的情形。

第四十一条　耕地占用税减免实行备案管理。

第四十二条　符合耕地占用税减免条件的纳税人应在收到土地管理部门办理占用农用地手续通知之日起30日内,向主管地税机关办理减免税备案。

主管地税机关应自办理完毕之日起30日内,向省地税机关或者省地税机关授权的地税机关备案。

第四十三条　符合耕地占用税减免条件的纳税人根据不同情况报送《纳税人减免税备案登记表》及下列材料之一:

(一)军事设施占用应税土地的证明材料;

(二)学校、幼儿园、养老院、医院占用应税土地的证明材料;

(三)铁路线路、公路线路、飞机场跑道、停机坪、港口、航道占用应税土地的证明材料;

(四)农村居民占用应税土地新建住宅的证明材料;

(五)县级人民政府批准的农村居民困难减免批复文件原件及复印件,申请人身份证明原件及复印件;

(六)财政部、国家税务总局规定的其他减免耕地占用税情形的证明材料。

第四十四条　各级地税机关应进一步加强耕地占用税减免税的后续管理,定期开展对下级地税机关的监督检查和对减免税纳税人的实地随机抽查。

对属于不征税情形占地的后续管理比照前款规定执行。

第四十五条　依法免征或者减征耕地占用税后,纳税人改变原占地用途,不再属于免征或者减征耕地占用税情形的,应当按照当地适用税额补缴耕地占用税。

第四十六条　耕地占用税减免实施备案管理的其他相关事项按照《税收减免管理办法》(国家

税务总局公告2015年第43号发布)的有关规定执行。

第四十七条　符合以下情形,纳税人可以申请退还已缴纳的耕地占用税:

(一)纳税人在批准临时占地的期限内恢复所占用土地原状的;

(二)损毁土地的单位或者个人,在2年内恢复土地原状的;

(三)依照税收法律、法规规定的其他情形。

第四十八条　恢复土地原状需按《土地复垦条例》(国务院令第592号公布)的规定,由土地管理部门会同有关行业管理部门认定并出具验收合格确认书。

第四十九条　耕地占用税退税的有关程序性要求按照退税管理的相关规定执行。

第六章　税收风险管理

第五十条　各级地税机关应当加强耕地占用税风险管理,构建耕地占用税风险管理指标体系,依托现代化信息技术,对耕地占用税管理的风险点进行识别、监控、预警,做好风险应对处置工作。

第五十一条　各级地税机关应当根据国家税务总局关于税收风险管理的总体要求以及财产行为税风险管理工作的具体要求开展耕地占用税风险管理工作。

第五十二条　各级地税机关可以利用与土地管理部门交换的涉税信息、主动收集的涉税情报、受理的涉税举报信息和申报征收信息、减免税信息进行分析比对,查找耕地占用税纳税人的以下风险点:

(一)未纳税的风险

1. 实际占用或经批准占用应税土地未纳税;

2. 虚报免税未纳税;

3. 享受免税优惠后,变更占地用途未纳税;

4. 其他造成未纳税的情形。

(二)延迟纳税的风险

1. 延迟纳税未缴纳或者少缴纳滞纳金;

2. 其他延迟纳税带来的风险。

(三)少纳税的风险

1. 应加成50%征收未加成征收;

2. 扩大减免税适用范围少纳税;

3. 虚报减税少纳税;

4. 享受减税优惠后,变更占地用途少纳税;

5. 其他造成少纳税的情形。

(四)未结清税款的风险

未经批准占用应税土地,应税面积准确确定后未结清税款的。

(五)退税的风险

1. 恢复土地原状未经土地管理部门会同有关行业管理部门认定的;

2. 误适用高税率征收;

3. 虚假申报退税;

4. 其他涉及退税的风险。

(六)其他风险

第七章　附　　则

第五十三条　各级地税机关要充分利用税收征管系统、跨部门信息平台等现有信息化资源,不断完善耕地占用税管理功能,加快实现耕地占用税管理全过程的信息化。

第五十四条　省地税机关可根据本规程制定本地区的具体管理办法。

第五十五条　本规程所涉及的"以上""日内""之日"均包含本数。

第五十六条　本规程自公布之日起施行。《国家税务总局关于印发〈耕地占用税契税减免管理办法〉的通知》(国税发〔2004〕99 号)中有关耕地占用税减免管理的规定同时废止。

附件

耕地占用税纳税申报表

填表日期：　年　月　日

金额单位:元至角分;面积单位:平方米

纳税人识别号								

纳税人信息

纳税人名称		所属行业	
登记注册类型			
身份证照类型		联系人		联系方式	

耕地占用信息

项目(批次)名称		批准占地部门		批准占地文号		批准日期	
占地位置		占地用途		占地方式		占地日期	
经批准占地面积		实际占地面积		经济开发区 □是 □否		税额提高比例(%)	

计税信息

类别 \ 项目	计税面积	其中:减税面积	免税面积	适用税额	计征税额	减税税额	免税税额	已缴税额	应缴税额
总计									
耕地(基本农田)									
耕地(非基本农田)									
园地									
林地									
牧草地									
农田水利用地									
养殖水面									
渔业水域滩涂									
苇田									
其他类型土地									

纳税人声明：此纳税申报表是根据《中华人民共和国耕地占用税暂行条例》和国家有关耕地占用税收规定填报的,是真实的、可靠的、完整的。

纳税人签章	代理人签章	代理税务机关签章

以下由税务机关填写：

受理人	受理日期　年　月　日	受理税务机关签章

本表一式两份,一份纳税人留存,一份税务机关留存。

填表说明:

1. 本表依据《中华人民共和国税收征收管理法》《中华人民共和国耕地占用税暂行条例》及其实施细则制定。纳税申报必须填写本表。

2. 本申报表适用于在中华人民共和国境内占用耕地建房或者从事非农业建设的单位和个人。纳税人应当在收到领取农用地转用审批文件通知之日起或占用耕地之日起30日内,填报耕地占用税纳税申报表,向土地所在地地方税务机关申报纳税。

3. 填报日期:填写纳税人办理纳税申报的实际日期。

4. 本表各栏填写说明如下:

(1)纳税人信息栏:

纳税人识别号:纳税人办理税务登记时,税务机关赋予的编码。纳税人为自然人的,应按照本人有效身份证件上标注的号码填写。

纳税人名称:党政机关、企事业单位、社会团体的,应按照国家人事、民政部门批准设立或者工商部门注册登记的全称填写;纳税人是自然人的,应按照本人有效身份证件上标注的姓名填写。

登记注册类型:单位,根据税务登记证或组织机构代码证中登记的注册类型填写;纳税人是企业的,根据国家统计局《关于划分企业登记注册类型的规定》填写。内资企业 国有企业 集体企业 股份合作企业 联营企业 国有联营企业 集体联营企业 国有与集体联营企业 其他联营企业 有限责任公司 国有独资公司 其他有限责任公司 股份有限公司 私营企业 私营独资企业 私营合伙企业 私营有限责任公司 私营股份有限公司 其他企业 港、澳、台商投资企业 合资经营企业(港或澳、台资)合作经营企业(港或澳、台资)港、澳、台商独资经营企业 港、澳、台商投资股份有限公司 其他港、澳、台商投资企业 外商投资企业 中外合资经营企业 中外合作经营企业 外资企业 外商投资股份有限公司 其他外商投资企业

行业根据《国民经济行业分类》(GB/T 4754—2011)填写。

联系人:填写单位法定代表人或纳税人本人姓名;联系方式:填写常用联系电话及通讯地址。

(2)耕地占用信息栏:

项目(批次)名称:按照政府农用地转用审批文件中标明的项目或批次名称填写。

批准占地部门、批准占地文号:属于批准占地的,填写有权审批农用地转用的政府名称及批准农用地转用文件的文号。

占地用途:经批准占地的,按照政府农用地转用审批文件中明确的土地储备、交通基础设施建设(其中铁路线路、公路线路、飞机场跑道、停机坪、港口、航道等适用2元/平方米税额占地项目必须在栏目中详细列明)、工业建设、商业建设、住宅建设、农村居民建房、军事设施、学校、幼儿园、医院、养老院和其他等项目分类填写;未经批准占地的,按照实际占地情况,区分交通基础设施建设、工业建设、商业建设、住宅建设、农村居民建房、军事设施、学校、幼儿园、医院、养老院和其他等项目分类填写。

批准日期:属于经批准占地的,填写政府农用地转用审批文件的批准日期。

占地日期:属于未经批准占地的,填写实际占地的日期。

占地位置:占用耕地所属的县、镇(乡)、村名称。

占地方式:按照按批次转用、单独选址转用、批准临时占地、未批先占填写。

批准占地面积:指政府农用地转用审批文件中批准的农用地转用面积。

实际占地面积:包括经批准占用的耕地面积和未经批准占用的耕地面积。

经济开发区:占地位于经济特区、经济技术开发区和经济发达且人均耕地特别少的地区,适用税额提高的,勾选"是";否则,勾选"否"。

税额上浮比例:占地位于经济特区、经济技术开发区和经济发达且人均耕地特别少的地区,适用税额提高的,填写当地省级政府确定的具体税额提高比例。

(3)计税信息栏:按照占用耕地类别分别填写、分别计算,总计＝耕地(基本农田)＋耕地(非基本农田)＋园地＋林地＋牧草地＋农田水利用地＋养殖水面＋渔业水域滩涂＋草地＋苇田＋其他类型土地(面积、税额),应

缴税额=计征税额×税额提高比例-减税税额-免税税额-已缴税额,计征税额=计税面积×适用税额,减税面积、免税面积、减税税额、免税税额按照减免税备案信息直接填列。

适用税额:指该地类在当地适用的单位税额,此处不考虑经济特区、经济开发区和经济发达人均耕地特别少适用税额提高的情况。

减免性质代码:该项按照国家税务总局制定下发的最新《减免税政策代码目录》中的最细项减免性质代码填写。有减免税情况的必填。

该表减免税相关信息应与《纳税人减免税备案登记表》信息保持一致。

如有同一土地类别下享受多条减免税政策的情况,请使用预留的空白行填写。

十五、残疾人就业保障金

15−1　其他规定

15−1−1
财政部关于取消、调整部分
政府性基金有关政策的通知

2017 年 3 月 15 日　财税〔2017〕18 号

发展改革委、住房城乡建设部、商务部、水利部、税务总局、中国残联,各省、自治区、直辖市财政厅(局):

为切实减轻企业负担,促进实体经济发展,经国务院批准,现就取消、调整部分政府性基金有关政策通知如下:

一、取消城市公用事业附加和新型墙体材料专项基金。以前年度欠缴或预缴的上述政府性基金,相关执收单位应当足额征收或及时清算,并按照财政部门规定的渠道全额上缴国库或多退少补。

二、调整残疾人就业保障金征收政策

(一)扩大残疾人就业保障金免征范围。将残疾人就业保障金免征范围,由自工商注册登记之日起 3 年内,在职职工总数 20 人(含)以下小微企业,调整为在职职工总数 30 人(含)以下的企业。调整免征范围后,工商注册登记未满 3 年、在职职工总数 30 人(含)以下的企业,可在剩余时期内按规定免征残疾人就业保障金。

(二)设置残疾人就业保障金征收标准上限。用人单位在职职工年平均工资未超过当地社会平均工资(用人单位所在地统计部门公布的上年度城镇单位就业人员平均工资)3 倍(含)的,按用人单位在职职工年平均工资计征残疾人就业保障金;超过当地社会平均工资 3 倍以上的,按当地社会平均工资 3 倍计征残疾人就业保障金。用人单位在职职工年平均工资的计算口径,按照国家统计局关于工资总额组成的有关规定执行。

三、"十三五"期间,省、自治区、直辖市人民政府可以结合当地经济发展水平、相关公共事业和设施保障状况、社会承受能力等因素,自主决定免征、停征或减征地方水利建设基金、地方水库移民扶持基金。各省、自治区、直辖市财政部门应当将本地区出台的减免政策报财政部备案。

四、各级财政部门要切实做好经费保障工作,妥善安排相关部门和单位预算,保障其依法履行职责,积极支持相关事业发展。

五、各级地区、有关部门和单位要通过广播、电视、报纸、网络等媒体,加强政策宣传解读,及时发布信息,做好舆论引导。

六、各地区、有关部门和单位要严格执行政府性基金管理有关规定,对公布取消、调整或减免的政府性基金,不得以任何理由拖延或者拒绝执行。有关部门要加强政策落实情况的监督检查,对违反规定的,应当按照《预算法》《财政违法行为处罚处分条例》等法律、行政法规规定予以处理。

七、本通知自2017年4月1日起执行。《财政部关于征收城市公用事业附加的几项规定》(〔64〕财预王字第380号)、《财政部　国家发展改革委关于印发〈新型墙体材料专项基金征收使用管理办法〉的通知》(财综〔2007〕77号)同时废止。

15－1－2
北京市财政局　北京市地方税务局　北京市残疾人联合会关于印发《北京市残疾人就业保障金征收使用管理办法》的通知

2017年4月26日　京财税〔2017〕778号

各区财政局、地方税务局、残疾人联合会,市地税局直属分局:

根据《财政部关于取消、调整部分政府性基金有关政策的通知》(财税〔2017〕18号),经市政府批准,现将《北京市残疾人就业保障金征收使用管理办法》修订印发给你们,请遵照执行。

本通知自印发之日起执行。《北京市财政局　北京市地方税务局　北京市残疾人联合会转发财政部　国家税务总局　中国残疾人联合会关于印发〈残疾人就业保障金征收使用管理办法〉的通知》(京财税〔2016〕639号)同时废止。

附件:北京市残疾人就业保障金征收使用管理办法

附件

北京市残疾人就业保障金征收使用管理办法

第一章　总　　则

第一条　为规范本市残疾人就业保障金(以下简称保障金)征收使用管理,促进残疾人就业,根据《中华人民共和国残疾人保障法》《残疾人就业条例》《残疾人就业保障金征收使用管理办法》(财税〔2015〕72号)、《财政部关于取消、调整部分政府性基金有关政策的通知》(财税〔2017〕18号)和《北京市实施〈中华人民共和国残疾人保障法〉办法》等规定,结合本市实际情况,制定本办法。

第二条 保障金是为保障残疾人权益,由未按规定安排残疾人就业的机关、团体、企业、事业单位和民办非企业单位(以下简称用人单位)缴纳的资金。

第三条 保障金的征收、使用和管理,适用本办法。

第四条 本办法所称残疾人,是指持有《中华人民共和国残疾人证》或《中华人民共和国残疾军人证》(1~8级)的人员。

第五条 保障金的征收、使用和管理应当接受财政部门的监督检查及审计机关的审计监督。

第二章　征收缴库

第六条 本市行政区域内的用人单位,应当按照不少于本单位在职职工总数1.7%的比例安排残疾人就业,达不到上述规定比例的,应当缴纳保障金。

第七条 用人单位将残疾人录用为在编人员或依法与就业年龄段内的残疾人签订1年以上(含1年)劳动合同(服务协议),且实际支付的工资不低于北京市最低工资标准,并足额缴纳社会保险费的,方可计入用人单位所安排的残疾人就业人数。

用人单位安排1名持有《中华人民共和国残疾人证》(1~2级)或《中华人民共和国残疾军人证》(1~3级)的人员就业的,按照安排2名残疾人就业计算。

用人单位跨地区招用残疾人的,应当计入所安排的残疾人就业人数。

第八条 保障金按上年用人单位安排残疾人就业未达到规定比例的差额人数和本单位在职职工年平均工资之积计算缴纳。计算公式如下:

保障金年缴纳额＝(上年用人单位在职职工人数×1.7%－上年用人单位实际安排残疾人就业人数)×上年用人单位在职职工年平均工资。

用人单位在职职工,是指用人单位在编人员或依法与用人单位签订1年以上(含1年)劳动合同(服务协议)的人员。上年用人单位在职职工人数,按上年本单位在职职工的年平均人数计算,结果须为整数。季节性用工应当折算为年平均用工人数。以劳务派遣用工的,计入派遣单位在职职工人数。

上年用人单位实际安排残疾人就业人数,是指上年本单位安排残疾人就业的实际人数,可以不满1年,不满1年的按月计算。

上年用人单位在职职工工资总额按照国家统计局有关文件规定口径计算,包括计时工资、计件工资、奖金、加班加点工资、津贴、补贴以及特殊情况下支付的工资等项目。

用人单位在职职工年平均工资,按用人单位在职职工工资总额除以用人单位在职职工人数计算。用人单位在职职工年平均工资未超过上年北京市社会平均工资3倍的,按本单位实际在职职工平均工资计算;超过上年北京市社会平均工资3倍的,按上年北京市社会平均工资3倍计算。社会平均工资指北京市人力社保部门和统计部门公布的社会平均工资。

用人单位安排残疾人就业未达到规定比例的差额人数,以公式计算结果为准,可以不是整数。

第九条 保障金由地方税务机关负责征收。安排残疾人就业的用人单位先到地税登记地所在的残疾人就业服务机构进行审核,再向主管地方税务机关自行申报缴纳保障金;未安排残疾人就业的用人单位采取自核自缴的方式向主管地方税务机关申报缴纳保障金。

第十条　保障金按年计算征缴,申报缴费期限为每年 8 月 1 日到 9 月 30 日。

用人单位应按规定时向主管地方税务机关申报缴纳保障金。征缴期的最后一日是法定休假日的,以休假日期满的次日为征缴期的最后一日;在征缴期内有连续 3 日以上法定休假日的,按休假日天数顺延。在申报时,用人单位应当提供本单位上年度在职职工人数、经残疾人就业服务机构审核后的实际安排残疾人就业人数、在职职工年平均工资等信息,并保证信息的真实性和完整性。

第十一条　主管地方税务机关应定期对用人单位进行检查,发现用人单位未按时申报缴纳、申报不实、少缴纳保障金的,应当催报并追缴保障金。

第十二条　残疾人就业服务机构应当配合地方税务机关做好保障金征收工作。

用人单位应于每年 8 月 1 日—9 月 15 日向地税登记地的残疾人就业服务机构申报上年本单位安排的残疾人就业人数。未在规定时限申报的,视为未安排残疾人就业。残疾人就业服务机构应及时向本市地方税务机关提供用人单位实际安排的残疾人就业人数。

第十三条　本市保障金征收采取财税库银税收收入电子缴库横向联网方式征缴。主管地方税务机关征收保障金时,应当向用人单位开具税收票证。

第十四条　保障金全额缴入地方国库。本市保障金的分配比例,按照 4∶6 的比例由市和区分级使用。

第十五条　自工商登记注册之日起 3 年内,对安排残疾人就业人数未达到在职职工总数的1.7%,且在职职工总数在 30 人以下(含 30 人)的小微企业,免征保障金。调整免征范围后,工商注册登记未满 3 年、在职职工总数 30 人(含)以下的企业,可在剩余时期内按规定免征保障金。

第十六条　用人单位遇不可抗力自然灾害或其他突发事件遭受重大直接经济损失,可以申请减免或者缓缴保障金。

用人单位申请减免保障金的最高限额不得超过 1 年的保障金应缴额,申请缓缴保障金的最长期限不得超过 6 个月。

用人单位申请保障金减免或缓缴的,应先向地税登记地所在区的财政部门提出书面申请,由区财政部门进行审核批复,报市财政局备案并将批复结果告知同级地税部门。

批准减免或者缓缴保障金的用人单位名单,应当由各区财政部门每年公告一次。公告内容应当包括批准机关、批准文号、批准减免或缓缴保障金的主要理由等。

第十七条　地方税务机关应当严格按照规定的范围、标准和时限要求征收保障金,确保保障金及时、足额征缴到位。

第十八条　本市范围内任何单位和个人均不得违反本办法规定,擅自减免或缓征保障金,不得自行改变保障金的征收对象、范围和标准。

第十九条　建立用人单位按比例安排残疾人就业及缴纳保障金公示制度。

各区残疾人联合会应当每年向社会公布本地区用人单位应安排残疾人就业人数、实际安排残疾人就业人数和未按规定安排残疾人就业人数。

各区地方税务局、直属分局应当定期向社会公布本地区用人单位缴纳保障金情况。

第二十条　保障金退款由用人单位向主管地方税务机关提交申请。用人单位安排残疾人就业人数审核有误的,应当先到地税登记地的区残疾人就业服务机构重新审核残疾人人数。办理退款手续的具体要求另行制定。

第三章　使用管理

第二十一条　保障金纳入地方一般公共预算统筹安排,主要用于支持残疾人就业和保障残疾

人生活。支持方向包括:

(一)残疾人职业培训、职业教育和职业康复支出。

(二)残疾人就业服务机构提供残疾人就业服务和组织职业技能竞赛(含展能活动)支出。补贴用人单位安排残疾人就业所需设施设备购置、改造和支持性服务费用。补贴辅助性就业机构建设和运行费用。

(三)残疾人从事个体经营、自主创业、灵活就业的经营场所租赁、启动资金、设施设备购置补贴和小额贷款贴息。各种形式就业残疾人的社会保险缴费补贴和用人单位岗位补贴。扶持农村残疾人从事种植、养殖、手工业及其他形式生产劳动。

(四)奖励超比例安排残疾人就业的用人单位,以及为安排残疾人就业做出显著成绩的单位或个人。

(五)对从事公益性岗位就业、辅助性就业、灵活就业,收入达不到当地最低工资标准、生活确有困难的残疾人的救济补助。

(六)经地方人民政府及其财政部门批准用于促进残疾人就业和保障困难残疾人、重度残疾人生活等其他支出。

第二十二条 各级残疾人联合会所属残疾人就业服务机构的正常经费开支,由同级财政预算统筹安排。

第二十三条 积极推行政府购买服务,按照北京政府采购法律制度规定选择符合要求的公办、民办等各类就业服务机构,承接残疾人职业培训、职业教育、职业康复、就业服务和就业援助等工作。

第二十四条 各级残疾人联合会、财政部门应当每年向社会公布保障金用于支持残疾人就业和保障残疾人生活支出情况,接受社会监督。

第四章 法律责任

第二十五条 单位和个人违反本办法规定,有下列情形之一的,依照《财政违法行为处罚处分条例》和《违反行政事业性收费和罚没收入收支两条线管理规定行政处分暂行规定》等国家有关规定追究法律责任;涉嫌犯罪的,依法移送司法机关处理:

(一)擅自减免保障金或者改变保障金征收范围、对象和标准的;

(二)隐瞒、坐支应当上缴的保障金的;

(三)滞留、截留、挪用应当上缴的保障金的;

(四)不按照规定的预算级次、预算科目将保障金缴入国库的;

(五)违反规定使用保障金的;

(六)其他违反国家财政收入管理规定的行为。

第二十六条 用人单位未按规定缴纳保障金,经主管税务机关催缴后仍未缴纳的,由财政部门按照《残疾人就业条例》等法律法规,进行处理处罚。

第二十七条 保障金征收、使用管理有关部门的工作人员违反本办法规定,在保障金征收和使用管理工作中滥用职权、玩忽职守、徇私舞弊的,依法给予处分;涉嫌犯罪的,依法移送司法机关。

第五章 附 则

第二十八条 本办法自发布之日起施行,用人单位以前年度保障金的应缴、已缴、补缴或减免等事宜仍按原政策执行。本办法由北京市财政局会同北京市地方税务局、北京市残疾人联合会负责解释。

15－2　综合规定

　　本部分未收录"综合规定"类文件全文,请根据文件编码在"综合税收政策"部分查阅全文。

十六、无线电频率占用费

16-1 基本法规

16-1-1
中华人民共和国无线电管理条例

1993年9月11日中华人民共和国国务院、中华人民共和国中央军事委员会令第128号发布 2016年11月11日中华人民共和国国务院、中华人民共和国中央军事委员会令第672号修订

第一章 总 则

第一条 为了加强无线电管理,维护空中电波秩序,有效开发、利用无线电频谱资源,保证各种无线电业务的正常进行,制定本条例。

第二条 在中华人民共和国境内使用无线电频率,设置、使用无线电台(站),研制、生产、进口、销售和维修无线电发射设备,以及使用辐射无线电波的非无线电设备,应当遵守本条例。

第三条 无线电频谱资源属于国家所有。国家对无线电频谱资源实行统一规划、合理开发、有偿使用的原则。

第四条 无线电管理工作在国务院、中央军事委员会的统一领导下分工管理、分级负责,贯彻科学管理、保护资源、保障安全、促进发展的方针。

第五条 国家鼓励、支持对无线电频谱资源的科学技术研究和先进技术的推广应用,提高无线电频谱资源的利用效率。

第六条 任何单位或者个人不得擅自使用无线电频率,不得对依法开展的无线电业务造成有害干扰,不得利用无线电台(站)进行违法犯罪活动。

第七条 根据维护国家安全、保障国家重大任务、处置重大突发事件等需要,国家可以实施无线电管制。

第二章 管理机构及其职责

第八条 国家无线电管理机构负责全国无线电管理工作,依据职责拟订无线电管理的方针、政策,统一管理无线电频率和无线电台(站),负责无线电监测、干扰查处和涉外无线电管理等工作,协调处理无线电管理相关事宜。

第九条　中国人民解放军电磁频谱管理机构负责军事系统的无线电管理工作,参与拟订国家有关无线电管理的方针、政策。

第十条　省、自治区、直辖市无线电管理机构在国家无线电管理机构和省、自治区、直辖市人民政府领导下,负责本行政区域除军事系统外的无线电管理工作,根据审批权限实施无线电频率使用许可,审查无线电台(站)的建设布局和台址,核发无线电台执照及无线电台识别码(含呼号,下同),负责本行政区域无线电监测和干扰查处,协调处理本行政区域无线电管理相关事宜。

省、自治区无线电管理机构根据工作需要可以在本行政区域内设立派出机构。派出机构在省、自治区无线电管理机构的授权范围内履行职责。

第十一条　军地建立无线电管理协调机制,共同划分无线电频率,协商处理涉及军事系统与非军事系统间的无线电管理事宜。无线电管理重大问题报国务院、中央军事委员会决定。

第十二条　国务院有关部门的无线电管理机构在国家无线电管理机构的业务指导下,负责本系统(行业)的无线电管理工作,贯彻执行国家无线电管理的方针、政策和法律、行政法规、规章,依照本条例规定和国务院规定的部门职权,管理国家无线电管理机构分配给本系统(行业)使用的航空、水上无线电专用频率,规划本系统(行业)无线电台(站)的建设布局和台址,核发制式无线电台执照及无线电台识别码。

第三章　频率管理

第十三条　国家无线电管理机构负责制定无线电频率划分规定,并向社会公布。

制定无线电频率划分规定应当征求国务院有关部门和军队有关单位的意见,充分考虑国家安全和经济社会、科学技术发展以及频谱资源有效利用的需要。

第十四条　使用无线电频率应当取得许可,但下列频率除外:

(一)业余无线电台、公众对讲机、制式无线电台使用的频率;

(二)国际安全与遇险系统,用于航空、水上移动业务和无线电导航业务的国际固定频率;

(三)国家无线电管理机构规定的微功率短距离无线电发射设备使用的频率。

第十五条　取得无线电频率使用许可,应当符合下列条件:

(一)所申请的无线电频率符合无线电频率划分和使用规定,有明确具体的用途;

(二)使用无线电频率的技术方案可行;

(三)有相应的专业技术人员;

(四)对依法使用的其他无线电频率不会产生有害干扰。

第十六条　无线电管理机构应当自受理无线电频率使用许可申请之日起20个工作日内审查完毕,依照本条例第十五条规定的条件,并综合考虑国家安全需要和可用频率的情况,作出许可或者不予许可的决定。予以许可的,颁发无线电频率使用许可证;不予许可的,书面通知申请人并说明理由。

无线电频率使用许可证应当载明无线电频率的用途、使用范围、使用率要求、使用期限等事项。

第十七条 地面公众移动通信使用频率等商用无线电频率的使用许可,可以依照有关法律、行政法规的规定采取招标、拍卖的方式。

无线电管理机构采取招标、拍卖的方式确定中标人、买受人后,应当作出许可的决定,并依法向中标人、买受人颁发无线电频率使用许可证。

第十八条 无线电频率使用许可由国家无线电管理机构实施。国家无线电管理机构确定范围内的无线电频率使用许可,由省、自治区、直辖市无线电管理机构实施。

国家无线电管理机构分配给交通运输、渔业、海洋系统(行业)使用的水上无线电专用频率,由所在地省、自治区、直辖市无线电管理机构分别会同相关主管部门实施许可;国家无线电管理机构分配给民用航空系统使用的航空无线电专用频率,由国务院民用航空主管部门实施许可。

第十九条 无线电频率使用许可的期限不得超过10年。

无线电频率使用期限届满后需要继续使用的,应当在期限届满30个工作日前向作出许可决定的无线电管理机构提出延续申请。受理申请的无线电管理机构应当依照本条例第十五条、第十六条的规定进行审查并作出决定。

无线电频率使用期限届满前拟终止使用无线电频率的,应当及时向作出许可决定的无线电管理机构办理注销手续。

第二十条 转让无线电频率使用权的,受让人应当符合本条例第十五条规定的条件,并提交双方转让协议,依照本条例第十六条规定的程序报请无线电管理机构批准。

第二十一条 使用无线电频率应当按照国家有关规定缴纳无线电频率占用费。

无线电频率占用费的项目、标准,由国务院财政部门、价格主管部门制定。

第二十二条 国际电信联盟依照国际规则规划给我国使用的卫星无线电频率,由国家无线电管理机构统一分配给使用单位。

申请使用国际电信联盟非规划的卫星无线电频率,应当通过国家无线电管理机构统一提出申请。国家无线电管理机构应当及时组织有关单位进行必要的国内协调,并依照国际规则开展国际申报、协调、登记工作。

第二十三条 组建卫星通信网需要使用卫星无线电频率的,除应当符合本条例第十五条规定的条件外,还应当提供拟使用的空间无线电台、卫星轨道位置和卫星覆盖范围等信息,以及完成国内协调并开展必要国际协调的证明材料等。

第二十四条 使用其他国家、地区的卫星无线电频率开展业务,应当遵守我国卫星无线电频率管理的规定,并完成与我国申报的卫星无线电频率的协调。

第二十五条 建设卫星工程,应当在项目规划阶段对拟使用的卫星无线电频率进行可行性论证;建设须经国务院、中央军事委员会批准的卫星工程,应当在项目规划阶段与国家无线电管理机构协商确定拟使用的卫星无线电频率。

第二十六条 除因不可抗力外,取得无线电频率使用许可后超过2年不使用或者使用率达不到许可证规定要求的,作出许可决定的无线电管理机构有权撤销无线电频率使用许可,收回无线电频率。

第四章　无线电台(站)管理

第二十七条　设置、使用无线电台(站)应当向无线电管理机构申请取得无线电台执照,但设置、使用下列无线电台(站)的除外:

(一)地面公众移动通信终端;

(二)单收无线电台(站);

(三)国家无线电管理机构规定的微功率短距离无线电台(站)。

第二十八条　除本条例第二十九条规定的业余无线电台外,设置、使用无线电台(站),应当符合下列条件:

(一)有可用的无线电频率;

(二)所使用的无线电发射设备依法取得无线电发射设备型号核准证且符合国家规定的产品质量要求;

(三)有熟悉无线电管理规定、具备相关业务技能的人员;

(四)有明确具体的用途,且技术方案可行;

(五)有能够保证无线电台(站)正常使用的电磁环境,拟设置的无线电台(站)对依法使用的其他无线电台(站)不会产生有害干扰。

申请设置、使用空间无线电台,除应当符合前款规定的条件外,还应当有可利用的卫星无线电频率和卫星轨道资源。

第二十九条　申请设置、使用业余无线电台的,应当熟悉无线电管理规定,具有相应的操作技术能力,所使用的无线电发射设备应当符合国家标准和国家无线电管理的有关规定。

第三十条　设置、使用有固定台址的无线电台(站),由无线电台(站)所在地的省、自治区、直辖市无线电管理机构实施许可。设置、使用没有固定台址的无线电台,由申请人住所地的省、自治区、直辖市无线电管理机构实施许可。

设置、使用空间无线电台、卫星测控(导航)站、卫星关口站、卫星国际专线地球站、15 瓦以上的短波无线电台(站)以及涉及国家主权、安全的其他重要无线电台(站),由国家无线电管理机构实施许可。

第三十一条　无线电管理机构应当自受理申请之日起 30 个工作日内审查完毕,依照本条例第二十八条、第二十九条规定的条件,作出许可或者不予许可的决定。予以许可的,颁发无线电台执照,需要使用无线电台识别码的,同时核发无线电台识别码;不予许可的,书面通知申请人并说明理由。

无线电台(站)需要变更、增加无线电台识别码的,由无线电管理机构核发。

第三十二条　无线电台执照应当载明无线电台(站)的台址、使用频率、发射功率、有效期、使用要求等事项。

无线电台执照的样式由国家无线电管理机构统一规定。

第三十三条　无线电台(站)使用的无线电频率需要取得无线电频率使用许可的,其无线电台执照有效期不得超过无线电频率使用许可证规定的期限;依照本条例第十四条规定不需要取得无线电频率使用许可的,其无线电台执照有效期不得超过5 年。

无线电台执照有效期届满后需要继续使用无线电台(站)的,应当在期限届满 30个工作日前向作出许可决定的无线电管理机构申请更换无线电台执照。受理申请的无线电管理机构应当依照本条例第三十一条的规定作出决定。

第三十四条　国家无线电管理机构向国际电信联盟统一申请无线电台识别码序列,并对无线电台识别码进行编制和分配。

第三十五条　建设固定台址的无线电台(站)的选址,应当符合城乡规划的要求,避开影响其功能发挥的建筑物、设施等。地方人民政府制定、修改城乡规划,安排可能影响大型无线电台(站)功能发挥的建设项目的,应当考虑其功能发挥的需要,并征求所在地无线电管理机构和军队电磁频谱管理机构的意见。

设置大型无线电台(站)、地面公众移动通信基站,其台址布局规划应当符合资源共享和电磁环境保护的要求。

第三十六条　船舶、航空器、铁路机车(含动车组列车,下同)设置、使用制式无线电台应当符合国家有关规定,由国务院有关部门的无线电管理机构颁发无线电台执照;需要使用无线电台识别码的,同时核发无线电台识别码。国务院有关部门应当将制式无线电台执照及无线电台识别码的核发情况定期通报国家无线电管理机构。

船舶、航空器、铁路机车设置、使用非制式无线电台的管理办法,由国家无线电管理机构会同国务院有关部门制定。

第三十七条　遇有危及国家安全、公共安全、生命财产安全的紧急情况或者为了保障重大社会活动的特殊需要,可以不经批准临时设置、使用无线电台(站),但是应当及时向无线电台(站)所在地无线电管理机构报告,并在紧急情况消除或者重大社会活动结束后及时关闭。

第三十八条　无线电台(站)应当按照无线电台执照规定的许可事项和条件设置、使用;变更许可事项的,应当向作出许可决定的无线电管理机构办理变更手续。

无线电台(站)终止使用的,应当及时向作出许可决定的无线电管理机构办理注销手续,交回无线电台执照,拆除无线电台(站)及天线等附属设备。

第三十九条　使用无线电台(站)的单位或者个人应当对无线电台(站)进行定期维护,保证其性能指标符合国家标准和国家无线电管理的有关规定,避免对其他依法设置、使用的无线电台(站)产生有害干扰。

第四十条　使用无线电台(站)的单位或者个人应当遵守国家环境保护的规定,采取必要措施防止无线电波发射产生的电磁辐射污染环境。

第四十一条　使用无线电台(站)的单位或者个人不得故意收发无线电台执照许

可事项之外的无线电信号,不得传播、公布或者利用无意接收的信息。

业余无线电台只能用于相互通信、技术研究和自我训练,并在业余业务或者卫星业余业务专用频率范围内收发信号,但是参与重大自然灾害等突发事件应急处置的除外。

第五章　无线电发射设备管理

第四十二条　研制无线电发射设备使用的无线电频率,应当符合国家无线电频率划分规定。

第四十三条　生产或者进口在国内销售、使用的无线电发射设备,应当符合产品质量等法律法规、国家标准和国家无线电管理的有关规定。

第四十四条　除微功率短距离无线电发射设备外,生产或者进口在国内销售、使用的其他无线电发射设备,应当向国家无线电管理机构申请型号核准。无线电发射设备型号核准目录由国家无线电管理机构公布。

生产或者进口应当取得型号核准的无线电发射设备,除应当符合本条例第四十三条的规定外,还应当符合无线电发射设备型号核准证核定的技术指标,并在设备上标注型号核准代码。

第四十五条　取得无线电发射设备型号核准,应当符合下列条件:

(一)申请人有相应的生产能力、技术力量、质量保证体系;

(二)无线电发射设备的工作频率、功率等技术指标符合国家标准和国家无线电管理的有关规定。

第四十六条　国家无线电管理机构应当依法对申请型号核准的无线电发射设备是否符合本条例第四十五条规定的条件进行审查,自受理申请之日起30个工作日内作出核准或者不予核准的决定。予以核准的,颁发无线电发射设备型号核准证;不予核准的,书面通知申请人并说明理由。

国家无线电管理机构应当定期将无线电发射设备型号核准的情况向社会公布。

第四十七条　进口依照本条例第四十四条的规定应当取得型号核准的无线电发射设备,进口货物收货人、携带无线电发射设备入境的人员、寄递无线电发射设备的收件人,应当主动向海关申报,凭无线电发射设备型号核准证办理通关手续。

进行体育比赛、科学实验等活动,需要携带、寄递依照本条例第四十四条的规定应当取得型号核准而未取得型号核准的无线电发射设备临时进关的,应当经无线电管理机构批准,凭批准文件办理通关手续。

第四十八条　销售依照本条例第四十四条的规定应当取得型号核准的无线电发射设备,应当向省、自治区、直辖市无线电管理机构办理销售备案。不得销售未依照本条例规定标注型号核准代码的无线电发射设备。

第四十九条　维修无线电发射设备,不得改变无线电发射设备型号核准证核定的技术指标。

第五十条　研制、生产、销售和维修大功率无线电发射设备,应当采取措施有效抑制电波发射,不得对依法设置、使用的无线电台(站)产生有害干扰。进行实效发射试验的,应当依照本条例第三十条的规定向省、自治区、直辖市无线电管理机构申请办理临时设置、使用无线电台(站)手续。

第六章　涉外无线电管理

第五十一条　无线电频率协调的涉外事宜,以及我国境内电台与境外电台的相互有害干扰,由国家无线电管理机构会同有关单位与有关的国际组织或者国家、地区协调处理。

需要向国际电信联盟或者其他国家、地区提供无线电管理相关资料的,由国家无线电管理机构统一办理。

第五十二条　在边境地区设置、使用无线电台(站),应当遵守我国与相关国家、地区签订的无线电频率协调协议。

第五十三条　外国领导人访华、各国驻华使领馆和享有外交特权与豁免的国际组织驻华代表机构需要设置、使用无线电台(站)的,应当通过外交途径经国家无线电管理机构批准。

除使用外交邮袋装运外,外国领导人访华、各国驻华使领馆和享有外交特权与豁免的国际组织驻华代表机构携带、寄递或者以其他方式运输依照本条例第四十四条的规定应当取得型号核准而未取得型号核准的无线电发射设备入境的,应当通过外交途径经国家无线电管理机构批准后办理通关手续。

其他境外组织或者个人在我国境内设置、使用无线电台(站)的,应当按照我国有关规定经相关业务主管部门报请无线电管理机构批准;携带、寄递或者以其他方式运输依照本条例第四十四条的规定应当取得型号核准而未取得型号核准的无线电发射设备入境的,应当按照我国有关规定经相关业务主管部门报无线电管理机构批准后,到海关办理无线电发射设备入境手续,但国家无线电管理机构规定不需要批准的除外。

第五十四条　外国船舶(含海上平台)、航空器、铁路机车、车辆等设置的无线电台在我国境内使用,应当遵守我国的法律、法规和我国缔结或者参加的国际条约。

第五十五条　境外组织或者个人不得在我国境内进行电波参数测试或者电波监测。

任何单位或者个人不得向境外组织或者个人提供涉及国家安全的境内电波参数资料。

第七章　无线电监测和电波秩序维护

第五十六条　无线电管理机构应当定期对无线电频率的使用情况和在用的无线电台(站)进行检查和检测,保障无线电台(站)的正常使用,维护正常的无线电波秩序。

第五十七条 国家无线电监测中心和省、自治区、直辖市无线电监测站作为无线电管理技术机构,分别在国家无线电管理机构和省、自治区、直辖市无线电管理机构领导下,对无线电信号实施监测,查找无线电干扰源和未经许可设置、使用的无线电台(站)。

第五十八条 国务院有关部门的无线电监测站负责对本系统(行业)的无线电信号实施监测。

第五十九条 工业、科学、医疗设备,电气化运输系统、高压电力线和其他电器装置产生的无线电波辐射,应当符合国家标准和国家无线电管理的有关规定。

制定辐射无线电波的非无线电设备的国家标准和技术规范,应当征求国家无线电管理机构的意见。

第六十条 辐射无线电波的非无线电设备对已依法设置、使用的无线电台(站)产生有害干扰的,设备所有者或者使用者应当采取措施予以消除。

第六十一条 经无线电管理机构确定的产生无线电波辐射的工程设施,可能对已依法设置、使用的无线电台(站)造成有害干扰的,其选址定点由地方人民政府城乡规划主管部门和省、自治区、直辖市无线电管理机构协商确定。

第六十二条 建设射电天文台、气象雷达站、卫星测控(导航)站、机场等需要电磁环境特殊保护的项目,项目建设单位应当在确定工程选址前对其选址进行电磁兼容分析和论证,并征求无线电管理机构的意见;未进行电磁兼容分析和论证,或者未征求、采纳无线电管理机构的意见的,不得向无线电管理机构提出排除有害干扰的要求。

第六十三条 在已建射电天文台、气象雷达站、卫星测控(导航)站、机场的周边区域,不得新建阻断无线电信号传输的高大建筑、设施,不得设置、使用干扰其正常使用的设施、设备。无线电管理机构应当会同城乡规划主管部门和其他有关部门制定具体的保护措施并向社会公布。

第六十四条 国家对船舶、航天器、航空器、铁路机车专用的无线电导航、遇险救助和安全通信等涉及人身安全的无线电频率予以特别保护。任何无线电发射设备和辐射无线电波的非无线电设备对其产生有害干扰的,应当立即消除有害干扰。

第六十五条 依法设置、使用的无线电台(站)受到有害干扰的,可以向无线电管理机构投诉。受理投诉的无线电管理机构应当及时处理,并将处理情况告知投诉人。

处理无线电频率相互有害干扰,应当遵循频带外让频带内、次要业务让主要业务、后用让先用、无规划让有规划的原则。

第六十六条 无线电管理机构可以要求产生有害干扰的无线电台(站)采取维修无线电发射设备、校准发射频率或者降低功率等措施消除有害干扰;无法消除有害干扰的,可以责令产生有害干扰的无线电台(站)暂停发射。

第六十七条 对非法的无线电发射活动,无线电管理机构可以暂扣无线电发射设备或者查封无线电台(站),必要时可以采取技术性阻断措施;无线电管理机构在无线电监测、检查工作中发现涉嫌违法犯罪活动的,应当及时通报公安机关并配合调查处理。

第六十八条　省、自治区、直辖市无线电管理机构应当加强对生产、销售无线电发射设备的监督检查,依法查处违法行为。县级以上地方人民政府产品质量监督部门、工商行政管理部门应当配合监督检查,并及时向无线电管理机构通报其在产品质量监督、市场监管执法过程中发现的违法生产、销售无线电发射设备的行为。

第六十九条　无线电管理机构和无线电监测中心(站)的工作人员应当对履行职责过程中知悉的通信秘密和无线电信号保密。

第八章　法律责任

第七十条　违反本条例规定,未经许可擅自使用无线电频率,或者擅自设置、使用无线电台(站)的,由无线电管理机构责令改正,没收从事违法活动的设备和违法所得,可以并处 5 万元以下的罚款;拒不改正的,并处 5 万元以上 20 万元以下的罚款;擅自设置、使用无线电台(站)从事诈骗等违法活动,尚不构成犯罪的,并处 20 万元以上 50 万元以下的罚款。

第七十一条　违反本条例规定,擅自转让无线电频率的,由无线电管理机构责令改正,没收违法所得;拒不改正的,并处违法所得 1 倍以上 3 倍以下的罚款;没有违法所得或者违法所得不足 10 万元的,处 1 万元以上 10 万元以下的罚款;造成严重后果的,吊销无线电频率使用许可证。

第七十二条　违反本条例规定,有下列行为之一的,由无线电管理机构责令改正,没收违法所得,可以并处 3 万元以下的罚款;造成严重后果的,吊销无线电台执照,并处 3 万元以上 10 万元以下的罚款:

(一)不按照无线电台执照规定的许可事项和要求设置、使用无线电台(站);

(二)故意收发无线电台执照许可事项之外的无线电信号,传播、公布或者利用无意接收的信息;

(三)擅自编制、使用无线电台识别码。

第七十三条　违反本条例规定,使用无线电发射设备、辐射无线电波的非无线电设备干扰无线电业务正常进行的,由无线电管理机构责令改正,拒不改正的,没收产生有害干扰的设备,并处 5 万元以上 20 万元以下的罚款,吊销无线电台执照;对船舶、航天器、航空器、铁路机车专用无线电导航、遇险救助和安全通信等涉及人身安全的无线电频率产生有害干扰的,并处 20 万元以上 50 万元以下的罚款。

第七十四条　未按照国家有关规定缴纳无线电频率占用费的,由无线电管理机构责令限期缴纳;逾期不缴纳的,自滞纳之日起按日加收 0.05% 的滞纳金。

第七十五条　违反本条例规定,有下列行为之一的,由无线电管理机构责令改正;拒不改正的,没收从事违法活动的设备,并处 3 万元以上 10 万元以下的罚款;造成严重后果的,并处 10 万元以上 30 万元以下的罚款:

(一)研制、生产、销售和维修大功率无线电发射设备,未采取有效措施抑制电波发射;

(二)境外组织或者个人在我国境内进行电波参数测试或者电波监测;

(三)向境外组织或者个人提供涉及国家安全的境内电波参数资料。

第七十六条 违反本条例规定,生产或者进口在国内销售、使用的无线电发射设备未取得型号核准的,由无线电管理机构责令改正,处5万元以上20万元以下的罚款;拒不改正的,没收未取得型号核准的无线电发射设备,并处20万元以上100万元以下的罚款。

第七十七条 销售依照本条例第四十四条的规定应当取得型号核准的无线电发射设备未向无线电管理机构办理销售备案的,由无线电管理机构责令改正;拒不改正的,处1万元以上3万元以下的罚款。

第七十八条 销售依照本条例第四十四条的规定应当取得型号核准而未取得型号核准的无线电发射设备的,由无线电管理机构责令改正,没收违法销售的无线电发射设备和违法所得,可以并处违法销售的设备货值10%以下的罚款;拒不改正的,并处违法销售的设备货值10%以上30%以下的罚款。

第七十九条 维修无线电发射设备改变无线电发射设备型号核准证核定的技术指标的,由无线电管理机构责令改正;拒不改正的,处1万元以上3万元以下的罚款。

第八十条 生产、销售无线电发射设备违反产品质量管理法律法规的,由产品质量监督部门依法处罚。

进口无线电发射设备,携带、寄递或者以其他方式运输无线电发射设备入境,违反海关监管法律法规的,由海关依法处罚。

第八十一条 违反本条例规定,构成违反治安管理行为的,依法给予治安管理处罚;构成犯罪的,依法追究刑事责任。

第八十二条 无线电管理机构及其工作人员不依照本条例规定履行职责的,对负有责任的领导人员和其他直接责任人员依法给予处分。

第九章 附 则

第八十三条 实施本条例规定的许可需要完成有关国内、国际协调或者履行国际规则规定程序的,进行协调以及履行程序的时间不计算在许可审查期限内。

第八十四条 军事系统无线电管理,按照军队有关规定执行。

涉及广播电视的无线电管理,法律、行政法规另有规定的,依照其规定执行。

第八十五条 本条例自2016年12月1日起施行。

16 - 1 - 2
北京市无线电管理办法

2006 年 10 月 11 日   北京市人民政府令第 175 号

《北京市无线电管理办法》已经 2006 年 9 月 25 日市人民政府第 53 次常务会议审议通过,现予公布,自 2006 年 12 月 1 日起施行。

市长   王岐山
2006 年 10 月 11 日

第一条   为了维护本市空中电波秩序,有效利用无线电频谱资源,保障各种无线电业务的正常进行,根据《中华人民共和国无线电管理条例》(以下简称《无线电管理条例》),结合本市实际情况,制定本办法。

第二条   在本市行政区域内使用无线电频率,设置、使用无线电台(站),研制、生产、进口、销售和维修无线电发射设备,使用辐射无线电波的非无线电设备,应当遵守《无线电管理条例》和本办法。

军事系统的无线电管理,依照国家和军队的有关规定执行。

第三条   市无线电管理机构在国家无线电管理机构和市人民政府的领导下,负责本市无线电管理工作。

公安、工商行政管理、质量技术监督、规划、环境保护、广播电视等部门,按照职责分工做好相关监督检查工作。

区、县人民政府确定的负责无线电管理工作的部门,配合市无线电管理机构实施监督检查。

第四条   市无线电管理机构应当按照国家无线电频率管理的相关规定,制定本市无线电频率、呼号使用方案;并根据国家无线电频率调整的规定,及时做出调整。

第五条   申请使用无线电频率、呼号的,应当向市无线电管理机构提出书面申请,并提交无线电频率使用方案及可行性报告。

市无线电管理机构根据审批权限,对符合条件的无线电频率、呼号使用申请,依法进行指配。

第六条   取得无线电频率使用权的单位和个人(以下简称频率使用人)应当按照市无线电管理机构批准的范围和用途使用频率,并按规定向市无线电管理机构缴纳频率占用费。

未经批准,任何单位和个人不得编制、使用电台呼号,不得扩大频率的使用范围或者改变使用用途,不得转让、出租或者变相出租无线电频率。

第七条　市无线电管理机构指配无线电频率时,应当按照国家要求明确无线电频率的使用期限。

使用期限届满需要继续使用的,频率使用人应当在使用期限届满30日前向市无线电管理机构提出延期申请。

第八条　经市无线电管理机构指配的无线电频率,除因不可抗拒原因外,超过一年不使用或者使用未达到原指配规定要求的,由市无线电管理机构全部或者部分收回已指配的无线电频率使用权,并书面告知频率使用人。

第九条　频率使用期限内需要提前终止使用的,频率使用人应当在终止使用之日起30日内到市无线电管理机构办理注销手续。

第十条　因国家调整无线电频率规划、分配方案以及因国家利益或者公共利益需要,市无线电管理机构可以对已经指配的无线电频率进行调整或者收回。

市无线电管理机构做出调整或者收回无线电频率决定时,应当及时发布公告,告知频率使用人。频率使用人应当按照有关规定执行。

第十一条　申请设置、使用无线电台(站)的,应当向市无线电管理机构提交书面申请和相关材料。

市无线电管理机构应当在法定时间内进行审查,对符合条件的,颁发无线电台执照;不符合条件的,应当书面告知当事人,并说明理由。

禁止转让、伪造或者变造无线电台执照。

第十二条　在本市公布的高山、高塔、高楼和机场等重要地区设置的无线电台(站),应当进行电磁兼容分析测试,符合电磁兼容要求。

第十三条　持外地无线电台执照进入本市的无线电台,应当持无线电台执照到市无线电管理机构办理进入本市使用的有关手续,并按要求使用无线电台。

第十四条　取得无线电台执照的单位或者个人,应当按照核定的项目和技术参数工作。需要变更核定项目或者技术参数的,应当事前向市无线电管理机构申请办理变更手续。

第十五条　停用、报废或者依法被撤销无线电台(站)的,应当及时办理注销手续,收回无线电台执照。使用人应当采取措施对无线电台及其相关设备予以拆除、封存或者销毁。

第十六条　设置、使用无线电台(站)的,应当符合国家和本市城市规划、市容、环境保护等方面规定,与提供设台场所的产权人签订协议,明确无线电台(站)及其相关配套设施的维护管理责任。

提供设台场所的单位和个人,应当到市无线电管理机构对场地情况进行备案,配合市无线电管理机构的电磁兼容分析测试,并不得为未经批准的无线电台(站)提供设台场所。

提供设台场所的单位和个人应当遵守无线电管理相关规定,配合无线电管理机构的监督检查。

第十七条　市无线电管理机构应当根据本市无线电管理工作的需要,编制无线电监测设施的专项规划。市规划部门应当将无线电监测设施建设纳入城市规划。

规划部门在无线电监测设施电磁环境保护范围内审批有可能影响无线电监测效果的建筑物、构筑物建设项目时,应当听取市无线电管理机构的意见。

第十八条　在本市进行无线电电磁环境测试,应当至少提前7日向市无线电管理机构报告,并在市无线电管理机构的监督下进行。任何单位和个人不得擅自进行无线电电磁环境测试。

环境保护和政府其他有关部门履行职责过程中开展电磁环境测试的,按照国家有关规定执行。

第十九条　研制无线电发射设备所需要的工作频率和频段,应当符合技术标准和国家无线电管理有关规定。研制申请人应当按规定向市无线电管理机构提交书面申请及相关资料。

经核准的单位和个人,应当按照核准的频率、频段和发射功率等技术指标进行研制;需要变更技术指标时,应当重新提出申请。

第二十条　生产无线电发射设备,其工作频率、频段和技术指标应当符合国家无线电管理的有关规定,并按规定报国家无线电管理机构或者市无线电管理机构备案。

不符合技术标准和国家无线电管理有关规定的无线电发射设备,不得投入生产。

第二十一条　研制、生产无线电发射设备时,应当采取有效措施抑制电波辐射。需要进行实效发射试验的,应当经市无线电管理机构批准。

第二十二条　进口的无线电发射设备,其工作频率、频段和技术指标应当符合国家无线电管理的有关规定。

需要进口或者临时进口无线电发射设备(含整机组装件和安装在其他进口设备上的无线电发射设备)的,应当向市无线电管理机构提出书面申请;经批准后,按照国家有关规定办理入关手续。

第二十三条　销售和维修无线电发射设备的,应当遵守国家和本市有关管理规定。市无线电管理机构应当配合工商行政管理部门依法做好对销售无线电发射设备的监督检查。

不得销售不符合国家有关无线电管理规定和技术标准的无线电发射设备;维修无线电发射设备,不得改变已核准的技术参数。

第二十四条　生产、使用辐射无线电波的非无线电设备的,必须符合国家有关规定,不得对无线电业务产生有害干扰。

辐射无线电波的非无线电设备对无线电台(站)产生有害干扰时,设备所有人或者使用人必须及时采取措施予以消除。

第二十五条　在用的无线电发射设备应当定期进行维护,保证其性能指标符合国家相关技术标准。

第二十六条　市无线电管理机构应当依法加强对本市无线电电磁环境和无线电台(站)的监测,并对监测中发现的问题责令有关单位和个人限期整改。

市无线电管理机构应当按照国家有关规定对无线电发射设备进行检测。经检测不符合国家技术标准的无线电发射设备,有关单位和个人应当停止使用。

第二十七条　市无线电管理机构进行监督检查时,有权采取下列措施:

(一)进行现场检查、勘验、取证;

(二)要求被检查的单位和个人提供有关材料和文件;

(三)对擅自占用无线电频率、设置无线电台(站)的,实施技术措施予以制止;

(四)对非法使用的无线电发射设备等证据依法采取先行登记保存。

第二十八条　市人民政府可以依法在特定的时间、区域、频段范围内实行无线电管制,对无线电发射设备以及辐射无线电波的非无线电设备的使用实行强制性管理。

实行无线电管制期间,管制区域内所有设置、使用无线电发射设备以及辐射无线电波的非无线电设备的单位和个人,必须遵守管制的有关规定。

第二十九条　未按规定缴纳无线电频率占用费的,由市无线电管理机构责令限期缴纳;逾期不缴纳的,按照规定加收滞纳金。

第三十条　违反本办法规定,有下列情形之一的,市无线电管理机构可以依据《无线电管理条例》给予警告、查封或者没收设备、没收非法所得的处罚;情节严重的,可以并处 1000 元以上 5000 元以下的罚款或者吊销其电台执照:

(一)擅自改变无线电台站址、天线高度、发射功率、使用频率等核定项目的;

(二)擅自扩大无线电频率使用范围、改变用途的;

(三)擅自编制、使用电台呼号的;

(四)研制、生产无线电发射设备,没有采取有效措施抑制电波发射,并对合法无线电台(站)产生有害干扰的;

(五)研制、生产无线电发射设备时,擅自进行实效发射试验的;

(六)设置、使用不符合国家规定或者技术标准的无线电发射设备,对无线电业务造成干扰的;

(七)使用辐射无线电波的非无线电设备对合法无线电用户造成有害干扰,经责令停止使用后拒不执行的。

第三十一条　违反本办法规定,为他人设置无线电台(站)提供场所的单位和个人未对场地情况进行备案,或者在查处违法设置无线电台(站)工作过程中拒不履行配合义务,造成严重影响的,由市无线电管理机构给予警告,可以并处 2 万元以下的罚款。

第三十二条　违反本办法规定,开展无线电电磁环境测试未进行报告或者拒不接受监督的,由市无线电管理机构责令限期改正,给予警告,可以并处 5000 元以下的罚款。

第三十三条　对有下列违法行为之一的,由市无线电管理机构责令限期改正,给予警告,可以并处 3 万元以下的罚款:

(一)转让、伪造或者变造无线电台执照的;

(二)停用、撤销无线电台(站),未采取拆除、封存或者销毁措施的;

(三)拒不执行国家或者本市调整、收回指配频率决定的;

(四)不遵守无线电管制规定的。

第三十四条　销售不符合国家无线电管理有关规定或者技术标准的无线电发射设备的,由工商行政管理部门依法进行处罚。

第三十五条　违反国家规定,故意干扰无线电业务正常进行的,或者对正常运行的无线电台(站)产生有害干扰,经市无线电管理机构依法给予行政处罚后,拒不采取有效措施消除的,由公安机关依照《中华人民共和国治安管理处罚法》第二十八条的规定给予相应处罚。

第三十六条　违反国家规定,擅自设置、使用无线电台(站),或者擅自占用频率,经责令停止使用后拒不停止使用,干扰无线电通讯正常进行,造成严重后果,构成犯罪的,依法追究刑事责任。

第三十七条　设置、使用业余无线电台的,按照国家有关业余无线电台(站)管理的规定办理。

第三十八条　本办法自 2006 年 12 月 1 日起施行。1993 年 4 月 17 日北京市人民政府第 4 号令发布、根据 1997 年 12 月 31 日北京市人民政府第 12 号令修改的《北京市无线电台设置使用管理规定》,以及 1995 年 7 月 1 日北京市人民政府批准、1995 年 8 月 1 日北京市无线电管理局发布、根据 1997 年 12 月 31 日北京市人民政府第 12 号令第一次修改、根据 2002 年 2 月 11 日北京市人民政府第 92 号令第二次修改的《北京市研制、生产、进口无线电发射设备管理规定》同时废止。

16－2　其他规定

16－2－1
国家计划委员会　财政部　国家无线电管理委员会关于印发《无线电管理收费规定》的通知

1998 年 2 月 19 日　　计价费〔1998〕218 号

各省、自治区、直辖市物价局(委员会)、财政厅(局)、无线电管理委员会,国务院有关部门:

现行《无线电管理收费暂行规定》(以下简称《暂行规定》)是 1992 年发布的,执行五年多来,对于充分节约和有效利用国家无线电频谱资源,促进无线电通信事业的健康发展起到了积极作用。但随着时间的推移,《暂行规定》的部分条款已不适应当前形势的需要,迫切需要进行重新规范和加以完善。为此,国家计委、财政部和国家无线电管理委员会在反复调查研究,征求各地区、各部门意见基础上,制订了《无线电管理收费规定》,并报经国务院批准,现印发给你们,请结合当地实际,认真贯彻执行。

附件:无线电管理收费规定

附件

无线电管理收费规定

第一条　为加强无线电管理,有效地利用无线电频谱资源,促进无线电通信事业的发展,适应国民经济和社会发展的需要,根据《中华人民共和国无线电管理条例》(以下简称《条例》)和国家有关行政事业性收费管理规定,制定本规定。

第二条　无线电频谱资源属国家所有,有偿使用。凡在中华人民共和国境内设置、使用无线电台及研制、生产、销售、进口无线电设备的单位和个人,必须遵守本规定。

第三条　无线电管理收费包括:注册登记费、频率占用费和设备检测费。

设置使用无线电台应按规定缴纳注册登记费和频率占用费;研制、生产、销售、进口无线电发射设备,应按规定缴纳注册登记费和设备检测费;使用未经国家无线电管理机构型号认证的设备,应按规定进行设备检测,并缴纳设备检测费。

第四条　国家、省(自治区、直辖市)无线电管理机构根据《条例》规定的权限收取注册登记费和频率占用费。

(一)通信范围或者服务区域涉及两个以上的省或者涉及境外的无线电台(站),中央国家机关(含其在京直属单位)设置、使用的无线电台(站),其他因特殊需要设置、使用的无线电台(站),由国家无线电管理机构收取注册登记费和频率占用费;

(二)除上述(一)外,在省、自治区、直辖市范围内设置、使用的无线电台(站),由省、自治区、直辖市无线电管理机构收取注册登记费和频率占用费。

第五条　国家、省(自治区、直辖市)无线电管理机构可委托地方或其他部门和单位收取频率占用费。被委托单位收取的费用须全额上交,委托机构可按2‰的比例返回代收手续费,具体办法由财政部另行制定。

第六条　频率占用费自频率分配或指配之日起按年度计收。不足3个月的按1/4年计收,超过3个月不足半年的按半年计收,超过半年不足1年的按1年计收。

第七条　频率占用费收费标准依照本规定所附的《无线电台(站)频率占用费年度收费标准表》执行。有关无线电新业务收费标准,根据国家无线电频谱开发使用政策另行颁布。

第八条　注册登记费在办理注册登记手续时收取。注册登记费每证15元,国家无线电管理委员会办公室可以从注册登记费提取每证5元,用于统一印制无线电台执照以及运输费用等。

第九条　设备检测费在对无线电发射设备进行检测时收取。国家拨款的单位免收设备检测费。设备检测费收费标准由国家计委、财政部另行制定。

第十条　下列电台免收频率占用费:

(一)党政领导机关设置的专用公务电台;

(二)国防用于军事、战备的专用电台;

(三)公安、武警、国家安全、检察、法院、劳教、监狱、渔政部门设置的专用公务电台;

(四)防火、防汛、防震、防台风、航空营救等抢险救灾专用电台和水上遇险值守、安全信息发播及安全导航电台;

(五)广播电视部门设置的实验台及对外广播电台、电视台;

(六)业余无线电台;

(七)农民集资办的电视差转台。

上述部门和单位设置的电台用于从事经营活动的部分,要按规定缴纳足额频率占用费。

第十一条　用于卫生急救、气象服务、新闻、水上和航空无线电导航的专用电台及教育电视台减缴频率占用费,减缴幅度为50%。

第十二条　对涉外电台按下列办法征收费用:

(一)对外国驻中国使领馆及驻华代表机构设置使用的电台征收相关费用,本着对等互惠的原则,通过外交途径办理;

(二)外商独资和合资企业经批准设置使用的电台,按国内相同电台的标准收取费用;

(三)边境过往电台的费用可由有关省按对等原则收取。

第十三条　国家和省(自治区、直辖市)无线电管理机构应按财务隶属关系,于每年第一季度将上一年度无线电管理收费收取情况向财政部或省(自治区、直辖市)财政厅(局)报告,同时抄报国家计委或省(自治区、直辖市)物价局(委员会),并接受其监督检查。

第十四条　应缴纳频率占用费的单位和个人,必须在国家、省(自治区、直辖市)无线电管理机构指定期限内缴纳。逾期不缴的,从滞纳之日起,按日增收 5‰的滞纳金。逾期半年不缴的,无线电管理机构可收回所指配的频率,吊销电台执照,并不再受理该单位的其他频率使用和设台申请。

第十五条　无线电收费管理机构应严格按本规定收费,到指定的物价部门办理《收费许可证》,并按隶属关系使用中央或省级财政部门统一印制的票据,不得擅自增加收费项目和提高收费标准,违者由价格管理部门的价格监督检查机构和财政部门依法查处。

第十六条　本规定从 1998 年 4 月 1 日起执行,以往发布的无线电管理收费规定和办法,一律废止。

第十七条　本规定由国家计委、财政部和国家无线电管理委员会负责解释。

无线电台(站)频率占用费年度收费标准表

序号	台(网)种类		收费标准	备注
1	蜂窝公众通信	基站	100 万元/每网每兆赫(全国网) 50 万元/每网每兆赫(跨省区域网)	由国家无委统一收取
		手机	50 元/每台	由经营单位向用户统一代收缴*
2	集群无线调度系统		5 万元/每频点(全国范围使用)	由国家无委统一收取
			1 万元/每频点(省、自治区、直辖市范围使用)	由省级无委收取
			2000 元/每频点(地、市范围使用)	
3	无线寻呼系统		200 万元/每频点(全国范围使用)	由国家无委统一收取
			20 万元/每频点(省、自治区、直辖市范围使用)	由省级无委收取
			4 万元/每频点(地、市范围使用)	
4	无绳电话系统		150 元/每基站	由省级无委收取
5	电视台		10 万元/每套节目(中央台) 5 万元/每套节目(省级台) 1 万元/每套节目(地级台) 5000 元/每套节目(县级台)	中央级电台、电视台由国家无委统一收取。其他由省级无委收取
	广播电台		1 万元/每套节目(中央台) 5000 元/每套节目(省级台) 500 元/每套节目(地级台) 100 元/每套节目(县级台)	
6	船舶电台(制式电台) 1600 总吨位以上的船舶 1600 总吨位以下的船舶 功率≥20 马力的渔船		2000 元/每艘 1000 元/每艘 100 元/每艘	*

续表

序号	台(网)种类	收费标准	备注
7	航空器电台(制式电台) 1. 固定翼飞机 27 吨以上 5.7 吨至 27 吨(含) 5.7 吨(含)以下 2. 旋翼飞机	 3000 元/每架 2000 元/每架 1000 元/每架 500 元/每架	由国家无委统一收取
8	除以上栏目外 1000MHz 以下的无线电台 固定电台(含陆地电台) 移动电台(含无中心电台)	 1000 元/每频点 100 元/每台	*
9	微波站 工作频率 10GHz 以下 工作频率 10GHz 以上 有线电视传输(MMDS)	 40 元/每站每兆赫(发射) 20 元/每站每兆赫(发射) 600 元/每站每兆赫(发射)	*
10	地球站	250 元/每站每兆赫(发射)	*
11	空间电台	500 元/每兆赫(发射)	由国家无委统一收取

备注中标有"＊"的项目,按无线电频率管理权限,由国家和省、自治区、直辖市无线电管理委员会分别收取。

16-2-2

北京市物价局　北京市财政局　北京市无线电
管理局转发国家计委　财政部　国家无委
"关于印发《无线电管理收费规定》的通知"的通知

1998 年 3 月 16 日　京价(收)字〔1998〕第 59 号

各区县物价局、财政局、各设台单位:

现将国家计委、财政部、国家无委"关于印发《无线电管理收费规定》的通知"(计价费〔1998〕218 号)转发给你们,并根据北京市的实际情况,将无线电管理收费规定的有关事项作如下规定,请一并贯彻执行。

一、在本市行政区域内,凡由北京市无线电管理局办理准予设置使用及研制、生产、销售、进口手续并依法进行管理的各类无线电发射设备,按规定所缴纳各项费用均统一由北京市无线电管理局负责收取。

二、每年缴纳频率占用费的时间为二季度,自 7 月 1 日起按日增收滞纳金。

三、委托收取频率占用费的具体办法和设备检测费收费标准,将由国家有关部门另行下文制定。新文件下发前,设备检测费的收费标准仍按照原国家物价局、财政部〔1992〕价费字 177 号文件执行。

四、本通知自1998年4月1日起执行。以往发布的无线电管理收费规定和办法与本通知相抵触的,一律以本通知为准。

　　附件:国家计委、财政部、国家无委关于印发《无线电管理收费规定》的通知(计价费〔1998〕218号)(编者略)

16 - 2 - 3
国家发展改革委　财政部关于无线电
新业务频率占用费收费标准的通知

2003年12月22日　发改价格〔2003〕2300号

信息产业部:

　　你部《关于核批无线电新业务频率占用费收费标准的函》(信部无〔2003〕187号)收悉。经研究,现就有关问题通知如下:

　　一、同意将无线电新业务频率占用费收费标准补充列入《无线电管理收费规定》(计价费〔1998〕218号)所附的《无线电台(站)频率占用费年度收费标准表》,统一执行无线电管理收费的有关规定。

　　二、无线电新业务频率占用费具体收费标准按本通知附件规定执行。

　　三、各收费单位应到指定的价格主管部门办理收费许可证变更手续,并按财务隶属关系分别使用财政部和省、自治区、直辖市财政部门统一印制的行政事业性收费票据。

　　四、本通知自2004年1月1日起执行。

　　附件:无线电台(站)频率占用费年度收费标准表(续)

附件

无线电台(站)频率占用费年度收费标准表(续)

序号	台(网)种类		收费标准	备注
12	无线接入系统	1.8GHZ~1.9GHZ频段(FDD、TDD方式)	150元/基站	*
		450MHZ频段	500元/频点/基站	*
13	扩频系统2.4GHZ、5.8GHZ频段		40元/MHZ/基站(按核准带宽收,不足1MHZ的按1MHZ收)	*
14	无线数据频段		800元/频点/基站	*

　　备注中标有 * 的项目,按无线电频率管理权限,由国家和省、自治区、直辖市无线电管理机构分别收取。

16-2-4
北京市发改委关于无线电新业务
频率占用费收费标准的函

2005年5月13日　京发改〔2005〕1006号

你局"关于在本市执行无线电新业务频率占用费收费标准的函"(京无管函〔2004〕6号)收悉。根据国家发展改革委、财政部《关于无线电新业务频率占用费收费标准的通知》(发改价格〔2003〕2300号)的规定,具体规定如下:

一、同意本市区域无线电新业务频率占用费收费标准补充列入《无线电管理收费规定》所附的《无线电台(站)频率占用费年度收费标准表》,统一执行无线电管理收费的有关规定。

二、无线电新业务频率占用费收费标准按附件规定执行。

三、你局持本函到市发展改革委办理《收费许可证》,使用市政财局印制(监制)的统一收费票据。

特此复函。

附件:无线电台(站)频率占用费年度收费标准表(续)

附件

无线电台(站)频率占用费年度收费标准表(续)

序号	台(网)种类		收费标准	备注
12	无线接入系统	1.8GHZ~1.9GHZ频段(FDD、TDD方式)	150元/基站	*
		450MHZ频段	500元/频点/基站	*
13	扩频系统2.4GHZ、5.8GHZ频段		40元/MHZ/基站(按核准带宽收,不足1MHZ的按1MHZ收)	*
14	无线数据频段		800元/频点/基站	*

备注中标有*的项目,按无线电频率管理权限,由国家和市无线电管理局分别收取。

16-2-5

北京市发展改革委 北京市财政局转发
国家发展改革委 财政部关于调整
"村通工程"无线电通信和"村村通工程"
无线电广播电视传输发射台站频率
占用费收费标准等有关问题文件的通知

2006 年 1 月 18 日 京发改〔2006〕69 号

现将国家发展改革委、财政部《关于调整"村通工程"无线电通信和"村村通工程"无线电广播电视传输发射台站频率占用费收费标准等有关问题的通知》(发改价格〔2005〕2812 号)转发给你们,请遵照执行。

特此通知。

附件:《国家发展改革委 财政部关于调整"村通工程"无线电通信和"村村通工程"无线电广播电视传输发射台站频率占用费收费标准等有关问题的通知》(发改价格〔2005〕2812 号)

国家发展改革委 财政部关于调整"村通工程"
无线电通信和"村村通工程"无线电广播电视
传输发射台站频率占用费收费标准等有关问题的通知

2005 年 12 月 27 日 发改价格〔2005〕2812 号

信息产业部,各省、自治区、直辖市发展改革委、物价局、财政厅(局):

信息产业部《关于申请调整"村通工程"无线电通信和"村村通工程"无线电广播电视传输发射台站频率占用费收费标准的函》(信部无〔2005〕542 号)收悉。经研究,现就有关问题通知如下:

一、为扶持边远农村地区通信及广播电视事业发展,同意调整用于"村通工程"无线电通信和"村村通工程"无线电广播电视传输发射台站频率占用费收费标准。

(一)450MHz 模拟无线接入基站收费标准由每站每频点 500 元降为 250 元;

(二)MMDS 站收费标准由每站每兆赫 600 元降为 300 元;

（三）SCDMA 无线接入基站(406.5~409.5MHz 频段)收费标准为每站 75 元；

（四）对卫星地球站(或卫星移动电话)、电视差转台、广播差转台不收取频率占用费。

二、收费单位应到指定的价格主管部门办理收费许可证变更手续,使用省、自治区、直辖市财政部门统一印制的收费票据,严格按规定的收费项目、收费标准和收费范围收费,并自觉接受价格、财政部门的监督检查。

三、上述规定自 2006 年 1 月 1 日起执行。

16－2－6
财政部　工业和信息化部关于印发
《无线电频率占用费管理办法》的通知

2009 年 8 月 6 日　财建〔2009〕462 号

各省、自治区、直辖市、计划单列市财政厅(局)、无线电管理机构：

为了进一步规范无线电频率占用费的管理,提高资金使用效益,促进国家无线电事业的健康发展,财政部、工业和信息化部联合制定了《无线电频率占用费管理办法》。现予印发,请遵照执行。

附件:1. 无线电频率占用费管理办法

　　　2. ××省(自治区、直辖市、计划单列市)××年度无线电管理情况表

附件1

无线电频率占用费管理办法

第一章　总　则

第一条　为了进一步规范无线电频率占用费的管理,提高资金使用效益,促进国家无线电事业的健康发展,根据《国家发展改革委　财政部关于重新核定蜂窝公众通信网络频率占用费收费标准及有关问题的通知》(发改价格〔2007〕3643 号)等有关规定,结合国家无线电工作实际和发展需要,制定本办法。

第二条　本办法所称无线电频率占用费,特指中央财政通过国家无线电管理机构收取并安排用于支持国家无线电事业发展的专项资金。

第三条　财政部负责安排无线电频率占用费支出预算和监督管理,国家和省级无线电管理机构负责无线电频率占用费的使用和绩效考评。

第四条　国家无线电管理机构应当根据中央财政预算管理要求,结合无线电管理事业发展实际,编制无线电频率占用费收支预算,并纳入同级财政预算,经财政部批准后实施。

第五条　无线电频率占用费实行"收支两条线"管理。

第六条　无线电频率占用费的征收、分配、使用和监督管理适用本办法。

第二章　征　　收

第七条　无线电频率占用费属于国家资源性收费,必须严格按照国家规定的范围和标准收取,未经财政部、国家发展改革委批准,任何部门或单位不得擅自调整或减免。

第八条　无线电频率占用费由国家无线电管理机构征收,无线电频率(频谱)资源使用者必须及时、足额上交国家无线电管理机构,并纳入中央国库。

第九条　国家无线电管理机构分别于每年1月5日和7月1日前向无线电频率(频谱)资源使用者征收上半年和下半年的无线电频率占用费。

第十条　国家无线电管理机构对无线电频率占用费的执收工作按照财政部对非税收入收缴管理的有关规定执行,使用财政部统一印制的《非税收入一般缴款书》。

第三章　资金申请

第十一条　财政部向各省(自治区、直辖市、计划单列市)财政厅(局)转移支付的无线电频率占用费实行申报审批制度。

各省(自治区、直辖市、计划单列市)无线电管理机构根据自身业务职责、工作实施计划和事业开展需要,于每年9月30日前向同级财政部门提出下年度无线电频率占用费支出计划,包括构成基本因素、动态因素、其他因素的各项数据、信息,并抄报国家无线电管理机构,同级财政部门对资金使用计划进行审核后于当年12月31日前报送财政部。

第十二条　基本因素、动态因素及其他因素的数据等信息由各省(自治区、直辖市、计划单列市)财政厅(局)商同级无线电管理机构提供,并对提供信息的真实性、准确性、合法性负责。

第十三条　财政部对各省(自治区、直辖市、计划单列市)财政厅(局)提出的无线电频率占用费支出计划进行汇总,根据当年无线电频率占用费收入规模、国家无线电管理机构审核意见、无线电事业发展年度计划和中长期规划,并兼顾各省(自治区、直辖市、计划单列市)无线电频率占用费支出管理、使用效益及当年需求等综合因素,按照基本因素、动态因素及其他因素进行审核后,向各省(自治区、直辖市、计划单列市)财政厅(局)下达无线电频率占用费预算指标,并抄送国家及省级无线电管理机构。

第十四条　动态因素和其他因素部分的无线电频率占用费支出实行项目管理。其中,基础设施建设及技术设施建设项目参照基本建设项目管理规定和程序要求执行。

各省(自治区、直辖市、计划单列市)财政厅(局)商同级无线电管理机构建立项目库,对项目库中的项目实行滚动管理。

第四章　分　　配

第十五条　财政部向各省(自治区、直辖市、计划单列市)财政厅(局)转移支付的无线电频率占用费,按照基本因素、动态因素及其他因素进行分配。

(一)基本因素

主要包括:房屋及建筑物(含办公用房和业务用房)、车辆(含一般公务用车和业务用车)及无线电管理专用设备(含专业设备和辅助设备)账面现值等。

(二)动态因素

主要包括:辖区面积及所辖地(市)数目、辖区内无线电台(站)数量、管理设施建设投资需求规划(含基础设施和技术设施)等。

(三)其他因素

主要包括:国家和省级无线电管理机构为保障当年辖区内重大活动顺利开展而组织实施的无线电重大专项活动、无线电技术设备研究开发和特殊通信保障等。

第十六条　中央财政转移支付给各省(自治区、直辖市、计划单列市)无线电管理机构的无线电频率占用费由三部分组成,包括基本因素、动态因素及其他因素。计算方法如下:

(一)基本因素部分

一般不超过转移支付总额的25%,按照房屋及建筑物(含办公用房和业务用房)、车辆(含一般公务用车和业务用车)及无线电管理专用设备(含专业设备和辅助设备)现值分别乘以维护系数计算得出。

(二)动态因素部分

一般不超过转移支付总额的45%,按照辖区面积及所辖地(市)数目、辖区内无线电台(站)数量、当年管理设施建设投资需求规划(含基础设施和技术设施)分别进行排序打分,各项所得分数乘以不同权重系数相加得出各地分数,各地分数相加得出全国总分,然后计算各地所占比重,各地所占比重乘以动态因素部分转移支付资金总额得出各地动态因素部分应支持金额。

(三)其他因素部分

一般不超过转移支付总额的30%,根据各地无线电管理工作实际和发展需要,对各省(自治区、直辖市、计划单列市)财政厅(局)上报的"无线电管理重大专项任务计划"进行审核,确定支出预算。

第十七条　财政部应当根据财政预算管理和国库集中收付制度等有关规定审核下达及拨付无线电频率占用费。

第五章　使　　用

第十八条　国家无线电管理机构使用的无线电频率占用费主要用于中央本级无线电管理基础设施、技术设施建设,无线电技术设备研究开发以及重要无线电监管任务实施。具体包括:

(一)无线电管理基础设施和技术设施的建设及其运行、维护;

(二)无线电频率、卫星轨道位置的国际、国内协调;

(三)无线电监测、检测和干扰查找;

(四)无线电应急管理和重大活动无线电安全保障;

(五)无线电频谱资源开发利用和科学研究;

(六)无线电技术设备的研究开发;

(七)无线电管理标准规范的制定;

(八)无线电管理工作的宣传、培训和奖励;

(九)无线电管理的法制建设和行政执法;

(十)特殊通信保障;

（十一）经财政部批准与无线电管理相关的其他支出。

第十九条　省级无线电管理机构使用的中央财政转移支付无线电频率占用费主要用于地方无线电管理基础设施、技术设施建设，无线电技术设备研究开发以及重要无线电监管任务实施。具体包括：

（一）无线电管理基础设施和技术设施的建设及其运行、维护；

（二）无线电频率的国际、国内协调；

（三）无线电监测、检测和干扰查找；

（四）无线电应急管理和重大活动无线电安全保障；

（五）无线电技术设备的研究开发；

（六）无线电管理法制建设和行政执法；

（七）无线电管理工作宣传、培训和奖励；

（八）特殊通信保障；

（九）经财政部批准与无线电管理相关的其他支出。

第二十条　各级无线电管理机构利用中央财政安排的无线电频率占用费购置专用设备和软件，应当实行政府采购制度。同等条件下，应当优先采购我国自行研制生产的专用设备和软件。

政府采购目录及具体实施办法由财政部会同国家无线电管理机构另行制定。

第二十一条　年度终了，国家无线电管理机构应当编制无线电频率占用费年度决算，并在规定时限内纳入相关部门的部门决算报送财政部审批。省级无线电管理机构按照同级财政决算管理要求执行。

第二十二条　无线电频率占用费结余资金，按照同级预算财政拨款结余资金管理办法安排使用。

第六章　监督管理

第二十三条　各省（自治区、直辖市、计划单列市）财政厅（局）应当对无线电频率占用费使用情况实施定期监督检查、跟踪问效，并于每年3月底前将上年度无线电频率占用费使用管理情况上报财政部。

财政部将不定期组织实施全面检查或重点抽查，或委托财政部驻各省（自治区、直辖市、计划单列市）财政监察专员办事处等机构实施专项核查。

第二十四条　无线电频率占用费是专项资金，必须专款专用，严禁挤占、截留、挪用。对弄虚作假或蓄意挤占、截留、挪用等违反财经纪律的行为，除按照《财政违法行为处罚处分条例》（国务院令第427号）等有关规定处理外，将收回当年已下达资金，并相应扣减或取消下年度无线电频率占用费预算指标。

第七章　附　　则

第二十五条　各省（自治区、直辖市、计划单列市）财政厅（局）可以结合本地实际情况，研究制定具体实施办法，并报财政部备案。

第二十六条　本办法由财政部、工业和信息化部负责解释。

第二十七条　本办法自发布之日起施行。《财政部关于印发〈无线电频率占用费管理暂行办法〉的通知》（财建〔2002〕640号）同时废止。

附件2

××省(自治区、直辖市、计划单列市)×××年度无线电管理情况表

××财政厅(局)××处签章：　　　　　　　　　　　　　单位:万元,人,辆,个

项目			数量/面积	金额	备注
一	基本因素				
	小计				
	1	房屋建筑物账面现值			
		1　办公用房			
		2　业务用房			
	2	车辆情况账面现值			
		1　一般公务用车			
		2　业务用车			
	3	无线电管理设备账面现值			
		1　专业设备			
		2　辅助设备			
二	动态因素				
	小计				
	1	所辖地(市)数目			
	2	管理台站(不含手机等移动终端台站)数目			
	3	辖区人口(含流动人口)数目			
	4	管理设施建设投资需求规划			
		1　基础设施建设			
		2　技术设施建设			
三	无线电管理重大专项任务				
		小计			
	1				
	2				
	…	……			

填报说明:"无线电管理重大任务"需在备注栏列明每项任务开展的充分理由,并另附说明。

填表人:　　　　　　　电话:　　　　　　　　　　　填表日期:

16-2-7
北京市财政局 北京市发展和改革委员会
北京市无线电管理局 北京市地方税务局
关于地方税务部门代收无线电频率
占用费相关工作的通知

2017年1月9日 京财综〔2017〕48号

市有关单位、各设台单位：

根据《中华人民共和国无线电管理条例》规定,经北京市人民政府批准,由北京市地方税务局代收全市无线电频率占用费。现就代收有关工作通知如下,请依照执行。

一、代收范围。在本市行政区域内,凡由北京市无线电管理局办理准予设置使用并依法进行管理的各类无线电发射设备,按规定所应缴纳的无线电频率占用费。

二、代收时间。北京市地方税务局自2017年2月1日起负责全市无线电频率占用费代收工作。

三、代收地点。北京市政务服务中心(北京市丰台区西三环南路1号)地税服务窗口。

四、收费标准。代收后全市无线电频率占用费收费标准不变,仍按照北京市物价局、北京市财政局、北京市无线电管理局《转发国家计委、财政部、国家无委"关于印发〈无线电管理收费规定〉的通知"的通知》(京价(收)字〔1998〕第059号)、北京市发展和改革委员会 北京市财政局《关于无线电新业务频率占用费收费标准的函》(京发改〔2005〕1006号)、北京市发展和改革委员会 北京市财政局《转发国家发展改革委 财政部关于调整"村通工程"无线电通信和"村村通工程"无线电广播电视传输发射台站频率占用费收费标准等有关问题文件的通知》(京发改〔2006〕69号)文件规定执行。

五、办理方式。缴费单位到北京市无线电管理局完成新设台站与频率申请报批手续后,持北京市无线电管理局开具的《北京市无线电管理局行政许可收费通知单》,至北京市政务服务中心地税服务窗口办理无线电频率占用费缴纳事宜;已设台单位直接到北京市政务服务中心地税服务窗口办理无线电频率占用费缴纳事宜。

六、本通知自2017年2月1日起执行。

16－2－8
北京市地方税务局　北京市无线电管理局
北京市财政局关于印发《北京市无线电频率
占用费税务代收管理办法》的通知

2017年4月7日　京地税办〔2017〕61号

市有关单位、各设台单位:

　　根据《北京市财政局　北京市发展和改革委员会　北京市无线电管理局　北京市地方税务局关于地方税务部门代收无线电频率占用费相关工作的通知》(京财综〔2017〕48号)文件规定,北京市地方税务局自2017年2月1日起代收全市无线电频率占用费。为进一步规范代收工作,北京市地方税务局、北京市无线电管理局、北京市财政局联合制定了《北京市无线电频率占用费税务代收管理办法》,现印发给你们,请依照执行。

北京市无线电频率占用费税务代收管理办法

第一章　总　　则

　　第一条　为加强和规范无线电频率占用费的代收管理,经北京市人民政府批准,根据《中华人民共和国无线电管理条例》《北京市财政局　北京市发展和改革委员会　北京市无线电管理局　北京市地方税务局关于地方税务部门代收无线电频率占用费相关工作的通知》(京财综〔2017〕48号)和《北京市财政局关于印发〈北京市市级单位非税收入收缴管理制度改革试点办法〉的通知》(京财国库〔2005〕1427号)等相关规定,结合我市实际,制定本办法。

　　第二条　我市行政区域内开展税务代收无线电频率占用费工作,适用本办法。

第二章　代收范围

　　第三条　在本市行政区域内,凡由北京市无线电管理局办理准予设置使用并依法进行管理的各类无线电发射设备,按规定所应缴纳的无线电频率占用费,由北京市地方税务局实施代收。

第三章　代收时间

　　第四条　根据京财综〔2017〕48号文件规定,北京市地方税务局自2017年2月1日起负责全市无线电频率占用费代收工作。其中,新设置使用无线电台(站)的单位根据行政许可的进程及规定要求,即时办理;已设置使用无线电台(站)的单位于每年第二季度办理缴纳无线电频率占用费相关手续。

第四章　代收地点

第五条　北京市政务服务中心(北京市丰台区西三环南路1号)地税服务窗口(三层C岛C6)负责办理全市无线电频率占用费缴费手续。

第五章　收费标准

第六条　代收后全市无线电频率占用费收费标准不变,仍按照北京市物价局、北京市财政局、北京市无线电管理局《转发国家计委、财政部、国家无委"关于印发〈无线电管理收费规定〉的通知"的通知》(京价(收)字〔1998〕第059号)、北京市发展和改革委员会　北京市财政局《关于无线电新业务频率占用费收费标准的函》(京发改〔2005〕1006号)、北京市发展和改革委员会　北京市财政局《转发国家发展改革委　财政部关于调整"村通工程"无线电通信和"村村通工程"无线电广播电视传输发射台站频率占用费收费标准等有关问题文件的通知》(京发改〔2006〕69号)等文件规定执行。

第六章　代收票据

第七条　北京市地方税务局代收无线电频率占用费后,继续使用《北京市非税收入一般缴款书》作为缴款凭证,代收的无线电频率占用费按照京财国库〔2005〕1427号文件规定缴入非税收入市级财政专户。

第八条　北京市地方税务局无线电频率占用费代收工作人员按照京财国库〔2005〕1427号文件要求,进行无线电频率占用费的入库对账与核销工作。

第七章　代收流程

第九条　新设置使用无线电台(站)的单位在完成新设置使用无线电台(站)与频率申请报批手续后,持北京市无线电管理局开具的《无线电频率占用费缴费通知单》(京财综〔2017〕48号第五条中《北京市无线电管理局行政许可收费通知单》更名为《无线电频率占用费缴费通知单》),到北京市政务服务中心地税服务窗口缴纳无线电频率占用费。已设置使用无线电台(站)的单位在收缴期内持北京市无线电管理局核发的《中华人民共和国无线电台执照》复印件到北京市政务服务中心地税服务窗口缴纳无线电频率占用费。

第十条　北京市政务服务中心地税服务窗口代收工作人员核对《无线电频率占用费缴费通知单》(新设置使用无线电台(站)单位)或《无线电频率占用费缴费台账》(已设置使用无线电台(站)单位)信息后,向缴费单位开具《北京市非税收入一般缴款书》(1-4联)作为缴费凭证,缴费单位持缴费凭证到北京市财政局指定的非税收入收缴代理银行进行缴费。

第十一条　缴费单位持盖有银行收讫章的《北京市非税收入一般缴款书》(第一联)到北京市政务服务中心地税服务窗口换取《北京市非税收入一般缴款书》(第五联)后,到北京市政务服务中心三层A岛市经济信息化委(无线电管理局)服务窗口领取许可执照或办理年审手续。

第十二条　已设置使用无线电台(站)缴费单位发生逾期缴费的,向市无线电局提出申请,经审核批准后,持《无线电频率占用费缴费通知单》到北京市政务服务中心地税服务窗口办理相关缴费手续。

第十三条　缴费单位发生退费的,向市无线电局提出申请,经审核批准后,持批准材料到北京市政务服务中心地税服务窗口办理退费。市地税局接到缴费单位退费申请及市无线电局审核批准资料后,向市财政局提交退付申请,市财政局审批同意后,相关无线电频率占用费退回缴费单位。

第八章　工作职责

第十四条　北京市无线电管理局主要职责:

(一)负责与市地税局共同制定无线电频率占用费代收工作相关制度、文件,对市地税局开展代收工作提供政策支持、业务指导。

(二)依据有关规定,确定缴费单位范围,于每年2月底前将已设台的缴费单位信息提供给地税部门,并做好缴费单位基础信息维护工作。

(三)负责核定缴费单位应缴纳的无线电频率占用费金额,审核缴费单位提出的减免费申请,并对缴费单位提出的退费申请进行业务审批,依据有关规定办理减免退费事宜。

(四)负责组织开展无线电频率占用费代收的政策宣传、解释、辅导工作,并在官方网站及办公场所的显要位置公示摆放无线电频率占用费收费标准明细及由地税部门代收事项公告。

(五)组织对少缴、无正当理由拖延或者拒不缴纳无线电频率占用费的缴费单位进行催缴,并按有关规定进行追缴。

第十五条　北京市地方税务局主要职责:

(一)负责与市无线电局共同制定无线电频率占用费代收工作相关制度、文件。

(二)负责根据北京市无线电管理局核定的缴费信息办理无线电频率占用费缴费单位缴费事宜;根据北京市无线电管理局审批的退费信息,向市财政局提交退付申请,经市财政局审批同意后,为无线电频率占用费缴费单位办理退费手续。

(三)负责无线电频率占用费的入库、对账、核销及相关数据的统计分析、问题反馈工作。

(四)负责于每年收缴期前,按市无线电局提供的缴费单位名单对缴费单位进行缴费提示。

(五)协助市无线电局做好无线电频率占用费代收相关政策宣传、辅导工作,并在官方网站及办公场所的显要位置公示摆放无线电频率占用费收费标准明细及由市地税局代收事项公告。

(六)负责对相关代收资料进行档案管理。

(七)负责向市无线电局定期反馈无线电频率占用费代收工作情况。

(八)在代收工作中凡涉及缴费单位的商业秘密,负有保密义务。

第九章　档案管理

第十六条　北京市地方税务局负责无线电频率占用费税务代收工作人员按照京财国库〔2005〕1427号文件要求,对无线电频率占用费税务代收工作中形成的《无线电频率占用费缴费通知单》《无线电频率占用费缴费台账》《北京市非税收入一般缴款书》,以及缴费单位在办理缴费手续时提供的《中华人民共和国无线电台执照》复印件等代收工作档案按年度分户序时进行归档管理。

第十章　法律责任

第十七条　缴费单位无正当理由拖延或者拒不缴纳无线电频率占用费的,按照国家有关规定由无线电管理机构责令限期缴纳,逾期不缴纳的,自滞纳之日起按日加收 0.05% 的滞纳金,由北京市无线电管理局依法申请人民法院强制执行。

<h2 style="text-align:center">第十一章　附　　则</h2>

第十八条　本办法规定期限的最后 1 日是法定休假日的,以休假日期满的次日为期限的最后 1 日;在期限内有连续 3 日以上法定休假日的,按休假日天数顺延。

第十九条　本办法由北京市无线电管理局、北京市地方税务局和北京市财政局负责解释。

第二十条　本办法自发布之日起施行。

十七、防空地下室易地建设费

17-1 基本法规

17-1-1
中华人民共和国人民防空法

1996 年 10 月 29 日第八届全国人民代表大会常务委员会
第二十二次会议通过 1996 年 10 月 29 日中华人民共和国
主席令第 78 号公布 自 1997 年 1 月 1 日起施行

目 录

第一章 总 则

第一条 为了有效地组织人民防空,保护人民的生命和财产安全,保障社会主义现代化建设的顺利进行,制定本法。

第二条 人民防空是国防的组成部分。国家根据国防需要,动员和组织群众采取防护措施,防范和减轻空袭危害。

人民防空实行长期准备、重点建设、平战结合的方针,贯彻与经济建设协调发展、与城市建设相结合的原则。

第三条 县级以上人民政府应当将人民防空建设纳入国民经济和社会发展计划。

第四条 人民防空经费由国家和社会共同负担。

中央负担的人民防空经费,列入中央预算;县级以上地方各级人民政府负担的人民防空经费,列入地方各级预算。

有关单位应当按照国家规定负担人民防空费用。

第五条　国家对人民防空设施建设按照有关规定给予优惠。

国家鼓励、支持企业事业组织、社会团体和个人,通过多种途径,投资进行人民防空工程建设;人民防空工程平时由投资者使用管理,收益归投资者所有。

第六条　国务院、中央军事委员会领导全国的人民防空工作。

大军区根据国务院、中央军事委员会的授权领导本区域的人民防空工作。

县级以上地方各级人民政府和同级军事机关领导本行政区域的人民防空工作。

第七条　国家人民防空主管部门管理全国的人民防空工作。

大军区人民防空主管部门管理本区域的人民防空工作。

县级以上地方各级人民政府人民防空主管部门管理本行政区域的人民防空工作。

中央国家机关人民防空主管部门管理中央国家机关的人民防空工作。

人民防空主管部门的设置、职责和任务,由国务院、中央军事委员会规定。

县级以上人民政府的计划、规划、建设等有关部门在各自的职责范围内负责有关的人民防空工作。

第八条　一切组织和个人都有得到人民防空保护的权利,都必须依法履行人民防空的义务。

第九条　国家保护人民防空设施不受侵害。禁止任何组织或者个人破坏、侵占人民防空设施。

第十条　县级以上人民政府和军事机关对在人民防空工作中做出显著成绩的组织或者个人,给予奖励。

第二章　防护重点

第十一条　城市是人民防空的重点。国家对城市实行分类防护。

城市的防护类别、防护标准,由国务院、中央军事委员会规定。

第十二条　城市人民政府应当制定防空袭方案及实施计划,必要时可以组织演习。

第十三条　城市人民政府应当制定人民防空工程建设规划,并纳入城市总体规划。

第十四条　城市的地下交通干线以及其他地下工程的建设,应当兼顾人民防空需要。

第十五条　为战时储备粮食、医药、油料和其他必需物资的工程,应当建在地下或者其他隐蔽地点。

第十六条　对重要的经济目标,有关部门必须采取有效防护措施,并制定应急抢险抢修方案。

前款所称重要的经济目标,包括重要的工矿企业、科研基地、交通枢纽、通信枢纽、桥梁、水库、仓库、电站等。

第十七条　人民防空主管部门应当依照规定对城市和经济目标的人民防空建设进行监督检查。被检查单位应当如实提供情况和必要的资料。

第三章　人民防空工程

第十八条　人民防空工程包括为保障战时人员与物资掩蔽、人民防空指挥、医疗救护等而单独修建的地下防护建筑,以及结合地面建筑修建的战时可用于防空的地下室。

第十九条　国家对人民防空工程建设,按照不同的防护要求,实行分类指导。

国家根据国防建设的需要,结合城市建设和经济发展水平,制定人民防空工程建设规划。

第二十条　建设人民防空工程,应当在保证战时使用效能的前提下,有利于平时的经济建设、群众的生产生活和工程的开发利用。

第二十一条　人民防空指挥工程、公用的人员掩蔽工程和疏散干道工程由人民防空主管部门负责组织修建;医疗救护、物资储备等专用工程由其他有关部门负责组织修建。

有关单位负责修建本单位的人员与物资掩蔽工程。

第二十二条　城市新建民用建筑,按照国家有关规定修建战时可用于防空的地下室。

第二十三条　人民防空工程建设的设计、施工、质量必须符合国家规定的防护标准和质量标准。

人民防空工程专用设备的定型、生产必须符合国家规定的标准。

第二十四条　县级以上人民政府有关部门对人民防空工程所需的建设用地应当依法予以保障;对人民防空工程连接城市的道路、供电、供热、供水、排水、通信等系统的设施建设,应当提供必要的条件。

第二十五条　人民防空主管部门对人民防空工程的维护管理进行监督检查。

公用的人民防空工程的维护管理由人民防空主管部门负责。

有关单位应当按照国家规定对已经修建或者使用的人民防空工程进行维护管理,使其保持良好使用状态。

第二十六条　国家鼓励平时利用人民防空工程为经济建设和人民生活服务。平时利用人民防空工程,不得影响其防空效能。

第二十七条　任何组织或者个人不得进行影响人民防空工程使用或者降低人民防空工程防护能力的作业,不得向人民防空工程内排入废水、废气和倾倒废弃物,不得在人民防空工程内生产、储存爆炸、剧毒、易燃、放射性和腐蚀性物品。

第二十八条　任何组织或者个人不得擅自拆除本法第二十一条规定的人民防空工程;确需拆除的,必须报经人民防空主管部门批准,并由拆除单位负责补建或者补偿。

第四章　通信和警报

第二十九条　国家保障人民防空通信、警报的畅通,以迅速准确地传递、发放防空警报信号,有效地组织、指挥人民防空。

第三十条　国家人民防空主管部门负责制定全国的人民防空通信、警报建设规划,组织全国的人民防空通信、警报网的建设和管理。

县级以上地方各级人民政府人民防空主管部门负责制定本行政区域的人民防空通信、警报建设规划,组织本行政区域人民防空通信、警报网的建设和管理。

第三十一条　邮电部门、军队通信部门和人民防空主管部门应当按照国家规定的任务和人民防空通信、警报建设规划,对人民防空通信实施保障。

第三十二条　人民防空主管部门建设通信、警报网所需的电路、频率,邮电部门、军队通信部门、无线电管理机构应当予以保障;安装人民防空通信、警报设施,有关单位或者个人应当提供方便条件,不得阻挠。

国家用于人民防空通信的专用频率和防空警报音响信号,任何组织或者个人不得占用、混同。

第三十三条　通信、广播、电视系统,战时必须优先传递、发放防空警报信号。

第三十四条　军队有关部门应当向人民防空主管部门通报空中情报,协助训练有关专业人员。

第三十五条　人民防空通信、警报设施必须保持良好使用状态。

设置在有关单位的人民防空警报设施,由其所在单位维护管理,不得擅自拆除。

县级以上地方各级人民政府根据需要可以组织试鸣防空警报;并在试鸣的五日以前发布公告。

第三十六条　人民防空通信、警报设施平时应当为抢险救灾服务。

第五章　疏　　散

第三十七条　人民防空疏散由县级以上人民政府统一组织。

人民防空疏散必须根据国家发布的命令实施,任何组织不得擅自行动。

第三十八条　城市人民防空疏散计划,由县级以上人民政府根据需要组织有关部门制定。

预定的疏散地区,在本行政区域内的,由本级人民政府确定;跨越本行政区域的,由上一级人民政府确定。

第三十九条　县级以上人民政府应当组织有关部门和单位,做好城市疏散人口安置和物资储运、供应的准备工作。

第四十条　农村人口在有必要疏散时,由当地人民政府按照就近的原则组织实施。

第六章　群众防空组织

第四十一条　县级以上地方各级人民政府应当根据人民防空的需要,组织有关部门建立群众防空组织。

群众防空组织战时担负抢险抢修、医疗救护、防火灭火、防疫灭菌、消毒和消除沾染、保障通信联络、抢救人员和抢运物资、维护社会治安等任务,平时应当协助防汛、防震等部门担负抢险救灾任务。

第四十二条　群众防空组织由下列部门负责组建:

(一)城建、公用、电力等部门组建抢险抢修队;

(二)卫生、医药部门组建医疗救护队;

(三)公安部门组建消防队、治安队;

(四)卫生、化工、环保等部门组建防化防疫队;

(五)邮电部门组建通信队;

(六)交通运输部门组建运输队。

红十字会组织依法进行救护工作。

第四十三条　群众防空组织所需装备、器材和经费由人民防空主管部门和组建单位提供。

第四十四条　群众防空组织应当根据人民防空主管部门制定的训练大纲和训练计划进行专业训练。

第七章　人民防空教育

第四十五条　国家开展人民防空教育,使公民增强国防观念,掌握人民防空的基本知识和技能。

第四十六条　国家人民防空主管部门负责组织制定人民防空教育计划,规定教育内容。

在校学生的人民防空教育,由各级教育主管部门和人民防空主管部门组织实施。

国家机关、社会团体、企业事业组织人员的人民防空教育,由所在单位组织实施;其他人员的人民防空教育,由城乡基层人民政府组织实施。

第四十七条　新闻、出版、广播、电影、电视、文化等有关部门应当协助开展人民防空教育。

第八章　法律责任

第四十八条　城市新建民用建筑,违反国家有关规定不修建战时可用于防空的地下室的,由县级以上人民政府人民防空主管部门对当事人给予警告,并责令限期修建,可以并处十万元以下的罚款。

第四十九条　有下列行为之一的,由县级以上人民政府人民防空主管部门对当事人给予警告,并责令限期改正违法行为,可以对个人并处五千元以下的罚款、对单位并处一万元至五万元的罚款;造成损失的,应当依法赔偿损失:

(一)侵占人民防空工程的;

(二)不按照国家规定的防护标准和质量标准修建人民防空工程的;

(三)违反国家有关规定,改变人民防空工程主体结构、拆除人民防空工程设备设施或者采用其他方法危害人民防空工程的安全和使用效能的;

(四)拆除人民防空工程后拒不补建的;

(五)占用人民防空通信专用频率、使用与防空警报相同的音响信号或者擅自拆除人民防空通信、警报设备设施的;

(六)阻挠安装人民防空通信、警报设施,拒不改正的;

(七)向人民防空工程内排入废水、废气或者倾倒废弃物的。

第五十条 违反本法规定,故意损坏人民防空设施或者在人民防空工程内生产、储存爆炸、剧毒、易燃、放射性等危险品,尚不构成犯罪的,依照治安管理处罚条例的有关规定处罚;构成犯罪的,依法追究刑事责任。

第五十一条 人民防空主管部门的工作人员玩忽职守、滥用职权、徇私舞弊或者有其他违法、失职行为构成犯罪的,依法追究刑事责任;尚不构成犯罪的,依法给予行政处分。

第九章　附　　则

第五十二条 省、自治区、直辖市人民代表大会常务委员会可以根据本法制定实施办法。

第五十三条 本法自 1997 年 1 月 1 日起施行。

17 – 1 – 2

北京市人民防空条例

2002 年 3 月 29 日　北京市第十一届人大常委会第 33 次会议通过

第一章　总　　则

第一条 为了有效地组织人民防空,保护人民的生命和财产安全,根据《中华人民共和国人民防空法》,结合本市实际情况,制定本条例。

第二条 人民防空是国防的重要组成部分。人民防空建设是国民经济和社会发展的重要方面,是城市建设的重要内容,是利国利民的社会公益事业。

人民防空实行长期准备、重点建设、平战结合的方针,贯彻与经济建设协调发展,与首都城市建设、平时防灾救灾相结合的原则,努力适应不断发展变化的新形势。

第三条　市和区、县人民政府应当将人民防空建设纳入国民经济和社会发展计划。

第四条　市和区、县人民政府应当将负担的人民防空经费列入同级财政预算。

有关单位应当按照国家和本市的规定负担人民防空费用。

第五条　市人民政府、北京卫戍区领导本市人民防空工作。

区、县人民政府和同级军事机关领导本区、县的人民防空工作。

第六条　市人民防空主管部门管理本市的人民防空工作。

区、县人民防空主管部门管理本区、县的人民防空工作。

乡、民族乡、镇人民政府和街道办事处可以根据人民防空工作的需要,设置专(兼)职办事机构或者人员,负责本地区的人民防空工作。

发展计划、规划、建设、市政管理、公安、民政、交通、国土房管、卫生、教育、工商行政、税务、通信管理、广播电视等部门按照各自的职责依法做好人民防空工作。

第七条　一切组织和个人都有得到人民防空保护的权利,都必须依法履行人民防空的义务。

第八条　市、区、县人民政府和同级军事机关对在人民防空工作中做出显著成绩的单位和个人给予表彰、奖励。

第二章　防护重点

第九条　本市是人民防空重点城市。以下地区和目标是人民防空防护重点:

(一)市区和其他人口密集区;

(二)重要的工矿企业、科研基地、桥梁、交通枢纽、通信枢纽、仓库、储罐、发电厂、配电站、水库和供水、供热、供气设施等重要经济目标;

(三)重要文物保护单位;

(四)广播电视台站等重要目标。

具体防护重点由市人民政府和北京卫戍区确定。

第十条　市和区、县人民政府会同同级军事机关制定本行政区域内的防空袭方案及实施计划,必要时经批准可以组织演习。

市防空袭方案及实施计划,按照规定报国家有关部门批准,并向国家人民防空主管部门备案。

区、县防空袭方案及实施计划,报市人民政府和北京卫戍区批准,并向市人民防空主管部门备案。

防空袭方案及实施计划的修订、补充和重大事项的调整,应当报经原批准机关同意。

第十一条　重要经济目标的单位应当制定防护方案和应急抢险抢修方案,并向所在地区、县人民防空主管部门备案。

第十二条　市和区、县人民政府应当将人民防空工程建设规划纳入城市总体规划。城市规划和建设,应当符合人民防空要求。

重要经济目标的规划和建设应当征求人民防空主管部门和同级军事机关的意见。对适合建在地下的重要项目或者项目的关键部位,应当结合平时建设有计划地建在地下;不宜建在地下的应当采取伪装等防护措施。

城市地下交通干线、地下商业娱乐设施、地下停车场、地下过街道、共同沟等城市地下空间的开发建设,应当兼顾人民防空需要。

第十三条　为战时储备粮食、医药、油料和其他必需物资的工程,应当建在地下或者其他隐蔽地点。

第三章　人民防空工程

第十四条　市和区、县人民政府负责组织为保障战时人员与物资掩蔽、人民防空指挥、医疗救护等单独修建的地下防护建筑的建设。根据形势发展需要,采取有效措施组织人民防空工程应急建设。

第十五条　鼓励、支持企业事业单位、社会团体和个人投资人民防空工程建设。人民防空工程平时由投资者使用管理,收益归投资者所有。

企业事业单位、社会团体和个人投资建设人民防空设施的,享受国家和本市规定的优惠政策。

第十六条　城市新建民用建筑必须按照国家和本市的规定修建防空地下室。

按照规定必须建设防空地下室的建设项目,由于地质条件限制不能修建防空地下室的,按照规定交纳易地建设费,由人民防空主管部门统筹安排组织易地建设。

易地建设费的收费标准由市价格主管部门会同市财政主管部门制定。除国家规定的减免项目外,任何部门不得批准减免易地建设费。

第十七条　新建人民防空工程的进出道路、孔口、出入口、口部管理房等设施的设计应当与城市建设规划衔接。

在已建成的人民防空工程的进出道路、孔口、出入口、口部管理房等设施周边安排建设项目,影响人民防空工程使用的,应当采取相应措施后方可建设。

第十八条　人民防空工程建设的设计、施工、质量必须符合国家规定的防护标准和质量标准。

人民防空工程竣工经验收合格的,建设单位应当向人民防空主管部门备案。

第十九条　对用于人员掩蔽的人民防空工程和具有一定防护能力的城市地下交通干线、地下商业娱乐设施、地下停车场、地下过街道、共同沟等地下工程,建有或者使用人民防空工程的单位和个人应当设置明显的掩蔽标识,掩蔽标识破损、丢失的,应当及时更换、补设。

第二十条　人民防空主管部门对人民防空工程的维护管理进行监督检查。

公用的人民防空工程的维护管理由人民防空主管部门负责,有关单位应当按照国家规定出工维护。有关单位出工确有困难的,按照市价格主管部门规定的标准出资,由人民防空主管部门组织有资质的单位进行维护。

建有或者使用人民防空工程的单位和个人应当按照国家规定,对已经修建或者使用的人民防空工程进行维护管理,使其保持良好的使用状态。

第二十一条 鼓励平时利用人民防空工程为经济建设和人民生活服务。平时利用人民防空工程,不得影响其防空效能。

第二十二条 平时利用人民防空工程应当经所在地区、县人民防空主管部门批准,并按规定使用。根据战时需要,人民防空工程必须在规定时限内完成平战转换。

平时利用人民防空工程,应当保障进出道路、孔口、出入口等的畅通,不得改变人民防空工程主体结构,不得拆除人民防空工程设备设施。

使用人民防空工程的单位和个人应当建立防火、防汛、治安等责任制度,确保人民防空工程的安全和防空效能。

第二十三条 任何组织或者个人不得进行影响人民防空工程使用或者降低防护能力的作业,不得向人民防空工程内排入废水、废气和倾倒废弃物,不得在人民防空工程内生产、储存爆炸、剧毒、易燃、放射性和腐蚀性物品。

第二十四条 任何组织或者个人不得擅自拆除公用的人民防空工程和专用配套工程;确需拆除的,必须报经所在地区、县人民防空主管部门批准。并由拆除单位补建或者补偿。

其他人民防空工程确需拆除的,报所在地区、县人民防空主管部门备案。

第二十五条 人民防空主管部门依法收取的人民防空工程易地建设、维护等费用应当纳入财政预算,专款专用,不得挪用和挤占,并接受同级财政、审计部门的监督、检查。

第四章 通信和警报

第二十六条 市和区、县人民防空主管部门负责制定本行政区域的人民防空通信、警报建设规划,组织本行政区域人民防空通信、警报网的建设和管理。

第二十七条 通信管理、无线电管理部门对人民防空通信、警报所需的专用线(电)路、频率应当予以保障;安装人民防空通信、警报设施,有关单位或者个人应当提供方便条件,不得阻挠。

用于人民防空通信的专用频率和防空警报音响信号,任何组织或者个人不得占用、混同。

第二十八条 重要经济目标的单位应当在人民防空主管部门指导下,按照战时防空袭实际需要,建设本单位的防空警报设施。

第二十九条 人民防空通信、警报设施应当保持良好的使用状态。

设置在有关单位的人民防空警报设施,由其所在单位负责维护管理,不得擅自拆除,不得擅自鸣响。因拆迁、改造建筑物,确需拆除的,报经所在地区、县人民防空主管部门批准。

第三十条　市和区、县人民政府根据需要经批准可以组织防空警报试鸣,并在试鸣的 5 日前发布公告。

第三十一条　市和区、县人民防空主管部门应当充分利用人民防空通信、警报设施为城市防灾救灾应急救援服务。

第五章　疏散和掩蔽

第三十二条　人民防空疏散必须根据国家发布的命令,由本市各级人民政府统一组织实施。任何组织不得擅自行动。

第三十三条　市和区、县人民政府应当组织有关部门制定疏散、掩蔽计划,必要时可以组织演练,指导单位和个人辨别防空袭警报音响信号,熟悉疏散路线、掩蔽场所。

第三十四条　市和区、县人民政府应当加强人民防空预定的疏散地建设,做好城市疏散人口安置和物资储运、供应的准备工作。

第三十五条　战时人口疏散应当以人口密集区和重要经济目标附近的人员为主,其他地区人员应当根据战时需要组织疏散或者就近实施掩蔽。

战时一切组织和个人的交通运输工具应当为人民防空疏散服务。

第六章　群众防空组织

第三十六条　市和区、县人民政府应当根据人民防空的需要,组织有关部门建立群众防空组织。群众防空组织战时承担人民防空任务,平时协助防汛、防震等部门担负抢险救灾任务。

第三十七条　群众防空组织的组建和任务:

(一)城建、市政管理、电力等部门组建抢险抢修队,负责对工程、道路、桥梁、水库和给排水、电力、燃气等公共设施进行抢险抢修以及抢救人员和物资等项工作;

(二)卫生、医药部门组建医疗救护队,负责战地救护、运送、治疗伤员和组织防疫灭菌、指导群众进行自救互救等项工作;

(三)公安部门组建治安队,负责维护社会治安、保卫重要目标、监督灯火管制;

(四)公安消防部门组建消防队,负责火情观察,执行对重要目标、设施的防火灭火,配合消除沾染任务;

(五)公安交通管理部门组建交通队,负责交通管制任务、维护交通秩序;

(六)卫生、化工、环境保护等部门组建防化防疫队,负责对核武器、化学武器、生物武器袭击的景象、效应进行观测、监测、化验、消毒、消除沾染,并对群众进行相关知识教育等项工作;

(七)通信管理部门组建通信队,负责对有线、无线、移动通信等设备、设施进行抢修,保障通信畅通;

(八)交通运输部门组建运输队,负责人口疏散和物资、器材的转运以及运输工具的修理等项工作。

市人民政府可以根据需要,组建其他群众防空组织。

红十字会组织依法进行救护工作。

第三十八条　市和区、县人民防空主管部门根据公民自愿原则,可以组织人民防空志愿者队伍。

人民防空志愿者应当参加防空防灾培训,按照要求参加应急救援活动。

第三十九条　群众防空组织的专业训练应当根据市人民防空主管部门制定的训练大纲和训练计划,由组建单位组织实施。

第七章　人民防空教育

第四十条　市和区、县人民政府应当开展人民防空教育,使本市公民增强国防观念,掌握人民防空的基本知识和技能。

第四十一条　本市教育行政主管部门应当将人民防空教育纳入学校教学计划,由各级教育主管部门和人民防空主管部门组织实施。

第四十二条　国家机关、社会团体、企业事业单位人员的人民防空教育,由所在单位组织实施;其他人员的人民防空教育,由街道办事处、乡镇人民政府组织实施。

第四十三条　本市新闻出版、广播电视、文化等有关部门应当协助开展人民防空教育。

第八章　法律责任

第四十四条　城市新建民用建筑,违反本条例第十六条第一款规定,不修建防空地下室的,由人民防空主管部门给予警告、责令限期修建,可以按下列规定并处罚款:

(一)应建未建面积不到500平方米的,处3万元以下罚款;

(二)应建未建面积在500平方米以上不到1000平方米的,处3万元以上5万元以下罚款;

(三)应建未建面积在1000平方米以上的,处5万元以上10万元以下罚款。

第四十五条　有下列行为之一的,由人民防空主管部门给予警告,责令限期改正,可以对个人并处5000元以下罚款,对单位并处1万元以上5万元以下罚款;造成损失的,应当依法赔偿损失:

(一)违反本条例第十八条第一款规定,不按照国家规定的防护标准和质量标准修建人民防空工程的;

(二)违反本条例第二十二条第二款、第三款规定,改变人民防空工程主体结构、拆除人民防空工程设备设施或者采用其他方法危害人民防空工程安全和防空效能的;

(三)违反本条例第二十三条规定,向人民防空工程内排入废水、废气或者倾倒废弃物的;

(四)违反本条例第二十四条第一款规定,擅自拆除公用的人民防空工程和专用

配套工程,拒不补建或者补偿的;

(五)违反本条例第二十七条第一款规定,阻挠安装人民防空通信、警报设施,拒不改正的;

(六)违反本条例第二十七条第二款、第二十九条第二款规定,占用人民防空通信专用频率,使用与人民防空警报相同的音响信号或者擅自拆除人民防空通信、警报设施的。

第四十六条 违反本条例第十八条第二款规定,人民防空工程竣工验收后,不向人民防空主管部门备案的,由人民防空主管部门给予告,责令限期改正,并可处1万元以下罚款。

第四十七条 违反本条例第二十二条第一款规定,平时利用人民防空工程,未经所在地区、县人民防空主管部门批准或者未按规定使用的,由人民防空主管部门责令限期改正;危害人民防空工程安全和防空效能的,可以对个人并处5000元以下罚款,对单位并处1万元以上5万元以下罚款;造成损失的,应当依法赔偿损失。

第四十八条 违反本条例规定,故意损坏人民防空工程设施或者在人民防空工程内生产、储存爆炸、剧毒、易燃、放射性等危险品,构成犯罪的,依法追究刑事责任;尚未构成犯罪的,由公安机关依照《中华人民共和国治安管理处罚条例》的有关规定处罚。

第四十九条 人民防空主管部门的工作人员有下列行为之一,构成犯罪的,依法追究刑事责任;尚未构成犯罪的,依法给予行政处分;有违法所得的,没收违法所得:

(一)贪污、挪用、挤占人民防空工程易地建设、维护等费用的;

(二)不按规定履行审批和监督管理职责,致使人民防空工程、人民防空通信和警报设施出现重大损毁,丧失防空效能的;

(三)其他玩忽职守、滥用职权、徇私舞弊的。

第九章 附　则

第五十条 本条例自2002年5月1日起施行。

17－2 其他规定

17－2－1
国家计委 财政部 国家国防动员委员会建设部印发关于规范防空地下室易地建设收费的规定的通知

2000 年 4 月 27 日　计价格〔2000〕474 号

各省、自治区、直辖市物价局(委员会)、财政厅(局)、人防办公室建设厅(委员会),各军区人防办公室:

为加强结合地面建筑修建战时可用于防空的地下室工作,有利于促进防空地下室建设与经济建设协调发展,根据《国务院批转国家计委关于加强房地产价格调控加快住房建设意见的通知》(国发〔1998〕34 号)规定,我们制定了《关于规范防空地下室易地建设收费的规定》,现印发给你们,请认真贯彻实施。

附件:关于规范防空地下室易地建设收费的规定

附件

关于规范防空地下室易地建设收费的规定

为加强结合地面建筑修建战时可用于防空的地下室(以下简称防空地下室)工作,有利于促进防空地下室建设与经济建设协调发展,现就规范防空地下室易地建设收费的有关问题作如下规定:

一、结合地面民用建筑修建防空地下室是依法建设人防工程的重要组成部分,是战时保障城市居民就地就近掩蔽,减少人员伤亡的重要途径。在人防重点城市的市区(直辖市含近郊区)新建民用建筑,要按照原国家人民防空委员会、国家计委、城乡建设环境保护部《关于改变结合民用建筑修建防空地下室规定的通知》(人防委字〔1984〕9 号)的规定修建防空地下室。防空地下室建设所需资金,纳入建设项目投资计划。建设费用据实列入建设项目开发成本。

二、对按规定需要配套建设防空地下室的,防空地下室建设要随民用建筑项目计划一同下达,坚持同步配套建设,不得收费。对按规定需要同步配套建设,但确因下列条件限制不能同步配套建设的,建设单位可以申请易地建设:

（一）采用桩基且桩基承台顶面埋置深度小于三米(或者不足规定的地下室空间净高)的;

（二）按规定指标应建防空地下室的面积只占地面建筑首层的局部,结构和基础处理困难,且经济很不合理的;

（三）建在流砂、暗河、基岩埋深很浅等地段的项目,因地质条件不适于修建的;

（四）因建设地段房屋或地下管道设施密集。防空地下室不能施工或者难以采取措施保证施工安全的。

三、建设单位依前条规定提出易地建设申请,经有批准权限的人防主管部门批准后,应按应建防空地下室的建筑面积和规定的易地建设费标准交纳建设费用,由人防主管部门统一就地就近安排易地建设人防工程。

四、防空地下室易地建设费的收费标准,由省、自治区、直辖市价格主管部门会同同级财政、人防主管部门按照当地防空地下室的造价制定,报国家计委、财政部、国家人防办备案。对以下新建民用建筑项目应适当减免防空地下室易地建设费:

（一）享受政府优惠政策建设的廉租房、经济适用房等居民住房,减半收取;

（二）新建幼儿园、学校教学楼、养老院及为残疾人修建的生活服务设施等民用建筑,减半收取;

（三）临时民用建筑和不增加面积的危房翻新改造商品住宅项目,予以免收;

（四）因遭受水灾、火灾或其他不可抗拒的灾害造成损坏后按原面积修复的民用建筑,予以免收。

五、防空地下室易地建设费由各级人防主管部门严格按照国家规定组织收取。收取的收入属于预算外资金,应全额缴入预算外资金财政专户,实行“收支两条线”管理。防空地下室易地建设费应纳入人防经费预算,统筹安排并专项用于安排易地建设人防工程,各级人民政府和有关部门不得统筹调剂,不得用于平衡本级预算,不得挪作他用。

六、各级政府价格、财政主管部门要加强对防空地下室易地建设费的监督检查,对擅自扩大收费范围、提高费用标准、改变收费资金用途等违反国家有关收费管理规定的,要依法查处。

七、各省、自治区、直辖市政府价格主管部门可会同财政、人防主管部门结合当地实际情况制定具体实施办法,并报国家计委、财政部、国家人防办备案。

八、本规定自颁布之日起执行。

17－2－2

北京市物价局　北京市财政局关于制定
我市防空地下室易地建设费标准的函

2001 年 12 月 5 日　京价(房)〔2001〕422 号

市人民防空办公室:

你单位《关于确定人防工程易地建设费收取标准的函》(京防办函〔2001〕19 号)收悉,根据《国家计委、财政部、国家国防动员委员会、建设部印发关于规范防空地下室易地建设收费的规定的通知》(计价格〔2000〕474 号),结合我市实际情况,对防空地下室易地建设收费有关问题规定如下：

一、防空地下室易地建设费的收费标准为每建筑平方米1640元。

二、防空地下室易地建设费收费和减免的范围按照国家四部委计价格〔2000〕474号文件规定执行。

三、防空地下室易地建设费由市人民防空办公室负责收取。此项收费缴入同级财政专户，实行"收支两条线"管理，专款专用。市人民防空办公室须执本《通知》到市物价局办理《收费许可》，在收费时使用财部门统一印制（或监制）的行政性事业性收费票据后，方可收费。

四、本函自2002年1月1日起执行。

17－2－3
国家国防动员委员会　国家发展计划委员会
建设部　财政部关于颁发《人民防空
工程建设管理规定》的通知

2003年2月21日　国人防办字〔2003〕第18号

各军区人民防空办公室，各省、自治区、直辖市人民防空办公室、发展计划委员会、建设厅（建委）、财政厅（局），中央直属机关、中央国家机关人民防空办公室：

现将《人民防空工程建设管理规定》印发你们，望遵照执行。

人民防空工程建设管理规定

第一章　总　　则

第一条　为加强人民防空工程建设管理，规范人民防空工程建设活动，确保人民防空工程的战备效益、社会效益和经济效益，根据《中华人民共和国人民防空法》《中华人民共和国城市规划法》《中华人民共和国建筑法》《中华人民共和国招标投标法》等有关法律、法规，制定本规定。

第二条　本规定所称人民防空工程，是指为保障战时人员与物资隐蔽\人民防空指挥、医疗救护而单独修建的地下防护建筑，以及结合地面建筑修建的战时可用于防空的地下室（以下简称防空地下室）。

第三条　人民防空工程建设，坚持与城市建设相结合；坚持长远建设相结合；坚持国家投资与社会筹资建设相结合。

人民防空工程建设应当遵循统一规划，量力而行，平战结合，质量第一的原则。

第四条　人民防空工程建设属于国防工程建设和社会公益事业建设,实行投资主体多元化,国家鼓励、支持社会、集体和个人,通过多种途径,投资进行人民防空工程建设。

国家对人民防空设施建设按照有关规定给予优惠。

第五条　防空地下室建设按照国家有关法律法规和本规定第八章的规定实管理。

第六条　县级以上人民政府人民防空主管部门负责防空地下室建设和城市地下空间开发利用兼顾人民防空防护要求的管理和监督检查,与规划、计划、建设等部门搞好城市地下空间的规划、开发利用和审批工作。

第七条　人民防空工程建设应当纳入城市总体规划。市政公用基础设和房屋建筑等工程的规划和建设,要注重开发利用城市地下空间,兼顾人民防空要求。

第二章　计划管理

第八条　人民防空工程建设实行统一计划,分级管理。人民防空主管部门投资安排的工程建设项目,必须纳入全国人民防空工程建设计划,不得在计划外安排人民防空工程建设项目。

第九条　国家人民防空主管部门根据社会发展和国防需要,以及国家和地方可能提供的财力、物力,提出人民防空工程建设的目标、方针、政策、步骤和措施,组织编制全国人民防空工程建设中长期计划,报国家发展计划主管部门批准后实施。

军区人民防空主管部门应当按照国家人民防空工程建设中长期计划,提出工程建设目标、步骤和措施,组织编制本区人民防空工程建设中长期计划,报国家人民防空主管部门批准后实施。

省、自治区、直辖市人民政府人民防空主管部门根据国家和军区人民防空工程建设中长期计划,结合本地实际,组织编制本级人民防空工程建设中长期计划,经本级人民政府发展计划主管部门和军区人民防空主管部门审核,报国家人民防空主管部门批准后实施。

人民防空重点城市以下地方各级人民政府人民防空主管部门组织编制本级人民防空工程建设中长期计划,经本级人民政府发展计划主管部门审核,报上一级人民防空主管部门批准后实施。

县级以上地方人民政府人民防空主管部门编制的人民防空工程建设中期计划应当明确建设项目,为年度计划作好项目储备。

第十条　国家人民防空主管部门根据中期计划的要求,于每年五月下达翌年年度计划安排原则。省、自治区、直辖市人民政府人民防空主管部门根据原则要求和储备项目,编制本级年度计划草案,安排一年内的建设任务和具体项目,经军区人民防空主管部门审核汇总,于八月中旬报国家人民防空主管部门。国家人民防空主管部门综合编制全国人民防空工程建设年度计划草案,报国家发展计划主管部门审批。

自筹资金安排的人民防空工程建设项目,应当附有上一级人民防空财务部门出具的验资证明。

年度计划草案的编制应与年度预算的编制相一致。年度预算的执行应当按照批准的预算进行。

第十一条　全国人民防空工程建设年度计划,由国家发展计划主管部门统一下达。

省、自治区、直辖市人民政府人民防空主管部门必须根据国家下达的人民防空工程建设年度计划,编制年度实施计划,会同本级发展计划主管部门下达各人民防空重点城市执行,并由人民防空主管部门于当年三月底前报国家和军区人民防空主管部门备案。

第十二条　人民防空工程建设年度计划一经批准下达,任何单位或者个人不得擅自调整或者改变。严禁擅自变更建设项目或者无故不完成国家计划。

第十三条 人民防空工程建设年度计划确需调整的,省、自治区、直辖市人民政府人民防空主管部门应当于当年八月底前报国家人民防空主管部门,经批准后下达实施。

第十四条 各级人民防空工程建设管理部门应当严格按照国家制定的人民防空工程建设统计制度、报表和要求,准确、及时、全面地反映人民防空工程建设计划的执行情况。

第三章 建设责任、程序与项目划分

第十五条 人民防空工程建设责任划分:

(一)人民政府人民防空指挥工程、公用的人员掩蔽工程和疏散干道工程,由人民防空主管部门负责组织建设。人民政府人民防空指挥工程建设经费由本级政府财政预算安排;公用的人员掩蔽工程和疏散干道工程的建设经费,主要由地方各级政府财政预算安排、中央财政预算安排和人民防空主管部门依法筹措的经费解决。

(二)防空专业队、医疗救护、物资储备等专用工程,由群众防空组织组建部门和战时医疗救护、物资储备等部门分别负责组织建设。有关单位负责修建本单位的人员与物资掩蔽工程。其建设经费由各有关部门和单位解决。

(三)防空地下室工程,由有关单位或者个人负责组织建设。其建设经费由建设单位或者个人筹措,列入建设项目总投资。

第十六条 人民防空工程建设按照下列基本程序进行:

(一)根据人民防空工程建设的中长期计划,提出项目建议书;

(二)根据批准的项目建议书,编制可行性研究报告;

(三)根据批准的可行性研究报告,进行工程初步设计,提出总概算;

(四)根据批准的可行性研究报告和初步设计文件,申报年度工程建设计划,进行施工图设计;

(五)按照国家有关规定申请领取建设工程规划许可证;

(六)根据批准的年度工程建设计划和审查批准后的施工图设计文件,组织工程招标和施工准备,按照有关规定申请领取施工许可证或者经批准的开工报告;

(七)按照国家有关规定组织施工;

(八)工程竣工后,及时编制竣工文件,组织竣工验收,上报备案,进行竣工决算,交付使用。

第十七条 人民防空工程建设项目按照下列标准划分:

(一)大型项目:

投资规模在2000万元(含)以上的工程;

投资规模在1000万元(含)以上的各级人民防空指挥工程。

(二)中型项目:

投资规模在600万元(含)以上,2000万元以下的工程;

投资规模在1000万元以下的各级人民防空指挥工程。

(三)小型项目:

投资规模在200万元(含)以上,600万元以下的工程。

(四)零星项目:

投资规模在200万元以下的工程。

第四章 建设前期工作与项目审批权限

第十八条 人民防空工程建设单位应当根据人民防空工程建设中长期计划,提出项目建议书。

项目建议书的内容主要包括:建设的必要性和依据,建设地点、建设规模、防护要求、战时平时用途、建设条件、环境影响、协作关系、投资估算和资金筹措,战备效益、社会效益、经济效益初步分析。

第十九条　人民防空工程建设单位应当根据批准的项目建议书,委托具有相应资质的单位编制工程项目可行性研究报告。

可行性研究报告的内容主要包括:建设目的和依据,建设具体地点及征地拆迁情况,建设条件、环境保护、战时、平时用途,主要防护指标和战术技术论证,市场调查、预测,主要经济指标的研究比较和分析,水文、地质、气象资料,政府部门和主要协作单位签署的意向文件,建设规模、投资估算,资金来源和筹措方式,工程总体设计原则和方案选优,工程进度安排和项目实施的主要措施,使用或者生产(经营)的组织管理,战备、社会、经济效益评价,工程位置图和选定的方案图。加固改造项目还应当包括原有设施设备的利用情况。

第二十条　人民防空工程建设单位应当根据批准的可行性研究报告,委托具有相应资质等级的勘察设计单位编制工程初步设计文件。

工程初步设计文件的内容主要包括:设计依据,设计总说明,建筑总面图、平面图、主要剖面图,主体结构形式。剖面和防护系统图,风水电专业系统图,主要设备、材料表,主要技术措施和各项技术经济指标,各专业设计计算书,工程设计概算。

第二十一条　人民防空工程建设单位应当根据批准的初步设计文件,委托具有相应资质等级的勘察设计单位编制工程施工图设计文件。

工程施工图设计文件的内容主要包括:设计依据,设计总说明,建筑、结构、地基基础、防护系统工程施工图,通风空调、给排水、供电、通信工程施工图,各种设备、材料表,基础处理、结构及各专业设计计算书,工程施工图预算。

第二十二条　新建和加固改造工程的项目建议书、可行性研究报告、初步设计文件、施工图设计文件按照下列权限审批:

(一)大型项目由国家人民防空主管部门审批;

(二)中、小型项目由省、自治区、直辖市人民政府人民防空主管部门审批,其中项目建议书和可行性研究报告报国家和军区人民防空主管部门备案;

(三)零星项目可不编报可行性研究报告和初步设计文件,其项目建议书、施工图设计文件由人民防空重点城市人民防空主管部门审批,项目建议书报省、自治区、直辖市人民政府人民防空主管部门备案。

限上项目按国家有关规定报国家发展计划委员会审批。

第二十三条　人民防空工程建设项目前期工作完成后,建设单位按照国家有关规定申请领取建设工程规划许可证、施工许可证或者提出开工报告,并附有"人民防空工程施工图设计文件审查批准书"。大、中型项目的开工报告,由省、自治区、直辖市人民政府人民防空主管部门审批。小型项目的开工报告,由人民防空重点城市人民政府人民防空主管部门审批,并报上一级人民防空主管部门备案。除零星项目外,未经批准开工报告的人民防空工程建设项目,不准擅自开工。

第五章　发包与承包

第二十四条　人民防空工程建设项目的发包与承包,实行招标投标制度。实行招标发包的人民防空工程建设项目,包括项目的设计、施工、监理以及重要设备的采购,应当按照《中华人民共和国招标投标法》的规定,采用公开招标或者邀请招标的方式进行招标。

第二十五条　实行招标发包的人民防空工程建设单位,应当建立建设项目管理机构,或者委托依法取得相应资质的招标代理机构,承办对投标单位进行资格审查、编制招标文件等事宜。并依法组建评标委员会,组织实施人民防空工程招标的评标活动。

进行人民防空工程招标,必须接受依法实施的行政监督。国家和省、自治区、直辖市重点人民防空工程建设项目不宜公开招标的,经国家发展计划主管部门和省、自治区、直辖市人民政府批准,可以进行邀请招标。

涉及国家安全、国家秘密的人民防空工程建设项目,不宜进行招标的,按照国家有关规定可以不进行招标。

第二十六条　招标发包的人民防空工程建设项目,应当发包给依法中标的承包单位。发包单位可以将人民防空工程建设项目的勘察、设计、施工、设备采购一并发包给一个工程总承包单位,也可以将勘察、设计、施工、设备采购的一项或者多项发包给一个工程总承包单位;但是,不得将应当由一个承包单位完成的人民防空工程建设项目肢解成若干部分发包给几个承包单位。发包方应当与承包方依法订立书面合同,合同参照国家《建设工程勘察合同》《建设工程设计合同》《建设工程施工合同》《工程建设监理合同》等示范文本。

第二十七条　禁止承包单位将其承包的全部工程建设项目转包给他人,或者将其承包的全部工程建设项目肢解以后以分包的名义分别转包给他人。工程总承包单位可以将承包工程中的部分工程发包给具有相应资质条件的分包单位;但是,除总承包合同中约定的分包外,必须经建设单位认可。施工总承包的,工程主体结构的施工必须由总承包单位自行完成。

总承包单位按照总承包合同的约定对建设单位负责;分包单位按照分包合同的约定对总承包单位负责。总承包单位和分包单位就分包工程对建设单位承担连带责任。

第二十八条　人民防空工程建设项目的发包与承包,应当按照公开、公正、平等和诚实信用的原则进行。

第六章　质量管理

第二十九条　人民防空工程建设应当按照《建设工程质量管理条例》的规定,建立行政监督,社会监理、施工单位管理相结合的质量管理机制,开展争创优质工程活动,确保工程建设质量。

第三十条　人民防空工程建设实行质量监督管理制度。国家人民防空主管部门对全国的人民防空工程质量实施监督管理。县级以上人民政府人民防空主管部门对本行政区域内的人民防空工程质量实施监督管理。

人民防空工程质量监督管理,由国家、省(自治区、直辖市)、人民防空重点城市人民政府人民防空主管部门委托具有资格的工程质量监督机构具体实施。

人民防空工程质量监督管理,接受同级建设行政主管部门指导。

第三十一条　接受委托的工程质量监督机构应当按照国家有关法律、法规、强制性标准及设计文件,对工程质量进行监督。

对建设单位申报竣工的工程,出具人民防空工程质量监督报告。

第三十二条　人民防空工程建设单位在工程开工前,必须向工程质量监督机构申请办理质量监督手续,并组织设计、施工单位进行技术交底和图纸会审。在工程施工中,应当按照国家有关规定,对工程质量进行检查,参与隐蔽工程的验收和工程质量问题的处理。

第三十三条　从事人民防空工程勘察设计的单位必须按照强制性标准和可行性研究报告确定的任务、投资进行勘察设计,并对勘察设计的质量负责。

勘察设计单位应当按照审查初步设计、施工图设计提出的意见,认真进行设计修改。建设单位应当对勘察设计及设计修改进行监督。

设计单位应当参与人民防空工程质量事故分析,并对因设计造成的质量事故,提出相应的技术处理方案。

第三十四条　从事人民防空工程监理的单位应当按照有关法律、法规、强制性标准、设计文件和监理合同,公正、独立、自主地开展监理工作,公平维护项目法人和被监理单位的合法权益。

监理单位应当按照法律规定和合同约定对人民防空工程的投资、质量、工期实施全面的监督管理。

监理单位对施工质量承担监理责任。

监理单位不得转让监理业务。

第三十五条　从事人民防空工程施工的单位必须按照强制性际准和工程设计文件,科学组织,文明施工。不得擅自修改工程设计,不得偷工减料,并对承包工程的施工质量负责。

施工单位对施工中出现质量问题的工程和竣工验收不合格的工程,应当负责返修。

第三十六条　人民防空工程承包单位在向建设单位提交工程竣工验收报告时,应当向建设单位出具质量保修书。质量保修书中应当明确工程的保修范围、保修期限和保修责任等。

人民防空工程在保修范围和保修期限内发生质量问题的,施工单位应当履行保修义务,并对造成的损失承担赔偿责任。

人民防空工程的保修范围和保修期限,按照国家有关规定执行保修时间自竣工验收合格之日起计算。

第三十七条　人民防空工程建设单位收到工程竣工报告后,应当组织设计、施工、工程监理等有关单位进行竣工验收。

人民防空工程竣工验收应当具备下列条件:

(一)完成工程设计和合同约定的各项内容;

(二)有完整的工程技术档案和施工管理资料;

(三)有工程使用的主要建筑材料、建筑构配件和设备的产品质量出厂检验合格证明和技术标准规定的进场试验报告:

(四)有勘察、设计、施工、工程监理等单位分别签署的质量合格文件;

(五)有施工单位签署的质量保修书。

人民防空工程经验收合格的,方可交付使用。

第三十八条　人民防空工程竣工验收实行备案制度。人民防空工程建设单位应当自工程竣工验收合格之日起15日内,将工程竣工验收报告和接受委托的工程质量监督;机构及有关部门出具的认可文件报人民防空主管部门备案。

第三十九条　人民防空工程建设单位应当严格按照国家和人民防空主管部门有关档案管理的规定,及时收集、整理建设项目各环节的文件资料,建立健全建设项目档案,并在工程竣工验收后,及时向城建档案馆和人民防空主管部门移交建设项目档案。

第七章　造价与财务管理

第四十条　人民防空工程造价管理机构应当按照国家有关规定对人民防空工程价格活动实施

监督管理。依法取得相应资质的工程造价咨询单位,接受当事人委托,提供工程造价咨询和服务。

第四十一条　人民防空工程建设项目实行内部审计制度。各级人民防空主管部门应当按照国家有关规定,对人民防空工程建设进行项目审计和造价审计,对审计中发现的问题要依法进行处理。

第四十二条　各级人民防空财务部门应当严格按照批准的工程建设年度计划、施工进度,实施经费保障,审核竣工决算。

第四十三条　各级人民防空财务部门按照本规定第十条要求,严格审查自筹资金工程建设项目的资金来源,符合规定的,方可出具验资证明。

第四十四条　人民防空工程建设单位应当加强工程经费管理,严格执行财务制度,合理安排经费使用,努力降低工程造价。

第八章　防空地下室建设管理

第四十五条　城市新建民用建筑,按照国家有关规定修建防空地下室。

前款所称民用建筑包括除工业生产厂房及其配套设施以外的所有非生产性建筑。

第四十六条　县级以上人民政府人民防空主管部门参与城市应建防空地下室的民用建筑计划和项目报建联审,按照国家有关规定负责防空地下室防护方面的设计审查和质量监督。

第四十七条　新建民用建筑应当按照下列标准修建防空地下室:

(一)新建10层(含)以上或者基础埋深3米(含)以上的民用建筑,按照地面首层建筑面积修建6级(含)以上防空地下室;

(二)新建除一款规定和居民住宅以外的其他民用建筑,地面总建筑面积在2000平方米以上的,按照地面建筑面积的2%～5%修建6级(含)以上防空地下室;

(三)开发区、工业园区、保税区和重要经济目标区除一款规主和居民住宅以外的新建民用建筑,按照一次性规划地面总建筑面积的2%～5%集中修建6级(含)以上防空地下室;

按二、三款规定的幅度具体划分:一类人民防空重点城市按照4%～5%修建;二类人民防空重点城市按照3%～4%修建;三类人民防空重点城市和其他城市(含县城)按照2%～3%修建。

(四)新建除一款规定以外的人民防空重点城市的居民住宅楼,按照地面首层建筑面积修建6B级防空地下室;

(五)人民防空重点城市危房翻新住宅项目,按照翻新住宅地面首层建筑面积修建6B级防空地下室。

新建防空地下室的抗力等级和战时用途由城市(含县城)人民政府人民防空主管部门确定。

第四十八条　按照规定应修建防空地下室的民用建筑,因地质、地形等原因不宜修建的,或者规定应建面积小于民用建筑地面首层建筑面积的,经人民防空主管部门批准,可以不修建,但必须按照应修建防空地下室面积所需造价缴纳易地建设费,由人民防空主管部门统一就近易地修建。

防空地下室易地建设费的收取标准,由省、自治区、直辖市人民政府价格主管部门会同财政、人民防空主管部门按照当地防空地下室的造价制定。

第四十九条　防空地下室易地建设费,按照国家国防动员委员会、财政部和省、自治区、直辖市人民政府财政主管部门的规定,全额上缴同级财政预算外专户,实行收支两条线管理,专项用于人民防空建设,任何单位和个人不得平调、截留和挪用。

第五十条　任何部门和个人无权批准减免应建防空地下室建筑面积和易地建设费,或者降低防空地下室防护标准。

第五十一条 按照规定应修建防空地下室的,防空地下室建筑面积单列。所需资金由建设单位筹措,列入建没项目总投资,并纳入各级基本建设投资计划。

防空地下室的概算、预算、结算,应当参照人民防空工程概(预)算定额。

第五十二条 防空地下室的设计必须由具有相应资质等级的设计单位,按照国家颁布的强制性标准进行设计。

第五十三条 在对应建防空地下室的民用建筑设计文件组织审核时,应当由人民防空主管部门参加,负责防空地下室的防护设计审核。未经审核批准或者审核不合格的,规划部门不得发给建设工程规划许可证,建设行政主管部门不得发给施工许可证,建设单位不得组织开工。

第五十四条 经人民防空主管部门批准需缴纳防空地下室易地建设费的,建设单位在办理建设工程规划许可证前,应当先缴纳防空地下室易地建设费。

建设单位缴纳易地建设费后,人民防空主管部门应当向建设单位出具由财政部或者省、自治区、直辖市人民政府财政主管部门统一印制的行政事业性收费票据。

第五十五条 防空地下室的施工,应当与地上建筑一起实行招标,确定具有相应资质等级的施工单位承担。

建设单位和施工单位必须按照审核批准的防空地下室施工图设计文件和国家强制性标准的要求施工。因故确需变更设计的,必须经原设计文件批准部门批准。

第五十六条 修建防空地下室选用的防护没备,必须符合国家规定的标准。

第五十七条 防空地下室竣工验收实行备案制度,建设单位在向建设行政主管部门备案时,应当出具人民防空主管部门的认可文件。

第五十八条 人民防空主管部门应当将审批、验收防空地下室过程中形成的文字、图纸、技术资料依法归档保存,并将防空地下室纳入人民防空工程进行统计。

第五十九条 由单位、个人投资建设或者连同地面建筑整体购置的防空地下室,平时由投资者或使用者按照有关规定进行维护、管理和使用,战时由人民防空主管部门统一安排使用。

第九章 附 则

第六十条 县级以上人民政府有关部门应当对本行政区域内人民防空工程建设活动进行监督检查。对违反本规定的行为,依照《中华人民共和国人民防空法》《中华人民共和国城市规划法》《中华人民共和国建筑法》《中华人民共和国招标投标法》和《建设工程质量管理条例》《建设工程勘察设计管理条例》的有关规定进行处罚。

第六十一条 本规定由国家国防动员委员会、国家发展计划委员会、建设部、财政部按照职责分工负责解释。

第六十二条 本规定自发布之日起施行。

17－2－4
财政部关于贯彻落实国务院关于解决
城市低收入家庭住房困难若干意见的通知

2007年9月5日　　财综〔2007〕53号

各省、自治区、直辖市、计划单列市财政厅(局),新疆生产建设兵团财务局:

住房问题是重要的民生问题之一,党中央、国务院高度重视解决城市低收入家庭住房困难问题。最近,国务院发布了《关于解决城市低收入家庭住房困难的若干意见》(国发〔2007〕24号),对解决城市低收入家庭住房困难问题提出了明确要求。为贯彻落实国发〔2007〕24号文件精神,现就有关事项通知如下:

一、将解决城市低收入家庭住房困难问题纳入公共财政覆盖范围

切实解决城市低收入家庭住房困难问题,是深入贯彻落实科学发展观、构建社会主义和谐社会的必然要求,是维护群众利益的重要工作,是全面建设小康社会的重要内容,是促进房地产市场健康发展的重要途径,是政府公共服务的一项重要职责。国发〔2007〕24号文件对于如何解决城市低收入家庭住房困难问题提出了明确的工作目标和任务要求,各级财政部门要认真学习和深刻领会其精神实质,进一步提高思想认识,围绕当地人民政府制定的解决城市低收入家庭住房困难的目标和工作任务,按照国发〔2007〕24号文件规定的渠道积极筹措所需资金,并将其纳入公共财政覆盖范围。

二、积极参与研究制定解决城市低收入家庭住房困难的各项配套措施

(一)积极参与制定廉租住房保障制度。各级财政部门要积极配合有关部门根据城市经济发展水平、居民人均可支配收入、人均住房水平、市场平均租金、财政承受能力、保障对象的经济承受能力等因素,科学划定廉租住房保障对象收入标准、住房困难标准和住房保障面积标准,合理确定廉租住房保障方式和廉租住房租赁补贴标准,积极参与购建廉租住房的核定工作;在划定廉租住房保障标准的基础上,要积极参与开展廉租住房保障调查摸底工作,根据调查摸底结果制定年度廉租住房保障计划;要参照现行公有住房租金标准,根据廉租住房保障对象的经济承受能力,合理确定廉租住房租金标准;要参与研究制定廉租住房保障动态管理制度,根据廉租住房保障对象的收入状况,适时调整廉租住房保障政策,建立廉租住房保障退出机制,促进廉租住房保障工作的良性循环。

(二)积极参与制定经济适用住房制度。各级财政部门要积极配合有关部门合理划定经济适用住房供应对象,避免与廉租住房保障对象的重复交叉;市县财政部门要会同有关部门制定转让经济适用住房按照同地段普通商品住房与经济适用住房差价

的一定比例补缴土地收益等价款政策,报经同级人民政府批准后实施。市县财政部门在核定转让经济适用住房补缴的土地收益等价款时,要考虑免收的土地出让金以及减免的行政事业性收费和政府性基金等因素。补缴的土地收益等价款要严格按照财政部、国土资源部、中国人民银行印发的《国有土地使用权出让收支管理办法》(财综〔2006〕68号)的规定,全额缴入地方同级国库,实行"收支两条线"管理。市县人民政府将回购的经济适用住房出售给符合条件的低收入住房困难家庭的,其出售收入也应当按照规定全额缴入地方同级国库,实行"收支两条线"管理。

此外,各级财政部门还要积极配合有关部门制定集资合作建房管理办法等其他相关配套政策。

三、多渠道筹集城市廉租住房保障资金并确保资金落实到位

(一)指导廉租住房保障主管部门做好廉租住房保障资金预算编制工作。市县财政部门要根据当地年度廉租住房保障计划,指导廉租住房保障主管部门科学、合理测算廉租住房保障资金需求,并根据年度廉租住房保障资金来源状况,做好年度廉租住房保障资金预算编制工作。

(二)多渠道筹集和安排廉租住房保障资金。市县财政部门在安排廉租住房保障支出预算时,首先要按照《住房公积金管理条例》(国务院令第350号)的规定,确保将住房公积金增值收益计提贷款风险准备金和管理费用后的余额全部用于廉租住房保障,其次要按规定将土地出让净收益不低于10%的比例用于廉租住房保障。上述两项资金不足的,可以适当提高土地出让净收益用于廉租住房保障的比例,仍不足的由市县财政通过本级预算以及上级补助(包括预算内投资补助和专项补助)予以安排。土地出让净收益的范围严格按照《财政部 建设部 国土资源部关于切实落实城镇廉租住房保障资金的通知》(财综〔2006〕25号)规定执行。

(三)建立补助资金帮助财政困难地区做好廉租住房保障工作。按照国发〔2007〕24号文件规定,中央将通过预算内投资补助和廉租住房保障专项补助资金等方式,帮助、支持、鼓励和引导中西部财政困难地区做好廉租住房保障工作。目前,财政部和国家发展改革委正在抓紧制定具体实施办法。省级财政原则上也要安排适当资金,对财政困难市县廉租住房保障工作给予必要的资金支持。

(四)制定廉租住房保障资金管理办法并确保资金专款专用。为确保廉租住房保障资金专款专用,财政部将会同有关部门抓紧研究制定廉租住房保障资金管理办法,地方各级财政部门也要抓紧制定具体管理办法,市县财政部门要积极配合廉租住房保障主管部门将廉租住房保障资金切实落实到住房困难的低收入家庭。

四、落实解决城市低收入家庭住房困难的各项税费支持政策

(一)落实免收行政事业性收费和政府性基金政策。按照国发〔2007〕24号文件规定,廉租住房和经济适用住房建设、棚户区改造、旧住宅区整治,一律免收各项行政事业性收费和政府性基金,各级财政部门要认真贯彻落实。免收的全国性行政事业性收费包括防空地下室易地建设费、城市房屋拆迁管理费、工程定额测定费、白蚁防治

费、建设工程质量监督费等项目。各省、自治区、直辖市财政部门要公布免收本地区出台的行政事业性收费项目。免收的全国性政府性基金包括城市基础设施配套费、散装水泥专项资金、新型墙体材料专项基金、城市教育附加费、地方教育附加、城镇公用事业附加等项目。各地要严格执行政府性基金审批程序，未经国务院或财政部批准，严禁越权设立政府性基金项目。

（二）落实免收土地出让收入政策。按照国发〔2007〕24号文件规定，廉租住房和经济适用住房建设用地实行行政划拨方式供应。各地在贯彻落实过程中，除依法支付土地补偿费、拆迁补偿费外，一律免收土地出让金收入。

（三）落实相关税收支持政策。国发〔2007〕24号文件明确规定，鼓励社会各界向市县人民政府捐赠廉租住房，对于捐赠廉租住房的，执行公益性捐赠税收扣除政策。目前，财政部正在会同国家税务总局抓紧制定相关税收支持政策，有关政策出台后各地要认真贯彻落实。

五、切实加强廉租住房租金的财政"收支两条线"管理

政府购建廉租住房是国有资产的重要组成部分，市县财政部门要严格按照《行政单位国有资产管理暂行办法》（财政部令第35号）和《事业单位国有资产管理暂行办法》（财政部令第36号）的规定，将廉租住房租金纳入"收支两条线"管理范围。廉租住房租金收入要按照规定及时足额缴入地方同级国库，专项用于廉租住房的维护和管理，具体缴库办法按照当地财政部门的有关规定执行。在2007年和2008年《政府收支分类科目》103类"非税收入"01款"政府性基金收入"43项"政府住房基金收入"中增设03目"廉租住房租金收入"科目，专门反映廉租住房租金收入情况；在2007年和2008年《政府收支分类科目》212类"城乡社区事务"07款"政府住房基金支出"中增设03项"廉租住房维护和管理支出"科目，专门反映廉租住房租金用于廉租住房维护和管理情况。市县财政部门要加强廉租住房租金收支管理，确保及时足额缴库和专款专用，不得挪作他用。廉租住房租金用于维护开支范围，包括廉租住房在预定使用期限内正常使用所必须的修理、养护等开支；用于管理开支范围，包括支付廉租住房环境综合治理、绿化、卫生等物业管理费用开支，以及用于支付廉租住房公用水费、电费等开支。

六、进一步加强对廉租住房保障资金管理使用情况的监督检查

廉租住房保障资金要严格按照批复的预算，专项用于廉租住房租金补贴和廉租住房购建开支，不得用于其他开支。各级财政部门要加强对廉租住房保障资金管理和使用情况的监督检查，确保廉租住房保障资金专款专用。同时，要加强对廉租住房租金和转让经济适用住房补缴土地收益等价款的"收支两条线"管理的监督检查。对于违反规定截留、挤占、挪用廉租住房保障资金的，不按照规定将廉租住房租金、出售经济适用住房补缴的土地收益等价款及时足额缴入地方同级国库的，要严格按照《财政违法行为处罚处分条例》（国务院令第427号）等有关规定进行处理，并依法追究有关责任人员的行政责任。

解决低收入家庭住房困难问题是一项长期而艰巨的工作任务。各级财政部门要不折不扣地按照国务院以及同级人民政府的要求,切实履行公共财政职能,充分发挥公共财政职能作用,积极配合有关部门做好各项工作,为解决低收入家庭住房困难问题做出应有的贡献。

17 - 2 - 5
财政部　国家发展改革委关于免收全国
中小学校舍安全工程建设有关收费的通知

2010 年 7 月 20 日　财综〔2010〕57 号

各省、自治区、直辖市财政厅(局)、发展改革委、物价局:

　　为落实《国务院办公厅关于印发全国中小学校舍安全工程实施方案的通知》(国办发〔2009〕34 号)有关规定,保证全国中小学校舍安全工程(以下简称"校舍安全工程")顺利实施,现就免收"校舍安全工程"建设过程中的有关收费问题通知如下:

　　一、所有中小学校"校舍安全工程"建设所涉及的行政事业性收费,包括经国务院和财政部、国家发展改革委批准设立的全国性及中央部门和单位行政事业性收费,以及经省级人民政府及其财政、价格主管部门批准设立的行政事业性收费,一律予以全额免收。免收的全国性及中央部门和单位行政事业性收费具体包括:土地复垦费、耕地开垦费、土地登记费、征(土)地管理费、房屋所有权登记费、城市房屋安全鉴定费、城市排水设施有偿使用费、白蚁防治费、防空地下室易地建设费、绿化费、排污收费、环境监测服务费、水资源费、特种设备检验检测收费等。

　　二、中小学"校舍安全工程"建设所涉及的经营服务性收费,在服务双方协商的基础上,提倡有关单位从支持教育事业发展的角度适当予以减收或免收。

　　三、各省、自治区、直辖市财政、价格主管部门要严格按照本通知规定,认真落实免收"校舍安全工程"建设相关收费政策,并于 2010 年 8 月 31 日前向社会公布免收的具体收费项目目录,同时报财政部、国家发展改革委备案。

　　四、各级财政、价格主管部门要加强对涉及中小学"校舍安全工程"建设有关收费政策落实情况的监督检查,对不按照本通知落实减免政策的,要按照有关规定进行处理。

17 -2 -6
北京市财政局　北京市发展和改革委员会
北京市住房和城乡建设委员会关于免收
公共租赁住房项目行政事业性收费和
政府性基金有关事项的通知

2012 年 11 月 5 日　京财综〔2012〕2451 号

各区县财政局、发展改革委、住房城乡建设委(房管局),东城、西城区住房城市建设委,经济技术开发区建设局(房地局),各有关单位:

为落实《国务院办公厅关于保障性安居工程建设和管理的指导意见》(国办发〔2011〕45 号)和《北京市人民政府关于加强本市公共租赁住房建设和管理的通知》(京政发〔2011〕61 号)有关规定,切实落实公共租赁住房免收行政事业性收费和政府性基金的优惠政策,降低建设成本,规范免收程序,现将有关事项通知如下。

一、纳入我市发展规划和年度计划的公共租赁住房项目,建设、买卖、运营中涉及的行政事业性收费和政府性基金,包括经国务院和财政部、国家发展改革委批准设立的全国性行政事业性收费和政府性基金,以及经北京市人民政府及其财政、价格主管部门批准设立的行政事业性收费,予以全额免收。

二、免收的行政事业性收费和政府性基金具体项目为:房屋登记费、城市基础设施建设费、耕地开垦费、防空地下室易地建设费、排污费、环境监测服务费、占道费、城市道路挖掘修复费、特种设备检验费、测绘成果成图资料费、建设工程档案保护和复制费、新型墙体材料专项基金、散装水泥专项资金、防洪费、森林植被恢复费、教育费附加、地方教育附加等。

三、集中建设的公共租赁住房项目全额免收行政事业性收费和政府性基金,配建的公共租赁住房项目按其建筑面积(或建设用地面积、套数、营业额)等收费单位占项目总数中的比例免收。

收购尚未配售的经济适用住房、限价商品住房、定向安置房、普通商品住房作为公共租赁住房以及采取长期租赁方式筹集的公共租赁住房房源,免收收购或租赁过程中的行政事业性收费和政府性基金。

四、除城市基础设施建设费、防洪费等已有市政府明确规定减免条件及减免程序的收费项目,仍按现行规定办理免收手续外,申请免收公共租赁住房项目行政事业性收费和政府性基金的开发、运营单位,向市住房保障办公室报送《免收行政事业性收费和政府性基金申请表》(以下简称《申请表》),并附立项批复等相关资料。市住房保障办公室负责核定公共租赁住房项目是否纳入发展规划和年度计划,并在《申请表》中盖章确认。

《申请表》自盖章日起12个月内有效,逾期未办理行政事业性收费和政府性基金免收手续的,需重新向市住房保障办公室申请办理。

五、公共租赁住房项目开发、运营单位凭盖章确认的《申请表》原件办理行政事业性收费和政府性基金的免收手续。

六、各具体收费单位应按照相关管理规定明确免收程序,并报市财政局、市发展改革委及市住房保障办公室备案。

七、市属各有关单位、各区县财政局、发展改革委要严格按照本通知规定,认真落实免收公共租赁住房项目建设、买卖、运营中的相关收费政策,对不按照本通知落实免收政策的,依据有关规定进行处理。市财政局、市发展改革委加强免收行政事业性收费和政府性基金政策落实情况的监督检查工作。

八、各收费单位按季度、年度统计免收行政事业性收费和政府性基金的公共租赁住房项目名称、类型、免收金额、比例等,并报市财政局、市住房保障办公室备案。

九、已取得《申请表》的公共租赁住房项目,房屋类型变为限价商品住房等依照相关规定需征收行政事业性收费和政府性基金的其他房屋类型时,开发单位应向各收费单位补缴已免收的行政事业性收费和政府性基金,收费标准按申请免收时的收费标准执行。

十、开发、运营单位通过提供虚假材料等方式骗取行政事业性收费和政府性基金免收资格的,由市住房城乡建设委、市财政局和市发展改革委按照有关规定进行处理。

十一、廉租住房、经济适用住房、棚户区改造安置住房项目已办理或正在办理免收行政事业性收费和政府性基金手续的按原程序办理,尚未办理的按本通知规定办理免收手续。

十二、公共租赁住房项目已征收的行政事业性收费和政府性基金不予退还。

本通知自发布之日起实施。

17 - 2 - 7

财政部关于免征监狱布局调整建设项目
有关行政事业性收费和政府性
基金政策执行问题的通知

2014 年 9 月 19 日　　财税函〔2014〕243 号

各省、自治区、直辖市财政厅(局):

为支持监狱布局调整工作顺利实施,现就监狱布局调整建设项目有关行政事业性收费和政府性基金政策执行期限问题通知如下:

《财政部关于减免监狱布局调整建设项目有关政府性基金的通知》(财综〔2007〕38 号)和《财政部　国家发展改革委关于减免监狱布局调整建设项目有关行政事业性收费的通知》(财综〔2007〕45 号)规定免征监狱布局调整建设项目(司法部、国家发展改革委、财政部批复的各省、自治区、直辖市监狱布局调整总体方案内的项目)有关行政事业性收费和政府性基金的执行期,以建设项目立项批复时间为准,凡立项批复时间在 2010 年 12 月 31 日之前的,均可免征相关行政事业性收费和政府性基金。

17 - 2 - 8

财政部　国家发展改革委关于减免养老和
医疗机构行政事业性收费有关问题的通知

2014 年 11 月 1 日　　财税〔2014〕77 号

国土资源部、住房城乡建设部、国家人民防空办公室,各省、自治区、直辖市财政厅(局)、发展改革委、物价局:

为促进养老和健康服务业发展,根据《国务院关于加快发展养老服务业的若干意见》(国发〔2013〕35 号)和《国务院关于促进健康服务业发展的若干意见》(国发〔2013〕40 号)的规定,现就减免涉及养老和医疗机构的行政事业性收费事项通知如下:

一、对非营利性养老和医疗机构建设全额免征行政事业性收费,对营利性养老和医疗机构建设减半收取行政事业性收费。

二、上述免征或减半收取的行政事业性收费项目包括:

(一)国土资源部门收取的土地复垦费、土地闲置费、耕地开垦费、土地登记费。

(二)住房城乡建设部门收取的房屋登记费、白蚁防治费。

(三)人防部门收取的防空地下室易地建设费。

(四)各省、自治区、直辖市人民政府及其财政、价格主管部门按照管理权限批准设立(简称省级设立)的涉及养老和医疗机构建设的行政事业性收费。

三、各省、自治区、直辖市财政、价格主管部门要公布减免省级设立的涉及养老和医疗机构建设的行政事业性收费项目,对养老机构提供养老服务也应适当减免行政事业性收费,同时对本地区出台涉及养老和医疗机构的行政事业性收费进行全面清理,坚决取消违规设立的各类收费。

四、各地区和有关部门要严格执行本通知规定,对公布减免的行政事业性收费,不得以任何理由拖延或者拒绝执行。各级财政、价格主管部门要加强对落实本通知情况的监督检查,对不按规定减免相关收费的,要追究相关责任人的行政责任。

五、本通知自 2015 年 1 月 1 日起执行。

17-2-9

北京市财政局　北京市发展和改革委员会
北京市民防局　北京市地方税务局关于
地方税务部门代收防空地下室
易地建设费相关工作的通知

2017 年 4 月 20 日　　京财综〔2017〕740 号

各区财政局,发展改革委,民防局,地税局,开发区分局:

经市政府批准,由地税部门代收防空地下室易地建设费。现就代收有关工作通知如下,请依照执行。

一、按规定由市地税局代收的防空地下室易地建设费具体事项如下:

(一)代收范围:

1. 城六区(东城区、西城区、朝阳区、海淀区、丰台区、石景山区)和经济技术开发区区域范围内防空地下室易地建设费。

2. 城六区和经济技术开发区之外的其他区区域范围内,依照人防工程建设行政许可权限,由市民防局许可的防空地下室易地建设项目,应缴纳的防空地下室易地建设费。

(二)代收时间:自 2017 年 5 月 1 日起。

（三）代收地点：北京市政务服务中心（北京市丰台区西三环南路 1 号）地税服务窗口。

（四）收费标准：代收后全市防空地下室易地建设费的收费标准仍按原北京市物价局、北京市财政局《关于制定我市防空地下室易地建设费标准的函》（京价（房）字〔2001〕422 号）执行。

（五）办理方式：缴费单位办理建设项目许可手续时，持北京市民防局开具的《防空地下室易地建设费缴费通知单》，至北京市政务服务中心地税服务窗口办理防空地下室易地建设费缴纳事宜。

二、上述代收范围外的建设项目应缴纳的防空地下室易地建设费，由各区地税局负责代收，代收工作应于 2017 年底前启动。具体代收事项由各区财政局、发展改革委、民防局、地税局协商确定。

三、各代收单位和开具缴费通知的单位，应按规定在本单位网站和服务收费场所的明显位置公示收费项目、计费单位、收费标准、收费对象、收费依据（批准机关及文号）、收费单位主管部门的监督电话和价格监督机构举报电话 12358 等，接受价格、财政、审计等部门和社会监督。

四、本通知自 2017 年 5 月 1 日起执行。

附件：原北京市物价局、北京市财政局《关于制定我市防空地下室易地建设费标准的函》（京价（房）字〔2001〕422 号）（编者略）

十八、彩票公益金、彩票业务费

18-1 基本法规

18-1-1
彩票管理条例

2009年5月4日　中华人民共和国国务院令第554号

《彩票管理条例》已经2009年4月22日国务院第58次常务会议通过,现予公布,自2009年7月1日起施行。

总理　温家宝
2009年5月4日

彩票管理条例

第一章　总　　则

第一条　为了加强彩票管理,规范彩票市场发展,维护彩票市场秩序,保护彩票参与者的合法权益,促进社会公益事业发展,制定本条例。

第二条　本条例所称彩票,是指国家为筹集社会公益资金,促进社会公益事业发展而特许发行、依法销售,自然人自愿购买,并按照特定规则获得中奖机会的凭证。

彩票不返还本金、不计付利息。

第三条　国务院特许发行福利彩票、体育彩票。未经国务院特许,禁止发行其他彩票。禁止在中华人民共和国境内发行、销售境外彩票。

第四条　彩票的发行、销售和开奖,应当遵循公开、公平、公正和诚实信用的原则。

第五条　国务院财政部门负责全国的彩票监督管理工作。国务院民政部门、体育行政部门按照各自的职责分别负责全国的福利彩票、体育彩票管理工作。

省、自治区、直辖市人民政府财政部门负责本行政区域的彩票监督管理工作。省、自治区、直辖市人民政府民政部门、体育行政部门按照各自的职责分别负责本行政区域的福利彩票、体育彩票管理工作。

县级以上各级人民政府公安机关和县级以上工商行政管理机关,在各自的职责范围内,依法查处非法彩票,维护彩票市场秩序。

第二章　彩票发行和销售管理

第六条　国务院民政部门、体育行政部门依法设立的福利彩票发行机构、体育彩票发行机构(以下简称彩票发行机构),分别负责全国的福利彩票、体育彩票发行和组织销售工作。

省、自治区、直辖市人民政府民政部门、体育行政部门依法设立的福利彩票销售机构、体育彩票销售机构(以下简称彩票销售机构),分别负责本行政区域的福利彩票、体育彩票销售工作。

第七条　彩票发行机构申请开设、停止福利彩票、体育彩票的具体品种(以下简称彩票品种)或者申请变更彩票品种审批事项的,应当依照本条例规定的程序报国务院财政部门批准。

国务院财政部门应当根据彩票市场健康发展的需要,按照合理规划彩票市场和彩票品种结构、严格控制彩票风险的原则,对彩票发行机构的申请进行审查。

第八条　彩票发行机构申请开设彩票品种,应当经国务院民政部门或者国务院体育行政部门审核同意,向国务院财政部门提交下列申请材料:

(一)申请书;

(二)彩票品种的规则;

(三)发行方式、发行范围;

(四)市场分析报告及技术可行性分析报告;

(五)开奖、兑奖操作规程;

(六)风险控制方案。

国务院财政部门应当自受理申请之日起90个工作日内,通过专家评审、听证会等方式对开设彩票品种听取社会意见,对申请进行审查并作出书面决定。

第九条　彩票发行机构申请变更彩票品种的规则、发行方式、发行范围等审批事项的,应当经国务院民政部门或者国务院体育行政部门审核同意,向国务院财政部门提出申请并提交与变更事项有关的材料。国务院财政部门应当自受理申请之日起45个工作日内,对申请进行审查并作出书面决定。

第十条　彩票发行机构申请停止彩票品种的,应当经国务院民政部门或者国务院体育行政部门审核同意,向国务院财政部门提出书面申请并提交与停止彩票品种有关的材料。国务院财政部门应当自受理申请之日起10个工作日内,对申请进行审查并作出书面决定。

第十一条　经批准开设、停止彩票品种或者变更彩票品种审批事项的,彩票发行机构应当在开设、变更、停止的10个自然日前,将有关信息向社会公告。

第十二条　因维护社会公共利益的需要,在紧急情况下,国务院财政部门可以采取必要措施,决定变更彩票品种审批事项或者停止彩票品种。

第十三条　彩票发行机构、彩票销售机构应当依照政府采购法律、行政法规的规定,采购符合标准的彩票设备和技术服务。

彩票设备和技术服务的标准,由国务院财政部门会同国务院民政部门、体育行政部门依照国家有关标准化法律、行政法规的规定制定。

第十四条　彩票发行机构、彩票销售机构应当建立风险管理体系和可疑资金报告制度,保障彩票发行、销售的安全。

彩票发行机构、彩票销售机构负责彩票销售系统的数据管理、开奖兑奖管理以及彩票资金的归集管理,不得委托他人管理。

第十五条　彩票发行机构、彩票销售机构可以委托单位、个人代理销售彩票。彩票发行机构、彩票销售机构应当与接受委托的彩票代销者签订彩票代销合同。福利彩票、体育彩票的代销合同示范文本分别由国务院民政部门、体育行政部门制定。

彩票代销者不得委托他人代销彩票。

第十六条　彩票销售机构应当为彩票代销者配置彩票投注专用设备。彩票投注专用设备属于彩票销售机构所有,彩票代销者不得转借、出租、出售。

第十七条　彩票销售机构应当在彩票发行机构的指导下,统筹规划彩票销售场所的布局。彩票销售场所应当按照彩票发行机构的统一要求,设置彩票销售标识,张贴警示标语。

第十八条　彩票发行机构、彩票销售机构、彩票代销者不得有下列行为:

(一)进行虚假性、误导性宣传;

(二)以诋毁同业者等手段进行不正当竞争;

(三)向未成年人销售彩票;

(四)以赊销或者信用方式销售彩票。

第十九条　需要销毁彩票的,由彩票发行机构报国务院财政部门批准后,在国务院民政部门或者国务院体育行政部门的监督下销毁。

第二十条　彩票发行机构、彩票销售机构应当及时将彩票发行、销售情况向社会全面公布,接受社会公众的监督。

第三章　彩票开奖和兑奖管理

第二十一条　彩票发行机构、彩票销售机构应当按照批准的彩票品种的规则和开奖操作规程开奖。

国务院民政部门、体育行政部门和省、自治区、直辖市人民政府民政部门、体育行政部门应当加强对彩票开奖活动的监督,确保彩票开奖的公开、公正。

第二十二条　彩票发行机构、彩票销售机构应当确保彩票销售数据的完整、准确和安全。当期彩票销售数据封存后至开奖活动结束前,不得查阅、变更或者删除销售数据。

第二十三条 彩票发行机构、彩票销售机构应当加强对开奖设备的管理,确保开奖设备正常运行,并配置备用开奖设备。

第二十四条 彩票发行机构、彩票销售机构应当在每期彩票销售结束后,及时向社会公布当期彩票的销售情况和开奖结果。

第二十五条 彩票中奖者应当自开奖之日起 60 个自然日内,持中奖彩票到指定的地点兑奖,彩票品种的规则规定需要出示身份证件的,还应当出示本人身份证件。逾期不兑奖的视为弃奖。

禁止使用伪造、变造的彩票兑奖。

第二十六条 彩票发行机构、彩票销售机构、彩票代销者应当按照彩票品种的规则和兑奖操作规程兑奖。

彩票中奖奖金应当以人民币现金或者现金支票形式一次性兑付。

不得向未成年人兑奖。

第二十七条 彩票发行机构、彩票销售机构、彩票代销者以及其他因职务或者业务便利知悉彩票中奖者个人信息的人员,应当对彩票中奖者个人信息予以保密。

第四章　彩票资金管理

第二十八条 彩票资金包括彩票奖金、彩票发行费和彩票公益金。彩票资金构成比例由国务院决定。

彩票品种中彩票资金的具体构成比例,由国务院财政部门按照国务院的决定确定。

随着彩票发行规模的扩大和彩票品种的增加,可以降低彩票发行费比例。

第二十九条 彩票发行机构、彩票销售机构应当按照国务院财政部门的规定开设彩票资金账户,用于核算彩票资金。

第三十条 国务院财政部门和省、自治区、直辖市人民政府财政部门应当建立彩票发行、销售和资金管理信息系统,及时掌握彩票销售和资金流动情况。

第三十一条 彩票奖金用于支付彩票中奖者。彩票单注奖金的最高限额,由国务院财政部门根据彩票市场发展情况决定。

逾期未兑奖的奖金,纳入彩票公益金。

第三十二条 彩票发行费专项用于彩票发行机构、彩票销售机构的业务费用支出以及彩票代销者的销售费用支出。

彩票发行机构、彩票销售机构的业务费实行收支两条线管理,其支出应当符合彩票发行机构、彩票销售机构财务管理制度。

第三十三条 彩票公益金专项用于社会福利、体育等社会公益事业,不用于平衡财政一般预算。

彩票公益金按照政府性基金管理办法纳入预算,实行收支两条线管理。

第三十四条 彩票发行机构、彩票销售机构应当按照国务院财政部门的规定,及时上缴彩票公益金和彩票发行费中的业务费,不得截留或者挪作他用。财政部门应当及时核拨彩票发行机构、彩票销售机构的业务费。

第三十五条　彩票公益金的分配政策,由国务院财政部门会同国务院民政、体育行政等有关部门提出方案,报国务院批准后执行。

第三十六条　彩票发行费、彩票公益金的管理、使用单位,应当依法接受财政部门、审计机关和社会公众的监督。

彩票公益金的管理、使用单位,应当每年向社会公告公益金的使用情况。

第三十七条　国务院财政部门和省、自治区、直辖市人民政府财政部门应当每年向本级人民政府报告上年度彩票公益金的筹集、分配和使用情况,并向社会公告。

第五章　法律责任

第三十八条　违反本条例规定,擅自发行、销售彩票,或者在中华人民共和国境内发行、销售境外彩票构成犯罪的,依法追究刑事责任;尚不构成犯罪的,由公安机关依法给予治安管理处罚;有违法所得的,没收违法所得。

第三十九条　彩票发行机构、彩票销售机构有下列行为之一的,由财政部门责令停业整顿;有违法所得的,没收违法所得,并处违法所得3倍的罚款;对直接负责的主管人员和其他直接责任人员,依法给予处分;构成犯罪的,依法追究刑事责任:

(一)未经批准开设、停止彩票品种或者未经批准变更彩票品种审批事项的;

(二)未按批准的彩票品种的规则、发行方式、发行范围、开奖兑奖操作规程发行、销售彩票或者开奖兑奖的;

(三)将彩票销售系统的数据管理、开奖兑奖管理或者彩票资金的归集管理委托他人管理的;

(四)违反规定查阅、变更、删除彩票销售数据的;

(五)以赊销或者信用方式销售彩票的;

(六)未经批准销毁彩票的;

(七)截留、挪用彩票资金的。

第四十条　彩票发行机构、彩票销售机构有下列行为之一的,由财政部门责令改正;有违法所得的,没收违法所得;对直接负责的主管人员和其他直接责任人员,依法给予处分:

(一)采购不符合标准的彩票设备或者技术服务的;

(二)进行虚假性、误导性宣传的;

(三)以诋毁同业者等手段进行不正当竞争的;

(四)向未成年人销售彩票的;

(五)泄露彩票中奖者个人信息的;

(六)未将逾期未兑奖的奖金纳入彩票公益金的;

(七)未按规定上缴彩票公益金、彩票发行费中的业务费的。

第四十一条 彩票代销者有下列行为之一的,由民政部门、体育行政部门责令改正,处2000元以上1万元以下罚款;有违法所得的,没收违法所得:

(一)委托他人代销彩票或者转借、出租、出售彩票投注专用设备的;

(二)进行虚假性、误导性宣传的;

(三)以诋毁同业者等手段进行不正当竞争的;

(四)向未成年人销售彩票的;

(五)以赊销或者信用方式销售彩票的。

彩票代销者有前款行为受到处罚的,彩票发行机构、彩票销售机构有权解除彩票代销合同。

第四十二条 伪造、变造彩票或使用伪造、变造的彩票兑奖的,依法给予治安管理处罚;构成犯罪的,依法追究刑事责任。

第四十三条 彩票公益金管理、使用单位违反彩票公益金管理、使用规定的,由财政部门责令限期改正;有违法所得的,没收违法所得;在规定期限内不改正的,没收已使用彩票公益金形成的资产,取消其彩票公益金使用资格。

第四十四条 依照本条例的规定履行彩票管理职责的财政部门、民政部门、体育行政部门的工作人员,在彩票监督管理活动中滥用职权、玩忽职守、徇私舞弊,构成犯罪的,依法追究刑事责任;尚不构成犯罪的,依法给予处分。

第六章　附　　则

第四十五条 本条例自2009年7月1日起施行。

18－1－2
彩票管理条例实施细则

2012年1月18日

中华人民共和国财政部　中华人民共和国民政部　国家体育总局令第67号

《彩票管理条例实施细则》已经财政部、民政部、国家体育总局部(局)务会议通过,并已经国务院批准,现予公布,自2012年3月1日起施行。

2012年1月18日

彩票管理条例实施细则

第一章　总　　则

第一条　根据《彩票管理条例》(以下简称条例),制定本细则。

第二条　条例第二条所称特定规则,是指经财政部批准的彩票游戏规则。

条例第二条所称凭证,是指证明彩票销售与购买关系成立的专门凭据,应当记载彩票游戏名称,购买数量和金额,数字、符号或者图案,开奖和兑奖等相关信息。

第三条　财政部负责全国的彩票监督管理工作,主要职责是:

(一)制定彩票监督管理制度和政策;

(二)监督管理全国彩票市场以及彩票的发行和销售活动,监督彩票资金的解缴和使用;

(三)会同民政部、国家体育总局等有关部门提出彩票公益金分配政策建议;

(四)审批彩票品种的开设、停止和有关审批事项的变更;

(五)会同民政部、国家体育总局制定彩票设备和技术服务标准;

(六)审批彩票发行机构财务收支计划,监督彩票发行机构财务管理活动;

(七)审批彩票发行机构的彩票销毁方案。

第四条　民政部、国家体育总局按照各自的职责分别负责全国的福利彩票、体育彩票管理工作,主要职责是:

(一)制定全国福利彩票、体育彩票事业的发展规划和管理制度;

(二)设立福利彩票、体育彩票发行机构;

(三)制定民政部门、体育行政部门彩票公益金使用管理办法,指导地方民政部门、体育行政部门彩票公益金的使用和管理;

(四)审核福利彩票、体育彩票品种的开设、停止和有关审批事项的变更;

(五)监督福利彩票、体育彩票发行机构的彩票销毁工作;

(六)制定福利彩票、体育彩票的代销合同示范文本。

第五条　省级财政部门负责本行政区域的彩票监督管理工作,主要职责是:

(一)制定本行政区域的彩票监督管理具体实施办法,审核本行政区域的彩票销售实施方案;

(二)监督管理本行政区域彩票市场以及彩票的销售活动,监督本行政区域彩票资金的解缴和使用;

(三)会同省级民政部门、体育行政部门制定本行政区域的彩票公益金管理办法;

(四)审批彩票销售机构财务收支计划,监督彩票销售机构财务管理活动。

第六条　省级民政部门、体育行政部门按照各自的职责分别负责本行政区域的福利彩票、体育彩票管理工作,主要职责是:

(一)设立本行政区域的福利彩票、体育彩票销售机构;

(二)批准建立本行政区域福利彩票、体育彩票的销售网络;

(三)制定本行政区域民政部门、体育行政部门彩票公益金使用管理办法,指导省以下民政部门、体育行政部门彩票公益金的使用和管理;

(四)监督本行政区域彩票代销者的代销行为。

第七条　条例第五条所称非法彩票,是指违反条例规定以任何方式发行、销售以下形式的彩票:

(一)未经国务院特许,擅自发行、销售福利彩票、体育彩票之外的其他彩票;

(二)在中华人民共和国境内,擅自发行、销售的境外彩票;

(三)未经财政部批准,擅自发行、销售的福利彩票、体育彩票品种和彩票游戏;

(四)未经彩票发行机构、彩票销售机构委托,擅自销售的福利彩票、体育彩票。

县级以上财政部门、民政部门、体育行政部门,以及彩票发行机构、彩票销售机构,应当积极配合公安机关和工商行政管理机关依法查处非法彩票,维护彩票市场秩序。

第二章　彩票发行和销售管理

第八条　福利彩票发行机构、体育彩票发行机构,按照统一发行、统一管理、统一标准的原则,分别负责全国的福利彩票、体育彩票发行和组织销售工作,主要职责是:

(一)制定全国福利彩票、体育彩票发行销售的发展规划、管理制度、工作规范和技术标准等;

(二)建立全国福利彩票、体育彩票的发行销售系统、市场调控机制、激励约束机制和监督管理机制;

(三)组织彩票品种的研发,申请开设、停止彩票品种或者变更彩票品种审批事项,经批准后组织实施;

(四)负责组织管理全国福利彩票、体育彩票的销售系统数据、资金归集结算、设备和技术服务、销售渠道和场所规划、印制和物流、开奖兑奖、彩票销毁;

(五)负责组织管理全国福利彩票、体育彩票的形象建设、彩票代销、营销宣传、业务培训、人才队伍建设等工作。

第九条　福利彩票销售机构、体育彩票销售机构,在福利彩票发行机构、体育彩票发行机构的统一组织下,分别负责本行政区域的福利彩票、体育彩票销售工作,主要职责是:

(一)制定本行政区域福利彩票、体育彩票销售管理办法和工作规范;

(二)向彩票发行机构提出停止彩票品种或者变更彩票品种审批事项的建议;

(三)向同级财政部门提出本行政区域彩票销售实施方案,经审核后组织实施;

(四)负责本行政区域福利彩票、体育彩票销售系统的建设、运营和维护;

(五)负责实施本行政区域福利彩票、体育彩票的销售系统数据管理、资金归集结算、销售渠道和场所规划、物流管理、开奖兑奖;

（六）负责组织实施本行政区域福利彩票、体育彩票的形象建设、彩票代销、营销宣传、业务培训、人才队伍建设等工作。

第十条 各省、自治区、直辖市福利彩票、体育彩票的销售网络，由福利彩票销售机构、体育彩票销售机构提出方案，分别报省级民政部门、体育行政部门批准后建立。

第十一条 条例第七条所称彩票品种，是指按照彩票游戏机理和特征划分的彩票类型，包括乐透型、数字型、竞猜型、传统型、即开型、视频型、基诺型等。

条例第七条所称开设，是指在已发行销售的彩票品种之外，增加新的品种。

条例第七条所称变更，是指在已发行销售的彩票品种之内，对彩票游戏规则、发行方式、发行范围等事项进行调整。

第十二条 彩票发行机构申请开设彩票品种，或者申请变更彩票品种审批事项涉及对技术方案进行重大调整的，应当委托专业检测机构进行技术检测。

第十三条 对彩票发行机构申请开设彩票品种的审查，按照以下程序办理：

（一）彩票发行机构将拟开设彩票品种的申请材料报民政部或者国家体育总局进行审核；

（二）民政部或者国家体育总局审核同意后，彩票发行机构向财政部提交申请材料；

（三）财政部自收到申请材料之日起 10 个工作日之内，对申请材料进行初步审核，并出具受理或者不予受理意见书；

（四）受理申请后，财政部通过专家评审、听证会等方式听取社会意见；

（五）财政部自受理申请之日起 90 个工作日内，根据条例、有关彩票管理的制度规定以及社会意见作出书面决定。

第十四条 彩票发行机构申请变更彩票品种审批事项的，应当向财政部提交下列申请材料：

（一）申请书；

（二）拟变更彩票品种审批事项的具体内容，包括对彩票游戏规则、发行方式、发行范围等的具体调整方案；

（三）对变更彩票品种审批事项的市场分析报告；

（四）财政部要求报送的其他材料。

第十五条 对彩票发行机构申请变更彩票品种审批事项的审查，按照以下程序办理：

（一）彩票发行机构将拟变更彩票品种审批事项的申请材料报民政部或者国家体育总局进行审核；

（二）民政部或者国家体育总局审核同意后，彩票发行机构向财政部提交申请材料；

（三）财政部自收到申请材料之日起 10 个工作日之内，对申请材料进行初步审核，并出具受理或者不予受理意见书；

(四)财政部自受理申请之日起 45 个工作日内,根据条例、有关彩票管理的制度规定作出书面决定。

第十六条 彩票发行机构申请停止彩票品种或者彩票游戏,应当向财政部报送拟停止彩票品种或者彩票游戏上市以来的销售情况、奖池和调节基金余额、停止发行销售的理由等相关材料。

第十七条 对彩票发行机构申请停止彩票品种或者彩票游戏的审查,按照以下程序办理:

(一)彩票发行机构将拟停止彩票品种或者彩票游戏的申请材料报民政部或者国家体育总局进行审核;

(二)民政部或者国家体育总局审核同意后,彩票发行机构向财政部提交申请材料;

(三)财政部自收到申请材料之日起 5 个工作日之内,对申请材料进行初步审核,并出具受理或者不予受理意见书;

(四)财政部自受理申请之日起 10 个工作日内,根据条例、有关彩票管理的制度规定作出书面决定。

第十八条 彩票销售机构认为本行政区域内需要停止彩票品种或者彩票游戏、变更彩票品种审批事项的,经省级财政部门提出意见后可以向彩票发行机构提出书面申请建议。

第十九条 经批准开设彩票品种或者变更彩票品种审批事项的,彩票发行机构、彩票销售机构应当制定销售实施方案,报同级财政部门审核同意后组织上市销售。

第二十条 彩票发行机构、彩票销售机构开展派奖活动,由负责管理彩票游戏奖池的彩票发行机构或者彩票销售机构向同级财政部门提出申请,经批准后组织实施。

第二十一条 条例第十三条所称彩票设备和技术服务,根据彩票发行销售业务的专业性、市场性特点和彩票市场发展需要,分为专用的彩票设备和技术服务与通用的彩票设备和技术服务。

专用的彩票设备和技术服务包括:彩票投注专用设备,彩票开奖设备和服务,彩票发行销售信息技术系统的开发、集成、测试、运营及维护,彩票印制、仓储和运输,彩票营销策划和广告宣传,以及彩票技术和管理咨询等。

通用的彩票设备和技术服务包括:计算机、网络设备、打印机、复印机等通用硬件产品,数据库系统、软件工具等商业软件产品,以及工程建设等。

第二十二条 彩票发行机构、彩票销售机构采购彩票设备和技术服务,依照政府采购法及相关规定,以公开招标作为主要采购方式。经同级财政部门批准,彩票发行机构、彩票销售机构采购专用的彩票设备和技术服务,可以采用邀请招标、竞争性谈判、单一来源采购、询价或者国务院政府采购监督管理部门认定的其他采购方式。

第二十三条 彩票代销者应当具备以下条件:

(一)年满 18 周岁且具有完全民事行为能力的个人,或者具有独立法人资格的单位；

（二）有与从事彩票代销业务相适应的资金；

（三）有满足彩票销售需要的场所；

（四）近五年内无刑事处罚记录和不良商业信用记录；

（五）彩票发行机构、彩票销售机构规定的其他条件。

第二十四条　彩票发行机构、彩票销售机构向社会征召彩票代销者和设置彩票销售场所，应当遵循以下原则：

（一）统筹规划，合理布局；

（二）公开公正，规范透明；

（三）从优选择，兼顾公益。

第二十五条　彩票发行机构、彩票销售机构应当根据民政部、国家体育总局制定的彩票代销合同示范文本，与彩票代销者签订彩票代销合同。彩票代销合同应当包括以下内容：

（一）委托方与受托方的姓名或者名称、住所及法定代表人姓名；

（二）合同订立时间、地点、生效时间和有效期限；

（三）委托方与受托方的权利和义务；

（四）彩票销售场所的设立、迁移、暂停销售、撤销；

（五）彩票投注专用设备的提供与管理；

（六）彩票资金的结算，以及销售费用、押金或者保证金的管理；

（七）不得向未成年人销售彩票和兑奖的约定；

（八）监督和违约责任；

（九）其他内容。

委托方与受托方应当遵守法律法规、规章制度和有关彩票管理政策，严格履行彩票代销合同。

第二十六条　签订彩票代销合同后，彩票发行机构、彩票销售机构应当向彩票代销者发放彩票代销证。福利彩票代销证、体育彩票代销证的格式分别由福利彩票发行机构、体育彩票发行机构制定。

彩票代销证应当置于彩票销售场所的显著位置。

彩票代销证是彩票代销者代理销售彩票的合法资格证明，不得转借、出租、出售。

第二十七条　彩票代销证应当记载以下事项：

（一）彩票代销证编号；

（二）彩票代销者的姓名或者名称、住所及法定代表人姓名；

（三）彩票销售场所地址；

（四）彩票代销证的有效期限；

（五）彩票发行机构规定的其他事项。

第二十八条　彩票发行机构、彩票销售机构应当对从事彩票代销业务的人员进行专业培训。

第二十九条 纸质即开型彩票的废票、尾票,应当定期销毁。

销毁彩票应当采用粉碎、打浆等方式。

第三十条 彩票发行机构申请销毁纸质即开型彩票的废票、尾票的,应当向财政部提出书面申请并提交拟销毁彩票的名称、面值、数量、金额,以及销毁时间、地点、方式等材料。

财政部应当自受理申请之日起 10 个工作日内,对申请进行审查并作出书面决定。

彩票发行机构应当自财政部作出书面决定之日起 30 个工作日内分别在民政部、国家体育总局的监督下销毁彩票,并于销毁后 20 个工作日内向财政部报送销毁情况报告。

第三十一条 彩票发行机构、彩票销售机构、彩票代销者在难以判断彩票购买者或者兑奖者是否为未成年人的情况下,可以要求彩票购买者或者兑奖者出示能够证明其年龄的有效身份证件。

第三十二条 彩票市场实行休市制度。休市期间,停止彩票的销售、开奖和兑奖。休市的彩票品种和具体时间由财政部向社会公告。

第三十三条 彩票发行机构、彩票销售机构应当于每年 5 月 31 日前,向社会公告上年度各彩票品种的销售量、中奖金额、奖池资金余额、调节基金余额等情况。

第三章 彩票开奖和兑奖管理

第三十四条 彩票发行机构、彩票销售机构应当向社会公告彩票游戏的开奖方式、开奖时间、开奖地点。

第三十五条 条例第二十二条所称开奖活动结束,是指彩票游戏的开奖号码全部摇出或者开奖结果全部产生。

通过专用摇奖设备确定开奖号码的,应当在当期彩票销售截止时封存彩票销售原始数据;通过专用电子摇奖设备或者根据体育比赛项目确定开奖号码的,应当定期封存彩票销售原始数据。

彩票销售原始数据保存期限,自封存之日起不得少于 60 个月。

第三十六条 民政部、国家体育总局和省级民政部门、体育行政部门应当制定福利彩票、体育彩票的开奖监督管理办法,加强对彩票开奖活动的监督。

第三十七条 彩票发行机构、彩票销售机构应当统一购置、直接管理开奖设备。

彩票发行机构、彩票销售机构不得将开奖设备转借、出租、出售。

第三十八条 彩票发行机构、彩票销售机构使用专用摇奖设备或者专用电子摇奖设备开奖的,开始摇奖前,应当对摇奖设备进行检测。摇奖设备进入正式摇奖程序后,不得中途暂停或者停止运行。

因设备、设施故障等造成摇奖中断的,已摇出的号码有效。未摇出的剩余号码,应当尽快排除故障后继续摇出;设备、设施故障等无法排除的,应当启用备用摇奖设备、设施继续摇奖。

摇奖活动结束后,彩票发行机构、彩票销售机构负责摇奖的工作人员应当对摇奖结果进行签字确认。签字确认文件保存期限不得少于60个月。

第三十九条　根据体育比赛结果进行开奖的彩票游戏,体育比赛裁定的比赛结果经彩票发行机构或者彩票销售机构依据彩票游戏规则确认后,作为开奖结果。

体育比赛因各种原因提前、推迟、中断、取消或者被认定为无效场次的,其开奖和兑奖按照经批准的彩票游戏规则执行。

第四十条　未按照彩票游戏规则和开奖操作规程进行的开奖活动及开奖结果无效。

因自然灾害等不可抗力事件导致不能按期开奖的,应当及时向社会公告后延期开奖;导致开奖中断的,已开出的号码有效,应当及时向社会公告后延期开出剩余号码。

第四十一条　彩票发行机构、彩票销售机构应当及时、准确、完整地向社会公告当期彩票销售和开奖情况,公告内容包括:

(一)彩票游戏名称,开奖日期或者期号;

(二)当期彩票销售金额;

(三)当期彩票开奖结果;

(四)奖池资金余额;

(五)兑奖期限。

第四十二条　彩票售出后出现下列情况的,不予兑奖:

(一)彩票因受损、玷污等原因导致无法正确识别的;

(二)纸质即开型彩票出现兑奖区覆盖层撕刮不开、无兑奖符号、保安区裸露等问题的。

不予兑奖的彩票如果是因印制、运输、仓储、销售原因造成的,彩票发行机构、彩票销售机构应当予以收回,并按彩票购买者意愿退还其购买该彩票所支付的款项或者更换同等金额彩票。

第四十三条　彩票中奖者应当自开奖之日起60个自然日内兑奖。最后一天为《全国年节及纪念日放假办法》规定的全体公民放假的节日或者彩票市场休市的,顺延至全体公民放假的节日后或者彩票市场休市结束后的第一个工作日。

第四十四条　彩票中奖奖金不得以人民币以外的其他货币兑付,不得以实物形式兑付,不得分期多次兑付。

第四十五条　彩票发行机构、彩票销售机构、彩票代销者及其工作人员不得违背彩票中奖者本人意愿,以任何理由和方式要求彩票中奖者捐赠中奖奖金。

第四章　彩票资金管理

第四十六条　条例第二十八条所称彩票资金,是指彩票销售实现后取得的资金,包括彩票奖金、彩票发行费、彩票公益金。

条例第二十八条所称彩票资金构成比例,是指彩票奖金、彩票发行费、彩票公益金占彩票资金的比重。

条例第二十八条所称彩票资金的具体构成比例,是指在彩票游戏规则中规定的,按照彩票销售额计提彩票奖金、彩票发行费、彩票公益金的具体比例。

第四十七条　彩票发行机构、彩票销售机构应当开设彩票资金专用账户,包括彩票资金归集结算账户、彩票投注设备押金或者保证金账户。

第四十八条　彩票奖金应当按照彩票游戏规则的规定支付给彩票中奖者。

彩票游戏单注奖金的最高限额,由财政部根据彩票市场发展情况在彩票游戏规则中规定。

第四十九条　彩票发行机构、彩票销售机构应当按照彩票游戏规则的规定设置奖池和调节基金。奖池和调节基金应当按照彩票游戏规则的规定分别核算和使用。

彩票发行机构、彩票销售机构应当设置一般调节基金。彩票游戏经批准停止销售后的奖池和调节基金结余,转入一般调节基金。

第五十条　经同级财政部门审核批准后,彩票发行机构、彩票销售机构开展彩票游戏派奖活动所需资金,可以从该彩票游戏的调节基金或者一般调节基金中支出。

不得使用奖池资金、业务费开展派奖活动。

第五十一条　条例第三十二条所称业务费,是指彩票发行机构、彩票销售机构按照彩票销售额一定比例提取的,专项用于彩票发行销售活动的经费。

第五十二条　彩票发行机构、彩票销售机构的业务费提取比例,由彩票发行机构、彩票销售机构根据彩票市场发展需要提出方案,报同级民政部门或者体育行政部门商同级财政部门核定后执行。

第五十三条　彩票发行机构、彩票销售机构的业务费由彩票发行机构、彩票销售机构按月缴入中央财政专户和省级财政专户,实行收支两条线管理。

彩票代销者的销售费用,由彩票发行机构、彩票销售机构与彩票代销者按照彩票代销合同的约定进行结算。

第五十四条　彩票发行机构、彩票销售机构应当根据彩票市场发展情况和发行销售业务需要,编制年度财务收支计划,报同级财政部门审核批准后执行。

财政部和省级财政部门应当按照国家有关规定审核批准彩票发行机构、彩票销售机构的年度财务收支计划,并根据其业务开支需要和业务费缴纳情况及时拨付资金。

未拨付的彩票发行机构、彩票销售机构的业务费,用于弥补彩票发行机构、彩票销售机构的收支差额,不得用于平衡财政一般预算或者其他支出。

第五十五条　彩票销售机构的业务费实行省级集中统一管理,由福利彩票销售机构、体育彩票销售机构按照省级财政部门审核批准的年度财务收支计划,分别统筹安排用于本行政区域内福利彩票、体育彩票的销售工作。

第五十六条　彩票发行机构、彩票销售机构应当在业务费中提取彩票发行销售风险基金、彩票兑奖周转金。

彩票发行销售风险基金专项用于因彩票市场变化或者不可抗力事件等造成的彩票发行销售损失支出。彩票兑奖周转金专项用于向彩票中奖者兑付奖金的周转支出。

第五十七条 彩票公益金按照政府性基金管理办法纳入预算,实行收支两条线管理,专项用于社会福利、体育等社会公益事业,结余结转下年继续使用,不得用于平衡财政一般预算。

第五十八条 彩票公益金按照国务院批准的分配政策在中央与地方之间分配,由彩票销售机构分别上缴中央财政和省级财政。

上缴中央财政的彩票公益金,由财政部驻各省、自治区、直辖市财政监察专员办事处就地征收;上缴省级财政的彩票公益金,由省级财政部门负责征收。

第五十九条 逾期未兑奖的奖金纳入彩票公益金,由彩票销售机构结算归集后上缴省级财政,全部留归地方使用。

第六十条 中央和省级彩票公益金的管理、使用单位,应当会同同级财政部门制定彩票公益金资助项目实施管理办法。

彩票公益金的管理、使用单位,应当及时向社会进行公告或者发布消息,依法接受财政部门、审计部门和社会公众的监督。

彩票公益金资助的基本建设设施、设备或者社会公益活动,应当以显著方式标明彩票公益金资助标识。

第六十一条 财政部应当每年向社会公告上年度全国彩票公益金的筹集、分配和使用情况。省级财政部门应当每年向社会公告上年度本行政区域彩票公益金的筹集、分配和使用情况。

中央和地方各级彩票公益金的管理、使用单位,应当每年向社会公告上年度彩票公益金的使用规模、资助项目和执行情况等。

第五章 法律责任

第六十二条 彩票发行机构、彩票销售机构有下列行为之一的,由财政部门责令改正;对直接负责的主管人员和其他直接责任人员,建议所在单位或者主管部门给予相应的处分:

(一)违反彩票销售原始数据、彩票开奖设备管理规定的;

(二)违反彩票发行销售风险基金、彩票兑奖周转金或者彩票游戏的奖池资金、调节基金以及一般调节基金管理规定的;

(三)未按批准的销毁方式、期限销毁彩票的;

(四)未按规定向社会公告相关信息的;

(五)使用奖池资金、业务费开展派奖活动的;

(六)未以人民币现金或者现金支票形式一次性兑奖的。

第六十三条 彩票代销者有下列行为之一的,由民政部门、体育行政部门责令改正;情节严重的,责成彩票发行机构、彩票销售机构解除彩票代销合同:

(一)转借、出租、出售彩票代销证的;

(二)未以人民币现金或者现金支票形式一次性兑奖的。

第六章　附　　则

第六十四条　本细则自 2012 年 3 月 1 日起施行。

18－2 其他规定

18－2－1
财政部关于印发《彩票公益金管理办法》的通知

2012 年 3 月 2 日   财综〔2012〕15 号

各省、自治区、直辖市财政厅(局),财政部驻各省、自治区、直辖市财政监察专员办事处:

根据《彩票管理条例》(国务院令第554号)和《彩票管理条例实施细则》(财政部 民政部 国家体育总局令第67号)有关规定,财政部修订了《彩票公益金管理办法》,现印发给你们,请遵照执行。

附件:彩票公益金管理办法

附件

彩票公益金管理办法

第一章 总   则

第一条 为了规范和加强彩票公益金筹集、分配和使用管理,健全彩票公益金监督机制,提高资金使用效益,根据《彩票管理条例》(国务院令第554号)和《彩票管理条例实施细则》(财政部 民政部 国家体育总局令第67号)有关规定,制定本办法。

第二条 彩票公益金是按照规定比例从彩票发行销售收入中提取的,专项用于社会福利、体育等社会公益事业的资金。

逾期未兑奖的奖金纳入彩票公益金。

第三条 彩票公益金纳入政府性基金预算管理,专款专用,结余结转下年继续使用。

第二章 收缴管理

第四条 彩票公益金由各省、自治区、直辖市彩票销售机构(以下简称彩票销售机构)根据国务院批准的彩票公益金分配政策和财政部批准的提取比例,按照每月彩票销售额据实结算后分别上缴中央财政和省级财政。

逾期未兑奖的奖金由彩票销售机构上缴省级财政,全部留归地方使用。

第五条　上缴中央财政的彩票公益金,由财政部驻各省、自治区、直辖市财政监察专员办事处(以下简称专员办)负责执收。具体程序为:

(一)彩票销售机构于每月5日前向驻在地专员办报送《上缴中央财政的彩票公益金申报表》(见附件1)及相关材料,申报上月彩票销售金额和应上缴中央财政的彩票公益金金额;

(二)专员办于每月10日前完成申报资料的审核工作,核定缴款金额,并向彩票销售机构开具《非税收入一般缴款书》;

(三)彩票销售机构于每月15日前,按照《非税收入一般缴款书》载明的缴款金额上缴中央财政。

西藏自治区应上缴中央财政的彩票公益金,由西藏自治区财政厅负责执收。具体程序按照第一款执行。

第六条　专员办、西藏财政厅应当于每季度终了后15日内、年度终了后30日内,向财政部报送《上缴中央财政的彩票公益金统计报表》(见附件2),相关重大问题应随时报告。

第七条　上缴省级财政的彩票公益金,由各省、自治区、直辖市人民政府财政部门(以下简称省级财政部门)负责执收,具体收缴程序按照省级财政部门的有关规定执行。

省级财政部门应当于年度终了后30日内,向财政部报送《彩票公益金统计报表》(见附件3)。

第八条　专员办和省级财政部门应当于年度终了后30日内,完成对上一年度应缴中央财政和省级财政彩票公益金的清算及收缴工作。

第三章　分配和使用

第九条　上缴中央财政的彩票公益金,用于社会福利事业、体育事业、补充全国社会保障基金和国务院批准的其他专项公益事业,具体使用管理办法由财政部会同民政部、国家体育总局等有关部门制定。

第十条　中央财政安排用于社会福利事业和体育事业的彩票公益金,按照以下程序审批执行:

(一)财政部每年根据国务院批准的彩票公益金分配政策核定用于社会福利事业和体育事业的彩票公益金预算支出指标,分别列入中央本级支出以及中央对地方转移支付预算;

(二)列入中央本级支出的彩票公益金,由民政部和国家体育总局提出项目支出预算,报财政部审核后在部门预算中批复;民政部和国家体育总局根据财政部批准的预算,组织实施和管理;

(三)列入中央对地方转移支付预算的彩票公益金,由民政部和国家体育总局会同财政部确定资金分配原则,并提出分地区建议数,报财政部审核下达。

第十一条　中央财政安排用于补充全国社会保障基金的彩票公益金,由财政部每年根据国务院批准的彩票公益金分配政策核定预算支出指标,并按照有关规定拨付全国社会保障基金理事会。

第十二条　中央财政安排用于其他专项公益事业的彩票公益金,按照以下程序审批执行:

(一)申请使用彩票公益金的部门、单位,应当向财政部提交彩票公益金项目申报材料,财政部提出审核意见后报国务院审批;

(二)经国务院批准后,财政部向申请使用彩票公益金的部门、单位批复项目资金使用计划,并根据彩票公益金年度收入和项目进展情况,分别列入中央本级支出和中央对地方转移支付预算;

(三)申请使用彩票公益金的部门、单位,根据财政部批复的项目资金使用计划和预算,在项目管理办法制定后组织实施和管理。项目资金使用计划因特殊原因需要进行调整的,应当报财政部审核批准。

第十三条　上缴省级财政的彩票公益金,按照国务院批准的彩票公益金分配政策,坚持依照彩票发行宗旨使用,由省级财政部门商民政、体育行政等有关部门研究确定分配原则。

第十四条　省级以上民政、体育行政等有关部门、单位,申请使用彩票公益金时,应当向同级财政部门提交项目申报材料。项目申报材料应当包括以下内容:

(一)项目申报书;

(二)项目可行性研究报告;

(三)项目实施方案;

(四)同级财政部门要求报送的其他材料。

第十五条　彩票公益金项目资金使用计划和预算批准后,应当严格执行,不得擅自调整。因特殊原因形成的项目结余资金,经财政部门批准后可以结转下一年度继续使用。

第十六条　彩票公益金资金支付按照财政国库管理制度有关规定执行。

第十七条　省级以上民政、体育行政等彩票公益金使用部门、单位,应当于每年3月底前向同级财政部门报送上一年度彩票公益金使用情况。具体包括:

(一)项目组织实施情况;

(二)项目资金使用和结余情况;

(三)项目社会效益和经济效益;

(四)同级财政部门要求报送的其他材料。

第十八条　省级以上民政、体育行政等彩票公益金使用部门、单位,应当建立彩票公益金支出绩效评价制度,将绩效评价结果作为安排彩票公益金预算的依据。

第四章　宣传公告

第十九条　彩票公益金资助的基本建设设施、设备或者社会公益活动等,应当以显著方式标明"彩票公益金资助——中国福利彩票和中国体育彩票"标识。

第二十条　省级财政部门应当于每年4月底前,向省级人民政府和财政部提交上一年度本行政区域内彩票公益金的筹集、分配和使用情况报告;每年6月底前,向社会公告上一年度本行政区域内彩票公益金的筹集、分配和使用情况。

财政部应当于每年6月底前,向国务院提交上一年度全国彩票公益金的筹集、分配和使用情况报告;每年8月底前,向社会公告上一年度全国彩票公益金的筹集、分配和使用情况。

第二十一条　省级以上民政、体育行政等彩票公益金使用部门、单位,应当于每年6月底前,向社会公告上一年度本部门、单位彩票公益金的使用规模、资助项目、执行情况和实际效果等。

第五章　监督检查

第二十二条　彩票销售机构应当严格按照本办法的规定缴纳彩票公益金,不得拒缴、拖欠、截留、挤占、挪用彩票公益金。

第二十三条　彩票公益金的使用部门、单位,应当按照同级财政部门批准的项目资金使用计划和预算执行,不得挤占挪用彩票公益金,不得改变彩票公益金使用范围。

第二十四条　省级以上财政部门应当加强对彩票公益金筹集、分配、使用的监督检查,保证彩票公益金及时、足额上缴财政和专款专用。

第二十五条 违反本办法规定,拒缴、拖欠、截留、挤占、挪用彩票公益金,以及改变彩票公益金使用范围的,依照《财政违法行为处罚处分条例》(国务院令第 427 号)和《彩票管理条例》(国务院令第 554 号)等有关规定处理。

第六章 附 则

第二十六条 省级财政部门应当根据本办法规定,结合本地实际,制定本行政区域的彩票公益金使用管理办法,报财政部备案。

第二十七条 本办法自印发之日起施行。财政部 2007 年 12 月 25 日发布的《彩票公益金管理办法》(财综〔2007〕83 号)同时废止。

附件:1. 上缴中央财政的彩票公益金申报表(编者略)
　　　2. 上缴中央财政的彩票公益金统计报表(编者略)
　　　3. 彩票公益金统计报表(编者略)

18 – 2 – 2
财政部关于印发《彩票机构财务管理办法》的通知

2012 年 11 月 6 日　财综〔2012〕89 号

中国福利彩票发行管理中心、国家体育总局体育彩票管理中心,各省、自治区、直辖市财政厅(局):

根据《彩票管理条例》(国务院令第 554 号)、《彩票管理条例实施细则》(财政部 民政部 国家体育总局令第 67 号)、《事业单位财务规则》(财政部令第 68 号)的有关规定,财政部修订了《彩票机构财务管理办法》,现印发给你们,请遵照执行。

附件:彩票机构财务管理办法

附件

彩票机构财务管理办法

第一章 总 则

第一条 为了规范彩票机构财务行为,加强彩票机构财务管理和监督,提高资金使用效益,保障彩票事业健康发展,根据《彩票管理条例》(国务院令第 554 号)、《彩票管理条例实施细则》(财政部 民政部 国家体育总局令第 67 号)和《事业单位财务规则》(财政部令第 68 号)等规定,结合彩票发行销售业务特点,制定本办法。

第二条　依法设立的彩票机构的财务活动适用本办法。本办法所称彩票机构是指福利彩票发行机构、体育彩票发行机构(以下简称彩票发行机构)和福利彩票销售机构、体育彩票销售机构(以下简称彩票销售机构)。

第三条　彩票机构财务管理的基本原则是:执行国家有关法律、法规和财务规章制度;遵循彩票市场发展客观规律和彩票发行销售业务特点;坚持勤俭办事业的方针;正确处理事业发展需要和资金供给的关系,社会效益和经济效益的关系,国家、单位和个人三者利益的关系。

第四条　彩票机构财务管理的主要任务是:合理编制彩票机构年度预算,真实反映其财务状况;按照规定归集、结算、解缴、划拨彩票资金,保证彩票发行销售正常进行;依法组织收入,努力节约支出,切实降低彩票发行销售成本;建立健全财务制度,加强经济核算,实施绩效评价,提高资金使用效益;加强资产管理,合理配置和有效利用国有资产,防止资产流失;加强对彩票发行销售和彩票机构经济活动的财务控制及监督,防范财务风险;参与本单位重大经济决策和对外签订经济合同等事项。

第五条　彩票机构的财务活动在单位负责人的领导下,由单位财务部门统一管理。

第二章　彩票资金归集与分配

第六条　彩票资金是指彩票销售实现后取得的资金,包括彩票奖金、彩票发行费和彩票公益金,具体提取比例按照彩票游戏规则的有关规定执行。

第七条　彩票机构应当按照彩票品种和游戏、彩票发行销售方式归集彩票资金。

第八条　彩票奖金是指彩票机构按彩票游戏规则确定的比例从彩票销售额中提取,用于支付给彩票中奖者的资金,包括当期返奖奖金和调节基金。

彩票机构应当将彩票奖金存放到指定的银行账户,确保资金安全。

彩票奖金的管理按照彩票发行销售管理办法的有关规定执行。

第九条　彩票发行费应当专项用于彩票发行机构、彩票销售机构的业务费用支出以及彩票代销者的销售费用支出。

第十条　彩票发行机构、彩票销售机构的业务费,由彩票发行机构、彩票销售机构按照彩票销售额的一定比例提取,专项用于彩票发行销售活动。

彩票发行机构、彩票销售机构的业务费提取比例,由彩票发行机构、彩票销售机构根据彩票市场发展需要提出方案,报同级民政部门或者体育行政部门商同级财政部门核定后执行。

彩票发行机构、彩票销售机构应当于每月15日前,将上月提取的业务费按规定分别上缴中央财政专户和省级财政专户,实行"收支两条线"管理,不得隐瞒、滞留、截留、挤占和挪用。

第十一条　彩票销售机构业务费实行省级集中统一管理,具体管理方式由各省(自治区、直辖市)财政部门根据本地区实际情况确定。

第十二条　彩票代销者销售费用,由彩票机构与彩票代销者按彩票代销合同的约定进行结算,可以按彩票销售额的一定比例,从彩票代销者缴交的彩票销售资金中直接抵扣。

第十三条　彩票公益金专项用于社会福利、体育等社会公益事业,不用于平衡公共财政预算。彩票公益金的上缴、分配和使用管理按照彩票公益金管理办法的有关规定执行。

第十四条　彩票机构报经同级财政部门批准后,开设彩票资金专用账户,包括彩票资金归集、结算账户,以及彩票投注设备押金或者保证金账户。

第三章　预决算管理

第十五条　彩票机构预算是指彩票机构根据彩票事业发展目标和计划编制的年度财务收支计划,包括收入预算和支出预算。

彩票机构决算是指彩票机构根据预算执行结果编制的年度报告。

第十六条　彩票机构作为一级预算单位管理,单位预算和决算不纳入其行政主管部门的部门预算和决算,直接报同级财政部门审批。其中,彩票发行机构预算和决算报财政部审批;彩票销售机构预算和决算报所在地省、自治区、直辖市人民政府财政部门审批。

第十七条　彩票机构应当根据上一年度预算执行情况、预算年度业务费收入增减因素和措施,以及上一年度收入结余情况等,测算编制收入预算;根据彩票事业发展需要、财力可能、资产状况等,测算编制支出预算。

彩票机构年度预算应当全面反映本单位所有收入和支出情况。

第十八条　彩票发行机构应当按照财政部预算编制的要求,于每年11月底前报送下一年度预算,并经财政部审核批准后执行。财政部根据下一年度彩票发行销售业务开展需要以及中央财政专户彩票发行机构业务费结余等情况,在批复预算之前可以下达部分预算指标。

彩票销售机构编报年度预算,应当按照省(自治区、直辖市)财政部门的有关规定执行。

第十九条　财政部在上缴中央财政专户的彩票发行机构业务费中安排部分资金,专项用于彩票市场调控方面的省际之间彩票市场均衡发展以及优化彩票品种及游戏结构等支出。

彩票发行机构在报送下一年度预算时,应当根据彩票市场运行调控需要,结合中央财政专户彩票发行机构业务费结余等情况,提出本机构安排的彩票市场调控资金数额及其分配方案申请。财政部批准后,通过中央财政专户将该项资金下达至有关省(自治区、直辖市)财政部门。

第二十条　财政部门应当根据批准的预算,以及彩票机构业务费上缴情况,按照财政国库管理制度等有关规定向彩票机构拨付资金。

根据彩票发行销售业务需要,彩票发行机构在年度预算批复前,可以按照财政部提前下达的预算指标编报用款计划,向财政部提出用款申请。

第二十一条　彩票机构应当严格执行财政部门批准的预算,年度预算一般不予调整。根据彩票事业发展需要或者国家有关政策调整,需要增加或者减少支出的,彩票机构应当按规定于每年9月底前,提出调整当年预算申请,报财政部门审核批复后执行。

第二十二条　中央财政和省级财政未拨付的彩票机构业务费,专项用于支持彩票发行机构、彩票销售机构以后年度彩票事业发展,不得用于平衡公共财政预算或者其他支出。

第二十三条　彩票机构应当按照财政部门规定,真实准确地编制年度决算,加强决算分析和管理,并在年度终了后3个月内,经会计师事务所审计后,报同级财政部门审核批复。

第四章　收入管理

第二十四条　收入是指彩票机构为开展彩票发行销售业务及其他活动依法取得的非偿还性资金。

第二十五条　彩票机构收入包括:

(一)事业收入,即财政部门核拨给彩票机构用于开展彩票发行销售业务活动及其辅助活动的业务费收入。

(二)上级补助收入,即彩票机构从主管部门取得的非财政补助收入。

(三)附属单位上缴收入,即彩票机构附属独立核算单位按照有关规定上缴的收入。

(四)经营收入,即彩票机构在彩票发行销售业务活动及其辅助活动之外开展非独立核算经营活动取得的收入,包括广告收入、租赁收入等。

(五)其他收入,即上述规定范围以外的各项收入,包括投资收益、利息收入、捐赠收入等。

第二十六条 彩票机构应当将各项收入全部纳入单位预算,统一核算,统一管理。

第二十七条 彩票机构应当加强收入管理,按照国家规定合理组织各项收入,及时分类入账,严禁坐收坐支。

第五章 支出管理

第二十八条 支出是指彩票机构开展彩票发行销售业务及其他活动发生的资金耗费和损失。

(一)事业支出,即彩票机构开展彩票发行销售业务及其辅助活动发生的基本支出和项目支出。

基本支出主要包括:

1. 人员支出,包括工资福利支出以及对个人和家庭的补助支出,不包括应当在"经营支出"中列支的相关人员经费。

工资福利支出,即彩票机构为在职职工和编制外长期聘用人员开支的各类劳动报酬、缴纳的各项社会保险费等,包括基本工资、津贴补贴、奖金、绩效工资、社会保障缴费、伙食补助费、其他工资福利支出等。

对个人和家庭补助支出,即彩票机构用于对个人和家庭的补助支出,包括离休费、退休费、退职费、抚恤金、生活补助、医疗费、住房公积金、提租补贴、购房补贴、其他对个人和家庭的补助支出等。

2. 日常公用支出,即彩票机构购买商品和服务的支出,包括办公费、印刷费、咨询费、手续费、水费、电费、邮电费、取暖费、交通费、物业管理费、差旅费、维修(护)费、会议费、招待费、培训费、专用材料费、一般办公设备购置费、一般专用设备购置费、一般交通工具购置费、专用燃料费、劳务费、工会经费、福利费、其他商品和服务支出等。

项目支出主要包括:

1. 基本建设支出,即彩票机构用于购置大型固定资产和设备、大型修缮等发生的支出,包括房屋建筑物购建、大型办公设备购置、大型专用设备购置、业务用交通工具、大型修缮、信息网络购建等。

2. 发行销售业务支出,即彩票机构开展彩票发行销售业务所需的费用,包括彩票研发费、彩票销售渠道建设费、彩票印制费、彩票物流管理费、检验检测费、广告费、市场营销费、市场宣传推广费、彩票销售系统建设和运行维护费、技术服务费、专线通讯费、开奖费、公证费、市场调研费、彩票销毁费、彩票兑奖周转金、彩票发行销售风险基金、其他业务支出等。

(二)经营支出,即彩票机构在彩票业务活动及其辅助活动以外开展非独立核算经营活动发生的支出。

(三)对附属单位补助支出,即彩票机构用财政补助收入之外的收入对附属单位补助发生的支出。

(四)其他支出,即上述规定范围以外的各项支出,包括查处非法彩票支出、捐赠支出等。

第二十九条 彩票机构应当将各项支出全部纳入单位预算,建立健全各项支出管理制度。

第三十条 彩票机构应当执行政府采购制度有关规定。

第三十一条 彩票机构应当加强支出的绩效管理,提高资金使用的有效性。

第三十二条 彩票机构应当依法加强各类票据管理,确保票据来源合法、内容真实、使用正确,不得使用虚假票据。

第六章　结转和结余管理

第三十三条 结转和结余是指彩票机构年度收入与支出相抵后的余额。结转资金是指彩票机构当年预算已执行但未完成,或者因故未执行,下一年度需要按照原用途继续使用的资金。结余资金是指彩票机构当年预算工作目标已经完成,或者因故终止,当年剩余的资金。

彩票机构结转和结余包括财政专户核拨资金结转和结余,以及财政专户核拨资金之外的其他资金结转和结余。

第三十四条 彩票机构财政专户核拨资金形成的结转资金包括基本支出结转资金、项目支出结转资金。基本支出结转资金原则上结转下年继续使用,用于增人增编等人员经费和日常公用经费支出,但在人员经费和日常公用经费间不得挪用,不得擅自用于提高人员经费开支标准。项目支出结转资金结转下年按原用途继续使用,确需调整结转资金用途的,需报财政部门审批。

彩票机构财政专户核拨资金形成的结余资金是彩票机构在年度预算执行结束后形成的项目支出结余资金,应当全部统筹用于编制以后年度预算,按照有关规定用于相关支出。

第三十五条 财政专户核拨资金之外的其他资金结转按照规定结转下一年度继续使用。

财政专户核拨资金之外的其他资金结余可以按照一定比例提取职工福利基金,剩余部分作为事业基金;国家另有规定的,从其规定。

第三十六条 事业基金是非限定用途的资金,用于弥补以后年度收支差额,支持彩票事业发展。彩票机构应当加强事业基金管理,统筹安排,合理使用。

第三十七条 彩票机构应当加强结转结余资金管理,按照国家规定正确计算与分配结余资金。

第七章　专用基金管理

第三十八条 专用基金是指彩票机构按照规定提取或设置的有专门用途的资金。

第三十九条 专用基金包括:

(一)职工福利基金,即彩票机构从财政专户核拨资金之外的其他资金结余中提取,或按照相关规定转入,专项用于彩票机构职工的集体福利设施、集体福利待遇的资金。

(二)彩票兑奖周转金,即从彩票机构业务费中计提,专项用于彩票游戏奖池、当期返奖奖金、调节基金不足以兑付或弥补彩票中奖者奖金时的垫支周转金。

(三)彩票发行销售风险基金,即按不超过上年度彩票机构业务费收入的10%提取,专项用于弥补因彩票市场变化导致的坏账损失,或因不可抗力事件等造成的彩票发行销售损失的资金。

(四)其他基金,即按照国家有关规定提取和设置的其他专用资金。

第四十条 职工福利基金的提取比例按照国家统一规定执行。彩票机构应当加强职工福利基金的管理,不得擅自改变提取比例和开支范围。

第四十一条 彩票机构应当综合考虑彩票发行销售量,当期返奖奖金、奖池资金和调节基金的规模,以及奖金兑付情况等因素,提出彩票兑奖周转金提取、垫支和返还方案,报同级财政部门批准。

彩票机构应当加强对彩票兑奖周转金的管理,严格按照规定垫支并及时返还。

第四十二条 彩票发行销售风险基金年末余额超过当年彩票机构业务费收入的 10% 时,下年度不再计提。同级财政部门可以根据彩票市场变化以及彩票发行销售风险基金使用等情况,调整彩票发行销售风险基金提取比例或者暂停提取。

彩票机构使用彩票发行销售风险基金时,应当编制详细的使用计划,报同级财政部门审批后,由财政专户核拨资金。

第四十三条 彩票兑奖周转金、彩票发行销售风险基金计提时,应当冲减彩票机构业务费收入,在财政专户中专账核算,并在《政府收支分类科目》"彩票发行机构和彩票销售机构的业务费用""彩票发行销售机构业务费安排的支出"科目下单独列示。

第八章 资产管理

第四十四条 资产是指彩票机构占有或者使用的能以货币计量的经济资源,包括各种财产、债权和其他权利。

第四十五条 彩票机构资产包括流动资产、固定资产、在建工程、无形资产和对外投资等。

第四十六条 流动资产是指可以在一年以内变现或者耗用的资产,包括现金、各种存款、应收及预付款项、库存彩票、存货等。

库存彩票是指彩票机构购进的已验收入库的彩票,按实际支付价款计价。

存货是指彩票机构在开展彩票发行销售业务活动及其他活动中为耗用而储存的资产,包括材料、燃料、包装物和低值易耗品等。材料是指彩票机构库存的物资材料、电脑投注单和热敏纸,以及达不到固定资产标准的工具、器具等。

第四十七条 彩票机构应当建立健全现金及各种存款的内部管理制度。应收款项和预付款项应当按时清理结算,不得长期挂账。

库存彩票应当按彩票品种分别核算。彩票机构应当严格执行彩票出入库制度,按彩票游戏建立库存彩票明细账和台账,定期或不定期盘点,定期核对库存彩票明细账、台账与总账,年度终了前应当进行全面盘点清查。对于盘盈、盘亏及毁损、报废的库存彩票,彩票机构应当及时查明原因,经同级财政部门审核,在分清责任的基础上区分不同情况进行处理。

第四十八条 固定资产是指使用期限超过一年,单位价值在 1000 元以上(其中:专用设备单位价值在 1500 元以上),并在使用过程中基本保持原有物质形态的资产。单位价值虽未达到规定标准,但耐用时间在一年以上的大批同类物资,作为固定资产管理。

固定资产一般分为六类:房屋及构筑物;专用设备;通用设备;文物和陈列品;图书、档案;家具、用具、装具及动植物。

第四十九条 彩票机构应当对固定资产进行定期或不定期的清查盘点。年度终了前应当进行全面的清查盘点,保证账实相符。

第五十条 彩票机构可以根据固定资产性质,在预计使用年限内,采用合理的方法计提折旧。

第五十一条 在建工程是指已经发生必要支出,但尚未达到交付使用状态的建设工程。

在建工程达到交付使用状态时,应当按照规定办理工程竣工财务决算和资产交付使用。

第五十二条 无形资产是指不具有实物形态而能为使用者提供某种权利的资产,包括专利权、商标权、著作权、土地使用权、非专利技术、商誉以及其他财产权利。无形资产可以按规定进行摊销。

彩票机构转让无形资产,应当按照有关规定进行资产评估,取得的收入按照国家有关规定处理。

第五十三条　对外投资是指彩票机构依法利用货币资金、实物、无形资产等方式向其他单位的投资。

彩票机构应当严格控制对外投资。在保证单位正常运转和事业发展的前提下,按照国家有关规定可以对外投资的,应当履行相关审批程序。彩票机构对外投资必须是与彩票发行销售业务有关的项目,不得从事股票、期货、基金、企业债券等投资,国家另有规定的除外。

彩票机构以非货币性资产对外投资的,应当按照国家有关规定进行资产评估,合理确定资产价值。

第五十四条　彩票机构出租、出借资产,应当按国家有关规定经主管部门审核同意后报同级财政部门审批。

第五十五条　彩票机构流动资产、固定资产、无形资产、对外投资等国有资产管理,应当严格按照《事业单位国有资产管理暂行办法》(财政部令第36号)等相关规定执行。

第九章　负债管理

第五十六条　负债是指彩票机构所承担的能以货币计量,需要以资产或者劳务偿还的债务。

第五十七条　彩票机构的负债包括借入款项、应付款项、暂存款项、应缴款项、预收款项等。

借入款项是彩票机构借入的有偿使用款项,包括短期借款和长期借款。

应付款项包括应付账款、应付彩票奖金、应付彩票代销者的销售费用以及其他应付款等。

暂存款项包括彩票投注专用设备押金或者保证金等。

应缴款项包括彩票机构收取的应当上缴财政的彩票公益金、彩票机构业务费、应缴税费以及其他按照国家有关规定应当上缴的款项。

预收款项包括彩票代销者预交的彩票款项、彩票购买者购彩预存款等。

第五十八条　彩票机构应当对不同性质的负债分类管理,及时清理并按照规定办理结算,保证各项负债在规定期限内归还。

第五十九条　彩票机构应当建立健全财务风险控制机制,规范和加强借入款项管理,严格执行审批程序,不得违反规定举借债务和提供担保。

第十章　财务监督与法律责任

第六十条　彩票机构财务监督主要包括对预算管理、收入管理、支出管理、结转和结余管理、专用基金管理、资产管理、负债管理等的监督。

第六十一条　彩票机构财务监督应当实行事前监督、事中监督、事后监督相结合,日常监督与专项监督相结合。

第六十二条　彩票机构应当建立健全内部控制制度、经济责任制度、财务信息披露制度等监督制度。

第六十三条　彩票机构应当建立健全内部财务审计制度,自觉接受财政、审计部门以及主管部门的监督检查,如实提供相关财务收支情况和资料。

第六十四条　对违反本办法规定的行为,依照《中华人民共和国预算法》《财政违法行为处罚处分条例》(国务院令第427号)、《彩票管理条例》(国务院令第554号)等国家有关规定处理。

第十一章 附 则

第六十五条 各省、自治区、直辖市人民政府财政部门可根据本办法,结合本地区实际情况制定实施办法或补充规定,并报财政部备案。

第六十六条 本办法自2013年1月1日起执行。2001年12月9日财政部发布的《彩票发行与销售机构财务管理办法》同时废止。

18-2-3
财政部关于印发《彩票发行销售管理办法》的通知

2012年12月28日 财综〔2012〕102号

中国福利彩票发行管理中心,国家体育总局体育彩票管理中心,各省、自治区、直辖市财政厅(局):

根据《彩票管理条例》(国务院令第554号)、《彩票管理条例实施细则》(财政部民政部 国家体育总局令第67号)的有关规定,财政部修订了《彩票发行销售管理办法》,现印发给你们,请遵照执行。

附件:彩票发行销售管理办法

彩票发行销售管理办法

第一章 总 则

第一条 为加强彩票管理,规范彩票发行销售行为,保护彩票参与者的合法权益,促进彩票事业健康发展,根据《彩票管理条例》(以下简称《条例》)、《彩票管理条例实施细则》(以下简称《实施细则》)的相关规定,制定本办法。

第二条 彩票发行机构按照统一发行、统一管理、统一标准的原则,负责全国的彩票发行和组织销售工作。

彩票销售机构在彩票发行机构的统一组织下,负责本行政区域的彩票销售工作。

第三条 发行销售彩票应当遵循公开、公平、公正和诚实信用、自愿购买的原则。不得采取摊派或者变相摊派等手段销售彩票,不得溢价或者折价销售彩票,不得以赊销或者信用方式销售彩票,不得向未成年人销售彩票和兑奖。

第二章 彩票发行与销售管理

第四条 彩票发行机构开设彩票品种、变更彩票品种审批事项、停止彩票品种或者彩票游戏,应当按照《条例》《实施细则》的规定,报民政部或者国家体育总局审核同意后向财政部提出申请,经财政部审查批准后组织实施。

第五条　《条例》第八条所称发行方式,是指发行销售彩票所采用的形式和手段,包括实体店销售、电话销售、互联网销售、自助终端销售等。

《条例》第八条所称发行范围,是指发行销售彩票所覆盖的区域,以省级行政区域为单位,分为全国区域、两个或者两个以上省级行政区域、省级行政区域。

第六条　《实施细则》第十二条所称专业检测机构,是指经批准成立或者设立,国家有关部门认定并取得相关资质证明,从事计算机系统和软件的测试、检测或者评测,具有独立法人资格的单位。

第七条　《实施细则》第十二条所称变更彩票品种审批事项涉及对技术方案进行重大调整,包括以下情形:

(一)在彩票发行销售系统中增加新的彩票游戏;

(二)增加或者减少彩票游戏的奖级;

(三)调整彩票游戏的开奖方式;

(四)增加新的彩票发行方式;

(五)其他变更彩票品种审批事项涉及对技术方案进行的重大调整。

第八条　开设的彩票品种、变更审批事项的彩票品种上市销售前,彩票发行机构或者彩票销售机构应当将销售实施方案报同级财政部门核准。销售实施方案应当包括拟上市销售日期、营销宣传计划、风险控制办法等内容。

第九条　彩票发行范围为全国区域的,销售实施方案由彩票发行机构报财政部核准。彩票发行范围为两个或者两个以上省级行政区域的,销售实施方案由负责管理彩票游戏奖池、数据汇总等工作的彩票发行机构或者彩票销售机构报同级财政部门核准,其他参与销售的彩票销售机构应当将核准的销售实施方案报同级财政部门备案。彩票发行范围为省级行政区域的,销售实施方案由彩票销售机构报同级财政部门核准。

第十条　经批准开设的彩票品种,彩票发行机构、彩票销售机构应当自批准之日起6个月内上市销售。经批准变更审批事项的彩票品种,彩票发行机构、彩票销售机构应当自批准之日起4个月内变更后上市销售。

开设的彩票品种、变更审批事项的彩票品种上市销售未满6个月的,原则上不得变更或者停止。

第十一条　财政部应当按照合理规划彩票市场和彩票品种结构、严格控制彩票风险的原则,综合考虑彩票销售量、奖池资金结余、调节基金结余以及彩票发行销售费用等情况,对彩票发行机构停止彩票品种或者彩票游戏的申请进行审查。

经批准停止的彩票品种或者彩票游戏,彩票发行机构、彩票销售机构应当自批准之日起2个月内向社会发布公告。自公告之日起满60个自然日后,彩票发行机构、彩票销售机构可以停止销售。

第十二条　彩票发行机构、彩票销售机构应当按照《条例》《实施细则》等彩票管理规定,以及彩票代销合同示范文本的要求,与彩票代销者签订彩票代销合同。彩票代销者应当按照彩票代销合同的约定代理销售彩票,不得委托他人代销彩票。

第十三条　彩票销售机构、彩票代销者应当按照彩票发行机构的统一要求,建设彩票销售场所,设置彩票销售标识,张贴警示标语,突出彩票的公益性。

彩票发行机构、彩票销售机构应当根据不同彩票品种的特性,制定相应的彩票销售场所设置标准和管理规范。

第十四条　彩票发行机构、彩票销售机构可以利用业务费、经营收入等资金购买商品或者服务开展促销活动,回馈符合一定条件的彩票购买者或者彩票代销者。

开展彩票促销活动所需经费,由彩票发行机构、彩票销售机构在财务收支计划中提出申请,经同级财政部门审核批准后安排支出。

第十五条　《实施细则》第二十条所称派奖,是指通过彩票游戏的调节基金或者一般调节基金设立特别奖,对符合特定规则的彩票中奖者增加中奖金额。

第十六条　彩票发行机构、彩票销售机构开展派奖活动,应当符合以下规定:

(一)销售周期长于1天(含1天)的彩票游戏,每年开展派奖活动不得超过一次,派奖资金安排不得超过40期;

(二)销售周期短于1天(不含1天)的彩票游戏,每年开展派奖活动不得超过两次,每次派奖资金安排不得超过5天;

(三)派奖资金仅限彩票游戏的调节基金或者一般调节基金,不得使用奖池资金、业务费开展派奖活动。

(四)单注彩票的派奖金额,不得超过彩票游戏规则规定的相应奖级的设奖金额或者封顶限额。

(五)派奖活动的最后一期派奖奖金有结余的,顺延至派奖奖金用完为止。派奖活动尚未到期,但彩票游戏的调节基金和一般调节基金已用完的,应当停止派奖。

第十七条　彩票发行机构、彩票销售机构开展派奖活动,应当由负责管理彩票游戏奖池的彩票发行机构或者彩票销售机构向同级财政部门提出申请,经审核批准后组织实施。

派奖申请材料应当包括开展派奖活动的必要性分析、派奖方案、派奖预计总金额、派奖资金来源等内容。

第十八条　对符合规定的派奖申请,财政部门应当自收到申请材料之日起20个工作日之内,向彩票发行机构或者彩票销售机构批复派奖方案。派奖方案应当包括派奖起止期、派奖规则、单期派奖金额或者派奖总金额,以及派奖活动的最后一期派奖奖金有结余或者派奖活动尚未到期但彩票游戏的调节基金和一般调节基金已用完的处理等内容。

省级财政部门审核批复彩票销售机构的派奖方案,应当由省级财政部门、彩票销售机构分别报财政部、彩票发行机构备案。

第十九条　彩票发行机构、彩票销售机构应当在派奖开始5个自然日前,向社会公告派奖方案,并在公告中注明财政部门的批准文件名称及文号。

第二十条　在兑奖有效期内,彩票中奖者提出兑奖要求,经验证确认后,彩票发行机构、彩票销售机构或者彩票代销者应当及时兑付,不得拖延。

第三章　彩票品种管理

第二十一条　彩票品种包括传统型、即开型、乐透型、数字型、竞猜型、视频型、基诺型等。

传统型、即开型彩票的游戏规则包括名称、面值、玩法规则和奖级构成表等内容。乐透型、数字型、竞猜型、视频型、基诺型彩票的游戏规则包括总则、投注、设奖、开奖、中奖、兑奖、附则等内容,名称为"中国福利(体育)彩票×××游戏规则"。

第二十二条　彩票可以实行固定设奖或者浮动设奖。

固定设奖的,所有奖级的设奖金额均为固定金额。浮动设奖的,低奖级的设奖金额为固定金额,高奖级的设奖金额需要根据计提奖金、低奖级中奖总额和高奖级中奖注数等因素计算确定。

第二十三条　传统型、即开型彩票由彩票发行机构根据彩票市场需要统一印制。彩票发行机构应当制定传统型、即开型彩票的版式、规格、制作形式、防伪、包装等印制标准和管理规范。

第二十四条　传统型、即开型彩票的使用期限为自印制完成之日起60个月,使用期限到期后,应当停止销售。严禁销售超过使用期限的传统型、即开型彩票。

使用期限到期前的60个自然日内,彩票发行机构应当向社会公告该批次彩票的停止销售日期,停止销售的日期为使用期限到期的日期。尚未到期但需要停止销售的,彩票发行机构应当至少提前60个自然日向社会公告该批次彩票的停止销售日期。

第二十五条　传统型、即开型彩票应当实行出入库登记制度,建立库存彩票实物明细账(台账)。出入库记录单的保存期限不得少于60个月。

彩票发行机构、彩票销售机构应当定期盘点库存彩票实物,将库存彩票实物与库存明细账(台账)及财务账进行核对,确保账物相符。

第二十六条　传统型、即开型彩票应当采用铁路、公路等方式运输,实行专人负责,确保安全。

第二十七条　传统型、即开型彩票的废票、尾票以及超过使用期限的彩票,应当按照《实施细则》第二十九条、第三十条的规定销毁。

实施销毁前,负责销毁彩票和负责监督销毁的工作人员,应当将经批准销毁彩票的名称、面值、数量、金额与现场待销毁彩票实物进行核对,清点零张票,抽点整本票。核对无误后,出具销毁确认单并签字、盖章。核对中发现问题的,应当立即停止销毁工作,查明原因并处置后再行销毁。

第二十八条　传统型彩票的中奖者,应当自开奖之日起60个自然日内兑奖。即开型彩票的中奖者,可以自购买之时起兑奖,兑奖的截止日期为该批彩票停止销售之日起的第60个自然日。逾期不兑奖的视为弃奖。最后一天为全体公民放假的节日或者彩票市场休市的,按照《实施细则》第四十三条的规定执行。

第二十九条　乐透型、数字型、竞猜型、基诺型彩票应当符合以下规定:

(一)单张彩票的投注注数不得超过10000注;

(二)设置多倍投注的,每注彩票的投注倍数不得超过100倍;

(三)实行浮动设奖的,奖池资金仅限用于高奖级;

(四)实行固定设奖的,应当设置投注号码或者投注选项的限制注数。

第三十条　视频型彩票应当符合以下规定:

(一)单次投注的总金额不得超过10元;

(二)专用投注卡单日充值金额实行额度控制;

(三)销售厅经营时间实行时段控制。

第三十一条　基诺型彩票和销售周期短于1天(不含1天)的乐透型、数字型彩票,应当通过专用电子摇奖设备确定开奖号码。

销售周期长于1天(含1天)的乐透型、数字型彩票,通过专用摇奖设备确定开奖号码。在摇奖前,摇奖号码球及摇奖器具必须进行检查。摇奖应当全程录像,录像保存期限不得少于36个月。摇奖结束后,摇奖号码球应当封存保管。

体育比赛裁定的比赛结果经彩票机构依据彩票游戏规则确认后,作为竞猜型彩票的开奖结果。体育比赛因各种原因提前、推迟、中断、取消或者被认定为无效场次的,按照彩票游戏规则的规定确定开奖结果。

第三十二条　基诺型彩票和销售周期短于1天(不含1天)的乐透型、数字型、竞猜型彩票,应当在每期销售截止时刻自动封存彩票销售原始数据,并按日将彩票销售原始数据刻录在不可改写的储存介质上。开奖检索由彩票发行销售系统根据开奖号码或者开奖结果自动完成。

第三十三条 销售周期长于1天(含1天)的乐透型、数字型、竞猜型彩票,应当在每期销售截止时封存彩票销售原始数据,并将当期彩票销售原始数据刻录在不可改写的储存介质上。开奖检索应当在封存的彩票销售原始数据中和刻录的备份储存介质中同步进行,检索结果一致后方可制作开奖公告。

第四章 彩票设施设备和技术服务

第三十四条 彩票发行机构、彩票销售机构应当按照国家有关标准,组织建设彩票发行销售系统专用机房和灾备机房。专用机房和灾备机房应当配置彩票发行销售系统双机备份服务器、机房专用空调、不间断电源、发电机、消防设施设备等。彩票发行机构、彩票销售机构应当制定完备的机房管理制度、工作日志制度和应急处置预案。

第三十五条 彩票发行机构、彩票销售机构应当建立彩票发行销售系统,并负责组织管理彩票发行销售系统的开发、集成、测试、维护及运营操作。彩票发行销售系统应当具备完善的数据备份、数据恢复、防病毒、防入侵等安全措施,确保系统安全运行。

第三十六条 彩票发行机构、彩票销售机构应当对彩票发行销售系统的开发、集成、测试、维护及运营操作等岗位人员实行分离管理,确保安全操作。

彩票发行销售系统的运营操作应当由彩票发行机构、彩票销售机构的专业技术人员直接负责,彩票发行销售系统的开发、集成、测试和维护人员,不得以任何方式参与运营操作。

第三十七条 彩票发行机构、彩票销售机构应当建设专门的彩票开奖场所和兑奖服务场所,制定彩票开奖操作规程和兑奖服务流程,统一购置、直接管理彩票开奖设备。开奖场所和兑奖服务场所应当具备完善的安保措施和突发事件应急处置预案。

第三十八条 彩票销售机构应当为彩票代销者配置彩票投注专用设备。彩票投注专用设备属于彩票销售机构所有,彩票代销者不得转借、出租、出售。

彩票代销者应当按照彩票代销合同的约定,向彩票销售机构交纳彩票投注专用设备押金或者保证金。

第三十九条 传统型、即开型彩票应当使用专用仓库储存。储存专用仓库应当配备专人管理,具备防火、防水、防盗、防潮、防虫等安全功能,不得存放与彩票业务无关的物品。

第四十条 彩票发行机构、彩票销售机构应当设立服务热线,负责受理社会公众的咨询、投诉等。

第四十一条 彩票发行机构、彩票销售机构应当定期对彩票销售数据管理专用机房和灾备机房、彩票发行销售系统、彩票开奖场所和兑奖服务场所、彩票开奖设备、彩票存储专用仓库等设施设备进行检查、检修和维护。

第五章 彩票奖金管理

第四十二条 彩票奖金是指彩票发行机构、彩票销售机构按照彩票游戏规则确定的比例从彩票销售额中提取,用于支付彩票中奖者的资金。

彩票游戏设置调节基金的,彩票奖金包括当期返奖奖金和调节基金。当期返奖奖金应当按照彩票游戏规则规定的比例在当期全额计提。调节基金包括按照彩票销售额的一定比例提取的资金、逾期未退票的票款和浮动奖取整后的余额,应当专项用于支付各种不可预见的奖金风险支出和开展派奖。调节基金的提取比例根据不同彩票游戏的特征和彩票市场发展需要确定,并在彩票游戏规则中规定,提取比例最高不得超过彩票销售额的2%。

彩票游戏未设置调节基金的,彩票奖金应当按照彩票游戏规则规定的比例在当期全额计提。

第四十三条 彩票游戏设置奖池的,奖池用于归集彩票游戏计提奖金与实际中出奖金的资金余额。彩票游戏的奖池资金达到一定额度后,超过部分可以转入该彩票游戏的调节基金,具体额度在彩票游戏规则中规定。

固定设奖的彩票游戏,当期计提奖金超过当期实际中出奖金时,余额进入奖池;当期计提奖金小于当期实际中出奖金时,差额先由奖池资金支付。

浮动设奖的彩票游戏,当期计提奖金扣除当期实际中出奖金后的余额进入奖池;奖池资金只用于支付以后各期彩票高奖级的奖金,不得挪作他用。

第四十四条 首次上市销售的彩票游戏,可以安排一定额度的业务费注入奖池作为奖池资金。具体金额由彩票发行机构或者彩票销售机构在上市销售前提出申请,报同级财政部门审核批准。上市销售后,彩票发行机构或者彩票销售机构不得用业务费向奖池注入资金,不得设置奖池保底奖金。

第四十五条 彩票游戏的当期计提奖金、调节基金、奖池资金,应当按照彩票游戏规则的规定核算和使用。

第四十六条 彩票奖金实行单注奖金上限封顶。彩票游戏的封顶金额,由财政部根据彩票市场发展情况、彩票游戏机理和特征、具体彩票游戏的奖组规模等因素设置,并在彩票游戏规则中规定。

彩票游戏的封顶金额按不高于500万元设置。其中,即开型彩票的封顶金额按不高于100万元设置。

第四十七条 停止销售的彩票游戏兑奖期结束后,奖池资金和调节基金有结余的,转为一般调节基金,用于不可预见情况下的奖金风险支出或者开展派奖;奖池资金和调节基金的余额为负数的,从彩票发行销售风险基金列支。

第四十八条 彩票游戏的当期计提奖金、奖池资金不足以兑付彩票中奖者奖金时,先由该彩票游戏的调节基金弥补,不足部分从彩票兑奖周转金中垫支。当该彩票游戏的调节基金出现余额后,应当及时从调节基金将垫支资金调回至彩票兑奖周转金。

第四十九条 单注奖金在1万元以上(不含1万元)的彩票兑奖后,应当保留中奖彩票或者投注记录凭证的原件、彩票中奖者的有效身份证件复印件,并编制奖金兑付登记表,汇总装订成册,存档备查。其中,单注奖金在100万元及以上的彩票兑奖后,应当将中奖彩票或者投注记录凭证的原件和奖金兑付登记表作为原始凭证,按照会计档案管理制度规定的期限进行保管。

第六章　报告公告与监督检查

第五十条 彩票发行机构、彩票销售机构应当建立健全彩票发行销售的报告制度。彩票发行机构、彩票销售机构应当于每年1月31日前,向同级财政部门报送上年度彩票发行销售情况。

彩票发行销售过程中出现的新情况或者重要事件,彩票发行机构、彩票销售机构应当及时向同级财政部门报告。

第五十一条 经批准开设的彩票品种、变更审批事项的彩票品种上市销售前,彩票发行机构、彩票销售机构应当向社会发布公告。公告内容包括财政部批准文件的名称及文号、同级财政部门核准文件的名称及文号、上市销售的日期、财政部批准的彩票游戏规则等。上市销售满1个月后,彩票发行机构、彩票销售机构应当向同级财政部门提交上市销售情况的书面报告。

第五十二条　经批准的彩票品种或者彩票游戏停止销售前,彩票发行机构、彩票销售机构应当向社会发布公告。公告内容包括财政部的批准文件名称及文号、停止销售日期、兑奖截止日期等。

兑奖期结束后,彩票发行机构、彩票销售机构应当在60个自然日内向同级财政部门提交书面报告,报告内容包括彩票销售、彩票奖金提取与兑付、奖池资金和调节基金结余与划转等情况。

第五十三条　彩票发行机构、彩票销售机构应当参照所在地人民政府的工作时间规定,确定兑奖时间和办法,并向社会公告。

第五十四条　彩票发行机构、彩票销售机构在彩票销售中遇有重大风险和重大安全事件,应当按照相关管理制度和应急处置预案妥善处理并及时报告。

第五十五条　财政部门可以根据工作需要对彩票发行机构、彩票销售机构的彩票发行销售行为进行监督检查,彩票发行机构、彩票销售机构应当积极配合。

第五十六条　经批准开设的彩票品种或者经批准变更审批事项的彩票品种逾期未上市销售的,自到期之日起,已作出的批复文件自动终止。已列入财务收支计划的相关项目支出,应当在本年度或者下一年度予以扣除、扣减。

第五十七条　彩票发行机构、彩票销售机构对外发布信息、进行市场宣传时,应当遵守国家有关法律、法规和制度规定,不得含有虚假性、误导性内容,不得鼓动投机,不得隐含对同业者的排他性、诋毁性内容。

第七章　附　则

第五十八条　彩票发行机构、彩票销售机构应当根据《条例》《实施细则》及本办法的规定,结合彩票发行销售工作实际制定具体的管理规范、操作规程,并报同级财政部门备案。

第五十九条　本办法自2013年1月1日起施行。财政部2002年3月1日发布的《彩票发行与销售管理暂行规定》、2003年11月13日发布的《即开型彩票发行与销售管理暂行规定》同时废止。

18-2-4

财政部关于进一步规范和加强彩票
资金构成比例政策管理的通知

2015年10月21日　财综〔2015〕94号

中国福利彩票发行管理中心、国家体育总局体育彩票管理中心,各省、自治区、直辖市财政厅(局),财政部驻各省、自治区、直辖市财政监察专员办事处:

为进一步规范和加强彩票资金构成比例政策管理,彰显国家彩票的公益性和社会责任,促进彩票事业平稳健康发展,根据《彩票管理条例》及其实施细则、《财政部关于印发〈彩票发行销售管理办法〉的通知》(财综〔2012〕102号)、《财政部关于印发〈彩

票机构财务管理办法〉的通知》(财综〔2012〕89号)等规定,现就有关事项通知如下:

一、基本原则

(一)坚持公益彩票和责任彩票宗旨。彩票资金构成比例既要实现政府特许发行彩票筹集资金发展社会公益事业的宗旨,也要为彩票机构开展业务提供经费保障;既要满足社会公众对彩票的文化娱乐需求,保护彩票购买者的积极性,也要合理控制彩票游戏的刺激性,彰显国家彩票的社会责任。

(二)坚持严格的管理权限。彩票资金构成比例由国务院决定,各彩票品种按照彩票游戏销售额计提彩票奖金、彩票发行费、彩票公益金的具体比例,由财政部按照国务院的决定确定。经国务院批准,财政部可在奖金比例不超过75%的范围以内,根据彩票发行销售需求状况及不同彩票品种的特征,确定具体彩票游戏的资金构成比例。彩票发行机构、彩票销售机构的业务费提取比例,由彩票发行机构、彩票销售机构根据彩票发展需要提出方案,报同级民政部门或者体育行政部门商同级财政部门核定后执行。

(三)坚持比例返奖。各彩票品种应当合理设计彩票奖金、彩票发行费、彩票公益金的具体计提比例。彩票奖金应当采取比例返奖方式设计,即彩票奖金按一定比例从彩票销售额中提取。

二、政策调整主要内容

(四)自本通知下发之日起,彩票发行机构申请开设彩票品种或变更彩票游戏规则的,彩票资金构成比例应按以下要求拟定:

1. 严格限定彩票奖金比例。彩票奖金比例应在坚持比例返奖的原则和国务院批准的最高限度以内,根据彩票需求状况及不同彩票品种的特性拟定。要适当控制单注彩票最高中奖奖金额度,合理设置彩票设奖金额,提高彩票中奖面,增强购彩体验和娱乐性。

2. 切实保障彩票公益金比例。彩票发行机构应当根据彩票需求状况及彩票品种的特性,在彩票游戏规则中合理拟定彩票公益金比例。彩票公益金比例最低不得低于20%。

3. 合理控制彩票发行费比例。彩票发行费比例应按照彩票品种特性、发行规模和发行方式等合理拟定。其中,传统型、即开型彩票发行费比例最高不得超过15%,乐透型、数字型、竞猜型、视频型、基诺型等彩票发行费比例最高不得超过13%。

(五)自2016年1月1日起,对经财政部批准已上市销售的彩票品种,传统型、即开型彩票发行费比例暂维持15%不变;乐透型、数字型、视频型、基诺型彩票发行费比例超过13%的,一律调整为13%,不超过13%的,暂维持其发行费比例不变;竞猜型彩票游戏公益金比例低于20%的,一律将其发行费比例下调2个百分点。以上下调的彩票游戏发行费比例,除将中国福利彩票双色球游戏发行费下调的一个百分点转入该游戏调节基金用于返奖等外,其余的应当全部用于上调相应彩票游戏的公益金比例。

三、做好政策衔接

（六）需要下调已上市销售彩票游戏发行费比例的,彩票发行机构、彩票销售机构应按照合理确定分担机制、保障彩票代销者合理费用的原则要求,于2015年11月30日前提出彩票发行机构、彩票销售机构业务费提取比例调整方案,按程序报批后执行。彩票发行机构、彩票销售机构要切实做好彩票发行销售系统、财务、统计等各项调整工作,严格按照调整后的计提比例及时、足额缴交彩票公益金。

（七）财政部驻各省、自治区、直辖市财政监察专员办事处应当按照调整后的彩票公益金比例和彩票公益金分配政策,及时、足额执收上缴中央财政的彩票公益金。财政部门要加强对彩票资金和彩票机构财务管理,盘活用好结余资金,按时下达彩票机构预算并核拨经费,确保彩票发行销售工作平稳运行。

18 - 2 - 5

北京市财政局　北京市体育局　北京市地方税务局关于地方税务部门代收体育彩票公益金和体育彩票业务费相关工作的通知

2017年8月30日　京财综〔2017〕1891号

各有关单位:

经市政府批准,由北京市地方税务局代收全市体育彩票公益金和体育彩票业务费。现就代收有关工作通知如下,请依照执行。

一、代收范围:由北京市体育彩票管理中心按规定应缴入市级国库的体育彩票公益金和体育彩票业务费。

二、代收时间:自2017年9月1日起。

三、代收地点:北京市西城区地税局天桥税务所(北京市西城区太平街6号富力摩根大厦E座8层)。若缴费地点发生变化,由市地税局在地税外网(网址:www. tax861. gov. cn)公布。

四、办理方式:北京市体育彩票管理中心于每月15日前,至北京市西城区地税局天桥税务所办理体育彩票公益金和体育彩票业务费缴纳事宜。

五、本通知自2017年9月1日起执行。

18-2-6
北京市财政局　北京市民政局　北京市
地方税务局关于地方税务部门代收
福利彩票公益金和福利彩票
业务费相关工作的通知

2017 年 9 月 4 日　京财综〔2017〕1915 号

各有关单位：

经市政府批准,由北京市地方税务局代收全市福利彩票公益金和福利彩票业务费。现就代收有关工作通知如下,请依照执行。

一、代收范围:由北京市福利彩票发行中心按规定应缴入市级国库的福利彩票公益金和福利彩票业务费。

二、代收时间:自 2017 年 9 月 1 日起。

三、代收地点:北京市西城区地税局第一税务所(北京市西直门内大街 275 号,西城区政务服务大厅 2 层)。若缴费地点发生变化,由市地税局在地税外网(网址:www. tax861. gov. cn)进行公布。

四、办理方式:北京市福利彩票发行中心于每月 15 日前,至北京市西城区地税局第一税务所办理福利彩票公益金和福利彩票业务费缴纳事宜。

五、本通知自 2017 年 9 月 1 日起执行。

十九、国家电影事业发展专项资金

19-1 其他规定

19 – 1　其他规定

19 – 1 – 1
国务院办公厅转发财政部　中宣部关于
进一步支持文化事业发展若干经济政策的通知

2006 年 6 月 9 日　国办发〔2006〕43 号

各省、自治区、直辖市人民政府,国务院各部委、各直属机构:

　　财政部、中宣部《关于进一步支持文化事业发展的若干经济政策》已经国务院同意,现转发给你们,请认真贯彻执行。

财政部　中宣部关于进一步支持
文化事业发展的若干经济政策

　　为加强社会主义先进文化建设,推动宣传文化事业健康发展,进一步深化文化体制改革,根据《中华人民共和国国民经济和社会发展第十一个五年规划纲要》中关于“加大政府对文化事业的投入,逐步形成覆盖全社会的比较完备的公共文化服务体系”的要求,现提出“十一五”期间国家支持文化事业发展的有关经济政策:

　　一、继续征收文化事业建设费

　　(一)各种营业性的歌厅、舞厅、卡拉 OK 歌舞厅、音乐茶座和高尔夫球、台球、保龄球等娱乐场所,按营业收入的 3% 缴纳文化事业建设费。广播电台、电视台和报纸、刊物等广告媒介单位以及户外广告经营单位,按经营收入的 3% 缴纳文化事业建设费。

　　(二)文化事业建设费由地方税务机关在征收娱乐业、广告业的营业税时一并征收。中央和国家机关所属单位缴纳的文化事业建设费,由地方税务机关征收后全额上缴中央金库。地方缴纳的文化事业建设费,全额缴入省级金库。

　　(三)文化事业建设费纳入财政预算管理,分别由中央和省级设立基金,用于文化事业建设。财政部要根据有关规定,会同相关部门对原有的政策进行修订和完善,制定新的文化事业建设费征收和使用管理办法,以体现政府性基金预算的管理要求,加强对资金的宏观调控和监管力度。

　　二、继续实行税收优惠政策

　　继续对宣传文化单位实行增值税优惠政策,对电影发行单位实行营业税优惠政策。有关部门

要在完善相关政策的同时,突出扶持重点,更好地促进宣传文化事业健康发展。具体实施办法由财政部和国家税务总局另行制定。

三、继续实施促进电影事业发展的有关经济政策

(一)从电影放映收入中提取5%建立"国家电影事业发展专项资金",实行基金预算管理方式,用于电影行业的宏观调控。财政部要会同有关部门进一步完善原有的电影事业发展专项资金管理政策,制定新的国家电影事业发展专项资金征收和使用管理办法。

(二)继续设立电影精品专项资金,用于支持电影精品摄制。

四、继续增加对宣传文化事业的财政投入

(一)中央和省级财政建立宣传文化发展专项资金,每年按2005年实际拨付数为基数列支出预算。财政部要会同有关部门研究修订宣传文化发展专项资金管理办法。

(二)整合"万里边境文化长廊"等补助经费,设立"中央补助地方文体广播事业发展专项资金",用于支持地方文化、体育和广播事业的发展。有关地方人民政府也要逐步增加对文化事业的投入。

五、建立健全专项资金管理制度

为促进宣传文化事业发展,增强调控能力,保证重点需要,规范资金管理,财政部门要做好专项资金的预算安排。专项资金使用部门要按照有关财政法规的要求,健全制度、加强管理,保证专项专用并接受财政和审计部门的监督检查。

六、继续鼓励对宣传文化事业的捐赠

社会力量通过国家批准成立的非营利性的公益组织或国家机关对宣传文化事业的公益性捐赠,经税务机关审核后,纳税人缴纳企业所得税时,在年度应纳税所得额10%以内的部分,可在计算应纳税所得额时予以扣除;纳税人缴纳个人所得税时,捐赠额未超过纳税人申报的应纳税所得额30%的部分,可从其应纳税所得额中扣除。公益性捐赠的范围为:

(一)对国家重点交响乐团、芭蕾舞团、歌剧团、京剧团和其他民族艺术表演团体的捐赠。

(二)对公益性的图书馆、博物馆、科技馆、美术馆、革命历史纪念馆的捐赠。

(三)对重点文物保护单位的捐赠。

(四)对文化行政管理部门所属的非生产经营性的文化馆或群众艺术馆接受的社会公益性活动、项目和文化设施等方面的捐赠。

七、狠抓落实,加强管理

各级财税部门要认真落实支持文化事业发展的各项经济政策。宣传文化主管部门要充分发挥有关政策的宏观调控作用,拓宽文化事业资金投入渠道。宣传文化机构要按照中央关于文化体制改革的总体部署,深化文化体制改革,促进文化产业发展;要健全财务制度,加强基金和专项资金的管理;接受的捐赠资金要专门用于发展宣传文化事业,不得挤占、挪用甚至私分,也不得以捐赠为由搞乱摊派、乱集资等活动。对出现的各种违法违纪行为,要追究责任,严肃处理。

19-1-2
财政部　国家新闻出版广电总局关于
印发《国家电影事业发展专项资金
征收使用管理办法》的通知

2015年8月31日　财税〔2015〕91号

各省、自治区、直辖市、计划单列市财政厅(局)、新闻出版广电局、文化厅(局):

为了规范国家电影事业发展专项资金征收使用管理,支持电影事业发展,根据《电影管理条例》的规定,我们制定了《国家电影事业发展专项资金征收使用管理办法》,现印发给你们,请遵照执行。

附件:国家电影事业发展专项资金征收使用管理办法

国家电影事业发展专项资金征收使用管理办法

第一章　总　　则

第一条　为了规范国家电影事业发展专项资金(以下简称电影专项资金)征收使用管理,支持电影事业发展,根据《电影管理条例》的规定,制定本办法。

第二条　电影专项资金的征收、使用和管理,适用本办法。

第三条　电影专项资金属于政府性基金,全额上缴中央和地方国库,纳入中央和地方政府性基金预算管理。

第四条　中央和省两级分别设立国家和省级电影专项资金管理委员会(以下简称管委会)。

国家管委会由新闻出版广电总局、财政部组成,负责研究提出电影专项资金管理政策和制度,提出电影专项资金使用方向、支持重点和对特殊贫困地区电影事业发展的扶持政策,审核中央分成的电影专项资金预决算,指导省级管委会相关工作,监督电影专项资金征缴和使用。

省级管委会由省级电影行政主管部门、财政部门组成,负责电影专项资金征缴管理,研究提出本地区电影专项资金管理政策和制度,提出本地区电影专项资金支持重点,审核省级分成的电影专项资金预决算。

省级管委会人员组成报国家管委会备案。

第五条　国家和省级管委会办公室分别设在新闻出版广电总局和省级电影行政主管部门。

国家和省级管委会办公室应配备人员,具体负责电影专项资金征收、缴库、预决算编制、账务核算、票据使用、报表报送、电影票房收入监管、业务培训等工作。

第六条 电影专项资金的征收、使用和管理应当接受财政部门的监督检查和审计机关的审计监督。

第二章 征收缴库

第七条 办理工商注册登记的经营性电影放映单位,应当按其电影票房收入的5%缴纳电影专项资金。

经营性电影放映单位包括对外营业出售电影票的影院、影城、影剧院、礼堂、开放俱乐部,以及环幕、穹幕、水幕、动感、立体、超大银幕等特殊形式电影院。

经营性电影放映单位的电影票房收入按全国电影票务综合信息管理系统记录的数据核定。

第八条 电影专项资金由省级管委会办公室负责按月征收。

经营性电影放映单位应当于每月 8 日前,向省级管委会办公室申报上月电影票房收入和应缴纳的电影专项资金,并按省级管委会办公室指定的账户足额上缴资金。

省级管委会办公室应当对经营性电影放映单位上缴电影专项资金情况进行审核,发现申报不实、少缴纳资金的,应当要求经营性电影放映单位限期补缴。

第九条 省级管委会办公室征收电影专项资金时,应当使用省级财政部门统一印制的票据。

第十条 电影专项资金按照4∶6 比例分别缴入中央和省级国库。

应缴中央国库的资金,由各省级管委会办公室于每月 20 日前,缴入财政部为国家管委会开设的中央财政汇缴专户,并由财政部及时划转中央国库。

应缴省级国库的资金,具体缴库办法按照省级财政部门的规定执行。

第十一条 各省级管委会要确保将中央分成的电影专项资金收入及时足额上缴中央国库,不得截留、占压或者拖延上缴。

第十二条 经营性电影放映单位应当按全国电影票务综合信息管理系统的管理要求,及时、准确报送电影票房收入情况,并按规定如实申报缴纳电影专项资金。

第十三条 省级管委会办公室应当核实各经营性电影放映单位全年电影票房收入,在次年 2 月底前完成对其全年应缴电影专项资金的汇算清缴工作,并向国家管委会办公室书面报告本地区全年电影专项资金征缴情况。

第十四条 任何单位和个人均不得违反本办法规定,擅自减免或缓征电影专项资金,不得自行改变电影专项资金的征收对象、范围和标准。

第十五条 省级管委会办公室应当将电影专项资金的征收依据、征收主体、征收标准、征收程序、法律责任等进行公示。

第三章 使用管理

第十六条 电影专项资金使用范围包括:

(一)资助影院建设和设备更新改造。

(二)资助少数民族语电影译制。

(三)资助重点制片基地建设发展。

(四)奖励优秀国产影片制作、发行和放映。

(五)资助文化特色、艺术创新影片发行和放映。

(六)全国电影票务综合信息管理系统建设和维护。

(七)经财政部或省级财政部门批准用于电影事业发展的其他支出。

第十七条　国家和省级管委会办公室开展电影专项资金征收管理工作所需经费,由中央和省级财政预算统筹安排。

第十八条　电影专项资金纳入中央和省级政府性基金预决算管理。

国家管委会办公室应按规定编制年度电影专项资金支出预算,经新闻出版广电总局审核后报财政部,经财政部审核后,纳入中央政府性基金预算,并按程序报经批准后批复下达。国家管委会办公室应根据电影专项资金支出预算执行情况编制年度决算,经新闻出版广电总局审核,并经财政部审核批准后,纳入中央政府性基金决算。

省级管委会办公室应按规定编制年度电影专项资金支出预算,经省级电影行政主管部门审核后报省级财政部门,经省级财政部门审核后,纳入省级政府性基金预算,并按程序报经批准后批复下达。省级管委会办公室应根据电影专项资金支出预算执行情况编制年度决算,经省级电影行政主管部门审核,并经省级财政部门审核批准后,纳入省级政府性基金决算。

第十九条　电影专项资金支付按照国库集中支付制度有关规定执行。

第二十条　国家和省级管委会办公室应当每年向社会公布电影专项资金支出情况,接受社会监督。

第四章　法律责任

第二十一条　单位和个人违反本办法规定,有下列情形之一的,依照《预算法》《财政违法行为处罚处分条例》和《违反行政事业性收费和罚没收入收支两条线管理规定行政处分暂行规定》等国家有关规定进行处理;涉嫌犯罪的,依法移送司法机关处理:

(一)擅自减免电影专项资金或者改变电影专项资金征收范围、对象和标准的;

(二)隐瞒、坐支应当上缴的电影专项资金的;

(三)滞留、截留、挪用应当上缴的电影专项资金的;

(四)不按照规定的预算级次、预算科目将电影专项资金缴入国库的;

(五)违反规定扩大电影专项资金开支范围、提高开支标准的;

(六)其他违反国家财政收入管理规定的行为。

第二十二条　经营性电影放映单位不按规定及时足额缴纳电影专项资金的,取消对其安排电影专项资金奖励或资助。

第二十三条　对不及时足额上缴、不按规定使用电影专项资金的省(区、市),将视情况减少或停止对其安排中央电影专项资金补助。

第二十四条　电影专项资金征收、使用管理单位的工作人员违反本办法规定,在电影专项资金征收和使用管理工作中徇私舞弊、玩忽职守、滥用职权的,依法给予处分;涉嫌犯罪的,依法移送司法机关处理。

第五章　附　　则

第二十五条　各省、自治区、直辖市根据本办法制定具体实施办法,并报财政部、新闻出版广电总局备案。

第二十六条　本办法由财政部商新闻出版广电总局负责解释。

第二十七条　本办法自 2015 年 10 月 1 日起施行。《财政部　广电总局关于印发〈国家电影事业发展专项资金管理办法〉的通知》(财教〔2006〕115号)及其他与本办法不符的规定同时废止。

19-1-3

北京市财政局　北京市新闻出版广电局
北京市地方税务局关于地方税务部门
代收国家电影事业发展专项资金的通知

2017年9月5日　京财综〔2017〕1902号

各有关单位:

自2017年10月1日起,由北京市地方税务局代收全市国家电影事业发展专项资金(以下简称电影专项资金),现就有关事项通知如下,请依照执行。

一、代收范围:在本市行政区域内,由经营性电影放映单位按规定应缴纳的电影专项资金。

二、代收时间:自2017年10月1日起。

三、代收地点:为方便缴费单位,国家电影事业发展专项资金缴费实行全市通办,具体代收地点为各区地税局综合办税服务厅(具体地点见附件)。若代收地点发生变化,由市地税局在地税外网(网址www.tax861.gov.cn)进行公布。

四、收费标准:按照《财政部　国家新闻出版广电总局关于印发〈国家电影事业发展专项资金征收使用管理办法〉的通知》(财税〔2015〕91号)文件规定执行。

五、办理方式:北京市经营性电影放映单位应于每月3~5日(节假日顺延),持本单位营业执照复印件至各区地税局综合办税服务厅领取《北京市非税收入一般缴款书》,每月8日前完成电影专项资金缴纳事宜。

六、本通知自2017年10月1日起执行。

附件:国家电影事业发展专项资金代收地点汇总表(编者略)

二十、国际税收管理

20-1 税收协定

20-1-1
国家税务总局关于中日税收协定适用于
日本新开征地方法人税的公告

2015 年 2 月 26 日　国家税务总局公告 2015 年第 13 号

中国和日本税务主管当局经过协商,同意将《中华人民共和国政府和日本国政府关于对所得避免双重征税和防止偷漏税的协定》适用于日方 2014 年 10 月 1 日新开征的地方法人税(the Local Corporation Tax),特此公告。

20-1-2
国家税务总局关于发布《非居民纳税人
享受税收协定待遇管理办法》的公告

2015 年 8 月 27 日　国家税务总局公告 2015 年第 60 号

为进一步推进税务行政审批制度改革,优化非居民纳税人享受税收协定待遇的管理,国家税务总局制定了《非居民纳税人享受税收协定待遇管理办法》,现予公布。

特此公告。

附件:1. 非居民纳税人税收居民身份信息报告表(企业适用)(编者略)

2. 非居民纳税人税收居民身份信息报告表(个人适用)(编者略)

3. 非居民纳税人享受税收协定待遇情况报告表(企业所得税 A 表)(编者略)

4. 非居民纳税人享受税收协定待遇情况报告表(个人所得税 A 表)(编者略)

5. 非居民纳税人享受税收协定待遇情况报告表(企业所得税 B 表)(编者略)

6. 非居民纳税人享受税收协定待遇情况报告表(个人所得税 B 表)(编者略)

7. 非居民纳税人享受税收协定待遇情况报告表(企业所得税 C 表)(编者略)

8. 非居民纳税人享受税收协定待遇情况报告表(个人所得税 C 表)(编者略)

9. 非居民纳税人享受税收协定待遇情况报告表(企业所得税 D 表)(编者略)

10. 非居民纳税人享受税收协定待遇情况报告表(个人所得税 D 表)(编者略)

11. 废止文件内容明细表

非居民纳税人享受税收协定待遇管理办法

第一章　总　　则

第一条　为执行中华人民共和国政府对外签署的避免双重征税协定(含与香港、澳门特别行政区签署的税收安排,以下统称税收协定),中华人民共和国对外签署的航空协定税收条款、海运协定税收条款、汽车运输协定税收条款、互免国际运输收入税收协议或换函(以下统称国际运输协定),规范非居民纳税人享受协定待遇管理,根据《中华人民共和国企业所得税法》(以下简称企业所得税法)及其实施条例、《中华人民共和国个人所得税法》(以下简称个人所得税法)及其实施条例、《中华人民共和国税收征收管理法》(以下简称税收征管法)及其实施细则(以下统称国内税收法律规定)的有关规定,制定本办法。

第二条　在中国发生纳税义务的非居民纳税人需要享受协定待遇的,适用本办法。

本办法所称协定待遇,是指按照税收协定或国际运输协定可以减轻或者免除按照国内税收法律规定应当履行的企业所得税、个人所得税纳税义务。

第三条　非居民纳税人符合享受协定待遇条件的,可在纳税申报时,或通过扣缴义务人在扣缴申报时,自行享受协定待遇,并接受税务机关的后续管理。

第四条　本办法所称主管税务机关,是指按国内税收法律规定,对非居民纳税人在中国的纳税义务负有征管职责的国家税务局或地方税务局。

本办法所称非居民纳税人,是指按国内税收法律规定或税收协定不属于中国税收居民的纳税人(含非居民企业和非居民个人)。

本办法所称扣缴义务人,是指按国内税收法律规定,对非居民纳税人来源于中国境内的所得负有扣缴税款义务的单位或个人,包括法定扣缴义务人和企业所得税法规定的指定扣缴义务人。

第二章　协定适用和纳税申报

第五条　非居民纳税人自行申报的,应当自行判断能否享受协定待遇,如实申报并报送本办法

第七条规定的相关报告表和资料。

第六条 在源泉扣缴和指定扣缴情况下,非居民纳税人认为自身符合享受协定待遇条件,需要享受协定待遇的,应当主动向扣缴义务人提出,并向扣缴义务人提供本办法第七条规定的相关报告表和资料。

非居民纳税人向扣缴义务人提供的资料齐全,相关报告表填写信息符合享受协定待遇条件的,扣缴义务人依协定规定扣缴,并在扣缴申报时将相关报告表和资料转交主管税务机关。

非居民纳税人未向扣缴义务人提出需享受协定待遇,或向扣缴义务人提供的资料和相关报告表填写信息不符合享受协定待遇条件的,扣缴义务人依国内税收法律规定扣缴。

第七条 非居民纳税人需享受协定待遇的,应在纳税申报时自行报送或由扣缴义务人在扣缴申报时报送以下报告表和资料:

(一)《非居民纳税人税收居民身份信息报告表》(见附件1、附件2);

(二)《非居民纳税人享受税收协定待遇情况报告表》(见附件3至附件10);

(三)由协定缔约对方税务主管当局在纳税申报或扣缴申报前一个公历年度开始以后出具的税收居民身份证明;享受税收协定国际运输条款待遇或国际运输协定待遇的企业,可以缔约对方运输主管部门在纳税申报或扣缴申报前一个公历年度开始以后出具的法人证明代替税收居民身份证明;享受国际运输协定待遇的个人,可以缔约对方政府签发的护照复印件代替税收居民身份证明;

(四)与取得相关所得有关的合同、协议、董事会或股东会决议、支付凭证等权属证明资料;

(五)其他税收规范性文件规定非居民纳税人享受特定条款税收协定待遇或国际运输协定待遇应当提交的证明资料。

非居民纳税人可以自行提供能够证明其符合享受协定待遇条件的其他资料。

第八条 非居民纳税人享受协定待遇,根据协定条款的不同,分别按如下要求报送本办法第七条规定的报告表和资料:

(一)非居民纳税人享受税收协定独立个人劳务、非独立个人劳务(受雇所得)、政府服务、教师和研究人员、学生条款待遇的,应当在首次取得相关所得并进行纳税申报时,或者由扣缴义务人在首次扣缴申报时,报送相关报告表和资料。在符合享受协定待遇条件且所报告信息未发生变化的情况下,非居民纳税人免于向同一主管税务机关就享受同一条款协定待遇重复报送资料。

(二)非居民纳税人享受税收协定常设机构和营业利润、国际运输、股息、利息、特许权使用费、退休金条款待遇,或享受国际运输协定待遇的,应当在有关纳税年度首次纳税申报时,或者由扣缴义务人在有关纳税年度首次扣缴申报时,报送相关报告表和资料。在符合享受协定待遇条件且所报告信息未发生变化的情况下,非居民纳税人可在报送相关报告表和资料之日所属年度起的三个公历年度内免于向同一主管税务机关就享受同一条款协定待遇重复报送资料。

(三)非居民纳税人享受税收协定财产收益、演艺人员和运动员、其他所得条款待遇的,应当在每次纳税申报时,或由扣缴义务人在每次扣缴申报时,向主管税务机关报送相关报告表和资料。

第九条 非居民纳税人在申报享受协定待遇前已根据其他非居民纳税人管理规定向主管税务机关报送本办法第七条第四项规定的合同、协议、董事会或股东会决议、支付凭证等权属证明资料的,免于向同一主管税务机关重复报送,但是应当在申报享受协定待遇时说明前述资料的报送时间。

第十条 按本办法规定填报或报送的资料应采用中文文本。相关资料原件为外文文本的,应当同时提供中文译本。非居民纳税人、扣缴义务人可以以复印件向税务机关提交本办法第七条第三项至第五项规定的相关证明或资料,但是应当在复印件上标注原件存放处,加盖报告责任人印章或签章,并按税务机关要求报验原件。

第十一条　非居民纳税人自行申报的,应当就每一个经营项目、营业场所或劳务提供项目分别向主管税务机关报送本办法规定的报告表和资料。

源泉扣缴和指定扣缴情况下,非居民纳税人有多个扣缴义务人的,应当向每一个扣缴义务人分别提供本办法规定的报告表和资料。各扣缴义务人在依协定规定扣缴时,分别向主管税务机关报送相关报告表和资料。

第十二条　非居民纳税人对本办法第七条规定报告表填报信息和其他资料的真实性、准确性负责。扣缴义务人根据非居民纳税人提供的报告表和资料依协定规定扣缴的,不改变非居民纳税人真实填报相关信息和提供资料的责任。

第十三条　非居民纳税人发现不应享受而享受了协定待遇,并少缴或未缴税款的,应当主动向主管税务机关申报补税。

第十四条　非居民纳税人可享受但未享受协定待遇,且因未享受协定待遇而多缴税款的,可在税收征管法规定期限内自行或通过扣缴义务人向主管税务机关要求退还,同时提交本办法第七条规定的报告表和资料,及补充享受协定待遇的情况说明。

主管税务机关应当自接到非居民纳税人或扣缴义务人退还申请之日起30日内查实,对符合享受协定待遇条件的办理退还手续。

第十五条　非居民纳税人在享受协定待遇后,情况发生变化,但是仍然符合享受协定待遇条件的,应当在下一次纳税申报时或由扣缴义务人在下一次扣缴申报时重新报送本办法第七条规定的报告表和资料。

非居民纳税人情况发生变化,不再符合享受协定待遇条件的,在自行申报的情况下,应当自情况发生变化之日起立即停止享受相关协定待遇,并按国内税收法律规定申报纳税。在源泉扣缴和指定扣缴情况下,应当立即告知扣缴义务人。扣缴义务人得知或发现非居民纳税人不再符合享受协定待遇条件,应当按国内税收法律规定履行扣缴义务。

第三章　税务机关后续管理

第十六条　各级税务机关应当通过加强对非居民纳税人享受协定待遇的后续管理,准确执行税收协定和国际运输协定,防范协定滥用和逃避税风险。

第十七条　主管税务机关在后续管理或税款退还查实工作过程中,发现依据报告表和资料不足以证明非居民纳税人符合享受协定待遇条件,或非居民纳税人存在逃避税嫌疑的,可要求非居民纳税人或扣缴义务人限期提供其他补充资料并配合调查。

第十八条　非居民纳税人、扣缴义务人应配合税务机关进行非居民纳税人享受协定待遇的后续管理与调查。非居民纳税人、扣缴义务人拒绝提供相关核实资料,或逃避、拒绝、阻挠税务机关进行后续调查,主管税务机关无法查实是否符合享受协定待遇条件的,应视为不符合享受协定待遇条件,责令非居民纳税人限期缴纳税款。

第十九条　主管税务机关在后续管理或税款退还查实工作过程中,发现不能准确判定非居民纳税人是否可以享受协定待遇的,应当向上级税务机关报告;需要启动相互协商或情报交换程序的,按有关规定启动相应程序。

第二十条　本办法第十四条所述查实时间不包括非居民纳税人或扣缴义务人补充提供资料、

个案请示、相互协商、情报交换的时间。税务机关因上述原因延长查实时间的,应书面通知退税申请人相关决定及理由。

第二十一条 主管税务机关在后续管理过程中,发现非居民纳税人不符合享受协定待遇条件而享受了协定待遇,并少缴或未缴税款的,应通知非居民纳税人限期补缴税款。

非居民纳税人逾期未缴纳税款的,主管税务机关可依据企业所得税法从该非居民纳税人来源于中国的其他所得款项中追缴该非居民纳税人应纳税款,或依据税收征管法的有关规定采取强制执行措施。

第二十二条 主管税务机关在后续管理过程中,发现需要适用税收协定或国内税收法律规定中的一般反避税规则的,可以启动一般反避税调查程序。

第二十三条 主管税务机关应当对非居民纳税人不当享受协定待遇情况建立信用档案,并采取相应后续管理措施。

第二十四条 非居民纳税人、扣缴义务人对主管税务机关作出的涉及本办法的各种处理决定不服的,可以按照有关规定申请行政复议、提起行政诉讼。

非居民纳税人对主管税务机关作出的与享受税收协定待遇有关处理决定不服的,可以依据税收协定提请税务主管当局相互协商。非居民纳税人提请税务主管当局相互协商的,按照税收协定相互协商程序条款及其有关规定执行。

第四章 附 则

第二十五条 税收协定、国际运输协定或国家税务总局与税收协定或国际运输协定缔约对方主管当局通过相互协商形成的有关执行税收协定或国际运输协定的协议(以下简称主管当局间协议)与本办法规定不同的,按税收协定、国际运输协定或主管当局间协议执行。

第二十六条 本办法自 2015 年 11 月 1 日起施行。《国家税务总局关于印发〈非居民享受税收协定待遇管理办法(试行)〉的通知》(国税发〔2009〕124 号)、《国家税务总局关于〈非居民享受税收协定待遇管理办法(试行)〉有关问题的补充通知》(国税函〔2010〕290 号)、《国家税务总局关于执行〈内地和香港特别行政区关于对所得避免双重征税和防止偷漏税的安排〉有关居民身份认定问题的公告》(国家税务总局公告 2013 年第 53 号)、《国家税务总局关于发布〈非居民企业从事国际运输业务税收管理暂行办法〉的公告》(国家税务总局公告 2014 年第 37 号)第十一条至第十五条以及《国家税务总局关于〈内地和香港特别行政区关于对所得避免双重征税和防止偷漏税的安排〉有关条文解释和执行问题的通知》(国税函〔2007〕403 号)的有关内容同时废止(详见附件 11)。

第二十七条 本办法施行之日前,非居民已经按照有关规定完成审批程序并准予享受协定待遇的,继续执行到有效期期满为止。本办法施行前发生但未作税务处理的事项,依照本办法执行。

附件 11

废止文件内容明细表

序号	文件名称	废止内容
1	《国家税务总局关于印发〈非居民享受税收协定待遇管理办法(试行)〉的通知》(国税发〔2009〕124 号)	全文
2	《国家税务总局关于〈非居民享受税收协定待遇管理办法(试行)〉有关问题的补充通知》(国税函〔2010〕290 号)	全文
3	《国家税务总局关于发布〈非居民企业从事国际运输业务税收管理暂行办法〉的公告》(国家税务总局公告 2014 年第 37 号)	第十一条至第十五条
4	《国家税务总局关于〈内地和香港特别行政区关于对所得避免双重征税和防止偷漏税的安排〉有关条文解释和执行问题的通知》(国税函〔2007〕403 号)	对要求享受《安排》待遇的香港居民,尤其是涉及构成其他国家(地区)居民个人或在香港以外地区成立的居民法人,应慎重执行《安排》规定。对其居民身份判定不清的由县以上主管税务机关向上述居民开具《关于请香港特别行政区税务主管当局出具居民身份证明的函》,由纳税人据此向香港税务局申请为其开具香港居民身份证明(身份证明表样附后),或将情况报送税务总局审定
5	《国家税务总局关于执行〈内地和香港特别行政区关于对所得避免双重征税和防止偷漏税的安排〉有关居民身份认定问题的公告》(国家税务总局公告 2013 年第 53 号)	全文

20 – 1 – 3
国家税务总局关于丹麦发展中国家投资基金
享受中丹税收协定利息条款免税待遇的公告

2016 年 11 月 20 日　　国家税务总局公告 2016 年第 72 号

　　经与丹麦税务主管当局确认,丹麦"发展中国家投资基金"(Investment Fund for Developing Countries)与"发展中国家工业化基金"(Industrialisation Fund for Developing Countries)为同一机构,属于 2012 年 6 月 16 日签署的《中华人民共和国政府和丹麦王国政府对所得避免双重征税和防止偷漏税的协定》第十一条(利息)第三款规定的"政府的任何机构",可享受该条款规定的利息免税待遇。

　　特此公告。

20－1－4
国家税务总局关于进一步完善税收协定中
教师和研究人员条款执行有关规定的公告

2016年12月29日　国家税务总局公告2016年第91号

我国对外签署的部分避免双重征税协定或安排(以下统称"税收协定")列有教师和研究人员条款。根据该条款,缔约一方的教师和研究人员在缔约另一方的大学、学院、学校或其他政府承认的教育机构或科研机构从事教学、讲学或科研活动取得的所得,符合税收协定规定条件的,可在缔约另一方享受税收协定规定期限的免税待遇。现就进一步完善税收协定教师和研究人员条款执行有关规定公告如下:

一、税收协定该条款所称"大学、学院、学校或其他政府承认的教育机构",在我国是指实施学前教育、初等教育、中等教育、高等教育和特殊教育的学校,具体包括幼儿园、普通小学、成人小学、普通初中、职业初中、普通高中、成人高中、中专、成人中专、职业高中、技工学校、特殊教育学校、外籍人员子女学校、普通高校、高职(专科)院校和成人高等学校。培训机构不属于学校。

二、非居民纳税人需享受该条款协定待遇的,应按照《国家税务总局关于发布〈非居民纳税人享受税收协定待遇管理办法〉的公告》(国家税务总局公告2015年第60号,以下简称"60号公告")的规定,向主管税务机关报送60号公告第七条规定的资料,包括有效期内的《外国专家证》或《外国人就业证》或《外国人工作许可证》的复印件。

三、本公告自发布之日起实施。本公告实施之前尚未处理的事项适用本公告。《国家税务总局关于明确我国对外签订税收协定中教师和研究人员条款适用范围的通知》(国税函〔1999〕37号)第一条,以及《国家税务总局关于执行税收协定教师条款的通知》(国税发〔1994〕153号)同时废止。

特此公告。

20-2　非居民税收政策

20-2-1
国家税务总局关于非居民企业间接转让
财产企业所得税若干问题的公告

2015年2月3日　国家税务总局公告2015年第7号

为进一步规范和加强非居民企业间接转让中国居民企业股权等财产的企业所得税管理,依据《中华人民共和国企业所得税法》(以下称企业所得税法)及其实施条例(以下称企业所得税法实施条例),以及《中华人民共和国税收征收管理法》(以下称税收征管法)及其实施细则的有关规定,现就有关问题公告如下:

一、非居民企业通过实施不具有合理商业目的的安排,间接转让中国居民企业股权等财产,规避企业所得税纳税义务的,应按照企业所得税法第四十七条的规定,重新定性该间接转让交易,确认为直接转让中国居民企业股权等财产。

本公告所称中国居民企业股权等财产,是指非居民企业直接持有,且转让取得的所得按照中国税法规定,应在中国缴纳企业所得税的中国境内机构、场所财产,中国境内不动产,在中国居民企业的权益性投资资产等(以下称中国应税财产)。

间接转让中国应税财产,是指非居民企业通过转让直接或间接持有中国应税财产的境外企业(不含境外注册中国居民企业,以下称境外企业)股权及其他类似权益(以下称股权),产生与直接转让中国应税财产相同或相近实质结果的交易,包括非居民企业重组引起境外企业股东发生变化的情形。间接转让中国应税财产的非居民企业称股权转让方。

二、适用本公告第一条规定的股权转让方取得的转让境外企业股权所得归属于中国应税财产的数额(以下称间接转让中国应税财产所得),应按以下顺序进行税务处理:

(一)对归属于境外企业及直接或间接持有中国应税财产的下属企业在中国境内所设机构、场所财产的数额(以下称间接转让机构、场所财产所得),应作为与所设机构、场所有实际联系的所得,按照企业所得税法第三条第二款规定征税;

(二)除适用本条第(一)项规定情形外,对归属于中国境内不动产的数额(以下称

间接转让不动产所得),应作为来源于中国境内的不动产转让所得,按照企业所得税法第三条第三款规定征税;

(三)除适用本条第(一)项或第(二)项规定情形外,对归属于在中国居民企业的权益性投资资产的数额(以下称间接转让股权所得),应作为来源于中国境内的权益性投资资产转让所得,按照企业所得税法第三条第三款规定征税。

三、判断合理商业目的,应整体考虑与间接转让中国应税财产交易相关的所有安排,结合实际情况综合分析以下相关因素:

(一)境外企业股权主要价值是否直接或间接来自于中国应税财产;

(二)境外企业资产是否主要由直接或间接在中国境内的投资构成,或其取得的收入是否主要直接或间接来源于中国境内;

(三)境外企业及直接或间接持有中国应税财产的下属企业实际履行的功能和承担的风险是否能够证实企业架构具有经济实质;

(四)境外企业股东、业务模式及相关组织架构的存续时间;

(五)间接转让中国应税财产交易在境外应缴纳所得税情况;

(六)股权转让方间接投资、间接转让中国应税财产交易与直接投资、直接转让中国应税财产交易的可替代性;

(七)间接转让中国应税财产所得在中国可适用的税收协定或安排情况;

(八)其他相关因素。

四、除本公告第五条和第六条规定情形外,与间接转让中国应税财产相关的整体安排同时符合以下情形的,无需按本公告第三条进行分析和判断,应直接认定为不具有合理商业目的:

(一)境外企业股权75%以上价值直接或间接来自于中国应税财产;

(二)间接转让中国应税财产交易发生前一年内任一时点,境外企业资产总额(不含现金)的90%以上直接或间接由在中国境内的投资构成,或间接转让中国应税财产交易发生前一年内,境外企业取得收入的90%以上直接或间接来源于中国境内;

(三)境外企业及直接或间接持有中国应税财产的下属企业虽在所在国家(地区)登记注册,以满足法律所要求的组织形式,但实际履行的功能及承担的风险有限,不足以证实其具有经济实质;

(四)间接转让中国应税财产交易在境外应缴所得税税负低于直接转让中国应税财产交易在中国的可能税负。

五、与间接转让中国应税财产相关的整体安排符合以下情形之一的,不适用本公告第一条的规定:

(一)非居民企业在公开市场买入并卖出同一上市境外企业股权取得间接转让中国应税财产所得;

(二)在非居民企业直接持有并转让中国应税财产的情况下,按照可适用的税收协定或安排的规定,该项财产转让所得在中国可以免予缴纳企业所得税。

六、间接转让中国应税财产同时符合以下条件的,应认定为具有合理商业目的:

(一)交易双方的股权关系具有下列情形之一:

1. 股权转让方直接或间接拥有股权受让方80%以上的股权;

2. 股权受让方直接或间接拥有股权转让方80%以上的股权;

3. 股权转让方和股权受让方被同一方直接或间接拥有80%以上的股权。

境外企业股权50%以上(不含50%)价值直接或间接来自于中国境内不动产的,本条第(一)项第1、2、3目的持股比例应为100%。

上述间接拥有的股权按照持股链中各企业的持股比例乘积计算。

(二)本次间接转让交易后可能再次发生的间接转让交易相比在未发生本次间接转让交易情况下的相同或类似间接转让交易,其中国所得税负担不会减少。

(三)股权受让方全部以本企业或与其具有控股关系的企业的股权(不含上市企业股权)支付股权交易对价。

七、间接转让机构、场所财产所得按照本公告规定应缴纳企业所得税的,应计入纳税义务发生之日所属纳税年度该机构、场所的所得,按照有关规定申报缴纳企业所得税。

八、间接转让不动产所得或间接转让股权所得按照本公告规定应缴纳企业所得税的,依照有关法律规定或者合同约定对股权转让方直接负有支付相关款项义务的单位或者个人为扣缴义务人。

扣缴义务人未扣缴或未足额扣缴应纳税款的,股权转让方应自纳税义务发生之日起7日内向主管税务机关申报缴纳税款,并提供与计算股权转让收益和税款相关的资料。主管税务机关应在税款入库后30日内层报税务总局备案。

扣缴义务人未扣缴,且股权转让方未缴纳应纳税款的,主管税务机关可以按照税收征管法及其实施细则相关规定追究扣缴义务人责任;但扣缴义务人已在签订股权转让合同或协议之日起30日内按本公告第九条规定提交资料的,可以减轻或免除责任。

九、间接转让中国应税财产的交易双方及被间接转让股权的中国居民企业可以向主管税务机关报告股权转让事项,并提交以下资料:

(一)股权转让合同或协议(为外文文本的需同时附送中文译本,下同);

(二)股权转让前后的企业股权架构图;

(三)境外企业及直接或间接持有中国应税财产的下属企业上两个年度财务、会计报表;

(四)间接转让中国应税财产交易不适用本公告第一条的理由。

十、间接转让中国应税财产的交易双方和筹划方,以及被间接转让股权的中国居民企业,应按照主管税务机关要求提供以下资料:

(一)本公告第九条规定的资料(已提交的除外);

(二)有关间接转让中国应税财产交易整体安排的决策或执行过程信息;

(三)境外企业及直接或间接持有中国应税财产的下属企业在生产经营、人员、账

务、财产等方面的信息,以及内外部审计情况;

(四)用以确定境外股权转让价款的资产评估报告及其他作价依据;

(五)间接转让中国应税财产交易在境外应缴纳所得税情况;

(六)与适用公告第五条和第六条有关的证据信息;

(七)其他相关资料。

十一、主管税务机关需对间接转让中国应税财产交易进行立案调查及调整的,应按照一般反避税的相关规定执行。

十二、股权转让方通过直接转让同一境外企业股权导致间接转让两项以上中国应税财产,按照本公告的规定应予征税,涉及两个以上主管税务机关的,股权转让方应分别到各所涉主管税务机关申报缴纳企业所得税。

各主管税务机关应相互告知税款计算方法,取得一致意见后组织税款入库;如不能取得一致意见的,应报其共同上一级税务机关协调。

十三、股权转让方未按期或未足额申报缴纳间接转让中国应税财产所得应纳税款,扣缴义务人也未扣缴税款的,除追缴应纳税款外,还应按照企业所得税法实施条例第一百二十一、一百二十二条规定对股权转让方按日加收利息。

股权转让方自签订境外企业股权转让合同或协议之日起 30 日内提供本公告第九条规定的资料或按照本公告第七条、第八条的规定申报缴纳税款的,按企业所得税法实施条例第一百二十二条规定的基准利率计算利息;未按规定提供资料或申报缴纳税款的,按基准利率加 5 个百分点计算利息。

十四、本公告适用于在中国境内未设立机构、场所的非居民企业取得的间接转让中国应税财产所得,以及非居民企业虽设立机构、场所但取得与其所设机构、场所没有实际联系的间接转让中国应税财产所得。

股权转让方转让境外企业股权取得的所得(含间接转让中国应税财产所得)与其所设境内机构、场所有实际联系的,无须适用本公告规定,应直接按照企业所得税法第三条第二款规定征税。

十五、本公告所称纳税义务发生之日是指股权转让合同或协议生效,且境外企业完成股权变更之日。

十六、本公告所称的主管税务机关,是指在中国应税财产被非居民企业直接持有并转让的情况下,财产转让所得应纳企业所得税税款的主管税务机关,应分别按照本公告第二条规定的三种情形确定。

十七、本公告所称"以上"除有特别标明外均含本数。

十八、本公告规定与税收协定不一致的,按照税收协定办理。

十九、本公告自发布之日起施行。本公告发布前发生但未作税务处理的事项,依据本公告执行。《国家税务总局关于加强非居民企业股权转让所得企业所得税管理的通知》(国税函〔2009〕698 号)第五条、第六条及《国家税务总局关于非居民企业所得税管理若干问题的公告》(国家税务总局公告 2011 年第 24 号)第六条第(三)、

(四)、(五)项有关内容同时废止。

特此公告。

20-2-2
国家税务总局关于修改《非居民企业所得税核定征收管理办法》等文件的公告

2015年4月17日　国家税务总局公告2015年第22号

根据《国务院关于取消和调整一批行政审批项目等事项的决定》(国发〔2015〕11号)和《国务院关于取消和下放一批行政审批项目的决定》(国发〔2014〕5号)有关取消非居民企业税收管理审批事项的要求,国家税务总局决定对相关文件规定进行修改,现公告如下:

一、《非居民企业所得税核定征收管理办法》(国税发〔2010〕19号)第九条修改为:"主管税务机关应及时向非居民企业送达《非居民企业所得税征收方式鉴定表》(见附件,以下简称《鉴定表》),非居民企业应在收到《鉴定表》后10个工作日内,完成《鉴定表》的填写并送达主管税务机关,主管税务机关在受理《鉴定表》后20个工作日内,完成该项征收方式的确认工作。"

同时,对《鉴定表》做了相应修改,详见本公告附件。

二、《境外注册中资控股居民企业所得税管理办法(试行)》(国家税务总局公告2011年第45号发布)第五条修改为:"本办法所称主管税务机关是指境外注册中资控股居民企业中国境内主要投资者登记注册地主管税务机关。"

三、《国家税务总局关于非居民企业股权转让适用特殊性税务处理有关问题的公告》(国家税务总局公告2013年第72号)第七条修改为:"非居民企业股权转让适用特殊性税务处理备案后经调查核实不符合条件的,应调整适用一般性税务处理,按照有关规定缴纳企业所得税。非居民企业股权转让适用特殊性税务处理未进行备案的,税务机关应告知其按照本公告第二条、第三条的规定办理备案手续。"

四、本公告自2015年6月1日起施行。

特此公告。

附件:非居民企业所得税征收方式鉴定表

附件

非居民企业所得税征收方式鉴定表

编号：

中文名称：		纳税人识别号：	
英文名称：			
从事的行业：□承包工程作业、设计和咨询劳务　□管理服务　□其他劳务或劳务以外经营活动			
行次	项目	情　况	
1	账簿设置情况		
2	收入核算情况		
3	成本费用核算情况		
4	纳税申报情况		
5	履行纳税义务情况		
6	其他情况		
以下由税务机关填写			
核定征收方式	□按收入总额　　□按成本费用　　□按经费支出换算收入		
核定利润率			
纳税人对征收方式的意见： 经办人： 负责人签章： 　　　　　年　月　日	税务机关经办部门意见： 经办人： 负责人签章： 　　　　　年　月　日	分管局领导意见： （公章） 　　　　　年　月　日	

注：1. 非居民企业从事的行业，请在符合情形的□内打"√"；

2. 非居民企业自收到本表10个工作日内填好并送达主管税务机关，

3. 主管税务机关在受理后20个工作日内完成征收方式的确认。

20 - 2 - 3

国家税务总局关于发布《中华人民共和国非居民企业所得税年度纳税申报表》等报表的公告

2015 年 4 月 30 日　　国家税务总局公告 2015 年第 30 号

为进一步规范和加强非居民企业所得税管理,根据《中华人民共和国企业所得税法》及其实施条例和有关规定,现将国家税务总局修订的《中华人民共和国非居民企业所得税年度纳税申报表(适用于据实申报企业)》《中华人民共和国非居民企业所得税季度纳税申报表(适用于据实申报企业)》《中华人民共和国非居民企业所得税季度和年度纳税申报表(适用于核定征收企业)/(不构成常设机构和国际运输免税申报)》《中华人民共和国扣缴企业所得税报告表》及相应填报说明予以发布,并就有关事项公告如下:

一、《中华人民共和国非居民企业所得税季度纳税申报表(适用于据实申报企业)》适用于非居民企业预缴季度税款时填报。《中华人民共和国非居民企业所得税年度纳税申报表(适用于据实申报企业)》适用于非居民企业年度企业所得税汇算清缴时填报,其中附表《金融企业收入明细表》《金融企业支出明细表》和《对外合作开采石油企业勘探开发费用年度明细表》,由特定行业企业填报,一般企业无需填报。《中华人民共和国非居民企业所得税季度和年度纳税申报表(适用于核定征收企业)/(不构成常设机构和国际运输免税申报)》适用于非居民企业预缴季度税款、年度企业所得税汇算清缴时填报,同时,不构成常设机构和国际运输免税申报也使用本表。

二、《中华人民共和国扣缴企业所得税报告表》适用于扣缴义务人,包括法定扣缴义务人和指定扣缴义务人,以及扣缴义务人未依法扣缴或者无法履行扣缴义务情况下自行申报的纳税人,按次或按期扣缴或申报企业所得税税款时填报。

三、本公告自 2015 年 7 月 1 日起施行。《国家税务总局关于印发〈中华人民共和国非居民企业所得税申报表〉等报表的通知》(国税函〔2008〕801 号)同时废止。

特此公告。

附件:1. 中华人民共和国非居民企业所得税年度纳税申报表(适用于据实申报企业)(编者略)

　　　2.《中华人民共和国非居民企业所得税年度纳税申报表(适用于据实申报企业)》填报说明(编者略)

　　　3. 中华人民共和国非居民企业所得税季度纳税申报表(适用于据实申报企业)(编者略)

4. 《中华人民共和国非居民企业所得税季度纳税申报表(适用于据实申报企业)》填报说明(编者略)

5. 中华人民共和国非居民企业所得税季度和年度纳税申报表(适用于核定征收企业)/(不构成常设机构和国际运输免税申报)(编者略)

6. 《中华人民共和国非居民企业所得税季度和年度纳税申报表(适用于核定征收企业)/(不构成常设机构和国际运输免税申报)》填报说明(编者略)①

7. 中华人民共和国扣缴企业所得税报告表(编者略)

8. 《中华人民共和国扣缴企业所得税报告表》填报说明(编者略)

注释:①条款修改。参见:《国家税务总局关于修改按经费支出换算收入方式核定非居民企业应纳税所得额计算公式的公告》,国家税务总局公告 2016 年第 28 号。

20－2－4
国家税务总局关于境内机构向我国银行的
境外分行支付利息扣缴企业所得税
有关问题的公告

2015 年 6 月 19 日　国家税务总局公告 2015 年第 47 号

根据《中华人民共和国企业所得税法》及其实施条例的有关规定,现对我国银行的境外分行业务活动中涉及从境内取得的利息收入有关企业所得税问题,公告如下:

一、本公告所称境外分行是指我国银行在境外设立的不具备所在国家(地区)法人资格的分行。境外分行作为中国居民企业在境外设立的分支机构,与其总机构属于同一法人。境外分行开展境内业务,并从境内机构取得的利息,为该分行的收入,计入分行的营业利润,按《财政部　国家税务总局关于企业境外所得税收抵免有关问题的通知》(财税〔2009〕125 号)的相关规定,与总机构汇总缴纳企业所得税。境内机构向境外分行支付利息时,不代扣代缴企业所得税。

二、境外分行从境内取得的利息,如果据以产生利息的债权属于境内总行或总行其他境内分行的,该项利息应为总行或其他境内分行的收入。总行或其他境内分行和境外分行之间应严格区分此类收入,不得将本应属于总行或其他境内分行的境内业务及收入转移到境外分行。

三、境外分行从境内取得的利息如果属于代收性质,据以产生利息的债权属于境外非居民企业,境内机构向境外分行支付利息时,应代扣代缴企业所得税。

四、主管税务机关应加强监管,严格审核相关资料,并利用第三方信息进行比对分析,对违反本公告相关规定的,应按照有关法律法规处理。

五、本公告自2015年7月19日起施行。《国家税务总局关于加强非居民企业来源于我国利息所得扣缴企业所得税工作的通知》(国税函〔2008〕955号)第二条同时废止。

特此公告。

20-2-5
国家税务总局关于修改按经费支出
换算收入方式核定非居民企业
应纳税所得额计算公式的公告

2016年5月5日　　国家税务总局公告2016年第28号

自2016年5月1日起,全国范围内全面推开营业税改征增值税(以下称营改增)试点。在营改增后,按经费支出换算收入方式核定非居民企业应纳税所得额的计算公式需要修改,现将修改内容公告如下:

一、《外国企业常驻代表机构税收管理暂行办法》(国税发〔2010〕18号文件印发)第七条第一项第1目规定的计算公式修改为:

应纳税所得额=本期经费支出额÷(1-核定利润率)×核定利润率

二、《非居民企业所得税核定征收管理办法》(国税发〔2010〕19号文件印发)第四条第三项规定的计算公式修改为:

应纳税所得额=本期经费支出额÷(1-核定利润率)×核定利润率

三、《国家税务总局关于发布〈中华人民共和国非居民企业所得税年度纳税申报表〉等报表的公告》(国家税务总局公告2015年第30号)附件6第七条第13项的计算公式修改为:

换算的收入额=经费支出总额÷(1-核定利润率)

本公告自2016年5月1日起施行。

特此公告。

20-3 反避税

20-3-1
国家税务总局关于完善关联申报和
同期资料管理有关事项的公告

2016 年 6 月 29 日　国家税务总局公告 2016 年第 42 号

为进一步完善关联申报和同期资料管理,根据《中华人民共和国企业所得税法》(以下简称企业所得税法)及其实施条例、《中华人民共和国税收征收管理法》(以下简称税收征管法)及其实施细则的有关规定,现就有关问题公告如下:

一、实行查账征收的居民企业和在中国境内设立机构、场所并据实申报缴纳企业所得税的非居民企业向税务机关报送年度企业所得税纳税申报表时,应当就其与关联方之间的业务往来进行关联申报,附送《中华人民共和国企业年度关联业务往来报告表(2016 年版)》。

二、企业与其他企业、组织或者个人具有下列关系之一的,构成本公告所称关联关系:

(一)一方直接或者间接持有另一方的股份总和达到 25% 以上;双方直接或者间接同为第三方所持有的股份达到 25% 以上。

如果一方通过中间方对另一方间接持有股份,只要其对中间方持股比例达到 25% 以上,则其对另一方的持股比例按照中间方对另一方的持股比例计算。

两个以上具有夫妻、直系血亲、兄弟姐妹以及其他抚养、赡养关系的自然人共同持股同一企业,在判定关联关系时持股比例合并计算。

(二)双方存在持股关系或者同为第三方持股,虽持股比例未达到本条第(一)项规定,但双方之间借贷资金总额占任一方实收资本比例达到 50% 以上,或者一方全部借贷资金总额的 10% 以上由另一方担保(与独立金融机构之间的借贷或者担保除外)。

借贷资金总额占实收资本比例 = 年度加权平均借贷资金/年度加权平均实收资本,其中:

年度加权平均借贷资金 $= \sum_{i=1}^{n} i$ 笔借入或者贷出资金账面金额 $\times i$ 笔借入或者

贷出资金年度实际占用天数/365

年度加权平均实收资本 $= \sum_{i=1}^{n} i$ 笔实收资本账面金额 $\times i$ 笔实收资本年度实际

占用天数/365

(三)双方存在持股关系或者同为第三方持股,虽持股比例未达到本条第(一)项规定,但一方的生产经营活动必须由另一方提供专利权、非专利技术、商标权、著作权等特许权才能正常进行。

(四)双方存在持股关系或者同为第三方持股,虽持股比例未达到本条第(一)项规定,但一方的购买、销售、接受劳务、提供劳务等经营活动由另一方控制。

上述控制是指一方有权决定另一方的财务和经营政策,并能据以从另一方的经营活动中获取利益。

(五)一方半数以上董事或者半数以上高级管理人员(包括上市公司董事会秘书、经理、副经理、财务负责人和公司章程规定的其他人员)由另一方任命或者委派,或者同时担任另一方的董事或者高级管理人员;或者双方各自半数以上董事或者半数以上高级管理人员同为第三方任命或者委派。

(六)具有夫妻、直系血亲、兄弟姐妹以及其他抚养、赡养关系的两个自然人分别与双方具有本条第(一)至(五)项关系之一。

(七)双方在实质上具有其他共同利益。

除本条第(二)项规定外,上述关联关系年度内发生变化的,关联关系按照实际存续期间认定。

三、仅因国家持股或者由国有资产管理部门委派董事、高级管理人员而存在本公告第二条第(一)至(五)项关系的,不构成本公告所称关联关系。

四、关联交易主要包括:

(一)有形资产使用权或者所有权的转让。有形资产包括商品、产品、房屋建筑物、交通工具、机器设备、工具器具等。

(二)金融资产的转让。金融资产包括应收账款、应收票据、其他应收款项、股权投资、债权投资和衍生金融工具形成的资产等。

(三)无形资产使用权或者所有权的转让。无形资产包括专利权、非专利技术、商业秘密、商标权、品牌、客户名单、销售渠道、特许经营权、政府许可、著作权等。

(四)资金融通。资金包括各类长短期借贷资金(含集团资金池)、担保费、各类应计息预付款和延期收付款等。

(五)劳务交易。劳务包括市场调查、营销策划、代理、设计、咨询、行政管理、技术服务、合约研发、维修、法律服务、财务管理、审计、招聘、培训、集中采购等。

五、存在下列情形之一的居民企业,应当在报送年度关联业务往来报告表时,填报国别报告:

(一)该居民企业为跨国企业集团的最终控股企业,且其上一会计年度合并财务报表中的各类收入金额合计超过55亿元。

最终控股企业是指能够合并其所属跨国企业集团所有成员实体财务报表的,且不能被其他企业纳入合并财务报表的企业。

成员实体应当包括:

1. 实际已被纳入跨国企业集团合并财务报表的任一实体。

2. 跨国企业集团持有该实体股权且按公开证券市场交易要求应被纳入但实际未被纳入跨国企业集团合并财务报表的任一实体。

3. 仅由于业务规模或者重要性程度而未被纳入跨国企业集团合并财务报表的任一实体。

4. 独立核算并编制财务报表的常设机构。

(二)该居民企业被跨国企业集团指定为国别报告的报送企业。

国别报告主要披露最终控股企业所属跨国企业集团所有成员实体的全球所得、税收和业务活动的国别分布情况。

六、最终控股企业为中国居民企业的跨国企业集团,其信息涉及国家安全的,可以按照国家有关规定,豁免填报部分或者全部国别报告。

七、税务机关可以按照我国对外签订的协定、协议或者安排实施国别报告的信息交换。

八、企业虽不属于本公告第五条规定填报国别报告的范围,但其所属跨国企业集团按照其他国家有关规定应当准备国别报告,且符合下列条件之一的,税务机关可以在实施特别纳税调查时要求企业提供国别报告:

(一)跨国企业集团未向任何国家提供国别报告。

(二)虽然跨国企业集团已向其他国家提供国别报告,但我国与该国尚未建立国别报告信息交换机制。

(三)虽然跨国企业集团已向其他国家提供国别报告,且我国与该国已建立国别报告信息交换机制,但国别报告实际未成功交换至我国。

九、企业在规定期限内报送年度关联业务往来报告表确有困难,需要延期的,应当按照税收征管法及其实施细则的有关规定办理。

十、企业应当依据企业所得税法实施条例第一百一十四条的规定,按纳税年度准备并按税务机关要求提供其关联交易的同期资料。

同期资料包括主体文档、本地文档和特殊事项文档。

十一、符合下列条件之一的企业,应当准备主体文档:

(一)年度发生跨境关联交易,且合并该企业财务报表的最终控股企业所属企业集团已准备主体文档。

(二)年度关联交易总额超过 10 亿元。

十二、主体文档主要披露最终控股企业所属企业集团的全球业务整体情况,包括以下内容:

(一)组织架构

以图表形式说明企业集团的全球组织架构、股权结构和所有成员实体的地理分布。成员实体是指企业集团内任一营运实体,包括公司制企业、合伙企业和常设机构等。

(二)企业集团业务

1. 企业集团业务描述,包括利润的重要价值贡献因素。

2. 企业集团营业收入前五位以及占营业收入超过 5% 的产品或者劳务的供应链及其主要市场地域分布情况。供应链情况可以采用图表形式进行说明。

3. 企业集团除研发外的重要关联劳务及简要说明,说明内容包括主要劳务提供方提供劳务的胜任能力、分配劳务成本以及确定关联劳务价格的转让定价政策。

4. 企业集团内各成员实体主要价值贡献分析,包括执行的关键功能、承担的重大风险,以及使用的重要资产。

5. 企业集团会计年度内发生的业务重组,产业结构调整,集团内企业功能、风险或者资产的转移。

6. 企业集团会计年度内发生的企业法律形式改变、债务重组、股权收购、资产收购、合并、分立等。

(三)无形资产

1. 企业集团开发、应用无形资产及确定无形资产所有权归属的整体战略,包括主要研发机构所在地和研发管理活动发生地及其主要功能、风险、资产和人员情况。

2. 企业集团对转让定价安排有显著影响的无形资产或者无形资产组合,以及对应的无形资产所有权人。

3. 企业集团内各成员实体与其关联方的无形资产重要协议清单,重要协议包括成本分摊协议、主要研发服务协议和许可协议等。

4. 企业集团内与研发活动及无形资产相关的转让定价政策。

5. 企业集团会计年度内重要无形资产所有权和使用权关联转让情况,包括转让涉及的企业、国家以及转让价格等。

(四)融资活动

1. 企业集团内部各关联方之间的融资安排以及与非关联方的主要融资安排。

2. 企业集团内提供集中融资功能的成员实体情况,包括其注册地和实际管理机构所在地。

3. 企业集团内部各关联方之间融资安排的总体转让定价政策。

(五)财务与税务状况

1. 企业集团最近一个会计年度的合并财务报表。

2. 企业集团内各成员实体签订的单边预约定价安排、双边预约定价安排以及涉及国家之间所得分配的其他税收裁定的清单及简要说明。

3. 报送国别报告的企业名称及其所在地。

十三、年度关联交易金额符合下列条件之一的企业,应当准备本地文档:

(一)有形资产所有权转让金额(来料加工业务按照年度进出口报关价格计算)超过 2 亿元。

(二)金融资产转让金额超过 1 亿元。

(三)无形资产所有权转让金额超过 1 亿元。

(四)其他关联交易金额合计超过 4000 万元。

十四、本地文档主要披露企业关联交易的详细信息,包括以下内容:

(一)企业概况

1. 组织结构,包括企业各职能部门的设置、职责范围和雇员数量等。

2. 管理架构,包括企业各级管理层的汇报对象以及汇报对象主要办公所在地等。

3. 业务描述,包括企业所属行业的发展概况、产业政策、行业限制等影响企业和行业的主要经济和法律问题,主要竞争者等。

4. 经营策略,包括企业各部门、各环节的业务流程,运营模式,价值贡献因素等。

5. 财务数据,包括企业不同类型业务及产品的收入、成本、费用及利润。

6. 涉及本企业或者对本企业产生影响的重组或者无形资产转让情况,以及对本企业的影响分析。

(二)关联关系

1. 关联方信息,包括直接或者间接拥有企业股权的关联方,以及与企业发生交易的关联方,内容涵盖关联方名称、法定代表人、高级管理人员的构成情况、注册地址、实际经营地址,以及关联个人的姓名、国籍、居住地等情况。

2. 上述关联方适用的具有所得税性质的税种、税率及相应可享受的税收优惠。

3. 本会计年度内,企业关联关系的变化情况。

(三)关联交易

1. 关联交易概况

(1)关联交易描述和明细,包括关联交易相关合同或者协议副本及其执行情况的说明,交易标的的特性,关联交易的类型、参与方、时间、金额、结算货币、交易条件、贸易形式,以及关联交易与非关联交易业务的异同等。

(2)关联交易流程,包括关联交易的信息流、物流和资金流,与非关联交易业务流程的异同。

(3)功能风险描述,包括企业及其关联方在各类关联交易中执行的功能、承担的风险和使用的资产。

(4)交易定价影响要素,包括关联交易涉及的无形资产及其影响,成本节约、市场溢价等地域特殊因素。地域特殊因素应从劳动力成本、环境成本、市场规模、市场竞争程度、消费者购买力、商品或者劳务的可替代性、政府管制等方面进行分析。

(5)关联交易数据,包括各关联方、各类关联交易涉及的交易金额。分别披露关联交易和非关联交易的收入、成本、费用和利润,不能直接归集的,按照合理比例划分,并说明该划分比例的依据。

2. 价值链分析

(1)企业集团内业务流、物流和资金流,包括商品、劳务或者其他交易标的从设计、开发、生产制造、营销、销售、交货、结算、消费、售后服务、循环利用等各环节及其参与方。

(2)上述各环节参与方最近会计年度的财务报表。

(3)地域特殊因素对企业创造价值贡献的计量及其归属。

(4)企业集团利润在全球价值链条中的分配原则和分配结果。

3. 对外投资

(1)对外投资基本信息,包括对外投资项目的投资地区、金额、主营业务及战略规划。

(2)对外投资项目概况,包括对外投资项目的股权架构、组织结构,高级管理人员的雇佣方式,项目决策权限的归属。

(3)对外投资项目数据,包括对外投资项目的营运数据。

4. 关联股权转让

(1)股权转让概况,包括转让背景、参与方、时间、价格、支付方式,以及影响股权转让的其他因素。

(2)股权转让标的的相关信息,包括股权转让标的所在地,出让方获取该股权的时间、方式和成本,股权转让收益等信息。

(3)尽职调查报告或者资产评估报告等与股权转让相关的其他信息。

5. 关联劳务

(1)关联劳务概况,包括劳务提供方和接受方,劳务的具体内容、特性、开展方式、定价原则、支付形式,以及劳务发生后各方受益情况等。

(2)劳务成本费用的归集方法、项目、金额、分配标准、计算过程及结果等。

(3)企业及其所属企业集团与非关联方存在相同或者类似劳务交易的,还应当详细说明关联劳务与非关联劳务在定价原则和交易结果上的异同。

6. 与企业关联交易直接相关的,中国以外其他国家税务主管当局签订的预约定价安排和作出的其他税收裁定。

(四)可比性分析

1. 可比性分析考虑的因素,包括交易资产或者劳务特性,交易各方功能、风险和资产,合同条款,经济环境,经营策略等。

2. 可比企业执行的功能、承担的风险以及使用的资产等相关信息。

3. 可比对象搜索方法、信息来源、选择条件及理由。

4. 所选取的内部或者外部可比非受控交易信息和可比企业的财务信息。

5. 可比数据的差异调整及理由。

(五)转让定价方法的选择和使用

1. 被测试方的选择及理由。

2. 转让定价方法的选用及理由,无论选择何种转让定价方法,均须说明企业对集团整体利润或者剩余利润所做的贡献。

3. 确定可比非关联交易价格或者利润的过程中所做的假设和判断。

4. 运用合理的转让定价方法和可比性分析结果,确定可比非关联交易价格或者利润。

5. 其他支持所选用转让定价方法的资料。

6. 关联交易定价是否符合独立交易原则的分析及结论。

十五、特殊事项文档包括成本分摊协议特殊事项文档和资本弱化特殊事项文档。

企业签订或者执行成本分摊协议的,应当准备成本分摊协议特殊事项文档。

企业关联债资比例超过标准比例需要说明符合独立交易原则的,应当准备资本弱化特殊事项文档。

十六、成本分摊协议特殊事项文档包括以下内容:

(一)成本分摊协议副本。

(二)各参与方之间达成的为实施成本分摊协议的其他协议。

(三)非参与方使用协议成果的情况、支付的金额和形式,以及支付金额在参与方之间的分配方式。

(四)本年度成本分摊协议的参与方加入或者退出的情况,包括加入或者退出的参与方名称、所在国家和关联关系,加入支付或者退出补偿的金额及形式。

(五)成本分摊协议的变更或者终止情况,包括变更或者终止的原因、对已形成协议成果的处理或者分配。

(六)本年度按照成本分摊协议发生的成本总额及构成情况。

(七)本年度各参与方成本分摊的情况,包括成本支付的金额、形式和对象,作出或者接受补偿支付的金额、形式和对象。

(八)本年度协议预期收益与实际收益的比较以及由此作出的调整。

(九)预期收益的计算,包括计量参数的选取、计算方法和改变理由。

十七、资本弱化特殊事项文档包括以下内容:

(一)企业偿债能力和举债能力分析。

(二)企业集团举债能力及融资结构情况分析。

(三)企业注册资本等权益投资的变动情况说明。

(四)关联债权投资的性质、目的及取得时的市场状况。

(五)关联债权投资的货币种类、金额、利率、期限及融资条件。

(六)非关联方是否能够并且愿意接受上述融资条件、融资金额及利率。

(七)企业为取得债权性投资而提供的抵押品情况及条件。

(八)担保人状况及担保条件。

(九)同类同期贷款的利率情况及融资条件。

(十)可转换公司债券的转换条件。

(十一)其他能够证明符合独立交易原则的资料。

十八、企业执行预约定价安排的,可以不准备预约定价安排涉及关联交易的本地文档和特殊事项文档,且关联交易金额不计入本公告第十三条规定的关联交易金额范围。

企业仅与境内关联方发生关联交易的,可以不准备主体文档、本地文档和特殊事项文档。

十九、主体文档应当在企业集团最终控股企业会计年度终了之日起12个月内准备完毕;本地文档和特殊事项文档应当在关联交易发生年度次年6月30日之前准备完毕。同期资料应当自税务机关要求之日起30日内提供。

二十、企业因不可抗力无法按期提供同期资料的,应当在不可抗力消除后30日内提供同期资料。

二十一、同期资料应当使用中文,并标明引用信息资料的出处来源。

二十二、同期资料应当加盖企业印章,并由法定代表人或者法定代表人授权的代表签章。

二十三、企业合并、分立的,应当由合并、分立后的企业保存同期资料。

二十四、同期资料应当自税务机关要求的准备完毕之日起保存10年。

二十五、企业依照有关规定进行关联申报、提供同期资料及有关资料的,税务机关实施特别纳税调查补征税款时,可以依据企业所得税法实施条例第一百二十二条的规定,按照税款所属纳税年度中国人民银行公布的与补税期间同期的人民币贷款基准利率加收利息。

二十六、涉及港澳台地区的,参照本公告相关规定处理。

二十七、本公告适用于2016年及以后的会计年度。《特别纳税调整实施办法(试行)》(国税发〔2009〕2号文件印发)第二章、第三章、第七十四条和第八十九条、《中华人民共和国企业年度关联业务往来报告表》(国税发〔2008〕114号文件印发)同时废止。

特此公告。

附件:1. 中华人民共和国企业年度关联业务往来报告表(2016年版)(编者略)

　　　2.《中华人民共和国企业年度关联业务往来报告表(2016年版)》填报说明(编者略)

20-3-2
国家税务总局关于完善预约定价
安排管理有关事项的公告

2016 年 10 月 11 日　国家税务总局公告 2016 年第 64 号

为进一步完善预约定价安排管理,执行我国政府对外签署的避免双重征税协定、协议或者安排(以下简称"税收协定"),根据《中华人民共和国企业所得税法》(以下简称"企业所得税法")及其实施条例、《中华人民共和国税收征收管理法》(以下简称"税收征管法")及其实施细则的有关规定,现就有关事项公告如下:

一、企业可以与税务机关就其未来年度关联交易的定价原则和计算方法达成预约定价安排。

二、预约定价安排的谈签与执行经过预备会谈、谈签意向、分析评估、正式申请、协商签署和监控执行 6 个阶段。预约定价安排包括单边、双边和多边 3 种类型。

三、预约定价安排适用于主管税务机关向企业送达接收其谈签意向的《税务事项通知书》之日所属纳税年度起 3~5 个年度的关联交易。

企业以前年度的关联交易与预约定价安排适用年度相同或者类似的,经企业申请,税务机关可以将预约定价安排确定的定价原则和计算方法追溯适用于以前年度该关联交易的评估和调整。追溯期最长为 10 年。

预约定价安排的谈签不影响税务机关对企业不适用预约定价安排的年度及关联交易的特别纳税调查调整和监控管理。

四、预约定价安排一般适用于主管税务机关向企业送达接收其谈签意向的《税务事项通知书》之日所属纳税年度前 3 个年度每年度发生的关联交易金额 4000 万元人民币以上的企业。

五、企业有谈签预约定价安排意向的,应当向税务机关书面提出预备会谈申请。税务机关可以与企业开展预备会谈。

(一)企业申请单边预约定价安排的,应当向主管税务机关书面提出预备会谈申请,提交《预约定价安排预备会谈申请书》(附件 1)。主管税务机关组织与企业开展预备会谈。

企业申请双边或者多边预约定价安排的,应当同时向国家税务总局和主管税务机关书面提出预备会谈申请,提交《预约定价安排预备会谈申请书》。国家税务总局统一组织与企业开展预备会谈。

(二)预备会谈期间,企业应当就以下内容作出简要说明:

1. 预约定价安排的适用年度；

2. 预约定价安排涉及的关联方及关联交易；

3. 企业及其所属企业集团的组织结构和管理架构；

4. 企业最近3~5个年度生产经营情况、同期资料等；

5. 预约定价安排涉及各关联方功能和风险的说明，包括功能和风险划分所依据的机构、人员、费用、资产等；

6. 市场情况的说明，包括行业发展趋势和竞争环境等；

7. 是否存在成本节约、市场溢价等地域特殊优势；

8. 预约定价安排是否追溯适用以前年度；

9. 其他需要说明的情况。

企业申请双边或者多边预约定价安排的，说明内容还应当包括：

1. 向税收协定缔约对方税务主管当局提出预约定价安排申请的情况；

2. 预约定价安排涉及的关联方最近3~5个年度生产经营情况及关联交易情况；

3. 是否涉及国际重复征税及其说明。

(三)预备会谈期间，企业应当按照税务机关的要求补充资料。

六、税务机关和企业在预备会谈期间达成一致意见的，主管税务机关向企业送达同意其提交谈签意向的《税务事项通知书》。企业收到《税务事项通知书》后向税务机关提出谈签意向。

(一)企业申请单边预约定价安排的，应当向主管税务机关提交《预约定价安排谈签意向书》(附件2)，并附送单边预约定价安排申请草案。

企业申请双边或者多边预约定价安排的，应当同时向国家税务总局和主管税务机关提交《预约定价安排谈签意向书》，并附送双边或者多边预约定价安排申请草案。

(二)单边预约定价安排申请草案应当包括以下内容：

1. 预约定价安排的适用年度；

2. 预约定价安排涉及的关联方及关联交易；

3. 企业及其所属企业集团的组织结构和管理架构；

4. 企业最近3~5个年度生产经营情况、财务会计报告、审计报告、同期资料等；

5. 预约定价安排涉及各关联方功能和风险的说明，包括功能和风险划分所依据的机构、人员、费用、资产等；

6. 预约定价安排使用的定价原则和计算方法，以及支持这一定价原则和计算方法的功能风险分析、可比性分析和假设条件等；

7. 价值链或者供应链分析，以及对成本节约、市场溢价等地域特殊优势的考虑；

8. 市场情况的说明，包括行业发展趋势和竞争环境等；

9. 预约定价安排适用期间的年度经营规模、经营效益预测以及经营规划等；

10. 预约定价安排是否追溯适用以前年度；

11. 对预约定价安排有影响的境内、外行业相关法律、法规；

12. 企业关于不存在本条第(三)项所列举情形的说明;

13. 其他需要说明的情况。

双边或者多边预约定价安排申请草案还应当包括:

1. 向税收协定缔约对方税务主管当局提出预约定价安排申请的情况;

2. 预约定价安排涉及的关联方最近3～5个年度生产经营情况及关联交易情况;

3. 是否涉及国际重复征税及其说明。

(三)有下列情形之一的,税务机关可以拒绝企业提交谈签意向:

1. 税务机关已经对企业实施特别纳税调整立案调查或者其他涉税案件调查,且尚未结案的;

2. 未按照有关规定填报年度关联业务往来报告表;

3. 未按照有关规定准备、保存和提供同期资料;

4. 预备会谈阶段税务机关和企业无法达成一致意见。

七、企业提交谈签意向后,税务机关应当分析预约定价安排申请草案内容,评估其是否符合独立交易原则。根据分析评估的具体情况可以要求企业补充提供有关资料。

税务机关可以从以下方面进行分析评估:

(一)功能和风险状况。分析评估企业与其关联方之间在供货、生产、运输、销售等各环节以及在研究、开发无形资产等方面各自作出的贡献、执行的功能以及在存货、信贷、外汇、市场等方面承担的风险。

(二)可比交易信息。分析评估企业提供的可比交易信息,对存在的实质性差异进行调整。

(三)关联交易数据。分析评估预约定价安排涉及的关联交易的收入、成本、费用和利润是否单独核算或者按照合理比例划分。

(四)定价原则和计算方法。分析评估企业在预约定价安排中采用的定价原则和计算方法。如申请追溯适用以前年度的,应当作出说明。

(五)价值链分析和贡献分析。评估企业对价值链或者供应链的分析是否完整、清晰,是否充分考虑成本节约、市场溢价等地域特殊优势,是否充分考虑本地企业对价值创造的贡献等。

(六)交易价格或者利润水平。根据上述分析评估结果,确定符合独立交易原则的价格或者利润水平。

(七)假设条件。分析评估影响行业利润水平和企业生产经营的因素及程度,合理确定预约定价安排适用的假设条件。

八、分析评估阶段,税务机关可以与企业就预约定价安排申请草案进行讨论。税务机关可以进行功能和风险实地访谈。税务机关认为预约定价安排申请草案不符合独立交易原则的,企业应当与税务机关协商,并进行调整;税务机关认为预约定价安排申请草案符合独立交易原则的,主管税务机关向企业送达同意其提交正式申请的《税务事项通知书》,企业收到通知后,可以向税务机关提交《预约定价安排正式申请书》

(附件3),并附送预约定价安排正式申请报告。

(一)企业申请单边预约定价安排的,应当向主管税务机关提交上述资料。企业申请双边或者多边预约定价安排的,应当同时向国家税务总局和主管税务机关提交上述资料,并按照有关规定提交启动特别纳税调整相互协商程序的申请。

(二)有下列情形之一的,税务机关可以拒绝企业提交正式申请:

1. 预约定价安排申请草案拟采用的定价原则和计算方法不合理,且企业拒绝协商调整;

2. 企业拒不提供有关资料或者提供的资料不符合税务机关要求,且不按时补正或者更正;

3. 企业拒不配合税务机关进行功能和风险实地访谈;

4. 其他不适合谈签预约定价安排的情况。

九、税务机关应当在分析评估的基础上形成协商方案,并据此开展协商工作。

(一)主管税务机关与企业开展单边预约定价安排协商,协商达成一致的,拟定单边预约定价安排文本(参照文本见附件4)。

国家税务总局与税收协定缔约对方税务主管当局开展双边或者多边预约定价安排协商,协商达成一致的,拟定双边或者多边预约定价安排文本。

(二)预约定价安排文本可以包括以下内容:

1. 企业及其关联方名称、地址等基本信息;

2. 预约定价安排涉及的关联交易及适用年度;

3. 预约定价安排选用的定价原则和计算方法,以及可比价格或者可比利润水平等;

4. 与转让定价方法运用和计算基础相关的术语定义;

5. 假设条件及假设条件变动通知义务;

6. 企业年度报告义务;

7. 预约定价安排的效力;

8. 预约定价安排的续签;

9. 预约定价安排的生效、修订和终止;

10. 争议的解决;

11. 文件资料等信息的保密义务;

12. 单边预约定价安排的信息交换;

13. 附则。

(三)主管税务机关与企业就单边预约定价安排文本达成一致后,双方的法定代表人或者法定代表人授权的代表签署单边预约定价安排。

国家税务总局与税收协定缔约对方税务主管当局就双边或者多边预约定价安排文本达成一致后,双方或者多方税务主管当局授权的代表签署双边或者多边预约定价安排。国家税务总局应当将预约定价安排转发主管税务机关。主管税务机关应当向企业送达《税务事项通知书》，附送预约定价安排，并做好执行工作。

（四）预约定价安排涉及适用年度或者追溯年度补（退）税款的，税务机关应当按照纳税年度计算应补征或者退还的税款，并向企业送达《预约定价安排补（退）税款通知书》（附件5）。

十、税务机关应当监控预约定价安排的执行情况。

（一）预约定价安排执行期间，企业应当完整保存与预约定价安排有关的文件和资料，包括账簿和有关记录等，不得丢失、销毁和转移。

企业应当在纳税年度终了后6个月内，向主管税务机关报送执行预约定价安排情况的纸质版和电子版年度报告，主管税务机关将电子版年度报告报送国家税务总局；涉及双边或者多边预约定价安排的，企业应当向主管税务机关报送执行预约定价安排情况的纸质版和电子版年度报告，同时将电子版年度报告报送国家税务总局。

年度报告应当说明报告期内企业经营情况以及执行预约定价安排的情况。需要修订、终止预约定价安排，或者有未决问题或者预计将要发生问题的，应当作出说明。

（二）预约定价安排执行期间，主管税务机关应当每年监控企业执行预约定价安排的情况。监控内容主要包括：企业是否遵守预约定价安排条款及要求；年度报告是否反映企业的实际经营情况；预约定价安排所描述的假设条件是否仍然有效等。

（三）预约定价安排执行期间，企业发生影响预约定价安排的实质性变化，应当在发生变化之日起30日内书面报告主管税务机关，详细说明该变化对执行预约定价安排的影响，并附送相关资料。由于非主观原因而无法按期报告的，可以延期报告，但延长期限不得超过30日。

税务机关应当在收到企业书面报告后，分析企业实质性变化情况，根据实质性变化对预约定价安排的影响程度，修订或者终止预约定价安排。签署的预约定价安排终止执行的，税务机关可以和企业按照本公告规定的程序和要求，重新谈签预约定价安排。

（四）国家税务局和地方税务局与企业共同签署的预约定价安排，在执行期间，企业应当分别向国家税务局和地方税务局报送年度报告和实质性变化报告。国家税务局和地方税务局应当对企业执行预约定价安排的情况，实施联合监控。

十一、预约定价安排执行期满后自动失效。企业申请续签的，应当在预约定价安排执行期满之日前90日内向税务机关提出续签申请，报送《预约定价安排续签申请书》（附件6），并提供执行现行预约定价安排情况的报告，现行预约定价安排所述事实和经营环境是否发生实质性变化的说明材料以及续签预约定价安排年度的预测情况等相关资料。

十二、预约定价安排采用四分位法确定价格或者利润水平，在预约定价安排执行期间，如果企业当年实际经营结果在四分位区间之外，税务机关可以将实际经营结果调整到四分位区间中位值。预约定价安排执行期满，企业各年度经营结果的加权平均值低于区间中位值，且未调整至中位值的，税务机关不再受理续签申请。

双边或者多边预约定价安排执行期间存在上述问题的,主管税务机关应当及时将有关情况层报国家税务总局。

十三、预约定价安排执行期间,主管税务机关与企业发生分歧的,双方应当进行协商。协商不能解决的,可以报上一级税务机关协调;涉及双边或者多边预约定价安排的,必须层报国家税务总局协调。对上一级税务机关或者国家税务总局的决定,下一级税务机关应当予以执行。企业仍不能接受的,可以终止预约定价安排的执行。

十四、在预约定价安排签署前,税务机关和企业均可暂停、终止预约定价安排程序。税务机关发现企业或者其关联方故意不提供与谈签预约定价安排有关的必要资料,或者提供虚假、不完整资料,或者存在其他不配合的情形,使预约定价安排难以达成一致的,可以暂停、终止预约定价安排程序。涉及双边或者多边预约定价安排的,经税收协定缔约各方税务主管当局协商,可以暂停、终止预约定价安排程序。税务机关暂停、终止预约定价安排程序的,应当向企业送达《税务事项通知书》,并说明原因;企业暂停、终止预约定价安排程序的,应当向税务机关提交书面说明。

十五、没有按照规定的权限和程序签署预约定价安排,或者税务机关发现企业隐瞒事实的,应当认定预约定价安排自始无效,并向企业送达《税务事项通知书》,说明原因;发现企业拒不执行预约定价安排或者存在违反预约定价安排的其他情况,可以视情况进行处理,直至终止预约定价安排。

十六、有下列情形之一的,税务机关可以优先受理企业提交的申请:

(一)企业关联申报和同期资料完备合理,披露充分;

(二)企业纳税信用级别为 A 级;

(三)税务机关曾经对企业实施特别纳税调查调整,并已经结案;

(四)签署的预约定价安排执行期满,企业申请续签,且预约定价安排所述事实和经营环境没有发生实质性变化;

(五)企业提交的申请材料齐备,对价值链或者供应链的分析完整、清晰,充分考虑成本节约、市场溢价等地域特殊因素,拟采用的定价原则和计算方法合理;

(六)企业积极配合税务机关开展预约定价安排谈签工作;

(七)申请双边或者多边预约定价安排的,所涉及的税收协定缔约对方税务主管当局有较强的谈签意愿,对预约定价安排的重视程度较高;

(八)其他有利于预约定价安排谈签的因素。

十七、预约定价安排同时涉及两个或者两个以上省、自治区、直辖市和计划单列市税务机关的,或者同时涉及国家税务局和地方税务局的,由国家税务总局统一组织协调。

企业申请上述单边预约定价安排的,应当同时向国家税务总局及其指定的税务机关提出谈签预约定价安排的相关申请。国家税务总局可以与企业统一签署单边预约定价安排,或者指定税务机关与企业统一签署单边预约定价安排,也可以由各主管税务机关与企业分别签署单边预约定价安排。

十八、单边预约定价安排涉及一个省、自治区、直辖市和计划单列市内两个或者两个以上主管税务机关,且仅涉及国家税务局或者地方税务局的,由省、自治区、直辖市和计划单列市相应税务机关统一组织协调。

十九、税务机关与企业在预约定价安排谈签过程中取得的所有信息资料,双方均负有保密义务。除依法应当向有关部门提供信息的情况外,未经纳税人同意,税务机关不得以任何方式泄露预约定价安排相关信息。

税务机关与企业不能达成预约定价安排的,税务机关在协商过程中所取得的有关企业的提议、推理、观念和判断等非事实性信息,不得用于对该预约定价安排涉及关联交易的特别纳税调查调整。

二十、除涉及国家安全的信息以外,国家税务总局可以按照对外缔结的国际公约、协定、协议等有关规定,与其他国家(地区)税务主管当局就 2016 年 4 月 1 日以后签署的单边预约定价安排文本实施信息交换。企业应当在签署单边预约定价安排时提供其最终控股公司、上一级直接控股公司及单边预约定价安排涉及的境外关联方所在国家(地区)的名单。

二十一、本公告所称主管税务机关是指负责特别纳税调整事项的税务机关。

二十二、本公告自 2016 年 12 月 1 日起施行。《特别纳税调整实施办法(试行)》(国税发〔2009〕2 号文件印发)第六章同时废止。本公告施行前税务机关未接受正式申请的预约定价安排,适用本公告的规定。

特此公告。

附件:1. 预约定价安排预备会谈申请书

2. 预约定价安排谈签意向书

3. 预约定价安排正式申请书

4. 单边预约定价安排(参照文本)

5. 预约定价安排补(退)税款通知书

6. 预约定价安排续签申请书

附件 1

预约定价安排预备会谈申请书

_____税务局:

根据

□《中华人民共和国企业所得税法》及其实施条例

□《中华人民共和国税收征收管理法》及其实施细则

□中华人民共和国(政府)与_____(政府)间签订并执行的避免双重征税协定、协议或者安排的有关规定,现就我企业与关联方之间的业务往来,提出

□单边预约定价安排预备会谈申请

□双边预约定价安排预备会谈申请

□多边预约定价安排预备会谈申请

联系人:

联系电话:

附报资料:共　份　页

1. _____

2. _____

3. _____

……

企业名称(盖章):

纳税人识别号(统一社会信用代码):

法定代表人(签章):

年　月　日

附件 2

预约定价安排谈签意向书

_____税务局:

根据

□《中华人民共和国企业所得税法》及其实施条例

□《中华人民共和国税收征收管理法》及其实施细则

□中华人民共和国(政府)与_____(政府)间签订并执行的避免双重征税协定、协议或者安排的有关规定,按照你局_____年____月____日送达我企业的《税务事项通知书》(_____税意向〔　〕号)的要求,现就我企业与关联方_____(关联企业或者个人全称)之间的业务往来,提出

□单边预约定价安排谈签意向

□双边预约定价安排谈签意向

□多边预约定价安排谈签意向

请予签收。

附报资料:共　份　页

1. _____

2. _____

3. _____

……

企业名称(盖章):

　　　　　　　　　　　　　　　纳税人识别号(统一社会信用代码):

　　　　　　　　　　　　　　　　　法定代表人(签章):

　　　　　　　　　　　　　　　　　　　　年　月　日

附件3

预约定价安排正式申请书

　　_____税务局:

　　根据

　　□《中华人民共和国企业所得税法》及其实施条例

　　□《中华人民共和国税收征收管理法》及其实施细则

　　□中华人民共和国(政府)与_____(政府)间签订并执行的避免双重征税协定、协议或者安排的有关规定,按照你局_____年___月___日送达我企业的《税务事项通知书》(_____税预约〔　〕　号)的要求,现就我企业与关联方_____(关联企业或者个人全称)之间的业务往来,提出

　　□单边预约定价安排正式申请

　　□双边预约定价安排正式申请

　　□多边预约定价安排正式申请

　　请予签收。

　　附报资料:共　份　页

　　1. _____

　　2. _____

　　3. _____

　　……

　　　　　　　　　　　　　　　　　企业名称(盖章):

　　　　　　　　　　　　　　　纳税人识别号(统一社会信用代码):

　　　　　　　　　　　　　　　　　法定代表人(签章):

　　　　　　　　　　　　　　　　　　　　年　月　日

附件4

单边预约定价安排

(参照文本)

　　根据《中华人民共和国企业所得税法》及其实施条例和《中华人民共和国税收征收管理法》及其实施细则的有关规定,经＿＿＿＿＿＿＿(企业)正式申请,＿＿＿＿＿＿＿税务局确认,双方愿意签署本预约定价安排。

　　第一条　一般定义

　　在本预约定价安排中,除上下文另有解释的以外:

　　(一)"主管税务机关"是指＿＿＿＿＿＿＿税务局。

　　(二)"纳税人"是指＿＿＿＿＿＿＿(企业),纳税人识别号(统一社会信用代码)＿＿＿＿＿＿＿,地址＿＿＿＿＿＿＿。

　　第二条　适用范围

　　(一)税种范围:本预约定价安排适用所得税以及其他税种。

　　(二)企业与其关联方之间业务往来类型:本预约定价安排适用于企业与其关联方＿＿＿＿＿＿＿之间的＿＿＿＿＿＿＿业务往来。

　　第三条　适用期间

　　本预约定价安排适用于＿＿＿＿年至＿＿＿＿年共＿＿＿个纳税年度,每一纳税年度自＿＿月＿＿日至＿＿月＿＿日。

　　第四条　关键假设

　　本预约定价安排选用的定价原则和计算方法是基于以下假设条件:

　　＿＿＿

　　＿＿＿

　　在执行期内,若上述假设条件发生变化,企业应在发生变化30日内向主管税务机关报告,双方视具体情况修订或终止本预约定价安排。

　　第五条　转让定价方法

　　＿＿＿＿＿＿＿(企业)与其关联方之间＿＿＿＿＿＿(关联交易)采用的转让定价原则和计算方法为＿＿＿＿＿＿＿。(每一关联交易分别列明)

　　第六条　年度报告

　　在预约定价安排适用期间,企业应在每个纳税年度终了后六个月内提交预约定价安排执行情况的年度报告,并提交如下资料:

　　＿＿＿

　　第七条　预约定价安排的效力

　　在本预约定价安排适用期间,双方均应遵照执行。如果企业没有遵照执行,主管税务机关可视具体情况进行处理,或单方终止本预约定价安排。

　　第八条　预约定价安排的续签

　　本预约定价安排不作为续签的依据。企业应当按照有关规定提出续签申请。

第九条　争议的解决

如双方就本预约定价安排的实施和解释发生歧义,应先协商解决。经协商不能解决的,双方均可向上一级税务机关申请协调;预约定价安排同时涉及两个或者两个以上省、自治区、直辖市和计划单列市税务机关的,或者同时涉及国家税务局和地方税务局的,双方均可向国家税务总局申请协调。如果企业不能接受协调结果,可以考虑修订或终止本预约定价安排。

第十条　保密义务和责任

主管税务机关与企业在本预约定价安排的谈签及执行过程中获取的信息,双方均负有保密义务。

国家税务总局可以按照有关规定与其他国家(地区)税务主管当局就单边预约定价安排文本实施信息交换(涉及国家安全的信息除外)。

第十一条　生效、修订与终止

本预约定价安排自双方法定代表人或其授权人签字盖章后生效。

由主管税务机关和企业的法定代表人或者其授权代表于＿＿＿＿年＿＿月＿＿日在＿＿＿＿＿签署本预约定价安排。

主管税务机关或企业修订或终止预约定价安排,均应书面通知对方。通知内容包括修订或终止时间及原因。

第十二条　附则

本预约定价安排应当使用中文,一式＿＿＿份,主管税务机关和企业各执一份。

＿＿＿＿＿＿＿税务局　　　　　　　＿＿＿＿＿＿＿(企业)

签名:　　　　日期:　　　　　　　签名:　　　　日期:

职务:　　　　盖章:　　　　　　　职务:　　　　盖章:

附件5

＿＿＿＿＿＿＿税务局

预约定价安排补(退)税款通知书

＿＿＿＿＿＿＿税预调〔　〕　号

＿＿＿＿＿＿＿(企业名称):

　　根据

□我局与你企业于＿＿＿＿年＿＿月＿＿日签署的＿＿＿＿＿＿＿(单边预约定价安排名称)

□中国税务主管当局与＿＿＿＿＿＿税务主管当局于＿＿＿＿年＿＿月＿＿日签署的＿＿＿＿＿＿＿(双边或者多边预约定价安排名称)的有关规定,对你企业自＿＿＿＿年至＿＿＿＿年的纳税年度进行如下调整:

　　1. 调增(减)你企业应纳税所得额＿＿＿＿＿元,应补(退)企业所得税＿＿＿＿＿元,并按规定加收利息;

　　2. 调增(减)你企业应纳税收入＿＿＿＿＿元,应补(退)＿＿＿＿税＿＿＿＿＿元;

　　……

　　需要补缴税款的,你企业应当自收到本通知书之日起____日内,向_____税务局缴纳上述税款及利息。逾期未缴纳税款的,按照《中华人民共和国税收征收管理法》有关规定执行。

　　特此通知。

　　附:1. 企业所得税调整项目表

　　　　2. 其他税种调整项目表

　　　　3. 各项税收应补(退)明细表

税务机关(公章):

年　月　日

附1

<h3 align="center">企业所得税调整项目表</h3>
所属年度(　　　)

企业名称:

纳税人识别号(统一社会信用代码):　　　　　　　　　　　金额单位:人民币元(列至角分)

调整项目	摘要	应纳税所得额	
		调增	调减
小计			
净增(减)额			
预约定价安排调整前应纳税所得额			
弥补以前年度亏损额			
调整当年度亏损额			
预约定价安排调整后应纳税所得额			

附2

其他税种调整项目表

所属年度(　　)

企业名称:

纳税人识别号(统一社会信用代码):　　　　　　　　　　金额单位:人民币元(列至角分)

税种	调整项目	摘要	调增	调减
		小计		

附3

各项税收应补(退)明细表

企业名称:

纳税人识别号(统一社会信用代码):　　　　　　　　　　金额单位:人民币元(列至角分)

税种	所属年度	应交税额	已交税额	应补(退)税额
合　计				

使用说明

一、本通知书依据《中华人民共和国企业所得税法》及其实施条例和《中华人民共和国税收征收管理法》及其实施细则的有关规定设置。

二、适用范围:税务机关根据预约定价安排对企业作出追溯调整时使用。

三、"你企业应当自收到本通知书之日起__日内"所填天数应当比照《中华人民共和国税收征收管理法实施细则》第七十三条规定限期缴纳税款的期限填写。

四、"应交税额"填写根据预约定价安排企业应当追溯调整的税款金额。

五、"已交税额"填写企业在收到《预约定价安排补(退)税款通知书》前已经自行缴纳的税款金额。

六、税务机关应当根据实际情况列示应补(退)的具体税种及税款。应当加收利息的,按照《中华人民共和国企业所得税法实施条例》第一百二十二条规定的人民币贷款基准利率执行。

七、本通知书应由主管税务机关负责人批准。

八、本通知书与《税务文书送达回证》一并使用。

九、本通知书为A4竖式,一式三份,一份送企业,一份送税务机关征收管理部门,一份由税务机关负责预约定价安排事项的部门归档。

附件 6

预约定价安排续签申请书

_____税务局：

□我企业与你局于_____年___月___日签署的_____(单边预约定价安排名称)

□中国税务主管当局与_____税务主管当局于_____年___月___日签署的_____(双边或者多边预约定价安排名称)

将于_____年___月___日适用期满，期满后，拟就未来年度(即_____年度至_____年度)与关联方之间的业务往来提出续签申请。

企业名称(盖章)：

纳税人识别号(统一社会信用代码)：

法定代表人(签章)：

年　月　日

附:1. 执行现行预约定价安排情况的报告(纳税人提供)；

　　2. 现行预约定价安排所述事实和经营环境未发生实质性变化的说明材料以及续签预约定价安排年度的预测情况(纳税人提供)。

20-4　其他规定

20-4-1
国家税务总局关于开具《中国税收居民身份证明》有关事项的公告

2016 年 6 月 28 日　国家税务总局公告 2016 年第 40 号

根据《中华人民共和国税收征收管理法》及其实施细则、《中华人民共和国企业所得税法》及其实施条例、《中华人民共和国个人所得税法》及其实施条例以及相关法律法规，为服务企业和个人开展对外投资、经营和提供劳务活动，便利《中国税收居民身份证明》(以下简称《税收居民证明》，见附件 1)开具，现就有关事项公告如下：

一、企业或者个人(以下统称申请人)为享受中国政府对外签署的税收协定(含与香港、澳门和台湾签署的税收安排或者协议)、航空协定税收条款、海运协定税收条款、汽车运输协定税收条款、互免国际运输收入税收协议或者换函(以下统称税收协定)待遇，可以向税务机关申请开具《税收居民证明》。

二、申请人向主管其所得税的县国家税务局、地方税务局(以下统称主管税务机关)申请开具《税收居民证明》。

中国居民企业的境内、外分支机构应当通过其总机构向总机构主管税务机关提出申请。合伙企业应当以其中国居民合伙人作为申请人，向中国居民合伙人主管税务机关提出申请。

三、申请人可以就其构成中国税收居民的任一公历年度申请开具《税收居民证明》。

四、申请人申请开具《税收居民证明》应当提交以下申请表和资料：

(一)《中国税收居民身份证明》申请表(见附件 2)；

(二)与拟享受税收协定待遇的收入有关的合同、协议、董事会或者股东会决议、支付凭证等证明资料；

(三)申请人为个人且在中国境内有住所的，提供因户籍、家庭、经济利益关系而在中国境内习惯性居住的证明材料，证明材料包括申请人身份信息、说明材料或者其他材料；

(四)申请人为个人且无住所、在中国境内居住满一年的,提供在中国境内实际居住时间的相关证明材料,证明材料包括护照信息、说明材料或者其他材料;

(五)境内、外分支机构通过其总机构提出申请时,还需提供总分机构的登记注册情况;

(六)以合伙企业的中国居民合伙人提出申请时,还需提供合伙企业登记注册情况。

上述填报或报送的资料应当采用中文文本。相关资料原件为外文文本的,应当同时提供中文译本。申请人可以向主管税务机关提交上述资料的复印件,但是应当在复印件上加盖申请人印章或签章,并按照主管税务机关要求报验原件。

五、申请人提交资料齐全的,主管税务机关应当按规定当场受理;资料不齐全的,主管税务机关不予受理,并一次性告知申请人应补正内容。

六、主管税务机关根据《中华人民共和国企业所得税法》及其实施条例、《中华人民共和国个人所得税法》及其实施条例等规定,结合纳税人登记注册、在中国境内住所及居住时间等情况对居民身份进行判定。

七、主管税务机关在受理申请之日起10个工作日内,由负责人签发《税收居民证明》并加盖公章或者将不予开具的理由书面告知申请人。

主管税务机关无法准确判断居民身份的,应当及时报告上级税务机关。需要报告上级税务机关的,主管税务机关应当在受理申请之日起20个工作日内办结。

八、主管税务机关或者上级税务机关根据申请人提交资料无法作出判断的,可以要求申请人补充提供相关资料,需要补充的内容应当一次性书面告知。申请人补充资料的时间不计入上述工作时限。

九、主管税务机关对开具的《税收居民证明》进行统一编号,编号格式为:税务机构代码(前7位)+年份(4位)+顺序号(5位)。"年份"为开具《税收居民证明》的公历年度,"顺序号"为本年度主管税务机关开具的自然顺序号。

十、缔约对方税务主管当局对《税收居民证明》样式有特殊要求的,申请人应当提供书面说明以及《税收居民证明》样式,主管税务机关可以按照上述规定予以办理。

十一、各地税务机关可以进一步拓展或者优化服务方式,提高信息化水平和办理时效,为申请人享受税收协定待遇提供便利。各地税务机关要加强对开具《税收居民证明》的申请人来源于境外所得的税收管理,帮助其降低税收风险。

十二、本公告自2016年10月1日起施行。《国家税务总局关于做好〈中国税收居民身份证明〉开具工作的通知》(国税函〔2008〕829号)、《国家税务总局关于做好〈中国税收居民身份证明〉开具工作的补充通知》(国税函〔2010〕218号)、《国家税务总局关于印发〈境外注册中资控股居民企业所得税管理办法(试行)〉的公告》(国家税务总局公告2011年第45号)第二十八条同时废止。

特此公告。

附件:1. 中国税收居民身份证明

2.《中国税收居民身份证明》申请表

附件1

中国税收居民身份证明
（Certificate of Chinese Fiscal Resident）

日期(Date)：

编号(Catalogue Number)：

纳税人名称(Taxpayer's Name)：

纳税年度(Tax Year)：

缔约国(地区)Contracting state(region)：

    为享受税收协定待遇的目的,经中国税务主管当局国家税务总局授权,兹证明上述纳税人是中国税收居民。(For the purpose of enjoying Double Taxation Agreement benefits, and authorized by the State Administration of Taxation (SAT), the Competent Authority of the People's Republic of China, this is to certify that the above-named taxpayer is a Chinese fiscal resident.)

签字(signature)：＿＿＿＿＿＿

＿＿＿＿＿＿＿＿＿＿＿＿＿＿＿＿国家税务局/地方税务局

（Director of ＿＿＿＿＿＿＿＿＿ Office of SAT/Local Tax Bureau）

附件 2

《中国税收居民身份证明》申请表

申请人信息:个人:□　　　企业:□　　　对《税收居民证明》样式有特殊要求□

基本信息	申请人名称(姓名):　　　　　　　　英文名称(姓名): 通讯地址: 联系电话: 主管税务机关名称:	
申请开具《税收居民证明》有关信息	申请年度: 缔约对方国家(地区): 对方纳税人名称:英文: 　　　　　　　　中文: 对方纳税人识别号: 拟享受协定名称: 拟享受协定收入金额: 拟享受协定名称: 拟享受协定收入金额:	拟享受协定条款: 预计减免税金额: 拟享受协定条款: 预计减免税金额:
申请人为个人时填报	国籍(地区): 身份证件类型: 在中国境内是否有住所: 如无住所,申请年度在中国境内是否居住满一年:是:□　　否:□ 现住址: 在中国境内居住满 5 年(含 5 年): 合伙企业名称: 合伙企业所在国家(地区):	职业: 身份证件号码: 是:□　否:□ 是:□　否:□ 合伙企业纳税人识别号: 合伙企业所在地:
申请人为企业时填报	纳税人识别号: 注册登记地: 依据实际管理机构认定的居民企业, 境内分支机构名称: 境外分支机构名称: 合伙企业名称: 合伙企业所在国家(地区):	批准文号: 实际管理机构所在地: 所在地: 所在国家(地区): 合伙企业纳税人识别号: 合伙企业所在地:
声明: 　　我谨在此声明,以上呈报事项真实、准确、无误。 　　　　　　　　　　　　　　　申请人或者代理人(签名或者盖章):＿＿＿＿＿＿ 　　　　　　　　　　　　　　　日期:＿＿＿年＿＿月＿＿日		

填表说明:

一、填表事项中所称符合中华人民共和国有关税收法律规定的居民条件是指:

(一)申请人为个人的,根据《中华人民共和国个人所得税法》有关规定,由于在中国境内有住所或者无住所但在中国境内居住满一年,而就其从中国境内和境外取得的所得应在中国缴纳个人所得税的个人。其中,有住所的个人,是指因户籍、家庭、经济利益关系而在中国境内习惯性居住的个人;无住所但在中国境内居住满一年的个人,是指符合《中华人民共和国个人所得税法实施条例》第三条规定的个人。

(二)申请人为企业的,根据《中华人民共和国企业所得税法》有关规定,依法在中国境内成立,或者依照外国(地区)法律成立但实际管理机构在中国境内的企业。

二、申请人名称(姓名):申请人为个人时,填写个人姓名;申请人为企业时,填写企业名称。

三、主管税务机关:填报申请人企业所得税或者个人所得税的县主管税务机关名称。

四、申请年度:填报申请人申请开具《税收居民证明》的一个公历年度。

五、缔约对方国家(地区):填报申请开具《税收居民证明》拟适用的对方国家(地区)。

六、对方纳税人名称:填报与该《税收居民证明》有关且与申请人发生业务往来的缔约对方纳税人名称。

七、对方纳税人识别号:填报对方纳税人在缔约对方国家(地区)的纳税人识别号。

八、拟享受协定条款:填报申请人向缔约对方申请享受协定的条款,包括:股息、利息、特许权使用费、常设机构和营业利润、财产收益、国际运输、独立个人劳务、非独立个人劳务(受雇所得)、演艺人员和运动员、退休金、政府服务、教师和研究人员、学生、其他所得等。每行填报一个条款。

九、拟享受协定收入金额:填报与该《税收居民证明》有关、申请人取得的拟享受税收协定的收入金额。每行填报对应协定条款的拟享受税收协定的收入金额,合伙企业的合伙人填写按照合伙协议或分配协议计算的合伙人应取得的收入金额。收入金额为外币的应按照填报申请表当日汇率中间价换算为人民币金额。

十、预计减免税金额:填报与该《税收居民证明》有关、申请人拟享受税收协定待遇在缔约对方减免税收金额。即:按照缔约对方法律规定计算的应缴纳税款金额与按照税收协定计算的应缴纳税款金额之差。每行填报对应协定条款预计减免税金额。减免税金额为外币的应按照填报申请表当日汇率中间价换算为人民币金额。

十一、在中国境内是否有住所:填报申请人根据《中华人民共和国个人所得税法》第一条第一款、《中华人民共和国个人所得税法实施条例》第二条自行判定情况。选"是"时应附送资料说明。

十二、如无住所,申请年度在中国境内是否居住满一年:填报申请人根据《中华人民共和国个人所得税法》第一条第二款、《中华人民共和国个人所得税法实施条例》第三条自行判定情况。选"是"时应附送资料说明。

十三、现住址:填报申请人的住所或者无住所的居住地址。

十四、境内分支机构名称、境外分支机构名称:中国居民企业的境内、外分支机构通过其总机构向总机构主管税务机关提出申请时填报。

十五、合伙企业名称、合伙企业纳税人识别号、所在国家(地区)、所在地:以合伙企业的中国居民合伙人提出申请时填报。

十六、申请人或者代理人签名:由企业法定代表人或者其授权代表负责人、个人本人或者其授权人签名并/或者盖章,并填写声明日期。

十七、申请表原件和《税收居民证明》复印件由主管税务机关保存备查。

20-5 综合规定

本部分未收录"综合规定"类文件全文,请根据文件编码在"综合税收政策"部分查阅全文。

二十一、综合税收政策

21 - 1　行业综合政策

21 - 1 - 1

北京市财政局　北京市国家税务局　北京市
地方税务局转发财政部　国家税务总局
关于公共租赁住房税收优惠政策的通知

2016 年 3 月 3 日　京财税〔2016〕321 号

各区财政局、国家税务局、地方税务局,市国家税务局直属税务分局、市地方税务局各直属分局:

　　现将《财政部　国家税务总局关于公共租赁住房税收优惠政策的通知》(财税〔2015〕139 号)转发给你们,请遵照执行。

　　附件:财政部、国家税务总局关于公共租赁住房税收优惠政策的通知(财税〔2015〕139 号)

财政部　国家税务总局关于
公共租赁住房税收优惠政策的通知

2015 年 12 月 30 日　财税〔2015〕139 号

各省、自治区、直辖市、计划单列市财政厅(局)、地方税务局,西藏、宁夏、青海省(自治区)国家税务局,新疆生产建设兵团财务局:

　　根据《国务院办公厅关于保障性安居工程建设和管理的指导意见》(国办发〔2011〕45 号)和住房城乡建设部、财政部、国家税务总局等部门《关于加快发展公共租赁住房的指导意见》(建保〔2010〕87 号)等文件精神,决定继续对公共租赁住房建设和运营给予税收优惠。现将有关政策通知如下:

　　一、对公共租赁住房建设期间用地及公共租赁住房建成后占地免征城镇土地使用税。在其他住房项目中配套建设公共租赁住房,依据政府部门出具的相关材料,按公共租赁住房建筑面积占总建筑面积的比例免征建设、管理公共租赁住房涉及的城镇土地使用税。

二、对公共租赁住房经营管理单位免征建设、管理公共租赁住房涉及的印花税。在其他住房项目中配套建设公共租赁住房,依据政府部门出具的相关材料,按公共租赁住房建筑面积占总建筑面积的比例免征建设、管理公共租赁住房涉及的印花税。

三、对公共租赁住房经营管理单位购买住房作为公共租赁住房,免征契税、印花税;对公共租赁住房租赁双方免征签订租赁协议涉及的印花税。

四、对企事业单位、社会团体以及其他组织转让旧房作为公共租赁住房房源,且增值额未超过扣除项目金额20%的,免征土地增值税。

五、企事业单位、社会团体以及其他组织捐赠住房作为公共租赁住房,符合税收法律法规规定的,对其公益性捐赠支出在年度利润总额12%以内的部分,准予在计算应纳税所得额时扣除。

个人捐赠住房作为公共租赁住房,符合税收法律法规规定的,对其公益性捐赠支出未超过其申报的应纳税所得额30%的部分,准予从其应纳税所得额中扣除。

六、对符合地方政府规定条件的低收入住房保障家庭从地方政府领取的住房租赁补贴,免征个人所得税。

七、对公共租赁住房免征房产税。对经营公共租赁住房所取得的租金收入,免征营业税。公共租赁住房经营管理单位应单独核算公共租赁住房租金收入,未单独核算的,不得享受免征营业税、房产税优惠政策。

八、享受上述税收优惠政策的公共租赁住房是指纳入省、自治区、直辖市、计划单列市人民政府及新疆生产建设兵团批准的公共租赁住房发展规划和年度计划,并按照《关于加快发展公共租赁住房的指导意见》(建保〔2010〕87号)和市、县人民政府制定的具体管理办法进行管理的公共租赁住房。

九、本通知执行期限为2016年1月1日—2018年12月31日。

21－1－2
财政部　国家税务总局关于铁路债券
利息收入所得税政策问题的通知

2016年3月10日　财税〔2016〕30号

各省、自治区、直辖市、计划单列市财政厅(局)、国家税务局、地方税务局,新疆生产建设兵团财务局:

经国务院批准,现就投资者取得中国铁路总公司发行的铁路债券利息收入有关所得税政策通知如下:

一、对企业投资者持有2016—2018年发行的铁路债券取得的利息收入,减半征收企业所得税。

二、对个人投资者持有 2016—2018 年发行的铁路债券取得的利息收入,减按 50% 计入应纳税所得额计算征收个人所得税。税款由兑付机构在向个人投资者兑付利息时代扣代缴。

三、铁路债券是指以中国铁路总公司为发行和偿还主体的债券,包括中国铁路建设债券、中期票据、短期融资券等债务融资工具。

请遵照执行。

21 - 1 - 3

北京市财政局 北京市地方税务局转发 财政部 国家税务总局关于继续实行 农产品批发市场 农贸市场房产税、 城镇土地使用税优惠政策的通知

2016 年 3 月 10 日 京财税〔2016〕352 号

各区财政局、地方税务局、市地方税务局各直属分局:

现将《财政部 国家税务总局关于继续实行农产品批发市场、农贸市场房产税、城镇土地使用税优惠政策的通知》(财税〔2016〕1 号)转发给你们,请遵照执行。

附件:财政部 国家税务总局关于继续实行农产品批发市场农贸市场房产税、城镇土地使用税优惠政策的通知(财税〔2016〕1 号)

财政部 国家税务总局关于继续实行 农产品批发市场、农贸市场房产税、 城镇土地使用税优惠政策的通知

2016 年 1 月 13 日 财税〔2016〕1 号

各省、自治区、直辖市、计划单列市财政厅(局)、地方税务局,西藏、宁夏自治区国家税务局,新疆生产建设兵团财务局:

为贯彻落实《国务院办公厅关于促进内贸流通健康发展的若干意见》(国办发〔2014〕51 号),进一步支持农产品流通体系建设,决定继续对农产品批发市场、农贸市场给予房产税和城镇土地使用税优惠。现将有关政策通知如下:

一、对专门经营农产品的农产品批发市场、农贸市场使用(包括自有和承租,下

同)的房产、土地,暂免征收房产税和城镇土地使用税。对同时经营其他产品的农产品批发市场和农贸市场使用的房产、土地,按其他产品与农产品交易场地面积的比例确定征免房产税和城镇土地使用税。

二、农产品批发市场和农贸市场,是指经工商登记注册,供买卖双方进行农产品及其初加工品现货批发或零售交易的场所。农产品包括粮油、肉禽蛋、蔬菜、干鲜果品、水产品、调味品、棉麻、活畜、可食用的林产品以及由省、自治区、直辖市财税部门确定的其他可食用的农产品。

三、享受上述税收优惠的房产、土地,是指农产品批发市场、农贸市场直接为农产品交易提供服务的房产、土地。农产品批发市场、农贸市场的行政办公区、生活区,以及商业餐饮娱乐等非直接为农产品交易提供服务的房产、土地,不属于本通知规定的优惠范围,应按规定征收房产税和城镇土地使用税。

四、符合上述免税条件的企业需持相关材料向主管税务机关办理备案手续。

五、本通知自 2016 年 1 月 1 日—2018 年 12 月 31 日执行。

21-1-4
中共北京市委宣传部　北京市财政局
北京市国家税务局　北京市地方税务局关于
发布北京市第六批转制文化企业名单的通知

2016 年 6 月 3 日　京宣发〔2016〕24 号

各区委宣传部、财政局、国家税务局、地方税务局,市国家税务局直属税务分局,市地方税务局直属分局:

按照《北京市财政局　北京市国家税务局　北京市地方税务局　中国共产党北京市委员会宣传部转发财政部　国家税务总局　中宣部关于继续实施文化体制改革中经营性文化事业单位转制为企业若干税收政策的通知》(京财税〔2014〕2907 号)的规定,经市委宣传部、市财政局、市国税局、市地税局联合认定,北京日报印务有限责任公司等 2 家北京市文化企业被认定为转制文化企业,享受相应的税收优惠政策。

特此通知。

附件:北京市第六批转制文化企业名单

附件

北京市第六批转制文化企业名单

北京日报印务有限责任公司

北京首博文化发展有限公司

21－1－5
国家税务总局关于个人保险代理人
税收征管有关问题的公告

2016年7月7日　国家税务总局公告2016年第45号

现将个人保险代理人为保险企业提供保险代理服务税收征管有关问题公告如下：

一、个人保险代理人为保险企业提供保险代理服务应当缴纳的增值税和城市维护建设税、教育费附加、地方教育附加,税务机关可以根据《国家税务总局关于发布〈委托代征管理办法〉的公告》(国家税务总局公告2013年第24号)的有关规定,委托保险企业代征。

个人保险代理人为保险企业提供保险代理服务应当缴纳的个人所得税,由保险企业按照现行规定依法代扣代缴。

二、个人保险代理人以其取得的佣金、奖励和劳务费等相关收入(以下简称"佣金收入",不含增值税)减去地方税费附加及展业成本,按照规定计算个人所得税。

展业成本,为佣金收入减去地方税费附加余额的40%。

三、接受税务机关委托代征税款的保险企业,向个人保险代理人支付佣金费用后,可代个人保险代理人统一向主管国税机关申请汇总代开增值税普通发票或增值税专用发票。

四、保险企业代个人保险代理人申请汇总代开增值税发票时,应向主管国税机关出具个人保险代理人的姓名、身份证号码、联系方式、付款时间、付款金额、代征税款的详细清单。

保险企业应将个人保险代理人的详细信息,作为代开增值税发票的清单,随发票入账。

五、主管国税机关为个人保险代理人汇总代开增值税发票时,应在备注栏内注明"个人保险代理人汇总代开"字样。

六、本公告所称个人保险代理人,是指根据保险企业的委托,在保险企业授权范围内代为办理保险业务的自然人,不包括个体工商户。

七、证券经纪人、信用卡和旅游等行业的个人代理人比照上述规定执行。信用卡、旅游等行业的个人代理人计算个人所得税时,不执行本公告第二条有关展业成本的规定。

个人保险代理人和证券经纪人其他个人所得税问题,按照《国家税务总局关于保险营销员取得佣金收入征免个人所得税问题的通知》(国税函〔2006〕454号)、《国家税务总局关于证券经纪人佣金收入征收个人所得税问题的公告》(国家税务总局公告2012年第45号)执行。

本公告自发布之日起施行。

特此公告。

21－1－6

北京市财政局　北京市地方税务局转发
财政部　国家税务总局关于供热企业
增值税、房产税、城镇土地使用税
优惠政策的通知

2016年10月13日　京财税〔2016〕2047号

各区财政局、地方税务局、市地方税务局各直属分局:

现将《财政部　国家税务总局关于供热企业增值税、房产税、城镇土地使用税优惠政策的通知》(财税〔2016〕94号)转发给你们,请遵照执行。

附件:财政部、国家税务总局关于供热企业增值税、房产税、城镇土地使用税优惠政策的通知(财税〔2016〕94号)

财政部　国家税务总局关于供热企业增值税、
房产税、城镇土地使用税优惠政策的通知

2016年8月24日　财税〔2016〕94号

北京、天津、河北、山西、内蒙古、辽宁、大连、吉林、黑龙江、山东、青岛、河南、陕西、甘肃、宁夏、新疆、青海省(自治区、直辖市、计划单列市)财政厅(局)、国家税务局、地方税务局,新疆生产建设兵团财务局:

为保障居民供热采暖,经国务院批准,现将"三北"地区供热企业(以下简称供热企业)增值税、房产税、城镇土地使用税政策通知如下:

一、自2016年1月1日—2018年供暖期结束,对供热企业向居民个人(以下统称居民)供热而取得的采暖费收入免征增值税。

向居民供热而取得的采暖费收入,包括供热企业直接向居民收取的、通过其他单位向居民收取的和由单位代居民缴纳的采暖费。

免征增值税的采暖费收入,应当按照《中华人民共和国增值税暂行条例》第十六条的规定单独核算。通过热力产品经营企业向居民供热的热力产品生产企业,应当根据热力产品经营企业实际从居民取得的采暖费收入占该经营企业采暖费总收入的比例确定免税收入比例。

本条所称供暖期,是指当年下半年供暖开始至次年上半年供暖结束的期间。

二、自2016年1月1日—2018年12月31日,对向居民供热而收取采暖费的供热企业,为居民供热所使用的厂房及土地免征房产税、城镇土地使用税;对供热企业其他厂房及土地,应当按规定征收房产税、城镇土地使用税。

对专业供热企业,按其向居民供热取得的采暖费收入占全部采暖费收入的比例计算免征的房产税、城镇土地使用税。

对兼营供热企业,视其供热所使用的厂房及土地与其他生产经营活动所使用的厂房及土地是否可以区分,按照不同方法计算免征的房产税、城镇土地使用税。可以区分的,对其供热所使用厂房及土地,按向居民供热取得的采暖费收入占全部采暖费收入的比例计算减免税。难以区分的,对其全部厂房及土地,按向居民供热取得的采暖费收入占其营业收入的比例计算减免税。

对自供热单位,按向居民供热建筑面积占总供热建筑面积的比例计算免征供热所使用的厂房及土地的房产税、城镇土地使用税。

三、本通知所称供热企业,是指热力产品生产企业和热力产品经营企业。热力产品生产企业包括专业供热企业、兼营供热企业和自供热单位。

四、本通知所称"三北"地区,是指北京市、天津市、河北省、山西省、内蒙古自治区、辽宁省、大连市、吉林省、黑龙江省、山东省、青岛市、河南省、陕西省、甘肃省、青海省、宁夏回族自治区和新疆维吾尔自治区。

21－2　区域综合政策

21－2－1
财政部　国家税务总局关于推广
中关村国家自主创新示范区
税收试点政策有关问题的通知

2015 年 6 月 9 日　财税〔2015〕62 号

各省、自治区、直辖市、计划单列市财政厅（局）、国家税务局、地方税务局、新疆生产建设兵团财务局：

根据国务院决定,中关村国家自主创新示范区有关税收试点政策推广至国家自主创新示范区、合芜蚌自主创新综合试验区和绵阳科技城（以下统称示范地区）实施。现就有关税收政策问题明确如下：

一、关于股权奖励个人所得税政策

1. 对示范地区内的高新技术企业转化科技成果,给予本企业相关技术人员的股权奖励,技术人员一次缴纳税款有困难的,经主管税务机关审核,可分期缴纳个人所得税,但最长不得超过 5 年。

2. 本通知所称股权奖励,是指企业无偿授予相关技术人员一定份额的股权或一定数量的股份。股权奖励的计税价格参照获得股权时的公平市场价格确定。

3. 本通知所称相关技术人员,具体范围依照《财政部　国家税务总局　科技部关于中关村国家自主创新示范区有关股权奖励个人所得税试点政策的通知》（财税〔2014〕63 号）的相关规定执行。

4. 技术人员转让奖励的股权（含奖励股权孳生的送、转股）并取得现金收入的,该现金收入应优先用于缴纳尚未缴清的税款。

5. 技术人员在转让奖励的股权之前企业依法宣告破产,技术人员进行相关权益处置后没有取得收益或资产,或取得的收益和资产不足以缴纳其取得股权尚未缴纳的应纳税款的,经主管税务机关审核,尚未缴纳的个人所得税可不予追征。

二、关于有限合伙制创业投资企业法人合伙人企业所得税政策

1. 注册在示范地区的有限合伙制创业投资企业采取股权投资方式投资于未上市

的中小高新技术企业2年(24个月)以上的,该有限合伙制创业投资企业的法人合伙人可按照其对未上市中小高新技术企业投资额的70%抵扣该法人合伙人从该有限合伙制创业投资企业分得的应纳税所得额,当年不足抵扣的,可以在以后纳税年度结转抵扣。

2. 有限合伙制创业投资企业的法人合伙人对未上市中小高新技术企业的投资额,按照有限合伙制创业投资企业对中小高新技术企业的投资额和合伙协议约定的法人合伙人占有限合伙制创业投资企业的出资比例计算确定。

三、关于技术转让所得企业所得税政策

1. 注册在示范地区的居民企业在一个纳税年度内,转让技术的所有权或5年以上(含5年)许可使用权取得的所得不超过500万元的部分,免征企业所得税;超过500万元的部分,减半征收企业所得税。

2. 本通知所称技术,包括专利(含国防专利)、计算机软件著作权、集成电路布图设计专有权、植物新品种权、生物医药新品种,以及财政部和国家税务总局确定的其他技术。其中,专利是指法律授予独占权的发明、实用新型以及非简单改变产品图案和形状的外观设计。

四、关于企业转增股本个人所得税政策

1. 示范地区内中小高新技术企业,以未分配利润、盈余公积、资本公积向个人股东转增股本时,个人股东应按照"利息、股息、红利所得"项目,适用20%税率征收个人所得税。个人股东一次缴纳个人所得税确有困难的,经主管税务机关审核,可分期缴纳,但最长不得超过5年。

2. 股东转让股权并取得现金收入的,该现金收入应优先用于缴纳尚未缴清的税款。

3. 在股东转让该部分股权之前,企业依法宣告破产,股东进行相关权益处置后没有取得收益或收益小于初始投资额的,经主管税务机关审核,尚未缴纳的个人所得税可不予追征。

4. 本通知所称中小高新技术企业,是指注册在示范地区内实行查账征收的、经认定取得高新技术企业资格,且年销售额和资产总额均不超过2亿元、从业人数不超过500人的企业。

5. 上市中小高新技术企业或在全国中小企业股份转让系统挂牌的中小高新技术企业向个人股东转增股本,股东应纳的个人所得税,继续按照现行有关股息红利差别化个人所得税政策执行,不适用本通知规定的分期纳税政策。

五、本通知自2015年1月1日起执行。实施范围包括中关村等所有国家自主创新示范区、合芜蚌自主创新综合试验区和绵阳科技城。

21 -2 -2
北京市财政局　北京市国家税务局　北京市地方税务局　北京市科学技术委员会中关村科技园区管理委员会关于印发《中关村国家自主创新示范区科技型中小企业资格确认管理办法(试行)》的通知

2015 年 9 月 25 日　京财税〔2015〕1935 号

各区县财政局、国家税务局、地方税务局、科学技术委员会,市国家税务局直属税务分局、市地税局直属分局:

经报请财政部、国家税务局、科技部批准同意,现将《中关村国家自主创新示范区科技型中小企业资格确认管理办法(试行)》印发给你们,请遵照执行。

附件:中关村国家自主创新示范区科技型中小企业资格确认管理办法(试行)

中关村国家自主创新示范区科技型中小企业资格确认管理办法(试行)

第一条　为贯彻落实《财政部　国家税务总局　科技部关于中关村国家自主创新示范区有关股权奖励个人所得税试点政策的通知》(财税〔2014〕63 号),明确中关村国家自主创新示范区(以下简称中关村示范区)科技型中小企业的条件和资格确认程序,根据国家有关规定,结合中关村示范区创新创业企业特点,制定本办法。

第二条　本办法所指的科技型中小企业是指注册登记在中关村示范区内,从事研究开发、技术成果转化,提供各类科技服务的中小规模居民企业。

第三条　科技型中小企业资格确认采取基本准入指标判定结合科技指标评分的方式。

第四条　基本准入指标。科技型中小企业应同时满足以下基本准入指标条件:

(一)企业注册登记在中关村示范区内。企业注册登记在《国务院关于同意调整中关村国家自主创新示范区空间规模和布局的批复》(国函〔2012〕168 号)中规定的中关村示范区四至范围内。

(二)企业不属于附件 1 所列的行业目录,且符合北京人民政府办公厅关于印发市发展改革委部门制定的《北京市新增产业的禁止和限制目录(2014 年版)》(京政办发〔2014〕43 号)相关要求。

(三)企业符合工业和信息化部、国家统计局、国家发展改革委、财政部《关于印发中小企业划型标准规定的通知》(工信部联企业〔2011〕300 号)中相关行业的中小企业划分标准。

(四)企业无不良信用行为。

第五条 科技指标包括科技活动指标和加分项指标。

(一)科技活动指标满分 100 分,具体包括科技人员、研发费用、科技成果和科技服务三类指标。

1. 科技人员指标(满分 20 分)。从以下两项具体指标中选择任一指标进行评分。

①上一自然年度与企业主营业务有关的具体大学本科以上学历人员占企业职工总数的比例:

- □ 60%(含)以上(20 分)   □ 50%(含)~60%(16 分)
- □ 40%(含)~50%(12 分)   □ 30%(含)~40%(8 分)
- □ 20%(含)~30%(4 分)   □ 20% 以下(0 分)

②上一自然年度企业科技人员占企业职工总数的比例:

- □ 40%(含)以上(20 分)   □ 35%(含)~40%(16 分)
- □ 30%(含)~35%(12 分)   □ 25%(含)~30%(8 分)
- □ 20%(含)~25%(4 分)   □ 20% 以下(0 分)

> 说明:科技人员是指在企业从事研究开发、创意设计、其他技术活动,或从事技术转移、创业孵化、知识产权、科技金融、检验检测认证等服务活动的,一个自然年度内累计实际工作时间在 183 天以上的人员。

2. 研发费用指标(满分 40 分)。从以下两项具体指标中选择任一指标进行评分。

①上一自然年度企业研发费用总额占成本费用支出总额的比例:

- □ 30%(含)以上(40 分)   □ 25%(含)~30%(32 分)
- □ 20%(含)~25%(24 分)   □ 15%(含)~20%(16 分)
- □ 10%(含)~15%(8 分)   □ 10% 以下(0 分)

②上一自然年度企业研发费用总额占销售收入总额的比例:

- □ 6%(含)以上(40 分)   □ 4%(含)~6%(32 分)
- □ 3%(含)~4%(24 分)   □ 2%(含)~3%(16 分)
- □ 1%(含)~2%(8 分)   □ 1% 以下(0 分)

> 说明:研发费用包括直接研究开发活动和可以计入的间接研究开发活动所发生的费用,具体按照《科技部 财政部 国家税务总局关于印发高新技术企业认定管理工作指引的通知》(国科发火〔2008〕362 号)有关规定进行核算。文化创意企业在开展创意设计活动中发生的创意和设计费用可作为研发费用,参照国科发火〔2008〕362 号文件有关规定进行核算。

3. 科技成果和科技服务指标(满分 40 分)。从以下三项具体指标中选择任一指标进行评分。

①拥有与企业主要产品和服务相关的自主知识产权,且没有知识产权的争议或纠纷。

- □ 拥有 6 项及以上自主知识产权(40 分)
- □ 拥有 4~5 项自主知识产权(36 分)
- □ 拥有 2~3 项自主知识产权(30 分)
- □ 拥有 1 项自主知识产权(24 分)

> 说明:自主知识产权包括有效的发明专利、实用新型专利、外观设计专利、国防专利,经登记或审(鉴)定的植物新品种、国家新药、国家一级中药保护品种、国家级农作物品种、技术秘密,经登记的软件著作权、集成电路布图设计权,在国家版权局登记的各类创意设计作品。其中,各类创意设计作品包括建筑作品,美术作品,音乐、喜剧和曲艺作品,电影和以类似摄制电影的方法创作的作品,为施工、生产绘制的工程设计图和产品设计图,反映地理现象、说明事物原理或结构的地图、示意图等作品,模型作品等。

②主导制定已公布的国际标准、已立项的国际标准提案或已公布的国家标准、行业标准。

□主导制定已公布的国际标准或已立项的国际标准提案(40分)

□主导制定已公布的国家标准(35分)

□主导制定已公布的行业标准(30分)

> 说明:主导制定国际标准、国际标准提案的,应能提供国家标准化管理委员会、工业和信息化部、国际标准化组织等主管部门提供的证明文件。主导制定国家标准、行业标准是指企业在标准起草单位中排名在前五名。

③上一自然年度提供的科技服务(包括技术转移、创业孵化、知识产权、科技咨询、科技金融、检验检测认证等)所取得的收入占企业总收入的比例:

□90%(含)以上(40分)　　　□85%(含)~90%(36分)

□80%(含)~85%(32分)　　　□70%(含)~80%(28分)

□60%(含)~70%(24分)　　　□60%以下(0分)

> 说明:企业总收入指《企业所得税法》第6条规定的收入总额。具体包括销售货物收入,提供劳务收入,转让财产收入,股息、红利等权益性投资收益,利息收入,租金收入,特许权使用费收入,接受捐赠收入,其他收入等企业以货币形式和非货币形式从各种来源取得的收入。

(二)加分项指标。从以下指标中进行多项选择,每项指标满分10分,每家企业最高加分20分。

1. 近三个自然年度内企业获得各级科技计划项目(专项)的立项支持,且在项目(专项)承担单位中排在前三名:

□国家级项目(专项)(10分)

□省部级项目(专项)(5分)

2. 近三个自然年度内企业获得国家级或北京市级科技奖励,且在获奖单位中排在前三名:

□获国家技术发明奖或国家科技进步奖(10分)

□获北京市发明专利奖或北京市科技进步奖(5分)

3. 企业拥有经认定的国家级或北京市级研发机构。

□国家级研发机构(10分)

□北京市级研发机构(5分)

> 说明:国家级或北京市级研发机构包括国家(市)重点实验室、国家(市)工程技术研究中心、国家(市)工程实验室、国家(市)工程研究中心、国家(市)企业技术中心等。

4. 企业产品(服务)获得北京市新技术新产品(服务)认定,且被认定的新技术新产品(服务)在有效期内。(10分)

5. 企业是经评定的国家技术转移示范机构。(10分)

6. 由中国科学院和中国工程院院士,入选国家或北京市级人才计划的科技人员所创办的企业。(10分)

> 说明:国家级人才计划包括国家"千人计划"、教育部"长江学者计划"。北京市级人才计划包括北京"海聚工程""科技北京百名领军人才培养工程"、中关村"高聚工程"等。科技人员创办企业是指科技人员或科研团队参与企业设立相关筹备工作,且所持企业股权(份)的比例不少于5%。

7. 北京地区高校、科研机构以科技成果出资方式(且对科技人员实施股权激励)所创办的企业。(10分)

第六条 资格确认条件。中关村示范区企业如符合本办法第四条基本准入指标条件,且第五条科技指标(包括科技活动和加分项指标)综合评分在60分(含)以上的,可确认具有科技型中小企业资格。

第七条 资格确认程序。科技型中小企业资格确认包括资格申请和公示确认两个环节。

(一)资格申请。企业根据本办法第三条所列指标自行评定具有科技型中小企业资格的,向中关村创新平台提交《中关村示范区科技型中小企业资格自评表》(附件2),申请确认科技型中小企业资格。

(二)公示确认。经自行评定符合科技型中小企业资格的企业名单,由中关村创新平台通过中关村示范区网站公示10个工作日。公示期结束没有异议的,由中关村创新平台在中关村示范区网站公布"公示无异议企业名单",名单内企业即确认具有科技型中小企业资格,可按规定享受财税〔2014〕63号文件有关支持政策。

第八条 加强服务与管理。由中关村管委会牵头,市科委、市经济信息化委、市财政局、市地税局、市工商局、市国税局等部门参加,组成"中关村示范区科技型中小企业服务与监督管理工作组"(以下简称工作组),负责中关村示范区科技型中小企业资格确认有关服务、落实和事中事后监督管理工作。

工作组对企业自行评定结果进行事后抽查。经抽查发现企业自行评定结果不符合本办法第六条所列科技型中小企业资格确认条件的,不得按财税〔2014〕63号文件执行。对于企业提供虚假信息,以及违反有关法律、行政法规,依法追究相关法律责任的,工作组将通过企业信用信息公示系统向社会公示。

第九条 科技型中小企业资格的有效期原则上为企业提交《中关村示范区科技型中小企业资格自评表》所在年度起两个自然年度内。

企业在科技型中小企业资格有效期内,若本办法第四、五条相关情况发生重大变化,使其不再符合本办法第六条规定的科技型中小企业资格确认条件的,应主动告知工作组。

第十条 本办法自发布之日起30日后施行。

附件:1. 行业目录(科技型中小企业应不属于所列行业目录)(2015年版)

　　　2. 中关村示范区科技型中小企业资格自评表

附件1

行业目录(科技型中小企业应不属于所列行业目录)
(2015年版,根据需要修订)

序号	门类代码	类别名称
1	A(农、林、牧、渔业):03、04	①畜牧业(03)(科学研究、籽种繁育性质项目除外) ②渔业(04)(科学研究、籽种繁育性质项目除外)
2	B(采矿业)	③采矿业(除第11类开采辅助活动)
3	C(制造业):16、17、19、20、22、31	④烟草制品业(16) ⑤纺织业(17)(除第178类非家用纺织制成品制造) ⑥皮革、毛皮、羽毛及其制品和制鞋业(19) ⑦木材加工和木、竹、藤、棕、草制品业(20) ⑧造纸和纸制品业(22)(除第223类纸制品制造) ⑨黑色金属冶炼和压延加工业(31)(除第314类钢压延加工)
4	G(交通运输、仓储和邮政业)	⑩交通运输、仓储和邮政业
5	H(住宿和餐饮业)	⑪住宿和餐饮业
6	J(金融业):66、68	⑫货币金融服务(66) ⑬保险业(68)
7	K(房地产业)	⑭房地产业
8	O(居民服务、修理和其他服务业):79	⑮居民服务业(79)
9	Q(卫生和社会工作):84	⑯社会工作(84)
10	R(文化、体育和娱乐业):88、89	⑰体育(88) ⑱娱乐业(89)
11	S(公共管理、社会保障和社会组织)	⑲公共管理、社会保障和社会组织(除第9421类专业性团体和9422类行业性团体)
12	T(国际组织)	⑳国际组织

说明:1. 以上目录按照《国民经济行业分类》(GB/T 4754—2011)编制。

2. 以上行业中的企业提供的产品(服务)若属于《关于完善中关村国家自主创新示范区高新技术企业认定管理试点工作的通知》(国科发火〔2011〕90号)提出的《国家重点支持的高新技术领域(中关村示范区试行)》中的"高新技术改造传统产业"规定的范围,可认为符合该项基本准入条件的要求。

附件 2

中关村示范区科技型中小企业资格自评表

（请在□内划"√"）　　　　　　　　　　　　　　　　　　　　　填表时间：　　年　　月

企业名称		组织机构代码	
一、基本准入条件判定(需同时符合指标 1 - 4)		**企业自评**	
指标 1：注册地	企业注册登记在中关村示范区内①	□符合　请填写所在分园：_____ □不符合	
指标 2：行业范围	企业不属于附件 1 所列的行业目录，且符合北京市人民政府办公厅关于印发市发展改革委等部门制定的《北京市新增产业的禁止和限制目录(2014 年版)》相关要求	□符合　请填写四位行业代码：_____ □不符合	
指标 3：企业规模	企业符合工业和信息化部、国家统计局、国家发展改革委、财政部《关于印发中小企业划型标准规定的通知》(工信部联企业〔2011〕300 号)中相关行业的中小企业划分标准	□符合(请填写上一自然年度数据) 营业收入(万元)：_____ 资产总额(万元)：_____ 职工人数(人)：_____ □不符合	
指标 4：企业信用	企业无不良信用行为②	□符合 □不符合	
二、企业科技活动评分(满分 100 分)(指标 5 - 7)		**企业自评**	
指标 5：科技人员(满分 20 分)从右列两项指标中选择任一指标进行评分	a. 上一自然年度与企业主营业务有关的具有大学本科以上学历人员占企业职工总数的比例	□60%(含)以上(20 分) □50%(含)~60%(16 分) □40%(含)~50%(12 分) □30%(含)~40%(8 分) □20%(含)~30%(4 分) □20%以下(0 分) 请填写该项指标所对应的比例(%)：_____	
	b. 上一自然年度企业科技人员③占企业职工总数的比例	□40%(含)以上(20 分) □35%(含)~40%(16 分) □30%(含)~35%(12 分) □25%(含)~30%(8 分) □20%(含)~25%(4 分) □20%以下(0 分) 请填写该项指标所对应的比例(%)：_____	
指标 6：研发投入(满分 40 分)从右列两项指标中选择任一指标进行评分	a. 上一自然年度企业研发费用④总额占成本费用支出总额的比例	□30%(含)以上(40 分) □25%(含)~30%(32 分) □20%(含)~25%(24 分) □15%(含)~20%(16 分) □10%(含)~15%(8 分) □10%以下(0 分) 请填写该项指标所对应的比例(%)：_____	
	b. 上一自然年度企业研发费用总额占销售收入总额的比例	□6%(含)以上(40 分) □4%(含)~6%(32 分) □3%(含)~4%(24 分) □2%(含)~3%(16 分) □1%(含)~2%(8 分) □1%以下(0 分) 请填写该项指标所对应的比例(%)：_____	

续表

指标7:科技成果和科技服务(满分40分)从右列三项指标中选择任一指标进行评分	a. 拥有与企业主要产品和服务相关的自主知识产权⑤,且没有知识产权的争议或纠纷	□拥有6项及以上自主知识产权(40分) □拥有4~5项自主知识产权(36分) □拥有2~3项自主知识产权(30分) □拥有1项自主知识产权(24分) 请填写企业拥有的自主知识产权类型和对应数量:＿＿＿
	b. 主导制定⑥已公布的国际标准、已立项的国际标准提案或已公布的国家标准、行业标准	□主导制定已公布的国际标准或已立项的国际标准提案(40分) □主导制定已公布的国家标准(35分) □主导制定已公布的行业标准(30分) 请填写企业主导制定的标准名称:＿＿＿
	c. 上一自然年度提供的科技服务(包括技术转移、创业孵化、知识产权、科技咨询、科技金融、检验检测认证等)所取得的收入占企业总收入⑦的比例	□90%(含)以上(40分) □85%(含)~90%(36分) □80%(含)~85%(32分) □70%(含)~80%(28分) □60%(含)~70%(24分) □60%以下(0分) 请填写该项指标所对应的比例(%):＿＿＿
以上科技活动企业自评得分:＿＿＿＿＿分		
三、加分项(指标8-14)(可从以下指标中进行多项选择,每项指标满分10分,每家企业最高加分20分)		企业自评
指标8:近三个自然年度内获得各级科技计划项目(专项)的立项支持,且在项目(专项)承担单位中排在前三名		□国家级项目(专项)(10分) □省部级项目(专项)(5分)
指标9:近三个自然年度内获得国家级或北京市级科技奖励,且在获奖单位中排在前三名		□获国家技术发明奖或国家科技进步奖(10分) □获北京市发明专利奖或北京市科技进步奖(5分)
指标10:企业拥有经认定的国家级或北京市级研发机构⑧		□国家级研发机构(10分) □北京级研发机构(5分)
指标11:企业产品(服务)获得北京市新技术新产品(服务)认定		□企业产品(服务)获得北京市新技术新产品(服务)认定,且被认定的新技术新产品(服务)在有效期内(10分)
指标12:经评定获得国家技术转移示范机构资格		□经评定获得国家技术转移示范机构资格(10分)
指标13:由中国科学院和中国工程院院士,入选国家和北京市级人才计划的科技人员⑨所创办的企业		□由中国科学院和中国工程院院士,入选国家"千人计划"、教育部"长江学者计划"、北京"海聚工程"等国家和北京市级人才计划的科技人员所创办的企业(10分)
指标14:北京地区高校、科研机构以科技成果出资方式(且对科技人员实施股权激励)所创办的企业		□北京地区高校、科研机构以科技成果出资方式(且对科技人员实施股权激励)所创办的企业(10分)
以上加分项企业自评得分:＿＿＿分		
科技活动和加分项企业综合自评得分:＿＿＿分		企业自评结果:□具有科技型中小企业资格 □不具有科技型中小企业资格

续表

　　本单位保证以上所填信息真实客观、合法有效,不存在提供虚假信息和隐瞒真实情况等问题,如本单位以上所填信息存在不真实、不合法的情况,本单位自愿承担全部责任。

　　特此承诺。

法定代表人(签字):

(单位公章)

年 月 日

　　说明:①企业注册登记在中关村示范区内是指企业注册登记在《国务院关于同意调整中关村国家自主创新示范区空间规模和布局的批复》(国函〔2012〕168号)规定的中关村示范区四至范围内。

　　②企业不良信用行为包括偷、骗税,重大安全、质量事故或环境等违法、违规行为。

　　③科技人员是指在企业从事研究开发、创意设计、其他技术活动,或从事技术转移、创业孵化、知识产权、科技咨询、科技金融、检验检测认证等服务活动的,一个自然年度内累计实际工作时间在183天以上的人员。

　　④研发费用包括直接研究开发活动和可以计入的间接研究开发活动所发生的费用,具体按照《科技部　财政部　国家税务总局关于印发高新技术企业认定管理工作指引的通知》(国科发火〔2008〕362号)有关规定进行核算。文化创意企业在开展创意设计活动中发生的创意和设计费用可作为研发费用,参照国科发火〔2008〕362号文件有关规定进行核算。

　　⑤自主知识产权包括有效的发明专利、实用新型专利、外观设计专利、国防专利,经登记或审(鉴)定的植物新品种、国家新药、国家一级中药保护品种、国家级农作物品种、技术秘密,经登记的转件著作权、集成电路布图设计权,在国家版权局登记的各类创意设计作品。

　　其中,各类创意设计作品包括建筑作品,美术作品,音乐、戏剧和曲艺作品,电影和以类似摄制电影的方法创作的作品,为施工、生产绘制的工程设计图和产品设计图,反映地理现象、说明事物原理或结构的地图、示意图等作品,模型作品等。

　　⑥主导制定国际标准、国际标准提案的,应能提供国家标准化管理委员会、工业和信息化部、国际标准化组织等主管部门提供的证明文件。主导制定国家标准、行业标准是指企业在标准起草单位中排名在前五名。

　　⑦企业总收入指《企业所得税法》第6条规定的收入总额。具体包括销售货物收入,提供劳务收入,转让财产收入,股息、红利等权益性投资收益,利息收入,租金收入,特许权使用费收入,接受捐赠收入,其他收入等企业以货币形式和非货币形式从各种来源取得的收入。

　　⑧国家级或北京市级研发机构包括国家(市)重点实验室、国家(市)工程技术研究中心、国家(市)工程实验室、国家(市)工程研究中心、国家(市)企业技术中心等。

　　⑨科技人员创办企业是指科技人员或科研团队参与企业设立相关筹备工作,且所持企业股权(份)的比例不少于5%。

21 -2 -3
北京市财政局　北京市国家税务局　北京市
地方税务局转发财政部　国家税务总局
关于将国家自主创新示范区有关税收
试点政策推广到全国范围实施的通知

2015 年 12 月 7 日　京财税〔2015〕2471 号

各区县财政局、国家税务局、地方税务局,市国家税务局直属税务分局、市地税局直属分局:

现将《财政部　国家税务总局关于将国家自主创新示范区有关税收试点政策推广到全国范围实施的通知》(财税〔2015〕116 号)转发给你们,请遵照执行。

附件:《财政部　国家税务总局关于将国家自主创新示范区有关税收试点政策推广到全国范围实施的通知》(财税〔2015〕116 号)

财政部　国家税务总局关于将国家
自主创新示范区有关税收试点政策
推广到全国范围实施的通知

2015 年 10 月 23 日　财税〔2015〕116 号

各省、自治区、直辖市、计划单列市财政厅(局)、国家税务局、地方税务局,新疆生产建设兵团财务局:

根据国务院常务会议决定精神,将国家自主创新示范区试点的四项所得税政策推广至全国范围实施。现就有关税收政策问题明确如下:

一、关于有限合伙制创业投资企业法人合伙人企业所得税政策

1. 自 2015 年 10 月 1 日起,全国范围内的有限合伙制创业投资企业采取股权投资方式投资于未上市的中小高新技术企业满 2 年(24 个月)的,该有限合伙制创业投资企业的法人合伙人可按照其对未上市中小高新技术企业投资额的 70% 抵扣该法人合伙人从该有限合伙制创业投资企业分得的应纳税所得额,当年不足抵扣的,可以在以后纳税年度结转抵扣。

2. 有限合伙制创业投资企业的法人合伙人对未上市中小高新技术企业的投资

额,按照有限合伙制创业投资企业对中小高新技术企业的投资额和合伙协议约定的法人合伙人占有限合伙制创业投资企业的出资比例计算确定。

二、关于技术转让所得企业所得税政策

1. 自2015年10月1日起,全国范围内的居民企业转让5年以上非独占许可使用权取得的技术转让所得,纳入享受企业所得税优惠的技术转让所得范围。居民企业的年度技术转让所得不超过500万元的部分,免征企业所得税;超过500万元的部分,减半征收企业所得税。

2. 本通知所称技术,包括专利(含国防专利)、计算机软件著作权、集成电路布图设计专有权、植物新品种权、生物医药新品种,以及财政部和国家税务总局确定的其他技术。其中,专利是指法律授予独占权的发明、实用新型以及非简单改变产品图案和形状的外观设计。

三、关于企业转增股本个人所得税政策

1. 自2016年1月1日起,全国范围内的中小高新技术企业以未分配利润、盈余公积、资本公积向个人股东转增股本时,个人股东一次缴纳个人所得税确有困难的,可根据实际情况自行制定分期缴税计划,在不超过5个公历年度内(含)分期缴纳,并将有关资料报主管税务机关备案。

2. 个人股东获得转增的股本,应按照"利息、股息、红利所得"项目,适用20%税率征收个人所得税。

3. 股东转让股权并取得现金收入的,该现金收入应优先用于缴纳尚未缴清的税款。

4. 在股东转让该部分股权之前,企业依法宣告破产,股东进行相关权益处置后没有取得收益或收益小于初始投资额的,主管税务机关对其尚未缴纳的个人所得税可不予追征。

5. 本通知所称中小高新技术企业,是指注册在中国境内实行查账征收的、经认定取得高新技术企业资格,且年销售额和资产总额均不超过2亿元、从业人数不超过500人的企业。

6. 上市中小高新技术企业或在全国中小企业股份转让系统挂牌的中小高新技术企业向个人股东转增股本,股东应纳的个人所得税,继续按照现行有关股息红利差别化个人所得税政策执行,不适用本通知规定的分期纳税政策。

四、关于股权奖励个人所得税政策

1. 自2016年1月1日起,全国范围内的高新技术企业转化科技成果,给予本企业相关技术人员的股权奖励,个人一次缴纳税款有困难的,可根据实际情况自行制定分期缴税计划,在不超过5个公历年度内(含)分期缴纳,并将有关资料报主管税务机关备案。

2. 个人获得股权奖励时,按照"工资薪金所得"项目,参照《财政部 国家税务总局关于个人股票期权所得征收个人所得税问题的通知》(财税〔2005〕35号)有关规定计算确定应纳税额。股权奖励的计税价格参照获得股权时的公平市场价格确定。

3. 技术人员转让奖励的股权(含奖励股权孳生的送、转股)并取得现金收入的,该现金收入应优先用于缴纳尚未缴清的税款。

4. 技术人员在转让奖励的股权之前企业依法宣告破产,技术人员进行相关权益处置后没有取得收益或资产,或取得的收益和资产不足以缴纳其取得股权尚未缴纳的应纳税款的部分,税务机关可不予追征。

5. 本通知所称相关技术人员,是指经公司董事会和股东大会决议批准获得股权奖励的以下两类人员:

(1)对企业科技成果研发和产业化作出突出贡献的技术人员,包括企业内关键职务科技成果的主要完成人、重大开发项目的负责人、对主导产品或者核心技术、工艺流程作出重大创新或者改进的主要技术人员。

(2)对企业发展作出突出贡献的经营管理人员,包括主持企业全面生产经营工作的高级管理人员,负责企业主要产品(服务)生产经营合计占主管业务收入(或者主营业务利润)50%以上的中、高级经营管理人员。

企业面向全体员工实施的股权奖励,不得按本通知规定的税收政策执行。

6. 本通知所称股权奖励,是指企业无偿授予相关技术人员一定份额的股权或一定数量的股份。

7. 本通知所称高新技术企业,是指实行查账征收、经省级高新技术企业认定管理机构认定的高新技术企业。

21-2-4
财政部　国家税务总局　证监会关于
内地与香港基金互认有关税收政策的通知

2015年12月14日　财税〔2015〕125号

各省、自治区、直辖市、计划单列市财政厅(局)、国家税务局、地方税务局,新疆生产建设兵团财务局,上海、深圳证券交易所,中国证券登记结算公司:

经国务院批准,现就内地与香港基金互认涉及的有关税收政策问题明确如下:

一、关于内地投资者通过基金互认买卖香港基金份额的所得税问题

1. 对内地个人投资者通过基金互认买卖香港基金份额取得的转让差价所得,自2015年12月18日起至2018年12月17日止,三年内暂免征收个人所得税。

2. 对内地企业投资者通过基金互认买卖香港基金份额取得的转让差价所得,计入其收入总额,依法征收企业所得税。

3. 内地个人投资者通过基金互认从香港基金分配取得的收益,由该香港基金在

内地的代理人按照20%的税率代扣代缴个人所得税。

前款所称代理人是指依法取得中国证监会核准的公募基金管理资格或托管资格,根据香港基金管理人的委托,代为办理该香港基金内地事务的机构。

4. 对内地企业投资者通过基金互认从香港基金分配取得的收益,计入其收入总额,依法征收企业所得税。

二、关于香港市场投资者通过基金互认买卖内地基金份额的所得税问题

1. 对香港市场投资者(包括企业和个人)通过基金互认买卖内地基金份额取得的转让差价所得,暂免征收所得税。

2. 对香港市场投资者(包括企业和个人)通过基金互认从内地基金分配取得的收益,由内地上市公司向该内地基金分配股息红利时,对香港市场投资者按照10%的税率代扣所得税;或发行债券的企业向该内地基金分配利息时,对香港市场投资者按照7%的税率代扣所得税,并由内地上市公司或发行债券的企业向其主管税务机关办理扣缴申报。该内地基金向投资者分配收益时,不再扣缴所得税。

内地基金管理人应当向相关证券登记结算机构提供内地基金的香港市场投资者的相关信息。

三、关于内地投资者通过基金互认买卖香港基金份额和香港市场投资者买卖内地基金份额的营业税问题

1. 对香港市场投资者(包括单位和个人)通过基金互认买卖内地基金份额取得的差价收入,暂免征收营业税。

2. 对内地个人投资者通过基金互认买卖香港基金份额取得的差价收入,按现行政策规定暂免征收营业税。

3. 对内地单位投资者通过基金互认买卖香港基金份额取得的差价收入,按现行政策规定征免营业税。

四、关于内地投资者通过基金互认买卖香港基金份额和香港市场投资者通过基金互认买卖内地基金份额的印花税问题

1. 对香港市场投资者通过基金互认买卖、继承、赠与内地基金份额,按照内地现行税制规定,暂不征收印花税。

2. 对内地投资者通过基金互认买卖、继承、赠与香港基金份额,按照香港特别行政区现行印花税税法规定执行。

五、财政、税务、证监等部门要加强协调,通力合作,切实做好政策实施的各项工作。

基金管理人、基金代理机构、相关证券登记结算机构以及上市公司和发行债券的企业,应依照法律法规积极配合税务机关做好基金互认税收的扣缴申报、征管及纳税服务工作。

六、本通知所称基金互认,是指内地基金或香港基金经香港证监会认可或中国证监会注册,在双方司法管辖区内向公众销售。所称内地基金,是指中国证监会根据

《中华人民共和国证券投资基金法》注册的公开募集证券投资基金。所称香港基金,是指香港证监会根据香港法律认可公开销售的单位信托、互惠基金或者其他形式的集体投资计划。所称买卖基金份额,包括申购与赎回、交易。

七、本通知自2015年12月18日起执行。

21-2-5
北京市地方税务局　北京市国家税务局
关于印发《疏解非首都功能产业的
税收支持政策(试行)》的通知

2016年4月1日　京地税发〔2016〕72号

各区人民政府,市政府各委、办、局:

　　为贯彻《京津冀协同发展规划纲要》,落实市政府关于疏解非首都功能产业工作要求,充分发挥税收职能作用,积极推动疏解工作顺利开展,北京市地方税务局、北京市国家税务局对现行税收政策及办理流程进行了梳理,经市政府同意,现将《疏解非首都功能产业的税收支持政策(试行)》(以下简称《疏解税收政策》)印发给你们,并就有关事项通知如下:

　　一、高度重视,加强宣传。各单位应加强沟通协作,强化政策宣传,利用互联网、媒体等多渠道加大疏解非首都功能产业税收政策的宣传力度,帮助企业享受相关优惠政策,促进疏解任务顺利完成。

　　二、统筹安排,有序衔接。各单位要密切合作,积极推进落实疏解工作。每年年初市推进京津冀协同发展领导小组办公室向税务部门提供当年疏解企业名单,税务部门按季度向市推进京津冀协同发展领导小组办公室反馈企业享受税收优惠政策情况。各区人民政府应及时为符合条件的企业开具《××区人民政府关于收回(或征收或准予转让)国有土地使用权(房屋所有权)的确认函》(具体式样见附件1),并抄送市推进京津冀协同发展领导小组办公室、市地税局和市国税局。

　　三、做好服务,有效落实。各级税务机关要依据《疏解税收政策》及时为企业办理涉税事项。要在办税服务场所设置咨询台为企业提供政策支持,并开通绿色通道、提供上门服务,及时为企业办理相关业务。主管税务机关要及时掌握政策落实情况,建立台账(包括户数、税款及减免税金额等),加强统计分析。

　　四、本通知自发布之日起施行。

　　附件:1.××区人民政府关于收回(或征收或准予转让)国有土地使用权(房屋所有权)的确认函

2. 企业重组所得税特殊性税务处理申报资料一览表

疏解非首都功能产业的税收支持政策(试行)

一、对于疏解低端市场适用的税收政策

对于在落实京津冀产业协同发展,疏解非首都功能的过程中,按照市、区政府要求转让或出售低端市场产权及购买低端市场产权企业适用以下税收政策:

(一)转让或出售低端市场产权的企业适用的税收政策

1. 营业税及其附加税费

(1)政策内容:企业出售不动产或转让土地使用权取得的收入,按照"销售不动产"或"转让土地使用权"税目,缴纳营业税、城市维护建设税、教育费附加、地方教育附加。

办理流程:企业在申报期内,自行计算应缴纳的营业税及附加税费,通过网上申报方式或者到主管税务机关进行纳税申报,并缴纳税款。

报送资料:无。

(2)政策内容:企业销售或转让其购置的不动产或受让的土地使用权,以全部收入减去不动产或土地使用权的购置或受让原价后的余额为营业额缴纳营业税、城市维护建设税、教育费附加、地方教育附加。

办理流程:企业在申报期内,自行计算应缴纳的营业税及附加税费,通过网上申报方式或者到主管税务机关进行纳税申报,并缴纳税款。

报送资料:无。

2. 企业所得税

(1)政策内容:企业在转让资产过程中发生的转让资产净值、缴纳的税费、提前解除租赁合同支付的补偿金、企业职工的安置费用、与企业职工解除劳动关系支付的补偿金等准予在税前扣除。

办理流程:按照实际发生额在发生当期计算应纳税所得额时扣除。

报送资料:无。

(2)政策内容:企业转让资产形成的资产损失准予在税前扣除。

办理流程:企业资产损失资料随《中华人民共和国企业所得税年度纳税申报表》及其附表一并报送。

报送资料:参见《国家税务总局关于发布〈企业资产损失所得税税前扣除管理办法〉的公告》(国家税务总局公告2011年第25号)。

3. 土地增值税

政策内容:企业房地产被政府征用或收回,能够提供市、区政府有关征用收回的正式文件,取得的补偿收入免征土地增值税。因实施城市规划、国家建设需要搬迁(包括京津冀协同发展、疏解非首都功能、产业升级调整),企业自行转让原房地产的,能够提供市、区政府有关符合政策准予转让的正式文件,取得的补偿收入免征土地增值税。

办理流程:企业向主管地税机关报送相关资料,由主管地税机关进行审核。

报送资料:

(1)减免税申请报告(列明减免税理由、依据、范围、期限、数量、金额等,加盖公章)。

(2)房地产权属证书原件及复印件。

(3)《××区人民政府关于收回(或征收或准予转让)国有土地使用权(房屋所有权)的确认函》原件及复印件(见附件1)。

(4)征用、收回房地产补偿协议或因实施城市规划、国家建设需要搬迁企业自行转让原房地产合同的原件及复印件。

(5)需要对上述材料予以补充的其他材料。

4. 契税

政策内容:企业土地或房屋被区级以上人民政府征用、占用后,重新购买土地或房屋的,购买价格没有超出补偿价款的部分免征契税。

办理流程:企业向新购土地或房屋所在地地税机关报送相关资料,由地税机关进行审核。

报送资料:

(1)《契税纳税申报表》(列明企业基本信息、土地或房屋基本信息、减免税理由、依据、范围、期限、数量、金额等,加盖公章)。

(2)《××区人民政府关于收回(或征收或准予转让)国有土地使用权(房屋所有权)的确认函》原件及复印件。

(3)企业购买土地或房屋合同原件及复印件。

(4)企业《营业执照》《税务登记证》原件及复印件。

(二)购买低端市场产权企业适用的税收政策

1. 企业所得税

(1)政策内容:企业购买低端市场房产所支付的价款、税费等支出可计算折旧税前扣除。

办理流程:符合税法规定的可在计算应纳税所得额时扣除。

报送资料:无。

(2)政策内容:企业发生的低端市场房产装修支出达到该房产计税基础50%以上且使该房产的使用年限延长2年以上的,按照房产尚可使用年限分期摊销;不符合上述标准的,按受益期摊销。

办理流程:符合税法规定的可在计算应纳税所得额时扣除。

报送资料:无。

(3)政策内容:低端市场转型后重新对外出租的,新入驻企业新购进的专门用于研发的仪器、设备,单位价值不超过100万元的,允许一次性扣除,不再分年度计算折旧;单位价值超过100万元的,可缩短折旧年限或采取加速折旧;企业持有的单位价值不超过5000元的固定资产,允许一次性扣除,不再分年度计算折旧。

办理流程:符合税法规定的可在计算应纳税所得额时扣除。

报送资料:无。

2. 房产税、城镇土地使用税

政策内容:对于购买低端市场房产、土地的企业,纳税确有困难的,经市政府批准,免征房产税;其因风、火、水、地震等造成严重自然灾害或其他不可抗力因素遭受重大损失、从事国家鼓励和扶持产业或社会公益事业等,且纳税确有困难的,经区地税机关批准,免征城镇土地使用税。

办理流程:企业向主管地税机关提出免税申请,经地税机关报市政府批准,免征房产税;经区地税机关审批,免征城镇土地使用税。

报送资料:

(1)减免税申请报告(列明减免税理由、依据、范围、期限、数量、金额等,加盖公章)。

(2)房屋产权证明、土地使用权证明原件及复印件。

(3)证明纳税人困难的相关材料:申请减免年度的《资产负债表》《利润表》及《银行对账单》,以及能够证明申请人符合申请困难减免税条件的证明材料,上述材料为加盖公章的复印件。

二、对于关停企业适用的税收政策

对于在落实京津冀产业协同发展,疏解非首都功能的过程中,企业在关停期间及处置资产时适用以下税收政策:

(一)企业处于关停期间

1. 房产税

政策内容:对于关停企业纳税确有困难的,经市政府批准免征房产税。

办理流程:企业向主管地税机关提出免征房产税申请,由地税机关报市政府批准。

报送资料:

(1)减免税申请报告(列明减免税理由、依据、范围、期限、数量、金额等,加盖公章)。

(2)房屋产权证明原件及复印件。

(3)证明纳税人困难的相关材料:申请减免年度的《资产负债表》《利润表》及《银行对账单》,以及能够证明申请人符合申请困难减免税条件的证明材料,上述材料为加盖公章的复印件。

2. 城镇土地使用税

政策内容:对于关停企业纳税确有困难的,经区地税机关批准免征城镇土地使用税。

办理流程:企业向主管地税机关提出免征城镇土地使用税申请,由区地税机关批准。

报送资料:

(1)减免税申请报告(列明减免税理由、依据、范围、期限、数量、金额等,加盖公章)。

(2)土地使用权证明原件及复印件。

(3)证明纳税人困难的相关材料:申请减免年度的《资产负债表》《利润表》及《银行对账单》,以及能够证明申请人符合申请困难减免税条件的证明材料,上述材料为加盖公章的复印件。

(二)关停企业处置资产阶段

1. 增值税

政策内容:企业因关停发生注销登记的,对其结存的库存原材料、商品等存货不补征增值税。

办理流程:企业在纳税申报期内,自行计算应缴纳的增值税,通过网上申报方式或者到主管税务机关进行纳税申报,并缴纳税款。

报送资料:无。

2. 土地增值税

政策内容:企业房地产被政府征用或收回,能够提供市、区政府有关征用收回的正式文件,取得的补偿收入免征土地增值税。因实施城市规划、国家建设需要搬迁(包括京津冀协同发展、疏解非首都功能、产业升级调整),企业自行转让原房地产的,能够提供市、区政府有关符合政策准予转让的正式文件,取得的补偿收入免征土地增值税。

办理流程、报送资料按照本文第一条第一款第3项办理。

3. 契税

政策内容:企业土地或房屋被区级以上人民政府征用、占用后,重新购买土地或房屋的,购买价格没有超出补偿价款的部分免征契税。

办理流程、报送资料按照本文第一条第一款第4项办理。

4. 符合重组改制条件的企业可按以下方式处理:

(1)营业税

政策内容:企业通过合并、分立、出售、置换等方式,将全部或者部分实物资产以及与其相关联的债权、债务和劳动力一并转让给其他单位和个人的行为,不征收营业税及其附加税费。

办理流程:不需缴纳营业税及其附加税费。

报送资料:无。

(2)企业所得税

政策内容:企业符合特殊性重组条件的:债务重组所得可分5年缴纳企业所得税;资产收购、股权收购、企业合并和分立过程中以股份支付产生的所得,可暂不征收企业所得税。

办理流程:重组各方在重组业务完成当年企业所得税年度纳税申报时,分别向各自主管税务机关报送《企业重组所得税特殊性税务处理报告表》及附表和申报资料,重组一方涉及注销的,应在尚未办理注销税务登记手续前进行申报。申报时,重组主导方应先申报,其他当事方再向其主管税务机关办理纳税申报,同时应附送重组主导方经主管税务机关受理的《企业重组所得税特殊性税务处理报告表》及附表的复印件。

报送资料:

①《企业重组所得税特殊性税务处理报告表》及附表。

②《企业重组所得税特殊性税务处理申报资料一览表》(见附件2)。

③企业重组具有合理商业目的的说明。

④重组前连续12个月内有无与该重组相关的其他股权、资产交易情况、是否构成分步交易作为一项企业重组业务进行处理等情况的说明。

(3)土地增值税

政策内容:企业按照法律规定或者合同约定进行合并、分立,将国有土地、房屋权属转移、变更到合并、分立后的企业,暂不征收土地增值税(房地产开发企业除外)。

办理流程:企业向主管地税机关报送相关资料,由主管地税机关进行审核。

报送资料:

①房地产权属证书原件及复印件。

②改制重组合同(协议)原件及复印件。

③需要对上述材料予以补充的其他材料。

(4)契税

政策内容:对合并、分立后企业承受原合并、分立各方土地、房屋权属,免征契税。

办理流程:企业向房屋土地坐落地主管地税机关报送相关资料,由主管地税机关进行审核,免征契税。

报送资料:

①《契税纳税申报表》(列明企业基本信息、土地或房屋基本信息、减免税理由、依据、范围、期限、数量、金额等,加盖公章)。

②房地产权属证书原件及复印件。

③上级主管部门批准其合并、分立的文件或董事会决议等证明材料。

④改制前后的投资情况的证明材料。

三、对于迁出企业适用的税收政策

对于在落实京津冀产业协同发展,疏解非首都功能的过程中,按照市、区政府要求迁出的企业适用以下税收政策:

(一)增值税

1.政策内容:企业发生跨区迁移的,对其结存的库存原材料、商品等存货不作补征增值税处理。

办理流程:企业在纳税申报期内,自行计算应缴纳的增值税,通过网上申报方式或者到主管税务机关进行纳税申报,并缴纳税款。

报送资料:无。

2.政策内容:企业跨区迁移后,其原享受的增值税优惠政策可以延续执行。

办理流程:由迁出地税务机关协调迁入地税务机关办理。

报送资料:无。

3.政策内容:跨区迁移后,在迁出地税务机关具备的增值税一般纳税人资格、纳税信用等级等相关资质予以认可。

办理流程:由迁出地税务机关协调迁入地税务机关办理。

报送资料:无。

(二)营业税及其附加税费

政策内容:搬迁企业将土地使用权归还给政府取得的补偿收入不征收营业税、城市维护建设税、教育费附加、地方教育附加。

办理流程:不需缴纳营业税及其附加税费。

报送资料:无。

(三)企业所得税

1.政策内容:迁出企业在搬迁期间发生的搬迁收入和搬迁支出,可以暂不计入当期应纳税所得额,在完成搬迁的年度(最长不超过5年),对搬迁收入和支出进行汇总清算。

办理流程:企业自搬迁开始年度,至次年5月31日前,须向主管税务机关(包括迁出地和迁入地)报送政策性搬迁依据、搬迁规划等相关材料。在完成搬迁的年度,对搬迁收入和支出进行汇总清算。

报送资料:

(1)搬迁开始当年企业所得税年度纳税申报时报送资料:

①政府搬迁文件或公告。

②搬迁重置总体规划。

③拆迁补偿协议。

④资产处置计划。

⑤其他与搬迁相关的事项。

(2)搬迁完成当年(最长不超过5年)企业所得税年度纳税申报时报送资料:《企业政策性搬迁清算损益表》。

2.政策内容:到迁入地继续经营的搬迁企业,不需办理企业所得税清算。

办理流程:到税务机关办理注销税务登记。

报送资料:工商变更登记情况。

3.政策内容:对总部迁出但在京设立二级分支机构的,应就地预缴企业所得税。

办理流程:在京分支机构(包括不就地分摊缴纳企业所得税的二级分支机构)应填报《企业所得税汇总纳税总分机构信息备案表》,将其总机构、上级分支机构和下属分支机构信息报其所在地主管税务机关备案。上述备案信息发生变化的,除另有规定外,应在内容变化后30日内报总机构和分支机构所在地主管税务机关备案,并办理变更税务登记。

报送资料:《企业所得税汇总纳税总分机构信息备案表》。

4. 政策内容:对总部未迁出,但将部分资产迁出并在京外设立二级分支机构的,应向京外分支机构分配税款。

办理流程:总机构应填报《企业所得税汇总纳税总分机构信息备案表》,将其所有二级及以下分支机构(包括不就地分摊缴纳企业所得税的二级分支机构)信息报其所在地主管税务机关备案。上述备案信息发生变化的,除另有规定外,应在内容变化后30日内报总机构和分支机构所在地主管税务机关备案,并办理变更税务登记。

报送资料:《企业所得税汇总纳税总分机构信息备案表》。

(四)个人所得税

政策内容:被拆迁个人按照国家有关规定取得的拆迁补偿款,免征个人所得税。

办理流程:纳税人和扣缴义务人不需办理减免税申报手续,纳税人按规定可自行享受免税政策。

报送资料:无。

(五)土地增值税

政策内容:企业房地产被政府征用或收回,能够提供市、区政府有关征用收回的正式文件,取得的补偿收入免征土地增值税。因实施城市规划、国家建设需要搬迁(包括京津冀协同发展、疏解非首都功能、产业升级调整),企业自行转让原房地产的,能够提供市、区政府有关符合政策准予转让的正式文件,取得的补偿收入免征土地增值税。

办理流程、报送资料按照本文第一条第一款第3项办理。

(六)迁出企业符合重组改制条件的,按照本文第二条第二款第4项办理。

附件1

××区人民政府关于收回(或征收或准予转让)国有土地使用权(房屋所有权)的确认函

××区确字〔20××〕××号

××××单位:

依据《中华人民共和国土地管理法》《中华人民共和国城乡规划法》《国有土地上房屋征收与补偿条例》等有关规定,经确认,将你单位位于××地块的国有土地使用权(房屋所有权)收回(或征用)。(或"……经确认,因城市实施规划、国家建设需要,由你单位自行转让房地产")。

土地四至范围:东至××××、西至××××、南至××××、北至××××

房屋坐落地址:

土地(房屋)面积:

权属证书号:

补偿费用金额(元):

经办人:

联系电话:

××区人民政府

年 月 日

抄送:

附件2

企业重组所得税特殊性税务处理申报资料一览表

重组类型	资料提供方	申报资料
债务重组	当事各方	1. 债务重组的总体情况说明,包括债务重组方案、基本情况、债务重组所产生的应纳税所得额,并逐条说明债务重组的商业目的;以非货币资产清偿债务的,还应包括企业当年应纳税所得额情况;
		2. 清偿债务或债权转股权的合同(协议)或法院裁定书,需有权部门(包括内部和外部)批准的,应提供批准文件;
		3. 债权转股权的,提供相关股权评估报告或其他公允价值证明;以非货币资产清偿债务的,提供相关资产评估报告或其他公允价值证明;
		4. 重组当事各方一致选择特殊性税务处理并加盖当事各方公章的证明资料;
		5. 债权转股权的,还应提供工商管理部门等有权机关登记的相关企业股权变更事项的证明材料,以及债权人12个月内不转让所取得股权的承诺书;
		6. 重组前连续12个月内有无与该重组相关的其他股权、资产交易,与该重组是否构成分步交易、是否作为一项企业重组业务进行处理情况的说明;
		7. 按会计准则规定当期应确认资产(股权)转让损益的,应提供按税法规定核算的资产(股权)计税基础与按会计准则规定核算的相关资产(股权)账面价值的暂时性差异专项说明。
股权收购	当事各方	1. 股权收购业务总体情况说明,包括股权收购方案、基本情况,并逐条说明股权收购的商业目的;
		2. 股权收购、资产收购业务合同(协议),需有权部门(包括内部和外部)批准的,应提供批准文件;
		3. 相关股权评估报告或其他公允价值证明;
		4. 12个月内不改变重组资产原来的实质性经营活动、原主要股东不转让所取得股权的承诺书;
		5. 工商管理部门等有权机关登记的相关企业股权变更事项的证明材料;
		6. 重组当事各方一致选择特殊性税务处理并加盖当事各方公章的证明资料;
		7. 涉及非货币性资产支付的,应提供非货币性资产评估报告或其他公允价值证明;
		8. 重组前连续12个月内有无与该重组相关的其他股权、资产交易,与该重组是否构成分步交易、是否作为一项企业重组业务进行处理情况的说明;
		9. 按会计准则规定当期应确认资产(股权)转让损益的,应提供按税法规定核算的资产(股权)计税基础与按会计准则规定核算的相关资产(股权)账面价值的暂时性差异专项说明。

重组类型	资料提供方	申报资料
资产收购	当事各方	1. 资产收购业务总体情况说明,包括资产收购方案、基本情况,并逐条说明资产收购的商业目的;
		2. 资产收购业务合同(协议),需有权部门(包括内部和外部)批准的,应提供批准文件;
		3. 相关资产评估报告或其他公允价值证明;
		4. 被收购资产原计税基础的证明;
		5. 12个月内不改变资产原来的实质性经营活动、原主要股东不转让所取得股权的承诺书;
		6. 工商管理部门等有权机关登记的相关企业股权变更事项的证明材料;
		7. 重组当事各方一致选择特殊性税务处理并加盖当事各方公章的证明资料;
		8. 涉及非货币性资产支付的,应提供非货币性资产评估报告或其他公允价值证明;
		9. 重组前连续12个月内有无与该重组相关的其他股权、资产交易,与该重组是否构成分步交易、是否作为一项企业重组业务进行处理情况的说明;
		10. 按会计准则规定当期应确认资产(股权)转让损益的,应提供按税法规定核算的资产(股权)计税基础与按会计准则规定核算的相关资产(股权)账面价值的暂时性差异专项说明。
合并	当事各方	1. 企业合并的总体情况说明,包括合并方案、基本情况,并逐条说明企业合并的商业目的;
		2. 企业合并协议或决议,需有权部门(包括内部和外部)批准的,应提供批准文件;
		3. 企业合并当事各方的股权关系说明,若属同一控制下且不需支付对价的合并,还需提供在企业合并前,参与合并各方受最终控制方的控制在12个月以上的证明材料;
		4. 被合并企业净资产、各单项资产和负债的账面价值和计税基础等相关资料;
		5. 12个月内不改变资产原来的实质性经营活动、原主要股东不转让所取得股权的承诺书;
		6. 工商管理部门等有权机关登记的相关企业股权变更事项的证明材料;
		7. 合并企业承继被合并企业相关所得税事项(包括尚未确认的资产损失、分期确认收入和尚未享受期满的税收优惠政策等)情况说明;
		8. 涉及可由合并企业弥补被合并企业亏损的,需要提供其合并日净资产公允价值证明材料及主管税务机关确认的亏损弥补情况说明;
		9. 重组当事各方一致选择特殊性税务处理并加盖当事各方公章的证明资料;
		10. 涉及非货币性资产支付的,应提供非货币性资产评估报告或其他公允价值证明;
		11. 重组前连续12个月内有无与该重组相关的其他股权、资产交易,与该重组是否构成分步交易、是否作为一项企业重组业务进行处理情况的说明;
		12. 按会计准则规定当期应确认资产(股权)转让损益的,应提供按税法规定核算的资产(股权)计税基础与按会计准则规定核算的相关资产(股权)账面价值的暂时性差异专项说明。

重组类型	资料提供方	申报资料
分立	当事各方	1. 企业分立的总体情况说明,包括分立方案、基本情况,并逐条说明企业分立的商业目的;
		2. 被分立企业董事会、股东会(股东大会)关于企业分立的决议,需有权部门(包括内部和外部)批准的,应提供批准文件;
		3. 被分立企业的净资产、各单项资产和负债账面价值和计税基础等相关资料;
		4. 12个月内不改变资产原来的实质性经营活动、原主要股东不转让所取得股权的承诺书;
		5. 工商管理部门等有权机关认定的分立和被分立企业股东股权比例证明材料;分立后,分立和被分立企业工商营业执照复印件;
		6. 重组当事各方一致选择特殊性税务处理并加盖当事各方公章的证明资料;
		7. 涉及非货币性资产支付的,应提供非货币性资产评估报告或其他公允价值证明;
		8. 分立企业承继被分立企业所分立资产相关所得税事项(包括尚未确认的资产损失、分期确认收入和尚未享受期满的税收优惠政策等)情况说明;
		9. 若被分立企业尚有未超过法定弥补期限的亏损,应提供亏损弥补情况说明、被分立企业重组前净资产和分立资产公允价值的证明材料;
		10. 重组前连续12个月内有无与该重组相关的其他股权、资产交易,与该重组是否构成分步交易、是否作为一项企业重组业务进行处理情况的说明;
		11. 按会计准则规定当期应确认资产(股权)转让损益的,应提供按税法规定核算的资产(股权)计税基础与按会计准则规定核算的相关资产(股权)账面价值的暂时性差异专项说明。

21-2-6

北京市地方税务局 北京市国家税务局
关于《疏解非首都功能产业的税收
支持政策(试行)》的补充通知

2016年5月12日 京地税发[2016]107号

各区人民政府,市政府各委、办、局:

自2016年5月1日起,"营改增"试点工作全面施行,现就北京市地方税务局、北京市国家税务局联合印发的《疏解非首都功能产业的税收支持政策(试行)》(京地税发[2016]72号,以下简称《疏解税收政策》)中营业税与增值税政策衔接事项补充通知如下:

一、政策衔接

(一)《疏解税收政策》第一条第一款中"营业税及其附加税费"内容修改为:

1. 增值税及其附加税费

(1)政策内容:自2016年5月1日起,企业转让其取得的不动产或转让土地使用权取得的收入,按照"销售不动产"或"销售无形资产"税目,缴纳增值税及其附加税费。

办理流程:企业转让其取得的不动产的,应向不动产所在地主管地税机关预缴税款。在申报期内通过网上申报或者到机构所在地主管国税机关进行纳税申报并缴纳税款。

报送资料:代开发票申请表(一般纳税人除外);税务登记证件;按规定不需要办理税务登记的单位提供组织机构代码证;经办人身份证明原件及复印件;房屋买卖合同;不动产购置原价或者取得不动产时作价的合法有效凭证。

(2)政策内容:自 2016 年 5 月 1 日起,企业转让其取得的(不含自建)不动产,适用简易计税方法的,以取得的全部价款和价外费用减去该项不动产购置原价或者取得不动产时的作价后的余额为销售额缴纳增值税及其附加税费。

办理流程:企业应向不动产所在地主管地税机关预缴税款,在申报期内通过网上申报或者到机构所在地主管国税机关进行纳税申报并缴纳税款。

报送资料:代开发票申请表(一般纳税人除外);税务登记证件;按规定不需要办理税务登记的单位提供组织机构代码证;经办人身份证明原件及复印件;房屋买卖合同;不动产购置原价或者取得不动产时作价的合法有效凭证。

(二)《疏解税收政策》第二条第二款中"营业税"内容修改为:

(1)增值税

政策内容:自 2016 年 5 月 1 日起,企业通过合并、分立、出售、置换等方式,将全部或者部分实物资产以及与其相关联的债权、债务和劳动力一并转让给其他单位和个人的行为,不属于增值税的征收范围,其中涉及的货物转让、不动产以及土地使用权转让行为,不征收增值税及附加税费。

办理流程:不需申报缴纳增值税及附加税费。

报送资料:无。

(三)《疏解税收政策》第三条第二款"营业税及其附加税费"合并到第一款"增值税"中,修改为:

4. 政策内容:搬迁企业将土地使用权归还给土地所有者取得的补偿收入免征增值税、城市维护建设税、教育费附加、地方教育附加。

办理流程:企业通过网上备案方式或到机构所在地主管国税机关办理增值税减免税备案,其申报的拆迁补偿收入免征增值税。

报送资料:《××区人民政府关于收回(或征收或准予转让)国有土地使用权(房屋所有权)的确认函》。

二、上述政策自 2016 年 5 月 1 日起施行,之前发生的营业税应税行为仍按京地税发〔2016〕72 号文件执行。

21 – 2 – 7
北京市财政局　北京市国家税务局　北京市地方税务局　北京证监局转发财政部国家税务总局　证监会关于深港股票市场交易互联互通机制试点有关税收政策的通知

2016 年 12 月 29 日　京财税〔2016〕2996 号

各区财政局、国家税务局、地方税务局,市国家税务局直属税务分局、市地税局直属分局:

　　现将《财政部　国家税务总局　证监会关于深港股票市场交易互联互通机制试点有关税收政策的通知》(财税〔2016〕127 号)转发给你们,请遵照执行。

　　附件:财政部、国家税务总局、证监会关于深港股票市场交易互联互通机制试点有关税收政策的通知

财政部　国家税务总局　证监会关于深港股票市场交易互联互通机制试点有关税收政策的通知

2016 年 11 月 5 日　财税〔2016〕127 号

各省、自治区、直辖市、计划单列市财政厅(局)、国家税务局、地方税务局,新疆生产建设兵团财务局,上海、深圳证券交易所,中国证券登记结算公司:

　　经国务院批准,现就深港股票市场交易互联互通机制试点(以下简称深港通)涉及的有关税收政策问题明确如下:

　　一、关于内地投资者通过深港通投资香港联合交易所有限公司(以下简称香港联交所)上市股票的所得税问题

　　(一)内地个人投资者通过深港通投资香港联交所上市股票的转让差价所得税。

　　对内地个人投资者通过深港通投资香港联交所上市股票取得的转让差价所得,自 2016 年 12 月 5 日起至 2019 年 12 月 4 日止,暂免征收个人所得税。

　　(二)内地企业投资者通过深港通投资香港联交所上市股票的转让差价所得税。

　　对内地企业投资者通过深港通投资香港联交所上市股票取得的转让差价所得,计入其收入总额,依法征收企业所得税。

(三)内地个人投资者通过深港通投资香港联交所上市股票的股息红利所得税。

对内地个人投资者通过深港通投资香港联交所上市 H 股取得的股息红利,H 股公司应向中国证券登记结算有限责任公司(以下简称中国结算)提出申请,由中国结算向 H 股公司提供内地个人投资者名册,H 股公司按照 20% 的税率代扣个人所得税。内地个人投资者通过深港通投资香港联交所上市的非 H 股取得的股息红利,由中国结算按照 20% 的税率代扣个人所得税。个人投资者在国外已缴纳的预提税,可持有效扣税凭证到中国结算的主管税务机关申请税收抵免。

对内地证券投资基金通过深港通投资香港联交所上市股票取得的股息红利所得,按照上述规定计征个人所得税。

(四)内地企业投资者通过深港通投资香港联交所上市股票的股息红利所得税。

1. 对内地企业投资者通过深港通投资香港联交所上市股票取得的股息红利所得,计入其收入总额,依法计征企业所得税。其中,内地居民企业连续持有 H 股满 12 个月取得的股息红利所得,依法免征企业所得税。

2. 香港联交所上市 H 股公司应向中国结算提出申请,由中国结算向 H 股公司提供内地企业投资者名册,H 股公司对内地企业投资者不代扣股息红利所得税款,应纳税款由企业自行申报缴纳。

3. 内地企业投资者自行申报缴纳企业所得税时,对香港联交所非 H 股上市公司已代扣代缴的股息红利所得税,可依法申请税收抵免。

二、关于香港市场投资者通过深港通投资深圳证券交易所(以下简称深交所)上市 A 股的所得税问题

1. 对香港市场投资者(包括企业和个人)投资深交所上市 A 股取得的转让差价所得,暂免征收所得税。

2. 对香港市场投资者(包括企业和个人)投资深交所上市 A 股取得的股息红利所得,在香港中央结算有限公司(以下简称香港结算)不具备向中国结算提供投资者的身份及持股时间等明细数据的条件之前,暂不执行按持股时间实行差别化征税政策,由上市公司按照 10% 的税率代扣所得税,并向其主管税务机关办理扣缴申报。对于香港投资者中属于其他国家税收居民且其所在国与中国签订的税收协定规定股息红利所得税率低于 10% 的,企业或个人可以自行或委托代扣代缴义务人,向上市公司主管税务机关提出享受税收协定待遇退还多缴税款的申请,主管税务机关查实后,对符合退税条件的,应按已征税款和根据税收协定税率计算的应纳税款的差额予以退税。

三、关于内地和香港市场投资者通过深港通买卖股票的增值税问题

1. 对香港市场投资者(包括单位和个人)通过深港通买卖深交所上市 A 股取得的差价收入,在营改增试点期间免征增值税。

2. 对内地个人投资者通过深港通买卖香港联交所上市股票取得的差价收入,在营改增试点期间免征增值税。

3. 对内地单位投资者通过深港通买卖香港联交所上市股票取得的差价收入,在营改增试点期间按现行政策规定征免增值税。

四、关于内地和香港市场投资者通过深港通转让股票的证券(股票)交易印花税问题

香港市场投资者通过深港通买卖、继承、赠与深交所上市 A 股,按照内地现行税制规定缴纳证券(股票)交易印花税。内地投资者通过深港通买卖、继承、赠与联交所上市股票,按照香港特别行政区现行税法规定缴纳印花税。

中国结算和香港结算可互相代收上述税款。

五、关于香港市场投资者通过沪股通和深股通参与股票担保卖空的证券(股票)交易印花税问题

对香港市场投资者通过沪股通和深股通参与股票担保卖空涉及的股票借入、归还,暂免征收证券(股票)交易印花税。

六、本通知自 2016 年 12 月 5 日起执行。

21-3　专项综合政策

21-3-1
北京市财政局　北京市国家税务局
北京市地方税务局关于小微企业
免征有关政府性基金的通知

2015 年 2 月 5 日　京财综〔2015〕159 号

市委宣传部、市发展改革委、市教委、市残联、市国土局、市水务局、市经济信息化委,各区县财政局、国税局、地税局,经济开发区:

为进一步加大对小微企业的扶持力度,按照《财政部　国家税务总局关于对小微企业免征有关政府性基金的通知》(财税〔2014〕122 号)精神,现将我市免征小微企业有关政府性基金政策通知如下:

一、自 2015 年 1 月 1 日起至 2017 年 12 月 31 日,对按月纳税的月销售额或营业额不超过 3 万元(含 3 万元),以及按季纳税的季度销售额或营业额不超过 9 万元(含 9 万元)的缴纳义务人,免征教育费附加、地方教育附加、地方水利建设基金、文化事业建设费。

其中,我市地方水利建设基金由征收的防洪工程建设维护管理费和从规定的税费收入中提取或划转部分资金组成,此次免征的为防洪工程建设维护管理费。

二、自 2015 年 1 月 1 日,对工商登记注册之日起 3 年内,安排残疾人就业未达到规定比例、在职职工总数 20 人以下(含 20 人)的小微企业,免征残疾人就业保障金。

三、免征上述政府性基金后,有关部门依法履行职能和事业发展所需经费,由同级财政预算予以统筹安排。

附件:财政部　国家税务总局关于对小微企业免征有关政府性基金的通知(财税〔2014〕122 号)

财政部　国家税务总局关于对小微企业
免征有关政府性基金的通知

2014年12月23日　财税〔2014〕122号

各省、自治区、直辖市、计划单列市人民政府,中宣部、教育部、水利部、中国残联:

为进一步加大对小微企业的扶持力度,经国务院批准,现将免征小微企业有关政府性基金问题通知如下:

一、自2015年1月1日起至2017年12月31日,对按月纳税的月销售额或营业额不超过3万元(含3万元),以及按季纳税的季度销售额或营业额不超过9万元(含9万元)的缴纳义务人,免征教育费附加、地方教育附加、水利建设基金、文化事业建设费。

二、自工商登记注册之日起3年内,对安排残疾人就业未达到规定比例、在职职工总数20人以下(含20人)的小微企业,免征残疾人就业保障金。

三、免征上述政府性基金后,有关部门依法履行职能和事业发展所需经费,由同级财政预算予以统筹安排。

21－3－2
国家税务总局　财政部　人力资源社会
保障部　教育部　民政部关于支持和
促进重点群体创业就业有关税收政策
具体实施问题的补充公告

2015年2月13日　国家税务总局　财政部　人力资源社会保障部
教育部　民政部公告2015年第12号

为贯彻落实《财政部　国家税务总局　人力资源社会保障部　教育部关于支持和促进重点群体创业就业税收政策有关问题的补充通知》(财税〔2015〕18号)精神,现对《国家税务总局　财政部　人力资源社会保障部　教育部　民政部关于支持和促进重点群体创业就业有关税收政策具体实施问题的公告》(2014年第34号)有关内容补充公告如下:

一、《就业失业登记证》更名为《就业创业证》,已发放的《就业失业登记证》继续有效。

二、取消《高校毕业生自主创业证》后,毕业年度内高校毕业生在校期间从事个体经营享受税收优惠政策的,按规定凭学生证到公共就业服务机构申领《就业创业证》,或委托所在高校就业指导中心向公共就业服务机构代为其申领《就业创业证》;毕业年度内高校毕业生离校后从事个体经营享受税收优惠政策的,按规定直接向公共就业服务机构申领《就业创业证》。公共就业服务机构在《就业创业证》上注明"毕业年度内自主创业税收政策"。

本补充公告自发布之日起施行。

特此公告。

21 – 3 – 3
北京市财政局　北京海关　北京市国家税务局　北京市地方税务局转发财政部海关总署　国家税务总局关于支持鲁甸地震灾后恢复重建有关税收政策问题的通知

2015 年 3 月 26 日　京财税〔2015〕492 号

各区县财政局、北京海关各隶属办事处、国家税务局、地方税务局,市国家税务局直属税务分局、市地方税务局直属分局:

现将《财政部　海关总署　国家税务总局关于支持鲁甸地震灾后恢复重建有关税收政策问题的通知》(财税〔2015〕27 号)转发给你们,请遵照执行。

附件:财政部　海关总署　国家税务总局关于支持鲁甸地震灾后恢复重建有关税收政策问题的通知(财税〔2015〕27 号)

财政部　海关总署　国家税务总局关于支持鲁甸地震灾后恢复重建有关税收政策问题的通知

2015 年 1 月 26 日　财税〔2015〕27 号

各省、自治区、直辖市、计划单列市财政厅(局)、国家税务局、地方税务局,新疆生产建设兵团财务局,广东分署、各直属海关:

为支持和帮助鲁甸地震受灾地区积极开展生产自救,重建家园,鼓励和引导社会各方面力量参与灾后恢复重建工作,使灾区基本生产生活条件和经济社会发展全面恢复并超过灾前水平,根据《国务院关于支持鲁甸地震灾后恢复重建政策措施的意见》(国发〔2014〕57 号)的有关规定,现就支持鲁甸地震灾后恢复重建有关税收政策问题通知如下:

一、关于减轻企业税收负担的税收政策

1. 对受灾严重地区损失严重的企业,免征 2014—2016 年度的企业所得税。

2. 自 2014 年 8 月 3 日起,对受灾地区企业通过公益性社会团体、县级以上人民政府及其部门取得的抗震救灾和灾后恢复重建款项和物资,以及税收法律、法规规定和国务院批准的减免税金及附加收入,免征企业所得税。

3. 自 2014 年 1 月 1 日—2018 年 12 月 31 日,对受灾地区农村信用社免征企业所得税。

4. 自 2014 年 8 月 3 日起,对受灾地区企业、单位或支援受灾地区重建的企业、单位,在 3 年内进口国内不能满足供应并直接用于灾后恢复重建的大宗物资、设备等,给予进口税收优惠。

各省、自治区、直辖市、计划单列市人民政府或国务院有关部门负责将所在地企业或归口管理的单位提交的直接用于灾后恢复重建的进口国内不能满足供应的物资减免税申请汇总后报财政部,由财政部会同海关总署、国家税务总局等部门审核提出处理意见,报请国务院批准后执行。

二、关于减轻个人税收负担的税收政策

自 2014 年 8 月 3 日起,对受灾地区个人接受捐赠的款项、取得的各级政府发放的救灾款项,以及参与抗震救灾的一线人员,按照地方各级人民政府及其部门规定标准取得的与抗震救灾有关的补贴收入,免征个人所得税。

三、关于支持基础设施、房屋建筑物等恢复重建的税收政策

1. 对政府为受灾居民组织建设的安居房建设用地,免征城镇土地使用税,转让时免征土地增值税。

2. 对因地震住房倒塌的农民重建住房占用耕地的,在规定标准内的部分免征耕地占用税。

3. 由政府组织建设的安居房,对所签订的建筑工程勘察设计合同、建筑安装工程承包合同、产权转移书据、房屋租赁合同,免征印花税。

4. 对受灾居民购买安居房,免征契税;对在地震中损毁的应缴而未缴契税的居民住房,不再征收契税。

5. 经省级人民政府批准,对经有关部门鉴定的因灾损毁的房产、土地,免征 2014—2016 年度的房产税、城镇土地使用税。对经批准免税的纳税人已缴税款可以从以后年度的应缴税款中抵扣。

本通知所称安居房,按照国务院有关部门确定的标准执行。所称毁损的居民住房,是指经县级以上(含县级)人民政府房屋主管部门出具证明,在地震中倒塌或遭受严重破坏而不能居住的居民住房。

四、关于鼓励社会各界支持抗震救灾和灾后恢复重建的税收政策

1. 自2014年8月3日起,对单位和个体经营者将自产、委托加工或购买的货物,通过公益性社会团体、县级以上人民政府及其部门捐赠给受灾地区的,免征增值税、城市维护建设税及教育费附加。

2. 自2014年8月3日起,对企业、个人通过公益性社会团体、县级以上人民政府及其部门向受灾地区的捐赠,允许在当年企业所得税前和当年个人所得税前全额扣除。

3. 对财产所有人将财产(物品)直接捐赠或通过公益性社会团体、县级以上人民政府及其部门捐赠给受灾地区或受灾居民所书立的产权转移书据,免征印花税。

4. 对专项用于抗震救灾和灾后恢复重建、能够提供由县级以上(含县级)人民政府或其授权单位出具的抗震救灾证明的新购特种车辆,免征车辆购置税。符合免税条件但已经征税的特种车辆,退还已征税款。

新购特种车辆是指2014年8月3日—2016年12月31日期间购买的警车、消防车、救护车、工程救险车,且车辆的所有者是受灾地区单位和个人。

五、关于促进就业的税收政策

1. 受灾严重地区的商贸企业、服务型企业、劳动就业服务企业中的加工型企业和街道社区具有加工性质的小型企业实体在新增加的就业岗位中,招用当地因地震灾害失去工作的人员,与其签订1年以上期限劳动合同并依法缴纳社会保险费的,经县级人力资源社会保障部门认定,按实际招用人数和实际工作时间予以定额依次扣减增值税、营业税、城市维护建设税、教育费附加、地方教育附加和企业所得税。

定额标准为每人每年4000元,最高可上浮30%,由云南省人民政府根据当地实际情况具体确定。

按上述标准计算的税收抵扣额应在企业当年实际应缴纳的增值税、营业税、城市维护建设税、教育费附加、地方教育附加和企业所得税税额中扣减,当年扣减不足的,不得结转下年使用。

2. 受灾严重地区因地震灾害失去工作后从事个体经营的人员,以及因地震灾害损失严重的个体工商户,按每户每年8000元为限额依次扣减其当年实际应缴纳的增值税、营业税、城市维护建设税、教育费附加、地方教育附加和个人所得税。限额标准最高可上浮20%,由云南省人民政府根据当地实际情况具体确定。

纳税人年度应缴纳税款小于上述扣减限额的,以其实际缴纳的税款为限;大于上述扣减限额的,应以上述扣减限额为限。

六、关于税收政策的适用范围

根据《云南鲁甸6.5级地震灾害损失评估报告》(民函〔2014〕269号)的规定,本通知所称"受灾严重地区"是指极重灾区和重灾区,"受灾地区"是指极重灾区、重灾区和一般灾区。具体受灾地区范围见附件。

七、关于税收政策的执行期限

以上税收政策,凡未注明具体期限的,一律执行至2016年12月31日。

各地财政、税务部门和各直属海关要加强领导、周密部署,把大力支持灾后恢复重建工作作为当前的一项重要任务,贯彻落实好相关税收优惠政策。同时,要密切关注税收政策的执行情况,对发现的问题及时逐级向财政部、海关总署、国家税务总局反映。

附件:鲁甸地震受灾地区范围

附件

鲁甸地震受灾地区范围

灾区类别	地　市	县(市、区)
极重灾区	昭通市	鲁甸县
重灾区	昭通市	巧家县
	曲靖市	会泽县
一般灾区	昭通市	昭阳区、永善县

21 - 3 - 4

北京市财政局　北京市地方税务局　北京市住房和城乡建设委员会　北京市国土资源局转发财政部　国家税务总局住房城乡建设部关于调整房地产交易环节契税、营业税优惠政策的通知

2016年3月10日　京财税〔2016〕367号

各区财政局、地方税务局、住房和城乡建设委员会、房管局,东城、西城区住房城市建设委,经济技术开发区建设局、房地局,市国土资源局各区分局,市地方税务局各直属分局:

现将《财政部　国家税务总局　住房城乡建设部关于调整房地产交易环节契税、营业税优惠政策的通知》(财税〔2016〕23号)转发给你们,请遵照执行。

附件:财政部、国家税务总局、住房城乡建设部关于调整房地产交易环节契税、营业税优惠政策的通知(财税〔2016〕23号)

财政部 国家税务总局 住房城乡建设部关于
调整房地产交易环节契税、营业税优惠政策的通知

2016 年 2 月 17 日 财税〔2016〕23 号

各省、自治区、直辖市、计划单列市财政厅(局)、地方税务局、住房城乡建设厅(建委、房地局),西藏、宁夏、青海省(自治区)国家税务局,新疆生产建设兵团财务局、建设局:

根据国务院有关部署,现就调整房地产交易环节契税、营业税优惠政策通知如下:

一、关于契税政策

(一)对个人购买家庭唯一住房(家庭成员范围包括购房人、配偶以及未成年子女,下同),面积为 90 平方米及以下的,减按 1% 的税率征收契税;面积为 90 平方米以上的,减按 1.5% 的税率征收契税。

(二)对个人购买家庭第二套改善性住房,面积为 90 平方米及以下的,减按 1% 的税率征收契税;面积为 90 平方米以上的,减按 2% 的税率征收契税。

家庭第二套改善性住房是指已拥有一套住房的家庭,购买的家庭第二套住房。

(三)纳税人申请享受税收优惠的,根据纳税人的申请或授权,由购房所在地的房地产主管部门出具纳税人家庭住房情况书面查询结果,并将查询结果和相关住房信息及时传递给税务机关。暂不具备查询条件而不能提供家庭住房查询结果的,纳税人应向税务机关提交家庭住房实有套数书面诚信保证,诚信保证不实的,属于虚假纳税申报,按照《中华人民共和国税收征收管理法》的有关规定处理,并将不诚信记录纳入个人征信系统。

按照便民、高效原则,房地产主管部门应按规定及时出具纳税人家庭住房情况书面查询结果,税务机关应对纳税人提出的税收优惠申请限时办结。

(四)具体操作办法由各省、自治区、直辖市财政、税务、房地产主管部门共同制定。

二、关于营业税政策

个人将购买不足 2 年的住房对外销售的,全额征收营业税;个人将购买 2 年以上(含 2 年)的住房对外销售的,免征营业税。

办理免税的具体程序、购买房屋的时间、开具发票、非购买形式取得住房行为及其他相关税收管理规定,按照《国务院办公厅转发建设部等部门关于做好稳定住房价格工作意见的通知》(国办发〔2005〕26 号)、《国家税务总局 财政部 建设部关于加强房地产税收管理的通知》(国税发〔2005〕89 号)和《国家税务总局关于房地产税收政策执行中几个具体问题的通知》(国税发〔2005〕172 号)的有关规定执行。

三、关于实施范围

北京市、上海市、广州市、深圳市暂不实施本通知第一条第二项契税优惠政策及第二条营业税优惠政策,上述城市个人住房转让营业税政策仍按照《财政部 国家税务总局关于调整个人住房转让营业税政策的通知》(财税〔2015〕39号)执行。

上述城市以外的其他地区适用本通知全部规定。

本通知自2016年2月22日起执行。

21 - 3 - 5

北京市财政局 北京市国家税务局 北京市地方税务局转发财政部 国家税务总局关于继续实行农村饮水安全工程建设运营税收优惠政策的通知

2016年4月19日 京财税〔2016〕619号

各区财政局、国家税务局、地方税务局,市国家税务局直属分局、市地方税务局各直属分局:

现将《财政部 国家税务总局关于继续实行农村饮水安全工程建设运营税收优惠政策的通知》(财税〔2016〕19号)转发给你们,请遵照执行。

附件:财政部 国家税务总局关于继续实行农村饮水安全工程建设运营税收优惠政策的通知(财税〔2016〕19号)

财政部 国家税务总局关于继续实行农村饮水安全工程建设运营税收优惠政策的通知

2016年2月25日 财税〔2016〕19号

各省、自治区、直辖市、计划单列市财政厅(局)、国家税务局、地方税务局,新疆生产建设兵团财务局:

为支持农村饮水安全工程(以下简称饮水工程)巩固提升,经国务院批准,继续对饮水工程的建设、运营给予税收优惠。现将有关政策通知如下:

一、对饮水工程运营管理单位为建设饮水工程而承受土地使用权,免征契税。

二、对饮水工程运营管理单位为建设饮水工程取得土地使用权而签订的产权转移书据,以及与施工单位签订的建设工程承包合同免征印花税。

三、对饮水工程运营管理单位自用的生产、办公用房产、土地,免征房产税、城镇土地使用税。

四、对饮水工程运营管理单位向农村居民提供生活用水取得的自来水销售收入,免征增值税。

五、对饮水工程运营管理单位从事《公共基础设施项目企业所得税优惠目录》规定的饮水工程新建项目投资经营的所得,自项目取得第一笔生产经营收入所属纳税年度起,第一年至第三年免征企业所得税,第四年至第六年减半征收企业所得税。

六、本文所称饮水工程,是指为农村居民提供生活用水而建设的供水工程设施。本文所称饮水工程运营管理单位,是指负责饮水工程运营管理的自来水公司、供水公司、供水(总)站(厂、中心)、村集体、农民用水合作组织等单位。

对于既向城镇居民供水,又向农村居民供水的饮水工程运营管理单位,依据向农村居民供水收入占总供水收入的比例免征增值税;依据向农村居民供水量占总供水量的比例免征契税、印花税、房产税和城镇土地使用税。无法提供具体比例或所提供数据不实的,不得享受上述税收优惠政策。

七、符合上述减免税条件的饮水工程运营管理单位需持相关材料向主管税务机关办理备案手续。

八、上述政策(第五条除外)自2016年1月1日—2018年12月31日执行。

21-3-6

北京市财政局　北京市国家税务局　北京市地方税务局转发财政部　国家税务总局关于营改增后契税、房产税、土地增值税、个人所得税计税依据问题的通知

2016年5月19日　京财税〔2016〕866号

各区财政局、国家税务局、地方税务局,市国家税务局直属分局、市地方税务局各直属分局:

现将《财政部　国家税务总局关于营改增后契税、房产税、土地增值税、个人所得税计税依据问题的通知》(财税〔2016〕43号)转发给你们,请遵照执行。

　　附件:财政部　国家税务总局关于营改增后契税、房产税、土地增值税、个人所得税计税依据问题的通知(财税〔2016〕43号)

财政部 国家税务总局关于营改增后契税、房产税、土地增值税、个人所得税计税依据问题的通知

2016年4月25日 财税〔2016〕43号

各省、自治区、直辖市、计划单列市财政厅(局)、地方税务局,西藏、宁夏、青海省(自治区)国家税务局,新疆生产建设兵团财务局:

经研究,现将营业税改征增值税后契税、房产税、土地增值税、个人所得税计税依据有关问题明确如下:

一、计征契税的成交价格不含增值税。

二、房产出租的,计征房产税的租金收入不含增值税。

三、土地增值税纳税人转让房地产取得的收入为不含增值税收入。

《中华人民共和国土地增值税暂行条例》等规定的土地增值税扣除项目涉及的增值税进项税额,允许在销项税额中计算抵扣的,不计入扣除项目,不允许在销项税额中计算抵扣的,可以计入扣除项目。

四、个人转让房屋的个人所得税应税收入不含增值税,其取得房屋时所支付价款中包含的增值税计入财产原值,计算转让所得时可扣除的税费不包括本次转让缴纳的增值税。

个人出租房屋的个人所得税应税收入不含增值税,计算房屋出租所得可扣除的税费不包括本次出租缴纳的增值税。个人转租房屋的,其向房屋出租方支付的租金及增值税额,在计算转租所得时予以扣除。

五、免征增值税的,确定计税依据时,成交价格、租金收入、转让房地产取得的收入不扣减增值税额。

六、在计征上述税种时,税务机关核定的计税价格或收入不含增值税。

本通知自2016年5月1日起执行。

21 - 3 - 7
北京市财政局　北京市地方税务局转发
财政部　国家税务总局关于部分国家
储备商品有关税收政策的通知

2016 年 7 月 8 日　京财税〔2016〕1203 号

各区财政局、地方税务局,市地方税务局直属分局:

现将《财政部　国家税务总局关于部分国家储备商品有关税收政策的通知》(财税〔2016〕28 号)转发给你们,并附北京市执行该项政策的单位名单(附件 2),请遵照执行。

附件:1. 财政部　国家税务总局关于部分国家储备商品有关税收政策的通知(财税〔2016〕28 号)

2. 北京市储备商品管理公司及其直属库名单(编者略)

财政部　国家税务总局关于部分国家
储备商品有关税收政策的通知

2016 年 3 月 11 日　财税〔2016〕28 号

各省、自治区、直辖市、计划单列市财政厅(局)、地方税务局,西藏、宁夏、青海省(自治区)国家税务局,新疆生产建设兵团财务局:

为支持国家商品储备业务发展,经国务院批准,现将中央和地方部分商品储备政策性业务(以下简称商品储备业务)有关税收政策明确如下:

一、对商品储备管理公司及其直属库资金账簿免征印花税;对其承担商品储备业务过程中书立的购销合同免征印花税,对合同其他各方当事人应缴纳的印花税照章征收。

二、对商品储备管理公司及其直属库承担商品储备业务自用的房产、土地,免征房产税、城镇土地使用税。

三、本通知所称商品储备管理公司及其直属库,是指接受中央、省、市、县四级政府有关部门委托,承担粮(含大豆)、食用油、棉、糖、肉、盐(限于中央储备)6 种商品储备任务,取得财政储备经费或补贴的商品储备企业。

　　中粮集团有限公司所属储备库接受中国储备粮管理总公司、分公司及其直属库委托,承担的粮(含大豆)、食用油商品储备业务,按本通知第一条、第二条规定享受税收优惠。

　　四、承担中央政府有关部门委托商品储备业务的储备管理公司及其直属库,以及接受中国储备粮管理总公司、分公司及其直属库的委托承担粮(含大豆)、食用油等商品储备业务的中粮集团有限公司所属储备库名单见附件。

　　承担省、市、县政府有关部门委托商品储备业务的储备管理公司及其直属库名单由省、自治区、直辖市财政、税务部门会同有关部门明确或制定具体管理办法,并报省、自治区、直辖市人民政府批准后予以发布。

　　名单若有变化,财政、税务等部门应及时进行调整。

　　五、本通知执行时间为2016年1月1日—2018年12月31日。2016年1月1日以后已缴上述应予免税的税款,从企业应缴纳的相应税款中抵扣。

　　六、符合上述免税条件的企业,应当按照税收减免管理规定,持相关材料向主管税务机关办理减免税备案手续。

　　如发现不符合本通知规定政策的企业及其直属库,应取消其免税资格。

　　请遵照执行。

21-3-8
北京市财政局　北京市地方税务局转发财政部　国家税务总局关于继续执行高校学生公寓和食堂有关税收政策的通知

2016年9月12日　京财税〔2016〕1811号

各区财政局、地方税务局,市地方税务局直属分局:

　　现将《财政部　国家税务总局关于继续执行高校学生公寓和食堂有关税收政策的通知》(财税〔2016〕82号)转发给你们,请遵照执行。

　　附件:财政部　国家税务总局关于继续执行高校学生公寓和食堂有关税收政策的通知(财税〔2016〕82号)

财政部　国家税务总局关于继续执行
高校学生公寓和食堂有关税收政策的通知

2016 年 7 月 25 日　财税〔2016〕82 号

各省、自治区、直辖市、计划单列市财政厅(局)、国家税务局、地方税务局、新疆生产建设兵团财务局:

经国务院批准,现对继续执行高校学生公寓和食堂的有关税收政策通知如下:

一、自 2016 年 1 月 1 日—2018 年 12 月 31 日,对高校学生公寓免征房产税;对与高校学生签订的高校学生公寓租赁合同,免征印花税。

二、对按照国家规定的收费标准向学生收取的高校学生公寓住宿费收入,自 2016 年 1 月 1 日—2016 年 4 月 30 日,免征营业税;自 2016 年 5 月 1 日起,在营改增试点期间免征增值税。

三、对高校学生食堂为高校师生提供餐饮服务取得的收入,自 2016 年 1 月 1 日—2016 年 4 月 30 日,免征营业税;自 2016 年 5 月 1 日起,在营改增试点期间免征增值税。

四、本通知所述"高校学生公寓",是指为高校学生提供住宿服务,按照国家规定的收费标准收取住宿费的学生公寓。

"高校学生食堂",是指依照《学校食堂与学生集体用餐卫生管理规定》(教育部令第 14 号)管理的高校学生食堂。

五、文到之日前,已征的按照本通知规定应予免征的房产税和印花税,分别从纳税人以后应缴纳的房产税和印花税中抵减或者予以退还;已征的应予免征的营业税,予以退还;已征的应予免征的增值税,可抵减纳税人以后月份应缴纳的增值税或予以退还。

21 - 3 - 9
北京市财政局　北京市地方税务局转发
财政部　国家税务总局关于科技
企业孵化器税收政策的通知

2016 年 9 月 23 日　京财税〔2016〕1858 号

各区财政局、地方税务局,市地税局直属单位:

现将《财政部　国家税务总局关于科技企业孵化器税收政策的通知》(财税〔2016〕89 号)转发给你们,请遵照执行。

附件:财政部、国家税务总局关于科技企业孵化器税收政策的通知(财税〔2016〕89 号)

财政部　国家税务总局关于
科技企业孵化器税收政策的通知

2016 年 8 月 11 日　财税〔2016〕89 号

各省、自治区、直辖市、计划单列市财政厅(局)、国家税务局、地方税务局,新疆生产建设兵团财务局:

经国务院批准,现就科技企业孵化器(含众创空间,以下简称孵化器)有关税收政策通知如下:

一、自 2016 年 1 月 1 日—2018 年 12 月 31 日,对符合条件的孵化器自用以及无偿或通过出租等方式提供给孵化企业使用的房产、土地,免征房产税和城镇土地使用税;自 2016 年 1 月 1 日—2016 年 4 月 30 日,对其向孵化企业出租场地、房屋以及提供孵化服务的收入,免征营业税;在营业税改征增值税试点期间,对其向孵化企业出租场地、房屋以及提供孵化服务的收入,免征增值税。

二、符合非营利组织条件的孵化器的收入,按照企业所得税法及其实施条例和有关税收政策规定享受企业所得税优惠政策。

三、享受本通知规定的房产税、城镇土地使用税以及营业税、增值税优惠政策的孵化器,应同时符合以下条件:

(一)孵化器需符合国家级科技企业孵化器条件。国务院科技行政主管部门负责发布国家级科技企业孵化器名单。

(二)孵化器应将面向孵化企业出租场地、房屋以及提供孵化服务的业务收入在财务上单独核算。

(三)孵化器提供给孵化企业使用的场地面积(含公共服务场地)应占孵化器可自主支配场地面积的 75% 以上(含 75%)。孵化企业数量应占孵化器内企业总数量的 75% 以上(含 75%)。

公共服务场地是指孵化器提供给孵化企业共享的活动场所,包括公共餐厅、接待室、会议室、展示室、活动室、技术检测室和图书馆等非盈利性配套服务场地。

四、本通知所称"孵化企业"应当同时符合以下条件:

(一)企业注册地和主要研发、办公场所必须在孵化器的孵化场地内。

(二)新注册企业或申请进入孵化器前企业成立时间不超过 2 年。

(三)企业在孵化器内孵化的时间不超过 48 个月。纳入"创新人才推进计划"及"海外高层次人才引进计划"的人才或从事生物医药、集成电路设计、现代农业等特殊领域的创业企业,孵化时间不超过 60 个月。

(四)符合《中小企业划型标准规定》所规定的小型、微型企业划型标准。

(五)单一在孵企业入驻时使用的孵化场地面积不大于 1000 平方米。从事航空航天等特殊领域的在孵企业,不大于 3000 平方米。

(六)企业产品(服务)属于科技部、财政部、国家税务总局印发的《国家重点支持的高新技术领域》规定的范围。

五、本通知所称"孵化服务"是指为孵化企业提供的属于营业税"服务业"税目中"代理业""租赁业"和"其他服务业"中的咨询和技术服务范围内的服务,改征增值税后是指为孵化企业提供的"经纪代理""经营租赁""研发和技术""信息技术"和"鉴证咨询"等服务。

六、省级科技行政主管部门负责定期核实孵化器是否符合本通知规定的各项条件,并报国务院科技行政主管部门审核确认。国务院科技行政主管部门审核确认后向纳税人出具证明材料,列明用于孵化的房产和土地的地址、范围、面积等具体信息,并发送给国务院税务主管部门。

纳税人持相应证明材料向主管税务机关备案,主管税务机关按照《税收减免管理办法》等有关规定,以及国务院科技行政主管部门发布的符合本通知规定条件的孵化器名单信息,办理税收减免。

请遵照执行。

21-3-10

北京市财政局　北京市地方税务局转发
财政部　国家税务总局关于国家
大学科技园税收政策的通知

2016 年 10 月 18 日　京财税〔2016〕2110 号

各区财政局、地方税务局,市地税局直属单位:

现将《财政部　国家税务总局关于国家大学科技园税收政策的通知》(财税〔2016〕98 号)转发给你们,请遵照执行。

附件:财政部　国家税务总局关于国家大学科技园税收政策的通知(财税〔2016〕98 号)

财政部　国家税务总局关于
国家大学科技园税收政策的通知

2016 年 9 月 5 日　财税〔2016〕98 号

各省、自治区、直辖市、计划单列市财政厅(局)、国家税务局、地方税务局,新疆生产建设兵团财务局:

经国务院批准,现就国家大学科技园(以下简称科技园)有关税收政策通知如下:

一、自 2016 年 1 月 1 日—2018 年 12 月 31 日,对符合条件的科技园自用以及无偿或通过出租等方式提供给孵化企业使用的房产、土地,免征房产税和城镇土地使用税;自 2016 年 1 月 1 日—2016 年 4 月 30 日,对其向孵化企业出租场地、房屋以及提供孵化服务的收入,免征营业税;在营业税改征增值税试点期间,对其向孵化企业出租场地、房屋以及提供孵化服务的收入,免征增值税。

二、符合非营利组织条件的科技园的收入,按照企业所得税法及其实施条例和有关税收政策规定享受企业所得税优惠政策。

三、享受本通知规定的房产税、城镇土地使用税以及营业税、增值税优惠政策的科技园,应当同时符合以下条件:

(一)科技园符合国家大学科技园条件。国务院科技和教育行政主管部门负责发布国家大学科技园名单。

（二）科技园将面向孵化企业出租场地、房屋以及提供孵化服务的业务收入在财务上单独核算。

（三）科技园提供给孵化企业使用的场地面积（含公共服务场地）占科技园可自主支配场地面积的60%以上（含60%），孵化企业数量占科技园内企业数量的75%以上（含75%）。

公共服务场地是指科技园提供给孵化企业共享的活动场所，包括公共餐厅、接待室、会议室、展示室、活动室、技术检测室和图书馆等非营利性配套服务场地。

四、本通知所称"孵化企业"应当同时符合以下条件：

（一）企业注册地及主要研发、办公场所在科技园的工作场地内。

（二）新注册企业或申请进入科技园前企业成立时间不超过3年。

（三）企业在科技园内孵化的时间不超过48个月。海外高层次创业人才或从事生物医药、集成电路设计等特殊领域的创业企业，孵化时间不超过60个月。

（四）符合《中小企业划型标准规定》所规定的小型、微型企业划型标准。

（五）单一在孵企业使用的孵化场地面积不超过1000平方米。从事航空航天、现代农业等特殊领域的单一在孵企业，不超过3000平方米。

（六）企业产品（服务）属于科技部、财政部、国家税务总局印发的《国家重点支持的高新技术领域》规定的范围。

五、本通知所称"孵化服务"是指为孵化企业提供的属于营业税"服务业"税目中"代理业""租赁业"和"其他服务业"中的咨询和技术服务范围内的服务，改征增值税后是指孵化企业提供的"经纪代理""经营租赁""研发和技术""信息技术"和"鉴证咨询"等服务。

六、国务院科技和教育行政主管部门负责组织对科技园是否符合本通知规定的各项条件定期进行审核确认，并向纳税人出具证明材料，列明纳税人用于孵化的房产和土地的地址、范围、面积等具体信息，并发送给国务院税务主管部门。

纳税人持相应证明材料向主管税务机关备案，主管税务机关按照《税收减免管理办法》等有关规定，以及国务院科技和教育行政主管部门发布的符合本通知规定条件的科技园名单信息，办理税收减免。

21－3－11
北京市财政局　北京市国家税务局　北京市地方税务局转发财政部　国家税务总局关于落实降低企业杠杆率税收支持政策的通知

2016年12月27日　京财税〔2016〕2968号

各区财政局、国家税务局、地方税务局,市国税局直属单位、市地税局直属分局:

现将《财政部　国家税务总局关于落实降低企业杠杆率税收支持政策的通知》(财税〔2016〕125号)转发给你们,请遵照执行。

附件:《财政部　国家税务总局关于落实降低企业杠杆率税收支持政策的通知》(财税〔2016〕125号)

财政部　国家税务总局关于落实降低企业杠杆率税收支持政策的通知

2016年11月22日　财税〔2016〕125号

各省、自治区、直辖市、计划单列市财政厅(局)、国家税务局、地方税务局,新疆生产建设兵团财务局:

按照党中央、国务院决策部署,根据《国务院关于积极稳妥降低企业杠杆率的意见》(国发〔2016〕54号,以下简称《意见》)有关精神,现就落实降低企业杠杆率税收政策工作通知如下:

一、充分认识贯彻落实降杠杆税收支持政策的重要意义

近年来,我国企业杠杆率高企,债务规模增长过快,企业债务负担不断加重。党中央、国务院从战略高度对降低企业杠杆率工作作出决策部署,把去杠杆列为供给侧结构性改革"三去一降一补"的五大任务之一。《意见》将"落实和完善降杠杆财税支持政策"作为重要任务。各级财税部门要充分认识积极稳妥降低企业杠杆率的重要性,坚决贯彻执行中央决策部署,严格按照《意见》要求认真落实好有关税收政策,充分发挥税收职能作用,切实减轻企业负担、降低企业成本,为企业降杠杆创造良好的外部环境。

二、落实好降杠杆相关税收支持政策

(一)企业符合税法规定条件的股权(资产)收购、合并、债务重组等重组行为,可按税法规定享受企业所得税递延纳税优惠政策。

(二)企业以非货币性资产投资,可按规定享受 5 年内分期缴纳企业所得税政策。

(三)企业破产、注销,清算企业所得税时,可按规定在税前扣除有关清算费用及职工工资、社会保险费用、法定补偿金。

(四)企业符合税法规定条件的债权损失可按规定在计算企业所得税应纳税所得额时扣除。

(五)金融企业按照规定提取的贷款损失准备金,符合税法规定的,可以在企业所得税税前扣除。

(六)在企业重组过程中,企业通过合并、分立、出售、置换等方式,将全部或者部分实物资产以及与其相关联的债权、负债和劳动力,一并转让给其他单位和个人,其中涉及的货物、不动产、土地使用权转让行为,符合规定的,不征收增值税。

(七)企业重组改制涉及的土地增值税、契税、印花税,符合规定的,可享受相关优惠政策。

(八)符合信贷资产证券化政策条件的纳税人,可享受相关优惠政策。

三、工作要求

降杠杆相关税收政策涵盖交易多个环节,涉及面广,政策内容多。各级财税部门要高度重视,进一步加强学习培训,熟悉、掌握政策内容;要加强对纳税人的宣传辅导,跟踪税收政策执行情况和实施效应,加强调研反馈,及时了解执行中遇到的问题,研究提出调整和完善税收政策的建议。

特此通知。

21-4 其他综合政策

21-4-1
北京市地方税务局关于发布财产和行为税
纳税申报表及有关事项的公告

2015年6月30日 北京市地方税务局公告2015年第7号

根据《国家税务总局关于印发〈全国县级税务机关纳税服务规范（1.0 版）〉相关表证单书的通知》（税总发〔2014〕109 号）和《国家税务总局关于修订〈资源税纳税申报表〉的公告》（2014 年第 62 号）的规定，为进一步优化纳税服务，北京市地方税务局自 2015 年 7 月 1 日起在全市范围内正式启用新的涉及城镇土地使用税、房产税、印花税、土地增值税、资源税、城市维护建设税、教育费附加、地方教育附加、契税等 9 个税（费）种的纳税申报表。现将相关表样及有关事项公告如下：

一、新启用的纳税申报表范围包括：《城镇土地使用税纳税申报表》《城镇土地使用税税源明细表》《房产税纳税申报表》《从价计征房产税税源明细表》《从租计征房产税税源明细表》《印花税纳税申报表》《土地增值税纳税申报表（一）（从事房地产开发的纳税人预征适用）》《土地增值税纳税申报表（二）（从事房地产开发的纳税人清算适用）》《土地增值税纳税申报表（三）（非从事房地产开发的纳税人适用）》《资源税纳税申报表（一）》[1]、《资源税纳税申报表（二）》[2]、《城市维护建设税、教育费附加、地方教育附加税（费）申报表》《契税纳税申报表》。

二、采取网上申报方式的纳税人应登录北京市地方税务局网站，进入首页"办税通道"栏目中的"纳税申报"子栏目，下载安装"北京互联网地税局"客户端软件，通过"财行税明细申报"模块对本公告第一条所列的、除契税以外的相关税种进行纳税申报；未采取网上申报方式的纳税人，可到主管税务机关上门进行纳税申报。

有关契税的纳税申报，仍采用上门申报的方式进行。

三、纳税人、扣缴义务人有下列情形之一的，不需向地方税务机关填报《城市维护建设税、教育费附加、地方教育附加税（费）申报表》：

（一）采取网上申报方式，在北京市国家税务局申报增值税、消费税并通过该网上申报系统填报《城市维护建设税、教育费附加、地方教育附加税（费）申报表》的；

(二)随营业税附征的城市维护建设税、教育费附加、地方教育附加,与营业税同时申报缴纳的。

四、本公告自 2015 年 7 月 1 日起执行。《北京市地方税务局关于印发〈北京市地方税务局印花税纳税申报试行办法〉的通知》(京地税一〔1996〕540 号)和《北京市地方税务局关于调整印花税纳税申报期限的通知》(京地税地〔2003〕45 号)同时废止。

特此公告。

附件:1. 关于《北京市地方税务局关于发布财产和行为税纳税申报表及有关事项的公告》的政策解读

　　　2. 财产和行为税纳税申报表表样

附件 1

关于《北京市地方税务局关于发布财产和行为税
纳税申报表及有关事项的公告》的政策解读

一、本公告出台的背景是什么?

为推进税收现代化建设进程,建立优质便捷的纳税服务体系,2014 年,国家税务总局制定了《全国县级税务机关纳税服务规范(1.0)版》(以下简称《纳税服务规范》),新增并修订了部分在用的表证单书,形成全国统一的纳税申报表。北京市地方税务局为统一执行国家税务总局制发的财产和行为税纳税申报表,完成财产和行为税纳税申报表在征管软件系统的上线运行的要求,根据《国家税务总局关于印发〈全国县级税务机关纳税服务规范(1.0 版)〉相关表证单书的通知》(税总发〔2014〕109 号)和《国家税务总局关于修订〈资源税纳税申报表〉的公告》(国家税务总局公告 2014 年第 62 号)文件规定,2015 年 6 月开发完成了财产和行为税明细申报系统,计划于 2015 年 7 月 1 日正式启用全国统一纳税申报表。

二、北京市地方税务局启用的纳税申报表与国家税务总局统一申报表是否存在区别?

根据《北京市施行〈中华人民共和国房产税暂行条例〉的细则》第四条"企业、事业单位房产,不论自用还是出租均按征收月份前一个月的月末账面房产原值,一次减除30%后的余值,计算缴纳房产税"的规定,北京市地方税务局对国家税务总局《房产税纳税申报表》《从价计征房产税税源明细表》和《从租计征房产税税源明细表》的填表说明相关内容进行了修改。

《房产税纳税申报表》的修改内容为:将填表说明第 18 项第一款"从价计征房产税的本期应纳税额 =(房产原值－出租房产原值)×计税比例×税率÷12×计税月份数"修改为"从价计征房产税的本期应纳税额 = 房产原值×计税比例×税率÷12×计税月份数"。

《从价计征房产税税源明细表》的修改内容为:删除填表说明第 21 项第一款"(1)房产应税原值 = 房产原值－出租房产原值";将填表说明第 21 项第二款"本期应纳税额 =(房产原值－出租房产原值)×税率÷12×计税月份数"修改为"本期应纳税额 = 房产原值×计税比例×税率÷12×计《从租计征房产税税源明细表》的修改内容为:删除填表说明第 3 项"纳税人出租的房产,必须首先按照从价计征房产税明细申报的要求如实填写有关信息,再填写从租计征房产税明细申报有关信息"的内容。

三、车船税、耕地占用税是否进行明细申报？

本公告发布前,北京市范围内车船税、耕地占用税已经实行明细申报。

四、公告的施行时间如何确定？

根据《国家税务总局关于印发〈全国县级税务机关纳税服务规范(1.0版)〉相关表证单书的通知》(税总发〔2014〕109号)和《国家税务总局关于修订〈资源税纳税申报表〉的公告》(国家税务总局公告2014年第62号)的规定,北京市地方税务局应统一执行国家税务总局制发的财产和行为税纳税申报表。本公告公布后不立即施行将有碍执行,因此,公告自2015年7月1日起施行。

附件2

财产和行为税纳税申报表表样

城镇土地使用税纳税申报表③

金额单位:元至角分;面积单位:平方米

税款所属期:自　年　月　日至　年　月　日

填表日期:　年　月　日

纳税人识别号 □□□□□□□□□□□□□□□

纳税人信息	名称					纳税人分类		单位□　个人□
	登记注册类型			*		所属行业		
	身份证照类型	身份证□　护照□　军官证□　其他□				联系人		联系方式
申报纳税信息	宗地的地号	土地等级	税额标准	土地总面积	计税月份数	本期应纳税额	减免性质代码	减免税总面积	本期减免税额	本期已缴税额	本期应补(退)税额
		*	*		*	*	*			
	合计									

以下由纳税人填写:

纳税人声明	此纳税申报表是根据《中华人民共和国城镇土地使用税暂行条例》和国家有关税收规定填报的,是真实的、可靠的、完整的。
纳税人签章	代理人签章　　　　　代理人身份证号

以下由税务机关填写:

受理人	受理日期　　年　月　日　　受理税务机关签章

本表一式三份,一份返还纳税人,一份作为资料归档,一份作为税收会计核算的原始凭证。

填表说明:

1. 本表依据《中华人民共和国税收征收管理法》《中华人民共和国城镇土地使用税暂行条例》制定。本表分为一主表一附表,附表为《城镇土地使用税税源明细表》。

2. 本表适用于在中华人民共和国境内申报缴纳城镇土地使用税的单位和个人。

3. 纳税人识别号(必填):纳税人为非自然人的,应当按照办理税务登记时税务机关赋予的编码填写。纳税人为自然人的,应当按照本人有效身份证件上标注的号码填写。

4. 纳税人名称(必填):党政机关、企事业单位、社会团体的,应按照国家人事、民政部门批准设立或者工商部门注册登记的全称填写;纳税人是自然人的,应当按照本人有效身份证件上标注的姓名填写。

5. 纳税人分类(必选):个人是指自然人。

6. 登记注册类型 *:单位,根据税务登记证或组织机构代码证中登记的注册类型填写;纳税人是企业的,根据国家统计局《关于划分企业登记注册类型的规定》填写。内资企业 国有企业 集体企业 股份合作企业 联营企业 国有联营企业 集体联营企业 国有与集体联营企业 其他联营企业有限责任公司 国有独资公司 其他有限责任公司 股份有限公司 私营企业 私营独资企业 私营合伙企业 私营有限责任公司 私营股份有限公司 其他企业 港、澳、台商投资企业合资经营企业(港或澳、台资) 合作经营企业(港或澳、台资) 港、澳、台商独资经营企业 港、澳、台商投资股份有限公司 其他港、澳、台商投资企业 外商投资企业 中外合资经营企业中外合作经营企业 外资企业 外商投资股份有限公司 其他外商投资企业。

7. 所属行业 *:根据《国民经济行业分类》(GB/T 4754 – 2011)填写。

8. 身份证照类型:纳税人为自然人的,必选。选择类型为:身份证、护照、军官证、其他,必选一项,选择"其他"的,请注明证件的具体类型。

9. 联系人、联系方式(必填):填写单位法定代表人或纳税人本人姓名、常用联系电话及地址。

10. 宗地的地号:土地证件记载的地号。不同地号的土地应当分行填写。无地号的,不同的宗地也应当分行填写。

11. 土地等级(必填):根据本地区关于土地等级的有关规定,填写纳税人占用土地所属的土地的等级。不同土地等级的土地,应当按照各个土地等级汇总填写。

12. 税额标准:根据土地等级确定,可由税务机关系统自动带出。

13. 土地总面积(必填):根据纳税人实际占用的土地面积填写,保留两位小数。此面积为全部面积,包括减免税面积。本项为《城镇土地使用税税源明细表》相应数据项的汇总值。

14. 本期应纳税额:本项为《城镇土地使用税税源明细表》相应数据项的汇总值。

15. 减免性质代码:该项按照国家税务总局制定下发的最新减免性质及分类表中的最细项减免性质代码填写,有减免税情况的必填。不同减免性质代码的土地应当分行填表。

16. 减免税总面积:有减免税情况者必填,保留两位小数。本项为《城镇土地使用税税源明细表》相应数据项的汇总值。

17. 本期减免税额:本项为《城镇土地使用税税源明细表》相应数据项的汇总值。

18. 计税月份数(必填):根据税款所属期内实际计算税款的月份数填写。在同一税款所属期内,计税月份数不同的土地应当分行填写。

19. 逻辑关系:

(1)本期应纳税额 = 土地总面积 × 税额标准 ÷ 12 × 计税月份数;

(2)本期应补(退)税额 = 本期应纳税额 – 本期减免税额 – 本期已缴税额。

20. 带星号(*)的项目不需要纳税人填写。

城镇土地使用税税源明细表

纳税人名称：

税款所属期：自 年 月 日 至 年 月 日

纳税人识别号 □□□□□□□□□□□□□□□

填表日期： 年 月 日

金额单位：元至角分；面积单位：平方米

土地编码		地号	
土地使用权证号		土地性质	国有□ 集体□
土地取得方式	划拨□ 出让□ 租赁□ 其他□		
土地用途	工业□ 商业□ 居住□ 综合□ 房地产开发企业的开发用地□ 其他□		
土地坐落地址	省 市 县(区) 街道		
地价			
其中取得土地使用权支付额		其中土地开发成本	
初始取得时间	年 月	土地使用权终止时间	年 月
土地等级	税额标准	土地面积	本期应纳税额
减免性质代码		减免税土地的面积	本期减免税金额
计税月份数			

以下纳税人填写：

纳税人声明	此纳税申报表是根据《中华人民共和国城镇土地使用税暂行条例》和国家有关税收规定填报的，是真实的、可靠的、完整的。	
纳税人签章	代理人签章	代理人身份证号

以下由税务机关填写：

受理人	受理日期 年 月 日	受理税务机关签章

本表一式三份，一份返还纳税人，一份作为资料归档，一份作为税收会计核算的原始凭证。

填表说明:

1. 此表实施后,对首次进行纳税申报的纳税人,需要申报其全部土地的相关信息,此后办理纳税申报时,如果纳税人的土地及相关信息未发生变化的,可仅对上次申报信息进行确认;发生变化的,仅就变化的内容进行填写。有条件的地区,税务机关可以通过系统将上期申报的信息推送给纳税人。税源数据基础较好或已获取第三方信息的地区,可直接将数据导入纳税申报系统并推送给纳税人进行确认。

2. 城镇土地使用税税源明细申报遵循"谁纳税谁申报"的原则,只要存在城镇土地使用税纳税义务,就应当如实申报土地信息。

3. 每一宗土地填写一张表。同一宗土地跨两个土地等级的,按照不同等级分别填表。无土地证的,按照土地坐落地址分别填表。纳税人不得将多宗土地合并成一条记录填表。

4. 对于填写中所涉及的数据项目,有土地证件的,依据证件记载的内容填写,没有土地证件的,依据实际情况填写。

5. 纳税人识别号(必填):纳税人为非自然人的,应按照办理税务登记时税务机关赋予的编码填写。纳税人为自然人的,应按照本人有效身份证件上标注的号码填写。

6. 纳税人名称(必填):党政机关、企事业单位、社会团体的,应按照国家人事、民政部门批准设立或者工商部门注册登记的全称填写;纳税人是自然人的,应按照本人有效身份证件上标注的姓名填写。

7. 土地编码:纳税人不必填写。由税务机关的管理系统赋予编号,以识别。

8. 地号:土地证件记载的地号。

9. 土地使用权证号:有土地证件者必填。填写土地证件载明的证件编号。

10. 土地性质(必选):根据实际的土地性质选择。选项为国有、集体。

11. 土地取得方式(必选):根据土地的取得方式选择,分为:划拨、出让、租赁和其他。

12. 土地用途(必选):分为工业、商业、居住、综合、房地产开发企业的开发用地和其他,必选一项,且只能选一项,不同用途的土地应当分别填表。

13. 土地坐落地址(必填):应当填写详细地址,具体为:××省××市××县(区)××街道＋详细地址。

14. 地价:曾经支付地价和开发成本的必填。地价为地价和土地开发成本之和。

15. 土地等级(必填):根据本地区土地等级的有关规定,填写纳税人占用土地所属的土地的等级。不同土地等级的土地应当分别填表。

16. 税额标准:根据土地等级确定,由税务机关系统自动带出。

17. 土地面积(必填):根据纳税人实际占用的土地面积填写,保留两位小数。此面积为全部面积,包括减税面积和免税面积。

18. 减免税土地的面积:填写享受减免税政策的土地的全部面积。

19. 减免性质代码:该项按照国家税务总局制定下发的最新减免性质及分类表中的最细项减免性质代码填写。有减免税情况的必填。不同减免性质代码的土地应当分别填表。

20. 本期减免税金额:填写根据减免税政策计算的减免税的金额。

21. 计税月份数(必填):根据税款所属期内实际计算税款的月份数填写。

22. 带星号(＊)的项目不需要纳税人填写。

23. 逻辑关系:本期应纳税额＝土地面积×税额标准÷12×计税月份数。

房产税纳税申报表④

金额单位:元角分;面积单位:平方米

税款所属期:自　年　月　日至　年　月　日

填表日期:　年　月　日

纳税人识别号 □□□□□□□□□□

纳税人信息	名称	*	纳税人分类	单位□　个人□
	登记注册类型		所属行业	
	身份证照类型　身份证□　护照□　军官证□　其他	联系人	联系方式	*

一、从价计征房产税

	房产原值	其中:出租房产原值	计税比例	计税月份数	本期应纳税额	减免性质代码	减免税房产的原值	本期减免税额	本期已缴税额	本期应补(退)税额
1										
2										
3			*	*	*					
合计										

二、从租计征房产税

	本期应税租金收入	适用税率	本期应纳税额	本期已缴税额	本期应补(退)税额
1		4%□　12%□			
2		4%□　12%□			
3		4%□　12%□			
合计		*			

以下由纳税人填写:

纳税人声明	此纳税申报表是根据《中华人民共和国房产税暂行条例》和国家有关税收规定填报的,是真实的、可靠的、完整的。	
纳税人签章	代理人签章	代理人身份证号

以下由税务机关填写:

受理人	受理日期　年　月　日	受理税务机关签章

本表一式三份,一份返还纳税人,一份作为资料归档,一份作为税收会计核算的原始凭证。

填写说明:

1. 本表依据《中华人民共和国税收征收管理法》《中华人民共和国房产税暂行条例》制定。本表分为一主表两附表,附表1为《从价计征房产税税源明细表》、附表2为《从租计征房产税税源明细表》)。

2. 本表适用于在中华人民共和国境内申报缴纳房产税的单位和个人。

3. 纳税人识别号(必填):纳税人为非自然人的,应当按照办理税务登记时税务机关赋予的编码填写。纳税人为自然人的,应当按照本人有效身份证件上标注的号码填写。

4. 纳税人名称(必填):党政机关、企事业单位、社会团体的,应当按照国家人事、民政部门批准设立或者工商部门注册登记的全称填写;纳税人是自然人的,应当按照本人有效身份证件上标注的姓名填写。

5. 纳税人分类(必选):个人是指自然人。

6. 登记注册类型:单位,根据税务登记证或组织机构代码证中登记的注册类型填写;纳税人是企业的,根据国家统计局《关于划分企业登记注册类型的规定》填写。内资企业 国有企业 集体企业 股份合作企业 联营企业 国有联营企业 集体联营企业 国有与集体联营企业 其他联营企业 有限责任公司 国有独资公司 其他有限责任公司 股份有限公司 私营企业 私营独资企业 私营合伙企业 私营有限责任公司 私营股份有限公司 其他企业 港、澳、台商投资企业 合资经营企业(港或澳、台资) 合作经营企业(港或澳、台资) 港、澳、台商独资经营企业 港、澳、台商投资股份有限公司 其他港、澳、台商投资企业 外商投资企业 中外合资经营企业 中外合作经营企业 外资企业 外商投资股份有限公司 其他外商投资企业。

7. 所属行业:根据《国民经济行业分类》(GB/T 4754 – 2011)填写。

8. 身份证照类型:纳税人为自然人的,必选。选择类型为:身份证、护照、军官证、其他,必选一项,选择"其他"的,请注明证件的具体类型。

9. 联系人、联系方式:填写单位法定代表人或纳税人本人姓名、常用联系电话及地址。

10. 房产原值:本项为《从价计征房产税税源明细表》相应数据项的汇总值。

11. 出租房产原值:本项为《从价计征房产税税源明细表》相应数据项的汇总值。

12. 本期应纳税额:本项为《从价计征房产税税源明细表》相应数据项的汇总值。

13. 本期减免税额:本项为《从价计征房产税税源明细表》相应数据项的汇总值。

14. 计税月份数(必填):根据税款所属期内实际计算税款的月份数填写。在同一税款所属期内,计税月份数不同的土地应当分行填写。

15. 减免性质代码:该项按照国家税务总局制定下发的最新减免性质及分类表中的最细项减免性质代码填写。有减免税情况的必填。不同减免性质代码的房产应当分行填表。

16. 减免税房产的原值:本项为《从价计征房产税税源明细表》相应数据项的汇总值。

17. 带星号(＊)的项目不需要纳税人填写。

18. 逻辑关系:

(1)从价计征房产税的本期应纳税额 = 房产原值 × 计税比例 × 税率 ÷ 12 × 计税月份数;

(2)从价计征房产税的本期应补(退)税额 = 本期应纳税额 − 本期减免税额 − 本期已缴税额;

(3)从租计征房产税的本期应纳税额 = 本期应税租金收入 × 适用税率;

(4)从租计征房产税的本期应补(退)税额 = 本期应纳税额 − 本期已缴税额。

从价计征房产税税源明细表⑤

填表日期:　　年　月　日　　　　　　　金额单位:元至角分;面积单位:平方米

纳税人名称:

税款所属期:自　年　月　日 至　年　月　日

纳税人识别号:□□□□□□□□□□□□

房产编码	*			产权证书号	
房产名称					
房屋坐落地址	省　　市　　县(区)　　街道				
房屋所在宗地的地号					
建筑面积		其中:出租房产面积			
房产原值		其中:出租房产原值			
计税比例	税率	1.2%	计税月份数		本期应纳税额
减免性质代码	减免税房产的原值		本期减免税额		

房产用途　工业□　商业及办公□　住房□　其他□

以下由纳税人填写:

纳税人声明	此纳税申报表是根据《中华人民共和国房产税暂行条例》和国家有关税收规定填报的,是真实的,可靠的,完整的。	
纳税人签章	代理人签章	代理人身份证号

以下由税务机关填写:

受理人	受理日期　年　月　日	受理税务机关签章

本表一式三份,一份返还纳税人,一份作为资料归档,一份作为税收会计核算的原始凭证。

填表说明:

1. 首次进行纳税申报的纳税人,需要申报其全部房产的相关信息,此后办理纳税申报时,如果纳税人的房产及相关信息未发生变化的,可仅对上次申报信息进行确认;发生变化的,仅就变化的内容进行填写。有条件的地区,税务机关可以通过系统将上期申报的信息推送给纳税人。税源数据基础较好或已获取第三方信息的地区,可直接将数据导入纳税申报系统并推送给纳税人进行确认。

2. 房产税税源明细申报遵循"谁纳税谁申报"的原则,只要存在房产税纳税义务,就应当如实申报房产明细信息。

3. 每一独立房产应当填写一张表。即:同一产权证有多幢(个)房产的,每幢(个)房产填写一张表。无产权证的房产,每幢(个)房产填写一张表。纳税人不得将多幢房产合并成一条记录填写。

4. 对于填写中所涉及的数据项目,有房屋所有权证件的,依据证件记载的内容填写,没有证件的,依据实际情况填写。

5. 房产出租的,纳税人也应当先填写本表,再填写从租计征房产税明细申报表。

6. 房产编码:纳税人不必填写。由税务机关的管理系统赋予编号,以识别。

7. 产权证书号:纳税人有房屋所有权证件的,必填。填写房屋所有权证件载明的证件编号。

8. 房产名称(必填):纳税人自行编写,以便于识别。如:1号办公楼、第一车间厂房等。

9. 房屋坐落地址(必填):应当填写详细地址,具体为:××省××市××县(区)××街道+详细地址,且应当与土地明细申报数据关联并一致。

10. 房屋所在宗地的地号:应当与土地明细申报数据关联并一致。

11. 房产用途(必选):房产用途依据房产所有权证登记的用途填写,无证的,依据实际用途填写。分为工业、商业及办公、住房、其他,必选一项,且只能选一项,不同用途的房产应当分别填表。

12. 建筑面积(必填):保留两位小数。

13. 出租房产面积:有出租情况的必填。

14. 房产原值(必填):填写房产的全部房产原值。应包括:分摊的应计入房产原值的地价,与房产不可分割的设备设施的原值,房产中已出租部分的原值,以及房产中减免税部分的原值。

15. 出租房产原值:房产有出租情况的必填。

16. 计税月份数(必填):根据税款所属期内实际计算税款的月份数填写。

17. 减免性质代码:该项按照国家税务总局制定下发的最新减免性质及分类表中的最细项减免性质代码填写。有减免税情况的必填。不同减免性质代码的房产应当分别填表。

18. 减免税房产的原值:填写享受减免税政策的房产的全部原值。

19. 本期减免税金额:填写根据减免税政策计算的减免税的金额。

20. 带星号(*)的项目不需要纳税人填写。

21. 逻辑关系:

本期应纳税额=房产原值×计税比例×税率÷12×计税月份数。

从租计征房产税税源明细表 ⑥

金额单位:元至角分;面积单位:平方米

纳税人名称:

税款所属期:自 年 月 日至 年 月 日

填表日期: 年 月 日

纳税人识别号 □□□□□□□□□□□

房产名称		房产编码	
房产用途	工业□ 商业及办公□ 住房□ 其他□		
房产坐落地址	省 市 县(区) 街道		
出租面积		合同租金总收入	
本期应税租金收入		适用税率	4%□ 12%□
本期应纳税额			*
承租方纳税识别号		承租方名称	

以下由纳税人填写:

纳税人声明	此纳税申报表是根据《中华人民共和国房产税暂行条例》和国家有关税收规定填报的,是真实的、可靠的、完整的。		
纳税人签章		代理人签章	代理人身份证号

以下由税务机关填写:

受理人		受理日期 年 月 日	受理税务机关签章

本表一式三份,一份返还纳税人,一份作为税收会计核算的原始凭证,一份作为资料归档。

填表说明:

1. 首次进行纳税申报的纳税人,需要申报其全部房产的相关信息,此后办理纳税申报时,如果纳税人的房产及相关信息未发生变化的,可仅对上次申报信息进行确认;发生变化的,仅就变化的内容进行填写。有条件的地区,税务机关可以通过系统将上期申报的信息推送给纳税人。税源数据基础较好或已获取第三方信息的地区,可直接将数据导入纳税申报系统并推送给纳税人进行确认。

2. 每一独立出租房产应当填写一张表。即:同一产权证有多幢(个)房产的,每幢(个)房产填写一张表。无产权证的房产,每幢(个)房产填写一张表。纳税人不得将多幢房产合并成一条记录填写。

3. 房产名称(必填):纳税人自行编写,以便于识别,必填,且应当与从价计征房产税明细申报信息关联并一致。

4. 房产编码:纳税人不必填写。由税务机关的管理系统赋予编号,以识别,且应当与从价计征房产税明细申报信息关联并一致。

5. 房产用途(必选):分为工业、商业及办公、住房、其他,必选一项,且只能选一项,不同用途的房产应当分别填表。

6. 房屋坐落地址(必填):填写详细地址,具体为:××省××市××县(区)××街道+详细地址,且应当与土地明细申报数据关联并一致。

7. 出租面积(必填):与从价计征房产税的房产申报信息相关联并一致。

8. 合同租金总收入:填写出租协议约定的出租房产的总收入。

9. 本期应税租金收入:填写申报税款所属期的应税租金收入。

10. 适用税率(必选):根据适用的政策选择税率,必选且只能选其一,不同税率的出租房产应分别填表。

11. 承租方纳税识别号:纳税人为非自然人的,应按照以办理税务登记时税务机关赋予的编码填写。纳税人为自然人的,应按照本人有效身份证件上标注的号码填写。

12. 带星号(*)的项目不需要纳税人填写。

13. 逻辑关系:本期应纳税额=本期应税租金收入×适用税率。

印花税纳税申报表①

税款所属期:自　　年　月　日　至　　年　月　日

纳税人识别号 ☐☐☐☐☐☐☐☐☐☐☐☐☐☐☐

填表日期:　　年　月　日

金额单位:元至角分

| 纳税人信息 | 名称 | | 登记注册类型 | | | | | ☐单位　☐个人 | | | |

| 纳税人信息 | 身份证件号码 | | 所属行业 | | | | | | | | |
| | | | 联系方式 | | | | | | | | |

应税凭证	计税金额或件数	核定征收		适用税率	本期应纳税额	本期已缴税额	本期减免税额		本期应补(退)税额
		核定依据	核定比例				减免性质代码	减免税额	
	1	2	3	4	$5=1×4+2×3×4$	6	7	8	$9=5-6-8$
购销合同				0.3‰					
加工承揽合同				0.5‰					
建设工程勘察设计合同				0.5‰					
建筑安装工程承包合同				0.3‰					
财产租赁合同				1‰					
货物运输合同				0.5‰					
仓储保管合同				1‰					
借款合同				0.05‰					
财产保险合同				1‰					
技术合同				0.3‰					
产权转移书据				0.5‰					
营业账簿(记载资金的账簿)				0.5‰					
营业账簿(其他账簿)		—	—	5					
权利、许可证照		—	—	5					
合计		—	—	—					

以下由纳税人填写:

纳税人声明 | 此纳税申报表是根据《中华人民共和国印花税暂行条例》和国家有关税收规定填报的,是真实的、可靠的、完整的。

纳税人签章 | 代理人签章 | 代理人身份证号

以下由税务机关填写:

受理人 | 受理日期　　年　月　日 | 受理税务机关签章

本表一式三份,一份返还纳税人,一份作为资料归档,一份作为税收会计核算的原始凭证。

减免性质代码:减免性质代码按照国家税务总局制定下发的最新《减免性质及分类表》中的最细项减免性质代码填报。

土地增值税纳税申报表(一)
(从事房地产开发的纳税人预征适用)⑧

税款所属期:自　年　月　日至　年　月　日　　　　　　　　　　　填表日期:　年　月　日

项目名称:

项目编号:　　　　　　　　　　　　　　金额单位:元至角分;面积单位:平方米

纳税人识别号:□□□□□□□□□□

房产类型	营业额			预征率(%)	应纳税款	税款		缴纳
	应税收入	货币收入	实物收入及其他收入			前期多缴税额	本期应缴税额计算	
	1	2=3+4	3	4	5	6=2*5	7	8=6-7
普通住宅								
非普通住宅								
其他类型房地产								
合　计								

授权代理人	(如果你已委托代理申报人,请填写下列资料)　　　　　为本纳税人的代理申报人,任何与本报表有关的来往文件都可寄与此人。 授权代理人签字:	纳税人声明	此纳税申报表是根据《中华人民共和国土地增值税暂行条例》和国家有关税收规定填报的,是真实的、可靠的、完整的。 声明人签字:
纳税人公章		经办人员(代理申报人)签章	法人代表签章
（以下部分由主管税务机关负责填写）			
主管税务机关收到日期		接收人	审核日期
审核记录			
		税务审核人员签章	
		主管税务机关盖章	

填表说明：

1. 本表适用于从事房地产开发与建设的纳税人,在每次转让时填报,也可按月或按各省、自治区、直辖市和计划单列市地方税务局规定的期限汇总填报。

2. 凡从事新建房及配套设施开发的纳税人,均应在规定的期限内,据实向主管税务机关填报本表所列内容。

3. 本表栏目的内容如果没有,可以空置不填。

4. 纳税人在填报土地增值税预征申报表时,应同时向主管税务机关提交土地增值税项目登记表等有关资料。

5. 项目编号是在进行房地产项目登记时,税务机关按照一定的规则赋予的编号,此编号会跟随项目的预征清算全过程。

6. 本表一式三份,一份返还纳税人,一份作为资料归档,一份作为税收会计核算的原始凭证。

土地增值税纳税申报表(二)

(从事房地产开发的纳税人清算适用)⑨

税款所属时间: 年 月 日至 年 月 日

填表日期: 年 月 日

金额单位:元至角分;面积单位:平方米

纳税人名称		项目名称		项目编号		项目地址	
业 别		经济性质		纳税人地址		邮政编码	
开户银行		银行账号		主管部门		电 话	

清算方式是否为核定征收

项 目	行次	金 额		
		普通住宅	非普通住宅	其他类型房地产
一、转让房地产收入总额 1 = 2 + 3 + 4	1			
其中	货币收入	2			
	实物收入	3			
	其他收入	4			
二、扣除项目金额合计 5 = 6 + 7 + 14 + 17 + 21	5			
1. 取得土地使用权所支付的金额	6			
2. 房地产开发成本 7 = 8 + 9 + 10 + 11 + 12 + 13	7			
其中	土地征用及拆迁补偿费	8			
	前期工程费	9			
	建筑安装工程费	10			
	基础设施费	11			
	公共配套设施费	12			
	开发间接费用	13			
3. 房地产开发费用 14 = 15 + 16	14			
其中	利息支出	15			
	其他房地产开发费用	16			

续表

项目		序号		
4.与转让房地产有关的税金等 17 = 18 + 19 + 20		17		
其中	营业税	18		
	城市维护建设税	19		
	教育费附加	20		
5.财政部规定的其他扣除项目		21		
三、增值额 22 = 1 - 5		22		
四、增值额与扣除项目金额之比(%)23 = 22÷5		23		
五、适用税率(核定征收率)(%)		24		
六、速算扣除系数(%)		25		
七、应缴土地增值税税额 26 = 22×24 - 5×25		26		
八、减免税额(减免性质代码:)		27		
九、已缴土地增值税税额		28		
十、应补(退)土地增值税税额 29 = 26 - 27 - 28		29		

| 纳税人声明 | 此纳税申报表是根据《中华人民共和国土地增值税暂行条例》及其《实施细则》的规定填报的,是真实的、可靠的、完整的。 声明人签字:____ | | | |

| 授权代理人 | (如果你已委托代理申报人,请填写下列资料) 为代理一切税务事宜,现授权____(地址)____为本纳税人的代理申报人,任何与本报表有关的来往文件都可寄与此人。 授权人签字:____ | | | |

纳税人公章	法人代表签章	经办人员(代理申报人)签章	备注

(以下部分由主管税务机关负责填写)

主管税务机关收到日期	接收人	审核日期	税务审核人员签章
审核记录			主管税务机关盖章

填表说明:

一、适用范围

土地增值税纳税申报表(二),适用凡从事房地产开发并转让的土地增值税纳税人。

二、土地增值税纳税申报表

(一)表头项目

1. 纳税人识别号:填写税务机关为纳税人确定的识别号。

2. 项目名称:填写纳税人所开发并转让的房地产开发项目全称。

3. 经济性质:按所有制性质或资本构成形式分为国有、集体、私营、个体、股份制、外商投资和外国企业等类型填写。

4. 项目编号:是在进行房地产项目登记时,税务机关按照一定的规则赋予的编号,此编号会跟随项目的预征清算全过程。

5. 业别:填写纳税人办理工商登记时所确定的主营行业类别。

6. 主管部门:按纳税人隶属的管理部门或总机构填写。外商投资企业不填。

7. 开户银行:填写纳税人开设银行账户的银行名称;如果纳税人在多个银行开户的,填写其主要经营账户的银行名称。

8. 银行账号:填写纳税人开设的银行账户的号码;如果纳税人拥有多个银行账户的,填写其主要经营账户的号码。

(二)表中项目

土地增值税纳税申报表(二)中各主要项目内容,应根据土地增值税的基本计税单位作为填报对象。纳税人如果在规定的申报期内转让二个或二个以上计税单位的房地产,对每个计税单位应分别填写一份申报表。

1. 表第 1 栏"转让房地产收入总额",按纳税人在转让房地产开发项目所取得的全部收入额填写。

2. 表第 2 栏"货币收入",按纳税人转让房地产开发项目所取得的货币形态的收入额填写。

3. 表第 3、4 栏"实物收入""其他收入",按纳税人转让房地产开发项目所取得的实物形态的收入和无形资产等其他形式的收入额填写。

4. 表第 6 栏"取得土地使用权所支付的金额",按纳税人为取得该房地产开发项目所需要的土地使用权而实际支付(补交)的土地出让金(地价款)及按国家统一规定交纳的有关费用的数额填写。

5. 表第 8 栏至表第 13 栏,应根据《细则》规定的从事房地产开发所实际发生的各项开发成本的具体数额填写。要注意,如果有些房地产开发成本是属于整个房地产项目的,而该项目同时包含了二个或二个以上的计税单位的,要对该成本在各计税项目之间按一定比例进行分摊。

6. 表第 15 栏"利息支出",按纳税人进行房地产开发实际发生的利息支出中符合《细则》第七条(三)规定的数额填写。如果不单独计算利息支出的,则本栏数额填写为"0"。

7. 表第 16 栏"其他房地产开发费用",应根据《细则》第七条(三)的规定填写。

8. 表第 18 栏至表第 20 栏,按纳税人转让房地产时所实际缴纳的税金数额填写。

9. 表第 21 栏"财政部规定的其他扣除项目",是指根据《条例》和《细则》等有关规定所确定的财政部规定的扣除项目的合计数。

10. 表第 24 栏"适用税率",应根据《条例》规定的四级超率累进税率,按所适用的最高一级税率填写;如果纳税人建造普通标准住宅出售,增值额未超过扣除项目金额 20% 的,本栏填写"0";以核定征收作为清算方式的,填写核定征收率。

11. 表第 25 栏"速算扣除系数",应根据《细则》第十条的规定找出相关速算扣除系数来填写。

12. 减免性质代码:按照国家税务总局制定下发的最新《减免性质及分类表》中的最细项减免性质代码填报。

13. 表第 28 栏"已缴土地增值税额",按纳税人已经缴纳的土地增值税的数额填写。

14. 表中每栏按照"普通住宅、非普通住宅、其他类型房地产"分别填写。

土地增值税纳税申报表(三)

(非从事房地产开发的纳税人适用)[10]

税款所属时间：　年 月 日至　年 月 日　　填表日期：　年 月 日　　　金额单位:元至角分;面积单位:平方米

纳税人识别号　□□□□□□□□□□□□□□□□□□

纳税人名称			项目名称		项目地址		
业　　别			经济性质		纳税人地址		邮政编码
开户银行			银行账号		主管部门		电　话

项　　目				行次	金额
一、转让房地产收入总额 1 = 2 + 3 + 4				1	
其中	货币收入			2	
	实物收入			3	
	其他收入			4	
二、扣除项目金额合计 (1)5 = 6 + 7 + 10 + 15 (2)5 = 11 + 12 + 14 + 15				5	
(1)提供评估价格	1.取得土地使用权所支付的金额			6	
	2.旧房及建筑物的评估价格 7 = 8 × 9			7	
	其中	旧房及建筑物的重置成本价		8	
		成新度折扣率		9	
	3.评估费用			10	
(2)提供购房发票	1.购房发票金额			11	
	2.发票加计扣除金额 12 = 11 × 5% × 13			12	
	其中:房产实际持有年数			13	
	3.购房契税			14	
4.与转让房地产有关的税金等 15 = 16 + 17 + 18 + 19				15	
其中	营业税			16	
	城市维护建设税			17	
	印花税			18	
	教育费附加			19	
三、增值额 20 = 1 − 5				20	
四、增值额与扣除项目金额之比(%)21 = 20 ÷ 5				21	
五、适用税率(%)				22	
六、速算扣除系数(%)				23	
七、应缴土地增值税税额 24 = 20 × 22 − 5 × 23				24	

续表

授权代理人	（如果你已委托代理申报人,请填写下列资料）为代理一切税务事宜,现授权_____（地址）_____为本纳税人的代理申报人,任何与本报表有关的来往文件都可寄与此人。授权人签字:_____	纳税人声明	此纳税申报表是根据《中华人民共和国土地增值税暂行条例》及其《实施细则》的规定填报的,是真实的、可靠的、完整的。声明人签字:_____		
纳税人公章		法人代表签章	经办人员(代理申报人)签章		备注

（以下部分由主管税务机关负责填写）

主管税务机关收到日期		接收人		审核日期		税务审核人员签章	
审核记录						主管税务机关盖章	

填表说明:

一、适用范围土地增值税纳税申报表(三)适用于非从事房地产开发的纳税人。该纳税人应在签订房地产转让合同后的七日内,向房地产所在地主管税务机关填报土地增值税纳税申报表(三)。

二、土地增值税纳税申报表(三)主要项目填表说明

(一)表头项目

1. 纳税人识别号:填写税务机关为纳税人确定的识别号。

2. 项目名称:填写纳税人转让的房地产项目全称。

3. 经济性质:按所有制性质或资本构成形式分为国有、集体、私营、个体、股份制、外商投资企业等类型填写。

4. 业别:按纳税人的行业性质分为行政单位、事业单位、企业、个人等。

5. 主管部门:按纳税人隶属的管理部门或总机构填写。外商投资企业不填。

(二)表中项目

土地增值税纳税申报表(三)的各主要项目内容,应根据纳税人转让的房地产项目作为填报对象。纳税人如果同时转让两个或两个以上房地产的,应分别填报。

1. 表第1栏"转让房地产收入总额",按纳税人转让房地产所取得的全部收入额填写。

2. 表第2栏"货币收入",按纳税人转让房地产所取得的货币形态的收入额填写。

3. 表第3、4栏"实物收入""其他收入",按纳税人转让房地产所取得的实物形态的收入和无形资产等其他形式的收入额填写。

4. 表第6栏"取得土地使用权所支付的金额",按纳税人为取得该转让房地产项目的土地使用权而实际支付(补交)的土地出让金(地价款)数额及按国家统一规定交纳的有关费用填写。

5. 表第7栏"旧房及建筑物的评估价格",是指根据《条例》和《细则》等有关规定,按重置成本法评估旧房及建筑物并经当地税务机关确认的评估价格的数额。本栏由第8栏与第9栏相乘得出。如果本栏数额能够直接根据评估报告填报,则本表第8、9栏可以不必再填报。

6. 表第8栏"旧房及建筑物的重置成本价",是指按照《条例》和《细则》规定,由政府批准设立的房地产评估机构评定的重置成本价。

7. 表第9栏"成新度折扣率",是指按照《条例》和《细则》规定,由政府批准设立的房地产评估机构评定的旧房及建筑物的新旧程度折扣率。[①]

8. 表第16栏至表第19栏,按纳税人转让房地产时实际缴纳的有关税金的数额填写。

9. 表第22栏"适用税率",应根据《条例》规定的四级超率累进税率,按所适用的最高一级税率填写。

10. 表第23栏"速算扣除系数",应根据《细则》第十条的规定找出相关速算扣除系数填写。

资源税纳税申报表(一)

(按从价定率办法计算应纳税额的纳税人适用)

税款所属期: 年 月 日 至 年 月 日

填表日期: 年 月 日

纳税人识别号 □□□□□□□□

金额单位:元至角分

栏次	征收品目	征收子目	销售量	销售额	折算率	适用税率或实际征收率	本期应纳税额	减征比例	本期减免税额	减免性质代码	本期已缴税额	本期应补(退)税额
	1	2	3	4	5	6	7	8	$9 = 7 \times 8$	10	11	$12 = 7 - 9 - 11$
合计												

以下由纳税人填写:

纳税人声明: 此纳税申报表是根据《中华人民共和国资源税暂行条例》及其《实施细则》的规定填报的,是真实的、可靠的、完整的。

纳税人签章		代理人签章		代理人身份证号	

以下由税务机关填写:

受理人		受理日期　　年　月　日		受理税务机关签章	

本表一式三份,一份返还纳税人,一份作为资料归档,一份作为税收会计核算的原始凭证。

填表说明:

1. 本表适用于资源税纳税人填报(国家税务总局另有规定者除外)。

2. "纳税人识别号"是纳税人在办理税务登记时由主管税务机关确定的税务编码。

3. 煤炭的征收品目是指财税〔2014〕72号通知规定的原煤和洗选煤,征收子目按适用不同的折算率和不同的减免性质代码,将原煤和洗选煤这两个税目细化,分行填列。其他从价计征的征收品目是指资源税实施细则规定的税目,征收子目是同一税目下属的子目。

4. "销售量"包括视同销售应税产品的自用数量。煤炭、原油的销售量,按吨填报;天然气的销售量,按千立方米填报。原油、天然气应纳税额＝油气总销售额×实际征收率。

5. 原煤应纳税额＝原煤销售额×适用税率;洗选煤应纳税额＝洗选煤销售额×折算率×适用税率。2014年12月1日后销售的洗选煤,其所用原煤如果此前已按从量定额办法缴纳了资源税,这部分已缴税款可在其应纳税额中抵扣。

6. "减免性质代码",按照国家税务总局制定下发的最新《减免性质及分类表》中的最细项减免性质代码填报。如有免税项目,"减征比例"按100%填报。

资源税纳税申报表（二）

（按从量定额办法计算应纳税额的纳税人适用）

税款所属期限：自 年 月 日 至 年 月 日　　填表日期： 年 月 日　　　　金额单位：元至角分

纳税人识别号 □□□□□□□□□□□□□□□

栏次	征收品目	征收子目	计税单位	销售量	单位税额	本期应纳税额	本期减免销量	本期减免税额	减免性质代码	本期已缴税额	本期应补（退）税额
	1	2	3	4	5	6＝4×5	7	8	9	10	11＝6－8－10
合计											

以下由纳税人填写：

纳税人声明	此纳税申报表是根据《中华人民共和国资源税暂行条例》及其《实施细则》的规定填报的，是真实的、可靠的、完整的。	
纳税人签章	代理人签章	代理人身份证号

以下由税务机关填写：

受理人	受理日期　　年　月　日	受理税务机关签章

本表一式三份，一份返还纳税人，一份作为资料归档，一份作为税收会计核算的原始凭证。

填表说明:

1. 本表适用于资源税纳税人填报;

2. "纳税人识别号"是纳税人在办理税务登记时由主管税务机关确定的税务编码。

3. 减免性质代码:按照国家税务总局制定下发的最新《减免性质及分类表》中的最细项减免性质代码填报。

4. 本表适用于资源税纳税人填报(国家税务总局另有规定者除外)。

5. "纳税人识别号"是纳税人在办理税务登记时由主管税务机关确定的税务编码。

6. 征收品目是指资源税实施细则规定的税目,征收子目是同一税目下属的子目。

7. "计税单位"是指资源税实施细则所附"资源税税目税率明细表"所规定的计税单位。"销售量"包括视同销售应税产品的自用数量。

8. "本期减免销量"是指"本期减免税额"对应的应税产品减免销售量。

9. "减免性质代码",按照国家税务总局制定下发的最新《减免性质及分类表》中的最细项减免性质代码填报。

城建税、教育费附加、地方教育附加税（费）申报表

税款所属期限:自　年　月　日至　年　月　日　　填表日期:　年　月　日

金额单位:元至角分

纳税人识别号 □□□□□□□□□□□□□□□

纳税人信息	名称							□单位　□个人			
	登记注册类型					所属行业					
	身份证号码					联系方式					

税（费）种（税目）	计税（费）依据					税率（征收率）	本期应纳税（费）额	本期减免税（费）额		本期已缴税（费）额	本期应补（退）税（费）额
	增值税		消费税	营业税	合计			减免性质代码	减免额		
	一般增值税	免抵税额									
	1	2	3	4	5＝1＋2＋3＋4	6	7＝5×6	8	9	10	11＝7－9－10
城建税（增值税）			—	—							
城建税（消费税）	—			—							
教育费附加（增值税）			—	—							
教育费附加（消费税）	—			—							
地方教育附加（增值税）			—	—							
地方教育附加（消费税）	—			—							
合计			—	—		—					

以下由纳税人填写

纳税人声明	此纳税申报表是根据《中华人民共和国城市维护建设税暂行条例》《国务院征收教育费附加的暂行规定》《财政部关于统一地方教育附加政策有关问题的通知》和国家有关税收规定填报的,是真实的、可靠的、完整的。		
纳税人签章	代理人签章		代理人身份证号

以下由税务机关填写:

受理人	受理日期　年　月　日	受理税务机关签章

本表一式三份,一份返还纳税人,一份作为资料归档,一份作为税收会计核算的原始凭证。

减免性质代码:减免性质代码按照国家税务总局制定下发的最新《减免性质及分类表》中的最细项减免性质代码填报。

契税纳税申报表⑫

填表日期: 年 月 日　　　　　　　　　　　　　　　　　　　金额单位:元至角分;面积单位:平方米

纳税人认识别号 □□□□□□□□□□□□□□□

承受方信息	名　称		□单位　□个人	
	登记注册类型		所属行业	
	身份证照类型		联系人	联系方式
转让方信息	名　称		□单位　□个人	
	纳税人识别号		所属行业	
	身份证照类型		联系人	联系方式
	身份证照号码			
土地房屋权属转移信息	土地房屋坐落地址			
	用途	设立下拉列框	权属转移对象	设立下拉列框
	合同签订日期		家庭唯一普通住房	设立下拉列框 * □90平方米以上 □90平方米及以下
	权属转移方式	设立下拉列框		
	权属转移面积		成交单价	
	评估价格		成交价格	
	计征价格		税率	
税款征收信息	计征税额		应纳税额	
	减免性质代码		减免税额	

以下由纳税人填写:

纳税人声明	此纳税申报表是根据《中华人民共和国契税暂行条例》和国家有关税收规定填报的,是真实的、可靠的、完整的。	
纳税人签章	代理人签章	代理人身份证号
	代理人身份证号	

以下由税务机关填写:

受理人	受理日期 年 月 日	受理税务机关签章

本表一式三份,一份返还纳税人,一份作为资料归档,一份作为税收会计核算的原始凭证。

注:设立下拉列框说明。

权属转移对象、方式、用途逻辑关系对照表

权属转移对象			权属转移方式	用途
一级 （大类）	二级 （小类）	三级 （细目）		
土地	无	无	土地使用权出让	1. 居住用地；2. 商业用地；3. 工业用地；4. 综合用地；5. 其他用地
			土地使用权转让	1. 居住用地；2. 商业用地；3. 工业用地；4. 综合用地；5. 其他用地
			土地使用权赠与	1. 居住用地；2. 商业用地；3. 工业用地；4. 综合用地；5. 其他用地
			土地使用权交换	1. 居住用地；2. 商业用地；3. 工业用地；4. 综合用地；5. 其他用地
			土地使用权作价入股	1. 居住用地；2. 商业用地；3. 工业用地；4. 综合用地；5. 其他用地
			其他	1. 居住用地；2. 商业用地；3. 工业用地；4. 综合用地；5. 其他用地
房屋	增量房	普通商品住房	1. 房屋买卖；2. 房屋赠与；3. 房屋交换；4. 房屋作价入股；5. 其他	1. 居住
		非普通商品住房	1. 房屋买卖；2. 房屋赠与；3. 房屋交换；4. 房屋作价入股；5. 其他	1. 居住
		保障性住房	1. 房屋买卖；2. 房屋赠与；3. 房屋交换；4. 房屋作价入股；5. 其他	1. 居住
		其他住房	1. 房屋买卖；2. 房屋赠与；3. 房屋交换；4. 房屋作价入股；5. 其他	1. 居住
		非住房	1. 房屋买卖；2. 房屋赠与；3. 房屋交换；4. 房屋作价入股；5. 其他	2. 商业；3. 办公；4. 商住；5. 附属建筑；6. 工业；7. 其他
	存量房	普通商品住房	1. 房屋买卖；2. 房屋赠与；3. 房屋交换；4. 房屋作价入股；5. 其他	1. 居住
		非普通商品住房	1. 房屋买卖；2. 房屋赠与；3. 房屋交换；4. 房屋作价入股；5. 其他	1. 居住
		保障性住房	1. 房屋买卖；2. 房屋赠与；3. 房屋交换；4. 房屋作价入股；5. 其他	1. 居住
		其他住房	1. 房屋买卖；2. 房屋赠与；3. 房屋交换；4. 房屋作价入股；5. 其他	1. 居住
		非住房	1. 房屋买卖；2. 房屋赠与；3. 房屋交换；4. 房屋作价入股；5. 其他	2. 商业；3. 办公；4. 商住；5. 附属建筑；6. 工业；7. 其他

填表说明：

1. 本表依据《中华人民共和国税收征收管理法》《中华人民共和国契税暂行条例》设计制定。纳税申报必须填写本表。

2. 本表适用于在中国境内承受土地、房屋权属的单位和个人。纳税人应当在签订土地、房屋权属转移合同或者取得其他具有土地、房屋权属转移合同性质凭证后10日内，向土地、房屋所在地契税征收机关填报契税纳税申报表，申报纳税。

3. 填报日期：填写纳税人办理纳税申报的实际日期。

4. 本表各栏的填写说明如下：

（1）纳税人识别号：是税务机关为纳税人确定的识别号，即：税务登记证号码。承受方、转让方是单位的，填

写税务登记号;没有税务登记号的,填写组织机构代码。承受方、转让方是个人的,填写本人有效身份证件号。

(2)承受方及转让方名称:承受方、转让方是党政机关、企事业单位的,应按照国家人事、民政部门批准设立或者工商部门注册登记的全称填写;承受方、转让方是自然人的,应按照本人有效身份证件上标注的姓名填写。

(3)登记注册类型:承受方、转让方是企业的填写此栏。根据国家统计局《关于划分企业登记注册类型的规定》填写。

(4)所属行业:承受方、转让方是党政机关、企事业单位的填写此栏。根据《国民经济行业分类》(GB/T 4754 −2011)填写。

(5)联系人:填写单位法定代表人或纳税人本人姓名;联系方式:填写常用联系电话及通讯地址。

(6)合同签订时间:指承受方与转让方签订土地、房屋转移合同的当日,或者承受方取得其他具有土地、房屋转移合同性质凭证的当日。

(7)土地、房屋坐落地址:土地使用权转移,应填写土地坐落地址及地号;房屋权属转移,应同时填写土地坐落地址(含地号)和房屋坐落地址。

(8)权属转移对象:分土地、房屋两类一级指标;房屋下的二级指标设增量房和存量房;增量房和存量房下的三级指标均设普通商品住房、非普通商品住房、保障性住房、其他住房和非住房。

(9)权属转移方式:房产按1. 房产买卖、2. 房屋赠与3. 房屋交换、4. 房屋作价入股5. 其他填写;土地按1. 国有土地使用权出让、2. 土地使用权出售、3. 土地使用权赠与、4. 土地使用权交换、5. 土地使用权作价入股、6. 其他填写。

(10)用途:土地按1. 居住用地、2. 商业用地、3. 工业用地、4. 综合用地、5. 其他用地填写;住房按居住填写;非住房按1. 居住、2. 商业、3. 办公、4. 商住、5. 附属建筑、6. 工业、7. 其他填写。

(11)权属转移面积:土地、房屋权属转移合同确定的面积填写。

(12)成交价格:土地、房屋权属转移合同确定的价格(包括承受者应交付的货币、实物、无形资产或者其他经济利益,折算成人民币金额)填写。拆迁安置(包括房屋交换)的计税价格,以实际支付的金额填写。成交单价:单位面积的成交价格。

(13)税率:3%~5%,根据各省市确定的适用税率填写。90平方米及以下家庭唯一普通住房税率为1%,90平方米以上家庭唯一普通住房减半征收;其他按适用税率执行。

(14)住房:国家规划部门规划的房产用途或房产证上标注的房产用途填写,商住房等混合用途房产不列为住房。

(15)普通住房:指符合各地按照《建设部 发展改革委 财政部 国土资源部 人民银行 税务总局 银监会关于做好稳定住房价格工作的意见》(国办发〔2005〕26号)规定制定的本地普通住房标准的住房。

(16)评估价格,是指依据一定的评估方法对房地产所做的客观合理估价。按照"存量房交易计税价格评估系统"评估的价格或评估机构出具的评估价格填写。

(17)计税价格,是指由征收机关按照《中华人民共和国契税暂行条例》第四条"成交价格明显低于市场价格并且无正当理由的,由征收机关参照市场价格核定"的规定确定的成交价格、差价或者核定价格。

(18)减免性质代码:按国家税务总局最新制发的《减免性质及分类表》中的最细项代码填写。

(19)计征税额 = 计税价格×适用税率,实际应纳税额 = 计征税额 − 减免税额。

注释:①②此件废止。参见:《国家税务总局关于发布修订后的〈资源税纳税申报表〉的公告》,国家税务总局公告2016年第38号。

③−⑦,⑫此件废止。参见:《北京市地方税务局关于修订财产行为税部分税种纳税申报表的公告》,北京市地方税务局公告2016年第11号。

⑧−⑪此件废止。参见:《北京市地方税务局关于修订土地增值税纳税申报表的公告》,北京市地方税务局公告2016年第12号。

21-4-2
北京市人力资源和社会保障局　北京市财政局
北京市国家税务局　北京市地方税务局
北京市教育委员会关于实现创业的毕业年度内
高校在校生办理《就业创业证》有关问题的通知

2015 年 10 月 26 日　京人社就发〔2015〕220 号

各区县人力资源和社会保障局、财政局、国家税务局、地方税务局、各高等学校：

为贯彻落实《国务院关于进一步做好新形势下就业创业工作的意见》(国发〔2015〕23 号)和《财政部　国家税务总局　人力资源社会保障部　教育部关于支持和促进重点群体创业就业税收政策有关问题的补充通知》(财税〔2015〕18 号)，确保实现创业的毕业年度内高校在校生申请享受税收优惠政策，现就有关问题通知如下。

一、本通知所称实现创业的毕业年度内高校在校生是指依法从事个体经营，处于毕业年度内的本市普通高等学校、成人高等学校在校学生。

二、本市实现创业的毕业年度内高校在校生免费申领《就业创业证》，可按规定申请享受税收优惠政策。本市对实现创业的毕业年度内普通高校在校生实行劳动力储备管理。

三、实现创业的毕业年度高校内在校生(本市生源成人高校在校生除外)可直接向创业地区县人力资源和社会保障局(以下简称区县人力社保局)申领《就业创业证》(附件 1)，或委托所在高校就业指导中心向高校所在地区县人力社保局代为申领。

四、实现创业的毕业年度内高校在校生申领《就业创业证》，认定享受税收优惠政策，应提交以下材料：

(一)《居民身份证》原件及复印件、学生证原件及复印件、户口簿复印件及个人近期免冠 2 寸照片一张；

(二)经学生本人签字、所在高校就业指导中心盖章的《核发〈就业创业证〉信息采集表》(附件 2)；

(三)个体工商户营业执照副本及复印件；

(四)残疾学生应提供持有的《中华人民共和国残疾人证》复印件；享受最低生活保障待遇的应提供低保金领取证复印件；

(五)具有职业技术资格或专业技术职务的，应提交职业资格证书或专业技术职务证书复印件；

（六）市人力社保局要求提交的其他材料。

五、区县人力社保局根据提交的材料,对毕业年度内高校在校生的人员身份和享受税收优惠政策条件进行核实。审核无误的,将相关信息录入信息系统,核发《就业创业证》。在证件"享受就业扶持政策情况"页标注"毕业年度内自主创业税收政策""特殊身份认定情况"页标注"毕业年度高校在校生"。

申请材料不齐或信息有误的,区县人力社保局应一次性告知须补正的内容。不符合申领《就业创业证》或享受税收优惠政策条件的,退回申请材料,并说明理由。

六、实现创业的毕业年度内高校在校生,按规定凭《就业创业证》向税务部门备案,办理享受税收优惠政策手续。

七、持《就业创业证》实现创业的毕业年度内本市生源高校在校生,毕业后应根据实际就业情况,按规定履行相应登记手续。同时,按照高校毕业生就业相关规定办理报到和档案转移等手续。

八、离校后从事个体经营的毕业年度内高校毕业生和本市生源成人高校在校生申请享受税收优惠政策,仍按照本市有关规定,核发《就业失业登记证》,享受税收优惠政策。

九、工作要求

（一）区县人力社保局要高度重视毕业年度内高校在校生和毕业生的创业服务工作,加强人员培训和业务学习,选派政策熟悉、经验丰富的工作人员,设立专人专岗办理证件核发等业务;加强对街道(乡镇)社会保障事务所的业务指导,做好本市毕业年度内高校在校生毕业后与现行就业失业管理制度的衔接工作。

（二）高校就业指导中心要积极开展政策宣传和政策解答,使实现创业的毕业年度内高校毕业生知晓税收优惠政策,认真核实确认表格内容,加强与区县人力社保局协调配合,发现问题及时沟通,共同做好政策落实。

（三）人力社保部门与税务部门要加强创业就业信息交换和协查工作,定期交换相关信息,税务部门据此加强管理,做好纳税服务工作。

十、本通知下发前,已经从事个体经营的 2015 年度毕业年度内高校在校生,可按照本通知规定,申领《就业创业证》,申请享受税收优惠政策。

十一、本通知自 2015 年 12 月 1 日开始执行。

附件:1. 北京市《就业创业证》(样式)

2. 核发《就业创业证》信息采集表(样式)

附件1

北京市《就业创业证》样式

(封面)

就 业 创 业 证

中华人民共和国人力资源和社会保障部监制

(封二)

使用说明

一、本证由中华人民共和国人力资源和社会保障部监制,北京市人力资源和社会保障局统一印制,各区县人力资源和社会保障局免费发放。

二、本证用于记载自主创业的劳动者享受税收优惠政策的情况,是劳动者按规定享受政策的有效凭证。

三、本证由劳动者本人保管。

四、本证实行实名制,限持证者本人使用,不得转借、转让、涂改、伪造。

五、本证遗失或损毁的,由劳动者本人向原发证机构报损,并以适当方式公示,经原发放机构核实后予以补发。

六、本证记载的信息在全国范围内有效。

就业创业证

(公 章)
北京市人力资源和社会保障局印制

	1234567891234

二寸照片（钢印）	姓 名：
	身份证号：
	性 别：
	出生日期：
	民 族：
	发证日期： 年 月 日
	发证机构：
	（章）

证件编号：

户籍性质、户籍地址及变更情况		
日期	户籍性质	详细地址

常住地址及变更情况	
日期	详细地址

学历及变更情况			
日期	毕业于何校何专业	学历	备注

职业资格、专业技术职务及变更情况		
日期	职业资格、专业技术职务名称与等级	备注

享受扶持政策情况

日期	享受扶持政策内容及期限	经办机构和经办人

身份认定情况

日期	符合有关规定身份	认定机构和经办人

基本信息变更记录

项目名称	变更内容	变更日期	经办机构和经办人

其他记载事项

（封三）

备注

（封底）

附件2

核发《就业创业证》信息采集表(样式)

	身份证号																	
个人基本信息	姓名						性别											
	民族						政治面貌											
	学校名称						所学专业											
	学生证号						低保证号											
	残疾证号						残疾等级											

户籍地及常住地信息	户籍地址	_____省(直辖市、自治区)_____市_____区(县)_____街道(乡镇)_____
	户籍登记时间 ___年__月__日	户籍性质 非农业□ 农 业□ 居民户□
	本市常住地地址	北京市_____区(县)_____街道(乡镇)_____
	常住地起始时间 ___年__月__日	联系电话

职业资格信息	职业资格(专业技术职务)证书	名称
		取证日期 ___年__月__日 证书等级
创业信息	名称	执照号码 注册地址 北京市_____区(县) 批准时间 ___年__月__日

学生本人意见:
    经核对,上述信息均为本人真实有效信息。现申请核发《就业创业证》并申请认定符合享受"毕业年度内自主创业税收政策"条件

本人签字: 年 月 日

高校就业指导中心意见:
    经审核,该同学应于_____年____月毕业,实现自主创业时确为我校(学校代码:_____)在校期间的毕业年度内高校毕业。

    经办人: 联系电话: (盖章)
年 月 日

区县办理部门意见:
    经审核无误,为该同学发放《就业创业证》(证号为:_____),并标注"毕业年度内自主创业税收政策"。

    经办人: (盖章)
年 月 日

    说明:1. 本表用于实现创业的毕业年度内高校在校生,申请核发《就业创业证》,申请享受自主创业税收优惠政策时填写。

    2. 本表"高校就业指导中心意见"栏的"学校代码"是指教育部5位的国标代码。

21 – 4 – 3

国家税务总局关于进一步简化和规范
个人无偿赠与或受赠不动产免征营业税、
个人所得税所需证明资料的公告

2015 年 11 月 10 日   国家税务总局公告 2015 年第 75 号

为落实国务院关于简政放权、方便群众办事的有关要求,进一步减轻纳税人负担,现就简化和规范个人无偿赠与或受赠不动产免征营业税、个人所得税所需的证明资料公告如下:

一、纳税人在办理个人无偿赠与或受赠不动产免征营业税、个人所得税手续时,应报送《个人无偿赠与不动产登记表》、双方当事人的身份证明原件及复印件(继承或接受遗赠的,只须提供继承人或接受遗赠人的身份证明原件及复印件)、房屋所有权证原件及复印件。属于以下四类情形之一的,还应分别提交相应证明资料:

(一)离婚分割财产的,应当提交:

1. 离婚协议或者人民法院判决书或者人民法院调解书的原件及复印件;

2. 离婚证原件及复印件。

(二)亲属之间无偿赠与的,应当提交:

1. 无偿赠与配偶的,提交结婚证原件及复印件;

2. 无偿赠与父母、子女、祖父母、外祖父母、孙子女、外孙子女、兄弟姐妹的,提交户口簿或者出生证明或者人民法院判决书或者人民法院调解书或者其他部门(有资质的机构)出具的能够证明双方亲属关系的证明资料原件及复印件。

(三)无偿赠与非亲属抚养或赡养关系人的,应当提交:

人民法院判决书或者人民法院调解书或者乡镇政府或街道办事处出具的抚养(赡养)关系证明或者其他部门(有资质的机构)出具的能够证明双方抚养(赡养)关系的证明资料原件及复印件。

(四)继承或接受遗赠的,应当提交:

1. 房屋产权所有人死亡证明原件及复印件;

2. 经公证的能够证明有权继承或接受遗赠的证明资料原件及复印件。[①]

二、税务机关应当认真核对上述资料,资料齐全并且填写正确的,在《个人无偿赠与不动产登记表》上签字盖章,留存《个人无偿赠与不动产登记表》复印件和有关证明资料复印件,原件退还纳税人,同时办理免税手续。

三、各地税务机关要不折不扣地落实税收优惠政策,维护纳税人的合法权益。要通过办税服务厅、税务网站、12366纳税服务热线、纳税人学堂等多种渠道,积极宣传税收优惠政策规定和办理程序,及时回应、准确答复纳税人咨询,做好培训辅导工作,避免纳税人多头找、多头跑,切实方便纳税人办理涉税事宜。有条件的地区可探索通过政府部门间信息交换共享,查询证明信息,减少纳税人报送资料。

四、本公告自公布之日起施行。《国家税务总局关于加强房地产交易个人无偿赠与不动产税收管理有关问题的通知》(国税发〔2006〕144号)第一条第一款"关于加强个人无偿赠与不动产营业税税收管理问题"的规定同时废止。

特此公告。

注释:①此处修改。参见:《国家税务总局关于土地价款扣除时间等增值税征管问题的公告》,国家税务总局公告2016年第86号。

21-4-4

北京市财政局　北京市地方税务局转发
财政部　国家税务总局关于体育场馆
房产税和城镇土地使用税政策的通知

2016年2月17日　京财税〔2016〕211号

各区财政局、地方税务局,市地方税务局直属分局:

现将《财政部　国家税务总局关于体育场馆房产税和城镇土地使用税政策的通知》(财税〔2015〕130号)转发给你们,请遵照执行。

附件:财政部、国家税务总局关于体育场馆房产税和城镇土地使用税政策的通知(财税〔2015〕130号)

财政部　国家税务总局关于体育场馆
房产税和城镇土地使用税政策的通知

2015年12月17日　财税〔2015〕130号

各省、自治区、直辖市、计划单列市财政厅(局)、地方税务局,西藏、宁夏、青海省(自治区)国家税务局,新疆生产建设兵团财务局:

为贯彻落实《国务院关于加快发展体育产业促进体育消费的若干意见》(国发

〔2014〕46号),现将体育场馆自用的房产和土地有关房产税和城镇土地使用税政策通知如下:

一、国家机关、军队、人民团体、财政补助事业单位、居民委员会、村民委员会拥有的体育场馆,用于体育活动的房产、土地,免征房产税和城镇土地使用税。

二、经费自理事业单位、体育社会团体、体育基金会、体育类民办非企业单位拥有并运营管理的体育场馆,同时符合下列条件的,其用于体育活动的房产、土地,免征房产税和城镇土地使用税:

(一)向社会开放,用于满足公众体育活动需要;

(二)体育场馆取得的收入主要用于场馆的维护、管理和事业发展;

(三)拥有体育场馆的体育社会团体、体育类基金会及体育类民办非企业单位,除当年新设立或登记的以外,前一年度登记管理机关的检查结论为"合格"。

三、企业拥有并运营管理的大型体育场馆,其用于体育活动的房产、土地,减半征收房产税和城镇土地使用税。

四、本通知所称体育场馆,是指用于运动训练、运动竞赛及身体锻炼的专业性场所。

本通知所称大型体育场馆,是指由各级人民政府或社会力量投资建设、向公众开放、达到《体育建筑设计规范》(JGJ 31 – 2003)有关规模规定的体育场(观众座位数20000座及以上),体育馆(观众座位数3000座及以上),游泳馆、跳水馆(观众座位数1500座及以上)等体育建筑。

五、本通知所称用于体育活动的房产、土地,是指运动场地,看台、辅助用房(包括观众用房、运动员用房、竞赛管理用房、新闻媒介用房、广播电视用房、技术设备用房和场馆运营用房等)及占地,以及场馆配套设施(包括通道、道路、广场、绿化等)。

六、享受上述税收优惠体育场馆的运动场地用于体育活动的天数不得低于全年自然天数的70%。

体育场馆辅助用房及配套设施用于非体育活动的部分,不得享受上述税收优惠。

七、高尔夫球、马术、汽车、卡丁车、摩托车的比赛场、训练场、练习场,除另有规定外,不得享受房产税、城镇土地使用税优惠政策。各省、自治区、直辖市财政、税务部门可根据本地区情况适时增加不得享受优惠体育场馆的类型。

八、符合上述减免税条件的纳税人,应当按照税收减免管理规定,持相关材料向主管税务机关办理减免税备案手续。

九、本通知自2016年1月1日起执行。此前规定与本通知规定不一致的,按本通知执行。

请遵照执行。

21 - 4 - 5
北京市财政局　北京市国家税务局
北京市地方税务局转发财政部　国家
税务总局关于扩大有关政府性
基金免征范围的通知

2016 年 3 月 2 日　京财综〔2016〕317 号

市发展改革委、市教委、市国土局、市水务局、市经济信息化委,各区财政局、国税局、地税局,经济开发区:

现将《财政部　国家税务总局关于扩大有关政府性基金免征范围的通知》(财税〔2016〕12 号)转发给你们,请遵照执行。

附件:财政部、国家税务总局关于扩大有关政府性基金免征范围的通知

财政部　国家税务总局关于扩大
有关政府性基金免征范围的通知

2016 年 1 月 29 日　财税〔2016〕12 号

教育部、水利部,各省、自治区、直辖市、计划单列市财政厅(局)、国家税务局、地方税务局、新疆生产建设兵团财务局:

经国务院批准,现将扩大政府性基金免征范围的有关政策通知如下:

一、将免征教育费附加、地方教育附加、水利建设基金的范围,由现行按月纳税的月销售额或营业额不超过 3 万元(按季度纳税的季度销售额或营业额不超过 9 万元)的缴纳义务人,扩大到按月纳税的月销售额或营业额不超过 10 万元(按季度纳税的季度销售额或营业额不超过 30 万元)的缴纳义务人。

二、免征上述政府性基金后,各级财政部门要做好经费保障工作,妥善安排相关部门和单位预算,保障工作正常开展,积极支持相关事业发展。

三、本通知自 2016 年 2 月 1 日起执行。

21－4－6

北京市财政局　北京市国家税务局　北京市地方税务局转发财政部　国家税务总局关于保险保障基金有关税收政策问题的通知

2016 年 3 月 26 日　京财税〔2016〕496 号

各区财政局、国家税务局、地方税务局,市国家税务局直属税务分局,市地方税务局直属分局:

现将《财政部　国家税务总局关于保险保障基金有关税收政策问题的通知》(财税〔2016〕10 号)转发给你们,请遵照执行。

附件:《财政部　国家税务总局关于保险保障基金有关税收政策问题的通知》(财税〔2016〕10 号)

财政部　国家税务总局关于保险保障基金有关税收政策问题的通知

2016 年 2 月 3 日　财税〔2016〕10 号

各省、自治区、直辖市、计划单列市财政厅(局)、国家税务总局、地方税务总局,新疆生产建设兵团财务局:

经国务院批准,对保险保障基金继续予以税收优惠政策。现将有关事项明确如下:

一、对中国保险保障基金有限责任公司(以下简称保险保障基金公司)根据《保险保障基金管理办法》(以下简称《管理办法》)取得的下列收入,免征企业所得税:

1. 境内保险公司依法缴纳的保险保障基金;

2. 依法从撤销或破产保险公司清算财产中获得的受偿收入和向有关责任方追偿所得,以及依法从保险公司风险处置中获得的财产转让所得;

3. 捐赠所得;

4. 银行存款利息收入;

5. 购买政府债券、中央银行、中央企业和中央级金融机构发行债券的利息收入;

6. 国务院批准的其他资金运用取得的收入。

二、对保险保障基金公司根据《管理办法》取得的下列收入,免征营业税:

1. 境内保险公司依法缴纳的保险保障基金;

2. 依法从撤销或破产保险公司清算财产中获得的受偿收入和向有关责任方追偿所得。

三、对保险保障基金公司下列应税凭证,免征印花税:

1. 新设立的资金账簿;

2. 在对保险公司进行风险处置和破产救助过程中签订的产权转移书据;

3. 在对保险公司进行风险处置过程中与中国人民银行签订的再贷款合同;

4. 以保险保障基金自有财产和接收的受偿资产与保险公司签订的财产保险合同。

对与保险保障基金公司签订上述产权转移书据或应税合同的其他当事人照章征收印花税。

四、除第二条外,本通知自2015年1月1日起至2017年12月31日止执行。第二条自2015年1月1日起至金融业实施营业税改征增值税改革之日止执行。《财政部　国家税务总局关于保险保障基金有关税收政策继续执行的通知》(财税〔2013〕81号)同时废止。

21 - 4 - 7
北京市地方税务局关于修订财产行为税部分税种纳税申报表的公告

2016年8月9日　　北京市地方税务局公告2016年第11号

为加强财产行为税业务规范化和标准化建设,国家税务总局印发了《国家税务总局关于修订财产行为税部分税种申报表的通知》(税总发〔2015〕114号),对财产行为税部分税种纳税申报表进行了修订。现将相关报表修订情况予以公告。

本公告自发布之日起执行。《北京市地方税务局关于发布财产和行为税纳税申报表及有关事项的公告》(2015年第7号)中的《城镇土地使用税纳税申报表》《城镇土地使用税税源明细表》《房产税纳税申报表》《从价计征房产税税源明细表》《从租计征房产税税源明细表》《印花税纳税申报表》《契税纳税申报表》同时废止。

特此公告。

附件:城镇土地使用税、房产税、契税、印花税纳税申报表(修订版)

附件

城镇土地使用税、房产税、契税、印花税纳税申报表
（修订版）

表单目录

城镇土地使用税纳税申报表

税款所属期:自　年　月　日至　年　月　日

填表日期:　年　月　日

金额单位:元至角分;面积单位:平方米

纳税人识别号 □□□□□□□□□□□□□□□

纳税人信息	名称			*	纳税人分类	单位□　个人□
	登记注册类型			*	所属行业	
	身份证件类型	身份证□　护照□　其他□＿＿			身份证件号码	
	联系人				联系方式	

申报纳税信息	宗地的地号	土地编号	土地等级	税额标准	土地总面积	所属期起	所属期止	本期应纳税额	本期减免税额	本期已缴税额	本期应补(退)税额
		*									
		*									
		*									
		*									
	合计			*		*	*			*	

以下由纳税人填写:

纳税人声明	此纳税申报表是根据《中华人民共和国城镇土地使用税暂行条例》和国家有关税收规定填报的,是真实的、可靠的、完整的。	
纳税人签章	代理人签章	代理人身份证号

以下由税务机关填写:

受理人	受理日期　　年　月　日	受理税务机关签章

本表一式三份,一份返还纳税人,一份作为资料归档,一份作为税收会计核算的原始凭证。

填表说明:

1. 本表适用于在中华人民共和国境内申报缴纳城镇土地使用税的单位和个人。

2. 本表为城镇土地使用税纳税申报表主表,依据《中华人民共和国税收征收管理法》《中华人民共和国城镇土地使用税暂行条例》制定。本表包括两个附表。附表一为《城镇土地使用税减免税明细申报表》,附表二为《城镇土地使用税税源明细表》。首次申报或变更申报时纳税人提交《城镇土地使用税税源明细表》后,本表由系统自动生成,无需纳税人手工填写,仅需签章确认。申报土地数量大于10个(不含10)的纳税人,建议采用网络申报方式,并可选用本表的汇总版进行确认,完成申报。后续申报,纳税人税源明细无变更的,税务机关提供免填单服务,根据纳税人识别号,系统自动打印本表,纳税人签章确认即可完成申报。

3. 纳税人识别号(必填):填写税务机关赋予的纳税人识别号。

4. 纳税人名称(必填):党政机关、企事业单位、社会团体的,应按照国家人事、民政部门批准设立或者工商部门注册登记的全称填写;纳税人是自然人的,应当按照本人有效身份证件上标注的姓名填写。

5. 纳税人分类(必选):分为单位和个人,个人含个体工商户。

6. 登记注册类型 * :单位,根据税务登记证或组织机构代码证中登记的注册类型填写;纳税人是企业的,根据国家统计局《关于划分企业登记注册类型的规定》填写。内资企业国有企业集体企业股份合作企业联营企业国有联营企业集体联营企业国有与集体联营企业其他联营企业有限责任公司国有独资公司其他有限责任公司股份有限公司私营企业私营独资企业私营合伙企业私营有限责任公司私营股份有限公司其他企业港、澳、台商投资企业合资经营企业(港或澳、台资)合作经营企业(港或澳、台资)港、澳、台商独资经营企业港、澳、台商投资股份有限公司其他港、澳、台商投资企业外商投资企业中外合资经营企业中外合作经营企业外资企业外商投资股份有限公司其他外商投资企业。该项可由系统自动带出,无须纳税人填写。

7. 所属行业 * :根据《国民经济行业分类》(GB/T 4754 – 2011)填写。该项可由系统自动带出,无须纳税人填写。

8. 身份证件类型:填写能识别纳税人唯一身份的有效证照名称。纳税人为自然人的,必选。选择类型为:身份证、护照、其他,必选一项,选择"其他"的,请注明证件的具体类型。

9. 身份证件号码:填写纳税人身份证件上的号码。

10. 联系人、联系方式(必填):填写单位法定代表人或纳税人本人姓名、常用联系电话及地址。

11. 土地编号 * :纳税人不必填写。由税务机关的管理系统赋予编号,以识别。

12. 宗地的地号:土地证件记载的地号。不同地号的土地应当分行填写。无地号的,不同的宗地也应当分行填写。

13. 土地等级(必填):根据本地区关于土地等级的有关规定,填写纳税人占用土地所属的土地的等级。不同土地等级的土地,应当按照各个土地等级汇总填写。

14. 税额标准:根据土地等级确定,叼由税务机关系统自动带出。

15. 土地总面积(必填):此面积为全部面积,包括减免税面积。本项为《城镇土地使用税税源明细表》"占用土地面积"的汇总值。

16. 所属期起:税款所属期内税款所属的起始月份。起始月份不同的土地应当分行填写。默认为税款所属期的起始月份。但是,当《城镇土地使用税税源明细表》中土地取得时间晚于税款所属期起始月份的,所属期起为"取得时间"的次月;《城镇土地使用税税源明细表》中经核准的困难减免的起始月份晚于税款所属期起始月份的,所属期起为"经核准的困难减免的起始月份";《城镇土地使用税税源明细表》中变更类型选择信息项变更的,变更时间晚于税款所属期起始月份的,所属期起为"变更时间"。

17. 所属期止:税款所属期内税款所属的终止月份。终止月份不同的土地应当分行填写。默认为税款所属期的终止月份。但是,当《城镇土地使用税税源明细表》中变更类型选择"纳税义务终止"的,变更时间早于税款所属期终止月份的,所属期止为"变更时间";《城镇土地使用税税源明细表》中"经核准的困难减免的终止月份"早于税款所属期终止月份的,所属期止为"经核准的困难减免的终止月份"。

18. 本期应纳税额:根据《城镇土地使用税税源明细表》有关数据项自动计算生成。本期应纳税额 = ∑占用土地面积×税额标准÷12×(所属期止月份－所属期起月份＋1)。

19. 本期减免税额:本项根据《城镇土地使用税税源明细表》月减免税额与税款所属期实际包含的月份数自动计算生成,本期减免税额＝∑《城镇土地使用税税源明细表》月减免税额×(所属期止月份－所属期起月份＋1)。

20. 逻辑关系:本期应补(退)税额＝本期应纳税额－本期减免税额－本期已缴税额。

21. 带星号(＊)的项目不需要纳税人填写。

城镇土地使用税纳税申报表（汇总版）

税款所属期期：自　年　月　日至　年　月　日　　　填表日期：　年　月　日

金额单位：元至角分；面积单位：平方米

纳税人识别号 □□□□□□□□□□

纳税人信息	名称		纳税人分类	单位□　　个人□
	登记注册类型	*	所属行业	*
	身份证件类型	身份证□　护照□　其他□___	身份证件号码	
	联系人		联系方式	

申报纳税信息	土地等级	税额标准	土地总面积	所属期起	所属期止	本期应纳税额	本期减免税额	本期已缴税额	本期应补（退）税额
	合计								

以下由纳税人填写：

纳税人声明	此纳税申报表是根据《中华人民共和国城镇土地使用税暂行条例》和国家有关税收规定填报的，是真实的、可靠的、完整的。	
纳税人签章	代理人签章	代理人身份证号

以下由税务机关填写：

受理人	受理日期	受理税务机关签章
	年　月　日	

本表一式三份，一份返还纳税人，一份作为资料归档，一份作为税收会计核算的原始凭证。

城镇土地使用税减免税明细申报表

金额单位:元至角分;面积单位:平方米

税款所属期:自　年　月　日至　年　月　日

纳税人识别号:☐☐☐☐☐☐☐☐☐☐☐☐☐☐☐

填表日期:　年　月　日

纳税人名称:

序号	土地编号	所属期起	所属期止	减免性质代码	减免项目名称	减免税面积	土地等级	税额标准	本期减免税额
1									
2									
3									
4									
5									
6									
7									
8									
9									
10									
合 计		*		*	*		*	*	

以下由纳税人填写:

纳税人声明	此纳税申报表是根据《中华人民共和国城镇土地使用税暂行条例》和国家有关税收规定填报的,是真实的、可靠的、完整的。	
纳税人签章		代理人签章
		代理人身份证号

以下由税务机关填写:

受理人	受理日期	受理税务机关签章
	年　月　日	

填表说明:

1. 首次申报或变更申报时纳税人提交《城镇土地使用税税源明细表》后,本表根据《城镇土地使用税税源明细表》有关数据项由系统自动生成,无需纳税人手工填写,仅需签章确认。后续无变更时申报,纳税人税源明细无变更的,税务机关提供免填单服务,根据纳税人识别号及该纳税人当期有效的土地税源明细信息自动生成本表,纳税人签章确认即可完成申报。

2. 所属期起:税款所属期内税款所属的起始月份。起始月份不同的土地应当分行填写。默认为税款所属期的起始月份。但是,当《城镇土地使用税税源明细表》中土地取得时间晚于税款所属期起始月份的,所属期起为"取得时间"的次月;《城镇土地使用税税源明细表》中经核准的困难减免的起始月份晚于税款所属期起始月份的,所属期起为"经核准的困难减免的起始月份";《城镇土地使用税税源明细表》中变更类型选择信息项变更的,变更时间晚于税款所属期起始月份的,所属期起为"变更时间"。

3. 所属期止:税款所属期内税款所属的终止月份。终止月份不同的土地应当分行填写。默认为税款所属期的终止月份。但是,当《城镇土地使用税税源明细表》中变更类型选择"纳税义务终止"的,变更时间早于税款所属期终止月份的,所属期止为"变更时间";《城镇土地使用税税源明细表》中"经核准的困难减免的终止月份"早于税款所属期终止月份的,所属期止为"经核准的困难减免的终止月份"。

4. 本期减免税额:本项根据《城镇土地使用税税源明细表》月减免税额与税款所属期实际包含的月份数自动计算生成,本期减免税额 = ∑《城镇土地使用税税源明细表》月减免税额 ×(所属期止月份 − 所属期起月份 + 1)。

城镇土地使用税税源明细表

填表日期：　　年　月　日

金额单位：元至角分；面积单位：平方米

纳税人名称：

纳税人识别号

纳税人分类：单位□　个人□			
身份证件类型	身份证□　护照□　其他____	身份证件号码	
土地编号	*	地号	土地名称
纳税人类型	土地使用权人□　集体土地使用人□ 无偿使用人□　代管人□ 实际使用人□（必选）	土地使用权人 纳税识别号	土地使用权 人名称
土地使用权证号		土地性质	国有□　集体□（必选）
土地取得方式	划拨□　出让□　转让□　租赁□ 其他□（必选）	土地用途	工业□　商业□　居住□　综合□　房地产开发企业的开发用地□ 其他□（必选）
土地坐落地址（详细地址）	省（自治区、市）　　市（区）　　县（区）街道		
土地所属主管税务所（科、分局）	该土地的城镇土地使用税税收入所属的主管税务机关。系统允许各地配置该项的确定规则。该项不需纳税人手动填写，根据确定规则自动带出。（必填）		
土地取得时间	年　月	变更类型	纳税义务终止（权属转移□　其他□） 信息项变更（土地面积变更□　土地等级变更□ 减免税变更□　其他□）	变更时间	年　月
占用土地面积		土地等级		税额标准	
地价		其中取得土地使用权支付金额		其中土地开发成本	

减免税部分	序号	减免性质代码	减免项目名称	经核准的困难减免起止时间		减免税土地面积	月减免税额
				起始月份	终止月份		
				年　月	年　月		
	1						
	2						
	3						

以下由纳税人填写：

纳税人声明	此纳税申报表是根据《中华人民共和国城镇土地使用税暂行条例》和国家有关税收规定填报的，是真实的、可靠的、完整的。		
纳税人签章		代理人签章	代理人身份证号

以下由税务机关填写：

受理人		受理日期	受理税务机关签章
		年　月　日	

本表一式三份，一份返还纳税人，一份作为资料归档，一份作为税收会计核算的原始凭证。

填表说明：

1. 本表为《城镇土地使用税纳税申报表》的明细附表，填写本表后，系统根据本表数据自动计算生成《城镇土地使用税纳税申报表》和《城镇土地使用税纳税申报表减免税附表》。

2. 此表实施后，对首次进行纳税申报的纳税人，需要申报其全部土地的相关信息。此后办理纳税申报时，如果纳税人的土地及相关信息未发生变化的，可仅对上次申报信息进行确认；发生变化的，仅就变化的内容进行填写。有条件的地区，税务机关可以通过系统将上期申报的信息推送给纳税人。税源数据基础较好或已获取第三方信息的地区，可直接将数据导入纳税申报系统并推送给纳税人进行确认。

3. 城镇土地使用税税源明细申报遵循"谁纳税谁申报"的原则，只要存在城镇土地使用税纳税义务，就应当如实申报土地信息。

4. 每一宗土地填写一张表。同一宗土地跨两个土地等级的，按照不同等级分别填写。无土地证的，按照土地坐落地址分别填表。纳税人不得将多宗土地合并成一条记录填写。

5. 对于填写中所涉及的数据项目，有土地证件的，依据证件记载的内容填写，没有土地证件的，依据实际情况填写。

6. 纳税人识别号(必填)：填写税务机关赋予的纳税人识别号。

7. 纳税人名称(必填)：党政机关、企事业单位、社会团体的，应按照国家人事、民政部门批准设立或者工商部门注册登记的全称填写；纳税人是自然人的，应按照本人有效身份证件上标注的姓名填写。

8. 纳税人分类(必选)：分为单位和个人，个人含个体工商户。

9. 身份证件类型：填写能识别纳税人唯一身份的有效证照名称。纳税人为自然人的，必选。选择类型为：身份证、护照、其他，必选一项，选择"其他"的，请注明证件的具体类型。

10. 身份证件号码：填写纳税人身份证件上的号码。

11. 土地编号*：纳税人不必填写。由税务机关的管理系统赋予编号，以识别。

12. 地号(非必填)：土地证件记载的地号。

13. 土地名称(非必填)：填写纳税人自行填写的土地简称，协助查找使用。

14. 纳税人类型(必填)：分为土地使用权人、集体土地使用人、无偿使用人、代管人、实际使用人。必选一项，且只能选一项。

15. 土地使用权人纳税识别号(非必填)：填写拥有土地使用权人的纳税识别号。纳税人类型选择无偿使用人、代管人和实际使用人的填写。

16. 土地使用权人名称(非必填)：填写拥有土地使用权人的名称。纳税人类型选择无偿使用人、代管人和实际使用人的填写。

17. 土地使用权证号：有土地证件者必填。填写土地证件载明的证件编号。

18. 土地性质(必选)：根据实际的土地性质选择。选项为国有、集体。

19. 土地取得方式(必选)：根据土地的取得方式选择，分为：划拨、出让、转让、租赁和其他。

20. 土地用途(必选)：分为工业、商业、居住、综合、房地产开发企业的开发用地和其他，必选一项，且只能选一项，不同用途的土地应当分别填表。

21. 土地坐落地址(必填)：应当填写详细地址，具体为：××省××市××县(区)××街道＋详细地址。

22. 土地所属主管税务所(科、分局)(必填)：本表所列土地的城镇土地使用税收入所属的主管税务机关。系统允许各地配置该项的确定规则。该项不需纳税人手动填写，根据确定规则自动带出。

23. 土地取得时间(选填)：填写纳税人初次获得该土地的时间。

24. 变更类型(选填)：有变更情况的必选。

25. 变更时间(选填)：有变更情况的必填，填至月。变更类型选择纳税义务终止的，税款计算至当月末；变更类型选择信息项变更的，自变更当月起按新状态计算税款。

26. 占用土地面积(必填)：根据纳税人本表所填列土地实际占用的土地面积填写，保留两位小数。此面积为全部面积，包括减税面积和免税面积。

27. 地价:曾经支付地价和开发成本的必填。地价为地价和土地开发成本之和。

28. 土地等级(必填):根据本地区土地等级的有关规定,填写纳税人占用土地所属的土地的等级。不同土地等级的土地应当分别填表。系统应当允许各地对土地等级及税额标准进行配置,也应当允许各地配置根据土地坐落地址确定土地等级的规则。

29. 税额标准:根据土地等级确定,由税务机关系统自动带出。系统应当允许各地自行配置各个土地等级对应的税额标准。

30. 减免性质代码:该项按照税务机关最新制发的减免税政策代码表中最细项减免性质代码填写。有减免税情况的必填。不同减免性质代码的土地应当分行填表。纳税人减免税情况发生变化时,应当进行变更。

31. 减免项目名称:该项按照税务机关最新制发的减免税政策代码表中最细项减免项目名称填写。有减免税情况的必填。

32. 经核准的困难减免起止时间:纳税人如有城镇土地使用税困难减免的情况,必填。填写经税务机关核准的困难减免的起始月份和终止月份。

33. 减免税土地的面积:填写享受减免税政策的土地的全部面积。

34. 月减免税金额:该项填写本表所列土地本项减免税项目享受的月减免税金额。

35. 带星号(＊)的项目不需要纳税人填写。

房产税纳税申报表

金额单位:元至角分;面积单位:平方米

纳税所属期:自　年　月　日至　年　月　日　　　填表日期:　年　月　日

纳税人识别号 ☐☐☐☐☐☐

纳税人信息	名称		纳税人分类	单位☐ 个人☐
	登记注册类型	*	所属行业	
	身份证件类型	身份证☐ 护照☐ 其他☐___	身份证件号码	*
	联系人		联系方式	

一、从价计征房产税

房产编号	房产原值	其中:出租房产原值	计税比例	税率	所属期起	所属期止	本期应纳税额	本期减免税额	本期已缴税额	本期应补(退)税额
1 *										
2 *										
3 *										
4 *										
5 *										
6 *										
7 *										
8 *										
9 *										
10 *										
合计 *	*	*	*	*	*	*				*

续表

二、从租计征房产税

	本期申报租金收入	税率	本期应纳税额	本期减免税额	本期已缴税额	本期应补(退)税额
1						
2						
3						
合计		*				

以下由纳税人填写：

纳税人声明	此纳税申报表是根据《中华人民共和国房产税暂行条例》和国家有关税收规定填报的，是真实的、可靠的、完整的。	
纳税人签章：	代理人签章：	代理人身份证号：

以下由税务机关填写：

受理人	受理日期： 年 月 日	受理税务机关签章：

本表一式三份，一份返还纳税人，一份作为资料归档，一份作为税收会计核算的原始凭证。

填表说明:

1. 本表适用于在中华人民共和国境内申报缴纳房产税的单位和个人。

2. 本表依据《中华人民共和国税收征收管理法》《中华人民共和国房产税暂行条例》制定,为房产税纳税申报表主表。本表包括三个附表,附表一为《房产税减免税明细申报表》,附表二为《从价计征房产税税源明细表》、附表三为《从租计征房产税税源明细表》。首次申报或变更申报时纳税人提交《从价计征房产税税源明细表》和《从租计征房产税税源明细表》后,本表由系统自动生成,无需纳税人手工填写,仅需签章确认。申报房产数量大于10个(不含10)的纳税人,建议采用网络申报方式,并可选用本表的汇总版进行申报。后续申报,纳税人税源明细无变更的,税务机关提供免填单服务,根据纳税人识别号,系统根据当期有效的房产税源明细信息自动生成本表,纳税人签章确认即可完成申报。

3. 纳税人识别号:填写税务机关赋予的纳税人识别号。

4. 纳税人名称:党政机关、企事业单位、社会团体的,应按照国家人事、民政部门批准设立或者工商部门注册登记的全称填写;纳税人是自然人的,应当按照本人有效身份证件上标注的姓名填写。

5. 纳税人分类:分为单位和个人,个人含个体工商户。

6. 登记注册类型 ∗ :单位,根据税务登记证或组织机构代码证中登记的注册类型填写;纳税人是企业的,根据国家统计局《关于划分企业登记注册类型的规定》填写。内资企业国有企业集体企业股份合作企业联营企业国有联营企业集体联营企业国有与集体联营企业其他联营企业有限责任公司国有独资公司其他有限责任公司股份有限公司私营企业私营独资企业私营合伙企业私营有限责任公司私营股份有限公司其他企业港、澳、台商投资企业合资经营企业(港或澳、台资)合作经营企业(港或澳、台资)港、澳、台商独资经营企业港、澳、台商投资股份有限公司其他港、澳、台商投资企业外商投资企业中外合资经营企业中外合作经营企业外资企业外商投资股份有限公司其他外商投资企业。该项可由系统根据纳税人识别号自动带出,无须纳税人填写。

7. 所属行业 ∗ :根据《国民经济行业分类》(GB/T 4754 – 2011)填写。该项可由系统根据纳税人识别号自动带出,无须纳税人填写。

8. 身份证件类型:填写能识别纳税人唯一身份的有效证照名称。纳税人为自然人的,必选。选择类型为:身份证、护照、其他,必选一项,选择"其他"的,请注明证件的具体类型。

9. 身份证件号码:填写纳税人身份证件上的号码。

10. 联系人、联系方式:填写单位法定代表人或纳税人本人姓名、常用联系电话及地址。

11. 房产编号 ∗ :纳税人不必填写。由税务机关的管理系统赋予编号,以识别。

12. 房产原值:本项为《从价计征房产税税源明细表》相应数据项的汇总值。

13. 出租房产原值:本项为《从价计征房产税税源明细表》相应数据项的汇总值。

14. 计税比例:系统应当允许各地自行配置。配置好后,系统预设在表单中。

15. 税率:系统预设,无需纳税人填写,并允许各地自行配置。从价配置默认1.2%,从租配置默认12%。

16. 所属期起:税款所属期内税款所属的起始月份。起始月份不同的房产应当分行填写。默认为税款所属期的起始月份。但是,当《从价计征房产税税源明细表》中取得时间晚于税款所属期起始月份的,所属期起为"取得时间"的次月;《从价计征房产税税源明细表》中经核准的困难减免的起始月份晚于税款所属期起始月份的,所属期起为"经核准的困难减免的起始月份";《从价计征房产税税源明细表》中变更类型选择信息项变更的,变更时间晚于税款所属期起始月份的,所属期起为"变更时间"。

17. 所属期止:税款所属期内税款所属的终止月份。终止月份不同的房产应当分行填写。默认为税款所属期的终止月份。但是,当《从价计征房产税税源明细表》中变更类型选择"纳税义务终止"的,变更时间早于税款所属期终止月份的,所属期止为"变更时间";《从价计征房产税税源明细表》中"经核准的困难减免的终止月份"早于税款所属期终止月份的,所属期止为"经核准的困难减免的终止月份"。

18. 本期应纳税额:本项为《从价计征房产税税源明细表》和《从租计征房产税税源明细表》相应数据项的汇总值。

19. 本期减免税额:本项为按照税目分别从《从价计征房产税税源明细表》或《从租计征房产税税源明细表》

月减免税额与税款所属期实际包含的月份数自动计算生成。

20. 带星号(＊)的项目不需要纳税人填写。

21. 逻辑关系：

(1)从价计征房产税的本期应纳税额 = ∑(房产原值 – 出租房产原值)×计税比例×税率÷12×(所属期止月份 – 所属期起月份 + 1)；

(2)从价计征房产税的本期应补(退)税额 = 本期应纳税额 – 本期减免税额 – 本期已缴税额；

(3)从租计征房产税的本期应纳税额 = ∑本期应税租金收入×适用税率；

(4)从租计征房产税的本期应补(退)税额 = 本期应纳税额 – 本期减免税额 – 本期已缴税额。

(5)从价计征本期减免税额 = ∑《从价计征房产税税源明细表》月减免税额×(所属期止月份 – 所属期起月份 + 1)

(6)从租计征本期减免税额 = ∑《从租计征房产税税源明细表》月减免税额×(所属期止月份 – 所属期起月份 + 1)

房产税纳税申报表(汇总版)

税款所属期:自 年 月 日 至 年 月 日　　　　填表日期: 年 月 日

金额单位:元至角分;面积单位:平方米

纳税人识别号 □□□□□□□□□□□□□□□

纳税人信息	名称						纳税人分类	单位□ 个人□
	登记注册类型	*					所属行业	
	身份证件类型	身份证□ 护照□ 其他□____					身份证件号码	*
	联系人						联系方式	

一、从价计征房产税

	房产原值	其中:出租房产原值	计税比例	税率	所属期起	所属期止	本期应纳税额	本期减免税额	本期已缴税额	本期应补(退)税额
1										
2										
3										
合计	*	*	*	*	*	*				

二、从租计征房产税

	本期申报租金收入	税率	本期应纳税额	本期减免税额	本期已缴税额	本期应补(退)税额
1						
2						
3						
合计		*				

以下由纳税人填写:

纳税人声明	此纳税申报表是根据《中华人民共和国房产税暂行条例》和国家有关税收规定填报的,是真实的、可靠的、完整的。	
纳税人签章:	代理人签章:	代理人身份证号

以下由税务机关填写:

受理人	受理日期	年 月 日	受理税务机关签章

本表一式三份,一份返还纳税人,一份作为资料归档,一份作为税收会计核算的原始凭证。

房产税减免税明细申报表

填表日期：　　年　　月　　日

金额单位：元至角分；面积单位：平方米

税款所属期：自　　年　　月　　日至　　年　　月　　日

纳税人识别号：□□□□□□□□□□□□□□□

纳税人名称：

一、从价计征房产税减免信息

房产编号	所属期起	所属期止	减免税房产原值	计税比例	税率	减免性质代码	减免项目名称	本期减免税额
1								
2								
3								
合计	*	*			*	*	*	

二、从租计征房产税减免信息

房产编号	本期减免税租金收入	税率	减免性质代码	减免项目名称	本期减免税额
1					
2					
3					
合计		*	*	*	

以下由纳税人填写：

纳税人声明	此纳税申报表是根据《中华人民共和国房产税暂行条例》和国家有关税收规定填报的，是真实的、可靠的、完整的。	
纳税人签章	代理人签章	代理人身份证号

以下由税务机关填写：

受理人	受理日期	受理税务机关签章
	年　　月　　日	

填表说明:

1. 首次申报或变更申报时纳税人提交《从价计征房产税税源明细表》和《从租计征房产税税源明细表》后,本表由系统自动生成,无需纳税人手工填写,仅需签章确认。后续申报,纳税人税源明细无变更的,税务机关提供免填单服务,根据纳税人识别号及该纳税人当期有效的土地税源明细信息自动生成本表,纳税人签章确认即可完成申报。

2. 所属期起:税款所属期内税款所属的起始月份。起始月份不同的房产应当分行填写。默认为税款所属期的起始月份。但是,当《从价计征房产税税源明细表》中取得时间晚于税款所属期起始月份的,所属期起为"取得时间"的次月;《从价计征房产税税源明细表》中经核准的困难减免的起始月份晚于税款所属期起始月份的,所属期起为"经核准的困难减免的起始月份";《从价计征房产税税源明细表》中变更类型选择信息项变更的,变更时间晚于税款所属期起始月份的,所属期起为"变更时间"。

3. 所属期止:税款所属期内税款所属的终止月份。终止月份不同的房产应当分行填写。默认为税款所属期的终止月份。但是,当《从价计征房产税税源明细表》中变更类型选择"纳税义务终止"的,变更时间早于税款所属期终止月份的,所属期止为"变更时间";《从价计征房产税税源明细表》中"经核准的困难减免的终止月份"早于税款所属期终止月份的,所属期止为"经核准的困难减免的终止月份"。

4. 本期减免税额:本项为按照税目分别从《从价计征房产税税源明细表》或《从租计征房产税税源明细表》月减免税额与税款所属期实际包含的月份数自动计算生成。从价计征本期减免税额 = Σ《从价计征房产税税源明细表》月减免税额×(所属期止月份 − 所属期起月份 + 1);从租计征本期减免税额 = Σ《从租计征房产税税源明细表》月减免税额×(所属期止月份 − 所属期起月份 + 1)

5. 带星号(＊)的项目不需要纳税人填写。

从价计征房产税税源明细表

金额单位:元至角分;面积单位:平方米

纳税人名称:

纳税人识别号:☐☐☐☐☐☐☐☐☐☐☐☐☐☐☐

纳税人分类:单位☐ 个人☐

填表日期: 年 月 日

身份证件类型	身份证☐ 护照☐ 其他☐＿＿＊
房产证编号	身份证件号码
房产名称	产权证书号 ＿＿＿＿(必填)
房屋坐落地址(详细地址)	省(自治区,市) 市(区) 县(区) 街道
房产所属主管税务所(科,分局)	该房产所属纳税人所属的主管税务机关。该项不需纳税人手动填写,根据确定规则。系统允许各地配置该项的确定规则。根据确定规则自动带出。
纳税人类型	产权所有人☐ 经营管理人☐ 承典人☐ 房屋代管人☐ 房屋使用人☐ 融资租赁承租人☐(必选)	所有权人名称 所有权人纳税识别码
房屋所在土地编号	＊
房产取得时间	年 月 变更类型 纳税义务终止(权属转移☐ 其他☐) 信息质变更(房产原值变更☐ 减免税变更☐ 其他☐) 房产用途 工业☐ 商业及办公☐ 住房☐ 其他☐(必选) 变更时间 年 月
建筑面积	(必填) 其中:出租房产面积
房产原值	(必填) 其中:出租房产原值 计税比例 系统设定

减免税部分	序号	减免性质代码	减免项目名称	经核准的困难减免起止时间		减免税房产原值	月减免税金额
				起始月份	终止月份		
	1						
	2						
	3						

以下由纳税人填写:

纳税人声明	此纳税申报表是根据《中华人民共和国房产税暂行条例》和国家有关税收规定填报的,是真实的、可靠的、完整的。	
纳税人签章	代理人签章	代理人身份证号
	受理日期	年 月 日

以下由税务机关填写:

受理人	受理税务机关签章
	年 月 日

本表一式三份,一份返纳税人,一份作为资料归档,一份作为税收会计核算的原始凭证。

填表说明:

1. 本表为《房产税纳税申报表》及《房产税减免税明细申报表》的明细附表。

2. 首次进行纳税申报的纳税人,需要申报其全部房产的相关信息,此后办理纳税申报时,如果纳税人的房产及减免税等相关信息未发生变化的,可仅对上次申报信息进行确认;发生变化的,仅就变化的内容进行填写。有条件的地区,税务机关可以通过系统将上期申报的信息推送给纳税人。税源数据基础较好或已获取第三方信息的地区,可直接将数据导入纳税申报系统并推送给纳税人进行确认。

3. 房产税税源明细申报遵循"谁纳税谁申报"的原则,只要存在房产税纳税义务,就应当如实申报房产明细信息。

4. 每一独立房产应当填写一张表。即:同一产权证有多幢(个)房产的,每幢(个)房产填写一张表。无产权证的房产,每幢(个)房产填写一张表。纳税人不得将多幢房产合并成一条记录填写。

5. 对于填写中所涉及的数据项目,有房屋所有权证件的,依据证件记载的内容填写,没有证件的,依据实际情况填写。

6. 房产有出租情形的,纳税人也应当先填写本表,再填写《从租计征房产税明细申报表》。

7 纳税人名称(必填):党政机关、企事业单位、社会团体的,应按照国家人事、民政部门批准设立或者工商部门注册登记的全称填写;纳税人是自然人的,应按照本人有效身份证件上标注的姓名填写。

8. 纳税人分类(必选):分为单位和个人,个人含个体工商户。

9 纳税人识别号:填写税务机关赋予的纳税人识别号。

10. 身份证件类型:填写能识别纳税人唯一身份的有效证照名称。纳税人为自然人的,必选。选择类型为:身份证、护照、其他,必选一项,选择"其他"的,请注明证件的具体类型。

11. 身份证件号码:填写纳税人身份证件上的号码。

12. 房产编号*:纳税人不必填写。由税务机关的管理系统赋予编号,以识别。

13. 产权证书号:纳税人有房屋所有权证件的,必填。填写房屋所有权证件载明的证件编号。

14. 房产名称(必填):纳税人自行编写,以便于识别。如:1号办公楼、第一车间厂房等。

15. 房屋坐落地址(必填):应当填写详细地址,具体为:××省××市××县(区)××街道+详细地址,且应当与土地税源明细申报数据关联并一致。系统自动带出已填报的土地税源信息,供选择。一栋房产仅可选择对应一条土地信息。

16. 房产所属主管税务所(科、分局):本表所填列房产的房产税收入所属的主管税务机关。系统允许各地配置该项的确定规则。该项不需纳税人手动填写,根据确定规则自动带出。

17. 纳税人类型(必选):分为产权所有人、经营管理人、承典人、房屋代管人、房屋使用人、融资租赁承租人。必选　项,且只能选　项。

18. 所有权人纳税识别码(非必填):填写拥有房屋所有权人的纳税识别号。

19. 所有权人名称(非必填):填写拥有房屋所有权人的名称。

20. 房屋所在土地编号*:根据所选择的土地信息,从系统自动调取。

21. 房产用途(必选):房产用途依据房产所有权证登记的用途填写,无证的,依据实际用途填写。分为工业、商业及办公、住房、其他,必选一项,且只能选一项,不同用途的房产应当分别填表。

22. 建筑面积(必填):保留两位小数。

23. 出租房产面积:有出租情况的必填。

24. 房产原值(必填):填写房产的全部房产原值。应包括:分摊的应计入房产原值的地价,与房产不可分割的设备设施的原值,房产中已出租部分的原值,以及房产中减免税部分的原值。

25. 出租房产原值:房产有出租情况的必填。

26. 计税比例:填写各地房产原值减除的比例。系统应当允许各地自行配置。配置好后,系统预设在表单中。

27. 房产取得时间(选填):填写纳税人初次获得该房产所有权的时间。

28. 变更类型(选填):有变更情况的必选。

29. 变更时间(选填):有变更情况的必填,填至月。变更类型选择纳税义务终止的,税款计算至当月末;变更类型选择信息项变更的,自变更当月起按新状态计算税款。

30. 减免性质代码:该项按照税务机关最新制发的减免税政策代码表中最细项减免性质代码填写。有减免税情况的必填。不同减免性质代码的房产应当分行填表。纳税人减免税情况发生变化时,应当进行变更。

31. 减免项目名称:该项按照税务机关最新制发的减免税政策代码表中最细项减免项目名称填写。有减免税情况的必填。

32. 经核准的困难减免起止时间:纳税人如有房产税困难减免的情况,必填。填写经税务机关核准的困难减免的起始月份和终止月份。

33. 减免税房产原值:依据政策确定的可以享受减免税政策的房产原值。政策明确按一定比例进行减免的,该项为经过比例换算确定的减免税房产原值。例如:供热企业用于居民供热的免税房产原值 = 房产原值 × 实际从居民取得的采暖费收入/采暖费总收入。

34. 月减免税金额:该项填写本表所列房产本项减免税项目享受的月减免税金额。

35. 带星号(*)的项目不需要纳税人填写。

从租计征房产税税源明细表

纳税人名称：　　　　　　　　　　　　　　　　　金额单位：元至角分；面积单位：平方米

纳税人分类：单位□　个人□

纳税人识别号 ☐☐☐☐☐☐☐☐☐☐☐☐☐☐☐

填表日期：　年　月　日

身份证件类型	身份证□　护照□　其他□	身份证件号码	
房产名称		房产编号	*
房产用途	工业□　商业及办公□　住房□　其他□		
房产坐落地址(详细地址)	省(自治区、市)　　市(区)　　县(区)　　街道		
房产所属主管税务所(科、分局)	该房产所属的房产税收入所属的主管税务机关。系统允许各地配置该项所属的主管税务机关。该项不需纳税人手动填写，根据确定规则自动带出。		根据确定规则自动带出。
承租方纳税识别号		承租方名称	
出租面积		合同租金总收入	
合同约定租赁期起		合同约定租赁期止	
申报租金收入	申报租金所属租赁期起	申报租金所属租赁期止	
减免性质代码	减免项目名称	减免税租金收入	
减免税额			

以下由纳税人填写：

纳税人声明	此纳税申报表是根据《中华人民共和国房产税暂行条例》和国家有关税收规定填报的，是真实的、可靠的、完整的。		
纳税人签章		代理人签章	代理人身份证号

以下由税务机关填写：

受理人		受理日期	受理税务机关签章
		年　月　日	

本表一式三份，一份返还纳税人，一份作为资料归档，一份作为税收会计核算的原始凭证。

填表说明：

1. 本表为《房产税纳税申报表》及《房产税减免税明细申报表》的明细附表。从租申报的纳税人每次申报时均需申报此表。

2. 每一独立出租房产应当填写一张表。即：同一产权证有多幢（个）房产的，每幢（个）房产填写一张表。无产权证的房产，每幢（个）房产填写一张表。纳税人不得将多幢房产合并成一条记录填写。

3. 纳税人名称（必填）：党政机关、企事业单位、社会团体的，应按照国家人事、民政部门批准设立或者工商部门注册登记的全称填写；纳税人是自然人的，应按照本人有效身份证件上标注的姓名填写。

4. 纳税人分类（必选）：分为单位和个人，个人含个体工商户。

5 纳税人识别号：填写税务机关赋予的纳税人识别号。

6. 身份证件类型：填写能识别纳税人唯一身份的有效证照名称。纳税人为自然人的，必选。选择类型为：身份证、护照、其他，必选一项，选择"其他"的，请注明证件的具体类型。

7. 身份证件号码：填写纳税人身份证件上的号码。

8. 纳税人出租的房产，必须首先按照从价计征房产税明细申报的要求如实填写有关信息，再填写从租计征房产税明细申报有关信息。

9. 房产名称（必填）：纳税人自行编写，以便于识别，必填，且应当与从价计征房产税明细申报信息关联并一致。

10. 房产编号：纳税人不必填写。由税务机关的管理系统赋予编号，以识别，且应当与从价计征房产税明细申报信息关联并一致。

11. 房产用途（必选）：分为工业、商业及办公、住房、其他，必选一项，且只能选一项，不同用途的房产应当分别填表。

12. 房屋坐落地址（必填）：填写详细地址，具体为×× 省×× 市×× 县（区）×× 街道＋详细地址，且应当与土地税源明细申报数据关联并一致。

13. 房产所属主管税务所（科、分局）：本表所填列房产的房产税收入所属的主管税务机关。系统允许各地配置该项的确定规则。该项不需纳税人手动填写，根据确定规则自动带出。

14. 承租方纳税识别号：纳税人为非自然人的，应按照以办理税务登记时税务机关赋予的编码填写。纳税人为自然人的，应按照本人有效身份证件上标注的号码填写。

15. 出租面积（必填）：填写出租房产的面积。

16. 合同租金总收入：填写出租协议约定的出租房产的总收入。

17. 合同约定租赁期起：填写出租协议约定的收取租金等收入的租赁期起。

18. 合同约定租赁期止：填写出租协议约定的收取租金等收入的租赁期止。

19. 申报租金收入：填写本次申报的应税租金收入。

20. 申报租金所属租赁期起：填写申报租金收入的所属租赁期起。

21. 申报租金所属租赁期止：填写申报租金收入的所属租赁期止。

22. 减免性质代码：该项按照税务机关最新制发的减免税政策代码表中最细项减免性质代码填写。有减免税情况的必填。对于出租房产不适用12% 法定税率的，应当填写相关的减免税内容。

23. 减免项目名称：该项按照税务机关最新制发的减免税政策代码表中最细项减免项目名称填写。

24. 减免税租金收入：该项填写本出租房产可以享受减免税政策的租金收入。

25. 减免税额：根据纳税人选择的减免性质代码自动计算。

26. 带星号（＊）的项目不需要纳税人填写。

契税纳税申报表

填表日期: 年 月 日　　　　　　　金额单位:元至角分;面积单位:平方米

纳税人识别号 □□□□□□□□□□

承受方信息	名称		□单位　□个人
	登记注册类型	所属行业	
	身份证件类型　身份证□　护照□　其他□	身份证件号码	
	联系人	联系方式	

转让方信息	名　称		□单位　□个人
	纳税人识别号	登记注册类型　设立下拉列框	
	身份证件类型　设立下拉列框	身份证件号码	

土地房屋权属转移信息	合同签订日期	土地房屋坐落地址	
	权属转移方式　设立下拉列框	用途　设立下拉列框	权属转移对象　设立下拉列框
	权属转移面积	成交价格	家庭唯一普通住房　□90 平方米以上　□90 平方米及以下
	评估价格	计税价格	成交单价
	计征税额	减免性质代码	税率
		减免税额	应纳税额

以下由纳税人填写:

纳税人声明　此纳税申报表是根据《中华人民共和国契税暂行条例》和国家有关税收规定填报的,是真实的、可靠的、完整的。

纳税人签章		代理人签章		代理人身份证号	

以下由税务机关填写:

受理人		受理日期	年 月 日	受理税务机关签章	

本表一式三份,一份返还纳税人,一份作为资料归档,一份作为税收会计核算的原始凭证。

注:设立下拉列框说明

权属转移对象、方式、用途逻辑关系对照表

权属转移对象 一级(大类)	二级(小类)	三级(细目)	权属转移方式	用 途
土地	无	无	土地使用权出让	1. 居住用地；2. 商业用地；3. 工业用地；4. 综合用地；5. 其他用地
			土地使用权转让：土地使用权买卖	1. 居住用地；2. 商业用地；3. 工业用地；4. 综合用地；5. 其他用地
			土地使用权转让：土地使用权赠与	1. 居住用地；2. 商业用地；3. 工业用地；4. 综合用地；5. 其他用地
			土地使用权转让：土地使用权交换	1. 居住用地；2. 商业用地；3. 工业用地；4. 综合用地；5. 其他用地
			土地使用权转让：土地使用权作价入股	1. 居住用地；2. 商业用地；3. 工业用地；4. 综合用地；5. 其他用地
房屋	增量房	普通商品住房	1. 房屋买卖；2. 房屋作价入股；3. 房屋赠与；4. 房屋交换；5. 其他	1. 居住
		非普通商品住房	1. 房屋买卖；2. 房屋作价入股；3. 房屋赠与；4. 房屋交换；5. 其他	1. 居住
		保障性住房	1. 房屋买卖；2. 房屋作价入股；3. 房屋赠与；4. 房屋交换；5. 其他	1. 居住
		其他住房	1. 房屋买卖；2. 房屋作价入股；3. 房屋赠与；4. 房屋交换；5. 其他	1. 居住
		非住房	1. 房屋买卖；2. 房屋作价入股；3. 房屋赠与；4. 房屋交换；5. 其他	2. 商业；3. 办公；4. 商住；5. 附属建筑；6. 工业；7. 其他
	存量房	普通商品住房	1. 房屋买卖；2. 房屋作价入股；3. 房屋赠与；4. 房屋交换；5. 其他	1. 居住
		非普通商品住房	1. 房屋买卖；2. 房屋作价入股；3. 房屋赠与；4. 房屋交换；5. 其他	1. 居住
		保障性住房	1. 房屋买卖；2. 房屋作价入股；3. 房屋赠与；4. 房屋交换；5. 其他	1. 居住
		其他住房	1. 房屋买卖；2. 房屋作价入股；3. 房屋赠与；4. 房屋交换；5. 其他	1. 居住
		非住房	1. 房屋买卖；2. 房屋作价入股；3. 房屋赠与；4. 房屋交换；5. 其他	2. 商业；3. 办公；4. 商住；5. 附属建筑；6. 工业；7. 其他

填表说明:

1. 本表依据《中华人民共和国税收征收管理法》《中华人民共和国契税暂行条例》设计制定。纳税申报必须填写本表。

2. 本表适用于在中国境内承受土地、房屋权属的单位和个人。纳税人应当在签订土地、房屋权属转移合同或者取得其他具有土地、房屋权属转移合同性质凭证后10日内,向土地、房屋所在地契税征收机关填报契税纳税申报表,申报纳税。对于个人间的二手房权属转移,纳税人可通过填报二手房交易综合申报表进行契税纳税申报,不需再填报契税纳税申报表。

3. 填报日期:填写纳税人办理纳税申报的实际日期。

4. 本表各栏的填写说明如下:

(1)纳税人识别号:填写税务机关赋予的纳税人识别号。

(2)承受方及转让方名称:承受方、转让方是党政机关、企事业单位的,应按照国家人事、民政部门批准设立或者工商部门注册登记的全称填写;承受方、转让方是自然人的,应按照本人有效身份证件上标注的姓名填写。

(3)登记注册类型:承受方、转让方是企业的填写此栏。根据国家统计局《关于划分企业登记注册类型的规定》填写。

(4)所属行业:承受方、转让方是党政机关、企事业单位的填写此栏。根据《国民经济行业分类》(GB/T 4754 – 2011)填写。

(5)身份证件类型:填写能识别纳税人唯一身份的有效证照名称。纳税人为自然人的,必选。选择类型为:身份证、护照、其他,必选一项,选择"其他"的,请注明证件的具体类型。

(6)身份证件号码:填写纳税人身份证件上的号码。

(7)联系人:填写单位法定代表人或纳税人本人姓名;联系方式:填写常用联系电话及通讯地址。

(8)合同签订时间:指承受方与转让方签订土地、房屋转移合同的当日,或者承受方取得其他具有土地、房屋转移合同性质凭证的当日。

(9)土地、房屋坐落地址:土地使用权转移,应填写土地坐落地址及地号;房屋权属转移,应同时填写土地坐落地址(含地号)和房屋坐落地址。

(10)权属转移对象:分土地、房屋两类一级指标;房屋下的二级指标设增量房和存量房;增量房和存量房下的三级指标均设普通商品住房、非普通商品住房、保障性住房、其他住房和非住房。

(11)权属转移方式:房产按1. 房屋买卖2. 房屋赠与3. 房屋交换4. 房屋作价入股5. 其他填写;土地按1. 国有土地使用权出让2. 土地使用权买卖3. 土地使用权赠与4. 土地使用权交换5. 土地使用权作价入股。

(12)用途:土地按1. 居住用地2. 商业用地3. 工业用地4. 综合用地5. 其他用地填写;住房按居住填写;非住房按1. 居住2. 商业3. 办公4. 商住5. 附属建筑6. 工业7. 其他填写。

(13)权属转移面积:土地、房屋权属转移合同确定的面积填写。

(14)成交价格:土地、房屋权属转移合同确定的价格(包括承受者应交付的货币、实物、无形资产或者其他经济利益,折算成人民币金额)填写;房屋交换为所交换房屋所支付的差价,不支付差价小于零则填"0";居民因个人房屋被征收而重新购置房屋或选择房屋产权调换的,以购房价格超过征收补偿部分的金额填写。成交单价:单位面积的成交价格。

(15)税率:3% ~5%,根据各省市确定的适用税率填写。家庭唯一普通住房亦按适用税率而非优惠税率填写。如,某省规定,该省住房适用税率为3%,对个人购买90平方米以下家庭住房的,在填报契税纳税申报表时,税率应按3%而非1%填写。

(16)住房:国家规划部门规划的房产用途或房产证上标注的房产用途填写,商住房等混合用途房产不列为住房。

(17)普通住房:指符合各地按照《建设部 发展改革委 财政部 国土资源部 人民银行 税务总局 银监会关于做好稳定住房价格工作的意见》(国办发〔2005〕26号)规定制定的本地普通住房标准的住房。

(18)评估价格,是指依据一定的评估方法对房地产所做的客观合理估价。如果纳税人成交价格明显低于市场价格并且无正当理由,并需要核定或评估的,按照"存量房交易计税价格评估系统"评估的价格或评估机构出具的评估价格填写。

(19)计税价格,是指由征收机关按照《中华人民共和国契税暂行条例》及有关规定确定的成交价格或者核定价格。

(20)减免性质代码:对按照契税政策规定享受减免税的,应按税务机关最新制发的减免税政策代码表中最细项减免性质代码填写。对同时享受税额式(税基式)减免税及税率式减免税的(如同时享受房屋征收免税及家庭唯一普通住房税率优惠),减免性质代码按税率式减免对应的代码填写。不享受减免税的,不填写此项。

(21)计征税额:计征税额 = 计税价格 × 适用税率,适用税率即(13)条中确认的税率。

(22)减免税额:减免税额 = 计税价格 ×(适用税率 - 优惠税率)× 减免税比例,减免税比例按各地确定的减免税比例计算,享受免税的,减免税比例为100%,不享受减免税的,不填写此项。

同时享受税额式(税基式)减免税及税率式减免税的,减免税额为按税率式减免计算的减免税额。其中,90平方米及以下家庭唯一普通住房的,优惠税率为1%;90平方米以上家庭唯一普通住房的,优惠税率 = 适用税率 ÷ 2。

(23)应纳税额:应纳税额 = 计征税额 - 减免税额。

如,王某的住房被政府征收后选择货币补偿重新购置了80平方米的房屋,购房成交价格超过货币补偿10万元,按现行政策规定,王某应就超过货币补偿的10万元缴纳契税,同时,由于该房屋符合当地普通房屋标准,且为王某家庭唯一住房,可享受1%优惠税率,当地契税适用税率为3%。由此计算,计征税额 = 10万元 × 3% = 3000元,减免税额 = 300010万元 ×(3% - 1%)= 2000元,应纳税额 = 10万元 × 1% = 1000元。

印花税纳税申报(报告)表

税款所属期限:自 年 月 日至 年 月 日

纳税人识别号 ☐☐☐☐☐☐☐☐☐☐☐☐☐☐☐☐

填表日期: 年 月 日

金额单位:元至角分

纳税人信息	名 称							☐单位 ☐个人		
	登记注册类型				所属行业					
	身份证件类型				身份证件号码					
	联系方式									

应税凭证	计税金额或件数	核定征收		适用税率	本期应纳税额	本期已缴税额	本期减免税额		本期应补(退)税额
		核定依据	核定比例				减免性质代码	减免额	
	1	2	3	4	5=1×4+2×3×4	6	7	8	9=5-6-8
购销合同				0.3‰					
加工承揽合同				0.5‰					
建设工程勘察设计合同				0.5‰					
建筑安装工程承包合同				0.3‰					
财产租赁合同				1‰					
货物运输合同				0.5‰					
仓储保管合同				1‰					
借款合同				0.05‰					
财产保险合同				1‰					
技术合同				0.3‰					
产权转移书据				0.5‰					

续表

应税凭证	计税金额或件数	核定征收		适用税率	本期应纳税额	本期已缴税额	本期减免税额		本期应补(退)税额
		核定依据	核定比例				减免性质代码	减免额	
	1	2	3	4	5=1×4+2×3×4	6	7	8	9=5−6−8
营业账簿(记载资金的账簿)		—		0.5‰					
营业账簿(其他账簿)		—		5					
权利、许可证照		—		5					
合　计	—	—		—					

以下由纳税人填写:

纳税人声明　此纳税申报表是根据《中华人民共和国印花税暂行条例》和国家有关税收规定填报的,是真实的、可靠的、完整的。

纳税人签章　　　　　　　　　代理人签章　　　　　　　　　代理人身份证号

以下由税务机关填写:

受理人　　　　　　受理日期　　　　　年　月　日　　受理税务机关签章

本表一式三份,一份返还纳税人,一份作为资料归档,一份作为税收会计核算的原始凭证。

减免性质代码:减免性质代码按照税务机关新制发的减免税政策代码表中的最新细项减免性质代码填报。

链接:

关于《北京市地方税务局关于修订财产行为税部分税种纳税申报表的公告》的政策解读

一、本公告出台的背景是什么?

为加强财产行为税业务规范化和标准化建设,根据2014年以来全国财产行为税统一申报表工作开展情况,在总结部分地区有效做法和先进经验的基础上,遵循便利于纳税人、有利于征管以及适应税收信息管理现代化需求的原则,国家税务总局制发了《关于修订财产行为税部分税种申报表的通知》(税总发〔2015〕114号)(以下简称通知),对财产行为税部分税种表单内容进行了补充和完善。北京市地方税务局根据通知要求,将国家税务总局修订后的城镇土地使用税、房产税、契税和印花税的纳税申报表予以公告。

二、本公告发布后主要有哪些变化?

本公告发布后,《北京市地方税务局关于发布财产和行为税纳税申报表及有关事项的公告》(2015年第7号)发布的《城镇土地使用税纳税申报表》《城镇土地使用税税源明细表》《房产税纳税申报表》《从价计征房产税税源明细表》《从租计征房产税税源明细表》《印花税纳税申报表》《契税纳税申报表》同时废止,启用此次公告中发布的新表单。

三、本公告何时开始执行?

本公告自发布之日起执行。

21 - 4 - 8

北京市财政局 北京市地方税务局转发财政部 国家税务总局关于纳税人异地预缴增值税有关 城市维护建设税和教育费附加政策问题的通知

2016年9月12日 京财税〔2016〕1810号

各区财政局、地方税务局,市地方税务局直属分局:

现将《财政部 国家税务总局关于纳税人异地预缴增值税有关城市维护建设税和教育费附加政策问题的通知》(财税〔2016〕74号)转发给你们,并补充通知如下,请一并遵照执行:

根据《北京市人民政府关于印发北京市地方教育附加征收使用管理办法的通知》(京政发〔2011〕72号)规定,地方教育附加的征收管理事项,比照教育费附加的有关规定办理。

附件:财政部、国家税务总局关于纳税人异地预缴增值税有关城市维护建设税和教育费附加政策问题的通知(财税〔2016〕74号)

财政部　国家税务总局关于纳税人异地预缴增值税有关城市维护建设税和教育费附加政策问题的通知

2016 年 7 月 12 日　财税〔2016〕74 号

各省、自治区、直辖市、计划单列市财政厅(局)、国家税务局、地方税务局,新疆生产建设兵团财务局:

根据全面推开"营改增"试点后增值税政策调整情况,现就纳税人异地预缴增值税涉及的城市维护建设税和教育费附加政策执行问题通知如下:

一、纳税人跨地区提供建筑服务、销售和出租不动产的,应在建筑服务发生地、不动产所在地预缴增值税时,以预缴增值税税额计税依据,并按预缴增值税所在地的城市维护建设税适用税率和教育费附加征收率就地计算缴纳城市维护建设税和教育费附加。

二、预缴增值税的纳税人在其机构所在地申报缴纳增值税时,以其实际缴纳的增值税税额为计税依据,并按机构所在地的城市维护建设税适用税率和教育费附加征收率就地计算缴纳城市维护建设税和教育费附加。

三、本通知自 2016 年 5 月 1 日起执行。

21-4-9

财政部　国家税务总局关于行政和解金有关税收政策问题的通知

2016 年 9 月 18 日　财税〔2016〕100 号

各省、自治区、直辖市、计划单列市财政厅(局)、国家税务局、地方税务局,新疆生产兵团财务局:

根据《中华人民共和国企业所得税法》及《中华人民共和国个人所得税》的有关规定,现就证券期货领域有关行政和解金税收政策问题明确如下:

一、行政相对人交纳的行政和解金,不得在所得税税前扣除。

二、中国证券投资者保护基金公司(简称投保基金公司)代收备付的行政和解金不属于投保基金公司的收入,不征收企业所得税。

投保基金公司取得行政和解金时应使用财政票据。

三、对企业投资者从投保基金公司取得的行政和解金,应计入企业当期收入,依法征收企业所得税;对个人投资者从投保基金公司取得的行政和解金,暂免征收个人所得税。

四、本通知自2016年1月1日起执行。

21-4-10
国家税务总局关于股权激励和
技术入股所得税征管问题的公告

2016年9月28日　国家税务总局公告2016年第62号

为贯彻落实《财政部　国家税务总局关于完善股权激励和技术入股有关所得税政策的通知》(财税〔2016〕101号,以下简称《通知》),现就股权激励和技术入股有关所得税征管问题公告如下:

一、关于个人所得税征管问题

(一)非上市公司实施符合条件的股权激励,本公司最近6个月在职职工平均人数,按照股票(权)期权行权、限制性股票解禁、股权奖励获得之上月起前6个月“工资薪金所得”项目全员全额扣缴明细申报的平均人数确定。

(二)递延纳税期间,非上市公司情况发生变化,不再同时符合《通知》第一条第(二)款第4至6项条件的,应于情况发生变化之次月15日内,按《通知》第四条第(一)款规定计算缴纳个人所得税。

(三)员工以在一个公历月份中取得的股票(权)形式工资薪金所得为一次。员工取得符合条件、实行递延纳税政策的股权激励,与不符合递延纳税条件的股权激励分别计算。

员工在一个纳税年度中多次取得不符合递延纳税条件的股票(权)形式工资薪金所得的,参照《国家税务总局关于个人股票期权所得缴纳个人所得税有关问题的补充通知》(国税函〔2006〕902号)第七条规定执行。

(四)《通知》所称公平市场价格按以下方法确定:

1. 上市公司股票的公平市场价格,按照取得股票当日的收盘价确定。取得股票当日为非交易日的,按照上一个交易日收盘价确定。

2. 非上市公司股票(权)的公平市场价格,依次按照净资产法、类比法和其他合理方法确定。净资产法按照取得股票(权)的上年末净资产确定。

(五)企业备案具体按以下规定执行:

1. 非上市公司实施符合条件的股权激励,个人选择递延纳税的,非上市公司应于股票(权)期权行权、限制性股票解禁、股权奖励获得之次月15日内,向主管税务机关报送《非上市公司股权激励个人所得税递延纳税备案表》(附件1)、股权激励计划、董事会或股东大会决议、激励对象任职或从事技术工作情况说明等。实施股权奖励的企业同时报送本企业及其奖励股权标的企业上一纳税年度主营业务收入构成情况说明。

2. 上市公司实施股权激励,个人选择在不超过12个月期限内缴税的,上市公司应自股票期权行权、限制性股票解禁、股权奖励获得之次月15日内,向主管税务机关报送《上市公司股权激励个人所得税延期纳税备案表》(附件2)。上市公司初次办理股权激励备案时,还应一并向主管税务机关报送股权激励计划、董事会或股东大会决议。

3. 个人以技术成果投资入股境内公司并选择递延纳税的,被投资公司应于取得技术成果并支付股权之次月15日内,向主管税务机关报送《技术成果投资入股个人所得税递延纳税备案表》(附件3)、技术成果相关证书或证明材料、技术成果投资入股协议、技术成果评估报告等资料。

(六)个人因非上市公司实施股权激励或以技术成果投资入股取得的股票(权),实行递延纳税期间,扣缴义务人应于每个纳税年度终了后30日内,向主管税务机关报送《个人所得税递延纳税情况年度报告表》(附件4)。

(七)递延纳税股票(权)转让、办理纳税申报时,扣缴义务人、个人应向主管税务机关一并报送能够证明股票(权)转让价格、递延纳税股票(权)原值、合理税费的有关资料,具体包括转让协议、评估报告和相关票据等。资料不全或无法充分证明有关情况,造成计税依据偏低,又无正当理由的,主管税务机关可依据税收征管法有关规定进行核定。

二、关于企业所得税征管问题

(一)选择适用《通知》中递延纳税政策的,应当为实行查账征收的居民企业以技术成果所有权投资。

(二)企业适用递延纳税政策的,应在投资完成后首次预缴申报时,将相关内容填入《技术成果投资入股企业所得税递延纳税备案表》(附件5)。

(三)企业接受技术成果投资入股,技术成果评估值明显不合理的,主管税务机关有权进行调整。

三、实施时间

本公告自2016年9月1日起实施。中关村国家自主创新示范区2016年1月1日—8月31日之间发生的尚未纳税的股权奖励事项,按《通知》有关政策执行的,可按本公告有关规定办理相关税收事宜。《国家税务总局关于3项个人所得税事项取消审批实施后续管理的公告》(国家税务总局公告2016年第5号)第二条第(一)项同时废止。

特此公告。

附件:1.《非上市公司股权激励个人所得税递延纳税备案表》及填报说明

2.《上市公司股权激励个人所得税延期纳税备案表》及填报说明

3.《技术成果投资入股个人所得税递延纳税备案表》及填报说明

4.《个人所得税递延纳税情况年度报告表》及填报说明

5.《技术成果投资入股企业所得税递延纳税备案表》及填报说明

附件 1

非上市公司股权激励个人所得税递延纳税备案表

备案编号(主管税务机关填写):

单位:股,%,人民币元(列至角分)

公司基本情况

公司名称		纳税人识别号		联系人		联系电话	

股权激励基本情况

股权激励形式	□股票(权)期权 □限制性股票 □股权奖励		股权激励人数		标的公司名称	
该栏仅由实施股权奖励的公司填写	本公司是否为限制性行业 □是 □否				标的公司纳税人识别号	
	标的公司是否为限制性行业 □是 □否					

股权激励明细情况

序号	姓名	身份证照类型	身份证照号码	股票(权)期权					限制性股票					股权奖励		
				授予日	行权日	可出售日	取得成本	股数	持股比例	授予日	解禁日	可出售日	取得成本	股数	持股比例	授予日	可出售日	股数	持股比例

谨声明:此表是根据《中华人民共和国个人所得税法》及有关法律法规定填写的,是真实的、完整的、可靠的。

公司签章: 经办人: 填报日期: 年 月 日	代理申报机构(人)签章: 经办人: 经办人执业证件号码: 代理申报日期: 年 月 日	主管税务机关印章: 受理人: 受理日期: 年 月 日

实施股权激励公司法定代表人签章: 年 月 日

国家税务总局监制

填报说明

一、适用范围

本表适用于实施符合条件股权激励的非上市公司向主管税务机关办理个人所得税递延缴纳备案事宜时填报。

二、报送期限

企业应于符合条件的股票(权)期权行权、限制性股票解禁、股权奖励获得之次月15日内报送。

三、表内各栏

(一)公司基本情况

1. 公司名称:填写实施股权激励的非上市公司法定名称全称。

2. 纳税人识别号:填写纳税人识别号或统一社会信用代码。

3. 联系人、联系电话:填写非上市公司负责办理股权激励及相关涉税事项人员的相关情况。

(二)股权激励基本情况

1. 股权激励形式:根据实施股权激励的形式勾选。

2. 股权激励人数:填写股权激励计划中被激励对象的总人数。

3. 近6个月平均人数:填写股票(权)期权行权、限制性股票解禁、股权奖励获得之上月起向前6个月"工资、薪金所得"项目全员全额扣缴明细申报的平均人数。如,某公司实施一批股票期权并于2017年1月行权,则按照该公司2016年7月、8月、9月、10月、11月、12月"工资、薪金所得"项目全员全额扣缴明细申报的平均人数计算。计算结果按四舍五入取整。

4. 实施股权奖励公司填写栏:填写实施股权奖励企业的有关情况。

(1)本公司是否为限制性行业:实施股权奖励公司根据本公司上一纳税年度主营业务收入占比最高的行业,确定是否属于《财政部 国家税务总局关于完善股权激励和技术入股有关所得税政策的通知》(财税〔2016〕101号)附件《股权奖励税收优惠政策限制性行业目录》所列行业。属于所列行业选"是",不属于所列行业选"否"。

(2)标的公司名称、标的公司是否为限制性行业、标的公司纳税人识别号:以技术成果投资入股到其他境内居民企业所取得的股权实施股权奖励的,填写本栏。以本公司股权为股权奖励标的,无须填报本栏。

①标的公司名称:以其他境内居民企业股权实施股权奖励的,填写用以实施股权奖励的股权标的公司法定名称全称。

②标的公司纳税人识别号:以其他境内居民企业股权实施股权奖励的,填写用以实施股权奖励的股权标的公司的纳税人识别号或统一社会信用代码。

③标的公司是否限制性行业:以其他境内居民企业股权实施股权奖励的,根据标的公司上一纳税年度主营业务收入占比最高的行业,确定是否属于《财政部 国家税务总局关于完善股权激励和技术入股有关所得税政策的通知》(财税〔2016〕101号)附件《股权奖励税收优惠政策限制性行业目录》所列行业。属于所列行业选"是",不属于所列行业选"否"。

(三)股权激励明细情况

1. 姓名:填写纳税人姓名。中国境内无住所个人,其姓名应当用中、外文同时填写。

2. 身份证照类型:填写能识别纳税人唯一身份的身份证、军官证、士兵证、护照、港澳居民来往内地通行证、台湾居民来往大陆通行证等有效证照名称。

3. 身份证照号码:填写能识别纳税人唯一身份的号码。

4. 股票(权)期权栏:以股票(权)期权形式实施激励的企业填写本栏。没有则不填。

①授予日:填写股票(权)期权计划中,授予被激励对象股票(权)期权的实际日期。

②行权日:填写根据股票(权)期权计划,行权购买股票(权)的实际日期。

③可出售日:填写根据股票(权)期权计划,股票(权)期权同时满足自授予日起持有满3年、且自行权日起持有满1年条件后,实际可以对外出售的日期。

④取得成本:填写被激励对象股票(权)期权行权时,按行权价实际出资的金额。

⑤股数、持股比例:填写被激励对象实际取得的股数以及对应的持股比例。若非上市公司因公司注册类型限制,难以用股数体现被激励对象股权激励权益的,可只填写持股比例,持股比例按照保留小数点后两位填写。

5. 限制性股票栏:以限制性股票形式实施激励的企业填写本栏。没有则不填。

①授予日:填写限制性股票计划中,授予被激励对象限制性股票的实际日期。

②解禁日:填写根据限制性股票计划,被激励对象取得限制性股票达到规定条件而解除出售限制的具体日期。

③可出售日:填写根据限制性股票计划,限制性股票同时满足自授予日起持有满3年、且解禁后持有满1年条件后,实际可以对外出售的日期。

④取得成本:填写被激励对象取得限制性股票时的实际出资金额。

⑤股数、持股比例:填写被激励对象实际取得的股数以及对应的持股比例。若非上市公司因公司注册类型限制,难以用股数体现被激励对象股权激励权益的,可只填写持股比例,持股比例按照保留小数点后两位填写。

6. 股权奖励栏:以股权奖励形式实施激励的企业填写本栏。没有则不填。

①授予日:填写授予被激励对象股权奖励的实际日期。

②可出售日:填写根据股权奖励计划,自获得奖励之日起持有满3年后,实际可以对外出售的日期。

③股数、持股比例:填写被激励对象实际取得的股数以及对应的持股比例。若非上市公司因公司注册类型限制,难以用股数体现被激励对象股权激励权益的,可只填写持股比例,持股比例按照保留小数点后两位填写。

四、本表一式二份。主管税务机关受理后,由非上市公司和主管税务机关分别留存。

附件 2

上市公司股权激励个人所得税延期纳税备案表

备案编号（主管税务机关填写）：

单位：股、人民币元（列至角分）

公司基本情况

公司名称		纳税人识别号		股票代码		联系人		联系电话	
股权激励形式		股权激励局基本情况 □股票期权 □限制性股票 □股权奖励							

股权激励明细情况

序号	姓名	身份证照类型	身份证照号码	任职受雇月数	股票期权			限制性股票					股权奖励		
					行权日	行权日市价	行权价	行权股数	股票登记日	股票登记日市价	解禁日	解禁日市价	实际出资总额	本批次解禁数	总股票数	授予日	授予日市价	奖励股票数

谨声明：此表是根据《中华人民共和国个人所得税法》及有关法律法规规定填写的，是真实的、完整的、可靠的。

法定代表人签章：

公司签章：
经办人：
填报日期：　　年　　月　　日

代理申报机构（人）签章：
经办人：
经办人执业证件号码：
代理申报日期：　　年　　月　　日

主管税务机关印章：
受理人：
受理日期：　　年　　月　　日

国家税务总局监制

填报说明

一、适用范围

本表适用于实施股权激励的上市公司向主管税务机关办理个人所得税延期缴纳备案事宜时填报。

二、报送期限

企业应于股票期权行权、限制性股票解禁、股权奖励获得之次月15日内报送本表。

三、表内各栏

(一)公司基本情况

1. 公司名称:填写实施股权激励的上市公司法定名称全称。

2. 纳税人识别号:填写纳税人识别号或统一社会信用代码。

3. 联系人、联系电话:填写上市公司负责办理股权激励及相关涉税事项人员的相关情况。

(二)股权激励基本情况

股权激励形式:根据实施股权激励的形式勾选。

(三)股权激励明细情况

1. 姓名:填写纳税人姓名。中国境内无住所个人,其姓名应当用中、外文同时填写。

2. 身份证照类型:填写能识别纳税人唯一身份的身份证、军官证、士兵证、护照、港澳居民来往内地通行证、台湾居民来往大陆通行证等有效证照名称。

3. 身份证照号码:填写能识别纳税人唯一身份的号码。

4. 任职受雇月数:填写被激励对象在本公司实际任职受雇月份数。

5. 股票期权栏:以股票期权形式实施激励的企业填写本栏。没有则不填。

①行权日:填写根据股票期权计划,行权购买股票的实际日期。

②行权日市价:填写被激励对象所持股票行权购买日的收盘价。

③行权价:填写被激励对象股票期权行权时,实际出资的每股金额。

④行权股数:填写被激励对象本次行权取得的股票数量。

6. 限制性股票栏:以限制性股票形式实施激励的企业填写本栏。没有则不填。

①股票登记日:填写被激励对象取得的限制性股票在中国登记结算公司进行股票登记的日期。

②股票登记日市价:填写股票登记日的收盘价。

③解禁日:填写根据限制性股票计划,被激励对象取得限制性股票达到规定条件而解除出售限制的具体日期。

④解禁日市价:填写股票解禁日的收盘价。

⑤实际出资总额:填写被激励对象为获取限制性股票实际支付资金数额。

⑥本批次解禁数:填写本次股票解禁的股数。

⑦总股票数:填写被激励对象获取的限制性股票总数。

7. 股权奖励栏:以股权奖励形式实施激励的企业填写本栏。没有则不填。

①授予日:填写授予被激励对象获得股票的实际日期。

②授予日市价:填写股票授予日的收盘价。

③奖励股票数:填写被激励对象获取的股票总数。

四、本表一式二份。主管税务机关受理后,由上市公司和主管税务机关分别留存。

附件 3

技术成果投资入股个人所得税递延纳税备案表

备案编号(主管税务机关填写):

单位:股,%,人民币元(列至角分)

被投资公司基本情况			
公司名称	纳税人识别号	联系人	联系电话

技术成果基本情况			
技术成果名称	技术成果类型	发证部门	技术成果证书编号

技术成果投资入股情况		
评估价(协议价)	技术成果原值	合理税费

技术成果投资入股个人股基本情况

涉及人数

序号	姓名	身份证照类型	身份证照号码	联系地址	联系电话	股数	持股比例

谨声明:此表是根据《中华人民共和国个人所得税法》及相关法律法规规定填写的,是真实的、完整的、可靠的。

被投资公司法定代表人签字:

公司签章: 经办人: 填报日期:　　年　月　日	代理申报机构(人)章: 经办人: 经办人执业证件号码: 代理申报日期:　　年　月　日	主管税务机关印章: 受理人: 受理日期:　　年　月　日

国家税务总局监制

填报说明

一、适用范围

本表适用于个人以技术成果投资入股境内非上市公司并选择递延纳税的,被投资公司向主管税务机关办理相关个人所得税递延纳税备案事宜时填报。备案表区分投资入股的技术成果,分别填写。

二、报送期限

企业应于被投资公司取得技术成果并支付股权之次月15日内报送。

三、表内各栏

(一)被投资公司基本情况

1. 公司名称:填写接受技术成果投资入股的公司名称全称。

2. 纳税人识别号:填写纳税人识别号或统一社会信用代码。

3. 联系人、联系电话:填写接受技术成果投资入股公司负责办理个人所得税递延纳税备案人员的相关情况。

(二)技术成果基本情况

1. 技术成果名称:填写技术成果的标准名称。

2. 技术成果类型:是指《财政部 国家税务总局关于完善股权激励和技术入股有关所得税政策的通知》(财税〔2016〕101号)规定的专利技术(含国防专利)、计算机软件著作权、集成电路布图设计专有权、植物新品种权、生物医药新品种,以及科技部、财政部、国家税务总局确定的其他技术成果。

3. 发证部门:填写颁发技术成果证书的部门全称。

4. 技术成果证书编号:填写技术成果证书上的编号。

(三)技术成果投资入股情况

1. 涉及人数:填写技术成果投资协议中以该项技术成果投资入股的人数。

2. 评估价(协议价):填写技术成果投资入股按照协议确定的公允价值。

3. 技术成果原值:填写个人发明或取得该项技术成果过程中实际发生的支出。

4. 合理税费:填写个人以技术成果投资入股过程中按规定实际支付的有关税费。

(四)技术成果投资入股个人基本情况

1. 姓名:填写技术成果投资入股个人的姓名,中国境内无住所个人,其姓名应当用中、外文同时填写。

2. 身份证照类型:填写能识别技术成果投资入股个人的唯一身份的身份证、军官证、士兵证、护照、港澳居民来往内地通行证、台湾居民来往大陆通行证等有效证照名称。

3. 身份证照号码:填写能识别技术成果投资入股个人的唯一身份的号码。

4. 联系地址和联系电话:填写技术成果投资入股个人的有效联系地址和常用联系电话。

5. 股数:填写个人因技术成果投资入股获得的股票(权)数。

6. 持股比例:按照保留小数点后两位填写。

7. 技术成果投资入股个人基本情况如果填写不下,可另附纸填写。

四、本表一式二份。主管税务机关受理后,由扣缴义务人和主管税务机关分别留存。

附件 4

个人所得税递延纳税情况年度报告表

报告所属期:　　年

单位:股,%,人民币元(列至角分)

公司基本情况

公司名称		纳税人识别号		联系人		联系电话	

递延纳税股票(权)形式

递延纳税有关情况　□股票(权)期权　□限制性股票　□股权奖励　□技术成果投资入股

递延纳税明细情况

序号	姓名	身份证照类型	身份证照号码	总体情况					股票(权)期权				限制性股票				股权奖励				技术成果投资入股			
				转让情况		扣缴个人所得税	剩余情况		转让情况		剩余情况		转让情况		剩余情况		转让情况		剩余情况		转让情况		剩余情况	
				股数	持股比例		股数	持股比例	股数	持股比例	股数	持股比例	股数	持股比例	股数	持股比例	股数	持股比例	股数	持股比例	股数	持股比例	股数	持股比例

谨声明:此表是根据《中华人民共和国个人所得税法》及有关法律法规规定填写的,是真实的、完整的、可靠的。

公司法定代表人签章:

公司签章:	代理申报机构(人)签章:	主管税务机关印章:
经办人:	经办人:	受理人:
	经办人执业证件号码:	
填报日期:　　年　月　日	代理申报日期:　　年　月　日	受理日期:　　年　月　日

国家税务总局监制

填报说明

一、适用范围

本表适用于实施符合条件股权激励的非上市公司和取得个人技术成果的境内公司,在递延纳税期间向主管税务机关报告个人相关股权持有和转让情况。

二、报送期限

实施股权激励的非上市公司和取得个人技术成果的境内公司,应于每个纳税年度终了30日内报送本表。

二、表内各栏

(一)公司基本情况

1. 公司名称:填写实施股权激励的非上市公司,或者取得个人技术成果的境内公司的法定名称全称。

2. 纳税人识别号:填写纳税人识别号或统一社会信用代码。

3. 联系人、联系电话:填写负责办理股权激励或技术成果投资入股相关涉税事项人员的相关情况。

(二)递延纳税有关情况

递延纳税股票(权)形式:根据递延纳税的股票(权)形式勾选。

(三)递延纳税明细情况

1. 姓名:填写纳税人姓名。中国境内无住所个人,其姓名应当用中、外文同时填写。

2. 身份证照类型:填写能识别纳税人唯一身份的身份证、军官证、士兵证、护照、港澳居民来往内地通行证、台湾居民来往大陆通行证等有效证照名称。

3. 身份证照号码:填写能识别纳税人唯一身份的号码。

4. 总体情况、股票(权)期权、限制性股票、股权奖励、技术成果投资入股栏:填写个人转让和剩余享受递延纳税优惠的股票(权)相关情况。

①股数、持股比例:填写个人实际转让或剩余的享受递延纳税优惠的股票(权)数以及对应的持股比例。若非上市公司因公司注册类型限制,难以用股票(权)数体现个人相关权益的,可只填列持股比例,持股比例按照保留小数点后两位填写。

②扣缴个人所得税:填写个人转让递延纳税的股权,扣缴义务人实际扣缴的个人所得税。

四、本表一式二份。主管税务机关受理后,由扣缴义务人和主管税务机关分别留存。

附件 5

技术成果投资入股企业所得税递延纳税备案表

纳税人名称(盖章)：　　　　纳税人识别号：

申报所属期：＿＿年度

金额单位：人民币元(列至角分)

行次	投资企业信息							被投资企业信息				备注
	技术成果名称	技术成果类型	技术成果编号	公允价值	计税基础	取得股权时间	递延所得	企业名称	纳税人识别号	主管税务机关	与投资方是否为关联企业	
	1	2	3	4	5	6	7＝4－5	8	9	10	11	
1												
2												
3												
4												
5												
6												
7												
8												
…												
合计												

谨声明：本人知悉并保证本表填报内容及所附证明材料真实、完整，并承担因资料虚假而产生的法律和行政责任。

填表人：　　　　法定代表人签字：

填报日期：　年　月　日

国家税务总局监制

填报说明

一、适用范围

本表适用于执行企业所得税技术成果投资递延政策的纳税人填报。

二、报送期限

纳税人应在投资完成后首次预缴申报时向主管税务机关报送本表。

三、表内各栏

1. 第2列"技术成果类型":是指专利技术(含国防专利)、计算机软件著作权、集成电路布图设计权、植物新品种、生物医药新品种,以及科技部、财政部、国家税务总局确定的其他技术成果。

2. 第4列"公允价值":是指企业以技术成果投资入股时,技术成果按照协议确定的评估值。

3. 第5列"计税基础":是指企业以技术成果投资入股时,技术成果的税收金额。

4. 第6列"取得股权时间":是指技术成果投资协议生效并办理股权登记手续的时间。关联企业之间非货币性资产投资,投资协议生效后12个月尚未完成股权变更登记手续的,确认年度为投资协议生效年度。

5. 第7列"递延所得"=第4列"公允价值"-第5列"计税基础"。

6. 第11列"与投资方是否为关联企业":是指企业以技术成果投资入股前,投资企业与被投资企业是否为《中华人民共和国企业所得税法》及其实施条例中明确的关联企业。

四、本表一式二份。主管税务机关受理后,由纳税人和主管税务机关分别留存。

21－4－11

北京市财政局　北京市国家税务局
北京市地方税务局转发财政部　国家
税务总局关于完善股权激励和技术
入股有关所得税政策的通知

2016年10月24日　京财税〔2016〕2122号

各区财政局、国家税务局、地方税务局,市国家税务局直属税务分局,市地税局直属分局:

现将《财政部　国家税务总局关于完善股权激励和技术入股有关所得税政策的通知》(财税〔2016〕101号)转发给你们,请遵照执行。

附件:财政部、国家税务总局关于完善股权激励和技术入股有关所得税政策的通知

财政部　国家税务总局关于完善股权激励
和技术入股有关所得税政策的通知

2016年9月20日　财税〔2016〕101号

各省、自治区、直辖市、计划单列市财政厅(局)、国家税务局、地方税务局,新疆生产建设兵团财务局:

为支持国家大众创业、万众创新战略的实施,促进我国经济结构转型升级,经国务院批准,现就完善股权激励和技术入股有关所得税政策通知如下:

一、对符合条件的非上市公司股票期权、股权期权、限制性股票和股权奖励实行递延纳税政策

(一)非上市公司授予本公司员工的股票期权、股权期权、限制性股票和股权奖励,符合规定条件的,经向主管税务机关备案,可实行递延纳税政策,即员工在取得股权激励时可暂不纳税,递延至转让该股权时纳税;股权转让时,按照股权转让收入减除股权取得成本以及合理税费后的差额,适用"财产转让所得"项目,按照20%的税率计算缴纳个人所得税。

股权转让时,股票(权)期权取得成本按行权价确定,限制性股票取得成本按实际出资额确定,股权奖励取得成本为零。

(二)享受递延纳税政策的非上市公司股权激励(包括股票期权、股权期权、限制性股票和股权奖励,下同)须同时满足以下条件:

1. 属于境内居民企业的股权激励计划。

2. 股权激励计划经公司董事会、股东(大)会审议通过。未设股东(大)会的国有单位,经上级主管部门审核批准。股权激励计划应列明激励目的、对象、标的、有效期、各类价格的确定方法、激励对象获取权益的条件、程序等。

3. 激励标的应为境内居民企业的本公司股权。股权奖励的标的可以是技术成果投资入股到其他境内居民企业所取得的股权。激励标的股票(权)包括通过增发、大股东直接让渡以及法律法规允许的其他合理方式授予激励对象的股票(权)。

4. 激励对象应为公司董事会或股东(大)会决定的技术骨干和高级管理人员,激励对象人数累计不得超过本公司最近6个月在职职工平均人数的30%。

5. 股票(权)期权自授予日起应持有满3年,且自行权日起持有满1年;限制性股票自授予日起应持有满3年,且解禁后持有满1年;股权奖励自获得奖励之日起应持有满3年。上述时间条件须在股权激励计划中列明。

6. 股票(权)期权自授予日至行权日的时间不得超过10年。

7. 实施股权奖励的公司及其奖励股权标的公司所属行业均不属于《股权奖励税收优惠政策限制性行业目录》范围(见附件)。公司所属行业按公司上一纳税年度主营业务收入占比最高的行业确定。

(三)本通知所称股票(权)期权是指公司给予激励对象在一定期限内以事先约定的价格购买本公司股票(权)的权利;所称限制性股票是指公司按照预先确定的条件授予激励对象一定数量的本公司股权,激励对象只有工作年限或业绩目标符合股权激励计划规定条件的才可以处置该股权;所称股权奖励是指企业无偿授予激励对象一定份额的股权或一定数量的股份。

(四)股权激励计划所列内容不同时满足第一条第(二)款规定的全部条件,或递延纳税期间公司情况发生变化,不再符合第一条第(二)款第4至6项条件的,不得享

受递延纳税优惠,应按规定计算缴纳个人所得税。

二、对上市公司股票期权、限制性股票和股权奖励适当延长纳税期限

(一)上市公司授予个人的股票期权、限制性股票和股权奖励,经向主管税务机关备案,个人可自股票期权行权、限制性股票解禁或取得股权奖励之日起,在不超过 12 个月的期限内缴纳个人所得税。《财政部 国家税务总局关于上市公司高管人员股票期权所得缴纳个人所得税有关问题的通知》(财税〔2009〕40 号)自本通知施行之日起废止。

(二)上市公司股票期权、限制性股票应纳税款的计算,继续按照《财政部 国家税务总局关于个人股票期权所得征收个人所得税问题的通知》(财税〔2005〕35 号)、《财政部 国家税务总局关于股票增值权所得和限制性股票所得征收个人所得税有关问题的通知》(财税〔2009〕5 号)、《国家税务总局关于股权激励有关个人所得税问题的通知》(国税函〔2009〕461 号)等相关规定执行。股权奖励应纳税款的计算比照上述规定执行。

三、对技术成果投资入股实施选择性税收优惠政策

(一)企业或个人以技术成果投资入股到境内居民企业,被投资企业支付的对价全部为股票(权)的,企业或个人可选择继续按现行有关税收政策执行,也可选择适用递延纳税优惠政策。

选择技术成果投资入股递延纳税政策的,经向主管税务机关备案,投资入股当期可暂不纳税,允许递延至转让股权时,按股权转让收入减去技术成果原值和合理税费后的差额计算缴纳所得税。

(二)企业或个人选择适用上述任一项政策,均允许被投资企业按技术成果投资入股时的评估值入账并在企业所得税前摊销扣除。

(三)技术成果是指专利技术(含国防专利)、计算机软件著作权、集成电路布图设计专有权、植物新品种权、生物医药新品种,以及科技部、财政部、国家税务总局确定的其他技术成果。

(四)技术成果投资入股,是指纳税人将技术成果所有权让渡给被投资企业、取得该企业股票(权)的行为。

四、相关政策

(一)个人从任职受雇企业以低于公平市场价格取得股票(权)的,凡不符合递延纳税条件,应在获得股票(权)时,对实际出资额低于公平市场价格的差额,按照"工资、薪金所得"项目,参照《财政部 国家税务总局关于个人股票期权所得征收个人所得税问题的通知》(财税〔2005〕35 号)有关规定计算缴纳个人所得税。

(二)个人因股权激励、技术成果投资入股取得股权后,非上市公司在境内上市的,处置递延纳税的股权时,按照现行限售股有关征税规定执行。

(三)个人转让股权时,视同享受递延纳税优惠政策的股权优先转让。递延纳税的股权成本按照加权平均法计算,不与其他方式取得的股权成本合并计算。

(四)持有递延纳税的股权期间,因该股权产生的转增股本收入,以及以该递延纳税的股权再进行非货币性资产投资的,应在当期缴纳税款。

(五)全国中小企业股份转让系统挂牌公司按照本通知第一条规定执行。

适用本通知第二条规定的上市公司是指其股票在上海证券交易所、深圳证券交易所上市交易的股份有限公司。

五、配套管理措施

(一)对股权激励或技术成果投资入股选择适用递延纳税政策的,企业应在规定期限内到主管税务机关办理备案手续。未办理备案手续的,不得享受本通知规定的递延纳税优惠政策。

(二)企业实施股权激励或个人以技术成果投资入股,以实施股权激励或取得技术成果的企业为个人所得税扣缴义务人。递延纳税期间,扣缴义务人应在每个纳税年度终了后主管税务机关报告递延纳税有关情况。

(三)工商部门应将企业股权变更信息及时与税务部门共享,暂不具备联网实时共享信息条件的,工商部门应在股权变更登记3个工作日内将信息与税务部门共享。

六、本通知自2016年9月1日起施行。

中关村国家自主创新示范区2016年1月1日—8月31日之间发生的尚未纳税的股权奖励事项,符合本通知规定的相关条件的,可按本通知有关政策执行。

附件:股权奖励税收优惠政策限制性行业目录

附件

股权奖励税收优惠政策限制性行业目录

门类代码	类别名称
A(农、林、牧、渔业)	(1)03 畜牧业(科学研究、籽种繁育性质项目除外) (2)04 渔业(科学研究、籽种繁育性质项目除外)
B(采矿业)	(3)采矿业(除第11类开采辅助活动)
C(制造业)	(4)16 烟草制品业 (5)17 纺织业(除第178类非家用纺织制成品制造) (6)19 皮革、毛皮、羽毛及其制品和制鞋业 (7)20 木材加工和木、竹、藤、棕、草制品业 (8)22 造纸和纸制品业(除第223类纸制品制造) (9)31 黑色金属冶炼和压延加工业(除第314类钢压延加工)
F(批发和零售业)	(10)批发和零售业
G(交通运输、仓储和邮政业)	(11)交通运输、仓储和邮政业
H(住宿和餐饮业)	(12)住宿和餐饮业
J(金融业)	(13)66 货币金融服务 (14)68 保险业
K(房地产业)	(15)房地产业

续表

门类代码	类别名称
L(租赁和商务服务业)	(16)租赁和商务服务业
O(居民服务、修理和其他服务业)	(17)79 居民服务业
Q(卫生和社会工作)	(18)84 社会工作
R(文化、体育和娱乐业)	(19)88 体育 (20)89 娱乐业
S(公共管理、社会保障和社会组织)	(21)公共管理、社会保障和社会组织(除第 9421 类专业性团体和 9422 类行业性团体)
T(国际组织)	(22)国际组织

说明:以上目录按照《国民经济行业分类》(GB/T 4754 – 2011)编制。

21 – 4 – 12
国家税务总局关于土地价款扣除
时间等增值税征管问题的公告

2016 年 12 月 24 日　国家税务总局公告 2016 年第 86 号

为细化落实《财政部　国家税务总局关于明确金融、房地产开发、教育辅助服务等增值税政策的通知》(财税〔2016〕140 号)和进一步明确营改增试点运行中反映的操作问题,现将有关事项公告如下:

一、房地产开发企业向政府部门支付的土地价款,以及向其他单位或个人支付的拆迁补偿费用,按照财税〔2016〕140 号文件第七、八条规定,允许在计算销售额时扣除但未扣除的,从 2016 年 12 月(税款所属期)起按照现行规定计算扣除。

二、财税〔2016〕140 号文件第九、十、十一、十四、十五、十六条明确的税目适用问题,按以下方式处理:

(一)不涉及税率适用问题的不调整申报;

(二)纳税人原适用的税率高于财税〔2016〕140 号文件所明确税目对应税率的,多申报的销项税额可以抵减以后月份的销项税额;

(三)纳税人原适用的税率低于财税〔2016〕140 号文件所明确税目对应税率的,不调整申报,并从 2016 年 12 月(税款所属期)起按照财税〔2016〕140 号文件执行。

纳税人已就相关业务向购买方开具增值税专用发票的,应将增值税专用发票收回并重新开具;无法收回的不再调整。

三、财税〔2016〕140 号文件第十八条规定的"此前已征的应予免征或不征的增值税,可抵减纳税人以后月份应缴纳的增值税",按以下方式处理:

(一)应予免征或不征增值税业务已按照一般计税方法缴纳增值税的,以该业务

对应的销项税额抵减以后月份的销项税额,同时按照现行规定计算不得从销项税额中抵扣的进项税额;

（二）应予免征或不征增值税业务已按照简易计税方法缴纳增值税的,以该业务对应的增值税应纳税额抵减以后月份的增值税应纳税额。

纳税人已就应予免征或不征增值税业务向购买方开具增值税专用发票的,应将增值税专用发票收回后方可享受免征或不征增值税政策。

四、保险公司开展共保业务时,按照以下规定开具增值税发票:

（一）主承保人与投保人签订保险合同并全额收取保费,然后再与其他共保人签订共保协议并支付共保保费的,由主承保人向投保人全额开具发票,其他共保人向主承保人开具发票;

（二）主承保人和其他共保人共同与投保人签订保险合同并分别收取保费的,由主承保人和其他共保人分别就各自获得的保费收入向投保人开具发票。

五、《国家税务总局关于发布〈房地产开发企业销售自行开发的房地产项目增值税征收管理暂行办法〉的公告》（国家税务总局公告 2016 年第 18 号）第五条中,"当期销售房地产项目建筑面积""房地产项目可供销售建筑面积",是指计容积率地上建筑面积,不包括地下车位建筑面积。

六、纳税人办理无偿赠与或受赠不动产免征增值税的手续,按照《国家税务总局关于进一步简化和规范个人无偿赠与或受赠不动产免征营业税、个人所得税所需证明资料的公告》（国家税务总局公告 2015 年第 75 号,以下称《公告》）的规定执行。《公告》第一条第（四）项第 2 目"经公证的能够证明有权继承或接受遗赠的证明资料原件及复印件",修改为"有权继承或接受遗赠的证明资料原件及复印件"。

七、纳税人出租不动产,租赁合同中约定免租期的,不属于《营业税改征增值税试点实施办法》（财税〔2016〕36 号文件印发）第十四条规定的视同销售服务。

本公告自发布之日起施行。

特此公告。

二十二、税收征收管理

22-1 税务登记管理

22-1-1
北京市国家税务局 北京市地方税务局
关于实行办税人员实名办税的公告

2016 年 1 月 14 日 北京市国家税务局 北京市地方税务局公告 2016 年第 2 号

为提升纳税服务质效,保护纳税人合法权益,降低纳税人及其办税人员在办税过程中的涉税风险,加快社会征信体系建设,根据《中华人民共和国税收征收管理法》及其实施细则,北京市国家税务局、北京市地方税务局决定实行办税人员实名办税,现就有关事项公告如下。

一、办税人员实名办税的含义

办税人员实名办税是指税务机关在办税人员身份明确的情况下受理纳税人涉税事项。

办税人员是指纳税人的法定代表人(负责人、业主)、财务负责人、办税员、税务代理人和经法定代表人(负责人、业主)授权的其他人员。

二、身份信息采集内容

税务机关采集办税人员身份信息包括:姓名、身份证件信息、电话号码、人像信息以及税务代理合同(协议)或授权方的办税授权委托书等相关资料的信息。

本公告所称身份证件是指在有效期内的居民身份证、临时居民身份证;中国人民解放军军人身份证件、中国人民武装警察身份证件;港澳居民来往内地通行证、台湾居民来往大陆通行证;外国公民护照。

三、身份信息采集方式

办税人员首次办理涉税事项时,需要根据不同情况向税务机关提供以下证件和资料,以便税务机关采集身份信息。

(一)办税人员是法定代表人(负责人、业主)的,需出示本人身份证件原件;

(二)办税人员是财务负责人、办税员或被法定代表人(负责人、业主)授权的其他人员的,需出示本人身份证件原件、税务代理合同(协议)原件或授权方的办税授权委托书原件。

办税人员可以到任一实体办税服务厅办理身份信息采集,也可以通过网上办税服务厅办理身份信息采集。

采集过身份信息的办税人员再次办理涉税事项时,应携带身份证件。

四、具体办税流程

(一)北京市国家税务局或北京市地方税务局实体办税服务厅受理涉税事项申请时,首先对办税人员身份信息进行采集和比对。办税人员身份信息通过比对的,继续办理业务;未通过的,先采集其身份信息。

(二)北京市国家税务局或北京市地方税务局网上办税服务厅增加手机验证环节,税务机关随机向纳税人发送验证信息,办税人员接收验证信息后,需要进行验证,验证通过的,继续办理业务。

五、过渡期

2016年3月1日—2016年7月31日为过渡期。过渡期内未携带身份采集所需证件和资料的办税人员办理涉税事项的,税务机关仅受理办税人员当日办理事项,之后办税人员需及时进行身份信息采集。

2016年8月1日起,税务机关仅受理已采集身份信息的办税人员申请的涉税事项。

六、其他事项

税务机关在采集、比对办税人员的身份信息时,办税人员需提供有效证件和真实身份信息,并予以配合。

办税人员发生变化或办税人员的电话号码等信息发生变更的,需及时办理变更手续。授权或代理行为到期或终止的,纳税人需及时办理办税人员维护。

北京市国家税务局和北京市地方税务局各级税务机关依法采集、使用和管理办税人员的身份信息,并承担信息保密义务。

本公告自2016年3月1日起施行。

特此公告。

链接:

关于《北京市国家税务局 北京市地方税务局
关于实行办税人员实名办税的公告》的政策解读

一、公告背景

切实转变税收征收管理工作理念,充分认识简政放权、放管结合的精神实质和内在联系,创新管理手段,在减轻纳税人负担,方便纳税人办事的同时,加强事后管理,推进社会征信体系建设。

二、制定目的

进一步厘清征纳双方责任,维护纳税人的合法权益,坚决打击涉税违法犯罪,确保简政放权成果落到诚实守信的纳税人和办税人员身上。让守法者尽享优质服务,让违法者无处遁形。

三、适用范围

纳税人的办税人员在北京市行政区域内各税务机关办理涉税事项,以及纳税人的办税人员使用北京市国家税务局或北京市地方税务局网上办税服务时,适用办税人员实名办税。

四、信息共享

为减轻办税负担,北京市国家税务局、北京市地方税务局将通过信息共享的方式,交换办税人员身份信息。办税人员可以在北京市国家税务局、北京市地方税务局任何一方进行身份信息采集,已领取数字证书的纳税人,其办税人员也可以通过网上办税服务厅进行身份信息采集。办税人员可以根据自身情况,就近、就便选择采集方式。

五、业务范围

原则上,纳税人全部涉税事项均实行办税人员实名办税。北京市国家税务局、北京市地方税务局将按照采集程序最简的原则,结合信息化建设进度逐步实行。

六、办税人员变更

纳税人的办税人员发生变更后,或者委托、授权到期后,应及时到税务机关办理办税人员的变更、删除,确保在税务机关登记的办税人员信息准确无误。

22-1-2
北京市工商行政管理局　北京市国家税务局
北京市地方税务局　北京市质量技术监督局
北京市统计局　北京市人力资源和社会保障局
北京市经济和信息化委员会关于全面贯彻落实
"五证合一、一照一码"登记制度改革的通知

2016 年 9 月 19 日　京工商发〔2016〕58 号

各有关单位:

为贯彻落实《国务院办公厅关于加快推进"五证合一、一照一码"登记制度改革的通知》(国办发〔2016〕53 号)和《工商总局等五部门关于贯彻落实〈国务院办公厅关于加快推进"五证合一"登记制度改革的通知〉的通知》(工商企注字〔2016〕150 号)要求,在我市现有"四证合一"的基础上加快实行"五证合一"登记制度,营造首都良好投资创业环境,现就有关事项通知如下:

一、统一思想、提高认识

"五证合一"登记制度是指在本市原工商营业执照、组织机构代码证、税务登记证、统计登记证"四证合一"基础上,再整合社会保险登记证,通过一次申请、由工商行政管理部门核发一个加载统一社会信用代码的营业执照的登记制度。

　　全面推行"五证合一"登记制度改革、实行"一照一码",是在更深层次,更广范围,以更有力举措推进"放、管、服"改革的重要内容,有利于进一步减轻企业负担,促进大众创业、万众创新;有利于进一步推进简政放权、建设服务型政府,提高政府治理的现代化水平。各有关部门要充分认识此项改革的重要意义,密切沟通,加强配合,确保改革措施顺利推进。

　　二、有序做好企业"一照一码"营业执照核发工作

　　以我市"四证合一"工作机制及技术方案为基础,按照"五证合一、一照一码"登记制度改革要求加以完善,全面实行"一套材料、一表登记、一窗受理"。以方便企业办事、简化登记手续、降低行政成本为出发点,在统一企业登记申请条件、文书规范、审批流程基础上,进一步创新工作措施,为企业登记提供更加高效便捷的准入服务。

　　自2016年9月26日起,新设立企业在工商登记机关办理营业执照后,无需再办理社会保险登记证。原已按照"四证合一"登记模式换发加载统一社会信用代码营业执照的企业,无需重新换发营业执照。尚未换发加载统一社会信用代码营业执照的企业,可以随变更登记一并换发。企业申请单独换照的,各登记机关要继续做好简易换照工作。已经领取社会保险登记证和统计登记证的企业,不再收缴原社会保险登记证和统计登记证。

　　过渡期内,原已按照"四证合一"登记模式换发加载统一社会信用代码营业执照的,企业的社会保险登记证继续有效。尚未换发加载统一社会信用代码营业执照的,原营业执照、组织机构代码证、税务登记证、统计登记证、社会保险登记证继续有效。过渡期结束后,企业和相关部门一律使用加载统一社会信用代码的营业执照,原营业证照、组织机构代码证、税务登记证、统计登记证、社会保险登记证不再有效。

　　取消社会保险登记证和统计登记证的定期验证和换证制度,改为企业按规定自行向工商部门报送年度报告并向社会公示。每年度年报报送截止后,工商行政管理部门将相关年报信息共享给人力资源社会保障部门和统计部门。

　　三、优化办事流程

　　以"五证合一"改革为契机,深化北京市"法人一证通"证书的推广应用,大力推动我市"互联网+政务服务",全面降低企业成本、提高办事效率。在工商登记大厅设置"法人一证通"证书服务窗口,在企业领取或更换营业执照的环节发放"法人一证通"证书。本市政府部门开展互联网办事服务,需要解决身份认证、授权管理、电子签名、责任认定的,应当按照国家和本市的有关规定使用一证通证书为法人提供服务,全面推进"一证在手,全网通办",切实让企业、个体工商户等社会组织享受到互联网办事的便利。

　　四、加强信息共享

　　各相关部门要主动适应"一照一码"登记模式的变化,以"四证合一"信息共享机制及技术为基础,依托企业信用信息公示平台,按照统一规范和标准,进一步健全信息采集、信息传递和信息共享机制,加强信息核实及反馈修改机制,全面落实国务院办公

厅以及五部门通知要求。对企业登记信息无法满足社会保险和统计工作需要的,人力资源社会保障部门和统计部门在各自开展业务工作时补充采集。

工商行政管理部门对企业登记档案进行电子化管理,赋予相关部门查询权限,逐步实现相关部门对企业档案信息的共享应用。

五、强化组织协调

继续发挥好市级"五证合一"登记制度改革联席会议机制的作用,统筹做好全市改革贯彻落实工作。市各相关部门和单位要加强沟通、协调配合,密切关注改革推进情况,加强数据分析研判,注重积累工作经验,遇到突出问题及时提交联席会议研究解决。要进一步梳理本市改革涉及的地方性法规、政府规章和规范性文件,及时推动修订完善。各相关部门要畅通环节衔接,确保"一照一码"营业执照广泛认可和应用。过渡期内,对于企业持原有证、照办理备案、审批等的,不要求企业因换领加载统一代码营业执照而再行办理变更手续,切实减轻企业负担。

各区政府要加强对本地区"五证合一"登记制度改革工作的领导,建立健全工作协调机制,做好本行政区域内改革工作的统筹协调、基础保障和督查考核,确保各项工作顺利推进。

六、加强宣传培训

各有关部门要按照改革要求,加强业务培训,切实提高工作人员的业务水平和服务质量。同时利用电视、网络、报刊等各种媒体和传播手段,加大宣传力度,及时解答和回应社会关注的热点问题,在全社会形成良好的改革氛围。

22－1－3

市工商局等五部门关于实施个体工商户营业执照和税务登记证"两证整合"进一步推进准入便利化的通知

2016 年 11 月 28 日　京工商发〔2016〕68 号

各有关单位:

为进一步深化商事制度改革,加快推进"三证合一"登记制度改革向个体工商户延伸,实现我市个体工商户营业执照和税务登记证"两证整合",进一步推进个体工商户准入便利化,根据《工商总局等四部门关于实施个体工商户营业执照和税务登记证"两证整合"的意见》(工商个字〔2016〕167 号),现就有关要求通知如下。

一、统一思想,提高认识

"两证整合"登记制度是指将个体工商户登记时依次申请,分别由工商行政管理部门核发营业执照、税务部门核发税务登记证,改为一次申请、由工商行政管理部门核发一个营业执照的登记制度。全面推行"两证整合"登记制度改革,是贯彻党的十八大和十八届三中、四中、五中全会精神,落实国务院决策部署,深化商事制度改革的重要举措,有利于建立更加便捷的市场准入模式,促进个体私营经济健康发展。加快推进这一改革,将进一步加强工商、税务等部门信息共享,提升公共服务和行政管理效能,对推进简政放权、建设服务型政府具有重要意义,各有关部门要高度重视,做好衔接落实工作。

此次改革,本市将社会保险登记、统计登记一并纳入"两证整合"登记制度改革实施范围,各有关部门要进一步加强协调,深化衔接,确保改革有序推进。

二、统一标准,全面实施

(一)全面覆盖,有序做好个体工商户"两证整合"登记制度改革工作

根据相关法律法规和国家标准,建立统一登记流程、统一编码和赋码规则等,全面实行个体工商户"两证整合"登记模式。通过"一套材料、一窗受理、互联互通、信息共享",由工商部门核发加载统一社会信用代码的营业执照,税务部门不再发放税务登记证,人力资源和社会保障部门不再发放社会保险登记证。

(二)全面统一,畅通个体工商户准入渠道

"两证整合"登记实行后,工商部门要在统一实施"一表申请、一窗受理"的基础上,进一步优化注册登记流程,为个体工商户提供更加高效便捷的准入服务。按照"保留必需、合并同类、优化简化"的原则,整合优化申请、受理、审查、核准、发照、公示等程序,缩短登记审批时限。工商部门建立统一的市场主体准入前信用承诺制度,通过做出对提交材料、报送、公示信息真实、履行后置审批、依法按章纳税、诚实守信经营、履行法定统计义务等方面的信用承诺,并将有关情况纳入市场主体信用记录,接受社会监督。工商部门和税务部门要积极研究市场主体清税信息共享的有效途径,逐步实现由申请人提供纸质清税证明到工商部门与税务部门通过电子数据确认清税情况的过渡,进一步降低个体工商户办事成本。个体工商户未办理税务登记的,由税务部门责令限期改正,逾期未改正的,经税务部门提请,由工商部门吊销营业执照;对无税无票的个体工商户,工商部门和税务部门通过电子数据传输形式实行简易退出程序,无需提交税务部门出具的纸质注销税务登记证明。

(三)全面对接,实现部门间业务系统的互联互通、信息共享

按照相关数据规范和技术方案,以统一代码为标识,建立健全统一的信息采集、信息传递、信息共享机制。工商部门要全面、准确采集个体工商户申报的信息,传输至税务、人力资源和社会保障、统计等相关部门。税务部门在确认纳税人信息后或出具清税证明后、人力资源和社会保障部门在社会保险登记后将相关信息传输至工商部门,建立与个体工商户登记信息的关联关系。跨部门的信息共享,通过市级已有数据交换机制横向传递;本部门的信息共享通过部门内部系统纵向传递。

(四)全面衔接,有序做好各项工作

工商部门通过个体工商户变更登记或换照,有序做好存量个体工商户原发执照的换发工作。个体工商户申请办理变更登记或换照的,工商部门无需收回原税务登记证和社会保险登记证,由税务部门、人力资源和社会保障部门在进行统一社会信用代码维护时收回。暂未取得加载统一社会信用代码营业执照的个体工商户,其营业执照和税务登记证、社会保险登记证继续有效。鼓励个体工商户主动换领加载统一社会信用代码的营业执照,但要充分尊重经营者意愿,不得强制换照。牢牢把握首都城市战略定位,鼓励个体工商户转换为企业组织形式,为转企个体工商户提供高效便捷的登记注册服务。

(五)全面应用,释放改革红利

我市自2016年12月1日起实施个体工商户"两证整合",改革后各相关部门和单位要在各自领域认可、使用"两证整合"后加载统一社会信用代码的营业执照,对于已领取加载统一社会信用代码营业执照的个体工商户在办理行政审批、银行开户、物权登记、招投标等各类相关事务时,各相关部门和单位不再要求个体工商户提供税务登记证、社会保险登记证。及时梳理调整涉及个体工商户办理事项的有关规定、规范及业务系统,确保"两证整合"后加载统一社会信用代码的营业执照在与个体工商户有关的各个领域和环节应用畅通,切实让个体工商户享受到改革的便利。

三、统一组织,确保落实

(一)加强组织领导

依托"五证合一"登记制度改革联席会议,统筹协调全市"两证整合"工作,做好相关流程规范、系统建设、数据共享、业务指导等工作,确保改革顺利实施。

(二)加强协同推进

"两证整合"登记制度改革涉及工商、税务、人力资源和社会保障、统计等部门和单位,各相关部门和单位在实施过程中要加强沟通,协调配合,密切关注实施情况,加强数据分析研判,注重积累工作经验,遇到突出问题及时提交联席会议协调解决。

(三)加强宣传培训

各相关部门要围绕"两证整合"登记模式涉及的法律法规、业务流程、文书规范、数据采集、信息传输等内容加强培训,切实提高工作人员的思想认识和业务水平。同时通过网上公告、向个体工商户发放告知书等形式,加大对"两证整合"登记制度改革工作的宣传力度,及时解答热点问题,回应社会关切,畅通"两证整合"营业执照在各环节、各领域的应用渠道,形成改革的良好氛围。

22 – 2   申报征收管理

22 – 2 – 1
国家税务总局关于发布
《税收减免管理办法》的公告

2015 年 6 月 8 日   国家税务总局公告 2015 年第 43 号

为贯彻落实国务院行政审批制度改革精神,进一步做好减免税管理有关工作,现将国家税务总局修订后的《税收减免管理办法》予以发布,自 2015 年 8 月 1 日起施行。

特此公告。

税收减免管理办法

第一章 总 则

第一条 为了规范和加强减免税管理工作,根据《中华人民共和国税收征收管理法》(以下简称税收征管法)及其实施细则和有关税收法律,法规对减免税的规定,制定本办法。

第二条 本办法所称的减免税是指国家对特定纳税人或征税对象,给予减轻或者免除税收负担的一种税收优惠措施,包括税基式减免,税率式减免和税额式减免三类。不包括出口退税和财政部门办理的减免税。

第三条 各级税务机关应当遵循依法、公开、公正、高效、便利的原则,规范减免税管理,及时受理和核准纳税人申请的减免税事项。

第四条 减免税分为核准类减免税和备案类减免税。核准类减免税是指法律,法规规定应由税务机关核准的减免税项目;备案类减免税是指不需要税务机关核准的减免税项目。

第五条 纳税人享受核准类减免税,应当提交核准材料,提出申请,经依法具有批准权限的税务机关按本办法规定核准确认后执行。未按规定申请或虽申请但未经有批准权限的税务机关核准确认的,纳税人不得享受减免税。

纳税人享受备案类减免税,应当具备相应的减免税资质,并履行规定的备案手续。

第六条 纳税人依法可以享受减免税待遇,但是未享受而多缴税款的,纳税人可以在税收征管法规定的期限内申请减免税,要求退还多缴的税款。

第七条 纳税人实际经营情况不符合减免税规定条件的或者采用欺骗手段获取减免税的,享受减免税条件发生变化未及时向税务机关报告的,以及未按照本办法规定履行相关程序自行减免税的,税务机关依照税收征管法有关规定予以处理。

第二章　核准类减免税的申报和核准实施

第八条　纳税人申请核准类减免税的,应当在政策规定的减免税期限内,向税务机关提出书面申请,并按要求报送相应的材料。

纳税人对报送材料的真实性和合法性承担责任。

第九条　税务机关对纳税人提出的减免税申请,应当根据以下情况分别作出处理:

(一)申请的减免税项目,依法不需要由税务机关核准后执行的,应当即时告知纳税人不受理;

(二)申请的减免税材料存在错误的,应当告知并允许纳税人更正;

(三)申请的减免税材料不齐全或者不符合法定形式的,应当场一次性书面告知纳税人;

(四)申请的减免税材料齐全、符合法定形式的,或者纳税人按照税务机关的要求提交全部补正减免税材料的,应当受理纳税人的申请。

第十条　税务机关受理或者不予受理减免税申请,应当出具加盖本机关专用印章和注明日期的书面凭证。

第十一条　减免税的审核是对纳税人提供材料与减免税法定条件的相关性进行审核,不改变纳税人真实申报责任。

第十二条　减免税申请符合法定条件、标准的,税务机关应当在规定的期限内作出准予减免税的书面决定,依法不予减免税的,应当说明理由,并告知纳税人享有依法申请行政复议以及提起行政诉讼的权利。

第十三条　纳税人在减免税书面核准决定未下达之前应按规定进行纳税申报。纳税人在减免税书面核准决定下达之后,所享受的减免税应当进行申报。纳税人享受减免税的情形发生变化时,应当及时向税务机关报告,税务机关对纳税人的减免税资质进行重新审核。

第三章　备案类减免税的申报和备案实施

第十四条　备案类减免税的实施可以按照减轻纳税人负担、方便税收征管的原则,要求纳税人在首次享受减免税的申报阶段在纳税申报表中附列或附送材料进行备案,也可以要求纳税人在申报征期后的其他规定期限内提交报备资料进行备案。

第十五条　纳税人随纳税申报表提交附送材料或报备材料进行备案的,应当在税务机关规定的减免税期限内,报送以下资料:

(一)列明减免税的项目、依据、范围、期限等;

(二)减免税依据的相关法律,法规规定要求报送的材料。纳税人对报送材料的真实性和合法性承担责任。

第十六条　税务机关对纳税人提请的减免税备案,应当根据以下情况分别作出处理:

(一)备案的减免税材料存在错误的,应当告知并允许纳税人更正;

(二)备案的减免税材料不齐全或者不符合法定形式的,应当场一次性书面告知纳税人;

(三)备案的减免税材料齐全、符合法定形式的,或者纳税人按照税务机关的要求提交全部补正减免税材料的,应当受理纳税人的备案。

第十七条　税务机关受理或者不予受理减免税备案,应当出具加盖本机关专用印章和注明日期的书面凭证。

第十八条 备案类减免税的审核是对纳税人提供资料完整性的审核,不改变纳税人真实申报责任。

第十九条 税务机关对备案材料进行收集、录入,纳税人在符合减免税资质条件期间,备案材料一次性报备,在政策存续期可一直享受。

第二十条 纳税人享受备案类减免税的,应当按规定进行纳税申报。纳税人享受减免税到期的,应当停止享受减免税,按照规定进行纳税申报。纳税人享受减免税的情形发生变化时,应当及时向税务机关报告。

第四章 减免税的监督管理

第二十一条 税务机关应当结合税收风险管理,将享受减免税的纳税人履行纳税义务情况纳入风险管理,加强监督检查,主要内容包括:

(一)纳税人是否符合减免税的资格条件,是否以隐瞒有关情况或者提供虚假材料等手段骗取减免税;

(二)纳税人享受核准类减免税的条件发生变化时,是否根据变化情况经税务机关重新审查后办理减免税;

(三)纳税人是否存在编造虚假计税依据骗取减免税的行为;

(四)减免税款有规定用途的,纳税人是否按照规定用途使用减免税款;

(五)减免税有规定减免期限的,是否到期停止享受税收减免;

(六)是否存在纳税人应经而未经税务机关批准自行享受减免税的情况;

(七)已享受减免税是否按时申报。

第二十二条 纳税人享受核准类或备案类减免税的,对符合政策规定条件的材料有留存备查的义务。纳税人在税务机关后续管理中不能提供相关印证材料的,不得继续享受税收减免,追缴已享受的减免税款,并依照税收征管法的有关规定处理。

税务机关在纳税人首次减免税备案或者变更减免税备案后,应及时开展后续管理工作,对纳税人减免税政策适用的准确性进行审核。对政策适用错误的告知纳税人变更备案,对不应当享受减免税的,追缴已享受的减免税款,并依照税收征管法的有关规定处理。

第二十三条 税务机关应当将减免税核准和备案工作纳入岗位责任制考核体系中,建立税收行政执法责任追究制度:

(一)建立健全减免税跟踪反馈制度。各级税务机关应当定期对减免税核准和备案工作情况进行跟踪与反馈,适时完善减免税工作机制;

(二)建立减免税案卷评查制度。各级税务机关应当建立各类减免税资料案卷,妥善保管各类案卷资料,上级税务机关应定期对案卷资料进行评查;

(三)建立层级监督制度。上级税务机关应建立经常性的监督制度,加强对下级税务机关减免税管理工作的监督,包括是否按本办法规定的权限、条件、时限等实施减免税核准和备案工作。

第二十四条 税务机关需要对纳税人提交的减免税材料内容进行实地核实的,应当指派2名以上工作人员按照规定程序进行实地核查,并将核查情况记录在案。上级税务机关对减免税实地核查工作量大、耗时长的,可委托企业所在地的区县税务机关具体组织实施。

因税务机关的责任批准或者核实错误,造成企业未缴或少缴税款,依照税收征管法的有关规定处理。

税务机关越权减免税的,除依照税收征管法规定撤销其擅自作出的决定外,补征应征未征税款,并由上级机关追究直接负责的主管人员和其他直接责任人员的行政责任;构成犯罪的,依法追究刑事责任。

第二十五条　税务机关应对享受减免税企业的实际经营情况进行事后监督检查,检查中,发现有关专业技术或经济鉴证部门认定失误的,应及时与有关认定部门协调沟通,提请纠正后,及时取消有关纳税人的优惠资格,督促追究有关责任人的法律责任。有关部门非法提供证明,导致未缴、少缴税款的,依照税收征管法的有关规定处理。

<h2 style="text-align:center">第五章　附　　则</h2>

第二十六条　单个税种的减免税核准备案管理制度,依据本办法另行制定。

第二十七条　各省、自治区、直辖市和计划单列市国家税务局、地方税务局可根据本办法制定具体实施办法。

第二十八条　本办法自2015年8月1日起施行。《税收减免税管理办法(试行)》(国税发〔2005〕129号印发)同时废止。

<h1 style="text-align:center">22-2-2</h1>

<h1 style="text-align:center">国家税务总局关于发布
《减免税政策代码目录》的公告</h1>

2015年10月29日　国家税务总局公告2015年第73号

为全面落实减免税政策,规范减免税事项办理,提高税务机关减免税管理工作效能,国家税务总局制定了《减免税政策代码目录》,现予以发布,并将有关问题公告如下:

一、《减免税政策代码目录》对税收法律法规规定、国务院制定或经国务院批准、由财政部、国家税务总局等中央部门发布的减免税政策及条款,按收入种类和政策优惠的领域类别,分别赋予减免性质代码及减免项目名称。税务机关及纳税人办理减免税申报、备案、核准、减免退税等业务事项时,根据各项工作的管理要求,检索相应的减免性质代码及减免项目名称,填报有关表证单书。

地方依照法律法规制定发布的适用于本地区的减免税政策,由各地税务机关制定代码并发布。

二、《减免税政策代码目录》将根据减免税政策的新增、废止等情况,每月定期更新,并通过国家税务总局网站"纳税服务"下的"申报纳税"栏目发布。各地税务机关应当通过办税服务大厅、税务网站、12366热线、短信、微信等多种渠道和方式进行转载、发布与宣传推送。

特此公告。

附件:减免税政策代码目录

附件

减免税政策代码目录

序号	收入种类	减免政策大类	减免政策小类	减免性质代码	政策名称	优惠条款	减免项目名称	关联政策条款
1	增值税	改善民生	提高居民收入	01010503	《财政部、国家税务总局关于免征部分鲜活肉蛋产品流通环节增值税政策的通知》财税[2012]75号		鲜活肉蛋产品免征增值税优惠	
2	增值税	改善民生	提高居民收入	01010504	《财政部、国家税务总局关于免征蔬菜流通环节增值税有关问题的通知》财税[2011]137号		蔬菜免征增值税优惠	
3	增值税	改善民生	救灾及重建	01011604	《财政部、海关总署、国家税务总局关于支持芦山地震灾后恢复重建有关问题的通知》财税[2013]58号	第四、五条	抗震救灾和灾后恢复重建增值税优惠	
4	增值税	改善民生	救灾及重建	01011605	《财政部、海关总署、国家税务总局关于支持鲁甸地震灾后恢复重建有关税收政策的通知》财税[2015]27号	第四条第1项 第五条第1.2项	抗震救灾和灾后恢复重建增值税优惠	
5	增值税	改善民生	救灾及重建	01011606	《财政部、国家税务总局关于精食企业增值税征免问题的通知》财税字[1999]198号	第一条第(二)项	救灾救济粮免征增值税优惠	
6	增值税	改善民生	军转择业	010118C2	《财政部、国家税务总局关于将铁路运输和邮政业纳入营业税改征增值税试点的通知》财税[2013]106号	《附件3.营业税改征增值税试点过渡政策的规定》第一条第(十)款	随军家属就业免征增值税优惠	
7	增值税	改善民生	军转择业	01011803	《财政部、国家税务总局关于将铁路运输和邮政业纳入营业税改征增值税试点的通知》财税[2013]106号	《附件3.营业税改征增值税试点过渡政策的规定》第一条第(十一)款	军转干部就业免征增值税优惠	
8	增值税	改善民生	军转择业	01011804	《财政部、国家税务总局关于将铁路运输和邮政业纳入营业税改征增值税试点的通知》财税[2013]106号	《附件3.营业税改征增值税试点过渡政策的规定》第一条第(十二)款	城镇退役士兵就业免征增值税优惠	

续表

序号	收入种类	减免政策大类	减免政策小类	减免性质代码	政策名称	优惠条款	减免项目名称	关联政策条款
9	增值税	改善民生	社会保障	01012701	《财政部、国家税务总局关于促进残疾人就业税收优惠政策的通知》财税〔2007〕92号	第一、二条	安置残疾人就业增值税即征即退	
10	增值税	改善民生	社会保障	01012706	《财政部、国家税务总局关于将铁路运输和邮政业纳入营业税改征增值税试点的通知》财税〔2013〕106号	《附件3.营业税改征增值税试点过渡政策的规定》第二条第(二)款	安置残疾人就业增值税即征即退	
11	增值税	改善民生	社会保障	01012707	《中华人民共和国增值税暂行条例》中华人民共和国国务院令第538号	第十五条第(六)项	残疾人专用物品免征增值税	
12	增值税	改善民生	再就业扶持	01013602	《财政部、国家税务总局关于将铁路运输和邮政业纳入营业税改征增值税试点的通知》财税〔2013〕106号	《附件3.营业税改征增值税试点过渡政策的规定》第一条第1项	失业人员从事个体经营增值税优惠	
13	增值税	改善民生	再就业扶持	01013603	《财政部、国家税务总局关于将铁路运输和邮政业纳入营业税改征增值税试点的通知》财税〔2013〕106号	《附件3.营业税改征增值税试点过渡政策的规定》第(十三)款第1项	高校毕业生从事个体经营增值税优惠	
14	增值税	改善民生	再就业扶持	01013604	《财政部、国家税务总局关于将铁路运输和邮政业纳入营业税改征增值税试点的通知》财税〔2013〕106号	《附件3.营业税改征增值税试点过渡政策的规定》第(十三)款第2项	失业人员再就业增值税优惠	
15	增值税	改善民生	其他	01019901	《财政部、国家税务总局关于继续执行边销茶增值税政策的通知》财税〔2011〕89号	第一条	边销茶免征增值税优惠	
16	增值税	改善民生	其他	01019902	《财政部、国家税务总局关于粮食企业增值税征免问题的通知》财税字〔1999〕198号	第一、五条	粮食免征增值税优惠	

续表

序号	收入种类	减免政策大类	减免政策小类	减免性质代码	政策名称	优惠条款	减免项目名称	关联政策条款
17	增值税	改善民生	其他	01019504	《财政部、国家税务总局关于将铁路运输和邮政业纳入营业税改征增值税试点的通知》财税〔2013〕106号	《附件3.营业税改征增值税试点过渡政策的规定》第一条第(十五)款	世界银行贷款粮食流通项目免征增值税优惠	
18	增值税	改善民生	其他	01019505	《财政部、国家税务总局关于免征储备大豆增值税政策的通知》财税〔2014〕38号		储备大豆免征增值税优惠	
19	增值税	改善民生	其他	01019506	《财政部、国家税务总局关于免征储备粮食增值税问题的通知》财税字〔1999〕198号	第五条	政府储备食用植物油免征增值税优惠	
20	增值税	鼓励高新技术	技术转让	01021202	《财政部、国家税务总局关于将铁路运输和邮政业纳入营业税改征增值税试点的通知》财税〔2013〕106号	《附件3.营业税改征增值税试点过渡政策的规定》第一条第(四)款	技术转让、技术开发免征增值税优惠	
21	增值税	鼓励高新技术	科技发展	01021902	《财政部、国家税务总局关于光伏发电增值税政策的通知》财税〔2013〕66号		光伏发电增值税即征即退	
22	增值税	鼓励高新技术	外包服务	01023002	《财政部、国家税务总局关于将铁路运输和邮政业纳入营业税改征增值税试点的通知》财税〔2013〕106号	《附件3.营业税改征增值税试点过渡政策的规定》第一条第(六)款	离岸服务外包业务免征增值税优惠	
23	增值税	鼓励高新技术	自主创新	01024103	《财政部、国家税务总局关于软件产品增值税政策的通知》财税〔2011〕100号		软件产品增值税即征即退	
24	增值税	促进区域发展	东部发展	01030302	《财政部、国家税务总局关于将铁路运输和邮政业纳入营业税改征增值税试点的通知》财税〔2013〕106号	《附件3.营业税改征增值税试点过渡政策的规定》第二条第(一)款	部分保税港区提供特定增值税劳务即征即退	

续表

序号	收入种类	减免政策大类	减免政策小类	减免性质代码	政策名称	优惠条款	减免项目名称	关联政策条款
25	增值税	促进区域发展	两岸交流	01032102	《财政部、国家税务总局关于将铁路运输和邮政业纳入营业税改征增值税试点的通知》财税〔2013〕106号	《附件3.营业税改征增值税试点过渡政策的规定》第一条第(七)、(八)款	台湾航运公司从事海峡两岸海上直航、空中直航业务免征增值税优惠	
26	增值税	促进区域发展	西部开发	01033301	《财政部、国家税务总局关于将铁路运输和邮政业纳入营业税改征增值税试点的通知》财税〔2013〕106号	《附件3.营业税改征增值税试点过渡政策的规定》第一条第(十八)款	青藏铁路提供铁路运输服务免征增值税优惠	
27	增值税	促进区域发展	其他	01039901	《财政部、海关总署、国家税务总局关于横琴、平潭开发有关增值税和消费税政策的通知》财税〔2014〕51号	第二条	横琴、平潭企业销售货物免征增值税优惠	
28	增值税	促进小微企业发展	未达起征点	01042801	《中华人民共和国增值税暂行条例》中华人民共和国国务院令第538号	第十七条	小微企业免征增值税优惠	
29	增值税	促进小微企业发展	未达起征点	01042803	《财政部、国家税务总局关于将铁路运输和邮政业纳入营业税改征增值税试点的通知》财税〔2013〕106号	《附件1.营业税改征增值税试点实施办法》第四十五条	小微企业免征增值税优惠	
30	增值税	促进小微企业发展	未达起征点	01042804	《财政部、国家税务总局关于修改〈中华人民共和国营业税暂行条例实施细则〉和〈中华人民共和国增值税暂行条例实施细则〉的决定》中华人民共和国财政部令第65号	第一条	小微企业免征增值税优惠	
31	增值税	促进小微企业发展	免征增值税和营业税政策	01045301	《财政部、国家税务总局关于暂免征收部分小微企业增值税和营业税的通知》财税〔2013〕52号		小微企业免征增值税优惠	
32	增值税	促进小微企业发展	免征增值税和营业税政策	01045302	《财政部、国家税务总局关于进一步支持小微企业增值税和营业税政策的通知》财税〔2014〕71号		小微企业免征增值税优惠	

续表

序号	收入种类	减免政策大类	减免政策小类	减免性质代码	政策名称	优惠条款	减免项目名称	关联政策条款
33	增值税	转制升级	企业发展	0105240 2	《财政部、国家税务总局关于中国邮集团公司邮政速递物流业务重组改制有关税收问题的通知》财税〔2011〕116号	第一条	资产重组免征增值税优惠	
34	增值税	转制升级	企业发展	01052403	《财政部、国家税务总局关于中国邮政储蓄银行改制上市有关税收政策的通知》财税〔2013〕53号	第三条	资产重组免征增值税优惠	
35	增值税	转制升级	其他	01059901	《财政部、国家税务总局关于中国联合网络通信集团有限公司转让CDMA网及其用户资产合并资产整合过程中涉及的增值税、营业税、印花税和土地增值税政策问题的通知》财税〔2011〕13号	第一、二条	资产重组免征增值税优惠	
36	增值税	节能环保	资源综合利用	01064001	《财政部、国家税务发展局关于促进节能服务产业发展增值税、营业税和企业所得税政策问题的通知》财税〔2010〕110号	第一条第（二）项	合同能源管理项目免征增值税优惠	
37	增值税	节能环保	资源综合利用	0106400 5	《财政部、国家税务总局关于继续执行供热企业增值税、房产税、城镇土地使用税优惠政策的通知》财税〔2011〕118号	第一条	供热企业免征增值税优惠	
38	增值税	节能环保	资源综合利用	01064007	《财政部、国家税务总局关于污水处理费有关增值税政策的通知》财税〔2001〕97号		污水处理费免征增值税优惠	
39	增值税	节能环保	资源综合利用	01064017	《财政部、国家税务总局关于新型墙体材料增值税政策的通知》财税〔2015〕73号		新型墙体材料增值税即征即退	
40	增值税	节能环保	资源综合利用	01064018	《财政部、国家税务总局关于风力发电增值税政策的通知》财税〔2015〕74号		风力发电增值税即退	
41	增值税	节能环保	资源综合利用	01064C1 C	《财政部、国家税务总局关于印发〈资源综合利用产品和劳务增值税优惠目录〉的通知》财税〔2015〕78号		资源综合利用产品及劳务增值税即征即退	

续表

序号	收入种类	减免政策大类	减免政策小类	减免性质代码	政策名称	优惠条款	减免项目名称	关联政策条款
42	增值税	节能环保	电力建设	01064204	《财政部、国家税务总局关于大型水电企业增值税政策的通知》财税〔2014〕10号		水力发电·增值税即征即退	
43	增值税	节能环保	其他	01069901	《财政部、国家税务总局关于将铁路运输和邮政业纳入营业税改征增值税试点的通知》财税〔2013〕106号	《附件3.营业税改征增值税试点过渡政策的规定》第一条第(五)款	合同能源管理项目免征增值税优惠	
44	增值税	支持金融资本市场	金融市场	01081501	《财政部、国家税务总局关于被撤销金融机构有关税收政策问题的通知》财税〔2003〕141号	第二条第(四)款	被撤销金融机构转让财产免征增值税优惠	
45	增值税	支持金融资本市场	金融市场	01081502	《财政部、国家税务总局关于黄金期货交易有关税收政策的通知》财税〔2008〕5号		黄金期货交易免征增值税优惠和黄金期货交易增值税即征即退	
46	增值税	支持金融资本市场	金融市场	01081503	《财政部、国家税务总局关于上海期货保税交割业务有关增值税问题的通知》财税〔2010〕108号		上海期货保税交割免征增值税优惠	
47	增值税	支持金融资本市场	金融市场	01081505	《财政部、海关总署、国家税务总局关于调整钻石及上海钻石交易所有关税收政策的通知》财税〔2006〕65号		钻石交易免征增值税优惠	
48	增值税	支持金融资本市场	金融市场	01081506	《财政部、国家税务总局关于原油和铁矿石期货保税交割业务增值税政策的通知》财税〔2015〕35号		原油和铁矿石期货保税交割免征增值税政策	
49	增值税	支持金融资本市场	资本市场	01083901	《财政部、国家税务总局关于4家资产管理公司接收资本金项下的资产在办理过户时有关税收政策问题的通知》财税〔2003〕21号	第二条	金融资产管理公司免征增值税优惠	

续表

序号	收入种类	减免政策大类	减免政策小类	减免性质代码	政策名称	优惠条款	减免项目名称	关联政策条款
50	增值税	支持金融资本市场	资本市场	01083903	《财政部、国家税务总局关于中国信达等4家金融资产管理公司税收政策问题的通知》财税[2001]10号		金融资产管理公司免征增值税优惠	
51	增值税	支持金融资本市场	资本市场	01083904	《财政部、国家税务总局关于中国东方资产管理公司处置中国东方资产管理(集团)有限公司有关税收政策问题的通知》[2003]212号	第二条第4项、第三条第4项、第四条第4项	金融资产管理公司免征增值税优惠	
52	增值税	支持金融资本市场	资本市场	01083907	《财政部、国家税务总局关于熊猫普制金币免征增值税政策的通知》财税[2012]97号		熊猫普制金币免征增值税优惠	
53	增值税	支持金融资本市场	资本市场	0108391C	《财政部、国家税务总局关于将铁路运输和邮政业纳入营业税改征增值税试点的通知》财税[2013]106号	《附件3.营业税改征增值税试点过渡政策的规定》第二条第(四)款	有形动产融资租赁服务增值税即征即退	
54	增值税	支持金融资本市场	资本市场	0108391-	《财政部、国家税务总局、中国人民银行关于中国信达资产管理股份有限公司等4家金融资产管理公司有关税收政策问题的通知》财税[2013]56号		金融资产管理公司免征增值税优惠	
55	增值税	支持三农	肥料饲料	01092202	《财政部、国家税务总局关于饲料产品免征增值税问题的通知》财税[2001]121号		饲料产品免征增值税优惠	
56	增值税	支持三农	肥料饲料	01092203	《财政部、国家税务总局关于有机肥产品免征增值税的通知》财税[2008]56号		有机肥免征增值税税优惠	
57	增值税	支持三农	肥料饲料	01092212	《财政部、国家税务总局关于豆粕等粕类产品征免增值税政策的通知》财税[2001]30号		饲料产品免征增值税优惠	
58	增值税	支持三农	农村建设	01092301	《财政部、国家税务总局关于不带动力的手扶拖拉机和三轮农用运输车增值税政策的通知》财税[2002]89号		农业生产资料免征增值税优惠	

续表

序号	收入种类	减免政策大类	减免政策小类	减免政策性质代码	政策名称	优惠条款	减免项目名称	关联政策条款
59	增值税	支持三农	农村建设	01092303	《财政部、国家税务总局关于免征农村电网维护费增值税问题的通知》财税字[1998]47号		农村电网维护费免征增值税优惠	
60	增值税	支持三农	农村建设	01092309	《财政部、国家税务总局关于支持农村饮水安全工程建设运营营业税收政策的通知》财税[2012]30号	第四条	农村饮水安全工程免征增值税优惠	
61	增值税	支持三农	农村建设	01092310	《财政部、国家税务总局关于将铁路运输和邮政业纳入营业税改征增值税试点的通知》财税[2013]106号	《附件3.营业税改征增值税试点过渡政策的规定》第一条第(三)款	航空公司提供飞机播洒农药服务免征增值税优惠	
62	增值税	支持三农	农村建设	01092311	《财政部、国家税务总局关于农民专业合作社有关税收政策的通知》财税[2008]81号	第一、二、三条	农民专业合作社免征增值税优惠	
63	增值税	支持三农	农村建设	01092312	《财政部、国家税务总局关于农业生产资料征免增值税政策的通知》财税[2001]113号		农业生产资料免征增值税优惠	
64	增值税	支持三农	其他	01099901	《财政部、国家税务总局关于免征滴灌带和滴灌管产品增值税的通知》财税[2007]83号		滴灌带和滴灌管产品免征增值税优惠	
65	增值税	支持文化教育体育	教育	01101401	《财政部、国家税务总局关于教育税收政策的通知》财税[2004]39号	第一条第7项	特殊教育校办企业免征增值税优惠	
66	增值税	支持文化教育体育	文化	01103203	《财政部、国家税务总局关于北京中科进出口公司销售的进口图书报刊给高等学校科研单位和北京图书馆免征增值税问题的通知》财税字[1998]69号		进口图书、报刊资料免征增值税优惠	

续表

序号	收入种类	减免政策大类	减免政策小类	减免性质代码	政策名称	优惠条款	减免项目名称	关联政策条款
67	增值税	支持文化教育体育	文化	01103207	《财政部、国家税务总局关于中国国际图书贸易总公司销售给高等学校教育科研单位和北京图书馆的进口图书报刊资料免征增值税问题的通知》财税〔1998〕68号		进口图书、报刊资料免征增值税优惠	
68	增值税	支持文化教育体育	文化	01103208	《财政部、国家税务总局关于销售给高等学校教育科研单位进口图书馆和北京图书馆的进口图书报刊资料免征增值税问题的通知》财税字〔1998〕67号		进口图书、报刊资料免征增值税优惠	
69	增值税	支持文化教育体育	文化	01103209	《财政部、国家税务总局关于中国经济图书进出口公司中国出版校和科研单位销售给大专院校的进口图书报刊资料免征增值税的通知》财税〔1999〕255号		进口图书、报刊资料免征增值税优惠	
70	增值税	支持文化教育体育	文化	01103210	《财政部、国家税务总局关于出口图书资料进口增值税享受免征国内销售环节增值税政策的通知》财税〔2004〕69号		进口图书、报刊资料免征增值税优惠	
71	增值税	支持文化教育体育	文化	01103211	《财政部、国家税务总局关于中国图书进出口总公司销售科研教学单位进口图书报刊资料免征增值税问题的通知》财税字〔1997〕66号		进口图书、报刊资料免征增值税优惠	
72	增值税	支持文化教育体育	文化	01103215	《财政部、国家税务总局、中宣部关于下发红旗出版社有限责任公司等名单制文化企业名单的通知》财税〔2011〕3号		文化事业单位转制免征增值税优惠	
73	增值税	支持文化教育体育	文化	01103216	《财政部、国家税务总局、中宣部关于下发人民网股份有限公司等81家中央所属转制文化企业名单的通知》财税〔2011〕27号		文化事业单位转制免征增值税优惠	

续表

序号	收入种类	减免政策大类	减免政策小类	减免性质代码	政策名称	优惠条款	减免项目名称	关联政策条款
74	增值税	支持文化教育体育	文化	01103217	《财政部、国家税务总局、中宣部关于下发世界知识出版社等35家中央所属转制文化企业名单的通知》财税〔2011〕120号		文化事业单位转制免征增值税优惠	
75	增值税	支持文化教育体育	文化	01103220	《财政部、国家税务总局关于延续宣传文化增值税和营业税优惠政策的通知》财税〔2013〕87号	第二条	图书批发、零售环节免征增值税优惠	
76	增值税	支持文化教育体育	文化	01103222	《财政部、国家税务总局关于动漫产业增值税和营业税政策的通知》财税〔2013〕98号	第一条	动漫企业增值税即征即退	
77	增值税	支持文化教育体育	文化	01103224	《财政部、海关总署、国家税务总局关于继续实施支持文化企业发展若干税收政策的通知》财税〔2014〕85号	第一条	电影产业免征增值税优惠	
78	增值税	支持文化教育体育	文化	01103225	《财政部、国家税务总局、中宣部关于经营性文化事业单位转制为企业若干税收政策的通知》财税〔2014〕84号	第一条第（三）、（四）项	转制文化企业免征增值税优惠	
79	增值税	支持文化教育体育	文化	01103226	《财政部、海关总署、国家税务总局关于继续实施支持文化企业发展若干税收政策的通知》财税〔2014〕85号	第二条	有线电视基本收视费免征增值税优惠	
80	增值税	支持其他各项事业	飞机制造	01120401	《财政部、国家税务总局关于飞机维修增值税问题的通知》财税〔2000〕102号		飞机维修劳务增值税即征即退	
81	增值税	支持其他各项事业	交通运输	01121301	《财政部、国家税务总局关于铁路货车修理免征增值税的通知》财税〔2001〕54号		铁路货车修理免征增值税优惠	
82	增值税	支持其他各项事业	交通运输	01121306	《财政部、国家税务总局关于将铁路运输和邮政业纳入营业税改征增值税试点的通知》财税〔2013〕106号	《附件3.营业税改征增值税试点过渡政策的规定》第一条第（十四）款	国际货物运输代理服务免征增值税优惠	

续表

序号	收入种类	减免政策大类	减免政策小类	减免性质代码	政策名称	优惠条款	减免项目名称	关联政策条款
83	增值税	支持其他各项事业	交通运输	01121309	《财政部、国家税务总局关于将铁路运输和邮政业纳入营业税改征增值税试点的通知》财税[2013]106号	《附件3.营业税改征增值税试点过渡政策的规定》第二条第(三)款	管道运输服务增值税即征即退	
84	增值税	支持其他各项事业	医疗卫生	01123401	《财政部、国家税务总局关于继续免征艾滋病毒药品增值税的通知》[2011]128号		抗艾滋病药品免征增值税优惠	
85	增值税	支持其他各项事业	无偿援助	01124302	《财政部、国家税务总局、外经贸部关于外国政府和国际组织无偿援助项目在华采购物资免征增值税问题的通知》财税[2002]2号		无偿援助项目免征增值税优惠	《财政部、国家政府和国家税务和国际组织无偿援助项目在华采购物资免征增值税的补充通知》财税[2005]13号
86	增值税	支持其他各项事业	其他	01129901	《财政部、国家税务总局关于铂金及其制品税收政策的通知》财税[2003]86号	第一、二、四条	铂金增值税即征即退	
87	增值税	支持其他各项事业	其他	01129902	《财政部、国家税务总局关于部分货物适用增值税低税率和简易办法征收增值税政策的通知》财税[2009]9号	第二条(一)、第二条(二)项	已使用固定资产减征增值税	
88	增值税	支持其他各项事业	其他	01129907	《财政部、国家税务总局关于黄金税收政策问题的通知》财税[2002]142号	第一、二条	黄金交易免征增值税优惠	
89	增值税	支持其他各项事业	其他	01129911	《国家税务总局关于拍卖行取得的拍卖收入征收增值税、营业税有关问题的通知》国税发[1999]40号	第一条	拍卖货物免征增值税优惠	
90	增值税	支持其他各项事业	其他	01129914	《国家税务总局关于增值税税控系统专用设备和技术维护费用抵减增值税税额有关政策的通知》财税[2012]15号	第二条	购置增值税税控系统专用设备抵减增值税	

续表

序号	收入种类	减免政策大类	减免政策小类	减免性质代码	政策名称	优惠条款	减免项目名称	关联政策条款
91	增值税	支持其他各项事业	其他	01129916	《财政部、国家税务总局、中国人民银行关于配售出口黄金有关税收规定的通知》财税〔2000〕3号	第二条	黄金交易免征增值税优惠	
92	增值税	支持其他各项事业	其他	01129917	《财政部、国家税务总局关于推广税控收款机有关政策的通知》财税〔2004〕167号		购置增值税税控系统专用设备抵减增值税	
93	增值税	支持其他各项事业	其他	01129920	《财政部、国家税务总局关于将铁路运输和邮政业纳入营业税改征增值税试点的通知》财税〔2013〕106号	《附件3.营业税改征增值税试点过渡政策的规定》第一条第(九)款	美国ABS船级社免征增值税优惠	
94	增值税	支持其他各项事业	其他	01129922	《财政部、国家税务总局关于电信业营业税改征增值税的通知》财税〔2014〕43号	第六条	电信业服务免征增值税优惠	
95	增值税	支持其他各项事业	其他	01129924	《财政部、国家税务总局关于简并增值税征收率政策的通知》财税〔2014〕57号	第一条	已使用固定资产减征增值税	
96	增值税	支持其他各项事业	其他	01129926	《财政部、国家税务总局关于将铁路运输和邮政业纳入营业税改征增值税试点的通知》财税〔2013〕106号	《附件3.营业税改征增值税试点过渡政策的规定》第一条第(十六)、(十七)款	邮政服务免征增值税优惠	
97	增值税	支持其他各项事业	其他	01129999	《财政部、国家税务总局关于将铁路运输和邮政业纳入营业税改征增值税试点的通知》财税〔2013〕106号	《附件3.营业税改征增值税试点过渡政策的规定》第一条第(一)款	个人转让著作权免征增值税优惠	
98	增值税	支持其他各项事业	其他	01129999	《财政部、国家税务总局关于血站有关税收问题的通知》财税字〔1999〕264号	第二条	血站免征增值税优惠	

续表

序号	收入种类	减免政策大类	减免政策小类	减免性质代码	政策名称	优惠条款	减免项目名称	关联政策条款
99	增值税	支持其他各项事业	其他	01129999	《财政部、国家税务总局关于医疗卫生机构有关税收政策的通知》财税〔2000〕42号	第一条第（三）项、第二条第（一）项	医疗卫生机构免征增值税优惠	
100	增值税	支持其他各项事业	其他	01129999	《中华人民共和国增值税暂行条例》国务院令第538号	第十五条第（七）项	避孕药品和用具免征增值税优惠	
101	增值税	支持其他各项事业	其他	01129999	《中华人民共和国增值税暂行条例》国务院令第538号	第十五条第（三）项	古旧图书免征增值税优惠	
102	增值税	支持其他各项事业	其他	01129999	《中华人民共和国增值税暂行条例》国务院令第538号	第十五条第（一）项	自产农产品免征增值税优惠	
103	增值税	支持其他各项事业	其他	01129999	其他		其他	
104	消费税	促进区域发展	其他	02039901	《财政部、海关总署、国家税务总局关于横琴、平潭开发有关增值税和消费税政策的通知》财税〔2014〕51号	第二条	横琴、平潭区内企业销售货物免征消费税	
105	消费税	节能环保	环境保护	02061003	《财政部、国家税务总局关于对电池、涂料征收消费税的通知》财税〔2015〕16号	第二条第（一）款	节能环保电池免税	
106	消费税	节能环保	环境保护	02061004	《财政部、国家税务总局关于对电池、涂料征收消费税的通知》财税〔2015〕16号	第二条第（三）款	节能环保涂料免税	
107	消费税	节能环保	资源综合利用	02064001	《财政部、国家税务总局关于利用废弃的动植物油生产纯生物柴油免征消费税的通知》财税〔2010〕118号	第一条	废动植物油生产纯生物柴油免税	
108	消费税	节能环保	资源综合利用	02064003	《财政部、国家税务总局关于对废矿物油再生油品免征消费税的通知》财税〔2013〕105号	第一条	用废矿物油生产的工业油料免税	
109	消费税	支持其他各项事业	成品油	02125204	《财政部、国家税务总局关于企业生产自用成品油生产成品油的通知》财税〔2010〕98号	第一条	生产成品油过程中消耗的自产成品油部分免税	

续表

序号	收入种类	减免政策大类	减免政策小类	减免性质代码	政策名称	优惠条款	减免项目名称	关联政策条款
110	消费税	支持其他各项事业	成品油	02125205	《财政部、国家税务总局关于延续执行部分石脑油、燃料油消费税政策的通知》财税[2011]87号	第二条	自产石脑油、燃料油生产乙烯、芳烃类产品免税	
111	消费税	支持其他各项事业	成品油	02125207	《财政部、国家税务总局关于提高成品油消费税率后相关成品油消费税政策的通知》财税[2008]168号	第四条	用已税汽油生产的乙醇汽油免税	
112	消费税	支持其他各项事业	其他	02129999	其他		其他	
113	营业税	改善民生	救灾及重建	03011604	《财政部、海关总署、国家税务总局关于支持芦山地震灾后恢复重建有关税收政策问题的通知》财税[2013]58号	第五条第2项	受灾地区个体经营限额减免营业税	
114	营业税	改善民生	救灾及重建	03011605	《财政部、海关总署、国家税务总局关于支持鲁甸地震灾后恢复重建有关税收政策问题的通知》财税[2015]27号	第五条第2项	受灾地区个体经营限额减免营业税	
115	营业税	改善民生	救灾及重建	03011606	《财政部、海关总署、国家税务总局关于支持芦山地震灾后恢复重建有关税收政策问题的通知》财税[2013]58号	第五条第1项	受灾地区促进就业企业限额减免营业税	
116	营业税	改善民生	救灾及重建	03011607	《财政部、海关总署、国家税务总局关于支持鲁甸地震灾后恢复重建有关税收政策问题的通知》财税[2015]27号	第五条第1项	受灾地区促进就业企业限额减免营业税	
117	营业税	改善民生	住房	03011702	《财政部、国家税务总局关于调整住房租货市场税收政策的通知》财税[2000]125号	第一条	按政府规定价格出租公有住房和廉租住房免征营业税	
118	营业税	改善民生	住房	03011707	《财政部、国家税务总局关于住房公积金管理中心有关税收政策的通知》财税[2000]94号	第一条	住房公积金管理中心委托银行发放个人住房贷款收入免征营业税	

续表

序号	收入种类	减免政策大类	减免政策小类	减免性质代码	政策名称	优惠条款	减免项目名称	关联政策条款
119	营业税	改善民生	住房	03011708	《财政部、国家税务总局关于铁路房建生活单位营业税政策的通知》财税〔2012〕94号	第一条	经批准改制划转铁路房建生活单位为铁道部所属铁路局及国有铁路运输控股公司提供铁路劳务取得的收入免征营业税	
120	营业税	改善民生	住房	03011711	《财政部、国家税务总局关于职业教育等营业税若干政策问题的通知》财税〔2013〕62号	第二条	个人自建自用住房,销售时免征营业税	
121	营业税	改善民生	住房	03011712	《财政部、国家税务总局关于促进公共租赁住房发展有关税收优惠政策的通知》财税〔2014〕52号	第七条	经营公租房所取得的租金收入免征营业税	
122	营业税	改善民生	住房	03011713	《财政部、国家税务总局关于个人金融商品买卖等营业税若干免税政策的通知》财税〔2009〕111号	第二条	个人无偿赠与不动产、土地使用权符合特定条件的暂免征收营业税	
123	营业税	改善民生	住房	03011714	《财政部、国家税务总局关于职业教育等营业税若干政策问题的通知》财税〔2013〕62号	第二条	企业、行政事业单位按房改成本价,标准向出售住房的暂免收入免征营业税	
124	营业税	改善民生	住房	03011715	《财政部、国家税务总局关于调整个人住房转让营业税政策的通知》财税〔2015〕39号	第一条	个人销售普通住宅营业税减免	
125	营业税	改善民生	军转择业	03011803	《财政部、国家税务总局关于随军家属就业有关税收政策的通知》财税〔2000〕84号	第一条	安置随军家属就业新办企业免征营业税	

续表

序号	收入种类	减免政策大类	减免政策小类	减免性质代码	政策名称	优惠条款	减免项目名称	关联政策条款
126	营业税	改善民生	军转择业	03011804	《财政部、国家税务总局关于自主择业军队转业干部有关税收政策问题的通知》财税[2003]26号	第一条	自主择业军队转业干部从事个体经营免征营业税	
127	营业税	改善民生	军转择业	03011805	《财政部、国家税务总局、民政部关于调整完善扶持退役士兵就业创业税收政策的通知》财税[2014]42号	第一条	退役士兵从事个体经营限额减征营业税	
128	营业税	改善民生	军转择业	03011806	《财政部、国家税务总局关于随军家属就业有关税收政策的通知》财税[2000]84号	第二条	随军家属从事个体经营免征营业税	
129	营业税	改善民生	军转择业	03011807	《财政部、国家税务总局关于自主择业军转干部有关税收政策的通知》财税[2003]26号	第二条	安置自主择业军转干部新办企业免征营业税	
130	营业税	改善民生	军转择业	03011808	《财政部、国家税务总局、民政部关于调整完善扶持退役士兵就业创业税收政策的通知》财税[2014]42号	第二条	新办企业招用退役士兵限额减征营业税	
131	营业税	改善民生	社会保障	03012701	《财政部、国家税务总局关于促进残疾人就业税收优惠政策的通知》财税[2007]92号	第一条第（一）款	安置残疾人就业企业减征营业税	
132	营业税	改善民生	社会保障	03012704	《中华人民共和国营业税暂行条例》中华人民共和国国务院令第540号	第八条第（一）项	托儿所、幼儿园、养老院、残疾人福利机构提供的育养服务免征营业税	
133	营业税	改善民生	社会保障	03012705	《财政部、国家税务总局关于支持文化服务出口等营业税政策的通知》财税[2014]118号	第二条	养老机构提供的养老服务免征营业税	
134	营业税	改善民生	社会保障	03012706	《财政部、国家税务总局关于促进残疾人就业税收优惠政策的通知》财税[2007]92号	第三条第（一）款	残疾人个人提供劳务免征营业税	

续表

序号	收入种类	减免政策大类	减免政策小类	减免性质代码	政策名称	优惠条款	减免项目名称	关联政策条款
135	营业税	改善民生	社会保障	03012707	《中华人民共和国营业税暂行条例》中华人民共和国国务院令第540号	第八条第(一)项	婚姻介绍免征营业税	
136	营业税	改善民生	社会保障	03012708	《中华人民共和国营业税暂行条例》中华人民共和国国务院令第540号	第八条第(一)项	殡葬服务免征营业税	
137	营业税	改善民生	再就业扶持	03013604	《财政部、国家税务总局关于外派海员等劳务免征营业税的通知》财税[2012]54号	第一条第(二)款	外派海员劳务免征营业税	
138	营业税	改善民生	再就业扶持	03013605	《财政部、国家税务总局、人力资源社会保障部关于继续实施支持和促进重点群体创业就业有关税收政策的通知》财税[2014]39号	第一条	除高校毕业生以外的失业人员从事个体经营减征营业税	
139	营业税	改善民生	再就业扶持	03013606	《财政部、国家税务总局、人力资源社会保障部关于继续实施支持和促进重点群体创业就业有关税收政策的通知》财税[2014]39号	第一条	高校毕业生从事个体经营扣减营业税	
140	营业税	改善民生	再就业扶持	03013607	《财政部、国家税务总局、人力资源社会保障部关于继续实施支持和促进重点群体创业就业有关税收政策的通知》财税[2014]39号	第二条	安置失业人员就业企业扣减营业税	《财政部、国家税务总局、人力资源社会保障部关于扩大企业吸纳就业税收优惠适用人员范围的通知》财税[2015]77号
141	营业税	改善民生	再就业扶持	03013608	《财政部、国家税务总局、人力资源社会保障部关于继续实施支持和促进重点群体创业就业有关税收政策的通知》财税[2014]39号	第一条	低保及零就业家庭从事个体经营限额扣减营业税	
142	营业税	改善民生	其他	03019901	《财政部、国家税务总局关于世行贷款建设工程安装项目营业税的通知》财税字[1998]87号	第一条	世行贷款粮食流通项目免征营业税	

续表

序号	收入种类	减免政策大类	减免政策小类	减免性质代码	政策名称	优惠条款	减免项目名称	关联政策条款
143	营业税	鼓励高新技术	科技发展	03021905	《财政部、国家税务总局关于科技企业孵化器税收政策的通知》财税[2013]117号	第一条	科技企业孵化器收入免征营业税	
144	营业税	鼓励高新技术	科技发展	03021906	《财政部、国家税收收政策的通知》财税[2013]118号	第一条	国家大学科技园收入免征营业税	
145	营业税	促进区域发展	东部发展	03030301	《财政部、国家金融和国际航运中心营业税政策的通知》财税[2009]91号	第三条	注册在上海的保险企业从事国际航运业务取得的收入免征营业税	
146	营业税	促进区域发展	东部发展	03030302	《财政部、国家税务总局关于深圳前海国际航运保险业营业税免税政策的通知》财税[2010]115号	第一条	对注册在深圳市的保险企业向注册在前海深港现代服务业合作区的企业提供国际航运保险业务取得的收入免征营业税	
147	营业税	促进区域发展	东部发展	03030303	《财政部、国家税务总局关于天津北方国际航运中心核心功能区营业税政策的通知》财税[2011]68号	第三条	注册在天津的保险企业从事国际航运业务收入免征营业税	
148	营业税	促进区域发展	两岸交流	03032104	《财政部、国家税务总局关于福建平潭综合实验区营业税政策的通知》财税[2012]60号	第二条	注册在平潭的保险企业向注册在平潭的企业提供国际航运保险服务取得的收入免征营业税	
149	营业税	促进区域发展	西部开发	03033302	《财政部、国家税务总局关于免征新疆国际大巴扎项目有关的营业税的通知》财税[2013]77号	第一条	从事与新疆国际大巴扎项目有关的营业税应税业务免征营业税	
150	营业税	促进小微企业发展	金融市场	03041502	《工业和信息化部、国家税务总局关于小企业和信用担保机构有关问题的通知》工信部联企业[2015]286号	第一条	中小企业信用担保机构免征营业税	

续表

序号	收入种类	减免政策大类	减免政策小类	减免性质代码	政策名称	优惠条款	减免项目名称	关联政策条款
151	营业税	促进小微企业发展	未达起征点	03042802	《财政部、国家税务总局关于修改〈中华人民共和国增值税暂行条例实施细则〉和〈中华人民共和国营业税暂行条例实施细则〉的决定》中华人民共和国财政部令第65号	第二条	未达起征点免征营业税	
152	营业税	促进小微企业发展	免征增值税和营业税政策	03045301	《财政部、国家税务总局关于暂免征收部分小微企业增值税和营业税的通知》财税〔2013〕52号	第一条	营业额不超过2万元的企业或非企业性单位免征收营业税	
153	营业税	促进小微企业发展	免征增值税和营业税政策	03045302	《财政部、国家税务总局关于进一步支持小微企业增值税和营业税政策的通知》财税〔2014〕71号	第一条	月营业额2万元至3万元的营业税纳税人(非个体、个人)免征营业税	
154	营业税	促进小微企业发展	免征增值税和营业税政策	03045303	《财政部、国家税务总局关于进一步支持小微企业增值税和营业税政策的通知》财税〔2014〕71号	第一条	月营业额2万元至3万元的营业税纳税人(个体、个人)免征营业税	
155	营业税	转制升级	企业发展	03052401	《财政部、国家税务总局关于中国邮政储蓄银行有关税收政策的通知》财税〔2013〕53号	第三条	中国邮政转制前公司之间进行资产置换免征营业税	
156	营业税	转制升级	企业重组改制	03052501	《国家邮政局上市有关税收问题的通知》财税〔2011〕116号	第一条	中国邮政集团公司邮政速递物流业务重组改制邮政公司向各省邮政速递物流有限公司转移资产免征营业税	
157	营业税	支持金融资本市场	金融市场	03081502	《财政部、国家税务总局关于对保险公司开办个人投资分红保险业务取得的保费收入免征营业税的通知》财税字〔1996〕102号	第一条	个人投资分红保险业务免征营业税	

续表

序号	收入种类	减免政策大类	减免政策小类	减免性质代码	政策名称	优惠条款	减免项目名称	关联政策条款
158	营业税	支持金融资本市场	金融市场	03081503	《财政部、国家税务总局对外汇管理部门委托贷款利息收入免征营业税的通知》财税[2000]78号	第一条	外汇管理部门委托金融机构发放的外汇贷款利息收入免征营业税	
159	营业税	支持金融资本市场	金融市场	03081505	《财政部、国家税务总局关于国债转贷利息收入免征营业税的通知》财税[1999]220号	第一条	专项国债转贷取得的利息收入免征营业税	
160	营业税	支持金融资本市场	金融市场	03081519	《财政部、国家税务总局关于被撤销金融机构有关税收政策问题的通知》财税[2003]141号	第一条第4项	被撤销金融机构清偿债务免征营业税	
161	营业税	支持金融资本市场	金融市场	03081520	《财政部、国家税务总局关于国有独资商业银行、国家开发银行承购承销专项债券发行的专项税收问题的通知》财税[2001]152号	第一条	国有独资商业银行、国家开发银行购买金融资产管理公司发行的专项债券利息收入免征营业税	
162	营业税	支持金融资本市场	金融市场	03081521	《财政部、国家税务总局、证监会关于沪港股票市场交易互联互通机制试点有关税收政策的通知》财税[2014]81号	第三条第2项	内地个人投资者通过沪港通投资香港联交所上市股票取得的差价收入，免征收营业税	
163	营业税	支持金融资本市场	资本市场	03083901	《财政部、国家税务总局关于4家资产管理公司接收资本金项下的资产在办理过户时有关税收政策问题的通知》财税[2003]21号	第二条	国有商业银行划转给金融资产管理公司的资产免征营业税	
164	营业税	支持金融资本市场	资本市场	03083902	《财政部、国家税务总局关于个人金融商品买卖等营业税若干免税政策的通知》财税[2009]111号	第一条	个人从事外汇、有价证券、非货物期货和其他金融商品买卖业务取得的收入暂免征收营业税	

续表

序号	收入种类	减免政策大类	减免政策小类	减免性质代码	政策名称	优惠条款	减免项目名称	关联政策条款
165	营业税	支持金融资本市场	资本市场	03083904	《财政部、国家税务总局关于合格境外机构投资者营业税政策的通知》财税〔2005〕155号	第一条	合格境外机构投资者证券买卖业务差价收入免征营业税	
166	营业税	支持金融资本市场	资本市场	03083907	《财政部、国家税务总局关于全国社会保障基金有关税收政策问题的通知》财税〔2002〕75号	第一条	全国社会保障基金有关差价收入免征营业税	
167	营业税	支持金融资本市场	资本市场	03083908	《财政部、国家税务总局关于证券投资基金税收政策的通知》财税〔2004〕78号	第一条	证券投资基金管理人运用基金买卖股票、债券的差价收入免征营业税	
168	营业税	支持金融资本市场	资本市场	03083910	《国家税务总局关于中国信达等4家金融资产管理公司税收政策问题的通知》财税〔2001〕10号	第一条	金融资产管理公司收购、承接、处置不良资产免征营业税	
169	营业税	支持金融资本市场	资本市场	03083913	《财政部、国家税务总局关于中国东方资产管理公司处置港澳国际（集团）有限公司有关资产税收政策问题的通知》财税〔2003〕212号	第二条第4项	金融资产管理公司收购、承接、处置不良资产免征营业税	
170	营业税	支持金融资本市场	资本市场	03083914	《中华人民共和国营业税暂行条例》中华人民共和国国务院令第540号	第八条第（七）项	境内保险机构为出口货物提供的保险产品免征营业税	
171	营业税	支持金融资本市场	资本市场	03083916	《财政部、国家税务总局关于中国信达资产管理股份有限公司4家金融资产管理公司有关税收政策问题的通知》财税〔2013〕56号	第一、二条	金融资产管理公司收购、承接、处置不良资产免征营业税	

续表

序号	收入种类	减免政策大类	减免政策小类	减免性质代码	政策名称	优惠条款	减免项目名称	关联政策条款
172	营业税	支持金融资本市场	资本市场	03083917	《财政部关于金融资产管理公司接受以物抵债资产过户税费问题的通知》财金[2001]189号	第一条	资产公司接受相关国有银行的不良债权,免征转让该不动产和利用该不动产从事融资租赁业务应缴纳的营业税	
173	营业税	支持金融资本市场	资本市场	03083918	《财政部、国家税务总局关于一年期以上返还性人身保险产品营业税政策的通知》财税[2015]86号	第一条	一年期以上返还性人身保险免征营业税	
174	营业税	支持三农	金融市场	03091502	《财政部、国家税务总局关于延长农村金融机构营业税政策执行期限的通知》财税[2011]101号	第一条	农村金融机构减征营业税	
175	营业税	支持三农	金融市场	03091506	《财政部、国家税务总局关于对国际农发基金贷款利息回收问题的批复》财税字[1995]108号	第一条	国际农发基金贷款利息收入免征营业税	
176	营业税	支持三农	金融市场	03091507	《财政部、国家税务总局关于农村金融发展有关税收政策的通知》财税[2014]102号	第一条	金融机构农户小额贷款的利息收入免征营业税	
177	营业税	支持三农	金融市场	03091508	《财政部、国家税务总局关于小额信贷试点项目继续参照执行农村金融有关税收政策的通知》财税[2015]12号	第一条	对金融机构农户小额贷款的利息收入免征营业税	
178	营业税	支持三农	农村建设	03092303	《财政部、国家税务总局关于对农村金融机构农户小额贷款利息收入免征营业税的通知》财税字[1999]303号	第一条	地方商业银行转贷用于清偿农村专项贷款基金会债务的专项贷款利息收入免征营业税	

续表

序号	收入种类	减免政策大类	减免政策小类	减免性质代码	政策名称	优惠条款	减免项目名称	关联政策条款
179	营业税	支持三农	农村建设	03092304	《中华人民共和国营业税暂行条例》中华人民共和国国务院令第540号	第八条第（五）项	农业机耕、排灌、病虫害防治、植物保护、农牧保险以及相关技术培训业务，家禽、牲畜、水生动物的配种和疾病防治免征营业税	
180	营业税	支持三农	农村建设	03092306	《财政部、国家税务总局关于中国农业银行三农金融事业部涉农贷款政策的通知》财税[2015]67号	第一、三条	中国农业银行三农事业部涉农贷款减征营业税	
181	营业税	支持三农	其他	03099903	《财政部、国家税务总局关于对若干项目免征营业税的通知》财税字[1994]2号	第三条	土地使用权转让给农业生产者免征营业税	
182	营业税	支持文化教育体育	教育	03101402	《财政部、国家税务总局关于教育税收政策的通知》财税[2004]39号	第一条	从事学历教育的学校提供教育劳务免征营业税	
183	营业税	支持文化教育体育	教育	03101404	《中国人民银行、财政部、教育部、国家税务总局关于进一步推进国家助学贷款业务发展的通知》银发[2001]245号	第三条	国家助学贷款利息收入免征营业税	
184	营业税	支持文化教育体育	教育	03101405	《财政部、国家税务总局关于经营高校学生公寓和食堂有关营业税政策的通知》财税[2013]83号	第三条、第四条	高校学生食堂餐饮服务收入免征营业税，高校学生公寓住宿费收入免征营业税	
185	营业税	支持文化教育体育	教育	03101406	《财政部、国家税务总局关于教育税收政策的通知》财税[2004]39号	第一条	进修班、培训班取得收入免征营业税	
186	营业税	支持文化教育体育	教育	03101407	《财政部、国家税务总局关于教育税收政策的通知》财税[2004]39号	第一条	职业学校设立企业从事服务免征营业税	
187	营业税	支持文化教育体育	体育	03102901	《财政部、海关总署、国家税务总局关于第三届亚洲沙滩运动会税收政策的通知》财税[2011]11号	第一条—5项	第三届亚洲沙滩运动会营业税优惠政策	

续表

序号	收入种类	减免政策大类	减免政策小类	减免性质代码	政策名称	优惠条款	减免项目名称	关联政策条款
188	营业税	支持文化教育体育	体育	03102903	《财政部、海关总署、国家税务总局关于第16届亚洲运动会等三项国际综合运动会税收政策的通知》财税〔2009〕94号	第一条1-6项	第16届亚洲运动会等三项国际综合运动会营业税优惠政策	
189	营业税	支持文化教育体育	体育	03102904	《财政部、海关总署、国家税务总局关于第二届夏季青年奥林匹克运动会等三项国际综合运动会税收政策的通知》财税〔2013〕11号	第一条1-6项	第二届夏季青年奥林匹克运动会等三项国际综合运动会营业税优惠政策	
190	营业税	支持文化教育体育	文化	03103201	《财政部、国家税务总局关于2010年上海世博会有关税收政策问题的通知》财税〔2005〕180号	第一条1-2项	2010年上海世博会营业税优惠政策	
191	营业税	支持文化教育体育	文化	03103211	《中华人民共和国营业税暂行条例》中华人民共和国国务院令第540号	第八条第(六)项	宗教场所举办文化、宗教活动所取得的门票收入免征营业税；纪念馆、博物馆、文化馆、文物保护单位管理机构、美术馆、展览馆、书画院、图书馆举办文化活动的门票收入免征营业税	
192	营业税	支持文化教育体育	文化	03103212	《中华人民共和国营业税暂行条例》中华人民共和国国务院令第540号	第八条第(四)项	学校和其他教育机构提供的教育劳务免征营业税	
193	营业税	支持文化教育体育	文化	03103220	《财政部、国家税务总局关于延续宣传文化增值税和营业税优惠政策的通知》财税〔2013〕87号	第三条	科普活动门票收入及境外单位向科普单位转让科普影视作品播映权收入免征营业税	

续表

序号	收入种类	减免政策大类	减免政策小类	减免性质代码	政策名称	优惠条款	减免项目名称	关联政策条款
194	营业税	支持文化教育体育	文化	03103222	《财政部、国家税务总局、中宣部关于继续实施文化体制改革中经营性文化事业单位转制为企业若干税收政策的通知》财税[2014]84 号	第一条第（四）项	经营性文化事业单位转制为企业免征营业税	
195	营业税	支持文化教育体育	文化	03103223	《财政部、国家税务总局关于支持文化服务出口等营业税政策的通知》财税[2014]118 号	第一条	纳税人为境外单位或个人在境外提供文物、遗址等的修复保护服务，遗址等的修复保护服务，免征营业税	
196	营业税	支持文化教育体育	文化	03103224	《财政部、国家税务总局关于支持文化服务出口等营业税政策的通知》财税[2014]118 号	第一条	纳税人为境外单位或个人在境外提供的纳税人国家级非物质文化遗产名录的传统医药诊疗保健服务免征营业税	
197	营业税	支持文化教育体育	文化	03103225	《中华人民共和国营业税暂行条例》中华人民共和国国务院令第 540 号	第八条第（四）项	学生勤工俭学提供的劳务免征营业税	
198	营业税	支持其他各项事业	国防建设	0312070	《财政部、国家税务总局关于部队空余房产租赁收入营业税、房产税的通知》财税[2004]123 号	第一条	部队空余房产租赁免征营业税	
199	营业税	支持其他各项事业	交通运输	03121301	《财政部、国家税务总局关于公路经营企业收取车辆通行费有关营业税政策的通知》财税[2005]77 号	第一条	公路经营企业收取的高速公路车辆通行费收入减按 3% 的税率征收营业税	
200	营业税	支持其他各项事业	商品储备	03122601	《财政部、国家税务总局关于国家石油储备基地建设有关税收政策的通知》财税[2005]23 号	第一条	免征国家石油储备基地第一期项目建设过程中涉及的营业税	
201	营业税	支持其他各项事业	医疗卫生	0312234C1	《中华人民共和国营业税暂行条例》中华人民共和国国务院令第 540 号	第八条第（三）项	医院、诊所和其他医疗机构提供的医疗服务免征营业税	

续表

序号	收入种类	减免政策大类	减免政策小类	减免性质代码	政策名称	优惠条款	减免项目名称	关联政策条款
202	营业税	支持其他各项事业	其他	03129907	《财政部、国家税务总局关于推广税控收款机有关税收政策的通知》财税〔2004〕167号	第二条	营业税纳税人购进税控收款机抵免营业税	
203	营业税	支持其他各项事业	其他	03129908	《财政部、国家税务总局关于廉租住房和住房租赁有关税收政策的通知》财税〔2008〕24号	第二条	对个人出租住房，不区分用途，在3%税率的基础上减半征收营业税	
204	营业税	支持其他各项事业	其他	03129909	《财政部、国家税务总局关于邮政速递物流业务继续免征营业税的通知》财税〔2013〕82号	第一条	邮政企业代办金融业务免征营业税	
205	营业税	支持其他各项事业	其他	03129910	《财政部、国家税务总局关于个人金融商品买卖等营业税若干免税政策的通知》财税〔2009〕111号	第三条	境外提供建筑业、文化体育业劳务暂免征收营业税	
206	营业税	支持其他各项事业	其他	03129911	《财政部、国家税务总局关于个人金融商品买卖等营业税若干免税政策的通知》财税〔2009〕111号	第五条	符合条件的行政事业性收费和政府性基金免征营业税	
207	营业税	支持其他各项事业	其他	03129999	免征营业税的一年期以上返还性人身保险产品各批次名单	除22、23、24批次以外的其他各批次名单		
208	营业税	支持其他各项事业	其他	03129999	其他		其他	
209	企业所得税	改善民生	救灾及重建	04011605	《财政部、海关总署、国家税务总局关于支持芦山地震灾后恢复重建有关税收政策问题的通知》财税〔2013〕58号	第一条第1项	受灾地区损失严重企业免征企业所得税（芦山）	
210	企业所得税	改善民生	救灾及重建	04011608	《财政部、海关总署、国家税务总局关于支持鲁甸地震灾后恢复重建有关税收政策问题的通知》财税〔2015〕27号	第一条第1项	受灾地区损失严重企业免征企业所得税（鲁甸）	

续表

序号	收入种类	减免政策大类	减免政策小类	减免性质代码	政策名称	优惠条款	减免项目名称	关联政策条款
211	企业所得税	改善民生	救灾及重建	04011609	《财政部、海关总署、国家税务总局关于支持芦山地震灾后恢复重建有关税收政策问题的通知》财税〔2013〕58号	第一条第2项	受灾地区企业取得的救灾和灾后恢复重建款项等收入免征企业所得税（芦山）	
212	企业所得税	改善民生	救灾及重建	04011610	《财政部、海关总署、国家税务总局关于支持芦山地震灾后恢复重建有关税收政策问题的通知》财税〔2013〕58号	第一条第3项	受灾地区农村信用社免征额减征企业所得税（芦山）	
213	企业所得税	改善民生	救灾及重建	04011611	《财政部、海关总署、国家税务总局关于支持芦山地震灾后恢复重建有关税收政策问题的通知》财税〔2013〕58号	第五条第1项	受灾地区的促进就业限额减征企业所得税（芦山）	
214	企业所得税	改善民生	救灾及重建	04011612	《财政部、海关总署、国家税务总局关于支持鲁甸地震灾后恢复重建有关税收政策问题的通知》财税〔2015〕27号	第一条第2项	受灾地区企业取得的救灾和灾后恢复重建款项等收入免征企业所得税（鲁甸）	
215	企业所得税	改善民生	救灾及重建	04011613	《财政部、海关总署、国家税务总局关于支持鲁甸地震灾后恢复重建有关税收政策问题的通知》财税〔2015〕27号	第一条第3项	受灾地区农村信用社免征额减征企业所得税（鲁甸）	
216	企业所得税	改善民生	救灾及重建	04011614	《财政部、海关总署、国家税务总局关于支持鲁甸地震灾后恢复重建有关税收政策问题的通知》财税〔2015〕27号	第五条第1项	受灾地区的促进就业限额减征企业所得税（鲁甸）	
217	企业所得税	改善民生	军转择业	04011301	《财政部、国家税务总局、民政部关于调整完善扶持自主就业退役士兵创业就业税收政策的通知》财税〔2014〕42号	第二条	促进就业企业限额减征企业所得税	
218	企业所得税	改善民生	社会保障	040127C3	《财政部、国家税务总局关于专门生产和装配残疾人员专门用品企业所得税问题的通知》财税〔2011〕81号	第一条	符合条件的生产和装配伤残人员专门用品企业免征企业所得税	

序号	收入种类	减免政策大类	减免政策小类	减免性质代码	政策名称	优惠条款	减免项目名称	关联政策条款
219	企业所得税	改善民生	社会保障	04012704	《中华人民共和国企业所得税法》中华人民共和国主席令第63号	第三十条第二款	安置残疾人员及国家鼓励安置的其他就业人员所支付的工资加计扣除	《财政部、国家税务总局关于安置残疾人员就业有关企业所得税优惠政策问题的通知》财税〔2009〕70号 第一条
220	企业所得税	改善民生	再就业扶持	04013607	《财政部、国家税务总局 人力资源和社会保障部关于继续实施支持和促进重点群体创业就业有关税收政策的通知》财税〔2014〕39号	第二条	促进就业企业限额减征企业所得税	《财政部、国家税务总局、人力资源社会保障部 关于扩大企业吸纳就业人员范围适用税收优惠政策的通知》财税〔2015〕77号
221	企业所得税	鼓励高新技术	技术转让	04021201	《中华人民共和国企业所得税法》中华人民共和国主席令第63号	第二十七条第四款	符合条件的技术转让所得减免征收企业所得税	《财政部、国家税务总局 关于居民企业技术转让有关企业所得税政策问题的通知》财税〔2010〕111号
222	企业所得税	鼓励高新技术	技术转让	04021202	《财政部、国家税务总局关于中关村国家自主创新示范区技术转让企业所得税试点政策的通知》财税〔2013〕72号	第一条	中关村国家自主创新示范区内企业符合条件的技术转让所得减免征收企业所得税	
223	企业所得税	鼓励高新技术	科技发展	04021907	《财政部、国家税务总局关于进一步鼓励软件产业和集成电路产业发展企业所得税政策的通知》财税〔2012〕27号	第一条	集成电路生产企业减免征收企业所得税	
224	企业所得税	鼓励高新技术	科技发展	04021913	《财政部、国家税务总局关于进一步鼓励软件产业和集成电路产业发展企业所得税政策的通知》财税〔2012〕27号	第二条	集成电路线宽小于0.25微米或投资额超过80亿元的集成电路生产企业减按15%税率征收企业所得税	

续表

序号	收入种类	减免政策大类	减免政策小类	减免性质代码	政策名称	优惠条款	减免项目名称	关联政策条款
225	企业所得税	鼓励高新技术	科技发展	04021514	《财政部、国家税务总局关于进一步鼓励软件产业和集成电路产业发展企业所得税政策的通知》财税〔2012〕27号	第三条	新办集成电路设计企业和符合条件的软件企业定期减免企业所得税	
226	企业所得税	鼓励高新技术	科技发展	04021915	《财政部、国家税务总局关于进一步鼓励软件产业和集成电路产业发展企业所得税政策的通知》财税〔2012〕27号	第四条	国家规划布局内重点软件企业和集成电路设计企业可减按10%的税率征收企业所得税	
227	企业所得税	鼓励高新技术	外包服务	04023003	《财政部、国家税务总局、商务部、科技部、国家发展改革委员会关于完善技术先进型服务企业有关企业所得税政策问题的通知》财税〔2014〕59号	第一条	技术先进型服务企业减按15%的税率征收企业所得税	
228	企业所得税	鼓励高新技术	高新技术	04024401	《中华人民共和国企业所得税法》中华人民共和国主席令第63号	第三十条第(一)款	开发新技术、新产品、新工艺发生的研究开发费用加计扣除	1.《财政部、国家税务总局关于研究开发费用税前加计扣除有关政策问题的通知》财税〔2013〕70号 2.《财政部、海关总署、国家税务总局关于继续实施支持文化企业发展若干税收政策的通知》财税〔2014〕85号 第四条
229	企业所得税	鼓励高新技术	高新技术	04024404	《国务院关于经济特区和上海浦东新区设立高新技术企业实行过渡性税收优惠的通知》国发〔2007〕40号	第二条	经济特区和上海浦东新区新设立的高新技术企业在区内取得的所得减免征收企业所得税	

续表

序号	收入种类	减免政策大类	减免政策小类	减免性质代码	政策名称	优惠条款	减免项目名称	关联政策条款
230	企业所得税	鼓励高新技术	投资创业	04024501	《中华人民共和国企业所得税法》中华人民共和国主席令第63号	第二十八条第（二）款	国家需要重点扶持的高新技术企业减按15%的税率征收企业所得税	1.《财政部、国家税务总局关于高新技术企业用税率及税收境外所得抵免问题的通知》财税〔2011〕47号 第一条 2.《财政部、海关总署、国家税务总局关于继续实施支持文化企业发展若干税收政策的通知》财税〔2014〕85号 第四条
231	企业所得税	鼓励高新技术	投资创业	04024507	《科技部、财政部、国家税务总局关于在中关村国家自主创新文化产业支撑技术等领域范围企业认定试点的通知》国科发高〔2013〕595号		中关村国家自主创新示范区从事文化等领域技术企业认定为高新技术企业按15%的税率减按的税率征收企业所得税	
232	企业所得税	鼓励高新技术	投资创业	04024508	《中华人民共和国企业所得税法》中华人民共和国主席令第63号	第三十一条	创业投资企业按投资额的一定比例抵扣应纳税所得额	《财政部、国家税务总局关于中关村国家自主创新示范区有限合伙制创业投资企业法人合伙人企业所得税试点政策的通知》财税〔2013〕71号
233	企业所得税	促进区域发展	两岸交流	04032101	《财政部、国家营业税务总局关于海上直航两岸海上直航税收政策的通知》财税〔2009〕4号	第二条	海峡两岸海上直航免征企业所得税	
234	企业所得税	促进区域发展	两岸交流	04032102	《财政部、国家营业税务总局和企业所得税中直航两岸海峡政策的通知》财税〔2010〕63号	第二条	海峡两岸空中直航免征企业所得税	

续表

序号	收入种类	减免政策大类	减免政策小类	减免性质代码	政策名称	优惠条款	减免项目名称	关联政策条款
235	企业所得税	促进区域发展	两岸交流	0403Z103	《财政部、国家税务总局关于福建沿海与金门、马祖、澎湖海上直航业务有关税收政策的通知》财税〔2007〕91号		从事福建沿海与金门、马祖、澎湖海上直航业务取得的运输收入免征企业所得税	
236	企业所得税	促进区域发展	西部开发	0403Z302	《财政部、海关总署、国家税务总局关于深入实施西部大开发战略有关税收政策问题的通知》财税〔2011〕58号	第二条	设在西部地区的鼓励类产业企业减按15%的税率征收企业所得税	《财政部、海关总署、国家税务总局关于赣州市执行西部大开发税收政策问题的通知》财税〔2013〕4号 第二条
237	企业所得税	促进区域发展	西部开发	0403Z303	《财政部、国家税务总局关于新疆喀什、霍尔果斯两个特殊经济开发区的税收优惠政策的通知》财税〔2011〕112号	第一条	新疆喀什、霍尔果斯新办企业定期免征企业所得税	
238	企业所得税	促进区域发展	西部开发	0403Z304	《财政部、国家税务总局关于新疆困难地区新办企业所得税优惠政策的通知》财税〔2011〕53号	第一条	新疆困难地区新办企业定期减免企业所得税	
239	企业所得税	促进区域发展	西部开发	0403Z305	《中华人民共和国企业所得税法》中华人民共和国主席令第63号	第二十九条	民族自治地方的自治机关对本民族自治地方企业应缴纳的企业所得税中属于地方分享的部分减征或免征	
240	企业所得税	促进区域发展	其他	0403Z901	《财政部、国家税务总局关于广东横琴新区、福建平潭综合实验区、深圳前海深港现代服务业合作区企业所得税优惠政策及优惠目录的通知》财税〔2014〕26号	第一条	广东横琴、福建平潭、深圳前海等地区的鼓励类产业企业减按15%税率征收企业所得税	
241	企业所得税	促进小微企业发展	其他	0404Z902	《中华人民共和国企业所得税法》中华人民共和国主席令第63号	第二十八条第（一）款	符合条件的小型微利企业减按20%的税率征收企业所得税（减低税率）	

续表

序号	收入种类	减免政策大类	减免政策小类	减免性质代码	政策名称	优惠条款	减免项目名称	关联政策条款
242	企业所得税	促进小微企业发展	其他	04049907	《财政部、国家税务总局关于小型微利企业所得税优惠政策的通知》财税〔2015〕34号	第一条	符合条件的小型微利企业减按20%的税率征收企业所得税(减半征收)	
243	企业所得税	节能环保	环境保护	04061002	《财政部、国家税务总局关于中国清洁发展机制基金及清洁发展机制项目实施企业有关企业所得税政策问题的通知》财税〔2009〕30号	第一条	中国清洁发展机制基金取得的收入免征企业所得税	
244	企业所得税	节能环保	环境保护	04061004	《中华人民共和国企业所得税法》中华人民共和国主席令第63号	第二十七条第(三)款	从事符合条件的环境保护、节能节水项目的所得定期减免征企业所得税	
245	企业所得税	节能环保	环境保护	04061008	《财政部、国家税务总局关于中国清洁发展机制基金及清洁发展机制项目实施企业有关企业所得税政策问题的通知》财税〔2009〕30号	第二条第(三)款	实施清洁发展机制项目的所得定期减免征企业所得税	
246	企业所得税	节能环保	环境保护	04061009	《中华人民共和国企业所得税法》中华人民共和国主席令第63号	第三十四条	购置用于环境保护、节能节水、安全生产等专用设备的投资额按一定比例实行税额抵免	《财政部、国家税务总局关于执行环境保护专用设备企业所得税优惠目录、节能节水专用设备企业所得税优惠目录和安全生产专用设备企业所得税优惠目录有关问题的通知》财税〔2008〕48号
247	企业所得税	节能环保	资源综合利用	04064001	《财政部、国家税务总局关于促进节能服务业发展增值税、营业税和企业所得税政策问题的通知》财税〔2010〕110号	第二条第(一)项	符合条件的节能服务公司实施合同能源管理项目的所得定期减免征企业所得税	

续表

序号	收入种类	减免政策大类	减免政策小类	减免性质代码	政策名称	优惠条款	减免项目名称	关联政策条款
248	企业所得税	节能环保	资源综合利用	04064005	《中华人民共和国企业所得税法》中华人民共和国主席令第63号	第三十三条	综合利用资源生产产品取得的收入在计算应纳税所得额时减计收入	《财政部、国家税务总局关于执行资源综合利用企业所得税优惠目录的通知》财税〔2008〕47号第一条
249	企业所得税	支持金融资本市场	金融市场	04081507	《财政部、国家税务总局关于地方政府债券利息免征所得税问题的通知》财税〔2013〕5号	第一条	取得的地方政府债券利息收入免征企业所得税	《财政部、国家税务总局关于地方政府债券利息所得免征企业所得税问题的通知》财税〔2011〕76号第一条
250	企业所得税	支持金融资本市场	金融市场	04081508	《中华人民共和国企业所得税法实施条例》中华人民共和国国务院令第512号	第九十一条第一款	非居民企业减按10%税率征收企业所得税	
251	企业所得税	支持金融资本市场	金融市场	04081511	《中华人民共和国企业所得税法实施条例》中华人民共和国国务院令第512号	第九十一条第二款（一）项	外国政府利息免征所得税	
252	企业所得税	支持金融资本市场	金融市场	04081512	《中华人民共和国企业所得税法实施条例》中华人民共和国国务院令第512号	第九十一条第二款（二）项	国际金融组织利息免征企业所得税	
253	企业所得税	支持金融资本市场	金融市场	04081513	《财政部、国家税务总局、证监会关于QFII和RQFII取得中国境内的股票等权益性投资资产转让所得暂免征收企业所得税问题的通知》财税〔2014〕79号	第二条第（1）项	QFII和RQFII股票转让免征企业所得税	
254	企业所得税	支持金融资本市场	金融市场	04081514	《财政部、国家税务总局、证监会关于沪港股票市场交易互联互通机制试点有关税收政策的通知》财税〔2014〕81号	第二条第（1）项	沪港通A股转让免征企业所得税	
255	企业所得税	支持金融资本市场	金融市场	04081516	《财政部、国家税务总局关于企业所得税若干优惠政策的通知》财税〔2008〕1号	第二条第二款	投资者从证券投资基金分配中取得的收入暂不征收企业所得税	
256	企业所得税	支持金融资本市场	资本市场	04083904	《中华人民共和国企业所得税法》中华人民共和国主席令第63号	第二十六条（一）项	国债利息收入免征企业所得税	

续表

序号	收入种类	减免政策大类	减免政策小类	减免性质代码	政策名称	优惠条款	减免项目名称	关联政策条款
257	企业所得税	支持金融资本市场	资本市场	04083906	《中华人民共和国企业所得税法》中华人民共和国主席令第63号	第二十六条第（三）项	设立机构、场所的非居民企业从居民企业取得与该机构、场所有实际联系的股息、红利免税	
258	企业所得税	支持金融资本市场	资本市场	04083907	《中华人民共和国企业所得税法》中华人民共和国主席令第63号	第二十六条第（二）款	符合条件的居民企业之间的股息、红利等权益性投资收益免征企业所得税	《财政部、证监会关于沪港股票市场交易互联互通机制试点有关税收政策的通知》财税〔2014〕81号第一条第（四）项第1目
259	企业所得税	支持三农	金融市场	04091505	《财政部、国家税务总局关于延续并完善支持农村金融发展有关税收政策的通知》财税〔2014〕102号	第二、三条	金融、保险等机构取得的涉农贷款利息收入、保费收入在计算减计收入所得额时减计收入	
260	企业所得税	支持三农	其他	04099905	《中华人民共和国企业所得税法》中华人民共和国主席令第63号	第二十七条第（一）项	从事农、林、牧、渔业项目的所得减免征收企业所得税	1.《财政部、国家税务总局关于发布享受企业所得税优惠政策的农产品初加工范围（试行）的通知》财税〔2008〕149号 2.《财政部、国家税务总局关于享受企业所得税优惠政策的农产品初加工有关范围的补充通知》财税〔2011〕26号
261	企业所得税	支持文化教育体育	文化	04103206	《财政部、国家税务总局关于扶持动漫产业发展有关税收政策问题的通知》财税〔2009〕65号	第二条	动漫企业自主开发、生产动漫产品定期减免征收企业所得税	

续表

序号	收入种类	减免政策大类	减免政策小类	减免性质代码	政策名称	优惠条款	减免项目名称	关联政策条款
262	企业所得税	支持其他各项事业	文化	04103214	《财政部、国家税务总局、中宣部关于继续实施文化体制改革中经营性文化事业单位转制为企业若干税收政策的通知》财税[2014]84号	第一条第（一）项（四）项	经营性文化事业单位转制为企业的免征企业所得税	
263	企业所得税	支持其他各项事业	公益	04120501	《中华人民共和国企业所得税法》中华人民共和国主席令第63号	第二十六条第（四）项	符合条件的非营利组织的收入免征企业所得税	《财政部、国家税务总局关于非营利组织免税收入问题的通知》财税[2009]122号第一条
264	企业所得税	支持其他各项事业	基础设施建设	0412110	《中华人民共和国企业所得税法》中华人民共和国主席令第63号	第二十七条第（二）款	从事国家重点扶持的公共基础设施项目投资经营的所得减免征企业所得税	1.《财政部、国家税务总局关于农村饮水安全工程建设营运税收政策的通知》财税[2012]30号第五条 2.《财政部、国家税务总局关于执行公共基础设施项目企业所得税优惠目录有关问题的通知》财税[2008]46号第一条 3.《财政部、国家税务总局关于公共基础设施项目和环境保护、节能节水项目企业所得税优惠政策问题的通知》财税[2012]10号
265	企业所得税	支持其他各项事业	交通运输	04121302	《财政部、国家税务总局关于2014、2015年铁路建设债券利息企业所得税政策的通知》财税[2014]2号	第一条	取得的中国铁路建设债券利息收入减半征收企业所得税	《财政部、国家税务总局关于铁路建设债券利息企业所得税政策的通知》财税[2011]99号第一条

续表

序号	收入种类	减免政策大类	减免政策小类	减免性质代码	政策名称	优惠条款	减免项目名称	关联政策条款
266	企业所得税	支持其他各项事业	其他	04129910	《中华人民共和国企业所得税法》中华人民共和国主席令第63号		其他	
267	企业所得税	支持其他各项事业	其他	04129920	《中华人民共和国企业所得税法》中华人民共和国主席令第63号		固定资产或购入软件等可以加速折旧或摊销（技术进步等情况）	
268	企业所得税	支持其他各项事业	其他	04129921	《财政部、国家税务总局关于加速折旧固定资产企业所得税政策的通知》财税〔2014〕75号	第一、二条	固定资产加速折旧或一次性扣除（2014年后新政）	《财政部、国家税务总局关于完善固定资产折旧税政策的通知》财税〔2014〕75号 第一条第（2）款
269	企业所得税	支持其他各项事业	其他	04129922	《财政部、国家税务政策的通知》财税〔2008〕1号	第四条	分配2008年以前股息红利免企业所得税	
270	企业所得税	支持其他各项事业	其他	04129999	《财政部、国家税务政策的通知》财税〔2008〕1号	第三条		
271	企业所得税	支持其他各项事业	其他	04129999	其他		其他	
272	企业所得税	享受税收协定待遇	股息	04135401	我国对外签订的避免双重征税协定及内地对香港和澳门签订的避免双重征税协定安排	税收协定中股息条款	税收协定减免股息所得企业所得税	
273	企业所得税	享受税收协定待遇	利息	04135501	我国对外签订的避免双重征税协定及内地对香港和澳门签订的避免双重征税协定安排	税收协定中利息条款	税收协定减免利息所得企业所得税	
274	企业所得税	享受税收协定待遇	特许权使用费	04135601	我国对外签订的避免双重征税协定及内地对香港和澳门签订的避免双重征税协定安排	税收协定中特许权使用费条款	税收协定减免特许权使用费所得企业所得税	

续表

序号	收入种类	减免政策大类	减免政策小类	减免性质代码	政策名称	优惠条款	减免项目名称	关联政策条款
275	企业所得税	享受税收协定待遇	财产收益	04135701	我国对外签订的避免双重征税协定及内地对香港和澳门签订的避免双重征税安排	税收协定中财产收益条款	税收协定减免财产收益所得企业所得税	
276	企业所得税	享受税收协定待遇	其他	04139901	我国对外签订的避免双重征税协定及内地对香港和澳门签订的避免双重征税安排,含税收收条款的国际运输协议运,换函等	税收协定中常设机构和营业利润、海运、空运和陆运、其他所得条款,国际运输协定的税收条款等	税收协定和其他各类协定等减免其他各类企业所得税	
277	个人所得税	改善民生	救灾及重建	05011601	《财政部、国家税务总局关于认真落实抗震救灾灭灾后重建税收政策问题的通知》财税〔2008〕62号	第二条	其他地区地震受灾减免个人所得税	
278	个人所得税	改善民生	救灾及重建	05011605	《中华人民共和国个人所得税法》中华人民共和国主席令第48号	第五条第(二)项	其他自然灾害受灾减免个人所得税	
279	个人所得税	改善民生	救灾及重建	05011605	《财政部、海关总署、国家税务总局关于支持芦山地震灾后恢复重建有关税收政策问题的通知》财税〔2013〕58号	第五条第(2)项	芦山地震受灾减免个人所得税	
280	个人所得税	改善民生	救灾及重建	050116C7	《财政部、海关总署、国家税务总局关于支持鲁甸地震灾后恢复重建有关税收政策问题的通知》财税〔2015〕27号	第二条 第五条第(2)项	鲁甸地震受灾减免个人所得税	
281	个人所得税	改善民生	住房	05011709	《财政部、国家税务总局关于个人所得税若干政策问题的通知》财税字〔1994〕20号	第二条第(六)项	个人转让5年以上唯一住房免征个人所得税	《国家税务总局关于个人转让房屋有关税收征管问题的通知》国税发〔2007〕33号 第三条
282	个人所得税	改善民生	军转择业	05011801	《财政部、国家税务总局关于随军家属就业有关税收政策的通知》财税〔2000〕84号	第二条	随军家属从事个体经营免征个人所得税	

续表

序号	收入种类	减免政策大类	减免政策小类	减免性质代码	政策名称	优惠条款	减免项目名称	关联政策条款
283	个人所得税	改善民生	军转择业	05011802	《财政部、国家税务总部关于自主择业的军队转业干部有关税收政策问题的通知》财税〔2003〕26号	第一条	军转干部从事个体经营免征个人所得税	
284	个人所得税	改善民生	军转择业	05011803	《财政部、国家税务总局、民政部关于完善扶持自主择业退役士兵创业就业税收政策的通知》财税〔2014〕42号	第一条	退役士兵从事个体经营减免个人所得税	
285	个人所得税	改善民生	社会保障	05012710	《中华人民共和国个人所得税法》中华人民共和国主席令第48号	第五条第（一）项	残疾、孤老、烈属减征个人所得税	
286	个人所得税	改善民生	再就业扶持	05013606	《财政部、国家税务总局、人力资源社会保障部关于继续实施支持和促进重点群体创业就业有关税收政策的通知》〔2014〕39号	第一条	失业人员从事个体经营减免个人所得税	《财政部、国家税务总局关于将铁路运输和邮政业纳入营业税改征增值税试点的通知》〔2013〕106号 附件3 第一条第（十三）项第1目
287	个人所得税	改善民生	再就业扶持	05013608	《财政部、国家税务总局、人力资源社会保障部关于继续实施支持和促进重点群体创业就业有关税收政策的通知》〔2014〕39号	第一条	高校毕业生从事个体经营减免个人所得税	《财政部、国家税务总局关于将铁路运输和邮政业纳入营业税改征增值税试点的通知》〔2013〕106号 附件3 第一条第（十三）项第1目
288	个人所得税	改善民生	再就业扶持	05013609	《财政部、国家税务总局、人力资源社会保障部关于继续实施支持和促进重点群体创业就业有关税收政策的通知》〔2014〕39号	第一条	低保及零就业家庭从事个体经营减免个人所得税	
289	个人所得税	支持三农	其他	05099901	《财政部、国家税务总局关于农村税费改革试点地区有关个人所得税问题的通知》财税〔2004〕30号	第一条	取消农业税从事四业所得暂免征收个人所得税	

续表

序号	收入种类	减免政策大类	减免政策小类	减免性质代码	政策名称	优惠条款	减免项目名称	关联政策条款
290	个人所得税	支持其他各项事业	其他	05129908	《财政部、国家税务总局关于个人无偿受赠房屋有关个人所得税问题的通知》财税〔2009〕78号		符合条件的房屋赠与免征个人所得税	
291	个人所得税	支持其他各项事业	其他	05129999	《财政部、国家税务总局、证监会关于沪港股票市场交易互联互通机制试点有关税收政策的通知》财税〔2014〕81号	第一条第（一）项	内地个人投资者通过沪港通投资香港联交所上市股票取得的转让差价所得,免征收个人所得税	
292	个人所得税	支持其他各项事业	其他	05129999	《财政部、国家税务总局、证监会关于实施全国中小企业股份转让系统挂牌公司股息红利差别化个人所得税有关问题的通知》财税〔2014〕48号	第一条	三板市场股息红利差别化征税	
293	个人所得税	支持其他各项事业	其他	05129999	《财政部、国家税务总局关于城市和国有工矿棚户区改造项目有关税收优惠政策的通知》财税〔2010〕42号	第五条	个人取得的拆迁补偿款及因拆迁重新购置安置住房,可按有关规定享受个人所得税减免	
294	个人所得税	支持其他各项事业	其他	05129999	《财政部、国家税务总局关于城镇房屋拆迁有关税收政策的通知》财税〔2005〕45号	第一条	拆迁补偿款免税	
295	个人所得税	支持其他各项事业	其他	05129999	《财政部、国家税务总局关于储蓄存款利息所得有关个人所得税政策的通知》财税〔2008〕132号		储蓄存款利息免税	
296	个人所得税	支持其他各项事业	其他	05129999	《财政部、国家税务发展有关税收优惠政策的通知》财税〔2014〕52号	第六条	低保家庭领取住房租赁补贴免税	
297	个人所得税	支持其他各项事业	其他	05129999	《财政部、国家税务总局关于地方政府债券利息免征所得税问题的通知》财税〔2013〕5号	第一条	地方政府债券利息免税	

续表

序号	收入种类	减免政策大类	减免政策小类	减免性质代码	政策名称	优惠条款	减免项目名称	关联政策条款
298	个人所得税	支持其他各项事业	其他	05129999	《财政部、国家税务总局关于发给见义勇为者的奖金免征个人所得税问题的通知》财税字〔1995〕25号		见义勇为奖金免税	
299	个人所得税	支持其他各项事业	其他	05129999	《财政部、国家税务总局关于平潭综合实验区个人所得税优惠政策的通知》财税〔2014〕24号	第二条	平潭、台湾居民免税	
300	个人所得税	支持其他各项事业	其他	05129999	《财政部、国家税务总局关于高级专家延长离休退休期间取得的工资薪金所得有关个人所得税问题的通知》财税〔2008〕7号		高级专家延长离休退休期间工薪免征个人所得税	
301	个人所得税	支持其他各项事业	其他	05129999	《财政部、国家税务总局关于个人独资企业和合伙企业投资者取得种植业、养殖业、饲养业、捕捞业所得有关个人所得税问题的批复》财税〔2010〕96号		取消农业税从事四业所得暂免征收个人所得税	
302	个人所得税	支持其他各项事业	其他	05129999	《财政部、国家税务总局关于个人取得体育彩票中奖所得征免个人所得税问题的通知》财税字〔1998〕12号		体彩中奖1万元以下免税	
303	个人所得税	支持其他各项事业	其他	05129999	《财政部、国家税务总局关于个人所得税若干政策问题的通知》财税〔2007〕34号		发票中奖暂免征收个人所得税	
304	个人所得税	支持其他各项事业	其他	05129999	《财政部、国家税务总局关于个人所得税若干政策的通知》财税字〔1994〕20号	第二条第(八)项	外籍个人取得外商投资企业股息红利免征个人所得税	
305	个人所得税	支持其他各项事业	其他	05129999	《财政部、国家税务总局关于个人所得税若干政策的通知》财税字〔1994〕20号	第二条第(二)项	外籍个人出差补贴免税	

续表

序号	收入种类	减免政策大类	减免政策小类	减免性质代码	政策名称	优惠条款	减免项目名称	关联政策条款
306	个人所得税	支持其他各项事业	其他	05129999	《财政部、国家税务总局关于个人所得税若干政策问题的通知》财税字〔1994〕20号	第二条第（九）项	符合条件的外籍专家工薪免征个人所得税	
307	个人所得税	支持其他各项事业	其他	05129999	《财政部、国家税务总局关于个人所得税若干政策问题的通知》财税字〔1994〕20号	第二条第（七）项	高级专家延长离退休期间工薪免征个人所得税	
308	个人所得税	支持其他各项事业	其他	05129999	《财政部、国家税务总局关于个人所得税若干政策问题的通知》财税字〔1994〕20号	第二条第（三）项	外籍个人探亲费、语言训练费、子女教育费免税	
309	个人所得税	支持其他各项事业	其他	05129999	《财政部、国家税务总局关于个人所得税若干政策问题的通知》财税字〔1994〕20号	第二条第（四）项	举报、协查违法犯罪奖金免税	
310	个人所得税	支持其他各项事业	其他	05129999	《财政部、国家税务总局关于个人转让股票所得继续暂免征收个人所得税的通知》财税字〔1998〕61号		转让上市公司股票免税	
311	个人所得税	支持其他各项事业	其他	05129999	《财政部、国家税务总局关于工伤职工取得的工伤保险待遇有关个人所得税政策的通知》财税〔2012〕40号	第一条	工伤保险免税	
312	个人所得税	支持其他各项事业	其他	05129999	《财政部、国家税务总局关于股权分置试点改革有关税收政策问题的通知》财税〔2005〕103号	第二条	股权分置改革非流通股股东向流通股股东支付对价免税	
313	个人所得税	支持其他各项事业	其他	05129999	《财政部、国家税务总局关于广东横琴新区个人所得税优惠政策的通知》财税〔2014〕23号	第二条	横琴、香港、澳门居民免税	
314	个人所得税	支持其他各项事业	其他	05129999	《财政部、国家税务总局关于教育税收政策的通知》财税〔2004〕39号	第一条第11项	奖学金免税	

续表

序号	收入种类	减免政策大类	减免政策小类	减免性质代码	政策名称	优惠条款	减免项目名称	关联政策条款
315	个人所得税	支持其他各项事业	其他	05129999	《财政部、国家税务总局关于廉租住房、经济适用住房和住房租赁有关税收政策的通知》财税〔2008〕24号	第二条第（一）项	个人出租房屋减征个人所得税	
316	个人所得税	支持其他各项事业	其他	05129999	《财政部、国家税务总局关于廉租住房、经济适用住房和住房租赁有关税收政策的通知》财税〔2008〕24号	第二条第（一）项	个人出租房屋减征	
317	个人所得税	支持其他各项事业	其他	05129999	《财政部、国家税务总局关于棚户区改造有关税收政策的通知》财税〔2013〕101号	第五条	拆迁补偿款免税	
318	个人所得税	支持其他各项事业	其他	05129999	《财政部、国家税务总局关于深圳前海深港现代服务业合作区个人所得税优惠政策的通知》财税〔2014〕25号	第二条	前海港澳台高端人才和紧缺人才免税	
319	个人所得税	支持其他各项事业	其他	05129999	《财政部、国家税务总局关于生育津贴和生育医疗费有关个人所得税政策的通知》财税〔2008〕8号	第一条	生育津贴和生育医疗费免税	
320	个人所得税	支持其他各项事业	其他	05129999	《财政部、国家税务总局关于调整住房租赁市场税收政策的通知》财税〔2000〕125号	第三条	个人出租房屋减征个人所得税	
321	个人所得税	支持其他各项事业	其他	05129999	《财政部、国家税务总局关于外籍个人取得港澳地区住房等补贴免征个人所得税的通知》财税〔2004〕29号			
322	个人所得税	支持其他各项事业	其他	05129999	《财政部、国家税务总局关于证券市场个人投资者证券交易结算资金利息所得有关个人所得税政策的通知》财税〔2008〕140号		证券资金利息免税	

续表

序号	收入种类	减免政策大类	减免政策小类	减免性质代码	政策名称	优惠条款	减免项目名称	关联政策条款
323	个人所得税	支持其他各项事业	其他	05129999	《财政部、国家税务总局关于住房公积金、医疗保险金、基本养老保险金、失业保险基金个人账户存款所存利息所得免征个人所得税的通知》财税字〔1999〕267号		住房公积金、医疗保险金、基本养老保险金、失业保险基金个人账户存款利息所得免征个人所得税	
324	个人所得税	支持其他各项事业	其他	05129999	《财政部、海关总署、国家税务总局关于第二届夏季青年奥林匹克运动会等国际综合运动会税收政策的通知》财税〔2013〕11号	第二条	青奥会、亚青会、东亚会税收优惠	
325	个人所得税	支持其他各项事业	其他	05129999	《财政部、海关总署、国家税务总局关于亚洲沙滩运动会税收政策的通知》财税〔2011〕11号	第二条	亚沙会税收优惠	
326	个人所得税	支持其他各项事业	其他	05129999	《国家税务总局关于社会福利有奖募捐发行收入税收问题的通知》国税发〔1994〕127号	第二条	社会福利有奖募捐奖券中奖所得免税	
327	个人所得税	支持其他各项事业	其他	05129999	《国家税务总局关于免征个人所得税执行问题的通知》国税发〔1997〕54号			
328	个人所得税	支持其他各项事业	其他	05129999	《国家税务总局关于远洋运输船员工资薪金所得个人所得税费用扣除问题的通知》国税发〔1999〕202号		远洋运输船员伙食费	
329	个人所得税	支持其他各项事业	其他	05129999	《中华人民共和国个人所得税法》中华人民共和国主席令第48号	第七项	安家费、退职费、退休工资、离休工资、离休生活补助费免税	
330	个人所得税	支持其他各项事业	其他	05129999	《中华人民共和国个人所得税法》中华人民共和国主席令第48号	第四条第八项	符合条件的外交人员免征个人所得税	

续表

序号	收入种类	减免政策大类	减免政策小类	减免性质代码	政策名称	优惠条款	减免项目名称	关联政策条款
331	个人所得税	支持其他各项事业	其他	05129999	《中华人民共和国个人所得税法》中华人民共和国主席令第48号	第四条第二、五项	保险赔款免税	
332	个人所得税	支持其他各项事业	其他	05129999	《中华人民共和国个人所得税法》中华人民共和国主席令第48号	第四条第三项	符合条件的津补贴免征个人所得税	
333	个人所得税	支持其他各项事业	其他	05129999	《中华人民共和国个人所得税法》中华人民共和国主席令第48号	第四条第一项	省级、部委、军级奖金免征个人所得税	
334	个人所得税	支持其他各项事业	其他	05129999	其他		其他	
335	个人所得税	享受税收协定待遇	股息	05135401	我国对外签订的避免双重征税协定及内地对香港和澳门签订的避免双重征税安排	税收协定中股息条款	税收协定减免股息所得个人所得税	
336	个人所得税	享受税收协定待遇	利息	05135501	我国对外签订的避免双重征税协定及内地对香港和澳门签订的避免双重征税安排	税收协定中利息条款	税收协定减免利息所得个人所得税	
337	个人所得税	享受税收协定待遇	特许权使用费	05135601	我国对外签订的避免双重征税协定及内地对香港和澳门签订的避免双重征税安排	税收协定中特许权使用费条款	税收协定减免特许权使用费所得个人所得税	
338	个人所得税	享受税收协定待遇	财产收益	05135701	我国对外签订的避免双重征税协定及内地对香港和澳门签订的避免双重征税安排	税收协定中财产收益条款	税收协定减免财产收益所得个人所得税	

续表

序号	收入种类	减免政策大类	减免政策小类	减免性质代码	政策名称	优惠条款	减免项目名称	关联政策条款
339	个人所得税	享受税收协定待遇	其他	05139901	我国对外签订的避免双重征税协定及内地对香港和澳门签订的避免双重征税安排,含税收条款的其他类协定等	税收协定中常设机构和营业利润、独立个人劳务(非独立个人劳务)、演艺人员和运动员、退休金、政府服务、教师和研究人员、学生、其他类协定的税收条款等	税收协定和其他各类协定减免其他各类所得个人所得税	
340	资源税	改善民生	救灾及重建	06011601	《财政部、国家税务总局关于认真落实抗震救灾及灾后重建税收政策问题的通知》财税[2008]62号	第五条	地震灾害减免资源税	
341	资源税	促进区域发展	西部开发	06033301	《财政部、国家税务总局同运营期间有关税收等政策问题的通知》财税[2007]11号	第三条	青藏铁路自采自用砂石等免征资源税	
342	资源税	节能环保	资源综合利用	06064002	《财政部、国家税务总局关于调整天津塘沽盐场资源税额标准的通知》财税[2005]173号		塘沽盐场减征资源税	
343	资源税	节能环保	资源综合利用	06064006	《财政部、国家税务总局关于实施煤炭资源税改革的通知》财税[2014]72号	第四条第(一)款	衰竭期煤矿减征资源税	
344	资源税	节能环保	资源综合利用	06064007	《财政部、国家税务总局关于实施煤炭资源税改革的通知》财税[2014]72号	第四条第(二)款	充填开采煤炭减征资源税	
345	资源税	节能环保	资源综合利用	06064C08	《财政部、国家税务总局关于调整铁矿石资源税征收比例的通知》财税[2015]46号	第一条	铁矿石资源税由减按80%征定税额调整为减按规定税额标准的40%征收	

续表

序号	收入种类	减免政策大类	减免政策小类	减免性质代码	政策名称	优惠条款	减免项目名称	关联政策条款
346	资源税	支持其他各项事业	其他	06129902	《国务院关于修改〈中华人民共和国资源税暂行条例〉的决定》中华人民共和国国务院令第605号	第七条第(二)款、第七条第(三)款	事故灾害等原因减免资源税	
347	资源税	支持其他各项事业	其他	06129904	《财政部、国家税务总局关于调整原油、天然气资源税有关政策的通知》财税[2014]73号	第二条第(一)款	用于运输稠油加热的油气免征资源税	
348	资源税	支持其他各项事业	其他	06129905	《国务院关于修改〈中华人民共和国资源税暂行条例〉的决定》中华人民共和国国务院令第605号	第七条第(一)款	加热修井用油免征资源税	
349	资源税	支持其他各项事业	其他	06129906	《财政部、国家税务总局关于调整原油、天然气资源税有关政策的通知》财税[2014]73号	第二条第(三)、(四)款	陆上油气田资源税综合性减征	《财政部、国家税务总局关于调整原油、天然气资源税有关政策的通知》财税[2014]73号第二条第(三)、(四)款
350	资源税	支持其他各项事业	其他	06129909	《财政部、国家税务总局关于调整原油、天然气资源税有关政策的通知》财税[2014]73号	第二条第(五)款	深水油气田资源税减征	
351	资源税	支持其他各项事业	其他	06129999	《财政部、国家税务总局关于调整原油、天然气资源税有关政策的通知》财税[2014]73号	第三条	陆上油气田资源税综合性减征	
352	资源税	支持其他各项事业	其他	06129999	其他		其他	
353	城市维护建设税	节能环保	资源综合利用	07064002	《财政部、国家税务总局关于免征国家重大水利工程建设基金的城市维护建设税和教育费附加的通知》财税[2010]44号		国家重大水利工程建设基金免征城市维护建设税	
354	城市维护建设税	支持其他各项事业	其他	07129999	其他		其他	

续表

序号	收入种类	减免政策大类	减免政策小类	减免性质代码	政策名称	优惠条款	减免项目名称	关联政策条款
355	房产税	改善民生	救灾及重建	08011601	《财政部、国家税务总局关于认真落实抗震救灾及灾后重建税收政策问题的通知》财税[2008]62号	第三条	地震毁损不堪利用和危险房屋免征房产税	
356	房产税	改善民生	救灾及重建	08011605	《财政部、海关总署、国家税务总局关于支持芦山地震灾后恢复重建有关税收政策问题的通知》财税[2013]58号	第三条第5项	芦山因灾损毁的房产免征房产税	
357	房产税	改善民生	救灾及重建	08011605	《财政部、海关总署、国家税务总局关于支持鲁甸地震灾后恢复重建有关税收政策问题的通知》财税[2015]27号	第三条第5项	鲁甸因灾损毁的房产免征房产税	
358	房产税	改善民生	住房	080117C1	《财政部、国家税务总局关于调整住房租赁市场有关税收政策的通知》财税[2000]125号	第一条	个人出租住房房产税暂减按4%的税率征收	《财政部、国家税务总局关于廉租住房和住房租赁有关税收政策的通知》[2008]24号 第二条第(三)、(四)项
359	房产税	改善民生	住房	08011702	《财政部、国家税务总局关于廉租住房经济适用住房和住房租赁有关税收政策的通知》财税[2008]24号	第一条第一项	廉租住房租金收入免征房产税	
360	房产税	改善民生	住房	08011704	《财政部、国家税务总局关于促进公共租赁住房发展有关税收优惠政策的通知》财税[2014]52号	第七条	公共租赁住房免征房产税	
361	房产税	改善民生	社会保障	08012701	《财政部、国家税务总局关于老年服务机构有关税收政策的通知》财税[2000]97号	第一条	非营利性老年服务机构自用房产免征房产税	

续表

序号	收入种类	减免政策大类	减免政策小类	减免性质代码	政策名称	优惠条款	减免项目名称	关联政策条款
362	房产税	改善民生	其他	08019901	《财政部、国家税务总局关于农产品批发市场、农贸市场房产税、城镇土地使用税政策的通知》财税〔2012〕68号	第一条	农产品批发市场、农贸市场房产税免征政策	
363	房产税	改善民生	其他	08019902	《中华人民共和国房产税暂行条例》国发〔1986〕90号	第六条	企业纳税困难减免房产税	
364	房产税	鼓励高新技术	科技发展	08021904	《财政部、国家税务总局关于科技企业孵化器税收政策的通知》财税〔2013〕117号	第一条	孵化器自用及提供孵化企业使用用房产免征房产税	
365	房产税	鼓励高新技术	科技发展	08021905	《财政部、国家税务总局关于国家大学科技园税收政策的通知》财税〔2013〕118号	第一条	科技园自用及提供孵化企业使用用房产免征房产税	
366	房产税	鼓励高新技术	科技发展	08021906	《财政部、国家税务总局关于非营利性科研机构税收政策的通知》财税〔2001〕5号	第二条第三项	非营利性科研机构自用的房产免征房产税	
367	房产税	鼓励高新技术	科研机构转制	08022001	《财政部、国家税务总局关于延长转制科研机构有关税收政策执行期限的通知》财税〔2005〕14号	第一条	转制科研机构的科研开发用房免征房产税	《财政部、国家税务总局关于转制科研机构有关税收政策问题的通知》财税〔2003〕137号第一条、第二条
368	房产税	促进区域发展	西部开发	08033301	《财政部、国家税务总局关于青藏铁路公司运营期间有关税收政策问题的通知》财税〔2007〕11号	第五条	青藏铁路公司及所属单位自用房产免征房产税	
369	房产税	转制升级	企业发展	08052401	《财政部、国家税务总局关于大秦铁路改制上市有关税收政策的通知》财税〔2006〕32号	第四条	大秦公司完全按市场化运作前其自用房产免征房产税	

续表

序号	收入种类	减免政策大类	减免政策小类	减免性质代码	政策名称	优惠条款	减免项目名称	关联政策条款
370	房产税	节能环保	环境保护	08061002	《财政部、国家税务总局关于天然林保护工程（二期）实施企业和单位房产税、城镇土地使用税政策的通知》财税[2011]90号	第一条	天然林二期工程的专用房产免征房产税	
371	房产税	节能环保	环境保护	08061003	《财政部、国家税务总局关于天然林保护工程（二期）实施企业和单位房产税、城镇土地使用税政策的通知》财税[2011]90号	第二条	天然林二期工程森工企业闲置房产免征房产税	
372	房产税	节能环保	资源综合利用	08064001	《财政部、国家税务总局关于继续执行供热企业增值税、房产税、城镇土地使用税优惠政策的通知》财税[2011]118号	第二条	为居民供热所使用的厂房免征房产税	
373	房产税	支持金融资本市场	金融市场	08081501	《财政部、国家税务总局关于被撤销金融机构有关税收政策问题的通知》[2003]141号	第二条第二项	被撤销金融机构清算期间房地产免征房产税	
374	房产税	支持金融资本市场	资本市场	0808390C	《财政部、国家税务总局关于中国东方资产管理公司处置港澳国际（集团）有限公司有关资产税收政策问题的通知》[2003]212号	第三条	东方资产管理公司接收港澳国际（集团）有限公司的房地产免征房产税	
375	房产税	支持金融资本市场	资本市场	0808390C	《财政部、国家税务总局关于中国信达等4家金融资产管理股份有限公司有关税收政策的通知》财税[2013]56号	第一条	4家金融资产管理公司及分支机构处置不良资产免征房产税	《财政部、国家信达等4家金融资产管理公司税收政策问题的通知》[2001]10号 第三条第五款
376	房产税	支持三农	农村建设	0809230-	《财政部、国家税务总局关于支持农村饮水安全工程建设运营税收政策的通知》财税[2012]30号	第三条	农村饮水工程运营管理单位房产免征房产税	

续表

序号	收入种类	减免政策大类	减免政策小类	减免性质代码	政策名称	优惠条款	减免项目名称	关联政策条款
377	房产税	支持文化教育体育	教育	08101401	《财政部、国家税务总局关于教育税收政策的通知》财税[2004]39号	第二条	学校、托儿所、幼儿园自用的房产免征房产税	《财政部、国家税务总局关于房产税若干具体问题的解释和暂行规定》财税地字[1986]8号第十条
378	房产税	支持文化教育体育	教育	08101404	《财政部、国家税务总局关于经营高校学生公寓和食堂有关税收政策的通知》财税[2013]83号	第一条	高校学生公寓免征房产税	
379	房产税	支持文化教育体育	文化	08103207	《财政部、国家税务总局、中宣部关于中经营文化体制改革中经营性文化事业单位转制为企业若干税收政策的通知》财税[2014]84号	第一条第(二)项	转制文化企业自用房产免征房产税	
380	房产税	支持其他各项事业	交通运输	08121302	《财政部、国家税务总局关于明确免征房产税、城镇土地使用税的铁路运输企业范围的补充通知》财税[2006]17号	第一条	铁路运输企业免征房产税	
381	房产税	支持其他各项事业	交通运输	08121304	《财政部、国家税务总局关于股改铁路运输企业房产税、城镇土地使用税有关政策的通知》财税[2009]132号		股改铁路运输企业及合资铁路运输公司自用房产免征房产税	
382	房产税	支持其他各项事业	商品储备	08122602	《财政部、国家税务总局关于部分国家储备商品有关税收政策的通知》财税[2013]59号	第二条	商品储备业务自用房产免征房产税	
383	房产税	支持其他各项事业	医疗卫生	08123401	《财政部、国家税务总局关于血站有关税收问题的通知》财税字[1999]264号	第一条	血站自用的房产免征房产税	
384	房产税	支持其他各项事业	医疗卫生	08123402	《财政部、国家税务总局关于医疗卫生机构有关税收政策的通知》财税[2000]42号	第一条第(五)项	非营利性医疗机构、疾病控制机构和妇幼保健机构等卫生机构自用的房产免征房产税	

续表

序号	收入种类	减免政策大类	减免政策小类	减免性质代码	政策名称	优惠条款	减免项目名称	关联政策条款
385	房产税	支持其他各项事业	医疗卫生	08123404	《财政部、国家税务总局关于医疗卫生机构有关税收政策的通知》财税〔2000〕42号	第二条第（一）项第三条第（二）项	营利性医疗机构自用的房产，免征3年房产税	
386	房产税	支持其他各项事业	公检法	08125001	《财政部税务总局关于对司法部所属的劳改劳教单位征免房产税问题的补充通知》财税地字〔1987〕29号	第二条	国家财政拨付事业经费的劳改劳教单位的自用房产免征房产税	
387	房产税	支持其他各项事业	公检法	08125002	《财政部税务总局关于对司法部所属的劳改劳教单位征免房产税问题的通知》财税地字〔1987〕21号	第一、二、三条	司法部门所属监狱等房产免征房产税	
388	房产税	支持其他各项事业	其他	08129903	《财政部税务总局关于房产税若干具体问题的解释和暂行规定》财税地字〔1986〕8号	第十六条	毁损房屋和危险房屋免征房产税	
389	房产税	支持其他各项事业	其他	08129906	《财政部税务总局关于房产税和车船使用税几个业务问题的解释》〔1987〕3号	第三条	工商行政管理部门的集贸市场用房免征房产税	
390	房产税	支持其他各项事业	其他	08129907	《财政部税务总局关于对房管部门经租的房产的通知》〔1987〕30号	第二条	房管部门经租非营业用房免征房产税	
391	房产税	支持其他各项事业	其他	08129913	《财政部、国家税务总局关于房地产税若干具体问题的解释和暂行规定》财税〔2005〕181号	第二条	地下建筑减征房产税	
392	房产税	支持其他各项事业	其他	08129915	《财政部税务总局关于房产税若干具体问题的解释和暂行规定》财税地字〔1986〕8号	第二十一条	基建工地临时性房屋免征房产税	
393	房产税	支持其他各项事业	其他	08129916	《财政部税务总局关于房产税若干具体问题的解释和暂行规定》财税地字〔1986〕8号	第二十四条	大修停用的房产免征房产税	

续表

序号	收入种类	减免政策大类	减免政策小类	减免性质代码	政策名称	优惠条款	减免项目名称	关联政策条款
394	房产税	支持其他各项事业	其他	08129999	《国家税务总局关于房改后房产税、城镇土地使用税征免问题的通知》国税函[2001]659号	第一、二条	将职工住宅全部产权出售给本单位职工的房产免征房产税	
395	房产税	支持其他各项事业	其他	08129999	《国家税务总局关于青海省龙羊峡、李家峡水电站征收房产税的复函》国税函[2001]894号	第二条	发后填式水电站电厂房减征房产税	
396	房产税	支持其他各项事业	其他	08129999	《国家税务总局关于中国人民银行总行所属分支机构免征房产税、城镇土地使用税的通知》国税函[2001]770号		中国人民银行总行(含国家外汇管理局)所属分支机构自用的房产免征房产税	
397	房产税	支持其他各项事业	其他	08129999	《中华人民共和国房产税暂行条例》国发[1986]90号	第五条第(一)、(二)、(三)、(四)项	公共事业用房产免征房产税	
398	房产税	支持其他各项事业	其他	08129999	其他		其他	
399	房产税	支持其他各项事业	其他	08129999	《财政部、国家税务总局关于对武警部队房产征免房产税的通知》财税地字[1987]12号	第一、四、五条	专为武警内部人员及其家属服务的房产免征房产税	
400	印花税	改善民生	救灾及重建	09011604	《财政部、海关总署、国家税务总局关于支持芦山地震灾后恢复重建有关税收政策问题的通知》财税[2013]58号	第三条第3项	受灾地区建设安居房所签订的建筑工程勘察设计合同免征印花税	
401	印花税	改善民生	救灾及重建	09011605	《财政部、海关总署、国家税务总局关于支持芦山地震灾后恢复重建有关税收政策问题的通知》财税[2013]58号	第四条第3项	财产所有人向受灾地区捐赠所立书据免征印花税	

续表

序号	收入种类	减免政策大类	减免政策小类	减免性质代码	政策名称	优惠条款	减免项目名称	关联政策条款
402	印花税	改善民生	救灾及重建	09011606	《财政部、海关总署、国家税务总局关于支持鲁甸地震灾后恢复重建有关税收政策问题的通知》财税〔2015〕27号	第三条第3项、第四条第3项	受灾地区建设安居房所签订的建筑工程勘察设计合同等免征印花税 对财产所有人捐赠给受灾地区或受灾居民所书立的产权转移书据,免征印花税	
403	印花税	改善民生	住房	09011701	《财政部、国家税务总局关于调整房地产交易环节税收政策的通知》财税〔2008〕137号	第二条	对个人销售或购买住房暂免征收印花税	
404	印花税	改善民生	住房	09011702	《财政部、国家税务总局关于廉租住房、经济适用住房和住房租赁有关税收政策的通知》财税〔2008〕24号	第一条第(四)项	对廉租住房、经济适用住房经营管理单位与廉租住房、经济适用住房的印花税以及经济适用住房承租人、经济适用住房购买人所涉及的印花税予以免征	
405	印花税	改善民生	住房	09011704	《财政部、国家税务总局关于棚户区改造有关税收政策的通知》财税〔2013〕101号	第一条	保障性住房免征印花税	
406	印花税	改善民生	住房	09011705	《财政部、国家税务总局关于促进公共租赁住房发展有关税收优惠政策的通知》财税〔2014〕52号	第二条	对公租房经营管理单位建造、管理公共租赁住房,购买住房作为公租房免征印花税	
407	印花税	改善民生	住房	09011706	《财政部、国家税务总局关于廉租住房和住房租赁有关税收政策的通知》财税〔2008〕24号	第一条第(四)项	对开发商建造廉租房和经济适用住房有关印花税予以免征	

续表

序号	收入种类	减免政策大类	减免政策小类	减免性质代码	政策名称	优惠条条款	减免项目名称	关联政策条款
408	印花税	改善民生	住房	09011707	《财政部、国家税务总局关于廉租住房、经济适用住房和住房租赁有关税收政策的通知》财税[2008]24号	第二条第(二)项	免征个人出租承租住房签订的租赁合同印花税	
409	印花税	改善民生	住房	09011708	《财政部、国家税务总局关于发展有关税收优惠政策的通知》财税[2014]52号	第三条	对公共租赁住房双方免征租赁合同印花税	
410	印花税	改善民生	社会保障	09012701	《国家税务总局关于印花税若干具体问题的规定》国税地字[1988]25号	第三条	房地产管理部门与个人订立的租房合同免征印花税	
411	印花税	改善民生	社会保障	09012702	《国家税务总局关于印花税若干具体问题的规定》国税地字[1988]25号	第六条	铁路、公路、航运、水路承运快件行李、包裹开具的托运单据免征印花税	
412	印花税	促进区域发展	西部开发	09033301	《财政部、国家税务总局关于青藏铁路公司运营期间有关税收等政策的通知》财税[2007]11号	第二条	青藏铁路公司及其所属单位营业簿免征印花税	
413	印花税	促进小微企业发展	金融市场	09041502	《财政部、国家税务总局关于金融机构与小型微型企业签订借款合同免征印花税的通知》财税[2014]78号	第一条	金融机构与小微企业签订的借款合同免征印花税	
414	印花税	转制升级	企业发展	09052401	《财政部、国家税务总局关于中国邮政储蓄银行改制上市有关税收政策的通知》财税[2013]53号	第五条	企业改制、重组过程中印花税予以免征	
415	印花税	转制升级	企业重组改制	09052501	《财政部、国家税务总局关于组建中国铁路总公司有关印花税政策的通知》财税[2015]57号		对中国铁路总公司改革过程中涉及的印花税进行减免	

续表

序号	收入种类	减免政策大类	减免政策小类	减免性质代码	政策名称	优惠条款	减免项目名称	关联政策条款
416	印花税	转制升级	其他	09059901	《财政部、国家税务总局关于明确中国邮政集团公司邮政速递物流业务重组改制过程中有关契税和印花税政策的通知》财税〔2010〕92号	第二、三、四条	企业改制、重组过程中印花税予以免征	
417	印花税	转制升级	其他	09059902	《财政部、国家税务总局关于企业改制过程中有关印花税政策的通知》财税〔2003〕183号		企业改制、重组过程中印花税予以免征	
418	印花税	转制升级	其他	09059903	《财政部、国家税务总局关于中国联合网络通信有限公司转让CDMA网及其终端资产企业合并资产整合过程中涉及的增值税、营业税、印花税和土地增值税政策问题的通知》财税〔2011〕13号	第五、六、七条	对企业改制、资产整合过程中涉及的所有产权转移书据及股权转让协议印花税予以免征	
419	印花税	转制升级	其他	09059904	《财政部、国家税务总局关于中国联合网络通信有限公司转让CDMA网及其终端资产企业合并资产整合过程中涉及的增值税、营业税、印花税和土地增值税政策问题的通知》财税〔2011〕13号	第八条	对联通新时空移动通信有限公司接受中国联通通信集团固定通信网络通信集团资产增加资本金涉及的印花税予以免征	
420	印花税	转制升级	其他	09059905	《财政部、国家税务总局关于中国移动增加的资本公积、股权转让、股权调整股本公积转增本有关印花税政策的通知》财税〔2012〕62号	第一、二条	对2011年中国移动增加的资本公积、股权转让、股本调整盈余公积转增实收资本印花税予以免征	
421	印花税	支持金融资本市场	金融市场	09081532	《财政部、国家税务总局关于买卖封闭式证券投资基金继续予以免征印花税的通知》财税〔2004〕173号		买卖封闭式证券投资基金免征印花税	

续表

序号	收入种类	减免政策大类	减免政策小类	减免性质代码	政策名称	优惠条款	减免项目名称	关联政策条款
422	印花税	支持金融资本市场	金融市场	09081503	《财政部、国家税务总局关于股权分置试点改革有关税收政策问题的通知》财税[2005]103 号	第一条	股权分置改革过程中发生的股权转让免征印花税	
423	印花税	支持金融资本市场	金融市场	09081504	《财政部、国家税务总局关于国家开发银行缴纳印花税问题的复函》财税字[1995]47 号	第一条	贴息贷款合同免征印花税	
424	印花税	支持金融资本市场	金融市场	09081505	《财政部、国家税务总局关于境内证券市场转持部分国有股充实全国社会保障基金有关证券(股票)交易印花税政策的通知》财税[2009]103 号	第一条	国有股东向全国社会保障基金理事会转持国有股免征证券(股票)交易印花税	
425	印花税	支持金融资本市场	金融市场	09081509	《财政部、国家税务总局关于外国银行行改制为外商独资银行有关税收问题的通知》财税[2007]45 号	第三条	企业改制、重组过程中印花税予以免征	
426	印花税	支持金融资本市场	金融市场	09081510	《财政部、国家税务总局关于信贷资产证券化有关税收政策问题的通知》财税[2006]5 号	第一条	信贷资产证券化免征印花税	
427	印花税	支持金融资本市场	金融市场	09081512	《财政部、国家税务总局关于证券投资者保护基金有关印花税政策的通知》财税[2006]104 号		证券投资者保护基金免征印花税	
428	印花税	支持金融资本市场	金融市场	09081515	《中华人民共和国印花税暂行条例实施细则》财税字[1988]255 号	第十三条第(二)、(三)项	无息、贴息贷款合同免征印花税	
429	印花税	支持金融资本市场	金融市场	09081516	《财政部、国家税务总局关于被撤销金融机构有关税收政策问题的通知》财税[2003]141 号	第二条第 1 项	被撤销金融机构接收债权、清偿债务所签订的产权转移书据免征印花税	

续表

序号	收入种类	减免政策大类	减免政策小类	减免性质代码	政策名称	优惠条款	减免项目名称	关联政策条款
430	印花税	支持金融资本市场	资本市场	09083901	《财政部、国家税务总局关于4家资产管理公司接收资本金项下的资产在办理过户时有关税收政策问题的通知》财税[2003]21号		国有商业银行划转给金融资产管理公司的资产免征印花税	
431	印花税	支持金融资本市场	资本市场	09083902	《财政部、国家税务总局关于开放式证券投资基金有关税收问题的通知》财税[2002]128号	第三条	证券投资基金免征印花税	
432	印花税	支持金融资本市场	资本市场	09083903	《财政部、国家税务总局关于中国信达等4家金融资产管理公司税收政策问题的通知》财税[2001]10号		金融资产管理公司收购、承接、处置不良资产免征印花税	
433	印花税	支持金融资本市场	资本市场	09083904	《中国人民银行、财政部、农业部、国家发展计划委员会、财政部国家税务总局关于农村信用社接收农村合作基金会财产免缴户产税费的通知》银发[2000]21号		农村信用社接受农村合作基金会财产产权转移书免征印花税	
434	印花税	支持金融资本市场	资本市场	09083906	《财政部、国家税务总局关于中国信达资产管理股份有限公司等4家金融资产管理公司有关税收政策问题的通知》财税[2013]56号	第一条	对中国信达资产管理股份有限公司、中国华融资产管理股份有限公司及其分支机构处置不良资产以及出让上市公司股权免征印花税	
435	印花税	支持三农	农村建设	09092301	《财政部、国家税务总局关于农民专业合作社有关税收政策的通知》财税[2008]81号	第四条	对农民专业合作社与本社成员签订的农业产品和农业生产资料购销合同,免征印花税	

续表

序号	收入种类	减免政策大类	减免政策小类	减免性质代码	政策名称	优惠条款	减免项目名称	关联政策条款
436	印花税	支持三农	农村建设	09092302	《财政部、国家税务总局关于支持农村饮水安全工程建设运营税收政策的通知》财税[2012]30号	第二条	饮水工程运营管理单位为建设饮水工程取得土地使用权签订的产权转移书据,以及与施工单位签订的建设工程承包合同免征印花税	
437	印花税	支持文化教育体育	教育	09101401	《财政部、国家税务总局关于教育税收政策的通知》财税[2004]39号	第二条	对财产所有人将财产赠给学校所立的书据免征印花税	
438	印花税	支持文化教育体育	教育	09101404	《财政部、国家税务总局关于经营高校学生公寓和食堂有关税收政策的通知》财税[2013]83号	第二条	高校学生公寓租赁合同免征印花税	
439	印花税	支持文化教育体育	文化	09103201	《国家税务局关于图书、报刊等订阅凭证征免印花税问题的通知》国税地字[1989]142号		发行单位之间,发行单位与订阅单位或个人之间书立的征订凭证,暂免征印花税	
440	印花税	支持文化教育体育	文化	09103203	《财政部、国家税务总局、中宣部关于文化体制改革中经营性文化事业单位转制为企业若干税收政策的通知》财税[2014]84号	第一条第(四)项	文化单位转制为企业时的印花税优惠	
441	印花税	支持其他各项事业	公益	09120601	《中华人民共和国印花税暂行条例》中华人民共和国国务院令第11号	第四条第2项	财产所有人将财产赠给政府、社会福利单位、学校所立的书据	
442	印花税	支持其他各项事业	交通运输	09121301	《国家税务总局关于货运凭证征收印花税几个具体问题的通知》国税发[1990]173号		特殊货运凭证运免征印花税	

续表

序号	收入种类	减免政策大类	减免政策小类	减免性质代码	政策名称	优惠条款	减免项目名称	关联政策条款
443	印花税	支持其他各项事业	交通运输	09121302	《财政部、国家税务总局关于飞机租赁企业关于印花税政策的通知》财税〔2014〕18号		免征飞机租赁企业购机环节购销合同印花税	
444	印花税	支持其他各项事业	商品储备	09122602	《财政部、国家税务总局关于国家石油储备基地建设有关税收政策的通知》财税〔2005〕23号	第一条	对国家石油储备基地第一期项目建设过程中涉及的印花税,予以免征	
445	印花税	支持其他各项事业	商品储备	09122603	《财政部、国家税务总局关于部分国家储备商品有关税收政策的通知》财税〔2013〕59号	第一条	储备公司资金账簿和购销合同印花税减免	
446	印花税	支持其他各项事业	商品储备	09122604	《财政部、国家税务总局关于国家石油储备基地第二期项目建设有关税收政策的通知》财税〔2011〕80号	第一条	对国家石油储备基地第二期项目建设过程中应缴的印花税,予以免征	
447	印花税	支持其他各项事业	其他	09129903	《财政部、国家税务总局关于廉租住房、经济适用住房和住房租赁有关税收政策的通知》财税〔2008〕24号	第二条第2项	个人出租、承租住房签订的租赁合同,免征印花税	
448	印花税	支持其他各项事业	其他	09129C4	《中华人民共和国印花税暂行条例》中华人民共和国国务院令第11号	第四条第1项	其他	
449	印花税	支持其他各项事业	其他	09129999	其他		其他	
450	城镇土地使用税	改善民生	救灾及重建	1001160C	《财政部、海关总署、国家税务总局关于支持芦山地震灾后恢复重建有关政策的通知》财税〔2013〕58号	第三条第(五)款	芦山地震安居房用地及损毁的土地免土地税	
451	城镇土地使用税	改善民生	救灾及重建	10011505	《财政部、国家税务总局关于认真落实抗震救灾及灾后重建税收政策问题的通知》财税〔2008〕62号	第六条	地震造成纳税困难免土地税	

续表

序号	收入种类	减免政策大类	减免政策小类	减免性质代码	政策名称	优惠条款	减免项目名称	关联政策条款
452	城镇土地使用税	改善民生	救灾及重建	10011606	《财政部、海关总署、国家税务总局关于支持鲁甸地震灾后恢复重建有关政策的通知》财税〔2015〕27号	第三条第（五）款	鲁甸地震安居房用地以及损毁土地免土地税	
453	城镇土地使用税	改善民生	住房	10011705	《财政部、国家税务总局关于棚户区改造有关税收政策的通知》财税〔2013〕101号	第一条	棚户区改造安置住房建设用地免土地税	
454	城镇土地使用税	改善民生	住房	10011706	《财政部、国家税务总局关于促进公共租赁住房发展有关税收优惠政策的通知》财税〔2014〕52号	第一条	公共租赁住房用地免土地税	《财政部、国家税务总局关于廉租住房、经济适用住房和住房租赁有关税收政策的通知》〔2008〕24号 第一条第（二）款
455	城镇土地使用税	改善民生	社会保障	10012701	《财政部、国家税务总局关于安置残疾人就业单位城镇土地使用税等政策的通知》财税〔2010〕121号	第一条	安置残疾人就业单位地减免土地税	
456	城镇土地使用税	改善民生	社会保障	10012702	《财政部、国家税务总局关于对老年服务机构有关税收政策问题的通知》〔2000〕97号	第一条	福利性非营利性老年服务机构用地免土地税	
457	城镇土地使用税	改善民生	其他	10019901	《财政部、国家税务总局关于农产品批发市场、农贸市场房产税、城镇土地使用税政策的通知》财税〔2012〕68号	第一条	农产品批发市场、农贸市场用地免土地税	
458	城镇土地使用税	改善民生	其他	10019902	《国家税务局关于印发〈关于土地使用税若干具体问题的补充规定〉的通知》国税地字〔1989〕140号	第五条	农贸市场（集贸市场）用地免土地税	
459	城镇土地使用税	改善民生	其他	10019903	《国家税务局关于印发〈关于土地使用税若干具体问题的补充规定〉的通知》国税地字〔1989〕140号	第七条	落实私房政策后的房屋用地减免土地税	

续表

序号	收入种类	减免政策大类	减免政策小类	减免性质代码	政策名称	优惠条款	减免项目名称	关联政策条款
460	城镇土地使用税	改善民生	其他	10019904	《财政部、国家税务总局关于继续实施物流企业大宗商品仓储设施用地城镇土地使用税优惠政策的通知》财税〔2015〕98号	第一条	大宗商品仓储设施用地城镇土地使用税优惠	
461	城镇土地使用税	鼓励高新技术	科技发展	10021901	《财政部、国家税务总局关于非营利性科研机构税收政策的通知》财税〔2001〕5号	第二条第(三)款	非营利性科研机构自用的土地免土地税	
462	城镇土地使用税	鼓励高新技术	科技发展	10021905	《财政部、国家税务总局关于科技企业孵化器税收政策的通知》财税〔2013〕117号	第一条	孵化器自用及提供孵化企业使用的土地免土地税	
463	城镇土地使用税	鼓励高新技术	科技发展	10021906	《财政部、国家税务总局关于国家大学科技园税收政策的通知》财税〔2013〕118号	第一条	科技园自用及提供孵化企业使用的土地免土地税	
464	城镇土地使用税	鼓励高新技术	科研机构转制	100220C2	《财政部、国家税务总局关于转制科研机构有关税收政策的通知》财税〔2003〕137号	第一条	转制科研机构的科研开发自用土地免土地税	
465	城镇土地使用税	促进区域发展	西部开发	10033301	《财政部、国家税务总局关于青藏铁路公司运营期间有关税收政策问题的通知》财税〔2007〕11号	第五条	青藏铁路公司及其所属单位自用土地免土地税	
466	城镇土地使用税	转制升级	企业发展	10052401	《财政部、国家税务总局关于大秦铁路改制上市有关税收问题的通知》财税〔2006〕32号	第四条	大秦公司市场化运作前其自用土地免土地税	
467	城镇土地使用税	转制升级	企业发展	10052402	《财政部、国家税务总局关于广深铁路股份有限公司改制上市和资产收购有关税收问题的通知》财税〔2008〕12号	第四条	广深公司承租广铁集团铁路运输用地免土地税	
468	城镇土地使用税	转制升级	企业发展	10052403	《国家税务局关于印发〈关于土地使用税若干具体问题的补充规定〉的通知》国税地字〔1989〕140号	第十条	企业搬迁原场地不使用的免土地税	

续表

序号	收入种类	减免政策大类	减免政策小类	减免性质代码	政策名称	优惠条款	减免项目名称	关联政策条款
469	城镇土地使用税	节能环保	环境保护	10061001	《国家税务局关于印发〈关于土地使用税若干具体问题的补充规定〉的通知》国税地字[1989]140号	第十三条	企业厂区以外的公共绿化用地免土地税	
470	城镇土地使用税	节能环保	环境保护	10061002	《财政部、国家税务总局关于天然保护工程(二期)实施企业和单位房产税、城镇土地使用税政策的通知》财税[2011]90号	第一条	天然林二期工程专用土地免土地税	
471	城镇土地使用税	节能环保	环境保护	10061003	《财政部、国家税务总局关于天然林保护工程(二期)实施企业和单位房产税、城镇土地使用税政策的通知》财税[2011]90号	第二条	天然林二期工程森工企业闲置土地免土地税	
472	城镇土地使用税	节能环保	资源综合利用	10064002	《财政部、国家税务总局关于继续执行供热企业增值税、房产税、城镇土地使用税优惠政策的通知》财税[2011]118号	第二条	居民供热使用土地免土地税	
473	城镇土地使用税	节能环保	电力建设	10064201	《国家税务局关于电力行业征免土地使用税问题的规定》国税地字[1989]13号	第一、二、三条	电力行业部分用地免土地税	
474	城镇土地使用税	节能环保	电力建设	10064202	《国家税务局关于对核工业总公司所属企业免征土地使用税问题的若干规定》国税地字[1989]7号	第一条	核工业总公司所属企业部分用地免土地税	
475	城镇土地使用税	节能环保	电力建设	10064203	《财政部、国家税务总局关于核电站用地征免城镇土地使用税的通知》财税[2007]124号	第二条	核电站部分用地减免土地税	
476	城镇土地使用税	支持金融资本市场	资本市场	10083901	《财政部、国家税务总局关于中国信达等4家金融资产管理公司税收政策问题的通知》财税[2001]10号		4家金融资产公司处置房地产免土地税	

续表

序号	收入种类	减免政策大类	减免政策小类	减免性质代码	政策名称	优惠条款	减免项目名称	关联政策条款
477	城镇土地使用税	支持金融资本市场	资本市场	10083902	《财政部、国家税务总局关于中国东方资产管理公司处置港澳国际（集团）有限公司有关资产税收政策问题的通知》财税〔2003〕212号	第二条第（三）款、第三条第（二）款	接收港澳国际（集团）有限公司的房产	《财政部、国家税务总局关于大连证券破产及财产处置过程中有关税收政策问题的通知》财税〔2003〕88号第二条
478	城镇土地使用税	支持金融资本市场	资本市场	10083903	《财政部、国家税务总局关于被撤销金融机构有关税收政策问题的通知》财税〔2003〕141号	第二条第（二）款	被撤销金融机构清算期间自有的或从债务接收的房地产	
479	城镇土地使用税	支持金融资本市场	资本市场	10083505	《财政部、国家税务总局关于中国信达资产管理股份有限公司等4家金融资产管理公司有关税收政策问题的通知》财税〔2013〕56号	第一条	4家金融资产公司处置房地产免土地税	
480	城镇土地使用税	支持三农	农村建设	1009230_	《财政部、国家税务总局关于支持农村饮水安全工程建设运营税收政策的通知》财税〔2012〕30号	第三条	农村饮水工程运营管理单位自用土地免土地税	
481	城镇土地使用税	支持文化教育体育	教育	10101401	《财政部、国家税务总局关于教育税收政策的通知》财税〔2004〕39号	第二条	学校、托儿所、幼儿园自用土地免土地税	
482	城镇土地使用税	支持其他各项事业	国防建设	10120702	《财政部、国家税务总局关于中国航空、航天、船舶工业公司所属军工企业免征土地使用税若干规定的通知》财税〔1995〕27号	第一、二条	航空航天公司专属用地免土地税	《国家税务局关于检发〈关于土地使用税若干具体问题的解释和暂行规定〉的通知》国税地字〔1988〕15号第十七、十八条

续表

序号	收入种类	减免政策大类	减免政策小类	减免性质代码	政策名称	优惠条款	减免项目名称	关联政策条款
483	城镇土地使用税	支持其他各项事业	交通运输	10121301	《财政部、国家税务总局关于调整铁路系统房产税、城镇土地使用税政策的通知》财税〔2003〕149号	第一条	铁道部所属铁路运输企业自用土地免土地税	
484	城镇土地使用税	支持其他各项事业	交通运输	10121303	《财政部、国家税务总局关于明确免征房产税、城镇土地使用税的铁路运输企业范围及有关问题的通知》财税〔2004〕36号	第二条	地方铁路运输企业自用土地免土地税	
485	城镇土地使用税	支持其他各项事业	交通运输	10121304	《国家税务局关于对交通部门的港口用地征免土地使用税问题的规定》国税地字〔1989〕123号	第一条	港口的码头用地免土地税	
486	城镇土地使用税	支持其他各项事业	交通运输	10121305	《国家税务局关于对民航机场用地征收土地使用税问题的规定》国税地字〔1989〕32号	第一、二条	民航机场规定免土地税	
487	城镇土地使用税	支持其他各项事业	交通运输	10121306	《财政部、国家税务总局关于股改铁路运输企业房产税、城镇土地使用税政策的通知》财税〔2009〕132号	第一条	股改铁路运输企业及合资铁路运输公司自用的房产免土地税	
488	城镇土地使用税	支持其他各项事业	交通运输	10121307	《财政部、国家税务总局关于对城市公交站场、道路客运站场运营用地城镇土地使用税的通知》财税〔2013〕20号	第一条	城市公交站场、道路客运站场的运营用地免土地税	
489	城镇土地使用税	支持其他各项事业	交通运输	10121308	《国家税务局关于印发〈关于土地使用税若干具体问题的补充规定〉的通知》国税地字〔1989〕140号	第十一条	厂区外未加隔离的企业铁路专用线用地免土地税	
490	城镇土地使用税	支持其他各项事业	商品储备	10122602	《财政部、国家税务总局关于国家石油储备基地建设有关税收政策的通知》财税〔2005〕23号	第一条	国家石油储备基地第一期项目用地免土地税	
491	城镇土地使用税	支持其他各项事业	商品储备	10122603	《财政部、国家税务总局关于国家储备商品有关税收政策的通知》财税〔2013〕59号	第二条	商品储备管理公司及其直属库自用土地免土地税	

续表

序号	收入种类	减免政策大类	减免政策小类	减免性质代码	政策名称	优惠条款	减免项目名称	关联政策条款
492	城镇土地使用税	支持其他各项事业	商品储备	10.22604	《财政部、国家税务总局关于国家石油储备基地有关税收政策的通知》财税[2011]80号		国家石油储备基地第二期项目用地免土地税	
493	城镇土地使用税	支持其他各项事业	医疗卫生	10123401	《财政部、国家税务总局关于血站有关税收问题的通知》财税字[1999]264号	第一条	血站自用的土地免土地税	
494	城镇土地使用税	支持其他各项事业	医疗卫生	10123402	《财政部、国家税务总局关于医疗卫生机构有关税收政策的通知》财税[2000]42号	第一条第(五)项第三条第(二)项	非营利性医疗、疾病控制、妇幼保健机构自用的土地免土地税	
495	城镇土地使用税	支持其他各项事业	医疗卫生	10123403	《财政部、国家税务总局关于医疗卫生机构有关税收政策的通知》财税[2000]42号	第二条第(一)项	营利性医疗机构自用的土地3年内免土地税	
496	城镇土地使用税	支持其他各项事业	公检法	10125002	《国家税务总局关于印发〈关于土地使用税若干具体问题的补充规定〉的通知》国税地字[1989]140号	第一条	免税单位无偿使用的土地免土地税	
497	城镇土地使用税	支持其他各项事业	公检法	10125003	《国家税务总局关于对司法部所属的劳教单位征免土地使用税问题的规定》国税地字[1989]119号	第一、二、三条	劳改劳教单位相关用地免土地税	
498	城镇土地使用税	支持其他各项事业	其他	10129901	《财政部、国家税务总局关于房产税、城镇土地使用税有关问题的通知》财税[2009]128号	第四条	地下建筑用地暂按50%征收免土地税	
499	城镇土地使用税	支持其他各项事业	其他	10129902	《财政部、国家税务总局关于房产税、城镇土地使用税有关政策的通知》财税[2006]186号	第三条	采摘观光的种植养殖土地免土地税	
500	城镇土地使用税	支持其他各项事业	其他	10129906	《国家税务总局关于水利设施用地征免土地使用税问题的规定》国税地字[1989]14号	第一、二条	水利设施及其管护用地免土地税	

续表

序号	收入种类	减免政策大类	减免政策小类	减免性质代码	政策名称	优惠条款	减免项目名称	关联政策条款
501	城镇土地使用税	支持其他各项事业	其他	10129907	《国家税务局关于印发〈关于土地使用税若干具体问题的补充规定〉的通知》国税地字〔1989〕140号	第八条	防火防爆防毒等安全用地免土地税	
502	城镇土地使用税	支持其他各项事业	其他	10129909	《国家税务局关于对矿山企业征免土地使用税问题的通知》国税地字〔1989〕122号	第一、二条	矿山企业生产专用地免土地税	《国家税务局关于建材企业的采石场、排土场等用地征免土地使用税问题的批复》国税函发〔1990〕853号
503	城镇土地使用税	支持其他各项事业	其他	10129910	《国家税务局关于对煤炭企业用地征免土地使用税问题的规定》国税地字〔1989〕89号	第一条	煤炭企业规定用地免土地税	
504	城镇土地使用税	支持其他各项事业	其他	10129911	《国家税务局关于对盐场、盐矿征免城镇土地使用税问题的通知》国税地字〔1989〕141号	第二条	盐场的盐滩盐矿井用地免土地税	
505	城镇土地使用税	支持其他各项事业	其他	10129913	《国家税务局关于林业系统征免土地使用税问题的通知》国税函发〔1991〕1404号	第一条	林业系统相关用地免土地税	
506	城镇土地使用税	支持其他各项事业	其他	10129917	《国务院关于修改〈中华人民共和国城镇土地使用税暂行条例〉的决定》中华人民共和国国务院令第483号	第七条	纳税人困难性减免土地税	
507	城镇土地使用税	支持其他各项事业	其他	10129918	《国务院关于修改〈中华人民共和国城镇土地使用税暂行条例〉的决定》中华人民共和国国务院令第483号	第六条	开山填海整治土地和改造废弃土地免土地税	
508	城镇土地使用税	支持其他各项事业	其他	10129919	《财政部、国家税务总局关于房改用地未办理土地使用权过户期间城镇土地使用税政策的通知》财税〔2013〕44号		企业已售房改房改房占地免土地税	
509	城镇土地使用税	支持其他各项事业	其他	10129920	《财政部、国家税务总局关于廉租住房、经济适用住房和住房租赁有关税收政策的通知》财税〔2008〕24号	第二条第(三)项	廉租房用地免土地税	

续表

序号	收入种类	减免政策大类	减免政策小类	减免性质代码	政策名称	优惠条款	减免项目名称	关联政策条款
510	城镇土地使用税	支持其他各项事业	其他	10129921	《财政部、国家税务总局关于企业范围内荒山、林地、湖泊等占地减半征收土地使用税有关政策的通知》财税[2014]1号		企业的荒山、林地、湖泊等占地减半征收土地使用税	
511	城镇土地使用税	支持其他各项事业	其他	10129924	《关于石油天然气生产企业城镇土地使用税政策的通知》财税[2015]76号		石油天然气生产企业分用地免土地税	
512	城镇土地使用税	支持其他各项事业	其他	10129999	《国家税务局关于对武警部队用地征免使用税》国税地字[1989]120号	第一、四、五条	武警部队用地免土地税	
513	城镇土地使用税	支持其他各项事业	其他	10129999	《国家税务总局关于房改后房产税、城镇土地使用税征免问题的通知》国税函[2001]659号	第三条	办理了土地使用权过户手续房改房免用土地税	
514	城镇土地使用税	支持其他各项事业	其他	10129999	其他		其他	
515	土地增值税	改善民生	救灾及重建	11011604	《财政部、海关总署、国家税务总局关于芦山地震灾后恢复重建有关税收政策问题的通知》财税[2013]58号	第三条第1项	受灾居民安居房建设用地转让免征土地增值税	
516	土地增值税	改善民生	救灾及重建	11011605	《财政部、海关总署、国家税务总局关于鲁甸地震灾后恢复重建有关税收政策问题的通知》财税[2015]27号	第三条第1项	受灾居民安居房建设用地转让免征土地增值税	
517	土地增值税	改善民生	住房	110117C1	《财政部、国家税务总局关于调整房地产交易环节税收政策的通知》财税[2008]137号	第三条	对个人销售住房暂免征土地增值税	
518	土地增值税	改善民生	住房	110117C4	《中华人民共和国土地增值税暂行条例》中华人民共和国国务院令第138号	第八条第(一)项	普通标准住宅增值率不超过20%的土地增值税减免	

续表

序号	收入种类	减免政策大类	减免政策小类	减免性质代码	政策名称	优惠条款	减免项目名称	关联政策条款
519	土地增值税	改善民生	住房	11011707	《财政部、国家税务总局关于棚户区改造有关税收政策的通知》财税[2013]101号	第二条	转让旧房作为保障性住房且增值额未超过扣除项目金额20%的土地增值税	
520	土地增值税	改善民生	住房	11011708	《财政部、国家税务总局发展有关税收优惠政策的通知》财税[2014]52号	第四条	转让旧房作为公共租赁住房房源，且增值额未超过扣除项目金额20%	
521	土地增值税	转制升级	企业发展	11052401	《财政部、国家税务总局关于中国邮政储蓄银行改制上市有关税收政策的通知》财税[2013]53号	第四条	对企业改制、资产整合过程中涉及的土地增值税予以免征	
522	土地增值税	转制升级	企业重组改制	11052501	《财政部、国家税务总局关于中国邮政集团公司邮政速递物流改制有关税收问题的通知》财税[2011]116号	第二条	对企业改制、资产整合过程中涉及的土地增值税予以免征	
523	土地增值税	转制升级	其他	11059901	《财政部、国家税务总局关于中国中信集团公司重组改制有关税收政策的通知》财税[2013]3号	第一条	对企业改制、资产整合过程中涉及的土地增值税予以免征	
524	土地增值税	转制升级	其他	11059902	《财政部、国家税务总局关于中国联通股份有限公司合并资产整合过程中涉及CDMA网及其网络通信资产用户资产的增值税、营业税、印花税和土地增值税政策问题的通知》财税[2011]13号	第九、十、十一条	对企业改制、资产整合过程中涉及的土地增值税予以免征	
525	土地增值税	支持金融资本市场	资本市场	11083901	《财政部、国家税务总局关于中国信达等4家金融资产管理公司税收政策问题的通知》财税[2001]10号		对企业改制、资产整合过程中涉及的土地增值税予以免征	

续表

序号	收入种类	减免政策大类	减免政策小类	减免性质代码	政策名称	优惠条款	减免项目名称	关联政策条款
526	土地增值税	支持金融资本市场	资本市场	11083902	《财政部、国家税务总局处置港澳国际(集团)有限公司有关资产税收政策问题的通知》财税[2003]212 号	第二条第 4 项、第三条第 4 项、第四条第 4 项	对企业改制、资产整合过程中涉及的土地增值税予以免征	
527	土地增值税	支持金融资本市场	资本市场	11083903	《财政部、国家税务总局关于中国信达资产管理股份有限公司等 4 家金融资产管理公司有关税收政策问题的通知》财税[2013]56 号	第一条	对企业改制、资产整合过程中涉及的土地增值税予以免征	
528	土地增值税	支持文化教育体育	体育	11102902	《财政部、海关总署、国家税务总局关于第 16 届亚洲运动会等三项国际运动会税收政策的通知》财税[2009]94 号	第一条第 6 项	亚运会组委会赛后出让资产取得的收入免征土地增值税	
529	土地增值税	支持其他各项事业	其他	11129901	《财政部、国家税务总局关于被撤销金融机构有关税收政策问题的通知》财税[2003]141 号	第二条第 4 项	被撤销金融机构清偿债务免征土地增值税	
530	土地增值税	支持其他各项事业	其他	11129902	《财政部、国家税务总局关于土地增值税一些具体问题规定的通知》财税[1995]48 号	第一、四条	普通标准住宅增值率不超过 20% 的土地增值税减免;因城市实施规划、国家建设需要而搬迁、纳税人自行转让房地产免征土地增值税	
531	土地增值税	支持其他各项事业	其他	11129903	《财政部、国家税务总局关于土地增值税若干问题的通知》财税[2006]21 号	第二条	合作建房自用的土地增值税减免	
532	土地增值税	支持其他各项事业	其他	11129C5	《中华人民共和国土地增值税暂行条例》中华人民共和国国务院令第 138 号	第八条第(二)项	因国家建设需要依法征用、收回的房地产免征土地增值税减免	

续表

序号	收入种类	减免政策大类	减免政策小类	减免性质代码	政策名称	优惠条款	减免项目名称	关联政策条款
533	土地增值税	支持其他各项事业	其他	11129999	其他			
534	车船税	改善民生	救灾及重建	12011601	《中华人民共和国车船税法》中华人民共和国主席令第43号	第四条	对受严重自然灾害影响纳税困难的,减免车船税	
535	车船税	改善民生	救灾及重建	12011602	《财政部、国家税务总局关于认真落实抗震救灾及灾后重建税收政策问题的通知》财税[2008]62号	第七条	对受严重自然灾害影响纳税困难的,减免车船税	
536	车船税	节能环保	环境保护	12061001	《中华人民共和国车船税法》中华人民共和国主席令第43号	第四条	节约能源、使用新能源的车船减免车船税	
537	车船税	节能环保	环境保护	12061002	《中华人民共和国车船税法实施条例》中华人民共和国国务院令第611号	第十条第(一)款	节约能源、使用新能源的车船减免车船税	
538	车船税	节能环保	环境保护	12061003	《财政部、国家税务总局、工业和信息化部关于节约能源、使用新能源车船税政策的通知》财税[2012]19号		节约能源、使用新能源的车船减免车船税	
539	车船税	节能环保	环境保护	12061004	《财政部、国家税务总局、工业和信息化部关于节约能源、使用新能源车辆减免车船税的车型目录(第一批)的公告》财政部、国家税务总局、工业和信息化部公告2012年第25号		节约能源、使用新能源的车船减免车船税	
540	车船税	节能环保	环境保护	12061006	《财政部、国家税务总局、工业和信息化部关于节约能源、使用新能源车辆减免车船税的车型目录(第一批)的公告》财政部、国家税务总局、工业和信息化部公告2012年第7号		节约能源、使用新能源的车船减免车船税	

续表

序号	收入种类	减免政策大类	减免政策小类	减免性质代码	政策名称	优惠条款	减免项目名称	关联政策条款
541	车船税	节能环保	环境保护	12061008	《财政部、国家税务总局、工业和信息化部关于享受车船税减免优惠的节约能源、使用新能源汽车车型目录(第三批)的公告》财政部、国家税务总局、工业和信息化部公告 2015 年第 66 号		节约能源、使用新能源的车船减免车船税	
542	车船税	支持三农	其他	12099901	《中华人民共和国车船税法》中华人民共和国主席令第 43 号	第三条第(一)项	捕捞、养殖渔船免征车船税	
543	车船税	支持其他各项事业	国防建设	12120701	《中华人民共和国车船税法》中华人民共和国主席令第 43 号	第三条第(二)项	军队、武警专用车船免征车船税	
544	车船税	支持其他各项事业	交通运输	12121301	《中华人民共和国车船税法实施条例》中华人民共和国国务院令第 611 号	第二十五条	按照有关规定已经缴纳船舶吨税的船舶免征车船税 机场、港口、铁路站场内部行驶或者作业的车船免征车船税	
545	车船税	支持其他各项事业	交通运输	12121302	《中华人民共和国车船税法》中华人民共和国主席令第 43 号	第五条	对公共交通车船,农村居民拥有并主要在农村地区使用的摩托车、三轮汽车和低速货车定期减征或者免征车船税	
546	车船税	支持其他各项事业	其他	12129999	《中华人民共和国车船税法》中华人民共和国主席令第 43 号	第三条第(三)项	警用车船免征车船税	
547	车船税	支持其他各项事业	其他	12129999	《中华人民共和国车船税法》中华人民共和国主席令第 43 号	第三条第(四)项	外国驻华使馆、领事馆和国际组织驻华机构及其有关人员的车船免征车船税	
548	车船税	支持其他各项事业	其他	12129999	其他		其他特殊原因需减免车船税	

续表

序号	收入种类	减免政策大类	减免政策小类	减免性质代码	政策名称	优惠条款	减免项目名称	关联政策条款
549	车辆购置税	改善民生	救灾及重建	13011603	《财政部、国家税务总局关于防汛专用等车辆免征车辆购置税的通知》财税[2001]39号	第一条	防汛车辆	
550	车辆购置税	改善民生	救灾及重建	13011606	《财政部、海关总署、国家税务总局关于支持芦山地震灾后恢复重建有关税收政策问题的通知》财税[2013]58号	第四条第4项	芦山地震灾后恢复重建	
551	车辆购置税	改善民生	救灾及重建	13011607	《财政部、海关总署、国家税务总局关于支持鲁甸地震灾后恢复重建有关税收政策问题的通知》财税[2015]27号	第四条第4项	鲁甸地震灾后恢复重建	
552	车辆购置税	节能环保	环境保护	13061001	《财政部、国家税务总局关于城市公交企业购置公共汽电车辆免征车辆购置税的通知》财税[2012]51号		城市公交企业购置公共汽电车辆	
553	车辆购置税	节能环保	环境保护	13061002	《中华人民共和国财政部、国家税务总局、中华人民共和国工业和信息化部关于免征新能源汽车车辆购置税的公告》中华人民共和国财政部、国家税务总局、中华人民共和国工业和信息化部公告2014年第53号		新能源车辆	
554	车辆购置税	支持三农	其他	13099901	《财政部、国家税务总局关于农用三轮车免征车辆购置税的通知》财税[2004]66号		农用三轮运输车	
555	车辆购置税	支持其他各项事业	公益	13120601	《财政部、国家税务总局关于"母亲健康快车"项目专用车辆免征车辆购置税的通知》财税[2006]176号		"母亲健康快车"项目专用车辆	

续表

序号	收入种类	减免政策大类	减免政策小类	减免性质代码	政策名称	优惠条款	减免项目名称	关联政策条款
556	车辆购置税	支持其他各项事业	国防建设	13120701	《中华人民共和国车辆购置税暂行条例》中华人民共和国国务院令第294号	第九条第(二)项	中国人民解放军和中国人民武装警察部队列入军队武器装备订货计划的车辆	
557	车辆购置税	支持其他各项事业	公检法	13125002	《财政部、国家税务总局关于车辆购置税的通知》财税[2001]39号	第一条	森林消防车辆	
558	车辆购置税	支持其他各项事业	其他	13129903	《财政部、国家税务总局关于免征计划生育流动服务车辆购置税的通知》财税[2010]78号		计划生育流动服务车	
559	车辆购置税	支持其他各项事业	其他	13129904	《中华人民共和国车辆购置税暂行条例》中华人民共和国国务院令第294号	第九条第(一)项	外国驻华使馆、领事馆和国际组织驻华机构的车辆	
560	车辆购置税	支持其他各项事业	其他	13129908	《财政部、国家税务总局关于减征1.6升及以下排量乘用车车辆购置税的通知》财税[2015]104号		1.6升以下排量的乘用车减半征收	
561	车辆购置税	支持其他各项事业	其他	13129909	《财政部、国家税务总局关于车辆购置税的通知》财税[2001]39号	第三条	来华专家购置车辆	
562	车辆购置税	支持其他各项事业	其他	13129910	《中华人民共和国车辆购置税暂行条例》中华人民共和国国务院令第294号	第九条第(一)项	外交人员自用车辆	
563	车辆购置税	支持其他各项事业	其他	13129911	《中华人民共和国车辆购置税暂行条例》中华人民共和国国务院令第294号	第九条第(三)项	设有固定装置的非运输车辆（列入免税图册车辆）	
564	车辆购置税	支持其他各项事业	其他	13129912	《财政部、国家税务总局关于车辆购置税的通知》财税[2001]39号	第二条	留学人员购买车辆	

续表

序号	收入种类	减免政策大类	减免政策小类	减免性质代码	政策名称	优惠条款	减免项目名称	关联政策条款
565	车辆购置税	支持其他各项事业	其他	13129999	其他		其他	
566	耕地占用税	改善民生	救灾及重建	14011604	《财政部、海关总署、国家税务总局关于支持芦山地震灾后恢复重建有关政策收问题的通知》财税〔2013〕58号	第三条第2项	震后重建住房在规定标准内的部分免征耕地占用税	
567	耕地占用税	改善民生	救灾及重建	14011605	《财政部、海关总署、国家税务总局关于支持鲁甸地震灾后重建有关政策收问题的通知》财税〔2015〕27号	第三条第2项	震后重建住房在规定标准内的部分免征耕地占用税	
568	耕地占用税	改善民生	其他	14019901	《中华人民共和国耕地占用税暂行条例》中华人民共和国国务院令第511号	第十条第(二)项	耕地占用税困难性减免	
569	耕地占用税	支持三农	农村建设	14092301	《中华人民共和国耕地占用税暂行条例》中华人民共和国国务院令第511号	第十条	农村宅基地减征耕地占用税	
570	耕地占用税	支持文化教育体育	教育	14101402	《中华人民共和国耕地占用税暂行条例》中华人民共和国国务院令第511号	第八条第(二)项	学校、幼儿园、养老院、医院占用耕地免征耕地占用税	
571	耕地占用税	支持其他各项事业	国防建设	14120701	《中华人民共和国耕地占用税暂行条例》中华人民共和国国务院令第511号	第八条第(一)项	军事设施占用耕地免征耕地占用税	
572	耕地占用税	支持其他各项事业	交通运输	14121301	《中华人民共和国耕地占用税暂行条例》中华人民共和国国务院令第511号	第九条	交通运输设施占用耕地减征耕地占用税	
573	耕地占用税	支持其他各项事业	商品储备	14122601	《财政部、国家税务总局关于国家石油储备基地建设有关政策收的通知》财税〔2005〕23号	第一条	石油储备基地第一期项目免征耕地占用税	
574	耕地占用税	支持其他各项事业	商品储备	14122602	《财政部、国家税务总局关于国家石油储备基地有关税收政策的通知》财税〔2011〕80号	第一条	石油储备基地第二期项目免征耕地占用税	
575	耕地占用税	支持其他各项事业	医疗卫生	14123401	《中华人民共和国耕地占用税暂行条例》中华人民共和国国务院令第511号	第八条第(二)项	学校、幼儿园、养老院、医院占用耕地免征耕地占用税	

续表

序号	收入种类	减免政策大类	减免政策小类	减免性质代码	政策名称	优惠条款	减免项目名称	关联政策条款
576	耕地占用税	支持其他各项事业	其他	14129999			其他	
577	契税	改善民生	救灾及重建	15011604	《财政部、海关总署、国家税务总局关于芦山地震灾后恢复重建有关税收政策问题的通知》财税[2013]58号	第三条第(四)款	芦山地震灾民房屋免征契税	
578	契税	改善民生	救灾及重建	15011606	《财政部、海关总署、国家税务总局关于鲁甸地震灾后重建有关税收政策的通知》财税[2015]27号	第三条第(四)款	鲁甸地震灾民房屋免征契税	
579	契税	改善民生	住房	15011704	《财政部、国家税务总局关于国有土地使用权出让等有关契税问题的通知》财税[2004]134号	第三条	已购公有住房补缴土地出让金和其他出让费用免征契税	
580	契税	改善民生	住房	15011705	《财政部、国家税务总局关于廉租住房、经济适用住房和住房租赁有关税收政策的通知》财税[2008]24号	第一条第(五)项	经营管理单位回购经济适用住房继续用于经济适用住房房源免征契税	
581	契税	改善民生	住房	15011706	《财政部、国家税务总局关于军队离退休干部住房移交地方政府管理所涉及契税字[2000]176号	第一条第(一)项	军建离退休干部住房及附属用房移交地方政府管理的免征契税	
582	契税	改善民生	住房	15011709	《财政部、国家税务总局关于调整房地产交易环节契税个人所得税优惠政策的通知》财税[2010]94号	第一条第(一)项	个人购买家庭唯一普通住房减半征收契税	
583	契税	改善民生	住房	1501117:0	《中华人民共和国契税暂行条例》中华人民共和国国务院令第224号	第六条第(二)款	城镇职工第一次购买公有住房	《财政部、国家税务总局关于公有制单位职工首次购买住房免征契税的通知》财税[2000]130号
584	契税	改善民生	住房	15011712	《财政部、国家税务总局关于棚户区改造有关税收政策的通知》财税[2013]101号	第三条	经营管理单位回购住房作为安置房免征契税	

续表

序号	收入种类	减免政策大类	减免政策小类	减免性质代码	政策名称	优惠条款	减免项目名称	关联政策条款
585	契税	改善民生	住房	15011713	《财政部、国家税务总局关于夫妻之间房屋土地权属变更有关契税政策的通知》财税〔2014〕4号		夫妻之间变更房屋、土地使用权或共有份额免征契税	
586	契税	改善民生	住房	15011714	《中华人民共和国契税暂行条例细则》财法字〔1997〕52号	第十条	土地使用权、房屋交换价格相等的免征，不相等的差额征收	
587	契税	改善民生	住房	15011715	《财政部、国家税务总局关于促进公共租赁住房发展有关税收优惠政策的通知》财税〔2014〕52号	第三条	公共租赁住房经营管理单位购买住房作为公共租赁住房免征	
588	契税	改善民生	住房	15011716	《中华人民共和国契税暂行条例细则》财法字〔1997〕52号	第十五条第（一）款	土地、房屋被县级以上政府征用、占用后重新承受土地、房屋权属免征税	
589	契税	改善民生	住房	15011717	《中华人民共和国契税暂行条例》中华人民共和国国务院令第224号	第六条第（三）款	因不可抗力灭失住房而重新购买住房减征或免征契税	《财政部、国家税务总局关于认真落实抗震救灾政策及灾后重建税收政策问题的通知》财税〔2008〕62号 第四条
590	契税	改善民生	住房	15011718	《财政部、国家税务总局关于调整房地产交易环节契税个人所得税优惠政策的通知》财税〔2010〕94号	第一条第（一）项	个人购买90平方米及以下家庭唯一普通住房减按1%征收	
591	契税	改善民生	住房	15011719	《财政部、国家税务总局关于棚户区改造有关税收政策的通知》财税〔2013〕101号	第四条	棚户区个人首次购买90平方米以下改造安置住房减按1%征收契税	
592	契税	改善民生	住房	15011720	《财政部、国家税务总局关于棚户区改造有关税收政策的通知》财税〔2013〕101号	第四条	棚户区购买的改造安置住房标准符合普通住房减半征收契税	

续表

序号	收入种类	减免政策大类	减免政策小类	减免性质代码	政策名称	优惠条款	减免项目名称	关联政策条款
593	契税	改善民生	住房	15011721	《财政部、国家税务总局关于棚户区改造有关税收政策的通知》财税〔2013〕101号	第五条	棚户区被征收房屋取得货币补偿用于购买安置住房免征契税	
594	契税	改善民生	住房	15011722	《财政部、国家税务总局关于棚户区改造有关税收政策的通知》财税〔2013〕101号	第五条	棚户区用改造房屋换取安置住房免征契税	
595	契税	促进区域发展	西部开发	150333C1	《财政部、国家税务总局关于青藏铁路公司运营期间有关税收政策问题的通知》财税〔2007〕11号	第四条	青藏铁路公司承受土地、房屋权属用于办公及运输主业免征契税	
596	契税	转制升级	企业发展	15052401	《财政部、国家税务总局关于中国邮政储蓄银行改制上市有关税收政策的通知》财税〔2013〕53号	第五条	企业改制契税优惠	
597	契税	转制升级	企业重组改制	15052506	《财政部、国家税务总局关于进一步支持企业事业单位改制重组有关契税政策的通知》财税〔2015〕37号	第一条	企业改制后公司承受原企业房屋权属免征契税	
598	契税	转制升级	企业重组改制	15052507	《财政部、国家税务总局关于进一步支持企业事业单位改制重组有关契税政策的通知》财税〔2015〕37号	第二条	事业单位改制企业承受原单位土地、房屋权属免征契税	《财政部、中宣部关于继续实施文化体制改革中经营性文化事业单位转制为企业若干税收政策的通知》财税〔2014〕84号第一条第（四）项
599	契税	转制升级	企业重组改制	15052508	《财政部、国家税务总局关于进一步支持企业事业单位改制重组有关契税政策的通知》财税〔2015〕37号	第三条	公司合并后承受原合并各方土地、房屋权属免征契税	《财政部、国家中国联合网络通信有限公司集团通过重组的通知》财税〔2010〕87号第一条

续表

序号	收入种类	减免政策大类	减免政策小类	减免性质代码	政策名称	优惠条款	减免项目名称	关联政策条款
600	契税	转制升级	企业重组改制	15052509	《财政部、国家税务总局关于进一步支持企业事业单位改制重组有关契税政策的通知》财税〔2015〕37号	第四条	公司分立后承受原公司土地、房屋权属免征契税	《财政部、国家税务总局关于明确中国邮政集团公司邮政速递物流业务重组改制过程中有关契税和印花税政策的通知》财税〔2010〕92号
601	契税	转制升级	企业重组改制	15052510	《财政部、国家税务总局关于进一步支持企业事业单位改制重组有关契税政策的通知》财税〔2015〕37号	第五条	企业破产承受破产企业抵偿债务的土地、房屋权属免契税	
602	契税	转制升级	企业重组改制	15052511	《财政部、国家税务总局关于进一步支持企业事业单位改制重组有关契税政策的通知》财税〔2015〕37号	第六条第(一)款	国有资产划转单位免征契税	
603	契税	转制升级	企业重组改制	15052512	《财政部、国家税务总局关于进一步支持企业事业单位改制重组有关契税政策的通知》财税〔2015〕37号	第六条第(二)款	同一投资主体内部所属企业之间土地、房屋权属的划转免契税	《财政部、国家税务总局关于自然人与其个人独资企业或一人有限责任公司之间土地房屋权属划转有关契税问题的通知》财税〔2008〕142号
604	契税	转制升级	企业重组改制	15052513	《财政部、国家税务总局关于进一步支持企业事业单位改制重组有关契税政策的通知》财税〔2015〕37号	第七条	债权转股权后新设公司承受原企业的土地、房屋权属免征契税	《财政部、国家税务总局关于外商独资银行有关契税问题的通知》〔2007〕45号　第四条
605	契税	转制升级	企业重组改制	15052514	《财政部、国家税务总局关于中国电信股份有限公司收购CDMA网络资产和业务有关契税政策的通知》财税〔2009〕42号		中国电信收购CDMA免征契税	

续表

序号	收入种类	减免政策大类	减免政策小类	减免性质代码	政策名称	优惠条款	减免项目名称	关联政策条款
606	契税	支持金融资本市场	金融市场	15081502	《财政部、国家税务总局关于被撤销金融机构有关税收政策问题的通知》财税〔2003〕141号	第二条第（三）款	被撤销金融机构接收债务方土地使用权、房屋所有权免征契税	
607	契税	支持金融资本市场	资本市场	15083903	《中国人民银行、财政部、农业部、国家发展计划委员会、国家税务总局关于农村信用社接收农村合作基金会财产完成户权属税费的通知》银发〔2000〕21号		农村信用社在接收农村合作基金会的房屋、土地使用权免征契税	
608	契税	支持金融资本市场	资本市场	15083904	《财政部、国家税务总局关于中国东方资产管理公司处置港澳国际（集团）有限公司有关税收政策问题的通知》财税〔2003〕212号	第二条第2款、第三条第3款、第四条第3款	中国东方资产管理公司处置港澳国际（集团）有限公司过程中规定的免征契税	
609	契税	支持金融资本市场	资本市场	15083905	《财政部、国家税务总局关于中国信达资产管理股份有限公司等4家金融资产管理公司有关税收政策问题的通知》〔2013〕56号	第一条、第二条	4家金融资产公司接受相关国有银行的不良债权，借款方以土地使用权、房屋所有权抵充贷款本息的免征契税	1.《财政部、国家税务总局关于4家资产管理公司接收资本金项下的资产在办理过户时有关契税政策问题的通知》财税〔2003〕21号；第一条 2.《财政部、国家税务总局关于中国信达等4家公司税收政策问题的通知》财税〔2001〕10号
610	契税	支持三农	农村建设	15092301	《财政部、国家税务总局关于支持农村饮水安全工程建设运营有关税收政策的通知》财税〔2012〕30号	第一条	农村饮水工程承受土地使用权免征契税	

续表

序号	收入种类	减免政策大类	减免政策小类	减免性质代码	政策名称	优惠条款	减免项目名称	关联政策条款
611	契税	支持三农	其他	15099901	《中华人民共和国契税暂行条例细则》财法字〔1997〕52号	第十五条第（二）款	承受荒山等土地使用权用于农、林、牧、渔业生产免征契税	
612	契税	支持文化教育体育	教育	15101402	《财政部、国家税务总局关于社会力量办学契税政策问题的通知》财税〔2001〕156号		社会力量办学承受土地、房屋免征契税	
613	契税	支持其他各项事业	商品储备	15122601	《财政部、国家税务总局关于国家石油储备基地建设有关税收政策的通知》财税〔2005〕23号	第一条	国家石油储备基地第一期项目免征契税	
614	契税	支持其他各项事业	商品储备	15122602	《财政部、国家税务总局关于国家石油储备基地有关税收政策的通知》财税〔2011〕80号	第一条	国家石油储备基地第二期项目免征契税	
615	契税	支持其他各项事业	其他	15129902	《财政部、国家税务总局关于企业以售后回租方式进行融资等有关契税政策的通知》财税〔2012〕82号	第一条	售后回租期满，承租人回购原房屋、土地权属免征契税	
616	契税	支持其他各项事业	其他	15129903	《中华人民共和国契税暂行条例》中华人民共和国国务院令第224号	第六条第（一）款	国家机关、事业单位、社会团体、军事单位公共用途承受土地、房屋免征契税	《财政部、国家税务总局关于教育税收政策的通知》财税〔2004〕39号第三条第（二）款
617	契税	支持其他各项事业	其他	15129904	《财政部、国家税务总局关于廉租住房经济适用住房和住房租赁有关税收政策的通知》财税〔2008〕24号	第一条第（六）款	个人购买经济适用住房减半征收契税	
618	契税	支持其他各项事业	其他	15129905	《财政部、国家税务总局关于企业以售后回租方式进行融资等有关契税政策的通知》财税〔2012〕82号	第三条	个人服务被征收补偿款新购房屋免征契税	

续表

序号	收入种类	减免政策大类	减免政策小类	减免性质代码	政策名称	优惠条款	减免项目名称	关联政策条款
619	契税	支持其他各项事业	其他	15129906	《财政部、国家税务总局关于企业以售后回租方式进行融资等有关契税政策的通知》财税〔2012〕82号	第三条	个人房屋征收房屋调换免征契税	
620	契税	支持其他各项事业	其他	15129999	《中华人民共和国契税暂行条例细则》财法字〔1997〕52号	第十五条(三)款	外交部确认的外交人员承受土地、房屋权属免征契税	
621	契税	支持其他各项事业	其他	15129999	其他		其他	
622	教育费附加	促进小微企业发展	未达起征点	61042801	《财政部、国家税务总局关于对小微企业免征有关政府性基金的通知》财税〔2014〕122号	第一条	小微企业免征教育费附加	
623	教育费附加	节能环保	资源综合利用	61064002	《财政部、国家税务总局关于免征国家重大水利工程建设基金的城市维护建设税和教育费附加的通知》财税〔2010〕44号		国家重大水利工程建设基金免征教育费附加	
624	教育费附加	支持其他各项事业	其他	61129999	其他		其他	
625	文化事业建设费	促进小微企业发展	未达起征点	62042802	《财政部、国家税务总局关于对部分营业税纳税人免征文化事业建设费的通知》财综〔2013〕102号		其他	
626	文化事业建设费	促进小微企业发展	未达起征点	62042803	《财政部、国家税务总局关于对小微企业免征有关政府性基金的通知》财税〔2014〕122号	第一条	小微企业免征文化事业建设费优惠	
627	文化事业建设费	支持其他各项事业	其他	62129999	其他		其他	

续表

序号	收入种类	减免政策大类	减免政策小类	减免性质代码	政策名称	优惠条款	减免项目名称	关联政策条款
628	其他收入	鼓励高新技术	科技发展	99021901	《财政部关于对分布式光伏发电自发自用电量免征政府性基金有关问题的通知》财综〔2013〕103号		光伏发电免征政府性基金	
629	其他收入	促进小微企业发展	未达起征点	99042801	《财政部 国家税务总局关于对小微企业免征有关政府性基金的通知》财税〔2014〕122号	第一、二条	小微企业免征地方教育附加	
630	其他收入	支持其他各项事业	其他	99129999	其他		其他	

说明：

1. 本表所列政策为适用于本地的减收税收政策。国务院制定或经国务院批准，由财政部、国家税务总局等中央机关发布的减免税政策，以各地税务机关发布的内容为准。对于地方政府或部门依照法律法规制定发布的适用于本地的减免税政策，以各地税务机关发布的内容为准。

2. 减免性质代码栏：是减免税收政策按收入种类、政策减免优惠领域大类、政策减免优惠细类分类的代码表现，用于减免税申报、备案、核准、减免退税申报、减免退税等业务办理中"减免性质代码"。城市维护建设税、教育费附加和地方教育附加减免的，城市维护建设税、教育费附加和地方教育附加相应代码可以采用增值税、消费税、营业税减免性质代码。

3. 优惠条款：未填写优惠条款的代码是指本代码代表本该项减免政策中相应收入种类有关的所有减免税收政策款。

4. 减免项目名称：是减免税收政策条款的简称，用于减免税申报、备案、核准。减免项目、办理相应减免税事业务事项采用当前行减免性质代码。

5. 关联政策条款：与当前所列政策条款属同一减免政策，在减免业务办理过程中，可选用相应收入种类和收入种类大类为"支持其他各项事业"，减免政策小类为"其他"的减免性质代码。

6. 本表将根据政策发布、废止等调整情况，适时更新。

7. 本表所列政策名称仅指当前有效的减免政策发布、废止等调整情况，适时更新。

22-2-3
国家税务总局关于合理简并
纳税人申报缴税次数的公告

2016年2月1日 国家税务总局公告2016年第6号

为落实《深化国税、地税征管体制改革方案》关于创新纳税服务机制的要求,推进办税便利化改革,根据《中华人民共和国税收征收管理法》《中华人民共和国增值税暂行条例》及其实施细则、《中华人民共和国消费税暂行条例》及其实施细则等有关税收法律法规的规定,现就合理简并纳税人申报缴税次数有关事项公告如下:

一、增值税小规模纳税人缴纳增值税、消费税、文化事业建设费,以及随增值税、消费税附征的城市维护建设税、教育费附加等税费,原则上实行按季申报。

纳税人要求不实行按季申报的,由主管税务机关根据其应纳税额大小核定纳税期限。

二、随增值税、消费税附征的城市维护建设税、教育费附加免于零申报。

三、符合条件的小型微利企业,实行按季度申报预缴企业所得税。

四、对于采取简易申报方式的定期定额户,在规定期限内通过财税库银电子缴税系统批量扣税或委托银行扣缴核定税款的,当期可不办理申报手续,实行以缴代报。

本公告自2016年4月1日起施行。

特此公告。

22-2-4
北京市地方税务局 北京市国家税务局
关于纳税人销售其取得的不动产和其他个人
出租不动产增值税委托代征办税场所的公告

2016年5月25日 北京市地方税务局 北京市国家税务局公告2016年第8号

按照《国家税务总局关于营业税改征增值税委托地税机关代征税款和代开增值税发票的公告》(国家税务总局公告〔2016〕19号)、《国家税务总局关于营业税改征增值税委托地税局代征税款和代开增值税发票的通知》(税总函〔2016〕145号)等相关规定,自 2016 年 5 月 1 日起营业税改征增值税后,为方便纳税人办税,暂定由国税机关委托地税机关代征纳税人销售其取得的不动产和其他个人出租不动产增值税;对于具备增值税发票安全保管条件、可连通网络、地税机关可有效监控代征税款及代开发票情况的相关政府部门等单位,由地税机关委托其代征其他个人出租不动产增值税。为保障纳税人及时办理上述涉税事项,现将本市代征工作办税场所情况予以发布。

　　本公告自 2016 年 5 月 1 日起生效。

　　特此公告。

　　附件:1. 全市地税机关代征纳税人销售其取得的不动产和其他个人出租不动产增值税办税场所

　　　　2. 全市其他个人出租不动产委托代征单位代征增值税办税场所

附件 1

全市地税机关代征纳税人销售其取得的不动产和其他个人出租不动产增值税办税场所

序号	区局	代征单位名称	代征地址	代征业务
1	东城	第五税务所	安定门外安德路地兴居 7 号	销售不动产
2		第五税务所	地安门东大街 88 号	销售不动产
3		第五税务所	体育馆西路 8 号	销售不动产
4		第一税务所	安定门外安德路地兴居 7 号	销售不动产及出租不动产
5		第三税务所	体育馆西路 8 号	销售不动产及出租不动产
6	西城	第一税务所	西直门内大街 275 号	销售不动产及出租不动产
7		第二税务所	南菜园街 7 号院 1 号楼	销售不动产
8		第三税务所	德泉胡同 10 号	销售不动产及出租不动产
9		第四税务所	西外大街 18 号金茂大厦 C2 座 2 层	销售不动产
10		第五税务所	西黄城根北街甲 21 号	销售不动产
11		第六税务所	建功北里甲 10 号	销售不动产
12		第九税务所	西外大街 18 号金茂大厦 C2 座 2 层	销售不动产
13		德胜税务所	德外大街 87 号德胜国际中心 E 座	销售不动产
14		大栅栏税务所	前门煤市街大力胡同 5 号	销售不动产
15		广安门税务所	广安门北街 14 号	销售不动产
16		广安门内税务所	太平街 6 号富力摩根中心 E 座 8 层	销售不动产
17		金融街税务所	太平桥大街 107 号 7 层	销售不动产
18		牛街税务所	南菜园街 7 号院 1 号楼 3 层	销售不动产
19		什刹海税务所	德内大街甲 272 号	销售不动产

续表

序号	区局	代征单位名称	代征地址	代征业务
20	西城	天桥税务所	太平街6号富力摩根中心E座8层	销售不动产
21		新街口税务所	东桃园小区2号楼	销售不动产
22		西长安街税务所	西长安街西安福胡同20号	销售不动产
23		月坛税务所	三里河北街甲1号	销售不动产
24		展览路税务所	阜成门外大街22号外贸大厦8层	销售不动产
25	朝阳	第三税务所	朝阳区来广营红军营南路甲3号	销售不动产及出租不动产
26		第七税务所	朝阳区广渠东路40号	销售不动产及出租不动产
27		第八税务所	朝阳区太阳宫中路甲6号临一号	销售不动产及出租不动产
28		第九税务所	朝阳区定福庄路9号	销售不动产及出租不动产
29		商务中心区税务所	朝阳区东大桥路8号SOHO尚都北塔A座3层	销售不动产
30		第六税务所	朝阳区姚家园路101号新七彩商业中心西楼	销售不动产
31	海淀	第二税务所	北京市海淀区东北旺南路27号上地办公中心A座二层	销售不动产
32		第四税务所	北京市海淀区阜外亮甲店1号恩济西园10号楼东1号	销售不动产及出租不动产
33		翠微路所	北京市海淀区普惠南里14号	销售不动产
34		四季青所	北京市海淀区西四环云会里金雅园4号楼	销售不动产
35		永定路所	北京市海淀区田村路37号	销售不动产
36		北下关所	北京市海淀区大柳树路2号	销售不动产
37		科技园所	北京市海淀区四季青路6号海淀招商大厦西2层	销售不动产
38		羊坊店所	北京市海淀区阜成路73号(西三环航天桥向西1公里路北,裕惠大厦B座4层)	销售不动产
39		知春里所	北京市海淀区知春里27号楼	销售不动产及出租不动产
40		中关村所	北京市海淀区紫金数码园3号楼二层	销售不动产及出租不动产
41		学院路所	北京市海淀区消夏东里3号楼	销售不动产及出租不动产
42		清河所	北京市海淀区北五环逸成东苑小区9号楼一层西侧	销售不动产及出租不动产
43		温泉所	北京市海淀区温泉镇杨家庄东口	销售不动产及出租不动产
44		青龙桥所	北京市海淀区上地嘉华大厦E座三层	出租不动产
45		科技园上地所	北京市海淀区上地嘉华大厦E座三层	销售不动产
46	丰台	第二税务所	丰台区丰体南路3号	销售不动产
47		第一税务所	丰台区泥洼路甲6号	销售不动产及出租不动产
48		铁营税务所	丰台区星河苑1号院5号楼	销售不动产
49		科技园区税务所	丰台区中关村科技园区丰台园外环西路8号2层	销售不动产
50		长辛店税务所	丰台区杜家坎南路6号	销售不动产

续表

序号	区局	代征单位名称	代征地址	代征业务
51	石景山	第一税务所	北京市石景山区杨庄东街 51 号	销售不动产及出租不动产
52		第二税务所	石景山区方地大厦 B 座 4 层	销售不动产
53	门头沟	第一税务所	门头沟区石龙工业区龙园路 5 号	销售不动产及出租不动产
54		第二税务所	门头沟区新桥大街 48 号	销售不动产
55		王平税务所	门头沟区王平镇王平东路 11 号 107 室	销售不动产
56	昌平	第二税务所	昌平区凉水河路 6 号服务大厅	销售不动产
57		第一税务所	昌平区鼓楼南大街 16 号	销售不动产及出租不动产
58		东小口税务所	昌平区天通苑西一区二号楼 7 门	销售不动产及出租不动产
59		回龙观税务所	昌平区青年创业示范园后院	销售不动产
60		北七家税务所	昌平区北七家镇政府西侧	销售不动产
61		小汤山税务所	昌平区小汤山镇中心街北侧	销售不动产
62		园区税务所	昌平区超前路 9 号	销售不动产
63		十三陵税务所	昌平区十三陵镇泰胡路 19 号	销售不动产
64		南口税务所	昌平区南口镇龙虎台村	销售不动产
65		沙河税务所	昌平区沙河镇于辛庄村村西	销售不动产
66	通州	第一税务所	北京市通州区玉桥中路 136 号	销售不动产及出租不动产
67		第二税务所	北京市通州区通州区滨河中路 257 号	销售不动产
68		第四税务所	北京市通州区漷县镇漷兴一街	销售不动产及出租不动产
69		第五税务所	北京市通州区台湖镇新华联工业园南区 2 号办公楼 204－207 号	销售不动产及出租不动产
70		第六税务所(第一办公区)	北京市通州区宋庄镇政府路法院东侧服务大厅	销售不动产及出租不动产
71		第六税务所(第二办公区)	北京市通州区新华北路 55 号	销售不动产及出租不动产
72		北京市通州区永乐店税务所	北京市通州区永乐店镇政府东侧	销售不动产
73		北京市通州区马驹桥税务所	北京市通州区马驹桥地方税务所大杜社派出所南	销售不动产
74		北京市通州区西集税务所	北京市通州区西集地税所	销售不动产
75		北京市通州区张家湾税务所	北京市通州区张家湾镇政府南侧	销售不动产

序号	区局	代征单位名称	代征地址	代征业务
76	顺义	第一税务所征收办理点	北京市顺义区新顺南大街35号西大厅	销售不动产及出租不动产
77		第二税务所征收办理点	北京市顺义区首都机场四纬路2号绿港国际商务中心三层	销售不动产
78		第三税务所征收办理点	北京市顺义区南彩镇彩俸北区5－5、5－6	销售不动产及出租不动产
79		房屋交易中心办理点	北京市顺义区房屋交易中心三层	销售不动产
80		第五税务所征收办理点	北京市顺义区李桥镇老镇政府北侧	销售不动产及出租不动产
81		机场第一税务所征收办理点	北京市顺义区天竺镇府前一街41号	销售不动产
82		机场第二税务所征收办理点	北京市顺义区天竺镇府前一街41号西大厅	销售不动产
83		城关税务所征收办理点	北京市顺义区新顺南大街35号东大厅	销售不动产
84		仁和税务所征收办理点	北京市顺义区仁和镇燕京街36号院(顺义燃气公司西侧)	销售不动产
85		南彩税务所征收办理点	北京市顺义区南彩镇彩祥东路10号	销售不动产
86		高丽营税务所征收办理点	北京市顺义区高丽营镇张喜庄村拓新区45号	销售不动产
87		牛山税务所征收办理点	北京市顺义区牛山镇医院南路6号	销售不动产
88		李桥税务所征收办理点	北京市顺义区李桥镇老镇政府北侧	销售不动产
89		木林税务所征收办理点	北京市顺义区木林镇府前街79号	销售不动产
90		杨镇税务所征收办理点	北京市顺义区杨镇政府西院	销售不动产
91		张镇税务所征收办理点	北京市顺义区张镇政府街20号	销售不动产
92	大兴	第二税务所	北京市大兴区兴华大街三段15号(大兴区综合行政服务中心内)	销售不动产
93		第一税务所	北京市大兴区清源路11－1号	销售不动产
94		第三税务所	北京市大兴区工业开发区科苑路5号	销售不动产及出租不动产
95		开发区税务所	北京市大兴区兴政街40号	销售不动产
96		庞各庄税务所	北京市大兴区庞各庄镇田园路1号	销售不动产
97		榆垡税务所	北京市大兴区榆垡镇榆垡路	销售不动产
98		魏善庄税务所	北京市大兴区魏善庄镇政府西侧	销售不动产及出租不动产
99		安定税务所	北京市大兴区安定镇政府后院	销售不动产

续表

序号	区局	代征单位名称	代征地址	代征业务
100	大兴	采育税务所	北京市大兴区采育镇采育大街17号	销售不动产
101		瀛海税务所	北京市大兴区瀛海镇三槐堂南路6号	销售不动产及出租不动产
102		西红门税务所	北京市大兴区西红门镇京开路西红门段19号	销售不动产
103		黄村税务所	北京市大兴区兴华中路甲12号	销售不动产
104	房山	第三税务所	北京市房山区长阳CSD广场综合服务中心一楼	销售不动产
105		第一税务所	北京市房山区长阳CSD广场综合服务中心二楼	出租不动产
106		良乡税务所	北京市房山区良乡鸿顺园小区3号商业楼	销售不动产
107		长阳税务所	北京市房山区良乡鸿顺园小区3号商业楼	销售不动产
108		第四税务所	北京市房山区良乡鸿顺园小区3号商业楼	销售不动产
109		开发区税务所	北京市房山区良乡鸿顺园小区3号商业楼	销售不动产
110		房山税务所	北京市房山区阎村镇紫园路1号	销售不动产
111		阎村税务所	北京市房山区阎村镇紫园路1号	销售不动产
112		河北税务所	北京市房山区阎村镇紫园路1号	销售不动产
113		琉璃河税务所	北京市房山区琉璃河镇刘李店中原大街22号	销售不动产
114		长沟税务所	北京市房山区琉璃河镇刘李店中原大街22号	销售不动产
115	怀柔	第一税务所	北京市怀柔区南华大街17号	出租不动产
116		第二税务所	北京市怀柔区开放路33号	销售不动产
117		第四税务所	北京市怀柔区南华2区18号	销售不动产
118		第五税务所	北京市怀柔区南华大街17号	销售不动产
119		庙城镇税务所	北京市怀柔区北房镇幸福西街8号	销售不动产及出租不动产
120		怀柔镇税务所	北京市怀柔区南华大街17号	销售不动产
121		雁栖镇税务所	北京市怀柔区雁栖镇雁栖环岛西100米	销售不动产
122		桥梓镇税务所	北京市怀柔区桥梓镇政府西院	销售不动产
123		汤河口镇税务所	北京市怀柔区汤河口镇汤河口大街2号	销售不动产及出租不动产
124	密云	第一税务所	密云区鼓楼东大街7号	销售不动产及出租不动产
125		第四税务所	密云区新东路285号密云县政务服务中心一层	销售不动产
126		水库税务所	密云区溪翁庄镇镇政府东200米	销售不动产及出租不动产
127		太师屯税务所	密云区太师镇永安街197号	销售不动产及出租不动产

序号	区局	代征单位名称	代征地址	代征业务
128	平谷	第一税务所	平谷区谷丰路198号B座一层大厅	销售不动产及出租不动产
129		第二税务所	平谷区林荫北街13号	销售不动产及出租不动产
130		马坊税务所	平谷区马坊镇马坊人街56号院1号楼	销售不动产及出租不动产
131		峪口税务所	平谷区峪口镇峪阳路36号	销售不动产及出租不动产
132		大华山税务所	平谷区大华山镇大华山大街150号	销售不动产及出租不动产
133		金海湖税务所	平谷区金海湖镇胡庄南环路1号	销售不动产及出租不动产
134	延庆	第一税务所	北京市延庆区延庆镇庆园街4号	销售不动产及出租不动产
135		第二税务所	北京市延庆区延庆镇东外大街89号金辰大厦	销售不动产
136		第六税务所	北京市延庆区康庄镇紫光东路1号	销售不动产
137		延庆税务所	北京市延庆区延庆镇庆园街4号	销售不动产
138		八达岭税务所	北京市延庆区八达岭镇西拨子村	销售不动产
139		康庄税务所	北京市延庆区康庄镇一街村南	销售不动产
140		张山营税务所	北京市延庆区张山营村村南	销售不动产
141		旧县税务所	北京市延庆区旧县镇新敬老院北500米	销售不动产
142		永宁税务所	北京市延庆区永宁镇西关	销售不动产
143	开发区	第一税务所	北京经济技术开发区隆庆街甲3号	销售不动产及出租不动产
144		第一税务所	北京经济技术开发区荣华中路10号亦城国际中心裙房二层	销售不动产及出租不动产
145	燕山	纳税服务所	北京市房山区燕山岗南路东一巷8号	销售不动产及出租不动产

附件 2

全市其他个人出租不动产委托代征单位代征增值税办税场所

序号	区局	代征单位名称	代征地址
1		北京市东城区人民政府交道口街道办事处	东城区南锣鼓巷 46 号
2		北京市东城区人民政府东四街道办事处	东城区东四六条 17 号
3		北京市东城区人民政府北新桥街道办事处	东城区育树胡同 19 号
4		北京京教物业管理有限责任公司	东城区报房胡同 82 号
5		北京市东城区人民政府东直门街道办事处	东城区吉市口东路吉庆里 2 号楼 1 门 101 室
6		北京市东城区人民政府安定门街道办事处	东城区豆腐池胡同 11 号
7		北京市东城区人民政府和平里街道办事处	东城区和平里六区 5 – 1 楼
8		北京市东城区人民政府朝阳门街道办事处	东城区演乐胡同 50 号
9			东城区东总布胡同 2 号楼 – 1
10		北京市东城区人民政府建国门街道办事处	东城区盔甲厂胡同甲 4 号
11	东城		东城区建国门外大街 5 号
12		北京市东城区人民政府景山街道办事处	东城区美术馆东街 1 号
13		北京市东城区人民政府东华门街道办事处	东城区东安门大街 55 号 5 层 A 区
14		北京中辉物业管理有限公司	东城区灯市口大街 33 号
15		北京市东城区人民政府前门街道办事处	东城区东小街甲 2 号楼西侧
16		北京市东城区人民政府崇文门外街道办事处	东城区国瑞城中区 9 号楼 1 层
17		北京市东城区人民政府龙潭街道办事处	东城区广渠门南水关甲 7 号
18		北京市东城区人民政府东花市街道办事处	东城区富贵园 3 区 1 号楼 1 层
19		北京市东城区人民政府永定门外街道办事处	东城区安乐林路 85 – 1 号
20		北京市东城区人民政府体育馆路街道办事处	东城区法华南里 26 号楼 1 层
21		北京市东城区人民政府天坛街道办事处	东城区西草市街 74 号
22		北京市西城区人民政府新街口街道办事处	北京市西城区西直门内大街 128 号
23		北京市西城区人民政府西长安街街道办事处	北京市西城区西绒线胡同甲 7 号
24		北京市西城区人民政府月坛街道办事处	北京市西城区月坛南街三里河一区 5 – 7
25		北京市西城区人民政府金融街街道办事处	北京市西城区太平桥大街 107 号
26	西城	北京市西城区人民政府什刹海街道办事处	北京市西城区地安门西大街 141 号
27		北京市西城区人民政府德胜街道办事处	北京市西城区德外教场口街 9 号院丙 9 号
28		北京市西城区人民政府展览路街道办事处	北京市西城区车公庄大街 13 号
29		北京市西城区人民政府天桥街道办事处	北京市西城区北纬路 9 号
30		北京市西城区人民政府陶然亭街道办事处	北京市西城区黑窑厂街 22 号
31		北京市西城区人民政府牛街街道办事处	北京市西城区区牛街甲 40 号

序号	区局	代征单位名称	代征地址
32	西城	北京市西城区人民政府白纸坊街道办事处	北京市西城区樱桃二条 8 号
33		北京市西城区人民政府大栅栏街道办事处	北京市西城区棕树斜街 26 号
34		北京市西城区人民政府椿树街道办事处	北京市西城区椿树园 11 号
35		北京市西城区人民政府广安门内街道办事处	北京市西城区感化胡同 3 号
36		北京市西城区人民政府广安门外街道办事处	北京市西城区广安门外大街 189 号
37	朝阳	北京市朝阳区人民政府呼家楼街道办事处	朝阳区呼家楼北街乙 4 号
38			朝阳区 SOHO 尚都南塔一层
39			朝阳区富尔大厦 5 层 5H
40			朝阳区宵云路宵云里 1 号朝阳工商分局
41			朝阳区东三环中路 7 号财富中心写字楼地下一层
42		北京市朝阳区人民政府建外街道办事处	朝阳区东三环中路 39 号建外 SOHO 东区九号楼 208 室
43			朝阳区建国路 93 号万达广场 3 号楼 110 室
44			朝阳区建国路 88 号现代城综合楼 2 层
45			朝阳区建华南路北口(北京广播电台东侧)
46		北京市朝阳区人民政府三里屯街道办事处	朝阳区三里屯幸福村一号三里屯办事处一层大厅
47			朝阳区白家庄 1 号富力爱丁堡一层 1－5 室
48		北京市朝阳区人民政府朝外街道办事处	朝阳区芳草地北巷 5 号院
49		北京市朝阳区人民政府左家庄街道办事处	朝阳区新源里甲 12 号楼二层(新源里派出所对面)
50			朝阳区西坝河东里 2 号院 2 号楼一层
51		北京市朝阳区人民政府团结湖街道办事处	北京市朝阳区团结湖东里甲 10 号
52		北京市朝阳区人民政府麦子店街道办事处	朝阳公园西里南区 6 号楼 306
53			朝阳区工商分局(投资服务人厅)对面
54			朝阳区远洋新干线 A 座 01 底商
55		北京市朝阳区酒仙桥街道社区服务中心	朝阳区酒仙桥六间房 6 号酒仙桥办事处 1 号楼 1 层 111 室
56			朝阳区兆维华灯大厦 A 区 A2205 室
57		北京市朝阳区望京街道社区服务中心	朝阳区望京西园 425 号楼
58			朝阳区复荣街 8 号
59			朝阳区望京街 B29 号 SOHO 塔楼 1 号地下停车场
60		北京市朝阳区和平街街道社区服务中心	朝阳区和平街 10 区 1 号楼(南平房)
61			朝阳区和平街小黄庄西苑 10 号楼

序号	区局	代征单位名称	代征地址
62	朝阳	北京市朝阳区将台乡人民政府	朝阳区酒仙桥甲 1 号
63		北京市朝阳区首都机场街道社区服务中心	朝阳区首都机场西平街 2 号
64		北京市朝阳区香河园街道社区服务中心	朝阳区西坝河南里 26 号楼 107 室
65		北京市朝阳区金盏乡人民政府	朝阳区金盏乡金盏大街 2 号
66		北京市朝阳区人民政府太阳宫地区办事处	朝阳区西坝河北里 8 号楼
67			朝阳区麦子店西路 9 号
68			朝阳区宵云路宵云里 1 号朝阳工商分局
69			朝阳区外经贸大学东门文学馆路
70		北京市朝阳区崔各庄乡人民政府	朝阳区崔各庄乡南皋路崔各庄乡人民政府为民服务大厅
71			朝阳区京顺路红木家具大院内
72			朝阳区来广营东路长岛调桥对面
73			朝阳区来广营北路奶西村村南
74			朝阳区崔各庄京旺家园二区 4 号楼
75		北京市朝阳区人民政府东湖街道办事处筹备处	朝阳区望京西园 220 楼配楼(城管队旁)
76			朝阳区六百本南侧
77		北京市朝阳区孙河乡人民政府	朝阳区孙河乡政府一站式服务大厅
78			朝阳区日祥广场高尔夫球学校
79		北京市朝阳区人民政府亚运村街道办事处	朝阳区安立路 28 号院 3 号楼服务大厅
80		北京市朝阳区人民政府大屯街道办事处	朝阳区大屯安惠北里雅园一号楼服务大厅一号
81			朝阳区惠忠里 B 区 108 号楼
82		北京市朝阳区人民政府小关街道办事处	朝阳区北四环东路 108 号院 13 号楼大厅
83		北京市朝阳区人民政府安贞街道办事处	朝阳区安华西里 1 区 13 楼大厅 1 号
84			朝阳区安华西里 1 区 13 楼大厅 2 号
85		北京市朝阳区来广营乡人民政府	朝阳区红军营南路甲 1 号
86			朝阳区清苑路第一社区
87		北京市朝阳区人民政府奥运村街道办事处	朝阳区安立路 28 号院 3 号楼服务大厅
88			大屯路南沙滩 66 号院冠军城 1 号楼东侧平房
89		北京市朝阳区人民政府双井街道办事处	百子湾南二路 88 号双井街道办事处一楼大厅内
90			优仕阁 B 座交通银行
91			百子园社区内
92			朝外 SOHO 国税内
93			朝阳区双井街道外企服务大厦 A 座

续表

序号	区局	代征单位名称	代征地址
94		北京市朝阳区人民政府潘家园街道办事处	朝阳区松榆西里甲1号潘家园街道为民服务大厅内
95			朝阳区松榆里43号楼潘家园街道办事处105室
96		北京市朝阳区人民政府劲松街道办事处	东三环南路华腾园甲6号办事处一层财税窗口
97			北京市朝阳区广渠路38号
98		北京市朝阳区人民政府垡头街道办事处	朝阳区金蝉北里20楼垡头街道办事处205室
99		北京市朝阳区小红门乡人民政府	朝阳区小红门乡龙爪树南里小红门乡政府内
100		北京市朝阳区十八里店乡人民政府	朝阳区十里河207号民乐建材市场北门
101			朝阳区尚都SOHO南塔三层2352
102		北京市朝阳区南磨房乡人民政府	朝阳区西大望路甲29号南磨房地区办事处215室
103			南新园中路16号西侧平房
104			东四环中路大成国际商务楼西侧
105		北京市朝阳区人民政府八里庄街道办事处	朝阳区柴家湾12号110室
106		北京市朝阳区六里屯街道社区服务中心	朝阳区延静里2号楼
107			朝阳区宵云路宵云里1号朝阳工商分局
108	朝阳	北京市朝阳区王四营乡人民政府	朝阳区王四营路1号
109		北京市朝阳区三间房乡人民政府	朝阳区定福庄路9号
110		北京市朝阳区人民政府高碑店地区办事处	朝阳区高碑店北路甲1号(115、112康家沟总站)
111		北京市朝阳区常营回族乡人民政府	朝阳区常营乡人民政府为民服务大厅
112		北京市朝阳区东坝乡人民政府	朝阳区红松园16号东坝乡人民政府为民服务大厅
113		北京市朝阳区平房乡人民政府	朝阳区黄衫木店路8号平房乡人民政府为民服务大厅
114		北京市朝阳区豆各庄乡人民政府	朝阳区豆各庄乡西马各庄村
115		北京市朝阳区管庄乡人民政府	朝阳区管庄乡1号管庄乡人民政府为民服务大厅
116		北京市朝阳区东风乡人民政府	朝阳区北豆各庄甲1号东风乡人民政府院内
117			朝阳区南十里居41号院泰华滨河苑小区门口
118		北京市朝阳区黑庄户乡人民政府	朝阳区黑庄户乡工商大街甲1号
119		北京链家房地产经纪有限公司	朝阳区朝外大街乙12号办公路1706室
120		北京麦田房产经纪有限公司	北京市朝阳区朝阳北路237号楼20层2302
121		北京安信瑞德房地产经纪有限公司	朝阳区汉威大厦9A5房间
122		北京中原房地产经纪有限公司	朝阳区朝外大街联合大厦10层100A

续表

序号	区局	代征单位名称	代征地址
123	海淀	北京市海淀区人民政府马连洼街道办事处	海淀区马连洼北路 8 号院
124		北京市海淀区人民政府青龙桥街道办事处	海淀区安河桥东 1 号
125		北京市海淀区人民政府香山街道办事处	海淀区香山一棵松 2 号
126		北京市海淀区人民政府上地街道办事处	北京市海淀区东北旺南路 27 号上地办公中心 B 座上地街道办事处
127		北京市海淀区西北旺镇人民政府	海淀区西北旺镇后厂村路 69 号
128		北京市海淀区人民政府八里庄街道办事处	海淀区北洼路 64 号
129		北京市海淀区人民政府甘家口街道办事处	海淀区阜成路南二街 2 号
130		北京市海淀区人民政府羊坊店街道办事处	海淀区玉渊潭南路 18 号
131		北京市海淀区人民政府北太平庄街道办事处	海淀区文慧园 68 号
132		北京市海淀区人民政府花园路街道办事处	海淀区牡丹园西里 18 号
133		北京市海淀区人民政府学院路街道办事处	海淀区成府路 15 号
134		北京市海淀区人民政府清河街道办事处	海淀区清河小营西路 20 号
135		北京市海淀区人民政府西三旗街道办事处	海淀区清河龙岗路 6 号
136		北京市海淀区人民政府东升地区办事处	海淀区成府路 45 号
137		北京市海淀区人民政府田村街道办事处	海淀区玉海园 2 里 1 号楼
138		北京市海淀区人民政府万寿路街道办事处	海淀区永定路西里小区 11 号楼
139		北京市海淀区人民政府永定路街道办事处	海淀区永定路 85 号
140		北京市海淀区温泉镇人民政府	北京市海淀区温泉镇白家疃村北
141		北京市海淀区上庄镇人民政府	海淀区上庄镇人民政府院内
142		北京市海淀区苏家坨镇人民政府	海淀区苏家坨镇西小营村
143		北京市海淀区人民政府曙光街道办事处	海淀区蓝靛厂西路一号
144		北京市海淀区四季青镇人民政府	海淀区东冉村 29 号
145		北京市海淀区人民政府中关村街道办事处	海淀区中关村 818 楼
146		北京市海淀区人民政府北下关街道办事处	海淀区学院南路 47 号
147		北京市海淀区人民政府海淀街道办事处	海淀区丹棱街 10 号新海大厦
148		北京市海淀区人民政府紫竹院街道办事处	海淀区万寿寺广源闸 5 号
149		北京市海淀区海淀镇人民政府	北京市海淀区海淀乡西苑操场 108 号
150		北京市海淀区人民政府清华园街道办事处	北京市海淀区清华大学校内服务楼一层
151	丰台	北京市丰台区人民政府丰台街道办事处	北京市丰台区丰台镇兴隆中街 8 号
152		北京市丰台区人民政府西罗园街道办事处	北京市丰台区洋桥北里 9 号楼
153		北京市丰台区人民政府方庄地区办事处	方庄芳群园 3 区 2 号楼
154		北京市丰台区人民政府太平桥街道办事处	北京市丰台区马连道南街太平桥 41 号

序号	区局	代征单位名称	代征地址
155	丰台	北京市丰台区人民政府东铁匠营街道办事处	北京市丰台区蒲安东里9号楼
156		北京市丰台区人民政府右安门街道办事处	右安门外翠林小区三里23号楼
157		北京市丰台区人民政府长辛店街道办事处	长辛店公路街甲12号
158		北京市丰台区人民政府新村街道办事处	丰台区新村四里25号
159		北京市丰台区人民政府卢沟桥街道办事处	北京市丰台区西四环南路40号
160		北京市丰台区人民政府云岗街道办事处	北京市丰台区云岗西里4号
161		北京市丰台区人民政府东高地街道办事处	丰台区东高地斜街2号
162		北京市丰台区人民政府南苑街道办事处	北京市丰台区南苑镇西二道街6号
163		北京市丰台区人民政府大红门街道办事处	北京市丰台区大红门北里6号
164		北京市丰台区人民政府马家堡街道办事处	北京市丰台区嘉园三里17号楼
165		北京市丰台区人民政府和义街道办事处	南苑北里1区2号楼
166		北京市丰台区人民政府宛平城地区办事处	北京市丰台区卢沟桥晓月苑垂虹街7号
167		北京市丰台区卢沟桥乡人民政府	北京市丰台区丰北路77号
168		北京市丰台区花乡人民政府	丰台区花乡黄土岗甲1号
169		北京市丰台区南苑乡人民政府	北京市丰台区大红门南里11号
170		北京市丰台区长辛店镇人民政府	长辛店杜家坎38号
171		北京市丰台区王佐镇人民政府	北京市丰台区王佐镇长青路99号
172	门头沟	北京市门头沟区大峪街道办事处	北京市门头沟区滨河路72号
173		北京市门头沟区城子街道办事处	北京市门头沟区门头沟路24号
174		北京市门头沟区东辛房街道办事处	北京市门头沟区西辛房大街50号
175		北京市门头沟区大台街道办事处	北京市门头沟区大台西洼8号
176		北京市门头沟区龙泉镇	北京市门头沟区门头沟路21号
177		北京市门头沟区永定镇	北京市门头沟区石龙西路58号
178	昌平	北京市昌平区南口镇人民政府	北京市昌平区南口镇大堡北
179		北京市昌平区流村镇人民政府	北京市昌平区流村镇北流村路北
180		北京市昌平区阳坊镇人民政府	北京市昌平区阳坊镇
181		北京市昌平区城南街道办事处	北京市昌平区南环东路介山小区
182		北京市昌平区城北街道办事处	北京市昌平区东关环岛东北侧
183		北京市昌平区马池口镇人民政府	北京市昌平区马池口镇
184		北京市昌平区南邵镇人民政府	北京市昌平区南邵镇南邵村
185		北京市昌平区天通苑北街道办事处	北京市昌平区天通苑北街道太平家园小区西100米路北
186		北京市昌平区天通苑南街道办事处	北京市昌平区天通苑南街道太平家园小区西100米路北

序号	区局	代征单位名称	代征地址
187	昌平	北京市昌平区霍营街道办事处	北京市昌平区黄平路 207 号霍营街道办事处
188		北京市昌平区东小口镇人民政府	北京市昌平区东小口镇中滩村 386 号
189		北京市昌平区回龙观镇人民政府	北京市回龙观镇人民政府
190		北京市昌平区百善镇人民政府	北京市昌平区百善镇百善村西
191		北京市昌平区沙河镇人民政府	北京市昌平区沙河镇丰善村东
192		北京市昌平区崔村镇人民政府	北京市昌平区崔村镇西崔村 1 号
193		北京市昌平区兴寿镇人民政府	北京市昌平区兴寿镇兴寿村
194		北京市昌平区小汤山镇人民政府	北京市昌平区小汤山镇
195		北京市昌平区北七家镇人民政府	北京市昌平区北七家镇
196		北京市昌平区十三陵镇人民政府	北京市昌平区胡庄泰胡路 2 号
197		北京市昌平区延寿镇人民政府	北京市昌平区延寿镇北庄村
198	通州	北京市通州区永顺镇人民政府	北京市通州区新华北街 33 号
199		北京市通州区梨园地区办事处	北京市通州区梨园云景东路 80 号
200		北京市通州区台湖镇人民政府	北京市通州区台湖镇台湖村
201		北京市通州区潞城镇人民政府	北京市通州区潞城镇胡各庄村
202		北京市通州区张家湾镇人民政府	北京市通州区张家湾镇
203		北京市通州区北苑街道办事处	北京市通州区新仓路 33 号
204		北京市通州区中仓街道办事处	北京市通州区中仓小区 14 号楼
205		北京市通州区玉桥街道办事处	北京市通州区玉桥北里 41 号
206		北京市通州区马驹桥镇人民政府	北京市通州区马驹桥镇
207		北京市通州区宋庄镇人民政府	北京市通州区宋庄镇宋庄村
208		北京市通州区新华街道办事处	北京市通州区吉祥园小区 17 号楼
209		北京市通州区宋庄镇小堡村民委员会	北京市通州区宋庄镇小堡村
210	顺义	北京市顺义区仁和镇人民政府	北京市顺义区顺平西路 9 号
211		北京市顺义区高丽营镇人民政府	北京市顺义区高丽营镇张喜庄村拓新区 45 号（高丽营税务所内）
212		北京市顺义区后沙峪镇人民政府	北京市顺义区后沙峪镇政府财政所
213		北京市顺义区空港街道办事处	北京市顺义区空港街道裕民大街 6 号
214		北京市顺义区天竺镇人民政府	北京市顺义区天竺镇府右街 16 号
215		北京市顺义区南法信镇人民政府	北京市顺义区南法信镇府前街 47 号
216	大兴	北京市大兴区观音寺街道办事处	北京市大兴区清源路东南口
217		北京市大兴区北臧村镇人民政府	北京市大兴区北臧村镇人民政府
218		北京市大兴区天宫院街道办事处	北京市大兴区黄村镇京开路 50 号

序号	区局	代征单位名称	代征地址
219	大兴	北京市大兴区黄村镇人民政府	北京市大兴区清源路9号
220		北京市大兴区清源街道办事处	北京市大兴区滨河西里小区十七号楼
221		北京市大兴区兴丰街道办事处	北京市大兴区黄村东大街35号
222		北京市大兴区高米店街道办事处	北京市大兴区乐园路22号院7号楼
223		北京市大兴区林校路街道办事处	北京市大兴区兴华大街三段89号
224		北京市大兴区庞各庄镇人民政府	北京市大兴区庞各庄镇
225		北京市大兴区魏善庄镇人民政府	北京市大兴区魏善庄镇
226		北京市大兴区青云店镇人民政府	北京市大兴区青云店镇
227		北京市大兴区安定镇人民政府	北京市大兴区安定镇
228		北京市大兴区旧宫镇人民政府	北京市大兴区旧宫镇
229		北京市大兴区采育镇人民政府	北京市大兴区采育镇
230		北京市大兴区长子营镇人民政府	北京市大兴区长子营镇
231		北京市大兴区礼贤镇人民政府	北京市大兴区礼贤镇
232		北京市大兴区榆垡镇人民政府	北京市大兴区榆垡镇
233		北京市大兴区西红门镇人民政府	北京市大兴区西红门镇
234		北京市大兴区亦庄镇人民政府	北京市大兴区亦庄镇
235		北京市大兴区瀛海镇人民政府	北京市大兴区瀛海镇
236	房山	北京市房山区长沟镇人民政府	北京市房山区长沟镇太和庄村西(镇政府第二办公区)
237		北京市房山区韩村河镇人民政府	北京市房山区韩村河镇东营村南
238		北京市房山区阎村镇人民政府	北京市房山区阎村镇人民政府紫园路9号新楼216室
239		北京市房山区石楼镇人民政府	北京市房山区石楼镇政府202房间
240		北京市房山区新镇街道办事处社会保障事务所	北京市房山区新镇街道办事处210房间
241		北京市房山区人民政府拱辰街道办事处	1. 北京市房山区良乡地区长阳镇昊天北大街38号CSD商务广场 2. 北京市房山区拱辰街道社会事务服务中心(瑞雪春堂小区东侧)
242		北京市房山区良乡镇人民政府	北京市房山区良乡镇鲁村东200米良乡镇政府临时办公区(镇政府流管办)
243		北京市房山区长阳镇人民政府	1. 北京市房山区良乡地区长阳镇昊天北大街38号CSD商务广场 2. 北京市房山区长阳镇西营村村北(镇政府流管办)
244		北京市房山区人民政府西潞街道办事处	1. 北京市房山区良乡地区长阳镇昊天北大街38号CSD商务广场 2. 北京市房山区西潞街道月华南街18号西潞街道办事处流管办

序号	区局	代征单位名称	代征地址
245	房山	北京市房山区青龙湖镇人民政府	北京市房山区青龙湖镇人民政府综治办 210 房间
246		北京市房山区人民政府周口店办事处	北京市房山区周口店镇政府 204 房间
247		北京市房山区人民政府城关街道办事处	1. 北京市房山区良乡地区长阳镇昊天北大街 38 号 CSD 商务广场 2. 北京市房山区城关街道办事处 207 房间
248		北京市房山区窦店人民政府	北京市房山区窦店村北派出所院内 3 楼 314 房间
249		北京市房山区人民政府琉璃河地区办事处	北京市房山区琉璃河北大街涧城村中区 76 号 101 房间
250		北京市房山区张坊镇人民政府	房山区张坊镇张坊村
251		北京市房山区大石窝镇人民政府	北京市房山区大石窝镇石窝村东
252		北京市房山区十渡镇人民政府	房山区十渡镇十渡村
253	怀柔	北京市怀柔区杨宋镇人民政府	北京市怀柔区杨宋镇凤翔东街 5 号
254		北京市怀柔区宝山镇人民政府	北京市怀柔区宝山镇宝山寺村
255	密云	密云区十里堡镇人民政府	密云区十里堡镇政府
256		密云区冯家峪镇人民政府	密云区冯家峪镇人民政府
257		密云区太师屯镇人民政府	密云区太师屯镇人民政府
258		密云区檀营满族蒙古族乡人民政府	密云区檀营满族蒙古族乡人民政府
259		密云区果园街道办事处	密云区化轻公司原址
260		密云区鼓楼街道办事处	密云区新南路 110 号
261		北京自如信息科技有限公司	密云区经济开发区兴盛南路 8 号
262	平谷	北京市平谷区滨河街道办事处	平谷区林荫北街 13 号
263	延庆	延庆县八达岭镇岔道村民委员会	延庆区八达岭镇岔道村
264		北京永泰恒通房地产经纪有限公司	北京市延庆区延庆镇川北小区乙 25 号一层大厅
265	燕山	北京市房山区人民政府东风街道办事处	北京市房山区人民政府东风街道办事处
266		北京市房山区人民政府向阳街道办事处	北京市房山区人民政府向阳街道办事处
267		北京市房山区人民政府迎风街道办事处	北京市房山区人民政府迎风街道办事处
268		北京市房山区人民政府星城街道办事处	北京市房山区人民政府星城街道办事处

链接:

关于《北京市地方税务局　北京市国家税务局关于纳税人销售其取得的不动产和其他个人出租不动产增值税委托代征办税场所的公告》的政策解读

一、本次我市国税局委托地税局代征增值税的范围?

本公告所指由国税机关委托地税机关代征增值税的范围是纳税人销售其取得的不动产和其他个人出租不动产的增值税;由地税机关委托政府部门等代征增值税的范围是其他个人出租不动产增值税。其中,其他个人指自然人。

二、"营改增"后,其他个人出租不动产征收方式?

我市其他个人出租不动产税款征收方式仍采取地税机关直征和地税机关委托其他单位代征方式。"营改增"后个人出租房屋仍可选择综合征收率方式或分税种计征方式缴纳各类税款。

三、如何申请代开增值税发票的问题?

其他个人出租不动产,承租方不属于其他个人的,纳税人缴纳增值税后,可以向地税机关或有条件代开增值税发票的委托代征单位申请代开增值税专用发票。

其他个人出租不动产,出租方可以向地税机关或有条件代开增值税发票的委托代征单位申请代开增值税普通发票。

特此公告。

22 - 2 - 5
北京市地方税务局关于部分办税事项实行全市通办的公告

2016 年 8 月 4 日　北京市地方税务局公告 2016 年第 10 号

为深入贯彻落实中共中央办公厅、国务院办公厅《深化国税、地税征管体制改革方案》,扎实推进办税便利化,减轻纳税人办税负担,提高税收征管效能,北京市地方税务局决定对部分办税事项实行全市通办。现将有关情况公告如下:

一、本公告所称全市通办,是指纳税人对本公告所列的办税事项,不受经营地点和所属主管税务机关的限制,可以通过"北京互联网地税局"或者到全市各地税机关办税服务厅办理。

二、2016 年 8 月 8 日起,纳税人可以采用网上办理的方式办理 84 个办税事项。2016 年 9 月 8 日起,纳税人可以选择到全市各地税机关办税服务厅办理 22 个办税事项。

三、全市通办事项主要包括:税务登记、税务认定、申报纳税、备案管理、优惠办理、证明办理、涉税信息查询、纳税咨询等相关税收业务。

四、对于本公告所列 84 个网上办税事项,纳税人可以通过"北京互联网地税局"实行全流程无纸化办理。纳税人可以在线填写申请,将相关合同、证明等涉税资料电子化,经 CA 数字证书加密签名后,上传至"北京互联网地税局",地税机关实行网上办理。纳税人可以通过"北京互联网地税局"查询办理结果。

五、对于本公告所列 22 个服务厅办税事项,纳税人可以选择到全市各地税机关办税服务厅办理。受理机关对符合办理条件且能够即时办理的办税事项即时办结,对符合办理条件但不能即时办理的办税事项,在法定时限内办结。

六、纳税人需要进一步了解全市通办涉税事宜的,可拨打 12366 纳税服务热线、地税机关办税服务咨询电话或到办税服务厅现场咨询,也可登录北京市地方税务局网站(网址:http://www.tax861.gov.cn)进行查询。

特此公告。

附件:1."全市通办"纳税人网上办税事项清单
　　　2."全市通办"纳税人服务厅办税事项清单

附件1

"全市通办"纳税人网上办税事项清单

一、企业所得税减免税备案事项
1. 国债利息收入免征企业所得税
2. 取得的地方政府债券利息收入免征企业所得税
3. 符合条件的居民企业之间的股息、红利等权益性投资收益免征企业所得税
4. 内地居民企业连续持有 H 股满 12 个月取得的股息红利所得免征企业所得税
5. 中国清洁发展机制基金取得的收入免征企业所得税
6. 投资者从证券投资基金分配中取得的收入暂不征收企业所得税
7. 中国期货保证金监控中心有限责任公司取得的银行存款利息等收入暂免征收企业所得税
8. 中国保险保障基金有限责任公司取得的保险保障基金等收入免征企业所得税
9. 金融、保险等机构取得的涉农贷款利息收入、保费收入在计算应纳税所得额时减计收入
10. 取得企业债券利息收入减半征收企业所得税
11. 安置残疾人员及国家鼓励安置的其他就业人员所支付的工资加计扣除
12. 从事符合条件的环境保护、节能节水项目的所得定期减免企业所得税
13. 支持和促进重点群体创业就业企业限额减征企业所得税
14. 扶持自主就业退役士兵创业就业企业限额减征企业所得税
15. 新办集成电路设计企业定期减免企业所得税
16. 符合条件的集成电路封装、测试企业定期减免企业所得税
17. 符合条件的集成电路关键专用材料生产企业、集成电路专用设备生产企业定期减免企业所得税
18. 符合条件的生产和装配伤残人员专门用品企业免征企业所得税
19. 购置用于环境保护、节能节水、安全生产等专用设备的投资额按一定比例实行税额抵免
20. 享受过渡期税收优惠定期减免企业所得税
21. 符合条件的非营利组织的收入免征企业所得税
22. 综合利用资源生产产品取得的收入在计算应纳税所得额时减计收入

23. 开发新技术、新产品、新工艺发生的研究开发费用加计扣除	
24. 从事农、林、牧、渔业项目的所得减免征收企业所得税	
25. 从事国家重点扶持的公共基础设施项目投资经营的所得定期减免企业所得税	
26. 符合条件的技术转让所得减免征收企业所得税	
27. 实施清洁发展机制项目的所得定期减免企业所得税	
28. 符合条件的节能服务公司实施合同能源管理项目的所得定期减免企业所得税	
29. 创业投资企业按投资额的一定比例抵扣应纳税所得额	
30. 有限合伙制创业投资企业法人合伙人按投资额的一定比例抵扣应纳税所得额	
31. 国家需要重点扶持的高新技术企业减按15%的税率征收企业所得税	
32. 经营性文化事业单位转制为企业的免征企业所得税	
33. 动漫企业自主开发、生产动漫产品定期减免企业所得税	
34. 技术先进型服务企业减按15%的税率征收企业所得税	
35. 集成电路线宽小于0.8微米(含)的集成电路生产企业定期减免企业所得税	
36. 线宽小于0.25微米的集成电路生产企业减按15%税率征收企业所得税	
37. 投资额超过80亿元的集成电路生产企业减按15%税率征收企业所得税	
38. 线宽小于0.25微米的集成电路生产企业定期减免企业所得税	
39. 投资额超过80亿元的集成电路生产企业定期减免企业所得税	
40. 符合条件的软件企业定期减免企业所得税	
41. 国家规划布局内重点软件企业可减按10%的税率征收企业所得税	
42. 国家规划布局内集成电路设计企业可减按10%的税率征收企业所得税	
43. 汇总纳税企业分支机构已备案优惠清单	
二、企业所得税纳税申报事项	
44. 居民企业企业所得税季度预缴纳税申报	
45. 居民企业企业所得税汇算清缴纳税申报	
46. 非货币性资产投资(汇算清缴附表)	
47. 非货币性资产投资递延纳税调整明细表(汇算清缴附表)	
48. 资产(股权)划转(汇算清缴附表)	
49. 居民企业资产(股权)划转特殊性税务处理申报表(汇算清缴附表)	
50. 企业重组所得税特殊性税务处理报告表(债务重组)(汇算清缴附表)	
51. 企业重组所得税特殊性税务处理报告表(股权收购)(汇算清缴附表)	
52. 企业重组所得税特殊性税务处理报告表(资产收购)(汇算清缴附表)	
53. 企业重组所得税特殊性税务处理报告表(企业合并)(汇算清缴附表)	
54. 企业重组所得税特殊性税务处理报告表(企业分立)(汇算清缴附表)	
55. 企业重组所得税特殊性税务处理报告表(法律形式改变)(汇算清缴附表)	
三、企业所得税年度汇算清缴(附报资料)事项	
56. 跨地区汇总纳税总机构	
57. 房地产开发经营企业	
58. 委托中介机构代理纳税申报	
59. 资产损失	
60. 政策性搬迁	
61. 中华人民共和国企业政策性搬迁清算损益表	

续表

62. 棚户区改造支出
63. 申报抵免境外所得税境外所得抵免
64. 境外注册中资控股企业居民身份认定申请
四、其他涉税事项
65. 安置残疾人免征城镇土地使用税
66. 商品储备企业免征房产税、城镇土地使用税、印花税
67. 煤炭资源税减征税收
68. 文化单位转制企业免征房产税
69. 股权转让被投资企业
70. 税务登记证件遗失补办
71. 拒绝代扣代缴税款
72. 纳税人跨区(县)迁入
73. 延期申报申请核准
74. 延期缴纳税款
75. 临时经营设立登记
76. 对纳税人变更纳税定额核准
77. 非正常户解除申请
78. 外出经营活动登记事项
79. 外出经营活动核销事项
80. 残疾人、孤老人员和烈属所得减征个人所得税审批事项
81. 纳税人存款账户账号报告
82. 纳税人财务会计制度及核算软件备案
83. 纳税人自身涉税保密信息查询事项
84. 变更税务登记信息(包含7个子项)

附件2

"全市通办"纳税人服务厅办税事项清单

1. 设立税务登记
2. 组织变更登记
3. 停业登记
4. 复业登记
5. 扣缴税款登记
6. 自然人信息登记
7. 自然人信息变更
8. 外出经营证明登记
9. 外出经营证明核销
10. 一照一码户信息变更
11. 外埠纳税人经营地报验登记
12. 外出经营活动情况申报

续表

13. 税务登记验证
14. 税务登记换证
15. 证件增补发
16. 证件遗失、损毁管理
17. 存款账户账号报告
18. 财务会计制度备案
19. 合并分立报告
20. 一照一码户信息采集
21. 组织临时登记
22. 开具个人完税(费)证明

链接:

<h1 align="center">关于《北京市地方税务局关于对部分
办税事项全市通办的公告》的政策解读</h1>

一、公告出台的背景

为贯彻落实中共中央办公厅、国务院办公厅《深化国税、地税征管体制改革方案》,北京市地方税务局按照党中央、国务院决策部署和市委、市政府工作要求,以"简政放权、优化服务、为民办税"为理念指引,依托金税三期系统,创新税收征管和服务方式,打破地域界限、优化资源配置,进一步减轻基层税务干部和纳税人办税负担,深入推行办税事项全市通办。北京市地方税务局作为全国首批省内通办试点单位,在税务总局要求通办范围的基础上确定了具体业务范围,细化了全市通办的工作内容并制发本公告。

二、公告主要内容

2016年8月8日起,纳税人可以采用网上办理的方式,办理84个办税事项。2016年9月8日起,纳税人可以选择到全市各地税机关办税服务厅办理22个办税事项。全市通办事项主要包括:税务登记、税务认定、申报纳税、备案管理、优惠办理、证明办理、涉税信息查询、纳税咨询等相关税收业务。

<h1 align="center">22 - 2 - 6
国家税务总局关于修订个体工商户
税收定期定额征收管理文书的公告</h1>

2016年8月23日　国家税务总局公告2016年第56号

为配合全面推开营业税改征增值税试点工作顺利实施,国家税务总局对个体工商户税收定期定额征收管理文书进行了修订,现公告如下:

一、税务机关对营业税改征增值税试点的个体工商户实行定期定额征收方式的,在采集纳税人信息时应使用《个体工商户定额信息采集表(适用于营业税改征增值税试点纳税人)》(见附件)。

二、《国家税务总局关于印发个体工商户税收定期定额征收管理文书的通知》(国税函〔2006〕1199号)附件1中的《个体工商户定额信息采集表(适用于营业税纳税人)》同时废止。

三、本公告自2016年10月1日起施行。

特此公告。

附件:个体工商户定额信息采集表(适用于营业税改征增值税试点纳税人)

附件

个体工商户定额信息采集表
(适用于营业税改征增值税试点纳税人)

单位名称:　　　　　　　　　　　　　　　　　　　　采集日期:　年　月　日

纳税人识别号		业户名称	
业主姓名		经营地址	
联系电话		经营范围	
调查项目名称	调查项目内容		
定额项目			
资产投资总额(元)			
经营面积(m²)			
主要经营用具及台(套)数			
月发票开具额			
年房屋租金(元)			
仓储面积(m²)			
所属乡镇、街道			
所属集贸市场			
从业人数			
经营方式			
代理品牌数量			
淡季旺季情况			
代理区域			
交通工具			
所属路段			
经营年限			

广告类别	
信誉程度	
其他项目	

"其他项目"补充说明：

纳税人签字： 　　　　　　　　　年　月　日	税收管理员签字： 　　　　　　　　　年　月　日

22-2-7

北京市地方税务局　北京市国家税务局
关于个体工商户城市维护建设税、
教育费附加、地方教育附加及
个人所得税委托代征事项的公告

2016 年 12 月 5 日　北京市地方税务局　北京市国家税务局公告 2016 年第 18 号

　　为进一步加大推进"放管服"改革力度,全面落实深化国税、地税征管体制改革工作要求,创新税收征管方式,提高纳税服务质量,根据《中华人民共和国税收征收管理法》及其实施细则、《个体工商户税收定期定额征收管理办法》(国家税务总局 2006 年第 16 号令)、《国家税务总局关于发布〈委托代征管理办法〉的公告》(国家税务总局公告 2013 年第 24 号)等有关规定,现将我市个体工商户城市维护建设税、教育费附加、地方教育附加及个人所得税委托代征有关事项公告如下:

　　一、自 2017 年 1 月 1 日起,地税机关委托国税机关代征我市个体工商户城市维护建设税、教育费附加、地方教育附加及个人所得税。

　　二、为方便个体工商户纳税人,节省纳税人办税时间,简化办税流程,定期定额征收的个体工商户可以简并征期,按季度申报缴纳个人所得税。

　　三、如因国税机关系统故障原因无法代征相关税费,个体工商户可到主管地税机关进行上门申报。

　　本公告自 2017 年 1 月 1 日起施行。

　　特此公告。

链接:

关于《北京市地方税务局 北京市国家税务局关于个体工商户城市维护建设税、教育费附加、地方教育附加及个人所得税委托代征事项的公告》的政策解读

一、实施委托代征的背景、意义?

为全面落实深化国税、地税征管体制改革工作要求,本着降低征税成本,方便纳税人办税的原则,合理划分国税、地税征管职责,根据《中华人民共和国税收征收管理法》及其实施细则、《个体工商户税收定期定额征收管理办法》(国家税务总局 2006 年第 16 号令)、《国家税务总局关于发布〈委托代征管理办法〉的公告》(国家税务总局公告 2013 年第 24 号)等有关规定,地税机关委托国税机关代征我市个体工商户城市维护建设税、教育费附加、地方教育附加及个人所得税。此举可以有效降低税款征收成本,简化办税流程,解决纳税人多头办税的问题,优化税务机关纳税服务,增强税法遵从度和纳税人满意度。

二、我市地税机关委托国税机关代征个体工商户相关税费的范围?

本公告明确了本市个体工商户城市维护建设税、教育费附加、地方教育附加及个人所得税属于此次代征范围。

三、如何理解本公告的施行日期?

本公告自 2017 年 1 月 1 日起施行。个体工商户税款所属期自 2017 年 1 月 1 日起的相关税费由国税机关代征;税款所属期为 2016 年 12 月 31 日以前的税费仍由地税机关征收。

22-3　发票管理

22-3-1
北京市国家税务局　北京市地方税务局关于营改增后发票管理衔接有关事项的公告

2016 年 5 月 19 日　北京市国家税务局　北京市地方税务局公告 2016 年第 17 号

根据《国家税务总局关于全面推开营业税改征增值税试点有关税收征收管理事项的公告》(国家税务总局公告 2016 年第 23 号)以及《国家税务总局关于明确营改增试点若干征管问题的公告》(国家税务总局公告 2016 年第 26 号)有关规定,现将营改增之后发票管理有关事项公告如下:

一、地税发票的使用期限

(一)2016 年 5 月 1 日起,地税机关不再向试点纳税人发放发票。

(二)2016 年 4 月 30 日之前纳税人已领取地税机关印制的发票以及印有本单位名称的发票,可使用至 2016 年 6 月 30 日。

(三)享受免征增值税政策的纳税人(如医院、博物馆等)使用的印有本单位名称的发票可适当延长使用期限,最迟不超过 2016 年 8 月 31 日。

二、关于地税机关已发放发票的缴销问题

(一)初次在国税机关领用发票的纳税人,须缴销地税机关已发放的发票后,方可领用。

(二)凡在国税机关已领用发票的纳税人,在开具国税发票之前,应将地税机关已发放的发票一律缴销。

(三)使用地税税控收款机开具发票的纳税人在办理发票缴销手续前,应先将已分发、未使用的空白发票做"作废"处理,并进行抄报。

(四)试点纳税人(除特殊情况外)应于 2016 年 6 月 30 日前办理地税结存发票的缴销手续。纳税人在国、地税均可办理发票缴销手续。

(五)试点纳税人办理完地税结存发票缴销手续后,应到原发放税控收款机的地税机关办理税控器具注销手续。

三、其他有关事项

（一）自2016年5月1日起,试点纳税人需要继续印制印有本单位名称发票的,应到主管国税机关办理备案手续。

（二）2016年5月1日后,纳税人在使用地税发票过程中存在违法行为的,由主管国税机关按照《中华人民共和国发票管理办法》有关规定进行处理。

（三）对未按要求报送开具地税发票数据的纳税人,由地税机关按照《中华人民共和国发票管理办法》有关规定进行处理。

（四）地税发放的有奖发票由地税予以兑现。

本公告自发布之日起施行,《北京市国家税务局　北京市地方税务局关于营业税改征增值税发票管理有关事项的公告》（北京市国家税务局公告2016年第11号）同时作废。

特此公告。

链接:

关于《北京市国家税务局　北京市地方税务局关于营改增后发票管理衔接有关事项的公告》的政策解读

一、背景和目的

为保障全面推开营业税改征增值税试点工作顺利实施,税务总局发布《国家税务总局关于全面推开营业税改征增值税试点有关税收征收管理事项的公告》（国家税务总局公告2016年第23号）以及《国家税务总局关于明确营改增试点若干征管问题的公告》（国家税务总局公告2016年第26号）。自2016年5月1日起,地税机关不再向试点纳税人发放发票。试点纳税人已领取地税机关印制的发票以及印有本单位名称的发票,可继续使用至2016年6月30日,特殊情况（享受免征增值税政策的纳税人,如医院、博物馆等）可适当延长使用期限,但最迟不超过2016年8月31日。

因此,北京市国家税务局、北京市地方税务局发布《北京市国家税务局　北京市地方税务局关于营改增后发票管理衔接有关事项的公告》,并对发票管理有关问题进行明确。

二、适用范围

北京市营改增试点纳税人。

三、主要内容

（一）2016年5月1日之后,试点纳税人在延长期限内开具的地税发票,仍需向主管地税机关报送开具发票的数据;但开具发票金额应按照增值税规定向国税申报缴纳增值税。

（二）试点纳税人可选择将结存的地税发票使用至2016年6月30日（特殊情况到8月31日）,但在此期间不得开具国税发票;若纳税人需要开具国税发票的,应在开具国税发票之前将其结存的地税发票缴销。

（三）试点纳税人应重视发票缴销工作,认真做好地税结存发票的缴销以及地税税控器具的注销,实现营改增后发票使用的顺利过渡。试点纳税人存在未按规定缴销发票、未按规定报送开票数据以及未按规定注销税控器具的,税务机关将依法进行处理。

22-3-2
北京市地方税务局关于停止
有奖发票兑奖事项的公告

2016 年 9 月 12 日　北京市地方税务局公告 2016 年第 16 号

依据《北京市国家税务局　北京市地方税务局关于营改增后发票管理衔接有关事项的公告》(北京市国家税务局　北京市地方税务局公告 2016 年第 17 号)关于2016 年 4 月 30 日之前纳税人已领取地税机关印制的发票可使用至 2016 年 6 月 30 日的规定,以及《北京市地方税务局关于优化税收业务流程有关问题的公告》(北京市地方税务局公告 2010 年第 3 号)关于刮开式有奖发票兑奖期限为自开具发票之日起 90日内的规定,我市地方税务机关印制的刮开式有奖发票的兑奖工作,将于 2016 年 9 月29 日起全面停止。

本公告自 2016 年 9 月 29 日起施行。《北京市地方税务局关于在全市实行有奖发票即开即兑工作的通知》(京地税票〔2005〕62 号)、《北京市地方税务局关于启用有奖发票兑奖专用章的通知》(京地税票〔2005〕89 号)、《北京市地方税务局关于延长有奖发票兑奖期限的通知》(京地税票〔2005〕91 号)、《北京市地方税务局关于有奖发票兑奖管理有关问题的通知》(京地税票〔2007〕233 号)文件同时废止。

特此公告。

链接:

关于《北京市地方税务局关于停止
有奖发票兑奖事项的公告》的政策解读

按照中央部署,2016 年 5 月全面启动营改增试点改革工作后,地方税务机关的发票管理职能全部移交至国家税务机关。根据《北京市国家税务局　北京市地方税务局关于营改增后发票管理衔接有关事项的公告》(北京市国家税务局　北京市地方税务局公告 2016 年第 17 号)规定,2016 年 4月 30 日之前纳税人已领取地税机关印制的发票,可使用至 2016 年 6 月 30 日,及《北京市地方税务局关于优化税收业务流程有关问题的公告》(北京市地方税务局公告 2010 年第 3 号)规定,刮开式有奖发票兑奖期限为自开具发票之日起 90 日内(最后一天如遇节假日顺延)。营改增试点纳税人领取地税机关印制的有奖发票最后可开具日期为 2016 年 6 月 30 日,消费者取得该日开具的有奖发票最后兑奖日期应为 2016 年 9 月 28 日。因此,我市地方税务机关将于 2016 年 9 月 29 日起全面停止刮开式有奖发票的兑奖工作。

　　为便于消费者知悉，保障有奖发票中奖者权益，北京市地方税务局发布《北京市地方税务局关于停止有奖发票兑奖事项的公告》，对地方税务机关印制的刮开式有奖发票兑奖工作停止时间加以明确。

22-4 纳税服务

22-4-1
国家税务总局关于明确纳税
信用补评和复评事项的公告

2015年6月19日　国家税务总局公告2015年第46号

为进一步规范纳税信用管理,根据《国家税务总局关于发布〈纳税信用管理办法(试行)〉的公告》(国家税务总局公告2014年第40号,以下简称《办法》)规定,现就纳税信用补评、复评事项公告如下:

一、纳税人因《办法》第十七条第三、四、五项所列情形解除,或对当期未予评价有异议的,可填写《纳税信用补评申请表》(附件1),向主管税务机关申请补充纳税信用评价。

纳税人主管国税机关、地税机关应及时沟通,相互传递补评申请,按照《办法》第三章的规定开展纳税信用补评工作。主管税务机关应自受理申请之日起15个工作日内完成补评工作,并向纳税人反馈纳税信用评价信息(附件2)或提供评价结果的自我查询服务。

二、纳税人对纳税信用评价结果有异议的,可在纳税信用评价结果确定的当年内,填写《纳税信用复评申请表》(附件3),向主管税务机关申请复评。

作出评价的税务机关应按《办法》第三章规定对评价结果进行复核。主管国税机关、地税机关应及时沟通,相互传递复评申请,并自受理申请之日起15个工作日内完成复评工作,并向纳税人反馈纳税信用复评信息(附件4)或提供复评结果的自我查询服务。

三、主管税务机关应于每月前5个工作日内将纳税信用补评、复评情况层报至省税务机关备案,并发布A级纳税人变动情况通告。省税务机关应及时更新税务网站公布的纳税信用评价信息,并于每月前10个工作日内将A级纳税人变动情况报送税务总局(纳税服务司)。

四、本公告自发布之日起施行。

特此公告。

附件:1. 纳税信用补评申请表

    2. ＿＿年度纳税信用评价信息

    3. 纳税信用复评申请表

    4. ＿＿年度纳税信用复评信息

附件 1

纳税信用补评申请表

纳税人识别号			
纳税人名称			
国税主管税务机关		地税主管税务机关	
经办人		经办人联系电话	
申请补评的年度			
申请原因			
□1. 涉嫌税收违法被立案查处已结案 □2. 被审计、财政部门依法查出税收违法行为,税务机关已依法处理并办结 □3. 税务行政复议、行政诉讼已结案 □4. 对未予纳税信用评价的原因有疑问			
经办人签章: 年 月 日		纳税人公章: 年 月 日	
以下由税务机关填写			
受理人:			
受理日期: 年 月 日			主管税务机关(章)

备注:1. 税务机关将在受理申请后 15 个工作日内完成纳税信用补评,届时您可向主管税务机关查询纳税信用评价信息。

2. 本表一式三份,主管税务机关留存两份,返纳税人一份。

3. 主管税务机关(章)指办税服务厅业务专用章。

附件2

＿＿＿年度纳税信用评价信息

纳税人名称				纳税人识别号		
法定代表人	姓名		财务负责人	姓名		
	身份证号			身份证号		
出纳人员	姓名		办税人	姓名		
	身份证号			身份证号		
注册地址						
生产经营地址						
国税主管税务机关				地税主管税务机关		
纳税信用评价得分						
年度评价结果	＿＿＿级(或因			年度未予评价)		
外部参考信息	优良记录:					
	不良记录:					

纳税信用评价指标记分记录

指标代码	指标名称	评价记分

主管税务机关：　　　　　　　　　　　　　　　　　　评价时间：　年　月　日

附件3

纳税信用复评申请表

纳税人识别号			
纳税人名称			
国税主管税务机关		地税主管税务机关	
经办人		经办人联系电话	
申请复评的年度		年度评价结果	

申请原因

☐1. 对纳税信用评价得分计算有疑问
☐2. 对直接判为 D 级有疑问
☐3. 对涉税申报信息评价指标扣分有疑问
☐4. 对税(费)缴纳信息评价指标扣分有疑问
☐5. 对发票与税控器具信息评价指标扣分有疑问
☐6. 对登记与账簿信息评价指标扣分有疑问
☐7. 对纳税评估、税务审计、反避税调查信息评价指标扣分有疑问
☐8. 对税务稽查信息评价指标扣分有疑问
☐9. 对外部评价信息指标扣分有疑问
☐10. 其他:_____

经办人签章: 年　月　日	纳税人公章: 年　月　日

以下由税务机关填写

受理人:

受理日期:　　年　月　日　　　　　　　　　　　　　主管税务机关(章)

　　备注:1. 税务机关将在受理申请后15个工作日内完成纳税信用复评,届时您可向主管税务机关查询纳税信用复评信息。

　　2. 本表一式三份,主管税务机关留存两份,返纳税人一份。

　　3. 主管税务机关(章)指办税服务厅业务专用章。

附件 4

_____年度纳税信用复评信息

纳税人名称			纳税人识别号		
法定代表人	姓名		财务负责人	姓名	
	身份证号			身份证号	
出纳人员	姓名		办税人	姓名	
	身份证号			身份证号	
注册地址					
生产经营地址					
国税主管税务机关			地税主管税务机关		
原评价结果			原评价得分		
复评结果			复评得分		
外部参考信息	优良记录：				
	不良记录：				

纳税信用评价指标记分复核记录

指标代码	指标名称	原评价记分	复核记分	变动原因

主管税务机关：   复评时间： 年 月 日

22-4-2
国家税务总局关于修订
《纳税服务投诉管理办法》的公告

2015年6月26日　国家税务总局公告2015年第49号

为进一步规范纳税服务投诉管理,提高投诉办理效率,国家税务总局修订了《纳税服务投诉管理办法》,现予以发布,自2015年9月1日起施行。原《国家税务总局关于印发〈纳税服务投诉管理办法(试行)〉的通知》(国税发〔2010〕11号)同时废止。

特此公告。

附件:纳税服务投诉事项处理表(编者略)

纳税服务投诉管理办法

第一章　总　　则

第一条　为保护纳税人合法权益,规范纳税服务投诉管理工作,构建和谐的税收征纳关系,根据《中华人民共和国税收征收管理法》,制定本办法。

第二条　纳税人(含扣缴义务人和其他涉税当事人,下同)认为税务机关及其工作人员在履行纳税服务职责过程中未提供规范、文明的纳税服务或者侵犯其合法权益,向税务机关进行投诉,税务机关办理纳税人投诉事项,适用本办法。

第三条　对依法应当通过税务行政复议、诉讼等法定途径解决的事项,应当依照有关法律、行政法规的规定办理。

第四条　纳税人进行纳税服务投诉应当客观真实,不得隐瞒、歪曲、捏造事实,不得诬告、陷害他人。

第五条　税务机关及其工作人员在办理纳税服务投诉事项中,必须坚持合法、公正、及时的原则,不得徇私、偏袒,不得打击、报复。

第六条　县级以上税务机关的纳税服务管理部门具体办理纳税服务投诉事项,负责受理、调查、处理纳税服务投诉。

第七条　各级税务机关应当配备专门人员从事纳税服务投诉管理工作,保障纳税服务投诉工作的顺利开展。

第二章　纳税服务投诉范围

第八条　本办法所称纳税服务投诉包括:

（一）纳税人对税务机关工作人员服务态度不满意而进行的投诉；

（二）纳税人对税务机关及其工作人员服务质效不满意而进行的投诉；

（三）纳税人认为税务机关及其工作人员在履行职责过程中侵害其合法权益而进行的投诉。

第九条　对服务态度的投诉，是指纳税人认为税务机关工作人员在履行纳税服务职责过程中工作用语、行为举止不符合文明服务规范要求而进行的投诉。具体包括：

（一）税务机关工作人员使用服务忌语的；

（二）税务机关工作人员对待纳税人态度恶劣的；

（三）税务机关工作人员行为举止违背文明礼仪服务其他要求的。

第十条　对服务质效的投诉，是指纳税人认为税务机关及其工作人员办理涉税业务时，未能提供规范、高效的服务而进行的投诉。具体包括：

（一）税务机关及其工作人员未按规定时限办理、回复涉税事项的；

（二）税务机关及其工作人员受理纳税人涉税事项或者接受纳税人涉税咨询，按规定应当一次性告知而未能一次性告知的；

（三）在涉税业务办理、纳税咨询、服务投诉和税收工作建议方面，税务机关工作人员未履行首问责任制的；

（四）税务机关未按照办税公开要求的范围、程序或者时限，公开相关税收事项和具体规定，未能为纳税人提供适当的查询服务的；

（五）税务机关及其工作人员违反纳税服务规范其他要求的。

第十一条　侵害纳税人合法权益的投诉，是指纳税人认为税务机关及其工作人员在履行纳税服务职责过程中未依法执行现行税收法律法规规定，侵害纳税人的合法权益而进行的投诉。具体包括：

（一）税务机关及其工作人员泄露纳税人商业秘密或者个人隐私的；

（二）税务机关及其工作人员擅自要求纳税人提供规定以外资料的；

（三）税务机关及其工作人员妨碍纳税人行使纳税申报方式选择权的；

（四）税务机关及其工作人员妨碍纳税人依法要求行政处罚听证、申请行政复议以及请求行政赔偿的；

（五）同一税务机关违反规定，在一个纳税年度内，对同一纳税人就同一事项实施超过1次纳税评估或者超过2次税务检查的；

（六）税务机关及其工作人员违反规定强制纳税人出具涉税鉴证报告，违背纳税人意愿强制代理、指定代理的；

（七）税务机关及其工作人员违反规定或者违背公开承诺，有侵害纳税人合法权益的其他行为的。

第三章　提交与受理

第十二条　纳税人对纳税服务的投诉应当采取实名投诉。投诉可以通过网络、电话、信函或者当面等方式提出。

第十三条　纳税人进行实名投诉，应当列明下列事项：

（一）投诉人的姓名(名称)、有效联系方式；

（二）被投诉单位名称或者被投诉个人的相关信息及其所属单位；

(三)投诉请求、主要事实、理由。

纳税人通过电话或者当面方式提出投诉的,税务机关在告知纳税人的情况下可以对投诉内容进行录音或者录像。

第十四条 纳税人对税务机关及其工作人员的投诉,可以向本级税务机关提交,也可以向其上级税务机关提交。

第十五条 已就具体行政行为申请税务行政复议或者提起税务行政诉讼,且被依法受理的,不可同时进行纳税服务投诉。但具体行政行为同时涉及纳税服务态度问题的,可就纳税服务态度问题单独向税务机关进行投诉。

第十六条 纳税服务投诉符合本办法规定的投诉范围且属于下列情形的,税务机关应当受理:

(一)纳税人进行实名投诉,且投诉材料符合本办法第十三条要求;

(二)纳税人虽进行匿名投诉,但投诉的事实清楚、理由充分,有明确的被投诉人,投诉内容具有典型性。

第十七条 属于下列情形的,税务机关不予受理:

(一)违反法律、法规、规章有关规定的;

(二)针对出台的法律、法规、规章和规范性文件规定进行投诉的;

(三)投诉人就税务机关已处理完毕的相同事项进行投诉,经上级税务机关复核后维持原处理决定的;

(四)投诉事实不清,没有具体诉求或者有效联络方式,无法核实办理的;

(五)不属于本办法投诉范围的其他情形。

第十八条 税务机关收到投诉后,应于2个工作日内进行审查,决定是否受理,并分别按下列方式处理:

(一)投诉事项符合本办法规定受理范围,按照"属地管理、分级负责"的原则处理;

(二)本办法规定范围以外的投诉事项应分别依照相关规定告知投诉人向有权处理的部门投诉或者转有权处理的部门处理;

(三)对于投诉要件不全的,应当及时与投诉人取得联系,补正后予以受理。

第十九条 对于不予受理的实名投诉,税务机关应当以适当形式告知投诉人,并说明理由。

第二十条 税务机关收到投诉后,未按本办法第十八条规定的期限审查作出不予受理决定,或者转相关部门处理的,自收到投诉之日起视为受理。

第二十一条 上级税务机关认为下级税务机关应当受理投诉而不受理或者不予受理的理由不成立的,可以责令其受理。

上级税务机关认为有必要的,可以直接受理应由下级税务机关受理的纳税服务投诉。

第二十二条 纳税人的同一投诉事项涉及两个(含)以上税务机关的,应当由首诉税务机关牵头协调处理。首诉税务机关协调不成功的,应当向上级税务机关申请协调处理。

第二十三条 税务机关应当建立纳税服务投诉事项登记制度,将投诉时间、投诉人、被投诉人、联系方式、投诉内容、受理情况以及办理结果等有关内容录入《纳税服务投诉事项处理表》(见附件)。

第二十四条 各级税务机关应当向纳税人公布负责纳税服务投诉机构的通讯地址、投诉电话、电子邮箱、税务网站和其他便利投诉的事项。

第四章　调查与处理

第二十五条　税务机关调查、处理投诉事项,应本着注重调解、化解争议的原则进行。调查处理纳税服务投诉事项,应当由两名以上工作人员参加。

第二十六条　投诉人要求保密的,税务机关及其工作人员应当为投诉人保密;调查人员与投诉事项或者投诉人、被投诉人有利害关系的,应当回避。

第二十七条　税务机关应当对纳税人投诉的具体事项进行调查、核实。调查过程中应当充分听取投诉人、被投诉人的意见,查阅相关文件资料,调取有关证据,必要时可实地核查。

第二十八条　调查过程中发生下列情形之一的,应当终结调查:

(一)投诉事实经查不属于纳税服务投诉事项的;

(二)投诉内容不具体,无法联系投诉人或者投诉人拒不配合调查,导致无法调查核实的;

(三)投诉人自行撤销投诉,经核实,确实不需要进一步调查的。

第二十九条　税务机关根据调查核实的情况,对纳税人投诉的事项分别作出如下处理,并将处理结果以适当形式告知实名投诉人:

(一)投诉情况属实的,责令被投诉人限期改正,并视情节轻重分别给予被投诉人相应的处理;

(二)投诉情况不属实的,向投诉人说明理由。

第三十条　纳税人因服务态度不满进行的纳税服务投诉事项应当在10个工作日内办结。

纳税人因服务质效和侵犯权益进行的纳税服务投诉事项,应当在20个工作日内办结;情况复杂的,经受理税务机关纳税服务部门负责人批准,可以适当延长办理期限,但延长期限不得超过15个工作日,并以适当形式告知投诉人。

第三十一条　被投诉人应当按照责令改正要求的限期,对投诉事项予以改正,并自限期期满之日起3个工作日内将改正结果书面报告作出处理决定的税务机关。

第三十二条　纳税人当场提出投诉,事实简单、清楚,不需要进行调查的,税务机关可以即时进行处理,事后应当补填《纳税服务投诉事项处理表》进行备案。

第三十三条　纳税人当场投诉事实成立的,被投诉人应当立即停止或者改正被投诉的行为,并向纳税人赔礼道歉,税务机关应当视情节轻重给予被投诉人相应处理;投诉事实不成立的,处理投诉事项的税务机关工作人员应当向纳税人说明理由。

第二十四条　税务机关在投诉事项办理结束后,应当对留下有效联系方式的实名投诉人进行回访。投诉人对处理结果不满意的,税务机关应当分析原因,并决定是否开展补充调查。

第五章　指导与监督

第三十五条　上级税务机关应当加强对下级税务机关纳税服务投诉工作的指导与监督。

第三十六条　各级税务机关应当及时对纳税服务投诉情况进行统计、分析、整理和归档,并定期向上一级税务机关提交情况报告。

对于办理纳税服务投诉过程中发现的有关税收制度或者行政执法中存在的普遍性问题,应当向有关部门提出合理化建议。

第三十七条　建立上级对下级税务机关纳税服务投诉办理情况通报制度,定期将投诉及处理情况进行通报。

第三十八条　各级税务机关应当积极依托信息化手段,规范流程、强化监督,不断提高纳税服务投诉处理质效。

第六章　附　　则

第三十九条　各省、自治区、直辖市和计划单列市国家税务局、地方税务局可以根据本办法制定具体的实施办法。

第四十条　本办法自2015年9月1日起施行。原《国家税务总局关于印发〈纳税服务投诉管理办法(试行)〉的通知》(国税发〔2010〕11号)同时废止。

22 - 4 - 3

国家税务总局关于简化契税办理流程
取消(无)婚姻登记记录证明的公告

2015年10月9日　　国家税务总局公告2015年第71号

为落实国务院关于简化优化公共服务流程,方便群众办事和为基层减负等要求,国家税务总局决定,税务机关在受理契税申报缴税过程中,不再要求纳税人提供(无)婚姻登记记录证明。现将有关事项公告如下:

一、纳税人在申请办理家庭唯一普通住房契税优惠时,无须提供原民政部门开具的(无)婚姻登记记录证明。

二、税务机关在受理纳税人家庭唯一普通住房契税优惠申请时,应当做好纳税人家庭成员状况认定工作。如果纳税人为成年人,可以结合户口簿、结婚(离婚)证等信息判断其婚姻状况。无法做出判断的,可以要求其提供承诺书,就其申报的婚姻状况的真实性做出承诺。如果纳税人为未成年人,可结合户口簿等材料认定家庭成员状况。

三、各级税务机关应当迅速将这一便民措施落实到位,切实做好对一线工作人员的业务培训,确保措施落实不折不扣;同时,应当加强督导检查,及时发现落实过程中出现的问题,发现一起、纠正一起。

四、本公告自公布之日起施行。

特此公告。

22 – 4 – 4

国家税务总局关于明确纳税信用
管理若干业务口径的公告

2015 年 12 月 2 日　国家税务总局公告 2015 年第 85 号

根据《国家税务总局关于发布〈纳税信用管理办法(试行)〉的公告》(国家税务总局公告 2014 年第 40 号,以下简称《信用管理办法》)等相关规定,结合近期各地在实际操作中反映的问题,现将纳税信用管理若干业务口径公告如下:

一、关于《信用管理办法》的适用范围

《信用管理办法》的适用范围为:已办理税务登记(含"三证合一、一照一码"、临时登记),从事生产、经营并适用查账征收的独立核算企业、个人独资企业和个人合伙企业。

查账征收是指企业所得税征收方式为查账征收,个人独资企业和个人合伙企业的个人所得税征收方式为查账征收。

二、关于纳税信用信息采集

根据《信用管理办法》第十三条的规定,税务内部信息从税务管理系统中采集,采集的信息记录截止时间为评价年度 12 月 31 日(含本日,下同)。

主管税务机关遵循"无记录不评价,何时(年)记录、何时(年)评价"的原则,使用税务管理系统中纳税人的纳税信用信息,按照规定的评价指标和评价方式确定纳税信用级别。

三、关于起评分

评价年度内,纳税人经常性指标和非经常性指标信息齐全的,从 100 分起评;非经常性指标缺失的,从 90 分起评。

非经常性指标缺失是指:在评价年度内,税务管理系统中没有纳税评估、大企业税务审计、反避税调查或税务稽查出具的决定(结论)文书的记录。

四、关于评价范围

在《信用管理办法》适用范围内,有下列情形之一的纳税人,不参加本期的评价:

(一)纳入纳税信用管理时间不满一个评价年度的。

评价年度为公历年度,即 1 月 1 日—12 月 31 日。纳入纳税信用管理时间不满一个评价年度是指:税务登记在评价年度 1 月 2 日以后;或者税务登记在评价年度 12 月 31 日以前注销的。

营改增企业的税务登记日期,为原地方税务机关税务登记日期。2015 年 10 月 1

日之后,新办的"三证合一、一照一码"企业纳入纳税信用管理的时间,从税务机关采集纳税人补充信息之日计算。

由非正常户直接责任人员、D级纳税人直接责任人员注册登记或负责经营的企业,纳入纳税信用管理时间不满一个评价年度的,按本公告第六条第八项、第九项规定执行。

(二)本评价年度内无生产经营业务收入的。

生产经营业务收入是指主营业务收入,不包括非主营业务的房租收入、变卖物品收入等。有无主营业务收入,根据税务管理系统中纳税人在评价年度内有无向税务机关申报主营业务收入的申报记录确定。

(三)因涉嫌税收违法被立案查处尚未结案的。

因涉嫌税收违法被立案查处是指:因涉嫌税收违法被移送公安机关或被公安机关直接立案查处,根据税务管理系统中的移送记录或被立案记录确定。被税务稽查部门立案检查的,不属于该情形,应纳入本期评价范围。

尚未结案是指:在评价年度12月31日前,税务管理系统中有移送记录或被立案记录而没有已结案的记录。

(四)被审计、财政部门依法查出税收违法行为,税务机关正在依法处理,尚未办结的。

尚未办结是指:在评价年度12月31日前,税务管理系统中有在办、在流转处理的记录而没有办结的记录。

(五)已申请税务行政复议、提起行政诉讼尚未结案的。

尚未结案是指:在评价年度12月31日前,税务管理系统中有受理复议、提起诉讼的记录而没有结案的记录。

五、关于不能评为A级的情形

非正常原因一个评价年度内增值税或营业税连续3个月或者累计6个月零申报、负申报的,不能评为A级。

正常原因是指:季节性生产经营、享受政策性减免税等正常情况原因。非正常原因是除上述原因外的其他原因。

按季申报视同连续3个月。

六、关于直接判为D级的情形

(一)存在逃避缴纳税款、逃避追缴欠税、骗取出口退税、虚开增值税专用发票等行为,经判决构成涉税犯罪的。

以判决结果在税务管理系统中的记录日期确定判D级的年度,同时按照《信用管理办法》第二十五条规定调整其以前年度信用记录。

(二)存在前项所列行为,未构成犯罪,但偷税(逃避缴纳税款)金额10万元以上且占各税种应纳税总额10%以上,或者存在逃避追缴欠税、骗取出口退税、虚开增值税专用发票等税收违法行为,已缴纳税款、滞纳金、罚款的。

以处理结果在税务管理系统中的记录日期确定判 D 级的年度,同时按照《信用管理办法》第二十五条规定调整其以前年度信用记录。

偷税(逃避缴纳税款)金额占各税种应纳税总额比例＝一个纳税年度的各税种偷税(逃避缴纳税款)总额÷该纳税年度各税种应纳税总额

(三)在规定期限内未按税务机关处理结论缴纳或者足额缴纳税款、滞纳金和罚款的。

以该情形在税务管理系统中的记录日期确定判 D 级的年度。

(四)以暴力、威胁方法拒不缴纳税款或者拒绝、阻挠税务机关依法实施税务稽查执法行为的。

以该情形在税务管理系统中的记录日期确定判 D 级的年度,同时按照《信用管理办法》第二十五条规定调整其以前年度信用记录。

(五)存在违反增值税发票管理规定或者违反其他发票管理规定的行为,导致其他单位或者个人未缴、少缴或者骗取税款的。

以该情形在税务管理系统中的记录日期确定判 D 级的年度,同时按照《信用管理办法》第二十五条规定调整其以前年度信用记录。

(六)提供虚假申报材料享受税收优惠政策的。

以该情形在税务管理系统中的记录日期确定判 D 级的年度,同时按照《信用管理办法》第二十五条规定调整其以前年度信用记录。

(七)骗取国家出口退税款,被停止出口退(免)税资格未到期的。

在评价年度内,被停止出口退(免)税资格未到期。根据税务管理系统中的记录信息确定。

(八)有非正常户记录或者由非正常户直接责任人员注册登记或者负责经营的。

有非正常户记录是指:在评价年度 12 月 31 日为非正常状态。

由非正常户直接责任人员注册登记或者负责经营的是指:由非正常户直接责任人员在认定为非正常户之后注册登记或负责经营的企业。该类企业不受《信用管理办法》第十七条第一项规定限制,在纳入纳税信用管理的当年即纳入评价范围,且直接判为 D 级。

(九)由 D 级纳税人的直接责任人员注册登记或者负责经营的。

由 D 级纳税人的直接责任人员在被评价为 D 级之后注册登记或者负责经营的企业,不受《信用管理办法》第十七条第一项规定限制,在纳入纳税信用管理的当年即纳入评价范围,且直接判为 D 级。

(十)存在税务机关依法认定的其他严重失信情形的。

税务机关按照《国家税务总局关于发布〈重大税收违法案件信息公布办法(试行)〉的公告》(国家税务总局公告 2014 年第 41 号)公布的重大税收违法案件当事人,在公布的评价年度判为 D 级,其 D 级记录一直保持至从公布栏中撤出的评价年度(但不得少于 2 年),次年不得评为 A 级。

七、关于 D 级评价的保留

（一）上一评价年度按照评价指标被评价为 D 级的企业,本评价年度保留 D 级评价,次年不得评为 A 级。

（二）D 级企业直接责任人在企业被评价为 D 级之后注册登记或者负责经营的企业评价为 D 级(简称关联 D)。关联 D 只保留一年,次年度根据《信用管理办法》规定重新评价但不得评为 A 级。

（三）因本公告第六条第一项、第二项、第四项、第五项、第六项被直接判为 D 级的,主管税务机关应调整其以前年度纳税信用级别为 D 级,该 D 级评价(简称动态 D)不保留到下一年度。

八、关于发布 A 级纳税人名单

（一）按照谁评价、谁确定、谁发布的原则,纳税人主管税务机关负责纳税信用的评价、确定和发布,上级税务机关汇总公布评价结果。国税主管税务机关、地税主管税务机关应分别发布评价结果,不联合发布,不在发布通告中联合落款。

（二）国税主管税务机关、地税主管税务机关于每年 4 月按照税务总局统一规定的时间分别以通告的形式对外发布 A 级纳税人信息,发布内容包括:纳税人识别号、纳税人名称、评价年度、纳税人主管税务机关。税务总局、省税务机关、市税务机关通过门户网站(或子网站)汇总公布管辖范围内的 A 级纳税人信息。由于复评、动态调整等原因需要调整 A 级名单的,应发布变化情况通告,及时更新公告栏、公布栏内容,并层报税务总局(纳税服务司)。

（三）在评价结果公布前(每年 1—4 月),发现评价为 A 级的纳税人已注销或被税务机关认定为非正常户的,其评价结果不予发布。

本公告自发布之日起施行。

特此公告。

22－4－5
国家税务总局关于合理简并
纳税人申报缴税次数的公告

2016 年 2 月 1 日　国家税务总局公告 2016 年第 6 号

为落实《深化国税、地税征管体制改革方案》关于创新纳税服务机制的要求,推进办税便利化改革,根据《中华人民共和国税收征收管理法》《中华人民共和国增值税暂行条例》及其实施细则、《中华人民共和国消费税暂行条例》及其实施细则等有关税收法律法规的规定,现就合理简并纳税人申报缴税次数有关事项公告如下:

一、增值税小规模纳税人缴纳增值税、消费税、文化事业建设费,以及随增值税、消费税附征的城市维护建设税、教育费附加等税费,原则上实行按季申报。

纳税人要求不实行按季申报的,由主管税务机关根据其应纳税额大小核定纳税期限。

二、随增值税、消费税附征的城市维护建设税、教育费附加免于零申报。

三、符合条件的小型微利企业,实行按季度申报预缴企业所得税。

四、对于采取简易申报方式的定期定额户,在规定期限内通过财税库银电子缴税系统批量扣税或委托银行扣缴核定税款的,当期可不办理申报手续,实行以缴代报。

本公告自2016年4月1日起施行。

特此公告。

22-4-6
国家税务总局关于完善纳税
信用管理有关事项的公告

2016年2月16日 · 国家税务总局公告2016年第9号

根据《深化国税、地税征管体制改革方案》关于建立促进诚信纳税机制的要求,税务总局对《纳税信用管理办法(试行)》(国家税务总局公告2014年第40号发布,以下简称《管理办法》)和《纳税信用评价指标和评价方式(试行)》(国家税务总局公告2014年第48号发布,以下简称《指标和评价》)有关内容进行了调整完善,现将有关事项公告如下:

一、关于税务机关对纳税人的纳税信用级别实行动态调整的方法和程序

(一)因税务检查等发现纳税人以前评价年度存在直接判为D级情形的,主管税务机关应调整其相应评价年度纳税信用级别为D级,并记录动态调整信息(附件1),该D级评价不保留至下一年度。对税务检查等发现纳税人以前评价年度存在需扣减纳税信用评价指标得分情形的,主管税务机关暂不调整其相应年度纳税信用评价结果和记录。

(二)主管税务机关按月开展纳税信用级别动态调整工作。主管国税机关、地税机关应及时沟通,相互传递动态调整相关信息,协同完成动态调整工作,并为纳税人提供动态调整信息的自我查询服务。

(三)主管税务机关完成动态调整工作后,于次月初5个工作日内将动态调整情况层报至省税务机关备案,并发布A级纳税人变动情况通告。省税务机关据此更新税务网站公布的纳税信用评价信息,于每月上旬将A级纳税人变动情况汇总报送税务总局(纳税服务司)。

(四)纳税信用年度评价结果发布前,主管税务机关发现纳税人在评价年度存在

动态调整情形的,应调整后再发布评价结果。

二、关于税务机关对纳税信用评价状态发生变化的纳税人通知、提醒方式

纳税信用评价状态发生变化是指,纳税信用评价年度之中,纳税人的信用评价指标出现扣分且将影响评价级别下降的情形。

税务机关按月采集纳税信用评价信息时,发现纳税人出现上述情形的,可通过邮件、短信、微信等方式,通知、提醒纳税人,并视纳税信用评价状态变化趋势采取相应的服务和管理措施,促进纳税人诚信自律,提高税法遵从度。

三、关于部分评价指标扣分标准的优化调整

《指标和评价》中部分评价指标描述和扣分标准的优化调整情况详见附件2。此前规定与本公告附件2不一致的,按本公告执行。

本公告自2016年3月1日起施行。

特此公告。

附件:1. _____年度纳税信用级别动态调整信息

2. 纳税信用评价指标和评价方式(试行)调整表

附件1

_____年度纳税信用级别动态调整信息

纳税人名称			纳税人识别号		
法定代表人	姓名		财务负责人	姓名	
	身份证号			身份证号	
出纳人员	姓名		办税人	姓名	
	身份证号			身份证号	
注册地址					
生产经营地址					
国税主管税务机关					
地税主管税务机关					
原评价结果			原评价得分		
动态调整结果	_____级				
动态调整原因:					

主管税务机关: 年 月 日

附件2

纳税信用评价指标和评价方式(试行)调整表

		一级指标	二级指标	三级指标	原扣分标准	调整后的评价方式或扣分标准
税务内部信息	非经常性指标信息	05. 纳税评估、税务审计、反避税调查信息	0501. 纳税评估信息	050102. 评价期应补税款不满1万元且占评价期应纳税款1%以上,已补缴税款、加收滞纳金、缴纳罚款的	1分+(应补税款/评价期应纳税款×100%)	1分+(评价期应补税款/评价期应纳税款)×10
				050104. 评价期应补税款1万元以上且占评价期应纳税款1%以上,已补缴税款、加收滞纳金、缴纳罚款的	3分+(应补税款/评价期应纳税款×100%)	3分+(评价期应补税款/评价期应纳税款)×10
			0502. 大企业税务审计信息	同050102	1分+(应补税款/评价期应纳税款×100%)	1分+(评价期应补税款/评价期应纳税款)×10
				同050104	3分+(应补税款/评价期应纳税款×100%)	3分+(评价期应补税款/评价期应纳税款)×10
		06. 税务稽查信息	0603. 发现少缴税款行为,作出补缴税款处理	同050102	1分+(应补税款/评价期应纳税款×100%)	1分+(评价期应补税款/评价期应纳税款)×10
				同050104	3分+(应补税款/评价期应纳税款×100%)	3分+(评价期应补税款/评价期应纳税款)×10

22 - 4 - 7

国家税务总局关于纳税人申请代开
增值税发票办理流程的公告

2016 年 8 月 31 日　国家税务总局公告 2016 年第 59 号

现将纳税人代开发票(纳税人销售取得的不动产和其他个人出租不动产由地税机关代开增值税发票业务除外)办理流程公告如下:

一、办理流程

(一)在地税局委托国税局代征税费的办税服务厅,纳税人按照以下次序办理:

1. 在国税局办税服务厅指定窗口:

(1)提交《代开增值税发票缴纳税款申报单》(见附件);

（2）自然人申请代开发票,提交身份证件及复印件;

其他纳税人申请代开发票,提交加载统一社会信用代码的营业执照(或税务登记证或组织机构代码证)、经办人身份证件及复印件。

2. 在同一窗口申报缴纳增值税等有关税费。

3. 在同一窗口领取发票。

（二）在国税地税合作、共建的办税服务厅,纳税人按照以下次序办理:

1. 在办税服务厅国税指定窗口:

（1）提交《代开增值税发票缴纳税款申报单》;

（2）自然人申请代开发票,提交身份证件及复印件;

其他纳税人申请代开发票,提交加载统一社会信用代码的营业执照(或税务登记证或组织机构代码证)、经办人身份证件及复印件。

2. 在同一窗口缴纳增值税。

3. 到地税指定窗口申报缴纳有关税费。

4. 到国税指定窗口凭相关缴纳税费证明领取发票。

二、各省税务机关应在本公告规定的基础上,结合本地实际,制定更为细化、更有明确指向和可操作的纳税人申请代开发票办理流程公告,切实将简化优化办税流程落到实处。

三、纳税人销售取得的不动产和其他个人出租不动产代开增值税发票业务所需资料,仍然按照《国家税务总局关于加强和规范税务机关代开普通发票工作的通知》(国税函〔2004〕1024号)第二条第(五)项执行。

本公告自2016年11月15日起施行。

特此公告。

附件:代开增值税发票缴纳税款申报单

附件

代开增值税发票缴纳税款申报单

代开人声明:

本次缴纳税款申报单提供的开票信息真实、完整、准确,符合有关法律、法规。

现申请代开值税专用发票□增值税普通发票□。

代开人(签章)：　　　　　　　　　　　　　　　　　　　　年　月　日

购买方信息	名称		纳税人识别号	
	地址		开户银行	
	电话		银行账号	
销售方信息	名称		纳税人识别号	
	地址		开户银行	
	电话		银行账号	

续表

代开人类型	自然人□　　　其他纳税人□						
减免税标识(代开普通发票,符合条件填写)	是□　　否□						
减免税种	减免税类型				减免原因		
…							
货物或应税劳务、服务名称	规格型号(服务类型)	计量单位	数量	单价	不含税销售额	征收率	税额
…							
价税合计(大写)				价税合计(小写)			
减免税(费)额							
应补税额							
备注							
是否为异地代开	是□否□						
受理税务机关	税务机关税款征收岗位 税收完税凭证号: 　　　　　　　　　　(签字)　　年　月　日						
	税务机关代开发票岗位 发票代码: 发票号码: 　　　　　　　　　　(签字)　　年　月　日						
经办人	经核对,所开发票与申报单内容一致。 　　　　　　　　　经办人(签字): 　　　　　　　　　　　　　年　月　日						

填表说明:

1. 本表一式三份。第一联:申请代开纳税人留存。第二联:税务机关税款征收岗位留存。第三联:税务机关代开发票岗位留存。

2. 已办理"一照一码"纳税人,纳税人识别号栏填写统一社会信用代码。

3. 自然人代开增值税发票的,纳税人识别号栏填写身份证件号码。

4. 代开增值税普通发票的,购买方为自然人或符合下列4项条件之一的单位(机构),纳税人识别号可不填写:

(1)我国在境外设立的组织机构;

(2)非常设组织机构;

(3)组织机构的内设机构;

(4)军队、武警部队的序列单位等。

5. 代开增值税普通发票的,购买方信息中的地址、电话、银行信息可不填写。

6. 自然人申请代开增值税普通发票时,销售方信息中的地址、电话、银行信息可不填写。

22-5 大企业税收管理

22-5-1
北京市商务委员会等8部门关于印发
修订《关于鼓励跨国公司在京设立
地区总部的若干规定实施办法》的通知

2016年3月2日　京商务总部字〔2016〕3号

各区人民政府,市政府各委、办、局,各市属机构:

为贯彻落实京津冀协同发展战略和首都城市战略定位,根据《国务院关于税收等优惠政策相关事项的通知》(国发〔2015〕25号)及《北京市财政局关于税收等优惠政策相关事项的通知》(京财税〔2015〕1011号)精神,对《关于鼓励跨国公司在京设立地区总部的若干规定实施办法》(京商务资字〔2009〕351号)进行了修订。经市政府同意,现将修订后的《关于鼓励跨国公司在京设立地区总部的若干规定实施办法》印发给你们,请认真贯彻执行。

关于鼓励跨国公司在京设立地区总部的若干规定实施办法

为落实北京市《关于鼓励跨国公司在京设立地区总部的若干规定》(京政发〔2009〕15号,简称《若干规定》),制定本实施办法。

一、地区总部的认定

(一)符合下列条件之一,可申请认定为地区总部:

1. 经批准设立的外商投资性公司。

2. 具备以下条件的外商投资管理性公司

(1)母公司的资产总额不低于4亿美元;

(2)母公司在中国累计实缴注册资本总额不低于1000万美元,且在中国境内外投资或者授权管理的企业不少于3个;或者在中国境内外投资或者授权管理的企业不少于6个;

(3)管理性公司注册资本不低于200万美元;

(4)是母公司在中国境内唯一的最高经营管理机构;

(5)对国际知名跨国公司,可适当放宽条件。

投资性公司,是指跨国公司按照商务部发布的《关于外商投资举办投资性公司的规定》设立的从事直接投资的公司。

管理性公司,是指为母公司所投资的企业和关联企业提供管理、决策、研发、资金管理、物流、销售、策划、咨询、培训等相关服务的企业法人。

(二)市商务委负责在京跨国公司地区总部的认定,应在企业提交的材料齐全有效之日起10个工作日内完成审查,做出准予或不予认定的决定,对准予认定的企业颁发确认证书。

(三)申请认定地区总部,需向市商务委提交以下材料:

1. 承担地区总部职能的企业法定代表人签署的申请书;

2. 母公司法定代表人签署的设立地区总部及履行基本职能的授权文件;

3. 母公司法定代表人签署的对拟任地区总部法定代表人的授权文件和拟担任地区总部法定代表人的简历及相应的身份证明文件(身份证明文件为复印件);

4. 母公司的资信证明文件、注册登记文件(复印件)及法定代表人证明文件(复印件),经依法审计的近3年的资产负债表;

5. 母公司在中国境内投资企业的批准证书、营业执照及验资报告(复印件);

6. 承担地区总部职能的企业批准证书、营业执照及验资报告(复印件);

7. 其他必要证明材料。

以上规定除注明为复印件外,其他材料应当提交文件的正本。

二、补助和奖励

(一)对2009年1月1日以后在京新注册设立或新迁入京的地区总部,给予一次性资金补助。对实收资本1亿元人民币(含1亿元人民币)~5亿元人民币的,补助500万元人民币;实收资本5亿元人民币(含5亿元人民币)~10亿元人民币的,补助800万元人民币;实收资本10亿元人民币(含10亿元人民币)以上的,补助1000万元人民币。补助分三年按40%、30%、30%的比例发放。

对一次性增资达到规定档次的地区总部,按相应标准给予差额补助,累计补助金额不超过1000万元人民币。

(二)经认定的地区总部,从2009年度起,对年营业收入首次达到1亿元人民币(含1亿元人民币)~5亿元人民币的,给予100万元人民币的一次性资金奖励;对年营业收入首次达到5亿元人民币(含5亿元人民币)~10亿元人民币的,给予500万元人民币的一次性资金奖励;对年营业收入首次达到10亿元人民币的(含10亿元人民币),给予1000万元人民币的一次性资金奖励。奖励累计不超过1000万元人民币,分三年按40%、30%、30%的比例发放。

(三)对2009年1月1日以后在京新注册设立或新迁入京的地区总部及其设立的研发中心自建或购买办公用房的,可享受一次性补助。对自用办公部分面积,一次性补贴标准为每平方米1000元人民币,补助面积原则上不超过5000平方米。享受补助的地区总部,5年内不得对外出售、出租办公用房或改变其用途。违反上述规定的,应当退还已获得的补助。

(四)自2009年1月1日起,对地区总部1位主要负责人以市政府名义给予奖励,奖励金额为50万元人民币。该奖励政策自地区总部被认定次年起连续执行3年。

所得奖金按照国家有关规定免征个人所得税。

(五)对在京新注册设立或新迁入京的地区总部租用办公用房的,连续3年给予租金补助,第1年补助年度租金的30%,第2年补助年度租金的20%,第3年补助年度租金的10%,最高补助使用面积不超过 3000 平方米。申请租房补助的地区总部,租用期应不少于 3 年;享受补助期间,不得将租用办公用房转租或改变其用途;违反上述规定的,应当退还已获得的补助。本款由各区政府负责落实。

(六)本条涉及的补助和奖励 1 年兑现 1 次,由所在区先予全额兑现。第一、二款所需资金由市区两级分别承担 50%,市级应承担部分通过体制结算补助各区;第三款所需资金由市发改委从固定资产投资中安排;第四款由市财政通过体制结算补助各区;第五款所需资金由所在区承担。市区两级在同一年度对同一地区总部的补助和奖励总额,不超过该地区总部在该年度对地方贡献总额。

市商务委会同有关部门制定补助和奖励兑现审核办法,负责以上补助和奖励兑现的协调落实工作,并牵头负责实行一个窗口对外服务。

符合条件的企业于每年 1 月 1 日—3 月 20 日向所在区商务部门提出申请,并提交有关资料。区有关部门初审后,经区政府批准,于每年 4 月 10 日前报市商务委。市商务委会同发展改革、财政、税务、统计等部门进行复审,报市政府批准后兑现。

三、人才引进和奖励

(一)地区总部及其研究开发机构聘用的高级管理人员,和引进本市急需紧缺的具有硕士及以上学位或具有本科及以上学历并取得高级专业技术职称且年龄在 45 周岁以下的人员,可向地区总部所在区(包括北京经济技术开发区)人事部门申请办理人才引进;聘用具有学士及以上学位或取得中级及以上专业技术职称的人员,可向地区总部所在区(包括北京经济技术开发区)人事部门申请办理《北京市工作居住证》。

(二)地区总部聘用外籍人员在本市就业的,可由地区总部向市人力资源和社会保障局申请一并办理外国人就业许可和《外国人就业证》。

(三)在地区总部连续两年以上担任副总经理以上职务或相当职务的人员,按照《北京市吸引高级人才奖励管理规定》(京政办发〔2005〕18 号)及相关规定享受奖励政策。

四、人员流动

(一)地区总部外籍人员凭市商务委的确认函,持单位注册登记证明、单位出具的函件等有关证明,可享受多次出入境便利。地区总部的法定代表人、总经理、副总经理、财务总监等外籍高层管理和技术人员,可申请办理入境有效期不超过 5 年多次入境有效的 F 字签证;部门经理等中层管理和技术人员,可申请办理入境有效期不超过 3 年多次入境有效的 F 字签证;一般外籍员工可申请办理入境有效期不超过 1 年多次入境有效的 F 字签证。上述外籍人员的外籍配偶及未满 18 周岁子女,可以申请与上述人员相同期限的 F 字签证。

受地区总部邀请持其他签证入境的外籍人员,可根据需要,按上述办理条件申请 F 字签证。

地区总部的外籍人员急需短期来华,如未及时在我驻外使领馆办理签证的,持市商务委出具的证明函件、邀请单位函件及按照公安部对现行外国人申请口岸签证要求所需材料,申请口岸签证。

(二)地区总部外籍人员需在京常住的,凭市商务委的确认函,提供《外国人就业证》或《外国人专家证》等相关证明材料,可申请居留许可。地区总部的法定代表人、总经理、副总经理、财务总监等外籍高层管理和技术人员,可申请办理有效期不超过 5 年的外国人居留许可;部门经理等中层管理和技术人员,可申请办理有效期不超过 4 年的外国人居留许可;一般外籍员工可申请办理有效期不超过 3 年的外国人居留许可。上述外籍人员的外籍配偶及未满 18 周岁子女,可以申请与上述人员相同期限的外国人居留许可。以上居留许可期限不得超过其护照有效期。

地区总部的高级管理人员按有关规定可申请办理《外国人永久居留证》。

（三）对地区总部的中国籍内地员工因商务需要赴香港、澳门的，可按照国家政策要求申请办理《往来港澳通行证》和多次出入境有效的商务签注；对地区总部的中国籍内地员工因商务需要赴台湾的，如提供经公安部授权的省市台湾办公室出具的赴台立项批复及商务类入台许可，可优先办理《大陆居民往来台湾通行证》及商务签注。

（四）市公安局负责受理以上人员出入境签证、居留、赴台港澳通行证及签注相关申请。

五、《若干规定》中涉及的外汇管理、海关、检验检疫等部门及相关区在各自职责范围内，做好对地区总部的管理服务工作。市商务委负责提供便利政策的协调落实工作。

六、《若干规定》执行过程中的具体问题由市商务委负责协调解决，重大问题上报市政府批准后实施。

七、本实施办法自发布之日起30日后执行。此前发布的《关于鼓励跨国公司在京设立地区总部的若干规定实施办法》（京商务资字〔2009〕351号）同时废止。

22 -5 -2
北京市商务委员会等15部门关于印发
《关于促进总部企业在京发展的
若干规定实施办法》的通知

2016年3月4日　京商务总部字〔2016〕4号

各区人民政府，市政府各委、办、局，各市属机构：

经市政府同意，现将《关于促进总部企业在京发展的若干规定实施办法》印发给你们，请认真贯彻执行。

关于促进总部企业在京发展的若干规定实施办法

为贯彻落实京津冀协同发展战略和首都城市战略定位，进一步优化总部经济发展环境，促进首都"高精尖"经济结构的构建，根据《北京市人民政府关于印发加快总部企业在京发展工作意见的通知》（京政发〔2013〕29号，简称《工作意见》），制定本办法。

一、总部企业及其类型的界定

（一）总部企业标准

本办法所指总部企业是指对其控股企业或分支机构拥有控制权或行使管理权的企业组织，并应同时具备以下特征：

1. 在本市行政区域内注册，且具有法人资格；

2. 跨地区或跨境经营，且在京外至少拥有1个分（子）公司；

3. 符合下列条件标准之一：

（1）资产合计和年营业收入均在 1 亿元人民币以上（含）的企业；

（2）资产合计和年营业收入均在 5000 万元人民币以上（含）的国家认定的高新技术企业或中关村科技园区管理委员会认定的高新技术企业（科技创新型准总部企业）；

（3）市发展总部经济工作部门联席会议（简称"联席会议"）及其办公室确定的其他符合北京产业发展方向的重点总部企业。

（二）类型界定

按照总部企业管理或服务的区域不同，跨国公司地区总部可分为区域总部、亚太区总部、全球总部三种；其他总部企业可分为区域总部、全国总部两种。

1. 跨国公司区域总部：符合《关于鼓励跨国公司在京设立地区总部的若干规定》（京政发〔2009〕15 号）及其实施办法的要求，外国跨国公司以投资或授权形式对中国境内的企业行使管理和服务职能的唯一总机构。中国香港、澳门、台湾地区的跨国公司在本市注册设立的跨国公司地区总部，参照本规定执行。

2. 跨国公司亚太区总部：在京设立的跨国公司地区总部对多个国家或地区的企业行使管理和服务职能的亚太地区唯一总机构。

3. 跨国公司全球总部：在京设立的跨国公司地区总部对多个国家或地区的全部企业或某一类型企业行使管理和服务职能的全球唯一总机构。

4. 区域总部企业：符合《工作意见》有关总部企业的要求，以投资或授权形式对中国境内多个省级行政区域内的企业行使管理和服务职能的区域内唯一总机构。

5. 全国总部企业：符合《工作意见》有关总部企业的要求，以投资或授权形式对多个区域的企业行使管理和服务职能的全球唯一总机构。

二、资金奖励和补助

（一）奖励和补助对象

符合相应条件的总部企业、纳入《北京市总部经济中介组织机构库》（简称《中介机构库》）内且有突出贡献的中介组织，可以享受本办法确定的相关资金奖励和补助。

（二）新入驻奖励和补助

对 2013 年 1 月 1 日以后在本市注册，且在 1 个年度内总部企业发展综合贡献度 100（含）以上的总部企业（跨国公司地区总部除外），给予资金奖励和补助。

1. 实收资本补助。对 2013 年 1 月 1 日以后在城六区（城六区指北京市东城区、西城区、朝阳区、海淀区、丰台区及石景山区，下同）以外的本市行政区域注册且实际经营的，按实收资本给予不同档次资金补助。对实收资本 1 亿（含）～5 亿元的，补助 500 万元；实收资本 5 亿（含）～10 亿元的，补助 800 万元；实收资本 10 亿元（含）以上的，补助 1000 万元。补助分 3 年按 40%、30%、30% 的比例给付。中关村园区的总部企业适用本条款。

对一次性增资达到规定档次的总部企业，按相应标准给予差额补足。

2. 自建或购买办公用房补助。自建或购买办公用房的，可享补助一次，补助分 5 年给付。享受补助期间，不得对外出售、出租办公用房或改变其用途；违反上述规定的，应当退还已获得的补助。本条款由各区政府负责制定具体落实方案并报联席会议办公室备案。

3. 租用办公用房补助。租用办公用房的，连续 3 年给予租金补助，第 1 年补助年度租金的30%，第 2 年补助年度租金的 20%，第 3 年补助年度租金的 10%，累计最高补助金额不超过 500 万元，且原则上每年补助租金不超过该企业当年度的区级地方贡献。申请租房补助的总部企业，租用期应不少于 3 年;享受补助期间,不得将所租用的办公用房转租或改变其用途;违反上述规定的,应当退还已获得的补助。

4. 经营贡献奖励。对年营业收入(仅限本市行政区域内总分公司所实现的营业收入)首次达到 1 亿(含)~5 亿元的,给予 100 万元的资金奖励一次;对年营业收入首次达到 5 亿(含)~10 亿元的,给予 500 万元的资金奖励一次;对年营业收入首次达到 10 亿元(含)的,给予 1000 万元的资金奖励一次。奖励累计不超过 1000 万元,分 3 年按 40%、30%、30% 的比例给付。

(三)高级管理人员奖励

对为本市做出突出贡献总部企业(跨国公司地区总部除外)的高级管理人员进行奖励。

对 2013 年 1 月 1 日以后在京注册,且在 1 个年度内总部企业发展综合贡献度 100(含)以上的总部企业,对总部企业的 1 位主要负责人给予奖励,奖励金额为 50 万元。该奖励政策自达到奖励标准要求次年起连续执行 3 年。

同一高级管理人员在同一年度内不得同时享受本奖励和本市其他高级人才奖励政策。

(四)实体化经营奖励

对既有总部企业开展实体化经营给予资金奖励。

1. 增设功能奖励。鼓励既有总部企业在京增设投资中心、财务中心、采购中心、研发设计中心、运营中心、知识产权中心、销售中心(含国际营销中心)、结算中心、列入相关规划的物流中心等功能性机构,对在 1 个年度内总部企业发展综合贡献度增量 100(含)以上的总部企业,按照总部企业发展综合贡献度增量乘以 0.2 万元,可以给予一次性资金奖励。

2. 增设产业基地奖励。鼓励总部企业将符合首都城市战略定位的产业环节落户在除城六区以外的本市行政区域,对 2013 年 1 月 1 日以后新落户且在 1 个年度内总部企业发展综合贡献度 100(含)以上的总部企业,按照总部企业发展综合贡献度乘以 0.2 万元,可以给予该总部企业一次性资金奖励。

(五)提升能级奖励

对 2013 年 1 月 1 日以后提升能级的既有总部企业进行奖励。

1. 跨国公司地区总部提级。跨国公司地区总部提升为亚太区总部或全球总部,且在 1 个年度内总部企业发展综合贡献度 100(含)以上的,可分别获得 300 万元、700 万元的奖励,奖励分 3 年按 40%、30%、30% 的比例给付。

2. 其他企业总部提级。其他企业国内区域总部升级为全国总部,且在 1 个年度内总部企业发展综合贡献度 100(含)以上的,给予 500 万元的资金奖励一次,奖励分 3 年按 40%、30%、30% 的比例给付。

3. 入选权威机构排名。在 1 个年度内总部企业发展综合贡献度 100(含)以上的总部企业,首次进入世界 500 强、中国企业 500 强、中国民营企业 500 强(或中国服务业企业 500 强、中国对外贸易 500 强、中国连锁企业 100 强以及国家级行业协会或相关权威机构发布的行业排名前 50 位),可分别获得 700 万元、300 万元、100 万元的奖励一次,奖励分 3 年按 40%、30%、30% 的比例给付。(本奖励同一年度不得重复享受)

4. 战略提升。鼓励总部企业在京积极开展业务重组、境内外收购、兼并、上市、国际营销、模式创新等战略提升活动,对在 1 个年度内总部企业发展综合贡献度增量 100(含)以上的总部企业,按照总部企业发展综合贡献度增量乘以 0.2 万元,可以给予一次性资金奖励。

(六)市区两级在同一年度对同一总部企业的补助和奖励总额,不超过该总部企业在该年度对地方贡献总额。

　　(七)中介组织奖励

　　建立《中介机构库》,联席会议办公室负责制订遴选办法并组织遴选,遴选结果需经联席会议批准。依据中介组织上一年度业绩及其表现,联席会议办公室负责每1年调整一次《中介机构库》。如有必要,经联席会议办公室主任批准,期间可以对《中介机构库》进行小幅调整。

　　对于列入《中介机构库》的中介组织,在1个年度内,中介组织所服务的、且依据本办法获得奖励和补助的全部总部企业,按照总部企业发展综合贡献度累计值超过100的部分乘以0.2万元,给予一次性资金奖励,同一中介组织在同一年度的奖励总额不超过500万元。

　　计入中介组织所服务的总部企业,应该在其注册后前3个年度内有效,且同一总部企业最多只能计入一次。

　　(八)总部企业发展综合贡献度

　　从总部企业的员工薪酬、京籍员工就业、研发投入、科技创新成果以及地方经济贡献等方面建立总部企业发展综合贡献度,综合衡量总部企业对地方经济社会发展的贡献水平。总部企业发展综合贡献度由员工薪酬、就业、研发投入、科技创新成果以及地方经济贡献五个指标构成。员工薪酬指标主要反映总部企业员工薪酬状况及对本市消费的促进作用,具体采用总部企业代扣代缴的个人所得税地方留存。就业指标主要反映总部企业对本市就业的拉动作用,具体采用本市户籍员工占比增量,计算增量的基础数据由总部企业报送,根据其近三年总部员工人数及本市户籍员工人数进行计算。研发投入指标主要反映总部企业在科技创新方面的投入,具体采用研发费用,由总部企业报送,取自《企业所得税年度纳税申报表》中《研发费用加计扣除优惠明细表》的"可加计扣除的研发费用合计"。科技创新成果指标主要反映总部企业在科技创新方面的成果,具体采用年度发明专利授权量,由总部企业报送,企业在一个年度内发明专利授权量超过50件的,以50件计算。地方经济贡献指标主要反映总部企业对本市财政收入的贡献,具体采用企业纳税地方留存(不含个人所得税)。

　　总部企业发展综合贡献度=代扣代缴的个人所得税地方留存×(1+本市户籍员工数量占比增量)×10%+研发费用×1%+年度发明专利授权量×10+企业纳税地方留存(不含个人所得税)×10%。公式中所有指标均取申报奖励补助上一年度的数据。代扣代缴的个人所得税地方留存、研发费用、企业纳税地方留存(不含个人所得税)分别为其实际值除以10000元。

　　员工薪酬指标=代扣代缴的个人所得税地方留存×10%;就业指标=1+本市户籍员工数量占比增量;研发投入指标=研发费用×1%;科技创新成果指标=年度发明专利授权量×10;地方经济贡献指标=企业纳税地方留存(不含个人所得税)×10%。

　　总部企业发展综合贡献度增量=总部企业当年发展综合贡献度-总部企业上一年度发展综合贡献度。

　　对落实首都城市战略定位、实现经济社会重要目标做出突出贡献的总部企业,可向市发展总部经济工作部门联席会议提出申请,视情给予其总部企业发展综合贡献度加分。

　　三、奖励和补助申请

　　(一)申请流程

　　符合条件的总部企业通过《北京市总部企业管理服务信息系统》进行网上申报,申报成功后纸质版材料交区商务部门初审、区政府同意(其中有关高级管理人员奖励相关资料由各区商务部门汇总后转交市投资促进局初审,中介组织奖励相关资料由市投资促进局直接受理并初审),所有材料经市商务委复审,联席会议审核后,报市政府批准实施。

(二)总部企业申请奖励和补助所需要的材料

申请奖励和补助的总部企业,需向纳税所在地区商务部门(对于国地税纳税地不在同一区的企业,需分别向所在地区商务部门)提交以下材料:

1. 承担总部企业职能的企业法定代表人签署的奖励和补助申请书,并加盖申请企业公章;

2. 总部企业营业执照、法定代表人身份证明文件(复印件);

3. 总部企业依法审计的最近1年的审计报告及证明实收资本到位的验资报告(复印件);

4. 纳税证明文件;

5. 加计扣除研发费用专项审计报告或鉴证报告、《企业所得税年度纳税申报表》(包括《一般企业收入明细表》《研发费用加计扣除优惠明细表》)(如有,请提供);

6. 发明专利证书(复印件,如专利权利人为多名,必须为第一权利人);

7. 国家认定的高新技术企业证书或中关村科技园区管理委员会认定的高新技术企业证书;

8. 最近3个年度总部员工人数(包括在京分公司员工人数,不包括京外分公司)及本市户籍员工人数;

9. 其他必要证明材料。

申请租房或购房补助还需补充提供:租房或购房合同、支付租金发票(复印件)。

申请高级管理人员奖励还需补充提供:身份证明文件(复印件)、高级管理人员个人所得税证明(复印件)。

申请实体化经营奖励还需补充提供:最近2个年度的纳税证明文件(复印件)及其税收增量情况说明,增设功能、增设基地、增设主营业务的董事会决议、增设前后的财务报表及相关证明材料。

申请总部提级奖励还需补充提供:母公司法定代表人签署的提升总部企业能级及履行基本职能的授权文件,母公司关于申请公司提升能级的董事会决议及相关证明材料(母公司为内资企业还需加盖母公司公章)。

申请入选权威机构排名奖励还需补充提供:入选权威机构排名的情况说明。

申请战略提升奖励还需补充提供:出具有关总部企业重大战略调整事项及其贡献情况的说明,相关董事会决议。

(三)中介组织申请奖励所需要的材料

申请奖励的中介组织,需向市投资促进局提交以下材料:

1. 中介组织的法定代表人签署的奖励申请书,并加盖申请单位公章;

2. 1个年度内所服务总部企业名录及其所服务全部总部企业发展综合贡献度(任一单个总部企业均依据本办法获得奖励和补助);

3. 所服务总部企业营业执照(复印件);

4. 总部企业注册后前3个年度内的纳税证明文件(复印件,需要加盖总部企业公章);

5. 所服务总部企业开具的书面证明文件,证明其为申报奖励的中介组织所引进(总部企业法定代表人签字并加盖总部企业公章);

6. 其他必要证明材料。

(四)申请材料要求及数量

所有申请材料,除注明为复印件外,其他材料应当提交文件的原件,未经特别说明,均需要加盖申请企业公章;所有复印件,市投资促进局和区商务部门在收件时应该核查原件,并注明"经核实,此复印件与原件一致,并加盖市投资促进局或区商务部门公章"。

所有文件一式两份,市投资促进局或区商务部门留存一份,市商务委留存一份。

(五)申请时限

每年1月1日—3月20日各区商务部门开始受理符合条件的企业上一年度奖励和补助申请、市投资促进局受理有突出贡献的中介组织奖励申请;4月10日前市投资促进局完成高级管理人员奖励和中介组织奖励初审,各区商务部门完成其他奖励和补助初审、并经所在区政府同意,分别报送市商务委;5月10日前市商务委完成复审并提交联席会议审核,市政府批准后实施。

(六)资金来源及支付

本办法所涉及的奖励或补助1年兑现1次,待市政府批准后,由所在区先予全额兑现。新入驻奖励和补助中的实收资本补助、经营贡献奖励,实体化经营奖励,提升能级奖励,中介组织奖励所需资金由市区两级分别承担,其中对于城六区,市区两级分别承担50%;对于城六区以外的其他区,市区两级分别承担70%与30%。市级应承担部分通过体制结算补助各区;高级管理人员奖励由市财政通过体制结算补助各区;新入驻奖励和补助中的自建或购买办公用房补助、租用办公用房补助所需资金由所在区承担。

四、配套服务

(一)联席会议办公室负责开发《北京市总部企业管理服务信息系统》,并根据全市总部企业经营及其对地方的贡献程度,经联席会议批准,每1年发布一次《北京市重点总部企业名录》(简称《名录》),其中金融重点总部企业名单由市金融局提出,经联席会议批准后纳入《名录》。各委办局要对《名录》上的重点总部企业实行个性化服务。如有必要,经联席会议办公室主任批准,期间可以对名单进行小幅调整。市统计局负责及时将未纳入统计范围的重点总部企业纳入全市总部企业统计范畴。

(二)对重点总部企业加强跟踪服务,依据《名录》或凭联席会议办公室开具的确认函(适用暂时不在《名录》上的总部企业,下同),市公安局、市工商局、市知识产权局等部门应依法及时解决上述总部企业在京发展过程中遇到的商业欺诈、诚信经营、知识产权保护(专利)等方面的问题和困难,营造法治化、国际化、便利化的发展环境。

(三)依据《名录》或凭联席会议办公室开具的确认函,市发展改革委将上述总部企业重大建设项目纳入市政府固定资产行政审批绿色通道。

(四)重点总部企业所需的水、电、气、热、通信等公共设施,对符合有关要求的,市有关部门要优先统筹安排,重大事项由联席会议协调解决。

(五)《工作意见》中涉及的外汇管理、海关、检验检疫、税务、工商等部门及相关区在各自职责范围内,做好对重点总部企业通关业务的服务工作。对于《名录》内的企业,外汇管理部门优先考虑将其纳入外汇资金集中运营管理范围,便利其资金集约化管理。对在京设立国际营销中心,开展总部通关、统一在京收付汇等业务的重点总部企业,上述相关部门将其纳入最优级管理类别。

(六)各相关部门对重点总部企业境内、外高管人员的进京落户、工作居住和就业、购房、用车等相关事宜提供便利,并依法积极落实子女入托入中小学同城待遇。

1. 进京落户。除央企以外的其他总部企业,依据《名录》或凭联席会议办公室开具的确认函,经上述总部企业自主申请,市人力资源和社会保障局对其符合条件的人员优先办理进京落户手续,优先保障符合条件的应届毕业生进京指标。

2. 工作居住就业。除央企以外的其他总部企业,依据《名录》或凭联席会议办公室开具的确认函,经上述总部企业自主申请,市人力资源和社会保障局应将总部企业实际控制人作为"对首都经济和社会发展做出突出贡献及特殊领域、特殊行业的紧缺急需人才"给予其办理《北京市工作居住证》;对总部企业符合条件的高级管理人员和专业技术人才给予办理《北京市工作居住证》;对总部企业符合条件的外籍人员,给予办理外国人就业许可和《外国人就业证》或外国专家来华工作许可和《外国专家证》,上述两证的期限最长不超过5年,且不得超过申请人护照有效期、劳动合同有效期及总部企业营业执照中注明的营业期限。

3. 购房。根据全市购房政策,为重点总部企业人员办理购房手续,并办理产权登记手续。

4. 用车。依据《名录》或凭联席会议办公室开具的确认函、含统一社会信用代码的营业执照(《单位组织机构代码证书》)或《北京市工作居住证》,上述总部企业或其高级管理人员,经市小客车指标调控管理办公室审核后,可参加小客车指标摇号。

5. 子女入托入中小学。依据《名录》或凭联席会议办公室开具的确认函、《北京市工作居住证》,经上述总部企业自主申请,市教委统筹协调符合条件的高级管理人员子女入外籍人员子女学校就读;各区政府要帮助协调本辖区内上述总部企业高级管理人员子女入托入中小学事宜。

(七)各相关部门对总部企业人员流动提供便利。

1. 居留许可。总部企业外籍人员需在京常住的,依据《名录》或凭联席会议办公室开具的确认函,在提供《外国人就业证》或《外国专家证》等相关证明材料后,上述总部企业所聘用的外籍人员可向市公安局申请居留许可。

总部企业法定代表人、总经理、副总经理、财务总监等外籍高层管理和技术人员,可申请办理有效期不超过5年的外国人居留许可;部门经理等中层管理和技术人员,可申请办理有效期不超过4年的外国人居留许可;一般外籍员工可申请办理有效期不超过3年的外国人居留许可。上述外籍人员的外籍配偶及未满18周岁子女,可以申请与上述人员相同期限的外国人居留许可。以上居留许可期限不得超过其护照有效期。高级管理人员按有关规定可申请办理《外国人永久居留证》。

2. 护照、港澳台通行证、签注办理。总部企业员工可依法在京办理护照、港澳台通行证、签注等事宜,市公安局负责提供相应便利。

(八)市投资促进局要结合自身工作职责,继续做好各类总部企业的投资促进工作。

(九)鼓励各区政府结合本区域总部经济发展实际情况,提供更多优质服务,并将服务提供情况定期报送联席会议办公室。

(十)在推进"六高四新"高端产业功能区建设中,市商务委要牵头做好全市总部经济集聚区的培育发展工作,市政府相关部门要结合自身职能加大对全市总部经济集聚区的支持力度,相关区政府要制定相应鼓励配套措施,培育和打造一批总部经济集聚区,实现差异化发展。

五、附则

(一)经认定的跨国公司地区总部适用《关于鼓励跨国公司在京设立地区总部的若干规定实施办法》(京商务总部字〔2016〕3号),其申请实体化经营奖励和提升能级奖励按照本办法执行。

(二)金融总部企业适用于本办法(所涉及的资金奖励和补助政策除外)。有关金融总部企业的奖励补助政策由市金融局另行制定,并做好首都金融发展政策创新提升工作。

(三)本办法执行过程中涉及的具体问题由市商务委负责协调,重大问题上报联席会议和市政府批准后实施。

(四)有关部门应结合本部门职责,依据本办法所确定的事项制定具体落实方案,并报送联席会议办公室备案。

(五)对采用违规违法手段,骗取、冒领财政补贴资金的,经相关行政部门确认后收回已发放资金。

(六)不符合北京市产业发展方向,或属于北京市新增产业的禁止和限制目录的总部企业,均不适用本办法。

(七)近三年内有违法、违规行为的总部企业,不适用本办法。

(八)1个年度是指总部企业1个完整的会计年度。

(九)如无特别注明,货币单位均指人民币元;(含)表示包含本数在内;企业1个年度内对地方贡献不包含个人所得税贡献部分。

(十)本办法自发布之日起30日后施行。

22–5–3

国家税务总局关于规范全国千户集团及其成员企业纳税申报时附报财务会计报表有关事项的公告

2016年10月26日　　国家税务总局公告2016年第67号

为进一步加强大企业税收服务和管理工作,根据《中华人民共和国税收征收管理法》及其实施细则、《中华人民共和国企业所得税法》及其实施条例的相关规定,现将国家税务总局确定的重点大企业集团(以下简称"全国千户集团")及其成员企业纳税申报时附报财务会计报表有关事项公告如下:

一、全国千户集团总部及其成员企业应在企业所得税预缴纳税申报时附报本级财务会计报表,以及税务机关根据实际需要要求附报的其他纳税资料,境外成员企业可暂不附报。年度终了,应在企业所得税年度纳税申报时,附报本级年度财务会计报表,以及税务机关根据实际需要要求附报的其他纳税资料。按照会计准则、会计制度等要求编制合并财务报表的全国千户集团总部,应在每年5月31日前附报上一年度的合并财务报表。

二、全国千户集团及其成员企业应附报的财务会计报表,是指按照企业所适用的会计准则、会计制度等编制的财务会计报表,包括资产负债表、利润表、现金流量表、所有者权益(股东权益)变动表、附注等。原则上,所有资料应以电子形式附报。企业编制的原始财务会计报表与税务机关核心征管系统中报表格式不一致的,应将原始财务会计报表以EXCEL表格式,作为附件一并附报。企业应确保报送的财务会计报表数据的真实、完整、准确。

三、本公告自2016年12月1日起施行。

特此公告。

22-6　其他规定

22-6-1
北京市国家税务局　北京市地方税务局
关于金税三期系统上线有关事项的公告

2016年7月5日　北京市国家税务局　北京市地方税务局公告2016年第21号

为进一步规范税收执法,优化纳税服务,降低征纳成本,提高税收征管质效,按照国家税务总局统一部署,北京市国税、地税系统各级税务机关(以下简称全市国税、地税机关)将于2016年8月上线启用金税三期工程优化版系统(以下简称金税三期系统)。为确保金税三期系统如期顺利上线,最大限度降低系统上线对纳税人正常经营的影响,现将有关事项公告如下:

一、系统上线期间暂停业务办理安排

(一)全市国税机关暂停业务办理安排

2016年7月27日00:00—8月8日9:00,全市国税机关的网上办税服务厅、网上纳税申报等网上应用服务暂停使用;各办税服务厅(包括自助办税服务终端)将暂停办理除以下业务外的所有涉税(费)业务:

1. 增值税发票(包括:增值税专用发票、增值税普通发票、机动车销售统一发票、货物运输业增值税专用发票)的抄(报)税;

2. 增值税专用发票、货物运输业增值税专用发票、机动车销售统一发票的认证和海关进口增值税专用缴款书数据报送;

3. 税控收款机发票抄税;

4. 涉税咨询业务等。

(二)全市地税机关暂停业务办理安排

2016年7月25日00:00—8月8日9:00,北京互联网地税局的网上纳税申报等网上应用服务暂停使用;各办税服务厅(包括自助办税服务终端)将暂停办理除以下业务外的所有涉税(费)业务:

1. 个人所得税完税证明开具(仅限于个人所得税完税证明自助开具);

2. 涉税咨询业务等。

二、恢复业务办理安排

2016 年 8 月 8 日上午 9:00 起,全市国税、地税机关各办税服务厅、网上办税服务厅、北京互联网地税局等涉税(费)事项办理场所(渠道)恢复办理各项业务。

三、申报期顺延调整安排

全市国税、地税机关 2016 年 8 月申报期顺延,调整为 8 月 8 日—8 月 26 日。

四、注意事项

(一)请纳税人根据本公告妥善安排业务办理时间,于暂停业务办理时间前尽早办理纳税申报、发票领用、涉税审批事项申请等事项。

(二)金税三期系统上线后,部分纳税人端业务系统(软件)需要升级后才能使用,请纳税人按照提示及时进行在线升级,或登录北京市国家税务局门户网站(http://www. bjsat. gov. cn)、北京市地方税务局门户网站(http://www. tax861. gov. cn)相关栏目下载升级包及操作手册进行手动升级。如遇业务系统(软件)无法正常使用的情况,纳税人可联系网上办税服务厅服务单位。

(三)金税三期系统上线运行初期,受业务量增大、业务办理集中等影响,可能会出现办税服务厅拥堵、等候时间延长等情况,请纳税人合理安排涉税(费)业务事项办理时间,尽量错峰办理。

(四)金税三期系统上线期间,所有涉及纳税人涉税(费)业务办理的事宜,税务机关将通过税务网站、微博、微信、短信、办税服务厅、电视、媒体等正规途径和渠道及时告知纳税人,请纳税人及时关注,切勿相信不法分子编造散布的各类涉税虚假信息,以免造成不必要的损失。

(五)其他未列明事项,详见后续通知。请纳税人关注北京市国家税务局和北京市地方税务局门户网站,向当地主管税务机关咨询,或致电 12366 纳税服务热线咨询。

感谢全市广大纳税人长期以来对税收工作的理解和支持,对于金税三期系统上线带来的不便,敬请谅解。

特此公告。

链接:

关于《北京市国家税务局　北京市地方税务局关于金税三期系统上线有关事项的公告》的政策解读

北京市国家税务局、北京市地方税务局联合发布了《北京市国家税务局　北京市地方税务局关于金税三期系统上线有关事项的公告》(以下简称公告),现将公告内容解读如下:

一、公告背景

金税工程是国务院批准的国家级电子政务"十二金"工程之一,是税收管理信息系统工程的总称。此次启动的金税三期实现了国地税所有税种、所有重要税务管理工作环节和各级国、地税机关的"三个覆盖",具有税收管理更加统一规范、纳税服务更加优质便捷、国地税合作更加深入紧密的重要意义。金税三期将取代运行了多年的中国税收征管信息系统。

北京市国税、地税系统各级税务机关将于2016年8月上线启用金税三期工程优化版系统,并定于2016年7月底至8月初进行新旧系统切换。

系统切换期间,我市国税、地税系统的实体办税服务厅大部分涉税事项暂停受理,涉税软件将暂停使用,全市纳税人的各项涉税(费)业务都会受到影响。

为确保金税三期系统如期顺利上线,最大限度降低系统上线对纳税人正常经营的影响,及时告知纳税人暂停和恢复办理涉税(费)业务的时间,以便纳税人能合理安排各类涉税(费)业务的办理。

二、公告主要内容

为了及时公告纳税人相关事宜,减少金税三期系统上线给纳税人带来的不便,公告将系统切换期间的相关事宜作了明确安排。

(一)系统切换时间安排

北京市国家税务局系统切换时间定于2016年7月27日00:00—8月8日9:00。北京市地方税务局系统切换时间定于2016年7月25日00:00—8月8日9:00。在此期间暂停办理涉税(费)业务。请纳税人在暂停业务办理时间前尽早办理纳税申报、发票领用、涉税审批事项申请等事项。

(二)暂停办理业务安排

暂停业务期间,纳税人不能通过全市国税系统的各办税服务厅办理除抄(报)税、增值税抵扣凭证认证、涉税咨询业务以外的所有涉税事项。纳税人不能通过全市地税系统的各办税服务厅办理除个人所得税完税证明自助开具、涉税咨询业务以外的所有涉税事项。纳税人也不能通过网上办税服务厅、网上纳税申报、北京互联网地税局的网上纳税申报等办税系统办理有关业务。

(三)恢复业务办理安排

2016年8月8日上午9:00起,纳税人可在全市国税、地税机关各办税服务厅、网上办税服务厅、北京互联网地税局等涉税(费)事项办理场所(渠道)办理各项业务。在系统上线运行初期,由于业务量增加、业务办理集中,可能会出现办税服务厅拥堵、等候时间延长等情况,纳税人尽量错峰办理。

(四)软件升级安排

金税三期系统上线后涉及到部分纳税人端业务系统(软件)升级,纳税人可按照提示进行操作,或登录北京市国家税务局、北京市地方税务局门户网站相关栏目下载升级包及操作手册进行手动升级。如遇业务系统(软件)无法正常使用的情况,纳税人叫联系网上办税服务厅服务单位。

(五)申报期顺延安排

本市国税机关、地税机关2016年8月申报期顺延,调整为8月8日—8月26日。纳税人可以根据申报期合理安排相关业务的办理。

(六)咨询工作安排

金税三期系统上线对于纳税人应当说没有什么明显的影响,所有涉及纳税人涉税(费)业务办理的变化事宜,税务机关将通过税务网站、微博、微信、短信、办税服务厅、电视、媒体等正规途径和渠道及时告知纳税人。

纳税人可关注北京市国家税务局和北京市地方税务局门户网站或向当地主管税务机关咨询,或拨打12366纳税服务热线进行咨询。

22 -6 -2
北京市地方税务局关于金税三期工程
优化版系统启用后明确部分涉税事项的公告

2016 年 8 月 29 日　北京市地方税务局公告 2016 年第 14 号

按照国家税务总局统一工作部署，北京市地税系统各级税务机关于 2016 年 8 月上线启用金税三期工程优化版系统（以下简称金税三期系统）。现就金税三期系统上线后部分涉税事项公告如下：

一、税（费）种认定

2016 年 8 月 8 日起，我市新开业的纳税人首次到地税机关办理纳税申报时，税务机关应当对纳税人纳税申报所涉及的征收项目、征收品目、申报期限、征收方式、税率或单位税额等征收入库必备信息进行认定，明确申报的税（费）种类，同时制作并向纳税人送达《税务事项通知书》（税（费）种认定通知），告知纳税人税（费）种认定情况。

经地税机关税（费）种认定的纳税人，征收项目、征收税目发生变化的，应当及时向地税机关申报办理税（费）种认定变更。

地税机关对纳税人完成税（费）种认定、变更后，纳税人在法定征收期限内进行纳税申报。

二、无税申报方式

纳税人在税款所属期限内应纳税款为零的，应当区分不同税种，分别进行无税申报。

三、残疾人就业保障金申报

我市缴纳残疾人就业保障金的纳税人，应当依法向地税机关进行残疾人就业保障金申报。

四、申报错误处理

金税三期系统上线运行后，纳税人在纳税申报后发现申报错误的，应当区分不同情况分别处理。

纳税人在法定申报期限内发现申报错误，税款未缴纳的，可以在"北京互联网地税局"客户端自行更正申报；超过法定申报期限或者税款已缴纳后，发现申报错误的，应当到本区地税服务厅更正申报。

五、非正常户认定

纳税人应当按照法律、行政法规规定或者税务机关依照法律、行政法规确定的申报期限、申报内容，如实办理纳税申报。申报期限届满次日起，纳税人仍未办理纳税申报的,地税机关通过金税三期系统进行催报,责令纳税人限期改正。纳税人应当在责令限期改正期间内完成纳税申报。

纳税人在责令限期改正期间内未改正的,地税机关启动实地核查。对查无下落、纳税人无欠税的,或者有欠税但无可以强制执行的财物或虽有可以强制执行的财物但经采取强制执行措施仍无法使其履行纳税义务的,按照相关规定,认定为非正常户。

六、非正常户解除

纳税人被认定为非正常户后,到地税机关办理解除非正常户手续的,应当将认定非正常户期间未申报的税(费)款逐月补报。地税机关按照相关规定,解除纳税人非正常户状态。

七、报验登记管理

外地进京施工企业持《外出经营税收活动管理证明》等相关资料,在国税机关申报办理报验登记后,国税机关、地税机关共享外地进京施工企业的报验登记信息。上述纳税人应当向北京市建设工程专业劳务发包承包交易中心地税窗口办理纳税申报。

八、跨区税源登记

金税三期系统上线运行后,本市纳税人在本市内跨区经营的,应当向经营地税务机关办理跨区税源登记。

九、特殊业务处理

我市个体工商户改变登记注册类型转为企业的,应当依法向税务机关办理注销税务登记。税务机关在个体工商户结清税款、缴销发票后,按照企业登记注册类型,依法办理设立税务登记。

十、车船税代扣代缴申报

"北京互联网地税局"客户端新增保险机构代收代缴车船税外网申报功能。我市保险机构可通过"北京互联网地税局"客户端进行车船税代收代缴申报。下载"北京互联网地税局"客户端路径:登录北京市地方税务局官网——点击"我要下载"——点击"软件下载"——点击"北京互联网地税局安装向导(pc版)"——点击"下载"安装。

十一、工会经费申报

工会经费税务代收系统登录方式中增加了纳税人识别码登录方式,工会经费税务代收缴费单位在进行工会经费申报时,可以通过输入纳税人识别码方式进行登录。

十二、非居民企业所得税源泉扣缴

符合《国家税务总局关于印发〈非居民企业所得税源泉扣缴管理暂行办法〉的通知》(国税发〔2009〕3号)第三条规定的扣缴义务人,应当按照税收法律、法规及相关税收规范性文件规定,到税务机关办理扣缴税款登记、企业所得税合同备案事项。

本公告自发布之日起施行。《北京市地方税务局关于企业清算业务所得税处理有关操作问题的通知》(京地税企〔2010〕94号)、《北京市地方税务局关于修改〈企业所得税核定征收鉴定操作规程〉的公告》(北京市地方税务局公告2013年第2号)、《北京市地方税务局关于发布〈企业所得税核定征收鉴定操作规程〉的公告》(北京市地方税务局公告2011年第3号)、《北京市地方税务局关于汇总纳税企业备案管理事项的公告》(北京市地方税务局公告2014年第8号)同时废止。

特此公告。

链接：

关于《北京市地方税务局关于金税三期工程优化版系统启用后明确部分涉税事项的公告》的政策解读

一、《公告》出台的背景是什么？

按照国家税务总局统一工作部署,北京市地税系统各级税务机关于2016年8月上线启用金税三期工程优化版系统(以下简称金税三期系统)。北京市地方税务局在金税三期系统推广过程中,对新老系统应用、业务流程、提交资料等方面进行了各项业务梳理。其中,对涉及纳税人权利、义务的部分事项,明确告知有关办理程序等要求,以切实维护广大纳税人权益。

二、《公告》对金税三期系统启用后哪些涉税事项进行了明确？

公告针对税(费)种认定、无税申报方式、残疾人就业保障金申报、申报错误处理、非正常户认定、非正常户解除、报验登记管理、跨区税源登记、特殊业务处理、车船税代扣代缴申报、工会经费申报、非居民企业所得税源泉扣缴共十二项税收事项,在金税三期系统上线后的处理方式进行了明确,同时对相关文件进行了废止。

三、如何理解《公告》中的税(费)种认定事项？

根据《全国税收征管规范》相关规定及金税三期系统上线运行要求,我市新开业的纳税人首次到地税机关办理纳税申报时,税务机关应当对纳税人纳税申报所涉及的征收项目、征收品目、申报期限、征收方式、税率或单位税额等征收入库必备信息进行认定。其中征收项目是指税(费)种,征收品目是指税目。

四、如何理解《公告》中的非正常户认定事项？

在金税三期系统启用后,依据《税务登记管理办法》及《国家税务总局关于进一步完善税务登记管理有关问题的公告》(国家税务总局公告2011年第21号)规定,地税机关对在申报期限内未进行纳税申报的纳税人,通过金税三期系统进行催报,责令纳税人限期改正。

纳税人在责令限期改正日期间内未改正的,地税机关启动实地核查。对查无下落,纳税人有欠税但无可以强制执行的财物或虽有可以强制执行的财物但经采取强制执行措施仍无法使其履行纳税义务的,认定为非正常户;对查无下落,纳税人无欠税的,按照相关规定,认定为非正常户。

五、如何把握《公告》中的跨区税源登记事项？

根据《国家税务总局关于优化〈外出经营活动税收管理证明〉相关制度和办理程序的意见》(税总发〔2016〕106号)相关规定,在金税三期系统上线后,设立跨区税源登记事项。本市纳税人在本市内跨区经营的,应当向经营地税务机关办理跨区税源登记,以提高税收征管效率,减轻纳税人办税负担。

二十三、税务检查

23-1 其他规定

23-1 其他规定

23-1-1
国家税务总局关于印发《推进税务稽查随机抽查实施方案》的通知

2015年8月25日 税总发〔2015〕104号

各省、自治区、直辖市和计划单列市国家税务局、地方税务局：

为贯彻落实《国务院办公厅关于推广随机抽查规范事中事后监管的通知》（国办发〔2015〕58号）要求，国家税务总局制定了《推进税务稽查随机抽查实施方案》，现印发给你们，请认真贯彻执行。执行中遇到的问题，请及时报告国家税务总局（稽查局）。

推进税务稽查随机抽查实施方案

为深入贯彻落实《国务院办公厅关于推广随机抽查规范事中事后监管的通知》（国办发〔2015〕58号）要求，推进税务稽查随机抽查，增强执法效能，特制定本实施方案。

一、总体要求

（一）指导思想

贯彻党中央、国务院的决策部署，落实简政放权、放管结合、优化服务要求，坚持执法公正，提高执法效率，以风险管理为导向，建立健全科学的随机抽查机制，规范税务稽查，创新方式方法，加强专业化和集约化，努力实现执法成本最小化和执法效能最大化，促进税法遵从和公平竞争。

（二）基本原则

——依法实施。严格执行相关法律、行政法规和规章，规范执法行为，确保税务稽查随机抽查工作依法顺利进行。

——公正高效。坚持规范公正文明执法，对不同类型税务稽查对象分别采取适当的随机抽查方法，注重公平，兼顾效率，减轻纳税人负担，优化市场环境。

——公开透明。在阳光下运行执法权力，公开税务稽查随机抽查职责、程序、事项、结果等，强化社会监督，切实做到确职限权，尽责担当。

——稳步推进。充分利用相关信息数据,立足税源分布结构、稽查资源配置等实际情况,分步实施,有序推进,务求实效。

二、完善税务稽查随机抽查机制

(一)随机抽查依据

《中华人民共和国税收征收管理法》第四章及其实施细则第六章等法律、行政法规和税务部门规章相关规定。

(二)随机抽查主体

税务稽查随机抽查主体是各级税务稽查部门。国家税务总局稽查局负责组织、协调全国税务稽查随机抽查工作,根据工作需要从全国重点税源企业中随机抽取待查对象,组织或督促相关地区税务稽查部门实施稽查。省、市税务局稽查局负责组织、协调、实施辖区内税务稽查随机抽查工作。县税务局稽查局负责实施辖区内税务稽查随机抽查工作。

省税务局可以根据本地实际情况,适当调整税务稽查选案层级,对辖区内的全国、省、市重点税源企业由省税务局稽查局集中确定随机抽查对象。上级税务稽查部门随机抽取的待查对象,可以自行稽查,也可以交由下级税务稽查部门稽查。下级税务稽查部门因力量不足实施稽查确有困难的,可以报请上级税务稽查部门从其他地区选调人员参与稽查。

上级税务稽查部门可以对下级税务稽查部门随机抽查情况进行复查,以检验抽查绩效。复查以案卷审核为主,必要时可以实地核查。

(三)随机抽查对象和内容

依法检查纳税人、扣缴义务人和其他涉税当事人(以下统称为税务稽查对象)履行纳税义务、扣缴税款义务情况及其他税法遵从情况。所有待查对象,除线索明显涉嫌偷逃骗抗税和虚开发票等税收违法行为直接立案查处的外,均须通过摇号等方式,从税务稽查对象分类名录库和税务稽查异常对象名录库中随机抽取。

各级税务局建立税务稽查对象分类名录库,实施动态管理。国家税务总局名录库包括全国重点税源企业,相关信息由税务稽查对象所在省税务局提供。省税务局名录库包括辖区内的全国、省、市重点税源企业。市、县税务局名录库包括辖区内的所有税务稽查对象。名录库应录入税务稽查对象税务登记基本信息和前三个年度经营规模、纳税数额以及税务检查、税务处理处罚、涉税刑事追究等情况。该项工作应于2015年12月31日前完成。

省、市、县税务局在收集各类税务稽查案源信息的基础上,建立税务稽查异常对象名录库,实施动态管理。名录库应包括长期纳税申报异常企业、税收高风险企业、纳税信用级别低的企业、多次被检举有税收违法行为的企业、相关部门列明违法失信联合惩戒企业等,并录入税务登记基本信息以及涉嫌税收违法等异常线索情况。该项工作应于2016年3月31日前完成。

税务稽查对象分类名录库和税务稽查异常对象名录库相关信息应从税收信息管理系统获取。

(四)随机抽查方式

随机抽查分为定向抽查和不定向抽查。定向抽查是指按照税务稽查对象类型、行业、性质、隶属关系、组织架构、经营规模、收入规模、纳税数额、成本利润率、税负率、地理区域、税收风险等级、纳税信用级别等特定条件,通过摇号等方式,随机抽取确定待查对象名单,对其纳税等情况进行稽查。不定向抽查是指不设定条件,通过摇号等方式,随机抽取确定待查对象名单,对其纳税等情况进行稽查。定向抽查与不定向抽查要结合应用,兼施并举,确保稽查执法效能。

对随机抽查对象,税务稽查部门可以直接检查,也可以要求其先行自查,再实施重点检查,或自查与重点检查同时进行。对自查如实报告税收违法行为,主动配合税务稽查部门检查,主动补缴税款和缴纳滞纳金的,依法从轻、减轻或不予行政处罚;税务稽查部门重点检查发现存在重大税收违法行为或故意隐瞒税收违法行为的,应依法从严处罚;涉嫌犯罪的,应依法移送公安机关处理。

(五)分类确定随机抽查比例和频次

随机抽查比例和频次要合理适度,切合实际,以不影响公正与效率为前提,既要保证必要的抽查覆盖面和工作力度,又要防止检查过多和执法扰民。

对全国、省、市重点税源企业,采取定向抽查与不定向抽查相结合的方式,每年抽查比例20%左右,原则上每5年检查一轮。

对非重点税源企业,采取以定向抽查为主、辅以不定向抽查的方式,每年抽查比例不超过3%。

对非企业纳税人,主要采取不定向抽查方式,每年抽查比例不超过1%。

对列入税务稽查异常对象名录库的企业,要加大抽查力度,提高抽查比例和频次。

3年内已被随机抽查的税务稽查对象,不列入随机抽查范围。

(六)随机和竞标选派执法检查人员

各级税务局建立税务稽查执法检查人员分类名录库,实施动态管理。国家税务总局名录库人员由各省税务局推荐,国家税务总局稽查局审核确定。省、市、县税务局名录库应包括辖区内所有税务稽查执法检查人员。名录库应录入执法检查人员基本信息及其专长、业绩等情况,并按照执法检查人员擅长检查的行业、领域、税种、案件等进行分类。该项工作应于2015年12月31日前完成。

实施抽查的执法检查人员,通过摇号方式,从税务稽查执法检查人员分类名录库中随机选派,也可以采取竞标等方式选派。执法检查人员应根据抽查内容,结合其专长进行选派。在一定周期内对同一抽查对象不得由同一执法检查人员实施检查。对同一抽查对象实施检查,选派执法检查人员不得少于2人。执法检查人员与抽查对象有利害关系的,应依法回避。

(七)国税、地税开展联合抽查

国税、地税机关建立税务稽查联合随机抽查机制,共同制订并实施联合抽查计划,确定重点抽查对象,实施联合稽查,同步入户执法,及时互通查获的情况,商讨解决疑难问题,准确定性处理。

(八)实现抽查成果增值运用

对随机抽查发现税收违法行为的税务稽查对象,综合运用经济惩戒、信用惩戒、联合惩戒和从严监管等措施,加大税收违法代价,加强抽查威慑力,引导纳税人自觉遵从税法,提高税收征管整体效能。抽查中发现的税收征管薄弱环节和税收政策缺陷,及时向相关部门反馈,强化工作成果增值运用。

三、保障措施

(一)实行计划统筹管理

科学安排年度税务稽查随机抽查工作计划,制订严密的具体实施方案,统筹考虑辖区内税务稽查对象数量、稽查资源配置、税收违法案件数量、工作任务计划及企业、行业分布结构等因素,合理确定年度定向抽查、不定向抽查的比例,保持各类税务稽查对象相对均衡。税务稽查部门的检查与税收征管部门的检查要相互协调,统筹安排实地检查事项,统一规范进户执法,避免多头重复检查和交叉重叠执法,切实解决检查任性、执法扰民、效率低下、影响形象问题。税务稽查部门与税收征管、大企业税收管理等部门要充分沟通配合,统筹协同做好国家税务总局、省税务局定点联系企业(列名企业)等重点税源企业抽查工作。

(二)强化信息技术支持

将税务稽查随机抽查纳入税收信息管理系统,运用信息技术手段确保其落实到位,并实现全程跟踪记录,运行透明,痕迹可查,效果可评,责任可追。税务稽查对象分类名录库和税务稽查异常对象名录库相关信息,通过税收信息管理系统在税务系统共享。国家税务总局和省税务局应加强税务稽查选案指标体系建设,加快定向抽查分析模型设计,并不断修正完善。该项工作应于2016年6月30日前取得阶段性成果。

(三)加强纵向横向联动

上级税务机关布置、安排、督办随机抽查事项,要严密跟踪,督促、指导实施稽查的税务机关开展工作,防止敷衍塞责和消极懈怠。下级税务机关对上级税务机关布置、安排、督办的随机抽查事项,应严格按照规定的时限和要求办理。随机抽查事项涉及其他地区的,相关地区税务机关应积极协助主办地区税务机关调查取证,不得推诿抵制和包庇袒护。积极参与当地人民政府协调组织的联合抽查,进一步加强与公安、海关、工商等部门执法协作。

(四)推进与社会信用体系相衔接

将税务稽查随机抽查结果纳入纳税信用和社会信用记录,按规定推送至全国信用信息共享交换平台和全国企业信用信息公示系统平台,与相关部门实现信息共享;将严重税收违法行为列入税收违法"黑名单",实施联合惩戒,让失信者一处违法、处处受限。

(五)接受社会监督

向社会公布税务稽查随机抽查的依据、主体、内容、方式等事项清单,公布抽查情况和抽查结果,自觉接受社会监督,扩大执法社会影响。

四、工作要求

(一)统一思想认识

推进税务稽查随机抽查,是税务系统贯彻落实党中央、国务院关于深化行政体制改革,加快转变政府职能,推进简政放权、放管结合、优化服务的决策部署的重要举措。各级税务机关务必高度认识此项工作的重要性和必要性,创造性地落实工作部署和要求,充分发挥税务稽查职能作用,打击税收违法活动,整顿规范税收秩序,促进市场公平竞争,服务经济社会发展。

(二)加强组织领导

各级税务机关主要领导对税务稽查随机抽查工作要亲自抓,分管领导具体抓,税务稽查部门牵头落实,相关部门协作配合。根据本实施方案确定的抽查工作任务和目标,相应调整充实一线执法检查力量。加强对抽查工作的组织部署、督促指导和业绩考评,确保抽查工作顺利开展,取得明显实效。

(三)强化责任落实

明确工作进度要求,落实责任任务,一级抓一级,一级督一级,强化对税务稽查随机抽查工作的过程监控和绩效评价。各省税务局要根据本实施方案要求,具体细化辖区内推进随机抽查的任务和步骤,确保此项工作落到实处,抓出成效。要激励先进,鞭策后进,通过纳入绩效考核,对落实到位、成绩突出的单位和个人,按有关规定给予激励;对落实不力、成绩较差的单位和个人,按有关规定处理。

(四)注重培训宣传

加强税务稽查随机抽查业务培训和交流,转变执法理念,增强执法能力,组建专业团队。充分利用广播、电视、报刊、网络等多种渠道,广泛开展宣传报道,积极争取各界支持。加大相关税收政策法规解读力度,及时回应纳税人关切,解疑释惑,增进理解,促进和谐,为随机抽查工作顺利开展营造良好的氛围。

各省税务局要按照本实施方案的要求,作出贯彻落实国办发〔2015〕58号文件和本实施方案的具体工作安排,于2015年9月15日前报送国家税务总局(稽查局);后续工作进展及主要成果等情况,于每年7月1日前和12月31日前各报送一次。

23－1－2
国家税务总局关于修订《重大税收违法案件信息公布办法(试行)》的公告

2016年4月16日　国家税务总局公告2016年第24号

为贯彻落实《深化国税、地税征管体制改革方案》,进一步惩戒严重涉税违法行为,提高纳税人依法纳税意识和税法遵从度,推进社会信用体系建设,国家税务总局修订了《重大税收违法案件信息公布办法(试行)》,现予以公布,自2016年6月1日起施行。

特此公告。

重大税收违法案件信息公布办法(试行)

第一章　总　则

第一条　为维护正常的税收征收管理秩序,惩戒严重涉税违法行为,推进社会信用体系建设,根据《中华人民共和国税收征收管理法》和《国务院关于印发社会信用体系建设规划纲要(2014—2020年)的通知》(国发〔2014〕21号),制定本办法。

第二条　税务机关依照本办法的规定,向社会公布重大税收违法案件信息,并将信息通报相关部门,共同实施严格监管和联合惩戒。

第三条　公布重大税收违法案件信息和对当事人实施惩戒,应当遵循依法行政、公平公正、统一规范的原则。

第四条　按照谁检查、谁负责的原则,对公布的案件实施检查的税务机关对公布案件信息的合法性、真实性和准确性负责。

第五条　税务机关通过建立重大税收违法案件公布信息系统和利用国家信用信息共享交换平台等渠道,对外公布重大税收违法案件信息,并由相关部门根据这些信息对当事人实施联合惩戒和管理措施。

第二章　案件标准

第六条　本办法所称"重大税收违法案件"是指符合下列标准的案件:

（一）纳税人伪造、变造、隐匿、擅自销毁账簿、记账凭证，或者在账簿上多列支出或者不列、少列收入，或者经税务机关通知申报而拒不申报或者进行虚假的纳税申报，不缴或者少缴应纳税款，查补税款金额100万元以上，且任一年度查补税额占当年各税种应纳税总额10%以上；

（二）纳税人欠缴应纳税款，采取转移或者隐匿财产的手段，妨碍税务机关追缴欠缴的税款，欠缴税款金额100万元以上的；

（三）以假报出口或者其他欺骗手段，骗取国家出口退税款的；

（四）以暴力、威胁方法拒不缴纳税款的；

（五）虚开增值税专用发票或者虚开用于骗取出口退税、抵扣税款的其他发票的；

（六）虚开普通发票100份或者金额40万元以上的；

（七）私自印制、伪造、变造发票，非法制造发票防伪专用品，伪造发票监制章的；

（八）虽未达到上述标准，但违法情节严重、有较大社会影响的。

符合前款规定的重大税收违法案件，由税务稽查局作出了《税务处理决定书》或《税务行政处罚决定书》，且当事人在法定期间内没有申请行政复议或者提起行政诉讼，或者经行政复议或法院裁判对此案件最终确定效力后，按本办法处理。

第三章　信息公布

第七条　公布重大税收违法案件信息，应当包括以下内容：

（一）对法人或者其他组织：公布其名称，统一社会信用代码或纳税人识别号，注册地址，法定代表人、负责人或者经法院判决确定的实际责任人的姓名、性别及身份证号码（隐去出生年、月、日号码段，下同），经法院判决确定的负有直接责任的财务人员的姓名、性别及身份证号码；

（二）对自然人：公布其姓名、性别、身份证号码；

（三）主要违法事实；

（四）适用相关法律依据；

（五）税务处理、税务行政处罚情况；

（六）实施检查的单位；

（七）对公布的重大税收违法案件负有直接责任的涉税专业服务机构及从业人员，税务机关可以依法一并公布其名称、统一社会信用代码或纳税人识别号、注册地址，以及直接责任人的姓名、性别、身份证号码、职业资格证书编号。

前款第一项中法人或者其他组织的法定代表人、负责人与违法事实发生时的法定代表人、负责人不一致的，应一并公布，并对违法事实发生时的法定代表人、负责人进行标注。

第八条　省以下税务机关应及时将符合公布标准的案件信息录入重大税收违法案件公布信息系统，通过省税务机关门户网站向社会公布，同时可以根据本地区实际情况，通过本级税务机关公告栏、报纸、广播、电视、网络媒体等途径以及新闻发布会等形式向社会公布。

国家税务总局门户网站设立专栏链接省税务机关门户网站的公布内容。

第九条　符合本办法第六条第一款第一项、第二项规定的重大税收违法案件的当事人，能按照《税务处理决定书》《税务行政处罚决定书》缴清税款、滞纳金和罚款的，经实施检查的税务机关决定，只将案件信息录入重大税收违法案件公布信息系统，不向社会公布该案件信息。

案件信息已经向社会公布后，当事人符合前款规定的，经实施检查的税务机关决定，停止公布并从公告栏中撤出，并将缴清税款、滞纳金和罚款的情况通知实施联合惩戒和管理的部门。

第十条　重大税收违法案件信息自公布之日起满2年的,停止公布并从公告栏中撤出。

第十一条　案件信息一经录入重大税收违法案件公布信息系统,将作为纳税人的纳税信用记录永久保存。

第四章　惩戒措施

第十二条　对按本办法公布的当事人,依法采取以下措施:

(一)纳税信用级别直接判为D级,适用相应的D级纳税人管理措施;

(二)对欠缴查补税款的纳税人或者其法定代表人在出境前未按照规定结清应纳税款、滞纳金或者提供纳税担保的,税务机关可以依据《中华人民共和国税收征收管理法》相关规定,通知出入境管理机关阻止其出境;

(三)税务机关将当事人信息提供给参与实施联合惩戒的相关部门,由相关部门依法对当事人采取联合惩戒和管理措施。

符合本办法第九条规定的当事人,适用前款第一项规定。

第十三条　国家税务总局和省税务机关通过约定方式,向同级参与联合惩戒的部门提供税务机关对外公布的本辖区内重大税收违法案件信息。

市以下税务机关是否向同级参与联合惩戒的部门提供对外公布的本辖区内重大税收违法案件信息,由市以下税务机关根据实际情况,与相关部门协商决定。

第十四条　重大税收违法案件信息实行动态管理,案件信息发生变化的,按本办法第十三条规定提供案件信息的税务机关应当及时向同级参与联合惩戒和管理的部门提供更新信息。

第五章　附　　则

第十五条　被公布的当事人对公布内容提出异议的,由实施检查的税务机关负责复核和处理。

第十六条　本办法所称税务机关,是指国家税务总局和省以下国家税务局、地方税务局。

第十七条　本办法所称"以上"包含本数,"以下"包含本级。

第十八条　本办法自2016年6月1日起施行。《国家税务总局关于发布〈重大税收违法案件信息公布办法(试行)〉的公告》(国家税务总局公告2014年第41号)同时废止。

二十四、行政复议

24-1 基本法规

24 - 1 - 1
国家税务总局关于修改
《税务行政复议规则》的决定

2015 年 12 月 28 日　国家税务总局令第 39 号

《国家税务总局关于修改〈税务行政复议规则〉的决定》,已经 2015 年 12 月 17 日国家税务总局 2015 年度第 2 次局务会议审议通过,现予公布,自 2016 年 2 月 1 日起施行。

国家税务总局局长:王军
2015 年 12 月 28 日

国家税务总局关于修改《税务行政复议规则》的决定

国家税务总局决定对《税务行政复议规则》作如下修改:

一、将第十九条第一款第一项修改为:"(一)对计划单列市国家税务局的具体行政行为不服的,向国家税务总局申请行政复议;对计划单列市地方税务局的具体行政行为不服的,可以选择向省地方税务局或者本级人民政府申请行政复议。"

二、将第五十二条修改为:"行政复议证据包括以下类别:

"(一)书证;

"(二)物证;

"(三)视听资料;

"(四)电子数据;

"(五)证人证言;

"(六)当事人的陈述;

"(七)鉴定意见;

"（八）勘验笔录、现场笔录。"

三、第八十六条增加一款,作为第二款:"行政复议审理期限在和解、调解期间中止计算。"

本决定自 2016 年 2 月 1 日起施行。

《税务行政复议规则》根据本决定作相应修改,重新公布。

税务行政复议规则

（2010 年 2 月 10 日国家税务总局令第 21 号公布
根据 2015 年 12 月 28 日《国家税务总局关于修改
〈税务行政复议规则〉的决定》修正）

第一章　总　　则

第一条　为了进一步发挥行政复议解决税务行政争议的作用,保护公民、法人和其他组织的合法权益,监督和保障税务机关依法行使职权,根据《中华人民共和国行政复议法》(以下简称行政复议法)、《中华人民共和国税收征收管理法》和《中华人民共和国行政复议法实施条例》(以下简称行政复议法实施条例),结合税收工作实际,制定本规则。

第二条　公民、法人和其他组织(以下简称申请人)认为税务机关的具体行政行为侵犯其合法权益,向税务行政复议机关申请行政复议,税务行政复议机关办理行政复议事项,适用本规则。

第三条　本规则所称税务行政复议机关(以下简称行政复议机关),指依法受理行政复议申请、对具体行政行为进行审查并作出行政复议决定的税务机关。

第四条　行政复议应当遵循合法、公正、公开、及时和便民的原则。

行政复议机关应当树立依法行政观念,强化责任意识和服务意识,认真履行行政复议职责,坚持有错必纠,确保法律正确实施。

第五条　行政复议机关在申请人的行政复议请求范围内,不得作出对申请人更为不利的行政复议决定。

第六条　申请人对行政复议决定不服的,可以依法向人民法院提起行政诉讼。

第七条　行政复议机关受理行政复议申请,不得向申请人收取任何费用。

第八条　各级税务机关行政首长是行政复议工作第一责任人,应当切实履行职责,加强对行政复议工作的组织领导。

第九条　行政复议机关应当为申请人、第三人查阅案卷资料、接受询问、调解、听证等提供专门场所和其他必要条件。

第十条　各级税务机关应当加大对行政复议工作的基础投入,推进行政复议工作信息化建设,配备调查取证所需的照相、录音、录像和办案所需的电脑、扫描、投影、传真、复印等设备,保障办案交通工具和相应经费。

第二章　税务行政复议机构和人员

第十一条　各级行政复议机关负责法制工作的机构(以下简称行政复议机构)依法办理行政复

议事项,履行下列职责:

(一)受理行政复议申请。

(二)向有关组织和人员调查取证,查阅文件和资料。

(三)审查申请行政复议的具体行政行为是否合法和适当,起草行政复议决定。

(四)处理或者转送对本规则第十五条所列有关规定的审查申请。

(五)对被申请人违反行政复议法及其实施条例和本规则规定的行为,依照规定的权限和程序向相关部门提出处理建议。

(六)研究行政复议工作中发现的问题,及时向有关机关或者部门提出改进建议,重大问题及时向行政复议机关报告。

(七)指导和监督下级税务机关的行政复议工作。

(八)办理或者组织办理行政诉讼案件应诉事项。

(九)办理行政复议案件的赔偿事项。

(十)办理行政复议、诉讼、赔偿等案件的统计、报告、归档工作和重大行政复议决定备案事项。

(十一)其他与行政复议工作有关的事项。

第十二条　各级行政复议机关可以成立行政复议委员会,研究重大、疑难案件,提出处理建议。

行政复议委员会可以邀请本机关以外的具有相关专业知识的人员参加。

第十三条　行政复议工作人员应当具备与履行行政复议职责相适应的品行、专业知识和业务能力,并取得行政复议法实施条例规定的资格。

第三章　税务行政复议范围

第十四条　行政复议机关受理申请人对税务机关下列具体行政行为不服提出的行政复议申请:

(一)征税行为,包括确认纳税主体、征税对象、征税范围、减税、免税、退税、抵扣税款、适用税率、计税依据、纳税环节、纳税期限、纳税地点和税款征收方式等具体行政行为,征收税款、加收滞纳金,扣缴义务人、受税务机关委托的单位和个人作出的代扣代缴、代收代缴、代征行为等。

(二)行政许可、行政审批行为。

(三)发票管理行为,包括发售、收缴、代开发票等。

(四)税收保全措施、强制执行措施。

(五)行政处罚行为:

1. 罚款;

2. 没收财物和违法所得;

3. 停止出口退税权。

(六)不依法履行下列职责的行为:

1. 颁发税务登记;

2. 开具、出具完税凭证、外出经营活动税收管理证明;

3. 行政赔偿;

4. 行政奖励;

5. 其他不依法履行职责的行为。

(七)资格认定行为。

（八）不依法确认纳税担保行为。

（九）政府信息公开工作中的具体行政行为。

（十）纳税信用等级评定行为。

（十一）通知出入境管理机关阻止出境行为。

（十二）其他具体行政行为。

第十五条　申请人认为税务机关的具体行政行为所依据的下列规定不合法，对具体行政行为申请行政复议时，可以一并向行政复议机关提出对有关规定的审查申请；申请人对具体行政行为提出行政复议申请时不知道该具体行政行为所依据的规定的，可以在行政复议机关作出行政复议决定以前提出对该规定的审查申请：

（一）国家税务总局和国务院其他部门的规定。

（二）其他各级税务机关的规定。

（三）地方各级人民政府的规定。

（四）地方人民政府工作部门的规定。

前款中的规定不包括规章。

第四章　税务行政复议管辖

第十六条　对各级国家税务局的具体行政行为不服的，向其上一级国家税务局申请行政复议。

第十七条　对各级地方税务局的具体行政行为不服的，可以选择向其上一级地方税务局或者该税务局的本级人民政府申请行政复议。

省、自治区、直辖市人民代表大会及其常务委员会、人民政府对地方税务局的行政复议管辖另有规定的，从其规定。

第十八条　对国家税务总局的具体行政行为不服的，向国家税务总局申请行政复议。对行政复议决定不服，申请人可以向人民法院提起行政诉讼，也可以向国务院申请裁决。国务院的裁决为最终裁决。

第十九条　对下列税务机关的具体行政行为不服的，按照下列规定申请行政复议：

（一）对计划单列市国家税务局的具体行政行为不服的，向国家税务总局申请行政复议；对计划单列市地方税务局的具体行政行为不服的，可以选择向省地方税务局或者本级人民政府申请行政复议。

（二）对税务所（分局）、各级税务局的稽查局的具体行政行为不服的，向其所属税务局申请行政复议。

（三）对两个以上税务机关共同作出的具体行政行为不服的，向共同上一级税务机关申请行政复议；对税务机关与其他行政机关共同作出的具体行政行为不服的，向其共同上一级行政机关申请行政复议。

（四）对被撤销的税务机关在撤销以前所作出的具体行政行为不服的，向继续行使其职权的税务机关的上一级税务机关申请行政复议。

（五）对税务机关作出逾期不缴纳罚款加处罚款的决定不服的，向作出行政处罚决定的税务机关申请行政复议。但是对已处罚款和加处罚款都不服的，一并向作出行政处罚决定的税务机关的上一级税务机关申请行政复议。

有前款（二）、（三）、（四）、（五）项所列情形之一的，申请人也可以向具体行政行为发生地的县级地方人民政府提交行政复议申请,由接受申请的县级地方人民政府依法转送。

第五章　税务行政复议申请人和被申请人

第二十条　合伙企业申请行政复议的,应当以工商行政管理机关核准登记的企业为申请人,由执行合伙事务的合伙人代表该企业参加行政复议;其他合伙组织申请行政复议的,由合伙人共同申请行政复议。

前款规定以外的不具备法人资格的其他组织申请行政复议的,由该组织的主要负责人代表该组织参加行政复议;没有主要负责人的,由共同推选的其他成员代表该组织参加行政复议。

第二十一条　股份制企业的股东大会、股东代表大会、董事会认为税务具体行政行为侵犯企业合法权益的,可以以企业的名义申请行政复议。

第二十二条　有权申请行政复议的公民死亡的,其近亲属可以申请行政复议;有权申请行政复议的公民为无行为能力人或者限制行为能力人,其法定代理人可以代理申请行政复议。

有权申请行政复议的法人或者其他组织发生合并、分立或终止的,承受其权利义务的法人或者其他组织可以申请行政复议。

第二十三条　行政复议期间,行政复议机关认为申请人以外的公民、法人或者其他组织与被审查的具体行政行为有利害关系的,可以通知其作为第三人参加行政复议。

行政复议期间,申请人以外的公民、法人或者其他组织与被审查的税务具体行政行为有利害关系的,可以向行政复议机关申请作为第三人参加行政复议。

第三人不参加行政复议,不影响行政复议案件的审理。

第二十四条　非具体行政行为的行政管理相对人,但其权利直接被该具体行政行为所剥夺、限制或者被赋予义务的公民、法人或其他组织,在行政管理相对人没有申请行政复议时,可以单独申请行政复议。

第二十五条　同一行政复议案件申请人超过5人的,应当推选1~5名代表参加行政复议。

第二十六条　申请人对具体行政行为不服申请行政复议的,作出该具体行政行为的税务机关为被申请人。

第二十七条　申请人对扣缴义务人的扣缴税款行为不服的,主管该扣缴义务人的税务机关为被申请人;对税务机关委托的单位和个人的代征行为不服的,委托税务机关为被申请人。

第二十八条　税务机关与法律、法规授权的组织以共同的名义作出具体行政行为的,税务机关和法律、法规授权的组织为共同被申请人。

税务机关与其他组织以共同名义作出具体行政行为的,税务机关为被申请人。

第二十九条　税务机关依照法律、法规和规章规定,经上级税务机关批准作出具体行政行为的,批准机关为被申请人。

申请人对经重大税务案件审理程序作出的决定不服的,审理委员会所在税务机关为被申请人。

第三十条　税务机关设立的派出机构、内设机构或者其他组织,未经法律、法规授权,以自己名义对外作出具体行政行为的,税务机关为被申请人。

第三十一条　申请人、第三人可以委托1~2名代理人参加行政复议。申请人、第三人委托代理人的,应当向行政复议机构提交授权委托书。授权委托书应当载明委托事项、权限和期限。公民在特殊情况下无法书面委托的,可以口头委托。口头委托的,行政复议机构应当核实并记录在卷。申请人、第三人解除或者变更委托的,应当书面告知行政复议机构。

被申请人不得委托本机关以外人员参加行政复议。

第六章　税务行政复议申请

第三十二条　申请人可以在知道税务机关作出具体行政行为之日起 60 日内提出行政复议申请。

因不可抗力或者被申请人设置障碍等原因耽误法定申请期限的,申请期限的计算应当扣除被耽误时间。

第三十三条　申请人对本规则第十四条第(一)项规定的行为不服的,应当先向行政复议机关申请行政复议;对行政复议决定不服的,可以向人民法院提起行政诉讼。

申请人按照前款规定申请行政复议的,必须依照税务机关根据法律、法规确定的税额、期限,先行缴纳或者解缴税款和滞纳金,或者提供相应的担保,才可以在缴清税款和滞纳金以后或者所提供的担保得到作出具体行政行为的税务机关确认之日起 60 日内提出行政复议申请。

申请人提供担保的方式包括保证、抵押和质押。作出具体行政行为的税务机关应当对保证人的资格、资信进行审查,对不具备法律规定资格或者没有能力保证的,有权拒绝。作出具体行政行为的税务机关应当对抵押人、出质人提供的抵押担保、质押担保进行审查,对不符合法律规定的抵押担保、质押担保,不予确认。

第三十四条　申请人对本规则第十四条第(一)项规定以外的其他具体行政行为不服,可以申请行政复议,也可以直接向人民法院提起行政诉讼。

申请人对税务机关作出逾期不缴纳罚款加处罚款的决定不服的,应当先缴纳罚款和加处罚款,再申请行政复议。

第三十五条　本规则第三十二条第一款规定的行政复议申请期限的计算,依照下列规定办理:

(一)当场作出具体行政行为的,自具体行政行为作出之日起计算。

(二)载明具体行政行为的法律文书直接送达的,自受送达人签收之日起计算。

(三)载明具体行政行为的法律文书邮寄送达的,自受送达人在邮件签收单上签收之日起计算;没有邮件签收单的,自受送达人在送达回执上签名之日起计算。

(四)具体行政行为依法通过公告形式告知受送达人的,自公告规定的期限届满之日起计算。

(五)税务机关作出具体行政行为时未告知申请人,事后补充告知的,自该申请人收到税务机关补充告知的通知之日起计算。

(六)被申请人能够证明申请人知道具体行政行为的,自证据材料证明其知道具体行政行为之日起计算。

税务机关作出具体行政行为,依法应当向申请人送达法律文书而未送达的,视为该申请人不知道该具体行政行为。

第三十六条　申请人依照行政复议法第六条第(八)项、第(九)项、第(十)项的规定申请税务机关履行法定职责,税务机关未履行的,行政复议申请期限依照下列规定计算:

(一)有履行期限规定的,自履行期限届满之日起计算。

(二)没有履行期限规定的,自税务机关收到申请满 60 日起计算。

第三十七条　税务机关作出的具体行政行为对申请人的权利、义务可能产生不利影响的,应当告知其申请行政复议的权利、行政复议机关和行政复议申请期限。

第三十八条　申请人书面申请行政复议的,可以采取当面递交、邮寄或者传真等方式提出行政复议申请。

有条件的行政复议机关可以接受以电子邮件形式提出的行政复议申请。

对以传真、电子邮件形式提出行政复议申请的,行政复议机关应当审核确认申请人的身份、复议事项。

第三十九条　申请人书面申请行政复议的,应当在行政复议申请书中载明下列事项:

(一)申请人的基本情况,包括公民的姓名、性别、出生年月、身份证件号码、工作单位、住所、邮政编码、联系电话;法人或者其他组织的名称、住所、邮政编码、联系电话和法定代表人或者主要负责人的姓名、职务。

(二)被申请人的名称。

(三)行政复议请求、申请行政复议的主要事实和理由。

(四)申请人的签名或者盖章。

(五)申请行政复议的日期。

第四十条　申请人口头申请行政复议的,行政复议机构应当依照本规则第三十九条规定的事项,当场制作行政复议申请笔录,交申请人核对或者向申请人宣读,并由申请人确认。

第四十一条　有下列情形之一的,申请人应当提供证明材料:

(一)认为被申请人不履行法定职责的,提供要求被申请人履行法定职责而被申请人未履行的证明材料。

(二)申请行政复议时一并提出行政赔偿请求的,提供受具体行政行为侵害而造成损害的证明材料。

(三)法律、法规规定需要申请人提供证据材料的其他情形。

第四十二条　申请人提出行政复议申请时错列被申请人的,行政复议机关应当告知申请人变更被申请人。申请人不变更被申请人的,行政复议机关不予受理,或者驳回行政复议申请。

第四十三条　申请人向行政复议机关申请行政复议,行政复议机关已经受理的,在法定行政复议期限内申请人不得向人民法院提起行政诉讼;申请人向人民法院提起行政诉讼,人民法院已经依法受理的,不得申请行政复议。

第七章　税务行政复议受理

第四十四条　行政复议申请符合下列规定的,行政复议机关应当受理:

(一)属于本规则规定的行政复议范围。

(二)在法定申请期限内提出。

(三)有明确的申请人和符合规定的被申请人。

(四)申请人与具体行政行为有利害关系。

(五)有具体的行政复议请求和理由。

(六)符合本规则第三十三条和第三十四条规定的条件。

(七)属于收到行政复议申请的行政复议机关的职责范围。

(八)其他行政复议机关尚未受理同一行政复议申请,人民法院尚未受理同一主体就同一事实提起的行政诉讼。

第四十五条　行政复议机关收到行政复议申请以后,应当在5日内审查,决定是否受理。对不符合本规则规定的行政复议申请,决定不予受理,并书面告知申请人。

对不属于本机关受理的行政复议申请,应当告知申请人向有关行政复议机关提出。

行政复议机关收到行政复议申请以后未按照前款规定期限审查并作出不予受理决定的,视为受理。

第四十六条 对符合规定的行政复议申请,自行政复议机构收到之日起即为受理;受理行政复议申请,应当书面告知申请人。

第四十七条 行政复议申请材料不齐全、表述不清楚的,行政复议机构可以自收到该行政复议申请之日起 5 日内书面通知申请人补正。补正通知应当载明需要补正的事项和合理的补正期限。无正当理由逾期不补正的,视为申请人放弃行政复议申请。

补正申请材料所用时间不计入行政复议审理期限。

第四十八条 上级税务机关认为行政复议机关不予受理行政复议申请的理由不成立的,可以督促其受理;经督促仍然不受理的,责令其限期受理。

上级税务机关认为行政复议申请不符合法定受理条件的,应当告知申请人。

第四十九条 上级税务机关认为有必要的,可以直接受理或者提审由下级税务机关管辖的行政复议案件。

第五十条 对应当先向行政复议机关申请行政复议,对行政复议决定不服再向人民法院提起行政诉讼的具体行政行为,行政复议机关决定不予受理或者受理以后超过行政复议期限不作答复的,申请人可以自收到不予受理决定书之日起或者行政复议期满之日起 15 日内,依法向人民法院提起行政诉讼。

依照本规则第八十三条规定延长行政复议期限的,以延长以后的时间为行政复议期满时间。

第五十一条 行政复议期间具体行政行为不停止执行;但是有下列情形之一的,可以停止执行:

(一)被申请人认为需要停止执行的。

(二)行政复议机关认为需要停止执行的。

(三)申请人申请停止执行,行政复议机关认为其要求合理,决定停止执行的。

(四)法律规定停止执行的。

第八章 税务行政复议证据

第五十二条 行政复议证据包括以下类别:

(一)书证;

(二)物证;

(三)视听资料;

(四)电子数据;

(五)证人证言;

(六)当事人的陈述;

(七)鉴定意见;

(八)勘验笔录、现场笔录。

第五十三条 在行政复议中,被申请人对其作出的具体行政行为负有举证责任。

第五十四条 行政复议机关应当依法全面审查相关证据。行政复议机关审查行政复议案件,应当以证据证明的案件事实为依据。定案证据应当具有合法性、真实性和关联性。

第五十五条　行政复议机关应当根据案件的具体情况,从以下方面审查证据的合法性:

(一)证据是否符合法定形式。

(二)证据的取得是否符合法律、法规、规章和司法解释的规定。

(三)是否有影响证据效力的其他违法情形。

第五十六条　行政复议机关应当根据案件的具体情况,从以下方面审查证据的真实性:

(一)证据形成的原因。

(二)发现证据时的环境。

(三)证据是否为原件、原物,复制件、复制品与原件、原物是否相符。

(四)提供证据的人或者证人与行政复议参加人是否具有利害关系。

(五)影响证据真实性的其他因素。

第五十七条　行政复议机关应当根据案件的具体情况,从以下方面审查证据的关联性:

(一)证据与待证事实是否具有证明关系。

(二)证据与待证事实的关联程度。

(三)影响证据关联性的其他因素。

第五十八条　下列证据材料不得作为定案依据:

(一)违反法定程序收集的证据材料。

(二)以偷拍、偷录和窃听等手段获取侵害他人合法权益的证据材料。

(三)以利诱、欺诈、胁迫和暴力等不正当手段获取的证据材料。

(四)无正当事由超出举证期限提供的证据材料。

(五)无正当理由拒不提供原件、原物,又无其他证据印证,且对方不予认可的证据的复制件、复制品。

(六)无法辨明真伪的证据材料。

(七)不能正确表达意志的证人提供的证言。

(八)不具备合法性、真实性的其他证据材料。

行政复议机构依据本规则第十一条第(二)项规定的职责所取得的有关材料,不得作为支持被申请人具体行政行为的证据。

第五十九条　在行政复议过程中,被申请人不得自行向申请人和其他有关组织或者个人收集证据。

第六十条　行政复议机构认为必要时,可以调查取证。

行政复议工作人员向有关组织和人员调查取证时,可以查阅、复制和调取有关文件和资料,向有关人员询问。调查取证时,行政复议工作人员不得少于 2 人,并应当向当事人和有关人员出示证件。被调查单位和人员应当配合行政复议工作人员的工作,不得拒绝、阻挠。

需要现场勘验的,现场勘验所用时间不计入行政复议审理期限。

第六十一条　申请人和第三人可以查阅被申请人提出的书面答复、作出具体行政行为的证据、依据和其他有关材料,除涉及国家秘密、商业秘密或者个人隐私外,行政复议机关不得拒绝。

第九章　税务行政复议审查和决定

第六十二条　行政复议机构应当自受理行政复议申请之日起 7 日内,将行政复议申请书副本或者行政复议申请笔录复印件发送被申请人。被申请人应当自收到申请书副本或者申请笔录复印件之日起 10 日内提出书面答复,并提交当初作出具体行政行为的证据、依据和其他有关材料。

对国家税务总局的具体行政行为不服申请行政复议的案件,由原承办具体行政行为的相关机构向行政复议机构提出书面答复,并提交当初作出具体行政行为的证据、依据和其他有关材料。

第六十三条 行政复议机构审理行政复议案件,应当由 2 名以上行政复议工作人员参加。

第六十四条 行政复议原则上采用书面审查的办法,但是申请人提出要求或者行政复议机关认为有必要时,应当听取申请人、被申请人和第三人的意见,并可以向有关组织和人员调查了解情况。

第六十五条 对重大、复杂的案件,申请人提出要求或者行政复议机构认为必要时,可以采取听证的方式审理。

第六十六条 行政复议机构决定举行听证的,应当将举行听证的时间、地点和具体要求等事项通知申请人、被申请人和第三人。

第三人不参加听证的,不影响听证的举行。

第六十七条 听证应当公开举行,但是涉及国家秘密、商业秘密或者个人隐私的除外。

第六十八条 行政复议听证人员不得少于 2 人,听证主持人由行政复议机构指定。

第六十九条 听证应当制作笔录。申请人、被申请人和第三人应当确认听证笔录内容。

行政复议听证笔录应当附卷,作为行政复议机构审理案件的依据之一。

第七十条 行政复议机关应当全面审查被申请人的具体行政行为所依据的事实证据、法律程序、法律依据和设定的权利义务内容的合法性、适当性。

第七十一条 申请人在行政复议决定作出以前撤回行政复议申请的,经行政复议机构同意,可以撤回。

申请人撤回行政复议申请的,不得再以同一事实和理由提出行政复议申请。但是,申请人能够证明撤回行政复议申请违背其真实意思表示的除外。

第七十二条 行政复议期间被申请人改变原具体行政行为的,不影响行政复议案件的审理。但是,申请人依法撤回行政复议申请的除外。

第七十三条 申请人在申请行政复议时,依据本规则第十五条规定一并提出对有关规定的审查申请的,行政复议机关对该规定有权处理的,应当在 30 日内依法处理;无权处理的,应当在 7 日内按照法定程序逐级转送有权处理的行政机关依法处理,有权处理的行政机关应当在 60 日内依法处理。处理期间,中止对具体行政行为的审查。

第七十四条 行政复议机关审查被申请人的具体行政行为时,认为其依据不合法,本机关有权处理的,应当在 30 日内依法处理;无权处理的,应当在 7 日内按照法定程序逐级转送有权处理的国家机关依法处理。处理期间,中止对具体行政行为的审查。

第七十五条 行政复议机构应当对被申请人的具体行政行为提出审查意见,经行政复议机关负责人批准,按照下列规定作出行政复议决定:

(一)具体行政行为认定事实清楚,证据确凿,适用依据正确,程序合法,内容适当的,决定维持。

(二)被申请人不履行法定职责的,决定其在一定期限内履行。

(三)具体行政行为有下列情形之一的,决定撤销、变更或者确认该具体行政行为违法;决定撤销或者确认该具体行政行为违法的,可以责令被申请人在一定期限内重新作出具体行政行为:

1. 主要事实不清、证据不足的;

2. 适用依据错误的;

3. 违反法定程序的;

4. 超越职权或者滥用职权的;

5. 具体行政行为明显不当的。

(四)被申请人不按照本规则第六十二条的规定提出书面答复,提交当初作出具体行政行为的证据、依据和其他有关材料的,视为该具体行政行为没有证据、依据,决定撤销该具体行政行为。

第七十六条 行政复议机关责令被申请人重新作出具体行政行为的,被申请人不得以同一事实和理由作出与原具体行政行为相同或者基本相同的具体行政行为;但是行政复议机关以原具体行政行为违反法定程序决定撤销的,被申请人重新作出具体行政行为的除外。

行政复议机关责令被申请人重新作出具体行政行为的,被申请人不得作出对申请人更为不利的决定;但是行政复议机关以原具体行政行为主要事实不清、证据不足或适用依据错误决定撤销的,被申请人重新作出具体行政行为的除外。

第七十七条 有下列情形之一的,行政复议机关可以决定变更:

(一)认定事实清楚,证据确凿,程序合法,但是明显不当或者适用依据错误的。

(二)认定事实不清,证据不足,但是经行政复议机关审理查明事实清楚,证据确凿的。

第七十八条 有下列情形之一的,行政复议机关应当决定驳回行政复议申请:

(一)申请人认为税务机关不履行法定职责申请行政复议,行政复议机关受理以后发现该税务机关没有相应法定职责或者在受理以前已经履行法定职责的。

(二)受理行政复议申请后,发现该行政复议申请不符合行政复议法及其实施条例和本规则规定的受理条件的。

上级税务机关认为行政复议机关驳回行政复议申请的理由不成立的,应当责令限期恢复受理。行政复议机关审理行政复议申请期限的计算应当扣除因驳回耽误的时间。

第七十九条 行政复议期间,有下列情形之一的,行政复议中止:

(一)作为申请人的公民死亡,其近亲属尚未确定是否参加行政复议的。

(二)作为申请人的公民丧失参加行政复议的能力,尚未确定法定代理人参加行政复议的。

(三)作为申请人的法人或者其他组织终止,尚未确定权利义务承受人的。

(四)作为申请人的公民下落不明或者被宣告失踪的。

(五)申请人、被申请人因不可抗力,不能参加行政复议的。

(六)行政复议机关因不可抗力原因暂时不能履行工作职责的。

(七)案件涉及法律适用问题,需要有权机关作出解释或者确认的。

(八)案件审理需要以其他案件的审理结果为依据,而其他案件尚未审结的。

(九)其他需要中止行政复议的情形。

行政复议中止的原因消除以后,应当及时恢复行政复议案件的审理。

行政复议机构中止、恢复行政复议案件的审理,应当告知申请人、被申请人、第三人。

第八十条 行政复议期间,有下列情形之一的,行政复议终止:

(一)申请人要求撤回行政复议申请,行政复议机构准予撤回的。

(二)作为申请人的公民死亡,没有近亲属,或者其近亲属放弃行政复议权利的。

(三)作为申请人的法人或者其他组织终止,其权利义务的承受人放弃行政复议权利的。

(四)申请人与被申请人依据本规则第八十七条的规定,经行政复议机构准许达成和解的。

(五)行政复议申请受理以后,发现其他行政复议机关已经先于本机关受理,或者人民法院已经受理的。

依照本规则第七十九条第一款第(一)项、第(二)项、第(三)项规定中止行政复议,满60日行政复议中止的原因未消除的,行政复议终止。

第八十一条　行政复议机关责令被申请人重新作出具体行政行为的,被申请人应当在60日内重新作出具体行政行为;情况复杂,不能在规定期限内重新作出具体行政行为的,经行政复议机关批准,可以适当延期,但是延期不得超过30日。

公民、法人或者其他组织对被申请人重新作出的具体行政行为不服,可以依法申请行政复议,或者提起行政诉讼。

第八十二条　申请人在申请行政复议时可以一并提出行政赔偿请求,行政复议机关对符合国家赔偿法的规定应当赔偿的,在决定撤销、变更具体行政行为或者确认具体行政行为违法时,应当同时决定被申请人依法赔偿。

申请人在申请行政复议时没有提出行政赔偿请求的,行政复议机关在依法决定撤销、变更原具体行政行为确定的税款、滞纳金、罚款和对财产的扣押、查封等强制措施时,应当同时责令被申请人退还税款、滞纳金和罚款,解除对财产的扣押、查封等强制措施,或者赔偿相应的价款。

第八十三条　行政复议机关应当自受理申请之日起60日内作出行政复议决定。情况复杂,不能在规定期限内作出行政复议决定的,经行政复议机关负责人批准,可以适当延期,并告知申请人和被申请人;但是延期不得超过30日。

行政复议机关作出行政复议决定,应当制作行政复议决定书,并加盖行政复议机关印章。

行政复议决定书一经送达,即发生法律效力。

第八十四条　被申请人应当履行行政复议决定。

被申请人不履行、无正当理由拖延履行行政复议决定的,行政复议机关或者有关上级税务机关应当责令其限期履行。

第八十五条　申请人、第三人逾期不起诉又不履行行政复议决定的,或者不履行最终裁决的行政复议决定的,按照下列规定分别处理:

(一)维持具体行政行为的行政复议决定,由作出具体行政行为的税务机关依法强制执行,或者申请人民法院强制执行。

(二)变更具体行政行为的行政复议决定,由行政复议机关依法强制执行,或者申请人民法院强制执行。

第十章　税务行政复议和解与调解

第八十六条　对下列行政复议事项,按照自愿、合法的原则,申请人和被申请人在行政复议机关作出行政复议决定以前可以达成和解,行政复议机关也可以调解:

(一)行使自由裁量权作出的具体行政行为,如行政处罚、核定税额、确定应税所得率等。

(二)行政赔偿。

(三)行政奖励。

(四)存在其他合理性问题的具体行政行为。

行政复议审理期限在和解、调解期间中止计算。

第八十七条　申请人和被申请人达成和解的,应当向行政复议机构提交书面和解协议。和解内容不损害社会公共利益和他人合法权益的,行政复议机构应当准许。

第八十八条　经行政复议机构准许和解终止行政复议的,申请人不得以同一事实和理由再次申请行政复议。

第八十九条　调解应当符合下列要求:

(一)尊重申请人和被申请人的意愿。

(二)在查明案件事实的基础上进行。

(三)遵循客观、公正和合理原则。

(四)不得损害社会公共利益和他人合法权益。

第九十条　行政复议机关按照下列程序调解:

(一)征得申请人和被申请人同意。

(二)听取申请人和被申请人的意见。

(三)提出调解方案。

(四)达成调解协议。

(五)制作行政复议调解书。

第九十一条　行政复议调解书应当载明行政复议请求、事实、理由和调解结果,并加盖行政复议机关印章。行政复议调解书经双方当事人签字,即具有法律效力。

调解未达成协议,或者行政复议调解书不生效的,行政复议机关应当及时作出行政复议决定。

第九十二条　申请人不履行行政复议调解书的,由被申请人依法强制执行,或者申请人民法院强制执行。

第十一章　税务行政复议指导和监督

第九十三条　各级税务复议机关应当加强对履行行政复议职责的监督。行政复议机构负责对行政复议工作进行系统督促、指导。

第九十四条　各级税务机关应当建立健全行政复议工作责任制,将行政复议工作纳入本单位目标责任制。

第九十五条　各级税务机关应当按照职责权限,通过定期组织检查、抽查等方式,检查下级税务机关的行政复议工作,并及时向有关方面反馈检查结果。

第九十六条　行政复议期间行政复议机关发现被申请人和其他下级税务机关的相关行政行为违法或者需要做好善后工作的,可以制作行政复议意见书。有关机关应当自收到行政复议意见书之日起60日内将纠正相关行政违法行为或者做好善后工作的情况报告行政复议机关。

行政复议期间行政复议机构发现法律、法规和规章实施中带有普遍性的问题,可以制作行政复议建议书,向有关机关提出完善制度和改进行政执法的建议。

第九十七条　省以下各级税务机关应当定期向上一级税务机关提交行政复议、应诉、赔偿统计表和分析报告,及时将重大行政复议决定报上一级行政复议机关备案。

第九十八条　行政复议机构应当按照规定将行政复议案件资料立卷归档。

行政复议案卷应当按照行政复议申请分别装订立卷,一案一卷,统一编号,做到目录清晰、资料齐全、分类规范、装订整齐。

第九十九条　行政复议机构应当定期组织行政复议工作人员业务培训和工作交流,提高行政复议工作人员的专业素质。

第一百条　行政复议机关应当定期总结行政复议工作。对行政复议工作中做出显著成绩的单位和个人,依照有关规定表彰和奖励。

第十二章　附　则

第一百零一条　行政复议机关、行政复议机关工作人员和被申请人在税务行政复议活动中,违反行政复议法及其实施条例和本规则规定的,应当依法处理。

第一百零二条　外国人、无国籍人、外国组织在中华人民共和国境内向税务机关申请行政复议,适用本规则。

第一百零三条　行政复议机关在行政复议工作中可以使用行政复议专用章。行政复议专用章与行政复议机关印章在行政复议中具有同等效力。

第一百零四条　行政复议期间的计算和行政复议文书的送达,依照民事诉讼法关于期间、送达的规定执行。

本规则关于行政复议期间有关"5日""7日"的规定指工作日,不包括法定节假日。

第一百零五条　本规则自2010年4月1日起施行,2004年2月24日国家税务总局公布的《税务行政复议规则(暂行)》(国家税务总局令第8号)同时废止。

二十五、行政调解

25 - 1　基本法规

25-1 基本法规

25-1-1
北京市行政调解办法

2015 年 6 月 1 日　北京市人民政府令第 264 号

《北京市行政调解办法》已经 2015 年 5 月 19 日市人民政府第 80 次常务会议审议通过,现予公布,自 2015 年 9 月 1 日起施行。

市长:王安顺
2015 年 6 月 1 日

北京市行政调解办法

目　录

第一章　总　　则

第一条　为了规范行政机关的行政调解,及时、有效化解争议纠纷,促进社会和谐稳定,根据国家和本市有关规定,结合本市实际情况,制定本办法。

第二条　本市各级行政机关开展行政调解,适用本办法。

法律、法规、规章对行政调解另有规定的,从其规定。

第三条　本市各级行政机关可以依法对下列争议纠纷进行调解:

(一)法律、法规、规章规定可以由行政机关调解的公民、法人和其他组织之间的

纠纷(以下简称民事纠纷):

1. 可以进行治安调解的民间纠纷;

2. 交通事故损害赔偿纠纷;

3. 合同纠纷;

4. 医疗事故赔偿纠纷;

5. 消费者权益保护纠纷、产品质量纠纷;

6. 土地承包经营纠纷;

7. 侵犯商标专用权、专利权等知识产权的赔偿纠纷;

8. 环境污染赔偿纠纷;

9. 电力纠纷、水事纠纷;

10. 其他依法可以调解的民事纠纷。

(二)公民、法人或者其他组织与行政机关之间关于行政赔偿、补偿以及行政机关行使法律、法规、规章规定的自由裁量权产生的争议(以下简称行政争议)。

第四条　行政调解应当遵循自愿、合法、公平公正、注重效果原则。

第五条　市和区、县政府应当加强对本行政区域内行政调解工作的领导,健全行政调解与人民调解、司法调解的衔接机制,保障行政调解所必需的工作条件和经费,加强行政调解队伍建设。

市和区、县政府工作部门应当加强对本领域、本系统行政调解工作的业务指导和协调推进。

市和区、县政府法制机构负责推进、指导、协调和监督本行政区域行政调解工作。

第六条　行政机关应当确定专门机构统筹本机关的行政调解工作,并指导本机关具体承担行政调解工作的机构开展行政调解。

行政机关可以根据工作需要聘请行政调解辅助人员,保证行政调解工作正常开展。

行政调解工作所需经费列入本行政机关的预算,由本级财政予以保障。

第七条　行政机关开展行政调解,应当以事实为依据,以法律为准绳,不得损害国家利益、公共利益,以及公民、法人和其他组织的合法权益。

行政机关调解民事纠纷,应当保持客观中立,不得偏袒、包庇一方当事人。

行政机关调解行政争议,不得影响依法履行行政管理职责,不得以行政调解代替行政执法。

第八条　行政机关在行政调解中发现可能引起治安案件、刑事案件或者其他影响社会稳定的争议纠纷,应当及时通知公安机关或者其他有权处理的部门。

第九条　当事人在行政调解中应当遵守调解秩序,尊重参与调解的人员,如实陈述争议纠纷事实,自觉履行达成的调解协议。

行政机关在行政调解中不得拒绝当事人提供证据,不得拒绝当事人终止调解的要求。

第二章 民事纠纷调解

第十条 对本办法第三条第(一)项规定的民事纠纷,当事人可以申请法律、法规、规章规定的行政机关进行调解。

当事人申请调解民事纠纷应当符合下列条件:

(一)与民事纠纷有直接利害关系;

(二)有明确具体的调解请求、事实和理由;

(三)民事纠纷尚未被人民法院、仲裁机构、人民调解组织或者其他行政机关受理或者处理。

当事人申请调解民事纠纷应当说明其基本情况、调解请求、事实和理由等。行政机关应当自当事人申请之日起5个工作日内征求对方当事人意见,并决定是否受理。

第十一条 行政机关在履行行政管理职责过程中发现属于行政调解范围的民事纠纷,可以在征得双方当事人同意后启动调解。

第十二条 行政机关调解民事纠纷,由其具体承担行政调解工作的机构的工作人员担任行政调解人员。

第十三条 行政机关决定调解的,应当告知当事人调解的时间、地点、调解人员等事项,并提示就纠纷提起诉讼、申请仲裁的时效期间;决定不予受理的,应当告知当事人理由。

第十四条 行政调解人员有下列情形之一的,应当主动回避;不主动回避的,当事人有权申请其回避:

(一)是民事纠纷当事人或者与当事人有近亲属关系的;

(二)与民事纠纷有利害关系的;

(三)与民事纠纷当事人有其他关系,可能影响公正调解的。

当事人申请回避的,行政机关应当及时作出是否回避的决定。决定回避的,应当及时更换行政调解人员;不需要回避的,告知当事人理由。

第十五条 当事人之外的公民、法人或者其他组织与民事纠纷有利害关系的,可以申请参加调解或者由行政机关通知其参加调解。

第十六条 行政机关调解民事纠纷,根据需要,可以邀请有关单位、专业人员或者其他有关人员参与调解。

第十七条 行政机关调解民事纠纷,当事人应当如实提供证据。必要时,行政机关可以自行调查取证。

第十八条 行政机关调解民事纠纷,应当听取当事人的陈述,向当事人讲解有关法律、法规、规章和政策,在分清事理、明辨法理的基础上,引导当事人自愿达成调解协议。

第十九条 行政机关调解民事纠纷,应当自行政机关受理之日或者双方当事人同意调解之日起30日内结束;情况复杂或者有其他特殊情形的,经当事人同意,可以适当延长。

行政机关认为当事人双方意愿差距较大、不具备达成协议的条件的,可以终止调解。

第二十条 经调解达成协议的,行政机关应当制作调解协议书,调解协议书应当由当事人签名、盖章,加盖行政机关印章,当事人各执一份,行政机关留存一份;当事人认为无需制作调解协议书的,可以采取口头协议方式,行政调解人员应当记录协议内容,双方当事人签名、盖章。

经调解无法达成协议或者当事人要求终止调解的,行政机关应当终止调解,并告知当事人可以通过诉讼、仲裁等途径解决民事纠纷。

第二十一条 调解协议书应当载明下列事项:

(一)当事人的基本情况;

(二)调解请求;

(三)调解协议内容;

(四)其他需要载明的事项。

第二十二条 调解协议书自当事人签名、盖章,行政机关加盖印章之日起生效;口头协议自当事人达成协议之日起生效。

第二十三条 对调解协议书,当事人可以依法申请公证机关公证,或者申请人民法院确认效力。

第二十四条 对案情简单、具备当场调解条件的民事纠纷,行政机关可以当场调解。当场调解达成协议且当事人能够即时履行的,行政机关应当将相关情况记录在案,无需制作调解协议书。

第三章　行政争议调解

第二十五条 当事人因本办法第三条第(二)项规定的行政争议申请行政复议或者提起行政诉讼的,在行政复议机关作出复议决定或者人民法院作出判决、裁定之前,作出行政行为的行政机关征得当事人同意后,可以在行政复议机关或者人民法院的指导下进行调解。

第二十六条 行政机关调解行政争议,可以确定由原行政行为的承办机构具体承担行政调解工作,也可以确定由其他机构具体承担行政调解工作。

原行政行为的承办人不得担任调解人员。

第二十七条 当事人之外的公民、法人或者其他组织与行政争议有利害关系的,行政机关应当通知其参加调解。

第二十八条 调解人员调解行政争议,应当听取当事人的陈述,向当事人讲解相关法律、法规、规章和政策,告知当事人执法依据、理由和相关考虑因素,答复当事人的疑问。

第二十九条 行政机关调解行政争议,应当在自当事人同意调解之日起15个工作日内结束。

第三十条　行政机关与当事人达成协议的,行政机关应当记录协议内容。当事人认可原行政行为或者行政机关按照协议改变原行政行为的,当事人撤回行政复议申请或者撤回起诉;行政机关改变原行政行为的,应当撤销原行政行为,重新作出行政行为,并告知行政复议机关或者人民法院。

行政机关与当事人无法达成协议或者当事人要求终止调解的,行政机关应当终止调解。

第四章　指导和监督

第三十一条　行政机关应当建立行政调解工作档案,将记载调解申请、受理、过程、协议等内容的相关材料立卷归档。

第三十二条　行政机关应当建立健全行政调解工作统计分析制度,定期对行政调解案件量、争议纠纷类型、结案方式等数据进行统计分析,并将相关数据和材料按照规定报送政府法制机构。

行政机关应当将重大行政调解案件按照规定报送政府法制机构备案。

第三十三条　市和区、县政府法制机构应当加强对本行政区域内行政调解工作的指导,建立健全行政调解工作程序和规范,完善相关配套制度;定期组织对行政调解工作人员进行业务培训,提高行政调解工作人员的专业素质。

第三十四条　行政机关及其工作人员在行政调解过程中存在不履行、违法履行、不当履行行政调解职责行为的,按照国家和本市有关规定对直接负责的主管人员和其他直接责任人员给予行政问责和行政处分。

第五章　附　　则

第三十五条　法律、法规授权的具有管理公共事务职能的组织开展行政调解,适用本办法。

第三十六条　本办法所称的当事人包括民事纠纷的双方当事人和行政争议的行政相对人。

第三十七条　本办法自2015年9月1日起施行。

二十六、行政处罚

26－1　其他规定

26 - 1　其他规定

26 - 1 - 1
国家税务总局关于发布《税务行政
处罚裁量权行使规则》的公告

2016 年 11 月 30 日　国家税务总局公告 2016 年第 78 号

为全面贯彻《中华人民共和国行政处罚法》《中华人民共和国税收征收管理法》及
其实施细则等有关法律法规及《法治政府建设实施纲要(2015—2020 年)》精神,按照
《国家税务总局关于规范税务行政裁量权工作的指导意见》(国税发〔2012〕65 号)要
求,国家税务总局制定了《税务行政处罚裁量权行使规则》,现予以发布,自 2017 年 1
月 1 日起施行。

特此公告。

税务行政处罚裁量权行使规则

第一章　总　　则

第一条　为了规范税务行政处罚裁量权行使,保护纳税人、扣缴义务人及其他涉税当事人(以
下简称"当事人")合法权益,根据《中华人民共和国行政处罚法》《中华人民共和国税收征收管理
法》及其实施细则等法律、法规有关规定,以及《法治政府建设实施纲要(2015—2020 年)》《国家税
务总局关于规范税务行政裁量权工作的指导意见》要求,制定本规则。

第二条　税务机关行使行政处罚裁量权,适用本规则。

第三条　本规则所称税务行政处罚裁量权,是指税务机关根据法律、法规和规章的规定,综合
考虑税收违法行为的事实、性质、情节及社会危害程度,选择处罚种类和幅度并作出处罚决定的
权力。

第四条　税务行政处罚的种类包括:

(一)罚款;

(二)没收违法所得、没收非法财物;

(三)停止出口退税权;

(四)法律、法规和规章规定的其他行政处罚。

第五条　行使税务行政处罚裁量权,应当遵循以下原则:

(一)合法原则。在法律、法规、规章规定的种类和幅度内,依照法定权限,遵守法定程序,保障当事人合法权益。

(二)合理原则。符合立法目的,考虑相关事实因素和法律因素,作出的行政处罚决定与违法行为的事实、性质、情节、社会危害程度相当,与本地的经济社会发展水平相适应。

(三)公平公正原则。对事实、性质、情节及社会危害程度等因素基本相同的税收违法行为,所适用的行政处罚种类和幅度应当基本相同。

(四)公开原则。按规定公开行政处罚依据和行政处罚信息。

(五)程序正当原则。依法保障当事人的知情权、参与权和救济权等各项法定权利。

(六)信赖保护原则。非因法定事由并经法定程序,不得随意改变已经生效的行政行为。

(七)处罚与教育相结合原则。预防和纠正涉税违法行为,引导当事人自觉守法。

第二章　行政处罚裁量基准制定

第六条　税务行政处罚裁量基准,是税务机关为规范行使行政处罚裁量权而制定的细化量化标准。

税务行政处罚裁量基准,应当包括违法行为、处罚依据、裁量阶次、适用条件和具体标准等内容。

第七条　税务行政处罚裁量基准应当在法定范围内制定,并符合以下要求:

(一)法律、法规、规章规定可予以行政处罚的,应当明确是否予以行政处罚的适用条件和具体标准;

(二)法律、法规、规章规定可以选择行政处罚种类的,应当明确不同种类行政处罚的适用条件和具体标准;

(三)法律、法规、规章规定行政处罚幅度的,应当根据违法事实、性质、情节、社会危害程度等因素确定适用条件和具体标准;

(四)法律、法规、规章规定可以单处也可以并处行政处罚的,应当明确单处或者并处行政处罚的适用条件和具体标准。

第八条　制定税务行政处罚裁量基准,参照下列程序进行:

(一)确认行政处罚裁量依据;

(二)整理、分析行政处罚典型案例,为细化量化税务行政处罚裁量权提供参考;

(三)细化量化税务行政处罚裁量权,拟定税务行政处罚裁量基准。

税务行政处罚裁量基准应当以规范性文件形式发布,并结合税收行政执法实际及时修订。

第九条　省国税局、地税局应当联合制定本地区统一适用的税务行政处罚裁量基准。

第十条　税务机关在实施行政处罚时,应当以法律、法规、规章为依据,并在裁量基准范围内作出相应的行政处罚决定,不得单独引用税务行政处罚裁量基准作为依据。

第三章　行政处罚裁量规则适用

第十一条　法律、法规、规章规定可以给予行政处罚,当事人首次违反且情节轻微,并在税务机关发现前主动改正的或者在税务机关责令限期改正的期限内改正的,不予行政处罚。

第十二条 税务机关应当责令当事人改正或者限期改正违法行为的,除法律、法规、规章另有规定外,责令限期改正的期限一般不超过三十日。

第十三条 对当事人的同一个税收违法行为不得给予两次以上罚款的行政处罚。

当事人同一个税收违法行为违反不同行政处罚规定且均应处以罚款的,应当选择适用处罚较重的条款。

第十四条 当事人有下列情形之一的,不予行政处罚:

(一)违法行为轻微并及时纠正,没有造成危害后果的;

(二)不满十四周岁的人有违法行为的;

(三)精神病人在不能辨认或者不能控制自己行为时有违法行为的;

(四)其他法律规定不予行政处罚的。

第十五条 当事人有下列情形之一的,应当依法从轻或者减轻行政处罚:

(一)主动消除或者减轻违法行为危害后果的;

(二)受他人胁迫有违法行为的;

(三)配合税务机关查处违法行为有立功表现的;

(四)其他依法应当从轻或者减轻行政处罚的。

第十六条 违反税收法律、行政法规应当给予行政处罚的行为在五年内未被发现的,不再给予行政处罚。

第十七条 行使税务行政处罚裁量权应当依法履行告知义务。在作出行政处罚决定前,应当告知当事人作出行政处罚决定的事实、理由、依据及拟处理结果,并告知当事人依法享有的权利。

第十八条 税务机关行使税务行政处罚裁量权涉及法定回避情形的,应当依法告知当事人享有申请回避的权利。税务人员存在法定回避情形的,应当自行回避或者由税务机关决定回避。

第十九条 当事人有权进行陈述和申辩。税务机关应当充分听取当事人的意见,对其提出的事实、理由或者证据进行复核,陈述申辩事由成立的,税务机关应当采纳;不采纳的,应予说明理由。

税务机关不得因当事人的申辩而加重处罚。

第二十条 税务机关对公民作出2000元以上罚款或者对法人或者其他组织作出1万元以上罚款的行政处罚决定之前,应当告知当事人有要求举行听证的权利;当事人要求听证的,税务机关应当组织听证。

第二十一条 对情节复杂、争议较大、处罚较重、影响较广或者拟减轻处罚等税务行政处罚案件,应当经过集体审议决定。

第二十二条 税务机关按照一般程序实施行政处罚,应当在执法文书中对事实认定、法律适用、基准适用等说明理由。

第二十三条 省税务机关应当积极探索建立案例指导制度,通过案例指导规范税务行政处罚裁量权。

第四章　附　　则

第二十四条 各级税务机关依法行政工作领导小组应当加强规范税务行政处罚裁量权工作的组织领导。

第二十五条 国税机关、地税机关应当强化执法协作,健全信息交换和执法合作机制,保证同一地区对基本相同的税收违法行为的行政处罚基本一致。

第二十六条　各级税务机关应当积极运用信息化手段加强税务行政处罚裁量权的管理,实现流程控制,规范裁量行为。

第二十七条　各级税务机关应当通过执法督察、案卷评查等方式,对规范行政处罚裁量权工作进行监督。

第二十八条　本规则自 2017 年 1 月 1 日起施行。

二十七、行政许可

27-1　规范性文件

27 - 1 规范性文件

27 - 1 - 1
国家税务总局关于公布已取消的
22 项税务非行政许可审批事项的公告

2015 年 8 月 18 日   国家税务总局公告 2015 年第 58 号

根据《中华人民共和国税收征收管理法》第三十三条规定和《国务院关于取消和调整一批行政审批项目等事项的决定》(国发〔2014〕50 号),现将已取消的 22 项税务非行政许可审批事项予以公布(见附件)。

各级税务机关应当全面落实取消 22 项税务非行政许可审批事项有关工作,不得以任何形式保留或者变相审批;及时修改涉及取消事项的相关规定、表证单书和征管流程,明确事中事后监管要求;进一步深化行政体制改革,深入推进简政放权,放管结合,优化服务,不断提高税收管理科学化规范化水平。

特此公告。

附件:国务院决定取消的 22 项税务非行政许可审批事项

附件

国务院决定取消的 22 项税务非行政许可审批事项

序号	项目名称	审批部门	其他共同审批部门	设定依据	备注
1	西部大开发税收优惠政策审批	税务总局	无	《国务院办公厅关于保留部分非行政许可审批项目的通知》(国办发〔2004〕62 号)《财政部、海关总署、国家税务总局关于深入实施西部大开发战略有关税收政策问题的通知》(财税〔2011〕58 号)	
2	企业取得的符合条件的技术转让所得享受所得税优惠核准	税务总局	无	《国家税务总局关于技术转让所得减免企业所得税有关问题的通知》(国税函〔2009〕212 号)	

序号	项目名称	审批部门	其他共同审批部门	设定依据	备注
3	安置残疾人员和国家鼓励安置的其他就业人员所支付工资的加计扣除的核准	税务总局	无	《中华人民共和国企业所得税法》《财政部、国家税务总局关于安置残疾人员就业有关企业所得税优惠政策问题的通知》(财税〔2009〕70号)	
4	创业投资企业享受创业投资所得税优惠核准	税务总局	无	《国家税务总局关于实施创业投资企业所得税优惠问题的通知》(国税发〔2009〕87号)	
5	企业享受综合利用资源所得税优惠的核准	税务总局	无	《国家税务总局关于资源综合利用企业所得税优惠管理问题的通知》(国税函〔2009〕185号)	
6	企业享受文化体制改革中转制的经营性文化事业单位所得税优惠的核准	税务总局	中宣部、财政部	《财政部、国家税务总局关于文化体制改革中经营性文化事业单位转制为企业的若干税收优惠政策的通知》(财税〔2009〕34号)《财政部、国家税务总局、中宣部关于转制文化企业名单及认定的通知》(财税〔2009〕105号)	
7	电网企业新建项目分摊期间费用的核准	税务总局	无	《国家税务总局关于电网企业电网新建项目享受所得税优惠政策问题的公告》(国家税务总局公告2013年第26号)	
8	企业享受苏州工业园区有限合伙制创业投资企业法人合伙人试点优惠政策的核准	税务总局	无	《国家税务总局关于苏州工业园区有限合伙制创业投资企业法人合伙人企业所得税政策试点有关征收管理问题的公告》(国家税务总局公告2013年第25号)	
9	企业享受新疆喀什、霍尔果斯两个特殊经济开发区、新疆困难地区新办企业所得税优惠的核准	税务总局	无	《财政部、国家税务总局关于新疆喀什、霍尔果斯两个特殊经济开发区企业所得税优惠政策的通知》(财税〔2011〕112号)《财政部、国家税务总局关于新疆困难地区新办企业所得税优惠政策的通知》(财税〔2011〕53号)	
10	企业享受生产和装配伤残人员专门用品企业所得税优惠的核准	税务总局	无	《财政部、国家税务总局、民政部关于生产和装配伤残人员专门用品企业免征企业所得税的通知》(财税〔2011〕81号)	
11	企业境外所得适用简易征收和饶让抵免的核准	税务总局	无	《国家税务总局关于发布企业境外所得税收抵免操作指南的公告》(国家税务总局公告2010年第1号)《国家税务总局关于企业所得税税收优惠管理问题的补充通知》(国税函〔2009〕255号)	
12	符合条件的非营利组织享受免税收入优惠的备案核准	税务总局	无	《财政部、国家税务总局关于非营利组织企业所得税免税收入问题的通知》(财税〔2009〕122号)《国家税务总局关于企业所得税税收优惠管理问题的补充通知》(国税函〔2009〕255号)	
13	企业从事国家重点扶持的公共基础设施项目投资经营的所得享受所得税优惠的备案核准	税务总局	无	《国家税务总局关于实施国家重点扶持的公共基础设施项目企业所得税优惠问题的通知》(国税发〔2009〕80号)《国家税务总局关于企业所得税税收优惠管理问题的补充通知》(国税函〔2009〕255号)	

续表

序号	项目名称	审批部门	其他共同审批部门	设定依据	备注
14	企业符合条件的环境保护、节能节水项目的所得享受所得税优惠的备案核准	税务总局	无	《财政部、国家税务总局、国家发展改革委关于公布环境保护、节能节水项目企业所得税优惠目录(试行)的通知》(财税〔2009〕166号)《国家税务总局关于企业所得税税收优惠管理问题的补充通知》(国税函〔2009〕255号)	
15	企业购置用于环境保护、节能节水、安全生产的专用设备的投资额享受所得税优惠的备案核准	税务总局	无	《财政部、国家税务总局关于执行环境保护专用设备等企业所得税优惠目录的通知》(财税〔2008〕48号)《国家税务总局关于企业所得税税收优惠管理问题的补充通知》(国税函〔2009〕255号)	
16	软件、集成电路企业享受所得税优惠的备案核准	税务总局	无	《财政部、国家税务总局关于进一步鼓励软件产业和集成电路产业发展企业所得税政策的通知》(财税〔2012〕27号)《国家税务总局关于企业所得税税收优惠管理问题的补充通知》(国税函〔2009〕255号)	
17	动漫产业企业享受所得税优惠的备案核准	税务总局	无	《财政部、国家税务总局关于扶持动漫产业发展有关税收政策问题的通知》(财税〔2009〕65号)《国家税务总局关于企业所得税税收优惠管理问题的补充通知》(国税函〔2009〕255号)	
18	节能服务公司实施合同能源管理项目享受所得税优惠的备案核准	税务总局	无	《财政部、国家税务总局关于促进节能服务产业发展增值税、营业税和企业所得税政策问题的通知》(财税〔2010〕110号)《国家税务总局关于企业所得税税收优惠管理问题的补充通知》(国税函〔2009〕255号)	
19	中国清洁发展机制基金及清洁发展机制项目实施企业享受所得税优惠的备案核准	税务总局	无	《财政部、国家税务总局关于中国清洁发展机制基金及清洁发展机制项目实施企业有关企业所得税政策问题的通知》(财税〔2009〕30号)《国家税务总局关于企业所得税税收优惠管理问题的补充通知》(国税函〔2009〕255号)	
20	赣州市企业享受西部大开发所得税优惠备案核准	税务总局	无	《财政部、海关总署、国家税务总局关于赣州市执行西部大开发税收政策问题的通知》(财税〔2013〕4号)《国家税务总局关于企业所得税税收优惠管理问题的补充通知》(国税函〔2009〕255号)	
21	上市公司国有股权无偿转让免征证券(股票)交易印花税审批	税务总局	无	《国务院关于第三批取消和调整行政审批项目的决定》(国发〔2004〕16号)《国家税务总局关于办理上市公司国有股权无偿转让暂不征收证券(股票)交易印花税有关审批事项的通知》(国税函〔2004〕941号)	
22	四家金融资产管理公司受让或出让上市公司股权免征证券交易印花税审核	税务总局	无	《国家税务总局关于中国信达等四家金融资产管理公司受让或出让上市公司股权免征证券(股票)交易印花税有关问题的通知》(国税发〔2002〕94号)	

27-1-2
国家税务总局关于公布
税务行政许可事项目录的公告

2015年12月1日　国家税务总局公告2015年第87号

根据国务院深化行政审批制度改革要求,现将税务行政许可事项予以公告。

各级税务机关应当依据《中华人民共和国行政许可法》的相关规定实施税务行政许可,认真落实《国家税务总局关于进一步深化税务行政审批制度改革工作的意见》(税总发〔2015〕102号),深入推进简政放权、放管结合、优化服务,不断提高税收管理和服务效能。

特此公告。

附件:税务行政许可事项目录

附件

税务行政许可事项目录

序号	项目名称	设定依据	审批对象	审批部门
1	企业印制发票审批	《中华人民共和国税收征收管理法》第22条:"增值税专用发票由国务院税务主管部门指定的企业印制;其他发票,按照国务院税务主管部门的规定,分别由省、自治区、直辖市国家税务局、地方税务局指定企业印制。未经前款规定的税务机关指定,不得印制发票。"《中华人民共和国发票管理办法》第7条:"增值税专用发票由国务院税务主管部门确定的企业印制;其他发票,按照国务院税务主管部门的规定,由省、自治区、直辖市税务机关确定的企业印制。禁止私自印制、伪造、变造发票。"第8条:"印制发票的企业应当具备下列条件:(一)取得印刷经营许可证和营业执照;(二)设备、技术水平能够满足印刷发票的需要;(三)有健全的财务制度和严格的质量监督、安全管理、保密制度。税务机关应当以招标方式确定印制发票的企业,并发给发票准印证。"	印制企业	增值税专用发票由国家税务总局确定;其他发票由省、自治区、直辖市税务机关确定

序号	项目名称	设定依据	审批对象	审批部门
2	对纳税人延期缴纳税款的核准	《中华人民共和国税收征收管理法》第31条第2款:"纳税人因有特殊困难,不能按期缴纳税款的,经省、自治区、直辖市国家税务局、地方税务局批准,可以延期缴纳税款,但是最长不得超过三个月。" 《中华人民共和国税收征收管理法实施细则》第41条:"纳税人有下列情形之一的,属于税收征管法第三十一条所称特殊困难: (一)因不可抗力,导致纳税人发生较大损失,正常生产经营活动受到较大影响的; (二)当期货币资金在扣除应付职工工资、社会保险费后,不足以缴纳税款的。 计划单列市国家税务局、地方税务局可以参照税收征管法第三十一条第二款的批准权限,审批纳税人延期缴纳税款。" 《中华人民共和国税收征收管理法实施细则》第42条第1款:"纳税人需要延期缴纳税款的,应当在缴纳税款期限届满前提出申请,并报送下列材料:申请延期缴纳税款报告,当期货币资金余额情况及所有银行存款账户的对账单,资产负债表,应付职工工资和社会保险费等税务机关要求提供的支出预算。"	纳税人	省、自治区、直辖市、计划单列市国家税务局、地方税务局
3	对纳税人延期申报的核准	《中华人民共和国税收征收管理法》第27条:"纳税人、扣缴义务人不能按期办理纳税申报或者报送代扣代缴、代收代缴税款报告表的,经税务机关核准,可以延期申报。" 《中华人民共和国税收征收管理法实施细则》第37条:"纳税人、扣缴义务人按照规定的期限办理纳税申报或者报送代扣代缴、代收代缴税款报告表确有困难,需要延期的,应当在规定的期限内向税务机关提出书面延期申请,经税务机关核准,在核准的期限内办理。纳税人、扣缴义务人因不可抗力,不能按期办理纳税申报或者报送代扣代缴、代收代缴税款报告表的,可以延期办理;但是,应当在不可抗力情形消除后立即向税务机关报告。税务机关应当查明事实,予以核准。"	纳税人	主管税务机关
4	对纳税人变更纳税定额的核准	《中华人民共和国税收征收管理法实施细则》第47条第3款:"纳税人对税务机关采取本条规定的方法核定的应纳税额有异议的,应当提供相关证据,经税务机关认定后,调整应纳税额。"	纳税人	主管税务机关
5	增值税专用发票(增值税税控系统)最高开票限额审批	《国务院对确需保留的行政审批项目设定行政许可的决定》(国务院令第412号)附件第236项:增值税防伪税控系统最高开票限额审批。	纳税人	区县税务机关
6	对采取实际利润额预缴以外的其他企业所得税预缴方式的核定	《中华人民共和国企业所得税法实施条例》第128条:"企业所得税分月或分季预缴,由税务机关具体核定。企业根据企业所得税法第五十四条规定分月或者分季预缴企业所得税时,应当按照月度或者季度的实际利润预缴;按照月度或者季度的实际利润预缴有困难的,可以按照上一纳税年度应纳税所得额的月度或者季度平均额预缴,或者按照经税务机关认可的其他方法预缴。"	纳税人	主管税务机关

续表

序号	项目名称	设定依据	审批对象	审批部门
7	非居民企业选择由其主要机构场所汇总缴纳企业所得税的审批	《中华人民共和国企业所得税法》第51条:"非居民企业取得本法第三条第二款规定的所得,以机构、场所所在地为纳税地点。非居民企业在中国境内设立两个或者两个以上机构、场所的,经税务机关审核批准,可以选择由其主要机构、场所汇总缴纳企业所得税。非居民企业取得本法第三条第三款规定的所得,以扣缴义务人所在地为纳税地点。"《中华人民共和国企业所得税法实施条例》第127条:"企业所得税法第五十一条所称经税务机关审核批准,是指经各机构、场所所在地税务机关的共同上级税务机关审核批准。非居民企业经批准汇总缴纳企业所得税后,需要增设、合并、迁移、关闭机构、场所或者停止机构、场所业务的,应当事先由负责汇总申报缴纳企业所得税的主要机构、场所向其所在地税务机关报告;需要变更汇总缴纳企业所得税的主要机构、场所的,依照前款规定办理。"	非居民企业	非居民企业各机构、场所所在地税务机关的共同上级税务机关
8	印花税票代售许可	《国务院对确需保留的行政审批项目设定行政许可的决定》(2004年国务院令第412号)第235项:印花税票代售许可(实施机关:当地税务机关)《中华人民共和国印花税暂行条例实行细则》(财税〔1988〕255号)第32条:凡代售印花税票者,应先向当地税务机关提出代售申请,必要时须提供保证人。税务机关调查核准后,应与代售户签订代售合同,发给代售许可证。	代售印花税票者	当地税务机关

27 - 1 - 3
国家税务总局关于更新
税务行政许可事项目录的公告

2016年2月28日　国家税务总局公告2016年第10号

根据《国务院关于第二批取消152项中央指定地方实施行政审批事项的决定》(国发〔2016〕9号),印花税票代售许可已经取消。现将《国家税务总局关于公布税务行政许可事项目录的公告》(国家税务总局公告2015年第87号)所附的税务行政许可事项目录更新并予以公布。

特此公告。

附件:税务行政许可事项目录

附件

税务行政许可事项目录

序号	项目名称	设定依据	审批对象	审批部门
1	企业印制发票审批	《中华人民共和国税收征收管理法》第22条:"增值税专用发票由国务院税务主管部门指定的企业印制;其他发票,按照国务院税务主管部门的规定,分别由省、自治区、直辖市国家税务局、地方税务局指定企业印制。未经前款规定的税务机关指定,不得印制发票。"《中华人民共和国发票管理办法》第7条:"增值税专用发票由国务院税务主管部门确定的企业印制;其他发票,按照国务院税务主管部门的规定,由省、自治区、直辖市税务机关确定的企业印制。禁止私自印制、伪造、变造发票。"第8条:"印制发票的企业应当具备下列条件:(一)取得印刷经营许可证和营业执照;(二)设备、技术水平能够满足印刷发票的需要;(三)有健全的财务制度和严格的质量监督、安全管理、保密制度。税务机关应当以招标方式确定印制发票的企业,并发给发票准印证。"	印制企业	增值税专用发票由国家税务总局确定;其他发票由省、自治区、直辖市税务机关确定
2	对纳税人延期缴纳税款的核准	《中华人民共和国税收征收管理法》第31条第2款:"纳税人因有特殊困难,不能按期缴纳税款的,经省、自治区、直辖市国家税务局、地方税务局批准,可以延期缴纳税款,但是最长不得超过三个月。"《中华人民共和国税收征收管理法实施细则》第41条:"纳税人有下列情形之一的,属于税收征管法第三十一条所称特殊困难:(一)因不可抗力,导致纳税人发生较大损失,正常生产经营活动受到较大影响的;(二)当期货币资金在扣除应付职工工资、社会保险费后,不足以缴纳税款的。计划单列市国家税务局、地方税务局可以参照税收征管法第三十一条第二款的批准权限,审批纳税人延期缴纳税款。"《中华人民共和国税收征收管理法实施细则》第42条第1款:"纳税人需要延期缴纳税款的,应当在缴纳税款期限届满前提出申请,并报送下列材料:申请延期缴纳税款报告,当期货币资金余额情况及所有银行存款账户的对账单,资产负债表,应付职工工资和社会保险费等税务机关要求提供的支出预算。"	纳税人	省、自治区、直辖市、计划单列市国家税务局、地方税务局
3	对纳税人延期申报的核准	《中华人民共和国税收征收管理法》第27条:"纳税人、扣缴义务人不能按期办理纳税申报或者报送代扣代缴、代收代缴税款报告表的,经税务机关核准,可以延期申报。"《中华人民共和国税收征收管理法实施细则》第37条:"纳税人、扣缴义务人按照规定的期限办理纳税申报或者报送代扣代缴、代收代缴税款报告表确有困难,需要延期的,应当在规定的期限内向税务机关提出书面延期申请,经税务机关核准,在核准的期限内办理。纳税人、扣缴义务人因不可抗力,不能按期办理纳税申报或者报送代扣代缴、代收代缴税款报告表的,可以延期办理;但是,应当在不可抗力情形消除后立即向税务机关报告。税务机关应当查明事实,予以核准。"	纳税人	主管税务机关

序号	项目名称	设定依据	审批对象	审批部门
4	对纳税人变更纳税定额的核准	《中华人民共和国税收征收管理法实施细则》第47条第3款:"纳税人对税务机关采取本条规定的方法核定的应纳税额有异议的,应当提供相关证据,经税务机关认定后,调整应纳税额。"	纳税人	主管税务机关
5	增值税专用发票(增值税税控系统)最高开票限额审批	《国务院对确需保留的行政审批项目设定行政许可的决定》(国务院令第412号)附件第236项:增值税防伪税控系统最高开票限额审批。	纳税人	区县税务机关
6	对采取实际利润额预缴以外的其他企业所得税预缴方式的核定	《中华人民共和国企业所得税法实施条例》第128条:"企业所得税分月或分季预缴,由税务机关具体核定。企业根据企业所得税法第五十四条规定分月或者分季预缴企业所得税时,应当按照月度或者季度的实际利润额预缴;按照月度或者季度的实际利润额预缴有困难的,可以按照上一纳税年度应纳税所得额的月度或者季度平均额预缴,或者按照经税务机关认可的其他方法预缴。"	纳税人	主管税务机关
7	非居民企业选择由其主要机构场所汇总缴纳企业所得税的审批	《中华人民共和国企业所得税法》第51条:"非居民企业取得本法第三条第二款规定的所得,以机构、场所所在地为纳税地点。非居民企业在中国境内设立两个或者两个以上机构、场所的,经税务机关审核批准,可以选择由其主要机构、场所汇总缴纳企业所得税。非居民企业取得本法第三条第三款规定的所得,以扣缴义务人所在地为纳税地点。"《中华人民共和国企业所得税法实施条例》第127条:"企业所得税法第五十一条所称经税务机关审核批准,是指经各机构、场所所在地税务机关的共同上级税务机关审核批准。非居民企业经批准汇总缴纳企业所得税后,需要增设、合并、迁移、关闭机构、场所或者停止机构、场所业务的,应当事先由负责汇总申报缴纳企业所得税的主要机构、场所向其所在地税务机关报告;需要变更汇总缴纳企业所得税的主要机构、场所的,依照前款规定办理。"	非居民企业	非居民企业各机构、场所所在地税务机关的共同上级税务机关

27 –1 –4
国家税务总局关于税务行政许可若干问题的公告

2016年2月28日　国家税务总局公告2016年第11号

为规范税务行政许可行为,保护税务行政相对人合法权益,推进简政放权、放管结合、优化服务,根据《中华人民共和国行政许可法》《中华人民共和国税收征收管理法》及其实施细则等法律法规规定,以及国务院深化行政审批制度改革要求,现将税务行政许可若干问题公告如下:

一、税务行政许可事项

(一)企业印制发票审批;

(二)对纳税人延期缴纳税款的核准;

(三)对纳税人延期申报的核准;

(四)对纳税人变更纳税定额的核准;

(五)增值税专用发票(增值税税控系统)最高开票限额审批;

(六)对采取实际利润额预缴以外的其他企业所得税预缴方式的核定;

(七)非居民企业选择由其主要机构场所汇总缴纳企业所得税的审批。

二、税务行政许可实施机关

(一)税务行政许可由具有行政许可权的税务机关在法定权限内实施。各级税务机关下属的事业单位一律不得实施行政许可。税务机关是否具有行政许可权,由设定税务行政许可的法律、法规确定。

(二)除法律、法规、规章另有规定外,税务机关不得委托其他行政机关实施税务行政许可。

(三)税务机关应当按照"窗口受理、内部流转、限时办结、窗口出件"的要求,由办税服务厅或者在政府服务大厅设立的窗口集中受理行政许可申请、送达行政许可决定。

没有设立办税服务厅的税务机关指定一个内设机构作为窗口,集中受理直接向本级税务机关提出的行政许可申请、送达行政许可决定。

国家税务总局指定纳税服务司办税服务处作为窗口,集中受理直接向国家税务总局提出的行政许可申请、送达行政许可决定。

三、税务行政许可实施程序

税务行政许可的实施按照法律、法规、规章和本公告的规定执行。法律、法规、规章和本公告没有规定的,省税务机关可以在本机关管理权限内作出补充规定。但是,不得再向下级税务机关下放规定权。

（一）公示。税务机关应当将税务行政许可的事项、依据、条件、数量、程序、期限以及需要提交的全部材料的目录、申请书示范文本和服务指南等在办税服务厅或者其他办公场所以及税务机关门户网站予以公示。

（二）申请。公民、法人或者其他组织依法需要取得税务行政许可的，应当在法律、法规、规章或者税务机关按照法律、法规、规章确定的期限内，直接向具有行政许可权的税务机关提出申请，提交《税务行政许可申请表》（见附件1）和本公告规定的申请材料。

税务机关收到申请后，在《税务行政许可申请表》中的收件人处签名并注明收件日期。

申请人可以委托代理人提出申请，税务机关不得拒绝受理。代理人办理受托事项时，应当出具有效身份证件和委托证明。

具备条件的地方，申请人可以通过信函、电报、电传、传真、电子数据交换、电子邮件和网上办理平台等方式提出申请。

（三）受理。对申请人提出的申请，税务机关应当根据不同情形分别作出以下处理：

1. 不受理。申请事项属于税务机关管辖范围，但不需要取得税务行政许可的，应当即时告知申请人不受理，同时告知其解决的途径。

2. 不予受理。申请事项依法不属于本税务机关职权范围的，应当即时作出不予受理的决定，制作并送达《税务行政许可不予受理通知书》（见附件1），并告知申请人向有关行政机关申请。

3. 告知补正材料。申请人申请材料存在可以当场更正的错误的，应当告知并允许申请人当场更正。申请材料不齐全或者不符合法定形式的，应当当场或者在5日内一次告知申请人需要补正的全部内容，制作并送达《补正税务行政许可材料告知书》（见附件1）；逾期不告知的，自收到申请材料之日起即为受理。

4. 受理。申请事项属十本税务机关职权范围，申请材料齐全、符合法定形式，或者申请人按照本税务机关的要求提交全部补正申请材料的，应当受理税务行政许可申请，制作并送达《税务行政许可受理通知书》（见附件1）。《税务行政许可受理通知书》应当明确注明不长于法律法规规定的办结时限，并对依法不纳入办理时限的工作步骤和工作事项作出具体说明。

税务机关制作《税务行政许可不予受理通知书》《税务行政许可受理通知书》《补正税务行政许可材料告知书》，应当加盖本税务机关印章（或者许可专用章）并注明日期。

（四）审查。税务机关审查税务行政许可申请，应当以书面审查为原则；根据法定条件和程序，需要对申请材料的实质内容进行实地核实的，应当指派两名以上税务人员进行核查。

除法律、法规另有规定外,税务行政许可应当由具有行政许可权的税务机关直接受理、审查并作出决定。

税务机关审查税务行政许可申请过程中发现行政许可事项直接关系他人重大利益的,应当告知利害关系人相关权利。申请人、利害关系人有权进行陈述和申辩,税务机关应当认真听取申请人、利害关系人的意见。

(五)决定。税务机关对申请人材料进行审查后,应当当场或者在法定期限内以书面形式作出税务行政许可决定。

申请人提交的申请材料齐全、符合法定形式,税务机关能够当场作出决定的,应当当场作出书面的税务行政许可决定。

对不能当场作出决定的,应当自受理税务行政许可申请之日起 20 日内作出税务行政许可决定;20 日内不能作出决定的,经本税务机关负责人批准,可以延长 10 日,并应当将延长期限的理由告知申请人。但是,法律、法规另有规定的,依照其规定。存在争议的或者重大的税务行政许可事项,应当进行合法性审查,并经集体讨论决定。

作出准予税务行政许可的决定,应当制作并送达加盖本税务机关印章(或者许可专用章)的《准予税务行政许可决定书》(见附件 1),并在作出准予税务行政许可决定之日起 7 日内,在办税服务厅或者其他办公场所以及税务机关门户网站上公开税务行政许可决定。需要颁发税务行政许可证件的,应当自作出决定之日起 10 日内向申请人颁发加盖本税务机关印章的税务行政许可证件。

作出不予税务行政许可的决定,应当制作并送达加盖本税务机关印章(或者许可专用章)的《不予税务行政许可决定书》(见附件 1),并应当说明理由,告知申请人享有申请行政复议或者提起行政诉讼的权利。

准予税务行政许可决定只在作出决定的税务机关管辖范围内有效。

(六)听证。对于下列事项,税务机关应当举行听证:

1. 法律、法规规定实施税务行政许可应当听证的事项;

2. 税务机关认为需要听证的其他涉及公共利益的税务行政许可事项;

3. 税务行政许可直接涉及申请人与他人之间重大利益关系,申请人、利害关系人在被告知听证权利之日起 5 日内提出听证申请的事项。

听证由税务机关负责法制工作的机构主持,按照下列程序进行:

1. 税务机关应当于举行听证的 7 日前将举行听证的时间、地点通知申请人、利害关系人,必要时予以公告;

2. 听证应当公开举行;

3. 税务机关应当指定审查该税务行政许可申请的税务人员以外的人员为听证主持人,申请人、利害关系人认为主持人与该税务行政许可事项有直接利害关系的,有权申请回避;

4. 举行听证时,审查该税务行政许可申请的税务人员应当提供审查意见的证据、理由,申请人、利害关系人可以提出证据,并进行申辩和质证;

5. 听证应当制作笔录,听证笔录应当交听证参加人确认无误后签字或者盖章。税务机关应当根据听证笔录,作出税务行政许可决定。

(七)变更与延续。被许可人要求变更税务行政许可事项的,税务机关应当自收到申请之日起20日内作出是否准予变更的书面决定。

被许可人需要延续依法取得的税务行政许可的有效期的,应当在该税务行政许可有效期届满30日前向作出税务行政许可决定的税务机关提出申请。但是,法律、法规另有规定的,依照其规定。税务机关应当根据被许可人的申请,在该税务行政许可有效期届满前作出是否准予延续的书面决定。逾期未作决定的,视为准予延续。

(八)特别规定。国家税务总局确定印制增值税专用发票的企业。各省(自治区、直辖市)税务机关应当按照政府采购规定的要求,通过招标方式作出准予或者不予企业印制发票的税务行政许可决定。国家税务总局和省(自治区、直辖市)税务机关应当向被许可人颁发加盖本税务机关印章的发票准印证。招标的具体程序,依照有关法律、法规等规定实施。

税务行政许可所依据的法律、法规、规章修改或者废止,或者准予税务行政许可所依据的客观情况发生重大变化的,为了公共利益的需要,税务机关可以依法变更或者撤回已经生效的税务行政许可。

除涉及国家秘密、商业秘密或者个人隐私的,税务机关应当在办税服务厅或者其他办公场所以及税务机关门户网站,及时公布本机关税务行政许可事项受理、办理进展和结果。

实施税务行政许可的期限以工作日计算,不含法定节假日。

四、监督检查

税务机关应当充分运用大数据先进理念、技术和资源,利用国家统一的信用信息共享交换平台,建立健全失信联合惩戒机制,推动将申请人良好的信用状况作为税务行政许可的必备条件,加强对被许可人的服务和监管。

税务机关应当依法对被许可人从事税务行政许可事项的活动进行监督检查,可以依法查阅或者要求被许可人报送有关材料,被许可人应当如实提供有关情况和材料。发现被许可人不再具备法定条件时,应当责令限期改正;发现其有《中华人民共和国行政许可法》第六十九条规定情形及其他违法行为的,依法进行处理处罚。

被许可人有《中华人民共和国行政许可法》第七十条规定情形的,税务机关应当依法办理税务行政许可注销手续,并收回税务行政许可证件。

本公告自2016年4月1日起施行。《国家税务总局关于实施税务行政许可若干问题的通知》(国税发〔2004〕73号)同时废止。

特此公告。

附件:1. 税务行政许可文书样式
　　　2. 税务行政许可项目分项表

附件1

税务行政许可文书样式

许可文书之一:

税务行政许可申请表

申请日期: 　年 　月 　日

<table>
<tr><td rowspan="8">申请人</td><td>申请人名称</td><td colspan="3"></td></tr>
<tr><td>统一社会信用代码
(纳税人识别号)</td><td colspan="3"></td></tr>
<tr><td>法定代表人(负责人)</td><td colspan="3"></td></tr>
<tr><td>地址及邮政编码</td><td colspan="3"></td></tr>
<tr><td>经办人</td><td>身份证件号码</td><td></td><td></td></tr>
<tr><td>联系电话</td><td>联系地址</td><td></td><td></td></tr>
<tr><td>委托代理人</td><td>身份证件号码</td><td></td><td></td></tr>
<tr><td>联系电话</td><td>联系地址</td><td></td><td></td></tr>
<tr><td>申请事项</td><td colspan="4">□ 企业印制发票审批
□ 对纳税人延期申报的核准
□ 对纳税人延期缴纳税款的核准
□ 对纳税人变更纳税定额的核准
□ 增值税专用发票(增值税税控系统)最高开票限额审批
□ 对采取实际利润额预缴以外的其他企业所得税预缴方式的核定
□ 非居民企业选择由其主要机构场所汇总缴纳企业所得税的审批</td></tr>
<tr><td>申请材料</td><td colspan="4">除提供经办人身份证件(□)外,应根据申请事项提供以下相应材料:
一、企业印制发票审批
□ 1. 税务登记证件
□ 2.《印刷经营许可证》或《其他印刷品印制许可证》
□ 3. 生产设备、生产流程及安全管理制度
□ 4. 生产工艺及产品检验制度
□ 5. 保存、运输及交付相关制度
二、对纳税人延期缴纳税款的核准
□ 1.《延期缴纳税款申请审批表》
□ 2. 纳税人申请延期缴纳税款报告(详细说明申请延期原因,人员工资、社会保险费支出情况,连续3个月缴纳税款情况)
□ 3. 当期货币资金余额情况及所有银行存款账户的对账单
□ 4. 应付职工工资和社会保险费等税务机关要求提供的支出预算
□ 5.《资产负债表》
□ 6. 因不可抗力,导致纳税人发生较大损失,正常生产经营活动受到较大影响的,应报送因不可抗力的灾情报告或公安机关出具的事故证明
三、对纳税人延期申报的核准
□ 1.《延期申报申请核准表》
□ 2. 确有困难不能正常申报的情况说明
四、对纳税人变更纳税定额的核准
□ 申请变更纳税定额的相关证明材料
五、增值税专用发票(增值税税控系统)最高开票限额审批
□ 增值税专用发票最高开票限额申请单
六、对采取实际利润额预缴以外的其他企业所得税预缴方式的核定
□ 按照月度或者季度的实际利润额预缴确有困难的证明材料
七、非居民企业选择由其主要机构场所汇总缴纳企业所得税的审批
□ 1. 汇总缴纳企业所得税的机构、场所对其他机构、场所负有管理责任的证明材料
□ 2. 设有完整的账簿、凭证,能够准确反映各机构、场所的收入、成本、费用和盈亏情况的证明材料
委托代理人提出申请的,还应当提供代理委托书(□)、代理人身份证件(□)。</td></tr>
</table>

收件人: 　　　　　收件日期: 　年 　月 　日　　　　　编号:

许可文书之二：

税务行政许可受理通知书

(国、地)税许受字　第( )号

_____(申请人)：

　　你(单位)于____年___月___日提出的_____(项目名称)_____税务行政许可申请收悉。

　　经审查，根据《中华人民共和国行政许可法》第三十二条第一款第五项的规定，决定自_____年___月___日起受理。

国家(地方)税务局

(加盖税务机关印章或许可专用章)

年　月　日

　　注：1. 税务行政许可事项，不收取任何费用。

　　2. 以上受理事项将在_____个工作日内办结，依法需要听证、招标的，所需时间不计算在上述期限内。请在受理处领取结果，如有提前，将电话通知。

许可文书之三：

税务行政许可不予受理通知书

(国、地)税许不予受字　第( )号

_____(申请人)：

　　你(单位)于____年___月___日提出的_____(项目名称)_____税务行政许可申请收悉。

　　经审查，该事项不属于本机关职权范围，根据《中华人民共和国行政许可法》第三十二条第一款第二项的规定，决定不予受理。请你(单位)向_____(有关行政机关)_____申请。

国家(地方)税务局

(加盖税务机关印章或许可专用章)

年　月　日

许可文书之四:

补正税务行政许可材料告知书

(国、地)税许补字　第(　)号

_____(申请人):

　　你(单位)于_____年___月___日提出的_____(项目名称)_____税务行政许可申请收悉。

　　经审查,根据《中华人民共和国行政许可法》第三十二条第一款第四项的规定,需要补正下列材料:

　　1. _____;

　　2. _____;

　　3. _____;

　　4. _____;

　　5. _____。

请你(单位)补正后再向本机关提出申请。

国家(地方)税务局

(加盖税务机关印章或许可专用章)

年　月　日

许可文书之五:

准予税务行政许可决定书

(国、地)税许准字　第(　)号

_____(申请人):

　　你(单位)于_____年___月___日提出的_____(项目名称)_____税务行政许可申请,本机关于_____年___月___日受理。

　　经审查,根据《中华人民共和国行政许可法》第三十八条第一款的规定,决定准予你(单位)取得该项税务行政许可。

国家(地方)税务局

(加盖税务机关印章或许可专用章)

年　月　日

许可文书之六：

不予税务行政许可决定书

(国、地)税许不准字　第(　)号

_____(申请人)：

你(单位)于_____年___月___日提出的_____(项目名称)_____税务行政许可申请,本机关于_____年___月___日受理。

经审查,你(单位)提出的税务行政许可申请_____(不予许可的依据和理由)_____,决定不予该项税务行政许可。

如你(单位)不服,请于收到本决定之日起六十日内向_____(行政复议机关名称)_____申请行政复议,或者在六个月内向_____人民法院提起诉讼。

国家(地方)税务局
(加盖税务机关印章或许可专用章)
年　月　日

许可文书之七：

税务行政许可决定延期告知书

(国、地)税许延告字　第(　)号

_____(申请人)：

你(单位)于_____年___月___日提出的_____(项目名称)_____税务行政许可申请,本机关已经于_____年___月___日受理。

由于_____(延长决定期限的理由)_____,根据《中华人民共和国行政许可法》第四十二条第一款的规定,现将作出税务行政许可决定的日期延长___个工作日,于_____年___月___日前作出税务行政许可决定。

国家(地方)税务局
(加盖税务机关印章或许可专用章)
年　月　日

许可文书之八:

准予变更税务行政许可决定书

(国、地)税许变准字　第(　)号

_____(申请人):

　　你(单位)于_____年___月___日提出的_____(项目名称)_____变更税务行政许可申请,本机关已经于_____年___月___日受理。

　　经审查,根据《中华人民共和国行政许可法》第四十九条的规定,决定准予你(单位)变更该项税务行政许可。

国家(地方)税务局

(加盖税务机关印章或许可专用章)

年　月　日

许可文书之九:

不予变更税务行政许可决定书

(国、地)税许变不准字　第(　)号

_____(申请人):

　　你(单位)于_____年___月___日提出的_____(项目名称)_____变更税务行政许可申请,本机关已经于_____年___月___日受理。

　　经审查,你(单位)提出的变更税务行政许可申请_____(不予变更许可的理由)_____,决定不予变更该项税务行政许可。

　　如你(单位)不服,请于收到本决定之日起六十日内向_____(行政复议机关名称)_____申请行政复议,或者在六个月内向_____人民法院提起诉讼。

国家(地方)税务局

(加盖税务机关印章或许可专用章)

年　月　日

许可文书之十：

准予延续税务行政许可决定书

(国、地)税许延准字　第(　)号

_____(申请人)：

　　你(单位)于_____年___月___日提出的_____(项目名称)_____延续税务行政许可申请,本机关于_____年___月___日受理。

　　经审查,根据《中华人民共和国行政许可法》第五十条的规定,决定准予你(单位)延续该项税务行政许可,延续后的税务行政许可有效期自_____年___月___日至_____年___月___日。

国家(地方)税务局

(加盖税务机关印章或许可专用章)

年　月　日

许可文书之十一：

不予延续税务行政许可决定书

(国、地)税许延不准字　第(　)号

_____(申请人)：

　　你(单位)于_____年___月___日提出的_____(项目名称)_____延续税务行政许可申请,本机关于_____年___月___日受理。

　　经审查,你(单位)提出的延续税务行政许可申请_____(不予延续许可的理由)_____,决定不予延续该项税务行政许可。

　　如你(单位)不服,请于收到本决定之日起六十日内向_____(行政复议机关名称)_____申请行政复议,或者在六个月内向_____人民法院提起诉讼。

国家(地方)税务局

(加盖税务机关印章或许可专用章)

年　月　日

许可文书之十二:

撤销税务行政许可决定书

(国、地)税许撤销字　第(　)号

_____(申请人):

　　你(单位)于____年___月___日取得的_____(项目名称)_____税务行政许可。经核实,系_____(违法取得行政许可的原因)_____。

　　根据《中华人民共和国行政许可法》第六十九条第___款第___项的规定,决定予以撤销。

　　如你(单位)不服,请于收到本决定之日起六十日内向_____(行政复议机关名称)_____申请行政复议,或者在六个月内向_____人民法院提起诉讼。

国家(地方)税务局

(加盖税务机关印章或许可专用章)

年　月　日

许可文书之十三:

撤回(变更)税务行政许可决定书

(国、地)税许撤回(变更)字　第(　)号

_____(申请人):

　　你(单位)于_____年___月___日取得的_____(项目名称)____税务行政许可。由于____(依法撤回或变更行政许可的原因)_____。根据《中华人民共和国行政许可法》第八条第二款的规定,决定予以撤回(变更为:_____)。

国家(地方)税务局

(加盖税务机关印章或许可专用章)

年　月　日

许可文书之十四：

税务文书送达回证

送达文书名称	
受送达人	
送达地点	
受送达人签名或者盖章	年　月　日　时　分
代收人代收理由并签名或者盖章	年　月　日　时　分
受送达人拒收理由	年　月　日　时　分
见证人签名或者盖章	年　月　日　时　分
送达人签名或者盖章	年　月　日　时　分
填发税务机关	（签章）　年　月　日　时　分

税务行政许可项目分项表

附件 2

序号	项目名称	实施依据	实施机关	条件	数量	申请材料目录	申请期限
1	企业印制发票审批	《中华人民共和国税收征收管理法》第22 条:"增值税专用发票由国务院税务主管部门指定的企业印制;其他发票,按照国务院税务主管部门的规定,分别由省、自治区、直辖市国家税务局、地方税务局指定企业印制。未经前款规定的税务机关指定,不得印制发票。"《中华人民共和国发票管理办法》第 7 条:"增值税专用发票由国务院税务主管部门确定的企业印制;其他发票,按照国务院税务主管部门的规定,由省、自治区、直辖市税务机关确定的企业印制。禁止私自印制、伪造、变造发票。"《中华人民共和国发票管理办法》第 8 条:"印制发票的企业应当具备下列条件:(一)取得印刷经营许可证和营业执照;(二)设备、技术水平能够满足印发票的需要;(三)有健全的财务制度和严格的质量监督、安全管理、保密制度。税务机关应当以招标方式确定印制发票的企业,并发给发票准印证。"	增值税专用发票由国家税务总局确定;其他发票(含印制发票)由省(自治区、直辖市)税务局确定。	1. 取得印刷经营许可证和营业执照; 2. 设备、技术水平能够满足印刷发票的需要; 3. 有健全的财务制度和严格的质量监督、安全管理、保密制度。	按政府采购合同或招标公告确定	1. 税务行政许可申请表; 2. 税务登记证件; 3. 经办人身份证件; 4. 代理委托书; 5. 代理人身份证件; 6. 印刷经营许可证或其他印刷品印制许可证; 7. 生产设备、生产流程及安全管理制度; 8. 生产工艺及产品检验制度; 9. 保存、运输及交付相关制度。	在购买标书时提出申请

续表

序号	项目名称	实施依据	实施机关	条件	数量	申请材料目录	申请期限
2	对纳税人延期缴纳税款的核准	《中华人民共和国税收征收管理法》第31条第2款："纳税人因有特殊困难，不能按期缴纳税款的，经省、自治区、直辖市国家税务局、地方税务局批准，可以延期缴纳税款，但是最长不得超过三个月。"《中华人民共和国税收征收管理法实施细则》第41条："纳税人有下列情形之一的，属于特殊困难：(一)因不可抗力，导致纳税人发生较大损失，正常生产经营活动受到较大影响的；(二)当期货币资金在扣除应付职工工资、社会保险费后，不足以缴纳税款的。"计划单列市国家税务局、地方税务局参照省国家税务局、地方税务局第三十一条第二款的批准权限，审批纳税人延期缴纳税款。《中华人民共和国税收征收管理法实施细则》第42条第1款："纳税人需要延期缴纳税款的，应当在缴纳税款期限届满前提出申请，并报送下列材料：当期货币资金余额情况及所有银行存款账户的对账单，资产负债表，应付职工工资和社会保险费等需要优先支付的款项的支出预算。"	省(自治区、直辖市)、计划单列市国家税务局、地方税务局	1. 因不可抗力，导致纳税人发生较大损失，正常生产经营活动受到较大影响的；2. 当期货币资金在扣除应付职工工资、社会保险费后，不足以缴纳税款的。	无数量限制	1. 税务行政许可申请表；2. 延期缴纳税款申请审批表；3. 经办人身份证件；4. 代理委托书；5. 代理人身份证件；6. 纳税人申请延期缴纳税款报告(详细说明申请延期缴纳税款原因、人员工资、社会保险费支出情况，连续3个月缴纳税款情况)；7. 当期货币资金余额情况及所有银行存款账户的对账单；8. 应付职工工资和社会保险费等需要优先支付的支出预算；9. 资产负债表；10. 因不可抗力，导致纳税人发生较大损失，正常生产经营活动受到较大影响的，应报送因不可抗力活动受到或公安机关出具的灾情报告的事故证明。	缴纳税款期限届满前

续表

序号	项目名称	实施依据	实施机关	条件	数量	申请材料目录	申请期限
3	对纳税人延期申报的核准	《中华人民共和国税收征收管理法》第27条第1款:"纳税人、扣缴义务人不能按期办理纳税申报或者报送代扣代缴、代收代缴税款报告表的,经税务机关核准,可以延期申报。"《中华人民共和国税收征收管理法实施细则》第37条:"纳税人按照规定的期限办理纳税申报或者报送代扣代缴、代收代缴税款报告表确有困难,需要延期的,应当在规定的期限内向税务机关提出书面延期申请,经税务机关核准,在核准的期限内办理。纳税人、扣缴义务人不能按期办理纳税申报或者报送代扣代缴、代收代缴税款报告表的,可以延期办理;但是,应当在不可抗力情形消除后立即向税务机关报告。税务机关应当查明事实,予以核准。"	主管税务机关	1.因不可抗力,不能按期办理纳税申报或者报送代扣代缴、代收代缴税款报告表的,可以延期办理。但应当在不可抗力情形消除后立即向税务机关报告。2.因其他原因,按照规定的期限办理纳税申报或者报送代扣代缴、代收代缴税款确有困难,需要延期的。	无数量限制	1.税务行政许可申请表;2.延期申报申请核准表;3.经办人身份证件;4.纳税人确有困难情况说明;5.代理委托书;6.代理人身份证件。	1.因不可抗力,不能按期报送代扣代缴、代收代缴税款报告表的,应当在不可抗力情形消除后立即向税务机关报告;2.因其他原因规定的期限办理纳税申报或者报送代扣代缴、代收代缴税款需要延期的,在申报期限内申请。
4	对纳税人变更纳税定额的核准	《中华人民共和国税收征收管理法实施细则》第47条第3款:"纳税人对税务机关核定的应纳税额有异议的,应当提供相关证据,经税务机关认定后,调整应纳税额。"	主管税务机关	申请人对税务机关采取以下方法核定的应纳税额有异议的,应当提供相关证据,经税务机关认定后,调整应纳税额:1.参照当地同类行业或者类似行业中经营规模和收入水平相近的纳税人的税负水平核定;2.按照营业收入或者成本加合理的费用和利润的方法核定;3.按照耗用的原材料、燃料、动力等推算或者测算核定;4.按照其他合理的方法核定。	无数量限制	1.税务行政许可申请表;2.经办人身份证件;3.申请变更纳税定额的相关证明材料;4.代理委托书;5.代理人身份证件。	—

续表

序号	项目名称	实施依据	实施机关	条件	数量	申请材料目录	申请期限
5	增值税专用发票(增值税防伪税控系统)最高开票限额审批	《国务院对确需保留的行政审批项目设定行政许可的决定》(国务院令第412号)附件第236项:"增值税防伪税控系统最高开票限额审批。"	区县税务机关	已纳入增值税防伪税控系统管理的增值税一般纳税人,申请的增值税专用发票最高开票限额与其实际生产经营和销售所需开具专用发票的情况相符。	无数量限制	1. 税务行政许可申请表; 2. 票限额申请单; 3. 经办人身份证件; 4. 代理委托书; 5. 代理人身份证件。	—
6	对采取实际利润额预缴以外的其他企业所得税预缴方式的核定	《中华人民共和国企业所得税法实施条例》第128条:"企业所得税分月或分季预缴,由税务机关具体核定。企业根据企业所得税法第五十四条规定分月或分季预缴企业所得税时,应当按照月度或者季度的实际利润额预缴;按照月度或者季度的实际利润额预缴有困难的,可以按照上一纳税年度应纳税所得额的月度或者季度平均额预缴,或者按照经税务机关认可的其他方法预缴。"	主管税务机关	按照月度或者季度预缴预缴有困难的企业。	无数量限制	1. 税务行政许可申请表; 2. 经办人身份证件; 3. 代理委托书; 4. 代理人身份证件; 5. 按照月度或者季度的实际利润额预缴确有困难的证明材料。	按月度预缴企业所得税的申请人应当于每年1月31日前提出申请;按季度预缴企业所得税的申请人应当于每年3月31日前提出申请。

续表

序号	项目名称	实施依据	实施机关	条件	数量	申请材料目录	申请期限
7	非居民企业选择由其主要机构、场所汇总缴纳企业所得税的审批	《中华人民共和国企业所得税法》第51条:"非居民企业取得本法第三条第二款规定的所得,以机构、场所所在地为纳税地点。非居民企业在中国境内设立两个或者两个以上机构、场所的,经税务机关审核批准,可以选择由其主要机构、场所汇总缴纳企业所得税。"非居民企业取得本法第三条第三款规定的所得,以扣缴义务人所在地为纳税地点。《中华人民共和国企业所得税法实施条例》第127条:"企业所得税汇总缴纳的,是指经各机构、场所所在地税务机关审核批准,由非居民企业经税务机关审核批准的场所所在地税务机关的共同上级税务机关批准。非居民企业经批准汇总缴纳企业所得税后,需要增设、合并、迁移、关闭机构、场所,或者停止机构、场所业务的,应当事先由负责汇总申报缴纳企业所得税的主要机构、场所向其所在地税务机关报告;需要变更汇总缴纳企业所得税的主要机构、场所的,依照前款规定办理。"	非居民企业各机构、场所所在地税务机关的共同上级税务机关	在中国境内设立两个或者两个以上机构、场所的非居民企业。经批准汇总缴纳企业所得税后,需要增设、合并、迁移或者停止机构、场所的非居民企业,需要变更汇总缴纳企业所得税的主要机构、场所的。能够对其他各机构、场所的生产经营活动进行监督管理;设有完整反映各机构、场所的账簿、凭证,能够准确反映收入、成本、费用和盈亏情况。	无数量限制	1. 税务行政许可申请表; 2. 汇总缴纳企业所得税机构、场所对有管理责任的其他所得税机构、场所负有管理责任的证明材料; 3. 设有完整的账簿、凭证,能够准确反映收入、成本、费用和盈亏情况的证明材料; 4. 经办人身份证件; 5. 代理委托书; 6. 代理人身份证件。	—

27-1-5

北京市地方税务局关于公布
税务行政许可事项目录的公告

2016 年 7 月 28 日　北京市地方税务局公告 2016 年第 9 号

根据《中华人民共和国行政许可法》的相关规定以及国务院、国家税务总局深化行政审批制度改革的要求,现将《北京市地方税务局税务行政许可事项目录》予以公布。

特此公告。

附件:北京市地方税务局税务行政许可事项目录

附件

北京市地方税务局税务行政许可事项目录

序号	项目名称	设定依据	审批对象	审批部门
1	对纳税人延期缴纳税款的核准	《中华人民共和国税收征收管理法》第 31 条第 2 款:"纳税人因有特殊困难,不能按期缴纳税款的,经省、自治区、直辖市国家税务局、地方税务局批准,可以延期缴纳税款,但是最长不得超过三个月。" 《中华人民共和国税收征收管理法实施细则》第 41 条:"纳税人有下列情形之一的,属于税收征管法第三十一条所称特殊困难: (一)因不可抗力,导致纳税人发生较大损失,正常生产经营活动受到较大影响的; (二)当期货币资金在扣除应付职工工资、社会保险费后,不足以缴纳税款的。 计划单列市国家税务局、地方税务局可以参照税收征管法第二十一条第二款的批准权限,审批纳税人延期缴纳税款。" 《中华人民共和国税收征收管理法实施细则》第 42 条第 1 款:"纳税人需要延期缴纳税款的,应当在缴纳税款期限届满前提出申请,并报送下列材料:申请延期缴纳税款报告,当期货币资金余额情况及所有银行存款账户的对账单,资产负债表,应付职工工资和社会保险费等税务机关要求提供的支出预算。"	纳税人	北京市地方税务局

序号	项目名称	设定依据	审批对象	审批部门
2	对纳税人延期申报的核准	《中华人民共和国税收征收管理法》第27条:"纳税人、扣缴义务人不能按期办理纳税申报或者报送代扣代缴、代收代缴税款报告表的,经税务机关核准,可以延期申报。"《中华人民共和国税收征收管理法实施细则》第37条:"纳税人、扣缴义务人按照规定的期限办理纳税申报或者报送代扣代缴、代收代缴税款报告表确有困难,需要延期的,应当在规定的期限内向税务机关提出书面延期申请,经税务机关核准,在核准的期限内办理。纳税人、扣缴义务人因不可抗力,不能按期办理纳税申报或者报送代扣代缴、代收代缴税款报告表的,可以延期办理;但是,应当在不可抗力情形消除后立即向税务机关报告。税务机关应当查明事实,予以核准。"	纳税人	主管税务机关
3	对纳税人变更纳税定额的核准	《中华人民共和国税收征收管理法实施细则》第47条第3款:"纳税人对税务机关采取本条规定的方法核定的应纳税额有异议的,应当提供相关证据,经税务机关认定后,调整应纳税额。"	纳税人	主管税务机关
4	对采取实际利润额预缴以外的其他企业所得税预缴方式的核定	《中华人民共和国企业所得税法实施条例》第128条:"企业所得税分月或分季预缴,由税务机关具体核定。企业根据企业所得税法第五十四条规定分月或者分季预缴企业所得税时,应当按照月度或者季度的实际利润额预缴;按照月度或者季度的实际利润额预缴有困难的,可以按照上一纳税年度应纳税所得额的月度或者季度平均额预缴,或者按照经税务机关认可的其他方法预缴。"	纳税人	主管税务机关

二十八、文件清理

28-1-1
北京市人民政府关于废止《北京市实施中华人民共和国水土保持法办法》罚款处罚规定等5项规章的决定

2016年5月15日　北京市政府令第269号

《北京市人民政府关于废止〈北京市实施中华人民共和国水土保持法办法〉罚款处罚规定等5项规章的决定》已经2016年5月10日市人民政府第116次常务会议审议通过,现予公布,自公布之日起施行。

市长:王安顺

2016年5月15日

北京市人民政府关于废止《北京市实施〈中华人民共和国水土保持法〉办法》罚款处罚规定等5项规章的决定

市人民政府决定废止下列5项规章:

一、《北京市实施〈中华人民共和国水土保持法〉办法》罚款处罚规定(1992年9月24日北京市人民政府第14号令发布根据1997年12月31日北京市人民政府第12号令修改)

二、北京市施行《中华人民共和国房产税暂行条例》的细则(1986年12月27日北京市人民政府京政发165号文件发布根据1998年6月12日北京市人民政府令第6号修正)

三、北京市人民政府关于对使用煤炭质量的监督规定(1999年10月26日北京市人民政府第42号令发布根据2014年7月9日北京市人民政府第259号令修改)

四、中关村科技园区接收非北京生源高校毕业生办法(2001年3月2日北京市人

民政府第 71 号令发布)

五、北京市商品住宅销售价格构成管理办法(2001 年 4 月 11 日北京市人民政府第 73 号令发布)。

本决定自公布之日起施行。

28－1－2
国家税务总局关于公布全文废止和
部分条款废止的税务部门规章目录的决定

2016 年 5 月 29 日　国家税务总局令第 40 号

根据国务院办公厅关于做好部门规章和文件清理工作的有关要求,国家税务总局对现行有效的税务部门规章进行了清理。清理结果已经 2016 年 5 月 27 日国家税务总局 2016 年度第 2 次局务会议审议通过。现将《全文废止的税务部门规章目录》和《部分条款废止的税务部门规章目录》予以公布。

国家税务总局局长:王军

2016 年 5 月 29 日

全文废止的税务部门规章目录

序号	制定机关	标题	发文日期	文号
1	国家税务总局	资源税若干问题的规定	1994 年 1 月 18 日	国税发〔1994〕015 号
2	国家税务总局	出口货物退(免)税管理办法	1994 年 2 月 18 日	国税发〔1994〕031 号
3	国家税务总局	个人所得税代扣代缴暂行办法	1995 年 4 月 6 日	国税发〔1995〕065 号
4	国家税务总局	个人所得税自行纳税申报暂行办法	1995 年 4 月 28 日	国税发〔1995〕077 号

部分条款废止的税务部门规章目录

序号	制定机关	标题	发文日期	文号	废止条款
1	国家税务总局	征收个人所得税若干问题的规定	1994 年 3 月 31 日	国税发〔1994〕089 号	废止第十二条所附税率表一、税率表二,第十三条,第十五条
2	国家税务总局 文化部	演出市场个人所得税征收管理暂行办法	1995 年 11 月 18 日	国税发〔1995〕171 号	废止第十一条

序号	制定机关	标题	发文日期	文号	废止条款
3	国家税务总局	建筑安装业个人所得税征收管理暂行办法	1996 年 7 月 22 日	国税发〔1996〕127 号	废止第十一条、第十六条
4	国家税务总局	广告市场个人所得税征收管理暂行办法	1996 年 8 月 29 日	国税发〔1996〕148 号	废止第八条、第十一条、第十二条
5	国家税务总局邮电部	邮寄纳税申报办法	1997 年 9 月 26 日	国税发〔1997〕147 号	废止第一条"经主管税务机关批准"的内容
6	国家税务总局	境外所得个人所得税征收管理暂行办法	1998 年 8 月 12 日	国税发〔1998〕126 号	废止第五条、第十三条、第十六条、第十七条

28-2　其他规定

28-2-1
北京市国家税务局　北京市地方税务局
关于废止营业税改征增值税试点
税收征管若干规定的公告

2014 年 12 月 8 日　北京市国家税务局　北京市地方税务局公告 2014 年第 38 号

现将《北京市国家税务局　北京市地方税务局关于营业税改征增值税试点税收征收管理若干事项的公告》(北京市国家税务局公告 2012 年第 7 号)、《北京市国家税务局　北京市地方税务局关于扩大营业税改征增值税试点税收征收管理若干事项的公告》(北京市国家税务局公告 2013 年第 9 号)、《北京市国家税务局　北京市地方税务局关于将铁路运输和邮政业纳入营业税改征增值税试点税收征收管理若干事项的公告》(北京市国家税务局公告 2013 年第 26 号)废止。

本公告自发布之日起执行。

特此公告。

链接：

关于《北京市国家税务局　北京市地方税务局
关于废止营业税改征增值税试点
税收征管若干规定的公告》的政策解读

一、本公告废止了哪些文件？

(一)《北京市国家税务局　北京市地方税务局关于营业税改征增值税试点税收征收管理若干事项的公告》(北京市国家税务局公告 2012 年第 7 号)

(二)《北京市国家税务局　北京市地方税务局关于扩大营业税改征增值税试点税收征收管理若干事项的公告》(北京市国家税务局公告 2013 年第 9 号)

(三)《北京市国家税务局　北京市地方税务局关于将铁路运输和邮政业纳入营业税改征增值

税试点税收征收管理若干事项的公告》(北京市国家税务局公告2013年第26号)。

二、为何要废止上述三个文件?

上述三个文件所引用的文件依据:《财政部 国家税务总局关于在北京等8省市开展交通运输业和部分现代服务业营业税改征增值税试点的通知》(财税〔2012〕71号)于2013年8月1日废止,《财政部 国家税务总局关于在全国开展交通运输业和部分现代服务业营业税改征增值税试点税收政策的通知》(财税〔2013〕37号)于2014年1月1日废止。据此,我局决定对其所涉及的营业税改征增值税试点征管若干规定予以废止。

三、本公告规定的文件废止时间是何时?

本公告中公布的文件自本公告发布之日起废止。

28-2-2
北京市国家税务局 北京市地方税务局
关于废止政策性搬迁备案事项
等有关问题的公告

2014年12月25日 北京市国家税务局 北京市地方税务局公告2014年第40号

按照《国家税务总局关于公开行政审批事项等相关工作的公告》(国家税务总局公告2014年第10号)的规定,现将政策性搬迁的管理要求公告如下:

一、《北京市国家税务局 北京市地方税务局关于企业政策性搬迁所得税管理有关问题的公告》(北京市国家税务局 北京市地方税务局公告2013年第4号)废止执行。

二、本公告自发布之日起施行。

链接:

关于《北京市国家税务局 北京市地方税务局关于
企业政策性搬迁所得税管理有关问题的公告》的解读

一、关于公告的出台背景

为深入行政审批制度改革,根据《国务院办公厅关于公开国务院各部门行政审批事项等相关工作的通知》(国办发〔2014〕5号)要求,国家税务局下发了《国家税务总局关于公开行政审批事项等相关工作的报告》(国家税务总局公告2014年第10号,以下简称10号公告),按照10号公告的规定,制定本公告。

二、公告的主要内容

《北京市国家税务局 北京市地方税务局关于企业政策性搬迁所得税管理有关问题的公告》

(2013年第4号,以下简称2013年第4号公告)自发布之日起废止执行,2013年第4号公告对企业政策性搬迁的备案管理要求和申报管理要求不再执行。

28－2－3
北京市财政局关于印发《北京市财政局废止和失效的规范性文件目录(第十四批)》的通知

2014年12月30日 京财法〔2014〕2862号

市属各单位、各区县财政局:

为了加强北京市财政局制度建设,促进依法行政、依法理财,按照国务院和北京市关于规范性文件清理工作的有关要求,我局对2013年、2014年发布的规范性文件进行了集中清理。经过清理,确定废止和失效的规范性文件共48件。现予以公布,停止执行。

附件:北京市财政局废止和失效的规范性文件目录(第十四批)

附件

北京市财政局废止和失效规范性文件目录(第十四批)

1. 北京市财政局　北京市人民检察院转发最高人民检察院　财政部关于印发《检查业务费开支范围和管理办法的规定》的通知(京财行〔1999〕1127号)

2. 北京市财政局　北京市民防局关于印发《北京市市级民防经费使用管理暂行办法》的通知(京财行〔2008〕340号)

3. 北京市财政局　北京市劳动教养工作管理局关于转发《财政部、司发布关于印发〈劳动教养机关财务管理暂行办法〉的通知》的通知(京财行〔2003〕2283号)

4. 北京市财政局　北京市劳动教养工作管理局关于印发《北京市劳教机关基本支出经费标准》的通知(京财行〔2004〕1487号)

5. 北京市财政局关于调整劳教人员伙食费标准的通知(京财行〔2008〕570号)

6. 北京市财政局关于开展市级财政国库业务电子化改革试点的通知(京财国库〔2013〕2503号)

7. 北京市财政局关于市级行政事业单位财政性结余资金会计核算的通知(京财国库〔2011〕466号)

8. 关于调整北京市市级行政事业单位会议费开支标准的通知(京财预〔2013〕2023号)

9. 关于印发《北京市市级行政事业单位财政性结余资金管理办法的通知》(京财预〔2013〕2024号)

10. 北京市财政局关于印发《北京市市级行政事业单位会议费管理办法》的通知(京财预〔2009〕2181号)

11. 北京市市级行政事业单位财政性结余资金管理办法(京财预〔2010〕2662号)

12. 转发财务部　国家税务总局关于交通运输业和部分现代服务业营业税改征增值税试点应税服务范围等若干税收政策的补充通知(京财税〔2013〕27号)

13. 北京市财政局　北京市国家税务局　北京市地方税务局转发财政部　国家税务总局关于部分航空公司执行总分机构试点纳税人增值税计算缴纳暂行办法的通知(京财税〔2013〕221号)

14. 北京市财政局　北京市经济和信息化委员会　北京海关　北京市国家税务局转发财政部　工业和信息化部　海关总署　国家税务总局关于调整重大技术装备进口税收政策有关目录的通知(京财税〔2013〕626号)

15. 北京市财政局　北京市国家税务局　北京市地方税务局转发财政部　国家税务总局关于在全国开展交通运输业和部分现代服务业营业税改征增值税试点税收政策的通知(京财税〔2013〕1184号)

16. 北京市财政局　北京市国家税务局　北京市地方税务局转发财政部　国家税务总局关于非营利组织免税资格认定管理有关问题的通知(京财税〔2009〕2867号)

17. 北京市财政局　北京市国家税务局　北京市地方税务局关于非营利组织免税资格认定管理有关问题的补充通知(京财税〔2010〕388号)

18. 北京市财政局　北京市国家税务局　北京市地方税务局关于规范我市非营利组织免税资格认定管理工作有关问题的通知(京财税〔2011〕813号)

19. 北京市财政局　北京市地方税务局关于延庆县重大暴雪救灾有关税收优惠政策的通知(京财税〔2013〕106号)

20. 转发财政部　国家税务总局关于房屋土地权属由夫妻一方所以变更为夫妻双方共有契税政策的通知(京财税〔2011〕2031号)

21. 北京市财政局　北京市地方税务局转发财政部　国家税务总局关于经营高校学生公寓和食堂有关税收政策的通知(京财税〔2011〕2096号)

22. 北京市财政局　北京市环境保护局转发财政部　环境保护部关于调整公布第十二期环境标志产品政府采购清单的通知(京财采购〔2013〕1992号)

23. 北京市财政局　北京市发展和改革委员会转发财政部　国家发展改革委关于调整公布第十四期节能产品政府采购清单的通知(京财采购〔2013〕1994号)

24. 关于北京市本级政府采购项目采取公开招标以外采购方式有关问题的通知(京财采购〔2007〕173号)

25. 北京市财政局关于市本级部分政府采购项目引入公正机制有关问题的通知(京财采购〔2007〕1801号)

26. 关于北京市本级政府采购项目执行中公布政府采购预算有关问题的通知(京财采购〔2007〕1530号)

27. 北京市排污费资金收缴使用管理办法(京财经一〔2003〕1309号)

28. 关于鼓励退出"高污染、高耗能、高耗水"企业奖励资金管理暂行办法(京财经一〔2008〕44号)

29. 北京市财政局　北京市发展和改革委员会　北京市经济和信息化委员会关于印发《北京市

节能产品惠民工程高效节能工业产品推广中央补贴资金拨付管理办法》的通知(京财经一〔2013〕355号)

30. 关于印发《中小企业担保资金管理办法》的通知(京财经一〔2003〕2213号)

31. 北京市节能减排专项资金管理办法(京财经一〔2008〕2772号)

32. 北京市工业废气治理工程补助资金管理暂行办法(京财经一〔2012〕2756号)

33. 北京市财政局关于印发《2013年北京市市级事业单位国有资产产权登记试点工作方案》的通知(京财资产〔2013〕1372号)

34. 市级以上文物保护单位文物建筑抢险、修缮专项补助经费使用管理办法(京财文〔2000〕1327号)

35. 北京市财政局 北京市文化局关于印发《北京市"周末场演出计划"财政专项转移支付资金管理暂行办法》的通知(京财文〔2009〕597号)

36. 北京市财政局 北京市文化局关于印发《北京市"百姓周末大舞台"活动专项资金管理暂行办法》的通知(京财文〔2010〕1962号)

37. 关于印发《北京市舞台创作生产专项扶持资金管理暂行办法》的通知(京财文〔2009〕1037号)

38. 市区县文化事业发展专项引导资金管理办法(试行)(京财文〔2009〕595号)

39. 现代农业产业技术体系北京市创新团队建设专项资金管理试行办法(京财文〔2009〕973号)

40. 北京市文化创意产业统贷平台风险补偿专项资金管理办法(试行)(京文资发〔2013〕6号)

41. 北京市文化创意产业融资担保贴保专项资金使用管理办法(试行)(京文资发〔2013〕7号)

42. 关于印发财政部 教育部 总参谋部制定的《应征入伍服义务兵役高等学校毕业生学费补偿国家助学贷款代偿暂行办法》的通知(京财文〔2009〕1036号)

43. 转发财政部等三部委《应征入伍服义务兵役高等学校在校生学费补偿国家助学贷款代偿及退役复学后学费资助暂行办法》的通知(京财文〔2011〕2636号)

44. 北京市对外经济技术合作专项资金管理暂行办法(京财企〔2008〕1549号)

45. 北京市财政局关于印发《北京市党政机关和事业单位差旅费管理办法》的通知(京财行〔2007〕932号)

46. 关于严格控制在京举办国际会议的通知(京财行〔2011〕1058号)

47. 北京地区中央财政新型农村金融机构定向费用补贴资金审核工作规程(财驻京监〔2012〕36号、京财金融〔2012〕324号)

48. 关于转发国家外国专家局 财政部《关于调整短期出国(境)培训生活费开支标准和部分国家培训费币种的通知》和《关于调整中长期出国(境)培训人员费用开支标准的通知》的通知(京人发〔2002〕98号、京财行〔2002〕2513号)

28 -2 -4
北京市地方税务局关于修订和
废止部分执法文书的公告

2015 年 1 月 15 日　北京市地方税务局公告 2015 年第 1 号

为贯彻落实行政审批制度改革和国家税务总局《全国县级税务机关纳税服务规范》的相关要求,完善行政复议和诉讼权利告知,我局对自行制定的税务执法文书进行了梳理,决定修订执法文书 24 个(见附件 1),废止执法文书 30 个(见附件 2)。

本公告自 2015 年 2 月 15 日起施行。《北京市地方税务局关于扩大委托银行代征个体工商户有关税费范围的公告》(2011 年第 9 号)、《北京市地方税务局关于扩大委托银行代征个体工商户有关税费范围的通知》(京地税征〔2011〕96 号)、《北京市地方税务局关于修订〈北京市地方税务局公路、内河货物运输业税收管理操作规程(试行)〉的通知》(京地税营〔2010〕129 号)、《北京市地方税务局关于对本市娱乐、饮食服务业部分从业人员实行定额征收个人所得税的暂行办法补充规定的通知》(京地税个〔2000〕345 号)、《北京市地方税务局印发关于对本市娱乐、饮食服务行业部分从业人员实行定额征收个人所得税暂行办法的通知》(京地税个〔1995〕554 号),以及修订执法文书所涉及的原执法文书样式同时废止。

特此公告。

附件:1. 北京市地方税务局修订执法文书目录及样式[①](编者略)

2. 北京市地方税务局废止执法文书目录(30 个)

3. 关于《北京市地方税务局关于修订和废止部分执法文书的公告》的政策解读

注释:①(1)(2)(3)…(21)此文书废止。参见:《北京市地方税务局关于废止部分执法文书的公告》,北京市地方税务局公告 2016 年第 17 号。

附件2

北京市地方税务局废止执法文书目录(30个)

	自行制定的执法文书名称	文件依据
1	税务行政复议和解书	北京市地方税务局关于印发《北京市地方税务局税务行政复议和解调解办法(试行)》的通知(京地税法〔2009〕121号)
2	税务行政复议申请处理审批表	
3	税务行政复议调解书	
4	北京市地方税务局总机构汇总分支机构缴税情况证明	北京市地方税务局关于修订税收征收管理执法文书式样的通知(京地税征〔2006〕242号)
5	纳税人税款入库方式确认书	北京市地方税务局关于扩大委托银行代征个体工商户有关税费范围的公告(2011年第9号)北京市地方税务局关于扩大委托银行代征个体工商户有关税费范围的通知(京地税征〔2011〕96号)
6	货物运输业自开票纳税人认定表	北京市地方税务局关于修订《北京市地方税务局公路、内河货物运输业税收管理操作规程(试行)》的通知(京地税营〔2010〕129号)
7	税务文书领取单	
8	货物运输业营业税自开票纳税人认定证书	
9	自开票纳税人	
10	取消自开票纳税人资格申请审核表	
11	已取消自开票纳税人资格	
12	年审工作数据统计表	
13	货物运输业自开票纳税人年审申请审核表	
14	货物运输业自开票纳税人暂缓通过年审告知书	
15	代开票地方税务局发票专用章式样	
16	北京市地方税务局货物运输业代开发票申请表	
17	税务所货运发票暂停/恢复供应审核表	
18	印花税代扣专用章	
19	汇算清缴情况说明	
20	营业税运输发票抵扣清单	
21	货物运输业营业税征收管理情况统计表	
22	营业税"票表比对"异常转办单	
23	货物运输发票审核检查情况汇总统计表	
24	货物运输发票审核检查结果统计表	
25	货物运输发票审核检查移交清单	
26	北京市地方税务局定额征收个人所得税核定表	北京市地方税务局关于对本市娱乐、饮食服务业部分从业人员实行定额征收个人所得税的暂行办法补充规定的通知(京地税个〔2000〕345号)
27	北京市地方税务局定额征收个人所得税通知书	
28	北京市地方税务局定额征收个人所得税核定表	北京市地方税务局印发关于对本市娱乐、饮食服务行业部分从业人员实行定额征收个人所得税暂行办法的通知(京地税个〔1995〕554号)
29	北京市地方税务局定额征收个人所得税通知书	
30	税务约谈通知书	北京市地方税务局纳税评估税务约谈实施办法(试行)(京地税评〔2010〕170号)

附件3

关于《北京市地方税务局关于修订和
废止部分执法文书的公告》的政策解读

一、本次修订执法文书修改了执法文书中的什么内容?

答:本次修订执法文书修改了执法文书中的权益救济告知内容,更为全面、详细地告知纳税人、扣缴义务人不服行政行为申请行政复议和提起行政诉讼的法定条件、期限和管辖,帮助纳税人、扣缴义务人更为便捷地依法寻求权益救济,监督税务机关依法行政。

二、本次修订执法文书的权益救济告知内容中为何未明确载明纳税人、扣缴义务人的起诉期限,仅留出空白用于手工填写?

答:《全国人民代表大会常务委员会关于修改〈中华人民共和国行政诉讼法〉的决定》已由中华人民共和国第十二届全国人民代表大会常务委员会第十一次会议通过,即将于2015年5月1日起施行。根据该决定,2015年5月1日起公民、法人和其他组织对行政行为不服提起行政诉讼的期限由知道或者应当知道行政行为之日起三个月修改为六个月。故本次修订执法文书未明确载明起诉期限,仅留出空白用于手工填写。税务机关使用相关执法文书时,2015年5月1日前应在横线上填写"三",之后应填写"六"。

三、本次废止的执法文书是否有新的样式替代?

答:本次废止的税务行政复议相关执法文书,废止后以北京市政府统一的行政复议文书代替;其他执法文书,因营改增、行政审批事项取消、文件依据已被废止、内容不再适用等原因废止,故无替代的执法文书。

28-2-5
北京市国家税务局　北京市地方税务局
关于废止若干规范性文件的公告

2015年4月17日　北京市国家税务局　北京市地方税务局公告2015年第9号

为了规范执法,按照《国家税务总局关于公开行政审批事项等相关工作的公告》(国家税务总局公告2014年第10号)等相关规定,现将全文废止和部分条款废止的规范性文件公告如下:

一、《北京市国家税务局　北京市地方税务局转发〈国家税务总局关于企业固定资产加速折旧所得税处理有关问题的通知〉的通知》(京国税发〔2009〕101号)、《北京市国家税务局　北京市地方税务局转发〈国家税务总局关于境外注册中资控股企业依据实际管理机构标准认定为居民企业有关问题的通知〉的通知》(京国税发〔2009〕107号)废止执行。

　　二、《北京市国家税务局　北京市地方税务局转发〈国家税务总局关于印发房地产开发经营业务企业所得税处理办法的通知〉的通知》(京国税发〔2009〕92号)第六条、第七条和《北京市国家税务局　北京市地方税务局关于企业资产损失所得税税前扣除有关问题的公告》(北京市国家税务局公告2011年第16号)第一条第(一)和(二)项、第二条、第三条废止执行。

　　三、本公告自发布之日起施行。

　　特此公告。

链接：

关于《北京市国家税务局　北京市地方税务局关于废止若干规范性文件的公告》的政策解读

　　一、关于公告的出台背景

　　为了规范执法,按照《国家税务总局关于公开行政审批事项等相关工作的公告》(国家税务总局公告2014年第10号)等相关规定,制定本公告。

　　二、公告的主要内容

　　公告废止的政策包括两种情况,一是全文废止;二是对规范性文件中的部分条款予以废止。全文废止的规范性文件为《北京市国家税务局　北京市地方税务局转发〈国家税务总局关于企业固定资产加速折旧所得税处理有关问题的通知〉的通知》(京国税发〔2009〕101号)、《北京市国家税务局　北京市地方税务局转发〈国家税务总局关于境外注册中资控股企业依据实际管理机构标准认定为居民企业有关问题的通知〉的通知》(京国税发〔2009〕107号);部分废止的政策包括《北京市国家税务局　北京市地方税务局转发〈国家税务总局关于印发房地产开发经营业务企业所得税处理办法的通知〉的通知》(京国税发〔2009〕92号)第六条、第七条和《北京市国家税务局　北京市地方税务局关于企业资产损失所得税税前扣除有关问题的公告》(公告〔2011〕16号)第一条第(一)和(二)项、第二条、第三条。

28-2-6
北京市地方税务局关于废止部分税收规范性文件条款的公告

2015年12月31日　北京市地方税务局公告2015年第11号

　　按照《国家税务总局关于公开行政审批事项等相关工作的公告》(国家税务总局公告2014年第10号)等相关规定,现就废止部分税收规范性文件条款公告如下:

　　《北京市地方税务局转发国家税务总局关于政府收回土地使用权及纳税人代垫

拆迁补偿费有关营业税问题的通知》(京地税营〔2009〕271号)中补充内容第一条、第二条、第三条废止执行。

本公告自发布之日起施行。

特此公告。

链接:

关于《北京市地方税务局关于废止部分
税收规范性文件条款的公告》的政策解读

一、关于公告的出台背景

为了规范有关营业税征收管理工作,按照《国家税务总局关于公开行政审批事项等相关工作的公告》(国家税务总局公告2014年第10号)等相关规定,对《北京市地方税务局转发国家税务总局关于政府收回土地使用权及纳税人代垫拆迁补偿费有关营业税问题的通知》(京地税营〔2009〕271号)文件部分条款予以废止。

二、公告的主要内容

本公告对《北京市地方税务局转发国家税务总局关于政府收回土地使用权及纳税人代垫拆迁补偿费有关营业税问题的通知》(京地税营〔2009〕271号)中补充内容第一条、第二条及第三条进行了废止。相关营业税征管工作按照《国家税务总局关于政府收回土地使用权及纳税人代垫拆迁补偿费有关营业税问题的通知》(国税函〔2009〕520号)的规定执行。

28-2-7
北京市地方税务局关于
废止税收规范性文件的公告

2016年3月22日　　北京市地方税务局公告2016年第4号

根据《中华人民共和国税收征收管理法》《中华人民共和国营业税暂行条例》《中华人民共和国营业税暂行条例实施细则》,为进一步规范执法,现就以下税收规范性文件废止公告如下:

一、《北京市地方税务局关于对北京市教育机构征免营业税问题的通知》(京地税营〔1999〕665号);

二、《北京市地方税务局关于对若干营业税征收管理问题的通知》(京地税营〔2001〕511号)。

本公告自发布之日起施行。

特此公告。

链接:

关于《北京市地方税务局关于废止
税收规范性文件的公告》的政策解读

一、关于公告的出台背景

根据《中华人民共和国税收征收管理法》《中华人民共和国营业税暂行条例》《中华人民共和国营业税暂行条例实施细则》,为进一步规范执法,制定本公告。

二、公告的主要内容

《北京市地方税务局关于对北京市教育机构征免营业税问题的通知》(京地税营〔1999〕665号)、《北京市地方税务局关于对若干营业税征收管理问题的通知》(京地税营〔2001〕511号)全文废止。

28-2-8
北京市地方税务局关于
废止税收规范性文件的公告

2016年4月30日   北京市地方税务局公告2016年第5号

根据《中华人民共和国行政许可法》《中华人民共和国税收征收管理法》及其实施细则等法律法规规定、国务院深化行政审批制度改革要求以及《国家税务总局关于税务行政许可若干问题的公告》(国家税务总局公告2016年第11号),现就废止税收规范性文件公告如下:

一、《北京市地方税务局关于修订部分行政许可程序和相关事项规定的公告》(北京市地方税务局公告2012年第9号);

二、《北京市地方税务局关于修订"指定企业印制发票"和"印制有本单位名称的发票"行政许可程序规定的公告》(北京市地方税务局公告2011年第16号);

三、《北京市地方税务局关于贯彻行政许可程序性规定若干问题的通知》(京地税票〔2004〕357号);

四、《北京市地方税务局转发国家税务总局关于实施税务行政许可若干问题的通知》(京地税法〔2004〕327号);

五、《北京市地方税务局关于印发〈北京市地方税务局实施税务行政许可程序规定〉和〈北京市地方税务局税务行政许可监督检查制度〉的通知》(京地税法〔2004〕328号)中的《北京市地方税务局实施税务行政许可程序规定》。

特此公告。

链接：

关于《北京市地方税务局关于废止 税收规范性文件的公告》的政策解读

一、关于公告的出台背景

根据国务院深化行政审批制度改革要求以及《国家税务总局关于税务行政许可若干问题的公告》(国家税务总局公告2016年第11号),为进一步规范执法,制定本公告。

二、公告的主要内容

《北京市地方税务局关于修订部分行政许可程序和相关事项规定的公告》(北京市地方税务局公告2012年第9号)、《北京市地方税务局关于修订"指定企业印制发票"和"印制有本单位名称的发票"行政许可程序规定的公告》(北京市地方税务局公告2011年第16号)、《北京市地方税务局关于贯彻行政许可程序性规定若干问题的通知》(京地税票〔2004〕357号)、《北京市地方税务局转发国家税务总局关于实施税务行政许可若干问题的通知》(京地税法〔2004〕327号)全文废止。《北京市地方税务局关于印发〈北京市地方税务局实施税务行政许可程序规定〉和〈北京市地方税务局税务行政许可监督检查制度〉的通知》(京地税法〔2004〕328号)中的《北京市地方税务局实施税务行政许可程序规定》废止。

28 - 2 - 9
国家税务总局关于公布全文失效废止和 部分条款废止的税收规范性文件目录的公告

2016年5月29日　国家税务总局公告2016年第34号

根据国务院办公厅关于做好部门规章和文件清理工作的有关要求,国家税务总局对税收规范性文件进行了清理。清理结果已经2016年5月27日国家税务总局2016年度第2次局务会议审议通过。现将《全文失效废止的税收规范性文件目录》和《部分条款废止的税收规范性文件目录》予以公布。

特此公告。

附件:1. 全文失效废止的税收规范性文件目录

2. 部分条款废止的税收规范性文件目录

附件1

全文失效废止的税收规范性文件目录

序号	标题	发文日期	文号
1	国家税务局关于贯彻国务院国发〔1989〕10号文件有关税收问题的通知	1989年1月15日	(89)国税所字第067号
2	国家税务局对《关于高校征免房产税、土地使用税的请示》的批复	1989年6月21日	(89)国税地便字第008号
3	国家税务局对《关于军需工厂的房产如何具体划分征免房产税的请示》的批复	1989年7月12日	(89)国税地字第072号
4	国家税务局关于对军队系统用地征免城镇土地使用税的通知	1989年8月14日	(89)国税地字第083号
5	国家税务局关于军队企业化管理工厂征免印花税等问题的通知	1989年9月26日	(89)国税地字第099号
6	国家税务局关于对武警部队用地征免城镇土地使用税问题的通知	1989年11月10日	(89)国税地字第120号
7	国家税务局关于受让土地使用权者应征收土地使用税问题的批复	1993年3月24日	国税函发〔1993〕501号
8	国家税务总局关于贯彻执行企业所得税和个人所得税法律、法规的通知	1994年3月10日	国税发〔1994〕048号
9	国家税务总局关于西藏驻区外企业回西藏缴纳所得税的函	1994年4月25日	国税函发〔1994〕125号
10	国家税务总局关于学校办企业征收流转税问题的通知	1994年7月4日	国税发〔1994〕156号
11	国家税务总局关于中央、地方税务机构分设后有关税务行政复议问题的通知	1994年9月21日	国税发〔1994〕212号
12	国家税务总局关于森工企业、林场、苗圃所得税征免问题的通知	1994年12月16日	国税发〔1994〕264号
13	国家税务总局关于企业所得税征收和管理范围的通知	1995年5月18日	国税发〔1995〕023号
14	国家税务总局关于印发《国际航空旅客运输专用发票》式样的通知	1995年8月18日	国税函发〔1995〕448号
15	国家税务总局关于印发《关于加强中央企业所得税征收管理工作的意见》的通知	1995年10月10日	国税发〔1995〕188号
16	国家税务总局关于外商投资企业从事城市住宅小区建设征收营业税问题的批复	1995年10月10日	国税函发〔1995〕549号
17	国家税务总局关于手工回收煤炭征收资源税问题的批复	1996年10月28日	国税函〔1996〕605号
18	国家税务总局关于天津奥的斯电梯有限公司在外埠设立的分公司缴纳流转税问题的批复	1997年1月16日	国税函〔1997〕33号
19	国家税务总局关于纳税复议条件问题的批复	1997年8月4日	国税发〔1997〕125号
20	国家税务总局关于加强涉税行政事业性收费项目发票管理的通知	1997年8月12日	国税发〔1997〕135号
21	国家税务总局关于印发《契税纳税申报表、契税完税证》式样的通知	1997年11月25日	国税发〔1997〕177号

序号	标题	发文日期	文号
22	国家税务总局关于企业所得税检查处罚起始日期的批复	1998年1月24日	国税函〔1998〕63号
23	国家税务总局关于贯彻实施《注册税务师资格制度暂行规定》有关问题的通知	1998年2月6日	国税发〔1998〕15号
24	国家税务总局关于核发税收票证统一式样的通知	1998年5月22日	国税发〔1998〕77号
25	国家税务总局关于电梯保养、维修收入征税问题的批复	1998年6月29日	国税函〔1998〕390号
26	国家税务总局关于进一步明确税收罚款收缴有关问题的通知	1998年7月2日	国税函〔1998〕402号
27	国家税务总局关于印发《个人所得税专项检查工作规程(试行)》的通知	1998年7月3日	国税发〔1998〕109号
28	国家税务总局关于加强对出租房屋房产税征收管理的通知	1998年11月10日	国税发〔1998〕196号
29	国家税务总局关于对已缴纳土地使用金的土地使用者应征收城镇土地使用税的批复	1998年11月12日	国税函〔1998〕669号
30	国家税务总局关于北京市新技术产业开发实验区区域调整有关企业所得税问题的函	1999年6月1日	国税函〔1999〕373号
31	国家税务总局关于生猪生产流通过程中有关税收问题的通知	1999年6月9日	国税发〔1999〕113号
32	国家税务总局关于普通发票式样设计权限问题的批复	1999年6月17日	国税函〔1999〕425号
33	国家税务总局关于印发《企业所得税检查工作管理办法(试行)》的通知	1999年8月13日	国税发〔1999〕155号
34	国家税务总局关于税收票证若干问题的通知	1999年11月15日	国税函〔1999〕743号
35	国家税务总局关于广信深圳公司破产案件有关法律问题的批复	2000年2月3日	国税函〔2000〕103号
36	国家税务总局关于印发《加强中小企业所得税征收管理工作的意见》的通知	2000年2月3日	国税发〔2000〕28号
37	国家税务总局关于企业法定代表人自报本企业偷税问题不予奖励的批复	2000年6月1日	国税函〔2000〕414号
38	国家税务总局关于部队取得应税收入税收征管问题的批复	2000年6月16日	国税函〔2000〕466号
39	国家税务总局关于外国律师事务所驻华办事处发票领购使用有关问题的通知	2000年8月8日	国税发〔2000〕140号
40	国家税务总局、国家质量技术监督局关于石油、石化集团所属加油站安装税控装置问题的通知	2000年9月12日	国税发〔2000〕159号
41	国家税务总局关于推行增值税防伪税控系统若干问题的通知	2000年11月9日	国税发〔2000〕183号
42	国家税务总局关于防伪税控系统因技术原因导致开票日期认证不符问题的通知	2000年11月23日	国税发明电〔2000〕43号
43	国家税务总局关于合九铁路运费抵扣进项税额问题的批复	2000年12月14日	国税函〔2000〕1037号

续表

序号	标题	发文日期	文号
44	国家税务总局关于做好增值税计算机稽核系统数据采集工作的紧急通知	2001年1月3日	国税发明电〔2001〕1号
45	国家税务总局、国家质量技术监督局关于石油石化集团所属加油站安装税控装置问题的补充通知	2001年3月16日	国税函〔2001〕185号
46	国家税务总局关于邮政企业征免房产税、土地使用税问题的函	2001年6月1日	国税函〔2001〕379号
47	国家税务总局关于中国人民银行总行所属分支机构免征房产税城镇土地使用税的通知	2001年10月22日	国税函〔2001〕770号
48	国家税务总局转发《财政部关于印发〈会计师事务所、资产评估机构、税务师事务所会计核算办法〉的通知》的通知	2001年12月20日	国税函〔2001〕943号
49	国家税务总局关于涉税案件在刑事审判期间是否应当中止税务行政复议问题的批复	2002年2月1日	国税函〔2002〕130号
50	国家税务总局关于印发《生产企业出口货物"免、抵、退"税管理操作规程》(试行)的通知	2002年2月6日	国税发〔2002〕11号
51	国家税务总局关于北京市新技术产业开发实验区区域调整后有关企业所得税问题的复函	2002年3月4日	国税函〔2002〕182号
52	国家税务总局关于纳税人购领发票实行预缴工本费的批复	2002年4月23日	国税函〔2002〕362号
53	国家税务总局关于办理期房退房手续后应退还已征契税的批复	2002年7月10日	国税函〔2002〕622号
54	国家税务总局关于宣传贯彻《中华人民共和国税收征收管理法实施细则》的通知	2002年9月30日	国税发〔2002〕126号
55	国家税务总局关于中国农业生产资料集团公司所属企业借款利息税前扣除问题的通知	2002年9月20日	国税函〔2002〕837号
56	国家税务总局关于转发《国务院办公厅关于下岗失业人员从事个体经营有关收费优惠政策的通知》的通知	2002年11月4日	国税发〔2002〕137号
57	国家税务总局关于明确资源税扣缴义务人代扣代缴义务发生时间的批复	2002年12月10日	国税函〔2002〕1037号
58	国家税务总局关于电子缴税完税凭证有关问题的通知	2002年12月13日	国税发〔2002〕155号
59	国家税务总局、劳动和社会保障部关于促进下岗失业人员再就业税收政策具体实施意见的通知	2002年12月24日	国税发〔2002〕160号
60	国家税务总局关于车辆购置税违法案件的管辖及举报奖金支付问题的批复	2003年2月8日	国税函〔2003〕103号
61	国家税务总局关于做好已取消的企业所得税审批项目后续管理工作的通知	2003年6月18日	国税发〔2003〕70号
62	国家税务总局关于铁路运费进项税额抵扣有关问题的补充通知	2003年8月22日	国税函〔2003〕970号
63	国家税务总局关于开展对纳税人欠税予以告知工作的通知	2003年11月21日	国税函〔2003〕1397号

序号	标题	发文日期	文号
64	国家税务总局关于个体工商户销售农产品有关税收政策问题的通知	2003 年 12 月 23 日	国税发〔2003〕149 号
65	国家税务总局关于印花税违章处罚有关问题的通知	2004 年 1 月 29 日	国税发〔2004〕15 号
66	国家税务总局关于进一步加强个体税收征管工作的通知	2004 年 2 月 5 日	国税函〔2004〕168 号
67	国家税务总局关于广播电视事业单位广告收入和有线电视费收入所得税处理问题的通知	2004 年 1 月 15 日	国税函〔2004〕86 号
68	国家税务总局关于中国船级社检验业务使用税务发票问题的通知	2004 年 4 月 13 日	国税函〔2004〕488 号
69	国家税务总局关于国家税务局与地方税务局联合办理税务登记有关问题的通知	2004 年 4 月 19 日	国税发〔2004〕57 号
70	国家税务总局关于注册税务师实行备案管理的通知	2004 年 6 月 28 日	国税函〔2004〕851 号
71	国家税务总局关于取消注册税务师考前培训行政审批项目后进一步加强后续管理工作的通知	2004 年 7 月 2 日	国税函〔2004〕878 号
72	国家税务总局关于城镇土地使用税部分行政审批项目取消后加强后续管理工作的通知	2004 年 8 月 2 日	国税函〔2004〕939 号
73	国家税务总局关于增值税一般纳税人支付的货物运输代理费用不得抵扣进项税额的批复	2005 年 1 月 18 日	国税函〔2005〕54 号
74	国家税务总局关于加强减免税管理的通知	2005 年 3 月 7 日	国税发〔2005〕24 号
75	国家税务总局关于明确从事代理海关报关业务的中介机构办理税务登记有关问题的通知	2005 年 4 月 18 日	国税函〔2005〕353 号
76	国家税务总局关于规范未达增值税营业税起征点的个体工商户税收征收管理的通知	2005 年 7 月 20 日	国税发〔2005〕123 号
77	国家税务总局关于印发《纳税服务工作规范(试行)》的通知	2005 年 10 月 16 日	国税发〔2005〕165 号
78	国家税务总局、中国人民银行关于印发国家税务局系统行政性收费票据式样的通知	2005 年 10 月 25 日	国税发〔2005〕171 号
79	国家税务总局关于实行定期定额征收的个体工商户购置和使用税控收款机有关问题的通知	2005 年 11 月 23 日	国税发〔2005〕185 号
80	国家税务总局关于使用计算机开具普通发票有关问题的批复	2005 年 11 月 23 日	国税函〔2005〕1102 号
81	国家税务总局关于个人独资企业变更为个体经营户是否享受个人所得税再就业优惠政策的批复	2006 年 1 月 13 日	国税函〔2006〕39 号
82	国家税务总局关于调整契税纳税申报表式样的通知	2006 年 4 月 5 日	国税函〔2006〕329 号
83	国家税务总局关于统一部分税收票证尺寸标准的通知	2006 年 4 月 29 日	国税函〔2006〕421 号
84	国家税务总局关于进一步降低税务登记证件工本费有关问题的通知	2006 年 8 月 14 日	国税函〔2006〕762 号
85	国家税务总局关于购进乙醇生产销售无水乙醇征收消费税问题的批复	2006 年 10 月 9 日	国税函〔2006〕768 号

序号	标题	发文日期	文号
86	国家税务总局关于进一步加强税务机关征收社会保险费欠费管理和清缴工作的通知	2006 年 9 月 5 日	国税发〔2006〕140 号
87	国家税务总局关于滑板车轮胎征收消费税问题的批复	2007 年 1 月 25 日	国税函〔2007〕114 号
88	国家税务总局关于注册税务师执业备案有关问题的通知	2007 年 3 月 20 日	国税函〔2007〕343 号
89	国家税务总局关于小全地形车轮胎征收消费税问题的批复	2007 年 6 月 27 日	国税函〔2007〕723 号
90	国家税务总局关于在内地车辆管理部门登记的香港和澳门机动车征收车船税有关问题的批复	2007 年 8 月 20 日	国税函〔2007〕898 号
91	国家税务总局关于淘汰非国家标准税控收款机的批复	2007 年 9 月 13 日	国税函〔2007〕966 号
92	国家税务总局关于推广应用税控收款机的批复	2007 年 9 月 17 日	国税函〔2007〕996 号
93	国家税务总局关于清理简并纳税人报送涉税资料有关问题的通知	2007 年 11 月 2 日	国税函〔2007〕1077 号
94	国家税务总局关于小型微利企业所得税预缴问题的通知	2008 年 3 月 21 日	国税函〔2008〕251 号
95	国家税务总局关于做好 2007 年度企业所得税汇算清缴工作的补充通知	2008 年 3 月 24 日	国税函〔2008〕264 号
96	国家税务总局关于房地产开发企业所得税预缴问题的通知	2008 年 4 月 7 日	国税函〔2008〕299 号
97	国家税务总局关于无水乙醇征收消费税问题的批复	2008 年 4 月 21 日	国税函〔2008〕352 号
98	国家税务总局关于国务院第四批取消和调整行政审批项目后涉及简并纳税人涉税资料业务操作处理办法的通知	2008 年 5 月 22 日	国税发〔2008〕56 号
99	国家税务总局、财政部关于地震灾区补发税务登记证问题的通知	2008 年 6 月 6 日	国税发〔2008〕67 号
100	国家税务总局关于 2007 年度企业所得税汇算清缴中金融企业应纳税所得额计算有关问题的通知	2008 年 6 月 27 日	国税函〔2008〕624 号
101	国家税务总局关于坚持依法治税严格减免税管理的通知	2008 年 7 月 17 日	国税发〔2008〕73 号
102	国家税务总局关于调整代开货物运输业发票企业所得税预征率的通知	2008 年 10 月 6 日	国税函〔2008〕819 号
103	国家税务总局关于办理印有企业名称发票变更缴销手续问题的批复	2008 年 11 月 19 日	国税函〔2008〕929 号
104	国家税务总局关于企业所得税减免税管理问题的通知	2008 年 12 月 1 日	国税发〔2008〕111 号
105	国家税务总局关于高新技术企业 2008 年度缴纳企业所得税问题的通知	2008 年 12 月 2 日	国税函〔2008〕985 号
106	国家税务总局关于调整增值税纳税申报有关事项的通知	2008 年 12 月 30 日	国税函〔2008〕1075 号

续表

序号	标题	发文日期	文号
107	国家税务总局关于做好 2008 年度企业所得税汇算清缴工作的通知	2009 年 2 月 6 日	国税函〔2009〕55 号
108	国家税务总局、交通运输部关于做好船舶车船税征收管理工作的通知	2009 年 3 月 17 日	国税发〔2009〕46 号
109	国家税务总局关于资源综合利用企业所得税优惠管理问题的通知	2009 年 4 月 10 日	国税函〔2009〕185 号
110	国家税务总局关于企业所得税收优惠管理问题的补充通知	2009 年 5 月 15 日	国税函〔2009〕255 号
111	国家税务总局关于 2008 年度企业所得税纳税申报有关问题的通知	2009 年 5 月 31 日	国税函〔2009〕286 号
112	国家税务总局关于办理 2009 年销售额超过标准的小规模纳税人申请增值税一般纳税人认定问题的通知	2010 年 1 月 25 日	国税函〔2010〕35 号
113	国家税务总局关于《增值税一般纳税人资格认定管理办法》政策衔接有关问题的通知	2010 年 4 月 7 日	国税函〔2010〕137 号
114	国家税务总局关于小型微利企业预缴 2010 年度企业所得税有关问题的通知	2010 年 5 月 6 日	国税函〔2010〕185 号
115	国家税务总局关于 2009 年度企业所得税纳税申报有关问题的通知	2010 年 5 月 28 日	国税函〔2010〕249 号
116	国家税务总局关于开展同期资料检查的通知	2010 年 7 月 12 日	国税函〔2010〕323 号
117	国家税务总局关于农用拖拉机、收割机和手扶拖拉机专用轮胎不征收消费税问题的公告	2010 年 10 月 19 日	国家税务总局公告 2010 年第 16 号
118	国家税务总局关于小型微利企业预缴企业所得税有关问题的公告	2012 年 4 月 13 日	国家税务总局公告 2012 年第 14 号
119	国家税务总局关于软件和集成电路企业认定管理有关问题的公告	2012 年 5 月 30 日	国家税务总局公告 2012 年第 19 号
120	国家税务总局关于苏州工业园区有限合伙制创业投资企业法人合伙人企业所得税政策试点有关征收管理问题的公告	2013 年 5 月 24 日	国家税务总局公告 2013 年第 25 号

附件 2

部分条款废止的税收规范性文件目录

序号	标题	发文日期	文号	废止条款
1	国家税务局关于印发《关于土地使用税若干具体问题的补充规定》的通知	1989 年 12 月 21 日	(89)国税地字第 140 号	废止第十条
2	国家税务总局关于印发《消费税征收范围注释》的通知	1993 年 12 月 27 日	国税发〔1993〕153 号	废止《消费税征收范围注释》第二条第六款、第九条
3	国家税务总局关于社会福利有奖募捐发行收入税收问题的通知	1994 年 5 月 23 日	国税发〔1994〕127 号	废止营业税、企业所得税、固定资产投资方向调节税内容

续表

序号	标题	发文日期	文号	废止条款
4	国家税务总局关于加强增值税征收管理若干问题的通知	1995 年 10 月 18 日	国税发〔1995〕192 号	废止第一条第(一)项
5	国家税务总局关于酒类产品消费税政策问题的通知	2002 年 8 月 26 日	国税发〔2002〕109 号	废止第四条
6	国家税务总局关于印发《调整和完善消费税政策征收管理规定》的通知	2006 年 3 月 31 日	国税发〔2006〕49 号	废止《调整和完善消费税政策征收管理规定》第五条第一款
7	国家税务总局关于企业固定资产加速折旧所得税处理有关问题的通知	2009 年 4 月 16 日	国税发〔2009〕81 号	废止第五条
8	国家税务总局关于深入实施西部大开发战略有关企业所得税问题的公告	2012 年 4 月 6 日	国家税务总局公告 2012 年第 12 号	废止第一条中"经企业申请,主管税务机关审核确认后"
9	国家税务总局关于发布《熊猫普制金币免征增值税管理办法(试行)》的公告	2013 年 2 月 5 日	国家税务总局公告 2013 年第 6 号	废止"《国家税务总局关于印发税收减免管理办法(试行)的通知》(国税发〔2005〕129 号)"
10	国家税务总局关于固定资产加速折旧税收政策有关问题的公告	2014 年 11 月 14 日	国家税务总局公告 2014 年第 64 号	废止第七条第一款

28－2－10
北京市地方税务局关于公布全文失效、
废止和部分废止的税收规范性文件目录的公告

2016 年 8 月 17 日　北京市地方税务局公告 2016 年第 13 号

根据国家税务总局要求,北京市地方税务局对税收规范性文件进行了清理。现将《北京市地方税务局全文失效、废止的税收规范性文件目录》和《北京市地方税务局部分废止的税收规范性文件目录》予以公布。

特此公告。

附件:1. 北京市地方税务局全文失效、废止的税收规范性文件目录

　　　2. 北京市地方税务局部分废止的税收规范性文件目录

附件 1

北京市地方税务局全文失效、废止的税收规范性文件目录

序号	文件名称	文件号	发文日期
1	北京市税务局转发国家税务局《对〈关于高校征免房产税、土地使用税的请示〉的批复》的通知	(89)市税三字第 513 号	1989 年 7 月 6 日
2	北京市税务局转发国家税务局《关于受让土地使用权者应征收土地使用税问题的批复》的通知	京税三字〔1993〕249 号	1993 年 4 月 8 日
3	北京市税务局转发国家税务局《关于贯彻执行企业所得和个人所得税法律法规的通知》的通知	京税二〔1994〕214 号	1994 年 4 月 8 日
4	北京市税务局转发《国家税务总局关于西藏驻区外企业回西藏缴纳所得税的函》的通知	京税二〔1994〕327 号	1994 年 5 月 23 日
5	北京市地方税务局转发国家税务总局关于森工企业林场苗圃所得税征免问题的通知	京地税企〔1995〕50 号	1995 年 1 月 11 日
6	北京市地方税务局关于北京市建筑业管理办公室外地施工队伍管理处代征代缴外地进京施工企业税款和使用"北京市外地进京施工企业专用发票"的通知	京地税营〔1995〕129 号	1995 年 2 月 24 日
7	北京市地方税务局转发国家税务总局关于统一普通发票防伪措施的通知	京地税征〔1995〕262 号	1995 年 5 月 12 日
8	北京市地方税务局转发国家税务总局关于印发《个人所得税代扣代缴暂行办法》和《个人所得税自行申报纳税暂行办法》的通知的通知	京地税个〔1995〕311 号	1995 年 6 月 23 日
9	北京市地方税务局关于使用《国际航空旅客运输专用发票》的通知	京地税征〔1995〕487 号	1995 年 10 月 17 日
10	北京市地方税务局转发国家税务总局《关于手工回收煤炭征收资源税问题的批复》的通知	京地税营〔1996〕496 号	1996 年 11 月 12 日
11	北京市地方税务局关于停止使用《北京市支付个人收入特种发票》的通知	京地税征〔1997〕259 号	1997 年 5 月 4 日
12	北京市地方税务局关于施行发票保证金、担保人制度管理工作的通知	京地税征〔1997〕451 号	1997 年 10 月 9 日
13	北京市地方税务局转发国家税务总局《关于企业所得税检查处罚起始日期的批复》的通知	京地税企〔1998〕101 号	1998 年 3 月 3 日
14	北京市地方税务局转发国家税务总局《关于电梯保养、维修收入征税问题的批复》的通知	京地税营〔1998〕339 号	1998 年 7 月 31 日
15	北京市地方税务局关于修订北京市道路运输专用发票批印、领购及管理规定的通知	京地税征〔1998〕447 号	1998 年 10 月 9 日
16	北京市地方税务局北京市技术监督局北京市出租汽车管理局关于本市出租汽车行业推广使用税控计价器和打印发票有关问题的通知	京地税征〔1998〕508 号	1998 年 11 月 5 日
17	北京市地方税务局转发国家税务总局关于对已缴纳土地使用金的土地使用者应征收城镇土地使用税的批复的通知	京税二〔1998〕590 号	1998 年 12 月 28 日
18	北京市地方税务局关于制定北京市出租汽车专用发票及卷式发票价格标准的函	京地税票〔1999〕120 号	1999 年 2 月 26 日

序号	文件名称	文件号	发文日期
19	北京市地方税务局转发国家税务总局关于北京市新技术产业开发实验区区域调整有关企业所得税问题的函的通知	京地税企〔1999〕700 号	1999 年 12 月 29 日
20	北京市地方税务局关于转发国家税务总局交通部关于启用国际海运业运输专用发票和国际海运业船舶代理专用发票有关问题的通知	京地税征〔2000〕94 号	2000 年 3 月 6 日
21	北京市地方税务局转发国家税务总局关于印发加强中小企业所得税征收管理工作的意见的通知	京地税企〔2000〕167 号	2000 年 4 月 29 日
22	北京市地方税务局关于取消三种资金往来发票有关问题的通知	京地税征〔2000〕544 号	2001 年 1 月 3 日
23	关于加强发票防伪措施管理的通知	京地税征〔2000〕559 号	2001 年 1 月 4 日
24	北京市地方税务局转发国家税务总局关于中国人民银行总行所属分支机构免征房产税城镇土地使用税的通知	京地税地〔2001〕597 号	2001 年 12 月 3 日
25	北京市地方税务局转发国家税务总局关于北京市新技术产业开发实验区区域调整后有关企业所得税问题的通知	京地税企〔2002〕133 号	2002 年 4 月 10 日
26	北京市地方税务局关于加强对发票承印企业监管确保普通发票安全的通知	京地税票〔2002〕250 号	2002 年 6 月 21 日
27	北京市地方税务局关于印发发票改革工作实施方案的意见的通知	京地税征〔2002〕258 号	2002 年 6 月 24 日
28	北京市地方税务局关于实施发票改革有关政策问题的通知	京地税征〔2002〕339 号	2002 年 8 月 10 日
29	北京市地方税务局转发国家税务总局关于中国农业生产资料集团所属企业借款利息税前扣除问题的通知	京地税企〔2002〕465 号	2002 年 10 月 28 日
30	北京市地方税务局关于启用《北京市停车收费定额专用发票》的通知	京地税征〔2002〕492 号	2002 年 11 月 9 日
31	北京市地方税务局关于公示北京市停车收费定额专用发票销售价格的通知	京地税票〔2002〕535 号	2002 年 11 月 28 日
32	北京市地方税务局转发国家税务总局关于明确资源税扣缴义务人代扣代缴义务发生时间的批复的通知	京地税营〔2003〕20 号	2003 年 1 月 19 日
33	北京市地方税务局关于调整部分普通发票销售价格的通知	京地税票〔2003〕145 号	2003 年 3 月 14 日
34	北京市地方税务局关于印发《北京市地方税务局减税免税管理办法》的通知	京地税征〔2003〕532 号	2003 年 9 月 27 日
35	北京市地方税务局关于印发《北京市地方税务局欠缴税款管理办法》和《北京市地方税务局滞纳金管理办法》的通知	京地税征〔2003〕536 号	2003 年 9 月 27 日
36	北京市地方税务局关于印发《北京市地方税务局欠缴税款管理具体实施办法》的通知	京地税征〔2003〕558 号	2003 年 10 月 20 日
37	北京市地方税务局关于印发《北京市地方税务局关于实施纳税担保的试行办法》的通知	京地税征〔2003〕684 号	2003 年 12 月 30 日
38	北京市地方税务局关于印发《北京市地方税务局退税管理暂行办法》的通知	京地税征〔2003〕686 号	2003 年 12 月 30 日

续表

序号	文件名称	文件号	发文日期
39	北京市地方税务局转发国家税务总局关于印花税违章处罚有关问题的通知	京地税地〔2004〕113 号	2004 年 3 月 19 日
40	北京市地方税务局转发国家税务总局关于广播电视事业单位广告收入和有线电视费收入所得税处理问题的通知	京地税企〔2004〕171 号	2004 年 4 月 20 日
41	北京市地方税务局关于印发《委托代征税费管理暂行办法》的通知	京地税征〔2004〕546 号	2004 年 11 月 12 日
42	北京市地方税务局关于进一步做好货物运输业委托代征单位管理工作有关问题的通知	京地税征〔2004〕593 号	2004 年 12 月 13 日
43	北京市地方税务局转发国家税务总局关于加强和规范税务机关代开普通发票工作的通知	京地税票〔2004〕598 号	2004 年 12 月 16 日
44	北京市地方税务局转发国家税务总局关于城镇土地使用税部分行政审批项目取消后加强后续管理工作的通知	京地税地〔2004〕615 号	2004 年 12 月 24 日
45	北京市地方税务局关于印发《北京市地方税务局委托拍卖变卖管理办法(试行)》的通知	京地税征〔2004〕623 号	2004 年 12 月 24 日
46	北京市地方税务局关于在本市范围内变更税务登记地址有关问题的通知	京地税征〔2005〕61 号	2005 年 1 月 31 日
47	北京市地方税务局关于启用全国统一发票分类代码和调整发票版面有关问题的通知	京地税票〔2005〕259 号	2005 年 5 月 23 日
48	北京市地方税务局关于加强个人销售已购住房税收管理若干问题的通知	京地税征〔2005〕357 号	2005 年 7 月 28 日
49	北京市地方税务局转发国家税务总局关于电子缴税完税凭证有关问题的通知	京地税计〔2006〕25 号	2006 年 1 月 18 日
50	北京市地方税务局北京铁路局贯彻落实国家税务总局铁道部关于规范铁路客运餐车发票使用管理有关问题的通知	京地税票〔2006〕58 号	2006 年 2 月 20 日
51	北京市地方税务局转发国家税务总局关于个人独资企业变更为个体经营户是否享受个人所得税再就业优惠政策的批复的通知	京地税个〔2006〕249 号	2006 年 5 月 24 日
52	北京市地方税务局关于印发《北京市地方税务局税收减免管理实施办法(试行)》的通知	京地税征〔2006〕287 号	2006 年 6 月 15 日
53	北京市地方税务局转发国家税务总局关于加强减免税管理的通知	京地税征〔2006〕301 号	2006 年 7 月 5 日
54	北京市地方税务局转发国家税务总局关于统一部分税收票证尺寸标准的通知	京地税计〔2006〕520 号	2006 年 12 月 28 日
55	北京市地方税务局转发国家税务总局关于使用新版不动产销售统一发票和新版建筑业统一发票有关问题的通知	京地税票〔2007〕118 号	2007 年 3 月 30 日
56	北京市地方税务局转发国家税务总局关于普通发票行政审批取消和调整后有关税收管理问题的通知	京地税票〔2008〕64 号	2008 年 3 月 27 日
57	北京市地方税务局转发国家税务总局关于做好 2007 年度企业所得税汇算清缴工作的补充通知	京地税企〔2008〕75 号	2008 年 4 月 8 号
58	北京市地方税务局转发国家税务总局关于调整代开货物运输业发票企业所得税预征率的通知	京地税企〔2008〕262 号	2008 年 10 月 31 日

序号	文件名称	文件号	发文日期
59	北京市地方税务局关于加强企业自印发票管理有关问题的补充通知	京地税票〔2008〕281号	2008年12月12日
60	北京市地方税务局关于加强房地产开发企业异地经营税收征管有关问题的通知	京地税征〔2008〕287号	2008年12月15日
61	北京市地方税务局转发国家税务总局关于高新技术企业2008年度缴纳企业所得税问题的通知	京地税企〔2008〕297号	2008年12月31日
62	北京市地方税务局转发国家外汇管理局国家税务总局关于服务贸易等项目对外支付提交税务证明有关问题的通知	京地税法〔2008〕299号	2008年12月31日
63	北京市地方税务局转发国家税务总局关于印发《服务贸易等项目对外支付出具税务证明管理办法》的通知	京地税法〔2008〕306号	2008年12月31日
64	北京市地方税务局转发国家税务总局关于做好2008年度企业所得税汇算清缴工作的通知	京地税企〔2009〕74号	2009年3月13日
65	北京市地方税务局转发国家税务总局关于进一步加强普通发票管理工作的通知	京地税票〔2009〕90号	2009年4月1日
66	北京市地方税务局转发国家税务总局关于上海世博会运营有限公司冠名定额发票跨省市使用问题的批复的通知	京地税票〔2009〕91号	2009年4月1日
67	北京市地方税务局关于认定北京宏平印务有限公司等十一家企业为普通发票和税收票证及业务印刷品承印企业的通知	京地税票〔2009〕92号	2009年4月1日
68	北京市地方税务局转发国家税务总局关于资源综合利用企业所得税优惠管理问题的通知	京地税企〔2009〕155号	2009年6月2日
69	北京市地方税务局转发国家税务总局关于2008年度企业所得税纳税申报有关问题的通知	京地税企〔2009〕188号	2009年7月2日
70	北京市地方税务局转发国家税务总局关于印发《非居民享受税收协定待遇管理办法(试行)》的通知	京地税法〔2009〕270号	2009年10月26日
71	北京市地方税务局转发国家外汇管理局国家税务总局关于进一步明确服务贸易等项目对外支付提交税务证明有关问题的通知	京地税法〔2009〕304号	2009年12月14日
72	北京市地方税务局关于印发《企业所得税减免税备案管理工作规程(试行)》的通知	京地税企〔2010〕39号	2010年2月10日
73	北京市地方税务局转发国家税务总局关于企业所得税税收优惠管理问题的补充通知	京地税企〔2010〕40号	2010年2月10日
74	北京市地方税务局关于印发《北京市地方税务局服务贸易等项目对外支付开具税务证明工作规程(试行)》的通知	京地税法〔2010〕77号	2010年4月15日
75	北京市地方税务局转发国家税务总局关于小型微利企业预缴2010年度企业所得税有关问题的通知	京地税企〔2010〕99号	2010年5月27日
76	北京市地方税务局转发国家税务总局关于2009年度企业所得税纳税申报有关问题的通知	京地税企〔2010〕117号	2010年6月12日
77	北京市地方税务局转发国家税务总局关于《非居民享受税收协定待遇管理办法(试行)》有关问题的补充通知	京地税法〔2010〕141号	2010年7月20日

续表

序号	文件名称	文件号	发文日期
78	北京市地方税务局关于修订纳税服务承诺的公告	北京市地方税务局公告2010年第5号	2010年9月15日
79	北京市地方税务局转发国家税务总局关于西安世界园艺博览会冠名定额发票跨省市使用问题的批复通知	京地税票〔2010〕209号	2010年12月2日
80	北京市地方税务局关于法院判决执行房地产权属转移相关涉税问题的通知	京地税地〔2011〕44号	2011年3月22日
81	北京市地方税务局关于新增贰角伍分版《北京市停车收费定额专用发票》的公告	北京市地方税务局公告2011年第6号	2011年3月29日
82	北京市地方税务局关于修订服务贸易等项目对外支付税务证明台账及报表格式的通知	京地税法〔2012〕7号	2012年2月7日
83	北京市地方税务局关于对部分企业所得税减免税项目进行备案管理的公告	北京市地方税务局公告2012年第2号	2012年2月15日
84	北京市地方税务局关于普通发票简并票种统一式样有关问题的公告	北京市地方税务局公告2012年第4号	2012年7月6日
85	北京市地方税务局关于取消发票工本费有关问题的通知	京地税票〔2013〕41号	2013年3月4日
86	北京市地方税务局关于办理冠名发票和规范代开发票申请资料有关事项的公告	北京市地方税务局公告2013年第9号	2013年8月28日
87	北京市地方税务局关于调整我市建筑业营业税纳税地点的公告	北京市地方税务局公告2013年第16号	2013年12月20日
88	北京市地方税务局关于取消有奖发票的公告	北京市地方税务局公告2013年第17号	2013年12月20日
89	北京市地方税务局关于修改部分企业所得税减免税备案项目的公告	北京市地方税务局公告2014年第2号	2014年4月28日
90	北京市地方税务局关于发布《北京市地方税务局重大税收违法案件信息公布办法(试行)》的公告	北京市地方税务局公告2015年第4号	2015年5月11日

附件2

北京市地方税务局部分废止的税收规范性文件目录

序号	文件名称	文件号	发文日期	废止条款
1	北京市税务局转发国家税务总局关于印发征收个人所得税若干问题的规定的通知	京税五〔1994〕292号	1994年5月9日	废止第一条第3款,第二条第6款
2	市税务局转发国家税务总局《关于社会福利有奖募捐行收入税收问题的通知》的通知	京税一〔1994〕389号	1994年6月27日	废止营业税、企业所得税、固定资产投资方向调节税内容
3	北京市地方税务局转发国家税务总局关于印发《境外所得个人所得税征收管理暂行办法的通知》	京地税个〔1998〕546号	1998年12月7日	废止第五条、第十三条、第十六条、第十七条

续表

序号	文件名称	文件号	发文日期	废止条款
4	北京市地方税务局关于转发国家税务总局《抵税财务拍卖、变卖试行办法》的通知	京地税征〔2005〕481号	2005年11月9日	废止附件:《拍卖办法》附件1－8(10.25)中的附件1、附件2、附件4、附件7、附件8
5	北京市地方税务局转发国家税务总局关于加强出租房屋税收征管的通知	京地税征〔2006〕45号	2006年2月16日	废止第三条
6	北京市地方税务局关于个人出租房屋征收管理有关问题的通知	京地税征〔2007〕16号	2007年1月31日	废止"一、根据《北京市地方税务局关于修订〈北京市地方税务局个人出租房屋管理办法〉的通知》(京地税征〔2004〕181号)文件的有关规定,个人出租房屋并取得收入,按照综合征收率计征方式入库的税款中,分别包括营业税、城市维护建设税、教育费附加、房产税、城镇土地使用税、城市房地产税、印花税、个人所得税等地方各税务机关或代征人在按照5%综合征收率计征方式征收或代征个人出租房屋税款时,个人所得税按0.5%的征收率计征,其他地方各税按照4.5%的征收率计征,并向纳税人填开包括房产税和个人所得税的完税证明。"
7	北京市地方税务局关于个人非住房出租税收管理工作的通知	京地税征〔2009〕37号	2009年2月17日	废止第二条第二款
8	北京市地方税务局关于落实《滞纳金管理办法》相关具体工作的通知	京地税征〔2013〕199号	2014年1月10日	废止第三条、第五条及附件

链接:

关于《北京市地方税务局关于公布全文失效、废止和部分废止的税收规范性文件目录的公告》的政策解读

一、此次税收规范性文件清理的范围是什么?

答:根据国家税务总局要求,此次我局税收规范性文件的清理范围是我局制定公布的现行有效的税收规范性文件。以其他部门文号公布的其他部门与我局联合制定的规范性文件不在此次文件清理范围之内。

二、此次公布全文失效、废止和部分废止的税收规范性文件目录的内容是什么?

答:《北京市地方税务局全文失效、废止的税收规范性文件目录》中列示的是此次文件清理后全文失效、废止的税收规范性文件。《北京市地方税务局部分废止的税收规范性文件目录》中列示的是此次文件清理后部分内容被废止的税收规范性文件。

28-2-11
北京市国家税务局　北京市地方税务局
关于废止《北京市国家税务局　北京市
地方税务局关于企业所得税纳税人涉税
事项附送税务师事务所等涉税专业服务
机构鉴证业务报告的公告》的公告

2016年8月18日　北京市国家税务局　北京市地方税务局公告2016年第29号

根据国家税务总局《税收规范性文件制定管理办法》(国家税务总局令第20号),现将《北京市国家税务局北京市地方税务局关于企业所得税纳税人涉税事项附送税务师事务所等涉税专业服务机构鉴证业务报告的公告》(北京市国家税务局北京市地方税务局公告〔2012〕第2号)全文废止。

本公告自发布之日起实施。

特此公告。

链接:

关于《北京市国家税务局　北京市地方税务局关于废止
〈北京市国家税务局　北京市地方税务局关于企业所得税
纳税人涉税事项附送税务师事务所等涉税专业服务
机构鉴证业务报告的公告〉的公告》的政策解读

按照国家税务总局《税收规范性文件制定管理办法》(国家税务总局令第20号)规定,制定机关应当对税收规范性文件进行清理。北京市国家税务局、北京市地方税务局结合工作实际,对税收规范性文件进行清理过程中,决定全文废止《北京市国家税务局　北京市地方税务局关于企业所得税纳税人涉税事项附送税务师事务所等涉税专业服务机构鉴证业务报告的公告》(北京市国家税务局　北京市地方税务局公告〔2012〕第2号)。

28－2－12
北京市人民政府残疾人工作委员会关于废止
市残工委《关于贯彻实施〈北京市残疾人
就业保障金征缴管理办法〉的意见》的通知

2016年8月22日　京残工委〔2016〕7号

各区政府残工委、市政府残工委各成员单位：

经市政府批准同意,《北京市残疾人就业保障金征收使用管理办法》(京财税〔2016〕639号)已印发执行,《北京市残疾人就业保障金征缴管理办法》(京政发〔2006〕18号)废止执行。经研究,决定市政府残工委《关于贯彻实施〈北京市残疾人就业保障金征缴管理办法〉的意见》(京残工委〔2006〕27号)即行废止。

特此通知。

28－2－13
北京市地方税务局关于公布全文废止和
部分失效废止的税收规范性文件目录的公告

2016年9月1日　北京市地方税务局公告2016年第15号

根据《北京市人民政府关于废止〈北京市实施中华人民共和国水土保持法办法〉罚款处罚规定等5项规章的决定》(北京市人民政府令第269号)和《北京市人民政府关于进一步落实〈中华人民共和国房产税暂行条例〉有关规定的通知》(京政发〔2016〕24号)规定,北京市地方税务局对房产税相关的税收规范性文件进行了清理。现将《北京市地方税务局全文废止的税收规范性文件目录》和《北京市地方税务局部分失效废止的税收规范性文件目录》予以公布。

北京市地方税务局各区(分)局根据本公告和相关文件要求,自行发布本局税收规范性文件清理结果。

本公告自发布之日起施行。

特此公告。

附件:1. 北京市地方税务局全文废止的税收规范性文件目录

2. 北京市地方税务局部分失效废止的税收规范性文件目录

附件 1

北京市地方税务局全文废止的税收规范性文件目录

序号	文件标题	文号	发文日期
1	北京市税务局转发国家税务局《关于出租多余闲置房屋设备等税收问题的批复》的通知	市税三字〔1989〕1051 号	1989 年 12 月 27 日

附件 2

北京市地方税务局部分失效废止的税收规范性文件目录

序号	文件标题	文号	发文日期	失效或废止条款
1	北京市税务局关于转发《财政部 税务总局关于转发〈关于房产税若干具体问题的解释和暂行规定〉〈关于车船使用税若干具体问题的解释和暂行规定〉的通知》的通知	(87)市税三字第 124 号	1987 年 2 月 10 日	第一条第二款、第六款、第七款、第十三款
2	北京市税务局关于房产税、车船使用税几个税政业务问题的通知	(87)市税三字第 834 号	1987 年 9 月 25 日	第八条
3	北京市税务局转发《国家税务总局关于安徽省若干房产税业务问题的批复》的通知	京税三〔1993〕806 号	1993 年 12 月 14 日	第一条
4	北京市地方税务局关于对房产重估后如何计征房产税问题的通知	京地税二〔1994〕204 号	1994 年 12 月 30 日	第一段中"和《北京市施行〈中华人民共和国房产税暂行条例〉的细则》"的内容
5	北京市地方税务局关于印发房产税、城镇土地使用税、城市房地产税有关征管问题的通知	京地税二〔1999〕380 号	1999 年 7 月 19 日	第一条
6	北京市地方税务局关于分期付款购房缴纳房产税问题的批复	京地税地〔2001〕400 号	2001 年 8 月 9 日	第三段中"根据本市房产税施行《细则》第四条规定,企、事业单位应税房产,不分新旧程度,不论自用还是出租,均按账面房产原值一次减除30%后的余值,计算缴纳房产税"的内容
7	北京市地方税务局关于 2009 年度对外资企业及外籍个人征收房产税的通告	京地税地〔2009〕81 号	2009 年 3 月 16 日	第一条中"和《北京市施行〈中华人民共和国房产税暂行条例〉的细则》"的内容、第三条、第五条
8	北京市地方税务局关于进一步下放城镇土地使用税、房产税困难减免税审批权限有关事项的公告	北京市地方税务局公告 2015 年第 6 号	2015 年 6 月 29 日	文中"《北京市施行〈中华人民共和国房产税暂行条例〉的细则》"的内容、房产税困难减免税的内容

链接:

关于《北京市地方税务局关于公布全文废止和部分失效废止的税收规范性文件目录的公告》的政策解读

一、《公告》出台的背景

北京市人民政府于 2016 年 5 月 15 日制定颁布了《北京市人民政府关于废止〈北京市实施中华人民共和国水土保持法办法〉罚款处罚规定等 5 项规章的决定》(北京市人民政府令第 269 号),将《北京市施行〈中华人民共和国房产税暂行条例〉的细则》(1986 年 12 月 27 日北京市人民政府京政发 165 号文件发布 根据 1998 年 6 月 12 日北京市人民政府令第 6 号修正)废止,于 2016 年 6 月 28 日颁布了《北京市人民政府关于进一步落实〈中华人民共和国房产税暂行条例〉有关规定的通知》(京政发〔2016〕24 号),对我市房产税有关事项进行了明确。为了规范我市房产税征收管理工作,北京市地方税务局对房产税相关的税收规范性文件进行了清理。根据清理结果,向社会发布《北京市地方税务局全文废止的税收规范性文件目录》和《北京市地方税务局部分失效废止的税收规范性文件目录》。

二、《公告》的主要内容

《北京市地方税务局全文废止的税收规范性文件目录》中列示的是此次文件清理后全文废止的税收规范性文件,《北京市地方税务局部分失效废止的税收规范性文件目录》中列示的是此次文件清理后部分条款或内容失效废止的税收规范性文件。其中部分文件系我局转发其他单位文件,我局文件部分失效废止不影响被转发文件的效力,被转发文件的效力由发文单位决定。特此公告。

28 - 2 - 14
北京市国家税务局关于公布全文失效废止和部分条款废止的税收规范性文件目录的公告

2016 年 9 月 9 日 北京市国家税务局公告 2016 年第 30 号

根据国家税务总局关于开展税收规范性文件清理工作的有关要求,北京市国家税务局对税收规范性文件进行了清理。现将《全文失效废止的税收规范性文件目录》和《部分条款废止的税收规范性文件目录》予以公布。

特此公告。

附件:1. 全文失效废止的税收规范性文件目录

2. 部分条款废止的税收规范性文件目录

附件 1

全文失效废止的税收规范性文件目录

序号	标题	发文日期	文号
1	北京市国家税务局转发国家税务总局关于中央、地方税务机构分设后有关税务行政复议问题的通知的通知	1994 年 10 月 12 日	京国税〔1994〕013 号
2	北京市国家税务局转发国家税务总局关于天津奥的斯电梯有限公司在外埠设立的分公司缴纳流转税问题的批复的通知	1997 年 3 月 14 日	京国税一〔1997〕135 号
3	北京市国家税务局转发国家税务总局关于纳税复议条件问题的批复的通知	1997 年 9 月 23 日	京国税〔1997〕167 号
4	北京市国家税务局转发国家税务总局关于电梯保养、维修、收入征税问题的批复的通知	1998 年 7 月 30 日	京国税一〔1998〕380 号
5	北京市国家税务局转发国家税务总局关于进一步明确税收罚款收缴有关问题的通知的通知	1998 年 8 月 3 日	京国税征〔1998〕390 号
6	北京市国家税务局关于启用统一式样新税票及票证专用章有关事项的通知	1998 年 9 月 28 日	京国税〔1998〕198 号
7	北京市国家税务局关于税收票证若干问题的通知	1999 年 12 月 23 日	京国税计〔1999〕600 号
8	北京市国家税务局转发国家税务总局关于广信深圳公司破产案有关法律问题的批复的通知	2000 年 4 月 24 日	京国税法〔2000〕259 号
9	北京市国家税务局转发国家税务总局关于企业法定代表人自报本企业偷税问题不予奖励的批复的通知	2000 年 7 月 26 日	京国税稽〔2000〕399 号
10	北京市国家税务局转发国家税务总局关于外国律师事务所驻华办事处发票领购使用有关问题的通知的通知	2000 年 8 月 30 日	京国税外〔2000〕455 号
11	北京市国家税务局转发国家税务总局关于防伪税控系统因技术原因导致开票日期认证不符问题的通知的通知	2000 年 11 月 29 日	京国税征〔2000〕646 号
12	北京市国家税务局转发国家税务总局关于推行增值税防伪税控系统若干问题的通知的通知	2000 年 12 月 4 日	京国税〔2000〕197 号
13	北京市国家税务局转发国家税务总局关于合九铁路运费抵扣进项税额问题的批复的通知	2001 年 1 月 9 日	京国税函〔2001〕21 号
14	北京市国家税务局转发国家税务总局关于做好增值税计算机稽核系统数据采集工作的紧急通知的紧急通知	2001 年 1 月 9 日	京国税发〔2001〕3 号
15	北京市国家税务局转发国家税务总局关于《会计师事务所、资产评估机构、税务师事务所会计核算办法》的文件的通知	2002 年 1 月 29 日	京国税函〔2002〕102 号
16	北京市国家税务局、质量技术监督局关于加油机税控改造工作的通知	2002 年 2 月 7 日	京国税函〔2002〕109 号
17	北京市国家税务局转发国家税务总局关于涉税案件在刑事审判期间是否应当中止税务行政复议问题的批复的通知	2002 年 3 月 29 日	京国税函〔2002〕251 号
18	北京市国家税务局转发国家税务总局关于对纳税人购领发票实行预缴工本费的批复的通知	2002 年 6 月 3 日	京国税函〔2002〕388 号
19	北京市国家税务局转发国家税务总局关于宣传贯彻中华人民共和国税收征收管理法实施细则的通知的通知	2002 年 11 月 4 日	京国税发〔2002〕283 号

序号	标题	发文日期	文号
20	北京市国家税务局关于贯彻国家税务总局关于下岗失业人员从事个体经营有关收费优惠政策文件的补充通知	2002 年 11 月 29 日	京国税函〔2002〕667 号
21	北京市国家税务局关于预售单位售卖加油卡、加油票已售未提成品油增值税问题的通知	2002 年 12 月 27 日	京国税函〔2002〕712 号
22	北京市国家税务局转发国家税务总局关于铁路运费进项税额抵扣有关问题的补充通知的通知	2003 年 9 月 11 日	京国税函〔2003〕656 号
23	北京市国家税务局转发国家税务总局关于个体工商户销售农产品有关税收政策问题的通知的通知	2004 年 2 月 11 日	京国税发〔2004〕26 号
24	北京市国家税务局转发国家税务总局关于开展对纳税人欠税予以告知工作的通知的通知	2004 年 3 月 1 日	京国税函〔2004〕159 号
25	北京市国家税务局转发国家税务总局关于进一步加强个体税收征管工作的通知的通知	2004 年 4 月 5 日	京国税函〔2004〕272 号
26	北京市国家税务局转发国家税务总局关于增值税一般纳税人支付的货物运输代理费用不得抵扣进项税额的批复的通知	2005 年 1 月 31 日	京国税函〔2005〕22 号
27	北京市国家税务局转发国家税务总局关于明确从事代理海关报关业务的中介机构办理税务登记有关问题的通知的通知	2005 年 7 月 4 日	京国税函〔2005〕402 号
28	北京市国家税务局转发国家税务总局关于规范未达增值税营业税起征点的个体工商户税收征收管理的通知的通知	2005 年 8 月 15 日	京国税发〔2005〕230 号
29	北京市国家税务局转发国家税务总局关于印发《纳税服务工作规范(试行)》的通知	2005 年 11 月 1 日	京国税发〔2005〕301
30	北京市国家税务局、中国人民银行营业管理部转发国家税务总局、中国人民银行关于印发国家税务局系统行政性收费票据式样的通知的通知	2005 年 12 月 26 日	京国税发〔2005〕361 号
31	北京市国家税务局转发国家税务总局关于使用计算机开具普通发票有关问题的批复的通知	2006 年 5 月 25 日	京国税函〔2006〕396 号
32	北京市国家税务局关于进一步加强农产品增值税抵扣管理有关问题的通知	2006 年 8 月 11 日	京国税发〔2006〕?13 号
33	北京市国家税务局转发国家税务总局关于修订增值税专用发票使用规定的补充通知的通知	2007 年 3 月 2 日	京国税发〔2007〕46 号
34	北京市国家税务局转发国家税务总局关于购进乙醇生产销售无水乙醇征收消费税问题的批复的通知	2007 年 3 月 20 日	京国税发〔2007〕65 号
35	北京市国家税务局关于增值税专用发票最高开票限额审批管理有关问题的通知	2007 年 4 月 2 日	京国税发〔2007〕81 号
36	北京市国家税务局、北京市地方税务局转发国家税务总局关于注册税务师执业备案有关问题的通知的通知	2007 年 9 月 13 日	京国税发〔2007〕255 号
37	北京市国家税务局转发国家税务总局关于清理简并纳税人报送涉税资料有关问题的通知的通知	2007 年 12 月 24 日	京国税发〔2007〕353 号
38	北京市国家税务局关于饲料产品免征增值税备案资料调整问题的通知	2008 年 3 月 27 日	京国税函〔2008〕207 号

序号	标题	发文日期	文号
39	北京市国家税务局、北京市地方税务局转发国家税务总局关于小型微利企业所得税预缴问题的通知的通知	2008年4月1日	京国税发〔2008〕96号
40	北京市国家税务局转发国家税务总局关于做好2007年度企业所得税汇算清缴工作的补充通知的通知	2008年4月29日	京国税函〔2008〕261号
41	北京市国家税务局、北京市地方税务局转发国家税务总局关于房地产开发企业所得税预缴问题的通知的通知	2008年5月19日	京国税发〔2008〕138号
42	北京市国家税务局转发国家税务总局关于2007年度企业所得税汇算清缴中金融企业应纳税所得额计算有关问题的通知的通知	2008年7月8日	京国税函〔2008〕415号
43	北京市国家税务局转发国家税务总局关于国务院第四批取消和调整行政审批项目后涉及简并纳税人涉税资料业务操作处理办法的通知的通知	2008年9月5日	京国税发〔2008〕231号
44	北京市国家税务局转发国家税务总局关于调整代开货物运输业发票企业所得税预征率的通知的通知	2008年12月4日	京国税函〔2008〕573号
45	北京市国家税务局转发国家税务总局关于有机肥产品免征增值税问题的批复的通知	2008年12月24日	京国税函〔2008〕606号
46	北京市国家税务局转发国家税务总局关于高新技术企业2008年度缴纳企业所得税问题的通知的通知	2008年12月26日	京国税函〔2008〕614号
47	北京市国家税务局、北京市地方税务局转发国家税务总局关于企业所得税减免税管理问题的通知的通知	2009年1月9日	京国税发〔2009〕2号
48	北京市国家税务局转发国家税务总局关于做好2008年度企业所得税汇算清缴工作的通知的通知	2009年2月13日	京国税函〔2009〕45号
49	北京市国家税务局转发国家税务总局关于资源综合利用企业所得税优惠管理问题的通知的通知	2009年5月22日	京国税函〔2009〕164号
50	北京市国家税务局转发国家税务总局关于2008年度企业所得税纳税申报有关问题的通知的通知	2009年8月28日	京国税函〔2009〕207号
51	北京市国家税务局转发《国家税务总局关于办理2009年销售额超过标准的小规模纳税人申请增值税一般纳税人认定问题的通知》的通知	2010年2月22日	京国税函〔2010〕30号
52	北京市国家税务局转发《国家税务总局关于小型微利企业预缴2010年度企业所得税有关问题的通知》的通知	2010年5月24日	京国税函〔2010〕122号
53	北京市国家税务局转发《国家税务总局关于2009年度企业所得税纳税申报有关问题的通知》的通知	2010年6月21日	京国税函〔2010〕163号
54	北京市国家税务局关于熊猫普制金币免征增值税征收管理问题的公告	2013年4月2日	北京市国家税务局公告2013年第2号
55	北京市国家税务局关于营业税改征增值税试点纳税人增值税一般纳税人资格认定有关问题的公告	2013年6月26日	北京市国家税务局公告2013年第7号
56	北京市国家税务局关于推行机动车销售统一发票税控系统的公告	2013年7月8日	北京市国家税务局公告2013年第10号

附件2

部分条款废止的税收规范性文件目录

序号	标题	发文时间	文号	废止条款
1	北京市国家税务局转发国家税务总局关于下发《货物期货征收增值税具体办法》的通知的通知	1994 年 12 月 13 日	京国税〔1994〕067 号	北京市国家税务局(以下简称市局)补充内容废止
2	北京市国家税务局转发国家税务总局关于增值税专用发票使用与管理有关问题的通知的通知	1995 年 4 月 3 日	京国税〔1995〕065 号	市局补充内容废止
3	北京市国家税务局转发国家税务总局关于加强增值税专用发票填开管理问题的补充通知的通知	1995 年 9 月 21 日	京国税〔1995〕164 号	市局补充内容废止
4	北京市国家税务局转发财政部、国家税务总局关于对铁路工附业单位恢复征收增值税问题的通知的通知	1996 年 10 月 3 日	京国税〔1996〕153 号	市局补充内容废止
5	北京市国家税务局转发财政部、国家税务总局关于金银首饰等货物征收增值税问题的通知的通知	1996 年 10 月 17 日	京国税一〔1996〕478 号	市局补充内容废止
6	北京市国家税务局转发国家税务总局关于正大康地(深圳)有限公司生产经营饲料添加剂预混料应否免征增值税问题的批复的通知	1997 年 12 月 23 日	京国税一〔1997〕584 号	市局补充内容废止
7	北京市国家税务局转发国家税务总局关于中国经济图书进出口公司中国出版对外贸易总公司销售给大专院校和科研单位的进口书刊资料免征增值税的通知的通知	1999 年 11 月 8 日	京国税〔1999〕169 号	市局补充内容废止
8	北京市国家税务局转发国家税务总局关于修改国家税务总局关于增值税一般纳税人发生偷税行为如何确定偷税数额和补税罚款的通知的通知	1999 年 12 月 29 日	京国税流〔1999〕627 号	市局补充内容废止
9	北京市国家税务局转发财政部、国家税务总局关于铁路货车修理免征增值税的通知的通知	2001 年 6 月 21 日	京国税发〔2001〕145 号	市局补充内容废止
10	北京市国家税务局转发财政部、国家税务总局关于豆粕等粕类产品征免增值税政策的通知的通知	2001 年 10 月 11 日	京国税发〔2001〕261 号	市局补充内容废止
11	北京市国家税务局转发国家税务总局关于加油站一律按照增值税一般纳税人征税的通知的通知	2001 年 12 月 20 日	京国税函〔2001〕602 号	市局补充内容废止
12	北京市国家税务局关于贯彻执行国家税务总局发布的成品油零售加油站增值税征收管理办法的通知	2002 年 5 月 8 日	京国税发〔2002〕117 号	市局补充内容废止
13	北京市国家税务局转发财政部、国家税务总局关于下岗失业人员再就业有关税收政策问题的补充通知的通知	2003 年 4 月 25 日	京国税发〔2003〕102 号	市局补充内容废止

序号	标题	发文时间	文号	废止条款
14	北京市国家税务局转发国家税务总局关于加强货物运输业税收征收管理的通知的通知	2003 年 11 月 20 日	京国税发〔2003〕308 号	市局补充内容废止
15	北京市国家税务局转发国家税务总局关于调整饲料生产企业饲料免征增值税审批程序的通知的通知	2003 年 12 月 8 日	京国税发〔2003〕324 号	市局补充内容废止
16	北京市国家税务局转发国家税务总局关于取消防伪税控企业资格认定的通知的通知	2004 年 7 月 21 日	京国税函〔2004〕523 号	市局补充内容废止
17	北京市国家税务局转发国家税务总局关于增值税一般纳税人销售软件产品向购买方收取的培训费等费用享受增值税即征即退政策的批复的通知	2004 年 8 月 2 日	京国税函〔2004〕547 号	市局补充内容废止
18	北京市国家税务局转发国家税务总局关于取消饲料产品免征增值税审批程序后加强后续管理的通知的通知	2004 年 9 月 8 日	京国税发〔2004〕243 号	市局补充内容废止
19	北京市国家税务局转发国家税务总局关于加强农产品增值税抵扣管理有关问题的通知的通知	2005 年 8 月 5 日	京国税函〔2005〕450 号	市局补充内容废止
20	北京市国家税务局转发国家税务总局关于出境口岸国际隔离区免税店销售进口免税品和国产品有关增值税问题的批复的通知	2006 年 5 月 11 日	京国税函〔2006〕366 号	市局补充内容废止
21	北京市国家税务局转发财政部、国家税务总局关于免征滴灌带和滴灌管产品增值税的通知的通知	2007 年 6 月 14 日	京国税发〔2007〕149 号	市局补充内容废止
22	北京市国家税务局转发财政部、国家税务总局关于增值税纳税人放弃免税权有关问题的通知的通知	2007 年 10 月 11 日	京国税发〔2007〕278 号	市局补充内容废止
23	北京市国家税务局转发国家税务总局关于调整增值税一般纳税人纳税申报"一窗式"管理操作规程及增值税纳税申报有关事项的通知的通知	2009 年 1 月 19 日	京国税函〔2009〕17 号	市局转发文件中废止国税函〔2008〕1075 号
24	北京市国家税务局、北京市地方税务局关于联合税务登记管理有关事项的公告	2014 年 2 月 25 日	北京市国家税务局、北京市地方税务局公告 2014 年第 5 号	第一条第五项废止

链接:

关于《北京市国家税务局关于
公布全文失效废止和部分条款废止的
税收规范性文件目录的公告》的政策解读

一、制定《公告》的背景

按照国家税务总局关于开展税收规范性文件清理工作的有关要求以及《税收规范性文件制定管理办法》(国家税务总局令第 20 号)的相关规定,根据《国家税务总局关于公布全文失效废止和部分条款废止的税收规范性文件目录的公告》(国家税务总局公告 2016 年第 34 号)的清理结果,北京市国家税务局对税收规范性文件进行了全面清理。

二、制定《公告》的必要性

开展税收规范性文件清理具有重要意义,一是适应经济社会发展进步的需要;二是保证税收法律体系一、完整的需要;三是满足税务机关有效执法的需要。通过开展全面、集中、彻底的税收规范性文件清理工作,在一定程度上解决了税收规范性文件间不配套、不协调和不完整等问题,完善了税法体系。

三、《公告》的主要内容

本公告全文失效废止的税收规范性文件 56 件,部分条款废止的税收规范性文件 24 件。

28 – 2 – 15
北京市地方税务局关于
废止部分执法文书的公告

2016 年 11 月 28 日   北京市地方税务局公告 2016 年第 17 号

为落实行政审批制度改革要求,进一步规范税务执法行为,促进执法文书规范使用,根据《中华人民共和国行政许可法》《中华人民共和国税收征收管理法》及其实施细则规定,现决定废止《北京市地方税务局关于修订和废止部分执法文书的公告》(北京市地方税务局公告 2015 年第 1 号)中已公布的 21 个执法文书。

本公告自发布之日起施行。

特此公告。

附件:北京市地方税务局废止执法文书目录

附件

北京市地方税务局废止执法文书目录

序号	废止执法文书名称	废止文书出处
1	税务行政许可不予受理通知书	
2	不予税务行政许可决定书	
3	不予变更税务行政许可决定书	
4	不予延续税务行政许可决定书	
5	撤销税务行政许可决定书	
6	注销税务行政许可决定书	
7	中止税务行政许可通知书	
8	不予受理决定书	
9	减免税审批补充资料通知书	
10	减免税审批中止通知书	《北京市地方税务局关于修订和废止部分执法文书的公告》(北京市地方税务局公告2015年第1号)
11	减免税未予批准通知书	
12	减免税终止通知书	
13	技术交易免征营业税备查中止通知书	
14	企业所得税减免税不予备案通知书	
15	土地增值税清算申请表	
16	土地增值税清算补充材料通知书	
17	土地增值税清算中止核准通知书	
18	土地增值税清算终止核准通知书	
19	土地增值税清算核准通知书	
20	土地增值税四项成本核定通知书	
21	土地增值税核定征收通知书	

链接:

关于《北京市地方税务局关于
废止部分执法文书的公告》的政策解读

一、本次公告出台的背景是什么?

答:为落实行政审批制度改革要求,进一步规范税务执法行为,促进执法文书规范使用,根据《中华人民共和国行政许可法》《中华人民共和国税收征收管理法》及其实施细则规定,《北京市地方税务局关于修订和废止部分执法文书的公告》(北京市地方税务局公告2015年第1号)中部分执法文书的制定依据已被废止或者由新的执法文书代替,故此决定将该公告中的部分执法文书予以废止。

二、本次废止的执法文书是否有新的执法文书代替?

答:本次废止《北京市地方税务局关于修订和废止部分执法文书的公告》(北京市地方税务局公告2015年第1号)中的税务行政许可相关文书,废止后由《国家税务总局关于税务行政许可若干问题的公告》(国家税务总局公告2016年第11号)中的税务行政许可文书代替;非居民享受协定待遇审批相关文书和减免税审批相关文书,因北京市地方税务局全面取消了非行政许可审批事项,故将此类文书废止;技术交易免征营业税备查工作中的《技术交易免征营业税备查中止通知书》,因目前已不符合实际工作需要,故将该文书废止;《企业所得税减免税不予备案通知书》,因其制定依据已被《北京市地方税务局关于公布全文失效、废止和部分废止的税收规范性文件目录的公告》(北京市地方税务局公告2016年第13号)废止,故将该文书废止;土地增值税清算和核定征收相关文书,废止后由《北京市地方税务局关于发布〈北京市地方税务局土地增值税清算管理规程〉的公告》(北京市地方税务局公告2016年第7号)中的新文书代替。

28-2-16
国家税务总局关于修订
企业所得税2个规范性文件的公告

2016年12月29日 国家税务总局公告2016年第88号

根据《国务院关于取消和调整一批行政审批项目等事项的决定》(国发〔2014〕50号)以及税务总局关于享受小型微利企业所得税优惠政策的企业包括核定征收企业的相关规定,为做好政策衔接工作,现对企业所得税有关规范性文件修订问题公告如下:

一、关于收入全额归属中央的企业分支机构名单管理问题

《国家税务总局关于中国工商银行股份有限公司等企业企业所得税有关征管问题的通知》(国税函〔2010〕184号)第二、三条废止。收入全额归属中央的企业所属二级及二级以下分支机构,发生资产损失的,按照《国家税务总局关于发布〈企业资产损失所得税税前扣除管理办法〉的公告》(国家税务总局公告2011年第25号)的规定办理;发生名单变化的,按照《国家税务总局关于3项企业所得税事项取消审批后加强后续管理的公告》(国家税务总局公告2015年第6号)第二条的规定办理。

二、关于核定征收的小型微利企业享受优惠问题

《国家税务总局关于企业所得税核定征收若干问题的通知》(国税函〔2009〕377号)第一条第(一)项修订为:享受《中华人民共和国企业所得税法》及其实施条例和国务院规定的一项或几项企业所得税优惠政策的企业(不包括仅享受《中华人民共和国企业所得税法》第二十六条规定免税收入优惠政策的企业、第二十八条规定的符合条件的小型微利企业)。

三、施行时间

本公告第一条根据涉及的事项分别按照国家税务总局2011年第25号公告和国家税务总局2015年第6号公告施行时间执行;第二条适用于2016年度及以后年度企业所得税汇算清缴。

特此公告。